Michael Kofler, Charly Kühnast,
Christoph Scherbeck

Raspberry Pi

Das umfassende Handbuch

Rheinwerk
Technik

Liebe Leserin, lieber Leser,

kennen Sie das noch? *Backe, backe Kuchen, der Bäcker hat gerufen …*

Ganz klar: um tolle Projekte mit dem Raspberry Pi (zu deutsch: Himbeerkuchen) zu verwirklichen, brauchen Sie nicht exakt sieben Sachen wie der Bäcker im Kinderlied.

Doch ob jung oder alt, Kuchen oder Pi, die perfekten Grundzutaten sind immer dieselben: viel Herzblut, Spaß am Selbermachen – und die richtige Anleitung.

Und die haben Sie in diesem Buch gefunden! Denn Sie halten hier eine umfassende Tüftler-Ausbildung und Daniel-Düsentrieb-Fortbildung in fünfter Auflage in Händen, mit der Sie Ihrem Raspberry Pi (egal, ob in aktueller Version 3B+, in älteren Ausführungen oder dem ganz neuen Modell *Zero WH*) die Sporen geben. Und das auf weit über tausend farbig gedruckten Seiten mit zahlreichen Schaltplänen, Grafiken und Projektbeschreibungen.

Hier wird also geklotzt, nicht gekleckert. Das hochkarätige Autoren-Trio Kofler-Kühnast-Scherbeck zeigt Ihnen in diesem Kompendium nicht nur leicht verständlich, wie man den Linux-Pinguin Tux zähmt. Schritt für Schritt erhalten Sie eine umfassende Einführung und Auffrischung in Sachen Elektrotechnik, Hardware und Programmierung. Damit die Inspiration nicht zu kurz kommt, wird das Komplettpaket abgerundet durch eine für diese fünfte Auflage noch einmal erweiterte Sammlung kreativer Raspberry-Pi-Rezepte zum Nachbasteln und Weiterentwickeln! Naschen ausdrücklich erlaubt …

Abschließend noch ein Hinweis in eigener Sache: Dieses Buch wurde mit großer Sorgfalt geschrieben, geprüft und produziert. Sollte dennoch einmal etwas nicht so funktionieren, wie Sie es erwarten, freue ich mich, wenn Sie sich direkt mit mir in Verbindung setzen. Ihre Anregungen und Fragen sind uns jederzeit herzlich willkommen!

Ihr Christoph Meister
Lektorat Rheinwerk Technik

christoph.meister@rheinwerk-verlag.de
www.rheinwerk-verlag.de
Rheinwerk Verlag · Rheinwerkallee 4 · 53227 Bonn

Auf einen Blick

Impressum

Wir hoffen, dass Sie Freude an diesem Buch haben und sich Ihre Erwartungen erfüllen. Ihre Anregungen und Kommentare sind uns jederzeit willkommen. Bitte bewerten Sie doch das Buch auf unserer Website unter **www.rheinwerk-verlag.de/feedback**.

An diesem Buch haben viele mitgewirkt, insbesondere:

Lektorat Christoph Meister, Anne Scheibe

Korrektorat Friederike Daenecke, Zülpich

Herstellung Norbert Englert

Typografie und Layout Vera Brauner

Einbandgestaltung Mai Loan Nguyen Duy

Titelbilder Raspberry Pi Foundation; ThinkDesign-TapeBrushes; iStock: 3279076 © ajt, 6643593 © prill; Shutterstock: 56390530 © tr3gin, 140004994 © maxim ibragimov, 140919904 © Zerbor, 147698750 © MC_Noppadol, 173841239 © ULKASTUDIO, 180819104 © Andrew Scherbackov

Satz Michael Kofler

Druck Media-Print Informationstechnologie, Paderborn

Dieses Buch wurde gesetzt aus der TheAntiquaB (9,35 pt/13,7 pt) mit LATEX.
Gedruckt wurde es auf ungestrichenem Offsetpapier (90 g/m^2).
Hergestellt in Deutschland.

Bibliografische Information der Deutschen Nationalbibliothek:
Die Deutsche Nationalbibliothek verzeichnet diese Publikation in der Deutschen Nationalbibliografie; detaillierte bibliografische Daten sind im Internet über *http://dnb.d-nb.de* abrufbar.

ISBN 978-3-8362-6519-5

5., aktualisierte Auflage 2018
© Rheinwerk Verlag, Bonn 2018

Informationen zu unserem Verlag und Kontaktmöglichkeiten finden Sie auf unserer Verlagswebsite **www.rheinwerk-verlag.de**. Dort können Sie sich auch umfassend über unser aktuelles Programm informieren und unsere Bücher und E-Books bestellen.

Inhaltsverzeichnis

Materialien zum Buch

Auf der Webseite zu diesem Buch (*www.rheinwerk-verlag.de/4717*) stehen folgende Materialien für Sie zum Download bereit:

▶ alle Projektdateien
▶ alle Codebeispiele

Vorwort

Der Raspberry Pi ist ein 35-Euro-Computer in der Größe eines Smartphones. (Einige Modelle sind sogar noch kleiner.) Der Minicomputer ist nicht dazu gedacht, den Desktop-PC zu ersetzen – und noch weniger das heimische Notebook: Dazu fehlen ihm eine integrierte Tastatur, ein Akku und vor allem der Bildschirm.

Seinen großen Erfolg verdankt der Raspberry Pi vielmehr einer winzigen Steckerleiste für allgemeine Ein- und Ausgabezwecke. In der Fachsprache heißt sie *General Purpose Input/Output* (GPIO). Elektronikbastler können an diese Steckerleiste Messinstrumente und andere Geräte anschließen und deren Daten verarbeiten bzw. deren Funktionen steuern.

Dadurch ermöglicht der Raspberry Pi eine riesige Palette von Anwendungen: von der selbst gebauten Feinstaub-Messstation über die Steuerungsanlage für die Solaranlage, von »intelligenten« Spielzeug-Robotern bis hin zur Heimautomation. Der Raspberry Pi ist auch in Museen präsent, wo er technische Exponate kindertauglich macht, und er wird an Schulen und Universitäten eingesetzt, um Studenten kostengünstig in die Welt des Embedded Computings einzuführen.

Geschichte

Der Raspberry Pi wurde von der britischen *Raspberry Pi Foundation* aus den Komponenten von Android-Smartphones entwickelt. Die Zielsetzung bestand darin, wieder mehr Jugendliche und Erwachsene für das Experimentieren mit und das Programmieren von Computern zu begeistern – so wie die ersten Homecomputer wie der Commodore 64 in den 1980er-Jahren den ersten Computer-Boom abseits des wissenschaftlichen und geschäftlichen Einsatzes auslösten. Der Raspberry Pi sollte preisgünstig sein, einfach zu programmieren und universell einzusetzen.

Der Erfolg des seit 2012 ausgelieferten Raspberry Pi übertraf alle Erwartungen. Das Gerät wurde *der* Computer der sogenannten »Maker-Szene«: Eine immer größer werdende Gruppe von Elektronik- und Computer-Fans verwendet den Raspberry Pi in einer neuen Do-it-yourself-Kultur zur Realisierung vielfältigster Steuerungsaufgaben. Bis Juli 2017 verkaufte die Raspberry Pi Foundation mehr als 14 Millionen ihres Meisterstücks. (Aktuellere Zahlen gab es bis zur Drucklegung des Buchs nicht.)

Ein entscheidender Faktor für den Erfolg des Raspberry Pi ist die enge Verzahnung des Geräts mit der Open-Source-Welt: Auf dem Raspberry Pi läuft üblicherweise Linux, also das freie Betriebssystem, das auf allen Android-Smartphones sowie auf unzähligen Internet-Servern zum Einsatz kommt. Die bevorzugte Programmiersprache ist Python – ebenfalls ein Open-Source-Programm, das frei von Lizenzgebühren verwendet werden kann.

So viel Freiheit lädt offensichtlich zum Teilen ein: Es gibt unzählige Webseiten, auf denen Raspberry-Pi-Fans ihre Ideen präsentieren, Bauanleitungen zusammenstellen oder Zusatzprogramme anbieten. Auch wenn der Raspberry Pi nicht der einzige Minicomputer seiner Art ist – kein anderes Gerät hat eine derart große Community gefunden, zu keinem anderen Gerät finden Sie so unkompliziert Hilfe, und kein anderes Gerät können Sie mit so vielen Komponenten und Boards erweitern.

Über unser Buch

Unsere Zielsetzung beim Verfassen dieses Buchs war es, Ihnen den Raspberry Pi in seiner ganzen Breite zu präsentieren – von den Linux-Grundlagen über die Programmierung bis zu vielfältigen Versuchsaufbauten mit elektronischen Bauteilen. Dabei war es uns wichtig, Ihnen ein solides Fundament für eigene Experimente zu bieten.

Selbst in einem 1000-Seiten-Buch ist es unmöglich, jedes denkbare elektronische Bauteil, alle Funktionen unterschiedlicher Programmiersprachen bzw. jede der vielen Linux-Anwendungsmöglichkeiten zu präsentieren. Wir haben versucht, das Wesentliche vom Unwesentlichen zu trennen und Ihnen unser Know-how so zu vermitteln, dass Sie den Raspberry Pi wirklich verstehen lernen. Nach der Lektüre dieses Buchs können Sie mehr, als im Blindflug eine Anleitung nachzubauen: Sie können dann eigene Projekte realisieren und Ihr Wissen auf neue Bauteile, Programmier- und Administrationstechniken anwenden.

Das Einzige, was wir von Ihnen als Leser erwarten, ist der Wille, sich auf neue Ideen einzulassen. Davon abgesehen benötigen Sie kein Grundwissen: Weder müssen Sie ein Linux-Guru sein, um dieses Buch zu verstehen, noch müssen Sie programmieren können oder Elektronikbastler sein. Dieses Buch enthält neben vielen Raspberry-Pi-spezifischen Kapiteln eine Einführung in Linux, einen Crashkurs in Sachen Elektronik sowie einen vollständigen Python-Programmierkurs.

Installation und Linux-Grundlagen

Inhaltlich beginnen wir wenig überraschend mit dem Kauf und der Inbetriebnahme des Raspberry Pi. In den folgenden Kapiteln lernen Sie Schritt für Schritt, wie Sie die Kontrolle über das Linux-System auf dem Raspberry Pi übernehmen. Besonderen Wert legen wir darauf, Ihnen effiziente Arbeitstechniken beizubringen. So erklären wir zum Beispiel, wie Sie Ihren Raspberry Pi via SSH, VNC oder RDP fernsteuern und wie Sie Ihren Raspberry Pi mit anderen Geräten im lokalen Netzwerk verbinden und aus dem Internet heraus erreichbar machen. Das Terminal bzw. die Konsole wird dabei Ihr enger Vertrauter werden. Für alle Windows-Fans gehen wir kurz auf die Verwendung von Windows 10 IoT ein, auch wenn dies kein Schwerpunkt des Buchs ist.

Elektronische Komponenten

So richtig Spaß macht das Arbeiten mit dem Raspberry Pi erst, wenn Sie das Gerät durch diverse Komponenten erweitern. Wir beginnen mit ganz simplen Projekten, z. B. dem Ein- und Ausschalten einer Leuchtdiode. Die folgenden Elektronikkapitel zeigen Ihnen dann, wie Sie eine Fülle von Komponenten, Sensoren und Erweiterungsboards mit Ihrem Raspberry Pi einsetzen. Die folgende, unvollständige Liste soll als Appetitanreger dienen:

- LEDs, Transistoren, Optokoppler, Relais, Schritt- und Servomotoren
- Temperatur-, Bewegungs-, Schall-, Ultraschall-, Blitz-, Feuchtigkeits-, Fingerabdruck- und Feinstaubsensoren
- Camera Board und PiNoIR
- HATs, Bussysteme sowie SPI-, I^2C-, UART-, I^2S- und 1-Wire-Komponenten
- 16 × 2-Zeilendisplays, Touchscreens sowie TFT-, OLED- und E-Paper-Displays
- Gertboard, PiFace, Gertduino, StromPi, Pimoroni Zero LiPo, PWM/Servo-HAT, HifiBerry, Sense HAT

Programmierung

Es reicht nicht aus, elektronische Erweiterungen an den Raspberry Pi anschließen zu können – Sie müssen auch Code verfassen, um die Komponenten zu steuern. In der Raspberry-Pi-Welt kommt dazu fast immer Python zum Einsatz. Dieses Buch enthält deswegen einen über drei Kapitel reichenden Python-Programmierkurs, der auch Einsteigern Freude am Programmieren vermittelt.

Python ist zwar populär, aber natürlich nicht die einzige Programmiersprache für den Raspberry Pi. In mehreren Kapiteln zeigen wir Ihnen, wie Sie den Raspberry Pi durch bash-Scripts, C-, C#- oder Java-Programme bzw. mit PHP-Seiten steuern. Und für alle, die einen Blick in eine vollkommen neue Programmiersprache werfen möchten, haben wir ein Kapitel über Mathematica und die Wolfram Language beigefügt.

Konkrete Anwendungen und Projekte

Bereits die Grundlagenkapitel zeigen unzählige Anwendungsmöglichkeiten des Raspberry Pi. Daneben stellen wir Ihnen kapitelweise eine Menge konkreter Projekte vor. Zu den Highlights zählen:

- ein ferngesteuerter Audio-Player für die Stereoanlage
- Zeit- und Geschwindigkeitsmessung, z. B. für den Physikunterricht
- Multimedia-Center für den Fernseher (Kodi, Plex, Volumio)
- Multimedia-Server (DLNA)
- ein selbststeuerndes Spielzeugauto
- Raum und Zeit erfassen mit einem GPS-Modul

- Heimautomation mit Netzwerksteckdosen und 433-MHz-Funksteckdosen
- der Raspberry Pi im Vogelhaus
- WLAN- und Tor-Router
- der Raspberry Pi lernt twittern
- Stromzähler (Smart Meter) auslesen
- der Raspberry Pi als RFID-Reader und Türöffner
- DNS-Werbeblocker Pi-hole
- Luftraumüberwachung mit dem Raspberry Pi
- Servocam (Fernsteuerung einer Webcam mit Servomotoren)
- Garten- und Balkonbewässerungssystem
- Wassermelder, Geräusch- und Blitz-Sensoren
- Feinstaubmessung (PM10, PM2.5, VOC)

Neu in der 5. Auflage

Für die hier vorliegende 5. Auflage haben wir das Buch im Hinblick auf die aktuelle Raspbian-Version »Stretch« aktualisiert. Das Buch berücksichtigt die neuen Raspberry-Pi-Modelle 3B+ und Zero WH und stellt das Erweiterungsboard *Sense HAT* vor. Das neue Projekt Pi-hole zeigt, wie Sie den Raspberry Pi zum Werbeblocker für Ihr gesamtes lokales Netzwerk machen.

Viel Spaß mit dem Raspberry Pi!

IT-begeisterte Köpfe haben schon immer Spaß am Programmieren und am Experimentieren gefunden. Aber wenige Neuerungen der letzten Jahre haben eine derartige Welle der Begeisterung ausgelöst wie der Raspberry Pi. Immer wieder tauchen neue Anwendungen auf, an die niemand dachte, als der Raspberry Pi konzipiert wurde.

Lassen Sie sich von dieser Begeisterung anstecken. Verwenden Sie den Raspberry Pi, um in die Welt der Elektronik, in die Programmierung und in die Konzepte von Linux einzutauchen! Dabei wünschen wir Ihnen viel Spaß!

Michael Kofler (*https://kofler.info*)
Charly Kühnast (*http://kuehnast.com*)
Christoph Scherbeck (*http://www.elektronx.de*)

PS: Zu diesem Buch gibt es auch ein Blog, in dem wir über neue Raspberry-Pi-Ideen und -Entwicklungen berichten:

https://pi-buch.info

TEIL I
Den Raspberry Pi kennenlernen

Kapitel 1
Kauf und Inbetriebnahme

Der Raspberry Pi ist ein winziger Computer. Seine Grundfläche ist etwas größer als eine Kreditkarte. In ein Gehäuse verpackt, hat der Computer das Volumen von zwei Smartphones. Das eigentliche Grundgerät kostet je nach Händler etwa 35 EUR. Zusätzlich brauchen Sie in der Regel ein Netzteil, ein Gehäuse, eine SD-Speicherkarte und eventuell ein paar Kabel. Die Gesamtinvestition liegt also deutlich unter 100 EUR.

Dafür erhalten Sie einen vollwertigen, Linux-basierten Computer mit einer ARM-CPU, den Sie zur Steuerung elektrischer Geräte, für Versuchsaufbauten, als Mini-Server oder als kleines Multimedia-Center in der Art des Apple TV oder des Amazon Fire TV einsetzen können. Prinzipiell kann der Raspberry Pi sogar als Ersatz für einen gewöhnlichen PC verwendet werden. Allerdings kann der Raspberry Pi hier, was die Geschwindigkeit betrifft, nicht mit modernen Rechnern mithalten.

Dieses Kapitel gibt Tipps zum Kauf des Raspberry Pi samt des erforderlichen Zubehörs. Außerdem erfahren Sie, wie Sie auf Ihrem Notebook oder PC eine SD-Karte so einrichten, dass Sie auf ihr das Betriebssystem für Ihren Raspberry Pi speichern können. Sobald Sie diesen Schritt geschafft haben, können Sie Ihren Raspberry Pi erstmals starten und verwenden. Die ersten Schritte unter Raspbian, dem beliebtesten Betriebssystem für den Raspberry Pi, beschreibt dann das nächste Kapitel.

1.1 Kauf

Sofern Sie noch keinen Raspberry Pi besitzen, steht zuerst der Kauf an. Beachten Sie, dass Sie den Raspberry Pi ohne jedes Zubehör erhalten – es sei denn, Sie entscheiden sich für ein Komplettpaket! Zur Inbetriebnahme benötigen Sie deswegen auch ein Netzteil, eine SD-Karte, eine Tastatur und eine Maus mit USB-Anschluss, einen Monitor mit HDMI-Eingang sowie die dazugehörigen Kabel.

Bezugsquellen

Den Raspberry Pi sowie die gerade aufgezählten Zubehörteile können Sie unkompliziert im Internet erwerben. Neben Amazon und großen Elektronikhändlern wie Conrad oder Pollin gibt es auch eine Menge kleinere Web-Shops, die sich auf Elektronikbastler und die sogenannte Maker-Szene spezialisiert haben.

> Beachten Sie beim Einkauf immer den jeweiligen Firmenstandort! Manche beson-
> ders günstige Angebote werden aus asiatischen Ländern versandt. Das kann nicht
> nur lange dauern, sondern auch zu Zollproblemen führen.

Raspberry-Pi-Modelle

Vom Raspberry Pi sind verschiedene Modelle erhältlich, von denen wir Ihnen hier die
wichtigsten präsentieren:

▶ **Raspberry Pi 3, Modell B+:** Dieses seit Frühjahr 2018 verfügbare Modell ist der zur-
zeit leistungsfähigste Raspberry Pi (siehe Abbildung 1.1). Eine 64-Bit-CPU mit einer
Taktfrequenz von 1,4 GHz machen diesen Raspberry Pi deutlich schneller als das
Vorgängermodell.

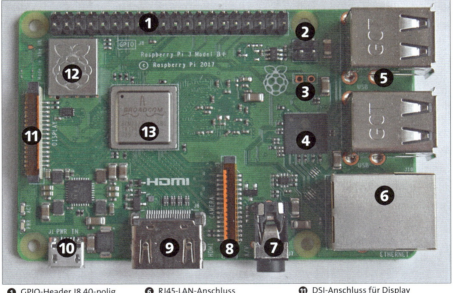

❶ GPIO-Header J8 40-polig	❻ RJ45-LAN-Anschluss	⓫ DSI-Anschluss für Display
❷ POE-Header	❼ 3,5-mm-Audio- und Videoausgang	SD-Kartenslot (auf der Platinen-
❸ Run-Header (P6)	❽ CSI-Anschluss für Camera-Board	unterseite)
❹ LAN-/USB-Controller LAN7517	❾ HDMI-Anschluss	⓬ WiFi-Controller CYW43455
❺ 2x 2 USB-Ports	❿ Micro-USB-Buchse 5 V	⓭ SoC BCM2837

Abbildung 1.1 Der Raspberry Pi 3 (Modell B+)

Der Rechner verfügt über vier USB-2.0-Anschlüsse, einen GBit-Ethernet-Adapter
(die tatsächliche Bandbreite beträgt ca. 300 MBit/s), je einen WLAN- und Bluetooth-Adapter sowie über eine 40-Pin-Steckerleiste mit GPIOs (General Purpose
Input/Output).

Die Rechenleistung stellt ein Broadcom-BCM2837-SoC (System-on-a-Chip) zur Verfügung: Er enthält vier CPU-Cores in ARMv8-Architektur sowie einen Broadcom-Video-Core IV mit H.264-Encoder/Decoder. Die Leistungsaufnahme des Minirechners ohne Peripheriegeräte beträgt je nach CPU-Auslastung zwischen 3,5 und 5,5 Watt.

▶ **Raspberry Pi 3, Modell B:** Dieses Modell wurde im Februar 2016 vorgestellt. Seine Rechenleistung und der Netzwerkdurchsatz sind etwas geringer, außerdem besteht keine Möglichkeit, eine Power-over-Ethernet-Erweiterung zu nutzen.

▶ **Raspberry Pi Zero W und Zero WH:** Die seit Februar 2017 lieferbare Zero-W-Variante des Raspberry Pi wurde auf das absolute Minimum geschrumpft (siehe Abbildung 1.2): Anstelle einer normalen HDMI-Buchse gibt es deren Mini-Variante. Es gibt zwei Micro-USB-Buchsen: eine für die Stromversorgung und eine zur Datenübertragung. Weitere USB-Buchsen wurden ebenso eliminiert wie die Ethernet-Buchse und der analoge Audio-Ausgang. Dank eines Chips mit WLAN- und Bluetooth-Funktionen sind die Zero-Modelle W und WH aber netzwerkfähig.

❶ Pin 1	❹ Run-Header (Reset)	❼ Integrierte WLAN-Antenne	❿ FPC-Kamera-anschluss
❷ Pin 2	❺ Micro-SD	❽ Micro-USB (Daten)	
❸ Pin 40	❻ Mini-HDMI	❾ Micro-USB (Stromversorgung)	

Abbildung 1.2 Der Raspberry Pi Zero W

Beim Modell W wurde die GPIO-Steckerleiste durch 40 Lötpunkte ersetzt. Die im Februar 2018 vorgestellte Variante Zero WH hat exakt dieselben Daten wie das W-Modell, allerdings ist wie beim Raspberry Pi 3B+ eine Steckerleiste aufgelötet. Das erleichtert Bastelprojekte (kein Löten erforderlich), macht den Pi Zero WH aber auch deutlich voluminöser.

Der Kameranschluss nutzt den besonders kleinen FPC-Anschluss. Deswegen müssen Sie zum Anschluss ein spezielles Kabel verwenden, das teilweise in Raspberry-Zero-Sets mitgeliefert wird.

Im Vergleich zum Raspberry Pi 3 verwenden die Zero-Modelle W und WH ein deutlich älteres SoC: Der BCM2835 bietet nur einen CPU-Core mit ARMv6-Architektur bei einer Taktfrequenz von 1 GHz. Der Arbeitsspeicher ist mit 512 MByte nur halb so groß wie beim großen Bruder.

Diesen Nachteilen stehen einige Vorteile gegenüber: Der Preis des Zero-Modells wurde auf sagenhafte zehn Euro reduziert. (Im Handel ist das Gerät allerdings oft nur in deutlich teureren Sets erhältlich.) Die Leistungsaufnahme beträgt nicht einmal 1 Watt. Die Platine ist weniger als halb so groß wie die des Raspberry Pi 3, Modell B.

▶ **Raspberry Pi 3, Compute Module:** Bei dieser Raspberry-Pi-Variante wurde das gesamte Innenleben des Raspberry Pi auf einer deutlich kleineren Platine realisiert, die die Form eines DDR2-SODIMM-Speicherriegels hat und somit weniger als halb so groß wie der originale Raspberry Pi ist.

Das Compute Module enthält standardmäßig einen 4 GByte großen Flash-Speicher und macht mehr Steuerungs-Pins des BCM2835 zugänglich, bietet also mehr GPIOs. Wirklich genutzt werden kann dieser Raspberry Pi allerdings nur in Kombination mit einem I/O-Board, das die Anschlüsse nach außen führt.

Das Compute Module ist vor allem für die industrielle Nutzung gedacht, z. B. wenn der Raspberry Pi zur Steuerung eines in hohen Stückzahlen produzierten Geräts verwendet werden soll.

USB-Mängel

Die aktuellen Raspberry-Pi-3-Modelle verfügen über vier USB-Anschlüsse. Sie sollten sich aber darüber im Klaren sein, wie diese Anschlüsse technisch realisiert sind: *Ein* USB-Kanal, den der BCM283x zur Verfügung stellt, führt zu einem internen Hub. Dieser ist dann mit den vier USB-Anschlüssen *und* dem Ethernet-Anschluss verbunden. Mit anderen Worten: Alle USB-Geräte und der Ethernet-Anschluss *teilen* sich die Bandbreite eines USB-2.0-Kanals.

Beim Raspberry Pi 3B+ unterstützt ein verbesserter LAN-Chip zwar eine höhere Netzwerkgeschwindigkeit von bis zu 300 MBit/s, aber das auch nur, wenn die USB-Anschlüsse gerade keine Bandbreite konsumieren.

	Modell A/A+ 65 mm × 56 mm	Modell B/B+ 86 mm × 56 mm	Zero 65 mm × 30 mm	Compute Module 68 mm × 31 mm
Anschlüsse	1 × USB	2/4 × USB, HDMI	1 × Micro-USB, 1 × Mini-HDMI	inkl. 4 GB eMMC
Netzwerk/ Bluetooth	–	Ethernet, V3: plus WLAN/ Bluetooth	Modell W und WH: mit WLAN/ Bluetooth	–
Version 1 BCM 2835 1 Core, ARMv6	April 2012 (A) Nov. 2014 (A+) 700 MHz, 256 MB	April 2012 (B) Juli 2014 (B+) 700 MHz, 512 MB	Nov. 2015 Mai 2016 Feb. 2017 Feb. 2018 1 GHz, 512 MB	Juni 2014 700 MHz, 512 MB
Version 2 BCM 2836 4 Cores, ARMv7		Feb. 2015 900 MHz, 1 GB		
Version 3 BCM 2837 4 Cores, ARMv8		Feb. 2016 (3B) März 2018 (3B+) 1,2 bzw. 1,4 Ghz, 1 GB		Jan. 2017 1,2 GHz, 1 GB

Abbildung 1.3 Überblick über die bis Mitte 2018 vorgestellten Raspberry-Pi-Modelle, jeweils mit Taktfrequenz und RAM-Größe

Kaufempfehlung

Der Raspberry Pi Zero W bzw. WH ist zwar das billigste Modell, aber aus unserer Sicht für die Mehrheit der Bastler nicht die beste Variante: Das Hauptproblem besteht darin, dass es nur einen USB-Anschluss gibt. Adapter-Stecker und der für die Inbetriebnahme oft erforderliche USB-Hub machen die anfängliche Kostenersparnis teilweise gleich wieder zunichte.

Sofern Sie Raspbian als Betriebssystem einsetzen möchten, raten wir Ihnen für Ihre ersten Raspberry-Pi-Experimente zum Raspberry Pi 3, Modell B+. Für ein paar Euro mehr erhalten Sie einen Rechner, dessen Bedienung auch im Desktop-Betrieb Spaß macht und der aufgrund seiner vielen Anschlüsse wesentlich einfacher zu beschalten ist. Wenn Sie später ein Projekt durchführen, bei dem die geringe Größe oder Leistungsaufnahme des Zero-Modells ein Vorteil ist, können Sie immer noch ein Exemplar dieses Mini-Modells erwerben.

Gegen das Modell 3B+ spricht allerdings, dass überraschend viele Raspberry-Pi-Systeme im Juni 2018 noch nicht kompatibel zu diesem Modell waren. Das betraf z. B. Windows IoT, Ubuntu MATE 16.04 oder RasPlex. Zwar verwenden die Modelle 3B und 3B+ den gleichen SoC, die unterschiedlichen Netzwerk- und WLAN-Controller erfordern aber neue Installations-Images. Es ist zu hoffen, dass diese Kompatibilitätsprobleme bis zum Erscheinen des Buchs behoben sind – aber versprechen können wir das natürlich nicht.

Wenn Sie schon ein älteres Raspberry-Pi-Modell zu Hause haben, spricht natürlich nichts dagegen, dieses weiterzuverwenden. Zum Experimentieren und Basteln ist die im Vergleich zu aktuellen Modellen geringere Geschwindigkeit zumeist immer noch mehr als ausreichend.

Die Anschlüsse des Raspberry Pi 3B+

Das Modell B+ des Raspberry Pi 3 bietet die folgenden Anschlussmöglichkeiten (siehe Abbildung 1.4):

▸ einen Micro-USB-Anschluss zur Stromversorgung (5 V, 1 bis 2,5 A, entspricht 5 bis 12,5 Watt). Der tatsächliche Stromverbrauch hängt von der CPU-Auslastung und dem Leistungsbedarf der USB-Geräte ab.

▸ vier gewöhnliche USB-2.0-Anschlüsse für Tastatur, Maus und andere USB-Geräte. Der RPi3-B+ kann über diese USB-Anschlüsse insgesamt 1200 mA weitergeben.

▸ einen HDMI-Ausgang für Bild und Ton, Auflösung bis zu 1920 × 1200 Pixel

▸ einen kombinierten Audio/Video-Ausgang für einen vierpoligen 3,5-mm-Klinkenstecker. Wenn das Video-Signal nicht genutzt werden soll, kann das Audio-Signal auch mit jedem dreipoligen 3,5-mm-Klinkenstecker abgegriffen werden.

▸ einen Micro-SD-Slot (SDHC)

▸ einen Ethernet-Anschluss (GBit, max. Geschwindigkeit ca. 300 MBit/s)

▸ eine Steckerleiste mit 40 Pins (der sogenannte »J8-Header«) für allgemeine Zwecke (General Purpose Input/Output inklusive UART, I^2C-Bus, SPI-Bus, I^2S-Audio). Eine detaillierte technische Beschreibung der GPIO-Pins folgt in Kapitel 10, »Hardware-Einstieg«.

▸ eine vierpolige Steckerleiste zu Anschluss einer Power-over-Ethernet-Erweiterung (»PoE HAT«).

▸ einen integrierten WLAN-Adapter (leider ohne Anschlussmöglichkeit für eine externe Antenne)

▸ einen integrierten Bluetooth-Adapter

Die Anschlüsse des Raspberry Pi 3B

Das Vorgängermodell zum Raspberry Pi 3B+, also das Modell 3B, sieht optisch nahezu gleich aus. Allerdings fehlt der vierpolige Anschluss für die PoE-Erweiterung. Das Modell 3B ist zudem in beinahe jeder Hinsicht ein wenig langsamer (CPU-, LAN- und WLAN-Geschwindigkeit) und unterstützt nur den Bluetooth-Standard 4.1, während das Modell 3B+ kompatibel zu Bluetooth 4.2 ist. Dafür ist der Energiebedarf um 1 bis 2 Watt geringer.

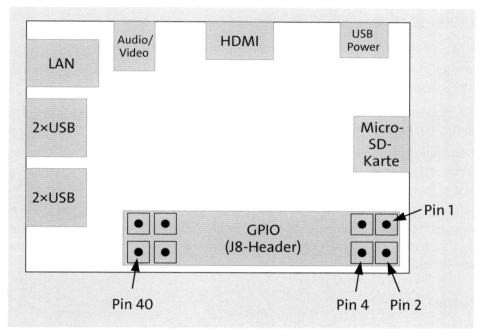

Abbildung 1.4 Schematische Darstellung der wichtigsten Raspberry-Pi-Anschlüsse (gilt für den Raspberry Pi 1B+, 2B, 3B und 3B+, Sicht jeweils von oben)

Die Anschlüsse des Raspberry Pi 2 (Modell B) und des Raspberry Pi 1 (Modell B+)

Die Modelle RPi2-B und RPi1-B+ verfügen prinzipiell über dieselben Anschlüsse wie der RPi3-B. Es gibt aber zwei Unterschiede:

▸ Die WLAN- und Bluetooth-Adapter fehlen.

▸ Die USB-Anschlüsse können standardmäßig nur 600 mA weitergeben. Wenn Sie energiehungrige USB-Geräte mit Strom versorgen möchten, müssen Sie in /boot/ config.txt die Einstellung usb_max_current=1 einbauen (siehe auch Abschnitt 5.8, »Systemeinstellungen in config.txt«). Der maximal zulässige Strom beträgt dann wie beim RPi3-B 1200 mA.

27

Die Anschlüsse anderer Raspberry-Pi-Modelle

Für das ältere Modell B des Raspberry Pi 1, das zwar nicht mehr verkauft wird, aber noch vielfach im Einsatz ist, gelten einige Abweichungen im Vergleich zur obigen Liste:

► Strombedarf 700 mA bis 1 A (ergibt 3,5 bis 5 Watt Leistung)

► nur zwei USB-Anschlüsse mit einem maximalen Ausgangsstrom von je 100 mA

► SD-Karten-Slot für gewöhnliche SD-Karten

► getrennte Audio- und Video-Ausgänge

► eine Steckerleiste mit nur 26 Pins (der sogenannte »P1-Header«)

► andere Anordnung der Anschlüsse, erfordert daher auch ein anderes Gehäuse als bei den neueren Modellen

Bei den Modellen A bzw. A+ müssen Sie auf den Ethernet-Anschluss verzichten. Außerdem gibt es nur einen USB-Anschluss.

Diese Einschränkungen gelten auch für das Zero-Modell. Dort kommt erschwerend hinzu, dass die USB- und HDMI-Anschlüsse in der Micro- bzw. Mini-Ausführung vorliegen. Zum Anschluss gewöhnlicher USB- oder HDMI-Kabel benötigen Sie Adapter.

Der analoge Audio-Ausgang fehlt beim Zero-Modell komplett. Den Composite-Video-Ausgang können Sie zur Not selbst realisieren – dafür gibt es entsprechende Lötpunkte. Dafür ist das Zero-Modell besonders sparsam und begnügt sich mit weniger als einem Watt Leistungsaufnahme.

Netzteil

Das Netzteil ist entscheidend dafür, dass der Raspberry Pi stabil und zuverlässig funktioniert. Achten Sie beim Kauf des Netzteils darauf, dass dieses ausreichend leistungsstark ist. Der Raspberry Pi 3B+ benötigt ca. 1100 mA Strom, das ergibt bei einer Spannung von 5 V eine Leistungsaufnahme von 5,5 W. (Im Leerlauf benötigt dieses Modell nur ca. 3,5 W. Die Leistungsaufnahme steigt aber, wenn die CPU ausgelastet wird.)

Der Raspberry Pi 3B benötigt nur 2,5 bis 4,5 W (also 500 bis 900 mA Strom). Beim Raspberry Pi 2B ist die maximale Leistungsaufnahme mit 3 W (600 mA) noch niedriger.

Unabhängig vom Modell kommt zu den oben genannten Werten noch der Strombedarf der angeschlossenen USB-Geräte sowie anderer Komponenten, die mit dem Raspberry Pi verbunden sind: So dürfen über GPIO-Pins bis zu 50 mA fließen. Wenn der Raspberry Pi über ein HDMI-Kabel mit einem Monitor verbunden ist, kostet das ca. 50 mA Strom. Das Kameramodul für den Raspberry Pi benötigt weitere 250 mA.

Bei aktuellen Raspberry-Pi-Modellen kann der Gesamtstrom auf über 2000 mA ansteigen (also auf mehr als 10 W), wenn Sie viele bzw. leistungsstarke USB-Geräte nutzen. Typische Handy-Netzteile sind ungeeignet, auch wenn diese vielleicht mit dem richtigen USB-Kabel ausgestattet sind und die Verlockung daher groß ist, das Netzteil einer neuen Verwendung zuzuführen! Die Raspberry Pi Foundation empfiehlt für die Modelle 3B und 3B+ generell ein Netzteil von 2,5 A. Das ist etwas großzügig gerechnet, bietet aber ausreichend Reserven für alle Anwendungsfälle.

Grundsätzlich ist der Raspberry Pi für den Dauerbetrieb ausgelegt. Viele Raspberry-Pi-Anwendungen setzen voraus, dass der Raspberry Pi Tag und Nacht läuft. Glücklicherweise verbraucht der Raspberry Pi dabei nur etwas mehr Strom als viele andere Geräte im Stand-by-Betrieb. Dennoch summiert sich der Strombedarf über ein Jahr gerechnet auf rund 35 bis 50 Kilowattstunden. Bei einem Strompreis von 20 Cent/kWh betragen die Stromkosten für den Raspberry Pi (ohne Zusatzgeräte) also rund 6 bis 10 Euro pro Jahr.

Akku- und Batteriebetrieb

Im Vergleich zu einem gewöhnlichen Computer verbraucht der Raspberry Pi zwar nur wenig Strom, für den Akku- oder Batteriebetrieb ist die Leistungsaufnahme aber dennoch recht hoch. Tipps, wie Sie Ihren Raspberry Pi zumindest etliche Stunden lang ohne Netzanschluss betreiben können, finden Sie in Abschnitt 10.4, »Stromversorgung«. Für besonders energieeffiziente Anwendungen empfiehlt sich das Zero-Modell mit weniger als 1 Watt Leistungsaufnahme. Im Leerlaufbetrieb und ohne HDMI- und USB-Geräte beträgt der Energiebedarf sogar nur ein halbes Watt.

Ein/Aus-Schalter

Allen Raspberry-Pi-Modellen fehlt ein Ein/Aus-Schalter. Zum Einschalten stecken Sie das Micro-USB-Kabel zur Stromversorgung an. Um den Raspberry Pi auszuschalten, fahren Sie nach Möglichkeit zuerst das laufende Betriebssystem herunter, z. B. durch ABMELDEN im Startmenü oder mit dem Kommando halt. Anschließend lösen Sie das Micro-USB-Kabel für die Stromversorgung. Eine Anleitung, wie Sie Ihren Raspberry Pi über einen Taster ausschalten oder neu starten können, finden Sie in Abschnitt 19.3, »Reset/Shutdown-Taste«.

SD-Karte

Der Raspberry Pi verfügt nicht wie ein gewöhnlicher Computer über eine Festplatte oder eine SSD. Stattdessen dient eine SD-Karte als Datenspeicher für das Betriebssystem sowie für Ihre Daten. Die Form der SD-Karte hängt vom Modell ab:

- ▶ **Raspberry Pi 3, Raspberry Pi 2, Raspberry Pi Zero sowie Raspberry Pi 1, Modelle A+ und B+:** Für alle aktuellen Modelle des Raspberry Pi brauchen Sie eine Micro-SD-Karte. In der Regel ist es zweckmäßig, eine Micro-SD-Karte mit einem Adapter für das Standardformat zu erwerben. Den Adapter benötigen Sie, damit Sie die Micro-SD-Karte in den SD-Karten-Slot Ihres gewöhnlichen Computers einführen und dort beschreiben können.

- ▶ **Raspberry Pi 1, Modelle A und B:** Die allerersten Raspberry-Pi-Modelle erwarteten die SD-Karte im Standardformat. Mini- oder Micro-SD-Karten können mit einem Adapter verwendet werden.

Unabhängig vom Format muss die SD-Karte dem SDHC-Standard entsprechen. Der neuere SDXC-Standard für SD-Karten mit mehr als 32 GByte wird offiziell nicht unterstützt! Tatsächlich können auch derartige SD-Karten verwendet werden, sofern Sie auf die NOOBS-Installationsvariante verzichten oder sicherstellen, dass Sie ein VFAT-Dateisystem (nicht ExFAT) für die Installation verwenden.

Probleme mit SD-Karten

Den Raspberry-Pi-Diskussionsforen zufolge sind defekte SD-Karten die häufigste Fehlerursache auf dem Raspberry Pi. Das hat sich leider auch bei unseren Tests immer wieder bestätigt. Kümmern Sie sich regelmäßig um Backups Ihrer Daten, und halten Sie für den Notfall eine SD-Reservekarte bereit.

Auch wenn wir diesbezüglich keine negativen Erfahrungen gemacht haben, existieren offensichtlich auch vereinzelt SD-Karten, die inkompatibel zum Raspberry Pi sind und überhaupt nicht funktionieren. Informationen zu diesem Problem können Sie auf der folgenden Seite nachlesen. Dort finden Sie in einer Art Datenbank unzählige Erfahrungsberichte zu diversen SD-Karten:

https://elinux.org/RPi_SD_cards

SD-Karten gibt es in unterschiedlichen Geschwindigkeitsklassen – Class 4, 6 oder 10. Class 6 bedeutet beispielsweise, dass eine Schreibgeschwindigkeit von zumindest 6 MByte pro Sekunde garantiert wird. Das klingt gut, ist aber weniger als ein Zehntel dessen, was bei Festplatten üblich ist, von SSDs gar nicht zu sprechen! Wenn Sie also Wert auf einen zügigen Start des Raspberry Pi legen bzw. häufig größere Datenmengen lesen oder schreiben möchten, sollten Sie eine möglichst schnelle SD-Karte verwenden, also Class 10.

Bleibt noch die optimale Größe der SD-Karte zu klären: Wenn Sie Raspbian einsetzen möchten, also das gängigste Linux-System für den Raspberry Pi, dann beträgt das unterste Limit 8 GByte. Besser ist es, Sie entscheiden sich gleich für etwas mehr Speicherplatz, z. B. für 16 GByte. Dann haben Sie genug Platz für Zusatzpakete, eigene Daten etc. Eine zu knapp bemessene SD-Karte kann außerdem Probleme bei größeren Updates verursachen, die vorübergehend deutlich mehr Speicherplatz beanspruchen.

Gehäuse

Für Versuchsaufbauten auf Ihrem Schreibtisch können Sie auf ein Gehäuse verzichten. Sollten Sie aber vorhaben, Ihren Raspberry Pi im Rahmen eines Projekts dauerhaft einzusetzen (beispielsweise als Multimedia-Center im Wohnzimmer), ist ein Gehäuse empfehlenswert.

Im Internet gibt es eine große Auswahl an Gehäusen für den Raspberry Pi. Beim Kauf müssen Sie unbedingt darauf Rücksicht nehmen, welches Raspberry-Pi-Modell Sie einsetzen. Achten Sie auch darauf, dass das Gehäuse Belüftungsschlitze aufweist! Der Raspberry Pi läuft mangels Lüfter und anderer bewegter Teile vollkommen lautlos, produziert aber durchaus Abwärme. In einem Gehäuse ohne Luftzirkulation riskieren Sie ein vorzeitiges Ableben Ihres neuen Gadgets!

Sofern die Belüftung gewährleistet ist, benötigt der Raspberry Pi für den normalen Betrieb keine Kühlung. Bei älteren Modellen besteht die Möglichkeit, die CPU höher zu takten und damit die Geschwindigkeit des Raspberry Pi zu steigern (siehe Abschnitt 4.14, »Overclocking«). Sollten Sie sich dazu entschließen, ist es empfehlenswert, die CPU, den USB/LAN-Controller und den Spannungswandler mit passiven Kühlkörpern auszustatten. Diese leiten die Wärme besser ab.

Tastatur und Maus

Nahezu jede handelsübliche USB-Tastatur und -Maus eignet sich als Eingabegerät für den Raspberry Pi. Bei den Raspberry-Pi-Modellen A und B der Version 1 müssen Sie allerdings darauf achten, dass der Strombedarf jeweils nicht mehr als 100 mA betragen darf: Falls Ihre Tastatur bzw. Maus mehr Strom braucht, müssen Sie das Gerät über einen aktiven USB-Hub mit dem Raspberry Pi verbinden.

Möglicherweise fragen Sie sich, wie Sie herausfinden, wie groß die Leistungsaufnahme Ihrer Tastatur bzw. Maus ist. Ein entsprechend genaues Datenblatt steht leider selten zur Verfügung. Gewissheit können Sie nur durch Ausprobieren oder mit einem USB-Strommessgerät erlangen. Sollte Ihr Raspberry Pi nicht stabil laufen bzw. sollten Tastatur und Maus gar nicht funktionieren, dann wird Ihre erste Zusatzinvestition ein aktiver USB-Hub sein.

Persönlich haben wir für unsere Experimente unter anderem eine schon etwas ältere Apple-Aluminium-Tastatur mit USB-Anschluss und eine preisgünstige Logitech-OEM-Maus verwendet.

Längerfristig können Sie den Raspberry Pi natürlich auch mit einer Bluetooth-Maus und -Tastatur steuern. Das erfordert aber einen USB-Bluetooth-Adapter (außer bei den Rasberry-Pi-Modellen 3B, 3B+, Zero W und Zero WH, bei denen ein Adapter eingebaut ist) sowie die oft hakelige Konfiguration der Bluetooth-Geräte. Tipps zur Bluetooth-Konfiguration folgen in Abschnitt 2.5, »Bluetooth-Konfiguration«.

USB-Hub

Wir haben es bereits erwähnt: Die älteren Modelle des Raspberry Pi verfügen über nur zwei USB-2.0-Anschlüsse. Noch größere Einschränkungen gelten für die A-Modelle sowie für den Raspberry Pi Zero, die nur einen einzigen USB-Anschluss vorsehen.

Aber nicht nur die Anzahl der USB-Anschlüsse ist limitiert, sondern auch der Strom, den der Raspberry Pi den USB-Geräten liefern kann. Ältere Raspberry-Pi-Modelle können USB-Geräten maximal 100 mA Strom zur Verfügung stellen – und das auch nur, wenn das Netzteil für den Raspberry Pi korrekt bemessen ist. Bei einer Spannung von 5 V ergibt sich daraus eine maximal zulässige Leistungsaufnahme von 0,5 W pro Gerät. Für viele USB-Geräte ist das zu wenig. Das gilt insbesondere für externe Festplatten, aber auch für manche Tastaturen und WLAN-Adapter.

Leider ist es nahezu unmöglich, den Strombedarf bzw. die Leistungsaufnahme eines USB-Geräts vor dem Kauf in Erfahrung zu bringen. Sie können den Erfahrungsberichten anderer Raspberry-Pi-Anwender vertrauen, eine wirklich zuverlässige Informationsquelle ist das aber nicht. Oder Sie probieren es einfach selbst aus: Wenn das USB-Gerät funktioniert und Ihr Raspberry Pi danach problemlos startet und über längere Zeit absturzfrei läuft, ist alles in Ordnung.

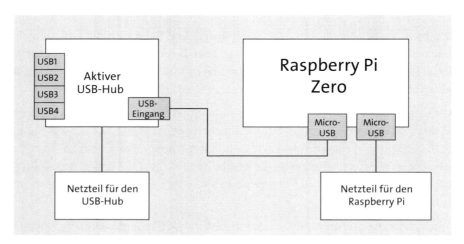

Abbildung 1.5 Raspberry Pi Zero mit aktivem USB-Hub zur gleichzeitigen Verwendung von vier USB-Geräten

Bei den aktuellen Modellen ist die USB-Situation wesentlich entspannter: Sie können bis zu vier Geräte gleichzeitig anschließen und diese mit insgesamt bis zu 1200 mA Strom versorgen. Das setzt aber ein entsprechend großzügig dimensioniertes Netzteil voraus, denn der Raspberry Pi 3B+ selbst benötigt ebenfalls zwischen 700 mA und 1100 mA.

Wenn Sie viele energiehungrige USB-Geräte gleichzeitig verwenden möchten, führt an einem aktiven USB-Hub kein Weg vorbei (siehe Abbildung 1.5). *Aktiv* bedeutet in diesem Fall, dass der USB-Hub über eine eigene Stromversorgung verfügt. Die Abbildung macht aber schon klar, dass die Verwendung eines USB-Hubs unweigerlich in einem Kabelsalat endet.

WLAN- und Bluetooth-Adapter

Der Raspberry Pi 3 Modell B und B+ sowie der Raspberry Pi Zero W und Zero WH enthalten jeweils integrierte WLAN- und Bluetooth-Adapter. Wenn Sie andere Raspberry-Pi-Modelle per Funk in das lokale Netzwerk integrieren möchten oder Bluetooth-Geräte nutzen möchten, benötigen Sie einen USB-WLAN- bzw. USB-Bluetooth-Adapter. Diese winzigen USB-Stöpsel sind für wenige Euro erhältlich. Konfigurationsanleitungen finden Sie in Abschnitt 5.5, »Netzwerkkonfiguration«, und in Abschnitt 5.6, »Bluetooth«. Beachten Sie aber, dass nicht jedes Gerät kompatibel zum Raspberry Pi ist! Recherchieren Sie unbedingt vor dem Kauf, z. B. auf den folgenden Seiten:

https://elinux.org/RPi_USB_Wi-Fi_Adapters
https://elinux.org/RPi_USB_Bluetooth_adapters

Was Sie sonst noch brauchen

Der Raspberry Pi ist zwar ein selbstständiger Computer, um ihn in Betrieb zu nehmen, benötigen Sie aber einen zweiten Computer: Dort laden Sie die Image-Datei mit dem Betriebssystem des Raspberry Pi herunter und übertragen das Image auf die SD-Karte. Dieser Vorgang wird im nächsten Abschnitt ausführlich beschrieben. Sollte Ihr Hauptcomputer über keinen SD-Slot verfügen, müssen Sie sich ein USB-SD-Karten-Lesegerät besorgen, das Sie für wenige Euro in jedem Elektronik-Shop erhalten.

Auch für den weiteren Betrieb ist ein regulärer Computer hilfreich: Sobald auf Ihrem Raspberry Pi Linux läuft, können Sie die meisten Administrationsaufgaben auch über eine Netzwerkverbindung erledigen. Diese Vorgehensweise ist oft komfortabler als das direkte Arbeiten auf dem Raspberry Pi.

Für erste Experimente ist es ausgesprochen praktisch, wenn Sie Ihren Raspberry Pi über ein Netzwerkkabel mit dem lokalen Netzwerk, also z. B. mit Ihrem Router, verbinden können. Damit hat Ihr Minicomputer ohne umständliche Konfigurationsarbeiten sofort Netzwerk- und Internetzugang. Das ist unter anderem auch deswegen zweckmäßig, weil der Raspberry Pi über keine batteriegepufferte Uhr verfügt und die aktuelle Uhrzeit aus dem Netzwerk bezieht.

Wenn Sie den Raspberry Pi für Elektronikprojekte einsetzen, benötigen Sie dazu natürlich die entsprechenden Bauteile, außerdem ein Multimeter, ein Steckboard für Versuchsaufbauten etc. Detaillierte Anleitungen für alle erdenklichen Einsatzzwecke folgen im dritten und fünften Teil dieses Buchs.

1.2 Raspberry-Pi-Distributionen

Der Raspberry Pi wird ohne Betriebssystem geliefert. Bevor Sie mit ihm arbeiten können, müssen Sie sich für ein Betriebssystem entscheiden: Für den Raspberry Pi gibt es nämlich nicht nur eines, sondern es steht gleich eine ganze Menge von Betriebssystemen zur Auswahl. Nahezu alle diese Betriebssysteme basieren auf Linux. In der Linux-Welt ist es üblich, das eigentliche Betriebssystem sowie alle dafür verfügbaren Programme als *Distribution* zu bezeichnen. Die folgende Liste zählt die wichtigsten Distributionen auf, die für den Raspberry Pi geeignet sind:

▶ **Raspbian:** Raspbian ist die populärste Linux-Distribution für den Raspberry Pi. Das Wortgebilde *Raspbian* setzt sich aus »Raspberry Pi« und »Debian« zusammen. Fast alle Kapitel dieses Buchs beziehen sich auf Raspbian. Auch im Internet setzen fast alle Anleitungen und Tipps voraus, dass Sie Raspbian verwenden. Diverse Raspberry-Pi-Zusatzpakete stehen ausschließlich für Raspbian zur Verfügung (z. B. Mathematica) bzw. müssen beim Einsatz anderer Distributionen extra kompiliert werden. Für Raspberry-Pi-Einsteiger gibt es somit keinen plausiblen Grund, eine andere Distribution zu verwenden. Neben der Vollversion gibt es auch die Lite-Version, bei der der grafische Desktop sowie alle Desktop-Anwendungen fehlen. Raspbian Lite läuft zwar nur im Textmodus, ist dafür aber besonders klein und vor allem für Anwendungen geeignet, bei denen der Raspberry Pi nicht mit einem Bildschirm verbunden wird.

▶ **Ubuntu:** Die Raspberry-Pi-Modelle A/B ab der Version 2 sind auch mit Ubuntu kompatibel. (Das gilt aber nicht für die Zero-Modelle, die eine ältere CPU verwenden!) Allerdings ist nicht jede der vielen Ubuntu-Varianten für den Betrieb auf dem Raspberry Pi geeignet. Gute Erfahrungen haben wir mit Ubuntu MATE gemacht (siehe Kapitel 6, »Ubuntu«).

▶ **Windows IoT:** Etwas überraschend ist auch Microsoft auf den Raspberry-Pi-Zug aufgesprungen und bietet die kostenlose Windows-Version »Windows 10 IoT Core« an. Wie Ubuntu setzt auch Windows zumindest die Version 2 des Raspberry Pi voraus. Im Vergleich zu Linux ist der Windows-Betrieb allerdings recht umständlich, mit vielen Einschränkungen verbunden und nur für Entwickler mit Visual-Studio-Erfahrung gedacht. Lesen Sie mehr zu diesem Thema in Kapitel 25.

▶ **Volumio und Pi Musicbox:** Diese beiden Distributionen machen aus Ihrem Raspberry Pi einen Audio-Player für Ihre Stereoanlage. Beide Distributionen werden über einen Webbrowser bedient, z. B. auf dem Smartphone im WLAN zu Hause. Eine kurze Beschreibung finden Sie in Kapitel 7, »Audio-Player mit Smartphone-Fernbedienung«.

▶ **LibreELEC, OpenELEC, OSMC und RasPlex:** Diese Distributionen sind speziell dazu gedacht, aus Ihrem Raspberry Pi ein Multimedia-Center zu machen. Libre-ELEC und RasPlex beschreiben wir im Detail in Kapitel 8, »Multimedia-Center mit Kodi und LibreELEC«, bzw. in Kapitel 9, »Multimedia-System mit RasPlex«.

▶ **Lakka, RecalboxOS und RetroPie:** Diese Distributionen verwandeln Ihren Raspberry Pi in eine Retro-Spielkonsole, auf der Sie diverse alte Video-Spiele ausführen können. Allerdings brauchen Sie außer einem Monitor und einem USB-Gamecontroller auch ROM-Dateien mit den Spielen. Diese Dateien werden aus Copyright-Gründen nicht mitgeliefert. Geeignete Dateien lassen sich zwar leicht im Internet finden, ihr Download ist aber illegal.

Eine eindrucksvolle Liste mit rund 50 für den Raspberry Pi geeigneten Distributionen finden Sie hier:

https://elinux.org/RPi_Distributions

Wartungsprobleme

Nicht jede der auf der obigen Webseite aufgeführten Distributionen ist so ausgereift wie Raspbian. Manche Distributionen laufen nur auf alten Raspberry-Pi-Modellen oder werden nicht mehr gewartet. Wenn Sie sich für eine derartige Distribution entscheiden, bekommen Sie weder Sicherheits-Updates noch Bugfixes.

1.3 NOOBS-Installation

Die Installation eines Betriebssystems für den Raspberry Pi erfolgt anders als auf gewöhnlichen Computern: Der Raspberry Pi verfügt über kein CD/DVD-Laufwerk, das zur Installation verwendet werden könnte, und auch das Booten über einen USB-Stick samt Installationsprogramm ist nicht vorgesehen.

Stattdessen müssen Sie die für den Raspberry Pi vorgesehene SD-Karte auf Ihrem regulären Notebook oder Desktop-Computer vorbereiten. Dazu gibt es zwei grundlegend unterschiedliche Vorgehensweisen: Entweder kopieren Sie die Dateien des in diesem Abschnitt beschriebenen NOOBS-Installationsprogramms direkt auf die SD-

Karte oder Sie laden sich eine sogenannte Image-Datei Ihrer Lieblingsdistribution herunter und schreiben diese auf die SD-Karte. Der Umgang mit Image-Dateien ist ein wenig komplizierter und wird im nächsten Abschnitt ausführlich erklärt.

Wie groß ist groß genug?

Zur NOOBS-Installation von Raspbian benötigen Sie eine mindestens 8 GByte große SD-Karte. Bei den meisten Multimedia-Distributionen funktioniert sogar eine noch kleinere SD-Karte. Eine großzügig dimensionierte SD-Karte gibt Ihnen aber mehr Spielraum, um später eigene Dateien, Filme oder Audio-Dateien direkt auf dem Raspberry Pi zu speichern. Angesichts des niedrigen Preises für SD-Karten empfehlen wir Ihnen Modelle mit 16 oder 32 GByte.

SD-Karte formatieren

Bevor Sie auf Ihrem Notebook oder PC die Installationsdateien oder ein Image auf eine SD-Karte schreiben, müssen Sie die Karte formatieren. Das klingt nach einer trivialen Aufgabe, tatsächlich bereitet das Formatieren von SD-Karten aber überraschend viele Schwierigkeiten. Mit den Bordmitteln von Windows, macOS und Linux gehen Sie so vor:

▶ **Windows:** Unter Windows klicken Sie die SD-Karte (WECHSELDATENTRÄGER) im Windows Explorer mit der rechten Maustaste an und führen FORMATIEREN aus. Als Dateisystem verwenden Sie FAT32 (STANDARD).

▶ **macOS:** Unter macOS starten Sie das FESTPLATTENDIENSTPROGRAMM, aktivieren die Darstellungsoption ALLE GERÄTE EINBLENDEN und wählen dann die SD-Karte aus. (Es ist wichtig, dass Sie die gesamte Karte auswählen, nicht eine darauf befindliche Partition!) Mit LÖSCHEN gelangen Sie nun in den Formatierdialog. Dort wählen Sie das Format MS-DOS-DATEISYSTEM (FAT) und das Schema MASTER BOOT RECORD.

▶ **Linux:** Unter Linux formatieren Sie die SD-Karte am einfachsten in einem Terminalfenster. Dazu stellen Sie zuerst mit `mount` sicher, dass momentan keines der Dateisysteme verwendet wird, die sich auf der SD-Karte befinden. Gegebenenfalls lösen Sie diese Dateisysteme mit `umount verzeichnis`.

Außerdem müssen Sie den Device-Namen Ihrer SD-Karte feststellen. Dazu nehmen Sie das Kommando `lsblk` zu Hilfe. Es gibt einen Überblick über die Device-Namen aller Festplatten, SSDs, USB-Sticks und SD-Karten. Anhand der Größe lässt sich die SD-Karte in der Regel eindeutig ermitteln. Oft wird der Device-Name `sdb` oder `sdc` lauten, unter Umständen auch `mmcblk0`. Nach diesen Vorbereitungsarbeiten führen Sie drei Kommandos aus:

```
parted /dev/xxx mklabel msdos
parted /dev/xxx 'mkpart primary fat32 1MiB -1MiB'
mkfs.vfat -F 32 /dev/xxxyy
```

Mit dem ersten parted-Kommando erzeugen Sie eine neue Partitionstabelle auf der SD-Karte. Das zweite parted-Kommando legt eine Partition an, wobei am Beginn und am Ende jeweils 1 MByte frei bleiben. mkfs.vfat richtet darin ein FAT-Dateisystem ein. Bei den beiden parted-Kommandos geben Sie anstelle von xxx den Device-Namen der SD-Karte an. An mkfs.vfat übergeben Sie den Device-Namen der neuen Partition. Dieser lautet z. B. /dev/sdc1 oder /dev/mmcblk0p1. Wenn Sie sich unsicher sind, rufen Sie vorher nochmals lsblk auf. Sollte Linux das Kommando parted nicht kennen, installieren Sie vorher das gleichnamige Paket.

Mitunter treten beim Formatieren Probleme auf, insbesondere dann, wenn die SD-Karte bereits für eine Raspberry-Pi-Installation verwendet wurde und daher Linux-Partitionen enthält, die Windows- oder macOS-Rechner nicht erkennen. Viele Raspberry-Pi-Webseiten empfehlen deshalb, anstelle der Formatierwerkzeuge Ihres Betriebssystems das Formatierprogramm der *SD Association* (siehe Abbildung 1.6) einzusetzen. Dieses Programm steht für Windows und macOS auf den folgenden Seiten kostenlos zum Download zur Verfügung:

https://www.sdcard.org/downloads/formatter_4/eula_windows
https://www.sdcard.org/downloads/formatter_4/eula_mac

Abbildung 1.6 Das »SDFormatter«-Programm unter macOS

SD-Karten mit mehr als 32 GByte

Eigentlich unterstützt der Raspberry Pi nur SD-Karten bis zu 32 GByte. Tatsächlich läuft Raspbian aber auch auf größeren SD-Karten. Aufpassen müssen Sie aber bei der Installation: Wenn Sie eine NOOBS-Installation durchführen möchten, dann muss die SD-Karte ein VFAT-Dateisystem enthalten. Der SDXC-Standard sieht für SD-Karten mit mehr als 32 GByte aber das ExFAT-Dateisystem vor und sowohl Windows als auch das Formatierprogramm der *SD Association* erzwingen dieses Format. (Sie haben keine Wahlmöglichkeit.)

Um dennoch eine NOOBS-Installation durchzuführen, müssen Sie unter Windows ein Formatierprogramm verwenden, das auch bei großen SD-Karten VFAT unterstützt. Bewährt hat sich bei unseren Tests `guiformat.exe` (siehe auch Kapitel 39, »DLNA-Server«):

http://www.ridgecrop.demon.co.uk/index.htm?guiformat.htm

USB-SD-Card-Reader

Die meisten Notebooks besitzen einen Slot für SD-Karten in Standardgröße. Bei Micro-SD-Karten müssen Sie in der Regel einen SD-Kartenadapter verwenden, der bei vielen Micro-SD-Karten gleich mitgeliefert wird.

Sollten Sie Ihre SD-Karte auf einem Rechner formatieren bzw. beschreiben wollen, der über keinen Slot für eine SD-Karte verfügt, benötigen Sie einen SD-Karten-Reader. Mit diesen mitunter winzigen Geräten können Sie SD-Karten via USB ansteuern (siehe Abbildung 1.7).

Abbildung 1.7 Eine SD-Karte in Standardgröße, eine Micro-SD-Karte, ein SD-Karten-Adapter sowie ein winziger USB-Adapter für Micro-SD-Karten

NOOBS

NOOBS (*New Out Of Box Software*) ist keine Raspberry-Pi-Distribution, sondern vielmehr eine Sammlung von Installationsdateien, die auf eine leere, vorher formatierte SD-Karte kopiert werden. Beim ersten Start von der SD-Karte können Sie eine oder mehrere Distributionen auswählen und installieren. Momentan umfasst die Palette Raspbian, Raspbian Lite, LibreELEC und OSMC. Allerdings sind nur für Raspbian die Installationsdateien direkt enthalten. Alle anderen Distributionen werden aus dem Internet heruntergeladen – und nur dann angezeigt, wenn beim Start des Raspberry Pi eine Internetverbindung besteht.

NOOBS richtet sich speziell an Raspberry-Pi-Einsteiger. Der größte Vorteil von NOOBS besteht darin, dass es sich nicht um eine Image-Datei handelt. Das vereinfacht das Einrichten der SD-Karte erheblich. NOOBS kann als ZIP-Datei von der folgenden Webseite heruntergeladen werden:

https://www.raspberrypi.org/downloads

Beim Download haben Sie die Wahl zwischen zwei Versionen:

▸ **Standard-Version:** Die fast 2 GByte große Offline-Version enthält die Installationsdateien für Raspbian. Dessen Installation kann dann ohne Netzwerkverbindung durchgeführt werden. Da der Inhalt des Installationsprogramms in Form einer Recovery-Partition auf der SD-Karte verbleibt, sollten Sie die Standard-Version nur verwenden, wenn Ihre SD-Karte zumindest 8 GByte groß ist.

▸ **NOOBS Lite:** Die Netzwerkversion umfasst nur bescheidene 30 MByte. Das reicht gerade aus, um den Raspberry Pi zu booten und ein Menü anzuzeigen, über das man die Installation einer Raspberry-Pi-Distribution starten kann. Die erforderlichen Installationsdateien werden danach aus dem Internet heruntergeladen. Das funktioniert allerdings nur dann, wenn Sie Ihren Raspberry Pi mit einem lokalen Netzwerk bzw. WLAN verbinden.

Egal für welche Variante Sie sich entscheiden, Sie müssen nun die SD-Karte mit dem FAT-Dateisystem formatieren und dann alle Dateien aus der heruntergeladenen ZIP-Datei auf die SD-Karte kopieren. (Sie müssen also den Inhalt der ZIP-Datei kopieren, nicht die ZIP-Datei selbst.) Stellen Sie sicher, dass die Dateien recovery.* direkt auf der SD-Karte gespeichert werden, nicht in einem Unterverzeichnis! Denken Sie daran, im Dateimanager die SD-Karte mithilfe des Kontextmenüs auszuwerfen, bevor Sie die SD-Karte aus dem Slot entfernen.

Nach diesen Vorbereitungsarbeiten schließen Sie Ihren Raspberry Pi an einen Monitor an, verbinden Maus und Tastatur und stecken die SD-Karte so in den SD-Slot, dass die Kontakte zur Platine hin zeigen. Wenn möglich, verbinden Sie den Raspberry Pi außerdem über ein Netzwerkkabel mit einem Switch/Hub/Router im lokalen Netzwerk.

Erst nachdem Sie alle anderen Kabel verbunden haben, stecken Sie auch das Micro-USB-Kabel der Stromversorgung an. Auf dem Bildschirm sollte nun für circa zwei Sekunden ein buntes Quadrat angezeigt werden. Wenige Sekunden später erscheint das NOOBS-Fenster, in dem Sie die Sprache, das Tastaturlayout und das zu installierende Betriebssystem auswählen (siehe Abbildung 1.8).

Abbildung 1.8 Das NOOBS-Installationsprogramm

In der Regel werden Sie im NOOBS-Menü nur den ersten Eintrag, RASPBIAN, auswählen. Fortgeschrittene Linux-Anwender werden vielleicht an der Zusatzoption DATA PARTITION Gefallen finden: Ist diese Option aktiv, dann richtet NOOBS während der Installation eine zweite, 512 MByte große Partition mit einem ext4-Dateisystem ein. Dieses Dateisystem können Sie dann z.B. als Datenspeicher verwenden, der unabhängig von der Systempartition ist. Die Nutzung dieser Partition erfordert allerdings etwas Linux-Know-how. Außerdem verringert sich die Größe der Systempartition um ein halbes GByte.

Wenn Sie eine andere Distribution als Raspbian installieren möchten, benötigen Sie eine funktionierende Netzwerkverbindung. Gegebenenfalls können Sie diese über den WLAN-Button herstellen.

Grundsätzlich ist es bei ausreichend großen SD-Karten möglich, mehrere Distributionen auf einmal zu installieren. In diesem Fall erscheint jedes Mal beim Start des Raspberry Pi ein Boot-Menü, in dem Sie das zu startende Betriebssystem auswählen. Parallelinstallationen haben allerdings den Nachteil, dass sich alle Betriebssysteme den Platz auf der Festplatte teilen. Es ist nachträglich nicht ohne Weiteres möglich, ein Betriebssystem zu entfernen und den freien Platz einem anderen Betriebssystem zuzuweisen. Deswegen raten wir Ihnen von Mehrfachinstallationen ab. Wenn Sie ein anderes Betriebssystem ausprobieren möchten, ist es besser, dafür eine zweite oder dritte SD-Karte zu verwenden.

Varianten für den Raspberry Pi 2 und 3

Beachten Sie, dass es bei einigen Distributionen mehrere Varianten gibt, die mit Pi2 oder Pi3 gekennzeichnet sind. Dabei handelt es sich um Distributionen, die speziell für ein Prozessormodell optimiert sind. Sie laufen ausschließlich auf der dafür vorgesehenen Raspberry-Pi-Version oder einem neueren Modell. Achten Sie darauf, dass Sie die Variante auswählen, die zu Ihrem Modell passt! Mit Pi2 oder Pi3 gekennzeichnete Distributionen können nicht auf einem Zero-Modell installiert werden.

Mit dem Button INSTALL starten Sie nun die Installation. Während der Installation, die für Raspbian circa eine Viertelstunde dauert, zeigt das Installationsprogramm einen Fortschrittsbalken.

Nach Abschluss der Installation erscheint auf dem Bildschirm die Nachricht OS(ES) INSTALLED SUCCESSFULLY. Sobald Sie diese Meldung mit OK bestätigen, wird der Raspberry Pi neu gestartet. Zur weiteren Konfiguration führen Sie im Startmenü EINSTELLUNGEN • RASPBERRY-PI-KONFIGURATION aus. Im Detail wird dieses Konfigurationsprogramm in Kapitel 2, »Erste Schritte in Raspbian«, beschrieben. Dort stellen wir Ihnen außerdem Raspbian näher vor und helfen Ihnen, das Betriebssystem schnell kennenzulernen.

Wenn etwas schiefgeht

Sollte die Installation aus irgendeinem Grund scheitern, können Sie jederzeit von vorne beginnen. Sie schalten also den Raspberry Pi aus, stecken die SD-Karte wieder in Ihr Notebook oder in Ihren PC, formatieren die Karte neu und kopieren dann nochmals den Inhalt der NOOBS-ZIP-Datei dorthin.

Schwieriger wird es, wenn es Hardware-Probleme gibt, d. h., wenn Sie z. B. kein stabiles Bild auf dem Monitor sehen, der Monitor nur 640 × 480 Pixel anzeigt oder Ihr Raspberry Pi während der Installation abstürzt. Für solche Fälle bietet Abschnitt 4.15, »Notfall-Tipps«, Hilfestellungen. Drei Tipps gleich vorweg: Stellen Sie sicher, dass die Stromversorgung ausreichend ist; versuchen Sie es mit einer anderen SD-Karte; probieren Sie, wenn möglich, einen anderen Monitor aus.

Der NOOBS-Recovery-Modus

Sofern die Installation erfolgreich beendet wurde, erscheint bei jedem Neustart für circa ein bis zwei Sekunden ein Hinweis auf dem Bildschirm, dass Sie durch das Drücken von ⇧ den Recovery-Modus aktivieren können. Sie müssen ⇧ exakt dann drücken und nicht während des ganzen Bootprozesses gedrückt halten!

Im Recovery-Modus erscheint der gleiche Dialog wie während der Installation (siehe Abbildung 1.8). Der Dialog erweckt den Anschein, als könnten Sie nun weitere Betriebssysteme installieren. Das ist jedoch nicht der Fall. Stattdessen können Sie das bereits installierte Betriebssytem mit der Maus auswählen. Sie gelangen dann mit dem Button EINSTELLUNGEN BEARBEITEN in einen Editor, in dem Sie die Datei /boot/config.txt bzw. /boot/cmdline.txt bearbeiten können (siehe auch Abschnitt 5.8, »Systemeinstellungen in config.txt«).

Mit Esc beenden Sie den Recovery-Modus und setzen den Bootprozess fort. Details zum Recovery-Modus und zu weiteren NOOBS-Interna können Sie hier nachlesen:

https://github.com/raspberrypi/noobs

1.4   Image-Datei auf eine SD-Karte schreiben

Das im vorigen Abschnitt beschriebene NOOBS-Konzept besteht darin, dass Sie zuerst einige Dateien auf eine formatierte SD-Karte schreiben. Der Raspberry Pi kann diese Dateien ausführen und dann im zweiten Schritt das Betriebssystem installieren. Diese Vorgehensweise ist einfach, hat aber zwei Nachteile: Zum einen dauert der Installationsprozess länger als notwendig und zum anderen ist ein Teil der SD-Karte auch nach der Installation blockiert, weil die Installationsdateien auf einer Recovery-Partition verbleiben.

Aus diesem Grund stellen viele Raspberry-Pi-Projekte ihre Distributionen in Form sogenannter Image-Dateien zur Verfügung. Eine Image-Datei ist eine blockweise Kopie der Daten, die sich auf einer SD-Karte befinden. Die Image-Datei enthält mehrere Partitionen sowie die darauf befindlichen Dateisysteme. Ein weiterer Vorteil dieses blockbasierten Ansatzes besteht darin, dass er unabhängig von der Größe der SD-Karte funktioniert, also auch bei SD-Karten mit mehr als 32 GByte.

Entscheidend ist, dass Sie die Image-Datei nicht als solche in das Dateisystem der SD-Karte kopieren dürfen. Vielmehr müssen Sie den *Inhalt* der Image-Datei blockweise auf die SD-Karte schreiben. Das können Sie nicht im Dateimanager Ihres Betriebssystems machen; vielmehr benötigen Sie dazu ein Spezialprogramm. In diesem Abschnitt stellen wir Ihnen entsprechende Programme für Windows, macOS und Linux vor.

Image-Dateien herunterladen

Woher bekommen Sie die erforderliche Image-Datei? Für einige ausgewählte, besonders populäre Raspberry-Pi-Distributionen, unter anderem für Raspbian, Pidora, OpenELEC und Raspbmc, finden Sie auf der folgenden Webseite Download-Links für Image-Dateien:

https://www.raspberrypi.org/downloads

Für alle anderen Distributionen müssen Sie auf der jeweiligen Projektseite nach der Image-Datei suchen. Die Image-Dateien sind häufig in eine ZIP-Datei verpackt. Sie müssen also das ZIP-Archiv entpacken. Üblicherweise erkennen Sie die Image-Datei an der Kennung .img.

Bei manchen Distributionen gibt es ähnlich wie bei NOOBS zwei Varianten der Image-Datei: Das oft deutlich größere Image enthält die komplette Distribution und ist für Offline-Installationen geeignet. Die kleinere Variante enthält hingegen nur das Grundgerüst der Distribution. Der verbleibende Rest wird beim ersten Start aus dem Internet heruntergeladen. Welche Variante für Sie besser ist, hängt davon ab, ob Ihr Raspberry Pi eine Netzwerkanbindung per Kabel hat. In diesem Fall können Sie dem kleineren Image den Vorzug geben.

Manche Distributionen werden zudem in zwei Varianten angeboten, die für die Version 1 bzw. die Versionen 2/3 des Raspberry Pi optimiert sind. Das ist zweckmäßig, weil sich mit dem Versionssprung die interne CPU-Architektur geändert hat (ARMv6 versus ARMv7/ARMv8). Sie müssen in diesem Fall unbedingt die richtige Variante auswählen! Derart optimierte Distributionen lassen sich nur auf passenden Raspberry-Pi-Modellen starten.

Image-Datei unter Windows auf eine SD-Karte übertragen

Unabhängig davon, ob Sie unter Windows, macOS oder Linux arbeiten, sollten Sie auf jeden Fall zuerst die SD-Karte formatieren. Theoretisch wäre das gar nicht notwendig: Beim Schreiben der Image-Datei werden ohnedies die Partitionstabelle und alle Dateisysteme überschrieben, die sich auf der SD-Karte befinden. In der Praxis hat sich aber gezeigt, dass Image-Writer viel seltener Probleme verursachen, wenn die SD-Karte leer und frisch formatiert ist.

Der populärste Image-Writer für Windows heißt *Win32 Disk Imager* und kann von der folgenden Webseite kostenlos heruntergeladen werden:

https://sourceforge.net/projects/win32diskimager

Das Programm wird nach den Windows-üblichen Rückfragen installiert. Der vom Installationsprogramm angebotene sofortige Start wird aber an mangelnden Rechten scheitern. Sie müssen das Programm nämlich mit Administratorrechten ausführen. Dazu suchen Sie im Startmenü bzw. in der Liste der Programme nach dem Eintrag WIN32DISKIMAGER, klicken diesen mit der rechten Maustaste an und wählen den Eintrag ALS ADMINISTRATOR AUSFÜHREN.

In dem kleinen Programm wählen Sie zuerst die Image-Datei aus und dann das Laufwerk, wohin das Image geschrieben werden soll (siehe Abbildung 1.9). Aus Sicherheitsgründen stehen im Laufwerkslistenfeld nur SD-Karten und USB-Sticks zur Auswahl, aber keine Festplatten.

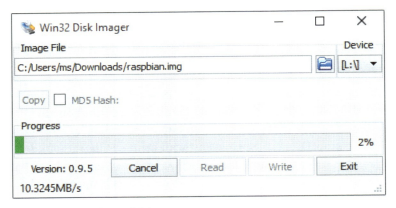

Abbildung 1.9 Win32 Disk Imager

Wenn Sie die Integrität Ihres Downloads überprüfen möchten, klicken Sie die Option MD5 Hash an. Das Programm errechnet dann eine Prüfsumme der Image-Datei, die Sie mit einer Prüfsumme vergleichen können, die oft auf der Download-Seite angegeben ist. Write schreibt die Image-Datei auf die SD-Karte. Das dauert wegen der zumeist bescheidenen Schreibgeschwindigkeit vieler SD-Karten mehrere Minuten.

Image-Datei unter macOS auf eine SD-Karte übertragen

Für macOS stehen diverse Programme zur Auswahl, um Image-Dateien auf eine SD-Karte zu übertragen. Die besten Erfahrungen haben wir mit *Etcher* gemacht. Dieses Programm, von dem es Windows-, Linux- und macOS-Versionen gibt, können Sie hier kostenlos herunterladen:

https://etcher.io

Nach dem Start des Programms klicken Sie auf den Button Select Image und wählen die Image-Datei in Ihrem Dateisystem aus. Etcher kommt auch mit komprimierten Images zurecht (ZIP, GZ etc.). Anstelle des Buttons wird im linken Drittel des Programms der Dateiname der Image-Datei angezeigt (siehe Abbildung 1.10). Im Zentrum des Fensters wird der Datenträger angezeigt, auf den das Image geschrieben wird. In der Regel erkennt Etcher die SD-Karte selbstständig. Kontrollieren Sie aber unbedingt die Richtigkeit dieser Angabe, bevor Sie mit dem Button Flash den Schreibprozess starten.

Bevor das Programm mit seiner Arbeit beginnt, müssen Sie noch Ihr Passwort angeben. Der Schreibprozess erfordert Administratorrechte. Im Anschluss an den Schreibprozess werden die Daten auf der SD-Karte mit denen des Image verglichen, um Übertragungsfehler auszuschließen.

Abbildung 1.10 Images mit Etcher auf die SD-Karte übertragen

macOS-Experten können die SD-Karte auch im Terminal erstellen. Dazu ermitteln Sie zuerst mit `diskutil list` den Device-Namen des Datenträgers und lösen dann mit `diskutil unmountDisk` alle eventuell aktiven Partitionen des Datenträgers aus dem Verzeichnisbaum. Anschließend schreiben Sie mit `sudo dd` die Image-Datei direkt auf das Device der Festplatte. Anstelle von `disk<n>` geben Sie dabei aber `rdisk<n>` an. Damit sprechen Sie das *raw disk device* an, was erheblich schneller geht. Passen Sie aber auf, dass Sie sich beim `of`-Parameter nicht vertippen! Wenn Sie hier irrtümlich das falsche Device angeben, überschreiben Sie unrettbar Ihre Festplatte!

Das folgende Listing illustriert den Vorgang. Es gibt drei Datenträger: eine interne SSD (disk0), eine Backup-Festplatte (disk1) und die SD-Karte (disk2). Während der Ausführung von `sudo dd` gibt es leider keinerlei Feedback. Der Prozess dauert einige Minuten. Denken Sie daran, die SD-Karte anschließend im Finder auszuwerfen, bevor Sie sie aus dem SD-Slot entfernen.

```
diskutil list
  /dev/disk0
     #:                     TYPE NAME        SIZE         IDENTIFIER
     0:  GUID_partition_scheme             512.1 GB     disk0
     1:                  EFI EFI            209.7 MB     disk0s1
     2:            Apple_HFS ssd            510.5 GB     disk0s2
     3:           Apple_Boot Recovery       1.2 GB      disk0s3
  /dev/disk1
     #:                     TYPE NAME        SIZE         IDENTIFIER
     0:  GUID_partition_scheme             1.0 TB       disk1
     1:                  EFI EFI            209.7 MB     disk1s1
     2:            Apple_HFS backup1        999.9 GB     disk1s2
  /dev/disk2
     #:                     TYPE NAME        SIZE         IDENTIFIER
     0: FDisk_partition_scheme             7.8 GB       disk2
     1:             DOS_FAT_32 NO NAME      7.8 GB       disk2s1
```

```
diskutil unmountDisk /dev/disk2
  Unmount of all volumes on disk2 was successful

sudo dd if=Downloads/raspbian.img of=/dev/rdisk2 bs=1m
  2825+0 records in, 2825+0 records out
  2962227200 bytes transferred in 278.172140 secs
    (10648900 bytes/sec)
```

Image-Datei unter Linux auf eine SD-Karte übertragen

Die beste Benutzeroberfläche zum Beschreiben von SD-Karten ist auch unter Linux das gerade vorgestellte Programm Etcher. Leider ist die Inbetriebnahme komplizierter als unter Windows oder macOS. Nachdem Sie das Programm von der Website *https://etcher.io* als ZIP-Datei heruntergeladen haben, packen Sie das Archiv aus, im Terminal am einfachsten mit unzip etcher-nnn.zip. Die einzige in diesem Archiv enthaltene Datei machen Sie im Terminal mit chmod +x Etcher-nnn.AppImage ausführbar und starten sie dann mit ./Etcher-nnn.AppImage oder per Doppelklick in einem Dateimanager. Auf modernen Distributionen, z. B. unter Ubuntu 18.04, scheitert der Start allerdings wegen fehlender Bibliotheken. Abhilfe schafft das folgende Kommando:

```
sudo apt install libgconf-2-4 libcanberra-gtk-module
```

Alternativ können Sie die SD-Karte auch in einem Terminal beschreiben. Das ist nicht schwierig. Wie unter macOS müssen Sie aber aufpassen, dass Ihnen keine Tippfehler unterlaufen!

Zuerst ermitteln Sie mit lsblk die Device-Namen aller Datenträger. Mit umount lösen Sie alle Dateisysteme der SD-Karte aus dem Verzeichnisbaum. Außer bei fabrikneuen SD-Karten sollten Sie auf der SD-Karte eine neue Partitionstabelle einrichten. Auf das eigentliche Formatieren können Sie diesmal aber verzichten. Von diesem Detail abgesehen, wurde die Vorgehensweise in Abschnitt 1.3, »NOOBS-Installation«, bereits beschrieben. Die folgenden Kommandos zeigen als Wiederholung nochmals die notwendigen Schritte. Beachten Sie, dass die Device-Namen auf Ihrem Linux-Rechner möglicherweise anders lauten! Im folgenden Beispiel ist /dev/mmcblk0 der Device-Name der SD-Karte. Alle Kommandos müssen mit root-Rechten ausgeführt werden, unter Ubuntu also mit sudo:

```
lsblk
  NAME        MAJ:MIN RM   SIZE RO TYPE MOUNTPOINT
  sda           8:0    0 119,2G  0 disk
    sda1        8:1    0 143,1M  0 part /boot/efi
    sda2        8:2    0   2,8G  0 part [SWAP]
    ...
```

```
mmcblk0     179:0     0    7,3G   0 disk
  mmcblk0p1 179:1     0     56M   0 part /media/kofler/boot
  mmcblk0p2 179:2     0    2,7G   0 part /media/kofler/fc254b57

umount /media/kofler/*
parted /dev/mmcblk0 mklabel msdos
```

Um die Image-Datei zu übertragen, verwenden Sie auch unter Linux das Kommando dd. Mit dem Parameter if geben Sie den Ort der Image-Datei an, mit of den Device-Namen der SD-Karte. Wie unter macOS gibt es auch unter Linux während der Ausführung von dd keinerlei Feedback. Sie müssen einfach einige Minuten abwarten, bis das Kommando abgeschlossen ist.

```
dd if=raspbian.img of=/dev/mmcblk0 bs=1M
  2825+0 Datensätze ein
  2825+0 Datensätze aus
  2962227200 Bytes (3,0 GB) kopiert, 262,231 s, 11,3 MB/s
```

Distributionsspezifische Installationsprogramme

Da es immer wieder Raspberry-Pi-Einsteiger gibt, die das Übertragen einer Image-Datei auf die SD-Karte überfordert, sind manche Distributoren dazu übergegangen, eigene Installationsprogramme anzubieten, die direkt unter Windows, macOS und fallweise unter Linux auszuführen sind. Beispielsweise gibt es derartige Installations-hilfen für OSMC: Das ist eine Linux-Distribution, die speziell dafür gedacht ist, aus dem Raspberry Pi ein Multimedia-System zu machen.

1.5   Installationsvarianten für Fortgeschrittene

Raspberry-Pi-Einsteigern raten wir dringend, erste Installationen mit NOOBS oder mit der Übertragung eines Raspbian-Images auf eine SD-Karte durchzuführen. Für fortgeschrittene Benutzer möchten wir hier aber noch einige Installationsvarianten vorstellen.

PiBakery

Das Programm *PiBakery* (*http://pibakery.org*) hilft unter Windows und macOS, eine SD-Karte mit Raspbian für den Raspberry Pi vorzubereiten. Die Besonderheit von PiBakery besteht darin, dass einige Einstellungen vorab festgelegt werden können, z. B. das WLAN-Passwort, der Hostname oder das Passwort für den Benutzer pi. Das hat bei unseren Tests auch wunderbar funktioniert.

Ein Nachteil des Programms ist, dass das Raspbian-Image im Download inkludiert ist. Mit jeder neuen Version von Raspbian müssen Sie also auch den mehr als 1 GByte großen Download von PiBakery wiederholen. Das ist insofern langwierig, als PiBakery offensichtlich auf einem Cloud-Server mit limitierter Netzwerkbandbreite gespeichert ist.

Unter macOS lässt sich die PKG-Datei zur Installation von PiBakery anfänglich nicht öffnen, weil das Programm nicht signiert ist. Diese Hürde umgehen Sie, indem Sie in den Systemeinstellungen im Modul SICHERHEIT auf den Button DENNOCH ÖFFNEN klicken.

Sobald das Programm läuft, können Sie aus der linken Seitenleiste Komponenten in den Hauptbereich des Fensters verschieben und dort zusammenfügen. Damit legen Sie fest, welche Konfigurationsarbeiten durchgeführt werden sollen (siehe Abbildung 1.11).

Abbildung 1.11 PiBakery ermöglicht die Vorkonfiguration von Raspbian.

Größte Vorsicht ist nach dem Anklicken des WRITE-Buttons angebracht: Ein neuer Dialog stellt nun einfach alle externen Datenträger zur Auswahl, auch die vielleicht angeschlossene USB-Backup-Festplatte. Achten Sie darauf, dass Sie wirklich die SD-Karte auswählen! Kein Glück hatten wir in dieser Hinsicht unter Windows, wo PiBakery eine SD-Karte in einem USB-Adapter gar nicht erkannte. Mangels eines SD-Karten-Slots scheiterte der Test dort.

Insgesamt hinterließ die Benutzeroberfläche einen verspielten, aber unausgereiften Eindruck. Ärgerlich ist auch, dass man in PiBakery zwar viele Einstellungen vornehmen kann, aber einige häufig benötigte Optionen (Sprache, Tastatur, Land für WLAN) fehlen. Negativ fällt auch auf, dass das Programm nicht verrät, welche Version von Raspbian nun eigentlich installiert wird. Kurzum: Die Idee des Programms ist gut, die Realisierung weniger.

WLAN- und SSH-Server manuell vorkonfigurieren

Sie können auch ohne PiBakery eine minimale Vorkonfiguration vornehmen: Dazu speichern Sie vor dem ersten Boot-Prozess, also noch auf Ihrem Arbeitsrechner oder Notebook, die Dateien `wpa_supplicant.conf` und/oder `ssh` in der ersten Partition der SD-Karte.

▶ Die leere Datei `ssh` bewirkt, dass der SSH-Server sofort aktiviert wird. Die Datei `ssh` darf keine Kennung aufweisen, also nicht z. B. `ssh.txt` heißen! `ssh` wird nur ausgewertet, wenn Sie ein Raspbian-Image verwenden, nicht aber bei einer NOOBS-Installation.

▶ Die Datei `wpa_supplicant.conf` enthält die WLAN-Konfiguration. Sie wird beim ersten Start des Raspberry Pi in das Verzeichnis `/etc/wpa_supplicant` kopiert. Die Datei muss die Bezeichnung des WLANs (SSID) und dessen Passwort enthalten. Dabei gilt dieser Aufbau:

```
# Datei wpa_supplicant.conf in der Boot-Partition
country=DE
ctrl_interface=DIR=/var/run/wpa_supplicant GROUP=netdev
update_config=1
network={
  ssid="wlan-bezeichnung"
  psk="passwort"
  key_mgmt=WPA-PSK
}
```

Die `country`-Einstellung ist zwingend erforderlich, der Ländercode muss aus zwei Großbuchstaben bestehen. Fehlt diese Einstellung, wird der WLAN-Controller automatisch deaktiviert! Achten Sie außerdem darauf, dass Sie vor und nach den Gleichheitszeichen *keine* Leerzeichen angeben! Wenn es Probleme gibt, hilft unter Umständen `journalctl -u dhcpcd` bei der Fehlersuche.

Bei einer NOOBS-Installation wird die WLAN-Konfiguration automatisch berücksichtigt. Die Installation erfolgt weiterhin manuell.

Haben Sie dagegen ein Raspbian-Image als Installationsbasis verwendet, müssen Sie sich nach dem Einschalten des Raspberry Pi circa eine Minute gedulden. Anschließend können Sie sich von einem anderen Rechner aus mit `ssh pi@raspberrypi` und dem Default-Passwort `raspberry` einloggen. Anschließend müssen Sie sofort mit `sudo passwd pi` ein neues Passwort für den Benutzer `pi` festlegen! Ein aktiver SSH-Server in Kombination mit dem Default-Passwort ist ein großes Sicherheitsrisiko!

Der Vorteil dieser Konfigurationsvariante (also Raspbian-Image plus `wpa_supplicant.conf` plus `ssh`-Datei) besteht darin, dass Sie einen Raspberry Pi in Betrieb nehmen können, ohne je eine Tastatur, eine Maus oder einen Monitor anzuschließen. Besonders interessant ist diese Variante beim Zero-Modell, oft in Kombination mit Raspbian Lite (siehe auch Abschnitt 2.8).

Raspbian-Installation auf einen USB-Stick

Üblicherweise verwendet der Raspberry Pi eine SD-Karte als einzigen Datenspeicher: Die SD-Karte enthält sowohl das Betriebssystem (oft Raspbian) als auch Ihre eigenen Daten, z. B. mit dem Raspberry Pi erstellte Fotos, Messdaten etc. Optional kann ein USB-Stick als zusätzlicher Datenspeicher verwendet werden.

Abweichend von diesem Standardszenario besteht auch die Möglichkeit, Linux direkt auf einen USB-Stick zu installieren. Die SD-Karte wird weiterhin benötigt, weil Raspbian von dort die für den Boot-Prozess erforderlichen Dateien liest. Aber alle weiteren Linux-Dateien und -Programme werden in der Folge direkt vom USB-Stick gelesen. Anstelle eines USB-Sticks können Sie auch eine USB-Festplatte mit eigener Stromversorgung verwenden.

Die Verwendung eines USB-Sticks anstelle einer SD-Karte hat einige Vorteile:

► USB-Sticks sind oft zuverlässiger als SD-Karten.

► Die Übertragungsgeschwindigkeit von bzw. zu USB-Sticks ist ein wenig höher als bei SD-Karten. In der Praxis ist der Geschwindigkeitszuwachs freilich kleiner als erwartet. Der limitierende Faktor bleibt das USB-System des Raspberry Pi.

Dem stehen die folgenden Nachteile gegenüber:

► Für die erste Phase des Boot-Prozesses wird weiterhin eine SD-Karte benötigt. Die erforderlichen Dateien beanspruchen weniger als 30 MByte. Den verbleibenden Platz können Sie immerhin als zusätzlichen Datenspeicher verwenden.

► Der USB-Stick blockiert einen USB-Slot.

► Installation und Konfiguration sind etwas komplizierter.

In der Vergangenheit befand sich hier im Buch eine genaue Anleitung für die Installation von Raspbian auf einen USB-Stick. Aus Platzgründen, aber auch weil uns die Vorteile dieser Installationsvariante nicht überzeugen, haben wir den Text auf die Begleitwebsite ausgelagert:

https://pi-buch.info/raspbian-auf-einen-usb-stick-installieren

USB- und Network-Booting

Im August 2016 verkündete die Raspberry Pi Foundation, dass der Raspberry Pi 3, Modell B (nicht aber andere/ältere Raspberry-Pi-Modelle) direkt von einem USB-Stick oder auch von anderen USB-Datenträgern booten könne, also ganz ohne die Zuhilfenahme einer SD-Karte.

Das gilt auch für das Modell 3B+, bei dem diese Bootfunktion verbessert wurde: Es sind nun keinerlei Vorbereitungsarbeiten mehr erforderlich. Sie übertragen einfach ein Raspbian-Image auf einen USB-Stick oder auf eine USB-Festplatte, verbinden das Gerät anstelle der SD-Karte mit dem Raspberry Pi und starten diesen.

Für Geräte, die per Ethernet-Kabel an das lokale Netzwerk angeschlossen sind, ist auch ein Bootprozess direkt über das Netzwerk möglich, sofern ein geeignet konfigurierter Netzwerk-Server zur Verfügung steht.

Wir haben die Funktion natürlich (stundenlang!) mit verschiedenen USB-Sticks, einer externen USB-Festplatte und sogar mit einer SSD getestet, wobei die USB-Festplatte bzw. SSD extern mit Strom versorgt wurde (siehe Abbildung 1.12). Während beim Modell 3B alle Tests scheiterten, hatten wir mit dem Raspberry Pi 3B+ mehr Glück: Der Bootprozess gelang allerdings auch auf diesem Gerät erst, nachdem wir die Verbindung zu allen anderen USB-Geräten (Tastatur, Maus) gelöst hatten.

Abbildung 1.12 Versuchsaufbau aus einem Raspberry Pi 3B+ und einer SSD

Der Bootprozess an sich funktioniert also. Er ist aber offensichtlich weiterhin instabil bzw. von diversen, von außen nicht erkennbaren Hardware-Parametern abhängig. Weitere Informationen können Sie hier nachlesen:

https://www.raspberrypi.org/blog/pi-3-booting-part-i-usb-mass-storage-boot
https://www.raspberrypi.org/blog/pi-3-booting-part-ii-ethernet-all-the-awesome
https://www.raspberrypi.org/documentation/hardware/raspberrypi/bootmodes
https://github.com/raspberrypi/firmware/tree/next/boot

Kapitel 2
Erste Schritte in Raspbian

In diesem Kapitel zeigen wir Ihnen, wie Sie unter Raspbian elementare Arbeitsaufgaben erledigen. Raspbian ist die populärste Distribution für den Raspberry Pi. Sein Name setzt sich aus »Raspberry Pi« und »Debian« zusammen, d. h., Raspbian ist eine für den Raspberry Pi optimierte Variante der Linux-Distribution Debian.

Wir setzen im Folgenden voraus, dass Sie Raspbian entweder via NOOBS installiert oder direkt als Image-Datei auf eine SD-Karte übertragen haben. Außerdem müssen Sie den Minicomputer mit einer Tastatur (via USB), einer Maus (ebenfalls mit einem USB-Kabel) und einem Monitor verbinden (per HDMI).

Dieses Kapitel erläutert die Basiskonfiguration von Raspbian und gibt einen Überblick über die wichtigsten Programme, die Ihnen dort zur Verfügung stehen. Außerdem finden Sie Tipps dazu, wie Sie sich den Desktop Ihres Raspberry Pi nach eigenen Vorlieben einrichten, wie Sie Bluetooth-Geräte einbinden und USB-Sticks verwenden.

Raspbian-Versionen

Raspbian trägt **keine** offizielle Versionsnummer. Dennoch gibt es verschiedene Raspbian-Versionen:

Bis September 2015: »Raspbian Wheezy« auf der Basis von Debian 7
Ab Oktober 2015: »Raspbian Jessie« auf der Basis von Debian 8
Ab August 2017: »Raspbian Stretch« auf der Basis von Debian 9
Voraussichtlich ab Sommer 2019: »Raspbian Buster« auf der Basis von Debian 10

Dieses Buch bezieht sich auf Raspbian Stretch!

Innerhalb jeder Raspbian-Version gibt es wiederum zwei Varianten: Normalerweise kommt die Vollversion mit der grafischen Benutzeroberfläche zum Einsatz. Für fortgeschrittene Linux-Anwender, die ein besonders platzsparendes und schnelles Betriebssystem wünschen, bietet sich die Lite-Version an. Auf die Besonderheiten von »Raspbian Lite« gehen wir am Ende dieses Kapitels näher ein.

2.1   Basiskonfiguration

Einige Sekunden nach dem Start von Raspbian erscheint eine einfache grafische Benutzeroberfläche, der sogenannte PIXEL-Desktop. Beim ersten Start wird außerdem automatisch ein Konfigurationsassistent eingeblendet (siehe Abbildung 2.1). In mehreren Dialogfenstern können Sie nun Sprache, Tastatur, Zeitzone und das Passwort für den Benutzer pi einstellen. Nach der Konfiguration eines WLAN-Zugangs installiert der Assistent alle verfügbaren Updates und führt dann nach einer Rückfrage einen Neustart durch. (Der Assistent ist ein neues Feature und ist nur in aktuellen Raspbian-Versionen ab Juni 2018 verfügbar.)

Abbildung 2.1 Konfigurationsassistent

Bei Bedarf können Sie den Assistenten später in einem Terminalfenster mit dem Kommando sudo piwiz neuerlich ausführen. In der Regel ist es aber sinnvoller, stattdessen EINSTELLUNGEN • RASPBERRY-PI-KONFIGURATION auszuführen. Das Konfigurationsprogramm präsentiert sich in vier Dialogblättern (siehe Abbildung 2.2) und bietet wesentlich mehr Einstellmöglichkeiten als der Setup-Assistent. Die diversen Optionen beschreiben wir in den folgenden Abschnitten.

Konfiguration in Raspbian Lite

Wenn Sie mit Raspbian Lite arbeiten, steht Ihnen weder der Assistent noch das grafische Konfigurationsprogramm zur Verfügung. In diesem Fall müssen Sie mit dem textbasierten Programm raspi-config vorliebnehmen. Eine kurze Beschreibung von raspi-config folgt in Abschnitt 2.8, »Raspbian Lite« (siehe Abbildung 2.25).

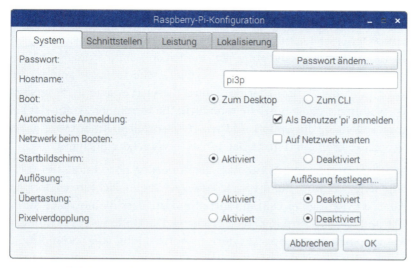

Abbildung 2.2 Das Konfigurationsprogramm von Raspbian

Passwort und Rechnernamen einstellen

PASSWORT ÄNDERN gibt Ihnen die Möglichkeit, das Passwort für den Default-Benutzer pi zu ändern. Im Textfeld HOSTNAME können Sie anstelle des Default-Hostnamens raspberry einen anderen Rechnernamen einstellen. Im lokalen Netzwerk ist Ihr Raspberry Pi unter diesem Namen zugänglich.

Boot- und Login-Verhalten

Standardmäßig startet Raspbian direkt die grafische Benutzeroberfläche und loggt den Benutzer pi automatisch in eine Desktop-Session ein. Die Option BOOT ZUM CLI bewirkt, dass der Raspberry Pi das Grafiksystem nicht startet. Wenn Sie Ihren Minicomputer ohne Monitor verwenden, beschleunigt das den Boot-Prozess und spart Speicherplatz (RAM).

Die Option AUF NETZWERK WARTEN bewirkt, dass der Raspberry Pi während des Boot-Prozesses die korrekte Netzwerkinitialisierung abwartet (maximal 90 Sekunden). Wenn der Minicomputer nicht mit dem lokalen Netzwerk verbunden ist, verlangsamt dies den Boot-Vorgang deutlich. Das Setzen der Option ist dann sinnvoll, wenn der Raspberry Pi zur Erledigung von Netzwerkaufgaben verwendet werden bzw. wenn er auf Netzwerkressourcen zugreifen soll: In diesem Fall ist es zweckmäßig, mit dem Start von Netzwerkdiensten so lange zu warten, bis eine Netzwerkverbindung vorliegt. Andernfalls kann es passieren, dass die Netzwerkdienste nicht korrekt funktionieren.

Sonstige Systemoptionen

Die ÜBERTASTUNG-Option steuert, ob in das HDMI-Signal rund um den eigentlichen Bildschirminhalt ein schwarzer Rand eingebaut werden soll. Standardmäßig ist das der Fall, weil bei manchen Monitoren sonst kein stabiles Bild zustande kommt. Bei vielen Monitoren führt die Option aber dazu, dass dieser schwarze Rand tatsächlich sichtbar ist, wodurch sich die nutzbare Monitorfläche vermindert. Wenn das bei Ihnen der Fall ist, sollten Sie die Option auf DEAKTIVIERT stellen. (Intern wird dabei die Einstellung `disable_overscan=1` in die Datei `/boot/config.txt` eingefügt.)

Die Option PIXELVERDOPPELUNG bewirkt, dass die Auflösung horiziontal und vertikal auf die Hälfte reduziert wird. Dafür wird jeder Pixel in beide Richtungen doppelt ausgegeben. Eine Aktivierung der Option führt also dazu, dass die nutzbare Auflösung stark sinkt und das Bild extrem pixelig erscheint. Die Option stammt von der PC-Variante von Raspbian und ermöglicht dort die Verwendung von hochauflösenden Bildschirmen (HiDPI/Retina). Beim Raspberry Pi sollten Sie die Option immer auf DEAKTIVIERT belassen.

Schnittstellen

Im Dialogblatt SCHNITTSTELLEN können Sie acht Funktionen bzw. Dienste aktivieren bzw. deaktivieren:

- ▶ KAMERA: Zum Raspberry Pi gibt es als Erweiterungsmodul eine Kamera. Um diese zu verwenden, muss der Linux-Kernel zusätzliche Module laden. (Hinter den Kulissen wird die Datei `/boot/config.txt` um die beiden Anweisungen `start_x=1` und `gpu_mem=128` ergänzt. Tipps zum Einsatz der Raspberry-Pi-Kamera folgen in Kapitel 14, »Sensoren«.)

- ▶ SSH: Standardmäßig wird bei aktuellen Raspbian-Versionen kein SSH-Server mehr ausgeführt. Wenn Sie diese Option aktivieren, können Sie sich über das Netzwerk mit dem Kommando `ssh` auf Ihrem Raspberry Pi einloggen. Wie Sie SSH nutzen und welche Sicherheitsmaßnahmen Sie beim Ausführen eines SSH-Servers beachten sollten, fassen wir in Abschnitt 4.3, »SSH«, zusammen. So viel vorweg: Ändern Sie unbedingt das Passwort des Benutzers `pi`, wenn Sie den SSH-Server ausführen!

- ▶ VNC: Diese Option aktiviert auf Ihrem Raspberry Pi einen VNC-Server der Firma RealVNC. Nach einem Neustart können Sie Ihren Minicomputer von Ihrem Windows-, Linux- oder Apple-Rechner aus fernsteuern. Das setzt voraus, dass Sie auf Ihrem Notebook oder PC den kostenlosen RealVNC-Viewer installieren. Andere VNC-Clients sind mit Authentifizierungsverfahren von RealVNC leider nicht kompatibel. Eine alternative Möglichkeit zur Fernwartung Ihres Raspberry Pi präsentieren wir Ihnen in Abschnitt 4.4, »Fernwartung über das Remote Desktop Protocol«.

- ▶ SPI und I2C: Die CPU des Raspberry Pi unterstützt die Bussysteme *Serial Peripheral Interface* (SPI) und *Inter-Integrated Circuit* (I^2C). Wenn Sie diese Bussysteme zur

Steuerung entsprechender Hardware-Komponenten einsetzen möchten, können Sie mit den Menüeinträgen SPI bzw. I2C das automatische Laden der erforderlichen Kernelmodule einrichten.

▶ SERIELL: Die GPIO-Pins 8 und 10 (TxD und RxD) können als serielle Schnittstelle agieren, die zu einer Login-Konsole führen. DEAKTIVIERT stoppt diese Funktion, sodass Sie die beiden GPIO-Pins für andere Aufgaben nutzen können (siehe auch Abschnitt 13.5, »UART«).

▶ EINDRAHT-BUS: Über das 1-Wire-Protokoll kann der Raspberry Pi Temperatursensoren auslesen (siehe auch Abschnitt 13.7, »1-Wire«). Nach den erforderlichen Konfigurationsarbeiten ist ein Neustart erforderlich.

▶ GPIO-FERNZUGRIFF: Unter Raspbian ist der Dienst pigpiod installiert, der bei der Steuerung der GPIOs helfen kann. Die Einstellung AKTIVIERT führt dazu, dass dieser Dienst automatisch gestartet wird.

Leistung

Die CPU des Raspberry Pi läuft je nach Modell mit einer maximalen Taktfrequenz zwischen 700 MHz bis 1,4 GHz. Im Dialogblatt LEISTUNG des Konfigurationsprogramms können Sie die Frequenz des Raspberry Pi 1 in vier Stufen auf bis zu 1 GHz erhöhen. Für den Raspberry Pi 2 gibt es nur eine Wahlmöglichkeit, die die CPU-Frequenz ebenfalls auf 1 GHz anhebt. Beim Raspberry Pi Zero und beim Raspberry Pi 3 ist das Anheben der Taktfrequenz nicht vorgesehen.

Während manche Raspberry-Pi-Fans von den damit verbundenen Geschwindigkeitssteigerungen schwärmen, haben andere damit schlechte Erfahrungen gemacht: Abstürze, defekte Dateisysteme oder ein vorzeitiger Totalausfall des Raspberry Pi sind möglich. Ausführliche Informationen zu diesem Thema finden Sie in Abschnitt 4.14, »Overclocking«. Unsere Empfehlung lautet, generell auf Overclocking zu verzichten.

Im Dialogblatt LEISTUNG können Sie auch angeben, welcher Anteil des Arbeitsspeichers für das Grafiksystem reserviert werden soll (GPU-SPEICHER). 16 MByte sind für den normalen Betrieb ausreichend. Für grafikintensive Anwendungen (3D-Grafik, HD-Filme abspielen etc.) benötigt das Grafiksystem hingegen 128 MByte Speicher. Auch die Nutzung der Kamera erfordert ein Minimum von 128 MByte Grafikspeicher. Die Defaulteinstellung beträgt 64 MByte.

Lokalisierung

Im vierten Dialogblatt des Konfigurationsprogramms können Sie einstellen, welche Sprache Sie verwenden möchten, in welcher Zeitzone sich der Computer befindet und welches Tastaturlayout verwendet werden soll. Zweckmäßige Einstellungen sind:

- Sprache: LANGUAGE = DE (GERMAN), COUNTRY = DE (GERMANY), CHARACTER SET = UTF-8
- Zeitzone: AREA = EUROPE, LOCATION = BERLIN
- Tastatur: COUNTRY = DEUTSCHLAND, VARIANT = DEUTSCH
- WiFi-Land: das Land, in dem der Raspberry Pi läuft. Diese Einstellung soll sicherstellen, dass sich der WLAN-Adapter des Raspberry Pi an die nationalen Gesetze hält und keine unerlaubten Frequenzen nutzt.

Beachten Sie, dass der Raspberry Pi keine batteriegepufferte Uhrzeit hat und deswegen bei jedem Neustart mit derselben Zeit beginnt. Die aktuelle Uhrzeit kann der Raspberry Pi erst ermitteln, wenn das Gerät eine Internetverbindung hat. Dann kontaktiert es automatisch einen NTP-Server, also einen Rechner, der ihm die aktuelle Uhrzeit über das Network Time Protocol (NTP) verrät.

Tastatur und Maus

Mit einem eigenen Konfigurationsprogramm, das Sie mit EINSTELLUNGEN • TASTATUR UND MAUS starten, können Sie einige Parameter von Tastatur und Maus einstellen. Dazu zählen die Empfindlichkeit bzw. Geschwindigkeit der Maus und die Wiederholrate der Tastatur.

2.2 Der PIXEL-Desktop

Auch wenn Sie bisher primär unter Windows oder macOS gearbeitet haben, wird Ihnen die Bedienung des sogenannten »PIXEL-Desktops« in Raspbian nicht schwerfallen (siehe Abbildung 2.3): Am oberen Bildschirmrand gibt es ein sogenanntes Panel, das das Startmenü, Icons für alle laufenden Programme sowie ein paar Statusinformationen enthält (Uhrzeit, Netzwerkverbindung etc.).

Warum nicht KDE oder Gnome?

Wer sich schon vor dem Kauf des Raspberry Pi mit Linux beschäftigt hat, ist vermutlich mit den Desktop-Systemen KDE und Gnome vertraut, die unter Debian, Fedora, openSUSE oder Ubuntu zum Einsatz kommen. Die Benutzeroberfläche von Raspbian sieht hingegen ganz anders aus. Der Grund dafür ist einfach: KDE bzw. Gnome würden den Raspberry Pi mit seiner vergleichsweise geringen Grafikleistung überfordern. Deswegen kommt die für weniger leistungsstarke Computer konzipierte Benutzeroberfläche *Lightweight X11 Desktop Environment* (LXDE) zum Einsatz. Die LXDE-Konfiguration wurde speziell für den Raspberry Pi optimiert und trägt den Namen »PIXEL-Desktop«. Dessen ungeachtet beziehen sich viele Informationen dieses Kapitels ganz allgemein auf das LXDE-Projekt und sind durchaus nicht Raspberry-Pi-spezifisch.

Abbildung 2.3 Der PIXEL-Desktop

Icons

Standardmäßig befindet sich auf dem Desktop nur ein Icon für den Mülleimer. Sie können auf dem Desktop aber beliebige Dateien ablegen, indem Sie diese im gleichnamigen Verzeichnis speichern. Außerdem können Sie Menüeinträge des Startmenüs mit der rechten Maustaste und DEM DESKTOP HINZUFÜGEN auf dem Desktop ablegen und von dort dann besonders komfortabel starten.

Die Icons auf dem Desktop sind frei platzierbar. Alle Icons, deren Position Sie *nicht* ändern, werden standardmäßig in der Reihenfolge sortiert, in der sie dem Desktop hinzugefügt wurden. Durch ein Kontextmenü des Desktops können Sie die Sortierreihenfolge ändern. Frei platzierte Icons behalten dabei ihre Position. Wollen Sie auch diese Icons wieder automatisch platzieren, klicken Sie sie mit der rechten Maustaste an und deaktivieren die Option AKTUELLE POSITION MERKEN. Über dieses Kontextmenü können Sie auch Icons vom Desktop entfernen.

Das Panel

Die Leiste am oberen Bildschirmrand wird als »Panel« bezeichnet. Das Panel enthält standardmäßig neben dem Startmenü einige kleine Icons zum Start wichtiger Programme. Danach folgt eine Task-Leiste wie in vielen Windows-Versionen. Sie enthält Icons für alle laufenden Programme. Der rechte Rand des Panels zeigt die eingestellte Lautstärke, die Netzwerkverbindung, die aktuelle CPU-Auslastung und die Uhrzeit an.

Wenn Sie das Panel mit der rechten Maustaste anklicken, können Sie das Kontextmenükommando PANEL-EINSTELLUNGEN ausführen. In einem Dialog können Sie das Panel an einen anderen Bildschirmrand verschieben, zusätzliche Elemente in das Panel integrieren oder sogar mehrere Panel einrichten (siehe Abbildung 2.4).

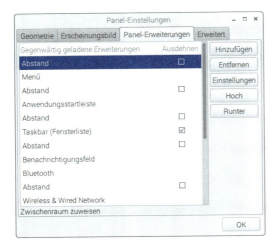 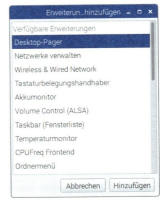

Abbildung 2.4 Panel-Einstellungen

Wenn Sie eigene Icons in den Schnellstartbereich neben dem Startmenü einfügen möchten, klicken Sie eines der bereits vorhandenen Icons mit der rechten Maustaste an und öffnen die ANWENDUNGSSTARTLEISTE-EINSTELLUNGEN. Sie können nun Einträge aus dem Startmenü in die Liste der Schnellstartprogramme aufnehmen (siehe Abbildung 2.5).

Abbildung 2.5 Konfiguration des Schnellstartbereichs

Programme starten

Sie wissen nun schon, dass Sie Programme über das Startmenü oder durch einen Doppelklick auf ein Icon starten können. Sofern Sie den internen Namen des Programms kennen (also den Namen der ausführbaren Datei), gibt es noch zwei Möglichkeiten:

▶ `Alt`+`F2` öffnet den winzigen AUSFÜHREN-Dialog. Dort geben Sie die ersten Buchstaben des Programmnamens an. Der Name wird automatisch vervollständigt. `↵` startet das Programm.

▶ Alternativ können Sie Programme auch aus einem Terminalfenster heraus starten. Dazu geben Sie den Programmnamen und anschließend das Zeichen & an, also z. B. leafpad &. Mit `↵` starten Sie das Programm als Hintergrundprozess. Anschließend können Sie im Terminal sofort weiterarbeiten.

Bei komplexeren Programmen kann der Programmstart etliche Sekunden dauern. Dass Raspbian Ihren Wunsch nicht einfach ignoriert, sondern hart an der Erfüllung arbeitet, erkennen Sie an der Darstellung der CPU-Auslastung rechts im Panel.

Optische Gestaltung des Desktops

Über einen Kontextmenüeintrag des Desktops oder mit EINSTELLUNGEN • APPEARANCE SETTINGS gelangen Sie in einen Dialog zur Gestaltung des Desktops. Darin können Sie ein Bild und eine Farbe einstellen, die zusammen den Bildschirmhintergrund ergeben. Wenn Sie einen einfarbigen Hintergrund ohne Bild vorziehen, wählen Sie im Listenfeld LAYOUT den Eintrag NO IMAGE. Die weiteren Optionen betreffen die Gestaltung von Menüs, die Default-Schriftart sowie die Farbe, mit der das gerade aktive Fenster bzw. das gerade ausgewählte Objekt hervorgehoben wird.

Noch mehr Einstellungsmöglichkeiten

Weitere Gestaltungsoptionen offenbaren sich im Programm lxappearance. Es ist mit `Alt`+`F2` zu starten. Sein Einsatz ist aber nur für fortgeschrittene Benutzer empfehlenswert.

Tastenkürzel

Zur Bedienung des Desktops gibt es eine Reihe von Tastenkürzeln, von denen Ihnen manche sicherlich aus anderen Betriebssystemen vertraut sind (siehe Tabelle 2.1). Die Tastenkürzel sind in mehreren Dateien definiert:

```
/etc/xdg/openbox/rc.xml              (globale Einstellungen)
/etc/xdg/openbox/LXDE/rc.xml         (globale Einstellungen)
/etc/xdg/openbox/LXDE-pi/rc.xml      (globale Einstellungen)
/home/pi/.config/openbox/lxde-pi-rc.xml  (individuelle
                                      Einstellungen)
```

Tastenkürzel	Bedeutung
`Alt` + `⇆`	Wechselt das aktive Fenster.
`Alt` + `Esc`	Platziert das aktuelle Fenster unter allen anderen.
`Alt` + Leertaste	Zeigt das Fenstermenü an.
`Alt` + `F2`	Startet ein Programm, dessen Name genannt werden muss.
`Alt` + `F4`	Schließt das Fenster bzw. beendet das Programm.
`Alt` + `F11`	Aktiviert bzw. deaktiviert den Vollbildmodus.
`Strg` + `Esc`	Öffnet das Startmenü.
`Strg` + `Alt` + `Entf`	Öffnet den Taskmanager.
`⊞` + `D`	Minimiert alle Fenster bzw. zeigt diese wieder an.
`⊞` + `E`	Startet den Dateimanager.
`⊞` + `R`	Startet ein Programm, dessen Name genannt werden muss.

Tabelle 2.1 Tastenkürzel für den Raspbian-Desktop

Vielleicht fragen Sie sich, was Openbox ist: Dabei handelt es sich um den von Raspbian eingesetzten Window Manager. Ein Window Manager ist das Programm, das für die Darstellung und Verwaltung von Fenstern auf dem Bildschirm verantwortlich ist.

Bei Bedarf können Sie mit einem Editor die Datei `.config/openbox/lxde-pi-rc.xml` Ihren eigenen Wünschen entsprechend anpassen. Die leicht verständliche Syntax ist hier dokumentiert:

http://openbox.org/wiki/Help:Bindings

Beispielsweise bewirken die folgenden Zeilen, dass ein Screenshot mit dem Programm `xfce4-screenshooter` erstellt wird, wenn Sie auf einer Apple-Tastatur die Taste zum Auswerfen von DVDs drücken. Dieses Programm muss allerdings zuvor mit `sudo apt install xfce4-screenshooter` installiert werden.

```
# in der Datei .config/openbox/lxde-pi-rc.xml
<keyboard>
  ...
  <keybind key="XF86Eject">
    <action name="Execute">
      <command>
        xfce4-screenshooter --fullscreen -s ~/Bilder
      </command>
    </action>
  </keybind>
</keyboard>
```

Änderungen in lxde-pi-rc.xml werden normalerweise erst wirksam, wenn Sie sich ab- und neu anmelden. Sollte Ihnen das zu umständlich erscheinen, führen Sie einfach in einem Terminalfenster das Kommando openbox --reconfigure aus.

Bildschirmschoner aktivieren

Nach zehn Minuten ohne Tastatur- und Mausaktivität aktiviert sich der Bildschirmschoner. Damit wird der Bildschirminhalt zwar schwarz, der Monitor läuft aber weiter. So macht der Bildschirmschoner aber wenig Sinn und führt im Gegenteil dazu, dass ein Monitor, der ein schwarzes Bild zeigt, unbeabsichtigt länger läuft als notwendig.

Damit der Bildschirmschoner richtig funktioniert, müssen Sie am Ende der Datei /boot/config.txt eine Zeile hinzufügen:

```
# am Ende von /boot/config.txt
...
hdmi_blanking=1
```

Da es sich um eine Systemkonfigurationsdatei handelt, müssen Sie den Editor aus einem Terminal heraus mit sudo starten. Dazu führen Sie das folgende Kommando aus:

```
sudo leafpad /boot/config.txt
```

Nachdem Sie die Datei gespeichert haben, müssen Sie den Raspberry Pi neu starten, damit die Konfiguration wirksam wird.

Bildschirmschoner deaktivieren

Wenn Sie umgekehrt den Bildschirmschoner deaktivieren möchten, besteht die einfachste Lösung darin, die Systemkonfigurationsdatei /etc/lightdm/lightdm.conf in einen Editor zu laden:

```
sudo leafpad /etc/lightdm/lightdm.conf
```

In der Konfigurationsdatei suchen Sie nach dem Abschnitt, der mit [Seat:*] eingeleitet wird, und fügen dort die Zeile xserver-command=... ein. Das Zeichen 0 ist eine Null.

```
# in der Datei /etc/lightdm/lightdm.conf
...
[Seat:*]
xserver-command=X -s 0 -dpms
...
```

Die Einstellung bewirkt, dass das Programm X, das für die Darstellung der grafischen Benutzeroberfläche verantwortlich ist, in Zukunft gar keine Energiesparfunktionen verwendet.

Monitor ausschalten

Eine Anleitung, wie Sie einen HDMI-Monitor durch Kommandos aus- und wieder einschalten können, finden Sie in Abschnitt 4.12, »Monitor ein- und ausschalten«.

2.3   Wichtige Programme

Dieser Abschnitt stellt Ihnen überblicksartig die wichtigsten Programme vor, die Ihnen unter Raspbian zur Verfügung stehen. Dabei berücksichtigen wir zuerst die vorinstallierten Programme und gehen dann auf einige verborgene Perlen ein, die Sie selbst installieren müssen.

Selbst Programme installieren

Es gibt mehrere Möglichkeiten, um Programme zu installieren: Der »klassische« Weg besteht darin, dass Sie ein Terminalfenster öffnen und darin das Kommando sudo apt install name ausführen. Wie die Paketverwaltung hinter den Kulissen funktioniert, erklären wir in Abschnitt 4.1, »Programme installieren und verwalten«.

Seit Anfang Sommer 2018 stehen in Raspbian auch zwei grafische Paketmanager zur Auswahl: EINSTELLUNGEN • RECOMMENDED SOFTWARE startet ein Programm, in dem Sie ganz komfortabel einige häufig benötigte Programme installieren bzw. deinstallieren können (siehe Abbildung 2.6). EINSTELLUNGEN • ADD/REMOVE SOFTWARE ist nicht ganz so bequem zu bedienen, ermöglicht es dafür aber, nach *allen* Raspbian-Paketen zu suchen und diese zu installieren.

Abbildung 2.6 Bequeme Installation wichtiger Programme mit »Recommended Software«

Eine Einschränkung müssen wir aber erwähnen: Nicht jedes Programm läuft unter Raspbian zufriedenstellend. Schuld daran ist nicht Raspbian an sich, sondern die Hardware-Ausstattung des Raspberry Pi. Populäre Programme wie GIMP oder Libre-Office sind zwar rasch installiert, laufen aber selbst auf dem Raspberry Pi 3 spürbar langsamer als auf einem gewöhnlichen PC oder Notebook. Auf den Zero-Modellen sind etliche Programme gar nicht verwendbar, was vor allem am zu kleinen RAM liegt.

Der Dateimanager

Ihre eigenen Daten befinden sich unter Raspbian im Verzeichnis /home/pi. Dieses Verzeichnis wird auch Heimatverzeichnis genannt. Bei der Verwaltung der hier gespeicherten Dateien hilft Ihnen der Dateimanager *PCManFM* (siehe Abbildung 2.7), den Sie wahlweise mit ZUBEHÖR • DATEIMANAGER oder durch einen Klick auf das entsprechende Icon im Panel starten.

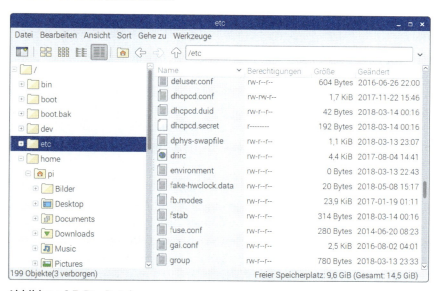

Abbildung 2.7 Der Dateimanager

Die Grundfunktionen des Programms erschließen sich beim Ausprobieren in wenigen Minuten. Im Menü ANSICHT können Sie zwischen vier verschiedenen Darstellungsformen umschalten: Standardmäßig ist die Symbolansicht aktiv. Optisch weniger ansprechend, dafür aber informativer ist die Detailansicht, die auch die Dateigröße und den Zeitpunkt der letzten Änderung anzeigt. Über ein Kontextmenü in der Spaltenbeschriftung können Sie diverse Zusatzspalten ein- und ausblenden.

In der Symbolansicht ist die Vorschau von Bildern standardmäßig auf Dateien limitiert, die kleiner als 2 MByte sind. Wenn Sie auch von größeren Bildern Miniaturen sehen möchten, müssen Sie den Grenzwert für die Vorschaufunktion im Dialogblatt BEARBEITEN • EINSTELLUNGEN • ANSICHT vergrößern. In diesem Dialogblatt können Sie auch die gewünschte Größe der Vorschaubilder einstellen. Standardmäßig verwendet der Dateimanager je nach Ansicht zwischen 24 × 24 und 128 × 128 Pixel.

Um Dateien zwischen zwei Verzeichnissen hin- und herzukopieren oder zu verschieben, öffnen Sie am einfachsten mit ⌷Strg⌷+⌷T⌷ ein neues Dialogblatt bzw. mit ⌷Strg⌷+⌷N⌷ ein neues Fenster.

Verborgene Dateien

Unter Linux gelten Dateien und Verzeichnisse, deren Namen mit einem Punkt beginnen, als verborgen. Diese Dateien und Verzeichnisse werden standardmäßig im Dateimanager nicht angezeigt. Um sie dennoch zu sehen und zu bearbeiten, führen Sie ANSICHT • VERBORGENE DATEIEN ANZEIGEN aus bzw. drücken ⌷Strg⌷+⌷H⌷.

LXTerminal

Auch wenn Raspbian über eine grafische Benutzeroberfläche verfügt, ist es unter Linux üblich, viele administrative Aufgaben durch Kommandos im Textmodus zu erledigen. Umsteigern von Windows oder macOS mag das anfänglich sperrig und wenig intuitiv vorkommen, tatsächlich sparen Linux-Profis damit aber eine Menge Zeit. Das Programm, in dem Sie solche Kommandos ausführen, wird unter Linux *Terminal* genannt. Da überrascht es kaum, dass das Terminalprogramm für LXDE den Namen *LXTerminal* trägt.

Wenn Sie dieses Programm erstmals starten, erscheint ein fast vollständig schwarzes Fenster. Darin können Sie Kommandos eingeben und mit ⌷↵⌷ ausführen. Auch die Ergebnisse und Fehlermeldungen erscheinen als Text. Wenn das düstere Erscheinungsbild des LXTerminals Sie irritiert, sollten Sie als Erstes eine hellere Hintergrundfarbe und dafür eine schwarze Textfarbe einstellen. Die entsprechenden Einstellungen finden Sie im Dialog BEARBEITEN • EINSTELLUNGEN. Etwas komplizierter ist es, auch die Sondertextfarben zu verändern, in denen ls die Eingabeaufforderung (den sogenannten Prompt) sowie bestimmte Dateien anzeigt. Diesbezügliche Anleitungen finden Sie in Kapitel 3, »Arbeiten im Terminal«.

Sollten Sie mehrere Terminalfenster brauchen, öffnen Sie einfach mit ⌷Strg⌷+⌷N⌷ ein weiteres. Alternativ können Sie auch mit ⌷Strg⌷+⌷T⌷ mehrere *Tabs* (Dialogblätter) öffnen und zwischen diesen wechseln.

Jetzt ist nur noch die Frage offen, welche Kommandos Ihnen im Terminal zur Verfügung stehen: Davon gibt es so viele, dass wir diesem Thema ein eigenes Kapitel gewidmet haben. Und selbst in Kapitel 3, »Arbeiten im Terminal«, können wir Ihnen nur die wichtigsten Kommandos vorstellen.

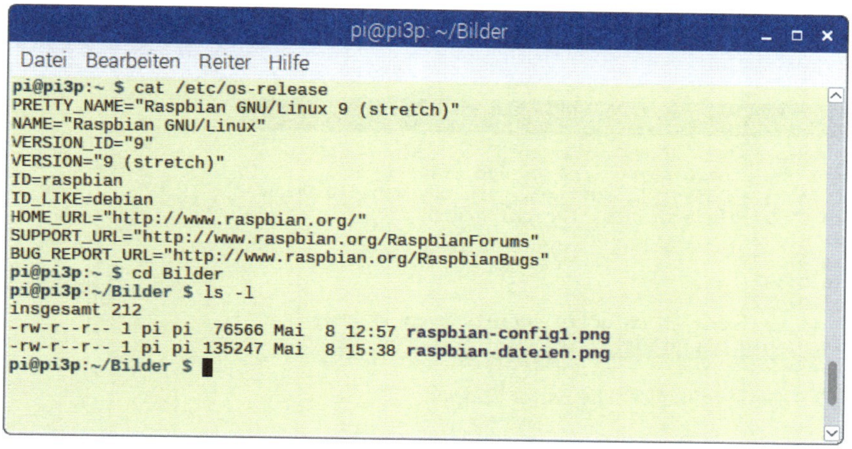

```
                              pi@pi3p: ~/Bilder              _  □  ✗
 Datei  Bearbeiten  Reiter  Hilfe
 pi@pi3p:~ $ cat /etc/os-release
 PRETTY_NAME="Raspbian GNU/Linux 9 (stretch)"
 NAME="Raspbian GNU/Linux"
 VERSION_ID="9"
 VERSION="9 (stretch)"
 ID=raspbian
 ID_LIKE=debian
 HOME_URL="http://www.raspbian.org/"
 SUPPORT_URL="http://www.raspbian.org/RaspbianForums"
 BUG_REPORT_URL="http://www.raspbian.org/RaspbianBugs"
 pi@pi3p:~ $ cd Bilder
 pi@pi3p:~/Bilder $ ls -l
 insgesamt 212
 -rw-r--r-- 1 pi pi  76566 Mai  8 12:57 raspbian-config1.png
 -rw-r--r-- 1 pi pi 135247 Mai  8 15:38 raspbian-dateien.png
 pi@pi3p:~/Bilder $ █
```

Abbildung 2.8 Ein Terminalfenster

Text kopieren mit der Maus

Oft ist es notwendig, bei der Ausführung eines Kommandos die Ergebnisse eines anderen als Parameter anzugeben, z. B. einen Dateinamen.

Wenn Sie den Text nicht abschreiben möchten, besteht der naheliegende Weg darin, den Text zuerst mit der Maus zu markieren, dann mit ⬆+Strg+C zu kopieren und ihn danach an der gerade aktuellen Cursorposition mit ⬆+Strg+V wieder einzufügen. Beachten Sie, dass Sie nicht wie in anderen Programmen mit Strg+C und Strg+V arbeiten können, weil die Strg-Tastenkürzel im Terminal eine besondere Bedeutung haben. Insbesondere bricht Strg+C ein laufendes Programm vorzeitig ab.

Sofern Sie eine Maus mit drei Tasten besitzen oder ein Modell, bei dem das Mausrad gedrückt werden kann, dann können Sie sich die Fingerakrobatik für die Tastenkürzel ⬆+Strg+C und ⬆+Strg+V ersparen. Markieren Sie einfach den zu kopierenden Text mit der Maus, und drücken Sie dann die mittlere Maustaste. Fertig! Der zuvor markierte Text wird an der Cursorposition eingefügt. Dieses komfortable Textkopieren funktioniert übrigens nicht nur im Terminal, sondern auch in den meisten anderen Programmen.

Leafpad und Geany (Editoren)

Unter den vorinstallierten Texteditoren bietet das Programm *Leafpad* den meisten Komfort (siehe Abbildung 2.9). Sie starten das Programm mit ZUBEHÖR • TEXTEDITOR. Der Editor ist ausreichend, um Konfigurationsdateien zu verändern, bietet aber kaum Zusatzfunktionen. Immerhin gibt es Kommandos zum Suchen und Ersetzen.

Im Menü OPTIONEN können Sie die Anzeige von Zeilennummern aktivieren und die Schriftart einstellen.

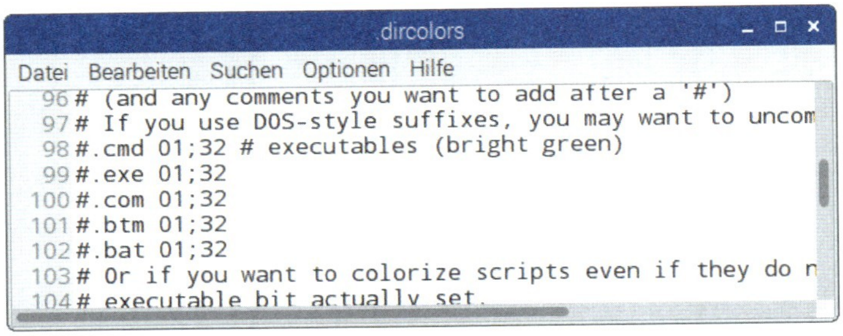

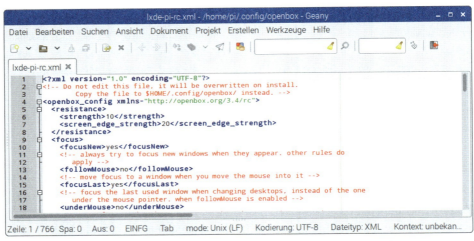

Abbildung 2.9 Der minimalistische Editor Leafpad

Der Dateiauswahldialog von Leafpad zeigt standardmäßig keine verborgenen Dateien an, also keine Dateien, deren Name mit einem Punkt beginnt. Wenn Sie eine derartige Datei öffnen möchten, klicken Sie die Dateiliste im Auswahldialog mit der rechten Maustaste an und aktivieren die Option VERBORGENE DATEIEN ANZEIGEN.

Leafpad kann immer nur *eine* Datei bearbeiten. Das Laden einer Datei ersetzt deshalb die zuletzt aktive Datei. Um dennoch mehrere Dateien gleichzeitig zu bearbeiten, öffnen Sie zuerst mit ⌷Strg⌷+⌷N⌷ ein neues, leeres Leafpad-Fenster.

Standardmäßig sind in Raspbian auch die Editoren nano und vi installiert. Diese Editoren werden direkt in einem Terminalfenster ausgeführt. Eine Zusammenfassung der wichtigsten Kürzel zur Bedienung dieser Programme finden Sie im nächsten Kapitel. Dort stellen wir Ihnen auch das Programm jmacs vor. Dieser Emacs-kompatible Editor läuft ebenfalls im Terminal.

Abbildung 2.10 Die Mini-Entwicklungsumgebung Geany als Editor verwenden

2

Wenn Sie auf der Suche nach einem grafischen Texteditor sind, der mehr Funktionen als Leafpad bietet, sollten Sie sich das Programm *Geany* ansehen (siehe Abbildung 2.10). Sie starten das Programm mit ENTWICKLUNG • GEANY. Geany ist eigentlich eine einfache Entwicklungsumgebung und kann auch einen Compiler ausführen. Wenn Sie diese Funktionen nicht benötigen, blenden Sie einfach die beiden Seitenleisten aus. Es verbleibt ein Editor mit Syntax-Highlighting: Geany markiert also verschiedene Code-Elemente in unterschiedlichen Farben.

Webbrowser

Unter Raspbian ist standardmäßig der Webbrowser *Chromium* installiert (siehe Abbildung 2.11). Dabei handelt es sich um die Open-Source-Variante des großen Bruders Google Chrome.

Abbildung 2.11 Der Webbrowser Chromium

Wenn Sie möchten, können Sie aber auch Chromium mit einem vorhandenen Google-Konto verbinden. Chromium verwendet als Suchmaschine DuckDuckGo. Andere Suchmaschinen können Sie unkompliziert in den Einstellungen festlegen.

Zusammen mit Chromium ist das Flash-Plug-in installiert. Das Plug-in wird allerdings normalerweise blockiert. Um Flash tatsächlich zu nutzen, müssen Sie den betreffenden Bereich der Webseite anklicken und die Ausführung von Flash explizit erlauben.

YouTube-Videos können Sie erfreulicherweise auch ohne Flash ansehen. Die Erweiterung h264ify bewirkt, dass der Webbrowser bei YouTube H.264-codierte Videos abruft, die ohne das Flash-Plug-in abgespielt werden können. Als zweite Chromium-Erweiterung ist per Default der Werbeblocker uBlock Origin installiert.

Firefox, Thunderbird und Claws Mail

Wenn Sie anstelle von Chromium den Webbrowser Firefox verwenden möchten, installieren Sie die folgenden Pakete. Das erste enthält das eigentliche Programm, das zweite die deutschen Übersetzungen für Menüs und Dialoge.

```
sudo apt install firefox-esr firefox-esr-l10n-de
```

Analog gehen Sie vor, wenn Sie den E-Mail-Client Thunderbird einsetzen möchten:

```
sudo apt install thunderbird thunderbird-l10n-de
```

Abbildung 2.12 Firefox unter Raspbian

Nach Abschluss der Installation starten Sie die Programme mit INTERNET • FIREFOX bzw. INTERNET • THUNDERBIRD. Sie werden feststellen, dass die Firefox-Version in der Regel um einige Versionsnummern älter als die aktuelle Firefox-Version ist. Das liegt daran, dass Debians Firefox-Pakete auf der Enterprise-Version (ESR) von Firefox basieren. Diese Versionen werden circa alle neun Monate aktualisiert.

Microsoft-Fonts installieren

Einige Webseiten verwenden die von Microsoft vor vielen Jahren freigegebenen Fonts Arial, Verdana etc. Diese Fonts stehen Ihnen mit der Installation des Pakets ttf-mscorefonts-installer auch unter Raspbian zur Verfügung.

Sollten Sie auf der Suche nach einem ressourcensparenden E-Mail-Client sein, werfen Sie am besten einen Blick auf das Programm *Claws Mail* (Paketname claws-mail). Das eher technisch orientierte Programm bietet viele Funktionen und unzählige Konfigurationsoptionen. Es unterstützt die gängigen Protokolle POP, IMAP und SMTP und ist damit zu den meisten Mail-Accounts kompatibel (siehe Abbildung 2.13). Leider ist die Konfiguration etwas komplizierter als bei anderen Mail-Programmen.

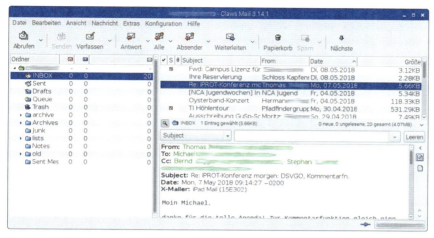

Abbildung 2.13 E-Mails auf dem Raspberry Pi lesen

Spiele

Wenn Sie Ihre Zeit totschlagen möchten, können Sie mit SPIELE • MINECRAFT PI eine Runde Minecraft spielen. Die mit Raspbian ausgelieferte Version kann zwar nicht mit der Vollversion mithalten, reicht aber aus, um erste Minecraft-Erfahrungen zu machen. Die Minecraft-Version ist Script-fähig, d. h., Sie können Minecraft-Welten mit Python-Code gestalten und verändern. Gerade für Kinder und Jugendliche ist das eine sehr ansprechende Variante, um erste Erfahrungen mit der Programmierung zu machen:

https://www.raspberrypi.org/learning/getting-started-with-minecraft-pi

Weniger Freude werden Sie voraussichtlich mit SPIELE • PYTHON GAMES haben. Hierbei handelt es sich um eine Sammlung ganz simpler Spiele, deren Zielsetzung darin besteht, Programmiertechniken mit Python zu illustrieren. Der Quellcode der Spiele ist auf der Website *https://inventwithpython.com* frei verfügbar und kann angehenden Python-Programmierern als Beispiel dienen.

Bild- und PDF-Viewer

Ein Doppelklick auf ein `*.jpg`- oder `*.png`-Bild im Dateimanager startet das Programm *gpicview*. Dabei handelt es sich um einen einfachen Bildbetrachter. Sie können damit durch alle weiteren Bilder des aktuellen Verzeichnisses blättern sowie Bilder drehen und spiegeln. PDF-Dateien werden mit dem Programm *qpdfview* angezeigt (siehe Abbildung 2.14).

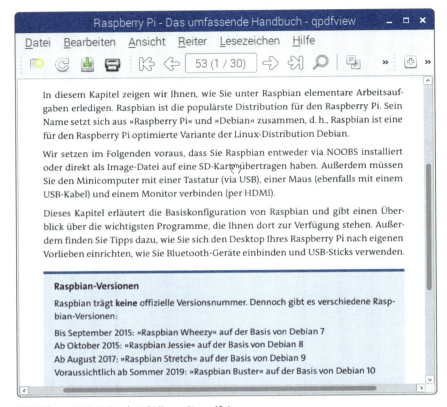

Abbildung 2.14 E-Book-Lektüre mit qpdfview

Audio- und Video-Player

Anfänglich ist unter Raspbian kein Audio-Player installiert, mit dem Sie MP3-Dateien abspielen können. Als kleiner, handlicher MP3-Player bietet sich das Programm *LXMusic* an (siehe Abbildung 2.15).

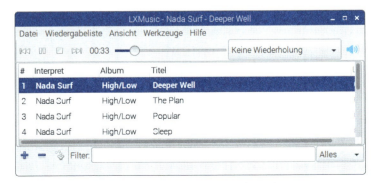

Abbildung 2.15 Audio-Dateien mit LXMusic abspielen

Das Programm ist unkompliziert zu bedienen und spielt einfach die ausgewählten MP3-Dateien bzw. alle in einem Verzeichnis enthaltenen Musikdateien ab. LXMusic basiert intern auf *xmms2*, einem bewährten Linux-Audio-Player.

```
sudo apt install lxmusic
```

Komfortabler als LXMusic, aber leider auch wesentlich schwerfälliger, ist das Programm *Rhythmbox*. Es greift auf unzählige andere Bibliotheken zurück, weswegen der Installationsumfang über 50 MByte beträgt. Dafür kann das Programm große MP3-Sammlungen verwalten, diese nach Genre und Interpreten filtern etc.

```
sudo apt install rhythmbox
```

Kein Ton?

Wenn an den Raspberry Pi ein HDMI-Monitor oder -Fernseher angeschlossen ist, erfolgt die Tonwiedergabe standardmäßig via HDMI. Der Raspberry Pi besitzt aber auch einen Analog-Audio-Ausgang mit einer 3,5-mm-Klinkenbuchse. Falls Sie also zunächst nichts hören, klicken Sie mit der rechten Maustaste auf das Lautsprecher-Icon im Panel und stellen den gewünschten Audio-Ausgang ein. Alternativ schafft auch das Kommando `amixer cset numid=3 1` Abhilfe. Dieses Kommando müssen Sie in einem Terminalfenster ausführen. Mehr Details rund um das Thema Audio folgen in Kapitel 7, »Audio-Player mit Smartphone-Fernbedienung«.

Der Default-Video-Player von Raspbian ist das Programm *omxplayer*. Das schmucklose Programm kommt nur mit ausgewählten Video-Formaten bzw. -Codecs zurecht. Dafür nutzt es aber die Hardware-Decodierfunktionen des Raspberry Pi und kann auch hochauflösende Videos ohne Ruckeln abspielen. Das setzt voraus, dass Sie die entsprechenden Lizenzschlüssel in /boot/config.txt eingetragen haben (siehe Abschnitt 8.1, »Installation und Konfiguration«). omxplayer läuft grundsätzlich im Vollbildmodus. Zu seinen Vorzügen zählen eine Menge Tastenkürzel, mit denen das Programm sehr effizient gesteuert werden kann. Eine komplette Referenz aller Kürzel finden Sie auf der Projekt-Webseite:

http://omxplayer.sconde.net

Eine Alternative zu omxplayer ist das Programm *VLC*. Dieses Programm mit einer ansprechenden Benutzeroberfläche und unzähligen Spezialfunktionen beansprucht allerdings rund 100 MByte Speicherplatz auf der SD-Karte. Es kommt mit viel mehr Video-Formaten zurecht als omxplayer. Leider nutzt die VLC-Version aus den Raspbian-Paketquellen keine Hardware-Beschleunigung bei der Wiedergabe und ist deswegen nur für Videos in kleiner Auflösung geeignet.

```
sudo apt install vlc
```

Der Raspberry Pi als ferngesteuerter Audio- oder Video-Player

Zu den beliebtesten Anwendungen des Raspberry Pi zählt dessen Einsatz als Audio-Player für eine Stereo-Anlage oder als Video-Player für den Fernseher. Dabei kommen anstelle von Raspbian oft speziell für diesen Einsatzzweck optimierte Distributionen zum Einsatz. Gleich drei Kapitel dieses Buchs beschreiben verschiedene Anwendungs-szenarien, die auf den Programmen MPD, Kodi und Plex aufbauen (siehe Kapitel 7 bis Kapitel 9).

Textverarbeitung und Tabellenkalkulation

Bei aktuellen Raspbian-Versionen ist das Office-Paket *LibreOffice* standardmäßig installiert. Sein Einsatz ist aber nur auf dem Raspberry Pi 2 oder 3 zu empfehlen. Auf älteren Raspberry-Pi-Modellen sowie auf den Zero-Varianten ist das Paket mit seinen zahllosen Funktionen zu groß und zu langsam.

Deutlich flotter laufen das Textverarbeitungsprogramm *Abiword* und das Tabellenkal-kulationsprogramm *Gnumeric* (siehe Abbildung 2.16). Wenn es also darum geht, rasch ein paar Notizen zu verfassen oder ein paar tabellarische Berechnungen durchzufüh-ren, können wir Ihnen diese Programme empfehlen. Recht zeitaufwendig verläuft allerdings die Installation, weil dabei diverse andere Gnome-Pakete eingerichtet wer-den müssen.

```
sudo apt install abiword
sudo apt install gnumeric
```

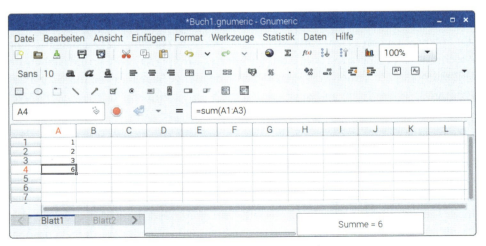

Abbildung 2.16 Das Tabellenkalkulationsprogramm Gnumeric

Software-Entwicklung

ENTWICKLUNG • MATHEMATICA startet das gleichnamige Programm, mit dem Sie mathematische Probleme symbolisch lösen und grafisch darstellen können. ENTWICKLUNG • WOLFRAM startet ebenfalls Mathematica, allerdings mit einer textbasierten Oberfläche. Eine Einführung in dieses faszinierende Programm finden Sie in Kapitel 24, »Mathematica und die Wolfram Language«.

ENTWICKLUNG • SONIC PI ist eine Art programmierbarer Synthesizer. Sie können damit Audio-Effekte generieren. Sonic Pi wurde ursprünglich für den Schulunterricht entwickelt, kann aber natürlich darüber hinaus eingesetzt werden. Eine gute Einführung finden Sie hier:

https://www.raspberrypi.org/learning/sonic-pi-lessons

ENTWICKLUNG • PYTHON 2 bzw. PYTHON 3 startet das Programm IDLE2 bzw. IDLE3. Das sind einfache grafische Entwicklungsumgebungen für die Programmiersprache Python in den Versionen 2.7 bzw. 3.5. Eine alternative Entwicklungsumgebung ist *Thonny* (Start mit ENTWICKLUNG • THONNY PYTHON IDE).

Dieses Buch enthält eine ausführliche Beschreibung von Python, die in Kapitel 17, »Python kennenlernen«, beginnt. Ganz egal, welche Funktion bzw. welche Hardware-Komponenten des Raspberry Pi Sie steuern möchten – am besten gelingt dies nahezu immer mit Python!

ENTWICKLUNG • SCRATCH und ENTWICKLUNG • SCRATCH 2 starten jeweils eine grafische Programmierumgebung, die Kindern bzw. Programmieranfängern die Konzepte der Programmierung nahezubringen versucht (siehe Abbildung 2.17).

Abbildung 2.17 Programmieren lernen in Scratch 2

Beispielprojekte finden Sie im Verzeichnis /usr/share/Projects, die Begleitwebsite unter der folgenden Adresse:

https://scratch.mit.edu

Screenshots

Unter Raspbian ist anfänglich kein Programm installiert, mit dem Sie Bildschirm-abbildungen erstellen können. Geeignete Programme sind xfce4-screenshooter und scrot:

```
sudo apt install scrot
sudo apt install xfce4-screenshooter
```

Beide Programme starten Sie aus einem Terminalfenster heraus. Wenn Sie scrot ohne weitere Parameter aufrufen, erstellt es eine Abbildung des gesamten Bildschirms und speichert diese im aktuellen Verzeichnis in einer PNG-Datei, deren Name sich aus dem aktuellen Datum und der Uhrzeit ergibt. Wenn Sie nur den Inhalt des gerade aktiven Fensters speichern möchten, geben Sie zusätzlich die Option -u ein. Um einen Screenshot des ganzen Bildschirms nach 10 Sekunden zu erstellen und die Abbildung in der Datei bild.png zu speichern, führen Sie dieses Kommando aus:

```
scrot -d 10 bild.png
```

scrot ändert leider mitunter die Farben: Aus einem reinen Weiß auf dem Bildschirm wird beispielsweise ein Fast-Weiß in der resultierenden Bilddatei. Wir haben deswegen die meisten Screenshots für dieses Buch mit xfce4-screenshooter erstellt. Dieses Programm hat sogar eine einfache Benutzeroberfläche, mit der Sie die Verzögerungs-zeit und den aufzunehmenden Bildbereich einstellen können (siehe Abbildung 2.18).

Abbildung 2.18 Screenshots mit »xfce4-screenshooter« erstellen

2.4 WLAN-Konfiguration

Im vorigen Kapitel haben wir Ihnen geraten, Ihren Raspberry Pi für die ersten Schritte mit einem Ethernet-Kabel an das lokale Netzwerk anzuschließen. Damit ersparen Sie sich jede Konfiguration, und der Netzwerk- und Internetanschluss funktioniert auf Anhieb.

Wie Sie in diesem Abschnitt sehen werden, gelingt aber auch die WLAN-Konfiguration normalerweise rasch und unkompliziert. Aktuelle Raspberry-Pi-Modelle enthalten einen WLAN-Controller. Bei älteren Modellen müssen Sie hingegen einen USB-WLAN-Adapter verwenden. Das sind vielfach winzige USB-Stöpsel, die nur wenige Millimeter über den eigentlichen USB-Stecker hinausragen. Entscheidend ist, dass Sie sich für ein Modell entscheiden, das von Raspbian unterstützt wird.

Soweit Sie die WLAN-Konfiguration nicht schon beim ersten Start im Konfigurationsassistenten durchgeführt haben, klicken Sie auf das WLAN-Icon im Panel. Ein Menü listet alle verfügbaren Funknetze auf (siehe Abbildung 2.19). Nach der Auswahl eines Funknetzes müssen Sie nur noch das dazugehörende Passwort angeben (siehe Abbildung 2.20) – fertig!

Abbildung 2.19 Das WLAN-Menü im Panel

Abbildung 2.20 Eingabe des WLAN-Passworts

Hinter den Kulissen ist das Programm `wpa_supplicant` für die WLAN-Authentifizierung zuständig. Die Verbindungsparameter werden in der Datei /etc/wpa_supplicant/ `wpa_supplicant.conf` gespeichert, inklusive der Passwörter im Klartext.

Manuelle WLAN-Konfiguration und WLAN-Router

In diesem Buch greifen wir das Thema WLAN noch zweimal auf:

▶ In Kapitel 5, »Linux-Grundlagen«, sind die technischen Details der WLAN- und WPA-Konfiguration beschrieben. Dort finden Sie auch Tipps, wie Sie bei Bedarf eine WLAN-Verbindung ohne grafische Benutzeroberfläche einrichten.

▶ In Kapitel 38, »WLAN- und Tor-Router«, zeigen wir Ihnen, wie Sie Ihren Raspberry Pi als WLAN-Access-Point oder -Router konfigurieren – bei Bedarf sogar mit Tor-Unterstützung.

2.5   Bluetooth-Konfiguration

In die aktuellen Modelle des Raspberry Pi (z. B. beim 3B, 3B+, Zero W und Zero WH) ist ein Bluetooth-Adapter bereits eingebaut. Bei älteren Modellen benötigen Sie hingegen einen Bluetooth-USB-Adapter, damit Sie Ihre Bluetooth-Maus oder -Tastatur mit dem Raspberry Pi verwenden können. Diese winzigen USB-Stöpsel können Sie bei jedem Elektronik- oder Computer-Händler für wenige Euro erwerben. Nehmen Sie sich vor dem Kauf aber ein wenig Zeit für die Recherche – der unter Raspbian laufende Linux-Kernel ist zwar zu fast allen marktüblichen Adaptern kompatibel, aber Ausnahmen bestätigen leider wie üblich diese Regel.

Raspbian verfügt über eigene Bluetooth-Konfigurationswerkzeuge. Um ein neues Bluetooth-Gerät einzurichten, klicken Sie auf das Bluetooth-Icon im Panel und führen ADD DEVICE aus. Der Dialog zeigt nach einiger Zeit alle in Funkreichweite befindlichen Bluetooth-Geräte an (natürlich nur, soweit diese nicht mit anderen Computern verbunden sind). Mit dem Button PAIR versucht das Konfigurationsprogramm nun, eine Verbindung zum Gerät herzustellen. Bei manchen Geräten (z. B. Tastaturen) müssen Sie dabei einen Pairing-Code sowie ⏎ eingeben (siehe Abbildung 2.21).

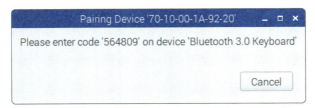

Abbildung 2.21 Bluetooth-Pairing

Während die Bluetooth-Konfiguration bei älteren Raspbian-Versionen eine Quelle steten Ärgers war, funktionieren die jetzt verfügbaren Werkzeuge ausgesprochen gut. Mitunter ist aber etwas Geduld erforderlich, bis ein neues Gerät in der Liste der konfigurierbaren Geräte auftaucht.

Sogar die Konfiguration eines Bluetooth-Lautsprechers funktionierte bei unseren Tests problemlos. Nach dem Koppeln müssen Sie den Lautsprecher allerdings noch als Audio-Ausgabegerät aktivieren. Dazu klicken Sie mit der rechten Maustaste auf das Lautsprecher-Icon im Panel. Dort wird nun neben den Standardeinträgen ANALOG und HDMI auch der Name der Bluetooth-Box angegeben.

Einmal gekoppelte Geräte sollte der Raspberry Pi auch nach dem nächsten Neustart korrekt wiedererkennen. Bei unseren Tests dauerte es aber oft mehrere Sekunden, bis diverse Bluetooth-Geräte auf neue Eingaben reagierten. So naheliegend die Verwendung von Bluetooth beim Raspberry Pi ist – in unserer Praxis haben sich USB-Tastaturen und -Mäuse als wesentlich zuverlässiger erwiesen.

2.6 USB-Sticks und -Festplatten

Raspbian kommt unkompliziert mit externen USB-Datenträgern zurecht, ganz egal, ob es sich um USB-Sticks oder Festplatten handelt. Beachten Sie aber, dass manche USB-Sticks und alle USB-Festplatten mehr Strom brauchen, als die USB-Schnittstellen des Raspberry Pi zur Verfügung stellen können! Verwenden Sie also gegebenenfalls einen aktiven USB-Hub oder eine USB-Festplatte mit einer eigenen Stromversorgung!

Beim Anstecken eines USB-Datenträgers erscheint auf dem Bildschirm ein Dialog, in dem Sie auswählen müssen, ob Sie den Inhalt des Datenträgers im Dateimanager öffnen möchten (siehe Abbildung 2.22). Der Datenträger wird im Verzeichnis /media/datenträgername in den Verzeichnisbaum integriert. Im Dateimanager können Sie nun Dateien kopieren.

Abbildung 2.22 Raspbian erkennt einen gerade angesteckten USB-Stick.

Bevor Sie den Stecker des Datenträgers wieder lösen, klicken Sie ganz rechts im Panel auf den Auswerfen-Button (siehe Abbildung 2.23).

Abbildung 2.23 USB-Stick aus dem Verzeichnisbaum lösen

USB-Stick formatieren

Unter Raspbian gibt es keine grafischen Werkzeuge zur Formatierung eines USB-Sticks. Das müssen Sie durch den Aufruf der entsprechenden Kommandos im Terminal erledigen. In Abschnitt 5.4, »Verwaltung des Dateisystems«, stellen wir Ihnen unter anderem die Kommandos parted und mkfs näher vor.

2.7 Drucker

Um Raspbian schlank zu halten und den Boot-Prozess nicht unnötig zu verlangsamen, ist standardmäßig kein Drucksystem installiert. Bevor Sie einen per USB-Kabel angeschlossenen oder im lokalen Netzwerk erreichbaren Drucker nutzen können, müssen Sie zuerst die gesamte dafür erforderliche Infrastruktur installieren. Diese besteht aus einer Menge Paketen mit Druckertreibern, Konfigurationswerkzeugen und dem Hintergrundprogramm cupsd, das später die Druckjobs verarbeiten wird:

```
sudo apt install cups system-config-printer
```

Die Druckerkonfiguration nehmen Sie mit EINSTELLUNGEN • DRUCKEINSTELLUNGEN vor. Damit wird das Konfigurationsprogramm system-config-printer gestartet (siehe Abbildung 2.24). Während der Konfiguration werden Sie dazu aufgefordert, Ihr Passwort anzugeben.

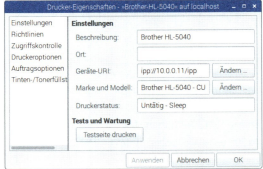

Abbildung 2.24 Druckereinstellungen

Mit dem Button HINZUFÜGEN starten Sie einen Assistenten. Dieser versucht, die ange-schlossenen Drucker zu erkennen, und zeigt in einer Liste alle zur Auswahl stehenden Möglichkeiten. Nicht alle Listenpunkte spiegeln reale Drucker wider: Einige Einträge dienen als Ausgangspunkt für die Konfiguration von Druckern, die der Assistent selbst nicht erkannt hat.

Nachdem Sie sich für einen Drucker entschieden und auf VOR geklickt haben, ermit-telt das Konfigurationsprogramm eine Liste mit allen passenden Treibern. Bei vielen Druckern stehen mehrere Treiber zur Auswahl. Beispielsweise können Sie bei vie-len Laser-Druckern zwischen PostScript- und HP-Laserjet-kompatiblen PCL-Treibern wählen. Bei unseren Tests erwies sich das Konfigurationsprogramm leider als sehr absturzfreudig; letztlich gelang es uns aber, den gewünschten Drucker einzurichten.

Sobald die Grundkonfiguration einmal erledigt ist, können Sie alle erdenklichen Detaileinstellungen vornehmen und eine Testseite ausdrucken. Falls Sie mehrere Dru-cker eingerichtet haben, können Sie einen davon über den Kontextmenüeintrag ALS STANDARD SETZEN zum Standarddrucker machen.

2.8   Raspbian Lite

In seiner Standardausprägung ist Raspbian eine riesige Distribution. Das Alles-inklusive-Konzept hat Raspbian auf rund 4 GByte aufgebläht – das ist circa doppelt so groß wie Ubuntu in der Grundkonfiguration. Für Desktop-Anwender mag es prak-tisch sein, wenn eine grafische Benutzeroberfläche, Mathematica, Sonic Pi, Java etc. standardmäßig zur Verfügung stehen. Für Server- oder Steuerungsanwendungen, die ohne Monitor laufen, kostet Raspbian aber unnötig Platz auf der SD-Karte, verlang-samt den Boot-Vorgang und führt bei jedem Update zu großen Downloads.

Für fortgeschrittene Linux-Anwender bietet die Raspberry Pi Foundation daher auch eine Lite-Version zum Download an. Das 1,5 GByte große Image muss anschließend auf eine SD-Karte übertragen werden, d. h., die NOOBS-Installationsvariante steht nicht zur Auswahl.

https://www.raspberrypi.org/downloads/raspbian

Nach der Installation läuft Raspbian Lite im Textmodus. Damit ist diese Raspbian-Variante nur für Anwender geeignet, die die wichtigsten Linux-Kommandos kennen und weitere Konfigurations- und Programmierarbeiten ohne grafische Werkzeuge durchführen können. Im Vergleich zur Vollversion fehlen unter anderem das Grafik-system, die Benutzeroberfläche LXDE, alle Programme, die eine grafische Benutzer-oberfläche voraussetzen, sowie Java. Bei Bedarf können Sie aber jedes fehlende Programm nachinstallieren.

Das am Beginn dieses Kapitels beschriebene Konfigurationsprogramm fehlt natürlich ebenfalls. Deswegen müssen Sie zur Grundkonfiguration auf das aus älteren Raspbian-Versionen bekannte Kommando raspi-config zurückgreifen. Es kann in einer Textkonsole oder via SSH gestartet werden:

```
sudo raspi-config
```

Das Konfigurationsprogramm bietet im Wesentlichen dieselben Funktionen wie seine grafische Variante. Dank eines gut organisierten Menüs fällt die Bedienung auch im Textmodus nicht schwer (siehe Abbildung 2.25).

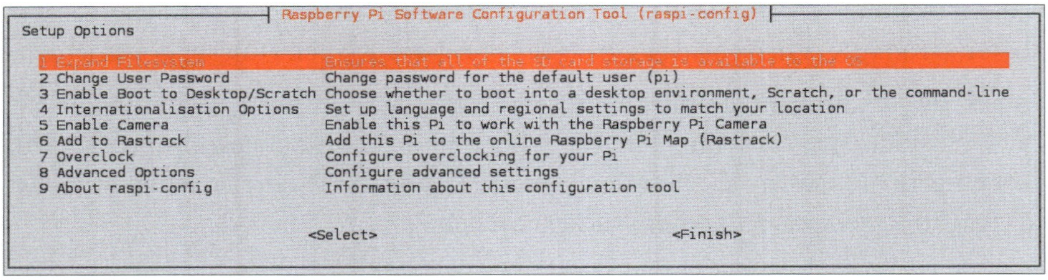

Abbildung 2.25 Das Konfigurationskommando »raspi-config« für den Textmodus

Die meisten der Projekte, die wir in Teil V dieses Buchs vorstellen, lassen sich auch unter Raspbian Lite realisieren. Besonders in Kapitel 39, »DLNA-Server«, gehen wir auf Raspbian Lite näher ein. Dort erklären wir Ihnen unter anderem, wie Sie Raspbian Lite für den Read-only-Modus konfigurieren können. Das bedeutet, dass Raspbian auf der SD-Karte keine Schreibzugriffe vornimmt. Daher können Sie den Raspberry Pi jederzeit ausschalten, ohne befürchten zu müssen, dass das Dateisystem dabei Schaden nimmt.

Kapitel 3
Arbeiten im Terminal

Erste Experimente mit dem Raspberry Pi haben Ihnen vermutlich klargemacht, dass er kein optimaler Ersatz für Ihr Notebook oder Ihren Desktop-PC ist. Die Stärken des Raspberry Pi liegen vielmehr dort, wo Sie das Gerät zur Programmierung, als *Embedded Device* (also z. B. als Internetradio, TV-Box oder Router) bzw. zur Steuerung elektronischer Geräte oder Komponenten einsetzen.

Diese Art der Nutzung erfordert immer Vorbereitungsarbeiten: Sie müssen Pakete installieren, Konfigurationsdateien ändern, kleine Scripts oder umfangreichere Programme erstellen, sich um automatische Backups kümmern etc. All diese Dinge erledigen Sie in der Regel im Programm *LXTerminal*, also in einem Fenster zur Ausführung von Linux-Kommandos.

Das Arbeiten im Terminal ist für erfahrene Linux-Anwender eine Selbstverständlichkeit. Wenn Sie aber bisher primär auf Windows- oder Apple-Rechnern gearbeitet haben, tauchen Sie jetzt in eine fremdartige Welt ein. Keine Angst! Sie werden in diesem Kapitel sehen, dass der Umgang mit Terminals nicht schwierig ist und dass sich mit einem Terminal viele Aufgaben sehr effizient erledigen lassen.

3.1 Erste Experimente

Bevor wir in diesem und den folgenden zwei Kapiteln systematisch viele Anwendungs- und Konfigurationsmöglichkeiten des Terminals beschreiben, gibt dieser kurze Abschnitt eine stark beispielorientierte Einführung. Sie starten also das Programm LXTerminal mit ZUBEHÖR • LXTERMINAL und geben dann per Tastatur die Kommandos ein.

In diesem Buch sind die Ergebnisse der Kommandos eingerückt, um klarzumachen, was Eingabe und was Ausgabe ist. Im Terminal ist zudem jedem Kommando ein farbiger Prompt vorangestellt, also ein kurzer Text, der den eingeloggten Benutzer (zumeist pi), den Rechnernamen (standardmäßig raspberrypi) und das aktuelle Verzeichnis angibt. In diesem Buch geben wir den Prompt nicht an.

Dateien und Verzeichnisse

Nach dem Start des Terminals ist Ihr Arbeitsverzeichnis /home/pi das aktuelle Verzeichnis. Dieses Verzeichnis wird unter Linux auch Heimatverzeichnis genannt und mit dem Zeichen ~ abgekürzt. Mit dem Kommando cd wechseln Sie in andere Verzeichnisse. ls zeigt an, welche Dateien es im Verzeichnis gibt (siehe Abbildung 3.1). ls mit der Option -l liefert ebenfalls die Liste der Dateien, allerdings ergänzt um weitere Informationen, wie die Uhrzeit und das Datum der letzten Änderung sowie die Größe in Byte.

```
cd Bilder
ls
  raspbian-bt-pair.png      raspbian-eject.png
  raspbian-chromium.png     raspbian-firefox.png
  ...
  raspbian-scratch.png      terminal-intro.png

ls -l raspbian-s*.png
  -rw-r--r-- 1 pi pi 94100 Mär 30 12:54 raspbian-scratch.png
  -rw-r--r-- 1 pi pi 30748 Mär 30 12:54 raspbian-screenshot.png
  -rw-r--r-- 1 pi pi 53491 Mär 30 12:54 raspbian-starter.png
```

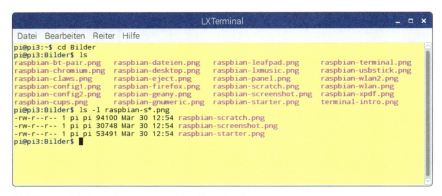

Abbildung 3.1 Erste Kommandos im Terminal

Zugriff auf Systemdateien

Die wichtigsten Konfigurationsdateien von Linux sind im Verzeichnis /etc gespeichert. Dateien, die in diesem Verzeichnis liegen, dürfen Sie als gewöhnlicher Benutzer aus Sicherheitsgründen nicht verändern und teilweise nicht einmal lesen. Um solche Dateien zu bearbeiten, müssen Sie dem betreffenden Kommando sudo voranstellen. sudo führt das Kommando dann mit Administratorrechten aus. Bei vielen Distributionen fordert sudo Sie zur Angabe Ihres Passworts auf. Bei Raspbian ist dies aber nicht der Fall.

Im folgenden Beispiel sucht find im Verzeichnis /etc nach Dateien, die sich während des letzten Tages geändert haben. Eine der drei gefundenen Dateien wird anschließend mit cat im Terminal angezeigt:

```
cd /etc
sudo find . -type f -mtime -1
  ./samba/dhcp.conf
  ./resolv.conf
  ./fake-hwclock.data
cat  resolv.conf
  domain lan
  search lan
  nameserver 10.0.0.138
```

Hardware-Tests

lsusb liefert eine Liste aller USB-Geräte, die der Raspberry Pi erkannt hat. lsblk gibt eine Liste aller Partitionen auf der SD-Karte und allen anderen Datenträgern aus. lscpu beschreibt die Architektur der CPU des Raspberry Pi.

```
lsusb
  Bus 001 Device 002: ID 0424:9512 Standard Microsystems Corp.
  Bus 001 Device 001: ID 1d6b:0002 Linux Foundation 2.0 root hub
  Bus 001 Device 008: ID 05ac:021e Apple, Inc. ... Keyboard (ISO)
  Bus 001 Device 009: ID 046d:c03e Logitech, Inc. Mouse (M-BT58)
  Bus 001 Device 003: ID 0424:ec00 Standard Microsystems Corp.
  Bus 001 Device 004: ID 0951:1665 Kingston Technology

lsblk
  NAME        MAJ:MIN RM   SIZE RO TYPE MOUNTPOINT
  sda           8:0    1   7,5G  0 disk
    sda1        8:1    1   7,5G  0 part /media/MUSIK
  mmcblk0     179:0    0   7,4G  0 disk
    mmcblk0p1 179:1    0    56M  0 part /boot
    mmcblk0p2 179:2    0   7,4G  0 part /

lscpu
  Architecture:        armv7l
  Byte Order:          Little Endian
  CPU(s):              4
  ...
  Model name:          ARMv7 Processor rev 4 (v7l)
  CPU max MHz:         1400,0000
  CPU min MHz:         600,0000
```

vcgencmd

Mit dem Kommando vcgencmd können Sie diverse Statusinformationen der CPU auslesen. vcgencmd commands liefert eine Liste aller bekannten Kommandos. Die folgenden Beispiele zeigen einige Anwendungen:

```
vcgencmd measure_clock arm    (aktuelle CPU-Frequenz)
  frequency(45)=600000000
vcgencmd measure_clock core   (Frequenz der Grafik-Cores)
  frequency(1)=250000000
vcgencmd measure_volts core   (Spannung der Grafik-Cores)
  volt=1.2000V
vcgencmd measure_temp         (CPU-Temperatur)
  temp=41.2'C
vcgencmd codec_enabled H264   (Steht Codec xy zur Verfügung?)
  H264=enabled
vcgencmd get_config int       (Liste der aktiven Integer-Optionen)
  arm_freq=1400
  audio_pwm_mode=514
  config_hdmi_boost=5
  ...
vcgencmd get_config str       (Liste der aktiven String-Optionen)
  ...
```

Noch mehr Anwendungsbeispiele finden Sie hier:

https://elinux.org/RPI_vcgencmd_usage

Software-Verwaltung

Sofern Ihr Raspberry Pi Internetzugang hat, können Sie mit dem Kommando apt weitere Programme installieren bzw. alle installierten Programme auf den aktuellen Stand bringen. Derartige Administratorarbeiten müssen ebenfalls mit sudo ausgeführt werden.

apt greift zur Software-Verwaltung auf Paketquellen aus dem Internet zurück. Alle für den Raspberry Pi verfügbaren Programme und Erweiterungen sind dort in Form von »Paketen«, also speziellen Dateien gespeichert. apt update lädt von diesen Paketquellen die aktuelle Liste aller verfügbaren Pakete und Versionen herunter. apt install installiert das angegebene Paket – hier den Editor joe. Das Kommando apt full-upgrade aktualisiert alle installierten Pakete. Dieser Vorgang kann durchaus eine Viertelstunde in Anspruch nehmen: Oft müssen viele Pakete heruntergeladen, dekomprimiert und schließlich installiert werden.

```
sudo apt update
  Es wurden 6'926 kB in 1 min 13 s geholt (93.9 kB/s).
  Paketlisten werden gelesen... Fertig
```

```
sudo apt install joe
  Die folgenden NEUEN Pakete werden installiert: joe
  Es müssen noch 0 B von 474 kB an Archiven heruntergeladen
  werden.
sudo apt full-upgrade
  Die folgenden Pakete werden aktualisiert (Upgrade):
  apt apt-utils base-files curl ...
  Möchten Sie fortfahren [J/n]? j
```

Freien Speicherplatz ermitteln

Das Kommando free verrät, wie der Speicher (also das RAM) genutzt wird. Mit der Option -m erfolgen alle Ausgaben in MByte. Das Ergebnis ist leider nicht ganz einfach zu interpretieren. Insgesamt stehen Raspbian 927 MByte zur Verfügung. Der restliche Speicher ist für das Grafiksystem reserviert. Unmittelbar von Raspbian genutzt werden 248 MByte. Weitere 548 MByte werden als Puffer- oder Cache-Speicher verwendet, um Dateioperationen zu beschleunigen. Dieser Speicher könnte bei Bedarf auch Programmen zugewiesen werden. Deswegen gibt free in der letzten Spalte an, dass noch 605 MByte Speicher verfügbar sind. Der Auslagerungsspeicher in der Swap-Datei ist ungenutzt.

```
free -m
             total   used   free   shared  buff/cache   available
  Mem:         927    248    130       16         548         605
  Swap:         99      0     99
```

Wenn Sie wissen möchten, wie voll Ihre SD-Karte ist (oder, um es genauer zu formulieren, wie voll die aktiven Dateisysteme auf den Partitionen der SD-Karte sowie auf allen externen Datenträgern sind), führen Sie df -h aus. Die Option -h bewirkt, dass die Ergebnisse nicht alle in Kilobyte, sondern je nach Größe in Megabyte oder Gigabyte präsentiert werden.

Die lange Ergebnisliste offenbart mehr Dateisysteme als erwartet. Der erste Eintrag beschreibt die Systempartition mit dem Einhängepunkt (*Mount Point*) /. Das darauf befindliche Dateisystem ist 15 GByte groß, 9,5 GByte sind noch frei. Die folgenden fünf Einträge betreffen temporäre Dateisysteme, die diverse administrative Daten enthalten. Diese Daten befinden sich im RAM und stehen nur zur Verfügung, solange der Rechner läuft. Die drittletzte Zeile beschreibt die Boot-Partition. Das ist ein 42 MByte kleiner Bereich der SD-Karte, der die Dateien enthält, die für den Systemstart erforderlich sind. Die letzte Zeile zeigt schließlich, dass an den Raspberry Pi ein USB-Stick angesteckt wurde. Er enthält 2,3 GByte Daten, der restliche Speicher ist frei.

```
df -h
  Dateisystem     Größe Benutzt Verf. Verw% Eingehängt auf
  /dev/root         15G    4,4G  9,5G   32% /
  devtmpfs         460M       0  460M    0% /dev
  tmpfs            464M     12M  452M    3% /dev/shm
  tmpfs            464M     13M  452M    3% /run
  tmpfs            5,0M    4,0K  5,0M    1% /run/lock
  tmpfs            464M       0  464M    0% /sys/fs/cgroup
  /dev/mmcblk0p1    42M     21M   21M   51% /boot
  tmpfs             93M    4,0K   93M    1% /run/user/1000
  /dev/sda1        7,6G    2,3G  5,3G   30% /media/MUSIK
```

Mitunter wäre es gut zu wissen, welche Verzeichnisse wie viel Speicherplatz beanspruchen. Diese Antwort gibt du. Das Kommando analysiert ausgehend vom aktuellen Verzeichnis alle Unterverzeichnisse und weist den Platzbedarf für jedes (Unter-) Verzeichnis aus. Abermals macht die Option -h das Ergebnis besser lesbar. Mit --max 1 oder --max 2 können Sie die Ausgabe auf eine oder zwei Verzeichnisebenen reduzieren, was zumeist ausreicht. Leider bietet du keine Möglichkeit, die Ergebnisse zu sortieren.

```
du -h --max 1
  60K     ./Desktop
  5,3M    ./Bilder
  488K    ./.WolframEngine
  20M     ./rtl8188eu
  8,0K    ./Documents
  ...
  1,1G    .
```

Online-Hilfe

Kommandos wie ls, cp oder top, die Sie üblicherweise in einem Terminalfenster ausführen, reagieren weder auf F1 noch verfügen sie über ein Hilfe-Menü. Es gibt aber natürlich auch für diese Kommandos Hilfetexte, die durch verschiedene Kommandos gelesen werden können:

▸ kommando --help liefert bei sehr vielen Kommandos eine Liste aller Optionen samt einer kurzen Erklärung zu ihrer Bedeutung.

▸ man kommando zeigt bei vielen Kommandos einen Infotext an (siehe Abbildung 3.2). man ls erklärt also, wie das Kommando ls zu nutzen ist und welche Optionen es dabei gibt. Durch den meist mehrseitigen Text können Sie mit den Cursortasten navigieren. Die Leertaste blättert eine ganze Seite nach unten. Mit / können Sie im Hilfetext einen Ausdruck suchen. N springt bei Bedarf zum nächsten Suchergebnis. Q beendet die Hilfe.

▸ `help kommando` funktioniert nur bei sogenannten Shell-Kommandos, z. B. bei `cd` oder `alias`.

▸ `info kommando` ist eine Alternative zu `man`. Das `info`-System eignet sich vor allem für sehr umfangreiche Hilfetexte, allerdings ist die Navigation viel umständlicher. Ob der Hilfetext im `man`- oder im `info`-System vorliegt, hängt davon ab, für welches Hilfesystem sich die Programmentwickler entschieden haben.

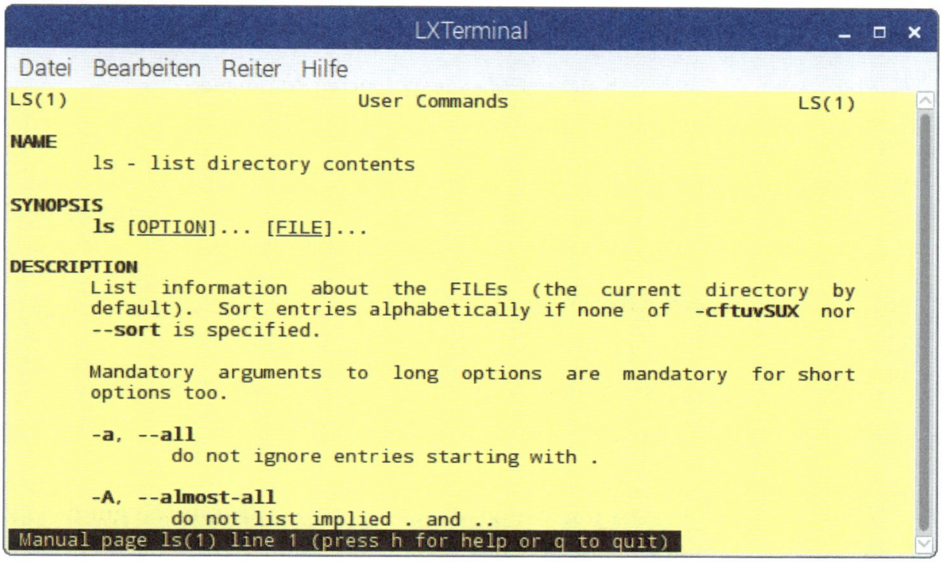

Abbildung 3.2 Der »man«-Hilfetext zum Kommando »ls«

3.2 Eingabeerleichterungen und Tastenkürzel

Es ist Ihnen sicher bei den ersten Experimenten schon aufgefallen, dass Sie den Cursor im Terminalfenster nicht frei bewegen können. Mit ← und → bewegen Sie den Cursor innerhalb der gerade aktuellen Eingabezeile. ↑ und ↓ dienen hingegen dazu, um durch früher ausgeführte Kommandos zu blättern. Das erleichtert es, ein fehlerhaftes Kommando zu korrigieren und dann nochmals auszuführen.

Daneben gibt es etliche weitere Tastenkürzel, die Ihnen bei der Eingabe von Kommandos behilflich sind (siehe Tabelle 3.1). Das Kürzel Alt+B (Cursor um ein Wort zurück bewegen, *backwards*) funktioniert nur, wenn Sie mit BEARBEITEN • EINSTELLUNGEN • VERSCHIEDENES die Option TASTENKÜRZEL ALT-N ZUM WECHSEL DER REITER aktivieren. Die meisten Tastenkürzel des Terminals sind in der Datei `/etc/inputrc` definiert.

Tastenkürzel	Bedeutung
[⇆]	Vervollständigt ein Kommando oder einen Namen.
[Strg]+[A]	Setzt den Cursor an den Beginn der Zeile.
[Strg]+[C]	Bricht die Eingabe ab bzw. stoppt ein laufendes Kommando.
[Strg]+[D]	Löscht das Zeichen an der Cursorposition.
[Strg]+[E]	Setzt den Cursor an das Ende der Zeile.
[Strg]+[K]	Löscht alles bis zum Ende der Zeile.
[Strg]+[R] *abc*	Sucht nach einem früher ausgeführten Kommando.
[Strg]+[Y]	Fügt den zuletzt gelöschten Text wieder ein.
[⇧]+[Strg]+[C]	Kopiert den markierten Text in die Zwischenablage.
[⇧]+[Strg]+[V]	Fügt die Zwischenablage an der Cursorposition ein.
[Alt]+[←]	Löscht ein Wort rückwärts.
[Alt]+[B]	Bewegt den Cursor um ein Wort zurück.
[Alt]+[F]	Bewegt den Cursor um ein Wort vorwärts.
[Esc] [.]	Fügt den letzten Parameter des vorherigen Kommandos ein.

Tabelle 3.1 Tastenkürzel im Terminal

Das Tastenkürzel [⇆] erspart Ihnen eine Menge Tipparbeit. Sie müssen nur die ersten Buchstaben eines Kommandos, eines Verzeichnisses oder einer Datei angeben. Anschließend drücken Sie [⇆]. Wenn der Kommando-, Verzeichnis- oder Dateiname bereits eindeutig erkennbar ist, wird er vollständig ergänzt, sonst nur so weit, bis sich mehrere Möglichkeiten ergeben. Ein zweimaliges Drücken von [⇆] bewirkt, dass eine Liste aller Dateinamen angezeigt wird, die mit den bereits eingegebenen Anfangsbuchstaben beginnen.

Allerdings funktioniert die Vervollständigung unter Raspbian nur unvollständig. Das standardmäßig installierte Paket bash-completion bleibt wegen einiger Kommentare in der Konfigurationsdatei /etc/bash.bashrc wirkungslos, wenn Sie mit sudo -s in den root-Modus wechseln.

In diesem Fall funktioniert beispielsweise die Vervollständigung von Paketnamen bei der Eingabe von apt install apa [⇆] nicht. Dieses Problem lässt sich zum Glück schnell beheben: Dazu öffnen Sie die Datei /etc/bash.bashrc in einem Editor (z. B. mit sudo leafpad /etc/bash.bashrc) und entfernen die #-Zeichen für die Zeilen, die dem Kommentar enable bash completion in interactive shells folgen. Damit die Änderung wirksam wird, müssen Sie das Terminalfenster schließen und neu öffnen.

```
# in der Datei /etc/bash.bashrc
...
# enable bash completion in interactive shells
if ! shopt -oq posix; then
  if [ -f /usr/share/bash-completion/bash_completion ]; then
    . /usr/share/bash-completion/bash_completion
  elif [ -f /etc/bash_completion ]; then
    . /etc/bash_completion
  fi
fi
...
```

Wenn Sie Text kopieren möchten, z. B. einen von ls gelieferten Dateinamen, den Sie im nächsten Kommando als Parameter verwenden möchten, gelingt dies am bequemsten mit der Maus: Zuerst markieren Sie den Text, wobei Sie die linke Maustaste drücken. Alternativ markiert ein Doppelklick ein Wort oder ein Dreifachklick die ganze Zeile. Wenn Sie anschließend die mittlere Maustaste bzw. das Mausrad drücken, wird der markierte Text an der gerade aktuellen Cursorposition eingefügt.

Sollte Ihre Maus keine mittlere Taste haben, können Sie zuvor markierten Text auch mit ⌂+Strg+C kopieren und dann mit ⌂+Strg+V einfügen. Beachten Sie, dass diese Kürzel von den sonst üblichen Strg+C und Strg+V abweichen, weil Strg+C im Terminal traditionell eine andere Bedeutung hat: Das Kürzel bricht die Eingabe oder das laufende Programm ab.

Multitasking im Terminal

Wenn die Ausführung eines Kommandos länger dauert als erwartet, müssen Sie keineswegs warten und Däumchen drehen. Stattdessen öffnen Sie mit Strg+N ein neues Terminalfenster oder mit Strg+T ein neues Dialogblatt im aktuellen Fenster. Dort können Sie sofort weiterarbeiten.

Wenn gerade Prozesse laufen, die viel CPU-Leistung erfordern oder eine Menge Daten auf die SD-Karte schreiben, dann wird Raspbian natürlich langsamer als sonst reagieren. Das hindert Sie aber nicht daran, in einem Editor Code zu verfassen oder vergleichbare Arbeiten durchzuführen.

---

alias-Abkürzungen definieren

Mit der Zeit werden Sie feststellen, dass Sie manche Kommandos und Optionen häufiger benötigen als andere. Um sich ein wenig Tipparbeit zu ersparen, können Sie für solche Kommandos Abkürzungen definieren. Die Eingabe von ll bewirkt dann beispielsweise, dass das Kommando ls -l ausgeführt wird.

Abkürzungen werden ganz unkompliziert mit dem Kommando `alias` definiert:

```
alias ll='ls -l'
```

Allerdings werden mit `alias` definierte Abkürzungen nur so lange gespeichert, bis das Terminalfenster bzw. -dialogblatt geschlossen wird. Um Abkürzungen dauerhaft zu speichern, öffnen Sie die Datei `.bashrc` mit einem Editor (z. B. mit Leafpad) und fügen die gewünschten `alias`-Definitionen am Ende dieser Datei hinzu.

Textkonsolen

Normalerweise werden Sie Raspbian im Grafikmodus nutzen und Kommandos in Terminalfenstern ausführen. Alternativ dazu gibt es in Linux aber die sogenannten Textkonsolen. Die sind dann praktisch, wenn Sie Raspbian so konfiguriert haben, dass das Grafiksystem überhaupt nicht gestartet wird, oder wenn der Start des Grafiksystems aus irgendeinem Grund nicht funktioniert.

Unter Raspbian stehen sechs Textkonsolen zur Verfügung. Aus dem Grafikmodus führt [Strg]+[Alt]+[F1] in die erste Textkonsole und [Alt]+[F7] zurück in den Grafikmodus. Im Textmodus erfolgt der Wechsel zwischen den Textkonsolen mit [Alt]+[F1] für die erste Konsole, [Alt]+[F2] für die zweite etc.

Bevor Sie in einer Textkonsole arbeiten können, müssen Sie sich einloggen. Der Default-Benutzername unter Raspbian lautet `pi`, das dazugehörende Passwort `raspberrypi`, sofern Sie es noch nicht geändert haben. Wenn Sie mit der Arbeit fertig sind oder wenn Sie sich unter einem anderen Namen anmelden möchten, müssen Sie sich wieder ausloggen. Dazu drücken Sie einfach [Strg]+[D].

Sie können in der einen Konsole ein Kommando starten, und während dieses Kommando läuft, können Sie in der zweiten Konsole etwas anderes erledigen. Jede Konsole läuft also vollkommen unabhängig von den anderen.

3.3 Farbspiele

Standardmäßig verwendet das LXTerminal eine schwarze Hintergrundfarbe. Mit BEARBEITEN • EINSTELLUNGEN können Sie unkompliziert eine hellere und augenfreundlichere Hintergrundfarbe und eine schwarze Vordergrundfarbe einstellen. Die Vordergrundfarbe gilt allerdings nur für gewöhnliche Textausgaben, nicht aber für die Eingabeaufforderung (den sogenannten Prompt) sowie für Kommandos wie z. B. `ls`, das Farben zur Kennzeichnung unterschiedlicher Dateitypen verwendet. In Kombination mit einem hellen Hintergrund ist der Kontrast dann leider recht schlecht. Dieser Abschnitt zeigt Ihnen, wie Sie die Farbe des Prompts und die Farben von `ls` so anpassen, dass die Ausgaben auch bei einem Terminal mit hellem Hintergrund gut lesbar sind.

Den Prompt individuell einrichten

Im Terminal werden am Beginn jeder Eingabezeile in grüner Schrift der Login-Name und der Hostname sowie in blauer Schrift das gerade aktuelle Verzeichnis angezeigt. Diesen Informationen folgt normalerweise das Zeichen $; wenn Sie mit Administratorrechten arbeiten, wird hingegen das Zeichen # angezeigt.

Dieses Bündel an Informationen wird als *Prompt* bezeichnet. Für die Zusammensetzung des Prompts sowie für die Farben der verschiedenen Bestandteile ist die Umgebungsvariable PS1 verantwortlich. Unter Raspbian wird diese Variable in der Datei .bashrc eingestellt, und zwar standardmäßig wie folgt:

```
echo $PS1
  \[\e]0;\u@\h: \w\a\]${debian_chroot:+($debian_chroot)}\
  [\033[01;32m\]\u@\h\[\033[00m\] \[\033[01;34m\]\w
  \$\[\033[00m\]
```

In dieser unleserlichen Zeichenkette ist \u ein Platzhalter für den Benutzernamen, \h für den Hostnamen, \w für das gesamte aktuelle Verzeichnis, \w für den letzten Teil des aktuellen Verzeichnisses und \$ für den Promptabschluss ($ oder #). Mit dem Code \[\e[0;nnm\] stellen Sie ein, in welcher Farbe (nn) die nachfolgenden Zeichen ausgegeben werden. Eine umfassende Anleitung zur Prompt-Konfiguration inklusive einer Auflistung aller ANSI-Farbcodes finden Sie im folgenden HOWTO-Dokument:

http://tldp.org/HOWTO/Bash-Prompt-HOWTO

Um den Prompt Ihren Vorstellungen entsprechend zu gestalten, fügen Sie am Ende von .bashrc die folgenden Zeilen ein:

```
# am Ende der Datei .bashrc
...
# eigener Prompt
BLACK='\[\e[0;30m\]'
BLUE='\[\e[0;34m\]'
PS1="$BLUE\u@\h:\W\$ $BLACK"
unset BLACK BLUE
```

Mit dieser vergleichsweise einfachen Einstellung erreichen Sie, dass der Prompt in blauer Farbe angezeigt wird. Anders als in der Originaleinstellung wird anstelle des gesamten aktuellen Verzeichnisses nur noch dessen letzter Teil angezeigt. Wenn gerade das Verzeichnis /var/www/html aktiv ist, zeigt das Terminal also nur html an.

Die neue Einstellung wird normalerweise erst gültig, wenn Sie das LXTerminal neu starten. Zum Testen ist es effizienter, die Datei .bashrc direkt im Terminal neu einzulesen. Dabei gilt der Punkt am Beginn des Kommandos als Anweisung, die folgende Datei zu verarbeiten:

```
. ~/.bashrc
```

ls-Farben

Das Kommando `ls` verwendet standardmäßig Farben, um unterschiedliche Datei-typen zu kennzeichnen. Es stellt beispielsweise ausführbare Programme grün, Bild-dateien rosarot, Links hellbau und Verzeichnisse dunkelblau dar. Die Farbdarstellung können Sie mit `ls --color=none` vermeiden. Welche Farben zum Einsatz kommen, bestimmt die Umgebungsvariable `LS_COLORS`. Die Default-Einstellungen dieser Varia-blen werden in `.bashrc` mit dem Kommando `dircolors` erzeugt. Wenn Sie davon abweichende Einstellungen wünschen, erzeugen Sie zuerst mit dem folgenden Kom-mando in Ihrem Heimatverzeichnis die Datei `.dircolors`:

```
cd
dircolors -p > .dircolors
```

Anschließend laden Sie die Datei in einen Editor und bearbeiten sie. Die Syntax ist an sich einfach zu verstehen: Jede Zeile legt für einen bestimmten Dateityp die Dar-stellung fest. Dabei bestimmen mehrere, durch Strichpunkte getrennte Zahlencodes die Vorder- und Hintergrundfarbe sowie eventuell ein Zusatzattribut (fett, blinkend). Beispielsweise bedeutet `EXEC 01;32`, dass ausführbare Dateien in fetter Schrift und in grüner Farbe angezeigt werden sollen. `*.tar 01;31` bewirkt, dass `tar`-Archive ebenfalls fett, aber in roter Farbe angezeigt werden, etc.

```
# Aufbau der Datei .dircolors
# für welche Terminal-Arten gelten die Farbcodes
TERM Eterm
TERM ansi
...
# Attribut-Codes:
# 00=none 01=bold 04=underscore 05=blink 07=reverse 08=concealed
# Vordergrundfarben:
# 30=black 31=red     32=green 33=yellow
# 34=blue  35=magenta 36=cyan  37=white
# Hintergrundfarben:
# 40=black 41=red     42=green 43=yellow
# 44=blue  45=magenta 46=cyan  47=white
...
# Darstellungsregeln:
EXEC 01;32
.tar 01;31
.tgz 01;31
...
```

Das Neueinstellen aller Farbcodes ist natürlich ein mühsamer Prozess. Einfacher ist es, durch Suchen und Ersetzen bestimmte Farben durch andere zu ersetzen, also z. B. jedes Vorkommen von `;32` (Grün) durch `;34` (Blau). Die geänderten Einstellungen gel-ten, sobald Sie das Terminal neu starten.

3.4 Die Bourne Again Shell (bash)

Auf den ersten Blick erscheint es so, als würde das Terminal selbst Kommandos entgegennehmen und ausführen. Das ist aber eine verkürzte Darstellung: In Wirklichkeit übergibt das Terminal Ihre Eingaben an eine sogenannte Shell. Das ist ein Kommandointerpreter, der die Eingabe auswertet und ausführt. Die Shell liefert dann die Ergebnisse zurück an das Terminal, das diese schließlich anzeigt.

Unter Linux stehen gleich mehrere Shells zur Auswahl. In Raspbian ist – wie in den meisten anderen Linux-Distributionen – standardmäßig die *Bourne Again Shell* (kurz bash) aktiv. Indirekt sind Sie auf die bash bereits gestoßen: In den vorherigen Abschnitten haben wir Ihnen gezeigt, wie Sie sowohl alias-Abkürzungen als auch die Konfiguration des Kommandoprompts in der Datei .bashrc durchführen können. .bashrc enthält Ihre persönlichen Konfigurationseinstellungen für die bash.

Vielleicht fragen Sie sich, warum wir uns hier mit derartigen technischen Details aufhalten. Der Grund dafür ist schnell erklärt: Die Shell hat großen Einfluss darauf, wie Kommandos ausgeführt werden. Sie ist dafür verantwortlich, dass *.png tatsächlich alle PNG-Dateien im aktuellen Verzeichnis verarbeitet, und ermöglicht es beispielsweise, die Ergebnisse des einen Kommandos mit dem nächsten weiterzuverarbeiten. Um das Terminal effizient zu nutzen, müssen Sie also die wichtigsten Mechanismen der bash kennen – und damit sind wir beim Thema für diesen Abschnitt.

Programmieren mit der bash

Die bash ist noch viel mehr als ein Kommandointerpreter – sie ist eine vollständige Programmiersprache! Die bash eignet sich besonders gut dazu, Administrationsaufgaben durch Scripts zu automatisieren. Auf dem Raspberry Pi kann die bash z. B. auch verwendet werden, um verschiedene Hardware-Funktionen regelmäßig auszuführen. Eine Einführung in die Programmierung mit der bash finden Sie in Kapitel 20.

Jokerzeichen

Das Kommando rm *.bak löscht alle Dateien, deren Namen mit .bak enden. Für das Auffinden dieser Dateien ist aber nicht das rm-Kommando verantwortlich, sondern die bash. Sie durchsucht das aktuelle Verzeichnis nach passenden Dateien und ersetzt *.bak durch die entsprechenden Dateinamen. Diese Namen werden an das Kommando rm übergeben.

Zur Formulierung des Suchausdrucks kennt die bash mehrere Jokerzeichen (siehe Tabelle 3.2). Wenn Sie ein Feedback haben möchten, wie die bash intern funktioniert, können Sie set -x ausführen. Die bash zeigt dann vor der Ausführung jedes weiteren Kommandos an, wie die Kommandozeile ausgewertet wird.

Zeichen	Bedeutung
?	ein beliebiges Zeichen
*	beliebig viele Zeichen (auch null)
[a,e,i,o,u]	eines der Zeichen a, e, i, o oder u
[a-f]	eines der Zeichen a bis f
[!a-f]	ein beliebiges Zeichen außer a bis f
[^a-f]	wie [!a-f]

Tabelle 3.2 Joker-Zeichen in der bash

Ein- und Ausgabeumleitung

Bei der Ausführung von Kommandos in der bash existieren drei sogenannte Standarddateien. Der Begriff *Datei* ist dabei irreführend: Es handelt sich nicht um richtige Dateien, sondern um Dateideskriptoren, die wie Dateien behandelt werden.

▶ **Standardeingabe:** Das gerade ausgeführte Programm, z. B. die bash oder ein beliebiges von dort gestartetes Kommando, liest alle Eingaben von der Standardeingabe. Als Standardeingabequelle gilt normalerweise die Tastatur.

▶ **Standardausgabe:** Dorthin werden die Ausgaben des Programms geleitet – etwa die Dateiliste eines ls-Kommandos. Als Standardausgabe gilt das Terminal.

▶ **Standardfehler:** Auch Fehlermeldungen werden üblicherweise im aktuellen Terminal angezeigt.

An sich ist das alles selbstverständlich – woher sonst als von der Tastatur sollten die Eingaben kommen, wo sonst als auf dem Bildschirm sollten Ergebnisse oder Fehler angezeigt werden? Bemerkenswert ist aber die Möglichkeit, die Standardeingabe oder -ausgabe umzuleiten.

Nehmen wir an, Sie möchten die Liste aller Dateien eines Verzeichnisses nicht auf dem Bildschirm sehen, sondern in einer Textdatei speichern. Die Standardausgabe soll also in eine echte Datei umgeleitet werden. Das erfolgt in der bash durch das Zeichen >. Die Textdatei meine-bilder.txt enthält also nach der Ausführung des folgenden Kommandos zeilenweise die Dateinamen aller PNG-Dateien.

```
ls *.png > meine-bilder.txt
```

Die Ausgabeumleitung mit > datei ist die häufigste Anwendung. Daneben existieren viele Varianten: 2> fehler leitet die Fehlermeldungen in die angegebene Datei. >& alles bzw. &> alles leitet die Standardausgabe und die Fehlermeldungen in die angegebene Datei. Wenn Sie statt > die Verdoppelung >> verwenden, werden die jeweiligen Ausgaben an das Ende einer Datei angehängt, ohne diese zu überschreiben.

Eine Eingabeumleitung erfolgt mit < datei: Kommandos, die Eingaben von der Tastatur erwarten, lesen diese damit aus der angegebenen Datei.

Vorsicht

Sie können nicht gleichzeitig eine Datei bearbeiten und das Ergebnis dorthin schreiben! Die Kommandos sort datei > datei und sort < datei > datei führen beide dazu, dass die angegebene Datei gelöscht wird! Um die Datei zu sortieren, müssen Sie diese zuerst umbenennen, z. B. so:

```
mv datei tmp; sort tmp > datei; rm tmp
```

Kommandos im Hintergrund ausführen

Normalerweise wartet die bash bei jedem Kommando, bis dieses fertig ist. Es besteht aber auch die Möglichkeit, Kommandos als Hintergrundprozesse zu starten. Dazu fügen Sie am Ende des Kommandos einfach das Zeichen & an.

Das folgende Kommando durchsucht das aktuelle Verzeichnis und alle Unterverzeichnisse nach Dateien mit der Endung .c. Die resultierende Liste der Dateinamen wird in der Datei alle-c-dateien.txt gespeichert. Da die Suche nach den Dateien möglicherweise längere Zeit dauern wird, wollen Sie in der Zwischenzeit andere Dinge erledigen und starten das Programm mit & im Hintergrund. Sie können nun sofort weiterarbeiten. Die Information [1] 3537 bedeutet, dass es sich um den bash-Hintergrundprozess mit der Nummer 1 handelt. Die globale Prozessidentifikationsnummer lautet 3537. Sobald die Suche einige Zeit später abgeschlossen ist, werden Sie darüber informiert.

```
find . -name '*.c' > alle-c-dateien.txt &
  [1] 3537
... (andere Kommandos)
  [1]+ Fertig    find . -name '*.py' > alle-python-dateien.txt
```

Der Programmstart im Hintergrund ist auch dann zweckmäßig, wenn das auszuführende Programm eine grafische Benutzeroberfläche besitzt und daher in einem eigenen Fenster erscheint. Das trifft beispielsweise auf den Editor Leafpad oder auf den Webbrowser Midori zu. Ohne das &-Zeichen können Sie nach dem Start solcher Programme im Terminal erst weiterarbeiten, wenn das betreffende Programm beendet wird.

```
leafpad meine-datei.txt &
```

> **Ein Kommando nachträglich zum Hintergrundprozess machen**
>
> Nicht immer ist im Voraus erkennbar, dass die Ausführung eines Kommandos längere Zeit dauern wird. Mitunter werden Sie das Zeichen & auch ganz einfach vergessen. Das ist kein Problem! In solchen Fällen können Sie die Programmausführung mit ⌷Strg⌷+⌷Z⌷ unterbrechen und das betroffene Kommando anschließend einfach durch bg im Hintergrund fortsetzen.

Mehrere Kommandos ausführen

Um mehrere Kommandos hintereinander auszuführen, trennen Sie die Kommandos einfach durch Strichpunkte:

```
cmd1; cmd2; cmd3
```

Sie können die Kommandoabfolge auch logisch verknüpfen. && bedeutet, dass das nachgestellte Kommando nur ausgeführt wird, wenn das erste erfolgreich war.

```
cmd1 && cmd2
```

Genau die umgekehrte Wirkung hat ||: Das zweite Kommando wird nur dann ausgeführt, wenn das erste scheitert.

```
cmd1 || cmd2
```

Faszinierende Möglichkeiten ergeben sich daraus, dass ein Kommando die Ergebnisse des anderen verarbeitet. Dazu sieht die bash den Pipe-Operator | vor. cmd1 | cmd2 bedeutet, dass das Ergebnis von cmd1, also seine Standardausgabe, an cmd2 weitergegeben wird. cmd2 erhält das Ergebnis als Standardeingabe.

Ein Beispiel macht das Konzept klarer: ps ax liefert die Liste aller laufenden Prozesse. grep filtert aus dieser Liste alle Prozesse heraus, die den Suchbegriff sshd enthalten. Das Endergebnis ist eine Liste mit den Prozessnummern aller sshd-Prozesse. Zusätzlich taucht auch das grep-Kommando selbst in der Ergebnisliste auf:

```
ps ax | grep sshd
  2636 ?        Ss      0:00 /usr/sbin/sshd
  2758 ?        Ss      0:00 sshd: pi [priv]
  2776 ?        S       0:00 sshd: pi@pts/0
  3240 pts/0    S+      0:00 grep --color=auto sshd
```

Eine Variante zu cmd1 | cmd2 besteht darin, dass Sie das Ergebnis des ersten Kommandos nicht als Standardeingabe des zweiten Kommandos verwenden, sondern als Parameterliste. Die bash unterstützt diese Art der Datenweitergabe unter dem Begriff *Kommandosubstitution*, wobei es zwei gleichwertige Syntaxformen gibt:

```
cmd2 $(cmd1)
cmd2 `cmd1`
```

Auch dazu ein Beispiel: Nehmen Sie an, in einer Textdatei befinden sich zeilenweise Dateinamen. Sie möchten nun alle genannten Dateien in ein anderes Verzeichnis verschieben, kopieren, löschen etc. cat dateien.txt würde die Dateinamen einfach ausgeben. Mit $(...) wird nun diese Ausgabe als Parameterliste für ein weiteres Kommando verwendet:

```
ls -l $(cat dateien.txt)
cp $(cat dateien.txt) /in/ein/neues/verzeichnis
```

Die Grenzen der Kommandosubstitution

Meistens wollen Sie per Kommandosubstitution Dateinamen an cmd2 weitergeben. Das funktioniert aber nur, solange die Dateinamen keine Leerzeichen enthalten. Ist dies doch der Fall, können Sie unter Umständen das Kommando xargs --null zu Hilfe nehmen.

Rechnen in der bash

Die bash ist nicht unmittelbar in der Lage, Berechnungen auszuführen. Wenn Sie 2+3 eingeben, weiß die Shell nicht, was sie mit diesem Ausdruck anfangen soll. Das ändert sich aber, sobald Sie den Ausdruck in eckige Klammern setzen und ein $-Zeichen voranstellen:

```
echo $[2+3]
   5
```

Innerhalb der eckigen Klammern sind die meisten aus der Programmiersprache C bekannten Operatoren erlaubt: + - * / für die vier Grundrechenarten, % für Modulo-Berechnungen, == != < <= > und >= für Vergleiche, << und >> für Bitverschiebungen, ! && und || für logische Operationen. Alle Berechnungen werden für 32-Bit-Integerzahlen ausgeführt.

Umgebungsverhalten

Manche Funktionen der bash werden durch sogenannte Umgebungsvariablen gesteuert. Umgebungsvariablen sind besondere bash-Variablen, die beim Aufruf neuer Prozesse erhalten bleiben und auch im Kontext (in der Umgebung) des neuen Prozesses gültig sind. Den Inhalt einer Umgebungsvariablen können Sie mit echo $name ansehen:

```
echo $PATH
/usr/local/sbin:/usr/local/bin:/usr/sbin:/usr/bin:/sbin:/bin:\
  /usr/local/games:/usr/games
echo $USER
  pi
```

Eine Liste aller momentan definierten Umgebungsvariablen erhalten Sie, wenn Sie im Terminal echo $ eingeben und dann zweimal ⇥ drücken. Dabei leitet $ den Namen einer Variablen ein. Mit ⇥ versucht die bash, die Eingabe zu vervollständigen, und zeigt alle zur Wahl stehenden Variablen an.

In diesem Buch beschränken wir uns auf eine kurze Beschreibung der wichtigsten Umgebungsvariablen:

▶ **LANG:** Diese Variable enthält einen Code, der die Sprache des Benutzers und den Zeichensatz angibt. Eine übliche Einstellung im deutschen Sprachraum ist de_DE.UTF-8. Textausgaben sollen also, wenn möglich, in deutscher Sprache und im Zeichensatz UTF8 erfolgen.

▶ **HOME:** Diese Variable enthält das Home-Verzeichnis, z. B. /home/pi.

▶ **HOSTNAME:** Diese Variable enthält den Namen des Rechners, der standardmäßig raspberrypi lautet.

▶ **PATH:** Diese Variable enthält eine durch Doppelpunkte getrennte Liste aller Verzeichnisse, in denen die bash nach Kommandos sucht. Wenn Sie das Kommando ls ausführen, durchsucht die bash der Reihe nach die Verzeichnisse /usr/local/sbin, /usr/local/bin, /usr/sbin etc., bis sie das Kommando findet. Sollte das Kommando in keinem der in $PATH genannten Verzeichnisse zu finden sein, liefert die bash eine Fehlermeldung.

▶ **PS1:** Diese Variable, die Ihnen aus Abschnitt 3.3, »Farbspiele«, bereits vertraut ist, definiert den Inhalt des Prompts.

▶ **USER:** Diese Variable enthält den aktiven Benutzer, unter Raspbian zumeist pi.

Wo sind Kommandos gespeichert?

Linux-Kommandos sind letzten Endes ganz gewöhnliche Dateien, die sich in den Verzeichnissen befinden, die durch PATH aufgezählt werden und die durch das *execute*-Zugriffsbit als ausführbar gekennzeichnet sind. Wenn Sie rasch wissen möchten, wo ein bestimmtes Kommando gespeichert ist, führen Sie which name aus. which ls liefert z. B. /bin/ls als Ergebnis. Bei manchen Kommandos funktioniert which allerdings nicht, z. B. bei cd. Das liegt daran, dass cd kein eigenständiges Kommando ist, sondern in die bash integriert ist.

3.5 Arbeiten mit Administratorrechten (sudo)

Normalerweise arbeiten Sie unter Raspbian als Benutzer pi. Damit haben Sie vollen Zugriff auf alle Dateien in Ihrem Arbeitsverzeichnis, also /home/pi. Sie können auch die meisten anderen Dateien von Raspbian lesen, aus Sicherheitsgründen aber viele nicht verändern. Administratorarbeiten darf unter Linux üblicherweise nur der Benutzer root durchführen. Auch der Zugriff auf manche Hardware-Funktionen des Raspberry Pi erfordert root-Rechte.

sudo-Anwendung

Um als root zu arbeiten, müssen Sie sich aber keineswegs aus- und neu einloggen. Stattdessen stellen Sie dem betreffenden Kommando einfach sudo voran:

```
sudo kommando
```

Anwendern von macOS und Ubuntu ist das Konzept bekannt: sudo führt das folgende Kommando so aus, als hätte root das Kommando gestartet. Bei den meisten Distributionen müssen Sie bei der Ausführung von sudo das eigene Passwort angeben. Unter Raspbian ist sudo aber sehr liberal konfiguriert: Wer als pi eingeloggt ist, darf sudo ohne weitere Rückfragen nutzen. Das ist zweifelsohne bequem, gleichzeitig aber auch ein erhebliches Sicherheitsrisiko.

Um Programme mit grafischer Benutzeroberfläche mit root-Rechten zu starten, also z. B. ein neues Terminalfenster, den Editor Leafpad oder den Dateimanager, führen Sie sudo mit der Option -b (*background*) aus:

```
sudo -b lxterminal
sudo -b leafpad
sudo -b pcmanfm
```

Bei umfangreicheren Administrationsaufgaben wird es zunehmend lästig, jedem Kommando sudo voranzustellen. Eleganter ist es, mit sudo -s in den root-Modus zu wechseln. Alle weiteren Kommandos werden wie von root ausgeführt. Sie beenden diesen Modus mit ⌊Strg⌋+⌊D⌋.

```
sudo -s
kommando1
kommando2
<Strg>+<D>
```

sudo-Konfiguration

Die Dateien /etc/sudoers sowie /etc/sudoers.d/* steuern, welcher Benutzer unter welchen Bedingungen welche Kommandos mit root-Rechten oder seltener auch als ein anderer Benutzer ausführen darf. Die Default-Konfiguration unter Raspbian sieht so aus:

```
# Datei /etc/sudoers
Defaults        env_reset
Defaults        mail_badpass
Defaults        secure_path="/usr/local/sbin:/usr/local/bin:\
                             /usr/sbin:/usr/bin:/sbin:/bin"

root    ALL=(ALL:ALL) ALL
%sudo   ALL=(ALL:ALL) ALL

# Datei /etc/sudoers.d/010_pi-nopasswd
pi      ALL=(ALL)       NOPASSWD: ALL
```

Der Benutzer root sowie alle Mitglieder der Gruppe sudo dürfen also sudo ohne Einschränkungen verwenden. (Gruppen werden durch ein vorangestelltes Prozentzeichen gekennzeichnet.) Dieselben Rechte hat auch der Benutzer pi. Für diesen gilt aber die Sonderregel, dass zur sudo-Nutzung nicht einmal ein Passwort erforderlich ist. Details zur Syntax der sudoers-Datei können Sie mit man sudoers nachlesen.

Wenn Sie möchten, dass auch der Benutzer pi zur sudo-Nutzung sein Passwort angeben muss, stellen Sie in /etc/sudoers.d/010_pi-nopasswd der Zeile, die mit pi beginnt, einfach das Kommentarzeichen # voran. Da der Benutzer pi der Gruppe sudo angehört, wird nun die %sudo-Regel wirksam. pi darf sudo also weiterhin ohne Einschränkungen benutzen, jetzt aber eben mit Passwort. Was Gruppen sind und wie diese administriert werden, erfahren Sie in Abschnitt 5.1, »Benutzer und Gruppen«.

Zur Veränderung von sudoers sollten Sie allerdings nicht einfach einen Editor starten, sondern vielmehr das Kommando visudo zu Hilfe nehmen. Dieses Kommando müssen Sie selbst mit sudo starten, also so:

```
sudo visudo
```

visudo startet nun Ihren Default-Editor. Beim Speichern überprüft visudo zuerst, ob die neue sudoers-Datei frei von Syntaxfehlern ist. Nur wenn das der Fall ist, kann der Prozess abgeschlossen werden. Diese Sicherheitsmaßnahme macht durchaus Sinn: Sollten Sie durch eine Ungeschicklichkeit sudoers so verändern, dass sudo nicht mehr funktioniert, dann könnten Sie diesen Fehler nicht mehr beheben – weil die sudoers-Datei ja nur mit root-Rechten verändert werden kann. Die Notlösung für solche Fälle ist ein Linux-Notebook: Dort stecken Sie die SD-Karte Ihres Raspberry Pi ein und korrigieren die Datei /etc/sudoers.

Hintergrundprozesse starten

Wenn Sie sudo durch ein Passwort absichern, funktioniert der Start von Hintergrundprozessen durch sudo kommando & nicht mehr. Allerdings wird nicht nur das Kommando, sondern auch sudo selbst als Hintergrundprozess ausgeführt. Damit geht die Verbindung zur Standardeingabe und -ausgabe des Terminals verloren.

Sie sehen daher keine Passwortaufforderung und können das erforderliche Passwort nicht eingeben. Zum Start von Hintergrundprozessen müssen Sie vielmehr sudo -b kommando verwenden. Um eine Systemkonfigurationsdatei mit Leafpad zu bearbeiten, führen Sie also z. B. sudo -b leafpad /etc/fstab aus.

3

3.6 Textdateien lesen und ändern

Die meisten Linux-Programme werden durch Konfigurationsdateien im Textformat gesteuert. Auch sonst sind Textdateien mit Programmcode oder Mess- und Logging-Daten allgegenwärtig. Dieser Abschnitt stellt Ihnen einige Kommandos vor, um Textdateien zu lesen, zu durchsuchen und zu verändern.

cat und less

Das einfachste Kommando zur Ausgabe einer Datei lautet cat. Es leitet einfach den gesamten Inhalt der Datei an die Standardausgabe. cat textdatei führt somit dazu, dass die Textdatei im Terminal zu lesen ist.

cat hat den Nachteil, dass es immer die *ganze* Datei ausgibt. Bei langen Texten sind dann zum Schluss nur die letzten Zeilen im Terminal zu lesen. Praktischer ist in solchen Fällen das Kommando less: Es ermöglicht ein zeilen- und seitenweises Blättern durch den Text (siehe Tabelle 3.3). Dieselben Tastenkürzel wie für less gelten übrigens auch für das Kommando man zur Anzeige von Hilfetexten.

Tastenkürzel	Funktion
Cursortasten	Scrollen durch den Text.
G	Springt an den Beginn des Texts.
⇧ + G	Springt an das Ende des Texts.
/ abc ⏎	Sucht vorwärts.
? abc ⏎	Sucht rückwärts.
N	Wiederholt die letzte Suche (vorwärts).
⇧ + N	Wiederholt die letzte Suche (rückwärts).
V	Öffnet die aktuelle Datei im Default-Editor.
Q	Beendet less.
H	Zeigt die Online-Hilfe an.

Tabelle 3.3 »less«-Tastenkürzel

Sie können less auch mit dem Zeichen | an ein anderes Kommando anhängen. Dann wird die Ausgabe des ersten Kommandos an less weitergeleitet und Sie können mit less in Ruhe das Ergebnis lesen. Das ist vor allem bei solchen Kommandos zweckmäßig, die seitenlange Ergebnisse liefern. Im folgenden Beispiel liefert ls -R eine Liste aller Dateien in allen Unterverzeichnissen (die Option -R steht für rekursiv):

```
ls -R | less
```

Wirre Zeichen im Terminal

Sollten Sie mit cat oder less versehentlich eine binäre Datei ausgeben, werden die in der Datei enthaltenen Bytecodes vom Terminal als Steuercodes interpretiert. Das kann dazu führen, dass das Terminal gewissermaßen durcheinanderkommt und weitere Ausgaben nicht mehr korrekt anzeigt. Abhilfe schafft das Kommando reset oder natürlich ein Neustart des Terminalprogramms.

---

tail

Bei langen Textdateien sind Sie womöglich nur an den letzten Zeilen interessiert. Das trifft besonders häufig auf Logging-Dateien oder Dateien mit Messdaten zu, in denen die gerade aktuellsten Daten in den letzten Zeilen stehen. tail datei zeigt die letzten 10 Zeilen an. Wenn Sie eine andere Zeilenanzahl wünschen, geben Sie diese mit -n <nn> an.

tail -f beobachtet die Datei und gibt automatisch neue Zeilen aus, sobald diese gespeichert werden. tail läuft in diesem Fall so lange, bis Sie die Ausführung mit [Strg]+[C] beenden.

```
tail -f /var/log/messages
```

Wie less kann natürlich auch tail mit | anderen Kommandos folgen. Beispielsweise liefert dmesg alle Meldungen des Linux-Kernels seit dessen Start. Wenn Sie sich nur für die letzten fünf Zeilen interessieren, führen Sie das folgende Kommando aus:

```
dmesg | tail -n 5
```

grep

grep suchmuster dateien durchsucht die angegebenen Dateien nach dem Suchmuster und gibt alle passenden Zeilen aus. grep eignet sich dadurch auch dazu, um aus einer Datei nur die Zeilen herauszufiltern, die den Suchbegriff enthalten. Das Verhalten von grep kann durch Optionen gesteuert werden: -i bedeutet, dass die Groß- und Kleinschreibung im Suchmuster ignoriert wird. -v dreht die Wirkung von grep um:

grep liefert jetzt als Ergebnis gerade die Zeilen, die den Suchbegriff *nicht* enthalten. -l bewirkt, dass grep nicht die gefundenen Textpassagen anzeigt, sondern nur die Dateinamen, in denen der Suchbegriff gefunden wurde.

grep wird besonders häufig mit dem Pipe-Operator verwendet, um die Ergebnisse anderer Kommandos auf die im jeweiligen Kontext gerade wesentlichen Informationen zu reduzieren.

Im folgenden Beispiel ermittelt dpkg -l die Liste aller installierten Pakete. grep filtert daraus Pakete heraus, die in irgendeiner Form mit Python zu tun haben.

```
dpkg -l | grep -i python
```

Texteditoren

Bisher haben Sie zwei Texteditoren mit grafischer Benutzeroberfläche kennengelernt: das unter Raspbian standardmäßig installierte Programm Leafpad und die etwas komfortablere Alternative Gedit. Beide Programme können Sie natürlich auch aus einem Terminalfenster heraus starten. Vergessen Sie dabei nicht das Zeichen &, um den Editor losgelöst vom Terminal in einem eigenen Hintergrundprozess zu starten:

```
leafpad textdatei &
```

Neben Editoren mit grafischer Benutzeroberfläche gibt es auch Programme, die direkt im Terminalfenster ausgeführt werden. Diese Programme haben weder eine Bildlaufleiste noch ein Menü und sind insofern schwerer zu erlernen. Dafür erfolgt ihr Start blitzschnell. Mit etwas Übung damit haben Sie kleine Änderungen bereits durchgeführt und gespeichert, bevor Leafpad auf dem Bildschirm erscheint. Das ist jetzt natürlich ein wenig übertrieben, aber wirklich nur ein wenig!

Editoren ohne Benutzeroberfläche haben noch einen wesentlichen Vorteil: Sie funktionieren auch in Textkonsolen sowie via SSH. Im Folgenden stellen wir Ihnen drei Programme näher vor:

▸ **nano:** Dieses Programm bietet zwar am wenigsten Funktionen, ist dafür aber besonders leicht zu erlernen. Das Programm ist standardmäßig installiert.

▸ **Vi:** Der Vi ist *der* Editor der Linux-Administratoren. Die Bedienung ist, gelinde gesagt, gewöhnungsbedürftig, aber wer sich einmal in Vi eingearbeitet hat, will die vielen Funktionen nicht mehr missen.

▸ **Emacs:** Was den Einsatz professioneller Editoren betrifft, ist die Linux-Welt gespalten. Dem Vi-Lager steht das Emacs-Lager gegenüber. Spötter betrachten den Emacs wegen seiner vielen Funktionen als eigenes Betriebssystem. Die Vollversion des Emacs ist auf dem Raspberry Pi daher nur in Ausnahmefällen zu empfehlen. Weit besser geeignet ist die abgespeckte Variante jmacs aus dem Paket joe.

Einige Programme starten zum Ansehen oder Editieren von Dateien selbstständig einen Editor, standardmäßig zumeist den Editor Vi bzw. den zuletzt installierten Editor. Um ein anderes Programm zum neuen Default-Editor zu machen, führen Sie update-alternatives aus. Anschließend können Sie das gewünschte Programm festlegen:

```
sudo update-alternatives --config editor
  Es gibt 8 Auswahlmöglichkeiten für die
  Alternative editor (welche /usr/bin/editor bereitstellen).

    Auswahl       Pfad                  Priorität Status
    ------------------------------------------------------------
  * 0             /usr/bin/joe              70     Auto-Modus
    1             /bin/ed                 -100     manueller Modus
    2             /bin/nano                 40     manueller Modus
    3             /usr/bin/jmacs            50     manueller Modus
    4             /usr/bin/joe              70     manueller Modus
    5             /usr/bin/jpico            50     manueller Modus
    6             /usr/bin/jstar            50     manueller Modus
    7             /usr/bin/rjoe             25     manueller Modus

  Drücken Sie die Eingabetaste, um die aktuelle Wahl[*]
  beizubehalten, oder geben Sie die Auswahlnummer ein: 3
  update-alternatives: /usr/bin/jmacs wird verwendet, um
  /usr/bin/editor (editor) im manuellen Modus bereitzustellen
```

nano

nano ist das optimale Programm für Linux-Einsteiger. Das Programm zeigt in den beiden unteren Terminalzeilen eine Übersicht der wichtigsten Tastenkürzel an (siehe Abbildung 3.3). Wenn der Editor den Typ der Datei erkennt – z. B., dass es sich um ein Python-Script handelt –, dann kennzeichnet er verschiedene Codekomponenten in unterschiedlichen Farben (Syntax-Highlighting).

Sie starten das Programm üblicherweise, indem Sie einfach den Namen der Datei übergeben, die Sie bearbeiten wollen:

```
nano textdatei
```

Systemkonfigurationsdateien können Sie nur ändern, wenn nano mit Administratorrechten läuft. Dazu stellen Sie dem Startkommando sudo voran:

```
sudo nano textdatei
```

Abbildung 3.3 Der Editor »nano«

Vi

Der Editor Vi ist ein Urgestein der Unix-Geschichte. Unter Raspbian ist standardmäßig das zum Vi kompatible Programm vim installiert, das aber nichtsdestotrotz mit dem Kommando vi gestartet wird. Der Original-Vi ist aus urheberrechtlichen Gründen nicht Teil von Linux.

Die Bedienung des Vi ist gewöhnungsbedürftig. Der wichtigste fundamentale Unterschied zu anderen Editoren besteht darin, dass der Vi zwischen verschiedenen Modi unterscheidet. Die Eingabe der meisten Kommandos erfolgt im Complex-Command-Modus (siehe Tabelle 3.4), der mit : aktiviert wird. Vorher müssen Sie gegebenenfalls den Insert-Modus mit Esc verlassen. Die Texteingabe ist dagegen nur im Insert-Modus möglich (siehe Tabelle 3.5).

Kommando	Funktion
:w dateiname	Speichert den Text unter einem neuen Namen.
:wq	Speichert und beendet den Vi.
:q!	Beendet den Vi, ohne zu speichern.
:help	Startet die Online-Hilfe.

Tabelle 3.4 Vi-Kommandos im Complex-Command-Modus

Tastenkürzel	Funktion
⎡I⎤	Wechselt in den Insert-Modus.
⎡Esc⎤	Beendet den Insert-Modus.
⎡H⎤	Bewegt den Cursor nach links.
⎡L⎤	Bewegt den Cursor nach rechts.
⎡J⎤	Bewegt den Cursor hinauf.
⎡K⎤	Bewegt den Cursor hinunter.
⎡X⎤	Löscht ein Zeichen.
⎡D⎤ ⎡D⎤	Löscht die aktuelle Zeile.
⎡P⎤	Fügt die gelöschte Zeile an der Cursorposition ein.
⎡U⎤	Macht die letzte Änderung rückgängig.
⎡:⎤	Wechselt in den Complex-Command-Modus.

Tabelle 3.5 Vi-Tastenkürzel

Emacs und jmacs

Der Editor Emacs steht unter Raspbian standardmäßig nicht zur Verfügung. Die Installation mit `apt install emacs` gelingt problemlos, ist aber selten zweckmäßig: Der Emacs ist ein riesiges Programm (Installationsumfang ca. 80 MByte), sein Einsatz macht aus Geschwindigkeitsgründen nur auf aktuellen Raspberry-Pi-Modellen Spaß.

Tastenkürzel	Funktion
⎡Strg⎤+⎡X⎤, ⎡Strg⎤+⎡F⎤	Lädt eine neue Datei.
⎡Strg⎤+⎡X⎤, ⎡Strg⎤+⎡S⎤	Speichert die aktuelle Datei.
⎡Strg⎤+⎡X⎤, ⎡Strg⎤+⎡W⎤	Speichert die Datei unter einem neuen Namen.
⎡Strg⎤+⎡G⎤	Bricht die Eingabe eines Kommandos ab.
⎡Strg⎤+⎡K⎤	Löscht eine Zeile.
⎡Strg⎤+⎡X⎤, ⎡U⎤	Macht das Löschen rückgängig (Undo).
⎡Strg⎤+⎡X⎤, ⎡Strg⎤+⎡C⎤	Beendet den Emacs (mit Rückfrage zum Speichern).

Tabelle 3.6 Tastenkürzel von Emacs/jmacs

Eine wunderbare Alternative zum originalen Emacs ist das Programm `jmacs`, das wiederum im Paket `joe` versteckt ist. `jmacs` ist in den Grundfunktionen kompatibel zum Emacs (siehe Tabelle 3.6).

```
sudo apt install joe
```

3.7 Verzeichnisse und Dateien

Ganz kurz die wichtigsten Fakten zu Datei- und Verzeichnisnamen:

▸ Unter Linux sind Dateinamen mit einer Länge von bis zu 255 Zeichen zulässig.

▸ Es wird zwischen Groß- und Kleinschreibung unterschieden!

▸ Internationale Zeichen im Dateinamen sind zulässig. Raspbian verwendet wie alle anderen Linux-Distributionen Unicode in der UTF-8-Codierung als Standardzeichensatz. Aus der Sicht des Linux-Kernels ist der Dateiname einfach eine Bytefolge, in der lediglich das Zeichen / und der Code 0 nicht vorkommen dürfen.

▸ Dateinamen dürfen beliebig viele Punkte enthalten. `README.bootutils.gz` ist ein ganz normaler Dateiname, der andeutet, dass es sich um eine komprimierte README-Datei zum Thema Boot-Utilities handelt.

▸ Dateien, die mit einem Punkt beginnen, gelten als versteckte Dateien. Versteckte Dateien werden durch `ls` bzw. durch den Dateimanager normalerweise nicht angezeigt.

▸ Dateinamen, die bei der Eingabe von Kommandos nicht eindeutig als solche erkennbar sind, müssen in Hochkommata gestellt werden. Das gilt z. B. für Dateinamen mit Leerzeichen.

▸ Mehrere Verzeichnisse werden voneinander durch / getrennt, nicht wie unter Windows durch \.

Verzeichnisse

Im Terminal ist anfänglich automatisch das sogenannte Heimat- oder Home-Verzeichnis aktiv, also `/home/pi` bzw. `/home/loginname`. Eine Ausnahme gilt für den Systemadministrator root, dessen Heimatverzeichnis sich in `/root` befindet.

Mit dem Kommando `cd` wechseln Sie in ein anderes Verzeichnis. `cd -` wechselt zurück in das zuletzt aktive Verzeichnis, `cd ..` wechselt in das übergeordnete Verzeichnis, `cd` ohne weitere Parameter wechselt in das Heimatverzeichnis. Als Kurzschreibweise für das eigene Heimatverzeichnis gilt ~. Die Heimatverzeichnisse anderer Benutzer können mit ~name abgekürzt werden (siehe Tabelle 3.7).

Verzeichnis	Bedeutung
.	das gerade aktuelle Verzeichnis
..	das übergeordnete Verzeichnis
~	das Heimatverzeichnis des aktuellen Benutzers
~name	das Heimatverzeichnis von name

Tabelle 3.7 Kurzschreibweise für Verzeichnisse

```
cd                      # wechselt in das Heimatverzeichnis
cd Bilder               # wechselt in das Unterverzeichnis 'Bilder'
sudo cp *.png ~huber    # kopiert Bilder in das Heimat-
                        # verzeichnis des Benutzers huber
```

Neue Verzeichnisse richten Sie mit mkdir ein. rmdir löscht das Verzeichnis wieder – aber nur, wenn es leer ist. Um Verzeichnisse inklusive ihres Inhalts zu löschen, müssen Sie rm -rf ausführen. Passen Sie aber auf! Gelöschte Dateien können nicht wiederhergestellt werden:

```
mkdir neuesverzeichnis
rmdir neuesverzeichnis
rm -rf verzeichnis-mit-inhalt
```

Den Platzbedarf aller Dateien eines Verzeichnisses ermitteln Sie mit du -h. Standardmäßig listet das Kommando zuerst den Platzbedarf aller Unterverzeichnisse auf, bevor es schließlich die Endsumme angibt:

```
du -h
  166M    ./Bilder
  3,6M    ./Dokumente/office
  112M    ./Dokumente
  ...
  1,1G    .
```

Wenn Sie nur am Endergebnis interessiert sind, geben Sie die zusätzliche Option --max 0 an. Die Ausgabe des folgenden Beispiels bedeutet, dass alle Dateien im Heimatverzeichnis des aktuellen Benutzers rund 1,1 GByte beanspruchen.

```
cd
du -h --max 0
  1,1G    .
```

Linux-Verzeichnisbaum

Der Verzeichnisbaum von Linux beginnt im Wurzelverzeichnis /. Laufwerksangaben wie C: sind unter Linux nicht möglich. Linux-Einsteigern fällt die Orientierung im verästelten Linux-Verzeichnisbaum oft schwer (siehe Tabelle 3.8). Im Regelfall ist es aber gar nicht erforderlich, den Verzeichnisbaum bis in den letzten Zweig zu kennen. Wichtig sind vor allem zwei Verzeichnisse: /home/<name> mit Ihren persönlichen Daten sowie /etc mit den Dateien zur Systemkonfiguration.

Verzeichnis	Inhalt
/bin	besonders wichtige Kommandos
/dev	Device-Dateien zum Zugriff auf die Hardware
/boot	für den Startprozess erforderliche Dateien
/etc	systemweite Konfigurationsdateien
/home/<name>	persönliche Daten des Benutzers name
/lib	besonders wichtige Bibliotheken
/media	externe Datenträger (USB-Sticks etc.)
/opt	nicht offizielle Ergänzungen zu /usr
/proc	virtuelle Dateien mit System- und Hardware-Informationen
/root	Heimatverzeichnis für den Benutzer root
/sbin	wichtige Kommandos zur Systemadministration
/sys	virtuelle Dateien mit System- und Hardware-Informationen
/usr	Basisdaten der Linux-Distribution
/usr/bin	installierte Programme
/usr/lib	installierte Bibliotheken
/var	veränderliche Dateien (Logging, E-Mail, Druckjobs)

Tabelle 3.8   Die wichtigsten Linux-Verzeichnisse

Dateien auflisten

ls liefert eine Liste aller Dateien eines Verzeichnisses. Mit der zusätzlichen Option -l zeigt ls außerdem zu jeder Datei an, wem sie gehört, wer sie lesen und verändern darf, wie groß sie ist etc. Wie bereits erwähnt, werden verschiedene Dateitypen durch unterschiedliche Farben hervorgehoben. Wenn Sie das nicht möchten, führen Sie ls mit der Option --color=none aus.

```
cd Bilder
ls -l *.png
  -rw-r--r-- 1 pi pi   78275 Jun 13 14:01 terminal-man.png
  -rw-r--r-- 1 pi pi   77909 Jun 14 08:13 terminal-nano.png
  -rw-r--r-- 1 pi pi   96056 Jan 28 12:29 test.png
```

Kurz einige Anmerkungen zur Interpretation des ls-Ergebnisses: Die zehn Zeichen am Beginn der Zeile geben den Dateityp und die Zugriffsbits an. Als Symbole für den Dateityp kommen infrage: der Bindestrich - für eine normale Datei, d für ein Verzeichnis (Directory), b oder c für eine Device-Datei (Block oder Char) oder l für einen symbolischen Link. Die nächsten drei Zeichen (rwx) geben an, ob der Besitzer die Datei lesen, schreiben und ausführen darf. Analoge Informationen folgen für die Mitglieder der Gruppe sowie für alle anderen Systembenutzer.

Die Zahl im Anschluss an die zehn Typ- und Zugriffszeichen gibt an, wie viele Hardlinks auf die Datei verweisen. Die weiteren Spalten geben den Besitzer und die Gruppe der Datei an (hier jeweils pi), die Größe der Datei, das Datum und die Uhrzeit der letzten Änderung und zuletzt den Dateinamen.

Wie funktionieren Zugriffsrechte?

Um zu verstehen, wer welche Dateien lesen, ändern und ausführen kann, müssen Sie die Konzepte der Benutzer- und Gruppenverwaltung sowie der Zugriffsrechte kennen. Ausführliche Informationen dazu folgen in Kapitel 5, »Linux-Grundlagen«.

ls berücksichtigt normalerweise nur die Dateien des gerade aktuellen Verzeichnisses. Wenn Sie auch die Dateien aus Unterverzeichnissen einschließen möchten, verwenden Sie die Option -R. Diese Option steht übrigens auch bei vielen anderen Kommandos zur Verfügung. Das folgende Kommando listet sämtliche Dateien in allen Unterverzeichnissen auf. Diese Liste wird jedoch normalerweise recht lang. Daher leitet | less das Resultat von ls an less weiter, sodass Sie durch das Ergebnis blättern können.

```
ls -lR | less
```

Verborgene Dateien und Verzeichnisse sichtbar machen

Wir haben es ja bereits erwähnt: Dateien und Verzeichnisse, deren Namen mit einem Punkt beginnen, gelten in Linux als *verborgen*. Normalerweise gibt es in Ihrem Heimatverzeichnis eine Menge solcher Dateien und Verzeichnisse mit lokalen Einstellungen diverser Programme. ls zeigt verborgene Dateien standardmäßig nicht an. Abhilfe schafft ls -a.

Um sich *nur* verborgene Dateien und Verzeichnisse anzeigen zu lassen, nicht aber gewöhnliche Dateien, führen Sie das Kommando ls -a .[^.]* aus. Warum nicht einfach ls -a .*, werden Sie sich vielleicht fragen. Weil Sie dann auch den Inhalt des aktuellen Verzeichnisses . und des übergeordneten Verzeichnisses .. zu sehen bekommen. Der Dateiname soll mit einem Punkt anfangen, das zweite Zeichen darf aber kein Punkt sein, und es darf auch nicht fehlen.

Dateien suchen

ls -R ist praktisch, um schnell rekursiv alle Dateien aufzulisten. Für eine gezielte Suche ist das Kommando aber ungeeignet. Dazu verwenden Sie besser find. Das ist ein ebenso leistungsfähiges wie komplexes Kommando zur Suche nach Dateien. Es kann verschiedene Suchkriterien berücksichtigen: ein Muster für den Dateinamen, die Dateigröße, das Datum der Erstellung oder des letzten Zugriffs etc. Eine vollständige Referenz aller Optionen gibt man find.

Ohne weitere Parameter liefert find eine Liste aller Dateien im aktuellen Verzeichnis und in allen Unterverzeichnissen. Anders als ls berücksichtigt find standardmäßig auch alle verborgenen Dateien und Verzeichnisse.

Mit der Option -name können Sie ein Suchmuster angeben, das die Dateinamen erfüllen müssen. Achten Sie darauf, das Muster in einfache Apostrophe zu stellen! Sie verhindern damit, dass die bash die im Muster enthaltenen Jokerzeichen sofort auswertet. Das folgende Kommando untersucht das Verzeichnis mycode und alle Unterverzeichnisse nach *.c-Dateien:

```
find mycode -name '*.c'
  mycode/gpio-bcm2835/ledonoff.c
  mycode/gpio-wiringpi/ledonoff.c
  mycode/make-test/main.c
  mycode/make-test/func1.c
  ...
```

Wenn Sie wissen möchten, welche Systemkonfigurationsdateien in /etc in der letzten Woche verändert wurden, verwenden Sie die Option -mtime zeitangabe. Die Zeitangabe erfolgt in Tagen, wobei Sie normalerweise + oder - voranstellen müssen. -mtime 7 bedeutet vor genau sieben Tagen. -mtime -7 bedeutet in den letzten sieben Tagen, -mtime +7 vor mehr als sieben Tagen.

find liefert standardmäßig sowohl Dateien als auch Verzeichnisse. Die Option -type f schränkt das Ergebnis auf Dateien ein. Die Option -ls bewirkt, dass find nicht einfach nur die Liste der Dateien liefert, sondern zu jeder Datei auch die Größe, die Zugriffsrechte etc., also ähnlich wie bei ls -l. Außerdem müssen Sie dem Kommando sudo voranstellen, weil manche Unterverzeichnisse von /etc nur für root lesbar sind.

```
sudo find /etc -type f -mtime -7
  /etc/samba/dhcp.conf
  /etc/resolv.conf
  /etc/fake-hwclock.data
  /etc/alternatives/editor
  /etc/alternatives/editor.1.gz
  /etc/alternatives/editorrc
  ...
```

Textdateien inhaltlich durchsuchen

find berücksichtigt nur formale Kriterien, nicht aber den Inhalt von Dateien. Wenn Sie Textdateien suchen, die ein bestimmtes Schlüsselwort enthalten, müssen Sie find und grep miteinander kombinieren. Das ist oft praktisch, die Syntax ist aber leider umständlich: In find können Sie mit -exec ein Kommando angeben, das find für jedes Ergebnis ausführen soll. Im Weiteren wird {} durch den gefundenen Dateinamen ersetzt. \; gibt das Ende des Kommandos an. Die nachfolgende Option -print ist erforderlich, weil diese sonst standardmäßig aktive Option durch -exec deaktiviert wurde. Bei grep ist wiederum die Option -q erforderlich, damit dieses keine Ausgaben durchführt und lediglich find meldet, ob die gewünschte Datei gefunden wurde oder nicht.

Das folgende Kommando durchsucht das aktuelle Verzeichnis und alle Unterverzeichnisse nach *.c-Dateien, in denen die Zeichenkette 'abc' vorkommt, und gibt die Dateinamen aus:

```
find . -type f -name '*.c' -exec grep -q abc {} \; -print
```

Dateien kopieren, verschieben und löschen

cp kopiert Dateien. Dabei gibt es zwei grundsätzliche Syntaxvarianten, die sich dadurch unterscheiden, ob der letzte Parameter ein Verzeichnis ist oder nicht:

► cp datei1 datei2 erstellt eine Kopie von datei1 und gibt ihr den neuen Namen datei2.

► cp d1 d2 d3 v kopiert die Dateien d1 bis d3 in das Verzeichnis v. Bei dieser Variante sind beliebig viele Parameter erlaubt. Der letzte Parameter muss ein Verzeichnis sein, alle anderen Dateien.

cp kann auch ganze Verzeichnisse inklusive ihres Inhalts kopieren. Dazu müssen Sie aber die Option -r (*recursive*) oder -a (*archive*) angeben. Der Unterschied zwischen den beiden Optionen besteht darin, dass sich bei der ersten Variante der Besitzer der Dateien, der Zeitpunkt der letzten Änderung etc. verändern, während diese Metadaten bei der zweiten Variante erhalten bleiben. Das folgende Kommando erstellt eine komplette Sicherheitskopie aller Dateien und Verzeichnisse in /etc:

```
sudo cp -a /etc/ /root/etc-bak
```

Um Dateien umzubenennen bzw. in ein anderes Verzeichnis zu verschieben, verwenden Sie das Kommando mv. Die Grundsyntax ist wie bei cp:

```
mv altername neuername
mv datei1 datei2 datei3 verzeichnis
```

Zum Löschen von Dateien verwenden Sie das Kommando rm. Standardmäßig kann rm nur Dateien löschen. Wenn Sie auch Verzeichnisse samt ihrem Inhalt löschen möchten, müssen Sie die Option -r angeben:

```
rm datei.bak
rm -r backup-verzeichnis
```

Mit touch erzeugen Sie eine neue, leere Datei. Sollte die Datei bereits existieren, dann lässt touch die Datei unverändert, aktualisiert aber die gespeicherte Zeit der letzten Änderung.

```
touch neue-leere-datei
```

Links

Links sind Querverweise auf Dateien oder Verzeichnisse. Unter Linux gibt es zwei Arten von Links: feste Links und symbolische Links; im Englischen heißen sie *hard links* und *soft/symbolic links*. Feste Links werden dateisystemintern effizienter gespeichert, sind aber schwerer zu handhaben. Symbolische Links sind nicht nur klarer nachzuvollziehen, sie haben zudem den Vorteil, dass sie von einem Dateisystem in ein anderes zeigen dürfen. Im manuellen Betrieb sind symbolische Links daher vorzuziehen. Backup-Systeme, die möglicherweise Tausende von Links erstellen, verwenden dagegen zumeist feste Links.

Im /etc-Verzeichnis gibt es unzählige symbolische Links, wovon Sie sich mit find rasch überzeugen können:

```
find /etc -type l
```

Um selbst symbolische Links einzurichten, verwenden Sie das Kommando ln quelle ziel. Es erstellt standardmäßig feste Links, mit der Option -s symbolische Links. Am einfachsten sind Links anhand eines Beispiels zu verstehen: Die folgenden Kommandos erzeugen zuerst das Verzeichnis test und dann darin mit touch die leere Datei abc. Mit ln -s wird nun ein symbolischer Link von abc auf xyz erzeugt. ls -l zeigt den Link anschaulich an:

```
mkdir test
cd test
touch abc
```

```
ln -s abc xyz
ls -l test
  -rw-r--r-- 1 pi pi 0 Jun 14 13:51 abc
  lrwxrwxrwx 1 pi pi 8 Jun 14 13:51 xyz -> abc
cd ..
rm -r test
```

Wenn Sie das Beispiel mit einem festen Link ausführen, sieht es so aus, als würden sich im Verzeichnis test zwei unabhängige Dateien befinden. In Wahrheit sind aber abc und xyz nur zwei Verweise auf ein und dieselbe Datei. ls -l gibt in der zweiten Spalte an, wie viele Links auf eine bestimmte Datei zeigen – im vorliegenden Beispiel also 2.

Wenn Sie zusätzlich die Option -i verwenden, gibt ls auch den *Inode* der Datei an. Inodes sind interne Identifikationsnummern des Dateisystems. Die Übereinstimmung der Inodes beweist, dass abc und xyz durch einen festen Link verbunden sind:

```
mkdir test; cd test
touch abc
ln abc xyz
ls -l
  -rw-r--r-- 2 pi pi 0 Jun 14 13:54 abc
  -rw-r--r-- 2 pi pi 0 Jun 14 13:54 xyz
ls -li
  131595 -rw-r--r-- 2 pi pi 0 Jun 14 13:54 abc
  131595 -rw-r--r-- 2 pi pi 0 Jun 14 13:54 xyz
cd ..
rm -r test
```

3.8 Komprimierte Dateien und Archive

In Linux gibt es diverse Möglichkeiten, um Dateien zu komprimieren, um komprimierte Dateien wieder auszupacken sowie um mehrere Dateien zu einem Archiv zusammenzufassen (siehe Tabelle 3.9).

Die wichtigsten Kommandos lernen Sie hier kennen. Im Raspberry-Pi-Alltag kommt vor allem das Dekomprimieren bzw. das Auspacken von Archiven häufig vor: Wenn Sie aus dem Internet Beispieldateien herunterladen, sind diese in der Regel komprimiert bzw. als Archiv verpackt. Die im Folgenden vorgestellten Kommandos sind aber natürlich auch für Backup-Scripts praktisch oder dann, wenn Sie mehrere Dateien per E-Mail weitergeben bzw. auf einen FTP-Server hochladen möchten.

Kommando	Bedeutung
gzip	Komprimiert eine Datei (Kennung .gz).
gunzip	Dekomprimiert die Datei wieder.
bzip2	Komprimiert eine Datei (Kennung .bz2).
bunzip2	Dekomprimiert die Datei wieder.
xz	Komprimiert eine Datei (Kennung .xz).
unxz	Dekomprimiert die Datei wieder.
tar	Erstellt bzw. extrahiert ein Dateiarchiv.
zip	Erzeugt ein Windows-kompatibles ZIP-Archiv.
unzip	Extrahiert ein ZIP-Archiv.
zipinfo	Zeigt Informationen über ein ZIP-Archiv an.

Tabelle 3.9 Kommandos zum Komprimieren und Archivieren von Dateien

Komprimieren und dekomprimieren

Das populärste Komprimierkommando unter Linux ist gzip. Es komprimiert die als Parameter angegebenen Dateien und benennt sie in name.gz um. gunzip funktioniert in die umgekehrte Richtung. Die beiden Kommandos verwenden den sogenannten LZ77-Lempel-Ziv-Algorithmus, der sich besonders gut für Textdateien eignet, nicht aber für Audio- oder Video-Dateien. Die Komprimierung ist verlustlos; nach dem Dekomprimieren steht die ursprüngliche Datei wieder unverändert zur Verfügung. Die folgenden Kommandos demonstrieren die Anwendung für eine CSV-Datei mit tabellarisch formatierten Messdaten, die sich besonders gut komprimieren lassen:

```
ls -l test.csv
  -rw-r--r-- 1 pi pi 168325 Jun 14 16:47 test.csv
gzip test.csv
ls -l test.csv.gz
  -rw-r--r-- 1 pi pi 24837 Jun 14 16:47 test.csv.gz
gunzip test.csv.gz
ls -l test.csv
  -rw-r--r-- 1 pi pi 168325 Jun 14 16:47 test.csv
```

bzip2 und bunzip2 sind Alternativen zu gzip und gunzip. Der Vorteil dieser Kommandos besteht in der etwas besseren Komprimierung, der Nachteil in der etwas langsameren Ausführung. Die Dateiendung derart komprimierter Dateien ist .bz2. Anstelle von gzip und bzip2 können Sie zum Komprimieren auch xz verwenden. Damit erhalten Sie in den meisten Fällen noch kleinere Dateien. Das Komprimieren erfordert dafür noch mehr Zeit bzw. CPU-Ressourcen.

Noch mehr Komprimierkommandos

Wenn die bestmögliche Komprimierung das vorrangige Ziel ist, können Sie auch das Kommando 7zr aus dem Paket p7zip ausprobieren. Ganz anders ist die Zielsetzung des Kommandos lzop aus dem gleichnamigen Paket: Es arbeitet *viel* schneller als alle bisher genannten Kommandos. Dafür sind die resultierenden Dateien vergleichsweise groß (ca. 50 Prozent größer als bei gzip). Der Einsatz von lzop ist vor allem dann empfehlenswert, wenn Sie *on the fly* mit möglichst geringer CPU-Belastung komprimieren möchten, z. B. zur Übertragung einer großen Datei über eine Netzwerkverbindung.

TAR-Archive

Alle bisher genannten Kommandos komprimieren bzw. dekomprimieren *eine* Datei. Oft wollen Sie aber mehrere Dateien oder einen ganzen Verzeichnisbaum in einer möglichst kompakten Datei weitergeben oder archivieren. Unter Linux ist tar das populärste Kommando, um mehrere Dateien in einem Archiv zusammenzufassen.

Option	Bedeutung
-c	Erzeugt ein Archiv (*create*).
-j	Komprimiert/dekomprimiert mit bzip2/bunzip2.
-f	Verwendet die angegebene Archivdatei (*file*).
-t	Listet den Inhalt eines Archivs auf.
-v	Zeigt an, was gerade passiert (*verbose*).
-x	Packt ein Archiv aus (*extract*).
-z	Komprimiert/dekomprimiert mit gzip/gunzip.

Tabelle 3.10 Die wichtigsten »tar«-Optionen

tar wird durch mehrere Optionen gesteuert (siehe Tabelle 3.10). Eine Besonderheit besteht darin, dass alle Optionen zusammen im ersten Parameter auch ohne vorangestelltes Minuszeichen angegeben werden können. tar tzf entspricht daher tar -t -z -f. Nach der Option -f bzw. als zweiter Parameter muss die Archivdatei angegeben werden. tar-Archive haben üblicherweise die Kennung .tar. Wenn das Archiv zusätzlich komprimiert ist, werden die Kennungen .tar.gz oder .tgz bzw. .tar.bz2 verwendet.

Die folgenden Beispiele verdeutlichen die Syntax von tar: tar tzf name.tgz liefert das Inhaltsverzeichnis eines komprimierten Archivs. Bei umfangreichen Archiven ist es zweckmäßig, die Ausgabe durch less zu leiten, um die Dateiliste in Ruhe lesen zu können.

```
tar tzf archiv.tar.gz
```

tar xzf packt das Archiv aus und extrahiert alle enthaltenen Dateien:

```
cd zielverzeichnis
tar xzf archiv.tar.gz
```

Wenn Sie nur einzelne Dateien extrahieren möchten, müssen Sie diese explizit angeben, gegebenenfalls mit dem dazugehörenden Verzeichnis:

```
tar xzf archiv.tar.gz datei1 verz/datei2
```

Um ein neues Archiv zu erstellen, verwenden Sie die Optionsgruppe czf. Das folgende Kommando erstellt ein Backup aller Dateien in /etc und speichert das Archiv in der Datei /home/pi/backup-etc.tar.gz. Das Kommando muss mit sudo ausgeführt werden, weil nicht alle Dateien in /etc für gewöhnliche Benutzer lesbar sind:

```
cd /etc
sudo tar czf /home/pi/backup-etc.tar.gz .
```

ZIP-Archive

Wenn Sie mit Windows-Anwendern kommunizieren, sind ZIP-Archive die bessere Wahl. Das folgende Kommando fügt alle als Parameter übergebenen HTML-Dateien in meinarchiv.zip ein:

```
zip meinarchiv.zip *.html
```

Wenn Sie den Inhalt ganzer Verzeichnisse archivieren möchten, geben Sie die Option -r an:

```
zip -r code-backup.zip mycode/
```

Den Inhalt einer ZIP-Datei sehen Sie sich mit zipinfo an:

```
zipinfo python-samples.zip
  Archive:  python-samples.zip
  Zip file size: 12373 bytes, number of entries: 19
  -rwxr-xr-x  3.0 unx    572 tx defN 14-Mar-12 15:12 gpio-test.py
  -rwxr-xr-x  3.0 unx   1019 tx defN 14-Mar-23 21:21 grafik.py
  -rwxr-xr-x  3.0 unx   1849 tx defN 14-Mar-23 16:49 grafik-csv.py
  ...
```

Zum Extrahieren des Archivs verwenden Sie unzip:

```
cd anderes-verzeichnis/
unzip meinarchiv.zip
```

3.9 Prozessverwaltung

Zuerst ein paar Worte zur Nomenklatur: Ein Programm bzw. ein Kommando ist eigentlich nur eine ausführbare Datei. Eine Programmdatei unterscheidet sich von anderen Dateien also nur dadurch, dass das Zugriffsbit x gesetzt ist. Wie Linux Zugriffsrechte verwaltet, erfahren Sie in Abschnitt 5.2, »Zugriffsrechte«.

Linux-intern gibt es keine Unterscheidung zwischen einem Programm mit grafischer Benutzeroberfläche wie dem Dateimanager oder einem Kommando wie ls. Umgangssprachlich werden textorientierte Programme wie ls aber oft als Kommandos bezeichnet.

Ein Prozess ist auf Betriebssystemebene für die Ausführung eines Programms oder Kommandos verantwortlich. Erst durch den Start eines Kommandos oder Programms wird dieses zu einem Prozess, der vom Linux-Kernel verwaltet wird.

In diesem Abschnitt lernen Sie, wie Sie feststellen, welche Prozesse gerade laufen und wie viel Rechenzeit diese beanspruchen, und außerdem erfahren Sie, wie Sie Systemprozesse starten und stoppen.

Liste aller laufenden Prozesse

Eine Liste der zurzeit laufenden Prozesse können Sie sehr einfach mit ps erzeugen. Ohne Optionen zeigt ps nur Ihre eigenen Prozesse an – und nur solche, die aus Textkonsolen bzw. Shell-Fenstern gestartet wurden. Wenn Sie an ps die Optionenkombination ax übergeben, liefert das Kommando *alle* laufenden Prozesse, geordnet nach der Prozessidentifikationsnummer (PID). Prozesse, deren Namen in eckigen Klammern stehen, sind keine gewöhnlichen Programme, sondern Teilprozesse des Kernels.

```
ps ax
   PID TTY        STAT   TIME COMMAND
     1 ?          Ss     0:05 init [2]
     2 ?          S      0:00 [kthreadd]
     3 ?          S      0:10 [ksoftirqd/0]
   ...
  6903 pts/1      S      0:03 leafpad
  7075 pts/0      R+     0:00 ps ax
```

ps kann durch zahllose Optionen gesteuert werden, wobei viele Optionen ohne das sonst übliche vorangestellte Minuszeichen angegeben werden. Im folgenden Beispiel wurde die Liste der Prozesse aus Platzgründen stark gekürzt. Unter Raspbian laufen normalerweise rund 100 Prozesse zugleich. Eine schnellere Möglichkeit, die Prozesse zu zählen, bietet das Kommando wc (*word count*). Es zählt je nach Option die Zeichen, Wörter oder Zeilen eines Textes.

```
ps ax | wc -l
   111
```

Praktischer als ps ist meist top (siehe Abbildung 3.4): Dieses Kommando ordnet die Prozesse danach, wie sehr sie die CPU belasten, und zeigt die gerade aktiven Prozesse zuerst an. Das Programm gibt auch einen Überblick über den aktuellen Speicherbedarf etc. Die Prozessliste wird alle paar Sekunden aktualisiert, bis das Programm mit Q beendet wird.

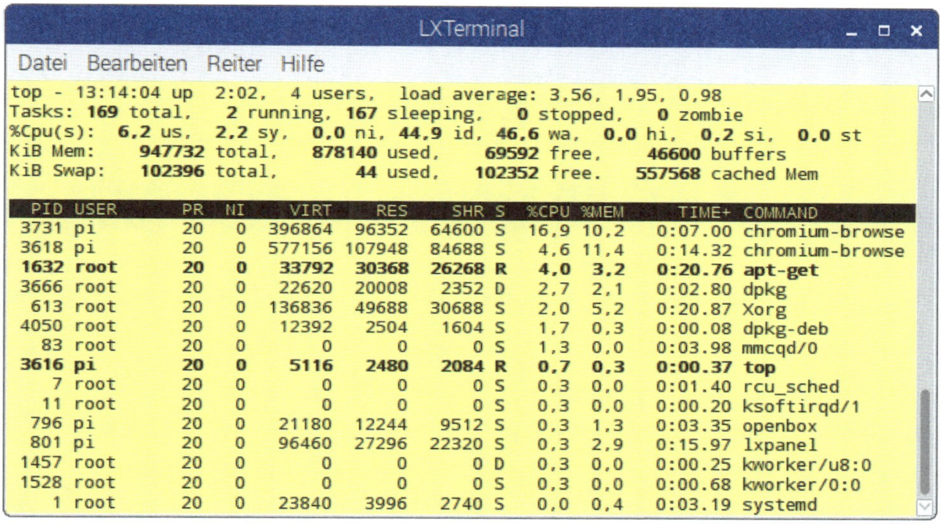

Abbildung 3.4 »top« ordnet die Prozesse nach CPU-Last.

Der Wert in der PID-Spalte gibt die Prozessnummer an. Wenn Sie diese Nummer kennen, können Sie außer Kontrolle geratene Programme oder Hintergrundprozesse mit dem Kommando kill gewaltsam stoppen.

Prozesse können verschiedene Zustände annehmen. Die zwei häufigsten Zustände sind R (*running*) und S (*sleeping*, das Programm hat also gerade nichts zu tun und wartet auf Eingaben). Programme können auch vorübergehend unterbrochen werden und weisen dann den Zustand T (*stopped*) auf.

top nimmt auch interaktiv Kommandos entgegen. Damit können Sie Prozesse stoppen (K, kill) oder ihre Priorität verändern (R, renice).

Eine grafische Variante zu top ist der Taskmanager, den Sie im Startmenü mit ZUBE-HÖR • TASKMANAGER starten (siehe Abbildung 3.5). Im Leerlaufbetrieb beansprucht der Taskmanager freilich selbst die meiste Rechenzeit.

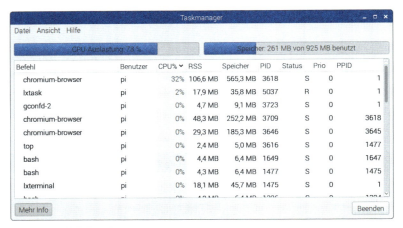

Abbildung 3.5 Der Taskmanager

Prozesshierarchie

Intern wird mit jedem Prozess auch die PID-Nummer des Elternprozesses gespeichert. Diese Information ermöglicht die Darstellung eines Prozessbaums, an dessen Spitze unter Raspbian immer der Prozess init steht. init ist das erste Programm, das unmittelbar nach dem Laden des Kernels gestartet wird. Details dazu können Sie in Abschnitt 5.7, »Systemstart«, nachlesen.

Zur Darstellung der Prozesshierarchie rufen Sie das Kommando pstree auf (siehe Abbildung 3.6). Mit der Option -h können die Elternprozesse zum gerade laufenden Prozess fett hervorgehoben werden.

Prozesse abbrechen

Normalerweise endet ein Prozess mit dem Programmende. Aber leider kommt es auch unter Linux vor, dass Programme Fehler enthalten, sich nicht mehr stoppen lassen und womöglich immer mehr Speicher und CPU-Kapazität beanspruchen. In solchen Fällen muss der Prozess gewaltsam beendet werden. Bei textorientierten Kommandos hilft in den meisten Fällen einfach [Strg]+[C]. Damit wird das Programm sofort beendet.

Das Kommando kill versendet Signale an einen laufenden Prozess, der durch die PID-Nummer spezifiziert wird. Diese Nummer können Sie mit top oder ps ermitteln. Um ein Programm *höflich* zu beenden, wird das Signal 15 verwendet. kill verwendet dieses Signal per Default. Hilft das nicht, muss das Signal 9 eingesetzt werden (hier für den Prozess 2725). kill -9 zwingt den Prozess, sich sofort zu beenden.

```
kill -9 2725
```

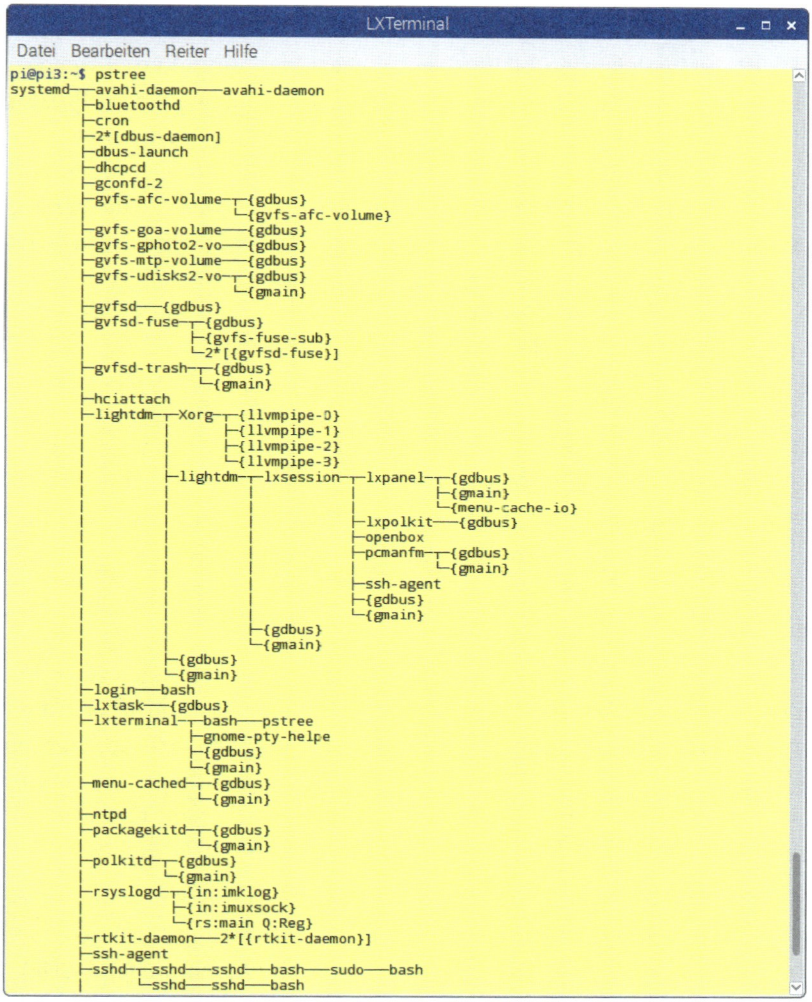

Abbildung 3.6 »pstree« zeigt, welcher Prozess von welchem gestartet wurde.

`kill` kann nur für eigene Prozesse verwendet werden. Zum Beenden fremder Prozesse müssen Sie `kill` mit Administratorrechten ausführen, also mit `sudo`.

Auch mit `top` können Sie Prozesse beenden: Geben Sie einfach ⎡K⎤ und anschließend die Prozessnummer und das gewünschte Signal ein!

`killall` ist eine Variante zu `kill`. Dabei wird nicht die Prozessnummer, sondern der Programmname angegeben. Es werden *alle* Prozesse dieses Namens beendet.

```
killall lxterminal
```

Prozesspriorität einstellen

Wenn mehrere Prozesse gleichzeitig laufen, entscheidet der Linux-Kernel, welcher Prozess wie viel CPU-Zeit erhält. In manchen Fällen ist es sinnvoll, einem Prozess bewusst mehr oder weniger Rechenzeit zuzuteilen. Dazu dient das Kommando nice, mit dem Programme mit reduzierter oder erhöhter Priorität gestartet werden können. Dazu wird an nice die gewünschte Priorität übergeben, die von 19 (ganz niedrig) bis −20 (ganz hoch) reicht. Per Default werden Prozesse mit der Priorität 0 gestartet. Im folgenden Beispiel wird ein Backup-Programm mit niedrigerer Priorität gestartet, damit es keine anderen Prozesse beeinträchtigt. Es spielt ja normalerweise keine Rolle, ob das Backup ein paar Sekunden länger dauert.

```
nice -n 10 ./mein-backup-script
```

Mit renice kann auch die Priorität von bereits laufenden Prozessen geändert werden. Als Parameter muss die Prozess-ID angegeben werden, die vorher mit top oder ps ermittelt wurde. Allerdings kann nur root Programme mit einer höheren Priorität als 0 starten bzw. die Priorität eines bereits laufenden Prozesses erhöhen.

Systemdienste steuern

Nach einem Blick auf die Ergebnisse von ps ax oder pstree fragen Sie sich vielleicht, woher die vielen Prozesse kommen. Nur wenige Prozessnamen lassen sich selbst gestarteten Kommandos oder Programmen zuordnen. Die restlichen Prozesse wurden automatisch gestartet, während der Rechner hochfuhr. Viele von ihnen sind der grafischen Benutzeroberfläche zugeordnet. Die restlichen Prozesse sind überwiegend Systemdienste und stellen beispielsweise Netzwerkfunktionen zur Verfügung.

Ein Beispiel dafür ist das Programm sshd, der Secure-Shell-Dämon. Ein »Dämon« ist die Unix-typische Bezeichnung für einen Systemdienst. sshd erlaubt es Ihnen, sich über das Netzwerk bei Ihrem Raspberry Pi anzumelden (siehe Abschnitt 4.3, »SSH«).

Systemdienste wie sshd werden normalerweise automatisch durch das Init-System gestartet. In älteren Raspbian-Versionen war dies Init-V, seit Raspbian Jessie ist es dagegen systemd.

Normalerweise besteht selten die Notwendigkeit, in diesen Automatismus einzugreifen. Wenn dies aber doch der Fall ist, helfen Ihnen dabei das systemd-spezifische Kommando systemctl sowie service, das über fast alle Linux-Distributionen hinweg funktioniert.

An systemctl übergeben Sie als ersten Parameter die gewünschte Aktion (siehe Tabelle 3.11), als zweiten Parameter den Namen des Systemdienstes. Wenn Sie also die Konfiguration von sshd geändert haben und möchten, dass das Programm die geänderten Einstellungen berücksichtigt, führen Sie das folgende Kommando aus:

```
sudo systemctl reload ssh
```

Aktion	Bedeutung
enable	Richtet einen Systemdienst für den Auto-Start ein.
start	Startet den Systemdienst.
stop	Stoppt den Systemdienst.
disable	Deaktiviert den Auto-Start eines Systemdiensts.
restart	Startet den Systemdienst neu.
reload	Fordert den Dienst auf, die Konfiguration neu einzulesen.
status	Zeigt den Zustand des Dienstes an.

Tabelle 3.11 »systemctl«-Aktionen

Vielleicht fragen Sie sich, warum es nicht systemctl reload sshd heißt. Das ist zugegebenermaßen inkonsequent und liegt daran, welchen Namen die systemd-Konfigurationsdateien haben. Wie systemd hinter den Kulissen funktioniert, erklären wir in Abschnitt 5.7, »Systemstart«.

Die Aktionen enable und disable haben keine unmittelbare Auswirkung, sondern steuern lediglich, wie sich Raspbian in Zukunft bei einem Neustart verhält: Soll der betreffende Dienst automatisch gestartet werden oder nicht?

3.10   Netzwerkkommandos

Netzwerkstatus ermitteln

Das Kommando ip addr liefert eine Liste aller bekannten Netzwerkschnittstellen und gibt an, welche IP-Adressen ihnen zugeordnet sind. Die Ausgaben im folgenden Beispiel sind so zu interpretieren: Die Loopback-Schnittstelle lo ist wie auf jedem Linux-System mit der IP-Adresse 127.0.0.1 verbunden. Diese Schnittstelle ermöglicht es, dass Programme des Raspberry Pi miteinander über Netzwerkprotokolle kommunizieren können. Dazu muss es keine Netzwerkverbindung nach außen geben.

Die Ethernet-Schnittstelle eth0 hat die IP-Adresse 10.0.0.17. Das ist vermutlich die wichtigste Information für Sie, weil Ihr Raspberry Pi unter dieser Adresse im lokalen Netzwerk erreichbar ist.

```
ip addr
  1: lo: <LOOPBACK,UP,LOWER_UP> mtu 65536 qdisc noqueue ...
     link/loopback 00:00:00:00:00:00 brd 00:00:00:00:00:00
     inet 127.0.0.1/8 scope host lo
        valid_lft forever preferred_lft forever
```

```
      inet6 ::1/128 scope host
         valid_lft forever preferred_lft forever
   2: eth0: <BROADCAST,MULTICAST,UP,LOWER_UP> mtu 1500 qdisc ...
      link/ether b8:27:eb:ec:e0:3f brd ff:ff:ff:ff:ff:ff
      inet 10.0.0.17/24 brd 10.0.0.255 scope global eth0
         valid_lft forever preferred_lft forever
      inet6 fe80::f78f:bde4:69b2:c5d5/64 scope link
         valid_lft forever preferred_lft forever
```

Was passiert mit Netzwerkpaketen, die nicht zur Verarbeitung durch den Raspberry Pi gedacht sind? Die Antwort auf diese Frage gibt ip route. Im Beispielnetzwerk werden alle IP-Pakete für den Adressbereich 10.0.0.*, also für das lokale Netzwerk, über die Schnittstelle eth0 geleitet. Die default-Regel gibt außerdem an, dass IP-Pakete an alle anderen Adressen über das Gateway 10.0.0.138 geleitet werden sollen. Dabei kann es sich z. B. um einen ADSL-Router handeln.

```
ip route
  default via 10.0.0.138 dev eth0
  10.0.0.0/24 dev eth0   proto kernel   scope link   src 10.0.0.8
```

Die letzte Kerninformation einer Netzwerkkonfiguration unter Linux verrät die Datei /etc/resolv.conf. In dieser Datei ist eingetragen, welche Nameserver Ihr Raspberry Pi verwendet, um zu Hostnamen wie yahoo.com die entsprechende IP-Adresse zu ermitteln. Im folgenden Beispiel sind zwei Nameserver konfiguriert: einerseits 10.0.0.138 (der ADSL-Router) und andererseits 8.8.8.8 (der öffentliche Nameserver von Google). Die Schlüsselwörter domain und search geben an, dass das lokale Netzwerk den Domainnamen lan verwendet. Wenn Sie versuchen, eine Netzwerkverbindung zum Rechner name herzustellen, dann verwendet der Raspberry Pi automatisch name.lan.

```
cat /etc/resolv.conf
  domain lan
  search lan
  nameserver 10.0.0.138
  nameserver 8.8.8.8
```

Mit ping können Sie überprüfen, ob andere Rechner im lokalen Netzwerk bzw. im Internet erreichbar sind. ping sendet einmal pro Sekunde ein kleines Datenpaket an den angegebenen Rechner. Dieser antwortet in der Regel mit einem ebenso kleinen Paket. ping läuft normalerweise endlos, bis es mit [Strg]+[C] beendet wird. Alternativ können Sie an ping die Option -c 3 übergeben – dann sendet ping nur drei Testpakete und endet dann.

```
ping -c 3 heise.de
  PING heise.de (193.99.144.80) 56(84) bytes of data.
  64 bytes from ... (...): icmp_req=1 ttl=247 time=43.6 ms
  64 bytes from ... (...): icmp_req=2 ttl=247 time=41.4 ms
```

```
64 bytes from ... (...): icmp_req=3 ttl=247 time=42.1 ms

--- heise.de ping statistics ---
3 packets transmitted, 3 received, 0% packet loss, time 2003ms
rtt min/avg/max/mdev = 41.498/42.423/43.665/0.942 ms
```

Dateien per FTP und HTTP übertragen

Der klassische Weg, um Dateien herunterzuladen, die auf einem FTP-Server zur Verfügung stehen, führt über das interaktive Kommando ftp. Beim Verbindungsaufbau müssen Sie sich anmelden – entweder mit einem Login-Namen und dem dazugehörenden Passwort oder mit dem Namen anonymous und Ihrer E-Mail-Adresse anstelle des Passworts. Die zweite Variante ist nur möglich, wenn der FTP-Server entsprechend konfiguriert ist. Die folgenden Zeilen geben ein kurzes Beispiel für seine Anwendung:

```
ftp ftp.servername.com
    Name (ftp.servername.com:pi): anonymous
    Password: name@mysite.de
    ftp> cd verzeichnis
    ftp> ls
    ...
    ftp> get wichtige-datei.tar.gz
    ...
    ftp> quit
```

Anstelle von ftp können Sie auch das Kommando lftp einsetzen, wobei Sie zuvor das gleichnamige Paket mit apt install installieren müssen. lftp stellt mehr Befehle als ftp zur Verfügung. Außerdem können Sie an lftp entweder mit -c mehrere durch Strichpunkte getrennte FTP-Kommandos übergeben oder mit -f eine Datei angeben, die diese Kommandos zeilenweise enthält.

Der interaktive Ansatz der Kommandos ftp und lftp ist zur Automatisierung von Downloads in einem Script ungeeignet. Abhilfe schafft das Kommando wget, das speziell zur Durchführung großer Downloads bzw. zur Übertragung ganzer Verzeichnisse konzipiert ist. wget unterstützt außer FTP auch die Protokolle HTTP und HTTPS. In der Grundform lädt wget die angegebene Datei einfach herunter, bei FTP-Servern mit einem anonymous-Login.

```
wget ftp://einftpserver.de/verzeichnis/name.tar.gz
wget http://einandererserver.de/verzeichnis/name.zip
```

Eine Alternative zu wget ist curl. Das Kommando hilft dabei, Dateien von oder zu FTP-, HTTP- oder sonstigen Servern zu übertragen. Die man-Seite listet eine beeindruckende Palette von Protokollen auf, die curl beherrscht. Hier beschränken wir uns allerdings auf FTP-Uploads. Für die Script-Programmierung besonders praktisch ist, dass curl auch Daten aus der Standardeingabe verarbeiten bzw. zur Standardausgabe schreiben kann. Sie müssen also nicht zuerst eine *.tar.gz-Datei erstellen und diese dann zum FTP-Server übertragen, sondern können beide Operationen mittels einer Pipe gleichzeitig ausführen. Das folgende Kommando überträgt die angegebene Datei zum FTP-Server backupserver und speichert sie im Verzeichnis verz:

```
curl -T datei -u username:password ftp://backupserver/verz
```

Um Daten aus dem Standardeingabekanal zu verarbeiten, geben Sie mit -T als Dateinamen einen Bindestrich an. Das folgende Kommando speichert das aus dem tar-Kommando resultierende Ergebnis direkt in der Datei name.tgz auf dem FTP-Server. Beachten Sie, dass auch bei tar als Dateiname ein Bindestrich angegeben ist, damit tar die Daten direkt in die Standardausgabe schreibt.

```
tar czf - verz/ | curl -T - -u usern:pw ftp://bserver/name.tgz
```

Kapitel 4
Arbeitstechniken

Sofern Sie im vorigen Kapitel zumindest einige Beispiele ausprobiert haben, sollte das Arbeiten im Terminal und die Bedienung eines Editors für Sie jetzt kein Problem mehr sein. Auf diesem Wissen aufbauend, stellt dieses Kapitel Techniken vor, mit denen Sie Ihren Raspberry Pi effizient nutzen können, um besondere Konfigurationswünsche zu realisieren oder um häufig benötigte administrative Arbeiten zu erledigen. Vorweg schon einmal ein Überblick über die breite Palette der Themen:

▶ zusätzliche Programme/Pakete installieren und verwalten
▶ Updates durchführen
▶ Netzwerkbedienung des Raspberry Pi via SSH und RDP
  (inklusive Dateien auf den Raspberry Pi kopieren)
▶ Netzwerkverzeichnisse nutzen und zur Verfügung stellen
▶ den Raspberry Pi aus dem Internet zugänglich machen
▶ den Raspberry Pi als FTP-Server einsetzen
▶ Programme beim Systemstart ausführen
▶ Programme regelmäßig ausführen (Cron)
▶ Monitor ein- und ausschalten
▶ Backups durchführen
▶ Notfalltipps und Fehlerdiagnose

Wir haben dieses Kapitel explizit sehr lösungsorientiert konzipiert: Wir wollen Ihnen zeigen, wie Sie rasch zum Ziel kommen. Auf ausführliche Erklärungen der oft diffizilen Linux-Grundlagen haben wir verzichtet. Diese reichen wir dann im nächsten Kapitel nach – sozusagen als Bonus für alle Leser und Leserinnen, die nicht nur blind Anleitungen befolgen möchten, sondern Linux wirklich verstehen wollen.

Die meisten Abschnitte dieses Kapitels können jeweils für sich gelesen werden. Es besteht also keine Notwendigkeit, sofort das ganze Kapitel durchzuackern, nur weil Sie gerade auf der Suche nach Tipps zur Durchführung von Backups sind.

4.1 Programme installieren und verwalten

Programme bzw. Pakete installieren

Über das Kommando `sudo apt install paketname` sind Sie in den vorherigen Kapiteln schon mehrfach gestolpert. Es ist wahrscheinlich das am häufigsten benötigte Kommando, um ein Programm – genau genommen ein Paket – zu installieren.

Was ist ein Paket überhaupt? Unter Linux ist es üblich, die zumeist aus vielen Einzeldateien bestehenden Programme zu einem Paket zusammenzufassen. Neben Paketen für Programme gibt es auch Pakete für Bibliotheken, Dokumentationsdateien und andere Zwecke. Eine Linux-Distribution besteht aus sehr vielen Paketen, von denen immer nur ein winziger Bruchteil tatsächlich installiert wird. Die restlichen Pakete stehen im Internet zur Verfügung. Das erklärt auch, warum die Linux-Welt ohne `setup.exe` oder `programm.msi` auskommt.

Da Raspbian von Debian abgeleitet ist, verwendet Raspbian das Debian-Paketverwaltungssystem. Daneben gibt es auch das RPM-Paketsystem, das unter anderem in Red Hat, Fedora und openSUSE zum Einsatz kommt. Sollten Sie auf Ihrem Raspberry Pi eine Distribution installiert haben, die auf diesen Distributionen basiert, dann treffen die Informationen in diesem Abschnitt also nicht zu. Zwar gelten auch dann die hier beschriebenen Grundkonzepte der Paketverwaltung, zur eigentlichen Paketverwaltung werden aber andere Kommandos wie `dnf`, `yum`, `zypper` oder `rpm` eingesetzt.

Linux-Pakete sind komprimiert und enthalten außer den eigentlichen Dateien auch eine Menge Zusatzinformationen, z. B. über die Versionsnummer des enthaltenen Programms oder über die Voraussetzungen, die zur Ausführung des Programms gegeben sein müssen. Soll beispielsweise das Programm `abc` auf die Bibliothek `xy` zugreifen, dann ist dies in den Paketdaten verzeichnet. `apt install` informiert Sie dann, dass zusätzlich zu dem von Ihnen gewünschten Paket `abc` auch noch `lib-xy` installiert wird. In solchen Fällen müssen Sie den Installationsvorgang explizit bestätigen.

Woher kommen Pakete?

Die Raspbian-Pakete befinden sich auf Servern im Internet, auf die `apt` zugreift. Diese Paketquellen (*Repositories*) enthalten außerdem eine Art Datenbank, in der verzeichnet ist, welche Pakete in welcher Version zur Verfügung stehen. Welche Paketquellen Raspbian verwendet, ist in der Konfigurationsdatei `/etc/apt/sources.list` festgehalten. Details zum Aufbau dieser Datei sowie andere Interna der Paketverwaltung können Sie in Kapitel 5, »Linux-Grundlagen«, nachlesen.

Damit eine Paketinstallation funktioniert und alle Abhängigkeiten korrekt aufgelöst werden können, muss Raspbian wissen, welche Pakete in den Paketquellen zur
Verfügung stehen. Der Download dieser Metadaten dauert relativ lange und wird
deswegen nicht jedes Mal automatisch durchgeführt. Wenn Sie längere Zeit keine
Paketverwaltungsfunktionen genutzt haben, müssen Sie deswegen zuerst apt update
durchführen:

```
sudo apt update
sudo apt install paketname
```

»apt update« führt kein Software-Update durch

Das Schlüsselwort update bezieht sich dabei nur auf die Metadaten! Die Pakete selbst
werden nicht aktualisiert. Dazu müssen Sie das Kommando apt full-upgrade ausführen, das wir Ihnen in Abschnitt 4.2, »Updates«, näher vorstellen.

Programme bzw. Pakete entfernen

Sollte sich herausstellen, dass Sie ein installiertes Programm doch nicht brauchen,
können Sie alle Dateien des Pakets mühelos wieder entfernen. Konfigurationsdateien
des Pakets, die Sie verändert haben, bleiben bei der Deinstallation erhalten.

```
sudo apt remove paketname
```

Informationen über Pakete ermitteln

Eine große Stärke des Paketverwaltungssystems besteht darin, dass Sie auf vielerlei
Weise Informationen über installierte bzw. noch nicht installierte Pakete ermitteln
können. Dieser Abschnitt gibt hierfür einige Beispiele.

Wenn Sie ein neues Programm installieren möchten, den exakten Paketnamen aber
nicht kennen, hilft Ihnen neben einer Internetsuche oft das Kommando apt search
weiter. Es durchsucht die Kurzbeschreibungen *aller* Pakete, egal ob diese nun installiert sind oder nicht, und liefert eine Liste aller passenden Pakete:

```
apt search webserver
  acmetool/stable 0.0.58-5 armhf
    automatic certificate acquisition tool for Let's Encrypt

  amule-common/stable 1:2.3.2-1 all
    common files for the rest of aMule packages

  amule-daemon/stable 1:2.3.2-1 armhf
    non-graphic version of aMule, a client for the eD2k and ...
  ...
```

Sind Sie an detaillierteren Informationen zu einem Paket interessiert, führen Sie apt show aus:

```
apt show apache2
  Package: apache2
  Version: 2.4.25-3+deb9u4
  ...
  Description: Apache HTTP Server
   The Apache HTTP Server Project's goal is to build a secure,
   efficient and extensible HTTP server as standards-compliant
   open source software. The result has long been the ...
```

dpkg -l liefert eine sortierte Liste aller Pakete, die bereits installiert sind. Die Paketliste enthält in der ersten Spalte einen Code aus zwei Buchstaben. Der erste Buchstabe gibt den gewünschten Status des Pakets an (i = installieren, n = nicht installieren, r/p = entfernen, h = halten), der zweite Buchstabe den tatsächlichen Status (i = installiert, n = nicht installiert, c = konfiguriert, u = entpackt, aber noch nicht konfiguriert, f = fehlgeschlagen).

```
dpkg -l
     Name        Version     Arch.   Beschreibung
  ii acl         2.2.52-2    armhf   Access control list utilities
  ii adduser     3.113+...   all     add and remove users/groups
  ii alsa-base   1.0.27...   all     ALSA driver configuration files
  ii alsa-utils  1.0.28-1    armhf   Utilities for ALSA
  ii apt         1.0.9....   armhf   commandline package manager
  ...
```

Wenn Sie wissen möchten, wie viele Pakete korrekt installiert sind, filtern Sie aus der Paketliste alle Zeilen, die mit ii beginnen, und zählen diese mit wc:

```
dpkg -l | grep '^ii' | wc -l
  1159
```

Die einfachste Möglichkeit, um zu testen, ob ein bestimmtes Paket installiert ist, bietet dpkg mit der Option -s (status). Das Kommando listet darüber hinaus auch gleich eine Menge Informationen über das Paket auf, auf deren Wiedergabe wir hier aber verzichtet haben:

```
dpkg -s nano
  Package: nano
  Status: install ok installed
  ...
```

Aus welchen Dateien besteht ein Paket? Diese Frage beantwortet dpkg --listfiles:

```
dpkg --listfiles nano
  /bin/nano
```

```
/usr/share/menu/nano
...
```

Oft ist auch die umgekehrte Frage interessant: Sie sind auf eine Datei gestoßen, deren Bedeutung Ihnen unklar ist. Aus welchem Paket stammt die Datei? Die Antwort gibt dpkg -S. Die Datei /etc/gai.conf stammt vom Paket libc-bin, und dieses stellt wiederum grundlegende Kommandos zur Administration von Linux-Bibliotheken zur Verfügung.

```
dpkg -S /etc/gai.conf
  libc-bin: /etc/gai.conf
apt-cache show libc-bin
  Description: Embedded GNU C Library: Binaries
  This package contains utility programs related to the
  GNU C Library.
```

4.2   Updates

Raspbian aktualisieren

Ein fundamentaler Vorteil des im vorigen Abschnitt beschriebenen Paketverwaltungssystems besteht darin, dass die komplette Raspbian-Distribution mit nur zwei Kommandos aktualisiert werden kann:

```
sudo apt update
sudo apt full-upgrade
```

Das update-Kommando ist Ihnen schon vertraut. Es lädt von den Paketquellen im Internet die aktuellen Informationen über alle verfügbaren Pakete herunter. apt full-upgrade überprüft anschließend für jedes installierte Paket, ob es hierzu in den Paketquellen eine aktualisierte Version gibt. Ist dies der Fall, wird das betroffene Paket heruntergeladen und installiert.

Wenn Sie das Update zum ersten Mal nach der Raspbian-Installation durchführen bzw. seit dem letzten Update schon lange keines mehr durchgeführt haben, wird das Update relativ lange dauern – durchaus auch eine Viertelstunde: Zeit kostet nicht nur der oft viele Megabyte umfassende Download, sondern auch das Dekomprimieren der Pakete und schließlich ihre Installation auf der SD-Karte. Sie können etwas Zeit sparen, wenn Sie vorher nicht benötigte Programme deinstallieren, beispielsweise das Audio-Programm Sonic Pi oder das Computeralgebraprogramm Mathematica:

```
sudo apt remove sonic-pi wolfram-engine
```

Im Rahmen des Updates erhalten Sie Fehlerkorrekturen aller installierten Programme. Das Update-System ist hingegen nicht dazu gedacht, in der Zwischenzeit erschienene neue Major-Software-Versionen zu installieren – also z.B. Python von

Version 3.5 auf Version 3.6 zu aktualisieren. (Ausgenommen von dieser Regel sind Webbrowser, bei denen Sicherheitskorrekturen im Rahmen von Versions-Updates erfolgen.)

Lohnt sich ein Update überhaupt? In der Regel bemerken Sie nach dem Update keinen Unterschied. Trotzdem sind Updates sinnvoll, insbesondere dann, wenn Sie Ihren Raspberry Pi so konfiguriert haben, dass dieser aus dem Internet erreichbar ist (siehe Abschnitt 4.8, »Internetzugriff auf den Raspberry Pi«). Dann gelten für den Raspberry Pi die gleichen Sicherheitsprinzipien wie für jeden anderen Computer: Fehler im Code einzelner Raspbian-Programme können Ihren Minicomputer von außen angreifbar machen, und nur regelmäßige Updates können diese Verwundbarkeit minimieren.

Update von Raspbian Stretch auf Raspbian Buster?

Die aktuelle Raspbian-Version basiert auf Debian Stretch. Etwa Mitte des Jahres 2019 sollte Debian Buster fertig werden. Voraussichtlich einige Monate später sollte es dann eine neue, darauf basierende Raspbian-Version geben (»Raspbian Buster«).

Ein automatisches Update auf Raspbian Buster wird es voraussichtlich nicht geben. Manuell kann ein derartiges Update zwar durchgeführt werden, aber wir (und auch die Raspberry Pi Foundation) empfehlen, eine Neuinstallation durchzuführen.

Automatische Updates

In der Anfangszeit wurde der Raspberry Pi primär als Bastelspielzeug betrachtet. Mittlerweile sind aber viele Modelle WLAN-fähig und ständig im lokalen Netzwerk bzw. je nach Konfiguration auch aus dem Internet erreichbar. Das macht die Minicomputer zu einem beliebten Ziel von Hackern.

Damit Ihr Raspberry Pi nicht dasselbe Schicksal wie billige Webcams und andere IoT-Geräte erleidet, die von Hackern übernommen und für koordinierte Angriffe im Internet missbraucht wurden, sollten Sie sich nicht nur um sichere Passwörter kümmern, sondern auch die Software auf Ihrem Rechner so aktuell wie möglich halten. Am einfachsten gelingt das, wenn Sie automatische Updates aktivieren. Damit überprüft der Raspberry Pi einmal täglich, ob neue Updates zur Verfügung stehen, und installiert diese auch.

Dazu müssen Sie einmalig das Paket `unattended-upgrades` installieren:

```
sudo apt install unattended-upgrades
```

Außerdem müssen Sie im Verzeichnis `/etc/apt/apt.conf.d` eine neue Datei mit dem folgenden Inhalt einrichten:

```
# Datei /etc/apt/apt.conf.d/99-auto-updates
APT::Periodic::Enable "1";
APT::Periodic::Update-Package-Lists "1";
APT::Periodic::Unattended-Upgrade "1";
Unattended-Upgrade::Origins-Pattern {
  "origin=*";
}
# optional: automatisch aufräumen (autoremove/autoclean)
APT::Periodic::AutocleanInterval "1";
Unattended-Upgrade::Remove-Unused-Dependencies "true";
```

4

Probleme durch automatische Updates

Automatische Updates sind nicht unumstritten. Bei jedem Update kann etwas schiefgehen, und mit etwas Pech funktioniert Ihre Anwendung danach nicht mehr. Aus unserer Sicht ist das das geringere Übel als aus Nachlässigkeit unbehobene Sicherheitsprobleme, aber letztlich müssen Sie das natürlich selbst entscheiden. Ganz wichtig ist, dass die SD-Karte groß genug ist: Während des Updates braucht Raspbian vorübergehend etwas mehr Platz im Dateisystem. Wenn dieses bereits nahezu voll ist, kann es sein, dass das Update scheitert und Ihr System (und insbesondere die Paketdatenbanken) in einem inkonsistenten Zustand hinterlässt.

Firmware- und Kernel-Updates

apt full-upgrade aktualisiert die komplette Raspbian-Distribution – mit zwei Ausnahmen. Nicht berücksichtigt bleiben bis auf ganz seltene Ausnahmen der Kernel und die Firmware des Raspberry Pi. Der Kernel ist jener Teil von Linux, der alle essenziellen Low-Level-Funktionen enthält, also Speicherverwaltung, Prozessverwaltung, Hardware-Treiber etc. Die Firmware enthält Software für die GPU (*Graphics Processing Unit*) des Broadcom-System-on-a-Chip (BCM2835, -36 oder -37), also für die Rechenheit des Raspberry Pi.

Der Kernel und die Firmware werden in der ersten Partition der SD-Karte gespeichert. Unter Raspbian können Sie sich den Inhalt dieser Partition im Verzeichnis /boot ansehen und einzelne Dateien ändern. Der Kernel befindet sich dort in der Datei kernel.img, die Firmware in den Dateien *start.elf. Diese Dateien werden unmittelbar nach dem Einschalten des Raspberry Pi geladen. Zusätzlich zur Kerneldatei enthält das Verzeichnis /lib/modules/n.n/ dazu passende Kernelmodule, also gewissermaßen Ergänzungen, die nur bei Bedarf gelesen werden.

Es gibt natürlich einen Grund, weswegen der Kernel und die Firmware nicht gemeinsam mit allen anderen Paketen aktualisiert werden: Der Kernel und die Firmware werden nicht im Rahmen des Raspbian-Projekts erzeugt und gewartet, sondern von der Raspberry Pi Foundation verwaltet. Während der Linux-Kernel vollständig als

Open-Source-Code vorliegt, trifft dies für die Firmware leider nicht zu. Das Raspbian-Projekt übernimmt den Kernel und die Firmware in Binärform und stellt daraus alle paar Monate ein neues Installations-Image zusammen. Dieses verwenden Sie zur Installation. Danach werden der Kernel und die Firmware normalerweise nicht mehr verändert – es sei denn, Sicherheitsprobleme zwingen dazu.

Eine detaillierte Beschreibung des Startprozesses des Raspberry Pi sowie des Linux-Kernels und seiner Module folgt im nächsten Abschnitt. Den Quellcode des Kernels sowie die aktuelle Firmware (Binärdatei) können Sie bei Bedarf hier herunterladen:

https://github.com/raspberrypi/linux
https://github.com/raspberrypi/firmware

Sie müssen den Kernel aber zum Glück nicht selbst kompilieren. Das Kommando rpi-update gibt Ihnen die Möglichkeit, inoffizielle Kernel- und Firmware-Updates unkompliziert durchzuführen.

Wozu dient ein Kernel- und Firmware-Update?

Obwohl Raspbian also Kernel- und Firmware-Updates vermeidet, sind solche Updates in manchen Fällen durchaus zweckmäßig: zum Beispiel, um mittlerweile behobene Hardware-Probleme zu lösen oder um neu in den Kernel eingeflossene Hardware-Treiber nutzen zu können.

Während der Arbeit an diesem Buch haben uns Firmware- und Kernel-Updates gleich zweimal weitergeholfen: einmal zur Behebung von Audio-Problemen, ein anderes Mal, um einen WLAN-Adapter zu verwenden, der vom ursprünglich installierten Kernel nicht unterstützt wurde.

Gleichzeitig birgt jedes Kernel- und Firmware-Update das Risiko in sich, dass es neue Probleme verursacht. Halten Sie sich also an die elementarste aller IT-Regeln: *If it ain't broken, don't fix it!* Mit anderen Worten: Wenn es keinen konkreten Grund zur Aktualisierung des Kernels oder der Firmware gibt, lassen Sie besser die Finger davon.

Bevor Sie sich an ein Kernel- und Firmware-Update machen, ist es zweckmäßig, die aktuelle Version festzustellen. Dazu dienen die Kommandos uname -a (Kernel) und vcgencmd version (Firmware). Als wir das folgende Listing produzierten, liefen auf unserem Raspberry Pi 3 die Kernelversion 4.9.80 (kompiliert am 9. 3. 2018) und eine Firmware-Version, die ein paar Tage später freigegeben wurde:

```
uname -a
  Linux pi3p 4.9.80-v7+ #1098 SMP
  Fri Mar 9 19:11:42 GMT 2018 armv7l GNU/Linux
vcgencmd version
  Mar 13 2018 18:45:03, Copyright (c) 2012 Broadcom
  version 6e08...ee0b (clean) (release)
```

Nach der langen Einleitung erwarten Sie nun vielleicht eine komplizierte Beschreibung des Update-Prozesses. Weit gefehlt! Auch wenn die technischen Hintergründe komplex sind, lässt sich das Update denkbar einfach durchführen: Dazu installieren Sie zuerst das Paket rpi-update und führen dann das gleichnamige Kommando aus, dessen Ausgaben hier in etwas gekürzter Form wiedergegeben sind:

4

```
sudo rpi-update
   Raspberry Pi firmware updater by Hexxeh, enhanced by AndrewS
   and Dom. Performing self-update ...

   Relaunching after update ...
   Backing up files (this will take a few minutes)
   This update bumps to rpi-4.14.y linux tree
   Be aware there could be compatibility issues with some drivers
   Discussion here:
   https://www.raspberrypi.org/forums/viewtopic.php?f=29&t=197689

   Downloading specific firmware revision ...
   Updating firmware and kernel modules
   depmod 4.14.39+, depmod 4.14.39-v7+
   Updating VideoCore libraries, HardFP libraries, SDK
   Running ldconfig

   Storing current firmware revision
   Deleting downloaded files, syncing changes to disk
   If no errors appeared, your firmware was successfully updated
   to 252a11c1c90275ead84ffe2e0f0e6d2c573a3bd7
   A reboot is needed to activate the new firmware
```

rpi-update lädt nun die gerade aktuelle Firmware- und Kernelversion herunter und installiert die Dateien in die Verzeichnisse /boot und /lib/modules/n.n. Vorher wird der ursprüngliche Inhalt von /boot nach /boot.bak kopiert, sodass Sie ein Backup der bisherigen Kernel- und Firmware-Version haben.

Wenn Sie das Update rückgängig machen möchten, kopieren Sie alle Dateien von /boot.bak nach /boot – einmal vorausgesetzt, es gibt nach dem Update keine Boot-Probleme. Bei unseren Tests hat aber immer alles klaglos funktioniert.

Vielleicht fragen Sie sich, warum Sie Firmware und Kernel nicht getrennt voneinander aktualisieren können. Die beiden Programme sind aufeinander abgestimmt. Deswegen aktualisiert rpi-update grundsätzlich immer beide Komponenten.

Das Update wird erst mit einem Neustart des Raspberry Pi wirksam. Anschließend können Sie sich mit uname -a und vcgencmd version vergewissern, ob alles funktioniert hat:

```
uname -a
  Linux pi3p 4.14.39-v7+ #1112 SMP
  Sat May 5 12:01:33 BST 2018 armv7l GNU/Linux
vcgencmd version
  May  8 2018 17:30:17
  ...
```

Mittlerweile (also im Juni 2018) ist Kernel 4.14 bereits zum Standardkernel für Raspbian geworden und daher mit mit apt full-upgrade verfügbar.

Sollten Sie je in die Verlegenheit kommen, ein Kernel-Update rückgängig machen zu wollen, besteht der einfachste Weg darin, dass Sie auf der folgenden Webseite nach einer älteren Kernel-Version suchen:

https://github.com/Hexxeh/rpi-firmware/commits/master

Klicken Sie die gewünschte Version an. Sie gelangen so auf eine Detailseite, die eine lange hexadezimale Zahl enthält, den sogenannten Commit-Code. Diesen Code übergeben Sie an rpi-update:

```
sudo rpi-update 52241088c1da59a359110d39c1875cda56496764
```

4.3   SSH

So faszinierend der Raspberry Pi auch ist, als vollwertiger Ersatz für Ihr Notebook oder Ihren Desktop-PC taugt das Gerät nicht. Wenn Sie aber ohnedies primär auf Ihrem *richtigen* Rechner arbeiten – wozu dann ständig zwischen zwei Bildschirmen, zwei Tastaturen, zwei Mäusen hin- und herwechseln? Den Raspberry Pi können Sie problemlos auch von Ihrem normalen Rechner aus steuern!

Dieser Abschnitt zeigt Ihnen den ersten und einfacheren Weg zur Fernsteuerung – Secure Shell, kurz SSH. Solange Sie nur Terminalarbeiten erledigen müssen, reicht SSH vollkommen aus. Das Verfahren ist sicher und unkompliziert zu nutzen. Wollen Sie darüber hinaus den gesamten Raspberry-Pi-Desktop auf Ihrem Arbeitsrechner sehen, müssen Sie die Verfahren RDP oder VNC einsetzen, die wir in den folgenden beiden Abschnitten beschreiben.

Voraussetzungen auf dem Raspberry Pi

Eine Grundvoraussetzung für jeden SSH-Einsatz besteht darin, dass sich sowohl Ihr Raspberry Pi als auch Ihr Arbeitsrechner im selben lokalen Netzwerk befinden. Ob die Netzwerkverbindung über ein Kabel oder via WLAN erfolgt, spielt keine Rolle.

Damit der SSH-Fernzugriff funktioniert, muss auf dem Raspberry Pi ein SSH-Server laufen. In der Vergangenheit war das standardmäßig der Fall. Das hat sich aber als

Sicherheitsrisiko herausgestellt, insbesondere deswegen, weil viele Anwender zu faul sind, ein sicheres Passwort für den Benutzer pi einzustellen. Insofern ist ein Raspberry Pi, der im lokalen Netzwerk oder gar im Internet zugänglich ist, eine leichte Beute für Hacker.

Bei aktuellen Raspberry-Pi-Versionen müssen Sie den SSH-Server explizit aktivieren. Im Desktop-Betrieb starten Sie dazu EINSTELLUNGEN • RASPBERRY-PI-KONFIGURATION, wechseln in das Dialogblatt SCHNITTSTELLEN und aktivieren dort die Option SSH. Alternativ können Sie in einem Terminal die folgenden beiden Kommandos ausführen. Das erste bewirkt den sofortigen Start des SSH-Servers. Das zweite stellt sicher, dass der SSH-Server auch in Zukunft bei jedem Neustart des Raspberry Pi automatisch ausgeführt wird:

```
sudo systemctl start ssh
sudo systemctl enable ssh
```

Um sich zu vergewissern, dass der SSH-Server wirklich läuft, führen Sie das folgende Kommando aus:

```
systemctl status ssh
  Active: active (running) since ... 37min ago
```

Schließlich sollten Sie noch wissen, welchen Hostnamen und welche IP-Adresse Ihr Raspberry Pi verwendet. Das finden Sie mit diesen Kommandos heraus:

```
hostname
  pi3p
ip addr | grep 'inet '
  inet 127.0.0.1/8 scope host lo
  inet 10.0.0.7/24 brd 10.0.0.255 sccpe global wlan0
```

Der Hostname lautet also pi3p (wir haben den Hostnamen so eingestellt, weil es sich um das Modell 3B+ handelt), und die IP-Adresse ist 10.0.0.7. Die andere Adresse (127.0.0.1) ist nicht relevant. Sie gilt nur für die Loopback-Schnittstelle, also für Netzwerkverkehr *innerhalb* des Raspberry Pi.

Stellen Sie ein sicheres Passwort ein!

Auf jedem Rechner, auf dem ein SSH-Server läuft, müssen Sie unbedingt auf gute, sichere Passwörter achten! Sollten Sie das Default-Passwort des Benutzers pi bisher nicht verändert haben, dann ist spätestens jetzt der richtige Zeitpunkt gekommen. Dazu führen Sie im Terminal das Kommando passwd aus. Sie müssen nun zuerst noch einmal das alte Passwort eingeben, dann zweimal hintereinander das neue.

Voraussetzungen auf Ihrem Arbeitsrechner

Wenn Ihr Arbeitsrechner unter Linux oder macOS läuft, ist das Kommando ssh bereits installiert und kann in einem Terminal ausgeführt werden.

Kaum bekannt ist, dass das Kommando ssh mittlerweise auch für Windows 10 ganz offiziell zur Verfügung steht! Es muss allerdings zuerst installiert werden. Dazu öffnen Sie in den Einstellungen das Dialogblatt Apps & Features, klicken auf den unscheinbaren Link Optionale Features verwalten und dann auf Feature hinzufügen. Anschließend wählen Sie den Eintrag OpenSSH-Client aus und installieren das Programm (siehe Abbildung 4.1). Der OpenSSH-Client ist keine grafische Benutzeroberfläche; Sie finden das Programm daher nach der Installation nicht im Startmenü. Zum Start öffnen Sie vielmehr ein Eingabeaufforderungsfenster (cmd.exe) oder die PowerShell und führen dort das Kommando ssh aus.

Abbildung 4.1 Installation des SSH-Clients unter Windows

Auf älteren Windows-Versionen installieren Sie das kostenlose Programm PuTTY:

http://www.chiark.greenend.org.uk/~sgtatham/putty/download.html

PuTTY wird nicht in cmd.exe bzw. in der PowerShell gestartet, sondern verfügt über eine einfache grafische Benutzeroberfläche, die beim Verbindungsaufbau hilft.

SSH anwenden

Sind alle Voraussetzungen einmal erfüllt, ist die Nutzung von SSH denkbar einfach. Unter Linux oder macOS öffnen Sie ein Terminalfenster und führen dann das Kommando ssh username@hostname aus (siehe Abbildung 4.2), wobei Sie als Benutzername standardmäßig pi verwenden (es sei denn, Sie haben auf dem Raspberry Pi weitere Benutzer eingerichtet) und als Hostname raspberrypi oder den von Ihnen eingestellten Hostnamen (in den folgenden Beispielen lautet er pi3p):

```
ssh pi@pi3p
```

Je nachdem, wie der Router Ihres lokalen Netzwerks konfiguriert ist, kann es sein, dass ssh nicht in der Lage ist, die IP-Adresse des Raspberry Pi zu ermitteln. Dann müssen Sie anstelle des Hostnamens die IP-Adresse direkt angeben:

```
ssh pi@10.0.0.7
```

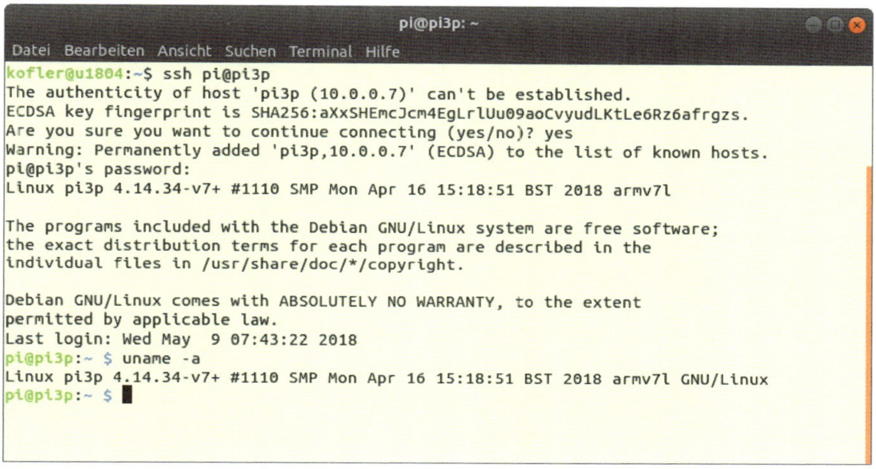

Abbildung 4.2 SSH-Zugriff auf den Raspberry Pi von einem Ubuntu-Rechner aus

Beim ersten Verbindungsaufbau zeigt ssh eine Rückfrage an. Sobald Sie diese bestätigen, werden die IP-Adresse, der Hostname und ein Schlüssel in der lokalen Datei .ssh/known_host gespeichert. Beim nächsten Mal erkennt ssh den Raspberry Pi und verzichtet auf die Rückfrage.

```
ssh pi@pi3
  The authenticity of host 'pi3p (10.0.0.7)' can't be
  established.
  ECDSA key fingerprint is SHA256:aXxSHEmcJcm4EgLrlUu09a
                            oCvyudLKtLe6Rz6afrgzs.
  Are you sure you want to continue connecting (yes/no)? yes
  Permanently added 'pi3,10.0.0.9' to the list of known hosts.
  pi@pi3's password: ***********
  ...
```

Außerdem müssen Sie natürlich auch das Passwort für den Benutzer pi angeben. Sobald der Login erledigt ist, können Sie in dem Terminalfenster Kommandos ausführen, ganz so, als würden Sie direkt auf dem Raspberry Pi arbeiten! Den Administratorkommandos müssen Sie wie üblich sudo voranstellen.

Wenn Sie unter Windows 10 den OpenSSH-Client installiert haben, öffnen Sie ein Eingabeaufforderungsfenster und führen darin, exakt wie unter Linux, das Kommando ssh aus (siehe Abbildung 4.3).

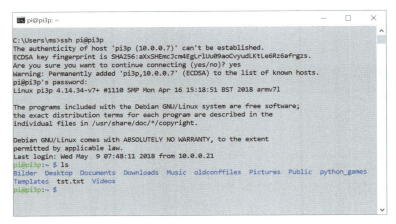

Abbildung 4.3 SSH-Zugriff auf den Raspberry Pi von einem Windows-Rechner aus

Auf älteren Windows-Versionen müssen Sie stattdessen putty.exe ausführen. Das Programm zeigt zuerst einen Konfigurationsdialog an (siehe Abbildung 4.4).

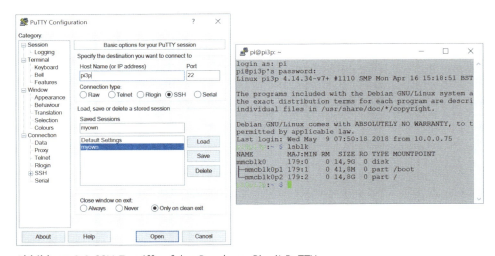

Abbildung 4.4 SSH-Zugriff auf den Raspberry Pi mit PuTTY

An sich reicht es aus, dort lediglich den Hostnamen oder die IP-Adresse anzugeben und dann mit OPEN die Verbindung herzustellen. Allerdings empfiehlt es sich, beim ersten Mal gleich einige Einstellungen zu verändern und diese als Profil (als SESSION) zu speichern. Insbesondere sollten Sie im Dialogblatt TRANSLATION im Listenfeld REMOTE CHARACTER SET den Zeichensatz UTF-8 auswählen, damit deutsche Sonderzeichen richtig angezeigt werden. Gegebenenfalls können Sie auch im Dialogblatt COLOURS andere Farben einstellen. Standardmäßig verwendet PuTTY einen nicht sehr augenfreundlichen schwarzen Hintergrund sowie eine dunkelgraue Textfarbe.

Beim ersten Verbindungaufbau zeigt auch PuTTY in einem eigenen Dialog die Warnung, dass der Hostname und die IP-Adresse noch unbekannt sind. Diese Warnung müssen Sie bestätigen; beim nächsten Mal wird sie nicht mehr angezeigt.

Grafikprogramme ausführen

Unter Linux oder macOS können Sie auch Programme mit grafischer Benutzeroberfläche via SSH ausführen: Dazu starten Sie ssh mit der Option -X. Unter macOS müssen Sie vorher XQuartz installieren (*https://xquartz.macosforge.org*).

Wenn Sie nun ein Raspbian-Programm mit grafischer Benutzeroberfläche ausführen, erscheint dessen Fenster nicht auf dem Raspbian-Desktop, sondern auf dem Desktop Ihres Arbeitsrechners! Die folgenden Zeilen zeigen den Start des Dateimanagers pcmanfm (siehe Abbildung 4.5). Lassen Sie sich nicht davon irritieren, dass der Filemanager unter Ubuntu ein wenig anders aussieht als unter dem PIXEL-Desktop des Raspberry Pi. Der Filemanager übernimmt einige optische Gestaltungselemente des jeweiligen Desktops, hier also von Ubuntu.

```
ssh -X pi@pi3p
  pi@pi3p 's password: ********
pcmanfm &
```

Abbildung 4.5 Der Dateimanager läuft auf dem Raspberry Pi, wird aber unter Ubuntu angezeigt und gesteuert.

SSH-Login mit Schlüsseln statt Passwörtern

Anstatt sich immer mit Ihrem Passwort anzumelden, können Sie die Authentifizierung auch mit Schlüsseln durchführen. Unkompliziert ist das allerdings nur zu bewerkstelligen, wenn Ihr Arbeitsrechner unter Linux oder macOS läuft. In diesem Fall öffnen Sie auf Ihrem Arbeitsrechner ein Terminalfenster und führen dort ssh-keygen aus:

```
ssh-keygen
```

Das Programm fragt zuerst, wo es den Schlüssel speichern soll – bestätigen Sie den Vorschlag .ssh/id_rsa einfach durch ⏎. Anschließend können Sie eine *Passphrase* angeben, die den Zugriff auf den Schlüssel absichert. Im Allgemeinen ist es zu empfehlen, hier ein sicheres Passwort anzugeben. Die *Passphrase* stellt sicher, dass niemand Ihren Schlüssel verwenden kann, selbst dann nicht, wenn Ihr Rechner in falsche Hände gerät. Sie können die Rückfrage aber auch einfach durch ⏎ beantworten und so auf diese Absicherung verzichten.

Immer noch auf Ihrem Arbeitsrechner führen Sie nun ssh-copy-id aus. Damit kopieren Sie den öffentlichen Teil des Schlüssels auf den Raspberry Pi. Dabei müssen Sie sich nochmals mit Ihrem Passwort anmelden.

```
ssh-copy-id pi@pi3p
  pi@pi3p's password: ********
```

Wenn Sie sich jetzt das nächste Mal via ssh bei Raspbian anmelden, entfällt die Passwortabfrage. Das Programm ssh auf Ihrem Arbeitsrechner und der SSH-Server auf dem Raspberry Pi verwenden nun die auf beiden Rechnern installierten Schlüsseldateien zur Authentifizierung.

```
ssh pi3p@raspberrypi
```

Unter Windows steht ssh-copy-id leider nicht zur Verfügung. Fortgeschrittenen Raspberry-Pi-Fans gelingt die Übertragung des Schlüssels aber auch manuell. Die folgende Anleitung setzt voraus, dass Sie den OpenSSH-Client installiert haben, also nicht mit PuTTY arbeiten. Zuerst führen Sie in einem Eingabeaufforderungsfenster unter Windows die folgenden Kommandos aus (jeweils ohne den Prompt windows>, der hier nur klarstellen soll, wo die Kommandos auszuführen sind):

```
windows> cd
windows> cd .ssh
windows> ssh-keygen
windows> scp id_ed<nnn>.pub pi@pi3p:
windows> ssh pi@pi3p
```

Dabei müssen Sie nnn durch eine zufällig auf Ihrem Rechner generierte Nummer ersetzen. (Vervollständigen Sie den Dateinamen id_ed einfach mit ⇥!) Außerdem ersetzen Sie pi3p durch den Hostnamen Ihres Raspberry Pi. Nachdem Sie sich mit ssh auf dem Raspberry Pi angemeldet haben, führen Sie die Kommandos cat und rm aus (abermals ohne den Prompt pi3p$):

```
pi3p$ cat id_ed<nnnn>.pub >> .ssh/authorized_keys
pi3p$ rm id_ed<nnnn>.pub
```

Das erste Kommando fügt den zuvor übertragenen Schlüssel an das Ende der Datei authorized_keys an. Das zweite Kommando löscht die Schlüsseldatei, die im Heimatverzeichnis nicht mehr benötigt wird.

Wenn alles geklappt hat, können Sie von nun an von Ihrem Windows-Rechner aus eine SSH-Verbindung herstellen, ohne das Passwort Ihres Raspberry-Pi-Accounts anzugeben.

SSH-Login nach einer Raspberry-Pi-Neuinstallation

Während der Arbeit an diesem Buch haben wir unzählige Installationen von Raspbian und anderen Distributionen auf einem ganzen Arsenal von SD-Karten durchgeführt. Je nachdem, welches Kapitel gerade in Arbeit war, haben wir einfach den Raspberry Pi heruntergefahren, die SD-Karte gewechselt und den Minirechner dann neu gestartet. Ähnlich werden auch Sie vorgehen, wenn Sie z. B. eine Multimedia-Distribution wie OpenELEC ausprobieren möchten.

Grundsätzlich ist diese Vorgehensweise ganz unkompliziert – nur mit SSH gibt es Probleme. Der SSH-Client hat sich nämlich beim ersten Verbindungsaufbau nicht nur die IP-Adresse und den Hostnamen gemerkt, sondern auch einen Identifikationscode (Schlüssel) des SSH-Servers. Wenn Sie nun eine SSH-Verbindung zum Raspberry Pi mit einer anderen SD-Karte und einer anderen Linux-Distribution herstellen, läuft dort ein SSH-Server mit einem anderen ID-Code. ssh zeigt die folgende, durchaus drastische Warnung an:

```
ssh pi@pi3p
  @@@@@@@@@@@@@@@@@@@@@@@@@@@@@@@@@@@@@@@@@@@@@@@@@@@@@@@@@@@
  @  WARNING: REMOTE HOST IDENTIFICATION HAS CHANGED!   @
  @@@@@@@@@@@@@@@@@@@@@@@@@@@@@@@@@@@@@@@@@@@@@@@@@@@@@@@@@@@
  IT IS POSSIBLE THAT SOMEONE IS DOING SOMETHING NASTY!
  Someone could be eavesdropping on you right now
  (man-in-the-middle attack)!
```

Der SSH-Client befürchtet also, dass sich ein anderer Rechner zwischen Ihren PC und den Raspberry Pi geschummelt hat und nur vorgibt, der Host pi3p zu sein. In der Praxis hat es derartige Angriffe schon gegeben, wenngleich sie selten sind. In unserem Fall besteht aber keine Gefahr. Aber wie gelingt Ihnen nun der neuerliche Login? Das hängt davon ab, wie der SSH-Client konfiguriert ist:

▶ Bei älteren SSH-Installationen erhalten Sie einen Hinweis darauf, dass Sie aus der Datei .ssh/known_hosts eine bestimmte Zeile entfernen sollen. Sie müssen diese Datei also in einen Texteditor laden und die Zeile entfernen, die den Host raspberrypi bzw. pi3p bzw. die entsprechende IP-Adresse beschreibt.

▶ Bei moderneren SSH-Installationen weist das SSH-Kommando darauf hin, welches Kommando Sie ausführen sollen, um die betreffende Zeile zu löschen. Sie müssen also nur das Kommando kopieren und ausführen. Es kann z. B. so aussehen:

```
ssh-keygen -f "/home/kofler/.ssh/known_hosts" -R pi3p
```

▶ PuTTY zeigt einen Dialog mit drei Optionen an (siehe Abbildung 4.6). Mit JA akzeptieren Sie den Verbindungsaufbau und ersetzen gleichzeitig die gespeicherten Daten. Mit NEIN stellen Sie ebenfalls die Verbindung her, behalten die gespeicherten Verbindungsdaten aber bei. ABBRECHEN bricht den Verbindungsaufbau erwartungsgemäß ab.

Anschließend können Sie wie üblich eine neue Verbindung herstellen. ssh zeigt wie bei jedem erstmaligen Verbindungsversuch die Warnung an, dass der Rechner unbekannt ist. Diese Warnung bestätigen Sie.

Abbildung 4.6 Warnung beim Verbindungsaufbau zu einer anderen Raspberry-Pi-Installation

Dateien kopieren mit scp

Das Kommando scp gibt Ihnen die Möglichkeit, unkompliziert Dateien zwischen Ihrem Arbeitsrechner und dem Raspberry Pi hin- und herzukopieren. Das Kommando steht unter Linux und macOS standardmäßig zur Verfügung, unter Windows nur, wenn Sie (wie am Beginn dieses Abschnitts beschrieben) den OpenSSH-Client installiert haben.

Die wichtigsten Syntaxvarianten von scp sehen wie folgt aus (wobei sich *lokal* auf Ihren Arbeitsrechner und *extern* auf den Raspberry Pi bezieht):

```
scp lokale-datei pi@pi3p:
scp lokale-datei pi@pi3p:verzeichnis/neuer-name
scp pi@pi3p:externe-datei .
scp pi@pi3p:externe-datei verzeichnis/neuer-name
```

Beim dritten Kommando bedeutet ., dass die externe Datei in das gerade aktuelle Verzeichnis auf Ihrem Arbeitsrechner kopiert werden soll. Bei allen Kommandos entfällt wie bei SSH die Passwortangabe, sofern Sie auf Ihrem Arbeitsrechner mit ssh-keygen einen Schlüssel erstellt und diesen dann mit ssh-copy-id auf den Raspberry Pi übertragen haben.

Unter alten Windows-Versionen, für die der OpenSSH-Client nicht zur Verfügung steht, können Sie alternativ das zu PuTTY gehörende Programm pscp.exe installieren. Anders als PuTTY verfügt pscp.exe über keine grafische Benutzeroberfläche. Sie müssen deswegen zuerst ein Eingabeaufforderungsfenster öffnen und pscp.exe dort ausführen. Dabei gilt dieselbe Syntax wie für scp. Sie finden pscp.exe auf der PuTTY-Webseite:

https://www.chiark.greenend.org.uk/~sgtatham/putty/download.html

Zugriff auf das Raspberry-Pi-Dateisystem im Dateimanager

Sofern Sie auf Ihrem Arbeitsrechner unter Linux arbeiten, gibt es noch eine geniale Anwendung von SSH: Sie können nämlich über das SSH-Protokoll auf das Dateisystem des Raspberry Pi zugreifen – und das direkt im Dateimanager Ihrer Linux-Distribution (siehe Abbildung 4.7).

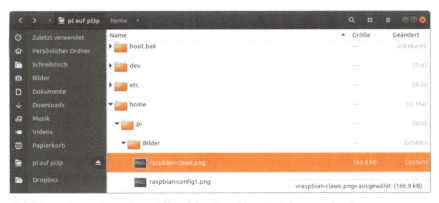

Abbildung 4.7 Netzwerkzugriff auf das Raspbian-Dateisystem in einem Ubuntu-Dateimanager

Dazu starten Sie den Dateimanager und stellen darin eine Netzwerkverbindung zum Raspberry Pi her. Unter Ubuntu führen Sie dazu im Dateimanager wahlweise MIT SERVER VERBINDEN aus oder drücken `Strg`+`L`. Anschließend geben Sie als Netzwerkadresse `sftp://pi@pi3p` an (wobei Sie `pi3p` wie üblich durch den Hostnamen Ihres Raspberry Pi ersetzen müssen).

Auch unter Windows ist ein Zugriff auf das Raspberry-Pi-Dateisystem direkt über den Dateimanager möglich, sofern Sie vorher das kostenlose (und leider nicht mehr gewartete) Programm *Swish* installieren:

https://sourceforge.net/projects/swish

Nach der Installation navigieren Sie im Windows Explorer in das Verzeichnis DIESER PC • SWISH und richten dort eine neue Verbindung ein (siehe Abbildung 4.8). Im Verzeichnis DIESER PC • SWISH erscheint nun ein neues Icon. Mit einem Doppelklick können Sie jetzt die Verbindung zum Raspberry Pi herstellen, wobei Sie beim ersten Mal den SSH-Schlüssel akzeptieren und jedes Mal das Passwort für den Benutzer `pi` angeben müssen.

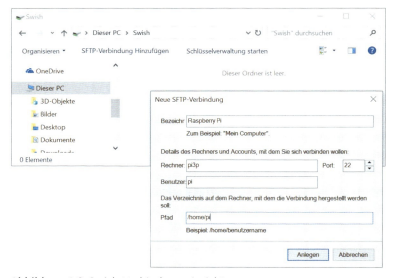

Abbildung 4.8 Swish-Verbindung einrichten

Eine Alternative zu Swish ist das Programm *WinSCP*: Dabei handelt es sich um einen einfach zu bedienenden Dateimanager mit SFTP-Unterstützung (siehe Abbildung 4.9):

https://winscp.net/eng/download.php

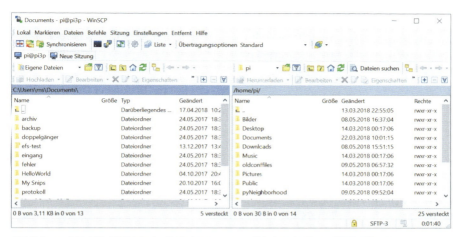

Abbildung 4.9 WinSCP ist ein Dateimanager mit integriertem SFTP-Client.

Der Finder von macOS bietet leider keine vergleichbaren Erweiterungsmöglichkeiten. Sie können aber stattdessen einen SFTP-Client verwenden, z. B. das Programm *File-Zilla* oder *CyberDuck*.

Die Kommandos ssh und scp auf dem Raspberry Pi nutzen

Bis jetzt sind wir immer davon ausgegangen, dass Sie vor Ihrem Arbeitsrechner sitzen und den Raspberry Pi steuern möchten – egal, ob sich dieser auch auf Ihrem Schreibtisch, im Keller oder im Wohnzimmer befindet. Selbstverständlich funktionieren die Kommandos ssh und scp auch in die umgekehrte Richtung. Sie können also auf Ihrem Raspberry Pi arbeiten und von dort eine SSH-Verbindung zu jedem beliebigen anderen Rechner herstellen, der im Netzwerk oder im Internet erreichbar ist.

Auch die Kommandos ssh-keygen und ssh-copy-id stehen zur Verfügung. Wenn Sie vorher Schlüssel ausgetauscht haben, kann scp z. B. auch in einem Script verwendet werden, um regelmäßig Bilder oder andere Daten auf einen anderen Rechner hochzuladen, der über SSH erreichbar ist.

Achten Sie aber darauf, dass das Script unter dem Account laufen muss, für den Sie den Schlüssel eingerichtet haben. Wird ein Script automatisch durch Cron ausgeführt (siehe Abschnitt 4.11, »Programme regelmäßig ausführen (Cron)«), läuft es oft mit root-Rechten. scp sucht dann nach der Schlüsseldatei in /root/.ssh/id_rsa, wird dort aber nichts finden, weil die Schlüsseldatei ja in /home/pi/.ssh angelegt wurde.

SSH-Server mit fail2ban absichern

Jeder SSH-Server stellt ein Sicherheitsrisiko dar. Selbst wenn Sie den Benutzer pi mit einem eigenen Passwort abgesichert haben, können Hacker durch systematisches

Probieren versuchen, Ihr Passwort zu erraten. Insbesondere wenn Ihr Minirechner auch aus dem Internet erreichbar ist, sollten Sie dem einen Riegel vorschieben. Dazu müssen Sie lediglich das Programm fail2ban installieren:

```
sudo apt install fail2ban
```

fail2ban ist automatisch so vorkonfiguriert, dass dessen SSH-Modul alle SSH-Login-Versuche überwacht. Sobald das Programm vermehrt fehlerhafte Logins bemerkt, blockiert es die betreffende IP-Adresse für zehn Minuten. Den Status von fail2ban verrät das Kommando fail2ban-client. Wenn tatsächlich Angriffe erfolgten, sieht das Ergebnis z. B. so aus:

```
sudo fail2ban-client status ssh
  Status for the jail: sshd
    filter:        File list: /var/log/auth.log
                   Currently failed:  0
                   Total failed:      267

    action:        Currently banned:  2
                   - IP list:         177.n.n.n
                                      243.n.n.n
                   Total banned:      34
```

4.4   Fernwartung über das Remote Desktop Protocol

Das Remote Desktop Protocol (RDP) ist ein von Microsoft entwickeltes Protokoll zur Darstellung eines Bildschirminhalts sowie zur Steuerung eines über das Netzwerk erreichbaren Computers. Obwohl dieses Protokoll zur Steuerung von Windows-Rechnern gedacht ist, wird es auch von Linux unterstützt. Die simple Installation von xrdp macht Ihren Raspberry Pi zu einem RDP-Server. Wichtig ist aber, dass Sie vorher den RealVNC-Server im Programm EINSTELLUNGEN • RASPBERRY-PI-KONFIGURATION im Dialogblatt SCHNITTSTELLEN deaktivieren!

```
sudo apt install xrdp
sudo reboot
```

RDP unter Windows nutzen

Wenn Sie Ihren Raspberry Pi von Windows aus fernsteuern möchten, suchen Sie im Windows-Startmenü nach *Remotedesktopverbindung*. Im Dialog zum Verbindungsaufbau müssen Sie den Hostnamen des Raspberry Pi sowie den Login-Namen pi angeben (siehe Abbildung 4.10). Optional können Sie außerdem in den weiteren Dialogblättern des Login-Fensters die gewünschte Auflösung und diverse andere Parameter festlegen.

Abbildung 4.10 Verbindungsaufbau zum Raspberry Pi via RDP

Verbinden fragt nach dem Passwort für den Benutzer pi und stellt dann die Verbindung her. Das RDP-Programm warnt, dass die Identität des Raspberry Pi nicht überprüft werden kann. Das liegt daran, dass das auf dem Raspberry Pi laufende Programm xrdp nur eine relativ alte Version des RDP-Protokolls unterstützt. Mit Ja stellen Sie die Verbindung dennoch her. In einem neuen Fenster erscheint nun nach einigen Sekunden der vom Raspberry Pi her vertraute Desktop (siehe Abbildung 4.11).

> **Die RDP-Verbindung hat ihren eigenen Desktop!**
>
> Möglicherweise irritiert es Sie, dass der Bildschirminhalt im RDP-Fenster nicht mit dem Monitorbild des Raspberry Pi übereinstimmt. Das liegt daran, dass für die RDP-Verbindung ein *eigener* Desktop gestartet wird, der vom *echten* Desktop des Raspberry Pi unabhängig ist! RDP agiert also nicht wie eine Fernwartungs-Software, die den vorhandenen Bildschirminhalt dupliziert.

Wenn Sie das RDP-Fenster schließen, erscheint ein Hinweis, dass die RDP-Session damit nicht beendet wird. Alle von Ihnen auf dem Raspberry Pi gestarteten Programme laufen weiter. Sie können sich später neuerlich einloggen und weiterarbeiten. Wenn Sie das nicht wünschen, müssen Sie auf dem Raspberry-Pi-Desktop Shutdown • Logout ausführen.

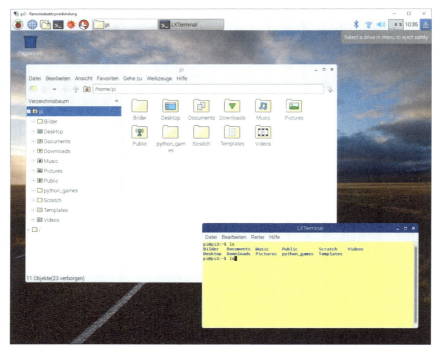

Abbildung 4.11 Den Raspberry Pi via RDP fernsteuern (hier unter Windows)

RDP unter macOS und Linux nutzen

Sie können die RDP-Verbindung zum Raspberry Pi auch von einem Rechner aus herstellen, der unter macOS oder Linux läuft. Unter macOS installieren Sie dazu im App Store das kostenlose Programm *Microsoft Remote Desktop*.

Linux stellt diverse RDP-Clients zur Auswahl, z. B. die Programme `remmina`, `rdesktop` oder `vinagre`. Gegebenenfalls müssen Sie das gleichnamige Paket zuerst installieren. Bei `rdesktop` initiieren Sie den Verbindungsaufbau aus einem Terminal heraus mit `rdesktop hostname`, wobei Sie den Hostnamen des Raspberry Pi angeben. Bei Bedarf können Sie die Auflösung für die RDP-Verbindung mit der Option `-g` festlegen, also beispielsweise mit `-g 1280x1024`.

RDP mit SSH absichern

Wir haben im Internet keine konkreten Informationen darüber gefunden, wie sicher RDP und insbesondere die Implementierung durch `xrdp` ist. Falls Ihr Raspberry Pi nicht nur im lokalen Netz, sondern auch aus dem Internet zugänglich ist, sollten Sie `xrdp` so konfigurieren, dass nur `localhost` RDP nutzen kann. Dazu fügen Sie in `/etc/xrdp/xrdp.ini` im Abschnitt `[globals]` die Zeile `address=127.0.0.1` hinzu und starten den RDP-Dienst dann mit `systemctl restart xrdp` neu.

Ein Verbindungsaufbau zum Raspberry Pi ist nun nur noch über einen SSH-Tunnel möglich. Am einfachsten gelingt dies mit dem Linux-Programm remmina. Dort richten Sie eine neue Verbindung ein und aktivieren im Dialogblatt SSH die Optionen SSH-TUNNEL AKTIVIEREN und TUNNEL ÜBER LOOPBACK-ADRESSE.

4

Programme mit root-Rechten ausführen

Wenn Sie innerhalb einer RDP-Session ein Programm mit Administratorrechten ausführen möchten, müssen Sie dieses mit gksudo starten – also beispielsweise:

```
gksudo leafpad /etc/fstab
```

4.5 Fernwartung über VNC

Wir haben Ihnen im vorigen Abschnitt RDP als die unserer Meinung nach beste Methode zur grafischen Fernwartung eines Raspberry Pi vorgestellt. Eine Alternative dazu bietet das Protokoll VNC. Bei aktuellen Raspbian-Versionen ist eine kostenlose Version des an sich kommerziellen RealVNC-Servers vorinstalliert. Um diesen VNC-Server zu aktivieren, öffnen Sie EINSTELLUNGEN • RASPBERRY PI KONFIGURATION • SCHNITTSTELLEN und aktivieren die Option VNC – fertig!

Sollten Sie, wie im vorigen Abschnitt beschrieben, xrdp installiert haben, müssen Sie diesen Schritt rückgängig machen.

```
sudo apt remove xrdp vnc4server
sudo reboot
```

Nach der Aktivierung des VNC-Servers erscheint im Panel des Desktops ein neues Icon. Es führt in einen Dialog, der Informationen über den VNC-Server zusammenfasst (siehe Abbildung 4.12).

Um nun eine Verbindung zum VNC-Server herzustellen, installieren Sie auf Ihrem Windows-, macOS- oder Linux-Rechner den kostenlosen RealVNC-Viewer. Das Programm können Sie hier herunterladen:

https://www.realvnc.com/download/viewer

Vom RealVNC-Viewer können Sie nun eine Verbindung zum VNC-Server herstellen. Anders als bei dem im vorigen Abschnitt beschriebenen RDP-Verfahren sehen Sie im VNC-Viewer denselben Bildschirminhalt wie auf dem Computer, der mit Ihrem Raspberry Pi verbunden ist.

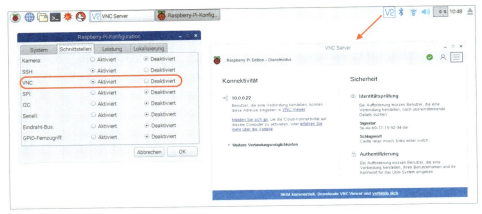

Abbildung 4.12 Der RealVNC-Server

VNC versus RDP

Warum halten wir RDP für die bessere Lösung als VNC? Die soeben vorgestellte Lösung mit dem RealVNC-Server hat den Nachteil, dass Sie auch client-seitig auf die Produkte der Firma Real angewiesen sind. Andere VNC-Clients, wie es sie gerade unter Linux zuhauf gibt, sind nicht mit den Erweiterungen kompatibel, die RealVNC am VNC-Protokoll vorgenommen hat. Beachten Sie auch, dass Sie RealVNC ohne entsprechende Lizenz ausschließlich für nicht-kommerzielle Zwecke nutzen dürfen!

Nun bestünde noch die Möglichkeit, anstelle des RealVNC-Servers auf dem Raspberry Pi eben einen anderen VNC-Server zu installieren. Das haben wir in älteren Auflagen dieses Buchs auch beschrieben. Die Vorgehensweise hat sich aber als sehr fehleranfällig erwiesen, weswegen wir mittlerweile davon abraten. Wenn Sie dennoch einen Open-Source-VNC-Server einsetzen möchten, verweisen wir Sie auf die beiden folgenden Blog-Beiträge auf unserer Begleitwebsite:

https://pi-buch.info/vnc-server-fuer-den-raspberry-pi-einrichten
https://pi-buch.info/vnc-server-mit-systemd-starten

Wenn Sie sich im Detail dafür interessieren, wodurch sich VNC und RDP unterscheiden, empfehlen wir Ihnen einen Blick auf die beiden folgenden Seiten:

https://blog.codinghorror.com/vnc-vs-remote-desktop
https://superuser.com/questions/32495

4.6　Netzwerkverzeichnisse nutzen

Die direkte Speicherung großer Datenmengen auf SD-Karten ist problematisch: Zum einen ist deren Größe limitiert (Mitte 2018 betrug die maximal erhältliche Kapazität zwar schon 512 GByte, die Preise für so große Karten sind aber noch astronomisch), zum anderen ist die Datensicherheit nicht optimal. Eine externe Festplatte ist preisgünstiger und robuster, vergrößert aber sowohl den Kabelsalat als auch den Stromverbrauch.

Sofern in Ihrem lokalen Netzwerk ein Computer oder ein NAS-Gerät ständig läuft, gibt es noch eine bessere Alternative: Sie greifen auf ein Netzwerkverzeichnis dieses Geräts zu. Es existieren verschiedene Protokolle für derartige Netzwerkverzeichnisse. In diesem Abschnitt behandeln wir nur das wichtigste Protokoll: *Server Message Block*, kurz SMB. Dieses Protokoll wird standardmäßig von Windows-Rechnern sowie von allen gängigen NAS-Geräten zur Freigabe von Verzeichnissen eingesetzt. macOS unterstützt dieses Protokoll in den Freigabeeinstellungen ebenfalls.

Unter Linux steht das Programm Samba zur Verfügung, um Netzwerkverzeichnisse Windows-kompatibel anzubieten. Das kann bei Bedarf auch Ihr Raspberry Pi leisten, wie wir Ihnen im nächsten Abschnitt zeigen werden. Vorerst geht es aber nicht um das Anbieten, sondern um die Nutzung bereits vorhandener Netzwerkverzeichnisse.

Grundlagen

Im Folgenden setzen wir voraus, dass das Paket `samba-common` installiert ist. Um ein Netzwerkverzeichnis in das lokale Dateisystem des Raspberry Pi einzubinden, ist ein `mount`-Kommando mit vielen Optionen erforderlich. Die Grundsyntax sieht so aus:

```
sudo mount -t cifs -o optionen //server/verz /mnt/nas
```

`-t cifs` gibt an, dass das auf SMB aufbauende *Common Internet File System* (CIFS) verwendet werden soll. `//server` müssen Sie durch den Netzwerknamen des NAS-Geräts, Windows-Rechners oder Samba-Servers ersetzen, `/verz` durch das freigegebene Netzwerkverzeichnis. Anstelle des Netzwerknamens können Sie wie üblich auch die IP-Adresse des Rechners oder NAS-Geräts angeben.

Bleiben also noch die `mount`-Optionen (siehe Tabelle 4.1), die alle in einer langen Zeichenkette ohne Leerzeichen zusammengefasst und mit `-o` übergeben werden. Im einfachsten Fall geht es sogar ganz ohne Optionen – nämlich dann, wenn eine Freigabe ohne Login eingerichtet wurde. Empfehlenswert ist das sicherlich nicht! Wenn ein Login erforderlich ist, müssen Sie zumindest mit `-o username=name` den Login-Namen angeben. `mount` fragt anschließend nach dem dazugehörenden Passwort.

Viele Optionen bedürfen einer näheren Erklärung: Die Optionen `uid=n` und `gid=n` steuern, welchem Benutzer und welcher Gruppe die Dateien auf dem Raspberry Pi zugeordnet werden sollen. Üblicherweise werden Sie beide Optionen auf 1000 stellen – das sind nämlich die internen User-IDs und Group-IDs für den Benutzer `pi` und dessen gleichnamige Gruppe. Diese Nummern können Sie übrigens mit dem Kommando `id` jederzeit feststellen:

```
id
  uid=1000(pi) gid=1000(pi)
  Gruppen=1000(pi),4(adm),20(dialout),24(cdrom),27(sudo),
          29(audio),44(video),46(plugdev),60(games),100(users),
          105(netdev),999(input),1001(indiecity)
```

Ergänzend dazu geben dir_mode und file_mode an, mit welchen Zugriffsrechten die Netzwerkverzeichnisse und Dateien auf dem Raspberry Pi sichtbar sein sollen. Die Zugriffsrechte werden in einer Oktalschreibweise angegeben, die wir in Abschnitt 5.2, »Zugriffsrechte«, näher erläutern. Zweckmäßige Einstellungen sind zumeist 0700 und 0600. Damit kann der mit uid genannte Benutzer alle Verzeichnisse bearbeiten und alle Dateien lesen und verändern. Andere Benutzer des Raspberry Pi haben hingegen keinen Zugriff.

Option	Bedeutung
credentials=datei	Liest den Login-Namen und das Passwort aus einer Datei.
dir_mode=n	Setzt die Zugriffsbits für Verzeichnisse.
domain=name	Bestimmt die Arbeitsgruppe oder Domäne.
file_mode=n	Setzt die Zugriffsbits für Dateien.
gid=n	Gibt an, welche Gruppe Zugriff auf die Dateien erhält.
iocharset=utf8	Verwendet den UTF8-Zeichensatz für Dateinamen.
nounix	Deaktiviert die Unix-Extensions des CIFS-Protokolls.
password=xxx	Gibt das Login-Passwort direkt an (unsicher!).
uid=n	Gibt an, wer Zugriff auf die Dateien erhält.
username=name	Gibt den Login-Namen an.
sec=ntlm	Verwendet ein älteres Authentifizierungsverfahren.
vers=n	Erzwingt die angegebene SMB-Protokollversion.

Tabelle 4.1 CIFS-»mount«-Optionen

Ein wenig absurd mutet die Option nounix an: Der CIFS-Standard wurde nämlich um die sogenannten *Unix Extensions* erweitert, um eine bessere Kompatibilität mit Unix/Linux-Systemen zu erzielen. Bei manchen NAS-Geräten sind diese Extensions aktiv. In diesem Fall übernimmt mount die Benutzer- und Gruppeninformationen sowie die Zugriffsrechte vom NAS-Gerät und ignoriert die Optionen uid, gid, dir_mode und file_mode. Das ist aber nur zweckmäßig, wenn diese Daten zwischen dem NAS-Gerät und den Clients abgestimmt sind – und das ist selten der Fall. Somit ist die Option nounix erforderlich, damit uid, gid, dir_mode und file_mode wirksam bleiben.

Mitunter können Sie mit nounix auch Inkompatibilitäten aus dem Weg gehen, die sich in der vagen Fehlermeldung *operation not supported* äußern.

iocharset vermeidet Probleme mit Nicht-ASCII-Zeichen in Datei- und Verzeichnisnamen.

Die Option sec=ntlm ist für das Zusammenspiel mit alten NAS-Geräten oder Samba-Servern notwendig. Standardmäßig verwendet mount bei der Authentifizierung das Verfahren ntlmssp. Ältere Server unterstützen dieses Verfahren nicht – dann müssen Sie auf das weniger sichere Verfahren ntlm zurückgreifen.

Eine ähnliche Funktion erfüllt vers=n: Wenn Sie eine Verbindung zu alten NAS-Geräten herstellen möchten, scheitert dies unter Umständen daran, dass mount das SMB-Protokoll nur in einer aktuellen Version nutzt. Wenn Sie explizit eine ältere Version verwenden möchten, geben Sie diese mit vers an. Unzählige weitere Optionen und Details verrät das Kommando man mount.cifs.

Beispiele

Im Folgenden gehen wir davon aus, dass ein NAS-Gerät Netzwerkverzeichnisse anbietet. Um das Netzwerkverzeichnis zu nutzen, richten Sie zuerst ein Verzeichnis ein. Es wird oft Mount-Verzeichnis genannt, weil die Netzwerkfreigabe durch das Kommando mount mit diesem Verzeichnis verbunden wird. Mount-Verzeichnisse werden in der Regel als Unterverzeichnisse zu /media oder /mnt eingerichtet. Wir verwenden im Folgenden das Verzeichnis /mnt/nas:

```
sudo mkdir /mnt/nas
```

Kommen wir nun zum mount-Kommando. Ein erster Versuch könnte wie folgt aussehen, wobei Sie natürlich anstelle von kofler, diskstation und data Ihren Login-Namen, den Hostnamen Ihres NAS-Geräts oder Samba-Servers und ein dort freigegebenes Verzeichnis angeben müssen:

```
sudo mount -t cifs -o username=kofler //diskstation/data /mnt/nas
   Password:  ********
ls -l /mnt/nas/
   drwxr-xr-x 14 1026 users 0 Dez  8  2017 archiv-cds
   drwxr-xr-x 16 1026 users 0 Mai  2 12:30 audio
   drwxr-xr-x  4 1026 users 0 Mai  9  2017 bak
```

ls -l zeigt in diesem Fall, dass zwar alles geklappt hat, dass aber nur root Dateien verändern darf. Abhilfe: Führen Sie zuerst umount /mnt/nas aus, und versuchen Sie es erneut, diesmal mit mehr Optionen. Das mount-Kommando ist hier aus Platzgründen über drei Zeilen verteilt. Tatsächlich müssen Sie das Kommando in einer Zeile ohne \-Trennung und auch ohne Leerzeichen zwischen den Optionen ausführen! Ein neuerliches ls -l beweist, dass die Zugriffsrechte jetzt so sind, wie sie sein sollen:

```
sudo umount /mnt/nas

sudo mount -t cifs -o username=kofler,uid=1000,gid=1000,\
    dir_mode=0700,file_mode=0600 //diskstation/data /mnt/nas
  Password: ********

ls -l /mnt/nas/
  drwx------ 2 pi pi 0 Dez  8  2017 archiv-cds
  drwx------ 2 pi pi 0 Mai  2 12:30 audio
  drwx------ 2 pi pi 0 Mai  9  2017 bak
```

Das Kommando df -h liefert nun für den Raspberry Pi ganz ungewöhnlich hohe Werte:

```
df -h
  ...
  rootfs                   7,2G  5,2G  1,8G  75% /
  //diskstation/data/      682G  428G  254G  63% /mnt/nas
```

Das über /mnt/nas zugängliche Dateisystem wird also wie ein lokales Dateisystem behandelt.

Nächster Versuchskandidat ist ein Netzwerkverzeichnis, das ein Apple-Rechner mit dem Hostnamen mymac unter macOS zur Verfügung stellt. Abermals sind die Optionen uid, gid, dir_mode und file_mode erforderlich, um die Zugriffsrechte richtig einzustellen.

```
sudo mkdir /mnt/mac
sudo mount -t cifs -o username=kofler,uid=1000,gid=1000,\
    dir_mode=0700,file_mode=0600 //mymac/data /mnt/mac
ls -l /mnt/imac
  drwx------ 2 pi pi           0 Jun 17 11:59 Desktop
  drwx------ 2 pi pi           0 Mai 16 08:14 Documents
  drwx------ 2 pi pi           0 Jun 14 14:55 Pictures
```

Letztes Versuchskaninchen ist ein unter Windows freigegebenes Verzeichnis:

```
sudo mkdir /mnt/win
sudo mount -t cifs -o username=kofler,uid=1000,gid=1000,\
    dir_mode=0700,file_mode=0600 //winpc/users/kofler/pictures \
    /mnt/win
  Password: ********
```

Um all diese Verzeichnisse wieder zu lösen, führen Sie umount aus:

```
sudo umount /mnt/*
```

Verzeichnisse dauerhaft einbinden (/etc/fstab)

Vermutlich haben Sie keine Lust, ein mount-Kommando wie in den vorigen Beispielen immer wieder auszuführen, wenn Sie gerade Zugriff auf ein Netzwerkverzeichnis brauchen. Ihr Raspberry Pi soll *immer* darauf zugreifen können. Damit das Netzwerkverzeichnis beim Systemstart automatisch eingebunden wird, müssen Sie die Datei /etc/fstab um eine Zeile erweitern. Außerdem müssen Sie eine neue Datei anlegen, um dort die Login-Daten vor neugierigen Augen zu schützen.

Die Textdatei /etc/fstab enthält zeilenweise alle Dateisysteme, die beim Hochfahren des Raspberry Pi aktiviert, also in den Verzeichnisbaum eingebunden werden sollen. Den genauen Aufbau dieser Datei erläutern wir Ihnen in Abschnitt 5.4, »Verwaltung des Dateisystems«. Die Kurzfassung: Die erste Spalte enthält in unserem Fall das Netzwerkverzeichnis, die zweite das mount-Verzeichnis, die dritte den Dateisystemtyp cifs, die vierte die mount-Optionen, und die letzten zwei Spalten enthalten den Wert 0. Die neue /etc/fstab-Zeile muss somit wie das folgende Muster aussehen:

```
# Ergänzung in /etc/fstab
//diskstation/data /mnt/nas cifs optionen 0 0
```

Das größte Problem bei den Optionen ist die password-Option: Zwar ist es grundsätzlich möglich, damit das Passwort in /etc/fstab einzubauen, aber ein Klartextpasswort in einer für jeden lesbaren Datei ist ein unnötiges Sicherheitsrisiko. Deswegen ist es üblich, im Verzeichnis /etc eine neue Datei einzurichten und darin in der folgenden Form den Login-Namen, das Passwort und bei Bedarf auch die Domäne bzw. Arbeitsgruppe anzugeben:

```
# Datei /etc/nas-passwd
username=loginname
password=geheim
comain=workgroup
```

Nachdem Sie diese Datei erstellt und gespeichert haben (z. B. mit sudo leafpad oder sudo nano), stellen Sie die Zugriffsrechte auf die Datei so ein, dass nur root diese Datei lesen und schreiben darf:

```
sudo chmod 600 /etc/nas-passwd
```

Bei den Optionen in /etc/fstab verwenden Sie nun statt username=... die Option credentials=/etc/nas-passwd. Der vollständige Eintrag für die /etc/passwd-Datei kann damit wie folgt aussehen. Der Eintrag ist hier nur aus Platzgründen über mehrere Zeilen verteilt. In der fstab-Datei muss der ganze Eintrag in einer Zeile angegeben werden. Zwischen gid=1000, und dir_mode=0700 darf es keine Leerzeichen geben!

```
# Ergänzung in /etc/fstab
//diskstation/data /mnt/nas cifs
   credentials=/etc/nas-passwd,uid=1000,gid=1000,
   dir_mode=0700,file_mode=0600,nounix 0 0
```

Um auszuprobieren, ob der Eintrag korrekt ist, führen Sie zuerst umount /mnt/nas und dann mount /mnt/nas aus. Die beiden Kommandos beziehen nun alle fehlenden Informationen aus /etc/fstab.

In Zukunft wird das Netzwerkverzeichnis bei jedem Neustart des Raspberry Pi automatisch in den Verzeichnisbaum integriert – sofern das NAS-Gerät eingeschaltet ist. Wenn das Netzwerkverzeichnis während des Boot-Prozesses *nicht* verfügbar ist, wird das Einbinden später nicht automatisch nachgeholt. Vielmehr müssen Sie dann manuell sudo mount /mnt/nas ausführen.

Ist das Verzeichnis einmal erfolgreich aktiviert worden, bleibt das Netzwerkverzeichnis selbst dann aktiv, wenn das NAS-Gerät vorübergehend nicht verfügbar ist. Natürlich scheitert nun jeder Zugriff auf das Verzeichnis nach einer Wartezeit von mehreren Sekunden; mount ohne Parameter zeigt das Netzwerkverzeichnis aber weiterhin in der mount-Liste an. Sollte das Netzwerkverzeichnis später wieder auftauchen, kann es ohne neuerliches mount-Kommando weitergenutzt werden.

Wirklich zufriedenstellend funktioniert das Zusammenspiel zwischen dem Raspberry Pi und einem NAS-Gerät oder einem Computer mit einem Netzwerkverzeichnis leider nur, wenn beide Geräte im Dauerbetrieb laufen. Die Energiesparfunktionen des NAS sollten Sie also deaktivieren.

Hinweis

Das Einbinden von Netzwerkverzeichnissen funktioniert nur dann zuverlässig, wenn Sie im grafischen Konfigurationsprogramm die Option AUF DAS NETZWERK WARTEN aktivieren. Mit dem Setzen der Option wird die Datei /etc/systemd/system/dhcpcd.service.d/wait.conf eingerichtet. Sie bewirkt, dass bei DHCP-Anfragen auf das Ergebnis gewartet wird, anstatt die Netzwerkkonfiguration im Hintergrund durchzuführen.

4.7 Netzwerkverzeichnisse anbieten (Samba-Server)

Im vorigen Abschnitt ging es darum, mit dem Raspberry Pi auf ein existierendes Netzwerkverzeichnis zuzugreifen. Aber auch der umgekehrte Weg ist möglich: Wenn Sie das Programm Samba installieren und korrekt konfigurieren, kann Ihr Raspberry Pi selbst Dateien so über ein Netzwerkverzeichnis anbieten, dass andere Computer im Netzwerk darauf zugreifen können – egal, ob unter Windows, Linux oder macOS.

Dafür gibt es eine Menge Anwendungsmöglichkeiten: Stellen Sie sich z. B. vor, Ihr Raspberry Pi befindet sich an irgendeinem entlegenen Ort und führt dort Messungen durch oder nimmt regelmäßig Fotos auf. Alle anfallenden Daten werden in einem Netzwerkverzeichnis gespeichert und können so unkompliziert von den anderen Rechnern bei Ihnen zu Hause ausgelesen werden.

Natürlich ist auch ein Datentransport in die umgekehrte Richtung möglich. Das heißt, Sie können von Ihrem Arbeitsrechner aus Konfigurationsdateien ändern oder Jobs für den Raspberry Pi hochladen. Die einzige Voraussetzung ist wie üblich: Alle Geräte müssen sich im gleichen lokalen Netzwerk befinden, egal ob verkabelt oder via WLAN.

Der Raspberry Pi als »Network Attached Storage«?

Indem Sie dieser Anleitung folgen und Ihren Raspberry Pi mit einer externen Festplatte verbinden, können Sie aus dem Minicomputer ein NAS-Gerät machen. Tatsächlich kursieren im Internet etliche Konfigurationsvorschläge, die in diese Richtung gehen.

Wir raten Ihnen aber von derartigen Überlegungen ab: Der Raspberry Pi ist ein wunderbares Gerät für Hardware-Basteleien und Steuerungsaufgaben, aber als Plattform für ein NAS-Gerät nicht optimal geeignet. Das Hauptproblem besteht darin, dass zur Anbindung von Datenträgern nur die USB-Buchsen infrage kommen. Alle vier USB-Buchsen des Raspberry Pi teilen sich aber zusammen mit dem Ethernet-Ausgang einen USB-Kanal. Sie würden aus Ihrem tollen Raspberry Pi ein drittklassiges NAS machen – schade darum!

Samba-Installation, Default-Konfiguration

Die Installation des Samba-Servers ist rasch erledigt:

```
sudo apt install samba
```

Damit wird der Samba-Server in der Version 4.1 installiert. Das Programm wird sofort gestartet. Dabei gilt die Default-Konfiguration in /etc/samba/smb.conf. Wenn man aus dieser Datei die unzähligen Kommentare entfernt, bleibt das folgende Grundgerüst übrig:

```
# Default-Konfiguration in /etc/samba/smb.conf
[global]
  workgroup              = WORKGROUP
  dns proxy              = no
  log file               = /var/log/samba/log.%m
  max log size           = 1000
  syslog                 = 0
  panic action           = /usr/share/samba/panic-action %d
```

```
passdb backend          = tdbsam
obey pam restrictions   = yes
unix password sync      = yes
passwd program          = /usr/bin/passwd %u
passwd chat             = ...
pam password change     = yes
map to guest            = bad user
usershare allow guests  = yes

[homes]
   ... (Read-Only-Freigabe der Heimatverzeichnisse)
[printers]
   ... (Freigabe der Drucker)
[print$]
   ... (Freigabe für Druckertreiber)
```

Bevor Sie die Konfiguration ändern, müssen Sie zumindest ungefähr verstehen, welche Funktion die Default-Konfiguration hat: [global] leitet den Konfigurationsabschnitt mit den Grundeinstellungen ein. Mit workgroup stellen Sie den Namen der Arbeitsgruppe ein.

dns proxy = no steuert, wie der Samba-Server Windows-Hostnamen auflöst. In der Default-Einstellung no verwendet er dabei nur die Daten, die andere Rechner mit Windows-kompatiblen Netzwerkverzeichnissen zur Verfügung stellen. Mit yes greift der Samba-Server hingegen auf einen lokalen Nameserver zurück. Das setzt voraus, dass es in Ihrem lokalen Netzwerk einen Nameserver gibt. Manche Router sind entsprechend konfiguriert.

Die Parameter log file, max log size und syslog steuern, welche Daten Samba wo protokolliert. Bei einem Absturz von Samba wird das Script panic-action ausgeführt. Es sendet eine E-Mail an root, die Informationen zum aufgetretenen Fehler enthält. Auf dem Raspberry Pi bleibt panic-action normalerweise wirkungslos, weil kein E-Mail-System installiert ist.

Samba verwendet standardmäßig das User-Level-Sicherheitsmodell, bei dem sich jeder Benutzer vor dem Zugriff auf ein Netzwerkverzeichnis mit Name und Passwort identifizieren muss. passdb backend gibt an, wie die Samba-Passwörter verwaltet werden sollen. Die Einstellung tdbsam bezieht sich auf ein relativ einfaches Datenbanksystem. Die Einstellung obey pam restrictions ist überflüssig – sie hat nur dann Einfluss auf die Passwortverwaltung, wenn Passwörter nicht verschlüsselt werden. Das ist aber standardmäßig der Fall.

Die Schlüsselwörter unix password sync, passwd program und passwd chat beschreiben, ob und wie Samba seine Passwörter mit den Linux-Passwörtern abgleichen soll.

In der Praxis funktioniert das leider selten zufriedenstellend, und für den Samba-Einsatz auf dem Raspberry Pi ist dieses Verfahren ohnedies nicht zielführend.

`map to guest = bad user` bewirkt, dass Login-Versuche mit einem nicht existenten Benutzernamen automatisch dem virtuellen Samba-Benutzer `guest` zugeordnet werden. Standardmäßig gibt es keine Netzwerkverzeichnisse, die `guest` nutzen darf.

`usershare allow guests` erlaubt die Freigabe von User Shares zur Benutzung durch den `guest`-Account, also ohne Passwortschutz. User Shares sind Netzwerkfreigaben, die nicht direkt in `smb.conf` enthalten sind, sondern in ergänzenden Konfigurationsdateien im Verzeichnis `/usr/share/samba/usershares`.

Wir möchten betonen, dass das wirklich ein oberflächlicher Schnelldurchgang war. Für unsere Zwecke reicht dieses Wissen aus – aber wenn Sie Samba wirklich verstehen möchten, führt kein Weg am ausführlichen Studium der Dokumentation auf der Samba-Website und von `man smb.conf` vorbei. Es gibt gute Gründe, warum ganze Bücher nur zu Samba existieren!

Ein Verzeichnis mit Passwortschutz freigeben

Wenn Sie Ihre Samba-Konfigurationsdatei wie im vorherigen Listing »aufräumen« möchten, führen Sie diese drei Kommandos aus:

```
cd /etc/samba
sudo cp smb.conf smb.conf.orig
sudo sh -c 'grep -Ev "^#|^;|^$" smb.conf.orig > smb.conf'
```

Nun geht es darum, die Konfiguration an die eigenen Ansprüche anzupassen. Im ersten Schritt empfehlen wir Ihnen, aus `smb.conf` die Abschnitte [homes], [printers] und [print$] vollständig rauszuwerfen. Weder ist es unsere Absicht, Heimatverzeichnisse in irgendeiner Form freizugeben, noch wollen wir den Raspberry Pi als Windows-kompatiblen Drucker-Server verwenden. Um `smb.conf` zu verändern, müssen Sie einen Editor mit root-Rechten starten, also z. B. mit sudo `leafpad` oder sudo `nano`.

In einem ersten Versuch möchten wir nun das Verzeichnis `share` innerhalb des Heimatverzeichnisses von `pi` als Netzwerkverzeichnis freigeben. Legen Sie also dieses Verzeichnis an, und kopieren Sie einige Testdaten dorthin:

```
cd
mkdir share
cp ein paar dateien share/
```

Nun erweitern Sie `smb.conf` um die folgenden Zeilen:

```
# Ergänzung in /etc/samba/smb.conf
[pishare]
  valid users = pi
```

```
guest ok    = no
path        = /home/pi/share
writeable   = yes
```

Das bedeutet, dass nur der Benutzer pi auf den Inhalt des Verzeichnisses /home/pi/share zugreifen kann – lesend und schreibend. Das Verzeichnis wird unter dem Namen pishare freigegeben und erscheint unter diesem Namen auch in den Dateimanagern von Windows, macOS oder Linux in der Netzwerkansicht.

Die letzte Voraussetzung vor dem ersten Test besteht darin, für den Benutzer pi ein Passwort festzulegen. Das gibt es ja schon, werden Sie einwenden. Richtig, Raspbian kann das Login-Passwort für pi überprüfen – aber Samba kann das leider nicht. Der Grund: Linux und Samba speichern die Hash-Codes zur Überprüfung von Passwörtern an unterschiedlichen Orten und in unterschiedlichen Formaten.

Deswegen ist es erforderlich, für jeden Benutzer, der in smb.conf vorkommt, ein Samba-Passwort festzulegen. Dazu verwenden Sie das Kommando smbpasswd. Die Option -a bedeutet, dass Sie den angegebenen Benutzer neu in die Samba-Benutzerdatenbank einfügen wollen (*add*). Aus Sicherheitsgründen ist es zweckmäßig, ein *anderes* Passwort als Ihr Login-Passwort anzugeben! Wenn Sie das Samba-Passwort für pi später nochmals ändern wollen, rufen Sie smbpasswd ohne die Option -a auf.

```
sudo smbpasswd -a pi
  New SMB password: ********
  Retype new SMB password: ********
```

Es ist eine gute Idee, Ihre Änderungen an smb.conf vorab syntaktisch mit testparm zu überprüfen. Dabei sollten keine Fehlermeldungen erscheinen:

```
testparm
  Load smb config files from /etc/samba/smb.conf
  Processing section "[pishare]"
  Loaded services file OK.
  ...
```

Damit die Änderungen an smb.conf wirksam werden, müssen Sie Samba auffordern, die Konfigurationsdateien neu einzulesen:

```
sudo systemctl reload samba
```

Freigabe testen

Jetzt können Sie auf Ihrem Arbeitsrechner ausprobieren, ob der Zugriff funktioniert. Ihr Raspberry Pi sollte in der Liste der Netzwerkgeräte erscheinen. Ein Doppelklick auf die Freigabe pishare führt dann in einen Login-Dialog, in dem Sie den Benutzernamen pi und das dazugehörende Samba-Passwort angeben (siehe Abbildung 4.13).

Mitunter kommt es vor, dass Ihr Raspberry Pi nicht in der Liste der im Netzwerk gefundenen Geräte erscheint. Unter Linux ist die wahrscheinlichste Fehlerursache eine aktive Firewall, die jede SMB-Kommunikation unterbindet. Das betrifft unter anderem Fedora, (open)SUSE und Red Hat. Sie müssen in der Firewall-Konfiguration die SMB-Ports freischalten. Alle Firewall-Systeme bieten diese Möglichkeit. Zur Not müssen Sie die TCP-Ports 135, 139 und 445 sowie die UDP-Ports 137, 138 und 445 für die Schnittstelle zum lokalen Netzwerk manuell freigeben.

Wenn Sie sicher sind, dass keine Firewall die Verbindung blockiert, müssen Sie im Dateimanager die Adresse des Netzwerkverzeichnisses direkt angeben. Unter Windows klicken Sie dazu auf die Adressleiste und verwenden dann die Schreibweise `\\hostname\verz`, für unser Beispiel also `\\pi3\pishare`. Unter macOS drücken Sie im Finder ⌘+K und geben dann die Adresse in der Form `smb://hostname/verz` an. Unter Linux gilt dieselbe Syntax. Bei den meisten Dateimanagern gelangen Sie mit Strg+L in ein geeignetes Eingabefeld.

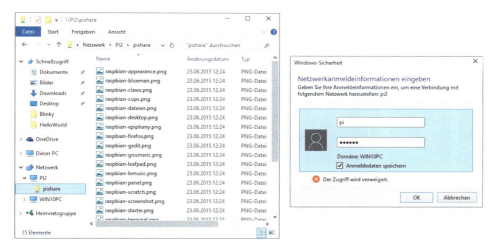

Abbildung 4.13 Ein Netzwerkverzeichnis des Raspberry Pi unter Windows nutzen

Weitere Verzeichnisse freigeben

Nach demselben Schema können Sie nun in `smb.conf` weitere Verzeichnisse für den Benutzer `pi` freigeben. Verzeichnisse nur für den Lesezugriff definieren Sie mit `writeable=no`.

Alle Verzeichnisse müssen sich jeweils in Ihrem Heimatverzeichnis oder in dessen Unterverzeichnissen befinden, also z. B. in `/home/pi/temperaturlog` oder `/home/pi/bilder/fotos`. Für alle diese Verzeichnisse gelten dieselben Login-Daten, also `pi` und das dazugehörende Passwort. Mit anderen Worten: Wer auf *ein* Verzeichnis zugreifen darf, kann auch auf alle anderen Verzeichnisse zugreifen.

Etwas komplizierter wird es, wenn Sie Freigaben mit unterschiedlichen Login-Daten einrichten wollen: Samba verwendet zwar eine eigene Datenbank zur Benutzerverwaltung, berücksichtigt aber gleichzeitig die Linux-Zugriffsrechte. Das hat zur Folge, dass Sie zuerst unter Raspbian einen neuen Benutzer einrichten müssen, bevor Sie dann eines seiner Verzeichnisse freigeben können.

Die folgenden Kommandos zeigen, wie Sie zuerst den Linux-Benutzer `filesharer` einrichten, diesem ein Samba-Passwort zuweisen, in seinem Heimatverzeichnis ein Unterverzeichnis anlegen, dorthin einige Dateien kopieren und schließlich alle Zugriffsrechte richtig einstellen. Hintergrundinformationen zu den Kommandos `adduser` und `chown` finden Sie in Abschnitt 5.1, »Benutzer und Gruppen«, und in Abschnitt 5.2, »Zugriffsrechte«.

```
sudo adduser --disabled-login --gecos '' filesharer
sudo smbpasswd -a filesharer
  New SMB password: ********
  Retype new SMB password: ********

sudo mkdir /home/filesharer/data
sudo cp ein paar dateien /home/filesharer/data
sudo chown -R fileuser.fileuser  /home/filesharer/data
```

Jetzt muss nur noch `smb.conf` um ein paar Zeilen erweitert werden:

```
# Ergänzung in /etc/samba/smb.conf
...
[pidata]
  valid users = filesharer
  guest ok    = no
  path        = /home/filesharer/data
  writeable   = yes
```

`sudo systemctl reload samba` macht schließlich die Änderungen für Samba bekannt.

Ein Verzeichnis ohne Passwortschutz freigeben

Vielleicht wollen Sie ein Netzwerkverzeichnis ganz ohne Passwort zugänglich machen. Das ist möglich, wenn die betreffende Freigabe die Anweisung `guest ok = yes` enthält. In aller Regel ist es zweckmäßig, für solche Verzeichnisse auch die Einstellung `read only = yes` zu verwenden.

Achten Sie aber darauf, dass Samba-Clients ohne Authentifizierung dem Linux-Benutzer `nobody` zugeordnet werden. Daher sehen Gäste nur solche Dateien in `/home/pi/all`, die für alle Benutzer lesbar sind oder die explizit `nobody` gehören.

```
# Ergänzung in /etc/samba/smb.conf
...
[piforall]
  path         = /home/pi/all
  guest ok     = yes
  read only    = yes
```

Absicherung und Grundeinstellungen

Es empfiehlt sich, Samba explizit so zu konfigurieren, dass das Programm nur Clients aus dem lokalen Netzwerk bedient. Dazu erweitern Sie den Abschnitt [global] um die folgenden zwei Zeilen. Sie bewirken, dass Samba nur mit localhost (also mit der IP-Adresse 127.0.0.1) sowie mit Clients im Adressbereich 10.0.0.* kommuniziert.

```
# Datei /etc/samba/smb.conf
[global]
  ...
  bind interfaces only = yes
  interfaces           = 10.0.0.0/24 127.0.0.1
```

Standardmäßig erlaubt Samba auch eine Kommunikation mit Client-Rechnern, die sich nicht authentifizieren. Diese werden dem Linux-Account nobody zugeordnet. Sofern Sie in Ihrer Samba-Konfiguration keine Verzeichnisse definiert haben, die ohne Login nutzbar sind, sollten Sie aus Sicherheitsgründen den Gastzugriff ganz unterbinden:

```
# Datei /etc/samba/smb.conf
[global]
  ...
  map to guest       = never
```

Die in diesem Abschnitt präsentierte Samba-Version 3.6 verwendet standardmäßig eine recht alte Version des SMB-Protokolls. Wenn Sie möchten, dass Samba mit modernen Clients in der etwas aktuelleren SMB-Version 2 kommuniziert, fügen Sie in den globalen Abschnitt die folgende Zeile ein:

```
# Datei /etc/samba/smb.conf
[global]
  ...
  max protocol = SMB2
```

4.8 Internetzugriff auf den Raspberry Pi

Die vorangegangenen Abschnitte haben gezeigt, dass die Einbindung des Raspberry Pi in ein lokales Netz samt Internetzugang einfach ist. Komplizierter ist die Konfiguration für den Datenfluss in umgekehrter Richtung, wenn Sie also erreichen möchten, dass Ihr Raspberry Pi auch aus dem Internet heraus erreichbar ist.

Vielleicht fragen Sie sich, welchen Zweck eine derartige Konfiguration haben könnte. Nehmen wir an, Sie verwenden Ihren Raspberry Pi zur Heimautomatisierung: Solange Sie zu Hause sind, können Sie Ihren Minicomputer unkompliziert steuern, entweder durch den direkten Zugriff mit Tastatur und Maus oder mit einem anderen Computer oder mit Ihrem Handy über das lokale Netz/WLAN.

Was aber, wenn Sie am Arbeitsplatz oder im Urlaub sind? Vielleicht wollen Sie wissen, welche Temperatur es gerade zu Hause hat und manuell die Heizung ein- oder ausschalten. Oder Sie möchten das letzte Bild sehen, das die Raspberry-Pi-Kamera von Ihrem Aquarium gemacht hat.

All diese Problemstellungen lassen sich am elegantesten lösen, wenn Ihr Raspberry Pi als Webserver agiert, der von überall auf der Welt ansprechbar ist – vorausgesetzt, es gibt dort einen Internetzugang. Dazu bedarf es zweier Schritte:

▶ Einerseits müssen Sie die Netzwerkanbindung an den Raspberry Pi so gestalten, dass Ihr Minicomputer im Internet gleichsam »sichtbar« wird. Das ist das Thema der folgenden Abschnitte. Dabei setzen wir voraus, dass Sie zu Hause über einen dauerhaften Internetzugang verfügen, z. B. durch einen ADSL-Router.

▶ Andererseits müssen Sie auf Ihrem Raspberry Pi einen Webserver einrichten. Wie das geht, verraten wir Ihnen in Kapitel 23, »PHP-Programmierung«. Dort lernen Sie, wie Sie Ihren Raspberry Pi durch einfache PHP-Programme über einen Webbrowser bedienen können.

Wo ist das Problem?

Der Internetzugang vieler Privathaushalte und kleiner Firmen erfolgt durch einen ADSL-Router (siehe Abbildung 4.14). Steht kein ADSL zur Verfügung, kommen alternativ Router zum Einsatz, die den Internetzugang über ein Kabel-TV-Netzwerk oder aus dem Handy-Netz beziehen – das ändert aber nichts an der prinzipiellen Ausgangslage.

Drei Faktoren definieren den gemeinsamen Nenner all dieser Produkte:

▶ **Privates Netzwerksegment:** Das lokale Netzwerk zu Hause, egal ob LAN oder WLAN, nutzt ein privates Netzwerksegment. *Privat* bedeutet in diesem Zusammenhang, dass die IP-Adressen die Form 10.*.*.* oder 172.16.*.* bis 172.31.*.* oder 192.168.*.* haben und von außen, also aus dem Internet, nicht zugänglich sind. Das lokale Netz ist also vom öffentlichen Internet getrennt.

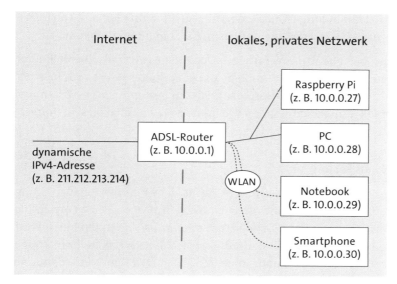

Abbildung 4.14 Internetzugang über einen ADSL-Router

▶ **Wechselnde IP-Einwahladresse:** Das lokale Netz ist zwar privat, die Verbindung zum Internet muss aber über eine öffentliche IP-Adresse des Internet-Providers erfolgen. Diese IP-Adresse ist allerdings nicht statisch vorgegeben, sondern kann sich ändern – je nach Internetzugang recht häufig (jeden Tag) oder auch nur ganz selten (alle paar Wochen).

▶ **NAT:** Damit alle Geräte im lokalen LAN/WLAN Internetzugang bekommen, verwendet der Router *Network Address Translation* (NAT). Bei dieser Technik werden vom lokalen Netzwerk in das Internet gesendete Pakete so markiert, dass die aus dem Internet eintreffenden Antworten wenig später dem ursprünglichen Gerät im LAN zugeordnet werden können. NAT ist erforderlich, weil die einzelnen Geräte im LAN aus dem Internet heraus nicht sichtbar sind. Aus der Sicht des Internets ist nur der ADSL-Router öffentlich, nicht aber die dahinter befindlichen Geräte. Die NAT-Grundlagen können Sie in der Wikipedia nachlesen:

https://de.wikipedia.org/wiki/Network_Address_Translation

Bei manchen Providern ist hinter den Kulissen IPv6 im Spiel, also ein neueres Internetprotokoll mit größerem Adressraum als im bewährten IPv4-Netz. Damit erhalten der Router und unter Umständen auch die Geräte im Heimnetz IPv6-Adressen. Sogenannte Tunnel stellen aber sicher, dass sich alle Geräte dennoch (auch) in einem IPv4-Netz wähnen und via IPv4 kommunizieren können.

In der oben skizzierten Konfiguration können der Raspberry Pi sowie alle anderen Geräte im lokalen Netzwerk dank NAT mit dem Internet kommunizieren. Für den Verbindungsaufbau gelten aber die Regeln einer Einbahnstraße. Nur die Geräte im LAN dürfen neue Internetverbindungen initiieren. Umgekehrt kann niemand von *außen*, also aus dem Internet, eine Verbindung mit einem Gerät in Ihrem LAN aufbauen.

Selbst wenn wir vorübergehend die technischen Details von NAT und anderen Router-Funktionen beiseitelassen, bleibt das Problem, dass der Router selbst vom Internet-Provider immer wieder andere IP-Adressen zugewiesen bekommt. Wer auch immer mit dem Raspberry Pi Kontakt aufnehmen will, muss zuerst einmal diese IP-Adresse kennen.

Dynamisches DNS als Lösung

Das populärste Verfahren, um den Raspberry Pi aus dem Internet heraus zugänglich zu machen, ist eine Kombination von dynamischem DNS und Port Forwarding. Dabei stellt ein Dienstleister wie *https://dyn.com* oder *https://noip.com* einen Hostnamen zur Verfügung, dessen IP-Adresszuordnung sich dynamisch an Ihren Router anpasst. Außerdem bedarf es im Router einer speziellen Konfiguration, damit an einen bestimmten Port adressierte IP-Pakete direkt an den Raspberry Pi weiterleitet werden (*Port Forwarding*). Je nach Router ist die Konfiguration aufwendig und fehleranfällig, und bei manchen Internet-Providern funktioniert das Verfahren überhaupt nicht.

In diesem Abschnitt gehen wir davon aus, dass sich Ihr Raspberry Pi im lokalen Netzwerk eines ADSL/Kabel/Mobilfunk-Routers befindet. Um den Minicomputer im Internet sichtbar zu machen, sind zwei Schritte nötig:

▶ Sie müssen sich für einen Anbieter von dynamischem DNS entscheiden, der die öffentliche IP-Adresse Ihres Routers mit einem Hostnamen verbindet und die zugeordnete IP-Adresse regelmäßig aktualisiert.

▶ Außerdem müssen Sie den Router so konfigurieren, dass bestimmte Pakete, die beim Router von außen eintreffen (also aus dem Internet), direkt an den Raspberry Pi weitergeleitet werden.

Die Details der Konfigurationsarbeiten hängen stark von Ihrem Internet-Provider und dem Router ab und haben nichts bzw. nur wenig mit dem Raspberry Pi zu tun. Wir beschränken uns deswegen hier darauf, die grundsätzliche Vorgehensweise anhand von Beispielen zu erläutern, können aber leider keine perfekte Anleitung anbieten, die exakt für *Ihre* Konstellation passt.

Wozu dient und wie funktioniert dynamisches DNS?

Die Abkürzung DNS steht für *Domain Name Server*. Derartige Programme ermöglichen es Ihrem Webbrowser, nach der Adresseingabe *http://eine-seite.de* die richtige IP-Adresse herauszufinden, auf der der Webserver von *http://eine-seite.de* läuft.

Nameserver stellen also die Zuordnung zwischen Hostnamen und IP-Adressen her. Normalerweise ist diese Zuordnung statisch. IP-Adressen für Webseiten ändern sich nur ganz selten, z. B. dann, wenn eine Firma mit ihren Servern in ein neues Rechenzentrum umzieht.

Nun befindet sich Ihr Raspberry Pi aber in keinem Rechenzentrum, sondern zu Hause hinter einem ADSL-Router, dessen öffentliche IP-Adresse sich immer wieder ändert. Damit Sie auch derartigen Routern – und damit auch den dahinter befindlichen Geräten – einen Hostnamen zuordnen können, brauchen Sie einen dynamischen Nameserver. Mehrere Anbieter haben sich darauf spezialisiert, z. B. *http://dyn.com* oder *http://noip.com*. Die folgenden Beispiele beziehen sich auf *http://noip.com*: Diese Firma bietet im Gegensatz zu manchen Mitbewerbern den Grunddienst noch immer kostenlos an – wenn auch mit gewissen Einschränkungen.

Jetzt ist noch eine Frage offen: Woher kennt ein dynamischer DNS-Dienst (DynDNS-Dienst) die gerade aktuelle IP-Adresse? Hier gibt es zwei Möglichkeiten: Entweder enthält der Router eine Funktion, um dem DynDNS-Dienst die IP-Adresse mitzuteilen, oder Sie müssen auf einem Rechner in Ihrem lokalen Netzwerk ein Programm installieren, das den DynDNS-Anbieter regelmäßig kontaktiert und ihm so die gerade gültige IP-Adresse verrät.

Dynamisches DNS mit noip.com einrichten

Wenn Sie dynamisches DNS beim Anbieter *http://noip.com* nutzen möchten, melden Sie sich auf der Webseite an und wählen aus, welchen Hostnamen Sie für Ihren Router und somit letzten Endes auch für Ihren Raspberry Pi verwenden möchten – z. B. `mein-rapi.noip.me`.

Abbildung 4.15 NoIP-Konfiguration auf einem SpeedTouch-ADSL-Router

Wenn dieser Schritt erledigt ist, sehen Sie auf der Administrationsseite Ihres Routers nach, ob dieser den DynDNS-Dienst NoIP unterstützt. Wenn das der Fall ist, tragen Sie dort einfach Ihre NoIP-Login-Daten ein (siehe Abbildung 4.15). Der Router wird nun bei jeder IP-Änderung NoIP kontaktieren, sodass dort die Zuordnung zu Ihrem Hostnamen gespeichert werden kann.

Sollte Ihr Router keine DynDNS-Konfigurationsmöglichkeiten für NoIP anbieten, ist dies auch kein Problem. NoIP stellt auf seiner Webseite den Quellcode für ein winziges Programm zur Verfügung, das die Kommunikation mit NoIP übernimmt. Die folgenden Zeilen zeigen, wie Sie das Programm herunterladen, auspacken, kompilieren und installieren. Beim letzten Schritt müssen Sie die NoIP-Login-Daten angeben.

```
wget http://www.no-ip.com/client/linux/noip-duc-linux.tar.gz
tar xzf noip-duc-linux.tar.gz
cd noip-*
make
sudo make install
  [sudo] password for pi:
  if [ ! -d /usr/local/bin ]; then mkdir -p /usr/local/bin;fi
  if [ ! -d /usr/local/etc ]; then mkdir -p /usr/local/etc;fi
  cp noip2 /usr/local/bin/noip2
  /usr/local/bin/noip2 -C -c /tmp/no-ip2.conf
  Auto configuration for Linux client of no-ip.com.
  Please enter the login/email string for no-ip.com:
    <noip-username>
  Please enter the password for user 'noip-username':  **********
  Only one host [<hostname>.noip.me] is registered to this
  account. It will be used.
  Please enter an update interval:[30]
  Do you wish to run something at successful update?[N] (y/N) N
  New configuration file '/tmp/no-ip2.conf' created.
  mv /tmp/no-ip2.conf /usr/local/etc/no-ip2.conf
```

Das kompilierte Programm befindet sich nun in /usr/local/bin/noip2, die Konfigurationsdatei in /usr/local/etc/no-ip2.conf. Das folgende Kommando startet den NoIP-Client:

```
sudo noip2
```

Wenn Sie möchten, dass noip2 bei jedem Start des Raspberry Pi automatisch ausgeführt wird, ergänzen Sie die Datei /etc/rc.local *vor* dem exit-Kommando:

```
# Datei /etc/rc.local
...
/usr/local/bin/noip2
exit 0
```

Port Forwarding einrichten

Bis jetzt haben wir nur erreicht, dass wir den *Router* nun jederzeit von außen über einen gleichbleibenden Hostnamen ansprechen können – selbst dann, wenn sich die IP-Adresse des Routers immer wieder ändert. Wenn Sie nun z. B. versuchen, Ihren neuen NoIP-Hostnamen in einem Webbrowser einzugeben, werden Sie vermutlich gar nichts sehen – oder die Weboberfläche des Routers.

Das Problem ist, dass aus dem Internet eintreffende IP-Pakete *direkt* vom Router verarbeitet werden. Der Router entscheidet, ob das Paket zu einer bereits bestehenden Internetverbindung eines Geräts im LAN gehört. Ist das nicht der Fall, wird das Paket von den meisten Routern aus Sicherheitsgründen ganz einfach blockiert. Das heißt, der Router arbeitet als Firewall. Jetzt wollen wir aber erreichen, dass ganz bestimmte Pakete direkt an den Raspberry Pi weitergeleitet werden.

Zur Selektion der Pakete dient die Port-Nummer. Das Internetprotokoll TCP/IP kennzeichnet jedes Datenpaket mit einer Port-Nummer. Diese Nummer gibt an, um welche Art von Daten es sich handelt. Bekannte Port-Nummern sind z. B. 80 für HTTP, 443 für HTTPS oder 22 für SSH. Wenn Sie möchten, dass Ihr Raspberry Pi von außen wie ein Webserver sichtbar ist, dann muss der Router Pakete für den Port 80, die an den Router adressiert sind und eine neue Verbindung initiieren, an den Raspberry Pi weiterleiten. Diese Funktion wird *Port Forwarding* genannt.

Abbildung 4.16 Port-Forwarding-Konfiguration auf einem SpeedTouch-ADSL-Router

Die Konfiguration dieser Funktion ist router-spezifisch und hat nichts mit dem Raspberry Pi zu tun. Sie müssen in der Weboberfläche Ihres Routers nach der entsprechenden Funktion suchen. Auf dem etwas betagten SpeedTouch-ADSL-Router, der bei einem der Autoren dieses Buchs im Einsatz ist, ist das Port Forwarding hinter dem seltsamen Menüeintrag GEMEINSAME NUTZUNG VON SPIELEN UND ANWENDUNGEN versteckt (siehe Abbildung 4.16). Entscheidend ist, dass Sie Pakete für den Port 80 bzw. für das Protokoll HTTP an einen bestimmten Rechner im lokalen Netzwerk weiterleiten – eben an den Raspberry Pi.

Test

Ein Test, ob alles funktioniert, ist gar nicht so einfach: Sie können diese Tests nämlich *nicht* aus Ihrem lokalen Netz heraus durchführen, sondern müssen von *außen*, also aus dem Internet, auf Ihren NoIP-Hostnamen zugreifen. Am einfachsten gelingt das mit einem Smartphone, bei dem Sie vorübergehend das heimische WLAN deaktivieren, falls es eines gibt. Damit ist das Smartphone gezwungen, auf das Mobilfunknetz zurückzugreifen, und erhält so eine IP-Adresse außerhalb des lokalen Netzwerks.

Sofern Sie auf Ihrem Raspberry Pi Apache installiert haben (siehe Abschnitt 23.1, »Apache installieren und konfigurieren«), sollten Sie im Webbrowser nach der Eingabe Ihres NoIP-Hostnamens die Apache-Testseite des Raspberry Pi sehen (siehe Abbildung 4.17). Sollten Sie Zugang zu einem Root-Server haben, können Sie sich dort via SSH einloggen und dann versuchen, die Webseite Ihres Raspberry Pi anzusehen. Dazu setzen Sie einen textbasierten Webbrowser ein, z. B. das Programm `lynx`.

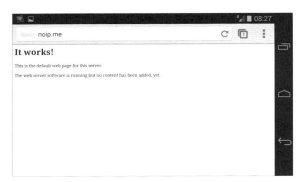

Abbildung 4.17 Die Apache-Testseite des Raspberry Pi über ein Mobilfunknetz ansehen

Sicherheit

Wenn Sie aus dem Internet über eine spezielle Webseite oder via SSH auf Ihren Raspberry Pi zugreifen können, dann kann das prinzipiell jeder! Es ist also unumgänglich, dass Sie sich mit dem Thema Sicherheit befassen. Es sollte selbstverständlich sein, dass sowohl der Login via SSH als auch jeder Zugriff auf Webseiten durch gute Passwörter abgesichert wird. Wie Sie den Webzugriff auf Ihren Raspberry Pi absichern, verrät Abschnitt 23.2, »Webverzeichnisse einrichten und absichern«. Tipps zur Absicherung des Secure-Shell-Servers, der unter Raspbian standardmäßig läuft, finden Sie in Abschnitt 4.3, »SSH«.

Fehlersuche

Leider treten in der Praxis oft Probleme auf. Dafür kommen diverse Ursachen infrage. Zuerst sollten Sie testen, ob NoIP funktioniert, d. h., ob die IP-Adresse Ihres NoIP-Hostnamens mit der Ihres ADSL-Routers übereinstimmt. Die aktuelle IP-Adresse Ihres ADSL-Routers finden Sie auf den Konfigurationsseiten des Routers. Welche IP-Adresse Ihrem NoIP-Hostnamen zugeordnet ist, können Sie unter Linux, also auch auf dem Raspberry Pi, mit dem Kommando host ermitteln. Je nach Distribution müssen Sie vorher das Paket bind-utils oder bind9-host installieren.

```
host mein-rapi.noip.me
  mein-rapi.noip.me has address 80.123.124.124
```

Vielleicht hakt es auch beim Port Forwarding. Nach unseren Erfahrungen ist der Port 80 für das Protokoll HTTP besonders fehleranfällig, weil dieser Port ja auch router-intern für die Weboberfläche des Routers genutzt wird. Der Router muss also zwischen internen und externen Port-80-Paketen differenzieren. Die internen, also aus dem LAN stammenden Pakete müssen vom router-eigenen Webserver verarbeitet werden. Die externen, also aus dem Internet kommenden Pakete hingegen müssen an den Raspberry Pi weitergeleitet werden.

Es kann zweckmäßig sein, das Port Forwarding zumindest vorübergehend für einen weiteren Port einzurichten. Sofern Sie außerhalb Ihres lokalen Netzwerks Zugriff auf einen Linux-Computer haben, ist Port 22 besonders gut geeignet: Dann können Sie aus dem Internet heraus versuchen, sich via SSH auf Ihrem Raspberry Pi einzuloggen. Funktioniert das, wissen Sie, dass das Port Forwarding an sich funktioniert und dass nur Port 80 Probleme macht.

Ein Ausweg kann es nun sein, anstelle von HTTP das sicherere Protokoll HTTPS zu nutzen. Die entsprechende Apache-Konfiguration für den Raspberry Pi wird in Abschnitt 23.3, »HTTPS«, behandelt. Bei der Konfiguration Ihres Routers müssen Sie nun das Port Forwarding für den Port 443 einrichten.

Eine andere Variante besteht darin, beim gewöhnlichen HTTP-Protokoll zu bleiben, hierfür aber nicht nur den Port 80, sondern einen weiteren, von Ihnen gewählten Port zu nutzen. Dazu fügen Sie auf Ihrem Raspberry Pi in /etc/apache2/ports.conf eine zusätzliche Listen-Anweisung mit der gewünschten Port-Nummer ein und starten Apache dann neu (systemctl restart apache2).

```
# in der Datei /etc/apache/ports.conf
Listen 9980
```

Für die gewählte Port-Nummer müssen Sie nun in der Router-Konfiguration eine weitere Regel für das Port Forwarding definieren. Im Adressfeld des Browsers müssen Sie ebenfalls die Port-Nummer angeben, wobei die folgende Syntax gilt:

http://mein-rapi.noip.me:9980

Elegant ist diese Lösung natürlich nicht, aber sofern nur Sie persönlich die Webseiten des Raspberry Pi nutzen möchten, haben Sie auf diese Weise zumindest alle technischen Hürden überwunden. Der unhandlichen Adresseingabe können Sie ja mit einem Bookmark unkompliziert ausweichen.

Vergewissern Sie sich schließlich mit `systemctl`, dass die Programme für die von Ihnen genutzten Dienste tatsächlich auf Ihrem Raspberry Pi laufen! Der Raspberry Pi kann nur dann eine Webseite anzeigen, wenn der Webserver Apache läuft; ein SSH-Login ist nur möglich, wenn der SSH-Dämon läuft etc.

```
sudo systemctl status apache2
  apache2.service: ...  active (running)

sudo systemctl status ssh
  ssh.service: ... active (running)
```

Alternativen zum dynamischen DNS

Wie Sie gesehen haben, verursacht die korrekte Konfiguration von dynamischem DNS einige Arbeit und ist zudem stark vom Internet-Provider bzw. vom Router abhängig. Daher sollten Sie auch die folgenden Alternativen in Erwägung ziehen. Mag sein, dass diese Alternativen dem Anspruch von IT-Perfektionisten nicht gerecht werden – aber mitunter sind es gerade die einfachen, pragmatischen Lösungen, die sich in der Praxis bewähren:

▸ **Dropbox, FTP & Co.:** Wenn es Ihnen primär darum geht, regelmäßig Informationen Ihres Raspberry Pi so zu veröffentlichen, dass Sie mit Ihren anderen Geräten darauf zugreifen können, dann sollten Sie einen automatisierten Upload von Dateien in Erwägung ziehen. Beispielsweise können Sie mit einem winzigen Python-Programm ein mit der Raspberry-Pi-Kamera aufgenommenes Bild automatisch in Ihr Dropbox-Verzeichnis hochladen. Ein entsprechendes Beispiel finden Sie in Abschnitt 19.5, »Dateien bei Dropbox hochladen«.

Anstelle von Dropbox können Sie natürlich auch einen Ihnen zugänglichen FTP-Server verwenden. Werfen Sie einen Blick in Abschnitt 14.8 – dort finden Sie ein Beispiel zum FTP-Upload von Fotos, die mit dem Raspberry Pi erstellt wurden.

▸ **Daten abholen:** Die Kommunikation kann auch in umgekehrter Richtung erfolgen: Sofern Sie über eine eigene Webseite oder ein Dropbox-Verzeichnis verfügen, können Sie dort in einer speziellen Datei Kommandos für Ihren Raspberry Pi hinterlegen. Auf Ihrem Minicomputer richten Sie nun einen Cron-Job ein, der diese Datei alle 10 Minuten ausliest. Wenn die Datei neue Anweisungen enthält – z. B., dass Ihr Raspberry Pi die Heizung einschalten soll –, dann rufen Sie das entsprechende Programm auf.

▶ **E-Mail-Dienst:** Der Kommunikationsfluss lässt sich auch durch E-Mails herstellen. In die eine Richtung lässt sich das leicht bewerkstelligen, indem Ihnen Ihr Raspberry Pi z. B. einmal täglich eine E-Mail mit neuen Bildern, Messdaten etc. sendet. Ein entsprechendes Python-Programm finden Sie in Abschnitt 19.6, »E-Mails versenden«.

Etwas aufwendiger ist die E-Mail-Kommunikation hin zum Raspberry Pi: Dazu richten Sie ein eigenes E-Mail-Konto für Ihren Minicomputer ein. Ein Cron-Job ruft von dort regelmäßig neue Nachrichten ab. Trifft eine neue E-Mail ein, werden die darin enthaltenen Kommandos verarbeitet. Für die tatsächliche Implementierung gibt es viele Möglichkeiten. Eine Variante, die auf das Kommando `fetchmail` zurückgreift, ist auf der folgenden Seite beschrieben:

https://jasmeu.wordpress.com/2013/03/20/raspberry-pi-send-and-receive-gmail

4.9   FTP-Server einrichten

Um Dateien des Raspberry Pi im lokalen Netzwerk auszutauschen, bietet sich ein Samba-Server an. Wenn Ihr Raspberry Pi hingegen aus dem Internet heraus erreichbar ist – entweder weil er eine eigene IPv4-Adresse hat oder weil Sie dynamisches DNS und Port Forwarding nutzen –, dann ist Samba nicht die perfekte Wahl. Wesentlich einfacher und beliebter ist es in solchen Fällen, auf Ihrem Raspberry Pi einen FTP-Server zu betreiben. FTP steht für *File Transfer Protocol* und bietet ein recht simples Verfahren, um Dateien zwischen einem Server, eben Ihrem Raspberry Pi, und anderen Rechnern hin und her zu transportieren.

Das »File Transfer Protocol« ist inhärent unsicher

Sie werden es gleich sehen: Das Einrichten eines FTP-Servers ist schnell erledigt. Vorweg aber eine Warnung: FTP ist ein altes, unsicheres Protokoll. Passwörter werden generell im Klartext übertragen. FTP ist wegen seiner Einfachheit eine bequeme Lösung, aber keine sichere. Eine gute Alternative zum eigenen FTP-Server kann ein SSH-Server sein. Eine andere Variante ist der WebDAV-Standard, der das HTTP-Protokoll erweitert und die Datenübertragung in beide Richtungen erleichtert. Apache unterstützt WebDAV durch das Modul `mod_dav`:

https://httpd.apache.org/docs/2.4/mod/mod_dav.html

---

vsftpd installieren

Unter Raspbian stehen diverse FTP-Server zur Auswahl. Das populärste Programm ist `vsftpd`. Diese fast unaussprechliche Abkürzung steht für *Very Secure FTP Daemon*. Das

Attribut *Very Secure* ist aber unter dem Vorbehalt zu sehen, dass auch der beste FTP-Server die Sicherheitsmängel des FTP-Protokolls aufweist.

```
sudo apt install vsftpd
```

Konfiguration

Der FTP-Server wird sofort nach der Installation gestartet, wobei die folgende Default-Konfiguration in /etc/vsftpd.conf gilt:

```
# Default-Konfiguration in /etc/vsftpd.conf
listen=NO
listen_ipv6=YES
anonymous_enable=NO
local_enable=YES

dirmessage_enable=YES
use_localtime=YES
xferlog_enable=YES
connect_from_port_20=YES
secure_chroot_dir=/var/run/vsftpd/empty
pam_service_name=vsftpd
rsa_cert_file=/etc/ssl/certs/ssl-cert-snakeoil.pem
rsa_private_key_file=/etc/ssl/private/ssl-cert-snakeoil.key
ssl_enable=NO
```

Die beiden listen-Parameter sind widersprüchlich. listen=NO bedeutet eigentlich, dass der FTP-Server nur bei Bedarf gestartet wird. Das nachfolgende listen_ipv6 hat aber Vorrang und bewirkt, dass vsftpd automatisch als Hintergrundprogramm läuft und gleichermaßen IPv4- und IPv6-Verbindungen akzeptiert.

Aufgrund der Einstellung anonymous_enable=NO akzeptiert der FTP-Server kein Anonymous FTP, also keine FTP-Verbindungen ohne Passwort. Wenn Sie diesen Parameter auf YES stellen, können Anonymous-FTP-Benutzer Dateien aus dem Verzeichnis /srv/ftp des Accounts ftp herunterladen. Anfangs ist dieses Verzeichnis leer. Wenn Sie Dateien dorthin kopieren, müssen Sie darauf achten, dass die Dateien für den Benutzer ftp lesbar sind.

local_enable=YES bewirkt, dass vsftp einen Benutzer-Login erlaubt. Ein FTP-Benutzer, der sich mit dem Namen pi und dem dazugehörenden Passwort anmeldet, kann also alle Dateien aus /home/pi herunterladen. Veränderungen sind allerdings nicht erlaubt. Wenn Sie bei dieser FTP-Form auch einen Daten-Upload zulassen möchten, müssen Sie zusätzlich write_enable auf YES stellen.

Die folgenden Zeilen fassen die vier wichtigsten Einstellungen in vsftpd.conf zusammen. Aktivieren Sie nur die Funktionen, die Sie wirklich benötigen! Insbesondere anon_upload_enable=YES ist sicherheitstechnisch sehr problematisch!

```
# /etc/vsftpd.conf
...
local_enable=YES / NO        # FTP-Login zulassen
write_enable=YES / NO        # Uploads grundsätzlich zulassen
...
anonymous_enable=YES / NO    # Anonymous FTP zulassen
anon_upload_enable=YES / NO  # Uploads auch bei Anonymous FTP
```

Damit Ihre Änderungen an vsftpd.conf wirksam werden, fordern Sie vsftpd auf, die Konfiguration neu einzulesen:

```
sudo systemctl reload vsftpd
```

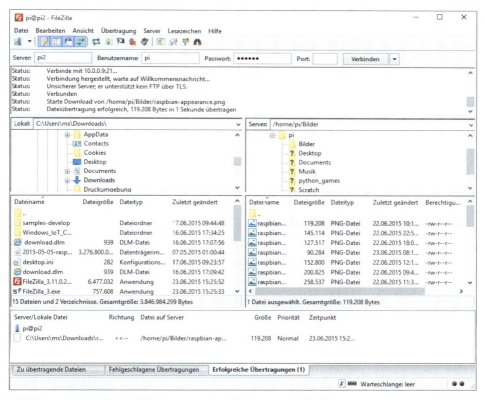

Abbildung 4.18 Test des FTP-Servers unter Windows mit FileZilla

FTP ausprobieren

Sobald der FTP-Server läuft, können Sie die FTP-Funktionen von Ihrem macOS- oder Linux-Arbeitsrechner aus ganz einfach mit dem Kommando ftp ausprobieren:

```
ftp pi3
  Connected to pi3.lan.
  Name (pi3:kofler): anonymous
  331 Please specify the password.
  Password: (E-Mail-Adresse oder einfach Return)
  230 Login successful.
  Remote system type is UNIX.
  Using binary mode to transfer files.
  ...
```

Unter Raspbian steht das Kommando ftp standardmäßig nicht zur Verfügung – Abhilfe schafft apt install ftp. Auch unter Windows müssen Sie zuerst einen FTP-Client installieren. Sehr viele Funktionen bietet das kostenlose Programm FileZilla (siehe Abbildung 4.18).

4.10   Programme beim Systemstart ausführen

rc.local

Der Init-Prozess legt fest, welche Programme in welcher Reihenfolge beim Hochfahren Ihres Raspberry Pi gestartet werden. Bei aktuellen Raspbian-Versionen ist für diesen Prozess das Programm systemd zuständig, das wir in Abschnitt 5.7, »Systemstart«, kurz vorstellen. Wenn es Ihnen nur darum geht, ein einzelnes Kommando beim Systemstart auszuführen, gelingt das auch ohne viel Hintergrundwissen: Sie fügen das betreffende Kommando einfach in die Datei /etc/rc.local ein, und zwar *vor* der dort vorgesehenen Zeile exit 0! Die folgenden Zeilen geben ein Beispiel für die Anwendung dieser Datei:

```
#!/bin/sh -e
# Datei /etc/rc.local
# den GPIO-Pin 7 als Input verwenden:
/usr/local/bin/gpio -1 mode 7 in
exit 0
```

rc.local eignet sich zur Ausführung von textbasierten Kommandos sowie zur Durchführung von Konfigurationsarbeiten. Alle angegebenen Kommandos werden mit root-Rechten ausgeführt. Beachten Sie, dass die Kommandoausführung sofort endet, wenn ein Kommando einen Fehler auslöst (wegen der Option -e in der ersten Zeile dieses Scripts).

Autostart-Programme für den Desktop

Sie können in /etc/rc.local allerdings keine grafischen Programme starten, die auf dem Raspbian-Desktop erscheinen sollen. Wenn Sie das möchten, müssen Sie in

Ihrem lokalen Verzeichnis, also in /home/pi, das Unterverzeichnis .config/autostart einrichten:

```
cd
nkdir .config/autostart
```

Dort richten Sie nun für jedes Programm, das automatisch auszuführen ist, eine Datei mit der Endung .desktop nach dem folgenden Muster ein:

```
# Datei .config/autostart/jmacs.desktop
[Desktop Entry]
Type=Application
Name=jmacs
Comment=Start jmacs in LXTerminal
Exec=lxterminal -e jmacs
```

Die exec-Zeile enthält das auszuführende Kommando. Im obigen Beispiel soll also ein Terminalfenster geöffnet und darin der Editor jmacs ausgeführt werden.

Wenn es Ihnen nur darum geht, eines der installierten Programme mit grafischer Benutzeroberfläche zu starten, dann reicht es aus, einen symbolischen Link auf die betreffende .desktop-Datei in /usr/share/applications einzurichten:

```
cd .config/autostart
ln -s /usr/share/applications/lxterminal.desktop .
```

Neben dem benutzerspezifischen Verzeichnis .config/autostart gibt es auch das globale Autostart-Verzeichnis /etc/xdg/autostart, das für alle Benutzer gilt.

Autostart-Dateien für Openbox

Ergänzend zu rc.local und den autostart-Verzeichnissen gibt es einen dritten Autostart-Mechanismus, den der unter Raspbian eingesetzte Window Manager Openbox zur Verfügung stellt. Die Konfiguration erfolgt durch die beiden folgenden Dateien:

```
/etc/xdg/openbox/autostart
~/.config/openbox/autostart
```

Diese Dateien enthalten die auszuführenden Programme in Form eines Scripts. Hintergrundprogramme starten Sie, indem Sie am Ende der betreffenden Zeile das Zeichen & hinzufügen. Vertiefende Informationen zum Openbox-Autostart-Mechanismus finden Sie hier:

https://wiki.archlinux.org/index.php/Openbox#autostart

4.11 Programme regelmäßig ausführen (Cron)

Die im vorigen Abschnitt beschriebenen Verfahren helfen dabei, ein Programm *einmal* beim Hochfahren des Raspberry Pi bzw. beim Start der grafischen Benutzeroberfläche auszuführen. Oft besteht aber der Wunsch, Logging-Kommandos, Backup-Scripts, Messprozesse etc. regelmäßig zu starten – einmal pro Stunde, einmal pro Woche etc. Dabei hilft der standardmäßig aktive Hintergrunddienst Cron. Sie müssen sich also nur noch um die korrekte Cron-Konfiguration kümmern.

/etc/cron.xxx-Verzeichnisse

Es bestehen verschiedene Möglichkeiten, Cron-Jobs einzurichten. Am einfachsten ist es, ein ausführbares Shell-Script in einem der Verzeichnisse /etc/cron.hourly, /etc/cron.daily, /etc/cron.weekly oder /etc/cron.monthly zu speichern. Es wird von nun an einmal stündlich, täglich, wöchentlich oder monatlich ausgeführt, und zwar 17 Minuten nach jeder vollen Stunde, täglich um 6:25 Uhr, wöchentlich am Sonntag um 6:47 Uhr bzw. an jedem Monatsersten um 6:52 Uhr. Was Shell-Scripts sind und wie Sie diese selbst erstellen, erfahren Sie in Kapitel 20, »bash-Programmierung«.

Beachten Sie, dass der Dateiname Ihres Scripts weder einen Punkt noch das Zeichen ~ enthalten darf! Außerdem müssen Sie das *Execute*-Bit setzen, damit Cron das Script berücksichtigt.

Mit dem folgenden Script erreichen Sie, dass einmal täglich ein Backup des /etc-Verzeichnisses erstellt wird. Jedes Backup erhält den Namen /backup/etc-nn.tgz, wobei nn der Tag des Monats ist, also 1 bis 31. Auf diese Weise haben Sie zu jedem Zeitpunkt immer Backup-Versionen der letzten 28 bis 31 Tage.

```bash
#!/bin/bash
# Datei /etc/cron.daily/etc-backup
n=$(date "+%d")
tar czf /backup/etc-$n.tgz /etc
```

Damit das Script tatsächlich ausgeführt wird, müssen Sie die Code-Datei als ausführbar markieren. Außerdem müssen Sie das Backup-Verzeichnis einrichten:

```
chmod a+x  /etc/cron.daily/etc-backup
mkdir /backup
```

/etc/crontab-Datei

Noch genauer können Sie den Zeitpunkt der Ausführung von Cron-Jobs steuern, wenn Sie sich auf die Syntax der Datei /etc/crontab einlassen. Diese Datei enthält zeilenweise Einträge mit sieben Spalten, die angeben, wann welches Kommando ausgeführt werden soll (siehe Tabelle 4.2).

```
min hour day month weekday user command
```

Spalte	Bedeutung
min	Gibt die Minute an (0–59).
hour	Gibt die Stunde an (0–23).
day	Gibt den Tag im Monat an (1–31).
month	Gibt den Monat an (1–12).
weekday	Gibt den Wochentag an (0–7, 0 und 7 bedeuten Sonntag).
user	Gibt an, für welchen Benutzer das Kommando ausgeführt wird (oft root).
command	Enthält das auszuführende Kommando.

Tabelle 4.2 »crontab«-Spalten

Wenn in den ersten fünf Feldern statt einer Zahl ein * angegeben wird, wird dieses Feld ignoriert. 15 * * * * bedeutet beispielsweise, dass das Kommando immer 15 Minuten nach der ganzen Stunde ausgeführt werden soll, in jeder Stunde, an jedem Tag, in jedem Monat, unabhängig vom Wochentag. 29 0 * * 6 bedeutet, dass das Kommando an jedem Samstag um 0:29 Uhr ausgeführt wird.

Für die Zeitfelder ist auch die Schreibweise */n erlaubt. Das bedeutet, dass das Kommando jede *n*-te Minute/Stunde etc. ausgeführt wird. */15 * * * * würde also bedeuten, dass das Kommando viertelstündlich ausgeführt wird.

Die Cron-Syntax erfordert einen Zeilenumbruch nach der letzten Zeile. Achten Sie darauf, dass alle Cron-Konfigurationsdateien mit einem Zeilenumbruch enden müssen – andernfalls wird die letzte Zeile ignoriert!

Die folgende Zeile bewirkt, dass das Script myscript jeden Tag um 12:00 Uhr ausgeführt wird, und zwar mit den Rechten des Benutzers pi:

```
# in /etc/crontab
0 12 * * * pi /home/pi/myscript
```

Um einmal täglich um 2:30 Uhr ein in Python programmiertes Backup-Script mit root-Rechten auszuführen, sieht der entsprechende Eintrag so aus:

```
# in /etc/crontab
30 2 * * * root /usr/local/bin/mybackup.py
```

/etc/cron.d-Verzeichnis

Anstatt Ihre eigenen Cron-Jobs in der zentralen crontab-Datei zu speichern, können Sie stattdessen auch eine eigene Datei im Verzeichnis /etc/cron.d einrichten. Dort gilt dieselbe Syntax wie in crontab.

Benutzerspezifische Crontab-Dateien

Ergänzend zur zentralen Crontab-Konfiguration in /etc kann jeder Benutzer in /var/spool/cron/crontabs eine eigene Crontab-Datei administrieren. Der Name der Datei muss mit dem Benutzernamen übereinstimmen. Dafür entfällt in der Crontab-Datei die Spalte mit der Information über den Benutzernamen. Benutzerspezifische Crontab-Dateien weisen daher nur sechs und nicht sieben Spalten auf.

Der empfohlene Weg zur Veränderung der eigenen Crontab-Datei ist das Kommando crontab -e: Damit wird nicht nur der Default-Editor zur Bearbeitung der Datei aufgerufen, beim Speichern erfolgt zudem eine Syntaxkontrolle.

Anacron

Cron wurde unter der Voraussetzung entwickelt, dass der Computer ständig läuft. Bei vielen Raspberry-Pi-Anwendungen ist das der Fall, und Cron wird zufriedenstellend funktionieren. Wenn Sie Ihren Raspberry Pi hingegen nur bei Bedarf einschalten, dann kann es vorkommen, dass der Rechner zu einem Zeitpunkt ausgeschaltet ist, zu dem Aufgaben erledigt werden sollen. In diesem Fall verfallen die Jobs, d. h., sie werden nicht später nachgeholt. Wenn Sie Ihren Raspberry Pi beispielsweise täglich von 8:00 bis 16:00 Uhr laufen lassen, werden die Scripts in /etc/cron.daily, /etc/cron.weekly und /etc/cron.monthly *nie* ausgeführt! Abhilfe schafft das Programm Anacron:

```
sudo apt install anacron
```

Mit der Installation übernimmt Anacron die Kontrolle über die Verzeichnisse /etc/cron.daily, /etc/cron.weekly und /etc/cron.monthly. Anacron merkt sich, wann es die dort angegebenen Jobs zuletzt ausgeführt hat. Wenn der Raspberry Pi aus- und später neu eingeschaltet wird, überprüft Anacron, ob in der Zwischenzeit Jobs hätten ausgeführt werden sollen. Ist dies der Fall, werden die Jobs nachgeholt.

Für die Konfiguration von Anacron ist die Datei /etc/anacrontab verantwortlich. Diese Datei besteht zeilenweise aus Einträgen, die einem der beiden folgenden Muster entsprechen:

```
period        delay  job-identifier  command
@period_name delay  job-identifier  command
```

Ein period-Wert ohne vorangestelltes @-Zeichen gibt an, wie oft der betreffende Job ausgeführt werden soll. 1 bedeutet täglich, 7 wöchentlich etc. Das einzige zulässige Schlüsselwort für die @-Schreibweise ist monthly, um monatliche Jobs zu definieren.

delay gibt an, wie viele Minuten nach Mitternacht bzw. nach dem Einschalten des Rechners die betreffenden Jobs ausgeführt werden sollen. Der job-identifier gibt an, unter welchem Namen Anacron unter /var/spool/anacron eine Timestamp-

Datei anlegt, deren Änderungsdatum angibt und wann die Jobs zuletzt ausgeführt wurden. command ist schließlich das auszuführende Kommando. In der Default-Konfiguration kümmert sich das Kommando run-parts um die Ausführung aller Scripts in /etc/cron.xxxly:

```
# Datei /etc/anacrontab
1          5 cron.daily    run-parts --report /etc/cron.daily
7         10 cron.weekly   run-parts --report /etc/cron.weekly
@monthly  15 cron.monthly  run-parts --report /etc/cron.monthly
```

Anacron hat keinerlei Einfluss auf gewöhnliche Cron-Jobs, die in /etc/crontab, /etc/cron.d oder in /etc/cron.hourly definiert sind! Anacron übernimmt lediglich die Kontrolle über /etc/cron.daily, /etc/cron.weekly und /etc/cron.monthly.

4.12   Monitor ein- und ausschalten

In Abschnitt 2.2, »Der PIXEL-Desktop«, haben wir Ihnen den Bildschirmschoner von Raspbian vorgestellt. Bei richtiger Konfiguration schaltet dieser den Monitor nach 10 Minuten ohne Maus- und Tastaturaktivität aus. Wenn Sie den Raspberry Pi verwenden, um ein ständig aktives Display anzusteuern (Museum, Geschäft etc.), werden Sie vermutlich als Erstes den Bildschirmschoner deaktivieren. Dazu fügen Sie in /etc/lightdm/lightdm.conf die folgende Zeile in den Abschnitt [SeatDefaults] ein:

```
# Bildschirmschoner deaktivieren
# Datei /etc/lightdm/lightdm.conf
...
[SeatDefaults]
xserver-command=X -s 0 -dpms
...
```

Monitor ein- und ausschalten

Wenn sich das mit dem Raspberry Pi verbundene Display nicht gerade auf einem Bahnhof oder Flughafen befindet, schießt ein 24-Stunden-Betrieb vermutlich über das Ziel hinaus. In einem Museum wäre es z. B. zweckmäßig, den Monitor nur während der Öffnungszeiten einzuschalten. Das Ausschalten gelingt mit dem folgenden Kommando:

```
vcgencmd display_power 0
```

Die meisten Monitore aktivieren damit ihren Energiesparmodus. Umgekehrt schaltet

```
vcgencmd display_power 1
```

den HDMI-Ausgang und damit auch den Monitor wieder ein.

Automatisch ein- und ausschalten

Um das Ein- und Ausschalten zu automatisieren, erstellen Sie die Datei /etc/cron.d/
monitor mit Einträgen gemäß dem folgenden Schema:

```
# Datei /etc/cron.d/monitor
0    8 * * 1,2,3,4,5 root vcgencmd display_power 1
15 18 * * 1,2,3,4,5 root vcgencmd display_power 0
```

Die erste Zeile bedeutet, dass der HDMI-Ausgang sowie der Monitor an Werktagen um
8:00 Uhr eingeschaltet werden soll. Wichtig ist dabei, dass 1,2,3,4,5 für die Wochen-
tage Montag bis Freitag ohne Leerzeichen angegeben wird, weil der gesamte Eintrag
die fünfte Spalte der Cron-Datei bezeichnet. Die zweite Zeile bewirkt analog, dass der
Monitor wieder nur an Werktagen um 18:15 Uhr ausgeschaltet wird.

4.13   Backups erstellen

Grundsätzlich gelten für den laufenden Betrieb eines Minicomputers dieselben
Backup-Strategien wie für einen gewöhnlichen Computer: Wenn Sie auf Ihrem Minicomputer veränderliche Daten speichern, sollten Sie diese regelmäßig sichern. Im
Idealfall steht Ihr Raspberry Pi mit einem NAS-Gerät in Verbindung. Dann bietet sich
die Programmierung eines kleinen Backup-Scripts an, das einmal täglich alle relevanten Daten in einem Netzwerkverzeichnis sichert. Analog können Backups natürlich
auch auf einen USB-Datenträger durchgeführt werden.

Unabhängig davon ist es zweckmäßig, hin und wieder eine Sicherungskopie der
ganzen SD-Karte zu erstellen. Dieses Backup kann dann jederzeit auf eine neue,
zumindest gleich große SD-Karte übertragen werden. Wenn es darum geht, Ihren
Raspberry Pi nach einem Defekt der SD-Karte schnell wieder zum Laufen zu bringen,
geht nichts über ein derartiges Komplett-Backup.

Dieser Abschnitt zeigt Ihnen einige Verfahren, wie Sie im laufenden Betrieb Backups
automatisieren können bzw. wie Sie die SD-Karte unter verschiedenen Betriebssystemen sichern und wiederherstellen können.

Backups mit rsync

Im Folgenden nehmen wir an, dass Sie ein Netzwerkverzeichnis eines NAS-Geräts
unter /mnt/nas in den Verzeichnisbaum eingebunden haben (siehe Abschnitt 4.6,
»Netzwerkverzeichnisse nutzen«). Unser Ziel besteht nun darin, den Inhalt des Heimatverzeichnisses regelmäßig dort zu sichern. Am einfachsten gelingt dies so:

```
mkdir /mnt/nas/backup
cp -a /home/pi /mnt/nas/backup
```

Das cp-Kommando können Sie nun regelmäßig durch ein Cron-Script ausführen. Das wäre aber Zeitverschwendung: Es würden jedes Mal *alle* Dateien kopiert, obwohl es ja ausreicht, nur die Dateien zu kopieren, die sich seit dem letzten Mal geändert haben oder die neu dazugekommen sind. Genau diese Aufgabe erfüllt das Kommando rsync: Das Kommando ist dazu da, zwei Verzeichnisse miteinander zu synchronisieren.

```
rsync -a /home/pi /mnt/nas/backup
```

Dateien, die Sie in Ihrem Heimatverzeichnis löschen, bleiben im Backup-Verzeichnis erhalten. Das ist einerseits sicher, weil so bei Bedarf gelöschte Dateien wiederhergestellt werden können; andererseits steigt der Speicherplatz des Backups ständig weiter, wenn Sie häufig Dateien löschen. Deswegen bietet rsync die Option --delete. Mit dieser Option löscht rsync im Zielverzeichnis alle Dateien und Unterverzeichnisse, die im Quellverzeichnis gelöscht wurden. Sie müssen selbst entscheiden, ob Sie die Option einsetzen möchten oder nicht.

Um den Backup-Vorgang zu automatisieren, verpacken Sie das rsync-Kommando in dem winzigen bash-Script /etc/cron.daily/mybackup (siehe Kapitel 20, »bash-Programmierung«). Dabei ist [-d /mnt/nas/backup] ein Test, ob das Backup-Verzeichnis überhaupt zur Verfügung steht. Das ist nur dann der Fall, wenn das NAS-Gerät eingeschaltet ist und das letzte mount-Kommando funktioniert hat.

```
#!/bin/bash -e
# Datei /etc/cron.daily/mybackup
if [ -d /mnt/nas/backup ]; then
  rsync -a /home/pi /mnt/nas/backup
else
  echo "Backup-Verzeichnis nicht hier"
  exit 1
fi
```

Jetzt müssen Sie die Datei nur noch als ausführbar kennzeichnen. Cron kümmert sich nun einmal täglich darum, alle Ihre Dateien mit einem Backup-Verzeichnis des NAS-Geräts zu synchronisieren.

```
sudo chmod a+x /etc/cron.daily/mybackup
```

Backups mit tar

Das Kopieren von Verzeichnissen mit vielen kleinen Dateien, insbesondere Konfigurations-, Text- und Code-Dateien, dauert relativ lange. In solchen Fällen ist es besser, zuerst mit tar ein komprimiertes Archiv zu erstellen und dieses dann zu sichern.

Das folgende Beispiel-Script erstellt einmal wöchentlich ein Backup des gesamten /etc-Verzeichnisses und speichert es im Verzeichnis /backup. Sollte dort bereits ein Backup existieren, wird dieses umbenannt.

```
#!/bin/bash -e
# Datei /etc/cron.weekly/etcbackup
if [ -f /backup/etc.tgz ]; then
  mv /backup/etc.tgz /backup/old-etc.tgz
fi
tar czf /backup/etc.tgz /etc
```

Backup einer SD-Karte unter Windows

Der größte Nachteil eines Komplett-Backups einer SD-Karte besteht darin, dass Sie dazu Ihren Raspberry Pi herunterfahren und die SD-Karte vorübergehend in Ihren Arbeitscomputer stecken müssen. Überwinden Sie aber Ihre Bequemlichkeit, und machen Sie zumindest hin und wieder ein komplettes Backup!

Die Durchführung ist relativ leicht: Unter Windows starten Sie das Programm Win32 Disk Imager, das wir Ihnen bereits in Abschnitt 1.4, »Image-Datei auf eine SD-Karte schreiben«, vorgestellt haben. Im Eingabefeld IMAGE FILE geben Sie nun eine neue, noch nicht existierende Image-Datei an, z. B. backup.img. Im Listenfeld DEVICE wählen Sie den Laufwerksbuchstaben der Boot-Partition der SD-Karte aus. Nun klicken Sie auf den Button READ, um den gesamten Inhalt der SD-Karte in die Image-Datei zu übertragen (siehe Abbildung 4.19).

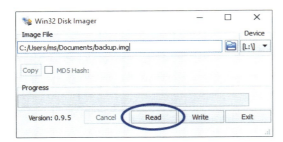

Abbildung 4.19 SD-Karten-Backup mit dem Win32 Disk Imager

Lassen Sie sich nicht davon irritieren, dass die zweite, viel größere Partition mit Ihren Daten unter Windows gar nicht angezeigt wird und somit im Win32 Disk Imager auch nicht zur Auswahl steht. Das liegt daran, dass Windows das Linux-Dateisystem nicht lesen kann und die Partition deswegen ignoriert. Der Win32 Disk Imager liest aber auf jeden Fall die ganze SD-Karte.

Um zur Wiederherstellung der Daten später eine neue SD-Karte mit dem Backup zu bespielen, wählen Sie als IMAGE FILE die Backup-Datei aus und als DEVICE den Laufwerksbuchstaben der SD-Karte. WRITE schreibt nun das Backup-Image auf die SD-Karte. Alle Daten, die sich auf der SD-Karte befinden, werden dabei überschrieben.

Riesen-Backup, obwohl die SD-Karte halb leer ist?

Die resultierende Image-Datei ist immer exakt genauso groß wie die SD-Karte – auch dann, wenn nur ein kleiner Teil der SD-Karte tatsächlich mit Daten gefüllt ist. Das liegt daran, dass in jedem Fall der gesamte Datenträger blockweise ausgelesen wird, egal ob diese Blöcke vom Raspbian-Dateisystem genutzt werden oder nicht.

Sie können nach dem Backup versuchen, die Image-Datei mit WinZIP oder einem ähnlichen Programm zu komprimieren. Die Platzersparnis ist aber nicht groß, vor allem dann nicht, wenn die SD-Karte früher schon für andere Zwecke verwendet worden ist und aktuell ungenutzte Datenblöcke noch alte Daten enthalten.

Backup einer SD-Karte unter macOS

Unter macOS können Sie für SD-Karten-Backups das Programm *AplePi-Baker* einsetzen. Sie können das Programm hier kostenlos herunterladen:

https://www.tweaking4all.nl/hardware/raspberry-pi/macosx-apple-pi-baker

Nach dem Start wählen Sie im Listenfeld links oben den Device-Namen der SD-Karte an und klicken dann auf den Button BACKUP SD-CARD. Daraufhin erscheint ein Datei-auswahldialog, in dem Sie den Namen der zu erstellenden Backup-Datei angeben.

Um das Backup auf einer gleich großen oder größeren SD-Karte wiederherzustellen, wählen Sie das Device der SD-Karte und das Backup-Image aus und klicken auf den Button IMG TO SD-CARD.

Backup einer SD-Karte unter Linux

Unter Linux verwenden Sie zuerst das Kommando lsblk, um den Device-Namen der SD-Karte festzustellen. Die folgenden Beispiele gehen davon aus, dass der Device-Name der SD-Karte /dev/sdb lautet. Passen Sie die Device-Angaben entsprechend an! Mit umount lösen Sie nun alle Partitionen der SD-Karte aus dem Verzeichnisbaum. dd überträgt den Inhalt der SD-Karte in die Backup-Datei:

```
umount /dev/sdb?
dd if=/dev/sdb of=backup.img bs=4M
```

Das Auslesen großer SD-Karten dauert leider ziemlich lange. Wenn Sie in dieser Zeit ein Feedback wünschen, setzen Sie statt dd das Kommando dcfldd ein. Optional können Sie die zu sichernden Daten auch gleich komprimieren:

```
dcfldd if=/dev/sdb bs=4M | gzip > backup.img.gz
```

Die Kommandos, um die SD-Karte wiederherzustellen, sehen wie folgt aus. Beachten Sie, dass dabei der gesamte Inhalt des Datenträgers /dev/sdb überschrieben wird!

```
umount /dev/sdb?
dd if=backup.img of=/dev/sdb bs=4M
```

Wenn Sie das Backup-Image komprimiert haben, gehen Sie so vor:

```
gunzip -c backup.img.gz | dd of=/dev/sdb bs=4M
```

Backup einer SD-Karte im laufenden Betrieb unter Raspbian

In aktuellen Raspbian-Versionen steht das Programm ZUBEHÖR • SD CARD COPIER zur Verfügung. Damit können Sie im laufenden Betrieb den Inhalt der SD-Karte auf einen USB-Datenträger sichern, also z. B. auf einen USB-Stick oder auf eine zweite SD-Karte, die sich in einem USB-Adapter befindet. Das klingt großartig, ist aus unserer Sicht aber nicht empfehlenswert: Zum einen ist die Backup-Methode nur dann sicher, wenn Raspbian gerade nichts tut, sich also im Leerlauf befindet. Unter Raspbian laufen aber immer irgendwelche Hintergrundprozesse, weswegen diese Voraussetzung nur schwer zu erfüllen ist. Zum anderen dauert das Backup aufgrund der lahmen I/O-Anbindung des Raspberry Pi schier endlos.

4.14 Overclocking

Der Raspberry Pi ist ein genialer Minicomputer, aber keine Rakete. Auf Internetseiten und -foren zählen daher Tipps, wie man den Raspberry Pi schneller machen kann, zu den beliebtesten Themen. Das sogenannte Overclocking ermöglicht es, den Raspberry Pi höher zu takten als vorgesehen. Gerade für CPU- oder GPU-intensive Aufgaben, z. B. für die HD-Wiedergabe von Videos, ist Overclocking natürlich eine willkommene Hilfe, um den Raspberry Pi schneller zu machen.

In der Vergangenheit war das Overclocking gewissermaßen ein Volkssport unter den Raspberry-Pi-Freaks. Das lag daran, dass bei den ersten Raspberry-Pi-Modellen die CPU-Frequenz sehr konservativ voreingestellt war und damit genug Spielraum nach oben bot. Bei aktuellen Raspberry-Pi-Modellen ist das aber nicht mehr der Fall. Das Overclocking ist zwar weiterhin möglich, aber nicht empfehlenswert. Welche Werte für das Overclocking zweckmäßig sind, hängt von Ihrem Raspberry-Pi-Modell ab:

▶ Die Modelle der Version 1 verwenden die CPU BCM2835 mit einer Grundfrequenz von bis zu 700 MHz. Ein Overclocking bis ca. 1 GHz ist sinnvoll.

▶ Die Raspberry-Pi-Modelle Zero, Zero W bzw. Zero WH verwenden dieselbe CPU, aber bereits eine Grundfrequenz von 1 GHz. Overclocking wird nicht empfohlen.

▶ Der Raspberry Pi 2, Modell B, verwendet die CPU BCM2836 mit einer Taktfrequenz von bis zu 900 MHz. Hier ist ein moderates Overclocking bis ca. 1 GHz denkbar.

▶ Im Raspberry Pi 3B bzw. 3B+ läuft die CPU BCM2837. Die Taktfrequenz beträgt bis zu 1,2 GHz bzw. 1,4 GHz. Eine Steigerung darüber hinaus ist nicht empfehlenswert.

Weitere Details und Tipps können Sie auf den folgenden Seiten nachlesen:

https://raspberrypi.stackexchange.com/questions/38897
https://www.jackenhack.com/raspberry-pi-3-overclocking

4

Aktuelle Taktfrequenz und Temperatur ermitteln

Die gerade aktuelle und die maximal zulässige CPU-Frequenz in Kilohertz sowie die CPU-Temperatur in Milligrad können Sie wie folgt auslesen:

```
cat /sys/devices/system/cpu/cpu?/cpufreq/scaling_cur_freq
   600000   (erster Core, entspricht 600 MHz)
   600000   (zweiter Core)
   600000   (dritter Core)
   600000   (vierter Core)
cat /sys/devices/system/cpu/cpu0/cpufreq/scaling_max_freq
  1200000   (entspricht 1,2 GHz)
cat /sys/class/thermal/thermal_zone0/temp
  44925    (entspricht 44,925 Grad)
```

Alternativ können Sie zur Ermittlung der CPU-Temperatur auch das Kommando vcgencmd zu Hilfe nehmen:

```
vcgencmd measure_temp
  temp=44.9'C
```

Overclocking-Parameter in config.txt

Aus technischer Sicht ist das Overclocking unkompliziert. Sie müssen lediglich die Paramter arm_freq, core_freq, sdram_freq und over_voltage in /boot/config.txt ändern und Ihren Raspberry Pi neu starten. Dabei können Sie sich an den Werten orientieren, die raspi-config verwendet (siehe Tabelle 4.3).

Einstellung	arm_freq	core_freq	sdram_freq	over_voltage
RPi1 - None	700 MHz	250 MHz	400 MHz	0
RPi1 - Modest	800 MHz	250 MHz	400 MHz	0
RPi1 - Medium	900 MHz	250 MHz	450 MHz	2
RPi1 - High	950 MHz	250 MHz	450 MHz	6
RPi1 - Turbo	1000 MHz	500 MHz	600 MHz	6
RPi2	1000 MHz	500 MHz	500 MHz	2

Tabelle 4.3 Overclocking-Einstellungen in »raspi-config«

Die aktuell gültigen Werte können Sie mit vcgencmd ermitteln:

```
vcgencmd get_config core_freq
  core_freq=400
vcgencmd get_config gpu_freq
  gpu_freq=300
```

Das Overclocking erfolgt normalerweise dynamisch, d. h. nur dann, wenn die CPU- oder GPU-Leistung tatsächlich benötigt wird. In den Ruhezeiten laufen CPU und GPU in den Default-Taktfrequenzen. force_turbo=1 verhindert die Taktabsenkung und bewirkt, dass die CPU/GPU immer mit der angegebenen Frequenz getaktet wird. Die CPU/GPU wird dann aber viel schneller heiß. Wenn Sie sich für force_turbo=1 entscheiden, sollten Sie die Chips des Raspberry Pi mit Kühlkörpern ausstatten und für eine gute Belüftung des Geräts sorgen.

Overclocking mit raspi-config

Am komfortabelsten stellen Sie das Overclocking mit raspi-config ein. Beim Raspberry Pi 1 können Sie zwischen fünf Parameterkombinationen wählen. Für den Raspberry Pi 2 gibt es nur ein Werteset (siehe Tabelle 4.3). Wie bereits erwähnt, sollten Sie beim Raspberry Pi Zero und beim Raspberry Pi 3 auf Overclocking-Experimente verzichten – dort bietet die hohe Grundfrequenz kaum noch Reserven.

4.15 Notfall-Tipps

Nicht immer klappt alles auf Anhieb. Wenn Sie Pech haben, stürzt Ihr Raspberry Pi beim Hochfahren nach wenigen Sekunden ab, bleibt hängen, zeigt unverständliche Fehlermeldungen an oder – was sicherlich der unangenehmste Fall ist – zeigt auf dem Bildschirm überhaupt nichts an. Dann ist eine Diagnose natürlich besonders schwierig. Dieser Abschnitt fasst Tipps zusammen, was Sie in solchen Fällen tun können.

Stromversorgung

Wenn man Forenberichten glauben darf, ist eine unzureichende Stromversorgung die bei Weitem häufigste Fehlerursache. Das Modell B des Raspberry Pi 1 benötigt laut Spezifikation an sich zumindest 750 mA Strom. Dennoch ist das schon mehr, als typische Handy-Netzteile mit Micro-USB-Kabel liefern können. Beim Raspberry Pi 3B+ sind bei voller CPU-Auslastung dagegen rund 1100 mA notwendig. Dazu kommt in allen Fällen der Strom für USB-Geräte, für die Raspberry-Pi-Kamera und für andere Zusatzkomponenten.

Sparen Sie daher nicht beim Netzteil, sondern kaufen Sie eines, das 2 A Strom liefern kann. Damit ergibt sich bei einer Ausgangsspannung von 5 V eine Leistung von

10 Watt. Die Raspberry Pi Foundation empfiehlt sogar ein Netzteil mit 2,5 A (12,5 Watt). Das erscheint uns übertrieben – es sei denn, Sie wollen auch diverse USB-Geräte mit Strom versorgen.

Wenn Sie also Stabilitätsprobleme haben oder Ihr Raspberry Pi immer wieder unmotiviert neu startet: Versuchen Sie es mit einem besseren Netzteil, verwenden Sie eventuell einen aktiven USB-Hub bzw. lösen Sie alle Verbindungen zu USB-Peripheriegeräten, die Sie nicht unbedingt brauchen. Deaktivieren Sie gegebenenfalls auch das Overclocking.

Fehlerindikatoren

Beim Raspberry Pi Modell 1B+ sowie beim Modell 2B erscheint auf dem Bildschirm rechts oben ein kleines buntes Quadrat, wenn die Versorgungsspannung zu niedrig ist. Auch wenn der Raspberry Pi ohne Absturz weiterläuft, ist dies ein eindeutiger Hinweis darauf, dass Ihr Netzgerät unzureichend ist.

Auch wenn der Raspberry Pi während des Startprozesses hängen bleibt, ist auf dem Monitor möglicherweise ein buntes Farbmuster zu sehen: Das ganze Monitorbild verläuft von Rot (links oben) nach Hellblau (rechts unten). Dieses Muster deutet darauf hin, dass die Datei start.elf von der ersten Partition der SD-Karte gelesen werden konnte, dass aber der Linux-Kernel aus der Datei kernel.img nicht gelesen oder ausgeführt werden kann.

Beim Raspberry Pi 3B und 3B+ dient auch die rote Leuchtdiode als Fehlerindikator. Diese muss durchgängig leuchten. Ein gelegentliches Flackern ist ein Hinweis darauf, dass die Stromversorgung unzureichend ist. Es kann sein, dass der Raspberry Pi auch dann noch stabil läuft – allerdings langsamer als vorgesehen.

Bei aktuellen Raspberry-Pi-Modellen kann auch der Kernel die Spannung überwachen. Wenn eine zu niedrige Spannung festgestellt wird, protokolliert der Kernel die Meldung Under-voltage detected. Diese Fehlermeldung tritt nur bei Belastungsspitzen auf und muss nicht sofort zu Abstürzen oder Stabilitätsproblemen führen. Sie ist aber ein klarer Hinweis darauf, dass Ihr Netzteil nicht ausreichend dimensioniert ist.

Um festzustellen, ob diese Fehlermeldung aufgetreten ist, führen Sie das folgende Kommando aus. Es durchsucht die Kernel-Nachrichten nach der Zeichenkette *under* in beliebiger Groß- und Kleinschreibung. Die Ziffern am Beginn der Meldung geben den Zeitpunkt an, zu dem das Problem aufgetreten ist (in Sekunden gerechnet ab dem Rechnerstart).

```
dmesg | grep -i under
[    4.151731] Under-voltage detected! (0x00050005)
[   10.391692] Under-voltage detected! (0x00050005)
[   18.711585] Under-voltage detected! (0x00050005)
```

Benchmarktest durchführen

Wenn Sie Stabilitätsprobleme haben oder befürchten (z. B. auch in Kombination mit Overclocking), ist die Durchführung eines Benchmarktests zweckmäßig. Vordergründig wird dabei eine Kennzahl ermittelt, mit der die Rechenleistung Ihres Minicomputers mit anderen Modellen verglichen werden kann. Auch wenn Sie an solchen Vergleichen gar nicht interessiert sind, reizen Benchmarktests die CPU bis ans Limit aus. Wenn derartige Tests über einen längeren Zeitraum – zumindest eine Viertelstunde – zuverlässig funktionieren, dann haben Sie die Gewissheit, dass die Stromversorgung ausreichend ist.

Gut geeignet für derartige Stabilitätstests ist das Programm sysbench. Es berechnet Primzahlen und beansprucht dabei ausschließlich die CPU. Die folgenden Ergebnisse kamen auf einem Raspberry Pi 3B ohne Overclocking zustande. Der Testdurchlauf dauerte etwa zwei Minuten. Wenn sysbench länger arbeiten soll, geben Sie einfach mit der Option --cpu-max-prime einen höheren Endwert an. Beachten Sie auch die Option --num-threads=4: Sie stellt sicher, dass alle vier CPU-Cores genutzt werden.

```
sudo apt install sysbench
sysbench --test=cpu --cpu-max-prime=20000 --num-threads=4 run
  Test execution summary:
    ...
    execution time (avg/stddev):          126.0046/0.01
```

Die CPU-Temperatur stieg bei unseren Tests auf 80°C (ohne Gehäuse, ohne Kühlkörper, Umgebungstemperatur 22°C). Alle CPU-Cores liefen während des über mehrere Minuten ausgeführten Tests mit 1,2 GHz. Diese Werte haben wir wie folgt abgefragt:

```
cat /sys/class/thermal/thermal_zone0/temp
  80972
cat /sys/devices/system/cpu/cpu?/cpufreq/scaling_cur_freq
  1200000
```

SD-Karte

An zweiter Stelle in der Hitliste der Probleme mit dem Raspberry Pi stehen SD-Karten. Es gibt Modelle, die nicht zum Raspberry Pi kompatibel sind, auch wenn diese Karten in einer Kamera oder im Kartenslot eines Notebooks problemlos funktionieren. Versuchen Sie es einfach mit einem anderen Modell, und werfen Sie vor dem Kauf einen Blick auf die folgende Seite des Embedded-Linux-Wikis:

https://elinux.org/RPi_SD_cards

Nicht immer ist die Karte an sich schuld. Eine mögliche Fehlerursache kann auch sein, dass Sie das Linux-Image nicht fehlerfrei auf die SD-Karte übertragen haben. Das

Problem äußert sich in der Regel darin, dass der Boot-Prozess von diversen *Authenti-cation*-Warnungen unterbrochen wird und schließlich ganz stoppt.

Abhilfe: Übertragen Sie die Image-Datei nochmals auf die SD-Karte. Vergleichen Sie vorher die SHA1-Prüfsumme der Image- oder ZIP-Datei mit dem Wert, der auf der Download-Seite angegeben ist.

4

SD-Karten sind keine Festplatten!

Generell sind SD-Karten – unabhängig von ihrem Preis – leider oft Billigprodukte, deren Lebensdauer und Stabilität nicht mit Festplatten oder SSDs mithalten kann. Überlegen Sie sich eine Backup-Strategie, vermeiden Sie nach Möglichkeit stark I/O-lastige Anwendungen bzw. speichern Sie kritische Daten auf einem USB-Stick, einer USB-Festplatte oder einem NAS-Speichergerät.

Bei USB-Sticks sollten Sie das gebräuchliche VFAT-Dateisystem möglichst vermeiden. Es reagiert bei Defekten besonders allergisch. Bei ungeplanten Stromausfällen gehen häufig nicht nur einzelne Dateien verloren, sondern es wird gleich das gesamte Dateisystem beschädigt. Verwenden Sie lieber das Linux-Dateisystem ext4.

Display-Probleme

Besonders schwierig ist die Fehlersuche, wenn Ihr Monitor oder Fernseher gar kein Bild zeigt. Klären Sie zuerst die naheliegenden Fragen: Funktioniert die Stromversorgung? Wenn im Raspberry Pi nicht zumindest eine rote Diode leuchtet, bekommt der Computer keinen bzw. zu wenig Strom. Ist das Kabel oder der Bildschirm schuld? Wenn möglich, versuchen Sie es mit einem anderen HDMI-Kabel bzw. mit einem anderen Monitor oder Fernseher.

Wenn das alles nichts hilft, sollten Sie versuchen, in der Datei config.txt auf der ersten Partition der SD-Karte Veränderungen vorzunehmen. Diese Datei wird vom Raspberry Pi unmittelbar nach dem Start gelesen und enthält unter anderem einige Parameter, die das HDMI-Signal und die Grafikauflösung betreffen. Bei Display-Problemen sollten Sie es mit dieser Einstellung versuchen:

```
# Datei /boot/config.txt
hdmi_force_hotplug=1
config_hdmi_boost=4
hdmi_group=2
hdmi_mode=4
disable_overscan=0
```

Ihr Raspberry Pi verwendet nun eine Auflösung von nur 640 × 480 Pixel, wobei der tatsächlich nutzbare Bereich wegen eines schwarzen Overscan-Bereichs an den Rändern noch etwas kleiner ist. Wirklich zufriedenstellend arbeiten können Sie so nicht, aber immerhin lässt sich auf diese Weise sicherstellen, dass Ihr Minicomputer an sich funktioniert. Wie Sie gezielt eine höhere Auflösung einstellen, erfahren Sie im nächsten Abschnitt.

---

config.txt sicher ändern

Um die Datei config.txt zu verändern, unterbrechen Sie die Stromversorgung zum Raspberry Pi und stecken die SD-Karte in den Slot Ihres regulären Computers. Dort können Sie die Datei config.txt mit einem beliebigen Editor ändern. Speichern Sie die Veränderungen, werfen Sie die SD-Karte im Dateimanager aus, stecken Sie sie wieder in den Raspberry Pi, und stellen Sie dessen Stromversorgung wieder her.

Sobald Ihr Raspberry Pi läuft, können Sie config.txt auch im laufenden Betrieb ändern. Sie finden die Datei im /boot-Verzeichnis. Änderungen werden erst nach einem Neustart wirksam.

Eine detaillierte Beschreibung des Startprozesses folgt in Abschnitt 5.7, »Systemstart«. Auch dabei spielt die Datei config.txt eine wichtige Rolle. Als *die* ultimative Referenz bei Hardware-Problemen mit dem Raspberry Pi gilt die folgende Webseite:

https://elinux.org/R-Pi_Troubleshooting

Auflösungsprobleme

Bei unseren Tests hatten wir mehrfach Probleme mit der Grafikauflösung: Raspbian, Ubuntu MATE, OpenELEC etc. zeigten die Benutzeroberfläche nur mit einer Auflösung von 640 × 480 Pixel an. Diese Probleme waren monitorabhängig und traten gehäuft bei den neueren Raspberry-Pi-Modellen auf (Version 2 und 3).

In einer derart kleinen Auflösung ist es unmöglich, die Konfigurationsdialoge zu nutzen. Deswegen ist es in solchen Fällen empfehlenswert, die Installation abzubrechen, die SD-Karte in einen herkömmlichen Computer zu stecken und dort die Datei config.txt zu verändern. Im Regelfall reicht es aus, wenn Sie am Ende dieser Datei die folgenden zwei hdmi-Optionen eintragen:

```
# Datei /boot/config.txt
...
# group 1 für TV-Geräte, group 2 für Computer-Monitore
hdmi_group=2

# 1920x1200 @ 60 Hz erzwingen
hdmi_mode=69
```

Anstelle von hdmi_mode=69 können Sie es auch mit hdmi_mode=68 versuchen. Eine Referenz aller zulässigen Einstellungen finden Sie auf der Webseite *https://elinux.org/RPiconfig*. Nach einem Neustart des Raspberry Pi sollte die Grafikauflösung stimmen.

Status-Leuchtdioden (Modelle 1A und 1B)

Bei den Modellen A und B des Raspberry Pi 1 befindet sich zwischen den beiden USB-Buchsen und dem Audio-Ausgang eine Gruppe von fünf Leuchtdioden. Die LEDs geben Auskunft über den Status des Minicomputers:

▸ **Erste LED (gelb, am äußeren Rand):** gibt die Geschwindigkeit der Ethernet-Verbindung an. An: 100 Mbps. Aus: 10 Mbps oder keine Verbindung.

▸ **Zweite LED (grün):** leuchtet, wenn eine Ethernet-Netzwerkverbindung besteht.

▸ **Dritte LED (grün):** leuchtet, wenn über die Ethernet-Schnittstelle Daten in beide Richtungen übertragen werden (Full Duplex Mode).

▸ **Vierte LED (rot):** leuchtet, wenn der Raspberry Pi mit der Stromversorgung verbunden ist.

▸ **Fünfte LED (grün, nahe dem Audio-Ausgang):** leuchtet, wenn Daten von oder zur SD-Karte übertragen werden. Falls diese LED nach dem Einschalten nur schwach leuchtet, findet der Raspberry Pi auf der SD-Karte die zum Booten erforderlichen Dateien nicht bzw. kann überhaupt nicht mit der SD-Karte kommunizieren.

Wenn der Raspberry Pi nur einen Teil der Boot-Dateien lesen kann, blinkt die grüne LED in einem speziellen Muster:

– Dreimal Blinken bedeutet, dass die Datei start.elf nicht gefunden wurde.

– Viermal Blinken bedeutet, dass start.elf nicht ausgeführt werden kann.

– Siebenmal Blinken bedeutet, dass kernel.img nicht gefunden wurde.

Wenn Sie den Raspberry Pi mit der Stromversorgung verbinden, sollte sofort die rote LED zu leuchten beginnen. Wenn alles klappt, beginnt nach ein, zwei Sekunden die grüne LED unregelmäßig zu blinken. Das bedeutet, dass die Boot-Dateien von der SD-Karte gelesen werden.

Status-Leuchtdioden (Modelle 1B+, 2B, 3B und 3B+)

Beginnend mit dem Modell B+ des Raspberry Pi 1 haben sich Ort und Anzahl der Status-LEDs verändert:

▸ **Ethernet-LEDs:** Es gibt nur noch zwei Leuchtdioden für den Ethernet-Status. Diese befinden sich direkt in der Ethernet-Buchse. Die gelbe LED gibt weiterhin die Geschwindigkeit an (an: 100 Mbps). Die grüne LED leuchtet, wenn eine Netzwerk-verbindung besteht; sie flackert, wenn gerade Daten übertragen werden.

▸ **Stromversorgungs-LED (rot):** Diese LED befindet sich bei alten Raspberry-Pi-Modellen am Beginn der GPIO-Leiste nahe Pin 1. Bei den Modellen 3B und 3B+ ist die LED dagegen direkt neben dem Micro-USB-Anschluss zur Stromversorgung angeordnet.

Die rote LED leuchtet, wenn der Raspberry Pi mit der Stromversorgung verbunden ist – und zwar nur dann, wenn die erforderliche Versorgungsspannung von 4,7 V zur Verfügung steht. Ein Flackern der LED im laufenden Betrieb ist ein Indikator, dass die Stromversorgung nicht ausreicht.

▶ **Status-LED (grün):** Diese LED befindet sich neben der gerade erwähnten Stromversorgungs-LED. Ihre Funktion entspricht der fünften LED der Modelle 1A und 1B.

Status-LEDs selbst steuern

Es gibt im Internet sicher tausend Anleitungen, wie Sie eine Leuchtdiode über einen Vorwiderstand mit einem GPIO-Pin verbinden und diese dann per Python, bash oder in sonst einer Programmiersprache ein- und wieder ausschalten. Aber wussten Sie, dass Sie auch manche im Raspberry Pi eingebauten LEDs per Software ein- und ausschalten können?

Die Ansteuerung dieser Leuchtdioden ist stark modellspezifisch. Eine Anleitung zum Ein- und Ausschalten der roten und der grünen Status-LED des Raspberry Pi 2 durch bash- oder Python-Scripts finden Sie auf unserem Blog:

https://pi-buch.info/ok-led-des-raspberry-pi-steuern

Diese Anleitung gilt auch für den Raspberry Pi 3. Allerdings ist bei dieser Pi-Version leider nur die grüne Leuchtdiode durch den Benutzer bzw. durch Scripts steuerbar.

Kapitel 5
Linux-Grundlagen

Alle, die mit dem Raspberry Pi möglichst rasch konkrete Projekte realisieren möchten, werden dieses Kapitel vielleicht vorerst überspringen und stattdessen den Minicomputer als Media-Player oder als Basis für erste Programmier- und Elektronikexperimente einsetzen. Und das ist vollkommen in Ordnung! Natürlich war auch uns beim Verfassen dieses Kapitels klar, dass sich sein Spaßfaktor in Grenzen hält.

Dennoch sind wir der Meinung, dass dieses Kapitel wichtig und unverzichtbar ist: Es erklärt Ihnen, wie Linux funktioniert. Wenn Sie nicht stur Anleitungen befolgen möchten, sondern auch verstehen wollen, was Sie tun, dann können Sie in diesem Kapitel eine Menge über das Linux-Fundament des Raspberry Pi lernen. Wichtige Themen sind dabei:

► Verwaltung von Benutzern und Gruppen
► Zugriffsrechte
► Paketverwaltung
► Verwaltung des Dateisystems
► Netzwerkkonfiguration
► Bluetooth
► Systemstart
► Systemeinstellungen in `config.txt`
► Grafiksystem
► Kernel und Module
► Device Trees

Dieses Wissen wird Ihnen dabei helfen, Probleme selbstständig zu lösen und verschiedene Konfigurationsarbeiten auch ohne grafische Konfigurationshilfen durchzuführen. Besonders wichtig ist dies, wenn Sie Ihren Raspberry Pi im Textmodus oder via SSH administrieren oder wenn Sie eine andere Distribution als Raspbian einsetzen.

Um Ihnen den Einstieg in die Linux-Interna besonders leicht zu machen, haben wir uns bemüht, die Inhalte dieses Kapitels möglichst so zu organisieren, dass Sie die Abschnitte jeweils für sich und in beliebiger Reihenfolge lesen können.

Linux versus Raspbian

Bereits im ersten Kapitel haben wir erläutert, dass es nicht *ein* Linux gibt, sondern viele Linux-Distributionen, die sich durchaus erheblich voneinander unterscheiden. Einige Themen dieses Kapitels, z. B. die Paketverwaltung oder der Startprozess, sind deswegen Raspbian-spezifisch. Andere Abschnitte gelten für *jedes* Linux-System, etwa die Konzepte der Benutzerverwaltung und Zugriffsrechte. Dieses Buch beschreibt Raspbian auf der Basis von Debian 9 (»Stretch«).

PC-Hardware versus Raspberry Pi

In vielen Linux-Büchern gehen die Autoren davon aus, dass Linux auf einem Standard-PC läuft. Diese Annahme trifft für den Raspberry Pi nicht zu – und das hat spürbare Auswirkungen auf dieses Kapitel! Beispielsweise verläuft der Startprozess (Boot-Vorgang) auf einem Linux-Notebook oder -Server ganz anders als auf dem Raspberry Pi. Davon abgesehen gilt aber, dass sich der Raspberry Pi in den meisten Aspekten wie jeder andere Linux-Rechner verhält. Mit anderen Worten: Fast alles, was Sie in diesem Kapitel lernen, gilt auch für Linux-Installationen auf einem *gewöhnlichen* Rechner.

5.1   Benutzer und Gruppen

Linux basiert auf Unix, einem Betriebssystem, dessen erste Version mehr als 50 Jahre alt ist. Eines der Kernmerkmale von Unix war von Anfang an dessen Multi-User-Fähigkeit: Auf einem Unix-Rechner können also verschiedene Benutzer arbeiten, und das sogar gleichzeitig. Verschiedene Mechanismen (Passwörter, Zugriffsrechte) schützen dabei Verzeichnisse und Dateien eines Benutzers vor den neugierigen Augen anderer Benutzer bzw. vor böswilligen Veränderungen. Gleichzeitig gibt es natürlich auch Möglichkeiten, einzelne Dateien gezielt zwischen mehreren Benutzern zu *teilen*, also ein gemeinsames Bearbeiten zu ermöglichen.

Was Unix schon vor 50 Jahren konnte, kann Raspbian bzw. jede andere Linux-Distribution auf dem Raspberry Pi natürlich auch. Sie werden jetzt vielleicht einwenden, dass Sie davon noch nicht viel bemerkt haben: Auf dem Raspberry Pi gibt es normalerweise nur *einen* Benutzer pi, und sofern Sie die grafische Benutzeroberfläche aktiviert haben, können Sie *ohne* Login als Benutzer pi arbeiten. Es sind also weder mehrere Benutzer zu sehen noch ist etwas von der viel gelobten Sicherheit von Unix/Linux-Systemen zu spüren.

Dieser erste Eindruck täuscht aber bzw. hängt damit zusammen, dass sich die Entwickler von Raspbian bemüht haben, diese Distribution besonders anwenderfreundlich zu gestalten. Wie so oft bedeutet »anwenderfreundlich« in der Praxis leider auch »unsicher«. Auf den nächsten Seiten werden Sie sehen, dass es unter Raspbian durchaus eine Menge Benutzer und Gruppen gibt, dass Sie den vom Sicherheitsstandpunkt bedenklichen Auto-Login ganz leicht deaktivieren können und dass Sie mühelos weitere Benutzer und Gruppen einrichten können. Aber immer der Reihe nach …

Benutzer und Passwörter

Alle Raspbian bekannten Benutzer sind in der Datei /etc/passwd verzeichnet. Ein schneller Blick in diese Datei zeigt, dass unter Raspbian standardmäßig rund 20 Benutzer definiert sind. Je nachdem, welche Pakete Sie installiert haben, können es auch deutlich mehr sein.

```
less /etc/passwd
  root:x:0:0:root:/root:/bin/bash
  daemon:x:1:1:daemon:/usr/sbin:/bin/sh
  bin:x:2:2:bin:/bin:/bin/sh
  ...
  pi:x:1000:1000:,,,:/home/pi:/bin/bash
```

/etc/passwd enthält in mehreren Spalten die folgenden Informationen:

- den Benutzernamen (Login-Namen)
- das Zeichen x oder ! anstelle des Passworts
- die UID-Nummer des Benutzers (UID = User Identification)
- die Nummer der primären Gruppe des Benutzers (GID = Group Identification)
- unter Umständen den vollständigen Namen des Benutzers
- das Arbeitsverzeichnis bzw. Heimatverzeichnis des Benutzers
- die Standard-Shell des Benutzers

Warum /etc/passwd, wenn die Datei gar keine Passwörter enthält?

Der Dateiname passwd würde eigentlich vermuten lassen, dass diese Datei auch das Passwort des Benutzers enthält. Früher war das tatsächlich der Fall. Später ist man dazu übergegangen, verschlüsselte Passwort-Hashes stattdessen in der Datei /etc/shadow zu speichern. Während /etc/passwd für jedermann lesbar ist, hat nur der Benutzer root das Recht, in /etc/shadow hineinzuschauen bzw. dort Veränderungen durchzuführen. Diese Trennung zwischen gewöhnlichen Benutzerdaten und den Passwörtern hat diverse Sicherheitsvorteile. Den Namen der Datei passwd wollte man deswegen aber nicht mehr ändern.

In die Passwortdatei /etc/shadow können Sie nur mit root-Rechten sehen. Deswegen müssen Sie less mit sudo ausführen:

```
sudo less /etc/shadow`
  root:*:15745:0:99999:7:::
  daemon:*:15745:0:99999:7:::
  bin:*:15745:0:99999:7:::
  ...
  pi:$6$dvtJDIm5$ZPZ9V...:15745:0:99999:7:::
```

/etc/shadow enthält in der ersten Spalte wie die passwd-Datei den Benutzernamen. Die zweite Spalte enthält das Passwort – aber natürlich nicht im Klartext, sondern in Form eines sogenannten Hash-Codes. Derartige Codes ermöglichen es, ein Passwort zu überprüfen. Umgekehrt ist es aber (fast) unmöglich, aus einem Hashcode das dazugehörende Passwort zu ermitteln. Das hat mit den mathematischen Besonderheiten von Hashcodes zu tun, aber auch damit, dass selbst zu gleichlautenden Passwörtern immer wieder neue Hashcodes erzeugt werden. Wenn Sie sich für die Hintergründe interessieren, finden Sie in der Wikipedia Lesestoff für einige Stunden:

https://de.wikipedia.org/wiki/Hashfunktion
https://de.wikipedia.org/wiki/Salt_(Kryptologie)

Die weiteren Spalten von /etc/shadow steuern, wie lange Passwörter gültig sind, wann sie frühestens bzw. spätestens verändert werden müssen etc. Unter Raspbian sind diese Daten selten relevant, weswegen wir hier auf eine genauere Beschreibung verzichten. Werfen Sie gegebenenfalls einen Blick in den man-Text zum Kommando chage, mit dem Sie diese Daten am einfachsten einstellen.

Bei den meisten Benutzern enthält die Hashcode-Spalte in der shadow-Datei nur das Zeichen * oder !. Es bedeutet, dass es für den betreffenden Benutzer kein Passwort gibt. Ein direkter Login ist damit unmöglich. Unter Raspbian ist pi standardmäßig der *einzige* Benutzer, für den eine Authentifizierung möglich ist.

pi ist also der Account, unter dem Sie unter Raspbian normalerweise arbeiten. Die Bedeutung von root sollte nach der Lektüre der vorangegangenen Kapitel auch schon klar sein: Dieser Benutzer ist der Systemadministrator, hat also uneingeschränkte Rechte. Ein direkter root-Login ist mangels Passwort zwar nicht möglich, pi darf aber dank sudo vorübergehend mit root-Rechten arbeiten.

Wozu dienen nun die ganzen anderen Benutzer? Unter Linux ist es üblich, Systemdienste (sogenannte Dämonen) nach Möglichkeit nicht mit root-Rechten auszuführen, sondern nur mit den Rechten eines Accounts, der jeweils einer Funktion zugeordnet ist.

Wenn Sie beispielsweise den Webserver Apache installieren, wird dieses Programm nicht von root, sondern vom Benutzer www-data ausgeführt. Das hat einen entscheidenden Vorteil: Sollte Apache oder ein von Apache genutztes Programm (z. B. PHP) eine Sicherheitslücke enthalten, die es einem Angreifer ermöglicht, eigenen Code auszuführen, so wird dieser Code wenigstens nicht mit root-Rechten ausgeführt. Das Schadenspotenzial ist deswegen viel kleiner.

5

Gruppen

Gruppen geben mehreren Benutzern gemeinsam bestimmte Rechte – z. B. zur Ausführung administrativer Kommandos oder zum Zugriff auf bestimmte Dateien. Alle Gruppen sind in der Datei /etc/group definiert:

```
less /etc/group
  root:x:0:
  daemon:x:1:
  bin:x:2:
  ...
  pi:x:1000:
```

Der Aufbau der Gruppendatei ist noch einfacher als bei der passwd-Datei: Vier durch einen Doppelpunkt getrennte Spalten enthalten die folgenden Informationen:

- den Gruppennamen
- das Zeichen x oder ! anstelle des Passworts
- die GID-Nummer des Benutzers (GID = Group Identification)
- durch Kommata getrennte Login-Namen aller zugeordneten Benutzer

Grundsätzlich muss jeder Benutzer einer Gruppe zugeordnet sein – der primären Gruppe. Diese Gruppenzuordnung erfolgt durch den GID-Wert in der vierten Spalte von /etc/passwd. Außerdem kann jeder Benutzer Mitglied bei beliebig vielen sekundären Gruppen sein. Die Zuordnung erfolgt in diesem Fall durch die Nennung des Login-Namens in der vierten Spalte in /etc/group.

Sehen wir uns das Ganze für den Benutzer pi an:

```
grep pi /etc/passwd
  pi:x:1000:1000:,,,:/home/pi:/bin/bash
```

Die vierte Spalte der obigen Ausgabe zeigt, dass die primäre Gruppe von pi die GID 1000 hat. Das folgende grep-Kommando verrät uns nicht nur, dass es sich bei dieser Gruppe ebenfalls um pi handelt, sondern auch, dass der Benutzer pi einer ganzen Reihe von sekundären Gruppen zugeordnet ist, unter anderem adm, sudo, audio, video und users:

```
grep pi /etc/group
  adm:x:4:pi
  sudo:x:27:pi
  audio:x:29:pi,pulse
  video:x:44:pi,www-data
  users:x:100:pi
  pi:x:1000:
  ...
```

Diese Information erhalten wir weit bequemer, wenn wir im Terminal einfach das Kommando groups ausführen. Das Kommando gibt zuerst die primäre Gruppe des aktuellen Benutzers an, dann alle sekundären Gruppen:

```
groups
  pi adm dialout cdrom sudo audio video plugdev games users
```

Es ist möglich, Gruppen Passwörter zuzuweisen – in der Praxis wird dies aber selten praktiziert. Wenn doch, werden die Hashcodes der Gruppenpasswörter in /etc/gshadow gespeichert.

Warum haben viele Benutzer eine gleichnamige primäre Gruppe?

Es ist kein Zufall, dass die primäre Gruppe von pi ebenfalls pi heißt. Raspbian legt ebenso wie die meisten anderen Linux-Distributionen automatisch für jeden neuen Benutzer eine gleichnamige Gruppe an und macht diese zur primären Gruppe. Diese sogenannten *User Private Groups* vereinfachen in der Folge das Einrichten weiterer Gruppen und Verzeichnisse, damit mehrere Benutzer Dateien oder andere Ressourcen gemeinsam nutzen können. Im Detail ist das Konzept hier beschrieben:

https://wiki.debian.org/UserPrivateGroups

Bei pi stimmen auch die UID und die GID überein – beide Werte betragen 1000. Das ergibt sich oft so, ist aber nicht zwingend erforderlich.

Kommandos zur Benutzer- und Gruppenverwaltung

Grundsätzlich wäre es möglich, Gruppen und Benutzer durch direkte Veränderungen der Dateien /etc/passwd, /etc/shadow und /etc/group zu administrieren. Das wäre aber sehr fehleranfällig. Weit einfacher ist es, dazu Kommandos zu verwenden (siehe Tabelle 5.1). Auf eine umfassende Beschreibung dieser Kommandos verzichten wir hier. Stattdessen zeigen wir Ihnen anhand einiger Beispiele die Anwendung von adduser, dem wohl am häufigsten benötigten Kommando zur Benutzerverwaltung.

Kommando	Funktion
adduser	Richtet einen neuen Benutzer ein.
addgroup	Richtet eine neue Gruppe ein.
chage	Steuert, wie lange ein Passwort gültig bleibt.
delgroup	Löscht eine Gruppe.
deluser	Löscht einen Benutzer.
groups	Zeigt die Gruppen des aktuellen Benutzers an.
id	Zeigt die aktuelle Benutzer- und Gruppen-ID-Nummer an.
newgrp	Ändert die aktive Gruppe eines Benutzers.
passwd	Verändert das Passwort eines Benutzers.

Tabelle 5.1 Kommandos zur Benutzer- und Gruppenverwaltung

Ohne weitere Parameter richtet adduser nicht nur den angegebenen Benutzer ein, sondern auch eine gleichnamige primäre Gruppe und das Heimatverzeichnis /home/name. Zuletzt bietet adduser die Möglichkeit, das Passwort für den neuen Benutzer einzustellen, und stellt eine Menge lästiger Fragen nach dem vollständigen Namen, der Zimmernummer etc.:

```
sudo adduser huber
  Lege Benutzer huber an ...
  Lege neue Gruppe huber (1003) an ...
  Lege neuen Benutzer huber (1002) mit Gruppe huber an ...
  Erstelle Home-Verzeichnis /home/huber ...
  Kopiere Dateien aus /etc/skel ...
  Geben Sie ein neues UNIX-Passwort ein: *******
  Geben Sie das neue UNIX-Passwort erneut ein: *******
  Geben Sie einen neuen Wert an oder drücken Sie ENTER für
  den Standardwert
    Vollständiger Name []: Hermann Huber
    Zimmernummer []:
    Telefon geschäftlich []:
    Telefon privat []:
    Sonstiges []:
  Sind die Informationen korrekt? [J/n] j
```

Durch diverse Optionen können Sie adduser steuern. Mit --disabled-login verzichtet das Kommando auf die Passwort-Frage. Für den neuen Benutzer ist damit vorerst kein Login möglich. Mit --gecos 'Vor- und Nachname' geben Sie den vollständigen Namen des neuen Benutzers ein und verhindern so überflüssige Fragen nach Zimmernummer, Telefonnummer etc.

In der Syntax `adduser username groupname` fügt `adduser` einen Benutzer einer Gruppe hinzu. Das folgende Kommando macht `huber` also zum Mitglied der `sudo`-Gruppe. Damit kann `huber` nun so wie `pi` das Kommando `sudo` verwenden, um administrative Kommandos auszuführen. `groups username` zeigt an, welchen Gruppen der Nutzer `huber` angehört:

```
sudo adduser huber sudo
  Füge Benutzer huber der Gruppe sudo hinzu ...
groups huber
  huber : huber sudo
```

Jeder Benutzer kann sein eigenes Passwort jederzeit mit `passwd` ändern. Dabei muss zuerst einmal das alte, dann zweimal das neue Passwort angegeben werden. Mit `sudo passwd username` können auch die Passwörter anderer Benutzer verändert werden.

sudo

Das Kommando `sudo` haben Sie ja in Kapitel 3, »Arbeiten im Terminal«, schon kennengelernt. Standardmäßig erlaubt es dem Benutzer `pi`, ohne Passworteingabe Kommandos mit `root`-Rechten auszuführen. Unbeantwortet sind bis jetzt aber die Fragen, wer das Recht hat, mit `sudo` zu arbeiten, wie sich `sudo` besser absichern lässt und wo diese durchaus wichtigen Einstellungen gespeichert sind. Die Lösung finden Sie in den Dateien `/etc/sudoers` und `/etc/sudoers.d/*`. Die Default-Einstellungen sehen wie folgt aus:

```
# Datei /etc/sudoers
Defaults      env_reset
Defaults      mail_badpass
Defaults      secure_path="/usr/local/sbin:/usr/local/bin:
                          /usr/sbin:/usr/bin:/sbin:/bin"
root          ALL=(ALL:ALL) ALL
%sudo         ALL=(ALL:ALL) ALL

# Datei /etc/sudoers.d/010_pi-nopasswd
pi            ALL=(ALL) NOPASSWD: ALL
```

Im Klartext bedeutet das, dass `root`, alle Mitglieder der Gruppe sowie der Benutzer `pi` jedes beliebige Kommando unter jedem beliebigen Account ausführen dürfen. Für `pi` gilt außerdem, dass dazu nicht einmal ein Passwort erforderlich ist. Die Syntaxdetails der `sudoer`-Konfiguration lesen Sie bei Bedarf mit `man sudoers` nach.

Grundsätzlich kann `/etc/sudoers` mit jedem beliebigen Editor verändert werden. Sicherer ist es aber, stattdessen das Kommando `visudo` zu verwenden. Es führt vor dem Speichern einen Syntax-Check aus und verhindert so, dass Sie sich womöglich durch eine Unachtsamkeit aus dem System aussperren. Ohne sudo-Rechte haben Sie dann ja auch keine Möglichkeit mehr, /etc/sudoers zu verändern!

Dass pi ohne Passwort sudo-Kommandos ausführen kann, ist natürlich bequem. Es ist aber auch ein erhebliches Sicherheitsrisiko, das Sie beheben sollten. Dazu müssen Sie lediglich der pi-Zeile in /etc/sudoers/010_pi-nopasswd das Kommentarzeichen # voranstellen. pi kann wegen der %sudo-Regel weiterhin sudo nutzen. Die Schreibweise %sudo bedeutet, dass diese Regel für alle Mitglieder der Gruppe sudo gilt – und pi ist ein Mitglied dieser Gruppe.

5

Standardeditor einstellen

visudo startet standardmäßig den Editor vi. Wenn Sie mit diesem recht kompli-zierten Editor nicht umgehen können, ist es zweckmäßig, vorher mit update-alternatives den Editor nano als Default-Editor einzustellen. Diese Einstellung gilt damit auch für andere Kommandos, die einen Editor ausführen, z. B. less (Taste $\boxed{\text{v}}$) oder crontab -e.

```
sudo update-alternatives --set editor /usr/bin/nano
```

Auto-Login abstellen

Wenn Sie mit raspi-config die grafische Benutzeroberfläche aktiviert haben, wird der Benutzer pi ohne Passwort standardmäßig angemeldet. Ein Passwort benöti-gen Sie nur, wenn Sie sich ab- und neu anmelden. Dieser Auto-Login ist zwei-felsohne bequem, er kann aber auch ein Sicherheitsrisiko sein – je nachdem, wo Ihr Raspberry Pi läuft. Abhilfe ist einfach: Dazu öffnen Sie die Datei /etc/lightdm/lightdm.conf mit sudo in einem Editor und suchen nach der Zeile autologin-user=pi. Stellen Sie dann das Kommentarzeichen # an den Beginn dieser Zeile, und speichern Sie die Datei.

```
# Datei /etc/lightdm/lightdm.conf

[SeatDefaults]
...
# vor der folgenden Zeile muss das Kommentarzeichen # stehen
# autologin-user=pi
```

Die Änderung gilt ab dem nächsten Neustart des Raspberry Pi. lightdm.conf steuert den sogenannten Display Manager, der für den Login in der grafischen Benutzerober-fläche verantwortlich ist. Das Programm lightdm stellen wir Ihnen in Abschnitt 5.9, »Grafiksystem«, näher vor.

5.2 Zugriffsrechte

Zugriffsrechte auf Dateien

Zusammen mit jeder Datei speichert Linux auch, wem diese Datei gehört – und zwar getrennt für den eigentlichen Besitzer und die Gruppe. Normalerweise gehört die Datei dem Benutzer, der die Datei erzeugt hat, und seiner primären Gruppe. Außerdem werden zusammen mit jeder Datei sogenannte Zugriffsrechte gespeichert. Dabei handelt es sich um neun Bits, die angeben, wer was mit der Datei tun darf. Informationen über den Besitzer einer Datei und die Zugriffsrechte gibt das Kommando ls -l.

Im folgenden Beispiel erzeugt der Standardbenutzer pi zuerst mit touch eine neue Datei. ls -l zeigt dann detaillierte Informationen zur Datei an:

```
touch test
ls -l test
  -rw-r--r-- 1 pi pi 0 Jul  5 21:37 test
```

Kurz zur Interpretation des Ergebnisses:

▶ -: Dieses erste Zeichen gibt an, dass es sich um eine gewöhnliche Datei handelt, nicht um ein Verzeichnis, ein Device oder einen Link.

▶ rw-r--r--: Die neun Zugriffsbits besagen, dass der Besitzer die Datei lesen und verändern darf (rw). Gruppenmitglieder sowie alle anderen Linux-Benutzer auf diesem Rechner dürfen die Datei nur lesen (r).

▶ 1: Es gibt keine Hardlinks auf die Datei. Die Datei ist im Dateisystem nur einmal sichtbar. Daher steht hier eine 1.

▶ pi: Der Besitzer der Datei hat den Login-Namen pi.

▶ pi: Die Gruppe der Datei heißt ebenfalls pi.

▶ 0: Die Dateigröße beträgt 0 Byte.

▶ Jul 5 21:37: Die Datei wurde am 5. Juli um 21:37 Uhr erzeugt bzw. zuletzt verändert.

▶ test: Der Dateiname lautet test.

Uns interessieren an dieser Stelle primär die neun Zugriffsbits: Dabei handelt es sich um drei Gruppen zu je drei Bits (rwx = *read/write/execute*), wobei nicht gesetzte Bits durch das Zeichen - dargestellt werden. Die erste rwx-Gruppe gilt für den Besitzer der Datei (*user*), die zweite für Gruppenmitglieder (*group*) und die dritte für alle anderen (*others*).

Bei der Beispieldatei test sind für den Besitzer die Bits rw gesetzt. Er kann die Datei somit lesen und verändern. Für Gruppenmitglieder und alle anderen gilt r, d. h., sie dürfen die Datei ebenfalls lesen, aber nicht modifizieren.

Das Execute-Bit x ist bei test gar nicht gesetzt. Es wird nur bei ausführbaren Dateien aktiviert, also z. B. bei Script-Dateien, Kommandos und Programmen. Wenn Sie selbst Scripts erstellen, müssen Sie das x-Bit explizit durch chmod a+x name setzen.

> **Zugriffsinformationen von Verzeichnissen ansehen**
>
> ls -l verzeichnis liefert nicht den Besitzer, die Gruppe und die Zugriffsbits von Verzeichnissen, sondern liefert diese Informationen für alle in dem Verzeichnis enthaltenen Dateien. Um das Verzeichnis selbst anzusehen, müssen Sie zusätzlich die Option -d angeben. Somit liefert ls -l -d verz oder die kürzere Form ls -ld verz die gewünschten Daten.

Zugriffsrechte auf Verzeichnisse

Die neun Zugriffsbits gelten im Prinzip auch für Verzeichnisse, allerdings besitzen sie dort eine etwas abweichende Bedeutung: Das r-Bit erlaubt einem Anwender, die Liste der Dateinamen zu ermitteln (Kommando ls). Das x-Bit erlaubt einen Wechsel in das Verzeichnis (Kommando cd). Sie können aber nur auf Dateien zugreifen, deren Namen Sie kennen. Erst die Kombination rx ermöglicht es, ein Verzeichnis richtig zu bearbeiten, also z. B. mit ls -l eine Liste aller Dateinamen samt detaillierter Informationen zu jeder Datei zu ermitteln. Wenn sowohl x als auch w gesetzt sind, dürfen im Verzeichnis neue Dateien erzeugt werden.

Die ein wenig merkwürdige Interpretation der r- und x-Zugriffsrechte hat damit zu tun, dass Verzeichnisse vom Dateisystem als ein Sonderfall einer Datei betrachtet werden. Der Inhalt der Verzeichnis-*Datei* ist eine Auflistung der Namen der Dateien, die sich im Verzeichnis befinden, sowie von deren Inode-Nummern.

Aktion	Kommando	Datei	Verzeichnis
In Verzeichnis wechseln	cd verzeichnis	–	x
Liste der Dateien ermitteln	ls verzeichnis/*	–	r
Dateiinformationen lesen	ls -l verzeichnis/*	–	rx
Neue Datei erzeugen	touch verz/neuecatei	–	wx
Datei lesen	less verzeichnis/datei	r	x
Vorhandene Datei ändern	cat > verzeichnis/datei	w	x
Datei löschen	rm verzeichnis/datei	–	wx
Programm ausführen	verzeichnis/programm	x	x
Script-Datei ausführen	verzeichnis/script	rx	x

Tabelle 5.2 Erforderliche Zugriffsrechte für Standardaktionen

Linux-Einsteigern fällt es anfänglich oft schwer, die Zugriffsbits korrekt zu interpretieren. Deswegen haben wir oben zusammengefasst, welche Zugriffsrechte für ein Verzeichnis und die darin enthaltene Datei erforderlich sind, um bestimmte Aktionen durchzuführen (siehe Tabelle 5.2). Das Zeichen – in der Spalte *Datei* gibt an, dass die Zugriffsrechte auf die Datei nicht relevant sind. Wie üblich gelten diese Regeln nur für gewöhnliche Benutzer. root darf unabhängig von den eingestellten Zugriffsrechten alles!

Wer darf eine Datei löschen?

Die Zugriffsrechte einer Datei haben keinen Einfluss darauf, wer eine Datei löschen darf. Darüber entscheidet einzig und allein derjenige, der Zugriff auf das *Verzeichnis* hat, in dem sich die Datei befindet! Eine Datei darf somit löschen, wer für das Verzeichnis die Rechte w und x hat.

Setuid-, Setgid- und Sticky-Bit

Vorhin haben wir gesagt, dass es neun Zugriffsbits gibt. Genau genommen ist das falsch – außer den neun gewöhnlichen Bits gibt es noch drei weitere Bits mit einer besonderen Bedeutung:

▸ **Setuid:** Das Setuid-Bit wird oft verkürzt Suid-Bit genannt. Es bewirkt, dass Programme immer so ausgeführt werden, als hätte der Besitzer selbst das Programm gestartet. Oft ist der Besitzer von Programmen root; dann kann jeder das Programm ausführen, als wäre er selbst root. Intern wird für die Ausführung des Programms die User-Identifikationsnummer des Besitzers der Datei und nicht die UID des aktuellen Benutzers verwendet.

Das Bit wird eingesetzt, um gewöhnlichen Besitzern zusätzliche Rechte zu geben, die nur bei der Ausführung dieses Programms gelten. Ein Beispiel für die Anwendung des Setuid-Bits ist das Kommando /usr/bin/passwd. Es ermöglicht jedem Benutzer, sein eigenes Passwort zu verändern. Die Passwörter werden aber in der Datei /etc/shadow gespeichert, auf die nur root Schreibzugriff hat. Daher muss passwd immer mit root-Rechten ausgeführt werden.

▸ **Setgid:** Das Setgid-Bit hat bei Programmen eine ähnliche Wirkung wie Setuid. Allerdings wird nun während der Ausführung des Programms die Gruppen-Identifikationsnummer der Datei verwendet, nicht die GID des aktuellen Benutzers.

Bei Verzeichnissen hat das Setgid-Bit eine ganz andere Bedeutung: Wenn es gesetzt ist, wird neu erzeugten Dateien innerhalb dieses Verzeichnisses die Gruppe des Verzeichnisses zugeordnet – anstatt, wie sonst üblich, die Gruppe desjenigen, der die Datei erzeugt.

In der Praxis wird das Setgid-Bit eingesetzt, wenn mehrere Benutzer ein Verzeichnis gemeinsam benutzen sollen: Dann ist es nämlich zweckmäßig, dass neue Dateien der gemeinsamen Gruppe zugeordnet werden und nicht der gerade aktiven Gruppe desjenigen Benutzers, der die Datei erzeugt.

▶ **Sticky:** Das Sticky-Bit bewirkt bei Verzeichnissen, in denen alle die Dateien ändern dürfen, dass jeder nur seine *eigenen* Dateien löschen darf und nicht auch Dateien anderer Benutzer. Das Bit ist z. B. beim /tmp-Verzeichnis gesetzt. Das verhindert, dass jeder Benutzer nach Belieben fremde Dateien löschen kann.

ls zeigt immer nur neun Zugriffsbits an, auch wenn die Bits Setuid, Setgid oder Sticky gesetzt sind. Die entsprechenden Informationen werden jeweils in der *execute*-Spalte eingebettet: Wenn das Setuid-Bit gesetzt ist, zeigt die *execute*-Spalte des Besitzers (*user*) den Buchstaben s statt x. Ist das Setgid-Bit gesetzt, zeigt die *execute*-Spalte der Gruppe den Buchstaben s statt x. Und beim Sticky-Bit ändert sich die *execute*-Spalte in der dritten rwx-Gruppe (*others*) von x in t.

Oktalschreibweise

Statt in der Schreibweise rwxrwxrwx werden die neun Zugriffsbits sowie drei weitere Spezialbits oft oktal dargestellt. Den Zugriffsbits für den Benutzer, die Gruppe und alle anderen ist jeweils eine Ziffer zugeordnet (siehe Tabelle 5.3).

Code	Bedeutung
4000 = s = Setuid 2000 = s = Setgid 1000 = t = Sticky	Spezialbits
400 = r = Read 200 = w = Write 100 = x = Execute	Zugriffsbits für Besitzer (u = User in chmod)
40 = r = Read 20 = w = Write 10 = x = Execute	Zugriffsbits für Gruppenmitglieder (g = Group in chmod)
4 = r = Read 2 = w = Write 1 = x = Execute	Zugriffsbits für alle anderen (o = Others in chmod)

Tabelle 5.3 Oktalcodes für die Zugriffsbits

Jede Ziffer ist also aus den Werten 4, 2 und 1 für r, w und x zusammengesetzt. 660 bedeutet daher rw-rw----, und 777 steht für rwxrwxrwx. Die Spezialbits Setuid, Setgid und Sticky haben die Oktalwerte 4000, 2000 und 1000.

ls -l zeigt die Zugriffsbits immer in Textform an. Wenn Sie die Zugriffsbits einer Datei in oktaler Form ermitteln möchten, verwenden Sie das Kommando stat. Dabei übergeben Sie mit -c eine Formatierungszeichenkette. Dort wird %a durch den Oktalcode ersetzt, %n durch den Dateinamen. Weitere Formatierungscodes sind in man stat dokumentiert.

```
stat -c "%a %n" test
  644 test
```

Zugriffsrechte einstellen

Wenn Sie eine neue Datei erzeugen – sei es mit touch, mit einem Editor oder als Ergebnis eines Kommandos –, dann stellt Linux den gerade aktiven Benutzer, dessen aktive Gruppe sowie Default-Zugriffsrechte ein. So ist auch die Bit-Kombination rw-r--r-- der Datei test zustande gekommen.

Mit den Kommandos chown, chgrp und chmod können Sie den Besitzer, die Gruppenzugehörigkeit sowie die Zugriffsrechte ändern. Gewöhnliche Benutzer wie pi können den Besitzer einer Datei gar nicht ändern und die Gruppenzugehörigkeit nur im Rahmen der eigenen Gruppen (also das Ergebnis von groups). Einzig die Zugriffsrechte sind ohne Einschränkungen frei einstellbar. Nur root kann eine Datei einem anderen Besitzer zuordnen bzw. die Gruppenzugehörigkeit vollkommen frei einstellen.

Die Syntax von chown ist einfach: Im ersten Parameter geben Sie den neuen Besitzer an, in den weiteren Parametern die Dateien, auf die das Kommando angewendet werden soll:

```
sudo chown hubert datei1 datei2
```

Mit der Option -R kann chown die Besitzverhältnisse rekursiv für ganze Verzeichnisse ändern. chgrp funktioniert analog für Gruppen. Hier geben Sie im ersten Parameter die Gruppe an. Abermals können mit -R Änderungen für ganze Verzeichnisse durchgeführt werden:

```
sudo chgrp www-data -R /var/www/myphpcode
```

Wenn Sie sowohl den Besitzer als auch die Gruppe ändern möchten, können Sie an chown beide Daten in der Form name.gruppe übergeben. Das folgende Kommando ändert für das Verzeichnis /var/www/myphpcode und alle darin enthaltenen Dateien den Besitzer und die Gruppe:

```
sudo chown www-data:www-data -R /var/www/myphpcode
```

chmod funktioniert ähnlich wie chown und chgrp: Im ersten Parameter geben Sie an, wie die Zugriffsrechte eingestellt bzw. verändert werden sollen. Die weiteren Parameter enthalten die zu ändernden Dateien oder Verzeichnisse. Und -R bewirkt wiederum, dass der ganze Inhalt eines Verzeichnisses rekursiv verändert wird. Allerdings gibt es bei diesem Kommando unzählige Syntaxvarianten zur Angabe der gewünschten Zugriffsrechte, wobei wir uns hier auf die wichtigsten beschränken:

- Oktalcode: Wertet die Zahl als Oktalcode aus (siehe Tabelle 5.3).
- u+r, u+w, u+x: Setzt das entsprechende Zugriffsbit für den Besitzer der Datei.
- u-r, u-w, u-x: Deaktiviert das entsprechende Zugriffsbit für den Besitzer der Datei.
- g+r, g-r: Setzt/deaktiviert das *read*-Zugriffsbit für die Gruppe.
- o+w, o-w: Setzt/deaktiviert das *read*-Zugriffsbit für alle anderen (o = *others*).
- a+x, a-x: Setzt/deaktiviert das *execute*-Zugriffsbit in allen Dreiergruppen (a = *all*).
- +r, -r: Setzt/deaktiviert das *read*-Zugriffsbit entsprechend der umask-Einstellung.

Default-Zugriffsbits (umask)

Vielleicht haben Sie sich schon gefragt, wie die Zugriffsbits *neuer* Dateien zustande kommen. Wer oder was entscheidet, welche Bitkombination hier verwendet wird?

Die Antwort gibt das Kommando umask. Es gibt in oktaler Form die Bits an, die *nicht* gesetzt werden. Unabhängig von der umask-Einstellung wird bei neuen Dateien nie das *execute*-Bit gesetzt; bei neuen Verzeichnissen entscheidet umask hingegen darüber, in welchen der drei Dreiergruppen das x-Bit aktiv ist.

umask hat unter Raspbian standardmäßig den Wert 022. Somit erhalten neue Verzeichnisse den oktalen Zugriffscode 777 - 022 = 755, neue Dateien den Code 666 - 022 = 644. Die Voreinstellung für umask befindet sich in Raspbian in der Datei /etc/login.defs.

Das folgende Kommando macht die Datei test für jeden veränderbar:

```
chmod a+w test
```

Wenn nur der Besitzer der Datei diese lesen und ändern darf, führt chmod 600 am schnellsten zum Ziel (entspricht rw-------):

```
chmod 600 test
```

Python- oder bash-Scripts müssen vor dem ersten Start explizit als ausführbar markiert werden:

```
chmod a+x myscript
```

Praxisbeispiele

Wenn eine Konfigurationsdatei Klartextpasswörter enthält, sollte diese Datei normalerweise nur für root lesbar sein:

```
sudo chown root:root /etc/geheim
sudo chmod 600 /etc/geheim
```

Die Neueinstellung von Zugriffsrechten eines ganzen Verzeichnisbaums erfordert oft, dass Sie zwischen Dateien und Verzeichnissen differenzieren. chmod -R ist deswegen nicht zielführend. Stattdessen suchen Sie mit find nach Verzeichnissen und Dateien. Für die Suchergebnisse führen Sie mit -exec das folgende Kommando bis \; aus, wobei {} durch den Verzeichnis- oder Dateinamen ersetzt wird. So können Sie die gewünschten Zugriffsbits getrennt für Verzeichnisse und Dateien modifizieren.

Beispielsweise sollen die Zugriffsrechte für einen bei /data/projekt beginnenden Verzeichnisbaum so eingestellt werden, dass alle Verzeichnisse für den Benutzer pi und die Gruppe admin les- und schreibbar sind. Dazu sind die folgenden Kommandos erforderlich:

```
cd /data
sudo chown -R pi:admin projekt
sudo find projekt -type f -exec chmod 660 {} \;
sudo find projekt -type d -exec chmod 770 {} \;
```

Wenn Sie möchten, dass in /data/projekt bzw. in dessen Unterverzeichnissen neu erstellte Dateien automatisch der Gruppe admin zugeordnet werden, müssen Sie außerdem das Setgid-Bit setzen (oktal 2000):

```
cd /data
sudo find projekt -type d -exec chmod 2770 {} \;
```

5.3 Paketverwaltung

Die beiden wichtigsten Kommandos zur Paketverwaltung, apt und dpkg, haben Sie schon in Abschnitt 4.1, »Programme installieren und verwalten«, kennengelernt. An dieser Stelle geht es darum, wie die Paketverwaltung hinter den Kulissen funktioniert und welche Konfigurationsdateien dafür verantwortlich sind. Dieser Abschnitt ist Debian-spezifisch und gilt somit nur für Linux-Distributionen, die – wie Raspbian – von Debian abgeleitet sind.

APT (*Advanced Packaging Tool*) ist ein High-Level-Paketverwaltungssystem, das Pakete selbstständig von Paketquellen herunterlädt und Paketabhängigkeiten automatisch auflöst. Zur eigentlichen Paketverwaltung stehen drei Kommandos zur Auswahl: apt, apt-get und aptitude. Alle drei Kommandos sind einander sehr ähnlich und weisen bei einfachen Operationen sogar dieselbe Syntax auf. `apt install paketname`, `apt-get install paketname` und `aptitude install paketname` laden jeweils das angegebene Paket und alle davon abhängigen Pakete aus dem Internet herunter und installieren sie. Für Endanwender empfiehlt Debian den Einsatz von `apt`, und wir folgen dieser Empfehlung.

Konfiguration

APT erfordert spezielle Paketquellen (Repositories), die neben den DEB-Paketen auch Metainformationen über den Inhalt der Pakete und deren Abhängigkeiten zur Verfügung stellen.

Die Konfigurationsdateien für APT befinden sich im Verzeichnis `/etc/apt`. Dort enthält `sources.list` die Definition der Hauptpaketquellen für Raspbian. Optional sind weitere Paketquellen im Unterverzeichnis `apt.sources.d` definiert.

Die Dateien `sources.list` bzw. `apt.sources.d/*.list` enthalten zeilenweise die APT-Paketquellen. Die Syntax jeder Zeile sieht so aus:

```
pakettyp uri distribution [komponente1] [komp2] [komp3] ...
```

Der Pakettyp lautet `deb` für gewöhnliche Debian-Pakete bzw. `deb-src` für Quellcodepakete. Die zweite Spalte gibt das Basisverzeichnis der Paketquelle an. Neben HTTP- und FTP-Verzeichnissen unterstützt APT auch gewöhnliche Verzeichnisse sowie SSH-Server. Die dritte Spalte bezeichnet die Distribution. Alle weiteren Spalten geben die Komponenten der Distribution an, die berücksichtigt werden können.

Hauptpaketquelle

Die Hauptpaketquelle von Raspbian entspricht einem regulären Debian-System für die ARM-CPU. Das folgende Listing zeigt die entsprechende Datei `sources.list`. Beachten Sie, dass der einzige Eintrag dieser Datei hier aus Platzgründen über zwei Zeilen verteilt werden musste:

```
# Datei /etc/apt/sources.list
deb http://raspbian.raspberrypi.org/raspbian/ stretch \
  main contrib non-free rpi
```

Damit greift APT auf einen Mirror-Server von *http://raspbian.org* zurück. Der Distributionsname lautet *Stretch*. Das ist der Code-Name für die Debian-Version 9, die als Basis für Raspbian dient. `sources.list` nennt schließlich vier Paketgruppen:

▶ `main`: Das sind die Basispakete von Debian. Der Quellcode dieser Pakete ist unter einer Lizenz verfügbar, die den strengen Open-Source-Regeln des Debian-Projekts entspricht.

► contrib: Pakete dieser Gruppe sind ebenfalls samt Quellcode frei verfügbar. Die Pakete können allerdings nur in Kombination mit *Non-Free*-Paketen verwendet werden. Das betrifft z. B. alle Programme, die auf Bibliotheken aufbauen, deren Lizenz in irgendeiner Weise Einschränkungen unterliegt.

► non-free: Pakete dieser Gruppe sind zwar kostenlos, ihre Lizenz entspricht aber nicht dem Open-Source-Ideal des Debian-Projekts. Zu vielen *Non-Free*-Paketen steht kein öffentlicher Quellcode zur Verfügung.

► rpi: Diese Gruppe ist für Raspberry-Pi-spezifische Pakete gedacht. In der Praxis wird diese Paketgruppe aber kaum genutzt; im Frühjahr 2018 enthielt die Gruppe nur ein winziges Script, das bei Bedarf fehlende SSH-Schlüssel erzeugt, sowie ein GStreamer-Plug-in, um den Hardware-Decoder der Raspberry-Pi-GPU zu nutzen.

Weitere Paketquellen

Im Verzeichnis /etc/apt/sources.list.d können weitere Paketquellen definiert sein. Standardmäßig enthält das Verzeichnis momentan (Frühjahr 2018) aber nur einen Eintrag: raspi.list definiert eine Paketquelle für diverse Raspberry-Pi-spezifische Programme und Bibliotheken, die nicht Teil von Debian sind oder die speziell für den Raspberry Pi optimiert wurden. Die Paketquelle enthält z. B. Sonic Pi, das *Java Development Kit* (JDK), Mathematica, den RealVNC-Server und -Client sowie diverse Firmware-Dateien.

Aus welcher Paketquelle stammt ein Paket?

Bei einer Installation durchsucht apt alle Paketquellen nach dem gewünschten Paket. Wenn Sie wissen möchten, aus welcher Quelle das jeweilige Paket stammt, führen Sie apt policy aus – im folgenden Beispiel für das Paket nano, das den gleichnamigen Editor enthält:

```
apt-cache policy nano
  nano:
  Installiert:            2.7.4-1
  Installationskandidat: 2.7.4-1
  Versionstabelle:
    500 http://raspbian.raspberrypi.org/raspbian/
          stretch/main armhf Packages
    100 /var/lib/dpkg/status
```

Aus dem Ergebnis geht hervor, dass das Paket installiert ist (/var/lib/dpkg/status) und dass das Paket aus der main-Quelle von Raspbian Stretch stammt.

5.4 Verwaltung des Dateisystems

Der Erfahrungsschatz, den Sie gewinnen, wenn Sie ein paar Tage mit dem Raspberry Pi experimentieren, gibt Ihnen schon eine gute Basis für diesen Abschnitt: Sie wissen, dass sich Ihre eigenen Dateien im Verzeichnis /home/pi befinden, die wichtigsten Systemkonfigurationsdateien hingegen in /etc oder in /boot.

Aus Kapitel 3, »Arbeiten im Terminal«, kennen Sie den grundsätzlichen Aufbau des Linux-Verzeichnisbaums (siehe Tabelle 3.8). Sie wissen auch, dass es unter Linux keine Laufwerksbuchstaben wie unter Windows gibt (C:, D:) und dass Verzeichnisse mit / statt durch \ getrennt werden. Schließlich haben Sie sicher schon bemerkt, dass es neben den gewöhnlichen Verzeichnissen und Dateien auch unsichtbare gibt, deren Name mit einem Punkt beginnt.

Die folgenden Seiten beantworten einige weiterführende Fragen über die Interna des Linux-Dateisystems: Was ist überhaupt ein Dateisystem? Wie werden Dateisysteme in den Verzeichnisbaum integriert? Was sind Device-Dateien, und woher kommen sie?

Dateisysteme

Ein Dateisystem ist dafür verantwortlich, dass Dateien auf den Blöcken einer SD-Karte oder einer Festplatte sicher gespeichert und rasch wieder gelesen werden können. Das Standarddateisystem unter Linux heißt ext4. Dabei handelt es sich um ein modernes Dateisystem mit Journaling-Funktionen. Diese ermöglichen nach einem Absturz oder Stromausfall eine schnelle Wiederherstellung der Konsistenz des Dateisystems.

Dem ext4-Dateisystem haben Sie es also zu verdanken, dass sich Ihr Raspberry Pi nach unfreiwilligen Stopps zumeist problemlos wieder hochfahren lässt. Freilich können auch die Journaling-Funktionen keine Dateien retten, in die gerade zum Zeitpunkt des Absturzes geschrieben wurde. Die betroffenen Dateien verbleiben im günstigsten Fall im alten Zustand, im ungünstigsten Fall enthalten sie nach dem Neustart vollkommen falsche Daten oder ihre Daten sind ganz verschwunden.

Obwohl Linux also standardmäßig das ext4-Dateisystem verwendet, unterstützt das Betriebssystem auch eine Menge anderer Dateisysteme. Für den Einsatz auf dem Raspberry Pi sind die Windows-kompatiblen Dateisysteme vfat und ntfs am wichtigsten. Das vfat-Dateisystem kommt besonders häufig auf USB-Datenträgern zum Einsatz. Aber auch die erste Partition auf der SD-Karte des Raspberry Pi muss ein vfat-Dateisystem enthalten, in dem die für den Boot-Vorgang erforderlichen Daten gespeichert werden.

Neben lokalen Dateisystemen kennt Linux auch Netzwerkdateisysteme: Beispielsweise können mit cifs Windows-Netzwerkverzeichnisse in den Verzeichnisbaum integriert werden, mit nfs Unix/Linux-Netzwerkverzeichnisse.

Device-Dateien

Eine Grundidee von Unix/Linux besteht darin, dass viele Hardware-Komponenten ähnlich wie Dateien angesprochen werden können. Derartige Device-Dateien sind keine *echten* Dateien, sie verhalten sich nur so. In Wirklichkeit handelt es sich um Schnittstellen zu den betreffenden Treibern im Linux-Kernel. Device-Dateien ermöglichen den Zugriff auf Partitionen von Datenträgern, also von SD-Karten, USB-Sticks oder Festplatten. Sie erlauben die Kommunikation mit diversen Bussystemen, Netzwerkadaptern, dem Grafiksystem, Eingabegeräten wie der Maus oder der Tastatur etc.

Die Device-Dateien befinden sich alle im Verzeichnis /dev bzw. in dessen Unterverzeichnissen. Dieses Verzeichnis ist beim Start des Raspberry Pi leer. Es füllt sich, sobald der Kernel beim Hochfahren Hardware-Komponenten erkennt. Das sogenannte udev-System (eine Sammlung von Scripts, die mit dem Kernel interagieren) legt für jede erkannte Komponente eine geeignete Device-Datei an. Verantwortlich dafür sind das im Hintergrund laufende Programm udevd sowie dessen Konfigurationsdateien in /etc/udev.

Typische Beispiele für Device-Dateien sind /dev/mmcblk*. Dabei handelt es sich um die Devices, um die SD-Karte als Ganzes sowie deren Partitionen anzusprechen:

```
ls -l /dev/mmcblk0*
  brw-rw---T 1 root floppy 179, 0 Jan  1  1970 /dev/mmcblk0
  brw-rw---T 1 root floppy 179, 1 Jan  1  1970 /dev/mmcblk0p1
  brw-rw---T 1 root floppy 179, 2 Jul  7 12:51 /dev/mmcblk0p2
```

Das Ergebnis von ls -l verrät uns zuerst einmal durch den Buchstaben b am Beginn der Zugriffsbits, dass es sich um Block-Devices handelt. Alternativ gibt es auch Character-Devices, die Sie an einem c erkennen. Block-Devices sind für die Übertragung ganzer Datenblöcke optimiert, während Character-Devices Byte für Byte kommunizieren.

Die Device-Dateien sind für den Benutzer root sowie für alle Mitglieder der floppy-Gruppe zugänglich. Die Bezeichnung floppy ist ein Anachronismus aus vergangenen Zeiten, als Disketten die Rolle einnahmen, die heute SD-Karten haben. Sozusagen als traurigen gemeinsamen Nenner über zwei Jahrzehnte IT-Geschichte könnte man die Unzuverlässigkeit beider Medien betrachten.

Zuletzt folgen im ls-Ergebnis zwei Zahlen, z. B. *179, 0* oder *179, 1*. Diese Zahlen geben die Major- und Minor-Device-Nummer an, also die Schnittstelle zum betreffenden Kerneltreiber. Alle Device-Nummern sind auf der folgenden Kernelwebseite dokumentiert:

https://www.kernel.org/doc/Documentation/admin-guide/devices.txt

Dort können Sie nachlesen, dass die Major-Block-Device-Nummer 179 für SD-Karten reserviert ist. Die Minor-Nummer 0 bezeichnet die erste SD-Karte. Die Minor-Nummern 1 bis 7 adressieren die ersten sieben Partitionen auf dieser SD-Karte. Darauf folgen mit der Minor-Nummer 8 die zweite SD-Karte und mit 9 bis 15 deren Partitionen usw. Die Device-Dateien /dev/mmcblk0* machen also klar, dass der Kernel beim Hochfahren eine SD-Karte mit zwei Partitionen entdeckt hat.

Wenn Sie zusammen mit dem Raspberry Pi auch externe Datenträger verwenden, also z. B. einen USB-Stick oder eine USB-Festplatte, dann sollten Sie auch die Nomenklatur der hierfür üblichen Device-Dateien kennen:

▶ /dev/sda, /dev/sdb, /dev/sdc etc. bezeichnen den ersten, zweiten und dritten Datenträger in seiner Gesamtheit. Die Nummerierung hängt von der Reihenfolge ab, in der der Kernel die Datenträger entdeckt.

▶ /dev/sda1, /dev/sda2 etc. sind Partitionen auf dem ersten Datenträger. Die Nummerierung der Partitionen kann Löcher aufweisen.

▶ Analog dienen /dev/sdb1, /dev/sdb2 etc. zum Zugriff auf die Partition des zweiten Datenträgers.

Alle Block-Devices von Datenträgern auflisten

Ein außerordentlich praktisches Kommando für den Umgang mit Datenträgern ist lsblk. Es listet die Device-Namen aller Partitionen und anderer Block-Devices auf und gibt bei den aktiven Partitionen auch gleich das mount-Verzeichnis an.

Das mount-Kommando

Linux benötigt zum Hochfahren zumindest ein Dateisystem, das alle Dateien des Linux-Grundsystems enthält. Der Kernel erfährt durch die Option root=... die Partition, in der sich dieses Dateisystem befindet. Diese Option wird direkt beim Hochfahren übergeben. Auf dem Raspberry Pi wird die Option in der Datei /boot/cmdline.txt eingestellt. Sie enthält üblicherweise /dev/mmcblk0p2, also den Namen der Device-Datei für die zweite Partition der SD-Karte.

Sobald Linux einmal läuft, können Sie mit dem mount-Kommando weitere Dateisysteme an einem beliebigen Ort in den Verzeichnisbaum integrieren bzw. einbinden. Sofern unter Raspbian die grafische Benutzeroberfläche läuft, kümmert sich diese darum, neu angeschlossene USB-Datenträger automatisch in das Dateisystem einzubinden – und das so, dass der eingeloggte Benutzer, in der Regel also pi, die Dateien lesen und verändern darf. Als Verzeichnis wird dabei /media/name verwendet, wobei sich name aus dem Dateisystemnamen (*label*) ergibt.

Haben Sie den Auto-Start der Benutzeroberfläche hingegen *nicht* in `raspi-config` aktiviert, müssen Sie sich selbst um mount kümmern: Wenn Sie beispielsweise einen USB-Stick mit Ihrem Raspberry Pi verbinden und dessen erste Partition unter dem Verzeichnis /data ansprechen möchten, führen Sie dazu die folgenden Kommandos aus:

```
sudo mkdir /data          # falls das Verzeichnis nicht existiert
sudo mount /dev/sda1 /data
```

Damit haben Sie zuerst das Verzeichnis /data erzeugt und dort das Dateisystem in der ersten Partition des USB-Sticks eingebunden. Der Inhalt des USB-Sticks kann nun über das /data-Verzeichnis gelesen und von root auch verändert werden.

Das mount-Kommando versucht automatisch zu erraten, um welchen Typ von Dateisystem es sich handelt. Mangels weiterer Optionen verwendet mount außerdem die Default-Optionen des betreffenden Dateisystems. Bei einem USB-Stick wird es sich vermutlich um ein vfat-Dateisystem handeln. Mit mount ohne weitere Parameter können Sie sich davon vergewissern. Außerdem zeigt Ihnen dieses Kommando gleich, welche Optionen mount standardmäßig verwendet hat:

```
mount | grep sda1
  /dev/sda1 on /data type vfat (rw,relatime,fmask=0022,
    dmask=0022,codepage=437,iocharset=ascii,shortname=mixed,
    errors=remount-ro)
```

Eine detaillierte Beschreibung der zahlreichen mount-Optionen würde an dieser Stelle zu weit führen, weswegen wir Sie auf Linux-Grundlagenbücher oder auf die Online-Dokumentation in Form von man mount verweisen müssen. Kurz gesagt bewirken die Default-Optionen, dass nur root Dateien verändern kann, dass alle Dateien ausführbar erscheinen und dass Linux annimmt, dass die Dateinamen den Zeichensatz CP437 verwenden. Alles in allem sind die Default-Optionen denkbar ungeeignet, denn sie führen dazu, dass Sonderzeichen in Dateinamen falsch dargestellt werden und dass der Benutzer pi keinen Schreibzugriff auf den USB-Stick hat.

In der Praxis wollen Sie zumeist als Benutzer pi Dateien lesen und schreiben. Die Dateien sollen in der Regel *nicht* ausführbar sein, dafür soll als Zeichensatz zur bestmöglichen Kompatibilität mit Windows UTF8 verwendet werden. Um all diese Wünsche zu realisieren, führen Sie zuerst umount aus und binden den USB-Stick dann mit einer Menge Optionen neu in das /data-Verzeichnis ein:

```
sudo umount /data
sudo mount -t vfat \
        -o utf8,uid=1000,gid=1000,fmask=117,dmask=007,noatime \
        /dev/sda1 /data
```

Mit -t vfat geben Sie das gewünschte Dateisystem explizit an. Sollte der USB-Stick mit einem anderen Dateisystem formatiert worden sein, kommt es zu einer Fehlermeldung. Mit -o geben Sie die gewünschten Optionen an. Diese dürfen nur durch Kommata, aber nicht durch Leerzeichen getrennt sein. Die Optionen haben die folgende Bedeutung:

▶ utf8: Die Dateinamen verwenden den UTF8-Zeichensatz.

▶ uid=n,gid=m: Die Dateien des USB-Sticks sollen unter Linux dem Benutzer mit der UID n und der Gruppe mit der GID m zugeordnet werden.

▶ fmask=x,dmask=y: Die beiden Optionen geben an, welche Zugriffsbits bei Dateien und Verzeichnissen *nicht* gesetzt werden sollen. Dabei wird wie bei dem in diesem Kapitel schon kurz erwähnten umask-Kommando die oktale Schreibweise verwendet (siehe Abschnitt 5.2, »Zugriffsrechte«).

  – fmask=117 bewirkt, dass für Dateien die oktalen Zugriffsbits 777 – 117 = 660 = rw-rw---- gelten. Die Dateien sind damit für den Besitzer und die zugeordnete Gruppe lesbar und veränderbar.

  – dmask=007 ergibt 777 – 007 = 770 = rwxrwx---. Der Besitzer und die Gruppenmitglieder haben also uneingeschränkten Zugriff auf die Verzeichnisse.

▶ noatime: Die Option bewirkt, dass die *Inode Access Time* von Dateien nie aktualisiert wird. Ohne die Option wird bei jedem Lesezugriff der Zeitpunkt des Zugriffs gespeichert, was eine Menge unnötiger Schreiboperationen auslöst.

Sie sehen schon, dass Ihnen die grafische Benutzeroberfläche von Raspbian nicht nur den Komfort von Fenster und Maus gibt, sondern Ihnen auch einige Arbeit im Umgang mit externen Datenträgern abnimmt. Mit etwas Linux-Grundlagenwissen ist aber auch der manuelle Betrieb kein Problem!

Die Datei /etc/fstab

Die Kommandos mount und umount müssen jedes Mal mit root-Rechten ausgeführt werden, wenn ein externer Datenträger in den Verzeichnisbaum eingebunden oder wieder aus ihm gelöst werden soll. Bei vielen Anwendungen ist es aber so, dass ein USB-Stick *immer* in Ihrem Raspberry Pi angesteckt bleibt; Sie wollen ja, dass sein Inhalt *automatisch* in den Verzeichnisbaum eingebunden wird.

Derartige Wünsche kann Ihnen die Datei /etc/fstab erfüllen. Diese Systemkonfigurationsdatei enthält zeilenweise Einträge von Dateisystemen, die während des Systemstarts in den Verzeichnisbaum eingebunden werden sollen. Sowohl die dort genannten Verzeichnisse als auch die Device-Dateien der Datenträger müssen beim Hochfahren bereits existieren – andernfalls scheitert das Einbinden.

Jede Zeile in /etc/fstab besteht aus sechs Spalten:

▶ **Die erste Spalte (Device)** enthält normalerweise den Device-Namen, also z. B. /dev/sda1. Alternativ können Sie das gewünschte Dateisystem oder die Partition mit UUID=xxx, LABEL=name oder PARTUUID=xxx auswählen.

▶ **Die zweite Spalte (Pfad)** gibt an, bei welchem Verzeichnis der Datenträger in den Verzeichnisbaum eingebunden wird.

▶ **Die dritte Spalte (Dateisystemtyp)** gibt das Dateisystem an, z. B. ext4 oder vfat. Mit dem Eintrag auto versucht Linux, das Dateisystem selbst zu erkennen.

▶ **Die vierte Spalte (Optionen)** enthält die gewünschten mount-Optionen. Wenn Sie keine Optionen benötigen, geben Sie das Schlüsselwort defaults an. Mehrere Optionen werden nur durch Kommata getrennt, nicht durch Leerzeichen!

▶ **Die fünfte Spalte (dump)** wird unter Linux ignoriert. Es ist aber üblich, für die Systempartition 1 und für alle anderen Datenträger oder Partitionen 0 einzutragen.

▶ **Die sechste Spalte (fsck)** gibt an, ob und in welcher Reihenfolge die Dateisysteme beim Systemstart überprüft werden sollen. Oft wird 1 für die Systempartition und 0 für alle anderen Partitionen eingetragen. Das bedeutet, dass beim Rechnerstart nur die Systempartition auf Fehler überprüft und gegebenenfalls durch fsck repariert wird. Falls Sie möchten, dass weitere Partitionen automatisch überprüft werden, geben Sie bei diesen Partitionen die Ziffer 2 an. Das heißt, die Überprüfung soll nach der Kontrolle der Systempartition erfolgen.

Standardmäßig sieht /etc/fstab auf einem Raspbian-System wie folgt aus:

```
# Datei /etc/fstab
proc                     /proc   proc    defaults          0 0
PARTUUID=8c72c773-01    /boot   vfat    defaults          0 2
PARTUUID=8c72c773-02    /       ext4    defaults,noatime  0 1
```

Die proc-Zeile betrifft ein virtuelles Dateisystem, das Linux zum Austausch von Prozessinformationen verwendet. Die zweite Zeile ist für die erste Partition auf der SD-Karte verantwortlich; sie enthält ein VFAT-Dateisystem und soll über das Verzeichnis /boot genutzt werden. Die dritte Zeile betrifft schließlich das Wurzelverzeichnis des Dateisystems in der größten Partition der SD-Karte.

Wenn Sie wie im einleitenden Beispiel wollen, dass das Dateisystem der ersten Partition des USB-Sticks im Verzeichnis /data eingebunden wird, ergänzen Sie /etc/fstab mit einem Editor um den Eintrag, der im folgenden Listing nur aus Platzgründen über zwei Zeilen verteilt werden musste:

```
# Datei /etc/fstab
/dev/sda1 /data vfat utf8,uid=1000,gid=1000,fmask=117,
                                dmask=007,noatime 0 0
```

Datenträger partitionieren und formatieren

Auf einem Raspberry Pi ist es nur selten erforderlich, auf einem externen Datenträger neue Partitionen anzulegen oder auf einer Partition ein neues Dateisystem einzurichten – umgangssprachlich diese Partition also zu *formatieren*. Sollte sich diese Notwendigkeit aber doch ergeben, müssen Sie lernen, mit den Kommandos parted und mkfs.xxx umzugehen.

parted ist ein interaktives Kommando, mit dem Sie Partitionen auf einem Datenträger einrichten und wieder löschen können. Partitionen sind unabhängige Datenabschnitte, die ein Dateisystem beinhalten können. Auf vielen USB-Sticks gibt es nur *eine* Partition, die den ganzen Datenträger füllt. Auf Festplatten und SSDs ist es aber durchaus üblich, mehrere Partitionen einzurichten.

Es existieren gegenwärtig zwei unterschiedliche Partitionierungssysteme:

▶ **MBR:** Beim herkömmlichen MBR-System, dessen Konzepte aus DOS-Zeiten stammen, wird die Partitionstabelle im ersten Sektor des Datenträgers gespeichert. Dieser Sektor heißt *Master Boot Record* (MBR). Für USB-Sticks und SD-Karten dominiert das MBR-Verfahren bis heute.

▶ **GPT:** Das neuere GPT-Verfahren kommt in modernen Notebooks und PCs zum Einsatz. GPT steht für *GUID Partition Table*. Der Hauptvorteil besteht darin, dass es auch für Datenträger mit mehr als 2 TByte Speicherplatz geeignet ist.

Eine detaillierte Beschreibung von parted würde den Rahmen dieses Einführungsabschnitts zu Dateisystemen sprengen. Stattdessen zeigt das folgende Listing Ihnen die praktische Anwendung des Kommandos zur Neupartitionierung eines USB-Sticks. Auf dem USB-Stick wird zuerst mit mklabel msdos eine MBR-Partitionstabelle eingerichtet. Danach erzeugt mkpart eine primäre Partition für ein VFAT-Dateisystem, die den gesamten USB-Stick abzüglich des ersten und des letzten Megabyte ausfüllt.

unit MiB stellt die Einheit für das nachfolgende print-Kommando auf binäre Megabyte (MiB) um, d. h., 1 MByte = 2^{20} Byte. print gibt dann die erzeugte Partitionstabelle aus.

```
sudo parted /dev/sda
(parted) mklabel msdos
  Warning: The existing disk label on /dev/sda will be destroyed
  and all data on this disk will be lost. Do you want to
  continue? Yes/No? yes
(parted) mkpart primary fat32 1MiB -1MiB
(parted) unit MiB
(parted) print
  Model: Corsair Flash Voyager (scsi)
  Disk /dev/sda: 7712MiB
  Sector size (logical/physical): 512B/512B
```

```
Partition Table: msdos
 Number    Start     End      Size     Type       File system  Flags
    1      1,00MiB  7712MiB  7711MiB  primary                  lba
(parted) quit
```

Im obigen Beispiel nehmen wir an, dass der Device-Name des USB-Sticks /dev/sda lautet. Beachten Sie, dass alle Dateisysteme dieses Datenträgers vorher gelöst werden müssen (umount) und dass der gesamte Inhalt des Datenträgers durch die folgenden Kommandos verloren geht!

Nun geht es noch darum, auf der ersten Festplattenpartition ein Dateisystem einzurichten. Wenn Sie kompatibel mit der Windows-Welt und mit macOS bleiben wollen, wählen Sie vfat. Das Kommando mkfs.vfat richtet ein derartiges Dateisystem ein, wobei die Option -F 32 unabhängig von der Datenträgergröße ein VFAT32-Dateisystem erzwingt. Achten Sie darauf, dass Sie den Device-Namen der ersten Partition angeben (/dev/sda1), nicht den des ganzen Datenträgers (/dev/sda)!

```
sudo apt install dosfstools
sudo mkfs.vfat -F 32 /dev/sda1
```

Für Datenträger, die ausschließlich auf dem Raspberry Pi bzw. auf Linux-Systemen verwendet werden, bietet das Linux-Dateisystem ext4 nicht nur mehr Datensicherheit, sondern vor allem auch eine bessere Kompatibilität zu Linux. Nur auf einem Linux-Dateisystem können Sie Metainformationen wie Dateibesitzer, Gruppenzugehörigkeit oder Zugriffsrechte speichern!

```
sudo mkfs.ext4 /dev/sda1
```

5.5   Netzwerkkonfiguration

Im einfachsten Fall müssen Sie sich um die Netzwerkkonfiguration gar nicht kümmern: Sobald Sie Ihren Raspberry Pi über ein Ethernet-Kabel mit Ihrem lokalen Netzwerk verbinden, bezieht der Raspberry Pi die Netzwerkkonfiguration per DHCP selbst. DHCP steht für *Dynamic Host Configuration Protocol* und bezeichnet ein Verfahren, mit dem ein Rechner im lokalen Netz allen anderen Rechnern IP-Adressen und andere Netzwerkparameter zuweist. Zu Hause fungiert oft ein Router als DHCP-Server, in Firmen sind es hingegen oft eigene Server.

Sofern Sie Ihren Raspberry Pi per WLAN an das lokale Netzwerk anbinden, gelingt die Konfiguration am schnellsten über das Netzwerkmenü im Panel (siehe Abschnitt 2.4, »WLAN-Konfiguration«). An dieser Stelle geht es primär um die Interna des automatischen DHCP-Betriebs bzw. des WLAN-Konfigurationswerkzeugs.

Kein WLAN ohne Adapter!

Aktuelle Raspberry-Pi-Modelle (3B, 3B+, Zero W und Zero WH) enthalten bereits einen eingebauten WLAN-Adapter. Bei allen anderen Modellen benötigen Sie einen USB-WLAN-Adapter. Dabei ist es wichtig, dass Sie ein Raspbian-kompatibles Modell einsetzen. Recherchieren Sie vor dem Kauf!

Dieser Abschnitt ist dann für Sie relevant, wenn Sie Ihren Raspberry Pi *ohne* grafische Benutzeroberfläche mit Ihrem lokalen Netzwerk verbinden möchten oder wenn die Netzwerkkonfiguration statisch erfolgen soll. Dies ist dann wichtig, wenn Sie Ihren Raspberry Pi als Router einsetzen (siehe Kapitel 38, »WLAN- und Tor-Router«).

Glossar

In diesem Buch fehlt der Platz für einen längeren Ausflug in die Netzwerktheorie. Aber Sie können den folgenden Erklärungen nur dann folgen, wenn wir uns zuerst über die wichtigsten Grundbegriffe verständigen:

▶ **IP-Adressen und -Ports:** Für den Großteil des Datenverkehrs in lokalen Netzen und im Internet ist das Protokoll TCP/IP verantwortlich. TCP steht dabei für *Transmission Control Protocol*, IP für *Internet Protocol*.

Netzwerkdaten werden in relativ kleinen Paketen transportiert. Zusammen mit jedem Paket werden mehrere Metadaten gespeichert, darunter die IP-Adresse und der IP-Port. Die IP-Adresse bestimmt den Empfänger des Pakets. Eine typische IPv4-Adresse für einen Rechner in einem lokalen Netz lautet 192.168.0.75. Die Port-Nummer gibt die Kategorie des Dienstes an. Vielen Internetdiensten sind eigene Port-Nummern zugeordnet, z. B. 80 für HTTP oder 22 für SSH.

▶ **Hostname:** IP-Adressen mögen für Computer praktisch sein, Menschen können sich IP-Adressen aber nur schwer merken. Aus diesem Grund werden Rechner im Netzwerk durch einen Hostnamen identifiziert. Unter Raspbian lautet dieser Name standardmäßig `raspberrypi`.

▶ **Schnittstellen:** Eine Netzwerkschnittstelle kann einen Hardware-Netzwerkadapter für Ethernet oder WLAN bezeichnen; eine Schnittstelle kann aber auch ein durch Software implementierter Verbindungspunkt zwischen verschiedenen Netzen sein.

Ihr Raspberry Pi hat in der Regel *mehrere* aktive Schnittstellen mit unterschiedlichen IP-Adressen: die Loopback-, die Ethernet- und die WLAN-Schnittstelle. Linux-intern bekommen alle Netzwerkschnittstellen einen Namen zugewiesen. Typische Namen sind `lo` für die Loopback-Schnittstelle, `eth0` für die erste Ethernet-Schnittstelle und `wlan0` für die erste WLAN-Schnittstelle.

- **MAC-Adresse:** Bei der MAC-Adresse (*Media Access Control*) handelt es sich um eine eindeutige ID-Nummer, mit der jeder Ethernet-Controller ausgestattet ist. Die MAC-Nummer ermöglicht eine Identifizierung des Netzwerk-Controllers, noch bevor ihm eine IP-Adresse zugewiesen wird.

- **Loopback-Schnittstelle:** Die Loopback-Schnittstelle spielt eine besondere Rolle: Sie ermöglicht die Verwendung des Netzwerkprotokolls für lokale Dienste, also zur Kommunikation *innerhalb* des Rechners. Das klingt vielleicht widersinnig, ist aber für viele elementare Linux-Kommandos erforderlich. Der Grund: Manche Kommandos bauen ihre Kommunikation auf dem Netzwerkprotokoll auf, ganz egal, ob die Daten lokal auf dem Rechner bleiben oder über ein Netz auf einem fremden Rechner weiterverarbeitet werden. Ein Beispiel dafür ist das Druckersystem (CUPS), das Druckjobs sowohl lokal als auch von anderen Rechnern im Netzwerk akzeptiert. Als IP-Adresse für das Loopback-Interface ist 127.0.0.1 vorgesehen.

- **Netzwerkmaske, Netzwerk- und Broadcast-Adresse:** Die Ausdehnung eines lokalen Netzes wird durch eine sogenannte Maske ausgedrückt. Dabei handelt es sich um vierteilige Zifferngruppen, die intern als Bitmuster für IP-Adressen verwendet werden. Wenn das lokale Netz z. B. alle Nummern 192.168.0.*n* umfasst, lautet die dazugehörige Netzwerkmaske 255.255.255.0, die Netzwerkadresse 192.168.0.0 und die Broadcast-Adresse 192.168.0.255. Bei vielen Konfigurationsprogrammen brauchen Sie weder die Netzwerk- noch die Broadcast-Adresse anzugeben, da sich diese aus der IP-Adresse und der Maske ergeben.

  Das resultierende Netzwerk wird jetzt mit 192.168.0.0/255.255.255.0 oder kurz mit 192.168.0.0/24 bezeichnet. Diese Kurzschreibweise heißt auch Präfix-Notation. Die Zahl hinter dem Schrägstrich gibt die Anzahl der binären Einser der Netzwerkmaske an. Zwei Rechner mit den IP-Adressen 192.168.0.71 und 192.168.0.72 können sich in diesem Netzwerk also direkt miteinander verständigen, weil die IP-Adressen im Bereich der Netzwerkmaske übereinstimmen. Die maximale Anzahl von Rechnern, die gleichzeitig in diesem Netz kommunizieren können, beträgt 254 (.1 bis .254) – die Nummern .0 und .255 sind reserviert.

- **Gateway:** Ein Gateway ist ein Rechner, der an der Schnittstelle zwischen zwei Netzen steht, oft zwischen dem lokalen Netz und dem Internet. Die Gateway-Adresse bezeichnet also einen besonderen Rechner im lokalen Netz. In Privathaushalten ist das Gateway oft ein ADSL-Modem oder ein damit verbundener WLAN-Router. Auch ein als HotSpot eingesetztes Smartphone (Tethering) kann als lokales Gateway dienen: In diesem Fall kommunizieren andere Rechner über das WLAN mit dem Smartphone und dieses leitet die IP-Pakete dann über das Mobilfunknetz in das Internet weiter.

- **Nameserver:** Ein Nameserver ist ein Programm, das Rechnernamen bzw. Internetadressen wie *yahoo.com* in IP-Adressen übersetzt. Auf Ihrem Raspberry Pi läuft üblicherweise kein eigener Nameserver; vielmehr greift Ihr Minicomputer für diese Aufgabe auf einen externen Nameserver zurück. Oft läuft auf dem Gateway-Rechner (ADSL-Router) ein lokaler Nameserver, der wiederum auf einen Nameserver Ihres Internet-Providers zurückgreift.

▸ **DHCP:** Geräte in lokalen Netzwerken bzw. in WLANs müssen in der Regel nicht manuell konfiguriert werden. Vielmehr befindet sich im WLAN- oder Netzwerk-Router ein DHCP-Server, der den Clients IP-Adressen und andere Parameter zuweist. DHCP steht für *Dynamic Host Configuration Protocol* und definiert das Kommunikationsverfahren, mit dem die IP-Konfiguration erfolgt.

IPv4 und IPv6

Momentan sind zwei Versionen des Internet Protocols relevant: IPv4 und IPv6. Für lokale Netze, in denen der Raspberry Pi üblicherweise eingesetzt wird, reicht IPv4 aus. In Raspbian ist aber auch IPv6 standardmäßig aktiv.

---

dhcpcd-Konfiguration

Bis Mitte 2017, d. h. bis inklusive Debian Jessie, war die Datei /etc/networks/interfaces (»ENI«) der Dreh- und Angelpunkt der Netzwerkkonfiguration. Beginnend mit Raspbian Stretch weicht Raspbian aber von dieser Debian-Vorgabe ab. Um die Netzwerkkonfiguration kümmert sich nun das Programm dhcpcd (ein DHCP-Client). Die Konfiguration erfolgt in /etc/dhcpcd.conf. Die Datei /etc/networks/interfaces existiert zwar weiter, ist aber normalerweise leer.

Standardmäßig übernimmt dhcpcd die Kontrolle über alle Netzwerkschnittstellen. dhcpcd setzt voraus, dass es im lokalen Netzwerk bzw. im WLAN einen DHCP-Server gibt. Diese Voraussetzung ist in den meisten Anwendungsfällen des Raspberry Pi erfüllt. Die Datei dhcpcd.conf enthält die folgenden Defaulteinstellungen:

```
# Datei /etc/dhcpcd.conf (Defaulteinstellungen)
hostname
clientid
persistent
option rapid_commit
option domain_name_servers, domain_name, domain_search, host_name
option classless_static_routes
option ntp_servers
option interface_mtu
require dhcp_server_identifier
slaac private
```

Mit dieser Konfiguration funktioniert alles *out of the box*: Wenn ein Netzwerkkabel angeschlossen ist, bezieht die Ethernet-Schnittstelle ihre Konfiguration über DHCP. Wenn Sie hingegen im Pixel-Desktop eine WLAN-Konfiguration vornehmen, dann kümmert sich dhcpcd auch um diese Schnittstelle. dhcpcd kooperiert dabei mit `wpa_supplicant`. Dieses Programm kümmert sich um die Authentifizierung im WLAN-Netz. Damit das funktioniert, müssen der Name des WLAN-Netzwerks und das entsprechende Passwort in `/etc/wpa_supplicant/wpa_supplicant.conf` enthalten sein. Details zur manuellen WPA-Konfiguration folgen gleich.

Änderungen an `dhcpcd.conf` sind nur erforderlich, wenn einzelne Netzwerkschnittstellen statisch konfiguriert werden sollen oder wenn `dhcpcd` sich *nicht* um die betreffende Schnittstelle kümmern soll – z. B., weil Sie die Schnittstelle durch Einstellungen in `/etc/networks/interfaces` konfigurieren möchten.

Statische LAN-Konfiguration

Für den Server-Einsatz im lokalen Netzwerk ist es oft erforderlich, dem Raspberry Pi eine unveränderliche IP-Adresse zuzuweisen. Die Netzwerkverbindung soll also über ein Ethernet-Kabel erfolgen, die IP-Adresse und die restlichen Parameter sollen aber nicht per DHCP bezogen, sondern statisch eingestellt werden.

Dieses Szenario lässt sich leicht realisieren, indem Sie die folgenden Anweisungen in `/etc/dhcpcd.conf` einbauen und Ihren eigenen Anforderungen entsprechend modifizieren. Beim Schlüsselwort `domain_name_servers` können Sie mehrere, durch Leerzeichen getrennte IP-Adressen angeben. `dhcpcd` kümmert sich darum, die Nameserver-Adressen wie vorgeschrieben in die Datei `/etc/resolv.conf` einzutragen. Für eine IPv6-Konfiguration verwenden Sie das Schlüsselwort `ip6_address`. Weitere Beispiele sind als Kommentare in `/etc/dhcpcd.conf` enthalten.

```
# Datei /etc/dhcpcd.conf
...
# statische Konfiguration für eth0
interface eth0
static ip_address=10.0.0.8/24
static routers=10.0.0.138
static domain_name_servers=10.0.0.138
```

Der öffentliche Nameserver von Google

Wenn Sie die IP-Adresse des Nameservers Ihres Internet-Providers nicht kennen, können Sie stattdessen auch die IP-Adresse des öffentlichen Nameservers von Google verwenden. Er hat die leicht zu merkende IP-Adresse 8.8.8.8. Es muss Ihnen natürlich klar sein, dass Google damit noch ein wenig mehr über Sie erfährt, als dies ohnehin schon der Fall ist: Google weiß jetzt, wann Sie auf Ihrem Raspberry Pi welche Seite besuchen.

Datenschutztechnisch besser ist Quad9 (siehe *https://www.quad9.net*). Dieser ebenfalls öffentliche Nameserver mit der Adresse 9.9.9.9 wird von einem Firmenkonsortium rund um IBM betrieben.

Damit die Änderungen wirksam werden, führen Sie das folgende Kommando aus:

```
sudo systemctl restart dhcpcd
```

Nach Änderungen an der IP-Adresse kann es passieren, dass dhcpcd der Schnittstelle zwar die neue Adresse zuweist, die alte aber nicht entfernt. In solchen Fällen müssen Sie Ihren Raspberry Pi neu starten, damit die IP-Konfiguration korrekt ist.

Manuelle WLAN-Konfiguration

Eine manuelle WLAN-Konfiguration ist dann angebracht, wenn zumindest eine der beiden folgenden Voraussetzungen zutrifft:

▶ Sie wollen Ihren Raspberry Pi *ohne* grafische Benutzeroberfläche nutzen und deswegen auf die Konfigurationswerkzeuge des Desktops verzichten.

▶ Ihr Raspberry Pi befindet sich immer am gleichen Ort und hat Zugang zu einem gleichbleibenden WLAN-Netz. Dieses Netz soll immer verwendet werden – und kein anderes.

Sie müssen sich in solchen Fällen nur um die Datei wpa_supplicant.conf kümmern. Dort tragen Sie in einer eigenen Syntax ein, wie Ihr Funknetzwerk heißt und welches Passwort dort gilt. Die ersten drei Zeilen sind vorgegeben, wobei Sie nur Ihr Land ändern müssen (z. B. AT für Österreich). Anschließend dürfen beliebig viele network-Blöcke folgen – je einer für jedes Netzwerk, mit dem sich Ihr Raspberry Pi verbinden soll. Die hier präsentierten Schlüsselwörter gelten für das aktuell am meisten verbreitete Authentifizierungsverfahren WPA2 mit *Pre Shared Keys*:

```
# Datei wpa_supplicant.conf in der Boot-Partition
country=DE
ctrl_interface=DIR=/var/run/wpa_supplicant GROUP=netdev
update_config=1

network={
  ssid="wlan-bezeichnung"
  psk="passwort"
  key_mgmt=WPA-PSK
}
```

Die neue Konfiguration wird mit systemctl restart dhcpcd wirksam.

> **Syntaxeigenheiten**
>
> Passen Sie auf, dass Sie die Syntaxregeln einhalten: Zum einen dürfen Sie vor und nach dem Zeichen = keine Leerzeichen einfügen. Zum anderen muss das Land (country) mit zwei Großbuchstaben eingestellt werden.

Konfigurationsanleitungen für andere WLAN-Verschlüsselungsverfahren, unter anderem für WPA (Version 1) und WEP, finden Sie im *ubuntuusers*-Wiki:

https://wiki.ubuntuusers.de/WLAN/wpa_supplicant

Hostname ändern

Der Rechnername (Hostname) Ihres Raspberry Pi wird in der Datei /etc/hostname gespeichert. Anstatt diese Datei direkt zu verändern, führen Sie das zu diesem Zweck vorgesehene Kommando hostnamectl aus. Die Änderung wird sofort wirksam.

```
sudo hostnamectl set-hostname neuerhostname
```

Schnittstelle via /etc/network/interfaces konfigurieren

Wenn eine Schnittstelle nicht durch dhcpcd gesteuert werden soll, kennzeichnen Sie die Schnittstelle in dhcpcd.conf mit denyinterfaces:

```
# Datei /etc/dhcpcd.conf
...
# dhcpcd soll die wlan-Schnittstelle ignorieren
denyinterfaces wlan0
```

Wenn Sie Raspbian als Desktop-System verwenden, funktioniert das WLAN dank der im PIXEL-Desktop integrierten WLAN-Werkzeuge trotzdem. Bei einem Server-Setup bzw. in Raspbian Lite ignoriert dhcpcd die Schnittstelle nun. Linux-Profis mit Debian- oder Ubuntu-Erfahrung können die betreffende Schnittstelle nun aber wie in älteren Raspbian-Versionen in /etc/network/interfaces konfigurieren.

WLAN-Schnittstelle deaktivieren

Der Wunsch wird wohl eher selten auftauchen, aber es besteht auch die Möglichkeit, die WLAN-Schnittstelle ganz zu deaktivieren. Dazu tragen Sie die Module brcmfmac und brcmutil in die bereits vorgesehene Datei /etc/modprobe.d/raspi-blacklist.conf ein und verhindern so, dass die für die WLAN-Schnittstelle zuständigen Kernel- module geladen werden. Die Änderung wird mit dem nächsten Reboot wirksam. Sollten Sie den WLAN-Adapter später doch wieder nutzen wollen, entfernen Sie ein- fach die beiden blacklist-Zeilen wieder aus der Datei:

```
# Datei /etc/modprobe.d/raspi-blacklist.conf
# das Laden der WLAN-Treiber verhindern
blacklist brcmfmac
blacklist brcmutil
```

5.6 Bluetooth

Raspbian verfügt über eigene Werkzeuge zur Bluetooth-Konfiguration, die gut funktionieren (siehe Abschnitt 2.5, »Bluetooth-Konfiguration«). Für den Fall, dass Sie mit Raspbian Lite oder einer anderen Linux-Distribution ohne grafische Benutzeroberfläche arbeiten, zeigt dieser Abschnitt, wie Sie Bluetooth-Geräte im Terminal mit dem Kommando `bluetoothctl` einrichten. Die Vorgehensweise ist zugegebenermaßen ein wenig schwieriger, funktioniert aber sehr zuverlässig.

Der erste Schritt besteht darin, die erforderlichen Bluetooth-Pakete zu installieren:

```
sudo apt install bluetooth
```

Konfiguration mit bluetoothctl

Das Kommando `bluetoothctl` ist zur interaktiven Nutzung gedacht. Nach dem Start gelangen Sie in einen Kommandomodus, in dem Sie diverse Befehle ausführen können. `list` listet alle Bluetooth-Controller auf (z. B. einen USB-Adapter). `devices` listet alle Geräte in Funkreichweite auf. Mit `exit` oder [Strg]+[D] gelangen Sie zurück in den Eingabemodus des Terminals.

Um ein neues Bluetooth-Gerät mit dem Raspberry Pi zu verbinden, gehen Sie wie folgt vor:

▸ Sie aktivieren mit `pairable on` den Kuppelungsmodus.

▸ Sie aktivieren mit `scan on` den Scan-Modus. Das Programm listet nun alle erkannten Geräte in Funkreichweite auf. Dieser Vorgang kann geraume Zeit dauern, einzelne Geräte werden dabei immer wieder aufgelistet. Wenn Sie das gewünschte Gerät gefunden haben, schalten Sie den Modus mit `scan off` einfach wieder aus.

▸ Sie aktivieren mit `agent on` einen sogenannten Bluetooth-Agenten. Er kümmert sich um die Autorisierung neuer Geräte (bei Tastaturen: Passworteingabe).

▸ Mit `pair xx:xx:xx` initiieren Sie den Verbindungsaufbau zu einem Gerät. Bei einer Tastatur werden Sie nun dazu aufgefordert, einen sechsstelligen Code einzutippen. Vergessen Sie nicht, die Eingabe mit *Return* abzuschließen! Die erfolgreiche Kuppelung erkennen Sie an der Meldung *pairing successful*. Bei Geräten ohne Eingabemöglichkeit (Tastatur, Lautsprecher etc.) gelingt das Pairing zum Glück auch ohne Codeeingabe.

▸ Und mit `trust xx:xx:xx` machen Sie dem Bluetooth-System klar, dass Sie dem Gerät wirklich vertrauen.

▸ Mit `connect xx:xx:xx` geben Sie an, dass Sie das Gerät tatsächlich nutzen möchten. (Das hätte sich `bluetoothctl` mittlerweile eigentlich denken können …) Wenn alles klappt, lautet die Reaktion *connection successful*. Das Gerät kann jetzt verwendet werden!

▶ info xx:xx:xx zeigt den Verbindungsstatus und diverse weitere Informationen zum Gerät an.

Wichtig ist, dass Sie bei neu zu konfigurierenden Bluetooth-Geräten immer wieder auf den Bluetooth-Knopf (Pairing-Knopf) drücken, damit das Gerät so der Umwelt signalisiert, dass es zum Verbindungsaufbau bereit ist. Bei vielen Geräten blinkt dann eine blaue Leuchtdiode. Wenn es keinen derartigen Knopf gibt, können Sie auch versuchen, das Gerät aus- und wieder einzuschalten.

Die folgenden Zeilen zeigen etwas gekürzt die Ein- und Ausgaben zur Konfiguration einer Bluetooth-Tastatur. Alle Ein- und Ausgaben erfolgen in einem Terminalfenster:

```
bluetoothctl
[bluetooth]# agent on
[bluetooth]# pairable on
[bluetooth]# scan on
Discovery started
[CHG] Controller 00:1A:7D:DA:71:13 Discovering: yes
[NEW] Device 70:10:00:1A:92:20 70-10-00-1A-92-20
[CHG] Device 70:10:00:1A:92:20 Name: Bluetooth 3.0 Keyboard
...
[bluetooth]# scan off

[bluetooth]# pair 70:10:00:1A:92:20
Attempting to pair with 70:10:00:1A:92:20
[CHG] Device 70:10:00:1A:92:20 Connected: yes
[agent] PIN code: 963064
  --> Pin-Eingabe + Return auf der Tastatur <--
[CHG] Device 70:10:00:1A:92:20 Paired: yes
Pairing successful

[bluetooth]# trust 70:10:00:1A:92:20

[bluetooth]# connect 70:10:00:1A:92:20

[bluetooth]# info 70:10:00:1A:92:20
Device 70:10:00:1A:92:20
    Name: Bluetooth 3.0 Keyboard
    Paired: yes
    Trusted: yes
    Connected: yes
    ...

[bluetooth]# exit
```

Die Bluetooth-Konfiguration für ein bestimmtes Gerät wird in /var/lib/bluetooth/ id1/id2/info gespeichert. Dabei ist id1 der ID-Code des Bluetooth-Controllers (beim Raspberry Pi also eines USB-Bluetooth-Steckers) und id2 der ID-Code des Bluetooth-Geräts.

Verbindungsaufbau erzwingen

Nun folgt die eigentliche Bewährungsprobe: Starten Sie Ihren Raspberry Pi mit reboot neu. Wenn alles klappt, sollte der Raspberry Pi Ihr Bluetooth-Gerät beim nächsten Start wieder korrekt erkennen. Bei unseren Tests sind wir an diesem Punkt mit manchen Bluetooth-Geräten gescheitert. Abhilfe schuf erst das Einbauen der Anweisung bluez-test-input connect in /etc/rc.local:

```
# Datei /etc/rc.local
...
echo -e "connect FC:58:FA:A0:4D:E7\nquit" | bluetoothctl
exit 0
```

Das bewirkt einen expliziten Verbindungsaufbau am Ende jedes Neustarts. Wenn Sie nicht nur ein, sondern mehrere Bluetooth-Geräte mit dem Raspberry Pi verbinden möchten, verfahren Sie mit diesen ebenso.

Bluetooth deaktivieren

Wenn Sie den eingebauten Bluetooth-Adapter der Modelle 3B, 3B+, Zero W bzw. Zero WH deaktivieren möchten, fügen Sie zwei blacklist-Zeilen in /etc/modprobe.d/ raspi-blacklist.conf ein:

```
# Datei /etc/modprobe.d/raspi-blacklist.conf
...
blacklist btbcm
blacklist hci_uart
```

Anschließend deaktivieren Sie den hciuart-Dienst und starten Ihren Minicomputer dann neu:

```
sudo systemctl disable hciuart
sudo reboot
```

Wenn Sie den Bluetooth-Adapter später wieder brauchen, entfernen Sie die beiden Zeilen aus raspi-blacklist.conf, aktivieren den hciuart-Dienst wieder (enable statt disable) und starten den Raspberry Pi ein weiteres Mal neu.

5.7 Systemstart

Dieser Abschnitt erklärt Ihnen, wie Ihr Raspberry Pi hochfährt (siehe Abbildung 5.1). Es geht also um die ersten 30 bis 60 Sekunden nach dem Einschalten des Geräts. Vorweg einmal ein Überblick:

▶ Die GPU, also der Grafikteil des BCM2835/-36/-37, lädt den 1st-Stage-Bootloader aus dem ROM.

▶ Der 1st-Stage-Bootloader lädt die Datei bootcode.bin von der SD-Karte. Diese Datei enthält den 2nd-Stage-Bootloader.

▶ Der 2nd-Stage-Bootloader lädt start.elf mit der GPU-Firmware sowie config.txt mit diversen Konfigurationseinstellungen von der SD-Karte.

▶ start.elf enthält den dritten Bootloader. Er liest den Linux-Kernel (kernel.img oder kernel7.img) von der SD-Karte und startet ihn, wobei die Kerneloptionen aus cmdline.txt sowie der Device Tree Blob übergeben werden (siehe Abschnitt 5.11, »Device Trees«). Der Kernel führt eine erste Hardware-Initialisierung durch und startet dann das Programm systemd.

▶ systemd vervollständigt die Hardware-Initialisierung, aktiviert diverse Hintergrund- und Netzwerkdienste und startet schließlich den grafischen Desktop.

1st-Stage-Bootloader

Die erste Phase des Boot-Prozesses verläuft auf dem Raspberry Pi ganz anders als auf einem Linux-Notebook oder -PC: Es gibt weder ein BIOS noch ein EFI, und auch von dem auf PCs üblichen Bootloader GRUB ist keine Spur zu sehen. Stattdessen wird nach dem Einschalten des Raspberry Pi vorerst nur der GPU-Core aktiv, also der Grafikteil des BCM2835/-36/-37. Dieser Chip ist das Herz des Raspberry Pi. Es handelt sich um ein sogenanntes *System-on-a-Chip* (SoC), also um einen Chip, der neben der eigentlichen CPU auch gleich diverse andere Komponenten enthält.

Auf dem SoC ist die GPU für die zentrale Steuerung zuständig. Die CPU ist im SoC ein für Broadcom relativ leicht austauschbares Modul. Das erklärt auch, warum bei der Entwicklung vom Raspberry Pi 1 zum Raspberry Pi 3 die GPU immer dieselbe blieb, die CPU aber grundlegend verändert wurde – und zwar von der 32-Bit-ARMv6- zur 64-Bit-ARMv8-Architektur.

Die GPU lädt nun den ersten Teil des Bootloaders, den sogenannten 1st-Stage-Bootloader. Dieses Programm befindet sich in einem ROM, also in einem unveränderlichen Festspeicher des BCM2835/-36/-37. Dabei handelt es sich um ein winziges Programm, das gerade genug Funktionen enthält, damit nun die CPU auf die SD-Karte zugreifen und dort bootcode.bin in den Cache der CPU lesen kann.

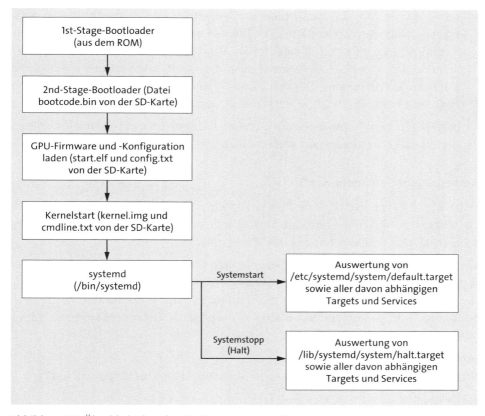

Abbildung 5.1 Überblick über den Boot-Prozess unter Raspbian

Eine wesentliche Voraussetzung für den weiteren Verlauf des Boot-Prozesses ist es, dass die SD-Karte eine MBR-Partitionstabelle und die erste Partition ein VFAT-Dateisystem enthält. Sofern Raspbian läuft, können Sie den Inhalt dieses Dateisystems über das Verzeichnis /boot ansprechen. Wenn Sie die SD-Karte in einen Windows- oder macOS-Rechner stecken, scheint dieses Dateisystem der einzige Inhalt der SD-Karte zu sein. Tatsächlich gibt es noch eine weitere, viel größere Partition, die Raspbian enthält. Diese zweite Partition enthält aber üblicherweise ein ext4-Dateisystem, dessen Inhalt nur auf Linux-Rechnern angezeigt werden kann.

2nd-Stage-Bootloader (bootcode.bin)

Die Datei bootcode.bin enthält den restlichen Boot-Code, den sogenannten 2nd-Stage-Bootloader. Dieses Programm lädt nun start.elf von der SD-Karte. Diese Datei enthält das Firmware-Image für die GPU des BCM2835/-36/-37, also den Code für die Grafikhardware, den Broadcom bzw. die Raspberry Pi Foundation zur Verfügung stellt. Außerdem werden die Dateien config.txt und cmdline.txt ausgewertet:

- ▶ `config.txt` enthält diverse Grundeinstellungen für den Raspberry Pi. Die wichtigsten Parameter dieser Datei beschreiben wir in Abschnitt 5.8, »Systemeinstellungen in config.txt«. Einige weitere Parameter in `config.txt` betreffen die Steuerung des Device-Tree-Systems, also das Laden von Modulen für externe Hardware-Komponenten. Die sich daraus ergebenden Steuerungsmöglichkeiten fassen wir in Abschnitt 5.11, »Device Trees«, zusammen.

- ▶ `cmdline.txt` besteht hingegen nur aus einer einzigen Zeile mit Parametern, die an den Linux-Kernel übergeben werden sollen (siehe unten).

Kernelparameter (cmdline.txt)

`cmdline.txt` enthält in einer Zeile diverse Kernelparameter. Die Parameter sind durch Leerzeichen voneinander getrennt. Einstellungen einzelner Parameter in der Form `parameter=inhalt` müssen ohne Leerzeichen erfolgen.

Die Parameter werden beim Start des Kernels von diesem ausgewertet. Mitunter werden die Parameter auch als »Boot-Optionen« bezeichnet. Linux kennt Tausende derartige Parameter. Die Dokumentation zu einigen Parametern können Sie in einem laufenden Linux-System mit `man bootparam` nachlesen, viele weitere sind auf den folgenden Seiten dokumentiert:

https://elinux.org/RPi_cmdline.txt
https://www.kernel.org/doc/Documentation/admin-guide/kernel-parameters.txt

Unter Raspbian enthält `cmdline.txt` standardmäßig die folgenden Parameter, die hier aus Platzgründen über vier Zeilen verteilt sind:

```
dwc_otg.lpm_enable=0 console=serial0,115200 console=tty1
  root=PARTUUID=8c72c773-02 rootfstype=ext4 elevator=deadline
  fsck.repair=yes rootwait quiet splash
  plymouth.ignore-serial-consoles
```

Die Bedeutung dieser Parameter wollen wir Ihnen im Folgenden kurz erläutern:

- ▶ `dwc_otg.lpm_enable=0` deaktiviert das *Link Power Management* (LPM) des USB-Treibers. Das vermeidet Probleme bei der Verwendung von USB-Geräten.

- ▶ `console=...` stellt ein, wo die Kernelmeldungen ausgegeben werden sollen. Die Standardeinstellung bewirkt, dass diese Meldungen sowohl in der ersten Textkonsole am Bildschirm (`tty1`) erscheinen als auch auf die serielle Schnittstelle übertragen werden. Wenn Sie die serielle Schnittstelle für eigene Zwecke verwenden möchten, müssen Sie `console=...` aus `cmdline.txt` entfernen.

- ▶ `root=/dev/xxx` ist die wichtigste Option, die an den Kernel übergeben wird. Sie gibt den Device-Namen der Linux-Systempartition an. Ohne diese Option findet Linux die Systempartition nicht und kann das Init-System nicht starten.

Üblicherweise handelt es sich bei der Systempartition um die zweite Partition auf der SD-Karte, also um /dev/mmcblk0p2. Bei NOOBS-Installationen hat die System-partition dagegen den Namen /dev/mmcblk0p6. Es sind aber auch andere Einstel-lungen möglich, z. B. root=/dev/sda<n>, wenn Sie Linux nicht auf eine SD-Karte, sondern auf einen USB-Stick installiert haben.

▶ rootfstype gibt den Dateisystemtyp der Systempartition an, in der Regel ext4.

▶ elevator=deadline wählt einen von mehreren möglichen Mechanismen aus, in welcher Reihenfolge I/O-Vorgänge ausgeführt werden, also Schreib- und Lesepro-zesse auf externen Datenträgern. Der Deadline-Scheduler verwendet dazu eine Warteschlange, in der die anstehenden Aufgaben nach Priorität sortiert werden.

Andere I/O-Scheduler sind cfq (*Completely Fair Queuing*) und noop (ein simples *First-in-first-out*-Verfahren). Auf dem Raspberry Pi ist es selten zweckmäßig, einen anderen Scheduler einzusetzen.

▶ fsck.repair=yes bedeutet, dass während des Boot-Prozesses versucht wird, ein gegebenenfalls beim letzten Ausschalten nicht korrekt heruntergefahrenes Datei-system zu reparieren.

▶ rootwait bedeutet, dass der Kernel unbegrenzt auf die Systempartition wartet, bis diese verfügbar ist. Das ist deswegen zweckmäßig, weil die Device-Dateien der Partitionen von Datenträgern beim Start des Kernels nicht *sofort* zur Verfügung stehen, sondern erst nach einer anfänglichen Hardware-Initialisierung.

Kernelstart

In start.elf ist der 3rd-Stage-Bootloader enthalten. Er lädt den Kernel in den Arbeitsspeicher des Raspberry Pi, übergibt die aus cmdline.txt gelesene Zeichenkette an den Kernel und startet diesen. Bei Raspberry Pis der Version 1 befindet sich der Kernel in der Datei kernel.img, bei Modellen ab der Version 2 und 3 hingegen in der Datei kernel7.img für die Architekturen ARMv7 und ARMv8. Distributionen wie Raspbian sind mit allen Raspberry-Pi-Versionen kompatibel und enthalten daher Kernel-Dateien sowohl für den BCM2835 als auch für das Nachfolgemodell BCM2836. Einen eigenen für den BCM2837-Chip optimierten Kernel gibt es bislang nicht.

Der Linux-Kernel, der nun startet, enthält die Grundfunktionen des Betriebssys-tems. Dazu zählen die Speicherverwaltung, die Prozessverwaltung sowie die Kom-munikation mit allen möglichen Hardware-Komponenten und -Erweiterungen. Teil-weise greift der Kernel dabei auf Module zurück (siehe Abschnitt 5.10, »Kernel und Module«). Sobald der Kernel seine Initialisierungsarbeiten abgeschlossen hat, startet er als einziges Programm /bin/systemd. Es ist für den Init-Prozess und somit für den Start aller weiteren Prozesse verantwortlich.

> **Erst der Kernel hat Zugriff auf die Systempartition!**
>
> Bis zum Kernelstart werden für den Boot-Prozess ausschließlich Dateien aus der ers-
> ten Partition der SD-Karte berücksichtigt. Erst der Kernel selbst kann auf die zweite
> Partition der SD-Karte oder bei entsprechender Konfiguration auf eine Partition eines
> USB-Sticks zugreifen. Diese Partition wird oft auch als *Systempartition* bezeichnet. Sie
> enthält alle Dateien der Linux-Distribution – ganz egal, ob es sich dabei um Raspbian
> oder um irgendeine andere Distribution handelt.

systemd (Init-System)

Sobald der Kernel seine Initialisierung einmal abgeschlossen hat, übergibt er die
Kontrolle über den Start weiterer Programme an das Init-System. Die Aufgabe des
Init-Systems ist es, diverse Konfigurationsarbeiten durchzuführen und alle Prozesse
zu starten, die ein komplettes Linux-System ausmachen. Zu den Teilaufgaben zählen
z. B. die Initialisierung des Netzwerksystems, das Einbinden von Dateisystemen, der
Start des Logging-Dienstes sowie der Start diverser Netzwerkdämonen: SSH-Server,
Webserver, Drucker-Server, Datenbank-Server, je nachdem, welche Programme instal-
liert sind.

> **Das Init-System ist auch für Shutdown und Reboot verantwortlich**
>
> Auch wenn wir uns momentan primär mit dem Startprozess beschäftigen, sei eines
> gleich vorweg erwähnt: Das Init-System kümmert sich auch um das Herunterfah-
> ren von Linux. Es reicht ja nicht, einfach die CPU anzuhalten. Vorher müssen all jene
> Dienste, die beim Hochfahren gestartet wurden, geordnet wieder beendet werden,
> sodass keine offenen Dateien oder ungesicherten Daten zurückbleiben.

Raspbian verwendet wie die meisten gängigen Linux-Distributionen *systemd* als Init-
System. Der Betriebszustand, den Sie erreichen wollen, heißt in der systemd-Nomen-
klatur *Target*. Raspbian läuft üblicherweise im Target graphical bzw. multi-user (wenn
kein Grafiksystem erforderlich ist). Targets können voneinander abhängig sein. Wie
das folgende Kommando zeigt, sind normalerweise mehrere Targets gleichzeitig
aktiv:

```
systemctl list-units  --type target
  UNIT                  LOAD   ACTIVE SUB     DESCRIPTION
  basic.target          loaded active active Basic System
  bluetooth.target      loaded active active Bluetooth
  cryptsetup.target     loaded active active Encrypted Volumes
  getty.target          loaded active active Login Prompts
  graphical.target      loaded active active Graphical Interface
  local-fs-pre.target   loaded active active Local File Systems
```

```
local-fs.target        loaded active active Local File Systems
...
```

Zum Herunterfahren bzw. Neustarten des Rechners gibt es mit halt, shutdown und reboot eigene Targets.

Jedes Target definiert eine Liste von Funktionen bzw. Diensten, die aktiviert bzw. gestartet werden müssen, um einen bestimmten Betriebszustand zu erreichen. Für Netzwerkdämonen wie sshd oder apache2 gibt es entsprechend eigene Service-Dateien, die festschreiben, wie der jeweilige Dienst zu starten bzw. zu stoppen ist. Die folgenden Zeilen zeigen die Service-Datei des SSH-Servers:

```
# Datei /lib/systemd/system/ssh.service
[Unit]
Description=OpenBSD Secure Shell server
After=network.target auditd.service
ConditionPathExists=!/etc/ssh/sshd_rot_to_be_run

[Service]
EnvironmentFile=-/etc/default/ssh
ExecStartPre=/usr/sbin/sshd -t
ExecStart=/usr/sbin/sshd -D $SSHD_OPTS
ExecReload=/usr/sbin/sshd -t
ExecReload=/bin/kill -HUP $MAINPID
KillMode=process
Restart=on-failure
RestartPreventExitStatus=255
Type=notify

[Install]
WantedBy=multi-user.target
Alias=sshd.service
```

systemd-Konfiguration und -Administration

Die Konfigurationsdateien von systemd befinden sich in den Verzeichnissen /lib/systemd und /etc/systemd. Soweit eigene Änderungen überhaupt erforderlich sind, sollten Sie diese möglichst in /etc/systemd durchführen.

Die Konfiguration von systemd erfolgt durch das Kommando systemctl. Damit können Sie einzelne Dienste starten bzw. stoppen, das Default-Target einstellen etc. Die folgenden Zeilen geben dafür einige Beispiele:

```
sudo systemctl ssh start     # SSH-Server jetzt starten
sudo systemctl ssh stop      # SSH-Server jetzt beenden
sudo systemctl ssh status    # SSH-Status ermitteln
sudo systemctl ssh enable    # SSH in Zukunft autom. starten
```

```
sudo systemctl ssh disable        # SSH in Zukunft nicht starten
sudo systemctl isolate halt       # Rechner herunterfahren

                                  # Default-Target einstellen
sudo systemctl set-default multi-user.target
```

Init-V-Kompatibilität

Das Grundsystem von Raspbian verwendet durchgängig systemd. Es gibt aber diverse Netzwerkdienste und andere Aufgaben, die noch nicht auf systemd portiert sind und für die passende Konfigurationsdateien in /lib/systemd fehlen. Das trifft beispielsweise auf den WLAN-Authenticator hostapd zu.

Aus Kompatibilitätsgründen berücksichtigt systemd daher auch Init-V-Scripts, die sich in /etc/init.d befinden, und die dazugehörenden Runlevel-Links in den Verzeichnissen /etc/rc?.d. Runlevel sind das Init-V-Gegenstück zu Targets. Der Default-Runlevel des Init-V-Systems von Debian hatte die Nummer 2. Daher bestimmen die Links in /etc/rc2.d, welche Dienste gestartet werden sollen. Wenn es für einen Dienst sowohl ein Init-V-Script als auch eine systemd-Konfigurationsdatei gibt, dann hat die systemd-Konfiguration Vorrang.

Eigene Initialisierungsarbeiten durchführen

Recht häufig kommt es vor, dass Sie beim Hochfahren des Raspberry Pi eigene Initialisierungsarbeiten durchführen wollen – sei es, dass Sie die Funktion eines GPIO-Pins einstellen, ein eigenes Script ausführen oder eine Netzwerkfunktion verwenden möchten. Die einfachste Möglichkeit, derartige Aufgaben zu realisieren, bietet die Datei /etc/rc.local, die noch vom alten Init-V-System stammt. Das darin enthaltene Shell-Script wird auch von systemd einmal vor dem Erreichen des Multi-User-Targets ausgeführt.

Sie müssen eigene Änderungen in diese Datei *vor* der Schlusszeile exit 0 einbauen. Beachten Sie, dass das Script in der ersten Zeile die Option -e enthält. Das bedeutet, dass die Ausführung des Scripts beim ersten Fehler abgebrochen wird!

Die folgenden Zeilen zeigen die Voreinstellung der Datei. Sie bewirkt, dass nach Erreichen des Runlevels das Ergebnis des Kommandos hostname -I angezeigt wird, also die IP-Adresse des Rechners:

```
#!/bin/sh -e
# Datei rc.local
_IP=$(hostname -I) || true
if [ "$_IP" ]; then
  printf "My IP address is %s\n" "$_IP"
fi
exit 0
```

5.8   Systemeinstellungen in config.txt

Im Rahmen der Beschreibung des Boot-Prozesses haben wir die Datei `config.txt` bereits kurz erwähnt. Diese Datei enthält eine Menge Optionen, die in einer sehr frühen Phase des Boot-Prozesses ausgewertet werden und zur Konfiguration der BCM2835-, BCM2836- bzw. BCM2837-Chips dienen (genauer gesagt zur Konfiguration von deren GPUs). Dieser Abschnitt erläutert die wichtigsten Optionen, die Sie in dieser Datei einstellen können.

5

Was tun, wenn der Raspberry Pi nicht mehr bootet?

Sollten fehlerhafte Einstellungen in `config.txt` dazu führen, dass der Raspberry Pi kein Bild mehr anzeigt oder überhaupt nicht mehr hochfährt, schalten Sie den Raspberry Pi aus, entnehmen die SD-Karte, stecken diese in den SD-Slot Ihres Arbeitsrechners und laden die Datei `config.txt` dort in einem Editor. In dem Editor stellen Sie den ursprünglichen Zustand der Datei wieder her. Allgemeine Tipps, wie Sie losgelöst von `config.txt` auf Boot- oder Hardware-Probleme reagieren, finden Sie in Abschnitt 4.15, »Notfall-Tipps«.

Grundsätzlich werden alle Einstellungen in `config.txt` erst mit dem nächsten Neustart des Raspberry Pi wirksam. Den aktuellen Zustand vieler Parameter können Sie im laufenden Betrieb mit `vcgencmd get_config` auslesen.

Innerhalb von `config.txt` gelten alle Zeilen, die mit # beginnen, als Kommentare. In der Default-Einstellung unter Raspbian enthält `config.txt` keine aktiven Einstellungen, sondern lediglich diverse Kommentare mit einer kurzen Beschreibung einiger Parameter. Auch wir beschränken uns in diesem Abschnitt darauf, lediglich die am häufigsten benötigten Parameter näher zu erläutern. Die umfassendste uns bekannte Beschreibung der `config.txt`-Parameter finden Sie auf der folgenden Webseite:

https://elinux.org/RPi_config.txt

HDMI-Einstellungen

Normalerweise funktioniert die Grafikdarstellung via HDMI ohne weitere Konfiguration. Nur wenn es Probleme gibt, können Sie mit diversen `hdmi_xxx`-Parametern bestimmte Einstellungen erzwingen. Das folgende Listing gibt hierfür einige Beispiele:

```
# in /boot/config.txt
# HDMI-Ausgang verwenden, auch wenn kein Monitor erkannt wird
hdmi_force_hotplug=1
# HDMI-Auflösung 1400x1050 @ 60 Hz
# alle zulässigen hdmi_mode-Werte:
# siehe http://elinux.org/RPi_config.txt
```

```
hdmi_group=2
hdmi_mode=42
# Display-Drehung korrigieren
# 1 = 90 Grad, 2 = 180 Grad, 3 = 270 Grad
display_rotate=1
# HDMI-Signalstärke
# 0 = normal, 7 = maximal (Vorsicht!)
config_hdmi_boost=4
# schwarzen Rand auf dem Bildschirm minimieren
disable_overscan=1
# HDMI-Signal durch Bildschirmschoner richtig ausschalten
hdmi_blanking=1
```

Wenn Sie nicht wissen, welche Video-Modi Ihr Monitor unterstützt, führen Sie das Kommando tvservice aus. Die aufgelisteten Modi mit der Option -m CEA gelten für hdmi_group=1, die Modi mit der Option -m DMT für hdmi_group=2. Die CEA-Modi, die von der *Consumer Electronics Association* definiert werden, eignen sich normalerweise besser für TV-Geräte, die DMT-Modi (*Display Monitor Timing*) für VESA-kompatible Computer-Monitore. Das Kürzel VESA steht wiederum für die *Video Electronics Standards Association*. Den momentan aktiven Code verrät tvservice -s:

```
tvservice -m CEA
  Group CEA has 7 modes: ...
tvservice -m DMT
  Group DMT has 13 modes: ...
tvservice -s
  state 0x120016 [DVI DMT (68) RGB full 16:10],
  1920x1200 @ 60.00Hz, progressive
```

Wenn es keinen Modus gibt, der zu Ihrem Monitor passt, können Sie einen eigenen Custom-Mode (ID 87) mit dem Schlüsselwort hdmi_cvt definieren – beispielsweise so:

```
# in /boot/config.txt
hdmi_group=2
hdmi_mode=87
hdmi_cvt=1024 600 60 3 0 0 0
# hdmi_cvt <width> <height> <framerate> <aspect> <margins>
#          <interlace> <rb>
# width       width in pixels
# height      height in pixels
# framerate   framerate in Hz
# aspect      aspect ratio 1=4:3, 2=14:9,  3=16:9,
#                          4=5:4, 5=16:10, 6=15:9
# margins     0=margins disabled, 1=margins enabled
# interlace   0=progressive, 1=interlaced
# rb          0=normal, 1=reduced blanking
```

Weitere Details zu dieser Konfigurationsvariante können Sie im Raspberry-Pi-Forum nachlesen:

https://www.raspberrypi.org/forums/viewtopic.php?f=29&t=24679

Overclocking

Auf Overclocking, also den Betrieb des Raspberry Pi mit höheren Taktfrequenzen als vorgesehen, sind wir in Abschnitt 4.14, »Overclocking«, schon ausführlich eingegangen. Wenn Sie Overclocking verwenden möchten, stellen Sie in config.txt die Parameter arm_freq, gpu_freq, sdram_freq, over_voltage, over_voltage_sdram und temp_limit entsprechend ein.

Das Overclocking erfolgt normalerweise dynamisch, d. h. nur dann, wenn die CPU- oder GPU-Leistung tatsächlich benötigt wird. In den Ruhezeiten laufen CPU und GPU in den Default-Taktfrequenzen. force_turbo=1 verhindert die Taktabsenkung und bewirkt, dass die CPU/GPU immer mit der angegebenen Frequenz getaktet wird.

Video-Decodierung

Die Encoding-Komponenten der GPU können die Video-Decodierung unterstützen. Für manche Codecs ist das standardmäßig der Fall, für andere muss diese Funktion mit kostenpflichtigen Lizenzschlüsseln freigeschaltet werden (siehe Abschnitt 8.1, »Installation und Konfiguration« im Kapitel »Multimedia-Center mit Kodi und Libre-ELEC«). Momentan sind zwei derartige Schlüssel vorgesehen: je einer für den MPG-2- und für den VC-1-Decoder. Die folgenden Werte sind natürlich nur Muster:

```
decode_MPG2=0x12345678
decode_WVC1=0x9abcedf0
```

Die Schlüssel müssen zur ID Ihrer CPU passen. Diese Identifikationsnummer entnehmen Sie der Datei /proc/cpuinfo:

```
grep Serial /proc/cpuinfo
   Serial          : 0000000013579bdf
```

Die Schlüssel können Sie nun auf der Website *http://www.raspberrypi.com* für wenige Euro erwerben.

Boot-Vorgang

Die folgenden Parameter modifizieren den Boot-Vorgang:

```
# Parameter für den Kernel (anstelle der Datei cmdline.txt)
cmdline=xxx
# Name der Kerneldatei (default: kernel.img oder kernel7.img)
kernel=filename
```

```
# Wartezeit, bevor der Kernel geladen wird
# (in Sekunden, Default 1)
boot_delay=2
```

Hardware-Parameter

Die folgenden Parameter verändern Hardware-Default-Einstellungen. Bei den uart-Parametern haben wir jeweils die Default-Werte angegeben.

```
# Kamera aktivieren
start_x=1
# LED der Kamera deaktivieren
disable_camera_led
# Audio aktivieren (lädt snd_bcm2835)
dtparam=audio=on
### Geschwindigkeit der seriellen Schnittstelle einstellen
init_uart_baud=115200
### interne UART-Taktfrequenz
init_uart_clock=3000000
```

Für die Raspberry-Pi-Modelle der Version 2 sowie für das Modell B+ der Version 1 steuert der Parameter max_usb_current, wie viel Strom maximal an die vier USB-Anschlüsse geleitet werden kann. Standardmäßig ist der Strom bei den erwähnten Modellen auf insgesamt 600 mA limitiert. Das entspricht einer Leistung von 3 Watt. Wenn Sie ein ausreichend starkes Netzteil verwenden (2 A / 10 W), dann kann der Raspberry Pi bis zu 1200 mA an die USB-Geräte weitergeben. Diese Funktion muss durch max_usb_current=1 explizit freigeschaltet werden:

```
# bis zu 1200 mA an USB-Geräte weitergeben
# gilt für den RPi1-B+ sowie für den RPi2-B
max_usb_current=1
```

Alternativ kann der maximale USB-Strom auch durch den BCM_GPIO 38 gesteuert werden. Das ermöglicht die Stromsteuerung im laufenden Betrieb ohne Neustart:

https://projects.drogon.net/testing-setting-the-usb-current-limiter-on-the-raspberry-pi-b

Bei den Raspberry-Pi-Modellen 3B und 3B+ ist der Parameter max_usb_current nicht mehr relevant. Diese Modelle reichen standardmäßig bis zu 1200 mA an USB-Geräte weiter.

Speicheraufteilung zwischen CPU und GPU

Die meisten Modelle des Raspberry Pi 1 verfügen insgesamt über 512 MByte RAM, die Modelle der Version 2 und der Version 3 sogar über 1 GByte. Das RAM wird zwischen der CPU und dem Grafikprozessor geteilt. Die Aufteilung muss beim Start endgültig mit dem Parameter gpu_mem festgelegt werden, wobei Sie dem Grafiksystem Vielfache von 16 MByte zuweisen können. 16 MByte sind für den normalen Betrieb bereits ausreichend. Für grafikintensive Anwendungen (3D-Grafik, HD-Filme abspielen etc.) benötigt das Grafiksystem hingegen 128 MByte Speicher. Auch die Nutzung der Kamera erfordert ein Minimum von 128 MByte Grafikspeicher.

```
gpu_mem=128
```

Es ist möglich, die Größe des Grafikspeichers abhängig von der Größe des RAMs einzustellen: gpu_mem_256=nn gilt nur für alte Raspberry-Pi-Modelle mit einem RAM von 256 MByte. Analog gilt die Einstellung gpu_mem_512=nn nur für Modelle mit 512 MByte RAM.

Das Kommando vcgencmd

Mit dem Kommando vcgencmd können Sie Statusinformationen der CPU auslesen. vcgencmd commands liefert eine Liste aller unterstützten Kommandos. Am wichtigsten ist das Kommando vcgencmd get_config name: Es liefert die Einstellung des betreffenden Parameters – oder 0, wenn die Defaulteinstellung gilt.

```
vcgencmd get_config config_hdmi_boost
  config_hdmi_boost=2
```

Um zu überprüfen, ob die Lizenzschlüssel für die Hardware-Decodierung korrekt eingetragen sind, verwenden Sie vcgencmd codec_enabled:

```
vcgencmd codec_enabled MPG2
  MPG2=enabled
vcgencmd codec_enabled WVC1
  WVC1=enabled
```

5.9   Grafiksystem

Wenn Sie aus der Windows- oder Apple-Welt kommen, werden Sie sich fragen, wovon wir hier überhaupt reden: Unter Windows bzw. macOS ist das Grafiksystem integraler Bestandteil des Betriebssystems. Ohne Grafiksystem ist weder ein Start noch eine Verwendung des Computers möglich. Aber Linux ist – wie so oft – anders: Es ist möglich, Linux in einem reinen Textmodus zu betreiben, und mitunter gibt es dafür durchaus gute Gründe: Der Start des optionalen Grafiksystems kostet Zeit während des Boot-Vorgangs und erfordert relativ viel Arbeitsspeicher. Wozu also ein Grafiksystem starten, wenn der Raspberry Pi für eine Aufgabe eingesetzt wird, die ohne Benutzeroberfläche auskommt?

In diesem Abschnitt geht es primär darum, wie dieses Grafiksystem samt der grafischen Benutzeroberfläche gestartet wird und wie Sie auf diesen Prozess Einfluss nehmen können. Außerdem versuchen wir, Sie mit der doch etwas eigenwilligen Nomenklatur des Linux-Grafiksystems vertraut zu machen:

▶ **X Window System:** Seit mehreren Jahrzehnten ist das *X Window System* (nicht X Windows!) die Basis für alle Grafiksysteme unter Linux. X ist eine Sammlung von Bibliotheken und Treibern, mit deren Hilfe grafische Informationen auf dem Bildschirm ausgegeben und Maus und Tastatur verwaltet werden. Diese Funktionen stehen auch für den Netzbetrieb zur Verfügung.

▶ **Display Manager:** Üblicherweise wird nicht X an sich gestartet, sondern ein sogenannter Display Manager. Dieses Programm kümmert sich um den Start von X, zeigt einen Login-Bildschirm an und startet nach dem Login das Desktop-System.

Raspbian verwendet als Display Manager das Programm `lightdm`. Es ist so konfiguriert, dass beim ersten Hochfahren ein Auto-Login erfolgt. Als Desktop-System wird LXDE gestartet.

Anstatt durch den Display Manager kann X nach einem Login in einer Textkonsole auch direkt durch das Kommando `startx` hochgefahren werden.

▶ **Window Manager:** Der Window Manager ist ein unter X laufendes Programm, das für die Darstellung und Verwaltung der Fenster verantwortlich ist. Unter Raspbian kommt als Window Manager das Programm *Openbox* zum Einsatz.

Start des Grafiksystems

Wenn Sie den Raspberry Pi interaktiv mit Monitor, Tastatur und Maus verwenden, haben Sie Raspbian üblicherweise so eingestellt, dass das Desktop-System automatisch gestartet wird. Wenn Ihnen ein Start im Textmodus ausreicht, aktivieren Sie im Programm *Raspberry Pi Configuration* die Option BOOT TO CLI. Umgekehrt können Sie diese Einstellung mit `sudo raspi-config` im Menüpunkt ENABLE BOOT TO DESKTOP wieder rückgängig machen.

Hinter den Kulissen funktioniert dieser automatische Start des Grafiksystems wie folgt:

▶ systemd aktiviert das *Graphical Target*.

▶ Für dieses Target wird der *Light Display Manager* gestartet (Konfigurationsdatei `/lib/systemd/system/lightdm.service`).

▶ `lightdm` wertet die Konfigurationsdatei `/etc/lightdm/lightdm.conf` aus. Die Einstellungen in dieser Datei führen zum Start des X Window Systems. Beim ersten Start wird der Benutzer `pi` automatisch in das zuletzt verwendete Desktop-System eingeloggt. Diese Information wird in `/home/pi/.dmrc` gespeichert.

▶ Während des X-Starts werden die Script-Dateien /etc/X11/Xsession sowie /etc/X11/Xsession.d/* ausgeführt, um diverse Konfigurationsarbeiten durchzuführen.

In der Vergangenheit war zur Konfiguration des X Window Systems die Datei /etc/X11/xorg.conf erforderlich. Sie enthielt unter anderem Parameter des Grafiksystems, also z. B. den gewünschten Grafiktreiber, die Bildschirmauflösung und die Bildfrequenz. Mittlerweile erkennt das X Window System all diese Parameter selbstständig; deswegen ist die Datei xorg.conf unter Raspbian nicht erforderlich.

Auto-Start des Grafiksystems ein-/ausschalten

Wenn Sie nicht möchten, dass beim Hochfahren Ihres Raspberry Pi automatisch auch das Grafiksystem gestartet wird, machen Sie das Multi-User-Target zum Default-Target:

```
sudo systemctl set-default multi-user.target
```

Die Einstellung gilt ab dem nächsten Neustart. Sie kann wie folgt rückgängig gemacht werden, um wieder im Grafikmodus zu booten:

```
sudo systemctl set-default graphical.target
```

Manueller Start des Grafiksystems

Wenn Sie den Auto-Start des Grafiksystems deaktiviert haben, können Sie das Grafiksystem bei Bedarf immer noch manuell aus einer Textkonsole heraus starten. Dazu loggen Sie sich im Textmodus ein und führen das folgende Kommando aus:

```
sudo systemctl isolate graphical.target
```

Auto-Login ein-/ausschalten

Normalerweise müssen Sie sich im Grafiksystem einloggen – nicht aber unmittelbar nach dem Hochfahren des Raspberry Pi. Das ist bequem, aber ein Sicherheitsrisiko. Für den Auto-Login ist die Zeile autologin-user=pi in lightdm.conf verantwortlich. Um den Auto-Login zu deaktivieren, stellen Sie dieser Zeile das Kommentarzeichen # voran. Sie finden sie in dem Abschnitt, der mit [SeatDefaults] beginnt.

```
# Datei /etc/lightdm/lightdm.conf
...
[SeatDefaults]
# der Auto-Login ist deaktiviert
# autologin-user=pi
...
```

5.10 Kernel und Module

Der Linux-Kernel ist der Teil von Linux, der mit Low-Level-Funktionen die Arbeit des Betriebssystems aufrechterhält. Zu seinen Aufgaben zählen die Speicherverwaltung, die Prozessverwaltung und natürlich der Zugriff auf jede Art von Hardware-Komponenten, von der SD-Karte über USB-Geräte bis hin zur Ansteuerung des HDMI-Ausgangs. Die Versionsnummer des aktuell laufenden Kernels können Sie mit uname feststellen:

```
uname -r
  4.9.17-v7+
```

Kernelmodule

Der Binärcode des Linux-Kernels befindet sich in der Datei /boot/kernel.img für den BCM2835 mit ARMv6-Architektur bzw. in /boot/kernel7.img für die Chips BCM2836 und -37 mit ARMv7- bzw. ARMv8-Architektur. Die Datei wird während des Boot-Prozesses geladen und ausgeführt. Mit rund 4 MByte ist diese Datei kleiner, als Sie vielleicht vermuten würden. Das liegt nicht nur daran, dass die Datei komprimiert ist, sondern hat auch damit zu tun, dass kernel.img nur die Basisfunktionen des Kernels enthält – also jene Funktionen, von denen die Entwickler der Meinung sind, dass sie unverzichtbar oder bereits in der Startphase erforderlich sind.

Alle weiteren Kernelfunktionen befinden sich in sogenannten Modulen, also in Erweiterungsdateien für den Kernel. Diese Module befinden sich im Verzeichnis /lib/modules/<version>. Sobald der Kernel erkennt, dass eine bestimmte Funktion benötigt wird oder eine neue Hardware-Komponente genutzt werden soll, lädt er das betreffende Kernelmodul automatisch. Für diesen Automatismus sind das in den Kernel integrierte Programm kmod und die Konfigurationsdateien /etc/modprobe.conf.d/*.conf verantwortlich.

Mit anderen Worten: Normalerweise funktioniert die Modulverwaltung wie von Zauberhand. Mit lsmod können Sie feststellen, welche Kernelmodule aktuell geladen sind:

```
lsmod
  Module                    Size  Used by
  snd_bcm2835              19761  3
  rt2800usb                17766  0
  rt2800lib                71899  1 rt2800usb
  crc_ccitt                 1153  1 rt2800lib
  ...
```

Wenn Sie wissen möchten, wozu ein Modul dient, führen Sie modinfo aus:

```
modinfo rt2800usb
  filename:        /lib/modules/4.0.5-v7+/kernel/drivers/\
                   /net/wireless/rt2x00/rt2800usb.ko
  license:         GPL
  firmware:        rt2870.bin
  description:     Ralink RT2800 USB Wireless LAN driver.
  ...
```

Nur in Ausnahmefällen ist es nötig, Module manuell durch modprobe name zu laden – hier z. B., um den Treiber des Audio-Systems des BCM2835/-36 zu aktivieren:

```
sudo modprobe snd-bcm2835
```

Wenn Sie möchten, dass ein Kernelmodul bei *jedem* Hochfahren des Raspberry Pi automatisch geladen wird, fügen Sie dessen Namen in die Datei /etc/modules ein:

```
# Datei /etc/modules
# enthält zeilenweise Module, die manuell geladen werden sollen
snd-bcm2835
ipv6
```

Mitunter kommt es auch vor, dass Sie das automatische Laden eines Kernelmoduls *vermeiden* möchten. Das ist auch kein Problem: Dazu erstellen Sie in /etc/modprobe.d mit einem Editor eine neue Datei mit der Endung .conf. Der Dateiname selbst spielt keine Rolle. In die Datei tragen Sie zeilenweise diejenigen Module mit blacklist name ein, die *nicht* geladen werden sollen, also z. B. so:

```
# Datei /etc/modprobe.d/myblacklist.conf
blacklist i2c-bcm2708
```

Device Trees

Seit der Kernelversion 3.18 kümmert sich unter Raspbian das Device-Tree-System darum, die Kernelmodule für die meisten Hardware-Funktionen und -Erweiterungen des Raspberry Pi zu laden. Wir beschreiben das Device-Tree-System in Abschnitt 5.11.

Module selbst kompilieren

Auf den meisten Linux-Systemen ist es keine Hexerei, ein fehlendes Kernelmodul aus dem dazugehörenden Quellcode selbst zu kompilieren. Alles, was Sie dazu benötigen, sind einige elementare Entwicklungswerkzeuge sowie die Kernel-Include- bzw. Header-Dateien. Die Entwicklungswerkzeuge stehen unter Raspbian normalerweise zur Verfügung. Sollte dies nicht der Fall sein, führen Sie sudo apt install build-essential aus.

Das Problem sind auf dem Raspberry Pi aber die Header-Dateien: Sie enthalten Deklarationen von Funktionen und Konstanten des Kernelcodes. Die meisten Linux-Distributionen stellen diese Dateien in einem eigenen Paket zur Verfügung. Unter Debian wäre das `linux-headers-arch`, wobei Sie `arch` durch die CPU-Architektur Ihrer Distribution ersetzen müssen.

Unter Raspbian steht aber kein Header-Paket zur Verfügung, das zur laufenden Kernelversion passt. Das ist keine Schlamperei des Raspbian-Projekts, sondern liegt daran, dass Raspbian den Kernel binär von der Raspberry Pi Foundation übernimmt. Deswegen können Sie nicht einfach ein Modul kompilieren, Sie müssen gleich den ganzen Kernel kompilieren. Das wiederum ist nur in Ausnahmefällen zu empfehlen.

Den Kernel selbst kompilieren

Der Linux-Kernel steht im Quellcode unter der Open-Source-Lizenz GPL im Internet zum Download zur Verfügung. Im Prinzip müssen Sie den Code nur herunterladen und kompilieren. Was bei kleineren Open-Source-Programmen oft schnell und unkompliziert gelingt, scheitert beim Raspberry Pi zumeist aus zwei Gründen:

► Bevor Sie mit dem Kompilieren beginnen, müssen Sie diverse Optionen einstellen, die angeben, welche Komponenten des Kernels wie kompiliert werden sollen – als integraler Bestandteil der Kerneldatei, als Modul oder gar nicht. Momentan gibt es mehr als 6000 derartige Optionen. Selbst für Linux-Profis ist es sehr schwer zu entscheiden, welche Optionen unverzichtbar sind und welche nicht.

► Der Raspberry Pi ist toll zur Durchführung von Steuerungsaufgaben und Experimenten, aber denkbar ungeeignet, um 100 MByte Quellcode zu kompilieren.

Der effizienteste Weg besteht darin, das Kompilieren auf einem Linux-PC oder Notebook durchzuführen. (Das Kompilieren für eine andere CPU-Plattform nennt man *Cross Compiling*.) Weitere Hintergrundinformationen und Tipps können Sie auf den folgenden Seiten nachlesen:

https://www.raspberrypi.org/documentation/linux/kernel/building.md
https://github.com/notro/rpi-build/wiki (Projekt 2015 gestoppt)
https://raspberrypi.stackexchange.com/questions/192

5.11 Device Trees

Der Begriff *Device Tree* bezeichnet die hierarchische Darstellung von Hardware-Komponenten. Der Device Tree wird während des Boot-Vorgangs vom Kernel geladen und teilt diesem mit, welche Hardware-Komponenten zur Verfügung stehen und über welche Anschlüsse diese Komponenten genutzt werden.

Device Trees wurden von den Linux-Kernelentwicklern ersonnen, um der Vielfalt von Chips und Geräten auf Basis von ARM-CPUs Herr zu werden. Dank Device Trees ist es möglich, dass ein für ARM-Geräte kompilierter Kernel auf unterschiedlichen Geräten mit unterschiedlichen Zusatzkomponenten laufen kann. Bei PCs ist das selbstverständlich; in der ARM-Welt war dies aufgrund der Vielfalt von CPU- und Hardware-Varianten aber bisher unmöglich.

Im Fall des Raspberry Pi beschreibt der Device Tree den Chip BCM2835/-36/-37 mit all seinen vielen Steuerungsmöglichkeiten, Bussystemen, GPIOs etc. Die Beschreibung erfolgt in einem Textformat, das dann aus Platz- und Effizienzgründen in ein binäres Format umgewandelt wird. Die Details dieses Formats sind aus Anwendersicht nicht relevant. Wenn Sie sich dennoch dafür interessieren, finden Sie auf den folgenden Seiten eine umfassende technische Referenz:

https://devicetree.org
https://elinux.org/Device_Tree
http://linux-magazin.de/Ausgaben/2013/06/Kern-Technik

Device Trees werden in Raspbian standardmäßig eingesetzt. Diese Neuerung hat anfänglich bei vielen Raspberry-Pi-Anwendern für Ärger gesorgt, weil die bisherigen Mechanismen zum Laden von Kernelmodulen nicht mehr funktionierten.

Trotz dieser Umstellungsprobleme vereinfachen Device Trees längerfristig den Umgang mit dem Raspberry Pi: Beispielsweise ist es dank Device Trees möglich, dass ein Aufsteck-Board von Raspbian automatisch erkannt und ohne weitere Konfigurationsarbeiten genutzt werden kann. Damit das funktioniert, muss das Board die HAT-Spezifikation erfüllen (*Hardware Attached on Top*), auf die wir in Abschnitt 15.8, »Raspberry-Pi-HATs«, näher eingehen.

Device-Tree-Dateien und -Konfiguration

HATs sind gewissermaßen die Krönung des Device-Tree-Konzepts. An dieser Stelle geht es aber zuerst einmal um die grundlegenden Steuerungsmechanismen, die Device Trees mit sich bringen:

▸ **boot-Verzeichnis:** Das Verzeichnis /boot enthält Device-Tree-Beschreibungen für alle momentan gängigen Raspberry-Pi-Modelle. Die Dateikennung *.dtb steht dabei für *Device Tree Blob* (DTB), wobei ein *Blob* einfach ein binäres Objekt ist. Dabei sind 2708 bis 2710 Broadcom-interne Nummern zur Beschreibung der Chip-Familie. Die Modelle BCM2835 bzw. BCM2836 sind konkrete Implementierungen (»Familienmitglieder«, wenn Sie so wollen).

   – bcm2710-rpi-3-b.dtb: Modell 3B

   – bcm2710-rpi-3-b-plus.dtb: Modell 3B+

   – bcm2708-rpi-0-w.dtb: Modelle Zero W und Zero WH

Während des Boot-Prozesses übergibt `start.elf` den für das jeweilige Raspberry-Pi-Modell geeigneten Device Tree an den Kernel.

▸ **overlays-Verzeichnis:** Das Verzeichnis `/boot/overlays` enthält Device-Tree-Overlays, von denen wir hier nur einige wenige exemplarisch nennen:

  – `hifiberry-dacplus-overlay.dtbo`: für die HiFiBerry-Erweiterung DAC+
  – `lirc-rpi-overlay.dtbo`: für Infrarot-Fernbedienungen
  – `i2c-rtc-overlay.dtbo`: für I^2C-Komponenten mit Real Time Clock
  – `w1-gpio-overlay.dtbo`: für 1-Wire-Temperatursensoren

  Die sogenannten *Overlays* sind Ergänzungen zum Haupt-Device-Tree `bcmxxx`. Diese DTBs werden *nicht* automatisch geladen, sondern nur, wenn die Konfigurationsdatei `config.txt` entsprechende Hinweise enthält. Sie ergänzen den Device Tree des BCM2835/-36/-37.

▸ **config.txt:** Die Datei `/boot/config.txt` kennt zusätzlich zu den in diesem Kapitel beschriebenen Parametern drei neue Schlüsselwörter zum Umgang mit Device Trees:

  – `dtparam=i2c_arm=on/off,i2s=on/off,spi=on/off` aktiviert oder deaktiviert die Bussysteme I^2C, I^2S und SPI. Die Beschreibung dieser Bussysteme ist im Haupt-Device-Tree bereits enthalten. Standardmäßig sind alle drei Bussysteme inaktiv (entspricht `dtparam=i2c_arm=off,i2s=off,spi=off`). Wenn ein Bussystem oder mehrere genutzt werden sollen, müssen sie explizit aktiviert werden.
  – `dtoverlay=name,key1=val1,key2=val2...` bewirkt, dass die genannte Overlay-Datei geladen wird, wobei die übergebenen Parameter berücksichtigt werden.
  – `device_tree=`, also ohne die Zuweisung eines konkreten Werts, deaktiviert das gesamte Device-Tree-System.

  Die Schlüsselwörter `dtparam` und `dtoverlay` können mehrfach verwendet werden.

Anhand der Device-Tree-Konfiguration entscheidet der Linux-Kernel, welche Module er lädt. Daher ersetzt die Device-Tree-Konfiguration die bei älteren Raspbian-Installationen erforderlichen Einstellungen in `/etc/modules` bzw. in `/etc/modprobe.d/*`, wo `blacklist`-Kommandos entfernt werden mussten.

In einfachen Fällen können Sie `config.txt` mit dem Programm `raspi-config` im Untermenü ADVANCED OPTIPONS korrekt einrichten. Das gilt insbesondere, wenn Sie die Bussysteme I^2C und SPI verwenden möchten.

In allen anderen Fällen müssen Sie die entsprechenden Zeilen hingegen selbst in `config.txt` eintragen. Konkrete Anleitungen dafür finden Sie in diesem Buch unter anderem in Kapitel 7, »Audio-Player mit Smartphone-Fernbedienung«, in Kapitel 13, »Bussysteme«, und in Kapitel 14, »Sensoren«. Eine Referenz aller verfügbaren Overlays samt der dazugehörenden Parameter enthält die Datei `/boot/overlays/README`. Das folgende Listing illustriert die Syntax anhand einiger Beispiele:

```
# Datei /boot/config.txt
# Beispiele zur Steuerung des Device-Tree-Systems
# (weitere Details siehe /boot/overlays/README)

# Audio-System aktivieren
dtparam=audio=on

# SPI-Bus aktivieren
dtparam=spi=on

# I2C-Bus aktivieren
dtparam=i2c_arm=on

# HiFi-Berry DAC+ verwenden
dtoverlay=hifiberry-dacplus

# 1-Wire-Temperatursensor mit Standardeinstellungen verwenden
# (Signaleingang BCM 4 = Pin 7 des J8-Headers)
dtoverlay=w1-gpio-pullup

# 1-Wire-Temperatursensor verwenden, der mit
# GPIO n laut BCM-Nummerierung verbunden ist
# (per Default BCM 4 = Pin 7 des J8-Headers),
# und dabei den internen Pull-up-Widerstand aktivieren
dtoverlay=w1-gpio-pullup,gpiopin=n,pullup=y

# Echtzeituhr-Modell ds1307 verwenden
dtoverlay=rtc-i2c,ds1307

# IR-Empfänger verwenden
dtoverlay=lirc-rpi
```

Keine Leerzeichen!

Achten Sie darauf, dass Sie mehrere Parameter innerhalb einer Zeile nicht durch Leerzeichen trennen!

Kapitel 6
Ubuntu

Mehrere Jahre lang haben Ubuntu-Fans beklagt, dass ihre Lieblingsdistribution nicht auf dem Raspberry Pi läuft. Der Grund bestand darin, dass die CPU der Version 1 des Raspberry Pi von Ubuntu nicht unterstützt wird. Das hat sich mit dem Modell 2 geändert: Dessen System-on-a-Chip (SoC) basiert nicht mehr auf der ARMv6-Architektur, sondern auf ARMv7. Mit anderen Worten: Auf einem Raspberry Pi 2 können Sie Ubuntu prinzipiell ausführen. Das gilt auch für den Raspberry Pi 3 mit einer ARMv8-CPU.

Außerdem müssen noch zwei Voraussetzungen erfüllt sein: Zum Ersten benötigen Sie ein für diese CPU kompiliertes Image, und zum Zweiten darf das Desktop-System von Ubuntu keine zu großen 3D-Grafikanforderungen stellen. Aus diesem Grund scheidet das »gewöhnliche« Ubuntu aus. Ideal für die Raspberry-Pi-Versionen 2 und 3 geeignet ist hingegen die Ubuntu-Variante *Ubuntu MATE*. Aufbauend auf dem Ubuntu-Basissystem läuft hier das Desktop-System MATE, das zu Gnome 2 kompatibel ist. MATE vereint geringe Hardware-Anforderungen mit einer modernen, gut bedienbaren Benutzeroberfläche.

Dieses Kapitel zeigt, wie Sie Ubuntu MATE auf dem Raspberry Pi installieren und nutzen. Für dieses Kapitel haben wir Ubuntu MATE 16.04.2 auf einem Modell 3B getestet.

> **Ubuntu 18.04**
>
> Als wir dieses Buch überarbeitet haben, war Ubuntu Mate 16.04 inkompatibel zum Raspberry-Pi-Modell 3B+. Dieses Problem wird gelöst, sobald Ubuntu MATE 18.04 fertig wird – voraussichtlich im Juli 2018, leider zu spät für dieses Buch.

Im Vergleich zu Raspbian besticht Ubuntu MATE vor allem Desktop-Anwender durch die sehr ansprechende Oberfläche – auch wenn diese aufgrund der höheren Systemanforderungen mitunter träge reagiert. Andererseits gibt es in Ubuntu Lücken im Software-Angebot, vor allem bei Raspberry-Pi-spezifischen Programmen und Bibliotheken. Auch Mathematica fehlt, weil Wolfram dieses Programm momentan nur für Raspbian zur Verfügung stellt.

Dessen ungeachtet schlummert in Ubuntu MATE viel Potenzial. Besonders glänzen kann Ubuntu MATE bei Anwendern, die ihren Raspberry Pi als einfachen Desktop-Rechner oder für Netzwerkaufgaben einsetzen, also als Router, Drucker-Server etc.

Xubuntu und Lubuntu

Wenn Sie Ubuntu einsetzen möchten und willens sind, beim Desktop Abstriche zu machen, können Sie anstelle von Ubuntu MATE auch *Xubuntu* oder *Lubuntu* ausprobieren. Diese Ubuntu-Varianten verwenden die deutlich sparsameren und damit auf dem Raspberry Pi schnelleren Desktop-Systeme Xfce bzw. LXDE. Allerdings gibt es für diese »Ubuntus« nur inoffizielle Image-Dateien.

6.1   Installation

Um Ubuntu MATE auszuprobieren, laden Sie von der folgenden Webseite die für den Raspberry Pi vorgesehene Image-Datei herunter:

https://ubuntu-mate.org/raspberry-pi

Das Image ist XZ-komprimiert. Das Programm Etcher kann derart komprimierte Dateien direkt auf eine SD-Karte schreiben. Für andere Image Writer müssen Sie die Datei zuerst dekomprimieren. Unter macOS gelingt dies durch einen simplen Doppelklick. Unter Linux verwenden Sie das Kommando `unxz umate.img.xz`. Unter Windows müssen Sie ein Archivierungswerkzeug zu Hilfe nehmen, das das XZ-Verfahren unterstützt – z. B. das kostenlose Programm 7-Zip (*http://www.7-zip.de*). Die so erzeugte IMG-Datei müssen Sie nun auf eine zumindest 8 GByte große SD-Karte übertragen (siehe Abschnitt 1.4).

Beim ersten Start des Raspberry Pi von der so vorbereiteten SD-Karte erscheint ein grafischer Assistent zur Systemkonfiguration. Darin wählen Sie im ersten Schritt die Sprache, im zweiten die Zeitzone und im dritten das Tastaturlayout aus. Zuletzt richten Sie den Benutzer ein, unter dem Sie in Zukunft arbeiten möchten. Anders als unter Raspbian gibt es also keinen vordefinierten Benutzer `pi`. Stattdessen wählen Sie den Login-Namen und das Passwort frei aus. Die weiteren Installations- und Konfigurationsarbeiten verlaufen automatisch, beanspruchen aber mehrere Minuten.

Unterstützte Modelle

Um es nochmals zu betonen: Sie können Ubuntu MATE 16.04 nur auf den Raspberry-Pi-Modellen der Version 2 sowie auf dem Modell 3B ausführen. Bei den Modellen der Version 1 und bei den Zero-Modellen ist die CPU inkompatibel. Beim Modell 3B+ verhindern wiederum Treiberprobleme den Start. Diese Probleme sollen mit Ubuntu MATE 18.04 behoben werden. Diese Version ist für Juli 2018 angekündigt.

Der MATE-Desktop

Der MATE-Desktop ist durch zwei Panels geprägt. Das obere Panel enthält links ein Menü zum Start von Programmen, zum Öffnen wichtiger Verzeichnisse im Datei-Manager sowie zur Durchführung von Konfigurationsarbeiten. Rechts zeigt das Panel den Netzwerkstatus und die Uhrzeit an. Das untere Panel enthält in der Art einer Task-Leiste Symbole für alle laufenden Programme.

Abbildung 6.1 Der Desktop von Ubuntu MATE

Die beiden Panels lassen sich mit der rechten Maustaste weitgehend konfigurieren. Sie können in die Panel neue Elemente einfügen, vorhandene entfernen und bei Bedarf die beiden Panels sogar zu einem einzigen zusammenführen. Außerdem führt das SYSTEMMENÜ zu diversen Werkzeugen, mit denen Sie sowohl den Desktop als auch die Systemkonfiguration von Ubuntu MATE bearbeiten können.

Alten Linux-Hasen wird Ubuntu MATE sofort vertraut vorkommen: Der Desktop verhält sich genauso wie auf Gnome 2 basierende Distributionen, die bis vor wenigen Jahren in sehr vielen Linux-Distributionen zum Einsatz kamen. Es fehlt in diesem Buch leider der Platz, um den MATE-Desktop im Detail zu beschreiben. Linux-Neulinge sollten gegebenenfalls Ausschau nach einem circa fünf Jahre alten Linux-Buch halten und einen Blick in das Gnome-Kapitel werfen. Wir setzen im Folgenden aber voraus, dass Sie schon ein wenig Linux-Erfahrung haben, und konzentrieren uns auf die Raspberry-Pi-spezifischen Details von Ubuntu MATE.

6.2   Konfiguration und technische Details

Dieser Abschnitt fasst die wichtigsten technischen Unterschiede zwischen Ubuntu MATE und Raspbian zusammen und gibt Konfigurationstipps.

Die SD-Karte vollständig nutzen

Bei aktuellen Installationen von Ubuntu MATE wird das Dateisystem beim ersten Start automatisch an die Größe der SD-Karte angepasst. Davon können Sie sich im WELCOME-Programm vergewissern. Dieses Programm erscheint nach dem ersten Login automatisch auf dem Desktop und kann später bei Bedarf mit SYSTEM • WILL-KOMMEN ausgeführt werden. Im Startdialog des WELCOME-Programms klicken Sie auf den Button RASPBERRY PI INFORMATION und im nächsten Dialog auf GRÖSSE JETZT ÄNDERN (siehe Abbildung 6.2).

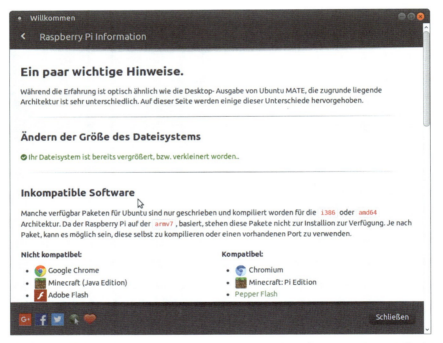

Abbildung 6.2 Das Welcome-Programm informiert über Ubuntu-MATE-spezifische Besonderheiten.

raspi-config mit Einschränkungen

Das im Textmodus laufende Konfigurationsprogramm `raspi-config` steht standard-mäßig zur Verfügung und kann für manche Konfigurationsarbeiten tatsächlich ver-wendet werden. Einige Funktionen dieses Programms sind aber Raspbian-spezifisch implementiert und werden daher unter Ubuntu MATE nicht funktionieren. Sie starten das Programm mit ANWENDUNGEN • ZUBEHÖR • MATE-TERMINAL und dem Kommando `sudo raspi-config`. Das grafische Konfigurationsprogramm `rc-gui` steht nicht zur Verfügung.

SSH-Server

Der SSH-Server ist unter Ubuntu MATE standardmäßig installiert, läuft aber nicht. Abhilfe schaffen die beiden folgenden Kommandos:

```
sudo systemctl enable ssh
sudo systemctl start ssh
```

Zugriff auf die Kamera

Damit die Kamera verwendet werden kann, müssen Sie der Datei /boot/config.txt zwei Zeilen hinzufügen:

```
# Datei /boot/config.txt
...
start_x=1
gpu_mem=128
```

Hardware-Decodierung und Video-Wiedergabe

Der Video-Player omxplayer ist unter Ubuntu MATE standardmäßig installiert. Sofern Sie in /boot/config.txt die entsprechenden Schlüssel eingetragen haben, kann das Programm MPEG-2- und VC-1-Filme mit Hardware-Unterstützung durch die GPU abspielen. Die Vorgehensweise entspricht der unter Raspbian und ist in Abschnitt 5.8, »Systemeinstellungen in config.txt«, beschrieben.

# TEIL II

Der Raspberry Pi als Media-Center

Kapitel 7
Audio-Player mit Smartphone-Fernbedienung

Bevor wir Ihnen in den nächsten Kapiteln die Distributionen LibreELEC und RasPlex vorstellen, die aus Ihrem Raspberry Pi ein komplettes Medien-Center machen, zeigen wir Ihnen hier, wie Sie Ihren Raspberry Pi als Audio-Player für Ihre Stereoanlage verwenden können. Der Raspberry Pi kann dabei *ohne* eigenes Display laufen. Er wird über ein Smartphone oder Tablet fernbedient. Das setzt voraus, dass der Raspberry Pi und das als Fernbedienung eingesetzte Gerät mit dem WLAN verbunden sind.

Es gibt verschiedene Möglichkeiten, um aus Ihrem Raspberry Pi einen Audio-Player zu machen. Eine Variante besteht darin, den *Music Player Daemon* (MPD) unter Raspbian zu installieren und zu konfigurieren, was im folgenden Abschnitt beschrieben wird. Wenn Ihnen das zu mühsam ist, können Sie auf vorkonfigurierte Audio-Distributionen zurückgreifen. Wir stellen Ihnen dazu *Volumio* vor.

Wenn Sie Wert auf optimale Audio-Qualität legen, sollten Sie den 3,5-mm-Audio-Ausgang des Raspberry Pi vermeiden. Die optimale Alternative besteht darin, den digitalen Audio-Datenstrom über die I^2S-Schnittstelle des Raspberry Pi zu leiten und das Audio-Signal dann mit einem Digital Analog Converter zu erzeugen, z. B. dem beliebten Aufsteck-Board *HiFiBerry*.

7.1 MPD-Installation und -Konfiguration

Der Music Player Daemon (MPD) läuft nach seiner Installation und Konfiguration als Hintergrunddienst, der über eine Netzwerkverbindung auf Port 6600 ferngesteuert wird (siehe Abbildung 7.1).

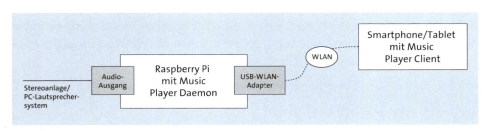

Abbildung 7.1 Der Raspberry Pi als Audio-Player

Der MPD hat selbst keine Benutzeroberfläche, ist also unsichtbar. Deswegen ist es für diese Anwendung auch überflüssig, den Raspberry Pi mit einem Bildschirm zu verbinden. Die Steuerung des MPD erfolgt durch ein Client-Programm, wobei die Auswahl an Client-Programmen riesig ist. Infrage kommen z. B. die folgenden Programme:

- MPDroid (Android)
- MPoD und MPaD (iOS)
- Xfmpc (XFCE-Client zur Verwendung auf dem Raspberry Pi)
- diverse Linux-, Windows- und macOS-Clients

Einige weitere Clients sind auf der folgenden Seite ausgelistet:

https://www.musicpd.org/clients

Eine weitere Variante besteht darin, dass Sie zur Fernbedienung nicht das MPD-Protokoll verwenden, sondern eine Weboberfläche auf dem Raspberry Pi. Dazu müssen Sie den Raspberry Pi zuerst als Webserver mit Apache und PHP einrichten und haben dann die Wahl zwischen verschiedenen MPD-Webclients.

Egal für welche Variante Sie sich entscheiden, die Audio-Ausgabe erfolgt direkt durch den Raspberry Pi. Sie hören die Musik also nicht auf Ihrem Smartphone, Tablet oder Notebook, sondern aus den Boxen Ihrer Stereoanlage, die mit dem Raspberry Pi durch ein Audiokabel verbunden ist.

Netzwerkkonfiguration

Dieses Kapitel setzt voraus, dass es möglich ist, über ein lokales WLAN eine Verbindung zwischen dem Raspberry Pi und anderen Geräten herzustellen, also z. B. einem Smartphone. Diese Voraussetzung ist auch dann erfüllt, wenn ein älteres Raspberry-Pi-Modell ohne WLAN-Adapter über ein Ethernet-Kabel mit einem WLAN-Router mit integriertem Netzwerk-Switch verbunden ist. Falls Sie Raspbian Lite ohne grafische Benutzeroberfläche verwenden, finden Sie Tipps zur manuellen Netzwerkkonfiguration in Abschnitt 5.5.

MPD-Installation und -Konfiguration

Es empfiehlt sich, den MPD zuerst in einer simplen Basiskonfiguration in Betrieb zu nehmen. Die Audio-Dateien befinden sich dabei direkt auf der SD-Karte, die Audio-Ausgabe erfolgt über den Analog-Audio-Ausgang. Diverse Varianten – z. B. das Abspielen von Audio-Dateien, die sich auf einem USB-Stick oder einem NAS-Gerät befinden, die Verwendung eines anderen Audio-Systems, anderer Audio-Ausgabegeräte etc. – erläutern wir im weiteren Verlauf des Kapitels.

mpd installieren Sie mit dem folgenden Befehl:

```
sudo apt install mpd
```

Die Konfiguration für MPD befindet sich in der Datei /etc/mpd.conf. Anfänglich müssen Sie hier normalerweise nur zwei Einstellungen ändern:

▶ mpd.conf enthält die Zeile bind_to_address "localhost". Das heißt, dass MPD *nicht* über das Netzwerk gesteuert werden kann, sondern nur durch Programme, die lokal auf dem Raspberry Pi laufen. Da es unsere Absicht ist, den Raspberry Pi im WLAN fernzusteuern, geben wir statt localhost die Adresse 0.0.0.0 an. Jedes Gerät, das eine Netzwerkverbindung zum Raspberry Pi herstellen kann, darf also den MPD steuern.

▶ music_directory gibt an, in welchem Verzeichnis sich die MP3-Dateien befinden. Sie haben zwei Möglichkeiten: Entweder behalten Sie die Standardeinstellung /var/lib/mpd/music bei und kopieren Ihre MP3-Dateien dorthin, oder Sie geben hier das Verzeichnis an, in dem sich Ihre MP3-Dateien momentan befinden. Egal für welche Variante Sie sich entscheiden: Stellen Sie sicher, dass dieses Verzeichnis sowie alle dort enthaltenen MP3-Dateien für den Account mpd lesbar sind! Gegebenenfalls führen Sie dazu die beiden folgenden Kommandos aus, die die Dateien für alle lesbar machen:

```
cd /verzeichnis/der/mp3/dateien
find -type f -exec chmod a+r {} \;
find -type d -exec chmod a+rx {} \;
```

Die resultierende Datei mpd.conf sieht dann z. B. so aus:

```
# Datei /etc/mpd.conf
music_directory          "/home/pi/Music"
bind_to_address          "0.0.0.0"
...
```

Nach den Änderungen in /etc/mpd.conf starten Sie den MPD neu:

```
sudo systemctl restart mpd
```

Weitere MPD-Statusmeldungen werden in der Datei /var/log/mpd/mpd.log protokolliert. Bei Problemen sollten Sie als Erstes einen Blick in diese Textdatei werfen.

Erste Tests mit Xfmpc

Erste Tests, ob MPD prinzipiell funktioniert, führen Sie am besten direkt auf Ihrem Raspberry Pi durch. Dazu installieren Sie das Programm Xfmpc und starten dieses aus einem Terminal heraus:

```
sudo apt install xfmpc
xfmpc &
```

Xfmpc ist ein recht simpler MPD-Client – aber für unsere Zwecke vollkommen ausreichend. Wie alle MPD-Clients kommuniziert es über das Netzwerk mit dem MPD.

Dass in diesem Fall sowohl der MPD als auch der Client auf demselben Rechner laufen, spielt keine Rolle. Der Verbindungsaufbau sollte Xfmpc in den Standardeinstellungen gelingen (siehe Abbildung 7.2).

Abbildung 7.2 Der MPD-Client Xfmpc mit seinem Konfigurationsdialog

Zunächst müssen Sie sich nun mit dem Bedienungskonzept aller MPD-Clients anfreunden. Anfänglich zeigt Xfmpc nur ein leeres Fenster an. Mit dem Button DATENBANK AUFFRISCHEN fordert Xfmpc den MPD auf, nachzusehen, welche MP3-Dateien (neu) verfügbar sind.

Die Audio-Dateien können Sie nun in der Browser-Ansicht von Xfmpc ansehen (Listenfeld DATENBANK DURCHSUCHEN). Wie bei den meisten MP3-Playern sind die Dateien nach Alben geordnet. Per Kontextmenü können Sie nun ganze Alben oder einzelne Stücke in die Playlist kopieren. Sobald Sie auf den Play-Button drücken, beginnt MPD, die Playlist abzuarbeiten.

> **Nicht Xfmpc, sondern MPD ist der Audio-Player!**
>
> Sollten Sie Xfmpc beenden, werden Sie vielleicht konsterniert feststellen, dass die Musikwiedergabe unverändert weitergeht – und zwar so lange, bis die Playlist zu Ende ist! Xfmpc hat MPD den Auftrag gegeben, die Playlist abzuspielen. Xfmpc zeigt in der Playlist-Ansicht zwar an, welches Stück gerade an der Reihe ist, hat mit dem Abspielen aber nichts zu tun.
>
> Egal ob Xfmpc nun weiterläuft oder nicht, kümmert sich MPD um die Audio-Ausgabe. Das gilt sogar bei einem Neustart des Raspberry Pi: MPD merkt sich, wo die Wiedergabe aufgrund des Reboots abbricht, und setzt diese unaufgefordert nach dem Neustart an dieser Stelle fort!

Tonausgabe zwischen HDMI und Analog-Audio umschalten

Wenn Ihr Raspberry Pi mit einem HDMI-Monitor verbunden ist, erfolgt die Audio-Ausgabe standardmäßig über das HDMI-Kabel – ganz egal, ob der Monitor über Audio-Funktionen verfügt oder nicht. Das bedeutet: Wenn Sie den Raspberry Pi mit einem Audio-Kabel mit 3,5-mm-Klinkenstecker mit Ihrer Stereoanlage oder einem PC-Lautsprechersystem verbunden haben, werden Sie dort vermutlich nichts hören!

Bei aktuellen Raspbian-Versionen lösen Sie dieses Problem unkompliziert durch einen Klick mit der rechten Maustaste auf das Lautsprecher-Icon im Panel (siehe Abbildung 7.3).

Abbildung 7.3 Audio-Ausgabe zwischen HDMI und Analog-Ausgang umschalten

Sie können die Analog-Audio-Ausgabe durch die 3,5-mm-Buchse des Raspberry Pi auch mit einem Kommando aktivieren:

```
amixer cset numid=3 1
```

Das Kommando `amixer` gehört zum `alsa-utils`-Paket, das unter Raspbian standardmäßig installiert ist. `amixer` hilft bei der Online-Konfiguration des Linux-Audio-Systems ALSA. Mit `cset` wird die Einstellung für einen bestimmten Parameter verändert. `numid=3` ist der Parameter, der den Ausgabekanal steuert. Die folgenden Werte sind zulässig:

▸ 0: HDMI verwenden, wenn ein Monitor angeschlossen ist, sonst Analog-Audio
▸ 1: auf jeden Fall Analog-Audio verwenden
▸ 2: auf jeden Fall HDMI verwenden

Beim Herunterfahren des Raspberry Pi werden die aktuellen ALSA-Einstellungen automatisch in der Datei `/var/lib/alsa/asound.state` gespeichert. Verantwortlich dafür ist das Script `/etc/init.d/alsa-utils`, das beim Herunter- und Hochfahren von Raspbian automatisch ausgeführt wird. (Ein wenig technischer Hintergrund: Obwohl Raspbian systemd verwendet, ist für die Speicherung der ALSA-Einstellungen ein altes Init-V-Script zuständig. systemd sieht zwar auch einen Speichermechanismus vor, die Dienste `alsa-state` und `alsa-restore` sind aber nicht aktiv, weil die Datei `/etc/alsa/state-daemon.conf` nicht existiert.)

Den aktuellen Status des ALSA-Systems verrät das Kommando `amixer` ohne weitere Parameter. Etwas irritierend ist dabei die Ausgabe `Playback channels: Mono`. Selbstverständlich erfolgt eine Stereo-Wiedergabe! Sie können aber die Lautstärke nicht getrennt für den linken und den rechten Kanal einstellen, sondern nur gemeinsam für beide Kanäle. Darauf bezieht sich die Ausgabe Mono.

```
amixer
  Simple mixer control 'PCM',0
  Capabilities: pvolume pvolume-joined pswitch pswitch-joined
  Playback channels: Mono
  Limits: Playback -10239 - 400
  Mono: Playback -2000 [77%] [-20.00dB] [on]
```

Wenn Sie die Lautstärke mit einem Kommando lauter oder leiser stellen möchten, verwenden Sie die folgenden Kommandos:

```
amixer -c 0 set PCM 50% unmute   # mittlere Lautstärke
amixer -c 0 set PCM 10dB+        # etwas lauter
amixer -c 0 set PCM 10dB-        # etwas leiser
```

Um auszuprobieren, ob beide Lautsprecher korrekt verkabelt sind, führen Sie das folgende Kommando aus. Es ist nun abwechselnd am linken Lautsprecher eine Stimme mit dem Text *front left* zu hören, dann am rechten Lautsprecher mit *front right* – so lange, bis Sie Strg+C drücken.

```
sudo speaker-test -t wav -c2
```

Reset für das Audio-System

Wenn Sie Probleme mit dem Audio-System haben, empfiehlt es sich, mit dem Kommando sudo alsactl init einen vollständigen Reset durchzuführen.

MPDroid

Ein populärer MPD-Client für Android-Smartphones und Tablets ist *MPDroid*. Das Programm steht kostenlos im Play Store zur Verfügung. Nach der Installation müssen Sie zuerst eine Verbindung zum MPD herstellen. Dazu wählen Sie zunächst die aktive WLAN-Verbindung aus und geben dann den Hostnamen Ihres Raspberry Pi an. Sollte das nicht funktionieren, müssen Sie auf dem Raspberry Pi mit dem Kommando ip addr dessen IP-Adresse ermitteln und diese dann angeben.

Ist der Verbindungsaufbau einmal gelungen, können Sie MPDroid ähnlich wie Xfmpc bedienen: In der Ansicht BIBLIOTHEK werden alle dem MPD bekannten Alben angezeigt. Dort fügen Sie ganze Alben oder einzelne Stücke der Playlist hinzu und starten die Wiedergabe (siehe Abbildung 7.4).

Abbildung 7.4 MPD-Steuerung durch das Android-Programm MPDroid

Bei unseren Tests gelang es MPDroid überraschend gut, geeignete Cover-Bilder zu den Alben aus dem Internet herunterzuladen. Leider ist MPD nicht in der Lage, diese oft in den MP3-Dateien eingebetteten Bilder weiterzugeben. Deswegen beziehen manche MPD-Clients die Cover aus dem Internet, z. B. von den entsprechenden Produktseiten auf *https://amazon.com*.

7.2 MPD-Konfigurationsvarianten

Audio-Dateien auf einem USB-Stick

Sie wissen nun, wie Sie Ihren Raspberry Pi zur fernsteuerbaren Audio-Quelle für Ihre Stereoanlage machen können. Die Audio-Dateien müssen sich allerdings auf der SD-Karte befinden. Bei größeren Audio-Bibliotheken ist es oft praktisch, diese getrennt von Raspbian auf einem USB-Stick zu speichern. Am einfachsten ist es, auf dem USB-Stick das Windows-Dateisystem VFAT einzurichten – dann können Sie den USB-Stick auch als MP3-Speicher für andere Geräte verwenden, z. B. für Autoradios.

Der Raspberry Pi bindet USB-Sticks normalerweise während des Boot-Prozesses im Verzeichnis /media/<name> ein. Dieser Automatismus ist zwar komfortabel, aber für unsere Zwecke ungeeignet: Die Zugriffsrechte auf die Daten des USB-Sticks sind so gewählt, dass ausschließlich der Benutzer pi auf die Dateien zugreifen kann.

Deswegen ist ein wenig Handarbeit erforderlich: Zuerst richten Sie mit mkdir ein Verzeichnis ein, über das der USB-Stick in Zukunft verwendet werden soll. Das Verzeichnis muss zumindest für den Benutzer mpd lesbar sein. Dann ermitteln Sie zuerst mit lsblk den Device-Namen der größten Partition des USB-Sticks (hier /dev/sda1), dann mit blkid die UUID-Nummer des darauf enthaltenen Dateisystems:

```
sudo mkdir /mnt/usb-stick
sudo chmod a+rx /mnt/usb-stick
lsblk
  NAME           MAJ:MIN RM  SIZE RO TYPE MOUNTPOINT
  sda             8:0     1  7,5G  0 disk
    sda1          8:1     1  7,5G  0 part /media/<NAME>
  mmcblk0       179:0     0  7,4G  0 disk
    mmcblk0p1   179:1     0   56M  0 part /boot
    mmcblk0p2   179:2     0  7,4G  0 part /

sudo blkid /dev/sda1
  /dev/sda1: LABEL="MUSIK" UUID="7A75-1709" TYPE="vfat"
```

Jetzt erweitern Sie /etc/fstab um einen Eintrag. Die Optionen fmask und dmask bewirken, dass die Dateien und Verzeichnisse des USB-Sticks von allen Benutzern und
Programmen des Raspberry Pi gelesen werden können:

```
# Datei /etc/fstab erweitern
...
UUID=7A75-1709   /mnt/usb-stick vfat fmask=33,dmask=22,utf8 0 0
```

Mit den beiden folgenden Kommandos lösen Sie den USB-Stick aus /media/<name>
und binden ihn im Verzeichnis /mnt/usb-stick neu ein. In Zukunft erfolgt das beim
Neustart automatisch.

```
sudo umount /media/<name>
sudo mount  /mnt/usb-stick
ls -l /mnt/usb-stick
```

In der MPD-Konfiguration müssen Sie lediglich die music_directory-Einstellung
ändern. Dort geben Sie das Verzeichnis des USB-Sticks ein, also entweder /media/NAME
oder /mnt/usb-stick:

```
# Datei /etc/mpd.conf
music_directory          "/mnt/usb-stick"
...
```

Ein Neustart des MPD aktiviert die Einstellung:

```
systemctl restart mpd
```

Es ist nicht möglich, in music_directory *mehrere* Verzeichnisse anzugeben, um beispielsweise die auf der SD-Karte gespeicherten Audio-Dateien mit solchen vom
USB-Stick zusammenzuführen. Das ist aber kein Problem: In diesem Fall belassen Sie
music_directory in der bisherigen Einstellung, also z. B. bei /home/pi/Musik. Im Audio-
Verzeichnis richten Sie nun einen symbolischen Link zum USB-Stick ein, damit MPD

zusätzlich zu den Dateien im lokalen Verzeichnis auch die Dateien berücksichtigt, die in dem Verzeichnis liegen, auf das der Link verweist:

```
cd /home/pi/Musik
ln -s /mnt/usb-stick usb-stick
```

Audio-Dateien auf einem NAS

Vielleicht verwenden Sie ein NAS-Gerät als zentralen Datenspeicher und/oder als Backup-Gerät. NAS steht für *Network Attached Storage* und bezeichnet über das Netzwerk zugängliche Speichergeräte, die umgangsprachlich oft auch Netzwerkfestplatten genannt werden.

Der Zugriff auf die im NAS-Gerät gespeicherten Daten erfolgt normalerweise über das Windows-kompatible Protokoll SMB. Damit Ihr Raspberry Pi und damit auch der MPD die Audio-Dateien auf dem NAS-Gerät lesen kann, müssen Sie das Netzwerkverzeichnis in den Verzeichnisbaum des Raspberry Pi einbinden.

Die Vorgehensweise ist ähnlich wie bei einem USB-Stick. Sie richten ein Verzeichnis ein und machen es für alle lesbar:

```
sudo mkdir /mnt/nas
sudo chmod a+rx /mnt/nas
```

Am besten versuchen Sie anfänglich, das SMB-Verzeichnis manuell einzubinden, alle erforderlichen Optionen also direkt an mount zu übergeben (siehe Abschnitt 4.6, »Netzwerkverzeichnisse nutzen«). Bei der Ausführung des Kommandos müssen Sie das Passwort für den Verzeichniszugriff angeben. Das Kommando ist hier nur aus Platzgründen über mehrere Zeilen verteilt. Geben Sie den Befehl in *einer* Zeile ohne die \-Zeichen an und ohne Leerzeichen zwischen 0644, und iocharset!

```
mount -t cifs -o \
  username=loginname,dir_mode=0755,file_mode=0644,\
          iocharset=utf8,nounix \
  //nashostname/audio/verzeichnis /mnt/nas
```

Dazu einige Erklärungen: -t cifs gibt an, dass Sie das *Common Internet File System* (CIFS) verwenden möchten, das Linux Zugang zu Windows-Netzwerkverzeichnissen gibt. Nach -o folgen diverse Optionen zum Verbindungsaufbau. Nun folgen der Hostname des NAS-Geräts und das gewünschte Verzeichnis in der Schreibweise //hostname/verzeichnis. Anstelle des Hostnamens können Sie auch die IP-Adresse angeben. Der letzte Parameter gibt an, in welchem Verzeichnis des Raspberry Pi Sie das Netzwerkverzeichnis nutzen möchten.

Nun zu den Optionen: Die Einstellungen für `dir_mode` und `file_mode` bewirken, dass nur `root` Dateien verändern darf. Alle anderen Benutzer dürfen die Dateien des Netzwerkverzeichnisses nur lesen. `iocharset` vermeidet Probleme mit Nicht-ASCII-Zeichen. `nounix` ist für den Fall gedacht, dass das NAS-Gerät die Unix-Extensions unterstützt: Dann blieben `dir_mode` und `file_mode` unwirksam, stattdessen würden die auf dem NAS-Gerät gespeicherten Zugriffsrechte gelten. Das ist hier aber nicht erwünscht.

Sobald das manuelle Einbinden funktioniert, lösen Sie das Netzwerkverzeichnis mit `umount /mnt/nas` wieder aus dem Dateisystem. Um den Prozess zu automatisieren, tragen Sie das Verzeichnis nun in `/etc/fstab` ein. Der gesamte Eintrag muss in *einer* Zeile stehen, und die Optionen dürfen nicht durch Leerzeichen getrennt werden:

```
# Datei /etc/fstab (alles in einer Zeile!)
//diskstation/archive/audio/cds /mnt/nas cifs
   credentials=/etc/nas,dir_mode=0755,file_mode=0644,\
      iocharset=utf8,nounix 0 0
```

Den Benutzernamen und das Passwort für den Verbindungsaufbau speichern Sie aus Sicherheitsgründen nicht in `/etc/fstab`, sondern in der eigenen Datei `/etc/nas`:

```
username=loginname
password=strenggeheim
```

Diese Datei soll nur `root` lesen können:

```
chmod 600 /etc/nas
```

Nun versuchen Sie nochmals, ob das Einbinden des Netzwerkverzeichnisses funktioniert, wobei nun aber die Einstellungen aus `/etc/fstab` berücksichtigt werden:

```
mount /etc/nas
```

Die Option »Auf Netzwerk warten«

Damit das Einbinden des Netzwerkverzeichnisses beim Boot-Prozess zuverlässig funktioniert, müssen Sie sicherstellen, dass Raspbian das Herstellen der Netzwerkverbindung abwartet. Dazu aktivieren Sie im Raspberry-Pi-Konfigurationsprogramm die Option AUF NETZWERK WARTEN. Alternativ können Sie in Raspbian in die Datei `/etc/rc.local` die Anweisung `mount /mnt/nas` einbauen.

Hat so weit alles geklappt, müssen Sie nur noch in `/etc/mpd.conf` das `music_directory` korrekt einstellen und mit `service mpd restart` den MPD neu starten.

Das NAS als MPD verwenden

Wozu den Umweg über den Raspberry Pi gehen, wenn das NAS ebenso gut als MPD konfiguriert werden kann? Tatsächlich unterstützen viele NAS-Geräte diese Option. In der Praxis ist das aber nur zweckmäßig, wenn das NAS-Gerät neben der Stereoanlage steht und einen Audio-Ausgang hat oder mit einem USB-DAC ausgestattet wird. In der Praxis sind diese Voraussetzungen selten erfüllt.

CD-Cover-Abbildungen

Wir haben es bereits kurz erwähnt: Auch wenn in vielen MP3-Dateien das Coverbild des jeweiligen Albums eingebettet ist – der MPD ignoriert diese Informationen und gibt sie nicht an MPD-Clients weiter. Manchen Clients gelingt es dennoch, Album-Cover anzuzeigen. Diese Programme laden die Cover aus dem Internet herunter, vielfach von Webseiten, auf denen CDs oder MP3-Dateien verkauft werden. In der Praxis funktioniert das aber meist nur recht schlecht.

Es gibt zu diesem Problem allerdings eine Notlösung: Sie können parallel zum MPD auch einen Webserver einrichten und so konfigurieren, dass MPD-Clients zu allen Alben das zugehörige Cover-Bild herunterladen können. Das setzt voraus, dass Ihre Audio-Bibliothek albumweise in Verzeichnissen organisiert ist und dass jedes Alben-verzeichnis außer den MP3-Dateien eine Datei mit dem Cover-Bild enthält. Der Dateiname des Bilds muss immer derselbe sein, z. B. cover.jpg.

Ist diese Voraussetzung erfüllt, richten Sie zuerst den Webserver Apache so ein, wie es in Abschnitt 23.1, »Apache installieren und konfigurieren«, beschrieben ist. Anschließend fügen Sie in die Apache-Konfigurationsdatei 000-default.conf einige Zeilen ein, die dem folgenden Muster entsprechen:

```
# Datei /etc/apache2/sites-available/000-default.conf
<VirtualHost *:80>
    ...
    # mpd-Verzeichnis, Zugriff von 10.0.0.* erlauben
    Alias /mpd /home/pi/Musik
    <Directory /home/pi/Musik>
        AllowOverride None
        Require ip 10.0.0
    </Directory>
</VirtualHost>
```

Achten Sie darauf, dass Sie anstelle von /home/pi/Musik dasselbe Verzeichnis wie für die music_directory-Einstellung in /etc/mpd.conf angeben. Ganz wichtig ist auch die Zugriffsabsicherung: Der Zugriff auf das mpd-Verzeichnis darf ausschließlich aus dem lokalen Netz heraus erfolgen! Sollten Sie das vergessen und ist Ihr Raspberry Pi aus dem Internet heraus erreichbar, kann jeder alle MP3-Dateien Ihrer Audio-Sammlung herunterladen. Die damit verbundenen Urheberrechtsprobleme sind Ihnen sicher klar. Zuletzt müssen Sie Apache dazu auffordern, die geänderte Konfiguration einzulesen:

```
systemtl reload apache2
```

Schließlich müssen Sie Ihrem MPD-Client noch verraten, wie er die Cover findet – also den Hostnamen und das Verzeichnis Ihres Webservers sowie den Namen Ihrer Cover-Dateien (siehe Abbildung 7.5). Wenn Sie alles richtig gemacht haben, kann der MPD-Client nun allen MP3-Dateien die entsprechenden Cover zuordnen und zeigt diese korrekt an (siehe Abbildung 7.6).

Abbildung 7.5 Cover-Konfiguration beim iPad-Programm mPAD

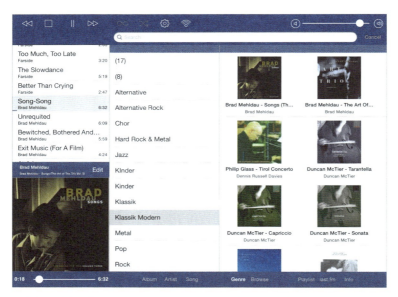

Abbildung 7.6 Darstellung der Audio-Bibliothek samt Cover im iPad-Programm mPAD

Weboberfläche zur Steuerung

Bis jetzt sind wir davon ausgegangen, dass Sie einen MPD-Client zur Steuerung des MPD verwenden. Eine Alternative dazu ist, dass Sie auf dem Raspberry Pi den Webserver Apache, die Programmiersprache PHP sowie eine Weboberfläche zur MPD-Steuerung installieren. Damit können Sie Ihren Audio-Player nun über den Webbrowser bedienen – und das ohne jede Installationsarbeit auf jedem Gerät Ihres Haushalts, das über eine Netzwerkverbindung verfügt!

Unter *http://mpd.wikia.com/wiki/Clients* finden Sie gleich eine ganze Sammlung geeigneter Webclients. Wir stellen Ihnen hier exemplarisch das Programm *MPD Web Remote* vor, das speziell für die Smartphone-Bedienung optimiert ist. Das Programm kann nur mit Webbrowsern bedient werden, die auf der Rendering-Engine *Webkit* basieren. Das trifft unter anderem für Safari und Google Chrome zu, aber nicht für Firefox.

MPD Web Remote setzt voraus, dass Sie vorher auf Ihrem Raspberry Pi den Webserver Apache und die Programmiersprache PHP installieren und einrichten. Die genaue Vorgehensweise ist in Kapitel 23, »PHP-Programmierung«, beschrieben. Die weitere Installation ist dann rasch erledigt:

```
cd /var/www/html
sudo apt install git
sudo git clone https://github.com/tompreston/MPD-Web-Remote.git
sudo mv MPD-Web-Remote/ music
```

Abbildung 7.7 MPD-Steuerung im Webbrowser eines Android-Smartphones

Das war es schon! Jetzt steuern Sie mit einem Webkit-Webbrowser die Seite *http://pi-hostname/music* an, wobei Sie statt *pi-hostname* den Hostnamen Ihres Raspberry Pi angeben (siehe Abbildung 7.7). Je nach Konfiguration Ihres lokalen Netzwerks kann es auch sein, dass Sie stattdessen die IP-Adresse Ihres Raspberry Pi angeben müssen. Diese Adresse können Sie mit `ip addr` ermitteln.

Die Bedienung der Weboberfläche ist unkompliziert. Störend ist allerdings, dass es keine Möglichkeit gibt, die Musiksammlung nach Genres oder Alben zu durchstöbern. Um gezielt ein Album zur Playlist hinzuzufügen, klicken Sie zuerst ADD TRACK an, suchen dann nach dem Albumtitel und fügen schließlich mit ADD ALL alle angezeigten Titel hinzu.

Musik als Audio-Stream verteilen (Icecast)

Bis jetzt sind wir davon ausgegangen, dass Sie die Musik ausschließlich über Ihre Stereoanlage hören wollen. Was tun Sie aber, wenn Sie sich in einem anderen Zimmer befinden und Ihre Musik auf einem dort befindlichen Computer oder Tablet abspielen möchten? Für solche Fälle sieht der MPD eine Koppelung mit dem Audio-Streamer *Icecast* vor. Die vom MPD abgespielte Musik kann damit über das Netzwerk zur Verfügung gestellt werden und in jedem modernen Webbrowser, mit Internetradio-Programmen sowie mit ausgewählten MPD-Clients angehört werden.

Bevor Sie sich mit Begeisterung an die Konfiguration machen, noch eine Warnung: Icecast recodiert die gerade abgespielte Musik, üblicherweise im MP3-Format. Das kostet auf einem Raspberry Pi der Version 1 rund 80 Prozent der zur Verfügung stehenden CPU-Leistung. Aktuelle Raspberry-Pi-Modelle mit mehreren Cores haben damit keine Probleme; die CPU wird aber auch bei diesen Modellen ziemlich warm.

Zusätzlich zum bereits installierten MPD und zu Icecast installieren Sie gleich auch den MP-Kommando-Client `mpc`, um das ganze System auszuprobieren:

```
sudo apt install icecast2 mpc
```

Während der Installation von Icecast erscheint ein Konfigurationsprogramm. Dort müssen Sie den Hostnamen Ihres Raspberry Pi angeben, außerdem gleich drei Passwörter für Icecast: das Quellen-, das Relais- und das Admin-Passwort. Für unsere Zwecke ist nur das Quellenpasswort relevant – es muss nämlich gleichlautend auch in `mpd.conf` eingetragen werden. Die drei Icecast-Passwörter werden zusammen mit diversen anderen Konfigurationsdaten in der Datei /etc/icecast2/icecast.xml gespeichert.

Im nächsten Schritt müssen Sie in /etc/mpd.conf mit den folgenden Zeilen einen weiteren Audio-Ausgang definieren. `mpd.conf` enthält bereits passende Voreinstellungen, die Sie nur verändern müssen:

```
# in der Datei /etc/mpd.conf
...
audio_output {
  type        "shout"
  encoding    "mp3"
  name        "MPD-Audio-Stream"
  host        "localhost"
  port        "8000"
  mount       "/mpd"
  password    "geheim"
  bitrate     "128"
  format      "44100:16:1"
}
```

Die Einstellung für name können Sie frei wählen. password muss mit dem Icecast-Quellenpasswort übereinstimmen. Anschließend starten Sie den MPD neu und vergewissern sich mit mpc, dass es nun zwei Audio-Ausgänge gibt, die beide aktiv sind.

```
sudo systemctl restart mpd
mpc outputs
  Output 1 (My ALSA Device) is enabled
  Output 2 (MPD-Audio-Stream) is enabled
```

Bei Bedarf können Sie nun mit mpc enable <n> oder mpc disable <n> einzelne Audio-Ausgänge aktivieren bzw. wieder deaktivieren. Auch die meisten MPD-Clients bieten diese Möglichkeit. Eine Ausnahme ist jedoch Xfmpc.

```
mpc disable 1
```

Als weiterer Test können Sie sich mit dem Kommando netstat vergewissern, dass mpd und icecast die Ports 6600 und 8000 überwachen:

```
netstat -ltpn
  Aktive Internetverbindungen (Nur Server)
  Proto  ... Local Address  Foreign Address  State   PID/Program
  tcp    ... 0.0.0.0:22     0.0.0.0:*        LISTEN  2605/sshd
  tcp    ... 0.0.0.0:6600   0.0.0.0:*        LISTEN  5521/mpd
  tcp    ... 0.0.0.0:8000   0.0.0.0:*        LISTEN  5047/icecast2
  ...
```

Mit einem beliebigen MPD-Client starten Sie nun die Audio-Wiedergabe. Wenn Sie wie vorhin angegeben den Audio-Ausgang deaktiviert haben, werden Sie nichts hören. Dafür stellt Icecast den Audio-Stream über die folgende Adresse zur Verfügung:

http://pi-hostname:8000/mpd.m3u

Wenn Sie diese recht unübersichtliche Adresse in einem modernen Webbrowser eingeben, hören Sie auf dem betreffenden Rechner die Musik. Auf Android-Geräten müssen Sie ein Internetradio-Programm wie *Just Playlist* installieren, um den Audio-Stream anzuhören. Noch komfortabler ist in dieser Hinsicht die bereits vorgestellte Android-App *MPDroid*. Sie kann bei richtiger Konfiguration *gleichzeitig* zur MPD-Steuerung und zum Anhören des resultierenden Streams verwendet werden. Dazu müssen Sie bei den Verbindungseinstellungen als STREAMING HOST den Hostnamen oder die IP-Adresse Ihres Raspberry Pi angeben. STREAMING PORT und STREAMING URL SUFFIX belassen Sie auf den Default-Einstellungen, also auf 8000 und mpd. Geben Sie als URL-Suffix *nicht* mpd.m3u an – das funktioniert nicht!

7.3   HiFiBerry

Der Audio-Analog-Ausgang der ersten Modelle des Raspberry Pi hat unter Audiophilen keinen guten Ruf. Die aktuellen Modelle wurden in diesem Punkt zwar etwas verbessert, Puristen sind aber auch damit nicht glücklich.

Perfekter Klang für Audiophile

Wenn Sie hohen Wert darauf legen, dass Ihre Musik möglichst rausch- und verzerrungsfrei aus Ihren womöglich sehr hochwertigen Lautsprechern kommt, dann sollten Sie in Erwägung ziehen, die Audio-Ausgabe über ein USB-Gerät mit einem *Digital Analog Converter* (USB-DAC) durchzuführen. Dabei haben Sie die Wahl zwischen sehr günstigen Geräten, die meist als *USB-Audio-Adapter* oder *USB-Soundkarte* bezeichnet werden, und High-End-Geräten, deren Preis ein Vielfaches des Raspberry Pi beträgt. Sie müssen allerdings unbedingt vorher recherchieren, ob das Gerät, das Sie erwerben möchten, kompatibel zum Raspberry Pi ist.

> **USB-Designmängel im Raspberry Pi**
>
> Auch der beste USB-DAC kann die grundsätzlichen Defizite im USB-System des Raspberry Pi nicht beheben. Mit etwas Pech erkaufen Sie sich die bessere Klangqualität eines USB-DACs durch winzige Tonaussetzer aufgrund verloren gegangener USB-Datenpakete. Beim Raspberry-Pi-Modell 3B+ steigt die Audio-Qualität, wenn Sie die Ethernet-Buchse *nicht* verwenden und eine Netzwerkverbindung gegebenenfalls über ein Funknetz herstellen. Details können Sie hier nachlesen:
>
> *https://hardware.slashdot.org/story/12/08/24/2228251*
> *https://volumio.org/raspberry-pi-3-b-plus-audio-review*

Eine weitere Möglichkeit besteht darin, den digitalen Audio-Datenstrom über die I^2S-Schnittstelle des Raspberry Pi zu leiten und die entsprechenden GPIO-Pins mit einem

I^{2}S-DAC zu verbinden. Geeignete I^{2}S-Geräte für den Raspberry Pi sind z. B. *HiFiBerry* und *RaspyPlay*. Weitere Informationen finden Sie auf den folgenden Seiten:

https://raspberrypi.stackexchange.com/questions/3626
https://volumio.org/raspberry-pi-i2s-dac-sounds-so-good

HiFiBerry DAC+

Wir haben uns für dieses Buch den aktuell vermutlich beliebtesten I^{2}S-DAC näher angesehen, den *HiFiBerry DAC+*:

https://www.hifiberry.com/dacplus

Von diesem Gerät gibt es mittlerweile mehrere Modelle, die sich durch die Qualität des Digital-Analog-Converters, durch ihre Größe (Standardgröße oder Mini-Ausführung für den Raspberry Pi Zero) sowie durch die Art des Audio-Ausgangs unterscheiden: Der Audio-Ausgang kann über einen 3,5-mm-Klinkenstecker oder über zwei Cinch-Buchsen (RCA) erfolgen, wie sie bei HiFi-Anlagen üblich sind (siehe Abbildung 7.8).

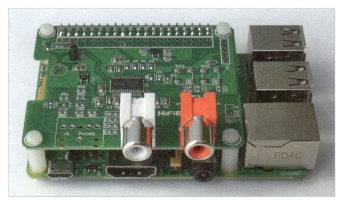

Abbildung 7.8 Der HiFiBerry DAC+, hier ein Modell mit Cinch-Buchsen, ist ein Aufsteck-Board für die Raspberry-Pi-Modelle A+, B+, 2B, 3B und 3B+.

Die Modelle werden von der Schweizer Firma »Modul 9« zu Preisen zwischen 15 und 40 EUR angeboten. Dazu kommen aber Versandkosten und Zollgebühren, die die Gesamtkosten schnell verdoppeln. Deswegen sollten Sie versuchen, das Gerät bei einem Reseller innerhalb der EU zu erwerben.

Der HiFi-Berry wird einfach auf die 40-polige GPIO-Leiste des Raspberry Pi aufgesteckt. Dabei stellen Abstandhalter sicher, dass es zu keinen Verbindungen zwischen den Lötpunkten des Audio-Ausgangs und den darunter befindlichen Steckern des Raspberry Pi kommt.

Konfiguration

Damit der HiFiBerry vom Raspberry Pi korrekt angesteuert wird, sind üblicherweise zwei Änderungen in /boot/config.txt erforderlich. Zum einen müssen Sie die Zeile dtparam=audio=on entfernen oder durch ein vorangestelltes Kommentarzeichen # deaktivieren. Zum anderen müssen Sie mit dtoverlay=hifiberry-xxx den Overlay-Treiber für Ihr HifiBerry-Modell aktivieren:

```
# Datei /boot/config.txt
...
# der folgenden Zeile das Kommentarzeichen # voranstellen
# dtparam=audio=on

# für DAC+ Light
dtoverlay=hifiberry-dac

# oder für DAC+ Standard/Pro
dtoverlay=hifiberry-dacplus
```

Eine Auflistung der Modulnamen für andere HiFiBerry-Modelle finden Sie hier:

https://www.hifiberry.com/guides/configuring-linux-3-18-x

Zuletzt müssen Sie noch die Datei /etc/asound.conf erzeugen und dort die folgenden Zeilen speichern:

```
pcm.!default  {
 type hw card 0
}
ctl.!default {
 type hw card 0
}
```

Nach einem Reboot sollte die Audio-Wiedergabe über den HiFiBerry automatisch funktionieren. Das Kontextmenü des Lautsprecher-Icons enthält nun einen zusätzlichen Eintrag, sodass Sie zwischen den Audio-Ausgängen ANALOG, HDMI und SND_RPI_HIFIBERRY_DACPLUS wählen können (siehe Abbildung 7.9).

Abbildung 7.9 Das Audio-System nutzt den HiFiBerry-Audio-Ausgang.

Auf Kommandoebene listet `aplay -l` die gerade aktiven Audio-Geräte auf:

```
aplay -l
  Karte 0: ALSA [bcm2835 ALSA], Gerät 0:
  bcm2835 ALSA [bcm2835 ALSA]
    ...
  Karte 0: ALSA [bcm2835 ALSA], Gerät 1:
  bcm2835 ALSA [bcm2835 IEC958/HDMI]
    ...
  Karte 1: sndrpihifiberry [snd_rpi_hifiberry_dacplus], Gerät 0:
  HiFiBerry DAC+ HiFi pcm512x-hifi-0 []
    Sub-Geräte: 1/1
    Sub-Gerät #0: subdevice #0
```

Bei unseren Tests hat der HiFiBerry problemlos funktioniert. Leider waren unsere Ohren zu wenig geschult oder unsere Verstärker und Lautsprecher zu wenig potent, um einen spürbaren Unterschied zu erkennen. Oder es lag an unserer musikalischen Präferenz für (Hard-)Rock, dass der HiFiBerry seine Stärken nicht voll entfalten konnte.

7.4 Volumio

Speziell für den Einsatz des Raspberry Pi als Audio-Player gibt es unter dem Namen *Volumio* (ehemals RaspyFi) eine eigene Distribution. Sie enthält ein vorkonfiguriertes MPD-System mit einigen Zusatzfunktionen:

► Audio-Ausgänge: Analog-Audio, diverse USB- und I^2S-DACs
► Audio-Formate: MP3, FLAX, AAC, ALAC etc.
► Audio-Quellen: USB-Datenträger, NAS-Verzeichnisse, DLNA/UPnP-Geräte
► Internetradio

Die Konfiguration und Bedienung von Volumio erfolgt im Idealfall ausschließlich über eine sehr elegante Weboberfläche (siehe Abbildung 7.10). Volumio ist speziell für den audiophilen Einsatz optimiert und unterstützt neben dem Audio-Ausgang eine Menge DACs. Eine weitere Besonderheit des Volumio-Projekts besteht darin, dass es neben dem Raspberry Pi auch Versionen für einige weitere Minicomputer gibt, unter anderem *Odroid* und *Sparky*.

Installation und Netzwerkkonfiguration

Um Volumio auszuprobieren, laden Sie sich das aktuelle Image von der Projektwebseite herunter und übertragen es auf eine freie SD-Karte (siehe Abschnitt 1.4).

https://volumio.org/get-started

Abbildung 7.10 Optischer und akustischer Genuss mit Volumio, dessen Weboberfläche hier im Webbrowser eines Smartphones dargestellt wird

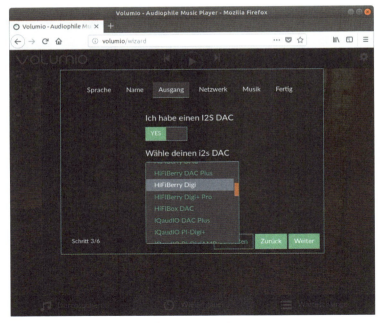

Abbildung 7.11 Volumio-Konfiguration in einem Webbrowser

Mit der SD-Karte starten Sie Ihren Raspberry Pi neu. Volumio läuft auf dem Raspberry Pi im Textmodus. Zur Konfiguration und Bedienung öffnen Sie die Webseite *http://volumio* (siehe Abbildung 7.11). Sollte Ihr Webbrowser den Hostnamen `volumio` nicht kennen, müssen Sie stattdessen die IP-Adresse eingeben. Welche das ist, können Sie mit dem Kommando `ip addr` herausfinden. Dazu müssen Sie Ihren Raspberry Pi an einen Monitor anschließen und sich mit einer Tastatur anmelden (Login-Name `volumio`, Passwort ebenfalls `volumio`).

Sofern Ihr Raspberry-Pi-Modell über einen WLAN-Adapter agiert, fungiert das Gerät automatisch als Hotspot. Das ermöglicht die Konfiguration auch ohne Ethernet-Kabel. Dazu verbinden Sie sich mit diesem Hotspot: Die SSID lautet `Volumio`, das Passwort `volumio2`. Anschließend wird automatisch ein Browserfenster geöffnet, in dem Sie die Konfiguration durchführen können – inklusive der Verbindungsdaten zu einem anderen Funknetz. Nach Abschluss der Konfiguration verbindet sich der Raspberry Pi mit diesem Funknetz; die Hotspot-Funktion wird dann ausgeschaltet.

Zugriff auf Audio-Dateien

Es gibt mehrere Möglichkeiten, um Volumio Zugang zu Ihren Audio-Dateien zu geben:

▶ Sie können Ihre Audio-Dateien in das Verzeichnis `Internal Storage` kopieren. Das erledigen Sie am einfachsten im Datei-Manager Ihres PCs. Dort finden Sie Volumio als Rechner im Netzwerk. Der Zugriff auf das Verzeichnis `Internal Storage` ist ohne Passwort möglich (Gastzugriff). Beachten Sie, dass die Audio-Dateien damit auch allen anderen Geräten im lokalen Netzwerk frei zugänglich sind! Volumio-intern werden die Audio-Dateien im Verzeichnis `/data/INTERNAL` gespeichert.

▶ Sie können die Audio-Dateien auf einen USB-Stick kopieren und diesen in eine Buchse des Raspberry Pi stecken.

▶ Oder Sie können Audio-Dateien eines Netzwerkverzeichnisses verwenden. Dazu wählen Sie im Konfiguationsmenü den Eintrag MEINE MUSIK aus und geben im Dialog NEUES LAUFWERK HINZUFÜGEN die Eckdaten des Netzwerkverzeichnisses an (Hostname, Verzeichnis sowie gegebenenfalls Login-Name und Passwort). Volumio durchsucht das Verzeichnis dann nach Audio-Dateien, was einige Zeit dauern kann.

▶ Sofern Sie über einen Spotify-Account verfügen, können Sie ein entsprechendes Plug-in installieren und Spotify als weitere Musikquelle einrichten.

Über das Dialogblatt DURCHSUCHEN können Sie nun die Audio-Bibliothek durchstöbern und Titel oder ganze Alben zur Playlist hinzufügen. Alternativ können Sie einen der unzähligen Internetradiosender auswählen.

Interna

Hinter den Kulissen verwendet Volumio die Paketquellen von Raspbian. Standard-mäßig sind aber viel weniger Programme installiert. Deswegen ist Volumio ein vergleichsweises schlankes System, das nach der Installation weniger als ein GByte Platz auf der SD-Karte beansprucht. Standardmäßig sind unter Volumio die folgenden Benutzer eingerichtet:

▸ root mit dem Passwort volumio
▸ volumio mit dem Passwort volumio

Zwar ist standardmäßig ein SSH-Server installiert, dieser läuft aber aus Sicherheitsgründen nicht. Wenn Sie den SSH-Server zu Testzwecken aktivieren möchten, loggen Sie sich mit einer Tastatur als root ein, verändern dann zuerst die beiden vordefinierten Passwörter und starten schließlich den SSH-Server:

```
passwd
passwd volumio
systemctl start ssh        (gilt sofort)
systemctl enable ssh       (SSH auch nach einem Neustart aktivieren)
```

Kapitel 8
Multimedia-Center mit Kodi und LibreELEC

Kodi (ehemals XBMC) ist eine Sammlung von Open-Source-Programmen, mit denen Sie einen Computer als Multimedia-Center verwenden können. Kodi erfüllt unter anderem die folgenden Aufgaben:

- auf USB-Datenträgern oder im lokalen Netzwerk verfügbare Audio- und Video-Dateien abspielen
- YouTube, Video-Mediatheken, Internetradios und -fernsehstationen nutzen
- Audio-Streams anhören und Bilder von iOS-Geräten anzeigen (AirPlay)
- Fotos ansehen

Kodi ist so konzipiert, dass Sie Ihren Raspberry Pi mit einem Fernsehgerät verbinden und über eine Fernbedienung bzw. über ein Smartphone bedienen. Tastatur und Maus sind für die anfängliche Konfiguration natürlich praktisch, später aber nicht mehr erforderlich. Ideal lässt sich Kodi in Kombination mit einem NAS-Gerät nutzen, das die gesamte Foto-, Audio- und Video-Sammlung des Haushalts enthält. Ein Raspberry Pi mit Kodi stellt somit eine preislich und funktionell sehr interessante Alternative zu Apple TV, Google Chromechast, Amazon Fire TV und anderen Set Top Boxes dar.

Theoretisch wäre es möglich, ein vorhandenes Raspbian-System durch die Installation diverser Pakete Kodi-tauglich zu machen. Das ist wegen des damit verbundenen Overheads aber unüblich. Stattdessen gibt es gleich mehrere spezialisierte Kodi-Distributionen, die ausschließlich die für den Kodi-Betrieb erforderlichen Programme enthalten:

- LibreELEC (Fork von OpenELEC): *https://libreelec.tv*
- OSMC (ehemals Raspbmc): *https://osmc.tv*
- XBian: *http://xbian.org*

In den vergangenen Jahren war OpenELEC die populärste Kodi-Distribution für den Raspberry Pi. Allerdings kam es im Frühjahr 2016 zu einem Streit innerhalb der Entwicklergemeinde, der zu einer Spaltung des Projekts führte. Mittlerweile hat Libre-ELEC die Nachfolge von OpenELEC übernommen. OpenELEC existiert zwar auch noch, hinkt aber mit neuen Versionen und Updates meilenweit hinter LibreELEC hinterher. Für dieses Kapitel haben wir LibreELEC 8.2 getestet, das auf Kodi 17.6 zurückgreift.

RasPlex

RasPlex ist eine weitere Multimedia-Distribution für den Raspberry Pi. Sie verwendet allerdings nicht Kodi als Multimedia-Center, sondern das halbkommerzielle Programm Plex. Details dazu folgen im nächsten Kapitel. Bemerkenswert ist, dass RasPlex als Unterbau LibreELEC verwendet. Insofern haben RasPlex und das in diesem Kapitel beschriebene LibreELEC aus technischer Sicht viele Ähnlichkeiten, auch wenn die eigentliche Oberfläche vollkommen anders aussieht.

8.1 Installation und Konfiguration

LibreELEC (*Libre Embedded Linux Entertainment Center*) ist keine abgespeckte Raspbian-Variante, sondern eine vollkommen eigenständige Distribution. Sie ist nicht auf den Raspberry Pi fixiert. Vielmehr unterstützt LibreELEC auch Standard-PCs sowie diverse Minicomputer. Wir beschäftigen uns hier aber nur mit der Raspberry-Pi-Variante.

Im Vergleich zu Raspbian gibt es frappierende technische Unterschiede:

▶ **Paketverwaltung und Dateisystem:** Es gibt keine Paketverwaltung. Stattdessen befindet sich die gesamte Distribution in einer nur rund 130 MByte großen komprimierten Datei /flash/SYSTEM. Diese Datei wird im Read-only-Modus über die Device-Datei /dev/loop0 als squashfs-Dateisystem genutzt.

▶ **Netzwerkanbindung:** LibreELEC agiert als Samba-Server und ist somit für Linux-, Windows- und macOS-Rechner im lokalen Netzwerk sichtbar. Das macht die Übertragung von Video-Dateien auf die SD-Karte des Raspberry Pi besonders einfach.

Das Beschreiten neuer Wege hat allerdings den Nachteil, dass in LibreELEC bzw. in Kodi nicht vorgesehene Einstellungen oder Erweiterungen nur schwierig zu realisieren sind. Aus Raspbian vertraute Vorgehensweisen funktionieren in der Regel nicht.

Standardinstallation auf eine SD-Karte

Um LibreELEC zu installieren, laden Sie auf Ihrem regulären Computer das aktuelle, ca. 130 MByte große Disk-Image herunter. Achten Sie darauf, dass Sie die richtige Version herunterladen – es gibt *zwei* Images: eines für den Raspberry Pi 1 und den Raspberry Pi Zero (BCM2835) und ein zweites für den Raspberry Pi 2 und 3 (BCM2836/-37). Die Downloads sind hier zu finden:

https://libreelec.tv/downloads

Die komprimierte Datei hat die Endung .img.gz. Sie müssen die Datei nun zuerst dekomprimieren. Unter Linux verwenden Sie dazu das Kommando gunzip, unter Windows WinZip oder ein vergleichbares Programm. Unter macOS wird die Datei durch einen Doppelklick im Finder dekomprimiert. Die Image-Datei schreiben Sie dann auf eine SD-Karte (siehe Abschnitt 1.4).

Mit der SD-Karte starten Sie nun den Raspberry Pi. Dort werden zuerst die Partitionen auf der SD-Karte an deren Größe angepasst.

Erstkonfiguration

Nach circa einer halben Minute erscheint das Programm *Welcome to LibreELEC*, das bei der Erstkonfiguration hilft. Darin können Sie im ersten Schritt den Hostnamen verändern. Standardmäßig kommt der Name libreelec zum Einsatz. Wenn Sie an Ihren Raspberry Pi einen WLAN-Adapter angesteckt haben, zeigt der nächste Konfigurationsdialog die in Reichweite befindlichen Funknetzwerke. Sie können nun eines davon auswählen und das dazugehörende Passwort angeben. Die WLAN-Konfiguration kann aber selbstverständlich auch später erfolgen.

Im nächsten Dialog geht es darum, welche Netzwerkdienste unter LibreELEC standardmäßig laufen. Zur Auswahl stehen SSH und Samba, wobei SSH normalerweise nicht aktiv ist, Samba schon. Dazu ein paar Hintergrundinformationen:

▶ SSH steht für *Secure Shell* und ermöglicht es, sich über das Netzwerk am LibreELEC-System anzumelden und dort Administrationsarbeiten durchzuführen. Während der Konfigurationsphase ist das praktisch. SSH ist allerdings auch ein Sicherheitsrisiko, weil für root das Passwort libreelec unveränderlich vorgegeben ist. Wie Sie die SSH-Sicherheit dennoch optimieren können, beschreiben wir gleich im Abschnitt »SSH absichern«.

▶ Samba ist ein Windows-kompatibler Dienst, um Netzwerkverzeichnisse anzubieten. LibreELEC ermöglicht es Ihnen mit solchen Netzwerkverzeichnissen, unkompliziert Filme auf die SD-Karte Ihres Raspberry Pi hochzuladen.

Wir empfehlen Ihnen, anfänglich beide Dienste zu aktivieren. Wenn Sie die Dienste später nach Abschluss der Konfiguration nicht mehr benötigen, können Sie sie im Programm über OPTIONEN • LIBREELEC einfach abschalten.

Damit ist die Erstkonfiguration abgeschlossen, und Kodi ist betriebsbereit. Je nachdem, wie Sie das Media-Center bedienen möchten, müssen Sie aber einige weitere Einstellungen vornehmen, die in den folgenden Abschnitten behandelt werden.

Sprache, Tastatur und Zeitzone

Anfänglich zeigt Kodi alle Menüs in englischer Sprache an, und für die Tastatur gilt das US-Tastaturlayout. Um die deutsche Sprache zu aktivieren, klicken Sie das

Zahnrad-Icon an, das zu den Systemeinstellungen führt. Die Einstellungen für Sprache und Zeitzone finden Sie im Modul INTERFACE SETTINGS bzw. im Modul BENUTZER-OBERFLÄCHE, sobald Sie die Sprache verändert haben.

Dieses Modul sieht auch die Möglichkeit vor, das Tastaturlayout zu verändern – bei unseren Tests hat das aber nicht funktioniert. Wechseln Sie daher in das Einstellungsmodul LIBREELEC: Dessen Dialogblatt SYSTEM bietet ebenfalls die Möglichkeit, das Tastaturlayout zu verändern – und dort funktioniert es auch.

Bluetooth

Unter LibreELEC ist Bluetooth standardmäßig deaktiviert. Wenn Sie Bluetooth-Geräte verwenden möchten, öffnen Sie das Einstellungsmodul LIBREELEC und aktivieren Bluetooth im Dialogblatt DIENSTE. Nun ist ein Neustart erforderlich.

Erst jetzt können Sie im Dialogblatt LIBREELEC Ihre Bluetooth-Geräte konfigurieren, was bei unseren Testkandidaten (einer Maus und einer Tastatur) anfänglich gut funktioniert hat. Das Problem ist aber, dass die Geräte nach einer Zeit der Inaktivität die Verbindung verlieren und dann mitunter umständlich neu aktiviert werden müssen. Wir empfehlen Ihnen, die Erstkonfiguration mit USB-Tastatur und -Maus durchzuführen und danach zur Bedienung des Medien-Centers ein Smartphone zu verwenden.

Netzwerk- und WLAN-Konfiguration

Wenn Ihr Raspberry Pi über ein Netzwerkkabel mit dem lokalen Netzwerk verbunden ist, erübrigt sich die Netzwerkkonfiguration: Wie Raspbian bezieht auch LibreELEC die IP-Adresse und andere Parameter vom DHCP-Server des LANs.

Beinahe ebenso unkompliziert erfolgt die WLAN-Konfiguration im Einstellungsmodul LIBREELEC auf dem Dialogblatt VERBINDUNGEN. Dort werden alle in Funkreichweite befindlichen Netze aufgelistet (siehe Abbildung 8.1). Sobald Sie ein Netzwerk auswählen, können Sie das WLAN-Passwort eingeben. Die Netzwerkeinstellungen werden hier gespeichert:

```
/storage/.cache/connman/wifi_xxx_managed_psk/settings
```

SSH nutzen

Manche Administrationsarbeiten können Sie nur durchführen, indem Sie sich via SSH von einem anderen Computer aus in das LibreELEC-System einloggen. Voraussetzung dafür ist natürlich, dass unter LibreELEC der SSH-Server läuft. Falls Sie die entsprechende Option während der Konfiguration nicht aktiviert haben, können Sie dies jetzt nachholen. Die entsprechende Option finden Sie im Einstellungsmodul LIBREELEC im Dialogblatt DIENSTE.

Abbildung 8.1 Übersicht über alle Netzwerkverbindungen

Anschließend können Sie sich von einem beliebigen Linux- oder Apple-Rechner aus über SSH als root mit dem Passwort libreelec anmelden:

```
ssh root@libreelec
  root@libreelec's password: libreelec
```

SSH-Sicherheitswarnung

Wenn Sie SSH schon bisher verwendet haben, um sich in Raspbian einzuloggen, wird SSH beim ersten Login-Versuch für LibreELEC eine Warnung anzeigen: LibreELEC verwendet einen anderen zufälligen Schlüssel als Raspbian, aber in der Regel dieselbe IP-Adresse.

Dem SSH-Client fällt diese Diskrepanz auf, und das Programm verweigert aus Sicherheitsgründen den Login. Abhilfe: Laden Sie auf Ihrem lokalen Rechner (nicht auf dem Raspberry Pi) die Datei .ssh/known_hosts in einen Editor, und entfernen Sie daraus die Zeile, die mit der IP-Adresse Ihres Raspberry Pi beginnt.

Sollte der Hostname libreelec nicht bekannt sein, geben Sie stattdessen die IP-Adresse Ihres Raspberry Pi an, also z. B. ssh root@10.0.0.8. Sie wird im Einstellungsmodul SYSTEMINFORMATIONEN angezeigt.

SSH absichern

Unter LibreELEC können Sie das Root-Passwort nicht verändern: Zum einen steht das Kommando passwd gar nicht zur Verfügung, zum anderen wird das Dateisystem, in dem die Passwortdatei /etc/shadow gespeichert ist, aus Sicherheitsgründen im Read-only-Modus verwendet.

Wenn Sie dennoch SSH verwenden möchten, sollten Sie die Authentifizierung auf Schlüssel umstellen. Am einfachsten gelingt das, wenn Sie zur Administration von LibreELEC einen Linux- oder Apple-Rechner verwenden.

Dazu öffnen Sie ein Terminalfenster und überprüfen, ob die Dateien .ssh/id_rsa und .ssh/id_rsa.pub bereits existieren. Ist das nicht der Fall, führen Sie das Kommando ssh-keygen aus. Es erzeugt diese beiden Schlüsseldateien. Der Zugriff auf den Schlüssel wird standardmäßig durch ein Passwort abgesichert. Wenn Sie statt der Passworteingabe einfach ⏎ drücken, entfällt dieses Sicherheitsmerkmal. Sofern Sie den Schlüssel nur für die LibreELEC-Administration verwenden, gehen Sie damit kein großes Risiko ein. Mit ssh-copy-id übertragen Sie nun den Schlüssel auf den Raspberry Pi:

```
ssh-copy-id root@libreelec
  root@libreelec's password: libreelec
```

Von nun an können Sie sich von Ihrem Linux- oder Apple-Rechner aus *ohne* Login direkt auf dem LibreELEC-System anmelden:

```
ssh root@libreelec
```

Sobald das funktioniert, können Sie den SSH-Server von LibreELEC so konfigurieren, dass eine Authentifizierung per Passwort nicht mehr zulässig ist. Dazu starten Sie das Einstellungsmodul LibreELEC und setzen im Dialogblatt Dienste die Option SSH Kennwort deaktivieren. (Die hier beschriebene Authentifizierung per Schlüssel funktioniert im Übrigen auch bei allen anderen Linux-Distributionen, also z. B. auch unter Raspbian. Dort müssen Sie, wenn Sie einen Login per Passwort deaktivieren wollen, in der Datei /etc/sshd/sshd_config die Einstellung PasswordAuthentication no speichern.)

Samba absichern

Samba ist nicht nur ein Tanz, sondern auch der Name für ein Programm, das als Hintergrunddienst arbeitet und Verzeichnisse so im lokalen Netzwerk freigibt, dass andere Rechner die dort enthaltenen Dateien lesen und verändern können. Libre-ELEC verwendet Samba, um Ihnen auf diese Weise einen besonders unkomplizierten Zugang zu den Audio- und Video-Verzeichnissen auf der SD-Karte zu ermöglichen. *Unkompliziert* bedeutet, dass alle im lokalen Netzwerk Lese- und Schreibrechte haben – und das ohne Passwort!

Erfreulicherweise bietet LibreELEC eine unkomplizierte Möglichkeit, den Zugriff auf die Verzeichnisse durch einen Login abzusichern. Dazu aktivieren Sie im Dialogblatt LibreELEC • Dienste die Option Samba Kennwortauthentifizierung benutzen und geben einen Benutzernamen und das dazugehörende Passwort an. (Standardmäßig ist libreelec gleichermaßen als Login-Name und Passwort vorgesehen.)

Überblick über das LibreELEC-Dateisystem

Der Verzeichnisbaum von LibreELEC ist anders organisiert, als Sie es von Raspbian kennen:

▸ Das Verzeichnis /flash enthält nicht nur die für den Boot-Vorgang erforderlichen Dateien (die bei anderen Raspberry-Pi-Distributionen in /boot liegen), sondern auch die fast 140 MByte große Datei SYSTEM. Diese Datei enthält das gesamte LibreELEC-System inklusive Kodi.

▸ Sowohl /flash als auch das Root-Dateisystem / werden im Read-only-Modus genutzt. Damit wird unbeabsichtigten Veränderungen vorgebeugt.

▸ Alle veränderlichen Daten befinden sich im Verzeichnis /storage. Das zugrunde liegende Dateisystem füllt beinahe die gesamte SD-Karte aus. Dort können z. B. eigene Filme, Audio-Dateien und Bilder gespeichert werden. Die entsprechenden Unterverzeichnisse dienen gleichzeitig als Netzwerkverzeichnisse. Daher können Sie unkompliziert von einem anderen Computer Dateien auf die SD-Karte des Raspberry Pi übertragen.

Hardware-Decodierung für MPEG-2 und VC-1 aktivieren

Der Grafikprozessor des Raspberry Pi kann zur Hardware-Decodierung mancher Video-Codecs eingesetzt werden. Wenn Sie MPEG-2- oder VC-1-Videos auf Ihrem Raspberry Pi ansehen möchten, sind diese Schlüssel *zwingend* erforderlich. Der VC-1-Codec wird z. B. in vielen WMV-Dateien verwendet.

Die Hardware-Decodierung muss durch einen Lizenzschlüssel freigeschaltet werden. Solche Schlüssel können Sie auf der Website *http://www.raspberrypi.com* erwerben. Beide Schlüssel zusammen kosten momentan etwas mehr als 4 EUR. Zum Bezahlen müssen Sie PayPal verwenden.

Beim Kauf müssen Sie die Seriennummer Ihres Raspberry Pi angeben. Diese können Sie dem Dialogblatt OPTIONEN • SYSTEMINFO • HARDWARE oder der Datei /proc/cpuinfo entnehmen:

```
grep Serial /proc/cpuinfo
    Serial          : 0000000013579bcf
```

Sie erhalten den Freischaltcode nach einer Weile per E-Mail. Der Raspberry-Pi-Store verspricht eine Zusendung innerhalb von 72 Stunden, bei uns hat es aber nur eine Stunde gedauert. Der Code ist mit der Seriennummer verknüpft und gilt somit nur für Ihren Raspberry Pi.

Sobald Sie den bzw. die Schlüssel erhalten haben, können Sie ihn bzw. sie in der Datei /flash/config.txt eintragen. Dazu gibt es zwei Möglichkeiten. Die eine besteht darin, dass Sie LibreELEC herunterfahren, die SD-Karte in Ihren Computer stecken und die

Datei dort verändern. Der andere Weg führt über SSH. Dazu loggen Sie sich von einem anderen Computer aus als root in LibreELEC ein. Danach stellen Sie das /flash-Dateisystem vom Read-only- in den Read/Write-Modus um und laden config.txt in den Editor nano. Nach der Änderung starten Sie das System mit reboot neu:

```
ssh root@libreelec
mount  -o remount,rw /flash
nano /flash/config.txt
reboot
```

In nano fügen Sie am Ende von config.txt zwei Zeilen ein, die wie im folgenden Listing aussehen – aber natürlich mit Ihren eigenen Freischaltcodes:

```
# Datei /flash/config.txt
...
decode_MPG2=0x12345678
decode_WVC1=0x9abcedf0
```

Ob alles funktioniert hat, können Sie nach dem Neustart via SSH verifizieren:

```
vcgencmd codec_enabled MPG2
  MPG2=enabled
vcgencmd codec_enabled WVC1
  WVC1=enabled
```

Freischaltcodes unter Raspbian

Dieselben Freischaltcodes gelten selbstverständlich auch für alle anderen Raspberry-Pi-Distributionen. Dort finden Sie config.txt allerdings nicht im Verzeichnis /flash, sondern im Verzeichnis /boot. Änderungen in config.txt sind auf Anhieb möglich, d. h., Sie können auf das mount-Kommando verzichten.

Erreichbare Decoding-Geschwindigkeiten

Die Zeitschrift c't hat getestet, welche Art von Video-Dateien mit dem Raspberry Pi 2 und 3 ruckelfrei abgespielt werden können. Die Kurzfassung: Bei H264-Dateien gelingt dies auf beiden Modellen dank der Hardware-Decodierung bis in die Full-HD-Auflösung. Bei H265-Dateien scheitert der Raspberry Pi 2 aber selbst bei geringen Auflösungen. Die schnellere CPU des Raspberry Pi 3 kann solche Filme immerhin bis zu einer Auflösung von 1280 × 720 Pixel zufriedenstellend abspielen. Weitere Ergebnisse für andere Video-Formate finden Sie hier:

https://www.heise.de/ct/ausgabe/2016-7-News-Linux-3136451.html

Overclocking

LibreELEC verzichtet im Gegensatz zu einigen anderen Raspberry-Pi-Distributionen standardmäßig auf das Overclocking, also darauf, die CPU des Raspberry Pi mit einer höheren Taktfrequenz als vorgesehen zu betreiben. Sollten Sie ein Anhänger der Meinung »schneller ist immer besser« sein, können Sie natürlich auch in LibreELEC das Overclocking aktivieren.

Dazu müssen Sie in /flash/config.txt die bereits dort vorgesehenen Parameter arm_freq, core_freq, sdram_freq und over_voltage einstellen und in den betreffenden Zeilen das Kommentarzeichen # entfernen. Für einen Raspberry Pi der Version 2 können Sie die folgenden Werte übernehmen. Damit steigt die maximale Taktfrequenz von 900 MHz auf 1 GHz:

```
# Datei /flash/config.txt (Raspberry Pi Version 2)
...
arm_freq=1000
core_freq=500
sdram_freq=500
over_voltage=2
```

Da die Systempartition im Read-only-Modus verwendet wird, gilt für die Veränderung von config.txt dieselbe Vorgehensweise wie im vorigen Abschnitt:

```
ssh root@libreelec
mount  -o remount,rw /flash
nano /flash/config.txt
reboot
```

Beim Raspberry Pi 3B, 3B+ und bei den Zero-Modellen läuft die CPU bereits mit der maximal vorgesehenen Frequenz. Bei diesen Modellen rät die Raspberry Pi Foundation vom Overclocking gänzlich ab.

Audio-Ausgang wählen

Standardmäßig erfolgt die Audio-Ausgabe über das HDMI-Kabel. Falls Sie zur Wiedergabe einen Computer-Monitor ohne Audio-Funktionen verwenden, können Sie die Tonausgabe auch über den Analog-Audio-Ausgang des Raspberry Pi leiten. Dazu öffnen Sie das Dialogblatt AUDIO des Einstellungsmoduls SYSTEM und verändern dort das Audio-Ausgabegerät. In diesem Konfigurationsdialog können Sie auch gleich KLANGSCHEMA WIEDERGEBEN auf NIE stellen. Damit setzen Sie den lästigen Bling-Tönen ein Ende, die bei allen möglichen Aktionen erklingen. Bei unseren Tests wurde die Veränderung des Audio-Ausgangs erst nach einem Reboot wirksam.

Kodi-Layout (Skins)

Sogenannte *Skins* steuern den Hintergrund der Kodi-Benutzeroberfläche und ihrer Dialoge. Im Einstellungsmodul BENUTZEROBERFLÄCHE können Sie ergänzend zur Default-Skin *Estuary* weitere Skins herunterladen und aktivieren. Beachten Sie aber, dass manche Skins große Anforderungen an das Grafiksystem stellen und für den Raspberry Pi deswegen ungeeignet sind.

Screenshots

Im normalen Betrieb ist es selten erforderlich, Bildschirmaufnahmen zu erstellen – es sei denn, Sie wollen einen Fehler dokumentieren. Für die Arbeit an diesem Kapitel war die Aufnahme von Screenshots aber essenziell. Am einfachsten gelingen Screenshots, wenn Sie eine PC-Tastatur mit der Taste [Druck] nutzen. Im Dialogblatt LOGGING des Einstellungsmoduls SYSTEM können Sie festlegen, in welchem Verzeichnis Screenshots gespeichert werden sollen. In LibreELEC ist /storage/screenshots für diesen Zweck vorkonfiguriert. Dieser Ordner ist auch als Netzwerkverzeichnis zugänglich.

Wenn Sie an Ihren Raspberry Pi keine Tastatur mit der Taste [Druck] angeschlossen haben, können Sie Screenshots auch via SSH erstellen. Dazu führen Sie das folgende Kommando aus:

```
kodi-send --host=127.0.0.1 -a "TakeScreenshot"
```

Die resultierende Screenshot-Datei in /storage/screenshots wird anfänglich mit einer Größe von 0 Byte angezeigt. Es kann ein paar Sekunden dauern, bis die Datei in ihrer endgültigen Größe gespeichert wird.

Updates

Wenn LibreELEC Updates erkennt, weist es in der Kodi-Benutzeroberfläche auf diese Möglichkeit hin, unternimmt standardmäßig aber nichts. Um ein Update manuell zu starten, öffnen Sie das Einstellungsmodul LIBREELEC. LibreELEC zeigt an, auf welche Version Sie LibreELEC aktualisieren können, und startet den Update-Prozess nach einer Rückfrage. Bei einer typischen Internet-Anbindung dauert der Download des neuen LibreELEC-Images einige Minuten. Nach dem Auspacken der Dateien wird LibreELEC zweimal neu gestartet: Nach dem ersten Mal wird das eigentliche Update durchgeführt, d. h., es werden einige Systemdateien ausgewechselt. Beim zweiten Start kommt das neue System dann zur Anwendung.

Insgesamt ist der Update-Prozess in der Regel in fünf Minuten erledigt und hat bei unseren Tests problemlos funktioniert. Dennoch eine Warnung: Wenn LibreELEC anstandslos funktioniert, ist es nicht notwendig, jedes Update mitzumachen. Die Kodi-Foren sind voll von Berichten wütender Benutzer, deren Media-Center nach einem Update nicht mehr oder nicht mehr richtig funktionierte. Beherzigen Sie den IT-Leitspruch: *never change a running system*! (Sicherheits-Updates sind die Ausnahme von dieser Regel.)

Eine genauere Beschreibung des Update-Prozesses sowie Tipps zur Durchführung manueller Updates finden Sie auf der folgenden Webseite:

https://wiki.libreelec.tv/index.php?title=HOW_TO:Update_LibreELEC

Manuelle Updates sind beispielsweise bei Hauptversionssprüngen erforderlich, z. B. von Version 8 auf Version 9.

8.2   Fernbedienung

Normalerweise gibt es im Betrieb eines Raspberry Pi als Multimedia-Center zwei Phasen: In der ersten Phase konfigurieren Sie das Gerät. Während dieser Phase sind Tastatur und Maus natürlich praktisch. Ist die Konfiguration abgeschlossen, beginnt Phase zwei – die Nutzung des Geräts: Zur Steuerung von LibreELEC können Sie eine App auf Ihrem Smartphone, die Fernbedienung Ihres TV-Geräts oder eine andere Infrarot-Fernbedienung verwenden. Aus eigener Erfahrung empfehlen wir Ihnen die erste Variante. Sie funktioniert am besten und ist mit wenig Konfigurationsaufwand verbunden.

Smartphone-Fernbedienung

Wenn Sie Ihr Media-Center mit Ihrem Smartphone steuern möchten, benötigen Sie eine XBMC- oder Kodi-App (siehe Abbildung 8.2). Entsprechende Apps sind kostenlos im Google Play Store oder im App Store von Apple erhältlich. Damit LibreELEC Signale dieser Apps verarbeitet, müssen Sie im Einstellungsmodul DIENSTE die Option FERNSTEUERUNG DURCH ANWENDUNGEN AUF ANDEREN RECHNERN ZULASSEN aktivieren.

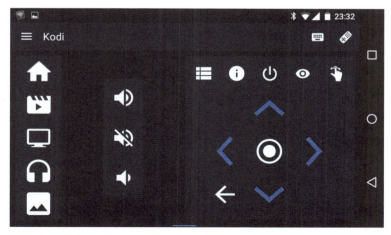

Abbildung 8.2 Kodi-Fernbedienung mit der Android-App »Yatse«

Die Kodi-Steuerung durch das Smartphone oder Tablet erfolgt über WLAN. Bei der Konfiguration der Kodi-App müssen Sie den Hostnamen oder die IP-Adresse Ihres Raspberry Pi angeben. Der Kodi-Webserver von LibreELEC verwendet standardmäßig den Port 8080 und den Benutzernamen kodi (ohne Passwort).

Anstelle einer eigenen App können Sie auch einfach den Webbrowser Ihres Smartphones oder Tablets verwenden (siehe Abbildung 8.3). Damit ersparen Sie sich Installationsarbeiten. Die entsprechenden Kodi-Einstellungen finden Sie in den Systemeinstellungen im Dialogblatt DIENSTE • STEUERUNG, wobei unter LibreELEC die Fernsteuerung per Webbrowser bereits standardmäßig aktiviert ist.

Abbildung 8.3 Kodi-Fernbedienung im Browser eines Android-Smartphones

CEC-Fernbedienung

Viele moderne Fernseher leiten Signale der Fernbedienung, die nicht für das TV-Gerät selbst bestimmt sind, über das HDMI-Kabel via CEC (*Consumer Electronics Control*) an den Raspberry Pi weiter. Dieser kann dann die Signale verarbeiten.

Laut Forenberichten funktioniert dieses Verfahren bei vielen Fernsehern auf Anhieb. Unsere eigenen Erfahrungen mit einem schon etwas älteren Sony-Bravia-Fernseher waren aber unerfreulich: Obwohl das Gerät CEC an sich unter dem Sony-Markennamen »Bravia Sync« unterstützt, erkannte es den Raspberry Pi nicht als CEC-taugliches HDMI-Gerät.

Infrarot-Fernbedienung

Die Verwendung einer Infrarot-Fernbedienung, also der Normalfall bei den meisten kommerziellen Geräten, ist für die Kodi-Anwendungen auf dem Raspberry Pi eher ein Notfall. Das Problem besteht nicht darin, dass Sie Ihren Minicomputer zuerst um einen IR-Empfänger erweitern müssen: Das gelingt auch Raspberry-Pi-Anwendern, die keinen Lötkolben anfassen möchten – siehe Abschnitt 14.11, »IR-Empfänger«. Die Herausforderung besteht vielmehr darin, eine vorhandene IR-Fernbedienung korrekt zu konfigurieren. Dieser Vorgang hat sich als außerordentlich mühsam und frustrierend erwiesen.

Zur Konfiguration müssen Sie eine SSH-Verbindung zu LibreELEC herstellen. Danach werfen Sie einen Blick in die Datei /etc/lirc/lircd.conf.rpi. Wenn Sie Glück haben, finden Sie dort die erforderliche Konfiguration für Ihre Fernbedienung. In diesem Fall kopieren Sie die Datei nach /storage/.config/lircd.conf und löschen dann mit einem Editor alle Zeilen, die *nicht* zu Ihrer Fernbedienung passen. Zum Schluss darf es nur noch einen Block geben, der mit begin remcte beginnt und mit end remote endet. Damit die Konfiguration wirksam wird, starten Sie LibreELEC mit reboot neu.

Wenn die Fernbedienung weiterhin nicht funktioniert, stoppen Sie zuerst den LIRC-Dämon. LIRC steht für *Linux Infrared Remote Control* und ist ein Paket von Programmen, das Infrarot-(IR-)Signale verarbeitet.

```
killall lircd
```

Nun löschen Sie die eventuell vorhandene Datei /storage/.config/lircd.conf und erstellen mit dem Programm irrecord eine neue Konfigurationsdatei, die genau für Ihre Fernbedienung passt. Während das Programm läuft, müssen Sie zuerst wahllos 160-mal eine Taste Ihrer Fernbedienung drücken. Jede Taste sollte mindestens einmal gedrückt werden.

```
irrecord -d /dev/lirc0 /storage/.config/lircd.conf
  irrecord - application for recording IR-codes for usage
  with lirc ...
  Now start pressing buttons on your remote control ...
```

In der zweiten Phase müssen Sie jeweils zuerst einen LIRC-Tastennamen angeben und dann die entsprechende Taste auf Ihrer Fernbedienung drücken. Mit ⏎ schließen Sie die Konfiguration ab.

```
  Now enter the names for the buttons.
  Please enter the name for the next button (press <ENTER>
  to finish recording)
KEY_UP
  Now hold down button "KEY_UP".
<Pfeil nach oben der Fernbedienung>
  Please enter the name for the next button (press <ENTER>
  to finish recording)
KEY_DOWN
  Now hold down button "KEY_DOWN".
<Pfeil nach unten der Fernbedienung>
...
```

Welche LIRC-Tastennamen es gibt, ermitteln Sie am besten im Voraus oder in einer zweiten SSH-Sitzung mit irrecord -l:

```
irrecord -l | grep KEY
  KEY_0
  KEY_102ND
  KEY_1
  KEY_2
  ...
```

Ein prinzipielles Problem besteht darin, dass die KEY-Namen nicht immer eindeutig sind. Sollen Sie der Pfeiltaste nach oben KEY_UP oder KEY_VOLUMEUP zuordnen? Hier hilft leider nur Experimentieren oder eine Suche im Internet. Das folgende Listing zeigt ein Beispiel für die Konfiguration der Apple-Fernbedienung (Aluminium-Modell), die nur über sieben Tasten verfügt:

```
# Datei /storage/.config/lircd.conf
# mit irrecord aufgezeichnete Konfiguration für die
# Apple-Aluminium-Fernbedienung
begin remote
  name              lircd.conf
  bits              8
  flags             SPACE_ENC
  eps               30
  aeps              100
  header            9099    4462
  one               587     1646
  zero              587     535
  ptrail            587
  pre_data_bits     16
  pre_data          0x77E1
  post_data_bits    8
  post_data         0x30
  gap               38524
  toggle_bit_mask   0x0
  begin codes
    KEY_UP          0xD0
    KEY_DOWN        0xB0
    KEY_LEFT        0x10
    KEY_RIGHT       0xE0
    KEY_MENU        0x40
    KEY_PLAY        0x7A 0x20
    KEY_OK          0xBA 0x20
  end codes
end remote
```

Um die selbst erzeugte Konfigurationsdatei zu aktivieren, starten Sie LibreELEC abermals neu. Nach dem Neustart können Sie mit `irw` überprüfen, ob `lircd` funktioniert. Dazu starten Sie das Programm und drücken ein paar Tasten der Fernbedienung:

```
irw
  6a 0 KEY_RIGHT devinput
  6a 0 KEY_RIGHT_UP devinput
  69 0 KEY_LEFT devinput
  69 0 KEY_LEFT_UP devinput
<Strg>+<C>
```

Sollte `irrecord` nicht funktionieren, testen Sie zuerst, ob Ihr Raspberry Pi überhaupt Signale von der Fernbedienung empfängt. Dazu stoppen Sie `lircd` und starten dann das Testprogramm `mode2`. Wenn Sie nun Tasten der Fernbedienung drücken, sollten Sie eine Ausgabe wie im folgenden Listing sehen. Ist das nicht der Fall, gibt es mehrere Fehlerursachen: Das Kernelmodul `lirc_rpi` ist nicht geladen (Abhilfe: `modprobe lirc_rpi`), der IR-Empfänger funktioniert nicht oder die Batterie der Fernbedienung ist ganz einfach leer.

```
killall lircd
mode2 -d /dev/lirc0
  space 3188411
  pulse 9129
  space 4442
  pulse 599
<Strg>+<C>
```

8.3 Kodi-Betrieb

Nachdem wir seitenlang alle möglichen Konfigurationsdetails und LibreELEC-Eigenheiten beschrieben haben, kommen wir jetzt endlich zur eigentlichen Multimedia-Nutzung: zum Abspielen von Audio- und Video-Dateien sowie zum Einrichten von entsprechenden Datenquellen. Dieser Teil des Kapitels gilt nicht nur für LibreELEC, sondern auch für alle anderen Kodi-Distributionen.

Vorweg ein Überblick über das Bedienungskonzept von Kodi: Auf dem Startbildschirm befindet sich das Kodi-Menü. Es besteht aus den Einträgen FILME, MUSIK, ADDONS, VIDEOS etc. (siehe Abbildung 8.4). Die Auswahl des gewünschten Menüpunkts erfolgt per Tastatur, Maus oder Fernbedienung. Generell gelangen Sie mit Esc bzw. mit der rechten Maustaste zurück in die jeweils vorige Dialogebene.

Anfänglich führen die Menüs allerdings ins Leere. Das liegt daran, dass es im lokalen Dateisystem von Kodi noch keine Multimedia-Dateien gibt und Kodi auch keine Netzwerkquellen für derartige Dateien kennt.

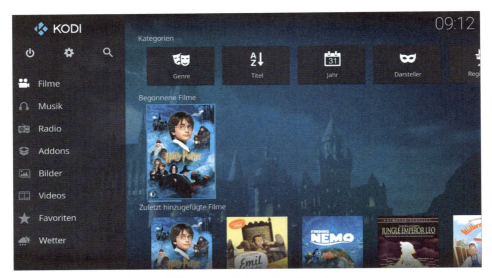

Abbildung 8.4 Der Kodi-Startbildschirm mit dem Hauptmenü

Filme versus Videos

Kodi unterscheidet zwischen Filmen und Videos. Auf den ersten Blick scheint es, als würden beide Begriffe dasselbe meinen. Der Unterschied besteht darin, dass Kodi dann von »Filmen« spricht, wenn es auch Kontextinformationen zum Film kennt, also den Namen, die Länge des Films, eine Inhaltsangabe usw. Kodi verwaltet eine eigene Datenbank, in der es diese Informationen speichert.

Ein »Video« ist dagegen eine Datei, bei der diese Zusatzinformationen fehlen. Abspielen können Sie sowohl Videos als auch Filme, aber Filme können von Kodi ansprechender präsentiert werden, nach Schlagwörtern durchsucht werden etc.

Noch mehr Details zu dieser Unterscheidung und zur Kodi-Datenbank, in der diese Metadaten gespeichert werden, finden Sie hier:

https://www.kodinerds.net/index.php/Thread/16483

Das erste Video abspielen

Um den ersten Film abzuspielen, suchen Sie im Dateimanager eines beliebigen Rechners im lokalen Netzwerk den Hostnamen `libreelec` (siehe Abbildung 8.5). Sollte der Rechner `libreelec` nicht sichtbar sein, stellen Sie die Verbindung manuell her und geben als Netzwerkadresse `smb://libreelec` an. Nun kopieren Sie eine oder mehrere Video-Dateien in das Verzeichnis `Videos`.

Abbildung 8.5 Netzwerkzugriff auf wichtige Verzeichnisse der SD-Karte des LibreELEC-Systems über einen Datei-Manager

Zurück auf dem Raspberry Pi, navigieren Sie nun durch die Menüs FILME • ZU DATEIEN • VIDEOS. Dort finden Sie die Video-Dateien, die Sie auf die SD-Karte kopiert haben, und können sie abspielen (siehe Abbildung 8.6). Sollte die Wiedergabe nicht funktionieren, vergewissern Sie sich, dass Sie die Lizenzschlüssel zur Hardware-Decodierung der Formate MPEG-2 und VC-1 korrekt eingerichtet haben. Grundsätzlich kann Kodi keine DRM-geschützten Video-Dateien abspielen.

Abbildung 8.6 Videos abspielen in Kodi

Video-Dateien eines USB-Sticks abspielen

Die SD-Speicherkarte Ihres Raspberry Pi ist für erste Experimente gut geeignet. Um die lokale Mediathek zu speichern, ist sie aber in der Regel zu klein. Eine mögliche Alternative besteht darin, die Video-Dateien auf eine externe Festplatte oder einen USB-Stick zu kopieren und diese bzw. diesen mit dem Raspberry Pi zu verbinden. Führen Sie nun VIDEOS • DATEIEN • DATEIEN HINZUFÜGEN aus, erscheint der Name des Datenträgers in der Liste der zur Auswahl stehenden Datenquellen. Dort können Sie unkompliziert die Video-Dateien auswählen und abspielen.

Zugriff auf Video-Dateien aus Netzwerkverzeichnissen

Am elegantesten funktioniert der Kodi-Betrieb, wenn Sie über das lokale Netzwerk oder WLAN auf Audio- und Video-Dateien zugreifen, die ein anderer Computer oder ein NAS-Gerät bereithält. Kodi unterstützt die meisten gängigen Protokolle für Netzwerkverzeichnisse, unter anderem SMB (Windows/Samba), DLNA, AFP und NFS.

> **Richten Sie Medienverzeichnisse per Tastatur und Maus ein!**
>
> Es ist außerordentlich umständlich, Medienquellen per Fernbedienung einzurichten. Führen Sie diese Konfigurationsarbeiten daher mit Tastatur und Maus aus. Sind die Quellen einmal korrekt konfiguriert, ist die Auswahl von Filmen mit einer Fernbedienung ein Kinderspiel.

Wenn der Medien-Server bzw. das NAS-Gerät DLNA und UPnP unterstützt, ist die Kodi-Konfiguration am einfachsten. DLNA und UPnP stehen für *Digital Living Network Alliance* und *Universal Plug and Play* und bezeichnen Standards zur unkomplizierten Vernetzung und Nutzung von Audio- und Video-Geräten. Viele NAS-Geräte unterstützen DLNA/UPnP – suchen Sie gegebenenfalls nach der entsprechenden Option in der Benutzeroberfläche Ihres NAS-Geräts!

Um in Kodi auf ein DLNA-Gerät zuzugreifen, führen Sie VIDEOS • DATEIEN • VIDEOS HINZUFÜGEN aus. Im Dialog VIDEOQUELLE HINZUFÜGEN führt der Button DURCHSUCHEN in den Unterdialog NACH EINER NEUEN QUELLE SUCHEN (siehe Abbildung 8.7). Dort wählen Sie UPNP GERÄTE aus. Kodi zeigt dann eine Liste aller DLNA-Geräte und Plex-Server im lokalen Netzwerk an. Anschließend wählen Sie ein Verzeichnis des DLNA-Geräts aus und geben diesem bei Bedarf einen eigenen Namen. (Was es mit Plex auf sich hat, ist Thema des nächsten Kapitels.)

Auch der Zugriff auf Video-Dateien in einem Windows-Netzwerkverzeichnis ohne Passwortschutz ist einfach: Sie beginnen wieder mit VIDEOS • DATEIEN • VIDEOS HINZUFÜGEN • DURCHSUCHEN • NACH EINER NEUEN QUELLE SUCHEN. Im Auswahldialog finden Sie den Eintrag WINDOWS-NETZWERK (SMB) (siehe Abbildung 8.7). Damit können Sie Windows-Server in allen Arbeitsgruppen auswählen, die in Ihrem Netzwerk bekannt sind.

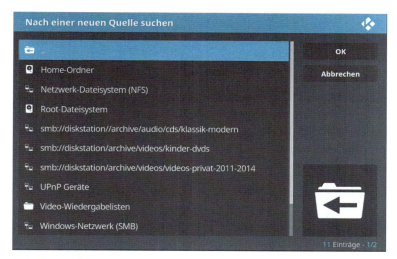

Abbildung 8.7 Auswahl einer neuen Medienquelle

Sollten Ihre Netzwerkverzeichnisse durch ein Passwort abgesichert sein, führt die Auswahl eines Servers durch WINDOWS-NETZWERK (SMB) zur wenig aussagekräftigen Fehlermeldung *Operation not permitted*. Lassen Sie sich davon nicht irritieren, sondern beginnen Sie nochmals von vorne. Öffnen Sie erneut den Dialog NACH EINER NEUEN QUELLE SUCHEN, wählen Sie nun aber den Eintrag NETZWERKFREIGABE HINZU-FÜGEN am Ende der Auswahlliste. Dadurch gelangen Sie in einen Dialog, in dem Sie alle Parameter des Netzwerkverzeichnisses frei eingeben können: das Protokoll, den Namen des Servers oder NAS-Geräts, das Freigabeverzeichnis, den Benutzernamen und das Passwort (siehe Abbildung 8.8).

Abbildung 8.8 Zugriff auf ein passwortgeschütztes Netzwerkverzeichnis

Wenn Sie keinen Tippfehler machen, sollte die neue Freigabe nach dem OK als Eintrag der Form smb://hostname/verzeichnis in der Liste der Quellen erscheinen. Dort wählen Sie sie aus und drücken noch zweimal auf OK. Damit gelangen Sie in den Dialog INHALT FESTLEGEN. Dessen Einstellungen steuern, ob Kodi versucht, eine Art

Datenbank aller Video-Dateien zu erstellen (siehe Abbildung 8.9). Dabei können verschiedene sogenannte *Scraper* zum Einsatz kommen, also Progamme, die aus dem Dateinamen oder aus Metadaten der Datei auf deren Inhalt schließen. Die resultierende Beschreibung steht häufig nur in englischer Sprache zur Verfügung.

Wenn Sie auf die Suche nach Metadaten verzichten möchten oder wenn es sich um selbst aufgenommene Filme handelt, wählen Sie beim Punkt DIESER ORDNER BEINHALTET die grammatikalisch unglücklich übersetzte Einstellung KEINE und aktivieren außerdem die Option ORDNER VOM SCAN AUSSCHLIESSEN.

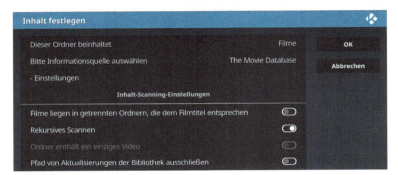

Abbildung 8.9 Kodi soll Kontextinformationen zu den Video-Dateien ermitteln.

Wir wollen hier keinen falschen Eindruck vermitteln: Die Konfiguration von Netzwerkverzeichnissen in Kodi ist mühsam und fehleranfällig. Jedes Mal, wenn Ihnen ein Fehler unterläuft, müssen Sie von vorn beginnen. Die Organisation der Dialoge ist gelinde gesagt unübersichtlich (wäre man böswillig, würde man sagen: chaotisch). Andererseits reicht es in der Regel aus, zwei oder drei derartige Verzeichnisse einzurichten – dann ist diese Hürde genommen. Die weitere Bedienung von Kodi ist zum Glück einfacher.

Tipps zur Organisation Ihres Video-Archivs

Damit Sie unter Kodi unkompliziert auf Ihre Mediathek zugreifen können, sollten Sie sich bei der Organisation des Archivs Ihrer Videodateien einige Gedanken machen: Hilfreich sind eigene Verzeichnisse für verschiedene Genres, um z. B. Kinderfilme von Krimis zu trennen. Generell sollten Sie Verzeichnisse mit allzu vielen Einträgen vermeiden – das macht die Auswahl in Kodi mühsam. Verwenden Sie möglichst aussagekräftige Datei- und Verzeichnisnamen! Speichern Sie TV-Serien jeweils in eigenen Unterverzeichnissen.

Darstellungsoptionen

Kodi zeigt Filme, zu denen es Metadaten gefunden hat, standardmäßig ansprechend und mit diversen Filter- und Suchmöglichkeiten an (siehe Abbildung 8.4). Bei den anderen Medien-Kategorien werden die Einträge in den diversen Datenquellen standardmäßig aber recht trist in Form einer Liste von Dateinamen präsentiert.

Über ein Menü am linken Bildschirmrand, das Sie per Fernbedienung mit der linken Pfeiltaste aufrufen, können Sie zwischen verschiedenen Darstellungsformen wechseln, z. B. INFOWALL, WIDELIST oder SHIFT (siehe Abbildung 8.10).

Abbildung 8.10 Kodi-Darstellungsoptionen einstellen

Beachten Sie, dass die zur Auswahl stehenden Optionen vom Medientyp abhängen. Bei manchen Dateitypen fehlt der Menüeintrag ANSICHT ganz, und Sie können nur die Sortierreihenfolge ändern.

Videos aus dem Internet

ADD-ONS • VIDEO-ADDONS • ZUM ADDON-BROWSER führt in eine Liste von Add-ons, mit denen Sie Filme aus diversen Internet-Angeboten auf Ihrem Media-Center ansehen können (siehe Abbildung 8.11). Unter anderem gibt es Add-ons für Apple iTunes Podcasts, die ARD Mediathek, Arte+7, Netzkino, die ORF TVthek, Spiegel Online, YouTube sowie für die ZDF Mediathek.

Leider können viele Angebote nur im jeweiligen Land uneingeschränkt genutzt werden, Arte+7 also in Deutschland und Frankreich, die ORF TVthek nur in Österreich etc. Die Verwendung der Add-ons aus anderen Ländern funktioniert entweder gar nicht oder nur mit einem reduzierten Video-Angebot.

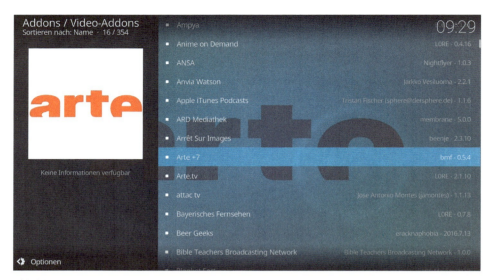

Abbildung 8.11 Video-Add-ons für Kodi

Audio-Dateien abspielen

Das Abspielen von Musik folgt demselben Muster wie die Wiedergabe von Videos: Sie müssen zuerst eine Musikquelle einrichten, also ein lokales Verzeichnis, ein Netzwerkverzeichnis, einen DLNA-Server etc., und können dann aus der Bibliothek einen Titel zur Wiedergabe auswählen. Kodi zeigt automatisch CD-Cover an, wenn diese in die MP3-Dateien eingebettet sind.

Auch für die Audio-Wiedergabe gibt es eine stattliche Sammlung von Add-ons. Diese ermöglichen es, unzählige Internetradiostationen anzuhören.

Das Hauptmenü aufräumen

Das Kodi-Hauptmenü enthält standardmäßig eine Menge Einträge, von MUSIKVIDEOS über RADIO bis WETTER. Je nachdem, wie Sie Kodi einsetzen, werden Sie etliche Einträge gar nicht benötigen. Um einen Eintrag zu entfernen, klicken Sie auf DIESEN HAUPTMENÜEINTRAG ENTFERNEN.

Um irrtümlich gelöschte Einträge wiederherzustellen, öffnen Sie das Einstellungsmodul SKIN. Das Dialogblatt HAUPTMENÜEINTRÄGE enthält alle möglichen Menüeinträge mit einem On/Off-Schalter.

Kapitel 9
Multimedia-System mit RasPlex

Plex ist ein Multimedia-System, das aus zwei Teilen besteht: Ein Plex-Server stellt die Multimedia-Dateien im Netzwerk zur Verfügung, und Plex-Clients greifen auf den Server zu und können die dort befindlichen Audio- und Video-Dateien abspielen.

Plex-Clients gibt es für Windows, Linux, macOS, Android und iOS – und natürlich für den Raspberry Pi! Im Mittelpunkt dieses Kapitels steht *RasPlex*. Diese Distribution basiert auf LibreELEC (bzw. ehemals auf OpenELEC), also auf der Kodi-Distribution, die wir im vorigen Kapitel ausführlich beschrieben haben. Aus technischer Sicht hat RasPlex daher sehr viele Ähnlichkeiten mit LibreELEC. Das betrifft insbesondere auch viele Konfigurationsdetails, bei denen wir somit auf das vorige Kapitel verweisen. Ganz anders sieht aber naturgemäß die Benutzeroberfläche von Plex aus.

> **RasPlex und der Raspberry Pi 3B+**
>
> Plex war im Mai 2018 noch nicht kompatibel zum Modell 3B+. Unsere Tests erfolgten daher mit dem Modell 3B. Es ist zu erwarten, dass es bis zum Erscheinen des Buchs eine aktualisierte Version von RasPlex gibt, die auch auf dem Modell 3B+ läuft.

9.1 Kodi oder Plex?

Bevor wir Ihnen in diesem Kapitel die Details der RasPlex-Installation und -Konfiguration näher beschreiben, lohnt sich ein kurzer Vergleich zwischen Kodi und Plex. Welcher Ansatz ist besser, welches Programm bietet für Sie die optimale Multimedia-Lösung?

Beginnen wir mit den Gemeinsamkeiten: Die Wurzeln von Plex liegen im XBMC-Projekt, aus dem später Kodi wurde. 2008 kam es zu einem sogenannten *Fork*, also zu einer Aufspaltung zwischen dem XBMC- und dem Plex-Projekt. Seither haben sich beide Projekte in unterschiedliche Richtungen weiterentwickelt:

- **XBMC/Kodi:** Die Zielsetzung von Kodi ist es, ein universelles Multimedia-Center anzubieten, das mit allen erdenklichen Audio- und Video-Quellen zurechtkommt.

▶ **Plex:** Ganz anders ist der Denkansatz der Plex-Entwickler: Hier gibt es eine strenge Trennung zwischen der Verwaltung der Mediathek auf einem zentralen Server und Client-Programmen, die auf diesen Server zugreifen können.

Plex-Vorteile

Die Trennung zwischen Client und Server ist zweifellos die Kernidee hinter Plex – und diese Idee ist aus vielerlei Gründen vernünftig:

▶ Eine einmal gut organisierte Mediathek kann von beliebig vielen Clients genutzt werden – vom iPad im Wohnzimmer, vom Android-Handy im Schlafzimmer und von dem TV-Gerät, das mit einem Raspberry Pi samt RasPlex verbunden ist.

▶ Der Plex-Server läuft in aller Regel auf einem Gerät, das mehr Rechenleistung bietet und mit einem schnelleren Datenträger ausgestattet ist als der Raspberry Pi. Daher kann das Einrichten der Mediathek in einer viel höheren Geschwindigkeit erfolgen als auf dem Raspberry Pi.

▶ Die Konfiguration und Bedienung des Plex-Servers kann auf einem beliebigen Rechner mit einem modernen Webbrowser erfolgen, natürlich mit Maus und Tastatur. Das ist viel komfortabler als in der Benutzeroberfläche eines Multimedia-Centers, die im schlimmsten Fall mit einer Fernbedienung gesteuert werden muss.

▶ Es ist vergleichsweise einfach, Backups der Mediathek zu erstellen, die auf dem Server liegt.

Plex wirbt auf der Webseite *https://www.plex.tv/how-it-works* mit dem Slogan: *Make your media beautiful.* Tatsächlich unternimmt der Plex-Server große Anstrengungen, Ihre Mediendateien zu erkennen und wenn möglich mit einem passenden Bild und einer vollständigen Beschreibung zu versehen, also mit Informationen über den Inhalt des Films, seinen Regisseur, die wichtigsten Schauspieler etc. Plex-Clients profitieren davon und präsentieren die eigene Mediathek beinahe so professionell wie Filmangebote auf Amazon oder im iTunes-Store.

Ein letztes Argument für Plex: Sobald die Arbeit zur Organisation eines Plex-Servers einmal erledigt ist, lassen sich Plex-Clients deutlich eleganter bedienen als Kodi. Die große Flexibilität von Kodi ist eben auch mit unzähligen Optionen, Dialogen und (Unter-)Menüs verbunden – die bei Plex alle wegfallen. Wenn es Ihnen also darum geht, Ihren Raspberry Pi zu einem familientauglichen Video-Player zu machen, werden Sie mit Plex vermutlich auf mehr Begeisterung stoßen als mit Kodi.

Plex-Nachteile

Plex steht und fällt mit dem Client-Server-Modell. Wenn Sie keinen Plex-Server haben bzw. nicht bereit sind, einen einzurichten, können Sie Plex nicht verwenden. Jeder

Plex-Client, also auch RasPlex, muss ständig auf den Plex-Server zugreifen können. Ein Offline-Abspielen von Musik oder Videos sieht die kostenlose Plex-Version nicht vor.

Plex ist sehr stark im Hinblick auf das Abspielen von Video-Dateien optimiert. Wie Kodi kann Plex natürlich auch MP3-Dateien abspielen, die Audio-Funktionen bleiben aber weit hinter denen von Kodi zurück. Sehr mager ist auch das Angebot von Add-ons, die im App Store zu finden sind und in der Plex-Nomenklatur nach der Installation *Kanäle* genannt werden.

> ### Plex unterstützt keine Maus!
>
> Ein Multimedia-Center wird üblicherweise mit einer Fernbedienung gesteuert. Die Plex-Entwickler haben sich deswegen für ein Bedienungskonzept ohne Maus entschieden. Es gibt keinen Mauszeiger, und eine eventuell angeschlossene Maus wird einfach ignoriert. Sobald Plex einmal läuft, ergeben sich daraus keine Nachteile. Bei den Konfigurationsarbeiten irritiert das Fehlen der Maus aber erheblich.

Für Linux-Fans ist es ärgerlich, dass Plex im Gegensatz zu Kodi kein Open-Source-Programm ist. Zwar sind Plex-Client und -Server kostenlos erhältlich, aber nur ein Teil der Programme ist auch als Quellcode verfügbar. RasPlex enthält deswegen nicht den aktuellen Plex-Code, sondern basiert auf OpenPHT, einem Fork des Plex Home Theater.

Zu guter Letzt stehen hinter Plex kommerzielle Interessen. Die Plex-Clients für iOS und Android sind kostenpflichtig. Gleiches gilt für einige Zusatzfunktionen: Beispielsweise erlaubt *Plex Sync*, ausgewählte Audio- oder Video-Dateien offline zu nutzen. *Cloud Sync* ermöglicht es Ihnen, eigene Mediendateien bei einem Cloud-Dienst wie Dropbox hochzuladen, um sie dann von dort, wenn Sie keinen Zugang zum lokalen Plex-Server haben, auch unterwegs abspielen zu können. Aber keine Sorge: Für den typischen Einsatz als Multimedia-Center sind die kostenlosen Grundfunktionen von Plex vollkommen ausreichend. Natürlich ist nicht auszuschließen, dass sich das in Zukunft ändert.

Glossar

Im nächsten Abschnitt leiten wir Sie durch die Grundzüge einer Plex-Server-Konfiguration. Dieser Abschnitt beschreibt vorab einige Begriffe, die dabei auftauchen werden:

► **Plex Home Theater:** Die offizielle Bezeichnung des Plex-Clients lautet seit Herbst 2013 *Plex Home Theater*. Damit wollte man offensichtlich eine klare Unterscheidung zwischen Client und Server herstellen, ohne diese Begriffe in den Mund zu nehmen. Ob der sperrige Begriff wirklich eine Hilfe ist, sei dahingestellt. Für dieses

Kapitel gilt: *Plex* ohne weitere Angaben meint das Plex-System als Ganzes bzw. den Plex-Client – also eben Plex Home Theater. Bei allen Server-Funktionen schreiben wir hingegen explizit *Plex-Server*.

▸ **Plex-Konto:** Bei der Konfiguration eines Plex-Servers werden Sie dringend gebeten, ein kostenloses Plex-Konto einzurichten. Sie müssen dazu lediglich einen Benutzernamen, eine E-Mail-Adresse und ein Passwort angeben. Ein Plex-Konto ist zwar nicht zwingend erforderlich, um Plex zu verwenden, es erleichtert in der Folge aber die Konfiguration der Clients erheblich.

▸ **Bibliothek und Mediathek:** Eine *Bibliothek* ist ein Verzeichnis mit Audio- oder Video-Dateien bzw. mit Fotos. Alle Bibliotheken zusammen bilden die *Mediathek*, also die Gesamtheit aller Plex zugänglichen Multimedia-Dateien.

▸ **Scanner und Agenten:** Plex versucht, Ihre Multimedia-Dateien zu erkennen und mit Metadaten zu versehen. Bei Video-Dateien sind das z. B. das Titelbild (das DVD-Coverbild), eine Beschreibung des Films, die Alterseinstufung etc. Bei Audio-Dateien zählen das CD-Cover, der Albumname, die Interpreten etc. zu den Metadaten. Die Ermittlung der Metadaten übernehmen gemeinsam sogenannte Scanner und Agenten. Der Scanner versucht zuerst, anhand von Datei- und Verzeichnisnamen sowie anhand weiterer Informationen (z. B. MP3-Tags) die Datei zu identifizieren. Agenten sind Programme, die für ein einmal erkanntes Video oder Album aus verschiedenen Internetdatenquellen die dazugehörenden Metadaten herunterladen.

▸ **Kanäle:** Plex bietet wie Kodi die Möglichkeit, durch Add-ons auf Online-Medienquellen zuzugreifen. Einmal eingerichtete Add-ons werden als *Kanäle* bezeichnet. Leider ist das Add-on-Angebot im Vergleich zu Kodi äußerst bescheiden.

9.2 Plex-Server-Konfiguration

Wir haben es bereits erwähnt: Ohne eine Plex-Server-Installation können Sie RasPlex nicht verwenden, nicht einmal ausprobieren. Wenn es in Ihrem lokalen Netzwerk bereits einen Computer oder ein NAS-Gerät gibt, das als Plex-Server agiert, dann überspringen Sie diesen Abschnitt einfach. Andernfalls finden Sie hier eine kurze Zusammenfassung der wichtigsten Schritte zum Einrichten eines Plex-Servers.

Der erste Schritt besteht darin, den Plex-Server zu installieren. Wenn Sie einen Desktop-Computer oder ein Notebook als Plex-Server konfigurieren möchten, finden Sie auf der Plex-Webseite Download-Links und Installationsanweisungen. Wenn Sie hingegen ein NAS-Gerät zum Plex-Server machen möchten, gibt es für viele NAS-Geräte entsprechende Add-ons oder Plug-ins:

https://plex.tv/downloads

Unser Testkandidat war ein Synology-NAS-Gerät. In diesem Fall erfolgt die Bedienung des NAS-Servers ausschließlich über einen Webbrowser (siehe Abbildung 9.1).

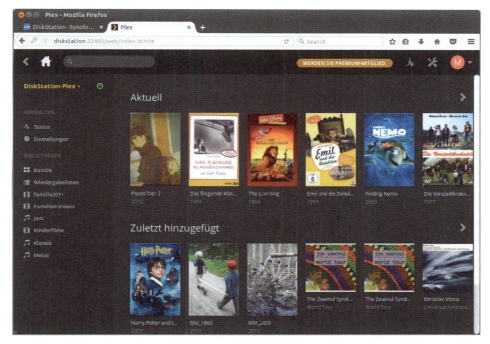

Abbildung 9.1 Bedienung des Plex-Servers in einem Webbrowser

Anfänglich ist die Mediathek leer. Auch wenn Ihr Computer bzw. NAS-Gerät jede Menge Audio- und Video-Dateien enthält – Plex kennt deren Ort nicht. Bevor Sie nun die entsprechenden Verzeichnisse hinzufügen, einige Tipps:

▶ Versuchen Sie als Erstes, Ihre Media-Dateien nach inhaltlichen Kriterien über mehrere Verzeichnisse aufzuteilen – also ein Verzeichnis für Kinderfilme, ein anderes für *Breaking Bad* etc.

▶ Achten Sie darauf, dass Ihre Mediendateien aussagekräftige Namen haben. Insbesondere bei Filmen bieten Dateinamen für Plex die einzige Möglichkeit, den Film zu identifizieren.

▶ Die Filmdateien von TV-Serien sollten in eigenen Verzeichnissen gespeichert werden, wobei jeder Dateiname die Staffelnummer n und die Episodennummer m in der Form `snnemm` enthalten soll, also z. B. `s01e02.mp4`:

https://support.plex.tv/hc/en-us/articles/200220687-Naming-Series-Based-TV-Shows

▶ Wenn Sie viele eigene Videoaufnahmen haben, z. B. ad hoc mit einer Digitalkamera aufgenommene Kurzfilme von Familienfesten, sollten Sie diese auf mehrere Unterverzeichnisse aufteilen, beispielsweise für jedes Jahr eines. Anschließend richten Sie auch im Plex-Server für jedes dieser Unterverzeichnisse eine eigene Bibliothek ein.

Natürlich ist die Versuchung groß, einfach aus dem Gesamtverzeichnis *eine* große Bibliothek zu machen. Das Problem ist aber, dass Plex aus allen Filmen – egal, in welchen Unterverzeichnissen sich diese befinden – eine endlose flache Liste von Dateien macht. Das macht es später sehr schwierig, das gewünschte Video in Plex zu finden.

Nach diesen Vorbereitungsarbeiten richten Sie nun in Plex die Bibliotheken ein. Der Plus-Button im Home-Bildschirm führt in den Dialog ZUR BIBLIOTHEK HINZUFÜGEN. Dort geben Sie zuerst an, um welche Art von Dateien es sich handelt (siehe Abbildung 9.2). Zur Auswahl stehen: FILME, TV-SERIEN, MUSIK, FOTOS sowie HEIMVIDEOS, also eigene Aufnahmen. Die Auswahl des Medientyps ist wichtig, weil Plex in Abhängigkeit vom Medientyp versucht, die Video- bzw. Audio-Dateien korrekt zu identifizieren. Oder, um in der Plex-Nomenklatur zu bleiben: Der Medientyp entscheidet über die Voreinstellung des Scanners und des Agenten.

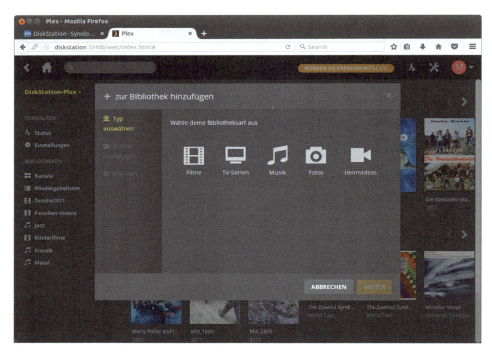

Abbildung 9.2 Definition einer neuen Bibliothek im Plex-Server

Im zweiten Schritt geben Sie an, in welchem Ordner bzw. in welchen Ordnern sich die Dateien befinden. Optional können Sie im Dialogblatt ERWEITERT die Voreinstellung des Scanners und des Agenten verändern. Insbesondere sollten Sie bei MP3-Dateien, die korrekte ID3-Tags enthalten, den Agenten PERSONAL MEDIA ALBUMS verwenden.

Das Erfassen großer Bibliotheken dauert relativ lange, weil der Plex-Server alle Dateien analysiert und nach Möglichkeit Cover-Bilder und andere Metadaten aus dem Internet herunterlädt. Erst wenn dieser Vorgang abgeschlossen ist, erscheinen die Filme samt einem Vorschaubild im Plex-Server. Sollte Plex einzelne Filme falsch erkennen, können Sie sich nun die Mühe machen, die Daten manuell zu korrigieren.

9

Lieber viele kleine Bibliotheken als wenige große!

Vermeiden Sie es bei der Plex-Server-Konfiguration, allzu große Bibliotheken einzurichten. Für die weitere Bedienung von Plex ist es wesentlich günstiger, wenn jede Bibliothek ein abgegrenztes Thema mit nicht allzu vielen Filmen umfasst!

Plex bietet noch weit mehr Konfigurationsmöglichkeiten und Optionen. Diese führen aber zu weit weg von unserem eigentlichen Thema, nämlich der Nutzung des Raspberry Pi. Werfen Sie gegebenenfalls einen Blick auf die Support-Webseite von Plex, die gewissermaßen als Plex-Handbuch fungiert:

https://support.plex.tv

9.3   RasPlex-Installation und -Konfiguration

Für dieses Buch haben wir mit RasPlex 1.8 gearbeitet. RasPlex basiert auf der LibreELEC-Distribution, wobei Kodi durch den Plex-Client ersetzt wurde. RasPlex greift dabei auf das OpenPHT-Projekt zurück. Das ist eine Open-Source-Variante des *Plex Home Theaters*. Beachten Sie, dass weder der Plex-Client für Linux noch das RasPlex-Projekt offiziell von der Firma Plex unterstützt werden.

Installation

Auf der RasPlex-Webseite finden Sie Installationsprogramme für Windows, macOS und Linux. Bei der Ausführung dieser Programme auf dem jeweiligen Betriebssystem wird RasPlex zuerst heruntergeladen und dann auf die eingesteckte SD-Karte übertragen (siehe Abbildung 9.3). Wenn Sie die SD-Karte vorher schon für andere Zwecke verwendet haben, sollten Sie sie vor der Ausführung des Installationsprogramms neu formatieren.

https://www.rasplex.com/get-started/rasplex-installers.html

Abbildung 9.3 SD-Karte für Plex unter macOS erstellen

Alternativ können Sie auch eine komprimierte Image-Datei von der folgenden Webseite herunterladen und diese dann selbst auf eine SD-Karte schreiben (siehe Abschnitt 1.4, »Image-Datei auf eine SD-Karte schreiben«).

https://github.com/RasPlex/RasPlex/releases

Eine kleine SD-Karte genügt

Das Konzept von Plex besteht darin, dass sich alle Audio- und Video-Dateien auf einem Server befinden. RasPlex benötigt deswegen nur wenig lokalen Speicherplatz. Eine SD-Karte mit 2 GByte ist vollkommen ausreichend!

Anschließend stecken Sie die SD-Karte in Ihren Raspberry Pi und starten diesen. Es wird nun zuerst die Partitionsgröße optimiert. Anschließend erscheint ein Konfigurationsprogramm, das große Ähnlichkeiten mit dem von LibreELEC hat (siehe auch Kapitel 8, »Multimedia-Center mit Kodi und LibreELEC«). Wundern Sie sich nicht darüber, dass die Maus nicht funktioniert: Plex sieht generell keine Mausbedienung vor. Daher müssen Sie die gesamte Konfiguration mit der Tastatur durchführen.

Im ersten Dialog können Sie eine WLAN-Verbindung einrichten. Den folgenden Dialog zur Kalibrierung des Monitors werden Sie in der Regel überspringen. Anschließend können Sie sich bei Ihrem Plex-Konto anmelden. Zuletzt fragt das Installationsprogramm, ob und für welche Plex-Server ein sogenanntes Pre-Caching vorgenommen werden soll. Der Auswahldialog ist leider unübersichtlich: Die Funktion ist aktiv, wenn der Name des Servers in fetter, weißer Schrift angezeigt wird; die fette Schrift ist aber nur geringfügig stärker als die normale, gelbe Schrift. Zum Ändern des Status drücken Sie auf ⏎ .

Pre-Caching bedeutet, dass Bilder und andere Metadaten Ihrer Mediathek lokal auf dem Raspberry Pi zwischengespeichert werden. Die Initialisierung des Zwischenspeichers dauert je nach Größe Ihrer Mediathek einige Minuten. In der Folge stehen diese Daten dann aber ohne ständige Netzwerk-Transfers zwischen RasPlex und dem Plex-Server lokal zur Verfügung. Das heißt, Plex läuft dann flüssiger als ohne Pre-Caching. Sobald der Vorgang abgeschlossen ist, erscheint der Plex-Startbildschirm.

9

Konfigurationsprogramme

In RasPlex gibt es *zwei* Konfigurationsprogramme: EINSTELLUNGEN und SYSTEM SETTINGS. Mitunter ist es nicht ganz einfach zu erraten, welche Einstellung sich in welchem Programm verändern lässt. Gegebenenfalls müssen Sie es einfach mit beiden Programmen versuchen.

Zum Start der Konfigurationsprogramme klicken Sie in der Fernbedienung bzw. auf der Tastatur im Plex-Hauptmenü auf den Pfeil nach links. Damit gelangen Sie in ein Menü mit den folgenden Punkten:

▶ NEUSTART/HERUNTERFAHREN beendet Plex bzw. startet Plex neu.

▶ APP STORE ermöglicht die Installation einiger weniger Add-ons. Die Add-ons erscheinen nach ihrer Installation im Plex-Hauptmenü unter dem Punkt KANÄLE.

▶ EINSTELLUNGEN führt in das allgemeine Plex-Konfigurationsprogramm (siehe Abbildung 9.4). In vier Gruppen können Sie dort Wiedergabe-, Erscheinungsbild-, System- und Netzwerkeinstellungen verändern.

▶ SYSTEM SETTINGS startet das RasPlex-spezifische Konfigurationsprogramm (siehe Abbildung 9.5). Dort können Sie das Tastaturlayout ändern, die LAN- und WLAN-Konfiguration durchführen, Bluetooth-Geräte einrichten etc.

▶ CONTROL PRECACHING führt in den schon aus der Anfangskonfiguration bekannten Dialog zur Einstellung des Pre-Cachings.

Abbildung 9.4 Plex-Einstellungen

Abbildung 9.5 RasPlex-System-Settings

Sprache, Zeitzone und Tastaturlayout

Damit RasPlex deutschsprachige Dialoge und Menüs anzeigt, starten Sie das Konfi-gurationsprogramm PREFERENCES. Im Dialogblatt INTERNATIONAL korrigieren Sie die Einstellung für LANGUAGE.

Unabhängig von den Spracheinstellungen gilt anfangs das US-Tastaturlayout. Um das deutsche Tastaturlayout einzustellen, öffnen Sie in den RasPlex-Einstellungen das Dialogblatt SYSTEM. Der Wechsel der Dialogblätter erfolgt über die Icons am linken Bildschirmrand (siehe Abbildung 9.4).

WLAN-Konfiguration

Um eine WLAN-Verbindung auszuwählen und ein Passwort einzustellen, führen Sie SYSTEM SETTINGS • NETWORK aus und wählen die gewünschte Verbindung. Die Netzwerkeinstellungen werden hier gespeichert:

```
/storage/.cache/connman/wifi_xxx_managed_psk/settings
```

Plex-Login

Wenn Sie sich nachträglich bei Ihrem Plex-Konto anmelden möchten, starten Sie das Konfigurationsprogramm EINSTELLUNGEN und wählen zuerst die Dialoggruppe SYSTEM und dann das Dialogblatt MYPLEX aus. Dort können Sie sich ab- bzw. neu anmelden.

SSH und Samba

Während der Konfiguration hatten Sie die Wahl, ob RasPlex im Hintergrund einen SSH- und ein Samba-Server ausführen soll. Falls Sie die Optionen übersehen haben, sind beide Dienste standardmäßig aktiv. Die aktuell gültigen Einstellungen finden Sie unter SYSTEM SETTINGS • SERVICES.

Beim SSH-Server können Sie sich als root mit dem Passwort rasplex anmelden. Nach Abschluss der Konfigurationsarbeiten sollten Sie den SSH-Server aus Sicherheitsgründen stoppen oder zumindest den Login per Passwort unterbinden. Wie Sie sich ohne Passwortangabe mit einem Schlüssel authentifizieren, haben wir im vorigen Kapitel in Abschnitt 8.1, »Installation und Konfiguration«, beschrieben.

Auch den Samba-Server können Sie in der Regel deaktivieren. Da Plex die Mediendateien ohnedies von einem Plex-Server bezieht, besteht in der Regel kein Grund, über Netzwerkverzeichnisse auf die SD-Karte von RasPlex zuzugreifen.

Hardware-Decodierung für MPEG-2 und VC-1 aktivieren

Die beiden RasPlex-Konfigurationsprogramme bieten leider keine Möglichkeit, die Hardware-Decodierungsfunktionen der Raspberry-Pi-CPU zu aktivieren. Eine detaillierte Anleitung, wie Sie dazu vorgehen müssen, finden Sie in Abschnitt 8.1, »Installation und Konfiguration«.

Audio-Ausgang

Standardmäßig erfolgt die Audio-Ausgabe über das HDMI-Kabel. Falls Sie zur Wiedergabe einen Computer-Monitor ohne Audio-Funktionen verwenden, können Sie die Tonausgabe auch über den Analog-Audio-Ausgang leiten. Dazu starten Sie das

Programm EINSTELLUNGEN und aktivieren die Einstellungsgruppe SYSTEM. (Die Einstellungsgruppe geht aus den Icons am linken Bildschirmrand hervor.) In der SYSTEM-Gruppe finden Sie dann das Dialogblatt AUDIO-AUSGABE, auf dem Sie die Audio-Parameter einstellen. Bei unseren Tests wurde die Veränderung des Audio-Ausgangs erst nach einem Reboot wirksam.

Fernbedienung

Sie können RasPlex genauso wie Kodi wahlweise mit der Fernbedienung Ihres TV-Geräts steuern, eine IR-Fernbedienung einsetzen oder ein Smartphone verwenden. Die erste Option kommt nur infrage, wenn Ihr TV-Gerät den Raspberry Pi als CEC-Gerät erkennt. Vor der Verwendung einer IR-Fernbedienung steht deren Konfiguration, die in der Regel aufwendig ist. Details dazu finden Sie in Abschnitt 8.2, »Fernbedienung«. Zur Smartphone-Fernbedienung müssen Sie eine entsprechende App installieren.

Wir haben auf einem Android-Smartphone das kostenlose Programm *Plex Remote* ausprobiert (siehe Abbildung 9.6). Das Bedienungskonzept ist interessant: Anstelle unzähliger Buttons gibt es einen Touchpad-Bereich. Wenn Sie auf ihm Ihren Finger nach links, rechts, oben oder unten bewegen, verändert sich entsprechend das gerade ausgewählte Objekt am Plex-Bildschirm.

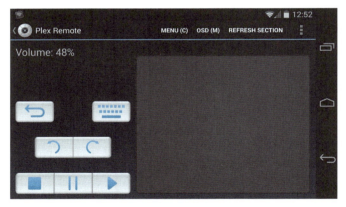

Abbildung 9.6 Plex-Fernbedienung mit einem Android-Smartphone

Eine einfache Berührung gilt als ein Mausklick bzw. ⏎ als Auswahl- bzw. Startaufforderung. In der Praxis funktioniert das gut, aber nicht perfekt. Die korrekte Auswahl eines Elements aus einer Liste gelingt oft erst im zweiten oder dritten Versuch.

9.4 Plex-Anwendung

Sind die Konfigurationsarbeiten endlich zu Ihrer Zufriedenheit erledigt, wird es Zeit, Plex zu nutzen und in Ruhe einen guten Film zu genießen! Auf der Plex-Startseite werden im Hauptmenü alle Bibliotheken in alphabetischer Reihenfolge angezeigt, die Sie im Plex-Server eingerichtet haben (siehe Abbildung 9.7). Dazwischen eingebettet sind die Einträge KANÄLE mit den installierten Add-ons (Apps) sowie eine WARTE-SCHLANGE, die bei unseren Tests aber immer leer blieb.

Abbildung 9.7 Die Plex-Startseite mit dem Hauptmenü

Abbildung 9.8 Detailinformationen zu einem Film

Nach der Auswahl eines Films spielt Plex seine Stärken aus und zeigt ausführliche Informationen zum Film an (siehe Abbildung 9.8) – vorausgesetzt, dass es dem Plex-Server gelungen ist, den Film korrekt zu erkennen. Die eigentliche Filmwiedergabe hat erwartungsgemäß problemlos funktioniert. Wenn Sie die Wiedergabe eines Films unterbrechen, merkt Plex sich die Position im Film. Sie können den Film also jederzeit später fortsetzen.

Audio-Funktionen

Sie können Ihrer Mediathek auf dem Plex-Server auch Ihre MP3-Verzeichnisse hinzufügen. Anschließend können Sie RasPlex als Audio-Player verwenden. Uns konnten die Audio-Funktionen von Plex allerdings nicht überzeugen. Das Bedienungskonzept ist verwirrend. Es fehlt die Möglichkeit, eine große Audio-Bibliothek nach Genres oder nach anderen Kriterien zu durchsuchen. Es gibt keine richtigen Playlists, stattdessen werden einfach alle Titel des Albums der Reihe nach abgespielt. Irritierend ist auch, dass der Startbildschirm nicht anzeigt, welche Musik gerade abgespielt wird.

# TEIL III

Hardware-Grundlagen

Kapitel 10
Hardware-Einstieg

In diesem Kapitel stellen wir Ihnen einige Interna des Raspberry Pi genauer vor:

▶ **Platinenaufbau:** Wo finden Sie welche Anschlüsse auf Ihrem Raspberry Pi?

▶ **BCM2837:** Dieses *System-on-a-Chip* (SoC) ist der Motor des Raspberry Pi. Es enthält neben einer Rechen- und Grafikeinheit auch unzählige Steuerungsfunktionen. Dieser Chip wurde auf dem Raspberry Pi 3 zum ersten Mal eingesetzt. Die Vorgängermodelle waren mit dem BCM2835 beziehungsweise dem BCM2836 ausgestattet. Das neuste Modell 3B+ ist ebenfalls mit dem BCM2837 ausgestattet. Im Gegensatz zum Modell 3B ist der Prozessor beim 3B+ jedoch mit 1,4 GHz statt mit 1,2 GHz getaktet. Das liegt daran, dass der SoC nun eine weitaus bessere Wärmeableitung besitzt.

▶ **GPIO-Kontakte:** Die Abkürzung GPIO steht für *General Purpose Input/Output* und bezeichnet eine Reihe von Pins, über die Sie externe Geräte, elektronische Bauteile oder Zusatz-Hardware anschließen können.

▶ **Mobile Stromversorgung:** Wenn Sie Ihren Raspberry Pi unterwegs oder im Freien einsetzen möchten, brauchen Sie eine Alternative zum Netzteil für die Steckdose.

▶ **Gehäuse:** Zuletzt geben wir einen kurzen Überblick über die vielfältigen Gehäuse, in die Sie Ihren Raspberry Pi verpacken können.

10.1 Platinenaufbau

Vor dem Einstieg in die Welt der Hardware-Experimente ist es sinnvoll zu wissen, welche Hardware und Anschlussmöglichkeiten der Raspberry Pi überhaupt bietet. Neben den offensichtlichen und bekannten Anschlussbuchsen wie USB oder LAN bietet der Raspberry Pi noch eine Menge weiterer Komponenten, deren Orte auf den beiden folgenden Abbildungen gekennzeichnet sind.

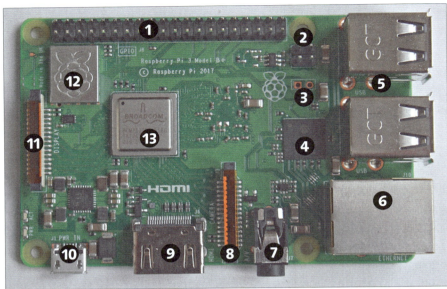

① GPIO-Header J8 40-polig
② POE-Header
③ Run-Header (P6)
④ LAN-/USB-Controller LAN7517
⑤ 2x 2 USB-Ports

⑥ RJ45-LAN-Anschluss
⑦ 3,5-mm-Audio- und Videoausgang
⑧ CSI-Anschluss für Camera-Board
⑨ HDMI-Anschluss
⑩ Micro-USB-Buchse 5 V

⑪ DSI-Anschluss für Display
   SD-Kartenslot (auf der Platinen-
   unterseite)
⑫ WiFi-Controller CYW43455
⑬ SoC BCM2837

Abbildung 10.1 Komponentenübersicht des Raspberry-Pi-Boards (Version 3, Modell B+)

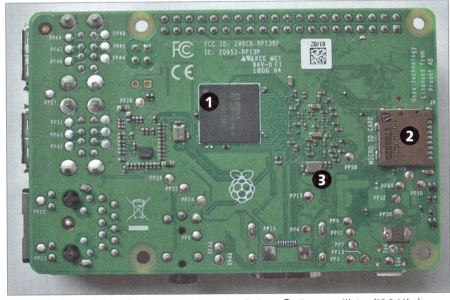

① 1 GB RAM   ② Micro-SD-Karteneinschub   ③ Quarzoszillator (19,2 Mhz)

Abbildung 10.2 Rückseite (Version 3, Modell B+)

10.2   Der BCM2837

Seit der Version 3 des Raspberry Pi ist auf dem Einplatinencomputer der Prozessor BCM2837 verbaut. Genau genommen handelt es sich dabei um ein *SoC*, ein *System-on-a-Chip*. Dies bedeutet, dass alle nötigen Teilsysteme (wie die CPU, die GPU, USB-Controller etc.) nicht als Einzelchips auf dem Board verbaut sind, sondern allesamt in einem einzigen Chip.

Die Recheneinheit, die CPU des BCM2837, wird von vier Cortex-A53-Kernen mit je 1,4 GHz gebildet. Die CPU basiert auf der ARM-Architektur in der Version 8 (ARMv8) mit einer Adressbreite von 64 Bit. Für das Upgrade zu Modell 3B+ wurde der BCM2837 mit einem besseren Thermomanagement ausgestattet. Das können Sie sogar sehen: Der SoC ist nun komplett in ein Metallgehäuse eingebettet. Dadurch ist es möglich, die Prozessorkerne mit je 1,4 GHz zu takten. Damit läuft der Prozessor nun mit seiner natürlichen Taktfrequenz. Im Vorgängermodell 3 war der Chip von Haus aus auf 1,2 GHz heruntergetaktet. Der Raspberry Pi 3B+ besitzt wie sein Vorgänger 1 GB RAM.

Die Architektur ist das grundlegende Gerüst für die interne Funktionsweise des Prozessors. Andere bekannte Architekturen sind x64 oder x86, wie sie von Intel und AMD genutzt werden. Unterschiede in den Prozessorarchitekturen erfordern speziell angepasste Software. Ein für die x86-Architektur kompiliertes Programm kann deswegen auf einer ARM-CPU nicht ausgeführt werden. Raspbian ist speziell für ARM-Prozessoren kompiliert und läuft wiederum nur auf derartigen Systemen.

Der dazugehörige Grafikprozessor (GPU) ist eine VideoCore-4-GPU, die sogar in der Lage ist, Blu-ray-Formate ruckelfrei abzuspielen. Unterstützt wird der H.264-Standard mit 40 MBit/s.

SoCs wie die des Raspberry Pi werden sehr gern auch in modernen Smartphones genutzt. Dort werden jedoch deutlich höhere Taktungen und teilweise mehrere Prozessorkerne verwendet. Das platzsparende Design eines SoC ist gerade in den modernen, flachen Handys ein entscheidender Vorteil. Allerdings fehlen vielen SoCs, die für Smartphones optimiert wurden, die vielfältigen Hardware-Steuerungsmöglichkeiten des Allround-Systems BCM2837.

Kleine Geschichtsstunde

Die Modelle 1A und 1B, 1A+ und 1B+ sowie der kleine Raspberry Pi Zero (auch die Modelle W/WH) sind mit dem BCM2835 ausgestattet – also einem ARMv6-Prozessor mit einem Prozessorkern, der mit 700 MHz bzw. 1000 MHz (Zero-Modelle) getaktet ist.

Das Modell 2 des Raspberry Pi wurde mit dem Nachfolgeprozessor, dem BCM2836, bestückt. Dieser bot zum ersten Mal vier Prozessorkerne mit 900 MHz Taktfrequenz. Es handelte sich dabei um einen 900-MHz-Quad-Core-ARMv7-Cortex-A7-Prozessor.

> Im alten BCM2835 war der 512 MB große RAM-Speicher im gleichen Chip verbaut. Seit dem Raspberry Pi 2 ist der Arbeitsspeicher in einen separaten Chip unterhalb der Platine ausgelagert worden. Die GPU jedoch ist auch im neuen Raspberry Pi 3B+ dieselbe wie bei den alten Modellen.

Mit technischen Details zum neuen BMC2837 hält sich die Raspberry Pi Foundation noch immer sehr bedeckt. Der Hersteller Broadcom hat bisher noch keine Datenblätter veröffentlicht. Einige Infos zu den alten SoCs BCM2835 und BCM2836 finden Sie jedoch unter folgenden Links:

▶ *https://www.raspberrypi.org/documentation/hardware/raspberrypi/bcm2836/ QA7_rev3.4.pdf*

▶ *https://github.com/hermanhermitage/videocoreiv/wiki/VideoCore-IV---BCM2835-Overview*

▶ *https://github.com/raspberrypi/documentation/blob/master/hardware/ raspberrypi/bcm2835/BCM2835-ARM-Peripherals.pdf*

▶ *http://elinux.org/BCM2835_datasheet_errata*

Alternative SoCs

Der Raspberry Pi ist zwar der bekannteste, aber keineswegs der einzige Minicomputer mit GPIO-Pins auf dem Markt. Ein primäres Unterscheidungsmerkmal dieser Minicomputer ist der jeweils eingesetzte SoC. Mit dem großen Update des Prozessors ab Modell 3 wurde dem Raspberry Pi zusätzliche Rechenleistung spendiert. Trotzdem hat der Raspberry Pi 3B+ starke Konkurrenz. Kommende Einplatinencomputer sind bereits mit acht Prozessorkernen neuerer Technologie angekündigt und spielen damit in einer Liga mit modernen Smartphones und Tablets.

Wie so oft hängt die Auswahl davon ab, worin Ihre Zielsetzung besteht. Wenn es Ihnen primär um die Rechengeschwindigkeit geht, dann müssen wir zugeben: Es geht noch schneller! Der BCM2837 besticht jedoch wie sein Vorgänger durch seinen niedrigen Preis, seine Vielfalt an Hardware- und Multimediafunktionen und seinen noch immer niedrigen Stromverbrauch. Außerdem gibt es für alle Funktionen frei verfügbare Treiber. Mit der neuen Ausstattung kann sich der Raspberry Pi 3B+ in Sachen Rechenleistung durchaus sehen lassen und wird auch in Zukunft zu den populärsten Minicomputern zählen.

Bluetooth und WLAN

Seit Modell 3 beitzt der Raspberry Pi integrierte WLAN- und Bluetooth-Antennen. Dadurch entfällt das zusätzliche Anstecken von WLAN- und Bluetooth-Dongles in die USB-Buchsen. Der neue WLAN-Chip CYW43455 im Model 3B+ unterstützt nun

2,4-GHz- und 5-GHz-Netzwerke mit einer maximalen Geschwindigkeit von bis zu 100 MBit/s (bisher 47 MBit/s).

Positiv zu vermerken ist auch, dass der WLAN-Chip nun ein eigenes Kommunikations-Interface nutzt, um sich mit dem BCM2837 zu verständigen. Es wird nicht mehr, wie im Modell 2, die USB-Datenleitung genutzt. Dadurch wird der Flaschenhals beim Datendurchsatz der USB-Ports etwas geweitet. Beachten Sie jedoch, dass beim Betrieb über ein Netzwerkkabel (LAN) weiterhin Netzwerkdaten sowie USB-Daten über eine Busleitung laufen. Doch auch die LAN-Schnittstelle hat mit dem Modell 3B+ ein Update spendiert bekommen und unterstützt nun bis zu 300 MBit/s. Beim Modell 3 waren es lediglich 100 MBit/s.

Die Antenne des WLAN-Moduls ist in Form einer Keramikantenne ausgeführt. Sie befindet sich am Rand der Leiterkarte, direkt neben der DSI-Buchse. Durch die kleine Antenne ist die Reichweite jedoch sehr eingeschränkt. Findige Bastler haben aber auch bereits hierfür eine Lösung entwickelt und haben Anleitungen ins Netz gestellt, die die Installation einer externen Antenne beschreiben. Ein paar Beispiele finden Sie hier:

▶ *https://hackaday.com/2016/03/18/hacking-the-raspberry-pi-wifi-antenna-for-more-db*

▶ *https://dorkbotpdx.org/blog/wramsdell/external_antenna_modifications_for_the_raspberry_pi_3*

Mit dem Modell 3 hat man dem beliebten Mini-PC auch ein Bluetooth-Modul spendiert. Der Bluetooth-Chip, der auch das WLAN-Modul beinhaltet, ist mit Bluetooth 4.1 kompatibel und unterstützt die Modi LE (Low Energy) und Classic. Es handelt sich dabei um den Chip BCM43143, der ebenfalls von Broadcom entwickelt wird. Die WLAN- und Bluetooth-Signale teilen sich die gleiche Keramikantenne.

Im Februar 2017 erhielt auch der kleine Raspberry Pi Zero ein Update und wurde mit WLAN und Bluetooth ausgestattet. Dabei wurde der gleiche Chip verwendet, der auch dem großen Bruder die Drahtlosfunktionen ermöglicht. Nach diesem Update nennt sich das neuste Modell Raspberry Pi Zero W. 2018 kam nach der Modell Zero WH mit den gleichen technischen Daten, aber einer integrierten GPIO-Steckerleiste hinzu.

Ein wenig Wissen aus der Halbleiterindustrie

Der Halbleiterhersteller Cypress übernahm den Bereich *Wireless IoT* von Broadcom. Das betrifft unter anderem den Wireless-Chip BCM43143. Diesen finden Sie daher auch oftmals unter seiner neuen Bezeichnung *CYW43143*. Cypress stellt auch das Datenblatt des Chips auf seiner Homepage zur Verfügung:

http://www.cypress.com/file/298756/download

Power-over-Ethernet (PoE)

Mit dem Modell 3B+ unterstützt der Raspberry Pi nun PoE. Das bedeutet, dass der kleine Computer über ein LAN-Kabel nicht nur Netzwerkzugang erhält, sondern auch mit seiner Betriebsspannung versorgt werden kann. Dadurch ist es möglich, den Raspberry Pi mit nur einem (Netzwerk-)Kabel zu betreiben. Dazu gibt es auf der Platine nun vier neue Pins, die diese Funktion möglich machen. Allerdings ist zur Nutzung von PoE zusätzliche Hardware nötig: Sie benötigen das PoE-HAT. Das ist eine kleine Platine, die Sie auf den Raspberry Pi aufstecken können. Das Netzwerkkabel wird dann in das PoE-HAT gesteckt und versorgt von dort aus den Raspberry Pi mit Strom und Netzwerkzugang.

Zu dem Zeitpunkt, als wir die Arbeiten an dieser Auflage abgeschlossen haben, war das PoE-Hat leider noch nicht verfügbar. Wir werden Sie aber auf *https://pi-buch.info* auf dem Laufenden halten, sobald das PoE-HAT erhältlich ist. Offizielle Infos und finden Sie auf der Webseite der Raspberry Pi Foundation:

https://www.raspberrypi.org/products/poe-hat

10.3   GPIO-Kontakte

Die eigentliche Besonderheit des Raspberry Pi ist weder seine winzige Größe noch sein Preis – die riesige Faszination des Raspberry Pi geht vielmehr von den 40 Pins (elektrischen Kontakten) aus, die zur Messung und Steuerung elektronischer Geräte verwendet werden können. Sowohl Elektronikbastler als auch Embedded-Linux-Profis bekommen mit dem Raspberry Pi ein Spielzeug bzw. Werkzeug in die Hand, das die Entwicklung computergesteuerter Geräte so einfach wie selten zuvor macht.

Der J8-Header

Die Platine des Raspberry Pi enthält eine Steckerleiste mit 2 × 20 Kontakten. Der Rasterabstand beträgt 2,54 mm. Diese Steckerleiste stellt die Basis für die weitergehenden Projekte dar und wird J8-Header genannt. Die Steckerleiste stellt neben allgemein verwendbaren Kontakten (*General Purpose Input/Output* = GPIO) auch zwei Versorgungsspannungen (3,3 V bzw. 5 V) sowie die Masse (also 0 V) zur Verfügung.

Bei den Modellen 1A und 1B des Raspberry Pi umfasste die GPIO-Steckerleiste 26 Pins. Für das Modell 1B+, 2 sowie für den aktuellen Raspberry Pi 3B+ wurde die Steckerleiste auf 40 Pins vergrößert, wobei die ersten 26 Pins unverändert geblieben sind. In die 14 Zusatz-Pins wurden die Kontakte des P5-Headers integriert, die früher schwer zugänglich waren. Außerdem macht die erweiterte Steckerleiste einige bisher nicht verfügbare GPIO-Funktionen zugänglich (siehe Abbildung 10.3).

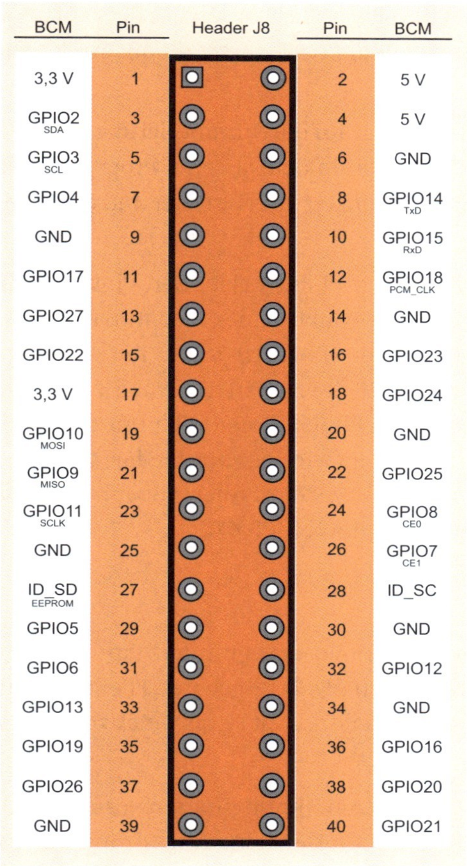

BCM	Pin	Header J8		Pin	BCM
3,3 V	1	⦿	⦿	2	5 V
GPIO2 SDA	3	⦿	⦿	4	5 V
GPIO3 SCL	5	⦿	⦿	6	GND
GPIO4	7	⦿	⦿	8	GPIO14 TxD
GND	9	⦿	⦿	10	GPIO15 RxD
GPIO17	11	⦿	⦿	12	GPIO18 PCM_CLK
GPIO27	13	⦿	⦿	14	GND
GPIO22	15	⦿	⦿	16	GPIO23
3,3 V	17	⦿	⦿	18	GPIO24
GPIO10 MOSI	19	⦿	⦿	20	GND
GPIO9 MISO	21	⦿	⦿	22	GPIO25
GPIO11 SCLK	23	⦿	⦿	24	GPIO8 CE0
GND	25	⦿	⦿	26	GPIO7 CE1
ID_SD EEPROM	27	⦿	⦿	28	ID_SC
GPIO5	29	⦿	⦿	30	GND
GPIO6	31	⦿	⦿	32	GPIO12
GPIO13	33	⦿	⦿	34	GND
GPIO19	35	⦿	⦿	36	GPIO16
GPIO26	37	⦿	⦿	38	GPIO20
GND	39	⦿	⦿	40	GPIO21

Abbildung 10.3 Pin-Belegung des J8-Headers des Raspberry Pi 3B+ inklusive Bezeichnung

Häufig werden alle 40 Pins einfach als GPIO-Pins bezeichnet. Genau genommen ist das aber falsch! Vielmehr bilden diese Pins lediglich den sogenannten J8-Header. Nur ein Teil der J8-Kontakte sind tatsächlich GPIO-Pins.

Lassen Sie sich nicht verwirren!

Auch heute noch finden Sie im Netz Anleitungen, in denen vom P1-Header die Rede ist. Dies war die Bezeichnung der J8-Pin-Leiste in den frühen Vorgängermodellen.

Nummerierungssysteme bzw. Pin-Namen

Leider gibt es unterschiedliche Nummerierungssysteme zur Bezeichnung der Pins, die in der Praxis viele Verwechslungen verursachen (siehe nochmals Abbildung 10.3):

▶ **Physische Pins:** Die Spalte *Pin* bezeichnet die physische Position des Pins auf dem Board (von oben gesehen). Pin 1 ist auch auf dem Board durch ein quadratisches Lötpad markiert.

▶ **BCM-Pins:** Die BCM-Pin-Nummern beziehen sich auf die Nummerierung bzw. auf die offizielle Dokumentation des BCM2837-Chips. In den späteren Projekten und Programmen haben Sie immer die Wahl zwischen der Pin-Nummer und der BCM-Nummer.

▶ **Pin-Namen:** Zu guter Letzt haben die Raspberry-Pi-Entwickler den Pins Namen gegeben. Zum Teil weisen diese Namen auf die Funktion des Pins hin. Beispielsweise ist SCLK (Pin 23) das Taktsignal (Clock) für den SPI-Kanal 0. Zum Teil enthalten die Namen aber nur eine GPIO-Nummer, z. B. GPIO3 (Pin 15). Vorsicht: Diese Nummern stimmen weder mit der physischen Pin-Nummer noch mit der BCM-Nummerierung überein! Aus diesem Grund haben wir uns entschieden, auf diese Bezeichnung zu verzichten. Wir werden Ihnen in jedem Projekt den physischen Pin sowie die BCM-GPIO-Nummer nennen, z. B. Pin 11 (GPIO17).

Das 50-mA-Limit

Pin 1 und Pin 17 dürfen *zusammen* maximal mit 50 mA belastet werden. Pin 2 und Pin 4 werden über eine selbstrückstellende Sicherung (*Poly Fuse*) geleitet. Fließt hier zu viel Strom, schaltet sich der Raspberry Pi für eine Weile ab. Mit etwas Glück kommt es zu keinen bleibenden Schäden.

Wenn Sie GPIO-Kontakte zur Steuerung verwenden (Konfiguration als Output), beträgt die Spannung am betreffenden GPIO-Pin 3,3 V. Der Steuerungsstrom pro Pin sollte 16 mA nicht überschreiten bzw. 50 mA für *alle* GPIOs inklusive Pin 1 und Pin 17. Verwenden Sie also geeignete Vorwiderstände!

Wirklich klare Angaben zum maximal erlaubten GPIO-Strom haben wir nicht gefunden. Aus Experimenten von Raspberry-Pi-Anwendern geht hervor, dass das Gerät auch bei einem etwas höheren Strom nicht gleich beschädigt wird bzw. dass die Ausgangsspannung dann entsprechend absinkt, um die Leistung zu begrenzen.

Welcher Pin für welchen Zweck?

Viele Pins erfüllen je nach Programmierung alternative Funktionen. Beispielsweise können die Pins 3 und 5 nicht nur als GPIO-Kontakte verwendet werden, sondern auch zum Anschluss einer elektronischen Komponente mit I^2C-Bus.

Eine detaillierte Beschreibung jedes einzelnen GPIO-Kontakts inklusive aller alternativen Belegungen finden Sie unter:

http://elinux.org/RPi_BCM2835_GPIOs

Diese Seite enthält eine umfassende Beschreibung aller GPIO-Pins des Broadcom-BCM2835-System-on-a-Chip. Dabei handelt es sich noch um den alten SoC. Jedoch sind fast alle Funktionen vergleichbar. Eine ebenso umfassende Dokumentation zum BCM2837 ist bisher noch nicht verfügbar.

Vor jedem Projekt müssen Sie sich die Frage stellen: Welche der vielen GPIO-Pins setzen Sie ein? Solange es nur darum geht, erste Experimente durchzuführen und ein paar Leuchtdioden ein- und auszuschalten, können Sie den GPIO-Pin frei auswählen. Diverse Spezialfunktionen stehen allerdings nur auf ausgewählten Pins zur Verfügung. Hier folgt ein kurzer Überblick über die Spezialfunktionen, wobei sich die Pin-Nummern auf den J8-Header des Raspberry Pi 3B+ beziehen:

▶ **Pin 3 und 5** sind für I^2C-Komponenten erforderlich. Die beiden Pins sind mit einem 1,8-kΩ-Pull-up-Widerstand verbunden und eignen sich auch gut als Signaleingänge (z. B. für Schalter/Taster).

▶ **Pin 7** wird vom 1-Wire-Kerneltreiber verwendet oder kann als Taktgeber eingesetzt werden.

▶ **Pin 8 und Pin 10** werden beim Booten des Raspberry Pi standardmäßig als serielle Schnittstelle konfiguriert. Dort werden normalerweise die Kernelmeldungen ausgegeben. Wenn Sie die Pins für allgemeine I/O-Aufgaben nutzen möchten, müssen Sie diese umprogrammieren, z. B. mit dem Kommando `gpio` aus der WiringPi-Bibliothek.

▶ **Die Pins 11, 12 und 13** können zum Anschluss von SPI-Komponenten verwendet werden (SPI-Kanal 1).

▶ **Pin 12** wird standardmäßig vom LIRC-Kerneltreiber verwendet und eignet sich daher gut als Signaleingang für einen IR-Empfänger. Dieser Pin kann auch als PWM-Ausgang verwendet werden. Vorsicht: Wenn Sie Audio-Signale über den Kopfhörerausgang ausgeben, wird automatisch ein Audio-Kanal als PWM-Signal über Pin 12 geleitet.

▶ **Pin 19, 21, 23, 24 und 26** können zum Anschluss von SPI-Komponenten verwendet werden (SPI-Kanal 0).

▶ **Pin 27 und 28** bilden die Schnittstelle zum I^2C-Bus 0. Seit dem Raspberry Pi 1B+ und somit auch auf dem Raspberry Pi 3 ist der Bus jedoch für EEPROMS reserviert, die auf den standardisierten HAT-Erweiterungsboards zu finden sind. Nähere Informationen zum neuen HAT-Standard finden Sie in Abschnitt 15.8, »Raspberrry-Pi-HATs«.

Noch mehr Informationen finden Sie auf der folgenden Seite, auf der sich die Autoren allerdings *nicht* auf die Pin-Nummern des J8-Headers beziehen, sondern die Pin-Nummerierung der BCM283X-Chips verwenden:

http://wiringpi.com/pins/special-pin-functions

Die P2-, P3-, P5- und P6-Header

In Ergänzung zu den Pins des J8-Headers enthält die Platine des Raspberry Pi weitere Kontaktstellen: die P2-, P3-, P5- und P6-Header. Diese Kontaktstellen sind nicht mit Steckern verbunden. Wenn Sie diese Kontakte nutzen möchten, müssen Sie gegebenenfalls eigene Stiftleisten einlöten. Viele dieser Schnittstellen sind seit dem Modell B+ nicht mehr auf der Platine verfügbar. Falls Sie noch ein älteres Modell nutzen, finden Sie hier eine kurze Übersicht der zusätzlichen Header.

Die **P2- und P3-Header** sind sogenannte JTAG-Schnittstellen (*Joint Test Action Group*) und werden lediglich bei der Produktion des Raspberry Pi verwendet. Sie dienen zum Testen der Komponenten auf Leiterplatten-Ebene. Theoretisch kann die Schnittstelle auch zum Programmieren verwendet werden. Das jedoch erfordert Software, die Broadcom bislang nicht freigegeben hat. Der Raspberry Pi B+ sowie die Modelle 2 und 3B+ enthalten diesen Header nicht mehr!

Die P5- und P6-Header standen erst ab Revision 2 und bis zur Version B+ zur Verfügung. Die acht Kontakte des **P5-Headers** auf der Rückseite (!) der Platine stellten unter anderem die Kontakte GPIO28 bis -31 zur Verfügung (siehe Abbildung 10.4). Die Pins 3 und 4 des P5-Headers stellten in ihrer Primärfunktion den zweiten I^2C-Kanal zur Verfügung (I2C0) und in der Alternativfunktion zusammen mit den Pins 5 und 6 die I^2S-Schnittstelle für Audio-Signale (siehe auch Kapitel 13, »Bussysteme«). Seit dem Modell Raspberry Pi 2 fällt der P5-Header komplett weg. Die acht Pins wurden in den 40-poligen J8-Header integriert.

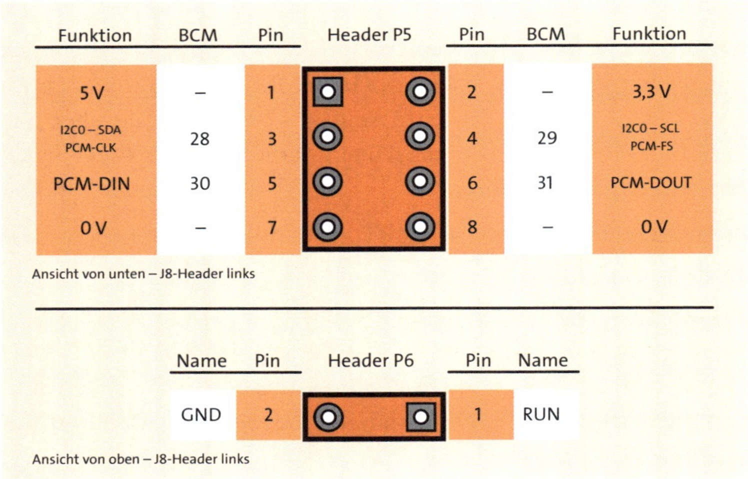

Funktion	BCM	Pin	Header P5	Pin	BCM	Funktion
5 V	–	1		2	–	3,3 V
I2C0 – SDA PCM-CLK	28	3		4	29	I2C0 – SCL PCM-FS
PCM-DIN	30	5		6	31	PCM-DOUT
0 V	–	7		8	–	0 V

Ansicht von unten – J8-Header links

Name	Pin	Header P6	Pin	Name
GND	2		1	RUN

Ansicht von oben – J8-Header links

Abbildung 10.4 Das Layout der P5- und P6-Header

Der zweite I²C-Bus und das Kameraboard

Sollten Sie vorhaben, den zweiten I²C-Bus an Header P5 in Betrieb zu nehmen, so können Sie dies nur ohne angeschlossene Raspberry-Pi-Kamera tun: Die Kamera nutzt ebenfalls den I²C-Kanal 0:

http://raspberrypi.znix.com/hipidocs/topic_i2cdev.htm

Wenn Sie die beiden Kontakte des **P6-Headers** verbinden, startet die CPU des Raspberry Pi neu. Dadurch haben Sie die Möglichkeit, einen Hardware-Reset durchzuführen (siehe Abschnitt 19.3, »Reset/Shutdown-Taste«). Ab Modell B+ gibt es anstelle des P6-Headers den sogenannten Run-Header. Die Position des P6-Headers hat sich bei den letzten Raspberry-Pi-Modellen immer wieder verändert (siehe Abbildung 10.5).

Vielleicht vermissen Sie den **P4-Header**: Dessen Kontakte sind beim Modell B mit der Ethernet-Buchse verbunden und stehen daher nicht mehr für andere Aufgaben zur Verfügung.

Eine noch detailliertere Beschreibung der Hardware des Raspberry Pi sowie aller GPIO-Pins finden Sie hier:

http://elinux.org/RPi_Hardware

GPIO-Verbindungen herstellen

Bevor Sie Ihr erstes Bastelprojekt beginnen, müssen Sie sich überlegen, wie Sie den elektronischen Kontakt zu einem der 40 Pins herstellen. Für kleine Versuchsaufbauten auf einem Steckboard sind kurze Kabel mit Stecker und Buchse ideal, sogenannte *Jumperwires* (siehe Abbildung 10.6). Fertige Kabel sind in Deutschland schwer zu bekommen (suchen Sie z. B. in eBay nach *breadboard jumper wire male female*), werden aber in diversen Raspberry-Pi-Shops angeboten, oft auch zusammen mit einem Steckboard als Starter-Kit.

Mit ein wenig Erfahrung im Löten und einer in jedem Elektronikmarkt erhältlichen Buchsenleiste im 2,54-mm-Raster können Sie sich selbst passende Stecker bauen. Eine andere Alternative ist ein 40-Pin-Stecker mit einem Flachbandkabel, dessen Drähte Sie dann trennen. Manche Raspberry-Pi-Händler bieten auch spezielle *Cobbler* an, um alle Pins des J8-Headers über ein Flachbandkabel mit den Kontaktreihen eines Steckboards zu verbinden (siehe Abschnitt 11.7, »Breadboardadapter«).

Löten Sie nie direkt auf die GPIO-Pins!

Löten Sie auf keinen Fall die Kabel direkt an die Stecker-Pins. Die unvermeidlichen Lötreste machen es unmöglich, später einen Flachbandstecker zu verwenden.

Abbildung 10.5 Die Positionen des Run-Headers auf allen Modellen. Von links oben nach rechts unten: Raspberry Pi 1, A+, 2, 3 und Zero (vergrößert dargestellt).

Abbildung 10.6 Male-Female-Jumperwire

Vorsichtsmaßnahmen

Beim Umgang mit dem Raspberry Pi müssen Sie einige wichtige Grundregeln beachten, die natürlich auch für andere elektronische Komponenten gelten:

▶ Durch elektrostatische Ladungen können Sie Ihren Raspberry Pi zerstören. Es reicht schon, einen elektrischen Kontakt bloß zu berühren, und schon ist das Unglück passiert! Verwenden Sie ein Antistatikband (ESD-Armband). Dabei steht das Kürzel ESD für *Electro Static Discharge*, also für eine elektrostatische Entladung. Dieses Phänomen kennen Sie sicher aus Ihrem Alltag. Ein sogenannter ESD-Event findet beispielsweise statt, wenn Sie sich nach dem Gang über einen Teppich an der Türklinke elektrisieren. Bei der Berührung entladen sich mehrere tausend Volt von Ihrem Körper in die metallische Türklinke.

Stellen Sie sich nun vor, das Ziel der Entladung wäre nicht die Türklinke, sondern der Raspberry Pi: Vor allem die Prozessoreinheit kann durch die hohen Spannungen einer ESD-Entladung Schaden nehmen. Wir raten Ihnen daher, Ihren Körper zu entladen, indem Sie einen Heizkörper anfassen oder ESD-Armbänder mit entsprechender Erdung tragen. Mehr über das ESD-Phänomen und die Vorbeugung gegen Schäden finden Sie unter diesem Link:

http://de.wikipedia.org/wiki/Elektrostatische_Entladung

▶ Auch versehentliche Kurzschlüsse, die falsche Beschaltung von Pins und dergleichen können Ihrem Minicomputer den Garaus machen.

▶ Schalten Sie Ihren Raspberry Pi immer aus, wenn Sie Veränderungen an der Schaltung durchführen.

▶ Beachten Sie schließlich, dass die meisten GPIO-Pins eine maximale Spannung von 3,3 Volt erwarten. Die 5 V, die für viele andere elektronische Bauteile üblich sind, sind zu hoch und können den Raspberry Pi ebenfalls kaputt machen.

10.4   Stromversorgung

Der Raspberry Pi kann auf vielfältige Weise mit seiner benötigten Betriebsspannung versorgt werden. Eine Spannungsquelle muss dabei zwei Voraussetzungen unbedingt erfüllen:

▶ eine stabile Spannung von 5 V

▶ mindestens 1000 mA Strombelastbarkeit

Wir zeigen Ihnen ein paar Beispiele, die Sie zur Versorgung nutzen können – ob an der Steckdose oder für den mobilen Betrieb im Garten oder unterwegs. Fast alles ist mit der richtigen Versorgungsmethode machbar.

Das Steckernetzteil

Die gängigste Lösung, den Raspberry Pi mit Energie zu versorgen, ist über den Micro-USB-Anschluss mit einem Steckernetzteil. Die Auswahl an geeigneten Steckernetzteilen ist groß. Benötigt wird ein Micro-USB-Anschluss, eine Ausgangsspannung von 5 V sowie ein lieferbarer Strom von mindestens 1000 mA. Gut geeignet sind auch USB-Ladegeräte für Handys oder Tablets, vorausgesetzt, sie verfügen über eine ausreichende Leistung. So kann z. B. der USB-Ladeadapter von Apple-Geräten mit einem Micro-USB-Kabel wunderbar als Spannungsversorgung des Raspberry Pi dienen.

Bei der Stromversorgung des Raspberry Pi über den Micro-USB-Anschluss wird die im Raspberry Pi eingebaute Sicherung verwendet. Hierbei handelt es sich um eine *Poly Fuse*, also um eine selbstrücksetzende Sicherung.

Der Betrieb des Raspberry Pi ohne Erweiterungsgeräte erfordert ca. 700 mA Strom. Bei einem 1000-mA-Netzteil stehen somit für externe Peripherie, die über USB-Anschlüsse oder die GPIO-Leiste verbunden ist, maximal 300 mA zur Verfügung.

Bei den Modellen A und B durften über die USB-Anschlüsse nur jeweils 100 mA Strom fließen. Der Raspberry Pi 2 kann USB-Geräte hingegen mit insgesamt 600 mA Strom versorgen. Wenn Sie in /boot/config.txt den Parameter max_usb_current=1 verwenden, dürfen die USB-Geräte sogar insgesamt 1200 mA Strom verbrauchen. Ab dem Raspberry Pi 3 wurde dieser Parameter wieder eliminiert: Dieses Gerät kann USB-Geräten standardmäßig bis zu 1200 mA Strom zur Verfügung stellen. Das setzt aber voraus, dass Ihr Netzteil stabil und ohne Spannungsabfall 1500 mA bzw. 2000 mA Strom liefern kann!

Sollten Ihre USB-Geräte mehr Strom brauchen, als der Raspberry Pi bzw. dessen Netzteil zur Verfügung stellen kann, benötigen Sie einen aktiven USB-Hub. Indikatoren für eine unzureichende Stromversorgung sind eine blinkende rote Power-LED oder ein auf dem Bildschirm eingeblendetes buntes Quadrat.

Betrieb mit einer USB-Powerbank

Möchten Sie den Raspberry Pi an Orten betreiben, wo es keinen Stromanschluss für das Steckernetzteil gibt, z. B. in Ihrer Gartenhütte, Garage oder im Garten, so benötigen Sie andere, netzunabhängige Lösungen zur Stromversorgung. Eine Möglichkeit hierfür ist eine USB-Powerbank. Das ist ein mobiler Akku, der oft zum Laden von Handys oder anderen USB-Geräten verwendet wird (siehe Abbildung 10.7). Die Kapazität einer Powerbank reicht je nach Ausführung von 1000 mAh bis über 10.000 mAh. Achten Sie beim Kauf darauf, dass der lieferbare Strom mindestens 1 A beträgt, da der Raspberry Pi sonst nicht zuverlässig arbeitet.

Abbildung 10.7 Eine 3000-mAh-Powerbank mit USB-Anschluss

Die Vorteile dieser Art der Stromversorgung sind die einfache Beschaffung des Akkus sowie der unkomplizierte Anschluss über die Micro-USB-Buchse. Sie benötigen zusätzlich lediglich ein USB-zu-Micro-USB-Kabel, um die Verbindung zwischen der Powerbank und dem Raspberry Pi herzustellen.

Die Laufzeit der Akkus hängt von der Größe der angegebenen Milliampere-Stunden (mAh) ab. 1000 mAh bedeuten, dass genug Ladung vorhanden ist, um 1 Stunde lang konstant 1 A zu liefern. Ein Akku mit 3000 mAh kann demnach 3 Stunden lang einen Strom von 1 A liefern.

Der Raspberry Pi 3B+ verbraucht ohne Peripheriegeräte ca. 2 W. Daraus ergibt sich bei 5 V Versorgungsspannung ein Strom von 400 mA. Ein 3000-mAh-Akku versorgt den Raspberry Pi demnach für knapp 7 Stunden mit ausreichend Strom. Ein Dauerlaufversuch mit einem 10.000-mAh-Akku hielt unseren Raspberry Pi sogar mehr als vierundzwanzig Stunden am Leben.

Beim neuen Modell 3B+ ist eine deutliche Veränderung im Stromverbrauch erkennbar. Mit ca. 400 mA im Leerlauf und mit bis zu 690 mA unter Last verbraucht ein Raspberry Pi 3 Modell B+ nun deutlich mehr Strom als seine Vorgänger. Das hängt allerdings auch sehr stark von der Auslastung des kleinen Rechners ab. Erfahrungswerte der Community zeigen Energiewerte von 0,6 W im totalen Ruhezustand bis hin zu mehr als 5 W bei voller Auslastung aller vier Kerne und im WLAN-Betrieb.

Treiben Sie den Raspberry Pi also an sein Limit, so liegt der Stromverbrauch höher als beim ersten Modell. Rechnen Sie allerdings den deutlichen Leistungszuwachs dagegen, so ist dies zu verschmerzen.

Der *normale* Bastler wird den Raspberry Pi sicherlich für einfache Aufgaben verwenden und so den Stromverbrauch deutlich geringer halten. Zwei schöne Testreihen zum Stromverbrauch finden Sie unter den folgenden Links:

http://powerpi.de/erstaunlicher-stromverbrauch-vergleich-zwischen-raspberry-pi-1-2
http://raspi.tv/2016/how-much-power-does-raspberry-pi3b-use-how-fast-is-it-
   compared-to-pi2b

Stromsparwunder

Für sehr simple Aufgaben kann auch ein Modell A+ genutzt werden. Dieses hat zwar keinen Ethernet-Port und nur eine USB-Buchse, verbraucht allerdings weniger als 0,5 W ohne Peripherie.

Noch kleiner, aber im Stromverbrauch dem A+ sehr ähnlich, ist der Raspberry Pi Zero. Hier nennen wir bewusst nicht die neusten Modelle Zero W bzw. WH, da diese durch die neue Hardware ein wenig mehr Strom benötigt (siehe Tabelle 10.1). Wenn Sie sich zum Thema Stromverbrauch noch tiefgehender informieren möchten, sollten Sie einen Blick auf die *raspi.tv*-Webseite werfen, die auch als Basis für die Tabelle diente:

http://raspi.tv/2017/how-much-power-does-pi-zero-w-use

Zustand	Zero W	A+	B+	Pi1B	Pi2B	Pi3B	Pi3B+
Stand-By	120 mA	100 mA	200 mA	360 mA	230 mA	230 mA	400 mA
Startup	160 mA	130 mA	230 mA	400 mA	310 mA	310 mA	690 mA

Tabelle 10.1 Stromverbrauch ausgewählter Raspberry-Pi-Modelle im Überblick

Betrieb mit AA-Batterien

Eine weitere Versorgungsmöglichkeit stellt der Betrieb mit AA-Batterien dar. Findige Bastler möchten zur Stromversorgung eventuell nicht den *einfachen Weg* über die Micro-USB-Buchse nutzen, sondern eine eigene Versorung entwerfen. Am Beispiel von AA-Batterien zeigen wir Ihnen die dazu notwendigen Grundlagen und Berechnungen auf, die Sie für dieses Vorhaben im Hinterkopf haben sollten.

Für den Batteriebetrieb gibt es kleine Batteriefächer zum Einlegen der Batterien. Möchten Sie dem Raspberry Pi eine wirklich kleine, mobile Stromversorgung zur Verfügung stellen, so ist dies eine gute Möglichkeit.

Anders als bei der Powerbank-Methode sind in diesem Fall im Vorfeld einige Überlegungen anzustellen: Eine AA-Batterie besitzt eine Spannung von 1,5 V. Die Kapazität ist je nach Qualität der Batterie unterschiedlich. Meist liegt die Kapazität der Batterien im Bereich von 1000 mAh bis hin zu 3000 mAh bei sehr hochwertigen Batterien.

> **Vorsicht bei Akkus!**
>
> Sollten Sie AA-Akkus statt Batterien bevorzugen, so müssen Sie bei Akkus mit einer verminderten Spannung von nur 1,2 V rechnen!

Für die praktische Anwendung ist nun wieder ein kleiner Ausflug in die Grundlagen der Elektrotechnik notwendig: Der Raspberry Pi benötigt eine konstante Spannung von 5 V. Um diese zu erreichen, können Spannungsquellen, in diesem Fall die Batterien, in Reihe geschaltet werden. Seriell geschaltete Batterien addieren ihre Spannungen. Parallel geschaltete Batterien erhöhen hingegen die Kapazität (mAh).

Beim Umgang mit Batterien ist zu beachten, dass die Spannung mit abnehmender Ladung der Batterie sinkt. So kann es sein, dass eine voll geladene Batterie eine Spannung von fast 1,6 V besitzt, eine leere allerdings nur noch 0,9 V. Die Spannung ist also alles andere als konstant! Um dennoch eine konstante Spannung zur Verfügung zu stellen, empfiehlt sich die Verwendung eines Spannungsreglers. Wir verwenden für die folgenden Beispiele einen Linearregler *7805* sowie einen Schaltregler *LM2596S*.

Der Linearregler 7805

Ein Linearregler wie der 7805 (siehe Abbildung 10.8) erzeugt aus einer höheren Eingangsspannung eine konstante Spannung von 5 V. Das Bauteil hat drei Beinchen, die fast selbsterklärend mit *Vin* (Eingangsspannung), *Vout* (Ausgangsspannung) und GND (gemeinsame Masse) bezeichnet sind.

Schließen Sie an Vin eine Spannung von 7,5 V an (das entspricht fünf Batterien zu je 1,5 V), so werden Sie zwischen GND und Vout die gewünschten 5 V messen können. Der Knackpunkt bei diesem Bauteil ist allerdings die *Vernichtung* der 2,5 V Spannungsdifferenz zwischen Eingangs- und Ausgangsspannung. So müssen von dem Spannungsregler 2,5 V in Wärme umgewandelt werden. Das Bauteil erwärmt sich deswegen sehr stark.

Die Erwärmung ist abhängig von der Leistungsaufnahme. Zum Verständnis hilft folgende Berechnung: Der Regler wird mit 7,5 V Eingangsspannung versorgt. Die Last, in Ihrem Fall der Raspberry Pi, benötigt (im Mittel) 400 mA Strom. Gemäß der Formel $P = U \times I$ ergibt sich eine Leistung von $2,5\,V \times 0,4\,A = 1\,W$, die direkt in Wärmeenergie umgewandelt wird. Diese Leistung wird ebenfalls aus den Batterien entnommen und verpufft in die Umgebungsluft. Addieren Sie die Verlustleistung des Spannungsreglers und die aufgenommene Leistung des Raspberry Pi, so verbraucht diese Schaltung 3 W statt 2 W. Wie Sie bemerken, ist diese Variante sehr ineffizient.

Abbildung 10.8 Versuchsaufbau mit dem Linearspannungsregler 7805

Im Dauerversuch mit der zuvor erläuterten Schaltung lief der Raspberry Pi gerade einmal 60 Minuten. Zudem war es notwendig, den 7805 mit einem Kühlkörper auszustatten, da die Wärmeentwicklung des Bauteils extrem hoch war.

Der Schaltregler LM2596S

Als effizientere Alternative bietet sich ein vergleichbarer Aufbau mit dem Schaltregler LM2596S an. Ein Schaltregler nutzt eine Spule und einen getakteten Transistor zum Schalten der Spannung. Im Gegensatz zum Linearregler schaltet der Schaltregler die

Eingangsspannung durch einen Transistor an und aus. In den »On-Phasen« steigt die Spannung und die Spule baut ihr Magnetfeld auf. In den »Off-Phasen« sinkt die Spannung und die Spule liefert weiterhin Strom.

Die Frequenz dieser Taktung regelt der Schaltregler intern durch einen Komparator. Sobald die Ausgangsspannung zu hoch wird, schaltet er ab. Wird sie zu klein, schaltet er die Eingangsspannung wieder ein. Extrem vergrößert dargestellt, ergibt sich ein »Zickzack«-Signal. In der Mitte der Berge und Täler liegen die gewünschten 5 V. Auf diese Weise können Schaltregler einen Wirkungsgrad von bis zu 90 % erreichen. Ein Linearwandler hingegen liegt bei einem Wirkungsgrad von nur 50 % bis 60 %.

Ein Schaltregler erwärmt sich viel weniger stark als ein Linearregler. Die Höhe der Differenz zwischen Ein- und Ausgangsspannung hat auf die Wärmeentwicklung des LM2596 keinen Einfluss.

Eine Eigenschaft des Schaltregelers, die oft als Nachteil angesehen wird, ist die zusätzlich benötigte externe Beschaltung. So werden für den Betrieb des Wandlers eine Spule, eine Diode, Kondensatoren sowie Widerstände benötigt (siehe Abbildung 10.10). Um sich die Beschaffung der Bauteile sowie die Lötarbeit zu sparen, können Sie in bekannten Online-Auktionshäusern nach Schaltreglern suchen – und werden mit fertigen Platinen samt Einstellungsmöglichkeit der Ausgangsspannung belohnt. Der Preis liegt meist weit unter 10 EUR. Passende Suchbegriffe sind *DC/DC-Wandler*, *Schaltregler* oder *Switching mode regulator*.

Für unseren Testlauf haben wir ein fertiges Modul genutzt (siehe Abbildung 10.9). Auf der Platine sieht man die externe Beschaltung, wie sie auch im Datenblatt des LM2596S skizziert ist. So finden Sie zwei Kondensatoren zur Spannungsglättung, die benötigte Spule, zwei Dioden und zwei Widerstände – einen davon in Potenziometerausführung zum Einstellen der Ausgangsspannung.

Um eine lange Laufzeit zu erreichen, haben wir ein Batteriefach mit sechs seriell verschalteten AA-Batterien eingesetzt (siehe Abbildung 10.10). Dies entspricht einer Spannung von 9 V. Nach dem Anschluss der Ausgangsleitungen des Batteriefaches an die mit *IN+* und *IN-* bezeichneten Anschlüsse des Reglermoduls sollten Sie mit einem Multimeter an den Ausgangsklemmen des Moduls die erzeugte Spannung überprüfen. Liegt diese über oder unter den gewünschten 5 V, so muss sie mit einem kleinen Schraubendreher am Poti nachgeregelt werden. Der Praxistest dieser Schaltung ergab eine Gesamtlaufzeit von genau sechs Stunden.

Die meisten Regler verfügen über keinen USB-Anschluss. Das ist kein großes Problem, da der Raspberry Pi nicht nur über die Micro-USB-Buchse versorgt werden kann. Wenn Sie sich die Mühe machen und den Schaltplan des Raspberry Pi einmal genauer ansehen, dann werden Sie erkennen, dass der 5-V-Eingang der Micro-USB-Buchse direkt mit dem Pin 2 des J8-Headers verbunden ist.

Abbildung 10.9 Fertigmodul LM2596S

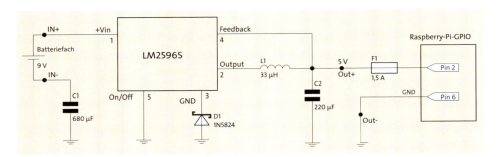

Abbildung 10.10 Schaltplan LM2596S

Ein wichtiger Punkt sei allerdings noch erwähnt: Wenn Sie zur Stromversorgung einen GPIO-Kontakt verwenden, so umgehen Sie die Sicherungen für die Eingangsspannung. Deswegen empfiehlt es sich, eine Feinsicherung in die Zuleitung einzubauen. Dafür gibt es Sicherungshalter, die direkt in einer Leitung verbaut sind (siehe Abbildung 10.11). Eine Sicherung bis 1,5 A ist ausreichend.

Abbildung 10.11 Leitungssicherung

Versorgung über den USB-Port

Die 5-V-Versorgung der beiden USB-Ports gleicht der Versorgungsspannung, die der Raspberry Pi für den Betrieb benötigt. Es ist möglich, die alten Modelle des Mini-PCs (vor Modell B+) über eine der beiden Buchsen mit Spannung zu versorgen. Dieses Prinzip wird als *Backpowering* bezeichnet. Diese Art der Stromversorgung ist wie gesagt nur bei den alten Modellen möglich. Seit dem Modell B+ wird diese Art der Stromversorgung nicht mehr unterstützt! Trotzdem möchten wir diese Methode noch weiterhin erwähnen.

Die einfachste Methode des Backpowering ist der Anschluss eines aktiven USB-Hubs mit Backpower-Unterstützung. Die Backpower-Eigenschaft ist allerdings kein aktiv beworbenes Feature von USB-Hubs. In unseren Versuchen lief der Raspberry Pi auch an einem *No-Name*-Hub ohne speziell ausgewiesene Backpowering-Unterstützung. Hier geht oft Probieren über Studieren. Die folgenden Links helfen bei der Auswahl eines geeigneten USB-Hubs:

- *https://www.raspberrypi.org/forums/viewtopic.php?f=46&t=58452*
- *http://www.forum-raspberrypi.de/Thread-info-stromversorgung-raspberry-pi*
- *http://elinux.org/RPi_Powered_USB_Hubs*

Ein Standard-USB-Port kann ca. 500 mA liefern. Auf diesen Wert gibt es allerdings keine Gewähr. Viele Hersteller weichen von diesem Wert meist nach oben hin ab. Am zuverlässigsten ist es daher, mit einem Y-USB-Kabel zwei Buchsen des USB-Hubs in eine Buchse des Raspberry Pi zu führen. Der Gesamtstrom zweier Buchsen sollte für den Betrieb ausreichen.

Die zweite USB-Buchse des Raspberry Pi kann nun mit der *Verteilerleitung* des Hubs verbunden werden, sodass die übrigen Buchsen des Hubs als normale USB-Buchsen genutzt werden können. Mit diesem Aufbau benötigen Sie zwar nur noch ein Netzteil für den Raspberry Pi und den Hub, gehen aber ein gewisses Risiko ein: Auf diese Weise wird die Eingangssicherung umgangen, die hinter der Micro-USB-Buchse sitzt, die für die Versorgung vorgesehen ist.

> ### Unterbrechungsfreie Stromversorgung
>
> In Kapitel 15, »Erweiterungsboards«, stellen wir Ihnen das Board *StromPi* vor. Es bietet eine unterbrechungsfreie Stromversorgung, die den Raspberry Pi bei einem Stromausfall kurzzeitig weiterbetreiben oder ihn ordnungsgemäß herunterfahren kann.

Pass-Through-Fähigkeit von Powerbanks nutzen

Eine sehr einfache Möglichkeit der unterbrechungsfreien Stromversorgung ist der Betrieb des Raspberry Pi über eine Powerbank. Dazu wird der Raspberry Pi an einen der USB-Ports der Powerbank angeschlossen und gleichzeitig wird die Powerbank mit einem Netzteil geladen. Fällt im Fehlerfall nun der Hausstrom aus, so läuft der Raspberry Pi weiter über die Kapazität der Powerbank. Ist der Stromausfall behoben, so lädt das Netzteil den kurzzeitig verbrauchten Anteil an Ladung wieder in die Powerbank.

Nicht alle Powerbanks unterstützen das Laden, während gleichzeitig Strom entnommen wird. Diese Fähigkeit wird auch selten von Herstellern angepriesen. Hier hilft oft ein Blick in Testberichte oder Rezensionen von Powerbanks. Im Zweifel probieren Sie es einfach aus.

10.5   Gehäuse

Gehäuse für den Raspberry Pi gibt es wie Sand am Meer – aus Holz, aus Kunststoff, farbig oder durchsichtig. So ziemlich jeder Geschmack wird bedient. Manche Modelle sehen elegant aus, gewähren aber keinen Zugriff auf die Steckerleiste. Für ein Media-Center ist das ideal, zum Basteln nicht. Zwei Dinge sollten Sie bei der Auswahl beachten:

▶ Ziehen Sie Gehäuse mit guter Durchlüftung vor!

▶ Achten Sie darauf, dass das Gehäuse zu Ihrem Raspberry-Pi-Modell kompatibel ist. Gehäuse für die Modelle 1A und 1B passen nicht für das Modell 1B+ bzw. den Raspberry Pi 2 und 3 (und umgekehrt)!

The Punnet – das kostenlose Papiergehäuse

The Punnet ist ein kostenlos ausdruckbares Papiergehäuse, das von einem Community-Mitglied entworfen wurde. Es empfiehlt sich, die Faltvorlage des Gehäuses auf ein dickes Stück Pappe zu drucken, auszuschneiden und anschließend zu falten. Alternativ drucken Sie die Vorlage auf ein normales Papier und übertragen die Linien auf dickeres Material.

Gefaltet ist *The Punnet* ein schlichtes, eckiges Gehäuse mit Aussparungen für alle wichtigen Anschlüsse. Eine Aussparung für die GPIO-Leiste gibt es von Haus aus nicht. Die Vorlage ist allerdings ebenfalls als Vektorgrafik verfügbar und bietet somit viel Freiraum für die eigene Kreativität. Alternativ finden Sie unter dem Suchbegriff *raspberry pi cardboard cases* eine Menge Ausschneidevorlagen für Papiergehäuse. Ursprünglich wurde das Papiergehäuse für das alte Layout des Raspberry Pi B entworfen. Unter folgendem Link finden Sie allerdings überarbeitete Ausschneideschablonen für das aktuelle Platinenlayout:

https://www.raspberrypi.org/forums/viewtopic.php?t=83818&f=40

Das Legogehäuse

Komplett ohne fremde Designeinflüsse können Sie die alten LEGO-Bausteine wieder ausgraben und aus den kleinen Plastikklötzchen Ihr eigenes Heim für den Raspberry Pi gestalten. So sind der Fantasie keine Grenzen gesetzt. Sehr schön ist auch ein digitaler *LEGO-Planer*, mit dem Sie bereits digital einige Designversuche vornehmen und die notwendigen Steine planen können. Den *Lego Digital Designer* für PC und Mac können Sie unter folgendem Link herunterladen:

http://ldd.lego.com

Orbital Case – schlicht und rund

Das Orbital Case (siehe Abbildung 10.12) bietet nicht viele Extras, besticht aber durch sein schlichtes und modernes Design. Wenn Sie den Raspberry Pi im Wohnzimmer platzieren möchten, könnte das Orbital Case eine gute Wahl sein. Eine Öffnung für das Raspberry-Pi-Camera-Board oder eine Flachbandleitung sucht man hier allerdings vergebens. Unter dem Suchbegriff *raspberry pi orbital case* finden Sie das Gehäuse z. B. bei Amazon.

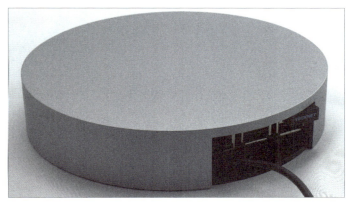

Abbildung 10.12 Das Orbital Case: Sein einfaches Design ist perfekt für Server- oder Media-Center-Anwendungen.

Standardgehäuse für den Raspberry Pi 3

Während der Suche nach dem passenden Gehäuse für Ihren Raspberry Pi 3B+ werden Sie auf eine ganze Menge verschiedener Ausführungen stoßen (siehe Abbildung 10.13). Sie können für das Modell 3B+ auch alle Gehäuse nutzen, die für den Raspberry Pi 3 B konzipiert wurden.

Abbildung 10.13 Zwei schlichte Gehäuse für den Raspberry Pi 3B+. Durch das rechte Gehäuse kann eine Flachbandleitung nach außen geführt werden.

Letztendlich liegt es an Ihnen und Ihrem geplanten Vorhaben, welche Ausführung die optimale ist. Als kleinen Leitfaden sollten Sie sich folgende Fragen stellen:

► Brauche ich Zugang zur GPIO-Leiste?

► Benötige ich das Raspberry-Pi-Camera-Board?

► Nutze ich in meinem Projekt ein Erweiterungsboard (z. B. ein »HAT«)?

► Soll das Gehäuse optisch ansprechend sein und sichtbar platziert werden (z. B. bei einem Media-Center)?

Der folgende Link führt Sie zu dem Online-Shop *The Pi Hut*, der unter anderem das offizielle Raspberry-Pi-3-Gehäuse verkauft:

https://thepihut.com/products/official-raspberry-pi-3-case-black-grey

Kapitel 11
Elektrotechnik-Crashkurs

Auf den folgenden Seiten möchten wir auf die Grundlagen der Elektrotechnik eingehen. Die Wissenschaft der Elektronik ist sehr komplex und weitreichend. Eine
vollumfängliche Erläuterung der Elektrotechnik würde Bücher gigantischen Umfangs
füllen, und diese Bücher müssten aufgrund der rasanten technischen Entwicklung in
unserer Zeit fast täglich aktualisiert werden. Aber machen Sie sich keine Sorgen, wir
kratzen in den folgenden Kapiteln bewusst nur an der Oberfläche der Thematik. Sie
werden ein Grundverständnis für die wichtigsten Kenngrößen und Bauteile erlangen,
das es bereits erlaubt, wirklich spannende Projekte mit dem Raspberry Pi zu verwirklichen.

Sollten Sie bereits über Grundwissen in der Elektrotechnik verfügen, so können Sie
dieses Kapitel ohne Bedenken auslassen. Steigen Sie jedoch mit diesem Buch und
dem Raspberry Pi erstmals in die Welt der Elektronik ein, so empfehlen wir Ihnen,
diesen kompakten Crashkurs vor dem Basteln zu studieren.

11.1 Strom, Spannung und das ohmsche Gesetz

Der Raspberry Pi macht es seinen Nutzern sehr einfach, auch externe Schaltungen
und Verbraucher zu betreiben und ihn so z. B. als Gehirn eines Roboters zu nutzen.
Trotz der »Hilfe« des Raspberry Pi bleiben wir den Regeln der Physik ausgeliefert und
müssen uns an diese halten. Lassen Sie uns also direkt loslegen!

Eine elementare Grundvoraussetzung für jede elektronische Schaltung ist ein geschlossener Stromkreis. Das bedeutet, dass der Strom die Möglichkeit hat, vom
Pluspol zum Minuspol einer Spannungsquelle zu fließen. Bereits in der Wortwahl
macht sich der erste Unterschied bemerkbar: Ein *Strom* fließt, eine *Spannung* liegt
an!

Als Spannung bezeichnet man auch die Differenz zweier Potenziale. In einem einfachen Stromkreis sind die Potenziale der Pluspol und der Minuspol der Spannungsquelle. Angenommen, der Pluspol hat ein Potenzial von 5 V, der Minuspol von 0 V.
Die Spannung oder Potenzialdifferenz zwischen den beiden Polen beträgt somit 5 V.

Der beliebte Vergleich mit einem Wasserschlauch macht die Theorie etwas greifbarer: Stellt man sich die Leitungen eines Stromkreises als Wasserschlauch vor, so beschreibt die Spannung den Druck, mit dem das Wasser durch den Schlauch gepresst wird. Ist die Leitung frei und kann sich das Wasser in die Richtung bewegen, in die es gedrückt wird, so können Sie sich den Wasserfluss als elektrischen Strom vorstellen.

Strom beschreibt den Fluss der Elektronen innerhalb eines elektrischen Leiters. Je mehr Druck (Spannung) auf der Leitung anliegt, umso mehr Wasser (Strom) wird in einer bestimmten Zeit durch die Leitung gedrückt.

Tritt nun jemand auf den Wasserschlauch und verjüngt so den Querschnitt, so wird der Wasserfluss verlangsamt. Es kommt bei gleichem Druck zu weniger Wassermenge, die in der gleichen Zeit durch die Leitung fließt. Eine solche Verjüngung nennt man in der Elektrotechnik *Widerstand*.

Bereits jetzt wird deutlich, dass alle drei Werte voneinander abhängig sind. Genau dieses Verhalten beschreibt das ohmsche Gesetz. In der Elektrotechnik können alle drei Werte gemessen werden und haben eine Einheit sowie ein Formelzeichen:

$U = R \times I$

Name	Einheit	Formelzeichen
Spannung	Volt [V]	U
Strom	Ampere [A]	I
Widerstand	Ohm [Ω]	R

Tabelle 11.1 Einheit und Formelzeichen der drei wichtigsten elektrischen Kenngrößen

Stellen Sie sich das ohmsche Gesetz in einem Dreieck vor, so ist es ein Leichtes, diese Formel schnell im Kopf nach jeder beliebigen Einheit umzustellen (siehe Abbildung 11.1). Untereinanderstehende Einheiten werden dividiert, nebeneinanderstehende Einheiten multipliziert. Jetzt wird deutlich, dass die Änderung eines Wertes direkten Einfluss auf die beiden anderen Werte hat:

▸ $U = R \times I$

▸ $R = U / I$

▸ $I = U / R$

Das ohmsche Gesetz ist eine der einfachsten, aber wichtigsten Regeln der Elektrotechnik, und Sie sollten es jederzeit im Hinterkopf behalten. Zur Vervollständigung der Grundlagen ist eine weitere Einheit notwendig: die *Leistung*.

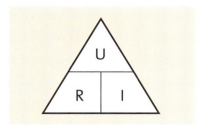

Abbildung 11.1 Das ohmsche Gesetz

Die Leistung hat das Formelzeichen P und wird in Watt mit der Einheit [W] gemessen. Sie ist das Produkt aus Spannung und Strom. Schauen wir uns ein typisches Raspberry-Pi-Netzteil an, so ist eine Ausgangsleistung von 5 W nicht untypisch. Diese ergibt sich aus der erzeugten Spannung (5 V) multipliziert mit dem lieferbaren Strom (1 A). Auch diese Formel kann visualisiert werden (siehe Abbildung 11.2).

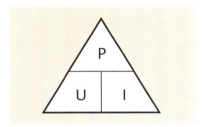

Abbildung 11.2 PUI

11.2 Grundschaltungen

Darstellung der Schaltpläne

Die Schaltpläne in diesem Buch sind bewusst immer nach demselben System aufgebaut. Die Pins der Raspberry-Pi-GPIO-Leiste finden Sie umrahmt von einem Kasten. Beschriftet sind diese mit der Pin-Nummer, also der physischen Position des Pins in der GPIO-Steckerleiste.

Im restlichen Schaltplan verwenden wir die gängige Symbolik für Bauteile, wie Widerstände, Transistoren, Kondensatoren oder Schalter. Vielleicht fällt Ihnen auf, dass für die Bauteilwerte im Schaltplan keine Einheiten zu finden sind. Dies ist kein Fehler, sondern lediglich die alphanumerische Schreibweise. Haben Sie einmal das Prinzip verstanden, so ist die Interpretation der Werte einfach (siehe Tabelle 11.2). Die Position des Buchstabens lässt Sie auf den ersten Blick den Bauteiltyp, die Zehnerpotenz sowie das Komma erkennen.

Werte mit Einheit	Alphanumerische Schreibweise
1 Ω	1R
3,3 Ω	3R3
10000 Ω / 10 kΩ	10k
1500 Ω / 1,5 kΩ	1k5
5,3 MΩ	5M3
4,7 nF	4n7
3,3 V	3V3

Tabelle 11.2 Die alphanumerische Schreibweise von Bauteilwerten

Reihenschaltung

Bevor Sie mit dem Basteln beginnen, möchten wir Ihnen noch zwei Schaltungsarten sowie das Messen von Strom, Spannung und Widerstand näherbringen. Beginnen wir mit der Reihenschaltung, die oft auch als Serienschaltung bezeichnet wird. In dieser Schaltungsart werden mehrere Widerstände oder Verbraucher direkt hintereinander geschaltet. Hierbei können Sie durch das Platzieren seriell geschalteter Widerstände den Gesamtwiderstand der Schaltung einfach addieren. Es gilt:

$R1 + R2 = R3$

Über jedem Einzelwiderstand ist eine Teilspannung messbar. Die Summe aller Teilspannungen ergibt wieder die Gesamtspannung, die so berechnet wird:

$U1 + U2 = Uges$

Der Strom verhält sich jedoch in der Reihenschaltung (siehe Abbildung 11.3) anders. Er ist nämlich an jeder Stelle der Schaltung gleich:

$I1 = I2 = Iges$

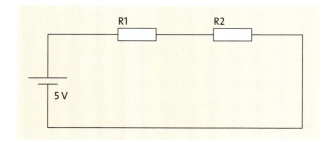

Abbildung 11.3 Reihenschaltung

Parallelschaltung

Wenn Sie nun Widerstände nicht hintereinander, sondern nebeneinander schalten, so haben Sie eine Parallelschaltung gebaut. Leider herrschen in diesem Fall andere Regeln. Möchten Sie den Gesamtwiderstand einer Parallelschaltung ermitteln, so ergibt sich dieser aus den Kehrwerten der Einzelwiderstände:

$1 / Rges = 1 / R1 \div 1 / R2$

Bei einer Parallelschaltung (siehe Abbildung 11.4) lässt sich der Gesamtwiderstand wie folgt errechnen:

$1 / Rges = 1 / 50 \; \Omega + 1 / 100 \; \Omega$

$1 / Rges = 2 / 100 \; \Omega + 1 / 100 \; \Omega$

$Rges = 100 \; \Omega / 3 \approx 33{,}3 \; \Omega$

Faustregel

Der Gesamtwiderstand einer Parallelschaltung ist immer kleiner als der kleinste Teilwiderstand!

Einfacher verhält es sich beim Strom. Die Summe der Einzelströme ergibt in der Parallelschaltung die Gesamtstromstärke (siehe Abbildung 11.4):

$Iges = I1 + I2$

Anders als in der Reihenschaltung liegt an allen Widerständen einer Parallelschaltung die gleiche Spannung an. Diese ist gleich der Gesamtspannung $Uges$:

$Uges = U1 = U2$

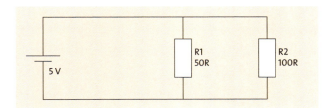

Abbildung 11.4 Parallelschaltung

Kombinierte Schaltung

Werden Parallel- und Reihenschaltung kombiniert (siehe Abbildung 11.5), so kann mit den zuvor gelernten Regeln der Gesamtwiderstand der Schaltung ermittelt werden. Hierzu ist es notwendig, dass die beiden parallel geschalteten Widerstände zu einem Ersatzwiderstand zusammengefasst werden.

11

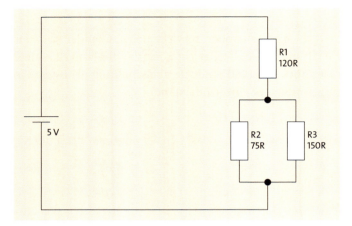

Abbildung 11.5 Kombinierte Schaltung

$1 / Rges = 1 / 75 \; \Omega + 1 / 150 \; \Omega$

$1 / Rges = 2 / 150 \; \Omega + 1 / 150 \; \Omega$

$Rges = 150 \; \Omega / 3 = 50 \; \Omega$

Im daraus resultierenden Ersatzschaltbild (siehe Abbildung 11.6) liegen nun zwei Widerstände in Reihe vor und können gemäß den Gesetzen der Reihenschaltung addiert werden:

$Rges = 120 \; \Omega + 50 \; \Omega$

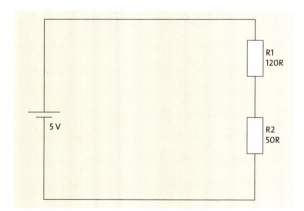

Abbildung 11.6 Kombinierte Schaltung im Ersatzschaltbild mit dem Widerstand R2 als Gesamtwiderstand der Parallelschaltung

Spannungsteiler

Während Ihrer Projekte mit dem Raspberry Pi werden Sie häufig Bauteilen begegnen, die 5-V-Signale ausgeben. Ohne Zwischenbeschaltung ist ein 5-V-Pegel an einem GPIO-Pin für den Raspberry Pi tödlich. Allerdings müssen Sie solche Bauteile nicht meiden. Mit einem einfachen Spannungsteiler zwischen dem gewünschten Bauteil und dem Raspberry Pi bringen Sie die Spannung auf einen brauchbaren Pegel.

Ein Spannungsteiler besteht aus zwei in Reihe geschalteten Widerständen. Das folgende Beispiel halbiert eine Spannung (siehe Abbildung 11.7). Messen Sie mit einem Multimeter vor R1 und nach R2, so messen Sie die Eingangsspannung von 5 V. Schließen Sie das Multimeter allerdings nach R1 und vor R2 an, so werden Sie genau die Hälfte, nämlich 2,5 V, messen. Das Verhältnis der beiden Widerstände zueinander bestimmt die Größe der Teilung. Nach folgenden Formeln errechnen Sie den Spannungsabfall über den beiden Widerständen:

$U1 = (Uges \times R1) / (R1 + R2)$

$U2 = (Uges \times R2) / (R1 + R2)$

Wählen Sie wie in unserem Beispiel R1 = R2, so fällt an beiden Widerständen die gleiche Spannung ab. In der Mitte kann nun die Hälfte der Spannung abgegriffen werden. In unserem Beispiel verringern Sie einen 5-V-Pegel auf 2,5 V. Für den Raspberry Pi ist dieser Wert vollkommen ausreichend, um ein High-Signal zu erkennen. Nutzen Sie diese Möglichkeit jedoch nur für reine Signalpegel, die keinen großen Strom führen.

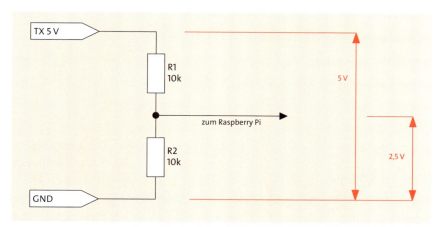

Abbildung 11.7 Beispiel eines Spannungsteilers für externe Signale größer 3,3 V

Noch viel mehr Details zu belasteten und unbelasteten Spannungsteilern können Sie in der Wikipedia nachlesen:

https://de.wikipedia.org/wiki/Spannungsteiler

11.3   Elektronische Grundbauteile

Diode

Die Diode ist die *Einbahnstraße* unter den elektronischen Bauteilen. Sie verfügt über eine Sperr- und eine Flussrichtung. Wird die Diode in Flussrichtung verbaut, so kann der Strom durch die Diode fließen. Drehen Sie die Diode um und verbauen sie somit in Sperrrichtung, so kann der Strom die Diode nicht durchfließen und der Stromkreis ist nicht geschlossen. Die Diode ist also ein gepoltes Bauteil. Das heißt, sie kann nicht in beliebiger Richtung (wie z. B. der Widerstand) verbaut werden.

Die Anschlüsse der Diode nennt man *Anode* (+) und *Kathode* (–). Eine gängige Anwendungsart ist z. B. der Verpolschutz. Fließt z. B. der Strom bei einer Diode, die in der 5-V-Versorgungsleitung verbaut ist, durch das Bauteil hindurch, so würde beim versehentlichen Verpolen der Versorgungsspannung kein Schaden entstehen. Die Diode blockiert den Stromfluss im Verpolungsfall und bewahrt die Schaltung so vor weiteren Schäden.

Beim Umgang mit Dioden sollten Sie beachten, dass die Diode eine bestimmte Flussspannung benötigt, um leitend zu werden. Gewöhnliche Dioden, die wir für unsere Schaltungen verwenden, bestehen meist aus Silizium und haben eine Durchlassspannung von ca. 0,7 V. In der Schaltungsplanung bedeutet das für Sie, dass 0,7 V von z. B. einer Versorgungsspannung bereits an der Diode abfallen. Dies müssen Sie bei der Dimensionierung einer Versorgungsspannung berücksichtigen.

Für Dioden gibt es diverse weitere Einsatzmöglichkeiten:

► Gleichrichtung von Wechselspannung

► Schutz vor Überspannung

► Kaskadenschaltungen

Leuchtdiode

Eine besondere Form der Diode ist die Leuchtdiode, kurz LED. Die Bezeichnung kommt aus dem Englischen und steht für *Light Emitting Diode*, eine lichtaussendende Diode. Anders als bei Glühlampen muss eine LED nicht glühen, um Licht zu erzeugen. Die LED erzeugt Licht einer bestimmten Wellenlänge durch das Beschleunigen von Elektronen. Dadurch benötigen LEDs nur einen Bruchteil des Stroms, den eine Glühlampe verbrauchen würde. Auch bei der LED unterscheiden wir wieder zwischen Anode und Kathode.

In der simpelsten Bauform, der bedrahteten Diode, ist die Anode (+) am längeren Beinchen zu erkennen. Die LED ist ein stromgeführtes Bauteil. Das bedeutet, dass zum Betrieb von LEDs eine konstante Stromquelle oder ein Vorwiderstand zur Strombegrenzung notwendig ist.

Die LED benötigt (wie die normale Diode auch) eine bestimmte Durchlassspannung, die auch Fluss- oder Schwellenspannung genannt wird. Ist diese Spannung erreicht, beginnt die LED zu leuchten. Je nach Höhe der Durchlassspannung stellt sich ein Strom ein, der durch die LED fließt. Die Charakteristik einer Diodenkennlinie beschreibt das typische Verhalten. Eine Änderung von wenigen Millivolt Spannung an der LED führt zu einer drastischen Erhöhung des Stromflusses durch das Bauteil. Hier kann es schnell zum Abbrennen der LED kommen. Genau dieses Problem löst der Vorwiderstand.

Hier ist ein einfaches Beispiel zur Ermittlung des Vorwiderstandes am Beispiel einer weißen LED: Die LED hat eine Durchlassspannung von 3,2 V und benötigt einen Strom von maximal 20 mA. Als Versorgungsspannung stehen Ihnen 5 V zur Verfügung. Am Vorwiderstand soll also eine Spannung von 1,8 V abfallen und der Strom auf 20 mA begrenzt werden. Die Spannung ist Ihnen also bekannt. 1,8 V Spannungsdifferenz müssen am Vorwiderstand abfallen. Der ideale Stromfluss ist Ihnen mit 20 mA ebenfalls bekannt. Als einzige Unbekannte bleibt der Widerstand. Hier kommt wieder das ohmsche Gesetz zum Einsatz:

$R = U / I$

$R = 1,8\ V / 0,02\ A$

$R = 90\ \Omega$

In den seltensten Fällen werden Sie genau den Widerstand mit dem errechneten Wert zur Hand haben. Wählen Sie hier einfach den nächsthöheren.

Die Durchlassspannungen von farbigen LEDs unterscheiden sich ebenfalls nach ihren Farbwerten (siehe Tabelle 11.3). Den genauen Wert erfahren Sie jedoch immer im Datenblatt Ihrer LED.

LED-Farbe	Typische Flussspannung
weiß	3,0 V – 4,0 V
rot	1,6 V – 2,2 V
grün	1,9 V – 2,6 V
blau	3,0 V – 4,0 V
gelb	2,0 V – 2,2 V
infrarot	1,2 V – 1,8 V

Tabelle 11.3 Typische Flussspannungen von farbigen LEDs

LEDs können auf vielerlei Weise eingesetzt werden, z. B. als:

▶ Signalgeber
▶ Leuchtmittel in der Automobilindustrie
▶ Leuchtwände und Displays

Kondensator

Ein Kondensator ist ein Energiespeicher. Im einfachsten Fall besteht ein Kondensator aus zwei gegenüberliegenden Metallplatten, die von einer isolierenden Schicht getrennt werden, die auch Dielektrikum genannt wird. Die Ladungsmenge eines Kondensators wird *Kapazität* genannt und in der Einheit Farad (F) gemessen. Wie hoch die Kapazität eines Kondensators ist, hängt von mehreren Faktoren ab. Zum einen spielt der Abstand der Platten zueinander eine große Rolle, zum anderen die Fläche der Platten sowie das Material des Dielektrikums. Kondensatoren gibt es in den unterschiedlichsten Bauformen und Herstellungsarten. Gängige Arten von Kondensatoren sind Keramikkondensatoren, Folien- sowie Elektrolytkondensatoren.

In einer Gleichspannungsschaltung verbaut, verhält sich der Kondensator im ungeladenen Zustand wie ein Kurzschluss. Es fließt so lange ein Strom in den Kondensator, bis er seine volle Ladungsmenge erreicht hat. Stellt man den Stromverlauf während des Aufladevorgangs grafisch dar, so verhält sich der Stromfluss nach einer Exponentialfunktion (anfangs starker Stromfluss, im Verlauf weiter abnehmend). Im geladenen Zustand trennt der Kondensator die beiden Potenziale.

Oftmals wird ein Kondensator als Puffer oder Schutz vor Spannungsspitzen verwendet. Auf dem Raspberry Pi finden Sie einen Elektrolytkondensator direkt hinter der Micro-USB-Buchse. Dieser dämpft in erster Linie Spannungsspitzen des Netzteils ab und gleicht kurze Spannungseinbrüche durch seine Eigenschaft als Energiespeicher aus.

Spule

Auch die Spule dient als Energiespeicher, verhält sich aber bei Gleichspannung ganz anders als ein Kondensator. Die Spule gehört zur Gruppe der *Induktivitäten* und wird in der Einheit Henry (H) gemessen. Eine einfache Spule besteht aus einem Eisenkern, der mit einem Kupferdraht umwickelt ist. Auf den ersten Blick ist das eine einfache Leitung, die dem Stromfluss nichts in den Weg stellt. Legt man an eine Spule eine Gleichspannung an, so fließt der Strom durch die Spule und baut dort erst ein Magnetfeld auf.

Stark vereinfacht ausgedrückt: Der Strom, der in die Spule fließt, braucht einige Zeit, bis er wieder aus der Spule herausfließt. Ist das Magnetfeld der Spule aufgebaut, so fließt der Strom fast ungehindert durch die Spule. Das Wort *fast* verrät, dass es doch etwas gibt, das sich dem Strom entgegenstellt. Zum einen ist dies der Leitungswiderstand des Kupferdrahtes, zum anderen der Effekt der Selbstinduktion. Diese wirkt dem Stromfluss der Spule entgegen und stellt einen induktiven Widerstand dar (lenzsches Gesetz).

Der Effekt der Energiespeicherung wird beim Abschalten der Versorgungsspannung deutlich. Entfällt die Eingangsspannung an der Spule, so baut sich das Magnetfeld der Spule ab. Durch die Rückbildung des Magnetfeldes wird ein Stromfluss erzeugt, der auch nach dem Entfernen der Spannung für kurze Zeit aufrechterhalten wird.

Auch für Spulen gibt es viele Einsatzmöglichkeiten. Sie dienen zum Beispiel als:

- Transformatoren
- Elektromagnete
- Schwingkreise

Transistor

Der Transistor ist vom Prinzip her ein elektronischer Schalter. Der Unterschied zum mechanischen Taster oder Schalter ist, dass der Transistor nicht durch eine manuelle, mechanische Kraft von außen betätigt wird, sondern durch einen elektrischen Strom oder eine Spannung. In der Regel besitzt ein Transistor drei Beinchen: die *Basis*, die das Steuersignal empfängt, und die zu schaltende Strecke, die sich zwischen den Beinchen *Kollektor* und *Emitter* einstellen wird. Das Grundprinzip ist sehr simpel: Fließt ein ausreichender Strom in die Basis, so wird die Strecke zwischen Kollektor und Emitter niederohmig und lässt einen Strom fließen. Bleibt der Strom an der Basis weg, so wird der Stromkreis zwischen Kollektor und Emitter wieder unterbrochen.

Etwas umfangreicher wird es, betrachtet man die unterschiedlichen Typen der Transistoren. So gibt es zum einen die *bipolaren Transistoren*: Diese bestehen aus drei unterschiedlich dotierten Schichten. Zum einen wäre dort die Kombination aus P(ositiv) – N(egativ) – P(ositiv) möglich. In diesem Fall spricht man von einem PNP-Transistor. Sind die Schichten in der Reihenfolge N-P-N aufgebaut, so handelt es sich um einen NPN-Transistor. Der Unterschied zwischen den beiden Typen liegt in der Polarität:

- Beim **NPN-Transistor** liegt der Kollektoranschluss an einer positiven Spannung, ebenso wie der Basisanschluss. Der Emitter wird an die Masse angeschlossen. Im geschalteten Zustand fließen der Kollektor- und der Basisstrom in Richtung des Emitters zur Masse. Ein typischer, preiswerter NPN-Transistor ist z. B. der BC547.

- Beim **PNP-Transistor** liegen der Kollektor und die Basis an Masse. Der Emitter wird an eine positive Spannung angeschlossen. Wird der PNP-Transistor angesteuert, so fließt ein großer Strom vom Emitter zum Kollektor und ein kleiner Strom fließt aus der Basis heraus. Ein gängiger PNP-Transistor ist z. B. der BC557.

Im Schaltplan unterscheiden Sie die Transistortypen an der Pfeilrichtung in der Symbolik (siehe Abbildung 11.8).

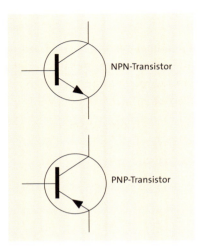

Abbildung 11.8 Schaltplansymbolik von NPN- und PNP-Transistoren

Eine weitere Art von Transistoren sind *Feldeffekttransistoren*, kurz FET. Diese Transistoren unterscheiden sich in ihrem physikalischen Wirkprinzip. So ist für das Ansteuern des FET im Gegensatz zum bipolaren Transistor nicht der Strom entscheidend, der in den Steuereingang fließt, sondern die Spannung, die dort anliegt.

Ebenso werden die Anschlüsse eines FET-Transistors anders bezeichnet. Der Steuereingang ist das *Gate* (Tor), die Schaltstrecke liegt zwischen *Source* (Quelle) und *Drain* (Abfluss). Die spezielle Funktionsweise und die Unterschiede der Bauarten werden sehr gut in der Wikipedia erklärt:

https://de.wikipedia.org/wiki/Feldeffekttransistor

Relais

Mithilfe eines Relais können mit einer kleinen Steuerspannung größere Spannungen und Ströme geschaltet werden. Ein Relais ist von der Funktionsweise her zwischen einem mechanischen Schalter und einem Transistor anzusiedeln. Zum Schalten des Relais werden eine Spannung und ein Strom benötigt. Durch den Steuerstrom zieht ein Magnet im Innern des Relais an und verbindet mechanisch die Schaltstrecke. Fällt der Magnet ab, so trennen sich die Kontakte wieder.

Da im Relais eine mechanische Bewegung stattfindet, ist die Reaktionsgeschwindigkeit eines Relais um ein Vielfaches langsamer als die eines Transistors. Daher werden Relais meist eingesetzt, um große Lasten zu schalten. Ebenso kann mit einem Relais auch Wechselspannung geschaltet werden.

Durch die körperliche Trennung von Steuermagnet und Schaltkontakten ist der Steuerstromkreis vom Arbeitsstromkreis komplett galvanisch getrennt. Bei einem Kurzschluss im Arbeitskreis des Relais bleibt die Steuerseite (z. B. der Raspberry Pi) komplett schadfrei.

Ebenfalls bedingt durch den Aufbau des Relais, hören Sie ein Klacken, wenn das Relais schaltet. Bei vielen Bauformen ist der Schaltzustand auch bereits optisch erkennbar. Relais gibt es in den verschiedensten Größen und Bauformen. Zudem verfügen Relais über fast beliebig viele Anschlüsse. Es gibt Ausführungen mit Wechslern, Öffnern und Schließern sowie Kombinationen von allen dreien.

Sollten Sie ein Relais in Verbindung mit dem Raspberry Pi verwenden wollen, so ist es wichtig, dass Sie im Steuerkreis eine Freilaufdiode einbauen (siehe Abbildung 11.9). Die Magnetspule im Relais zählt zu den induktiven Lasten. Hier ist es notwendig, durch eine Freilaufdiode mögliche Spannungsspitzen zu begrenzen.

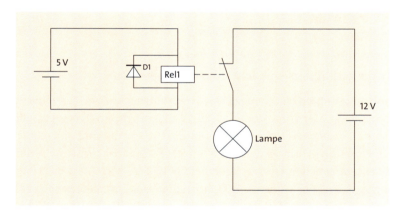

Abbildung 11.9 Ein Relais im Schaltplan mit Freilaufdiode

11.4   Das Multimeter

Zum Messen von Strom und Spannung wird in den Hardware-Projekten das Multimeter Ihr ständiger Begleiter sein. Es dient als Werkzeug zur Überprüfung der gebauten Schaltungen. In der Regel werden sich die Messaufgaben in den später folgenden Schaltungen auf das Messen von Strom, Spannung und Widerstand beschränken. Hierzu genügt jedes handelsübliche Multimeter.

Abbildung 11.10 Multimeter

Gehen wir kurz auf die wichtigsten Funktionen des Multimeters ein:

▶ **Die Widerstandsmessung** erfolgt in dem mit Ω gekennzeichneten Bereich des Wahlrads. Oftmals muss hier vorab der erwartete Widerstandsbereich eingestellt werden. Nur bei höherwertigen Messgeräten gibt es eine sogenannte *Autorange*-Funktion. Diese Funktion ermittelt den Messbereich automatisch und stellt das Messgerät auf den entsprechenden Anzeigebereich ein. Das erleichtert das Ablesen der Messwerte, da z. B. ein Wert von 15 kΩ auch in dieser Form angezeigt wird und nicht z. B. als 15.000 Ω. Die Widerstandsmessung erfolgt parallel zum Widerstand.

▶ **Die Spannungsmessung** ist meist in zwei Bereichen des Wahlschalters möglich: zum einen für Wechselspannung, zum anderen für Gleichspannung. Generell sind die Bereiche meist mit *V* beschriftet. Für die Messaufgaben in diesem Buch ist ausschließlich der Gleichspannungsbereich notwendig. Achten Sie auch darauf, dass Sie bei älteren Modellen den erwarteten Messbereich voreinstellen.

Eine Spannungsmessung erfolgt immer parallel zum Messobjekt. Voltmeter 1 misst im Schaltplan den Spannungsabfall über dem Widerstand R1 (siehe Abbildung 11.11). Voltmeter 2 liegt parallel zur Spannungsquelle und misst somit die Versorgungsspannung.

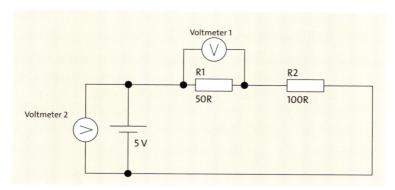

Abbildung 11.11 Spannungsmessung

▶ **Die Strommessung** (siehe Abbildung 11.12) ist mit *A* gekennzeichnet und erwartet meist ebenfalls die Einstellung des erwarteten Messbereichs. Sie hat im Vergleich zu den beiden vorigen Messungen eine Besonderheit. Das Multimeter hat in der Regel drei Anschlussbuchsen für die Messleitungen. Die *COM*-Buchse wird für alle Messungen benötigt und beinhaltet meist die schwarze Messleitung. Für eine Strommessung allerdings muss ab einer angegebenen Stromstärke die rote Messleitung umgesteckt werden. Die Sicherung der mittleren Buchse ist in der Regel für Ströme bis ca. 200 mA dimensioniert. Größere Ströme bis in etwa 10 A können nur über die extra gekennzeichnete Buchse gemessen werden.

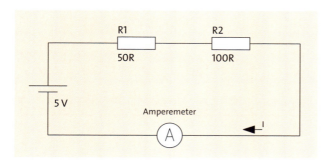

Abbildung 11.12 Strommessung

Die Strommessung muss immer in Reihe erfolgen. Das Multimeter wird also Teil des Stromkreises, sodass der Strom durch das Messgerät fließt. In der Praxis bedeutet das meist ein Auftrennen der Verbindung und den Einbau des Multimeters in die Leitung.

Oftmals wird die Strommessung auch durch das Messen eines Spannungsabfalls über einem sehr präzisen Messwiderstand (Shunt) realisiert. Durch diese Methode sind bereits zwei Größen des ohmschen Gesetzes bekannt: die Größe des Messwiderstandes R und die gemessene Spannung über dem Widerstand U. Der Strom kann nun durch $I = U / R$ ermittelt werden.

► **Diodenmessung und Durchgangsprüfung** sind in der Regel in jedes Multimeter integriert. Bei der Diodenmessung handelt es sich um einen Betriebsmodus, in dem die Sperrrichtung einer Diode ermittelt werden kann. Er ist oft durch ein Diodenschaltsymbol gekennzeichnet. Bei der Durchgangsprüfung erzeugt das Multimeter ein akustisches Signal, sobald eine leitende Verbindung zwischen den Messpunkten besteht.

11.5   Breadboard oder Platine?

Breadboards

Um elektronische Schaltungen zu testen und zu entwickeln, bauen wir die Schaltungen sehr gerne auf einem Breadboard auf. Bei einem Breadboard handelt es sich um ein Steckbrett für bedrahtete Bauteile und Leitungsbrücken (siehe Abbildung 11.13). Gegenüber herkömmlichen Platinen hat das Breadboard den Vorteil, dass keine Lötarbeiten notwendig sind. Das bietet vor allem bei Prototypen oder Experimenten eine große Arbeitserleichterung und einen Zeitvorteil.

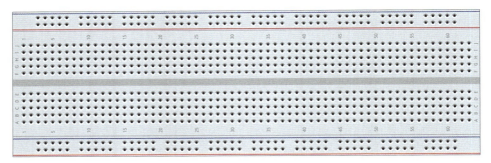

Abbildung 11.13 Breadboard

Die Anordnung der Verbindungspunkte zu kennen ist wichtig und sehr hilfreich im Umgang mit dem Breadboard. Die Löcher in Fünfergruppen oberhalb der roten Linie sind zeilenweise horizontal verbunden. Die Löcher im Mittelbereich sind spaltenweise vertikal verbunden. Durch eine größere Nut in der Mitte des Brettes wird diese Verbindung allerdings getrennt, sodass der Mittelbereich in einen oberen und einen unteren Teil unterteilt wird. Das hat den Zweck, dass Bauteile mit gegenüberliegenden Anschlussbeinchen über die mittlere Nut gesteckt werden können, ohne dass ein Kurzschluss zwischen den Beinchen einer Spalte entsteht.

Breadboards gibt es in unterschiedlichen Größen. Der Aufbau allerdings ist in der Regel immer der gleiche. Um im späteren Verlauf des Buches die GPIO-Pins des

Raspberry Pi auf das Breadboard zu legen, bauen oder beschaffen Sie sich am besten einen Breadboardadapter. Hier ist z. B. der Pi-Cobbler zu empfehlen. Wie Sie aus einem Stück Streifenrasterplatine, Stiftleisten und Wannensteckern einen eigenen sehr günstigen Adapter bauen, beschreiben wir zum Abschluss des Elektronik-Crashkurses.

Streifen- oder Lochrasterplatinen

Eine weitere Möglichkeit zum Erstellen von Schaltungen sind Streifen- oder Lochrasterplatinen. Jede Variante hat ihre Vor- und Nachteile. Zu welcher Platinenart Sie greifen, ist Geschmackssache.

Eine Streifenrasterplatine verfügt über durchgängig verbundene Streifen (siehe Abbildung 11.14). Zum Teil können Sie sich mit dieser Variante einige Drahtbrücken sparen, müssen aber gegebenenfalls die Leiterbahnen auftrennen. Das ist notwendig, sobald Bauteile eingesetzt werden, die gegenüberliegende Anschlussbeinchen haben.

Abbildung 11.14 Streifenrasterplatine

Ein spezielles Werkzeug zum Auftrennen der Leiterbahnen nennt sich Leiterbahntrenner. Der Kauf eines solchen Werkzeugs lohnt sich in den meisten Fällen aber eher nicht. Das Auftrennen funktioniert problemlos mit einem Metallbohrer, dessen Durchmesser etwas größer als die Leiterbahn ist. Der Bohrer wird mit der Querschneide in das Loch gesetzt und einige Male per Hand gedreht. Das Kupfer um das bearbeitete Loch wird dabei entfernt und die Verbindung aufgetrennt. In den meisten Fällen können Sie bereits mit dem bloßen Auge erkennen, ob sich noch leitende Kupferreste im Randbereich des Loches befinden. Zur Kontrolle können Sie die Leiterbahn per Multimeter noch einmal durchmessen.

Punkt- oder Lochrasterplatinen haben keinerlei Verbindung zwischen den Lötpunkten (siehe Abbildung 11.15). Das Auftrennen einer Leiterbahn entfällt somit. Allerdings ist es hier notwendig, die Verbindungen zwischen den Löchern manuell herzustellen. Dies können Sie mit einem Stück Kupferdraht lösen, den Sie auf der nicht verkupferten Seite der Platine verlegen und von unten anlöten.

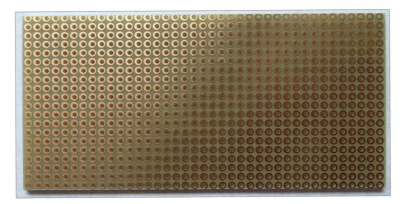

Abbildung 11.15 Punktrasterplatine

Es ist Ihnen also freigestellt, welche Möglichkeit des Schaltungsaufbaus Sie verwenden. Das Breadboard bietet den schnellen Aufbau ohne Löt- oder Trennarbeiten, ist aber nicht für dauerhafte Aufbauten geeignet. Die Streifenrasterplatine erfordert das Auftrennen der Leiterbahnen, und das Arbeiten auf Punktrasterplatinen geht meist mit etwas mehr Lötarbeit einher. Die beiden Platinenarten eignen sich für feste Aufbauten, die Sie z. B. später in kleine Gehäuse verbauen können. Das Bearbeiten und Ablängen der Platinen geht mit einer kleinen Bügelsäge leicht von der Hand. Alternativ können Sie auch einen kleinen *Dremel* mit Trennscheibe einsetzen.

> **Atemschutz empfehlenswert!**
>
> Bitte beachten Sie, dass bei dem Zerspanen von Leiterplatten gesundheitschädliche Stäube entstehen. Leiterplatten sind in der Regel aus FR4-Material gefertigt. Dabei handelt es sich um Glasfasergewebe, das mit Epoxidharz umgossen wird. Speziell die Glasfaserpartikel sollten nicht eingeatmet werden, und es empfiehlt sich daher, einen Atemschutz zu tragen.

11.6 Löten

Das Löten ist eine Verbindungsart, die aus der Elektrotechnik nicht wegzudenken ist. Unterscheidet man zwischen lösbaren und nicht lösbaren Verbindungen, so zählt das Löten zu den Letzteren. Durch das Löten wird eine stoffschlüssige Verbindung hergestellt. Dies bedeutet, dass das Lötzinn mit dem zu lötenden Objekt eine feste Verbindung eingeht (Legierung). Damit kommen wir auch zu dem eigentlichen Verfahren. Ein Lötvorgang erfordert zwei zu verbindende Objekte, die Zufuhr von Wärme durch den Lötkolben und ein Zusatzmaterial, das Lötzinn.

Mit dem Lötkolben werden die beiden Objekte, im häufigsten Fall das Bauteilbeinchen und das Lötpad, erhitzt. Das Lötzinn wird hinzugeführt und schmilzt am Bauteilbeinchen. Entfernen Sie den Lötkolben, so verfestigt sich das Lötzinn nach kurzer Zeit und erstarrt.

Ein wichtiges Hilfsmittel beim Löten ist das Flussmittel. Dieses kann vor dem Erhitzen der Lötstelle auf das Material aufgebracht werden. Das Flussmittel löst beim Erhitzen eine Oxidationsschicht, die sich eventuell auf den Materialien gebildet hat. Ist eine solche Schicht vorhanden, z. B. durch längeres Lagern von Rasterplatinen oder durch eine Oxidation des Kupfers nach dem Berühren mit den Fingern, so wird die Lötbarkeit deutlich verschlechtert. Ein weiterer Effekt des Flussmittels ist das Verringern der Oberflächenspannung. Dadurch zieht sich das flüssige Lot, bedingt durch die Kapillarwirkung, an den Beinchen hoch und sogar in die kleinsten Löcher.

Abbildung 11.16 Lötstation, Lötzinn, Entlötpumpe, Seitenschneider und Schraubendreher – eine solide Grundausrüstung fürs Basteln

Die ersten Lötversuche werden leicht zur Herausforderung. Einige typische Fehler möchten wir Ihnen nachfolgend nennen:

▶ **Es bildet sich eine Lotperle, die am Lötkolben »kleben« bleibt und vom Bauteilbeinchen scheinbar abgewiesen wird:** Die zu verlötenden Oberflächen sollten sauber und fettfrei sein. Hier kann eine nachträgliche Reinigung mit sehr feinem Schmirgelpapier helfen. Zusätzlich empfiehlt sich das Auftragen von Flussmittel. Dies ist meist in Stiftform zu kaufen und begünstigt die Kapillarwirkung des Lötzinns.

▶ **Das Lötzinn schmilzt nicht am Bauteilbeinchen:** Wichtig ist, dass das Lötzinn am Objekt und nicht am Lötkolben aufschmilzt. Sollte dies nicht funktionieren, so ist die Wärmezufuhr vom Lötkolben in das Beinchen nicht ausreichend. Das kann z. B. an einer zu kleinen Lötspitze liegen. Abhilfe schafft hier ein leichtes Verzinnen der Lötspitze. Durch das flüssige Lot erhöht sich die Fläche für den Wärmeübergang von der Lötspitze zum Bauteil.

▶ **Die Lötpads lösen sich vom Platinenmaterial:** In diesem Fall ist der Lötkolben deutlich zu heiß. Eine ideale Löttemperatur für bleifreies Lötzinn liegt zwischen 350 °C und 370 °C. Das Ablösen der Pads bedeutet in den meisten Fällen einen nicht reparablen Schaden an der betroffenen Stelle, da keine Lötverbindung hergestellt werden kann.

11.7 Breadboardadapter

Breadboardadapter selbst erstellen

Dieser Abschnitt zeigt Ihnen, wie Sie einen eigenen Breadboardadapter aus gängigen und günstigen Materialien herstellen. Zudem können Sie auf diese Weise erste praktische Erfahrung im Löten und Bearbeiten der Platinen erlangen.

Zum Aufbau eines Breadboardadapters benötigen Sie die folgenden Werkzeuge und Materialien (siehe Abbildung 11.17):

▶ Streifenrasterplatine mit 3er-Teilung
▶ zweireihige Stiftleiste mit Rastermaß 2,54 mm oder Wannenstecker
▶ Präzisionsstiftleisten mit Rastermaß 2,54 mm
▶ Lötkolben und Lötzinn
▶ Laubsäge oder kleiner Trennschleifer
▶ Seitenschneider

Die Streifenrasterplatine liegt meist in dem Maß einer Euro-Platine (160 × 100 mm) vor. Sie benötigen ein Stück der Platine, das 40 bzw. 26 Löcher (sofern Sie ein älteres Raspberry-Pi-Modell verwenden) lang und 6 Löcher breit ist. Sägen Sie dieses Stück aus der großen Platine aus. Beachten Sie, dass die 3er-Teilung des Rasters genau durch die Mitte der Platine verläuft. Die Stiftleiste wird nach 20 bzw. 13 Stiftreihen mit einem

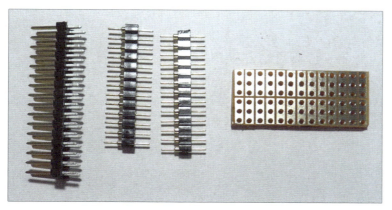

Abbildung 11.17 Das Material für den Breadboardadapter

Seitenschneider abgetrennt. Stecken Sie nun die zweireihige Stiftleiste mit den kurzen Beinchen genau in die Mitte der Platine. Die verkupferte Seite der Platine liegt unten. Die Trennung des Rasters verläuft längs unter der Stiftleiste. Nun verlöten Sie die Stiftleiste auf der Unterseite. Achten Sie darauf, dass keine Brücken zwischen den Leiterbahnen entstehen.

Im nächsten Schritt bringen Sie die äußeren Stiftleisten an dem Adapter an. Wir nutzen hier Präzisionsstiftleisten, die Sie z. B. bei Conrad kaufen können. Der Vorteil dieser Leisten ist, dass ein kleiner Abstandhalter im Beinchen verbaut ist. Dadurch liegt die Kunststofffassung nicht auf der Leiterplatte auf, sondern behält einen kleinen Abstand. So ist es möglich, auch diese Leiste von der gleichen Seite zu verlöten.

Trennen Sie die Präzisionsstiftleisten mit einem Seitenschneider auf eine Länge von 40 bzw. 26 Pins ab. Stecken Sie die Leisten diesmal von der Unterseite in die äußere Lochreihe durch die Leiterkarte. Sie werden bemerken, dass die Leisten auf dem kupfernen Abstandhalter aufliegen und einen Spalt zur Kunststofffassung bilden.

Jetzt können Sie auch diese Leisten von der Unterseite verlöten. Fertig ist der selbst gebaute Breadboardadapter (siehe Abbildung 11.18 und Abbildung 11.19)! Noch zwei Anmerkungen:

▶   Falls Sie statt einer zweireihigen Stiftleiste einen 20 × 2- bzw. 13 × 2-Wannenstecker nutzen, so haben Sie direkt einen Verdrehschutz beim Aufstecken der Flachbandleitung, da ein Wannenstecker eine einseitige Nut besitzt.

▶   Markieren Sie auf dem Adapter und der Flachbandleitung Pin 1. So vermeiden Sie auch mit der Stiftleiste ein versehentliches Verdrehen der Leitung.

Abbildung 11.18 Der fertige Breadboardadapter

Abbildung 11.19 Das Eigenbau-Breadboard in Aktion

Cobbler

Als Alternative zum Eigenbauadapter bietet sich eine Reihe von sogenannten *Cobblern* an. Das sind fertige Leiterkarten, die per Fachbandleitung als Adapter zum Breadboard dienen. Die Auswahl an Cobblern ist riesig. Zwei davon verwenden wir beim Experimentieren mit dem Raspberry Pi (siehe Abbildung 11.21).

Abbildung 11.20 Alte Flachbandleitungen können mithilfe eines Stacking-Headers auch auf den Raspberry Pi 3 gesteckt werden.

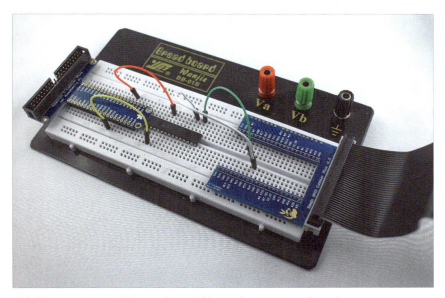

Abbildung 11.21 T-Cobbler und U-Cobbler auf einem Breadboard

Gängig sind der T-Cobbler und der U-Cobbler, die nach ihrer Form benannt wurden. Beide Modelle sind sowohl für das Raspberry-Pi-Modell 3 als auch für die Vorgängermodelle erhältlich. Die blauen Steckplatinen sind mit den Pin-Bezeichnungen beschriftet, was die Suche nach dem richtigen GPIO-Pin deutlich erleichtert. Für welches Modell Sie sich entscheiden, ist Ihrem Geschmack überlassen. Beide Modelle finden Sie unter den Suchbegriffen *T-Cobbler* und *U-Cobbler* zum Beispiel bei Amazon.

Kapitel 12
LEDs, Motoren und Relais

In diesem Kapitel zeigen wir Ihnen, wie Sie mit dem Raspberry Pi mit der Außenwelt agieren und kleine elektronische Bauteile ansteuern, Gleichstrommotoren oder Schrittmotoren bewegen und größere Spannungen schalten. Sobald Sie den Umgang mit diesen Bauteilen beherrschen, steht Ihren eigenen Projekten nicht mehr viel im Wege.

12.1 Leuchtdioden (LEDs)

Wir beginnen dieses Kapitel mit der Ansteuerung von Leuchtdioden (LEDs), da diese leicht zu verwenden sind und ein direktes optisches Feedback zum Erfolg der Schaltung geben. Leuchtdioden sind ein idealer Startpunkt für Elektronikneulinge und führen mit wenig Aufwand zu ersten Erfolgserlebnissen. Erste Versuchsaufbauten führen Sie am einfachsten mit einem Breadboard aus, also ganz ohne Lötkolben.

LED im Dauerbetrieb

Sozusagen als *Hello World!*-Projekt zeigen wir Ihnen hier, wie Sie mit Ihrem Raspberry Pi eine LED ein- und ausschalten. Die LED dient also als Signalgeber. Sie zeigt Ihnen an, ob Ihre Software richtig funktioniert und das Programm so arbeitet, wie Sie es sich wünschen.

Zunächst wollen wir die LED aber direkt an die 3,3-V-Spannungsversorgung anschließen, sodass sie immer leuchtet. Im Datenblatt Ihrer LED lesen Sie nach, wie groß der Spannungsabfall an der Diode ist und welchen Strom die Diode erwartet – z. B. 2 V und 10 mA. Die Größe des erforderlichen Vorwiderstands ergibt sich aus der Restspannung 3,3 V – 2 V = 1,3 V und der Formel $R = U / I$ = 1,3 V / 10 mA mit 130 Ω. Wenn Sie den nächstgrößeren Widerstand verwenden, den Sie finden, kann nichts passieren. Die LED leuchtet dann entsprechend weniger hell.

Da derselbe Schaltungsaufbau später über einen GPIO-Pin mit einem maximalen Ausgangsstrom von 8 mA gesteuert werden soll, ist es besser, den Widerstand gleich entsprechend größer zu dimensionieren (1,3 V / 8 mA = 163 Ω). Wir haben für unsere Experimente mit 330-Ω-Widerständen gearbeitet, womit sich ein Strom von 4 mA ergibt.

Auf einem Steckboard bauen Sie nun die Schaltung auf und verbinden die Leuchtdiode mit den Pins 1 (3,3 V) und 25 (GND) des Raspberry Pi (siehe Abbildung 12.1 und
Abbildung 12.2). Achten Sie auf die richtige Polung der LED. Der längere Draht der LED
verbindet die Anode (Plus), der kürzere die Kathode (Minus).

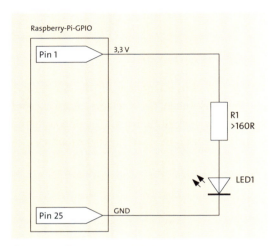

Abbildung 12.1 Simple LED-Schaltung

Abbildung 12.2 Versuchsaufbau zur LED-Steuerung

LED per Python ein- und ausschalten

Nachdem Sie sich überzeugt haben, dass die obige Schaltung prinzipiell funktioniert, verwenden Sie nun anstelle von Pin 1 (3,3 V) einen GPIO-Kontakt, z. B. Pin 26 (GPIO7).

Beim Einschalten des Raspberry Pi wird die LED nun nicht mehr leuchten. Vielmehr können Sie die LED jetzt durch ein Python-Programm steuern. Den erforderlichen Quellcode geben Sie mit einem Editor ein. Sollten Sie noch nie mit Python programmiert haben, finden Sie in Kapitel 17, »Python kennenlernen«, Kapitel 18, »Python-Grundlagen«, und Kapitel 19, »Python-Programmierung«, einen kompletten Programmierkurs.

```
#!/usr/bin/python3
import RPi.GPIO as GPIO
import time
# Pin-Nummern verwenden (nicht GPIO-Nummern!)
GPIO.setmode(GPIO.BOARD)
# Pin 26 (= GPIO7) zur Datenausgabe verwenden
GPIO.setup(26, GPIO.OUT)

# Pin 26 einschalten
GPIO.output(26, GPIO.HIGH)
# Pin 26 nach fünf Sekunden wieder ausschalten
time.sleep(5)
GPIO.output(26, GPIO.LOW)

# alle vom Script benutzten GPIOs/Pins wieder freigeben
GPIO.cleanup()
```

Der Programmcode sollte auch ohne Python-Erfahrung auf Anhieb verständlich sein. chmod macht die Script-Datei ausführbar.

```
chmod a+x led1.py
```

GPIO-Pins dienen nicht zur Stromversorgung!

GPIO-Pins sind zur Steuerung, nicht zur Stromversorgung gedacht. Wenn Sie ein elektronisches Bauteil mit mehr als 8 mA bei 3,3 V versorgen möchten, verwenden Sie zur Stromversorgung Pin 2 oder 4 (5 V) und steuern den Stromfluss durch einen GPIO-Ausgang über einen Transistor.

12

LEDs über Transistoren schalten

Den Umgang mit einem Transistor erlernen Sie wieder am Beispiel einer LED. Diesmal schalten Sie die LED nicht direkt über einen 3,3-V-GPIO-Pin, sondern durch den 5-V-Ausgang, und zwar gesteuert mit einem Transistor.

Diese Methode hat zum einen den Vorteil, dass Sie weitaus mehr Strom als 8 mA aus dem 5-V-Pin ziehen können. Zum anderen ist der 5-V-Pin der GPIO-Leiste nicht mit dem Mikrocontroller verbunden und kann somit im Falle eines Fehlers weniger Schaden anrichten.

Die Wahl des Transistors fällt in diesem Beispiel auf einen BC547. Dabei handelt es sich um ein »Wald-und-Wiesen-Bauteil«, das Sie für wenige Cents bei fast jedem Elektronikhändler kaufen können. Das Bauteil liegt in 3-Pin-Ausführung vor. Der BC547 ist für einen maximalen Kollektor-/Emitterstrom von 100 mA dimensioniert. Das ist also der Strom, der durch die später angeschlossene LED fließt – für unsere Anwendung also vollkommen ausreichend.

Die Basis ist der Anschluss, der zum Steuern des Transistors genutzt wird. An die Basis wird später ein GPIO-Pin des Raspberry Pi angeschlossen. Allerdings gilt es hierbei eine Kleinigkeit zu beachten: Bei einem bipolaren Transistor wie dem BC547 ist der Basisstrom ausschlaggebend für den Öffnungsgrad des Transistors. Ein zu großer Strom könnte womöglich den Ausgang des Raspberry Pi beschädigen, und ein zu kleiner Strom öffnet den Transistor nicht vollständig.

Um das zu verhindern, verwenden Sie zwischen dem GPIO-Pin und der Basis des BC547 einen Basiswiderstand. Mit diesem Widerstand bestimmen Sie den Strom, der in die Basis fließt. Zur Berechnung des Widerstandes ist es notwendig, dass Sie einen Blick auf das Datenblatt des BC547 werfen:

https://www.sparkfun.com/datasheets/Components/BC546.pdf

Meist wird im Datenblatt die Stromverstärkung des Transistors angegeben (z. B. Beta). Im Falle des BC547 hat die kleinste Stromverstärkung einen Faktor von 200. Dies bedeutet, dass der Kollektor-/Emitterstrom das Zweihundertfache des Basisstroms sein kann. Der benötigte Widerstand kann aus dem zu erwartenden Kollektor-/Emitterstrom und der Stromverstärkung errechnet werden. Gehen Sie bei einer weißen LED von einem Strom von 20 mA aus, so ergibt sich daraus folgende Formel:

0,02 A / 200 = 0,0001 A = 100 µA

(3,3 V – 0,7 V) / 0,0001 A = 26000 Ω

In der Praxis allerdings muss diese Berechnung nicht zwingend durchgeführt werden. Bei normalen Schaltaufgaben, wie dem Schalten einer LED, kann ohne Probleme ein gängiger Basiswiderstand von 1 kΩ verwendet werden. Hiermit ist der mögliche Kollektor-/Emitterstrom mehr als ausreichend. Zum anderen ist der Ausgang des

Raspberry Pi auf 3,3 mA begrenzt. Jetzt können Sie bereits die Schaltung aufbauen (siehe Abbildung 12.3).

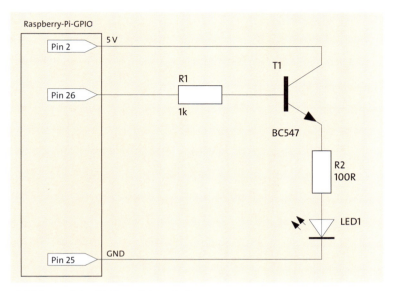

Abbildung 12.3 LED-Transistorschaltung

Bedenken Sie, dass der Vorwiderstand der LED neu berechnet werden muss, da Sie nun 5 V Versorgungsspannung für die LED nutzen und dementsprechend mehr Spannung am Vorwiderstand abfallen muss.

Das Python-Programm kann aus dem ersten Beispiel einfach kopiert werden. Sofern Sie den gleichen GPIO-Pin als Ausgang nutzen, ändert sich an der Software nichts.

LEDs mit Darlington-Transistoren ansteuern

Sollten Sie Schaltungen entwerfen, die mehrere Transistoren benötigen, so bietet sich ein sogenanntes *Darlington-Array* an. Dabei handelt es sich um einen integrierten Schaltkreis (IC), bei dem mehrere Transistoren in einem Gehäuse verbaut sind. Ein Darlington-Array spart Platz, Zeit und Drähte. Die Verwendung ist ganz einfach (siehe Abbildung 12.4) und gleicht der einfachen Transistorschaltung. Im folgenden Beispiel nutzen wir das gängige Darlington-Array ULN2803. Das dazugehörige Datenblatt finden Sie unter folgendem Link:

http://ti.com/lit/ds/symlink/uln2803a.pdf

Der ULN2803 invertiert das an den Eingängen anliegende Signal: Sobald ein High-Signal am Eingang anliegt, schaltet der entsprechende Ausgang gegen die gemeinsame Masse. Im Schaltplan sehen Sie eine mögliche Anwendungsart für den ULN2803. Bei der Programmierung Ihrer Steuerung ändert sich nicht viel – Sie müssen den vorhandenen Code aus dem Einführungsbeispiel lediglich um die zusätzlich verwendeten Ausgänge erweitern.

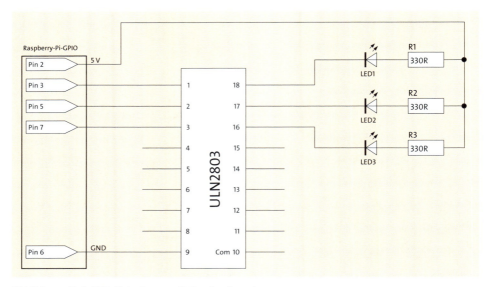

Abbildung 12.4 LED-Schaltung mit Darlington-Array

Möchten Sie induktive Lasten, z. B. einen Motor, mit dem ULN2803 schalten, so schließen Sie den Pin 10 an die Versorgungsspannung an, um die integrierten Freilaufdioden zu aktivieren. Bedenken Sie allerdings, dass der Baustein laut Datenblatt für maximal 500 mA pro Ausgang ausgelegt ist. Sie können problemlos zwei oder mehr Ausgänge parallel schalten, um den maximalen Strom zu erhöhen. Zudem benötigen Sie keinen Basiswiderstand vor den Eingängen. In den Baustein sind bereits 2,7-kΩ-Basiswiderstände integriert.

Abbildung 12.5 Die beiden Darlington-Arrays ULN2803 und ULN2003

Was ist ein IC?

Ein IC (Integrated Circuit) ist ein Bauteil, bei dem mehrere Elektronikkomponenten in einem Gehäuse verschaltet sind. In einem IC-Gehäuse ist also eine komplette Schaltung verbaut. Einzelbauteile, wie z. B. einen Transistor oder eine Diode, bezeichnet man als *diskrete Bauteile*. ICs erfüllen die unterschiedlichsten Aufgaben. So gibt es Timer, Vergleicher, Operationsverstärker, Logikbausteine und vieles mehr. Oftmals besitzen ICs weitaus mehr Beinchen als diskrete Bauteile (siehe Abbildung 12.5).

LEDs mit einem Taster ein- und ausschalten

Die einfachste Form, Eingaben an den Raspberry Pi weiterzuleiten, ist ein simpler Taster, der den Stromkreis schließt, solange er gedrückt ist. Während umgangssprachlich oft alles, worauf man drücken kann, »Schalter« genannt wird, unterscheidet man in der Elektrotechnik zwischen *Schaltern*, die den Zustand beibehalten (wie ein Lichtschalter), und *Tastern*, die zurückspringen, wenn man sie loslässt (wie bei Ihrer Tastatur). Für dieses Beispiel benötigen Sie also einen Taster. Wenn Sie zum Testaufbau ein Steckboard verwenden, fragen Sie in Ihrem Elektronikgeschäft nach einem *Print-Taster*.

Das Ziel dieses Abschnitts ist eine Schaltung, bei der Sie durch einen kurzen Druck auf eine Taste eine LED einschalten. Drücken Sie nochmals, soll die LED wieder ausgehen. Die Aufgabenstellung klingt erdenklich trivial, aber Sie werden sehen, dass dieser Eindruck täuscht.

Bevor Sie den Taster mit einem GPIO-Pin verbinden, müssen Sie sich Gedanken darüber machen, wie der Raspberry Pi Eingaben verarbeitet. Es ist möglich, einen GPIO-Pin als *Input* zu konfigurieren. Die Ausgangsspannung dieses Pins ist damit undefiniert. Wenn von außen eine Spannung nahe 0 V angelegt wird, wird das als *Low* = 0 interpretiert. Ist die angelegte Spannung hingegen nahe 3,3 V, wird das Signal als *High* = 1 interpretiert. Als Input verwendete GPIOs können nicht zwischen anderen Zuständen unterscheiden und können somit nicht zur Messung der angelegten Spannung verwendet werden.

Ein Input-Pin soll nie unbeschaltet sein, weil seine Spannung dann undefiniert ist (*floating*). Gleichzeitig ist es nicht empfehlenswert, den Pin direkt mit der Masse oder mit der Versorgungsspannung (3,3 V) zu verbinden: Sollte der GPIO-Pin irrtümlich als Output-Pin programmiert sein, würden unter Umständen große Ströme fließen, die Ihren Raspberry Pi mit etwas Pech zerstören. Die Lösung für dieses Problem sind Pull-up- oder Pull-down-Widerstände in der Größenordnung von ca. 1 kΩ bis 10 kΩ, um den Signaleingang für beide möglichen Zustände des Tasters mit der Masse bzw. mit 3,3 V zu verbinden.

Hintergrundinformationen zu Pull-up- und Pull-down-Widerständen können Sie in der Wikipedia nachlesen:

https://de.wikipedia.org/wiki/Open_circuit#Beschaltung_der_Signalleitungen

Bei der Beschaltung des Raspberry Pi können Sie sich Pull-up- und Pull-down-Widerstände unter Umständen sparen: Zum einen sind die Pins 3 und 5 des P1-Headers standardmäßig mit 1,8 kΩ externen Pull-up-Widerständen verbunden, zum anderen lassen sich alle GPIOs im Input-Modus so programmieren, dass CPU-interne Pull-up- oder Pull-down-Widerstände aktiviert werden. Der interne Schaltungsaufbau ist auf der folgenden Seite gut beschrieben:

http://mosaic-industries.com/embedded-systems/microcontroller-projects/
  raspberry-pi/gpio-pin-electrical-specifications

Dennoch ist es empfehlenswert, Signaleingänge grundsätzlich mit einem externen Pull-up- oder Pull-down-Widerstand zu versehen (siehe Abbildung 12.6). Sie vermeiden damit Probleme, wenn ein GPIO-Pin versehentlich falsch konfiguriert ist oder während der Initialisierung des Raspberry Pi einen anderen Zustand annimmt, als Ihre Schaltung voraussetzt. Gefahrlos auf Pull-up-Widerstände können Sie nur verzichten, wenn Sie Ihren Taster mit den Pins 3 oder 5 verbinden. Diese beiden Pins stehen aber nur zur freien Verfügung, wenn Ihre Schaltung keine I^2C-Komponenten enthält.

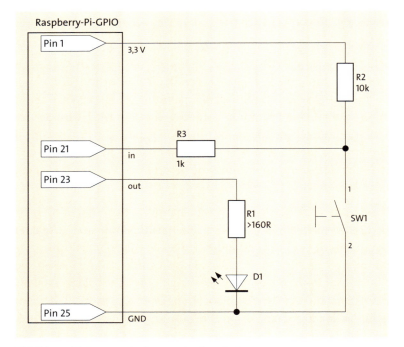

Abbildung 12.6 LED-Schaltung mit Eingabetaster

Soweit es die Leuchtdiode betrifft, gibt es keine Veränderung im Vergleich zum vorigen Abschnitt – wenn man einmal davon absieht, dass diesmal Pin 23 zur Ansteuerung verwendet wird. Der Taster ist direkt mit der Masse und über den Pull-up-Widerstand R2 mit der Versorgungsspannung 3,3 V verbunden. Im Normalzustand lautet der Signalzustand an Pin 21 also High, beim Drücken Low.

Der Widerstand R3 ist eine zusätzliche Sicherheitsmaßnahme. Er verhindert einen Kurzschluss für den zugegebenermaßen unwahrscheinlichen Fall, dass Pin 21 irrtümlich als Output programmiert wird, auf High gestellt und gleichzeitig der Taster gedrückt ist. Ohne R3 gäbe es dann eine direkte Verbindung zwischen 3,3 V an Pin 21 und der Masse, und es würde mehr Strom fließen, als der Raspberry Pi liefern kann. Dank R3 ist der Strom selbst in diesem Fall auf 3,3 mA begrenzt.

Bevor Sie sich an die Programmierung machen, sollten Sie kurz überprüfen, ob der Schaltungsaufbau funktioniert. Zuerst schalten Sie versuchsweise die LED ein/aus:

```
gpio -1 mode 23 out
gpio -1 write 23 1     # LED ein
gpio -1 write 23 0     # LED aus
```

Dann testen Sie den Signaleingang an Pin 21 (GPIO9), wobei Sie einmal die Taste gedrückt halten. (Die Kommandos sind im Terminal auszuführen.)

```
gpio -1 mode 21 in
gpio -1 read 21     # Normalzustand
  1
gpio -1 read 21     # Taste gedrückt
  0
```

Wenn Sie ein direktes Feedback wünschen, können Sie Pin 21 mit einem kleinen Python-Script kontinuierlich abfragen:

```
#!/usr/bin/python3
import RPi.GPIO as GPIO
import time

# Pin-Nummern verwenden (nicht GPIO-Nummern!)
GPIO.setmode(GPIO.BOARD)

# GPIO 21 = Input
GPIO.setup(21, GPIO.IN)

while True:
  input = GPIO.input(21)
  print("Zustand: " + str(input))
  time.sleep(0.01)
```

Sobald Sie dieses Programm starten, gibt es den aktuellen Signaleingang von Pin 21 regelmäßig im Terminal aus – bis Sie das Programm mit ⌷Strg⌷+⌷C⌷ wieder stoppen.

Die Überwachung von Signalzuständen durch eine Schleife ist selten ein optimales Konzept. Wenn die Zeit kurz ist, verursacht das Programm eine Menge unnötige CPU-Last. Verwenden Sie eine längere Zeit, steigt die Reaktionszeit des Programms, und im ungünstigsten Fall übersieht es einen kurzen Impuls ganz. Wesentlich intelligenter ist es, das Python-Programm so zu formulieren, dass es einfach auf einen Signalwechsel wartet und erst dann durch ein Event aktiv wird.

Das folgende Python-Programm demonstriert diese Vorgehensweise: Mit def wird eine Callback-Funktion definiert, die immer dann aufgerufen werden soll, wenn die Taste gedrückt wird. Genau darum kümmert sich add_event_detect: Damit wird Pin 23 überwacht. Immer, wenn dessen Signalpegel von High auf Low fällt, wird die Funktion switch_on aufgerufen. Das Programm soll laufen, bis es durch ⌷Strg⌷+⌷C⌷ beendet wird. Das ist der Zweck der Endlosschleife am Ende des Programms.

```python
#!/usr/bin/python
import RPi.GPIO as GPIO
import time, sys

# Pin-Nummern verwenden (nicht GPIO-Nummern!)
GPIO.setmode(GPIO.BOARD)
ledStatus = 0

# GPIO 21 = Input, 23 = Output
GPIO.setup(21, GPIO.IN)
GPIO.setup(23, GPIO.OUT)
GPIO.output(23, ledStatus)

# Funktion definieren, um bei Tastendruck den
# LED-Zustand zu ändern
def switch_on( pin ):
  global ledStatus
  ledStatus = not ledStatus
  GPIO.output(23, ledStatus)
  return

# switch_on-Funktion aufrufen, wenn Signal
# von HIGH auf LOW wechselt
GPIO.add_event_detect(21, GPIO.FALLING)
GPIO.add_event_callback(21, switch_on)
```

```
# mit minimaler CPU-Belastung auf das Programmende
# durch Strg+C warten
try:
  while True:
    time.sleep(5)
except KeyboardInterrupt:
  GPIO.cleanup()
  sys.exit()
```

Wenn Sie Schaltung und Programm nun ausprobieren, werden Sie feststellen, dass das Ein- und Ausschalten recht unzuverlässig funktioniert. Schuld daran ist ein Verhalten aller mechanischen Taster und Schalter: Diese prellen, d. h., ein Metall-plättchen schlägt *mehrfach* gegen einen Kontaktpunkt und löst deswegen ganz rasch hintereinander *mehrere* Pegelwechsel am Input-Pin aus.

Für das Problem gibt es zwei einfache Lösungen: Entweder bauen Sie in Ihre Schaltung einen Kondensator ein, der während seiner Ladezeit das Prellen verhindert, oder Sie entscheiden sich für eine Software-Lösung und warten nach jedem Input-Event 200 ms, bevor Sie wieder Eingaben entgegennehmen. Die Software-Lösung ist in der GPIO-Bibliothek für Python bereits vorgesehen. Sie geben einfach bei der Funktion add_event_detect als zusätzlichen Parameter die gewünschte Entprellzeit in Millisekunden an:

```
GPIO.add_event_detect(21, GPIO.FALLING, bouncetime=200)
```

In der aktuellen RPi.GPIO-Version ist es nicht möglich, mit dieser Methode einen Eingang auf eine steigende und fallende Flanke gleichzeitig zu überwachen.

Ein *nicht* funktionierendes Beispiel ist Folgendes:

```
GPIO.add_event_detect(21, GPIO.FALLING)
GPIO.add_event_callback(21, switch_on)

GPIO.add_event_detect(21, GPIO.RISING)
GPIO.add_event_callback(21, switch_off)
```

Sie werden hier folgende Fehlermeldung angezeigt bekommen:

```
Edge detection already enabled for this GPIO channel
```

Verfahren Sie stattdessen wie in diesem *richtigen* Beispiel:

```
GPIO.add_event_detect(21, GPIO.BOTH)
GPIO.add_event_callback(21, switch_on)
```

In der Callback-Funktion, die nun aufgerufen wird, ermitteln Sie, ob eine steigende oder fallende Flanke erkannt wurde:

```
def switch_on( pin ):
    if GPIO.input(pin) == True:
        print "steigende Flanke"
    else:
        print "fallende Flanke"
```

Probleme mit Strg+C

Die abschließende try/except-Konstruktion soll sicherstellen, dass das Programm durch ⌷Strg⌷+⌷C⌷ ordentlich beendet werden kann, d. h., dass zum Abschluss cleanup ausgeführt wird. Leider funktioniert das nicht immer zuverlässig. Das hat damit zu tun, dass die Exception-Verarbeitung für das durch ⌷Strg⌷+⌷C⌷ ausgelöste SIGINT-Signal nur in Python-eigenem Code funktioniert. In time.sleep greift Python aber auf eine Systemfunktion zurück, die ihrerseits unterbrochen wird.

Wie bereits anfangs erwähnt wurde, ist es möglich, auch die internen Pull-up- oder Pull-down-Widerstände zu aktivieren. Fügen Sie dazu einfach folgende Zeilen zu Ihrem Python-Code hinzu:

```
GPIO.setup(11, GPIO.IN, pull_up_down=GPIO.PUD_DOWN)
GPIO.setup(11, GPIO.IN, pull_up_down=GPIO.PUD_UP)
```

Die erste Zeile aktiviert den Pull-down-Widerstand an Pin 11 (GPIO17), die zweite den Pull-up-Widerstand. Diese Funktionen ersetzen dann die externen Widerstände.

LEDs mit Software-PWM dimmen

Bedingt durch den Charakter der Diodenkennlinie lässt sich eine LED sehr schlecht über den Strom oder die Spannung dimmen. Die ideale Lösung besteht darin, ein PWM-Signal anzulegen (PWM = Pulsweitenmodulation). Hierbei wird die Spannung schnell gepulst. Der Spannungspegel bleibt in den High-Phasen immer gleich.

Die bekannte Python-Library RPi.GIPO bietet in der neusten Version 0.5.6 die Möglichkeit, ein Software-PWM-Signal an allen frei verfügbaren GPIO-Pins zu erzeugen. Beim Arbeiten mit einem PWM-Signal gibt es zwei Faktoren, die mit RPi.GPIO beeinflusst werden können: die Frequenz und den Duty Cycle. Die Frequenz bestimmt, wie oft pro Sekunde der Spannungspegel von Low auf High wechselt. Der Duty Cycle legt fest, wie lange eine High-Phase andauert, und wird in der Regel in Prozent angegeben (siehe Abbildung 12.7 bis Abbildung 12.9).

Die Helligkeit der LED wird mit dem Duty Cycle beeinflusst. Die Frequenz wird lediglich auf einen Wert gesetzt, bei dem das menschliche Auge kein Flackern mehr wahrnimmt. Wir konnten ab einem Wert von 100 Hz kein Flackern mehr erkennen. Der Schaltungsaufbau entspricht dem der Transistorschaltung (siehe Abbildung 12.3).

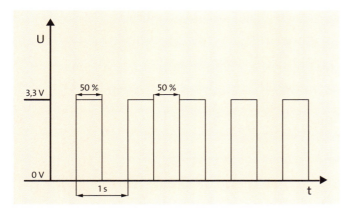

Abbildung 12.7 PWM-Signal mit einem Duty Cycle von 50 % und einer Frequenz von 1 Hz

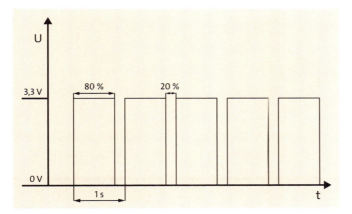

Abbildung 12.8 PWM-Signal mit einem Duty Cycle von 80 % und einer Frequenz von 1 Hz

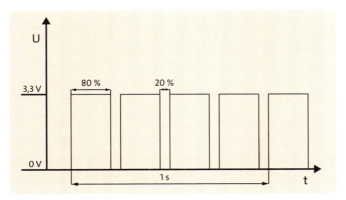

Abbildung 12.9 PWM-Signal mit einem Duty Cycle von 80 % und einer Frequenz von 4 Hz

Ein dazu passendes Python-Programm kann wie folgt aussehen:

```python3
#!/usr/bin/python3
from time import sleep
import RPi.GPIO as GPIO

# Physikalische Bezeichnung der Pins nutzen
GPIO.setmode(GPIO.BOARD)

GPIO.setup(26,GPIO.OUT)

# PWM-Instanz erstellen an Pin 26 mit Frequenz 100 Hz
pwm=GPIO.PWM(26,100)

# PWM starten mit Duty Cyle von 50 Prozent
pwm.start(50)

# Manuelle Eingabe des Duty Cycle in Dauerschleife
while True:
    dc= input ("DC eingeben von 0 bis 100: ")
    pwm.ChangeDutyCycle(int(dc))

GPIO.cleanup
```

Sobald Sie das Programm ausführen, werden Sie nach der Eingabe des *Duty Cycle* gefragt. Ändern Sie diesen einige Male, und beobachten Sie das Verhalten der LED.

Zulässige PWM-Parameter

Für den Duty Cycle sind Werte von 0 bis 100 erlaubt, für die Frequenz Werte von 0 bis 1023 Hz. Mit der oben erläuterten Methode nutzen Sie Software-PWM. Das bedeutet, dass die Frequenz von der CPU berechnet wird. Der Raspberry Pi 3 unterstützt nur an den Pins 12 (GPIO18) und 35 (GPIO19) ein Hardware-PWM-Signal. Dieses kann bislang allerdings nur von der WiringPi-Bibliothek angesprochen werden. Alle Modelle vor Modell B+ können nur an Pin 12 das Hardware-PWM-Signal generieren.

LEDs mit Hardware-PWM dimmen

Hardware-PWM bedeutet, dass der PWM-Takt nicht von der CPU berechnet wird, sondern direkt durch die Hardware erzeugt wird. Der Nachteil bei software-seitig generierten PWM-Signalen ist, dass der Prozessor das Signal berechnen muss und demnach auch belastet wird. Gerade bei mehreren Pins, die ein Software-PWM-Signal gleichzeitig führen, kann dies zu unsauberen Signalen oder zu einer hohen CPU-Auslastung führen. Der Nachteil beim Hardware-PWM ist, dass nur der Pin 12 und Pin 35 der Raspberry-Pi-Steckerleiste J8 diesen Modus beherrschen.

Bislang wird diese Funktion lediglich von der WiringPi-Bibliothek unterstützt. Die aktuelle RPi.GPIO-Version bietet diese Funktion nicht. Um das WiringPi-Modul für Python 3 zu installieren, sind folgende Schritte notwendig:

```
sudo apt install python3-dev python3-pip
sudo pip3 install wiringpi2
```

Nach der Installation können Sie WiringPi bereits in Ihren Python-Code importieren:

```
import wiringpi
```

Das folgende Beispiel für ein Python-Programm erzeugt ein PWM-Signal am Hardware-PWM-fähigen Pin 12:

```
#!/usr/bin/python3
import wiringpi

# Physische Bezeichnung der Pins nutzen
wiringpi.wiringPiSetupPhys()

# Pin 12 in PWM-Modus versetzen
wiringpi.pinMode(12, 2)

# PWM-Signal generieren
# 0 = kein Signal, 1024 = Duty Cycle 100 %
wiringpi.pwmWrite(12, 500)
```

Weitere Infos zu Hardware-PWM finden Sie auf der WiringPi-Webseite:

http://wiringpi.com

RGB-LEDs

LEDs gibt es in verschiedenen Farben – Rot, Grün, Blau etc. Allerdings ist es auch möglich, alle diese Farben und solche Farben, die sich aus dem Mischen von Rot, Grün und Blau ergeben, in einer LED zu vereinen. Solche LEDs heißen RGB-LEDs. Schon der erste optische Eindruck weist auf einen Unterschied hin: Die RGB-LED hat vier statt zwei Beinchen. Im Innern der LED befinden sich drei Chips sehr nah nebeneinander. Jeder Chip erzeugt eine der drei Farben. Somit ist die Kathode von jedem der drei Chips als Beinchen ausgeführt. Das längste Beinchen ist die gemeinsame Anode (+) der Chips.

Beim Kauf einer RGB-LED sollten Sie darauf achten, dass Sie eine Ausführung mit einem diffusen oder matten Gehäuse wählen. Bei glasklaren Gehäusen lassen sich die einzelnen Chips später noch sehr gut auseinanderhalten, und somit sehen Sie statt einer gemischten Farbe drei einzelne Farben.

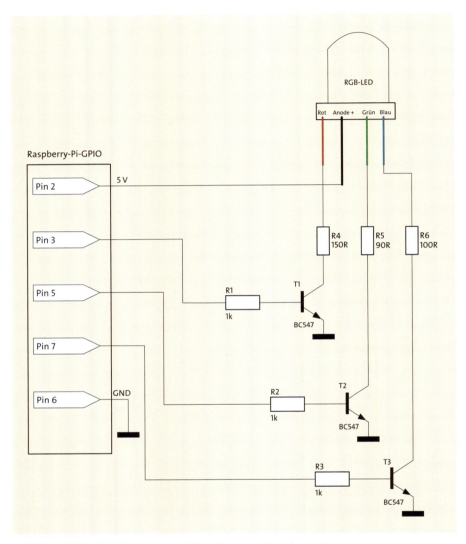

Abbildung 12.10 Anschluss einer RGB-LED an den Raspberry Pi

Auf dem Schaltplan (siehe Abbildung 12.10) sehen Sie, dass die Vorwiderstände der LEDs nicht vor der Anode platziert sind, sondern hinter der Kathode jedes einzelnen Chips. Zudem hat jede Farbe einen anderen Widerstandswert. Das ergibt sich daraus, dass jede Chipfarbe eine andere Flussspannung besitzt. Die rote LED hat eine Betriebsspannung von ca. 2,1 V, die grüne LED von 3,3 V, und die blaue LED benötigt 3,2 V. Jede LED benötigt bei dieser Spannung ca. 20 mA. Mit diesen Werten können

Sie für jeden Chip den geeigneten Widerstand errechnen. Ein gemeinsamer Vorwiderstand an der Anode würde zu unterschiedlichen Helligkeiten der Farben führen. Schauen Sie in das Datenblatt Ihrer LED, um die genauen Werte für Ihr Modell zu erfahren. Ebenso sollten Sie sich vergewissern, dass Ihre RGB-LED eine gemeinsame Anode besitzt. In einigen Fällen besitzen RGB-LEDs auch eine gemeinsame Kathode.

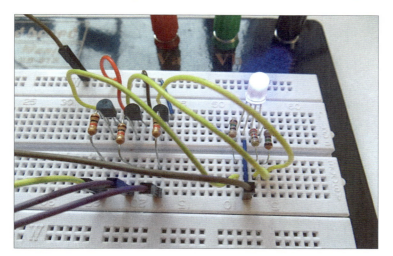

Abbildung 12.11 RGB-LED auf einem Breadboard

Das folgende Python-Programm dient als Beispiel zur Ansteuerung der RGB-LED. Sie haben die Wahl zwischen einem Modus, der ein manuelles Mischen der Farben ermöglicht, und einem Modus für den automatischen Farbwechsel der LED.

```python
#!/usr/bin/python3
from time import sleep
import RPi.GPIO as GPIO
GPIO.setmode(GPIO.BOARD)

# GPIO-Pins mit entsprechender LED-Farbe
rot = 3
gruen = 5
blau = 7
GPIO.setup(gruen, GPIO.OUT)
GPIO.setup(blau, GPIO.OUT)
GPIO.setup(rot, GPIO.OUT)

# Funktion, um alle genutzten Pins auf Low zu schalten
def all_off():
    GPIO.output(rot,False)
    GPIO.output(gruen,False)
    GPIO.output(blau,False)
    return
```

```python
# Modusauswahl
auswahl = eval(input ("[1] Mischen     [2] Auto \n"))

# PWM festlegen mit Frequenz 100Hz
pwm_g=GPIO.PWM(gruen,100)
pwm_b=GPIO.PWM(blau,100)
pwm_r=GPIO.PWM(rot,100)

# PWM starten mit Frequenz 0 % Duty Cycle
pwm_g.start(0)
pwm_b.start(0)
pwm_r.start(0)

try:
    if auswahl == 1:
        while True:
            # Werte von 0-100 zulässig
            dcr= eval(input("Rotanteil [0-100]: \n" ))
            dcb= eval(input("Blauanteil [0-100]: \n"))
            dcg= eval(input("Grünanteil [0-100]: \n"))

            # Duty Cycle entsprechend der Eingabe ändern
            pwm_g.ChangeDutyCycle(dcg)
            pwm_b.ChangeDutyCycle(dcb)
            pwm_r.ChangeDutyCycle(dcr)

    #Farbwechsel bei Modus "Auto"
    if auswahl == 2:
        while True:
            for i in range(100):
                pwm_g.ChangeDutyCycle(i)
                sleep (0.05)
                if i == 99:
                    for i in xrange(100, 0, -1):
                        sleep (0.05)
                        pwm_g.ChangeDutyCycle(i)

            for i in range(100):
                pwm_b.ChangeDutyCycle(i)
                sleep (0.05)
                if i == 99:
                    for i in xrange (100,0,-1):
                        sleep (0.05)
                        pwm_b.ChangeDutyCycle(i)
```

```
        for i in range(100):
            pwm_r.ChangeDutyCycle(i)
            sleep (0.005)
            if i == 99:
                for i in xrange(100, 0, -1):
                    sleep (0.05)
                    pwm_r.ChangeDutyCycle(i)

except KeyboardInterrupt:
    all_off()
```

Spielen Sie ein wenig mit den Werten, und beobachten Sie das Verhalten der LED. Denken Sie sich auch eigene Abläufe für den automatischen Farbwechsel aus. Wenn Sie das Prinzip der RGB-LED verinnerlicht haben, so können Sie z. B. mehrere Status-LEDs durch eine RGB-LED ersetzen.

12.2   Optokoppler

In den vorhergehenden Beispielen haben wir Ihnen erläutert, wie Sie eine Last (z. B. eine LED) mithilfe eines Transistors schalten. Eine weitere Möglichkeit bietet ein Optokoppler. Hierbei handelt es sich um ein Bauteil, das im Prinzip eine LED sowie einen Fototransistor beinhaltet. Infrarote Lichteinstrahlung lässt die Kollektor-/Emitterstrecke leitend werden. Dies ist auch der große Unterschied zum normalen Transistor.

Die Basis des Transistors benötigt also keine leitende Verbindung zum Raspberry Pi. Dadurch liegt auch eine komplette galvanische Trennung des Steuer- und des Laststromkreises vor. Der Eingang des Optokopplers wird wie eine LED behandelt und muss auch mit dem entsprechenden Vorwiderstand beschaltet werden. Schalten Sie also die interne Infrarot-LED des Optokopplers ein, so wird der dahinterliegende Transistor leitend. Durch diese Trennung der beiden Stromkreise kann ein sehr guter Schutz der Steuerelektronik, also des Raspberry Pi, gewährleistet werden. Im Falle eines Kurzschlusses oder einer Fehlbeschaltung auf der Ausgangsseite nimmt die Steuerelektronik im Regelfall keinen Schaden.

Ein gängiger Optokoppler ist z. B. das Modell PC817 (siehe Abbildung 12.12). Ein Datenblatt für das Bauteil finden Sie unter diesem Link:

http://farnell.com/datasheets/73758.pdf

Beachten Sie beim Verbauen des Bauteils die im Datenblatt angegebenen Strom- und Spannungsgrenzwerte! So verträgt der PC817 50 mA durch die Kollektor-/Emitterstrecke des Transistors. Dies ist zum Betreiben einer LED noch ausreichend. Zur Versorgung größerer Lasten wird allerdings eine weitere Transistorstufe hinter dem

Optokoppler notwendig. Hierzu schließen Sie einen weiteren Transistor, z. B. den BC547, an den Emitter des Optokopplers an. Um den idealen Schutz des Eingangskreises zu gewährleisten, sollten die beiden Massen der Eingangs- und Ausgangsseite getrennt werden. Der Aufbau und das Wirkprinzip des Optokopplers werden bereits im Ersatzschaltbild sehr gut deutlich (siehe Abbildung 12.13).

Abbildung 12.12 Der Optokoppler PC817

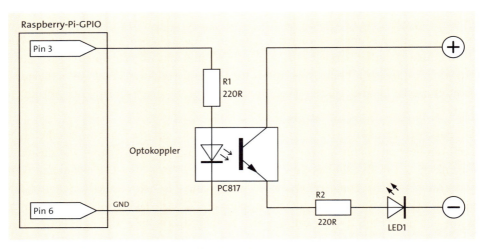

Abbildung 12.13 Beispielanwendung für einen Optokoppler

12.3   Elektromotoren

In diesem Abschnitt erlernen Sie den Umgang mit Motoren. Hierbei ist es besonders wichtig, dass die Steuersignale vom Leistungsteil getrennt werden. Motoren benötigen in der Regel viel mehr Strom und Spannung, als der Raspberry Pi liefern kann. Aus diesem Grund verwenden wir einen Motortreiberbaustein und eine externe Spannungsquelle zur Versorgung der Motoren.

Der geeignete Motor

In den späteren Beispielschaltungen beschränken wir uns auf Motoren aus dem Modellbau. Diese benötigen meist Versorgungsspannungen zwischen 7 und 12 V. Um kleine Lüfter drehen zu lassen, eignen sich z. B. Motoren mit einer kleinen Versorgungsspannung und einer hohen Drehzahl. Wenn Sie vorhaben, Antriebe z. B. für kleine Autos zu steuern, dann achten Sie bei der Motorauswahl auf ein hohes Drehmoment. Je nach Größe und Antriebsart Ihres Modells müssen die kleinen Motoren teilweise sehr viel leisten.

Generell können Sie die angegebene Versorgungsspannung von Motoren unterschreiten. So wird sich ein 24-V-Motor auch mit einer 12-V-Versorgungsspannung drehen. Allerdings nimmt in diesem Fall die Leistung drastisch ab. Die Werte zu Leistung und Drehmoment, die Sie im Datenblatt des Motors finden, setzen die angegebene Spannung voraus.

Vorsicht

Vermeiden Sie es unbedingt, die Versorgungsspannung aus der 5-V-Schiene des Raspberry Pi zu entnehmen! Die Stromaufnahme eines Motors übersteigt – vor allem beim Anlaufen und beim Blockieren – deutlich die für den Raspberry Pi vorgesehene Stromabgabe. Für Motoren sollten Sie daher immer ein zweites, externes Netzteil mit der geeigneten Versorgungsspannung nutzen.

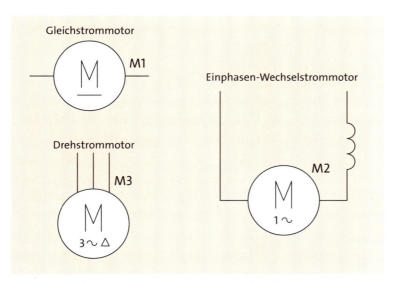

Abbildung 12.14 Schaltzeichen für unterschiedliche Motortypen

Gleichstrom- und Wechselstrommotoren

Der **Gleichstrommotor** ist ein gern verwendeter Motor im Modellbau. Durch die Gleichspannungsversorgung kann somit auf die gefährliche Wechselspannung verzichtet werden. Je nach Größe und Stärke des Motors wird eine andere Eingangsspannung benötigt. Für die Anwendung im Hobby-/Modellbaubereich sind meist Motoren mit einer Eingangsspannung von maximal 24 V ausreichend.

Die Anwendungsmöglichkeiten für Gleichstrommotoren sind sehr vielfältig. Aufgrund ihrer sehr unterschiedlichen Bauform und Größe sind Gleichstrommotoren auch im Alltag sehr oft wiederzufinden, z. B. als:

▶ Miniatur-Vibrationsmotoren im Handy

▶ Zoom einer Digitalkamera

▶ Lüfter in PC-Gehäusen

▶ Scheibenwischermotoren

▶ Antrieb für Modell-Autos, -Flugzeuge oder -Boote

▶ Garagentorantriebe

▶ Antrieb für Förderbänder

Bei der Suche nach dem geeigneten Motor für Ihr Vorhaben werden Sie von der riesigen Auswahl schier überwältigt. Machen Sie sich Gedanken über einige wichtige Kenngrößen, mit denen Sie die Auswahl an möglichen Motoren bereits weit eingrenzen können:

▶ **Betriebsspannung:** Welche Spannung haben Sie zur Verfügung? Können Sie die nötige Spannung eventuell mit Batterien erzeugen? Können oder wollen Sie für Ihre Anwendung ein Netzteil verwenden? Überlegen Sie sich die für Sie am ehesten geeignete Art der Spannungsversorgung.

▶ **Stromaufnahme:** Wie viel Strom kann Ihre Spannungsquelle zur Verfügung stellen? Ist die Laufzeit bei batteriebetriebenen Projekten mit dem angegebenen Strom noch sinnvoll? Beachten Sie auch die Angaben für die Leerlaufstromaufnahme sowie die für Aufnahme bei voller Last oder beim Blockieren.

▶ **Drehzahl:** Wie viele Umdrehungen pro Minute muss Ihr Motor maximal leisten können? Dieser Wert ist von Ihrer gewünschten Anwendung abhängig. Ein PC-Lüftermotor sollte im Bereich von 5000 U/min liegen. Möchten Sie allerdings das Spanferkel auf dem Grill drehen lassen, so sollten Sie die Drehzahl im einstelligen Bereich wählen.

▶ **Drehmoment:** Das Drehmoment steht für die Kraft des Motors. Stellen Sie gegebenenfalls Berechnungen für Ihre Anwendung an, um das für Ihr Projekt nötige Drehmoment zu bestimmen. Auch hier gilt: Der PC-Lüfter sollte eine hohe Drehzahl erzeugen. Das benötigte Drehmoment allerdings ist in diesem Fall sehr niedrig, da keine großen Kräfte benötigt werden.

Das Spanferkel hingegen wiegt etwas mehr, soll sich aber sehr langsam drehen. Daher ist das Drehmoment in diesem Fall höher zu wählen. Beide Kenngrößen – die Drehzahl sowie das Drehmoment – können durch ein Getriebe am Motor beeinflusst werden. Das Getriebe kann nachträglich angebaut werden oder aber bereits im Motorgehäuse verbaut sein.

Wechselstrommotoren und Drehstrommotoren zählen natürlich auch zu den Elektromotoren, finden in diesem Kapitel allerdings keine Anwendung. Sie sind meist leistungsfähiger als Gleichstrommotoren, benötigen aber eine Wechselspannung. Teilweise werden Wechselstrommotoren mit Spannungen von 230 V bis 400 V versorgt und sind daher für den Hobbybereich eher untauglich.

Eine Steuerung der Motoren wäre mit der Verwendung von Relais und Schützen möglich. Informationen zur Wirkungsweise und zum Anwendungsbereich von Wechselstrommotoren finden Sie wie üblich in der Wikipedia:

https://de.wikipedia.org/wiki/Wechselstrommotor

12

Die H-Brücke

Bevor Sie mit dem Basteln beginnen, müssen wir einen kurzen Theorieteil einschieben: Der Motortreiber L298, den wir für die Motorsteuerung verwenden, ist ein dualer Treiberbaustein mit integrierter H-Brücke. Eine H-Brücke ist eine Bezeichnung für eine Schaltung (siehe Abbildung 12.15), die es unter anderem ermöglicht, Motoren sehr einfach umzupolen, um die Drehrichtung umzukehren.

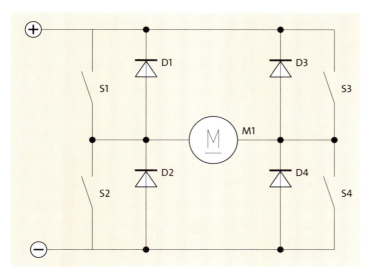

Abbildung 12.15 Prinzip einer H-Brücke

Zudem kann der L298 dies sogar für zwei Motoren leisten. Daher kristallisiert sich das Bauteil als ideal für den Bau von kleinen Autos oder Robotern heraus. Den L298 können Sie in unterschiedlichen Bauformen erhalten. Wir gehen von der Bauform im Multiwatt-Gehäuse aus. Bei der Bestellung heißt das Bauteil L298N. Eine SMD-Ausführung des Bauteils erhalten Sie unter der Bezeichnung L298P. Die Variante L298D besitzt bereits integrierte Freilaufdioden und erspart Ihnen somit ein wenig Lötarbeit.

SMD-Bauteile

Bauteile, die keine Beinchen besitzen, sondern Lötflächen, und somit nur auf der Oberfläche einer Leiterplattenseite verlötet werden, heißen Surface Mounted Devices. SMDs können viel kleiner ausgeführt werden als die bedrahteten Versionen (siehe Abbildung 12.16).

Abbildung 12.16 Oben: SMD-Ausführung von IC, LED und Transistor – unten: die bedrahteten Versionen dieser Bauteile

Auf dem Schaltplan (siehe Abbildung 12.15) sehen Sie die Skizze einer H-Brücke zur Motoransteuerung. Schließen sich die Schalter S1 und S4, so liegt an der linken Seite des Motors das positive Potenzial an und an der rechten Seite des Motors das negative Potenzial. Schließen sich jedoch die Schalter S3 und S2, so liegt das positive Potenzial rechts, das negative links. Dadurch kann die Drehrichtung des Motors verändert werden. Soll der Motor abrupt gebremst werden, so schließen Sie die Schalter S2 und S4 und schließen so den Motor kurz.

Die Dioden D1 bis D4 im Schaltplan sind Freilaufdioden, die die Ansteuerelektronik vor Spannungsspitzen aus den Wicklungen des Motors schützen. Diese Dioden sind zwingend notwendig und nicht zu unterschätzen. Sehr schnell kann der Treiberbaustein – oder im schlimmsten Fall sogar der Raspberry Pi – zerstört werden!

Der Motortreiber L298

Warum haben wir für dieses Buch den L298 als Motortreiber ausgewählt? Dieses Bauteil bekommen Sie in fast jedem Elektronikfachgeschäft. Durch seine große Bauform hält der L298 selbst großen Belastungen stand. Die einfache Montage eines Kühlkörpers lässt große Motorströme zu. Der L298 erfüllt alle Funktionen einer H-Brücke – und dies sogar doppelt! Er beinhaltet zwei H-Brücken, um zwei Motoren unabhängig voneinander anzusteuern. Die Versorgungsspannung darf maximal 46 V betragen, der maximale Strom jeweils 2 A.

Im Pin-Belegungsplan sind die Anschlüsse unterschiedlich lang dargestellt (siehe Abbildung 12.17). Die Pins sind zweireihig angeordnet. Aus dem Blickwinkel der Zeichnung sind die längeren vorne, die kürzeren hinten.

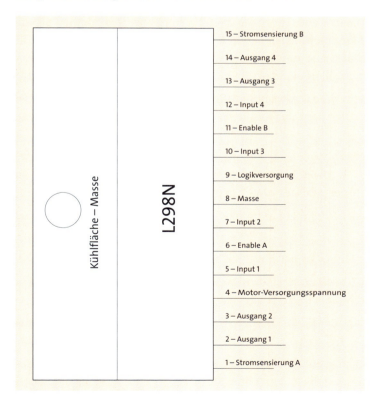

Abbildung 12.17 L298N-Pin-Belegung

Trotz der vielen verfügbaren Pins ist das System doch leicht zu verstehen:

▶ **Pin 1 und Pin 15 – Current Sensing A/B:** Schließen Sie an die beiden Pins einen Widerstand gegen Masse an, so kann durch das Messen des Spannungsabfalls über diesem Widerstand der aktuelle Strom zurückgelesen werden. Wird diese Funktion nicht benötigt, so können die beiden Pins auf Masse gelegt werden.

▶ **Pin 2, Pin 3, Pin 13, Pin 14 – Output 1/2:** Hier schließen Sie die beiden Versorgungsanschlüsse der Motoren A (Pin 2/3) und B (Pin 13/14) an. Sollten Sie Motoren verwenden, bei denen der L298 an seine Grenzen stößt (z. B. wegen einer Stromaufnahme > 2 A), empfiehlt es sich, an der Massefläche des L298 einen geeigneten Kühlkörper anzubringen.

▶ **Pin 4 – Supply Voltage:** Dieser Pin ist nur einmal ausgeführt. Hier wird die gemeinsame Versorgungsspannung der Motoren angeschlossen (maximal 46 V).

▶ **Pin 5, Pin 7, Pin 10, Pin 12 – Input 1–4:** Die Input-Pins dienen zur Ansteuerung des Bausteins. Sehr hilfreich ist, dass die Input-Pins einen High-Pegel bereits ab 2,3 V erkennen. Damit lässt sich der L298 direkt, ohne Zwischenbeschaltung, über die 3,3-V-Ausgänge der GPIO-Steckerleiste des Raspberry Pi ansteuern.

▶ **Pin 6 und Pin 11 – Enable A/B:** Legen Sie diese Pins auf Masse, so können Sie die H-Brücke A oder B komplett deaktivieren. Hier ist es unter Umständen sinnvoll, einen Pull-down-Widerstand zu verwenden, damit der L298 während des Bootens des Raspberry Pi kontrolliert abgeschaltet bleibt.

▶ **Pin 8 – GND:** Gemeinsame Masseanbindung. Die große Metallfläche am Bauteil ist ebenfalls Masse. Die Masse des Raspberry Pi muss mit der Masse des L298 verbunden werden.

▶ **Pin 9 – Logic Supply Voltage:** Logikversorgung des Bauteils. Hier wird eine Spannung von 4,5 bis 7 V angeschlossen, um den internen Logikteil des L298 zu versorgen. Ideal dafür eignen sich die 5 V der GPIO-Leiste.

Selbstverständlich ist der L298 nicht der einzige verfügbare Motortreiber. Alternativen wären:

▶ der Selbstbau einer H-Brücke aus einzelnen Transistoren oder Relais

▶ die Bauteilreihe L620X: Motortreiber mit einfacher H-Brücke, aber integrierten Freilaufdioden. Das Modell L6205 besitzt ebenfalls zwei H-Brücken.

▶ der Treiber-IC L293D oder L293B: kleinere Bauform, aber auch weniger belastbar als der L298

Wenn Sie erst den Umgang mit dem L298 beherrschen, so ist es kein Problem, auf andere Motortreiber umzusteigen. Betrachten Sie dieses Kapitel daher als Grundlage für den Umgang mit Motortreiber-ICs.

Verdrahtung und Software

Schließen Sie nun den L298 dem Schaltplan entsprechend an (siehe Abbildung 12.18). Verwenden Sie dabei eine für Ihren Motor geeignete Spannung. Falls Sie die Variante L298D verwenden, können Sie die externen Freilaufdioden weglassen.

> **Vorsicht, Kurzschlussgefahr!**
>
> Falls Sie eine Batterie verwenden, müssen Sie unbedingt die Zuleitung der Batterie mit einer geeigneten Sicherung versehen. Bei Kurzschlüssen an 12-V-Blei-Gel-Akkus droht immer Brandgefahr!

In der Software können Sie nun mittels eines 3,3-V-Signals an den Input-Eingängen die Drehrichtung der Motoren beeinflussen (siehe Tabelle 12.1). Für Motor B nutzen Sie Input 3 und 4 sowie Enable B. Die Funktionen verhalten sich gleich.

Input 1	Input 2	Enable A	Funktion
0	0	0	Motor läuft aus.
0	0	1	Sofortiger Stopp
0	1	0	Motor läuft aus.
1	0	0	Motor läuft aus.
0	1	1	Rückwärts
1	1	1	Sofortiger Stopp
1	1	0	Motor läuft aus.
1	0	1	Vorwärts

Tabelle 12.1 Logiktabelle für den Motor A am L298

Wie Sie sehen, finden Motorenbewegungen nur dann statt, wenn der Enable-Eingang einen High-Pegel erhält. Liegt an Enable ein Low-Pegel an, so ist die Kombination der Input-Pins egal. Die gesamte H-Brücke ist deaktiviert.

Sobald der Status von Input 1 = Input 2 ist, wird der Motor kurzgeschlossen und es findet ein »Sofort-Stopp« statt. Wird das Enable-Signal auf Low gesetzt, so läuft der Motor ganz normal aus.

Sie können unter Umständen zwei Pins der GPIO-Leiste einsparen, indem Sie die Enable-Eingänge permanent auf 3,3 V legen. Somit entfällt allerdings die Auslauffunktion und der Motor macht eine Vollbremsung, anstatt sanft auszulaufen. Prüfen Sie hier aber, dass die Ausgänge des Raspberry Pi keine ungewollten Signale abgeben, z. B. beim Booten. Ansonsten können sich die Motoren ungewollt bewegen.

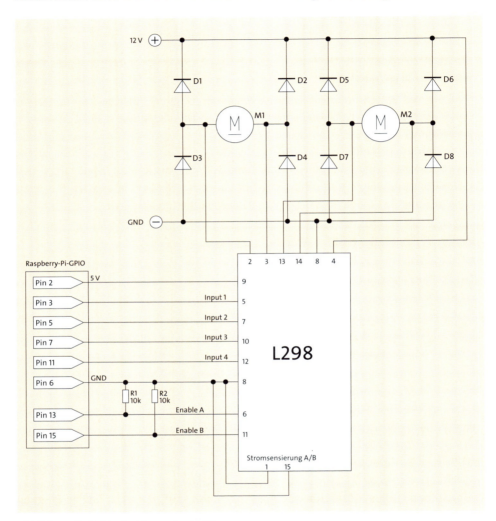

Abbildung 12.18 Verdrahtung des L298

Das folgende Python-Programm ist in zwei Teile aufgeteilt. Im ersten Teil definieren Sie die verwendeten GPIO-Pins. Zusätzlich haben wir die Funktion all_off() definiert, um alle Pins auf Low zu schalten. Sofern keine externen Pull-down-Widerstände genutzt werden, ist in diesem Fall die all_off()-Funktion sicherer als ein GPIO. cleanup().

```
#!/usr/bin/python3
# Teil 1 des Codes
from time import sleep
import RPi.GPIO as GPIO
GPIO.setmode(GPIO.BOARD)

# Funktion, um alle genutzten Pins auf Low zu schalten
def all_off():
    GPIO.output(EnableA, False)
    GPIO.output(EnableB,False)
    GPIO.output(Input1,False)
    GPIO.output(Input2,False)
    GPIO.output(Input3,False)
    GPIO.output(Input4,False)
    return

# Den GPIO-Pins werden die Namen der L298-Eingänge zugewiesen.
EnableA = 13
EnableB = 15
Input1 = 3
Input2 = 5
Input3 = 7
Input4 = 11

# Alle genutzten GPIO-Pins als Ausgang deklarieren.
GPIO.setup(EnableA,GPIO.OUT)
GPIO.setup(EnableB,GPIO.OUT)
GPIO.setup(Input1,GPIO.OUT)
GPIO.setup(Input2,GPIO.OUT)
GPIO.setup(Input3,GPIO.OUT)
GPIO.setup(Input4,GPIO.OUT)

# Funktion "all_off" aufrufen
all_off()
```

Den zweiten Teil des Codes fügen Sie nahtlos hinter den ersten ein. Er bietet zwei manuelle Eingabemöglichkeiten, um einen der beiden Motoren auszuwählen und um dessen Drehrichtung anzugeben. Sollten Sie nur einen Motor am L298 angeschlossen haben, so verwenden Sie im Programmcode nur die Pins Input1 und Input2. Der Steuerungsteil des Programms ist in eine try/except-Klammer gefasst. Dadurch wird auch im Falle des Programmabbruchs durch Strg+C die all_off()-Funktion ausgeführt. Damit können Sie sich jederzeit sicher sein, dass beim Programmende alle Ausgänge des Motortreibers abgeschaltet sind.

```python
# Teil 2 des Codes
try:
  while True:
    # Eingabefeld zur Motorauswahl.
    # Groß-/Kleinschreibung beachten.
    motor = input("Geben Sie den Motor ein: 'A' oder 'B': ")
    # Eingabefeld zur Richtungsauswahl.
    richtung =
      input("Geben Sie die Drehrichtung ein: 'V' oder 'Z': ")

    # if-Schleifen zur Abfrage der vorherigen Eingabe
    if motor == "A" and richtung == "V":
        GPIO.output(EnableA, True)
        GPIO.output(Input1, True)
        GPIO.output(Input2, False)
        sleep (5)              # Motor dreht jeweils 5 Sekunden.
        GPIO.output(EnableA, False)
        GPIO.output(Input1, False)
    if motor == "A" and richtung == "Z":
        GPIO.output(EnableA, True)
        GPIO.output(Input1, False)
        GPIO.output(Input2, True)
        sleep (5)
        GPIO.output(EnableA, False)
        GPIO.output(Input2, False)

    if motor == "B" and richtung == "V":
        GPIO.output(EnableB, True)
        GPIO.output(Input3, True)
        GPIO.output(Input4, False)
        sleep (5)
        GPIO.output(EnableB, False)
        GPIO.output(Input3, False)
    if motor == "B" and richtung == "Z":
        GPIO.output(EnableB, True)
        GPIO.output(Input3, False)
        GPIO.output(Input4, True)
        sleep (5)
        GPIO.output(EnableB, False)
        GPIO.output(Input4, False)

# beim Programmende durch Strg+C wird "all_off" ausgeführt
except KeyboardInterrupt:
    all_off()
```

Motordrehzahl per Software ändern

Die Enable-Eingänge des L298 sind PWM-tauglich. Das können Sie nutzen, um in Python ein PWM-Signal auf den Pins 13 und 15 zu erzeugen und somit die Drehzahl zu beeinflussen. Dazu ändern Sie den oben gezeigten Python-Code ein wenig ab.

Nutzen Sie hier den kompletten Code aus Teil 1 des vorherigen Programms. Teil 2 des Codes ersetzen Sie durch den folgenden:

```python
# PWM-Signal auf Pins 13 und 15 mit 100 Hz
pwmA=GPIO.PWM(EnableA,100)
pwmB=GPIO.PWM(EnableB,100)

try:
  while True:
    # Eingabefeld zur Motorauswahl
    motor = input ("Wählen Sie den Motor: 'A' oder 'B': ")

    # Eingabefeld zur Richtungsauswahl
    richtung =
      input ("Wählen Sie die Drehrichtung: 'V' oder 'Z': ")

    # Duty Cycle eingeben
    geschwindigkeit =
      input ("Wählen Sie die Geschwindigkeit: '1 - 100': ")

    if motor == "A" and richtung == "V":
        # PWM starten mit 100 Hz und dem eingegebenen Duty Cycle
        pwmA.start(float(geschwindigkeit))
        GPIO.output(Input1, True)
        GPIO.output(Input2, False)
        sleep (5)
        GPIO.output(EnableA, False)
        GPIO.output(Input1, False)

    if motor == "A" and richtung == "Z":
        pwmA.start(float(geschwindigkeit))
        GPIO.output(Input1, False)
        GPIO.output(Input2, True)
        sleep (5)
        GPIO.output(EnableA, False)
        GPIO.output(Input2, False)

    if motor == "B" and richtung == "V":
        pwmB.start(float(geschwindigkeit))
        GPIO.output(Input3, True)
```

12

```
            GPIO.output(Input4, False)
            sleep (5)
            GPIO.output(EnableB, False)
            GPIO.output(Input3, False)


    if motor == "B" and richtung == "Z":
            pwmB.start(float(geschwindigkeit))
            GPIO.output(Input3, False)
            GPIO.output(Input4, True)
            sleep (5)
            GPIO.output(EnableB, False)
            GPIO.output(Input4, False)

# Beim Beenden des Programms durch Strg+C wird
# all_off() ausgeführt.
except KeyboardInterrupt:
    all_off()
```

In dieser Abwandlung des ursprünglichen Codes verwenden Sie ein PWM-Signal auf den Enable-Pins. Am Anfang des Programms wird mit `pwmA=GPIO.PWM(EnableA,100)` die Frequenz festgelegt. Die PWM-Frequenz sollte, wie im Beispiel, im Bereich von 100 Hz liegen. Darunter fängt der Motor an zu stottern. Setzen Sie die Frequenz auf einen weitaus höheren Wert, so wird ein starkes Fiepen im Motor entstehen.

Im weiteren Ablauf des Programms kommt eine zusätzliche Eingabemöglichkeit hinzu. Sie können dort manuell den Duty Cycle des PWM-Signals bestimmen. Dieser Eingabewert bestimmt die Drehgeschwindigkeit des Motors. Experimentieren Sie ein wenig mit Frequenz und Duty Cycle, und beobachten Sie die Auswirkungen auf die Motorenbewegung. Lesen Sie bei Bedarf die Grundlagen zu PWM in Abschnitt Leuchtdioden.

Noch mehr Anwendungsmöglichkeiten für den L298 sowie Steuerungsdetails verrät das Datenblatt, das Sie unter der folgenden Adresse finden:

https://sparkfun.com/datasheets/Robotics/L298_H_Bridge.pdf

Spar-Tipp

Suchen Sie in Online-Auktionshäusern nach dem Stichwort *L298-Modul*, so finden Sie vor allem bei ausländischen Händlern sehr günstige Fertigmodule des L298 – meist fertig bestückt auf einer kleinen Leiterplatte, samt Freilaufdioden und Schraub- oder Steckverbindungen für Ein- und Ausgänge (siehe Abbildung 12.19).

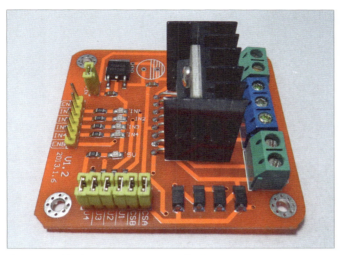

Abbildung 12.19 Beispiel für ein L298-Fertigmodul

12.4   Schrittmotoren

Ein Schrittmotor (siehe Abbildung 12.20) ist eine besondere Form des Gleichstrommotors. Wie aus der Bezeichnung bereits abzuleiten ist, lässt sich ein Schrittmotor in einzelnen Schritten ansteuern. Das hat einen großen Vorteil, wenn Sie z. B. darauf angewiesen sind, die genaue Position eines Motors zu überwachen. Denkbare Situationen dafür wären z. B. die Konstruktion eines X/Y-Tisches, Roboterarme oder Hub-Dreh-Greif-Einrichtungen. Wenn Sie dazu ein cleveres Python-Script entwerfen, so kann in der Software die aktuelle Position jederzeit mitgeschrieben werden. Sehr gute Informationen zur Funktionsweise, Auswahl und Unterscheidung von Schrittmotoren finden Sie unter folgendem Link:

http://rn-wissen.de/index.php/Schrittmotoren

Schrittmotoren sind mitunter sehr teuer. Falls Sie ein wenig Geld sparen möchten und noch alte Elektronikgeräte zu Hause im Keller haben, so werfen Sie mal einen Blick ins Innere! In vielen Geräten sind Schrittmotoren verbaut, die sich ideal für Projekte und Experimente verwenden lassen. Dazu zählen z. B.:

- ▶ Drucker
- ▶ Scanner
- ▶ CD/DVD-Laufwerke
- ▶ RC-Modelle

Bei der Ansteuerung von Schrittmotoren unterscheidet man zwischen der bipolaren und der unipolaren Ansteuerung. Wir werden Ihnen beide Formen der Ansteuerung vorstellen und die nötige Hardware erläutern. In den folgenden Beispielen nutzten wir zwei verschiedene Schrittmotortypen: einen 4-poligen Motor mit bipolarer Ansteuerung sowie einen 5-poligen Motor für die unipolare Ansteuerung.

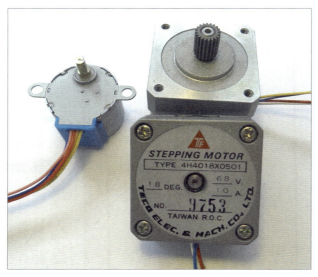

Abbildung 12.20 Verschiedene Schrittmotoren und Typenschild

Bipolare Ansteuerung

Motoren mit vier, sechs oder acht Anschlüssen müssen Sie bipolar ansteuern, wobei eine bestimmte Schrittabfolge zu beachten ist (siehe Tabelle 12.2). Diese Art der Ansteuerung ist etwas aufwendiger, allerdings erhalten Sie im Gegensatz zur unipolaren Ansteuerung ein höheres Drehmoment. Der größte Unterschied der beiden Ansteuerarten besteht im erforderlichen Treiber. Für eine bipolare Ansteuerung benötigen Sie eine H-Brücke, die die Spulen des Schrittmotors umpolt. Zur unipolaren Ansteuerung genügt ein einfaches Darlington-Array, das abwechselnd die Spulenenden gegen Masse schaltet.

Schritt	Spule A1	Spule A2	Spule B1	Spule B2
Schritt 1	1	0	1	0
Schritt 2	1	0	0	1
Schritt 3	0	1	0	1
Schritt 4	0	1	1	0

Tabelle 12.2 Bipolare Steuerung eines Schrittmotors

Wir nutzen im nächsten Beispiel einen bipolaren Schrittmotor mit der Bezeichnung PSM35BYG1O4. Sie können ihn unter anderem beim Elektronikversand Pollin bestellen. Als Treiber kann in diesem Fall wieder der L298 verwendet werden. Schließen Sie dazu den Schrittmotor wie im Schaltplan gezeigt an (siehe Abbildung 12.21). Um die beiden Spulen zu identifizieren, messen Sie die vier Leitungen mit einem Multimeter ohmsch durch. Sie erkennen die beiden Enden einer Spule an einem geringen Widerstandswert im Ohm-Bereich. Wenn Sie von Spule A zu Spule B messen, sollten Sie einen nahezu unendlichen Widerstand feststellen.

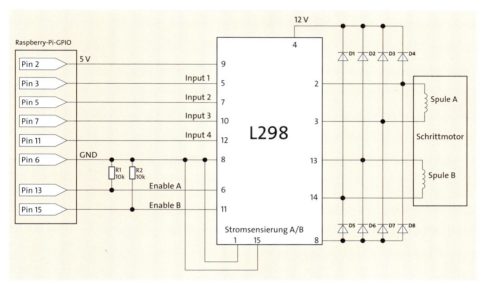

Abbildung 12.21 Anschluss des Schrittmotors an den L298

Das Programm für den oben genannten Aufbau haben wir in drei Abschnitte unterteilt. Nach jedem Teil erfolgt eine kurze Funktionserläuterung. Fügen Sie alle drei Codeabschnitte untereinander in eine Python-Datei ein.

Der erste Teil des Python-Codes legt die Pins fest, die wir für die Ansteuerung des L298 nutzen wollen. Passen Sie die Pin-Nummern im Programm entsprechend der Verdrahtung an, die Sie festgelegt haben. Die Variable time bestimmt später die Pause zwischen den einzelnen Schritten und somit die Drehgeschwindigkeit des Motors.

```
#!/usr/bin/python3
# Teil 1

from time import sleep
import RPi.GPIO as GPIO
GPIO.setmode(GPIO.BOARD)
```

```
# verwendete Pins am Raspberry Pi
EnableA = 13
EnableB = 15
a1 = 3
a2 = 5
b1 = 7
b2 = 11
# Pause zwischen den Schritten (beliebig veränderbar)
time = 0.005
# alle genutzten GPIO-Pins als Ausgang deklarieren
GPIO.setup(EnableA,GPIO.OUT)
GPIO.setup(EnableB,GPIO.OUT)
GPIO.setup(a1,GPIO.OUT)
GPIO.setup(a2,GPIO.OUT)
GPIO.setup(b1,GPIO.OUT)
GPIO.setup(b2,GPIO.OUT)
GPIO.output(EnableA, True)
GPIO.output(EnableB, True)
```

Im zweiten Teil des Programms legen Sie die Schrittfolge fest (siehe Tabelle 12.2). Sie sehen, dass es zwei Sequenzen im Programm gibt. Sequenz 1 führt Vollschritte aus, also den auf dem Typenschild des Motors angegebenen Winkel pro Schritt. Im Falle des PSM35BYG104 sind das 1,8° pro Schritt. Die zweite Sequenz führt Halbschritte aus. Somit wird pro Schritt ein Winkel von 0,9° zurückgelegt.

```
# Fortsetzung / Teil 2
z = 0
schritte = 0

# Sequenz für Vollschritt
steps1 = []
steps1 = list(range(0,4))
steps1[0] = [a1,b1]
steps1[1] = [a1,b2]
steps1[2] = [a2,b2]
steps1[3] = [a2,b1]
zaehler1 = 4
# Sequenz für Halbschritt
steps2 = []
steps2 = list(range(0,8))
steps2[0] = [a1,b1]
steps2[1] = [a1,0]
steps2[2] = [a1,b2]
steps2[3] = [b2,0]
steps2[4] = [a2,b2]
```

```
steps2[5] = [a2,0]
steps2[6] = [a2,b1]
steps2[7] = [b1,0]
zaehler2 = 8
```

Der letzte Teil des Programms besteht aus der Aufforderung zur Sequenzauswahl und der Ausführung der Schritte. Zur Demonstration haben Sie also die Möglichkeit, zum Start des Programms zwischen Voll- oder Halbschrittbetrieb zu wählen. Ist die Betriebsart festgelegt, so folgt die for-Schleife, in der die Ausgänge entsprechend gesetzt werden. Es wird jeweils eine komplette Umdrehung durchgeführt, bis das Programm automatisch endet. Die Berechnung der für eine Umdrehung nötigen Schritte ergibt sich aus den vorliegenden Werten des Datenblattes oder Typenschilds.

```
# Fortsetzung / Teil 3
# Sequenzauswahl
Auswahl = eval(input("Drücken Sie [1] = Vollschritt
                                [2] = Halbschritt: "))

if Auswahl == 1:
    steps = steps1
    zaehler = zaehler1
if Auswahl == 2:
    steps = steps2
    zaehler = zaehler2

# Schleife zum Durchlaufen der Sequenzen
while schritte < (zaehler * 50) :
    for i in range (0,zaehler):
        if (z == zaehler):
            z = 0

        GPIO.output(steps[z][0], True)
        if steps[z][1] != 0:
            GPIO.output(steps[z][1], True)
        sleep(time)
        GPIO.output(steps[z][0], False)
        if steps[z][1] != 0:
            GPIO.output(steps[z][1], False)
        schritte +=1
        print (z)
        z += 1
        print ("Aktueller Schritt: ", schritte)

GPIO.output(EnableA, False)
GPIO.output(EnableB, False)
```

Eine volle Umdrehung im Vollschrittbetrieb benötigt 200 Schritte:

360 / 1,8 = 200

Im Halbschrittbetrieb werden entsprechend 400 Schritte benötigt. In der for-Schleife werden jeweils 4 Schritte im Vollschrittbetrieb und 8 Schritte im Halbschrittbetrieb durchgeführt. In der Schleife while schritte < (zaehler * 50) multiplizieren Sie jeweils 4 bzw. 8 mit dem Wert 50 und erhalten in beiden Fällen eine volle Umdrehung. Um die Drehrichtung des Motors umzukehren, müssen Sie die Sequenzen steps1 und steps2 in umgekehrter Reihenfolge ablaufen lassen.

An der Software sehen Sie, dass alle Schrittfolgen durch das Python-Script festgelegt werden. Das macht den Code recht komplex. Ein weiterer Nachteil besteht darin, dass Sie jeweils sechs freie GPIO-Pins pro Motor benötigen.

Unipolare Ansteuerung

An einem unipolaren Schrittmotor gibt es fünf Leitungen: jeweils zwei Leitungen der zwei Motorspulen und einen zusammengelegten Mittenabgriff der beiden Spulen. Aufgrund der Funktionsweise des Motors wird hier keine H-Brücke benötigt, sondern es genügt ein einfaches Darlington-Array zur Ansteuerung. Der Grund dafür ist, dass die fünfte Leitung die gemeinsame Mitte beider Spulen ist. An diese wird die Motorbetriebsspannung angelegt, und die einzelnen Spulenenden werden abwechselnd nach Masse gezogen. Hier wird keine Umpolung durch eine H-Brücke wie beim bipolaren Schrittmotor benötigt.

Nutzen können Sie hier z. B. wieder den ULN2803 oder auch einen ULN2003. Wir nutzen in diesem Abschnitt einen ULN2003. Der einzige Unterschied zum bekannten ULN2803: Das Bauteil besitzt nur sieben Ein- bzw. Ausgänge. Für das Antreiben eines Schrittmotors werden lediglich vier Eingänge benötigt.

Bauen Sie eine Schaltung entsprechend dem Schaltplan auf (siehe Abbildung 12.22). Nutzen Sie einfach die gleichen GPIO-Pins wie im vorherigen Abschnitt über den bipolaren Schrittmotor. Dadurch können Sie auch das Python-Programm einfach übernehmen. Sie müssen nur die Schrittfolge für Voll- und Halbschritt der Schrittfolge bei der unipolaren Steuerung anpassen (siehe Tabelle 12.3 und Tabelle 12.4).

Schritt	Spule A1	Spule A2	Spule B1	Spule B2
Schritt 1	1	0	0	0
Schritt 2	0	1	0	0
Schritt 3	0	0	1	0
Schritt 4	0	0	0	1

Tabelle 12.3 Unipolare Steuerung im Vollschritt

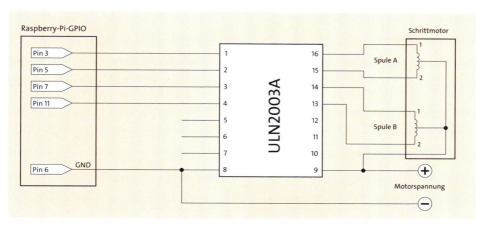

Abbildung 12.22 Anschluss eines unipolaren Schrittmotors an einen ULN2003

Schritt	Spule A1	Spule A2	Spule B1	Spule B2
Schritt 1	1	0	0	0
Schritt 2	1	1	0	0
Schritt 3	0	1	0	0
Schritt 4	0	1	1	0
Schritt 5	0	0	1	0
Schritt 6	0	0	1	1
Schritt 7	0	0	0	1
Schritt 8	1	0	0	1

Tabelle 12.4 Unipolare Steuerung im Halbschritt

Spar-Tipp

Ein simpler Schrittmotor ist der 28BYJ-48. Er wird unter diesem Suchbegriff sehr oft als komplettes Set mit Treiberboard angeboten. Dies lohnt sich in erster Linie preislich. Verbaut sind ein ULN2003 als Treiber, vier LEDs zur Statusanzeige sowie Anschlüsse, Leitungen und der Motor selbst. Oftmals finden Sie das Set für weniger als fünf Euro. Einen schönen Bericht und eine Anleitung dazu finden Sie unter folgendem Link:

http://scraptopower.co.uk/Raspberry-Pi/how-to-connect-stepper-motors-a-raspberry-pi

Intelligente Schrittmotortreiber

Ein intelligenter Schrittmotortreiber trägt dazu bei, dass Sie weniger Python-Code schreiben müssen. Nützlich ist hier z. B. der Treiberbaustein A4988, auf dessen Ansteuerung wir in diesem Beispiel eingehen möchten (siehe Abbildung 12.23 und Abbildung 12.24). Er ist ein beliebter Treiber für Robotik-Projekte. Unter dem Suchbegriff *A4988 Stepper Motor Driver* finden Sie ein komplettes Board mit diesem Treiber sehr preisgünstig im Internet, beispielsweise bei Amazon:

https://www.amazon.de/dp/B01N9QOJ99

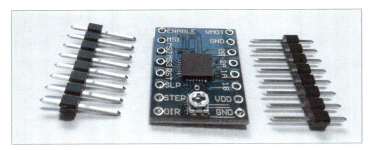

Abbildung 12.23 Bestücktes Treiberboard A4988

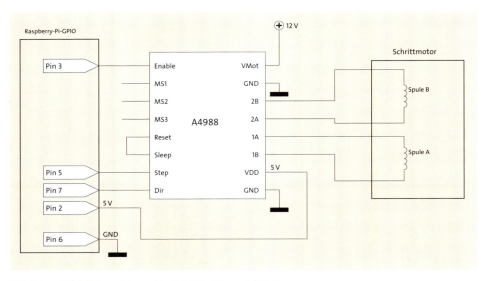

Abbildung 12.24 Anschluss des Schrittmotors A4988

Der entscheidende Vorteil eines intelligenten Treibers besteht darin, dass Sie die Schrittfolge nicht im Python-Programm definieren müssen. Dem Baustein A4988 reicht ein Impuls aus, um den Motor um einen Schritt zu drehen. Zwei weitere Pins können belegt werden, um die Drehrichtung zu bestimmen und um den Treiber zu aktivieren. Zudem bietet das Board noch einige weitere Features, auf die wir bei der Pin-Belegung eingehen:

▶ **Pin Enable:** Ist der Pin auf Low, so ist die Steuerung aktiviert und der Chip kann wie gewünscht angesteuert werden. Liegt hier ein High an, so sind alle Ausgänge deaktiviert und die Steuersignale werden ignoriert.

▶ **Pins MS1–MS3:** Diese drei Pins dienen zur Auswahl der Schrittweite. Der A4988 beherrscht Voll-, Halb-, Viertel-, Achtel- und sogar Sechzehntel-Schrittweiten. Bestimmen können Sie die durchgeführte Schrittweite durch eine Kombination aus High- und Low-Pegeln an den drei Pins. Für einen Low-Pegel legen Sie einen der Pins an Masse, für High an VDD (siehe Tabelle 12.5).

Schrittauflösung	MS1	MS2	MS3
Vollschritt	0	0	0
Halbschritt	1	0	0
Viertelschritt	0	1	0
Achtelschritt	1	1	0
Sechzehntelschritt	1	1	1

Tabelle 12.5 Wahrheitstabelle für die Schrittweiteneinstellung (MS1 bis MS3)

▶ **Pins Reset und Sleep:** Der Reset-Pin setzt, wenn er an Masse liegt, die interne Logik auf eine Home-Position innerhalb der Mikroschritte. Der Sleep-Pin kann, wenn auf Masse gezogen, den Treiber in einen Schlafmodus versetzen, der bei Bedarf Energie spart, wenn der Motor nicht benötigt wird. Sie sollten beide Pins an ein High-Signal legen oder untereinander verbinden, um den Reset- und Sleep-Modus zu deaktivieren.

▶ **Pin Step:** Das ist mitunter der wichtigste Pin des Treibers. Schließen Sie diesen Pin an einen freien Ausgang des Raspberry Pi an. Der Pin Step nimmt Ihnen die Arbeit ab, die Sie mit dem L298 noch von Hand im Python-Programm erledigen mussten. Der A4988 benötigt am Pin Step lediglich eine positive Flanke, um den Motor in der Schrittfolge einen Schritt weiter zu drehen. Als positive Flanke bezeichnet man einen Wechsel von Low zu High.

▶ **Pin Dir:** Dieser Pin wird mit dem Raspberry Pi verbunden. Hier wird die Drehrichtung des Motors definiert. Auch hier kann mittels High- oder Low- Signalen die Richtung beeinflusst werden.

▶ **Pin VMot:** Hier liegt die Versorgungsspannung des Motors an.

▶ **Pins GND:** Gemeinsame Masse

▶ **Pins 1A, 1B, 2A und 2B:** Dies sind sind Ausgänge zum Schrittmotor. 1 und 2 benennen jeweils die Spule, A und B die Spulenenden. Durch das ohmsche Messen der Motorspulen können diese einfach identifiziert werden.

▶ **Pin VDD:** Hier benötigt der Treiber 3,3 V oder 5 V zur Versorgung der internen Logik.

Die Software fällt nun entsprechend einfach aus, da der Treiber für uns die Abfolge der Schritte steuert. Auch diese Software haben wir wieder in zwei Abschnitte aufgeteilt. Im ersten Teil des Programmcodes definieren Sie wie gewohnt die Ausgänge des Raspberry Pi. Passen Sie die Nummerierung gegebenenfalls an die von Ihnen verwendeten Pins an.

```python
#!/usr/bin/python3
# Teil 1
from time import sleep
import RPi.GPIO as GPIO
GPIO.setmode(GPIO.BOARD)
step = 5
dir = 7
enable = 3

GPIO.setmode(GPIO.BOARD)
GPIO.setup(step,GPIO.OUT)
GPIO.setup(dir,GPIO.OUT)
GPIO.setup(enable,GPIO.OUT)

GPIO.output(step, False)
GPIO.output(dir, True)
GPIO.output(enable, True)
```

Im zweiten und letzten Teil des Programms definieren wir die Funktion turn(). Die Funktion beinhaltet die gesamte Ansteuerung des A4988. Sie sehen, dass der Pin step von High auf Low geschaltet wird. Die Pause zwischen den Wechseln und damit auch die Drehzahl bestimmt speed.

```python
# Fortsetzung, Teil 2
# Funktion zur A4988-Steuerung
def turn(speed, steps, direction):
    if direction == 1:
        GPIO.output(dir, True)
    else:
        GPIO.output(dir, False)

    GPIO.output(enable, False)
```

```
for i in range(0,steps):
    GPIO.output(step, True)
    sleep (speed)
    GPIO.output(step, False)

GPIO.output(enable, True)
return
```

```
turn(0.005, 200, 1)
GPIO.cleanup()
```

In der vorletzten Zeile des Programms rufen wir die Funktion auf und übergeben drei Parameter:

▶ **speed:** Pause zwischen den High- und Low-Wechseln des Step-Pins in Sekunden.

▶ **steps:** Wie viele Schritte soll der Motor drehen? Im Vollschrittbetrieb werden wieder 200 Schritte für eine Umdrehung benötigt.

▶ **direction:** Auswahl der Drehrichtung. Nur 1 oder 0 ist möglich.

Als Erweiterung des Programms können Sie z. B. die *MSx*-Pins mit freien GPIO-Ports verbinden. So können Sie auch in der Software die Schrittweite ändern. Ebenfalls sehr sinnvoll ist das Mitzählen der Schritte. Nutzen Sie in unserem Beispiel einfach die Variable i aus der for-Schleife, um jederzeit die Position des Motors zu ermitteln. So können Sie problemlos jederzeit wieder in eine festgelegte Ausgangsposition zurückfahren.

Nach dem Start des Programms mit angeschlossenem Treiberboard und Schrittmotor macht der Motor eine Umdrehung. Danach beendet sich das Programm.

Alternative Schrittmotortreiber

Weitere Alternativen für Schrittmotortreiber sind der L293D sowie eine kombinierte Schaltung aus L297 und L298. Schrittmotoren werden auch im Roboternetz sehr gut erklärt:

http://rn-wissen.de/index.php/Schrittmotoren#Schaltung_zum_Ansteuern_ eines_Schrittmotors_mit_L298_und_L297n

12.5   Servomotoren

Servomotoren sind aus dem Modellbau nicht mehr wegzudenken und bestechen durch ihre einfache, aber genaue Ansteuerungsart. Einen Servomotor können Sie durch einen zeitlich bestimmten Impuls auf die gewünschte Position fahren. Häufig sind Servomotoren jedoch nur auf begrenzte Bewegungsradien ausgelegt. So sind 45° oder 180° gängige Drehwinkel.

Zur Ansteuerung des Servos benötigen Sie lediglich eine Signalleitung. Aus diesem Grund sind Servomotoren in der Regel mit drei Leitungen versehen:

► Versorgungsspannung
► Masse
► Signal/PWM

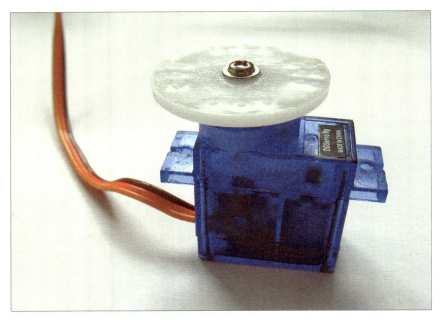

Abbildung 12.25 Ein kleiner Modellbauservo

Damit Sie in der Lage sind, einen Servo mit dem Raspberry Pi anzusteuern, schauen wir etwas genauer auf die Signalleitung.

Die interne Regelung des Servos arbeitet in sogenannten Perioden. Eine Periode ist 20 ms lang und stellt das Intervall dar, in dem sich der Steuerteil des Servos mit der tatsächlichen Position der Motorwelle abgleicht. Das heißt: Alle 20 ms erhält der Motor ein Signal von der Regelungselektronik.

Innerhalb dieser 20 ms erwartet der Servo nun von Ihnen einen Impuls. Die erwartete Impulsdauer liegt zwischen 1 ms und 2 ms. Eine Impulsdauer von 1 ms fährt den Servo ganz nach links. 2 ms dagegen fahren ihn an die rechte Endposition. Um die Mittelstellung zu erreichen, ist ein Impuls von 1,5 ms notwendig (siehe Abbildung 12.26).

Der gewünschte Impuls muss sich alle 20 ms wiederholen, da der Motor sonst kein Haltemoment in der eingestellten Position aufbringt.

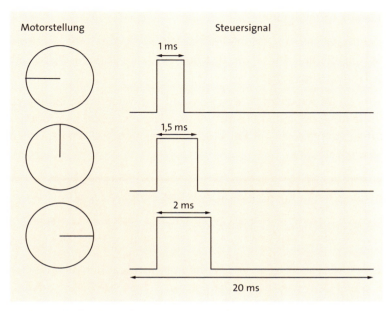

Abbildung 12.26 Steuerimpulse und resultierende Motorstellung

Analog vs. digital

Die Periodendauer von 20 ms bezieht sich auf gängige Analogservos. Durch die Verwendung von digitalen Servos sind schnellere Reaktionszeiten möglich.

Für dieses Vorhaben nutzen wir ein PWM-Signal vom Raspberry Pi. Vorweg sei gesagt, dass wir bereits mehrere Versuche mit unterschiedlichen Python-Bibliotheken unternommen haben. Nicht jede (Software)-PWM-taugliche Bibliothek ist zur Steuerung von Servomotoren gut geeignet.

Die beliebte Bibliothek `RPi.GPIO` erzeugt ein PWM-Signal innerhalb der Software. Das hat zur Folge, dass die *Sauberkeit* des Signals sehr von der Auslastung der CPU abhängt. Läuft z. B. ein Web- oder Fileserver nebenbei, so kann es zu starken Verschiebungen der Impulse kommen. In der Elektronik wird dieser Effekt als *Jitter* bezeichnet. In der Praxis macht sich das *unsaubere* Software-PWM-Signal dadurch bemerkbar, dass der Motor ständig auf der Stelle zuckt.

Um einem Jitter vorzubeugen, können Sie entweder das Hardware-PWM-Signal nutzen (siehe Abschnitt 12.1) oder z. B. die Python-Bibliothek `pigpio`. Wir haben uns in diesem Abschnitt für `pigpio` entschieden, da sie den DMA-Takt des Prozessors nutzt und somit ein auslastungsunabhängiges PWM-Signal generiert. Zudem bietet `pigpio` eine einfache Funktion zur Ansteuerung von Servos.

Servo-Programmierung mit »pigpio«

Zur Installation von pigpio gehen Sie gemäß der Anleitung in Abschnitt 27.2 unter dem Stichwort »Die pigpio-Bibliothek« vor. Beachten Sie, dass pigpio lediglich die BCM-Bezeichnung der Pins unterstützt.

Für das folgende Programm schließen Sie den Servo mit der Versorgungsleitung an Pin 2 an. Die Masseleitung verbinden Sie mit Pin 6. Die meist gelbe oder orangefarbene Signalleitung verbinden Sie mit Pin 5 (GPIO3). Speichern Sie den folgenden Code unter dem Namen servo.py.

> **Getrennte Spannungsversorgung für Raspberry Pi und Motor**
>
> In der Regel sollten Sie Motoren immer über eine separate Spannungsversorgung betreiben! Für einen kleinen Servo wie diesen haben wir allerdings gewagt, die 5 V des Raspberry Pi zu nutzen. Das ist aufgrund des geringen Strombedarfs auch problemlos möglich. Außerdem haben wir in diesem Beispiel auf jegliche Last an der Motorwelle verzichtet. Da Sie bei Ihren Versuchen sicherlich auch andere Modelle nutzen möchten, sollten Sie Ihren Servomotor z. B. durch ein Batteriefach versorgen. Vergessen Sie dabei aber nicht, die Masse der externen Batterien mit der Masse des Raspberry Pi zu verbinden!

```python
#!/usr/bin/python3
# Datei servo.py
import time
import pigpio
import sys

servo = 3
pos = sys.argv[1] #  1000 bis 2000
pi = pigpio.pi()  # Verbindung zum pigpio-Dämon

pi.set_mode(servo, pigpio.OUTPUT)
pi.set_servo_pulsewidth(servo, pos)
time.sleep(5)
pi.set_servo_pulsewidth(servo, 0)
pi.stop()
```

In diesem kleinen Programm nutzen wir die Funktion set_servo_pulsewidth(). Sie erwartet als ersten Parameter den zu nutzenden Pin, den wir in der Variablen servo übergeben. Der zweite Parameter ist die Pulsweite in µs (1000 µs = 1 ms). Diesen geben wir der Funktion in der Variablen pos mit. Nach dem Aufruf der Pulsweitenfunktion hält der Motor für fünf Sekunden seine Position. Danach stellt der Raspberry Pi das PWM-Signal ein.

Starten Sie das Programm nun wie folgt:

```
python3 servo.py 1500
```

Sollte Ihnen eine Fehlermeldung begegnen, so vergewissern Sie sich, dass Sie den für pigpio benötigten Dämon pigpiod gestartet haben (siehe Abschnitt 27.2, Abschnitt »Die pigpio-Bibliothek«). Anderenfalls holen Sie dies durch folgenden bash-Befehl nach und starten das Python-Programm dann erneut:

```
sudo pigpiod
```

Der Motor sollte nun auf seine Mittelstellung fahren. Ändern Sie die Variable pos, indem Sie den Wert beim Aufruf des Python-Codes anpassen.

Folgender Aufruf bewegt die Motorwelle in die linke Endlage:

```
python3 servo.py 1000
```

Beachten Sie, dass Werte von 1000 µs bis 2000 µs gängige Maximalwerte sind. Je nach Motortyp können die Endlagen jedoch leicht unter 1000 oder über 2000 liegen. Schauen Sie dazu in das Datenblatt Ihres Servomotors. In der Praxis ist es jedoch eher zu empfehlen, sich vorsichtig den Endlagen zu nähern. Gerade im verbauten Zustand kann die Mechanik die maximale Position bestimmen. So ermitteln Sie die Maximalanschläge des Schrittmotors, den Sie verwenden.

Versuchen Sie innerhalb der fünf Sekunden einmal die Motorwelle per Hand zu bewegen (während time.sleep(5)). Sie werden merken, dass der Servo dagegen *ankämpft*. Nach Ablauf der Zeit ist es Ihnen wieder möglich, die Welle mit der Hand zu bewegen, da der Servomotor keine Positionsimpulse mehr bekommt.

Zu guter Letzt nehmen wir die PWM-Signale mit einem *Logic-Analyzer* auf und können verdeutlichen, was genau nach dem Start des Programms geschieht (siehe Abbildung 12.27). Sie sehen, dass innerhalb von je 20 ms ein Impuls von 1,5 ms erzeugt wird.

Anschließend haben wir die Haltezeit in time.sleep() auf 100 ms eingestellt und den Motor durch eine Impulslänge von 1,8 ms ein Stück weiter nach links bewegt (siehe Abbildung 12.28).

Mit diesem Wissen können Sie nun alle gängigen Modellservos ansteuern und für spannende Projekte nutzen. Ein Projekt mit zwei Servomotoren und einer Webcam folgt in Kapitel 42, »Die Servokamera«. Weiterführende Informationen zu Servomotoren und ihrer Ansteuerung finden Sie unter den folgenden Links:

http://rn-wissen.de/wiki/index.php/Servos
http://www.mikrocontroller.net/articles/Modellbauservo_Ansteuerung

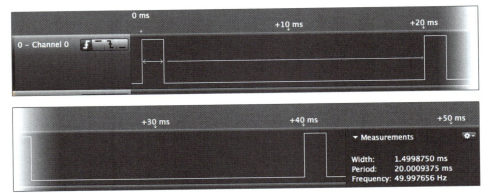

Abbildung 12.27 Steuerimpulse beim Programmstart und die resultierende Motorstellung

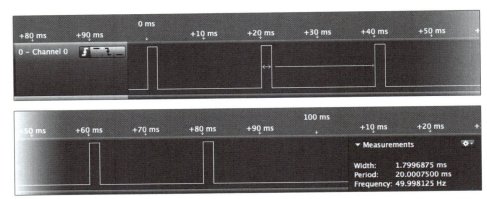

Abbildung 12.28 Steuerimpulse für eine Links-Bewegung und die resultierende Motorstellung

Selbst Signale erfassen

Wenn Sie sich fragen, wie wir das PWM-Signal des Raspberry Pi sichtbar gemacht haben, so suchen Sie z. B. bei Amazon nach *Saleae Logic Analyzer*. Die passende Software finden Sie auf der Herstellerseite *https://saleae.com*.

Bitte beachten Sie, dass Sie auf Amazon nicht das Originalprodukt finden werden, sondern eine sehr günstige Kopie, die allerdings mit der verlinkten Software funktioniert. Das weitaus höherwertige Originalprodukt können Sie ebenfalls auf der Herstellerseite beziehen.

12.6   Relais

Relais sind die ideale Wahl, wenn Sie größere Spannungen und Ströme mit dem Raspberry Pi schalten möchten. Die Ansteuerung eines Relais ist sehr einfach und benötigt nur einen High-Pegel auf dem angeschlossenen GPIO-Pin. Beim Anschließen eines Relais müssen Sie sehr sorgfältig vorgehen.

Zuerst steht die Wahl des Relais an: Wählen Sie je nach Verwendungszweck eine Variante mit der gewünschten Anzahl an Arbeitskontakten aus. Beachten Sie auch die Spannungs- und Strombelastbarkeit des Bauteils.

Relaistypen

Relais gibt es in vielen unterschiedlichen Ausführungen. Die benötigte Spannung zum Schalten des Relais sowie die Anordnung und Funktion der Arbeitskontakte sind wichtige Faktoren, die Sie bei der Auswahl eines Relais beachten sollten. Die Steuerspannung kann z. B. auf die typischen Werte von 5 V, 12 V oder 24 V ausgelegt sein. Informationen dazu finden Sie meist in der Produktbeschreibung oder im Datenblatt des Relais.

Bei den Arbeitskontakten unterscheidet man drei Ausführungen:

▶ **Schließer (NO):** Ist ein Kontakt als Schließer ausgeführt, so ist der Arbeitskontakt im unbeschalteten Zustand geöffnet und schließt sich bei der Ansteuerung des Relais. Die Abkürzung NO steht für *Normally Open*.

▶ **Öffner (NC):** Der Öffner ist bereits im Ruhezustand des Relais geschlossen. Sobald der Steuerstromkreis angesprochen wird, öffnet sich der Kontakt und trennt somit die Verbindung der beiden Arbeitskontakte. Das Kürzel NC steht daher für *Normally Closed*.

▶ **Wechsler (CO):** Als Wechsler ausgeführte Arbeitskontakte schalten je nach Zustand des Relais zwischen zwei Kontakten *hin und her*. Vorstellen kann man sich einen Wechsler als Weiche, die den Stromfluss umleitet. Einer der beiden Wechslerkontakte ist in diesem Fall als NO ausgeführt, der andere als NC. Die Abkürzung CO steht für *Change Over*.

Die Kombination aus allen drei Varianten in einem Relais ist ebenfalls zulässig und auch sehr häufig zu finden. So kann ein Relais mit einem Steuerimpuls mehrere Schaltzustände ändern. Jede Kontaktausführung kann im Schaltplan durch ihre eigene Symbolik identifiziert werden (siehe Abbildung 12.29).

Der Steuerkreis Ihres Relais sollte im Idealfall mit 5 V betrieben werden können. So ist es möglich, ohne externe Spannungsquelle das Relais mit dem Raspberry Pi anzusteuern. Im Schaltplan ist zu erkennen, dass zusätzlich zum Relais ein Transistor und eine Diode verbaut werden müssen (siehe Abbildung 12.31). Der Transistor dient dazu, die 5 V auf den Steuerkreis des Relais zu schalten.

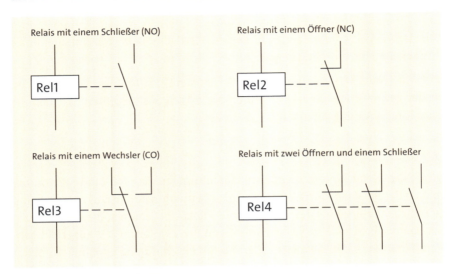

Abbildung 12.29 Beispiele für Relaistypen

Abbildung 12.30 Beispiele für Relaisbauformen

Strombelastbarkeit beachten!

Versuchen Sie niemals, einen 3,3-V-Pin zur Ansteuerung des Relais zu verwenden! Der verbaute Elektromagnet zum Anziehen der Arbeitskontakte benötigt viel mehr Strom, als ein 3,3-V-GPIO liefern kann.

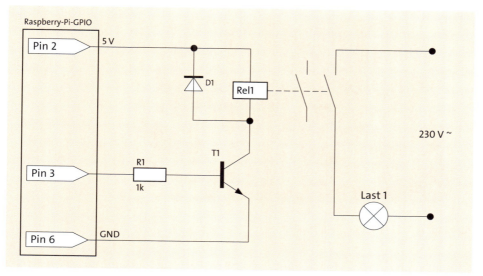

Abbildung 12.31 Beispiel einer Relaisschaltung für 230 V

Die Diode ist wieder als Freilaufdiode ausgeführt. Ähnlich wie bei dem Betrieb von Motoren gilt der Elektromagnet als induktive Last. Auch hier schützen Sie den Raspberry Pi mit der Freilaufdiode vor den Gefahren von Spannungsspitzen.

Im Schaltplan (siehe Abbildung 12.31) liegt im Laststromkreis eine 230-V-Wechselspannung an. Das Arbeiten mit der Netzspannung ist gefährlich und bedarf sehr großer Vorsicht! Der Schaltplan dient lediglich als Beispielanwendung. An der Lastseite des Relais können Sie natürlich jede Spannung anschließen, die innerhalb der Spezifikationsgrenze des verwendeten Relais liegt.

Testen Sie die aufgebaute Schaltung aus der Shell mit einem wiringPi-Befehl:

```
gpio -1 mode 3 out
gpio -1 write 3 1
```

Das Relais sollte nun mit einem hörbaren *Klacken* anziehen. Selbstverständlich kann der genutzte GPIO-Pin auch in einem Python-Programm angesprochen werden. Dies bedarf keiner besonderen Erläuterung, da der vorgeschaltete Transistor einfach durch das Setzen eines Ausgangs durchgeschaltet werden kann.

Es gibt sehr schöne Relaisboards im Internet zu kaufen. Diese Boards sind bereits komplett bestückt und sichern ihre Eingänge mit Optokopplern ab. Suchen Sie z. B. nach *4-Channel Relay Board*, und Sie erhalten haufenweise Ergebnisse für ein Board mit vier Relais (siehe Abbildung 12.32). Ein Beispiel finden Sie z. B. im Onlineshop von EXP-Tech:

https://exp-tech.de/5v-4-channel-relay-shield

Abbildung 12.32 4-Kanal-Relaisboard

Oftmals sind diese Boards allerdings für die 5-V-Pegel eines Arduino ausgelegt. Es gibt jedoch Wege, diese Boards problemlos mit einem Raspberry Pi anzusteuern:

http://forum-raspberrypi.de/Thread-relaisboard-gefahr

Reaktionsgeschwindigkeit

Ein Relais ist nicht auf die Ansteuerung mit schnellen PWM-Signalen ausgelegt. Die Zeit für das Anziehen und Lösen des Ankers (Reaktionszeit) liegt je nach Ausführung bei ca. 3 ms. Damit zählt das Relais im Vergleich zu einem Transistor eher zu den Schnecken in der Elektrotechnik.

Kapitel 13
Bussysteme

Dieses Kapitel behandelt die verfügbaren Bussysteme des Raspberry Pi:

- ▶ SPI = Serial Peripheral Interface
- ▶ I^2C = Inter-Integrated Circuit
- ▶ UART = Universal Asynchronous Receiver/Transmitter (serielle Schnittstelle)
- ▶ I^2S = Integrated Interchip Sound (digitale Audio-Daten)
- ▶ 1 Wire (einfache Sensoren, z. B. zur Temperaturmessung)

Ein Bussystem, kurz *Bus* (Binary Unit System), dient zur Datenübertragung zwischen mehreren Teilnehmern. Anders als beim manuellen Ein- und Ausschalten eines GPIO-Pins können über Bussysteme weitaus mehr Daten übertragen werden. Abhängig vom verwendeten System werden die Daten seriell (also hintereinander) oder parallel (also gleichzeitig) über den Bus geschickt. Dies kann notwendig sein, wenn Sie mit Ihrem Raspberry Pi mit externen Bausteinen kommunizieren möchten, z. B. mit Mikrocontrollern, EEPROMs oder Digital-Analog-Wandlern.

Die fünf oben genannten Bussysteme gelten in vielen Anwendungen als Standard und bieten eine hervorragende Möglichkeit, den Funktionsumfang des Raspberry Pi zu erweitern. In diesem Kapitel stellen wir Ihnen die Bussysteme nicht nur vor, sondern zeigen Ihnen jeweils ein paar Praxisbeispiele.

13.1 SPI

Der SPI-Bus (*Serial Peripheral Interface*) ist ein serieller Bus, der drei Leitungen für die Kommunikation benötigt. SPI basiert auf dem Master-Slave-Prinzip. Das bedeutet, dass es einen Master gibt, der die Slaves auffordert, ihre Daten auszugeben. Eigenständig können die Slaves demnach nicht untereinander kommunizieren. Der Master ist in unserem Fall der Raspberry Pi, der Slave kann ein beliebiges Bauteil mit SPI-Schnittstelle sein (siehe Abbildung 13.1).

In der Abbildung ist gut zu erkennen, dass es durch eine weitere Leitung pro Teilnehmer möglich ist, mehrere Teilnehmer am selben Bus anzuschließen. Die vierte Leitung ist das *Chip-Select*-Signal. Hierdurch kann der Master den Teilnehmer auswählen, mit dem kommuniziert werden soll.

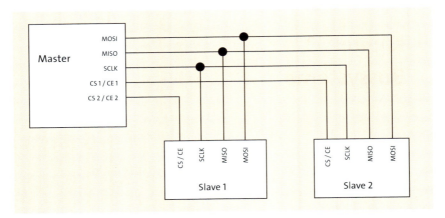

Abbildung 13.1 SPI-Bus mit einem Master und zwei Slaves

Dies ist einfach nachzuvollziehen: Alle Teilnehmer liegen parallel am selben Bus. Also *sehen* alle Teilnehmer die komplette Kommunikation, die auf dem Bus stattfindet. Ist eine Information aber nur für einen Teilnehmer bestimmt, so werden alle anderen durch das Chip-Select-Signal zum *Weghören* gezwungen und ignorieren die Informationen auf dem Bus. Nur der Teilnehmer, der durch das Chip-Select-Signal angesteuert wird, reagiert auf die Daten, die über den Bus geschickt werden. Das Chip-Select-Signal ist in der Regel Low-aktiv, das bedeutet, dass es eine negative Flanke benötigt, um als aktiv erkannt zu werden. Low-aktive Eingänge erkennen Sie im Datenblatt an dem Strich über der Bezeichnung.

Alle benötigten Pins sind auf der GPIO-Leiste des Raspberry Pi zu finden (gleichermaßen bei allen verfügbaren Raspberry-Pi-Modellen):

▶ **MOSI** (Master Out Slave In): Pin 19 der GPIO-Steckerleiste

▶ **MISO** (Master In Slave Out): Pin 21 der GPIO-Steckerleiste

▶ **SCLK** (Serial Clock): Pin 23 der GPIO-Steckerleiste

▶ **CS/CE** (Chip Select oder Chip Enable): Pins 24 und 26 oder jeder beliebige freie Ausgang der GPIO-Steckerleiste

SPI einrichten

In der aktuellen Version von `raspi-config` ist die Aktivierung der SPI-Schnittstelle schnell erledigt. Zuerst sollten Sie Ihr Linux-System aktualisieren:

```
sudo apt update
sudo apt full-upgrade
```

Dann starten Sie das Programm EINSTELLUNGEN • RASPBERRY PI CONFIGURATION und aktivieren die Option INTERFACES • SPI (siehe Abbildung 13.2).

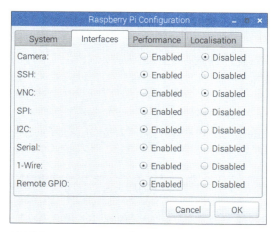

Abbildung 13.2 SPI-Konfiguration im Konfigurationsprogramm von Raspbian

Wenn Sie Raspbian Lite ohne grafische Benutzeroberfläche verwenden, gelingt die Konfiguration mit `sudo raspi-config`: In diesem textbasierten Programm navigieren Sie zum Punkt ADVANCED OPTIONS. Wählen Sie dort den Punkt SPI, und bestätigen Sie die Abfrage im darauffolgenden Fenster mit YES. Das SPI-Modul ist nun aktiviert. Daraufhin werden Sie in einem weiteren Fenster gefragt, ob Sie SPI direkt beim Systemstart verfügbar machen möchten. Antworten Sie auch hier mit YES, um dies zu bestätigen. Nach einem Neustart ist die SPI-Schnittstelle jederzeit verfügbar.

SPI manuell einrichten

Dieser Abschnitt beschreibt das manuelle Einrichten der SPI-Schnittstelle, z. B. für Distributionen, in denen `raspi-config` nicht zur Verfügung steht. Seit der Kernelversion 3.18 werden einige Bussysteme über den Device-Tree verwaltet. Sie werden in vielen Quellen noch Anleitungen finden, in denen steht, dass Sie SPI und I^2C durch ein Anpassen der Dateien `blacklist.conf` sowie `/etc/modules` freischalten sollen. Dies ist nun nicht mehr nötig. Eine manuelle Einrichtung von SPI erfolgt in der Datei `/boot/config.txt`. Öffnen Sie diese mit einem Editor:

```
nano /boot/config.txt
```

Fügen Sie am Ende der Datei die folgende Zeile ein, und speichern Sie die Datei:

```
dtparam=spi=on
```

Nach einem Neustart steht Ihnen die SPI-Schnittstelle zur Verfügung. Dieser Schritt wird genau so durchgeführt, wenn Sie das vorher beschriebene `raspi-config`-Menü nutzen. Nur eine der beiden Methoden ist notwendig.

Um mit Python Zugriff auf die SPI-Schnittstelle zu erlangen, benötigen Sie die Python-Bibliothek spidev:

```
git clone https://github.com/Gadgetoid/py-spidev
cd py-spidev
sudo python3 setup.py install
sudo shutdown -r now
```

Für die Installation für Python 2 ändern Sie die vorletzte Zeile in sudo python setup.py install.

Python.h nicht gefunden?

Sollten Sie beim Ausführen der Datei setup.py die Fehlermeldung erhalten, dass Python.h nicht gefunden wurde, so installieren Sie das Paket python-dev mit dem Befehl sudo apt install python3-dev und führen den abgebrochenen Befehl erneut aus. Für Python 2.x nutzen Sie python-dev.

Das digitale Potenziometer

Ein Potenziometer, auch kurz *Poti* genannt, ist ein einstellbarer Widerstand. In der Regel kennt man Potis als Bauteile mit einem mechanischen Drehregler. Durch Drehen an dem Regler kann der gewünschte Widerstand eingestellt werden. Ein digitales Poti hingegen können Sie optisch nicht als Poti erkennen, da die Bauform einem typischen IC entspricht (siehe Abbildung 13.3).

Abbildung 13.3 Links zwei herkömmliche Potis, rechts das digitale Poti MCP4132

Für dieses Beispiel nutzen wir das digitale Poti MCP4132-502. Hierbei handelt es sich um einen einstellbaren Widerstand bis 5 kΩ. Angesteuert wird das Bauteil über SPI. Der Zusatz 502 in der Bauteilbezeichnung steht für den maximalen Widerstandswert.

Dieses Bauteil gibt es in Ausführungen für 10 kΩ, 50 kΩ und 100 kΩ. Dabei geben die ersten beiden Stellen der Bauteilnummer den Basiswert an, die letzte Stelle die Zehnerpotenz:

- **502:** 50 $\times$ 10^2 = 5000 (5 kΩ)
- **104:** 10 $\times$ 10^4 = 100.000 (100 kΩ)

Im Datenblatt des Bauteils finden Sie die komplette Dokumentation des Bauteils sowie eine Referenz aller verfügbaren Modelle:

http://ww1.microchip.com/downloads/en/DeviceDoc/22060b.pdf

Das Bauteil müssen Sie nun mit dem Raspberry Pi verbinden (siehe Abbildung 13.4). Die Ausführung MCP4132, die in diesem Beispiel genutzt wird, hat zwei Beinchen des verstellbaren Widerstandes ausgeführt: den feststehenden Ausgang *POB* sowie den Schieber (oder Wiper) *POW*. Zwischen diesen beiden Pins messen Sie den eingestellten Widerstand. Verwenden Sie das Bauteil mit der Ausführung *MCP41X1*, so finden Sie wie bei einem herkömmlichen Poti drei Pins vor, an denen man den Widerstand abgreifen kann.

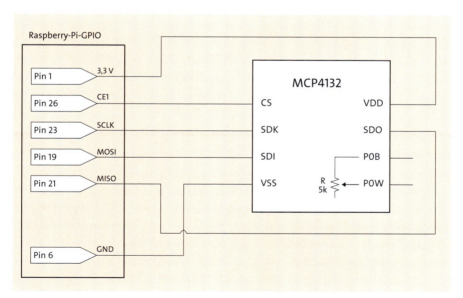

Abbildung 13.4 Anschluss des MCP4132 an den Raspberry Pi

Daten per SPI senden

Wir setzen hier voraus, dass Sie die Pakete `python-dev` und `python-spi` bereits installiert haben (siehe das Listing aus dem Abschnitt »SPI manuell einrichten«). Die SPI-Bibliothek kann in Python mit `import spidev` eingebunden werden. Die englische Dokumentation der `SpiDev`-Bibliothek finden Sie unter:

http://tightdev.net/SpiDev_Doc.pdf

Ein einfaches Python-Programm kann z. B. so aussehen:

```
#!/usr/bin/python3
import spidev
import time
import RPi.GPIO as GPIO
spi = spidev.SpiDev()
spi.open(0,1)
spi.max_speed_hz = 5000
spi.xfer([0x00, 0x80])
```

Um das Programm zu verstehen, müssen Sie die SpiDev-Dokumentation und das Datenblatt des Bauteils lesen. Wir zeigen Ihnen nun Schritt für Schritt die Funktionen der einzelnen Codezeilen auf: Zuerst wird die zuvor installierte `SpiDev`-Bibliothek importiert. `spi = spidev.SpiDev()` erstellt ein `SpiDev`-Objekt und speichert es in der Variablen `spi`. Die Methode `open` legt den Chip-Select-Pin fest.

Der Raspberry Pi verfügt über zwei festgelegte Chip-Select- und Chip-Enable-Ausgänge: Pin 24 ist *CE0*, Pin 26 *CE1*. Verwenden Sie `spi.open(0,0)`, wenn Sie das Bauteil an CE0 angeschlossen haben, oder `spi.open(0,1)`, wenn der Chip-Select-Ausgang CE1 verwendet wird. Die erste Zahl vor dem Komma bestimmt den SPI-Kanal, in unserem Fall Kanal 0. Kanal 1 ist an den Pins 11, 12 und 13 verfügbar. Wir bleiben aber bei Kanal 0.

Update seit Kernel 4.9.43

Während wir dieses Buch an Raspbian Stretch anpassten, mussten wir feststellen, dass die SPI-Kommunikation nicht wie gewohnt funktionierte. Seit der Kernelversion 4.9.43 können Sie das Problem dadurch beheben, dass Sie nach der Initialisierung der SPI-Schnittstelle die Zeile `spi.max_speed_hz = 5000` eintragen. Hierdurch wird die Taktfrequenz des Serialclock-Signals auf 5 kHz begrenzt. Die Ursache für diese notwendige Änderung ist uns auch noch nicht ganz klar. Möglicherweise wird dieses Problem mit einem späteren Update der `spidev`- Bibliothek behoben.

Möglicherweise müssen Sie die Geschwindigkeit abhängig vom verwendeten Baustein anpassen. In unseren Versuchen funktionierten die 5 kHz jedoch zuverlässig. Sie finden die *Core Frequency* in dem Datenblatt des jeweiligen Bauteils. Sie können auch andere Maximalfrequenzen vorgeben. Dazu ist die Übersicht aus folgendem Link sehr hilfreich:

http://www.takaitra.com/posts/492
(Quelle: *https://www.raspberrypi.org/forums/viewtopic.php?t=191540*)

Werfen Sie auch einen Blick auf unseren diesbezüglichen Blog-Beitrag:

https://pi-buch.info/probleme-mit-spidev-und-kernel-4-9-43

In der Zeile `spi.xfer([0x00, 0x80])` werden nun endlich Daten an das Bauteil gesendet, nämlich genau zwei Byte. Nach dem Ausführen dieses Befehls wird das Poti auf seinen maximalen Wert gesetzt. Warum dies geschieht, macht ein Blick in das Datenblatt ersichtlich. Nachfolgend finden Sie einige Tabellen aus dem Datenblatt des Bauteils, die zur Interpretation der Python-Zeile notwendig sind.

Das Bauteil versteht verschiedene Kommandobits (siehe Tabelle 13.1). In unserem Fall nutzen wir als erstes Byte das *Write-Data*-Kommando, das als Hex-Wert den Wert 0x00 darstellt. Damit weiß das Bauteil, dass wir im nachfolgenden Byte einen Wert schreiben möchten. Im Python-Code schicken wir das Byte 0x80 hinterher. Das ist der Wert für den maximal möglichen Widerstandswert (siehe Tabelle 13.2). Beachten Sie, dass der MCP4132 ein 7-Bit-Poti ist, und berücksichtigen Sie daher die entsprechende Spalte. Sie erkennen, dass 0x40 die Mittelstellung, also 2,5 kΩ, repräsentiert, 0x00 dagegen den minimal möglichen Wert des Potis.

C1/C0-Bit-Status	Kommando	Bitanzahl
00	Write Data	16 Bits
01	Increment	8 Bits
10	Decrement	8 Bits
11	Read Data	16 Bits

Tabelle 13.1   Übersicht der Kommandobits (Quelle: Datenblatt MCP4132)

7-Bit-Poti	8-Bit-Poti	Eigenschaften
3FFh, 081h	3FFh, 101eh	Reserved (Full-Scale, W = A), increment and decrement commands ignored
080h	100h	Full-Scale (W = A), increment commands ignored
07fh, 041h	0FFh, 081h	W = N
040h	080h	W = N (Mid-Scale)
03Fh, 001h	07Fh, 001h	W = N
000h	000h	Zero Scale (W = B) decrement command ignored

Tabelle 13.2   Position des Wipers bezogen auf die gesendeten Bytes
(Quelle: Datenblatt MCP4132)

TABLE 7-2:   MEMORY MAP AND THE SUPPORTED COMMANDS

| Address | | Command | Data (10-bits) [1] | SPI String (Binary) | |
Value	Function			MOSI (SDI pin)	MISO (SDO pin) [2]
00h	Volatile Wiper 0	Write Data	nn nnnn nnnn	0000 00nn nnnn nnnn	1111 1111 1111 1111
		Read Data	nn nnnn nnnn	0000 11nn nnnn nnnn	1111 111n nnnn nnnn
		Increment Wiper	—	0000 0100	1111 1111
		Decrement Wiper	—	0000 1000	1111 1111
01h	Volatile Wiper 1	Write Data	nn nnnn nnnn	0001 00nn nnnn nnnn	1111 1111 1111 1111
		Read Data	nn nnnn nnnn	0001 11nn nnnn nnnn	1111 111n nnnn nnnn
		Increment Wiper	—	0001 0100	1111 1111
		Decrement Wiper	—	0001 1000	1111 1111
02h	Reserved	—	—	—	—
03h	Reserved	—	—	—	—
04h	Volatile TCON Register	Write Data	nn nnnn nnnn	0100 00nn nnnn nnnn	1111 1111 1111 1111
		Read Data	nn nnnn nnnn	0100 11nn nnnn nnnn	1111 111n nnnn nnnn
05h	Status Register	Read Data	nn nnnn nnnn	0101 11nn nnnn nnnn	1111 111n nnnn nnnn
06h-0Fh	Reserved	—	—	—	—

Note 1:   The Data Memory is only 9-bits wide, so the MSb is ignored by the device.
2:   All these Address/Command combinations are valid, so the CMDERR bit is set. Any other Address/Command combination is a command error state and the CMDERR bit will be clear.

Abbildung 13.5 Übersicht der möglichen Bitkombinationen (Quelle: Datenblatt MCP4132)

Damit Sie nun frei jeden beliebigen Widerstandswert einstellen können, müssen Sie ein wenig rechnen. Das Poti hat eine Auflösung von 7 Bit bei 5000 Ω maximalem Widerstandswert. 2^7 entspricht 128 möglichen Schritten: 0 bis 127. Teilen Sie nun 5000 Ω durch 128 Schritte, so kommen Sie auf einen Wert von ca. 39 Ω pro Schritt. Sie können das Poti also in 39-Ω-Schritten bis 5 kΩ verstellen. In unseren Versuchen war der kleinstmögliche Wert des Potis 144 Ω, der Maximalwert lag bei 4,99 kΩ.

Sie kennen nun die Anzahl der Schritte, die Minimal-, Mittel- sowie Maxmialstellung des Potis. Um die Werte dazwischen zu erreichen, rechnen Sie am besten die Hexwerte in Dezimalwerte um. Ein paar Beispiele machen das deutlich (siehe Tabelle 13.3).

Hexadezimal	Dezimal	Binär
0x00	0	0
0x01	1	1
0x02	2	10
0x04	4	100
0x40	64	1000000
0x4b	75	1001011
0x80	128	10000000

Tabelle 13.3 Beispiele zur Hexwertumrechnung

Das Bauteil versteht auch einige weitere Kommandos, unter anderem *Increment* und *Decrement* (siehe Tabelle 13.1): Hiermit können Sie den Wert des Potis jeweils um einen Schritt nach oben oder unten verändern. Das Datenblatt zeigt den Hexwert, der für den Zugriff auf alle verfügbaren Register notwendig ist (siehe Abbildung 13.5). Die MOSI-Spalte enthält die Bitfolge für das Schreiben in eines der Register. Die MISO-Spalte zeigt an, mit welcher Bitfolge der Baustein auf eine Veränderung der Register antworten wird.

Das Increment-Kommando benötigt den Binärwert 0100, der dem Hexwert von 0x04 entspricht. Bauen Sie eine Schleife mit diesem Kommando, so wird der Widerstandswert jede Sekunde um den Wert eines Einzelschritts erhöht:

```python
while True:
    spi.xfer([0x04])
    time.sleep(1)
```

Wenn Sie den Wert 0x08 nutzen, um die Bitfolge 1000 für das Decrement-Kommando darzustellen, so sinkt der Widerstandswert bei jedem Schleifendurchlauf um den Wert eines Einzelschritts.

Daten per SPI lesen

Ein weiteres Kommando ist das Lesen des SPI-Teilnehmers. Im Fall des MCP4132 ist die Kommandobitfolge 1100 notwendig (siehe Tabelle 13.1). Der entsprechende Hexwert dazu ist 0x0c. Nun ist es notwendig zu wissen, dass beim SPI-Protokoll jeder Sendevorgang mit einem Empfangsvorgang einhergeht. Das heißt: Wird ein Byte vom Master gesendet, so sendet der Slave automatisch ein Byte zurück. Für das Schreiben der Widerstandswerte war das Antwortbyte irrelevant. Möchten Sie nun aber ein Byte aus dem Bauteil lesen, so müssen Sie vorher eines hinsenden.

Dazu ersetzen Sie die bisherige while-Schleife einfach durch folgende:

```python
while True:
    spi.xfer([0x04])
    print("Steigere um einen Schritt")
    antwort= spi.xfer([0x0c,0x00])
    print("Aktuelle Position: ", antwort[1])
    time.sleep(1)
```

Also der Reihe nach: Die Zeile spi.xfer([0x04]) fordert das Gerät auf, den Widerstand in Einzelschritten zu erhöhen. Die folgende Zuweisung antwort = spi.xfer(...) sendet die Bitfolge des Lesebefehls sowie ein Dummybyte und speichert die empfangenen Daten in der Variablen antwort. Die Antwort des Potis wird nun anstelle des Dummybytes zurückgegeben.

13

Lassen Sie den Inhalt von antwort nun durch print ausgeben, so sollte – je nach momentaner Position des Wipers – folgende Ausgabe erscheinen: [254, 128]. Das erste Byte ist die Quittierung für den Lesebefehl, die uns nicht interessiert. Das zweite Byte ist an die Stelle des Dummybytes getreten und zeigt die aktuelle Position des Wipers als Dezimalzahl. Filtern Sie nun die relevante Information aus der Variablen, indem Sie die Ausgabe wie folgt abändern:

```
print(antwort[1])
```

Nun erkennen Sie direkt, an welcher Position sich der Wiper aktuell befindet. Das Ergebnis der Schleife nach einigen Durchläufen sollte wie folgt aussehen, sofern Sie bei einer Position von 0 starten:

```
Steigere um einen Schritt
Aktuelle Position:  1
Steigere um einen Schritt
Aktuelle Position:  2
...
Steigere um einen Schritt
Aktuelle Position:  5
```

Sie haben nun bereits die wichtigsten Befehle erlernt, die Sie brauchen, um mit externen SPI-Bausteinen zu kommunizieren. Jedes Bauteil benötigt allerdings andere Adress- und Kommandobits und kann daher nicht universal erklärt werden. Es ist also immer erforderlich, in das Datenblatt des verwendeten Bausteins zu schauen und dort die nötigen Infos zur Ansteuerung herauszufiltern. Mitunter kann das anfangs eine sehr zeitaufwendige Angelegenheit sein. Am Beispiel des MCP4123 konnten Sie allerdings bereits erkennen, wonach Sie suchen müssen.

Nutzen Sie anfangs z. B. diesen Online-Converter, um schnell zwischen dem Binär-, dem Dezimal- und dem Hexadezimalsystem umzurechnen:

https://www.matheretter.de/rechner/zahlenkonverter

---

xfer() versus xfer2()

Diese beiden Funktionen dienen zum Senden sowie zum Empfangen von Bytes. Für jedes gesendete Byte wird eines empfangen und kann ausgegeben werden. Zudem nutzen diese beiden Funktionen die CE0- und CE1-Pins des Raspberry Pi. xfer() *toggelt* das Chip-Select-Signal nach jedem gesendeten Block. xfer2() dagegen hält das Chip-Select-Signal aktiv, bis alle Blöcke gesendet wurden. Je nach Bauteiltyp kann es notwendig sein, eine Transaktion mit einer CS-Flanke zu bestätigen. Sehen Sie hierzu auch im Datenblatt des Bauteils nach. Die Verwendung dieser beiden Funktionen setzt voraus, dass Sie unbedingt einen der beiden CE0- oder CE1-Pins als Chip-Select-Signal verwenden und durch spi.open(0,X) festlegen.

13.2 Der Analog-Digital-Wandler MCP3008

Der Raspberry Pi hat von Haus aus keine analogen Ein- und Ausgänge. Alle verfügbaren Ausgänge sind digital. Das bedeutet, dass GPIO-Ausgänge nur einen Wert von 0 oder 1 darstellen können, Low oder High, An oder Aus. Werte dazwischen können nicht abgebildet werden. Stellen Sie sich z. B. einen Drehregler vor, der die Lautstärke regeln soll. Dieser Regler soll auf kleinster Stufe 0 % an den Raspberry Pi weitergeben, auf maximaler Stufe 100 %. Alle dazwischenliegenden Schritte sollen so fein wie möglich erkennbar sein. Dies schafft der Raspberry Pi nicht ohne externe Hilfe.

Ein möglicher Helfer wäre der Analog-Digital-Wandler (kurz: A/D-Wandler) MCP3008. Hierbei handelt es sich um ein Bauteil, das über den SPI-Bus kommuniziert. Das Bauteil wandelt analoge Spannungen an seinen acht Eingängen in binäre Daten um und überträgt sie per SPI zum Raspberry Pi. Auch dies ist kein Hexenwerk und kann mit sehr geringem Python-Programmieraufwand erledigt werden. Das Datenblatt des Bauteils können Sie sich hier ansehen:

http://ww1.microchip.com/downloads/en/DeviceDoc/21295d.pdf

13

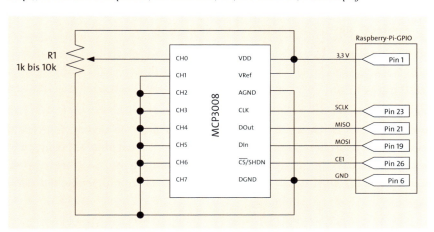

Abbildung 13.6 Pinbelegung und Verdrahtung des MCP3008

Auf die Pins des Bauteils gehen wir im Einzelnen etwas genauer ein:

▶ **CH0–CH7:** Dies sind die acht verfügbaren Analogeingänge des Bauteils. Hier schließen Sie die analogen Spannungen an. Im Schaltplan ist ein Poti eingezeichnet, über dem an CH0 eine Spannung von 0 bis 3,3 V abfallen kann (siehe Abbildung 13.6). Unsere Versuche zeigten, dass die ungenutzten Eingänge ein starkes Rauschen verursachen, wenn sie in einem undefinierten Zustand bleiben. Daher ist es sinnvoll, alle nicht belegten Eingangskanäle fest auf Masse zu legen.

▶ **VDD:** Versorgungsspannung des Bauteils. Hiermit werden die interne Logik sowie die SPI-Kommunikationstreiber versorgt. Das Bauteil verträgt eine Eingangsspan-

433

nung von 2,7 V bis 5,5 V. Schließen Sie allerdings *immer* 3,3 V an diesen Pin an, da die SPI-Schnittstelle mit dem hier angelegten Pegel kommuniziert. Ein 5-V-Pegel würde den Raspberry Pi zerstören!

▶ **VRef:** Referenzspannung. Diese Spannung nutzt der A/D-Wandler als Referenz für die anliegenden Eingangsspannungen. Der Wert der Spannung ist sehr wichtig und sollte eine genaue stabile Spannung sein. Ebenfalls wichtig ist, dass der maximale Analogwert eines Eingangskanals die Referenzspannung *niemals* übersteigt. Daher nutzen wir in diesem Beispiel die 3,3 V des Raspberry Pi als VDD, VRef sowie als maximalen Pegel am Eingangskanal.

▶ **AGND/DGND:** Analoge und digitale Masse. Beide Anschlüsse legen Sie in diesem Beispiel mit der Masse des Raspberry Pi zusammen.

▶ **CLK:** Clock oder Serial Clock. Dieser Anschluss ist Teil des SPI-Bus und wird mit dem SCLK-Pin des Raspberry Pi verbunden.

▶ **DOut:** Data out. Hier sendet der MCP3008 die angefragten Bitwerte über den Bus. Angebunden wird der Pin an den MISO-Pin des Masters.

▶ **DIn:** Data in. An diesem Anschluss empfängt der Baustein Daten des Masters und wird an den MOSI-Pin des Raspberry Pi angeschlossen.

▶ **CS/SHDN:** Chip-Select bzw. Shutdown. Hierbei handelt es sich wieder um den bekannten Chip-Select-Eingang. Beachten Sie, dass dieser Low-aktiv ist. Angeschlossen werden kann der Eingang an jeden freien GPIO-Pin oder an CE0/CE1 – je nach genutzter Software-Funktion.

Bevor Sie mit dem Schreiben der Software beginnen, sollten Sie sich noch ein paar Gedanken über die erwarteten Daten machen. Der MCP3008 hat eine Auflösung von 10 Bit. Dies bedeutet, dass die zu messende analoge Spannung in 1024 Schritte unterteilt werden kann. Die kleinstmögliche Einheit errechnen Sie mit folgender Formel:

VRef / 1024

In unserem Fall also:

3,3 V / 1024 = 0,003222 ~ 3,22 mV

Fein genug?

Wägen Sie ab, ob diese Auflösung für Ihre Zwecke ausreichend ist. Im Umkehrschluss bedeutet dies nämlich, dass Sie Veränderungen, die kleiner als 3,22 mV sind, nicht wahrnehmen können. Ein Alternativbauteil wäre der MCP3208 mit einer Auflösung von 12 Bit. Führen Sie die gleiche Rechnung durch, so kommen Sie bereits mit zwei Bit höherer Auflösung und 3,3 V Referenzspannung auf eine kleinstmögliche Einheit von 0,8 mV.

TABLE 5-2:   CONFIGURE BITS FOR THE
              MCP3008

Control Bit Selections				Input Configuration	Channel Selection
Single /Diff	D2	D1	D0		
1	0	0	0	single-ended	CH0
1	0	0	1	single-ended	CH1
1	0	1	0	single-ended	CH2
1	0	1	1	single-ended	CH3
1	1	0	0	single-ended	CH4
1	1	0	1	single-ended	CH5
1	1	1	0	single-ended	CH6
1	1	1	1	single-ended	CH7
0	0	0	0	differential	CH0 = IN+ CH1 = IN-
0	0	0	1	differential	CH0 = IN- CH1 = IN+
0	0	1	0	differential	CH2 = IN+ CH3 = IN-
0	0	1	1	differential	CH2 = IN- CH3 = IN+
0	1	0	0	differential	CH4 = IN+ CH5 = IN-
0	1	0	1	differential	CH4 = IN- CH5 = IN+
0	1	1	0	differential	CH6 = IN+ CH7 = IN-
0	1	1	1	differential	CH6 = IN- CH7 = IN+

Abbildung 13.7 Bitfolgen für die SPI-Kommunikation (Quelle: Datenblatt des Herstellers)

13

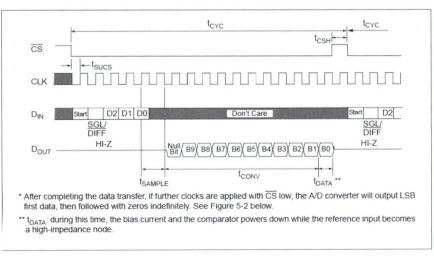

* After completing the data transfer, if further clocks are applied with $\overline{CS}$ low, the A/D converter will output LSB first data, then followed with zeros indefinitely. See Figure 5-2 below.

** t_{DATA}: during this time, the bias current and the comparator powers down while the reference input becomes a high-impedance node.

Abbildung 13.8 Kommunikationsablauf mit dem MCP3004 oder MCP3008 (Quelle: Datenblatt des Herstellers)

Das Datenblatt enthält genaue Erläuterungen, mit welchen Bitfolgen Sie die Kanäle auslesen (siehe Abbildung 13.7), und verdeutlicht den Ablauf der Kommunikation (siehe Abbildung 13.8). Diese Informationen reichen, um das Bauteil in der Software anzusprechen.

Ein Beispiel für CH0: Zuerst muss das CS-Signal auf Low gezogen werden, damit das Bauteil sich angesprochen fühlt. Sofern Sie xfer() oder xfer2() nutzen, wird das automatisch erledigt. Nun senden Sie zuerst das Startbit als 1. Darauf folgt das SGL/DIFF-Bit ebenfalls in Form einer 1. Die nächsten drei Bits bestimmen den Kanal. Schauen Sie dazu in Zeile 1 der Bitfolgentabelle aus dem Datenblatt. Für CH0 senden Sie 0 0 0. Alle darauffolgenden Bits sind *Don't care*, also egal. Zuletzt senden Sie das bekannte Dummybyte 0.

Für dieses Beispiel ergeben sich die folgenden Python-Funktionsaufrufe:

```python
# CH0 auslesen (Binär)
spi.xfer([0b0001, 0b10000000,0b0000])

# CH3 auslesen (Binär)
spi.xfer([0b0001, 0b10110000,0b0000])

# CH0 auslesen (Hex)
spi.xfer([0x01, 0x80,0x00])

# CH3 auslesen (Dezimal)
spi.xfer([1,176,0])
```

Sie sehen, dass Sie in der Schreibweise der Bits relativ frei sind. So können Sie die Werte binär, dezimal oder als Hexwert angeben. Ihr komplettes Python-Programm für den im Schaltplan gezeigten Aufbau (siehe Abbildung 13.6) könnte nun wie im folgenden Listing aussehen:

```python
#!/usr/bin/python3
import spidev
import time
spi = spidev.SpiDev()
spi.open(0,1)
spi.max_speed_hz = 5000

while True:
    antwort = spi.xfer([1,128,0])
    if 0 <= antwort[1] <=3:
        wert = ((antwort[1] * 256) + antwort[2]) * 0.00322
        print(wert, " V")
        time.sleep(1)
```

Das Programm möchten wir kurz erläutern: Die xfer()-Funktion fragt den Wert von CH0 ab und speichert die drei zurückgegebenen Bytes in antwort. Sie erinnern sich: Für jedes gesendete Byte wird eines empfangen. Die drei Antwortbytes können als antwort[0] bis antwort[2] ausgelesen werden.

Das Messergebnis des MCP3008 ist in zwei Bytes gespeichert. Von den drei empfangenen Bytes benötigen wir daher nur die letzten beiden, Byte 0 interessiert uns nicht weiter. Das ergibt sich aus der Auflösung von 1024. Ein Byte kann maximal Dezimalwerte zwischen 0 und 255 speichern. Sie sehen, dass der Wert von Byte 1 jeweils $X \times 256$ zu Byte 2 hinzuaddiert werden muss, um den Maximalwert von 1023 darstellen zu können (siehe Tabelle 13.4). Bedenken Sie, dass wir bei 0 mit dem Zählen beginnen und der letzte Wert daher 1023 ist.

Byte 1	Byte 2	Dezimalwert
0	10	10
0	195	195
0	255	255
1	10	266
1	200	456
2	0	512
3	255	1023

Tabelle 13.4 Einige Beispiele für Messergebnisse

Während des Konvertierungsvorgangs gibt das Bauteil teilweise willkürliche Werte für Byte 1 aus. Wir wissen aber, dass dieses Byte mindestens 0, aber höchstens 3 sein darf. Die if-Abfrage prüft genau dies ab. Liegt der Wert zwischen 0 und 3, so wird er mit 256 multipliziert. Byte 2 wird dem Produkt hinzuaddiert. Durch die Multiplikation mit 0,00322 wird der Dezimalwert in die entsprechende Spannung umgerechnet. Print gibt den Wert auf dem Bildschirm aus. Falls Sie das Bauteil beim Abfragen allerdings während des Konvertierungsvorgangs erwischen und Byte 1 kurzzeitig einen willkürlichen Wert beinhaltet, so passiert nichts und die While-Schleife startet erneut. Die Ausgabe aktualisiert sich jede Sekunde (siehe Abbildung 13.9).

Sie können mit dem obigen Python-Code jeden der acht Eingänge abfragen, indem Sie den entsprechenden Wert in der xfer()-Funktion ändern (siehe Abbildung 13.7).

Haben Sie Ihren Lehrer auch dafür verflucht, dass Sie die komplexesten Matheaufgaben im Kopf und auf Papier rechnen mussten, obwohl die Aufgabe mit dem Taschenrechner in kürzester Zeit zu lösen wäre? Wir auch!

13

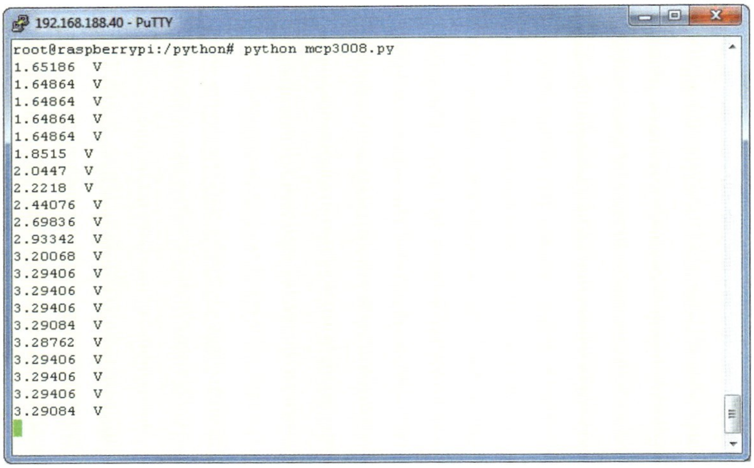

Abbildung 13.9 Ausgabe des Python-Beispielprogamms. Im Screenshot sehen Sie, dass das Poti während der Abfragen im Wert verändert wurde.

Da Sie nun sehr viele Informationen zur Funktionsweise des Bausteins und der SPI-Schnittstelle kennen, zeigen wir Ihnen jetzt die simpelste Methode, um SPI-Bausteine auszulesen. Dazu nutzen wir die neue Bibliothek *gpiozero*. Diese ist bereits auf Ihrem Raspberry Pi vorinstalliert. Ein wie zuvor angeschlossener MCP3008 lässt sich mit nur wenigen Codezeilen auslesen und ist weitestgehend selbsterklärend:

```python
#!/usr/bin/python3
from gpiozero import MCP3008
import time
adc = MCP3008(channel=0, device=1) # device = 0: Pin 24
                                    # device = 1: Pin 26
while True:
    wert = 3.3 * adc.value
    print("Spannung: ", wert)
    time.sleep(1)
```

Doch wir empfehlen Ihnen, wir Ihr Lehrer, sich die Mühe zu machen, neue Bauteile kennenzulernen und das Datenblatt anzuschauen. Nur so wissen Sie, was im Hintergrund überhaupt geschieht. Zudem fällt es Ihnen leichter, ein Problem zu lösen, wenn Sie wissen, mit was Sie es zu tun haben. Sie finden die komplette Dokumentation von gpiozero hier:

https://gpiozero.readthedocs.io/en/stable/index.html

Ein fertiges Board mit dem MCP3008 ist das *RasPIO Analog Zero*. Dieses kleine Board ist an die Form des Raspberry Pi Zero angepasst und bietet die Möglichkeit, ohne viel Aufwand analoge Signale zu verarbeiten:

https://shop.pimoroni.de/products/copy-of-raspio-analog-zero

13.3   Der Digital-Analog-Wandler MCP4811

Die beiden soeben vorgestellten Bauteile gaben Ihnen die Möglichkeit, einen Widerstand per Software zu beeinflussen sowie analoge Spannungen auszulesen. Im letzten Praxisbeispiel zu SPI erlernen Sie den Umgang mit einem D/A-Wandler. Hiermit erzeugen Sie selbst eine analoge Spannung, die an weitere Bauteile übergeben werden kann.

Der MCP4811, den wir nachfolgend verwenden, verfügt über eine 10-Bit-Auflösung sowie über einen Ausgangskanal für die analoge Spannung. Ein detailliertes Datenblatt finden Sie wieder auf der Seite des Herstellers:

http://ww1.microchip.com/downloads/en/DeviceDoc/22244B.pdf

Beim Blick auf die Pin-Belegung fällt auf, dass zwei aus den vorherigen Bauteilen bereits bekannte Pins fehlen: Der MCP4811 und seine Ableger MCP4801 und MCP4821 haben keinen SDO-Pin (*Serial Data Out*) und keinen Anschluss für die Referenzspannung. Das liegt daran, dass das Bauteil keine *Antworten* sendet, sondern lediglich Kommandos empfängt, worauf es die analoge Ausgangsspannung regelt.

Eine externe Referenzspannung ist nicht notwendig, da der MCP4811 diese intern in Höhe von 2,048 V erzeugt. Dieser Wert ist wichtig für die zu erwartende Ausgangsspannung. Es gibt zwei Betriebsarten, zwischen denen Sie wählen können: Der Normalbetrieb lässt eine maximale Ausgangsspannung von 2,048 V zu, was der internen Referenzspannung entspricht. Der *Gain-* oder Verstärkungsbetrieb erlaubt es, das Zweifache der Referenzspannung als maximale Analogspannung auszugeben. In diesem Betrieb kann die analoge Ausgangsspannung die Versorgungsspannung an VDD allerdings nicht überschreiten.

Dazu ein Beispiel: Beträgt VDD 5 V, so ist im Gain-Modus eine Ausgangsspannung von 4,096 V möglich. Beträgt VDD dagegen nur 3,3 V, so ist auch im Gain-Modus 3,3 V die maximale Spannung am Ausgang. Da der MCP4811 nur Empfänger und kein Sender auf dem SPI-Bus ist, können Sie in diesem Fall als Versorgungsspannung auch die 5 V des Raspberry Pi anlegen.

Die Pins des Bauteils sind wie folgt belegt:

▸ **Pin 1 VDD:** Versorgungsspannung. Der zulässige Bereich reicht von 2,7 V bis 5,5 V.

▸ **Pin 2 CS:** Low-aktives Chip-Select-Signal.

▸ **Pin 3 SCK:** Serial Clock. Notwendiger Eingang für die SPI-Kommunikation.

▸ **Pin 4 SDI:** Serial Data In. Auf diesem Pin empfängt das Bauteil die vom Raspberry Pi gesendeten Daten.

▸ **Pin 5 LDAC:** Latching. Dieser Pin erlaubt eine gezielte Übertragung der Ausgangswerte vom *Input Register* in das *Output Register*. Das Bauteil besitzt zwei interne

Speicherregister. Nutzen Sie den LDAC-Pin, so können Sie Werte an das Bauteil senden, ohne dass direkt am Ende der Kommunikation die Ausgangsspannung eingestellt wird. Erst wenn am LDAC-Pin eine negative Flanke erkannt wird, wird der Inhalt des Eingangsspeichers in den Ausgangsspeicher geschoben und damit die Ausgangsspannung auf den gewünschten Wert aktualisiert.

Wirklich sinnvoll ist der Pin allerdings erst ab Modell MCP4802, da dieses über zwei Ausgänge verfügt. So können Sie nacheinander die Daten für beide Ausgänge an das Bauteil senden und über LDAC gleichzeitig an das Ausgangsregister schicken. Legen Sie den LDAC-Pin allerdings fest auf Masse, so werden die gesendeten Werte mit einer steigenden Flanke des CS-Signals direkt an den Ausgang übertragen. Dies geschieht in der Regel direkt nach dem Senden der Daten. In unserem Beispiel liegt LDAC an Masse.

▶ **Pin 6 SDHN:** Shutdown, Low-aktiv. Liegt an diesem Pin eine logische Eins an, so befindet sich das Bauteil im Energiesparmodus. In diesem Modus verbraucht das Bauteil weniger Energie und deaktiviert die Ausgänge. Legen Sie diesen Pin am besten fest auf Masse, wenn Sie keine externe Abschaltung des Bauteils wünschen.

▶ **Pin 7 VSS:** Masse

▶ **Pin 8 VOUT:** Analoge Ausgangsspannung. Messen Sie zwischen VOUT und Masse die eingestellte analoge Ausgangsspannung.

Schließen Sie das Bauteil nun wie im Schaltplan (siehe Abbildung 13.10) an den Raspberry Pi an. Nun können Sie sich an die Ansteuerung des Bauteils machen. Dazu ist ein Blick in eine wichtige Tabelle aus dem Datenblatt notwendig (siehe Abbildung 13.11).

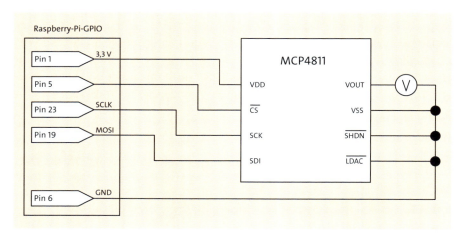

Abbildung 13.10 Anschluss des D/A-Wandlers MCP4811 an den Raspberry Pi

REGISTER 5-1: WRITE COMMAND REGISTER FOR MCP4821 (12-BIT DAC)

W-x	W-x	W-x	W-0	W-x	W-x	W-x	W-x	W-x	W-x	W-x	W-x	W-x	W-x	W-x	W-x
0	—	$\overline{\text{GA}}$	$\overline{\text{SHDN}}$	D11	D10	D9	D8	D7	D6	D5	D4	D3	D2	D1	D0
bit 15															bit 0

REGISTER 5-2: WRITE COMMAND REGISTER FOR MCP4811 (10-BIT DAC)

W-x	W-x	W-x	W-0	W-x	W-x	W-x	W-x	W-x	W-x	W-x	W-x	W-x	W-x	W-x	W-x
0	—	$\overline{\text{GA}}$	$\overline{\text{SHDN}}$	D9	D8	D7	D6	D5	D4	D3	D2	D1	D0	x	x
bit 15															bit 0

REGISTER 5-3: WRITE COMMAND REGISTER FOR MCP4801 (8-BIT DAC)

W-x	W-x	W-x	W-0	W-x	W-x	W-x	W-x	W-x	W-x	W-x	W-x	W-x	W-x	W-x	W-x
0	—	$\overline{\text{GA}}$	$\overline{\text{SHDN}}$	D7	D6	D5	D4	D3	D2	D1	D0	x	x	x	x
bit 15															bit 0

Where:

bit 15 [1] 0 = Write to DAC register
1 = Ignore this command

bit 14 — Don't Care

bit 13 $\overline{\text{GA}}$: Output Gain Selection bit
1 = 1x ($V_{OUT} = V_{REF} * D/4096$)
0 = 2x ($V_{OUT} = 2 * V_{REF} * D/4096$), where internal $V_{REF} = 2.048V$.

bit 12 $\overline{\text{SHDN}}$: Output Shutdown Control bit
1 = Active mode operation. V_{OUT} is available.
0 = Shutdown the device. Analog output is not available. V_{OUT} pin is connected to 500 kΩ (typical).

bit 11-0 D11:D0: DAC Input Data bits. Bit x is ignored.

Legend		
R = Readable bit	W = Writable bit	U = Unimplemented bit, read as '0'
-n = Value at POR	1 = bit is set	0 = bit is cleared x = bit is unknown

Note 1: This bit must be '0'. The device ignores the write command if this MSB bit is not '0'.

Abbildung 13.11 Übersicht der möglichen SPI-Kommandos an den MCP4811 und die anderen Modelle dieser Baureihe (Quelle: Datenblatt des Herstellers)

Je nach Ausführung des Wandlers stehen zwischen 8 und 12 Bit zur Einstellung der Ausgangsspannung zur Verfügung. Das komplette Kommando teilt sich auf zwei Byte auf. Byte 1 (Bit 0 bis Bit 7) besteht nur aus Datenbits für die Spannungseinstellung. Byte 2 (Bit 8 bis Bit 15) enthält Einstellungsbits sowie Datenbits. Gehen wir kurz auf die Bitreihenfolge von links nach rechts ein:

▶ **Bit 15:** Hier muss eine 0 gesendet werden, da das Bauteil sonst den kompletten Befehl ignoriert.

▶ **Bit 14:** Das *Don't care*-Bit. Der Wert dieses Bits ist egal.

▶ **Bit 13:** Der Gain-Modus ist bei 0 aktiv, bei 1 inaktiv.

▶ **Bit 12:** Das Shutdown-Bit. Ist dieses Bit 1, so wird an VOUT die gewünschte Spannung ausgegeben. Bei 0 befindet sich das Bauteil im *Schlafmodus* und es wird keine Spannung ausgegeben.

▶ **Bit 11 bis Bit 0:** Die Datenbits für die Spannungseinstellung. Bits mit X werden ignoriert.

13

Modell	Verstärkungsfaktor	LSB-Größe
MCP4801 (n=8)	1 ×	2,048 V / 256 = 8 mV
	2 ×	4,096 V / 256 = 16 mV
MCP4811 (n=10)	1 ×	2,048 V / 1024 = 2 mV
	2 ×	4,096 V / 1024 = 4 mV
MCP4821 (n=12)	1 ×	2,048 V / 4096 = 0,5 mV
	2 ×	4,096 V / 4096 = 1 mV

Tabelle 13.5 Auflösung der MCP48X1-Reihe im Normal- oder Gain-Modus mit Verstärkungsfaktor (Quelle: Datenblatt des Herstellers)

Die kleinstmögliche Schrittweite im Normal- oder Gain-Modus hängt davon ab, welches Modell der Baureihe Sie einsetzen (siehe Tabelle 13.5). Das kleinstwertige Bit, auch LSB (*Least Significant Bit*) genannt, entspricht beim MCP4811 2 mV. Das LSB ist in unserem Fall Bit 2, da die Bits 0 und 1 beim MCP4811 ignoriert werden.

Als Beispiel für eine analoge Spannung von 16 mV ergibt sich folgende Gesamtbitfolge:

```
00110000   00100000
```

Das erste Byte aktiviert den Ausgang und enthält für Gain und Shutdown jeweils eine 1. Die übrigen vier Datenbits bleiben auf 0. Die 1 im zweiten Byte entspricht einer 8 im Dezimalsystem. Multipliziert mit dem kleinstmöglichen Spannungswert von 2 mV, liegen am Ausgang nun 16 mV an.

```
00110001 00000000
```

In diesem Beispiel bleiben die Konfigurationsbits gleich. Das erste Bit im ersten Byte ist gleichzeitig das siebte Bit der insgesamt zehn Datenbits und gleicht somit dem Dezimalwert 64. Die Spannung am Ausgang sollte nun 128 mV betragen.

Sollten Sie bei höheren Spannungen Abweichungen zum theoretisch errechneten Wert feststellen, sind diese dem *INL Error* (*Integral Non Linearity Error*) geschuldet. Dieser ergibt sich aus einer Differenz zwischen den gesendeten und den im Bauteil tatsächlich gesetzten Bits. Für nähere Informationen schauen Sie im Datenblatt unter dem Punkt *INL Accuracy* nach.

Mit diesem Theoriewissen können Sie nun das entsprechende Python-Programm erstellen, das den MCP4811 auf 128 mV einstellt:

```python
#!/usr/bin/python3
import spidev
import time
```

```
import RPi.GPIO as GPIO
ce = 5
GPIO.setmode(GPIO.BOARD)
GPIO.setup(ce, GPIO.OUT)
spi = spidev.SpiDev()
spi.open(0, 0)
spi.max_speed_hz = 5000
GPIO.output(ce, True)
GPIO.output(ce, False)
spi.writebytes([0b00110001, 0b00000000])
GPIO.output(ce, True)
```

Das vorherige Beispiel hat also eine weitere Methode der SPI-Kommunikation mit spiDev demonstriert. Da das Bauteil keine Daten an den Raspberry Pi sendet, verzichten wir auf die xfer()-Funktionen und nutzen einen Befehl zum Senden der Daten. Wie wir bereits eingangs erwähnt haben, ist es in diesem Fall allerdings nötig, dass Sie das CS-Signal manuell steuern. Vor writebytes() erzeugen wir eine negative Flanke für den Beginn der Kommunikation. Nach der Übertragung wird das Signal wieder zurückgesetzt.

Mit dieser Methode sind Sie nicht an die CE0- und CE1-Pins des Raspberry Pi gebunden und können jeden beliebigen freien GPIO-Pin als CS-Pin nutzen. Auch hier können Sie die Schreibweise der Bits anpassen. Für die Bitfolge aus dem Python-Code können Sie ebenfalls schreiben:

```
spi.writebytes([49, 0])
spi.writebytes([0x31, 0x00])
```

SPI-Bauteile

Die Liste der verfügbaren nützlichen Bauteile mit SPI-Schnittstelle ist groß und bietet fast für jeden Verwendungszweck das passende Bauteil. Eine kleine Auswahl an weiteren Bausteinen, die Sie per SPI ansteuern können, haben wir Ihnen nachfolgend zusammengefasst:

▶ **MCP4801:** 8-Bit-Digital-Analog-Wandler. Das Bauteil gleicht dem MCP4811, bietet aber mit lediglich 8 Bit eine geringere Auflösung, was sich in den ebenfalls geringeren Anschaffungskosten widerspiegelt.

▶ **MCP4821:** 12-Bit-Digital-Analog-Wandler, ebenfalls baugleich mit MCP4801 und MCP4811.

▶ **MCP4922:** 12-Bit-Digital-Analog-Wandler. Ähnlich den beiden oberen Bauteilen, allerdings mit einer noch größeren Auflösung sowie zwei Ausgangskanälen zur analogen Spannungsausgabe. Dieses Bauteil benötigt eine externe Referenzspannung.

13

443

- ▶ **MCP3004:** Dieses Bauteil gleicht dem MCP3008 (siehe Abschnitt 13.2, »Der Analog-Digital-Wandler MCP3008«), bietet aber nur vier Eingänge.

- ▶ **MCP3204/MCP3208:** Diese Bauteile sind die 12-Bit-Ausführungen von MCP3004 und MCP3008.

- ▶ **MCP23S17:** Die SPI-Variante des MCP23017.

13.4 I^2C

Der I^2C-Bus stellt eine weitere Schnittstelle des Raspberry Pi dar. Auch für dieses System gibt es einige externe Bausteine, die mit dem Raspberry Pi verwendet werden können.

I^2C steht für *Inter-Integrated Circuit* und verwendet im Gegensatz zum SPI-Bus nur zwei Drähte. Die benötigten Anschlüsse am Raspberry Pi sind der Pin 3 *SDA* und der Pin 5 *SCL*.

Ein Vorteil von I^2C gegenüber dem SPI-Bus ist, dass bei der Verwendung mehrerer Teilnehmer auf dem Bus kein separates Chip-Select-Signal die Teilnehmer anwählt. Beim I^2C-Bus besitzt jeder Teilnehmer eine Adresse, die einzeln angesprochen werden kann. Oft bieten die Bausteine auch die Möglichkeit, mittels Jumper oder Drahtbrücken die Adresse zu verändern. So können mehreren Bauteilen des gleichen Typs unterschiedliche Adressen zugewiesen werden, um diese gleichzeitig am Raspberry Pi zu nutzen.

In diesem Kapitel beziehen wir uns in erster Linie auf den ersten Kanal (I2C1) des I^2C-Protokolls. Dieser ist über die Pins 3 und 5 zu erreichen. Kanal 0 (I2C0) kann zwar auch aktiviert werden, ist aber vor allem für EEPROMs reserviert. I2C0 wird durch die Pins 27 und 28 ausgeführt.

Der I^2C-Bus verwendet in der Regel Open-Collector-Eingänge. Das bedeutet, dass die entsprechenden I^2C-Bausteine keinen eigenen Spannungspegel an ihren I^2C-Pins führen. Die SDA- und SCL-Pins des Raspberry Pi werden durch interne Pull-up-Widerstände auf ein 3,3-V-Level gezogen. Die Busteilnehmer schalten bei der Kommunikation diesen Pegel lediglich gegen Masse. Somit liegen auch an 5-V-I^2C-Komponenten keine 5 V an den Bus-Pins an.

Trotzdem gilt: Wenn Sie die Möglichkeit haben, Ihre Bausteine, Sensoren oder ICs mit 3,3 V zu versorgen, sollten Sie diese Gelegenheit nutzen. Denn eine solche Schaltung, die durchweg maximal 3,3 V führt, minimiert das Risiko deutlich, den Raspberry Pi zu beschädigen.

> **Ausnahmen bestätigen die Regel!**
>
> Beliebte Fertigmodule, wie z. B. die Echtzeituhr, haben oft Pull-up-Widerstände an den SDA- und SCL-Pins. Gerade bei Modulen, die für den Arduino gefertigt wurden, liegen die I^{2}C-Pins dann an 5 V. Prüfen Sie dies vorab, und entfernen Sie gegebenenfalls Pull-ups auf Fertigmodulen.

Standardmäßig ist der I^{2}C-Bus deaktiviert. Abhilfe schafft die Option INTERFACES • I2C im Raspbian-Konfigurationsprogramm (siehe Abbildung 13.2). Unter Raspbian Lite verwenden Sie zur Konfiguration den Punkt ADVANCED OPTIONS in `raspi-config`. Dort wählen Sie den Eintrag A7 I2C und beantworten die beiden kommenden Abfragen mit YES. Die erste Bestätigung aktiviert den I^{2}C-Bus, und die zweite sorgt dafür, dass dieser ab sofort nach jedem Systemstart verfügbar bleibt.

Hinter den Kulissen erzeugt `raspi-config` den Eintrag `dtparam=i2c_arm=on` in der Datei `/boot/config.txt`. Dies aktiviert die I^{2}C-Schnittstelle im neuen Device-Tree. Zusätzlich wird automatisch in der Datei `/etc/modules` das `i2c-dev`-Modul geladen, indem der Datei der Eintrag `i2c-dev` hinzugefügt wird.

Bedenken Sie, dass dadurch der I^{2}C-Bus 1 nutzbar ist. Diesen finden Sie an den Pins 3 und 5. Bus 0 (Pins 27 und 28) ist in den neuen Raspberry-Pi-Modellen für die EEPROMs der sogenannten HATs reserviert. Dies sind neue, standardisierte Erweiterungsboards für den Raspberry Pi (siehe Abschnitt 15.8, »Raspberry-Pi-HATS«). Möchten Sie den Bus dennoch aktivieren, so fügen Sie manuell die Zeile `dtparam=i2c0` an den Schluss der Datei `/boot/config.text` an.

Der Portexpander MCP23017

Ein beliebter Baustein mit I^{2}C-Protokoll ist der MCP23017. Dabei handelt es sich um einen Porterweiterungsbaustein. Sie haben mit dem MCP23017 die Möglichkeit, dem Raspberry Pi bis zu 16 zusätzliche Ein- und Ausgänge hinzuzufügen. Sie opfern lediglich den SCL- und SDA-Anschluss des Raspberry Pi, um den Baustein mit dem Bus zu verbinden. Schauen wir uns nun zuerst wieder die Pin-Belegung an (siehe Abbildung 13.12).

▸ **GPA 0–7:** Bank A der verfügbaren Ports

▸ **GPB 0–7:** Bank B der verfügbaren Ports

▸ **VDD:** Versorgungsspannung. Der MCP23017 benötigt bei normaler Raumtemperatur eine Versorgungsspannung von 1,8 V bis 5,5 V. Schließen Sie hier wieder die 3,3 V des Raspberry Pi an.

13

▶ **VSS:** Masse

▶ **NC:** *Not connected.* Diese Pins sind nicht belegt und haben keine Funktion.

▶ **SCL:** Serial Clock Line. Bestandteil des I^2C-Bus.

▶ **SDA:** Serial Data Line. Ebenfalls ein Bestandteil des Bussystems.

▶ **Reset:** Low-aktiver Reset-Pin. Dieser Pin muss auf High, also 3,3 V liegen, damit der Baustein arbeitet.

▶ **A0–A2:** Adressierbits. Diese Pins bieten die Möglichkeit, die Adresse auf dem Bus zu ändern. Je nach Kombination von High- und Low-Pegeln an diesen Pins können Sie die Adresse verändern. Sie haben mit 3 Bit insgesamt 8 Adressiermöglichkeiten. Theoretisch können Sie ohne zusätzlichen Aufwand so acht MCP23017-Portexpander am I^2C-Bus betreiben.

▶ **INTA, INTB:** Diese beiden Anschlüsse sind Interrupt-Pins. Diese Pins können so konfiguriert werden, dass sie ein Signal liefern, wenn sich der Status eines Ports am Bauteil ändert. Dies kann sinnvoll sein, wenn die Software nicht jeden Eingang dauerhaft überwacht. So kann auch eine Statusänderung erfasst werden, wenn die Software gerade etwas anderes macht. Sehen Sie für die Konfiguration dieser Ports im Datenblatt des Bauteils nach.

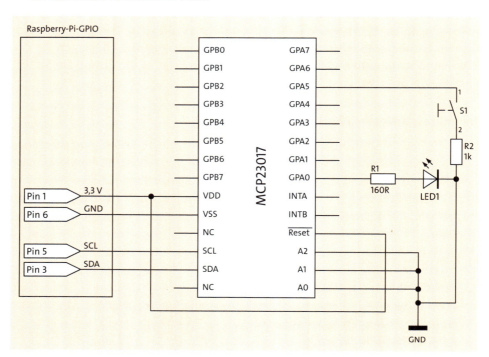

Abbildung 13.12 Pin-Belegung und Verdrahtung des MCP23017

Sobald Sie den I^{2}C-Bus freigeschaltet und das Bauteil wie auf dem Schaltplan angeschlossen haben, können Sie mit der Installation der benötigten Software fortfahren.

Sollten Sie eine frische Installation von Raspbian Stretch nutzen, so können Sie die
beiden Schritte zur Installation von i2c-tools und smbus überspringen. Diese Pakete
sollten in den neusten Images von Raspbian bereits vorinstalliert sein. Falls Sie eine
alte Raspbian-Version aktualisieren bzw. weiterhin nutzen möchten, müssen Sie möglicherweise die folgenden Installationsanweisungen der beiden Pakete befolgen.

Nun installieren Sie das Paket *i2c-tools*. Es ermöglicht mit einfachen Befehlen eine
I^{2}C-Kommunikation direkt aus der bash. Die Installation von i2c-tools ist nicht zwingend notwendig. Wir empfehlen das kleine Programm jedoch sehr, da Sie so mit
sehr kurzen Befehlen jeden I^{2}C-Bus-Teilnehmer testen, auslesen und auch beschreiben können.

```
sudo apt install i2c-tools
```

i2cdetect überprüft, ob das Bauteil auf dem Bus erkannt wird (siehe Abbildung 13.13):

```
i2cdetect -y 1
```

Eine kurze Erklärung der Syntax:

- **i2cdetect:** Befehl aus i2c-tools zum Auffinden von I^{2}C-Peripherie
- **-y:** Befehl ohne Nachfrage ausführen (*Sind Sie sicher?*)
- **1:** Nummer des Bus. Bus 1 nutzt die Pins 3 und 5. Bus 0 ist in der Regel für das
  EEPROM der HAT-Boards reserviert, kann aber über die Pins 27 und 28 erreicht
  werden.

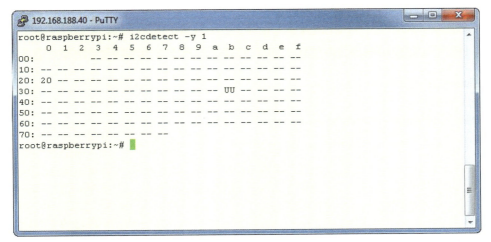

Abbildung 13.13 Ausgabe des Befehls »i2cdetect«. Der Baustein ist auf der Adresse 0x20
ansprechbar.

13

An der Ausgabe erkennen Sie, dass der Baustein auf der Adresse 0x20 liegt. Verändern Sie die High/Low-Kombination an den Pins A0–A2. So können Sie beobachten, wie sich die Adresse ändert. Liegen alle Pins auf GND, so ist 0x20 die Standardadresse des MCP23017. Sollten Sie keinen Wert angezeigt bekommen, prüfen Sie die korrekte Verdrahtung des Bausteins.

Im Schaltplan haben wir an GPA0 eine LED angeschlossen und an GPA5 einen Taster (siehe Abbildung 13.12). Widmen wir uns zuerst der LED. Um GPA0 nun als Ausgang zu definieren und auf High zu schalten, müssen Sie wieder einige wichtige Tabellen aus dem Datenblatt einsehen (siehe Abbildung 13.14).

TABLE 1-6: CONTROL REGISTER SUMMARY (IOCON.BANK = 0)

Register Name	Address (hex)	bit 7	bit 6	bit 5	bit 4	bit 3	bit 2	bit 1	bit 0	POR/RST value
IODIRA	00	IO7	IO6	IO5	IO4	IO3	IO2	IO1	IO0	1111 1111
IODIRB	01	IO7	IO6	IO5	IO4	IO3	IO2	IO1	IO0	1111 1111
IPOLA	02	IP7	IP6	IP5	IP4	IP3	IP2	IP1	IP0	0000 0000
IPOLB	03	IP7	IP6	IP5	IP4	IP3	IP2	IP1	IP0	0000 0000
GPINTENA	04	GPINT7	GPINT6	GPINT5	GPINT4	GPINT3	GPINT2	GPINT1	GPINT0	0000 0000
GPINTENB	05	GPINT7	GPINT6	GPINT5	GPINT4	GPINT3	GPINT2	GPINT1	GPINT0	0000 0000
DEFVALA	06	DEF7	DEF6	DEF5	DEF4	DEF3	DEF2	DEF1	DEF0	0000 0000
DEFVALB	07	DEF7	DEF6	DEF5	DEF4	DEF3	DEF2	DEF1	DEF0	0000 0000
INTCONA	08	IOC7	IOC6	IOC5	IOC4	IOC3	IOC2	IOC1	IOC0	0000 0000
INTCONB	09	IOC7	IOC6	IOC5	IOC4	IOC3	IOC2	IOC1	IOC0	0000 0000
IOCON	0A	BANK	MIRROR	SEQOP	DISSLW	HAEN	ODR	INTPOL	—	0000 0000
IOCON	0B	BANK	MIRROR	SEQOP	DISSLW	HAEN	ODR	INTPOL	—	0000 0000
GPPUA	0C	PU7	PU6	PU5	PU4	PU3	PU2	PU1	PU0	0000 0000
GPPUB	0D	PU7	PU6	PU5	PU4	PU3	PU2	PU1	PU0	0000 0000
INTFA	0E	INT7	INT6	INT5	INT4	INT3	INT2	INT1	INT0	0000 0000
INTFB	0F	INT7	INT6	INT5	INT4	INT3	INT2	INT1	INT0	0000 0000
INTCAPA	10	ICP7	ICP6	ICP5	ICP4	ICP3	ICP2	ICP1	ICP0	0000 0000
INTCAPB	11	ICP7	ICP6	ICP5	ICP4	ICP3	ICP2	ICP1	ICP0	0000 0000
GPIOA	12	GP7	GP6	GP5	GP4	GP3	GP2	GP1	GP0	0000 0000
GPIOB	13	GP7	GP6	GP5	GP4	GP3	GP2	GP1	GP0	0000 0000
OLATA	14	OL7	OL6	OL5	OL4	OL3	OL2	OL1	OL0	0000 0000
OLATB	15	OL7	OL6	OL5	OL4	OL3	OL2	OL1	OL0	0000 0000

Abbildung 13.14 Übersicht der verfügbaren Register (Quelle: Datenblatt des Herstellers)

Das vollständige Datenblatt des Bauteils finden Sie unter folgender Adresse:

http://ww1.microchip.com/downloads/en/DeviceDoc/21952b.pdf

Die weißen Zeilen beziehen sich auf Bank A, also GPA0–7, die farbigen Zeilen auf Bank B, GPB0–7. Unsere LED ist an GPA0 angeschlossen, somit sind nur die weißen Zeilen von Interesse. Im Ausgangszustand sind alle 16 Ports des MCP23017 als Eingänge definiert. Um die LED anzusteuern, muss GPA0 jedoch als Ausgang deklariert werden. Dies kann im Register IODIRA passieren. Lesen kann man die Abkürzung als *Input/Output Direction A*. Die zweite Spalte nennt Ihnen die Adresse des IODIRA-

Registers, nämlich 0x00 (Address (hex)). GPA0 findet sich in der vorletzten Spalte als *IO0* unter Bit 0.

Jetzt kennen Sie die benötigten Werte und können sie auch aus der Shell zum Bauteil senden. Dazu benutzen Sie wieder einen Befehl aus den `i2c-tools`:

```
i2cset -y 1 0x20 0x00 0xFE
```

Eine kurze Erklärung der Syntax:

- **i2cset:** Befehl aus den `i2c-tools` zum Schreiben auf dem I²C-Bus
- **-y:** Befehl ausführen ohne Nachfrage (*Sind Sie sicher?*)
- **1:** Nummer des Bus
- **0x20:** Adresse des Bausteins, der beschrieben werden soll
- **0x00:** Dies ist die Adresse des IODIRA-Registers.
- **0xFE:** Dieser Wert setzt Bit 0 des IODRA-Registers auf 0 und somit als Ausgang.

Falls Sie sich fragen, woher der Hexwert 0xFE stammt, so werfen Sie noch einmal einen Blick auf die Tabelle der verfügbaren Register. In der letzten Spalte der Tabelle können Sie sehen, dass im Ausgangszustand alle Bits des IODIRA-Registers 1 sind. Eine 1 in einem Bit dieses Registers definiert den entsprechenden Port als Eingang. Um ihn zu einem Ausgang zu machen, ändern Sie das entsprechende Bit in eine 0. Als Binärzahl ausgedrückt, würde diese in unserem Fall so aussehen:

```
11111110
```

GPA7–1 bleiben weiterhin als Eingang bestehen. GPA0, also das letzte Bit, wechselt seinen Status zu einem Ausgang. Rechnen Sie die Binärzahl in einen Hexwert um, so erhalten Sie 0xFE.

Sobald Sie den Befehl mit ⏎ bestätigen, wird er ohne weitere Meldung ausgeführt. GPA0 ist nun ein Ausgang, allerdings noch nicht aktiv.

Mit dem nächsten Befehl schalten Sie die LED ein. Hierzu schauen Sie wieder in die Tabelle aus dem Datenblatt. Das nötige Register ist in diesem Fall *OLATA* (Output Latch A). Die Adresse des Registers ist 0x14. Auch hier ist das gesuchte Bit für GPA0 wieder Bit 0. Diesmal wird dort allerdings eine 1 benötigt. Schreiben Sie nun mit `i2cset` in das OLATA-Register in Bit 0 eine 1:

```
i2cset -y 1 0x20 0x14 0x01
```

Die Syntax bleibt die gleiche wie im vorherigen Befehl. Lediglich die Registeradresse und die Bitwerte haben sich geändert. Sobald Sie den Befehl bestätigt haben, sollte die LED leuchten. GPA0 führt nun einen High-Pegel.

Mit diesem Prinzip können Sie nun alle 16 Ausgänge beliebig schalten. Die Registerübersicht aus dem Datenblatt gibt Ihnen alle nötigen Informationen. Wenn Sie Bank B, also GPB 0–7, verwenden, so benutzen Sie die Register *IODIRB* sowie *OLATB*.

Widmen wir uns nun dem an GPA5 angeschlossenen Taster: Zum Auslesen des Tasterzustands muss GPA5 als Eingang deklariert sein. Dies sollte bereits der Fall sein. Nutzen Sie ansonsten wieder den `i2cset`-Befehl, um GPA5 separat in einen Eingang zu ändern:

```
i2cset -y 1 0x20 0x00 0x20
```

Nach dem Senden dieses Befehls ist GPA5 ein Eingang, alle anderen Ports sind Ausgänge. Die Erklärung dafür liegt wieder im Binärcode von 0x20:

```
00100000
```

Die `i2c-tools` verfügen noch über den Befehl `i2cget`. Nutzen Sie diesen, um Daten auf dem Bus zu empfangen. Um den Status von GPA5 auszulesen, ziehen Sie den Wert direkt aus dem Output-Register *GPIOA* mit der Adresse 0x12:

```
i2cget -y 1 0x20 0x12
```

Der Befehl sollte nun einen Hex-Wert zurückgeben. Wenn Sie den Befehl öfter hintereinander ausprobieren, so scheint der ausgelesene Wert nicht stabil zu bleiben. Das hat den Grund, dass die anfangs im Schaltplan skizzierte Schaltung keinen Pull-up-Widerstand besitzt, der den Pegel immer auf einen definierten Wert zieht. Wir haben den Pull-up-Widerstand hier bewusst entfallen lassen, damit wir Ihnen die Funktion des internen Pull-ups verdeutlichen können.

Die Pull-up-Register verstecken sich hinter den Registernamen *GPPUA* sowie *GPPUB*. Schalten wir also nun einen Pull-up-Widerstand an GPA5:

```
i2cset -y 1 0x20 0x0C 0x20
```

Senden Sie den Befehl ab, und versuchen Sie nun erneut, GPA5 mit dem `i2cget`-Befehl auszulesen.

Haben Sie jeden Schritt bis hierhin genau befolgt, so sollte die LED noch immer leuchten. Die Ausgabe von `i2cget` lautet in diesem Fall 0x21. Rechnen Sie diesen Wert wieder in eine Binärzahl um, so können Sie direkt erkennen, welche Ports aktiv sind:

```
00100001
```

Sie sehen, dass Bit 0 (GPA0) sowie Bit 5 (GPA5) aktiv sind. Drücken Sie nun den Taster, und lesen Sie die Daten erneut aus. Die Ausgabe ändert sich in 0x01. Das entspricht folgendem Binärcode:

```
00000001
```

GPA5 wurde durch das Drücken des Tasters auf Masse gezogen und gibt somit eine 0 zurück. Auch das Auslesen funktioniert in Bank B nach dem gleichen Schema. Lesen Sie hierfür einfach aus dem Output-Register *GPIOB*, und schreiben Sie die Pull-up-Werte in *GPPUB*.

I²C in Python

Auch hier möchten wir noch einmal darauf hinweisen, dass smbus bei einer frischen Installation von Raspbian Stretch bereits installiert und auch Python-3-tauglich ist. Nachfolgende Schritte sind nur für alte Versionen von Raspbian oder zur Problembehandlung notwendig.

Zum Abschluss dieses Abschnitts zeigen wir Ihnen ein Beispiel für die I²C-Anwendung in Python. Um I²C in Python verwenden zu können, benötigen Sie die Python-Bibliothek *smbus*. Diese Bibliothek installieren Sie wieder mit dem Paketmanager:

```
sudo apt install python-smbus
```

Da wir auch in diesem Beispiel wieder Python 3 nutzen möchten, folgt nun eine Modifikation der smbus-Bibliothek. Wenn Sie smbus unter Python 2.x nutzen, so überspringen Sie die nun folgenden Punkte.

Installieren Sie ein notwendiges Paket:

```
sudo apt install libi2c-dev
```

Im nächsten Schritt laden Sie die Quelldateien der i2c-tools herunter, entpacken diese und wechseln in das neu erzeugte Verzeichnis. Die HTTP-Adresse ist ohne \ und Leerzeichen einzugeben.

```
sudo wget http://ftp.de.debian.org/debian/pool/main/i/i2c-tools/\
   i2c-tools_3.1.0.orig.tar.bz2
sudo tar xf i2c-tools_3.1.0.orig.tar.bz2
cd i2c-tools-3.1.0/py-smbus
```

Sicherheitshalber sollten Sie nun die Datei sichern, die Sie modifizieren wollen. Duplizieren Sie die Datei daher mit einem neuen Namen:

```
sudo mv smbusmodule.c smbusmodule.c.backup
```

Der nächste Befehl lädt die modifizierte C-Datei der Bibliothek herunter und ersetzt nun die Originaldatei:

```
sudo wget https://gist.githubusercontent.com/sebastianludwig/\
   c648a9e06c0dc2264fbd/raw/\
   2b74f9e72bbdffe298ce02214be8ea1c20aa290f/smbusmodule.c
```

Die letzten beiden Befehle erzeugen und installieren die Bibliothek in der Python-3-Umgebung:

```
sudo python3 setup.py build
sudo python3 setup.py install
```

Bedenken Sie, dass diese Änderung von einem Community-Mitglied durchgeführt wurde. Es handelt sich dabei nicht um eine Anpassung der smbus-Autoren. Die Origi-

13

nalanleitung zu dieser Modifikation, die wir auch verwendet haben, finden Sie unter folgendem Link:

https://procrastinative.ninja/2014/07/21/smbus-for-python34-on-raspberry

---

Python-3-Alternativen

Falls Sie den I²C-Bus in Python 3 ohne eine Modifikation der smbus-Bibliothek nutzen möchten, bietet sich zum einen pigpio an. Diese Bibliothek gibt Ihnen auch in der neuesten Python-Version Zugriff auf den Bus. Seit der neusten Version von Raspbian ist pigpio vorinstalliert. Die Handhabung von pigpio ist sehr gut dokumentiert:

http://abyz.co.uk/rpi/pigpio/python.html

Alternativ funktioniert die Quick2Wire-Bibliothek mit I²C-Funktionalität unter Python 3:

https://github.com/quick2wire/quick2wire-python-api

Nach der Installation kann die Bibliothek direkt genutzt werden:

```
#!/usr/bin/python3
import smbus, time
bus = smbus.SMBus(1)
adresse = 0x20 # I2C-Adresse des MCP23017

def get(register):
    read = bus.read_byte_data(adresse, register)
    return read

def set(register, daten):
    write = bus.write_byte_data(adresse, register, daten)
    return

set (0x00,0x20)

while True:
    state = get(0x12)
    print(state)
    if state == 0x00:
        set(0x14,0x01)
        print("Taster erkannt, LED an!")
    time.sleep(1)
    set (0x14,0x00)
```

Das Python-Programm definiert die Funktionen für das Lesen und das Schreiben. In der while-Schleife wird jede Sekunde geprüft, ob der Taster an GPA5 betätigt ist. Ist dies der Fall, so leuchtet die LED für einen Durchlauf. Das Python-Programm dient somit als Beispiel, an dem Sie lernen, wie smbus verwendet wird. Weitere Details können Sie in der smbus-Dokumentation nachlesen:

http://wiki.erazor-zone.de/wiki:linux:python:smbus:doc

13.5 UART

UART (*Universal Asynchronous Receiver/Transmitter*) dient unter anderem zur Kommunikation mit RS232- oder RS485-Schnittstellen. Oft wird der UART zur Datenübertragung mit Mikrocontrollern oder dem PC eingesetzt. Der Raspberry Pi führt die UART-Schnittstelle an den Pins 8 und 10 (TxD und RxD) aus der GPIO-Steckerleiste aus.

Im kommenden Abschnitt beschreiben wir den Umgang mit der UART-Schnittstelle anhand der Kommunikation zwischen zwei Raspberry-Pi-Platinen. So ist es möglich, zwischen den beiden Minicomputern zu kommunizieren.

UART aktivieren und säubern

Den UART-Bus können Sie, wie alle anderen Schnittstellen auch, in der Grafikoberfläche *Pixel* mit den Menüpunkten Einstellungen • Raspberry Pi Configuration oder mit raspi-config aktivieren. Gleichzeitig muss die Schnittstelle aber auch von nicht benötigten Informationen befreit werden. Im Normalfall sendet der Raspberry Pi nämlich über die UART-Pins beim Hochfahren das komplette Boot-Log. Wenn Sie die Schnittstelle also für Ihre eigenen Zwecke nutzen möchten, dann sollten Sie dies unterbinden.

Rufen Sie dazu das Konfigurationsmenü mit sudo raspi-config auf. Navigieren Sie nun zu Advanced Options • Serial, und bestätigen Sie die Abfrage, die nun erscheint, mit Nein. Nach einem Neustart sind alle notwendigen Einstellungen vorgenommen und der Bus kann verwendet werden.

Was passiert hier?

Es ist immer gut zu wissen, was in Ihrem System durch diese Einstellung eigentlich verändert wird. Durch die Anpassung in raspi-config wird die Datei /boot/cmdline.txt um den Teil console=ttyAMA0,115200 kgdboc=ttyAMA0,115200 gekürzt. Zudem ist seit Raspbian Jessie Serial-Getty nun ein Dienst, der automatisch im Hintergrund läuft. Dieser muss deaktiviert werden, was raspi-config für Sie erledigt. Sie können Serial-Getty auch manuell deaktivieren:

```
sudo systemctl disable serial-getty@ttyAMA0.service
```

In den Vorgängerversionen von Raspbian, also bis Wheezy, musste hier noch die /etc/inittab editiert werden. Diese Aufgabe fällt seit Raspbian Jessie weg.

Leider tritt seit dem Modell Raspberry Pi 3 an dieser Stelle ein kleines Problem auf: Das neue Bluetooth-Modem liegt bei ihm auf der Hardware-UART-Schnittstelle. Dafür ist ein *Mini-UART* an den GPIO-Pins (TxD und RxD) verfügbar. Dies ist eine kleine Variante des ursprünglichen UART, die nicht nur einen geringeren Durchsatz bietet, sondern auch nicht mehr so stabil ist wie zuvor.

Die Baud-Rate des Mini-UART wird ab sofort vom Systemtakt abgeleitet. Das bedeutet, dass die Baudrate nicht mehr stabil bleibt, sondern je nach CPU-Auslastung stark schwankt. Leider wird der UART dadurch nahezu unbrauchbar, falls Sie keine weiteren Schritte unternehmen.

Dieses wirklich sehr ärgerliche Problem kann auf zwei Wegen umgangen, aber nicht nachhaltig gelöst werden:

► Sie deaktivieren die Bluetooth-Schnittstelle durch eine Änderung in der Datei `cmdline.txt`. Dazu öffnen Sie die Datei mit einem Editor und fügen am Ende der Datei die Zeile `dtoverlay=pi3-miniuart-bt` hinzu. Nach dem Speichern und einem Neustart funktioniert die UART-Schnittstelle wieder *fast* wie in den Vorgängerversionen. Dadurch wird das Bluetooth-Modul gezwungen, den Mini-UART zu nutzen, und gibt die *richtige* UART-Schnittstelle wieder für die GPIO-Pins frei. Das kann jedoch zur Folge haben, dass Sie nicht die volle Bluetooth-Baudrate nutzen können. Schauen Sie sich dazu die offizielle Beschreibung der Raspberry Pi Foundation zum Thema UART an: *https://www.raspberrypi.org/documentation/configuration/uart.md*

► Den zweiten Weg empfehlen wir Ihnen nicht, möchten ihn aber trotzdem erwähnen: Fügen Sie der Datei `/boot/config.txt` die Zeile `force_turbo=1` hinzu. Dadurch schraubt der Raspberry Pi seine Taktfrequenz in Ruhephasen nicht herab. Als Nebeneffekt bleibt die Baudrate des UART-Ports stabil. Diese Variante funktioniert leider nur, solange die CPU-Temperatur weniger als 85 °C beträgt. Ab diesem Wert fährt der interne Überhitzungsschutz des SoC nämlich die Taktfrequenz auf ein Minimum zurück.

Wenn Sie Ihre Anwendungen von einem alten Raspberry Pi auf das neue Modell 3 B+ übertragen möchten, so ändern Sie die Schnittstellenbezeichnung von `/dev/AMA0` auf `/dev/serial0`. Raspbian wählt dann den korrekten Port.

Seit dem Modell 3 ist das Bluetooth-Modem also nun an `/dev/AMA0` und der Mini-UART an `/dev/ttyS0` zu finden. Wählen Sie in Python-Programmen eines alten Raspberry Pi am besten `/dev/serial0`, um diese mit dem Raspberry Pi 3 kompatibel zu machen.

Weitere Hinweise und Diskussionen zum Thema finden Sie unter diesen Links:

► *https://www.abelectronics.co.uk/kb/article/1035/raspberry-pi-3-serial-port-usage*
► *https://github.com/RPi-Distro/repo/issues/22*

▶ https://raspberrypi.stackexchange.com/questions/45570/how-do-i-make-serial-work-on-the-raspberry-pi3

▶ https://www.raspberrypi.org/forums/viewtopic.php?f=63&t=138162

Zwei Raspberry-Pi-Platinen via UART verbinden

Im nächsten Schritt stellen Sie eine physische Verbindung zwischen den beiden Platinen her (siehe Abbildung 13.15 und Abbildung 13.16). Verbinden Sie hierzu lediglich den TxD-Pin von Gerät 1 mit dem RxD-Pin des Geräts 2. Den RxD-Pin von Gerät 1 verbinden Sie wiederum mit dem TxD-Pin von Gerät 2. Denken Sie daran, zusätzlich die beiden Massepotenziale miteinander zu verbinden. Erstellen Sie also eine Verbindung zwischen den GND-Pins der Geräte, z. B. Pin 6 von Gerät 1 zu Pin 6 von Gerät 2. Häufig wird dies vergessen, und bei der anschließenden Kommunikation erscheinen dann wirre Zeichen. Bedenken Sie dies auch, wenn Sie mit anderen Mikrocontrollern oder PCs kommunizieren wollen.

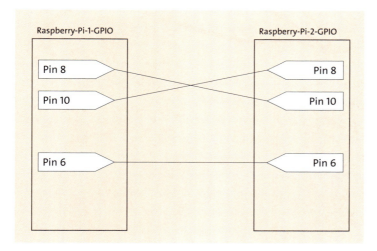

Abbildung 13.15 So verbinden Sie zwei Raspberry-Pi-Platinen durch UART.

Minicom

Minicom ist ein Programm zum Senden und Empfangen von seriellen Daten. Dies nutzen wir, um die Funktion des UART zu verdeutlichen. Sollten Sie dieser Anleitung folgen und möchten Sie die Kommunikation zwischen zwei Raspberry Pis aufbauen, so müssen Sie auf beiden Geräten die gleichen Schritte wie oben durchführen. Installieren Sie also Minicom:

```
sudo apt install minicom
```

Nach der Installation starten Sie Minicom und übergeben die gewünschte Baudrate sowie die zu nutzende Schnittstelle:

```
minicom -b 9600 -o -D /dev/ttyAMA0
```

Führen Sie diesen Befehl auf beiden Geräten aus. Nun tippen Sie in einem der beiden Terminalfenster einen Text ein und sehen die empfangenen Daten auf dem anderen Gerät (siehe Abbildung 13.17). Sollte hier der geschriebene Text im Klartext empfangen werden, so haben Sie alles richtig gemacht. Falls keine Kommunikation stattfindet oder nur kryptische Zeichen empfangen werden, so prüfen Sie, ob die Massepotenziale beider Geräte zusammengelegt wurden und ob minicom auf beiden Computern mit der gleichen Baudrate gestartet wurde.

Abbildung 13.16 Zwei Raspberry-Pi-Platinen, die wir mit UART verbunden haben

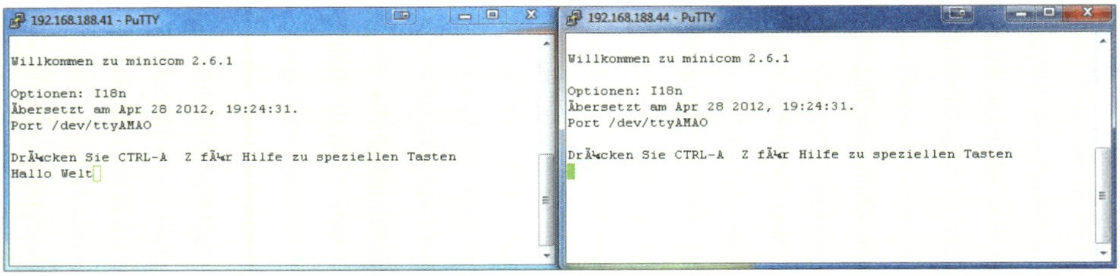

Abbildung 13.17 Kommunikation zwischen zwei Raspberry Pis mittels Minicom

Sie können nun auch auf diese Weise mit anderen Geräten (z. B. dem Arduino, Mikrocontrollern oder UART-Adaptern für den PC) kommunizieren. Auch einige RFID-Lesegeräte kommunizieren über UART – mehr dazu lesen Sie in Kapitel 29, »RFID-Türöffner mit Zutrittskontrolle«. Die Baudrate passen Sie entsprechend dem Datenblatt des Geräts an, mit dem Sie kommunizieren. Gängige Baudraten bei UART sind beispielsweise:

- 1200
- 2400
- 4800
- 9600
- 19200
- 115200

Die Kommunikation zwischen zwei Raspberry Pis funktioniert mit jeder Baudrate, sofern diese auf beiden Geräten identisch eingestellt wird.

UART in Python

Damit Sie die UART-Kommunikation in Ihre Python-Programme einbauen können, widmen wir uns nun der Integration von UART in Python. Als Beispiel nutzen wir weiterhin die beiden verbundenen Raspberry-Pi-Platinen. Bei der Programmierung hilft uns die Python-Bibliothek pyserial. Um diese Bibliothek zu installieren, benötigen Sie wiederum die python-setuptools:

```
sudo apt install python-setuptools
sudo apt install python3-pip
```

Installieren Sie nun pyserial mittels pip:

```
sudo pip3 install pyserial
```

Die Bibliothek kann nun mit import serial in jedem Python-Programm geladen werden. Zur Kommunikation zwischen den beiden Raspberry Pis erstellen Sie zwei Python-Programme:

- sender.py wird auf dem sendenden Raspberry Pi erstellt und dient zum Senden von Befehlen.

- listener.py ist der Zuhörer und empfängt die Daten des anderen Geräts.

Füllen Sie die Datei sender.py mit folgenden Codezeilen:

```
#!/usr/bin/python3
import serial
ser = serial.Serial("/dev/ttyAMA0")
ser.baudrate = 9600
```

```
print("Sende UART Daten...")
ser.write(b"Hallo Welt!\n")
ser.close()
```

Dieses simple Programm öffnet die UART-Schnittstelle und stellt eine Baudrate von 9600 ein. Die Funktion ser.write() sendet nun den Text *Hallo Welt*, gefolgt von einem Newline-String (siehe Abbildung 13.18). Diese Zeichenfolge lässt den zweiten Raspberry Pi erkennen, dass das Ende der Nachricht erreicht ist. ser.close() gibt die UART-Schnittstelle nach dem Senden wieder frei.

Abbildung 13.18 Kommunikation zwischen zwei Raspberry Pis über UART mittels Python

listener.py auf dem anderen Gerät hat den folgenden Inhalt:

```
#!/usr/bin/python3
import serial
ser = serial.Serial("/dev/ttyAMA0", timeout = 10)
ser.baudrate = 9600
daten = ser.readline()
print(daten.decode('utf8'))
ser.close()
```

Auch hier wird der UART-Port ausgewählt und auf die gleiche Baudrate von 9600 eingestellt. Zusätzlich definieren Sie ein Timeout von 10 Sekunden. Dies ist notwendig, da die Lesefunktion readline() ohne diesen Timeout endlos weiterhorchen würde. In dieser Zeit wäre der UART-Port blockiert. Nach Ablauf des Timeouts wird der UART wieder freigegeben und das Programm läuft ab Zeile 9 weiter.

Starten Sie nun listener.py auf Gerät 1. Innerhalb von 10 Sekunden müssen Sie außerdem sender.py auf dem zweiten Gerät ausführen.

Wichtige pySerial-Funktionen

pySerial bietet durchaus einige weitere Funktionen, die nicht in den vorangegangenen Programmen zum Einsatz kamen. Einige wichtige Funktionen möchten wir Ihnen noch erläutern:

▶ serial.Serial(port, rate, timeout) bestimmt den UART-Port (/dev/ttyAMA0), die gewünschte Baudrate und den Timeout.

▶ write("Text") sendet den übergebenen String an die UART-Schnittstelle.

▶ read(n) liest den UART-Port aus. Wird kein Wert mitgegeben, so wird nur ein Byte ausgelesen; andernfalls bestimmt n die Anzahl der zu lesenden Bytes. Treffen innerhalb der Timeout-Zeit nicht ausreichend viele Bytes ein, endet die Funktion vorzeitig.

▶ readline(nmax) liest wie in unserem Beispielprogramm so lange den UART-Port aus, bis das EOL-Flag (End-of-Line-Flag) in Form von \n übermittelt wurde oder bis der Timeout erreicht ist. nmax limitiert optional die maximale Nachrichtenlänge. Ein eigenes EOL-Flag zu bestimmen ist seit der Version 2.6 von pySerial nicht mehr so einfach möglich. Eine Beschreibung, wie dies trotzdem zu meistern ist, findet sich in der offiziellen Dokumentation von pySerial:

https://pythonhosted.org/pyserial/shortintro.html#eol

▶ readlines() liest mehrere Textzeilen und trennt diese entsprechend dem EOL-Flag (\n). Diese Funktion endet *nur* nach einem Timeout.

Eine komplette Dokumentation von pySerial und allen Möglichkeiten finden Sie unter:

https://pythonhosted.org/pyserial/index.html

13.6 Der Audio-Bus I^{2}S

Neben der Audio-Übertragung durch die Klinkenbuchse oder via HDMI bietet der Raspberry Pi auch die Möglichkeit, digitale Audio-Signale über I^{2}S zu senden. Die nötigen Pins dafür finden Sie auf dem J8-Header:

▶ **Pin 12** PCM_CLK

▶ **Pin 35** PCM_FS

▶ **Pin 38** PCM_DIN

▶ **Pin 40** PCM_DOUT

I^{2}S steht für *Integrated Interchip Sound* und dient zum Übertragen von Audio-Daten zwischen ICs. In den ersten Raspberry-Pi-Modellen fanden Sie diese vier Pins noch auf dem P5-Header. Seit dem Modell B+ sind die Pins in die 40-polige GPIO-Leiste J8 integriert worden und nun weitaus komfortabler zu erreichen.

Um die dort anliegenden Audio-Signale in echten Ton umzuwandeln, benötigen Sie spezielle D/A-Wandler. Hier hat sich eine eigene HiFi-Community entwickelt, die mit ihren vielfältigen Audio-Boards für glasklare Audio-Qualität sorgt. Über den Klinkenanschluss wäre diese Tonqualität nicht zu erreichen. Zu den Ergebnissen der HiFi-Community zählen unter anderem die folgenden Komponenten bzw. Projekte:

- Crazy Audio HiFiBerry
- Wolfson Audio Card
- RPI-DAC
- Pi-DAC

Um die I^2S-Schnittstelle zu aktivieren, fügen Sie diese dem Device-Tree hinzu. Öffnen Sie dazu die Datei `/boot/config.txt`, und fügen Sie dort die Zeile `dtparam=i2s=on` ein.

Einige Audio-Boards, wie z. B. das beliebte HiFiBerry, erfordern zusätzliche Device-Tree-Overlays. Für das HiFiBerry DAC ist dies z. B. die Zeile `dtoverlay=hifiberry-dac`, die in die Datei `/boot/config.txt` eingefügt werden muss. Genaue Informationen finden Sie auf der Herstellerseite Ihrer Audio-Karte. Die Einrichtung des HiFiBerry ist in Abschnitt 7.3, »HiFiBerry«, beschrieben.

Für audio-verliebte Nutzer wurde sogar ein eigenes Betriebssystem namens *Volumio* entwickelt (siehe Abschnitt 7.4, »Volumio«). Dieses unterstützt I^2S ohne weitere Maßnahmen. Weitere Infos zur I^2S-Schnittstelle können Sie hier nachlesen:

http://blog.koalo.de/2013/05/i2s-support-for-raspberry-pi.html

13.7 1-Wire

Der 1-Wire-Bus ist ein Eindrahtbus, der ursprünglich von der Firma *Dallas* entwickelt wurde. Der Name des Bus rührt daher, dass nur eine Datenleitung (DQ) benötigt wird, um Daten zu senden und zu empfangen. Die Datenleitung versorgt den Sensor zusätzlich mit seiner Versorgungsspannung.

Hier ist es nötig, die Datenleitung über einen kleinen Pull-up-Widerstand (4,7 kΩ) mit der 3,3-V-Leitung zu verbinden. Dieser Widerstand hält die Datenleitung stabil auf dem 3,3-V-Pegel und kann vom 1-Wire-Sensor während der Kommunikation auf Masse gezogen werden. Eine wirkliche Eindrahtverbindung ist aber trotz des Namens nicht möglich. Die Masseanbindung muss ebenfalls immer zum 1-Wire-Sensor geführt werden. Der 1-Wire-Bus kann theoretisch beliebig viele Komponenten verarbeiten. So können Sie mehrere Temperatursensoren einfach parallel schalten, um Werte von jedem einzelnen Sensor auszulesen.

Um den 1-Wire-Bus zugänglich zu machen, benötigen Sie auch hier wieder eine Zeile in der `/boot/config.txt`, um dem Device-Tree die nötigen Informationen zu liefern. Öffnen Sie die Datei mit `nano /boot/config.txt`, und fügen Sie die folgende Zeile am Ende der Datei ein:

```
dtoverlay=w1-gpio, gpiopin=X
```

Für den Parameter `gpiopin` setzen Sie die BCM-Bezeichnung des Pins ein, den Sie für Ihre 1-Wire-Komponente nutzen möchten.

Es kann sein, dass der Sensor, den Sie verwenden, einen externen Pull-up-Enable-Pin benötigt. Ist dies der Fall, so fügen Sie stattdessen folgende Zeile ein:

```
dtoverlay=w1-gpio-pullup,gpiopin=X,extpullup=Y
```

Der Wert für den Parameter `gpiopin` muss nun wieder für den verwendeten GPIO-Pin angepasst werden. Das `Y` ist der Platzhalter für die BCM-Bezeichnung des Pull-up-Enable-Pins, den Sie verwenden möchten. Nachdem einem GPIO-Pin die Pull-up-Enable-Funktion zugewiesen wurde, kann dieser in der Regel nicht für andere Zwecke verwendet werden.

Die letzte Besonderheit sind 1-Wire-Komponenten, die direkt über die Datenleitung mit Strom versorgt werden. Auch diese Möglichkeit kann im Device-Tree abgebildet werden. Fügen Sie in diesem Fall ein Komma und den Parameter `pullup=on` am Ende Ihrer Zeile ein.

Für die komplette Inbetriebnahme eines 1-Wire-Temperatursensors inklusive Anschlussplan und des Ladens der Module lesen Sie Abschnitt 14.5, »Temperatursensoren«. Eine Übersicht über verschiedene Verschaltungsmöglichkeiten, auch abhängig von den Leitungslängen, finden Sie hier:

https://msxfaq.de/sonst/bastelbude/raspi-1wire.htm

Ebenso gibt es weitere Möglichkeiten, Zugang zum 1-Wire-Bus zu bekommen. So gibt es I^2C-ICs, die die 1-Wire-Kommunikation auf den I^2C-Bus legen, oder USB-Adapter, die eine 1-Wire-Kommunikation per USB ermöglichen. Beispiele dazu finden Sie unter folgendem Link:

https://wiki.fhem.de/wiki/Raspberry_Pi_und_1-Wire

13

Kapitel 14
Sensoren

Damit der Raspberry Pi ein wenig intelligenter wird und seine Umwelt wahrnehmen kann, bedarf es einer neuen großen Hardware-Familie: der Sensoren. Im Gegensatz zu Aktoren (wie LEDs oder Motoren) erwarten Sensoren keine Signale, sondern erzeugen selbst Daten, die der Raspberry Pi empfangen kann.

Die Auswahl an Sensoren ist schier unendlich. Nahezu alle verfügbaren Sensoren können auch mit dem Raspberry Pi arbeiten. Ob ein Sensor tatsächlich ohne weitere Vorbeschaltung verwendbar ist, erfahren Sie auch wieder in den Datenblättern der Bauteile. Eine Auswahl interessanter Sensoren stellen wir Ihnen in diesem Kapitel vor. Auf den folgenden Seiten lernen Sie, wie der Raspberry Pi verschiedene Parameter seiner Umgebung erfasst und auf diese reagieren kann. Ob Temperatur, Bewegung, Licht oder Luftdruck – lassen Sie Ihrer Fantasie freien Lauf!

14.1 PIR-Bewegungssensor

Der PIR-Sensor (*Passive Infrared Sensor*) ist einer der gängisten Bewegungsmelder. Er ist oftmals auch in bewegungssensitiven Außenleuchten oder Alarmanlagen verbaut. Erkennbar ist der PIR-Sensor an seiner meist runden, milchigen Kuppel, die mit vielen einzelnen Waben versehen ist (siehe Abbildung 14.1).

Abbildung 14.1 PIR-Sensor mit typischer matter Kuppel

Der Sensor reagiert auf Temperaturveränderungen in seinem Sichtfeld. Somit können Menschen oder Tiere im Aktionsradius des Sensors erkannt werden. Jedoch kann der Sensor nur Veränderungen wahrnehmen. Bleibt ein Objekt ruhig im Bereich des Sensors stehen, so wird es nicht weiter erkannt. Sobald es sich weiterbewegt, schlägt der Sensor erneut an.

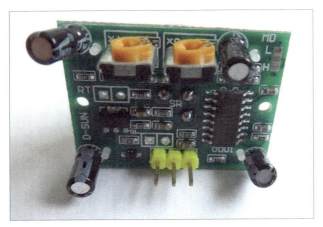

Abbildung 14.2 Das PIR-Sensormodul HC-SR501 von der Unterseite. Zu sehen sind die beiden Potis für Empfindlichkeit und Verzögerung sowie die drei Anschlussbeinchen.

Der PIR-Sensor ist sehr leicht zu handhaben, da das Ausgangssignal lediglich eine logische 1 in Form eines 3,3-V-Pegels ist. Sehr günstige Lösungen finden Sie in Online-Auktionshäusern unter den Suchbegriffen *HC-SR501* oder *PIR Sensor*. Rechnen Sie mit Preisen bis maximal drei Euro pro Stück. Im deutschen Online-Shop *EXP-Tech* finden Sie verschiedene Ausführungen des Sensors:

https://exp-tech.de

Das Funktionsprinzip ist immer gleich. Als Anschlussmöglichkeiten haben Sie drei Pins (siehe Abbildung 14.2):

- **VCC:** Versorgungsspannung 5 V
- **OUT:** digitaler Ausgang
- **GND:** Masse

Die Betriebsspannung für VCC liegt bei diesen Modulen zwischen 4,5 V und 20 V. Für den Betrieb des Sensors nutzen Sie also die 5 V des Raspberry Pi, z. B. an Pin 2. Der Ausgang des Sensors gibt jedoch ein 3,3-V-Signal zurück. Dieses kann der Raspberry Pi perfekt verarbeiten. Achten Sie allerdings bei Ihrem Modul auf diesen Wert! Überprüfen Sie die Angaben des Herstellers, oder messen Sie gegebenenfalls mit einem Multimeter nach. Sollte Ihr Modul mehr als 3,3 V am OUT-Pin ausgeben, so benötigen Sie zwingend einen Spannungsteiler zwischen dem OUT-Pin und dem GPIO-Eingangs-Pin am Raspberry Pi.

Schließen Sie nun das Modul nach folgendem Schema an:

- ► VCC an GPIO-Pin 2
- ► OUT an GPIO-Pin 7
- ► GND an GPIO-Pin 6

Programmierung

Ein einfaches Python-Script erkennt Bewegungen innerhalb des Sensorbereichs:

```python
#!/usr/bin/python3
# Datei pir.py
import sys
import time
import RPi.GPIO as GPIO

GPIO.setmode(GPIO.BOARD)
GPIO.setup(7, GPIO.IN, pull_up_down=GPIO.PUD_DOWN)

def motion(pin):
    print("Achtung! Bewegung erkannt!")
    return

GPIO.add_event_detect(7, GPIO.RISING)
GPIO.add_event_callback(7, motion)

# mit minimaler CPU-Auslastung auf das Programmende durch
# Strg+C warten
try:
  while True:
    time.sleep(0.5)
except KeyboardInterrupt:
  GPIO.cleanup()
  sys.exit()
```

1-Wire und Pin 7

In diesem Beispiel haben wir den GPIO-Pin 7 gewählt. Dieser Pin ist standardmäßig mit der 1-Wire-Schnittstelle belegt. Sofern Sie vorab 1-Wire aktiviert haben, könnten Sie beim Start des Programms eine Fehlermeldung erhalten (RuntimeError: Failed to add edge detection). Deaktivieren Sie in diesem Fall 1-Wire über sudo raspi-config, oder wählen Sie einen anderen Pin.

Pin 7 wird als Eingang definiert und mit einem internen Pull-down-Widerstand beschaltet. Die nächsten Zeilen definieren eine Funktion, die im Falle einer steigenden Flanke an Pin 7 ausgeführt wird. Wir nutzen in diesem Beispiel das Event- oder Interrupt-Prinzip. Da ein Bewegungsmelder nur Sinn macht, wenn sein Zustand dauerhaft abgefragt wird, ist dies die ressourcenfreundlichste Lösung. Die CPU-Auslastung wird durch `sleep` so gering wie möglich gehalten.

Sobald aber der Bewegungsmelder eine Änderung wahrnimmt, wird diese *sofort* vom Python-Programm erkannt. Die `add_event`-Funktion unterbricht bei steigender Flanke jede andere Aktivität des Programms sofort. In der aufzurufenden Funktion `motion()` kann nun jede beliebige Aktion ausgeführt werden. Denkbar sind z. B.:

▶ das Einschalten der Außenbeleuchtung

▶ das Erzeugen eines Fotos

▶ das Abspielen von Ton

▶ das Senden einer E-Mail

▶ das Absetzen einer Twitter-Nachricht

Auf dem Sensormodul selbst befinden sich an der Unterseite in der Regel zwei Potis. Mit einem Poti kann die Empfindlichkeit eingestellt werden (meist mit *S* beschriftet). Wird das Poti nach rechts gedreht, so kann eine Reichweite von bis zu sieben Metern erzielt werden. Die kleinstmögliche Empfindlichkeit liegt bei drei Metern.

Das meist mit *t* beschriftete Poti bestimmt die Verzögerungszeit. Diese Zeit legt fest, wie lange nach dem Erkennen einer Bewegung der OUT-Pin ein High-Signal liefert. Minimal sind hier ca. 5 Sekunden möglich, maximal 300 Sekunden.

Zudem bieten die Module je nach Ausführung per Jumper oder Lötbrücke eine weitere Einstellungsoption. In der Beschreibung wird dies meist als *repeatable trigger* und *non-repeatable trigger* bezeichnet.

▶ Als Standardwert ist der *repeatable trigger* eingestellt: Falls innerhalb der Verzögerungszeit eine weitere Bewegung erkannt wird, wird die Verzögerungszeit zurückgesetzt und beginnt erneut bei null. So bleibt das Ausgangssignal aktiv, solange Bewegungen im Sensorbereich stattfinden.

▶ Der *non-repeatable trigger* setzt die Verzögerungszeit nicht zurück. Sobald nach einer Bewegung der Ausgang aktiv ist, fällt er nach Ablauf der Verzögerungszeit auf Low zurück. Erst nach erneuter Bewegungserkennung wird der Ausgang wieder aktiviert.

Bewegungserkennung mit Einschränkung

Der PIR-Sensor nimmt Temperaturveränderungen seiner Umgebung wahr. Daher wird dieses System auch meist als *human sensor* bezeichnet. Körper von Menschen oder Tieren werden recht zuverlässig erkannt, Objekte, die der Umgebungstemperatur entsprechen, dagegen kaum. Zudem kann es passieren, dass der Sensor ungewollt auslöst, wenn er in der Nähe von Wärmequellen platziert wird.

14.2 Ultraschallsensor

Hardware

Ultraschallsensoren können mithilfe von Schallwellen Entfernungen messen. Diese Module gibt es in den gängigen Elektronik-Online-Shops oder z. B. bei Amazon:

https://www.amazon.de/dp/B00BIZQWYE

Ein gutes Stichwort bei der Suche nach weiteren Bezugsquellen ist »HCSR04« (siehe Abbildung 14.3). Auf diesem Modul befinden sich zwei *Töpfe*. Dabei handelt es sich um den Ultraschallsender und den Empfänger. Das Funktionsprinzip dieser Sensoren ist einfach: Der Sender schickt einen Ultraschallimpuls. Der Empfänger wartet darauf, dass der Impuls von einem Gegenstand reflektiert wird und zurückkommt.

Abbildung 14.3 Das Ultraschallmodul HCSR04

Die Ansteuerung des Sensors und die Verarbeitung der Signale sind ebenfalls sehr einfach gelöst. Die Module besitzen vier Anschlüsse:

- ▶ **VCC:** Versorgungsspannung 5 V
- ▶ **Trigger:** Auslöser
- ▶ **Echo:** Rückmeldung des Sensors
- ▶ **GND:** Masse

Wird am Pin *Trigger* ein High-Impuls erkannt, so sendet der Sensor ein Ultraschallsignal in die Umgebung. Fast zeitgleich kann an *Echo* ein High-Signal zurückgelesen werden. Der Pin *Echo* liefert nun so lange ein High-Signal, bis der reflektierte Schall empfangen wurde. In diesem Moment wechselt der *Echo*-Ausgang zurück auf Low. In Ihrer Software müssen Sie nun nur noch die Zeitdifferenz zwischen der steigenden und der fallenden Flanke des *Echo*-Pins ermitteln.

Bevor wir allerdings zur Software kommen, sollte der Sensor mit dem Raspberry Pi verbunden werden. In der Anschlussbeschreibung sehen Sie, dass VCC 5 V betragen sollte. Dies ist die optimale Betriebsspannung des Sensors, mit der Entfernungsmessungen von bis zu 450 cm möglich sein sollten.

Jetzt kommt der Clou an der Sache: Legen Sie VCC an 5 V, so liefert auch der *Echo*-Pin 5-V-Signale. Wie Sie bereits wissen sollten, sind Spannungen größer als 3,3 V an den GPIO-Pins *unbedingt* zu vermeiden. Sie haben nun zwei Möglichkeiten:

▶ Sie versorgen den Sensor mit 3,3 V und büßen so eine Menge an Reichweite ein. Die maximale Reichweite beträgt nun nur noch ca. 50 cm.

▶ Sie versorgen den Sensor mit 5 V und verwenden am *Echo*-Pin einen einfachen Spannungsteiler. So erhalten Sie die volle Reichweite des Sensors, benötigen aber zwei externe Widerstände (siehe Abbildung 14.4). Die Pins 11 und 13 können gegen jeden beliebigen freien GPIO-Pin ausgetauscht werden.

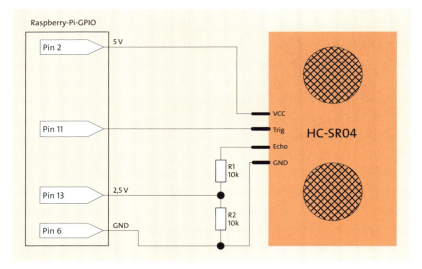

Abbildung 14.4 Anschluss des Ultraschallsensors an 5 V mit einem Spannungsteiler für das Echo-Signal

Programmierung

Im folgenden Python-Programm wird zweimal pro Sekunde eine Entfernungsmessung durchgeführt. Die eigentliche Bestimmung der Werte geschieht in der while-Schleife. Der Trigger wird für 10 µs aktiviert. Dies ist das Signal für den Sensor zum Aussenden des Schallimpulses. Zwischen dem Trigger-Signal und der positiven Flanke des Echo-Signals findet eine kurze Verzögerung statt. Diese Verzögerung beträgt nur Sekundenbruchteile, wird aber durch die darauffolgende while-Schleife berücksichtigt: Sobald das *Echo*-Signal auf High wechselt, wird die Startzeit ermittelt.

Die negative Flanke des *Echo*-Signals wird in der letzten while-Schleife erkannt, und daraufhin wird die Stoppzeit ermittelt. Subtrahieren Sie den Startpunkt vom Endpunkt, so haben Sie die Zeit vorliegen, die die Schallwelle für den Hin- und Rückweg gebraucht hat. Diese Zeit multiplizieren Sie nun mit der Schallgeschwindigkeit, die in Luft 343 m/s beträgt. Damit Sie die Werte in cm ausgeben können, ist eine weitere Multiplikation mit 100 notwendig. Es ergeben sich somit 34.300 cm/s. Zu guter Letzt teilen Sie alles durch 2, um nur *eine* Wegstrecke zu erhalten.

```python
#!/usr/bin/python3
# Datei ultraschall.py
import time
import RPi.GPIO as GPIO

GPIO.setmode(GPIO.BOARD)
trig = 11   # GPIO-Pin-Nummern
echo = 13
GPIO.setup(echo, GPIO.IN)
GPIO.setup(trig, GPIO.OUT)

while True:
    GPIO.output(trig, True)
    time.sleep(0.00001) # 10 Mikrosekunden
    GPIO.output(trig, False)

    while GPIO.input(echo) == 0:
        pass
    start = time.time()
    while GPIO.input(echo) == 1:
        pass
    ende = time.time()
    entfernung = ((ende - start) * 34300) / 2
    print("Entfernung:", entfernung, "cm")
    time.sleep(0.5)
```

Probleme in der Praxis

Unsere Versuche zeigten, dass die Event- oder wait_for_edge-Funktionen in Python nicht schnell genug aufgerufen werden. Gerade bei kurzen Entfernungen werden Flanken nicht erkannt.

Der Hersteller des Sensors gibt eine Genauigkeit von 0,3 cm an. Im Praxisversuch wich die gemessene Entfernung aber um ca. 1 cm von der realen Entfernung ab. Eine Notlösung bietet hier ein Offsetwert. Ermitteln Sie die Abweichung zur realen Distanz, und addieren Sie diese zur Variablen Entfernung.

14.3 Wasserstandssensor

Manche Projekte entstehen erst durch ausreichend Inspiration. Eine solche Inspiration bot uns der Fund des Wassersensors von Sainsmart:

https://www.sainsmart.com/sainsmart-water-sensor-free-cables-arduino-compatile.html

Abbildung 14.5 Wasserstandssensor in einem Glas Wasser

Dabei handelt es sich um eine Leiterkarte, auf der blanke Leiterbahnen nebeneinander angeordnet sind (siehe Abbildung 14.5). Die Leiterbahnen führen die Versorgungsspannung und werden durch einen sehr hochohmigen Pull-up-Widerstand auf einem High-Pegel gehalten. Berührt nun Wasser diese Leiterbahnenanordnung, so ist das Wasser niederohmiger als der Pull-up-Widerstand und der Sensor erkennt die Berührung mit dem Wasser. Besonders nützlich ist es, dass der Sensor ein analoges Signal erzeugt, das sich nach der Eintauchtiefe richtet. So kann man sich zahlreiche Anwendungsmöglichkeiten vorstellen:

- ▶ Regensensor
- ▶ Wassersensor für den Keller
- ▶ Füllstandsanzeige
- ▶ Niederschlagsmesser

Die Handhabung ist simpel. Der Sensor verfügt über die drei Anschlüsse +, - und *S* für den Sensorausgang. Was Sie allerdings benötigen, ist ein A/D-Wandler. Der Sainsmart-Wassersensor kann einfach anstelle des Potenziometers mit dem dort beschriebenen MCP3008-A/D-Wandler verbunden werden (siehe Abschnitt 13.2). Sie müssen die folgenden Verbindungen herstellen:

- Plus des Wassersensors an 3,3 V (Pin 1)
- Minus des Wassersensors an GND (Pin 6)
- S des Wassersensors an CH0 des MCP3008

Alternativ können Sie auch ein Erweiterungsboard mit integrierten A/D-Wandlern einsetzen (siehe Kapitel 15, »Erweiterungsboards«). Sofern Sie den MCP3008 oder einen vergleichbaren A/D-Wandler nutzen, können Sie das folgende Python-Programm übernehmen:

```python
#!/usr/bin/python3
# Datei wasser.py
import spidev
import time
spi = spidev.SpiDev()
spi.open(0,1)
spi.max_speed_hz = 5000
while True:
    antwort = spi.xfer([1,128,0])
    if 0 <= antwort[1] <=3:
        wert = ((antwort[1] * 256) + antwort[2]) * 0.00322
        print(wert ," V")
        time.sleep(1)
```

Tauchen Sie den Sensor nun langsam bis zum Ende der Leiterbahnen in ein Glas Wasser, so bemerken Sie, dass sich der Spannungswert im Python-Programm ändert. Je tiefer der Sensor eingetaucht wird, umso höher ist die analoge Spannung. Ein komplett trockener Sensor erzeugt 0 V, ein komplett eingetauchter Sensor generiert ca. 3 V.

14.4   Bodenfeuchtigkeitssensor

Um die Anwendungsbereiche zu komplettieren, möchten wir Ihnen einen weiteren Feuchtigkeitssensor vorstellen. Diesmal handelt es sich um einen Sensor zur Messung der Bodenfeuchtigkeit. Als praktisches Anwendungsgebiet bietet sich natürlich die Überwachung von Topfpflanzen oder Beeten an. Da die Handhabung dieses Sensors ziemlich genau der des Wasserstandssensors gleicht, erweitern wir diese Lektion zu einem kleinen Projekt. Am Ende dieses Abschnitts schließen wir eine kleine Pumpe an das System an und wässern die Pflanze automatisch, sobald der Boden zu trocken wird.

Sie finden dieses Modell (siehe Abbildung 14.6) sehr leicht bei eBay unter dem Suchbegriff *moisture sensor*. Die Preise liegen zwischen 2 und 10 EUR, je nach Heimatland des Anbieters.

14

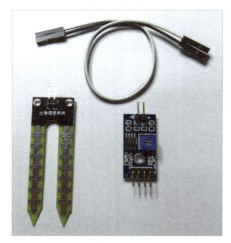

Abbildung 14.6 Ein typischer Bodenfeuchtigkeitssensor mit Analogwertausgabe

Sie haben nun die Wahl zwischen einer digitalen oder analogen Signalausgabe. Dies erkennen Sie an den Ausgangs-Pins des Signalboards. Sie sollten die vier Pins mit folgender Beschriftung und entsprechender Funktion vorfinden:

- **VCC:** Versorgungsspannung 2,5 V bis 5 V
- **GND:** Masse
- **DO:** digitaler Ausgang
- **AO:** analoger Ausgang

VCC verbinden Sie wie gewohnt mit den 3,3 V des Raspberry Pi (z. B. Pin 1). GND wird z. B. auf Pin 6 gelegt, um ihn mit der Masse des Raspberry Pi zu verbinden.

Nun kommen wir zu der Besonderheit dieses Moduls: Der Pin DO gibt ein High-Signal aus, sobald ein eingestellter Schwellenwert überschritten wurde. Dies können Sie mit dem Poti kontrollieren, das auf dem Board verbaut ist. Hier ist allerdings *Trial and Error* angesagt, da Sie auf Anhieb nicht wissen können, welche Einstellung dem Wasserbedürfnis Ihrer Pflanze entspricht. Sollten Sie die richtige Einstellung allerdings durch einige Feldversuche ausfindig gemacht haben, so verwerten Sie das ausgegebene Signal ganz einfach an einem beliebigen GPIO-Pin, der als Eingang deklariert wurde. Die Signalverarbeitung können Sie z. B. aus dem Abschnitt zum Reed-Sensor übernehmen (siehe Abschnitt 14.9, »Reed-Kontakt«).

Der letzte Pin, AO, gibt ein analoges Signal aus, wie Sie es auch beim Wasserstandssensor finden (siehe Abschnitt 14.3). Um das Signal zu verarbeiten, müssen wir wieder Gebrauch vom MCP3008 machen. Damit Sie das folgende Programm übernehmen können, richten Sie zuerst die SPI-Schnittstelle sowie den MCP3008 korrekt ein (siehe Abschnitt 13.2) und schließen VCC an Pin 1 sowie GND an Pin 6 des Raspberry Pi an. AO verbinden Sie mit CH0 des MCP3008.

```python
#!/usr/bin/python3
# bodenfeuchte.py
import spidev
import time
max= 460.0      # Maximalwert bei voller Feuchtigkeit
spi = spidev.SpiDev()
spi.open(0,1)
spi.max_speed_hz = 5000
antwort = spi.xfer([1,128,0])
if 0 <= antwort[1] <=3:
    wert = 1023 - ((antwort[1] * 256) + antwort[2])
    prozentwert = ((wert/max)*100)
    print("Bodenfeuchtigkeit: ", prozentwert, " %")
```

Die Ermittlung des endgültigen Prozentwertes mag Ihnen anfangs etwas schleierhaft vorkommen, hat aber einen Hintergrund: Wenn Sie den Sensor an 3,3 V betreiben, so liefert er einen maximalen Digitalwert von ca. 460 im komplett feuchten Zustand, also z. B. beim Eintauchen in Wasser. Der trockene Sensor liefert 1023. Jetzt sind zwei Schritte notwendig, um einen sinnvollen Feuchtigkeitswert zu erhalten:

▶ Zuerst kehren wir den Sensor-Rohwert um, indem wir ihn von 1023 subtrahieren. Damit erhalten wir bei voller Feuchtigkeit den höchsten Wert.

▶ Die darauffolgende Zeile legt fest, dass der Maximalwert 460 beträgt, und rechnet den Wert in Prozent um.

Der günstige Preis des Sensormoduls spiegelt sich sicherlich auch in der Qualität des Produkts wider, weswegen Sie den Maximalwert durch den *Wasserglasversuch* selbst ermitteln sollten und die Variable in Zeile 6 dementsprechend anpassen müssen. Vornehmer ausgedrückt, kann man dieses Zahlenjonglieren auch als *Kalibrieren* bezeichnen, wodurch die ganze Angelegenheit einen professionelleren Eindruck vermittelt.

Damit ist der Sensor eingestellt und kann in den Blumentopf gesteckt werden. Achten Sie dabei darauf, dass die Anschlusskontakte nicht isoliert sind und nur die verkupferten Gabelzinken im Boden versenkt werden sollten. Dementsprechend vorsichtig sollten Sie auch beim Gießen der Pflanzen sein.

Der Feldversuch zur Ermittlung des richtigen Wässerungszeitpunktes sei nun Ihnen überlassen. Klar ist jedoch, dass eine Gemüsepflanze sicherlich eher gegossen werden sollte als z. B. ein Kaktus.

Automatische Bewässerung

Nun folgt der optionale, aber durchaus spannendere Teil dieses Abschnitts. Was liegt bei der Überwachung der Bodenfeuchtigkeit näher als das automatische Bewässern der Pflanze (siehe Abbildung 14.7)?

Abbildung 14.7 Die automatisch bewässerte Pflanze

Dazu haben wir unsere Schaltung ein wenig erweitert und ein Relais sowie eine kleine Pumpe hinzugefügt (siehe Abbildung 14.8). Besonderheiten beim Aufbau einer Relaisschaltung sind in Abschnitt 12.6, »Relais«, beschrieben.

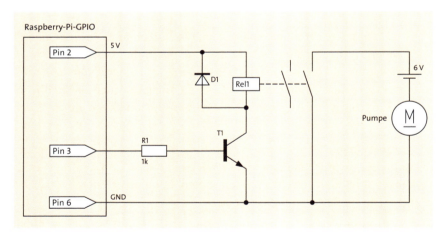

Abbildung 14.8 Relaisschaltung mit Wasserpumpe

Die Pumpe, die wir in diesem Beispiel verwenden, finden Sie bei eBay unter dem Suchbegriff *Wasserpumpe 3V*. Je nach Verfügbarkeit werden Sie dort kleine Pumpen finden, die mit 3 V bis 7,2 V Betriebsspannung arbeiten. Beachten Sie, dass in der Pumpe ebenfalls ein Motor verbaut ist, der mehr Strom benötigt, als der Raspberry Pi schadfrei liefern kann. Daher ist ein Anschluss einer externen Pumpenspannung notwendig.

Damit die Pflanze automatisch bewässert wird, müssen Sie das Python-Programm um die folgenden Zeilen zur GPIO-Steuerung von Pin 3 erweitern:

```
import RPi.GPIO as GPIO
GPIO.setmode(GPIO.BOARD)
relais = 3
GPIO.setup(rel,GPIO.OUT)
```

Außerdem fügen Sie den folgenden Code nach `print("Bodenfeuchtigkeit: " ...)` ein. (Die vollständige Code-Datei finden Sie wie immer in den Beispieldateien zum Buch.)

```
if prozentwert <= 30:
    GPIO.output(relais, True)
    time.sleep(3)
    GPIO.output(relais, False)
```

Diese kleine Erweiterung schaltet das Relais an Pin 3 für drei Sekunden ein und setzt somit die Pumpe in Gang. Als Grenzwert haben wir eine Bodenfeuchtigkeit von 30 % eingestellt.

Nun verlegen Sie einen Schlauch vom Ansaugstutzen der Pumpe in einen ausreichend großen Wasserbehälter. Vom Pumpenausgang legen Sie einen Schlauch in den Blumentopf.

14

Zu guter Letzt können Sie das fertige Python-Script per Cronjob z. B. jede Stunde aufrufen lassen, um stündlich die Bodenfeuchtigkeit zu kontrollieren. Speichern Sie dazu das Script unter /pi/home/bodenfeuchte.py, und bearbeiten Sie dann Ihre Crontab-Datei (siehe Abschnitt 4.11, »Programme regelmäßig ausführen (Cron)«):

```
crontab -e
```

Für den stündlichen Aufruf des Programms ist diese Zeile erforderlich:

```
@hourly python /pi/home/bodenfeuchte.py
```

Nun liegt es an Ihnen: Ermitteln Sie den richtigen Bewässerungszeitpunkt sowie die Dauer der Pumpenlaufzeit, bauen Sie ein elegantes Gehäuse für das ganze System oder fügen Sie weitere Sensoren, Pflanzen und Pumpen hinzu.

Praxistauglichkeit

Der hier vorgestellte Sensor ist billig, aber für den Dauereinsatz nicht zu empfehlen. Die Kupferschicht hat sich nach einer Woche im feuchten Boden des Pflanztopfes bereits aufgelöst (siehe Abbildung 14.9). Dies sorgt anfangs für immer stärker schwankende Messwerte bis hin zum Totalausfall. Auch der Pflanze wird das gelöste Metall im Nährboden auf Dauer nicht gefallen. Fazit: Zum Spielen und Experimentieren ist der hier vorgestellte Sensor sicherlich zu empfehlen; für den Dauerbetrieb greifen Sie besser zu teureren Sensoren (siehe Kapitel 43, »PomodoPi«).

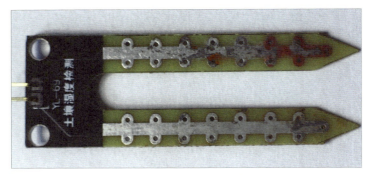

Abbildung 14.9 Bereits nach wenigen Tagen Dauereinsatz löste sich der Billig-Sensor in seine Bestandteile auf.

14.5   Temperatursensoren

Der Temperatursensor DS1820

Das Ziel dieses Abschnitts ist die Messung der Umgebungstemperatur mit einem Temperatursensor. Der Raspberry Pi verfügt über keine Analog-Eingänge, an denen die Spannung mit einem Analog-Digital-Wandler gemessen werden kann. Alle GPIO-Inputs sind digitale Eingänge, die nur zwischen 0 und 1 unterscheiden können. Deswegen empfiehlt es sich, zur einfachen Temperaturmessung ein Bauelement mit einem integrierten A/D-Wandler zu verwenden.

Bewährt hat sich für diese Aufgabe das Bauelement DS1820, das oft auch als 1-Wire-Thermometer angepriesen wird. Dieser Name ergibt sich daraus, dass diese Komponente nur über drei Anschlüsse verfügt: Zwei dienen zur Stromversorgung, der dritte dient zur Signalübertragung in Form eines binären Datenstroms.

Der DS1820 kann sogar ohne explizite Versorgungsspannung betrieben werden und bezieht den Strom dann über die Signalleitung. Auf diese Schaltungsvariante gehen wir hier aber nicht ein. Hintergrundinformationen zum 1-Wire-Bus sowie zur richtigen Konfiguration von /boot/config.txt haben wir bereits in Abschnitt 13.7, »1-Wire«, zusammengefasst.

Der DS1820 misst Temperaturen in einem Messbereich zwischen –55 °C und +125 °C. Die Temperatur wird als 9- oder 12-Bit-Zahl übertragen. Da jeder DS1820 mit einer eindeutigen Seriennummer ausgestattet ist, können mehrere Elemente parallel geschaltet und getrennt ausgewertet werden (über einen einzigen GPIO-Pin!). Beim Auslesen der Thermometer hilft ein eigenes Linux-Kernelmodul.

Es existieren verschiedene Varianten zum originalen DS1820: Am leichtesten erhältlich ist zumeist das Bauteil DS18S20, das fast vollständig kompatibel zum Original ist und als Grundlage für diesen Abschnitt diente. Ebenfalls populär ist die Variante DS18B20, bei der die gewünschte Messgenauigkeit über ein Register programmiert werden kann. Eine kleinere Genauigkeit ermöglicht schnellere Messungen und reduziert den Stromverbrauch. Einige DS1820-Varianten werden zudem in einer wasserdichten Ausführung angeboten, die aber dieselben elektrischen Eigenschaften aufweist. Ein ausführliches Datenblatt sowie eine Beschreibung der Unterschiede zwischen den verschiedenen Varianten finden Sie hier:

https://datasheets.maximintegrated.com/en/ds/DS18S20.pdf
https://maximintegrated.com/app-notes/index.mvp/id/4377

Ähnlich wie bei mechanischen Schaltern muss auch beim DS18S20 ein Pull-up-Widerstand verwendet werden (siehe Abbildung 14.10).

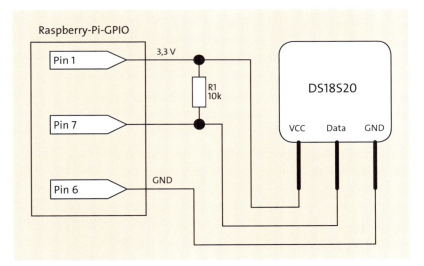

Abbildung 14.10 Anschlussplan des Temperatursensors DS18S20

Welcher Pin des DS18S20 ist Pin 1?

Die Belegung der Pins des DS18S20 geht aus dem Datenblatt hervor. Dabei müssen Sie beachten, dass das Bauelement in der Sicht von unten (*bottom view*) dargestellt ist!

Bevor Sie die Temperatur auslesen können, müssen Sie in der Datei /boot/config.txt ein Device-Tree-Overlay einfügen. Öffnen Sie dazu die Datei, und fügen Sie am Ende die folgende Zeile ein:

```
dtoverlay=w1-gpio, gpiopin=4
```

Sie können auch jeden anderen freien GPIO-Pin für 1-Wire nutzen. Nach einem Neustart können Sie der Datei /sys/devices/w1_bus_master1/w1_master_slaves die IDs aller angeschlossenen DS1820-Sensoren entnehmen. In diesem Beispiel gibt es nur einen Sensor:

```
cat /sys/devices/w1_bus_master1/w1_master_slaves
  10-000802ae1551
```

Die Messdaten jedes Sensors liegen in einer Textdatei vor. Interessant ist die zweite Zeile: Sie gibt die Temperatur in Tausendstel Grad an, auch wenn die Messgenauigkeit geringer ist. Zum Messzeitpunkt betrug die Umgebungstemperatur also ca. 20,6 °C.

```
cat /sys/devices/w1_bus_master1/10-000802ae1551/w1_slave
  29 00 4b 46 ff ff 02 10 0c : crc=0c YES
  29 00 4b 46 ff ff 02 10 0c t=20625
```

Sie können die 1-Wire-Sensoren ebenfalls in Python auslesen. Dazu nutzten wir die simple Python-3-Bibliothek w1thermsensor.

Klonen Sie die nötigen Dateien aus dem GitHub-Repository, und installieren Sie die Erweiterung:

```
git clone https://github.com/timofurrer/w1thermsensor
cd w1thermsensor
sudo python3 setup.py install
```

Die Bibliothek bietet die Möglichkeit, einzelne Sensoren sowie jeden angeschlossenen Sensor auszulesen. Für unseren Temperatursensor sieht das Python-Programm wie folgt aus:

```python
#!/usr/bin/python3
# Datei ds18b20.py
from w1thermsensor import W1ThermSensor

# Einzelnen Sensor auslesen:
# Sensornummer zuvor mit
# "cat /sys/devices/w1_bus_master1/w1_master_slaves" auslesen.
# Nur die Bezeichnung nach dem Bindestrich eintragen.
sensor = W1ThermSensor(W1ThermSensor.THERM_SENSOR_DS18B20,
                       "000802ae1551")
temperature_in_celsius = sensor.get_temperature()
print("Einzelsensor:", temperature_in_celsius)


# Alle verfügbaren Sensoren auslesen:
for sensor in W1ThermSensor.get_available_sensors():
    print("Sensorliste:\nSensor %s hat die Temperatur %.2f" %
          (sensor.id, sensor.get_temperature()))
```

Der Aufruf des Programms führt zu diesem Ergebnis:

```
Einzelsensor: 21.812
Sensorliste:
Sensor 000802ae1551 hat die Temperatur 21.81
Sensor 03146badb5ff hat die Temperatur 21.81
```

Die Liste wird natürlich fortgeführt, sofern weitere Sensoren angeschlossen sind. Die Bibliothek bietet ebenfalls die Möglichkeit, die Temperaturen in Fahrenheit und Kelvin anzuzeigen. Werfen Sie dazu einen kurzen Blick in die Readme-Datei des Entwicklers:

https://github.com/timofurrer/w1thermsensor

Wasserdichte Ausführung

Unter dem Suchbegriff »DS18B20« finden Sie wasserdichte Ausführungen des Sensors. Diese bestehen meist aus einem Metallfühler und einer dreiadrigen Anschlussleitung (siehe Abbildung 14.11). Die Handhabung ist die gleiche wie die des dreibeinigen Bauteils. Die Anschlussfarben der Leitung sind meist:

Rot: VCC
Schwarz: GND
Gelb oder Weiß: Signal

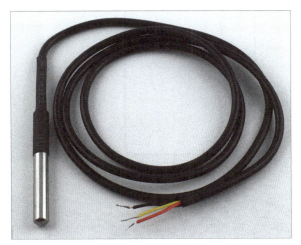

Abbildung 14.11 Die wasserdichte Ausführung des Sensors DS18B20

Temperatur- und Luftfeuchtigkeitssensor DHT22/AM2302

Der Sensor DHT22/AM2302 ist ein Sensor, der Temperatur- sowie Luftfeuchtigkeitswerte erfasst und diese ebenfalls über das 1-Wire-Protokoll ausgibt. Der Sensor besitzt ein größeres, gut verbaubares Gehäuse (siehe Abbildung 14.12). Daher muss er nicht zwangsweise auf einer Leiterplatte verlötet werden. Der DHT22/AM2302 hat für die Temperatur einen Messbereich von −40 °C bis +80 °C mit einer Toleranz kleiner als ± 0,5 °C. Die Luftfeuchtigkeit kann von 0 % bis 100 % mit einem Toleranzwert von ± 2 % gemessen werden. Verbinden Sie nun den Sensor mit dem Raspberry Pi (siehe Abbildung 14.13).

Abbildung 14.12 Der Temperatur- und Luftfeuchtigkeitssensor DHT22/AM2302

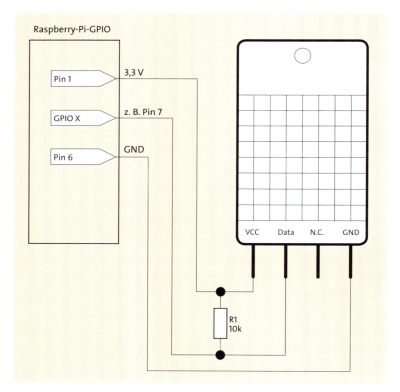

Abbildung 14.13 Anschlussplan des Sensors DHT22/AM2302

Bevor Sie mit der Software weitermachen, schauen Sie sich die Einrichtung des 1-Wire-Bus im Bussystem-Kapitel an (siehe Abschnitt 13.7, »1-Wire«).

Beachten Sie, dass der Daten-Pin in unserem Beispiel an jeden freien GPIO-Pin angeschlossen werden kann. Daher wird er im Schaltplan mit *GPIO X* bezeichnet. Passen Sie im späteren Python-Programm jedoch den entsprechenden Pin an. Die Datenleitung sollte – wie in unserem Schaltplan zu sehen ist – durch einen Pull-up-Widerstand gegen die VCC-Leitung geschaltet sein. Andernfalls kann es zu Fehlfunktionen des Sensors kommen.

Zur Programmierung nutzen wir eine Python-Library von Adafruit. Diese wurde leider bislang von offizieller Stelle noch nicht für Python 3 angepasst. Daher benutzen wir eine *geforkte* Bibliothek, also einen von einem anderen User angepassten Code, der jedoch seinen Ursprung in der Adafruit-Bibliothek hat. Der Nutzer *JoBerg* hat dadurch die Bibliothek Python-3-tauglich machen können.

Sie installieren die Library per `git`. Falls es nicht bereits vorhanden ist, installieren Sie außerdem `git`:

```
sudo apt install build-essential python3-dev git
cd /home/pi/
git clone https://github.com/JoBergs/Adafruit_Python_DHT
cd Adafruit_Python_DHT
sudo python3 setup.py install
```

Wie simpel die Adafruit-Bibliothek zu nutzen ist, zeigt der folgende Python-Code:

```python
#!/usr/bin/python3
import Adafruit_DHT

# Sensortyp
# Mögliche Eingaben:
# Adafruit_DHT.DHT11, Adafruit_DHT.DHT22, Adafruit_DHT.AM2302
sensor = Adafruit_DHT.DHT22

# 1-Wire-Pin. BCM-Bezeichnung nutzen!
pin = 4
humidity, temperature = Adafruit_DHT.read(sensor, pin)

if humidity is not None and temperature is not None:
    print ("Temperatur: %.2f" % temperature)
    print ("Luftfeuchtigkeit: %.2f" % humidity)
else:
    print ("Lesefehler. Erneut versuchen!")
```

In der Variablen `sensor` werden die Typen DTH11 und DHT22/AM2302 unterstützt. Die Variable `pin` beinhaltet den Pin, an den Ihr Sensor angeschlossen ist. Achten

Sie darauf, dass die BCM-Bezeichnung in der Variablen pin eingesetzt werden muss. Sprich: Pin 7 = GPIO4. Die Ausgabe der Werte ist durch den Zusatz %.2f auf zwei Nachkommastellen begrenzt.

Es kann vorkommen, dass der Sensor keine Werte liefert. Dies liegt mitunter an der durch Software erzeugten Signalabfrage. Falls Sie zum Auslesen die Funktion Adafruit_DHT.read_retry nutzen, so wird der Sensor bis zu fünfzehnmal mit je zwei Sekunden Wartezeit abgefragt. Mit dieser Methode ist das Risiko von Programmabbrüchen durch fehlende Messwerte weitaus geringer.

Unter den folgenden Links finden Sie weitere Details zum Einsatz des Temperatur- und Luftfeuchtigkeitssensors:

https://www.adafruit.com/products/385
https://www.adafruit.com/datasheets/Digital%20humidity%20and%20temperature
   %20sensor%20AM2302.pdf

Abbildung 14.14 Der Sensor DHT22 auf einem Stück Leiterkarte. So können auch mehrere Sensoren bequem angeschlossen werden.

Die eigene Wetterstation

Als Ergänzung zu diesem Sensor – beispielsweise in einer Wetterstation – bietet sich der BMP085 an. Dieser Sensor gibt die Temperatur, den Luftdruck und die aktuelle Höhe über Normalnull wieder. Schauen Sie sich doch auch einmal die Wetterstation WH1080 genauer an. Diese komplette Wetterstation lässt sich per USB auch mit dem Raspberry Pi verbinden:

https://david.gyttja.com/2016/02/29/use-an-old-wh1080-weather-station-with-raspberry-pi

Auch zum BMP085 gibt es in dem Adafruit-Paket (zweiter Link) eine Python-Bibliothek, und er ist über I^{2}C sehr einfach mit vier Leitungen anzuschließen. Eine Anleitung und Ideen zur grafischen Darstellung der Messdaten finden Sie hier:

https://kompf.de/weather/pibaro.html
https://github.com/adafruit/Adafruit-Raspberry-Pi-Python-Code

14.6   Fotowiderstand

Ein Fotowiderstand ist ein Widerstand, der seinen Wert in Abhängigkeit vom einstrahlenden Licht ändert. Ideal genutzt werden kann das Bauteil als Dämmerungs- oder Tag-/Nachtsensor. Fotowiderstände mit den unterschiedlichsten Hell-/Dunkelwerten finden Sie in jedem Elektronikhandel.

Bei der Verwendung des Fotowiderstands lässt der Raspberry Pi allerdings keine direkte Verbindung zu. Damit der Widerstandswert verarbeitet werden kann, brauchen Sie einen externen Analog-Digital-Wandler. Wir nutzen hier wieder den MCP3008 (siehe Abschnitt 13.2, »Der Analog-Digital-Wandler MCP3008«) und haben den Schaltplan an den Fotowiderstand angepasst (siehe Abbildung 14.16).

Um den Fotowiderstand unter Python zu testen, nutzen Sie den folgenden Code:

```
#!/usr/bin/python3
# Datei fotowiderstand.py
import spidev
import time
spi = spidev.SpiDev()
spi.open(0,1)
spi.max_speed_hz = 5000
while True:
    antwort = spi.xfer([1,128,0])
    if 0 <= antwort[1] <=3:
        wert = ((antwort[1] * 256) + antwort[2]) * 0.00322
        print(wert, " V")
        time.sleep(1)
```

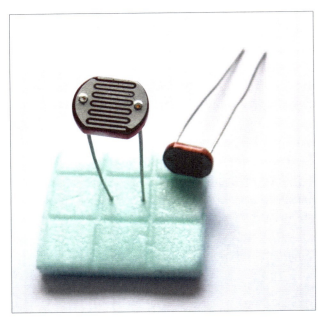

Abbildung 14.15 Das typische Erscheinungsbild von Fotowiderständen

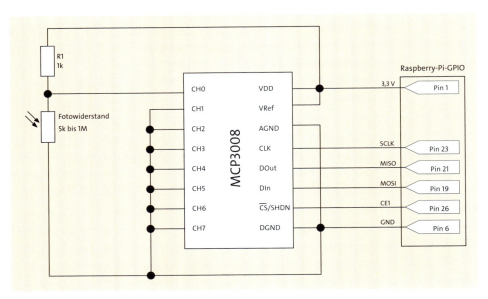

Abbildung 14.16 Spannungsteiler mit Fotowiderstand am MCP3008

Das Programm zeigt Ihnen nun im Intervall von einer Sekunde einen Spannungs-wert an. Dieser ergibt sich aus dem Verhältnis der Widerstände des Spannungsteilers (siehe Abschnitt 11.2, »Grundschaltungen«). Je nach Widerstandswert Ihres Fotowiderstands passen Sie den festen Widerstandswert an.

Da der Fotowiderstand nun der flexible Widerstand im Spannungsteiler ist, ergibt sich je nach Lichtverhältnissen ein anderer Spannungswert, der aber 3,3 V niemals übersteigen wird. Decken Sie den Widerstand mit dem Finger ab, und beobachten Sie die ausgelesenen Werte. Nun können Sie z. B. Bereiche definieren (beispielsweise in if-Abfragen), die zwischen Tag, Dämmerung und Nacht unterscheiden.

Temperatur statt Licht

Ebenso wie Fotowiderstände gibt es temperaturabhängige Widerstände: NTC- bzw. PTC-Widerstände (*Negative* bzw. *Positive Temperature Coefficient*) können wie Fotowiderstände verwendet werden.

14.7   Das Multi-Analogsensor-Board PCF8591

In diesem Abschnitt behandeln wir das Fertigboard PCF8591 (siehe Abbildung 14.17): Dabei handelt es sich um eine Leiterplatte, in deren Mitte der A/D- und D/A-Wandler PCF8591 verbaut ist.

Abbildung 14.17 Das Analogsensor-Board mit PCF8591

Praktisch daran ist, dass sich bereits einige Sensoren und frei belegbare analoge Ein- und Ausgänge auf ihr befinden. Dadurch erhalten Sie in einem Board:

▶ einen Fotowiderstand

▶ einen temperaturabhängigen Widerstand

▶ ein Potenziometer

▶ einen freien Analogeingang und einen analogen Ausgang

Das Board ist z. B. bei Amazon erhältlich:

https://www.amazon.de/dp/B00BXX4UWC

Schnäppchen

Auch hier bieten sich Suchbegriffe wie *PCF8591 Modul* oder *PCF8591 Board* an, um in Online-Auktionshäusern ein Schnäppchen zu ergattern.

Auch wenn dieses Board günstig ist, möchten Sie vielleicht nur einen der vielen Sensoren auf dem Board verwenden, ohne sich das ganze Modul zu kaufen. Auch in diesem Fall lohnt sich ein Blick in diesen Abschnitt, denn die Vorgehensweise und Handhabung des Boards sind genauso gut auf die Verwendung des Einzelbausteins PCF8591 übertragbar. Der PCF8591 ist ein A/D-Wandler und verwendet das I^{2}C-Protokoll. Möchten Sie lieber mit dem SPI-Bus arbeiten, so schauen Sie bei der Anleitung für den MCP3008 in Abschnitt 13.2 nach.

Für das fertige Sensorboard benötigen Sie keinen Schaltplan. Verbinden Sie einfach die beschrifteten Pins mit dem Raspberry Pi. Dabei gilt wie so oft: Verwenden Sie maximal 3,3 V als Versorgungsspannung!

▶ **VCC:** an 3,3 V

▶ **GND:** an Masse

▶ **SDA:** an SDA-Pin 3

▶ **SCL:** an SCL-Pin 5

Der Baustein sollte nun standardmäßig unter der Busadresse 0x48 anzusprechen sein. Prüfen Sie dies noch einmal mit einem bash-Kommando:

```
i2cdetect -y 1
```

Folgende Ausgabe bestätigt, dass der Baustein an 0x48 zu finden ist:

```
     0  1  2  3  4  5  6  7  8  9  a  b  c  d  e  f
00:          -- -- -- -- -- -- -- -- -- -- -- -- --
10: -- -- -- -- -- -- -- -- -- -- -- -- -- -- -- --
20: -- -- -- -- -- -- -- -- -- -- -- -- -- -- -- --
30: -- -- -- -- -- -- -- -- -- -- -- -- -- -- -- --
40: -- -- -- -- -- -- -- -- 48 -- -- -- -- -- -- --
50: -- -- -- -- -- -- -- -- -- -- -- -- -- -- -- --
60: -- -- -- -- -- -- -- -- -- -- -- -- -- -- -- --
70: -- -- -- -- -- -- -- --
```

Nun kommen wir zur Software, um den Sensor auszulesen. Zuerst ist es auch hier wichtig, sich das Datenblatt des ICs genauer anzuschauen:

https://nxp.com/documents/data_sheet/PCF8591.pdf

```
#!/usr/bin/python3
# Datei pcf8591.py
import smbus
import time
bus = smbus.SMBus(1)
adresse = 0x48

def read(control):
    write = bus.write_byte_data(adresse, control, 0)
    read = bus.read_byte(adresse)
    return read

while True:
    poti = read(0x40)
    licht = read(0x41)
    temp = read (0x42)
    ain2 = read (0x43)
    print("Temperatur: ", temp, "Licht: ", licht,
          "Spannung-Poti: ", poti)
    time.sleep (0.5)
```

Die Bedienung des PCF8591 unterscheidet sich vom MCP3008: Hier wird nicht für jeden Eingang das entsprechende Register ausgelesen, sondern vorab ein Befehlsbyte an den Baustein gesendet. Nach dem Senden der Bytes stellt der Baustein die mit dem Befehlsbyte angeforderten Informationen zur Verfügung. Sofern Sie das Board nutzen, sind die Adressen in unserem Python-Beispiel für die entsprechenden Sensoren korrekt eingestellt. Falls Sie den PCF8591 als Einzelbaustein mit Ihrer eigenen Schaltung nutzen, müssen Sie die Adresse entsprechend der Eingänge anpassen, die Sie verwenden.

In unserem Python-Beispiel beinhalten die Ausgabewerte der Sensoren Rohwerte von 0 bis 255. Hier erfolgt keine Umrechnung in die entsprechenden Einheiten wie Candela, Volt oder Grad Celsius!

Der Baustein bietet zudem die Möglichkeit, eine analoge Spannung zu erzeugen. Auf dem Board wird diese am Pin AOUT ausgegeben. Der Baustein selbst erzeugt die Spannung an Pin 15. Die maximale Spannung entspricht VCC, also in unserem Fall 3,3 V. Gesteuert wird die Spannung ebenfalls mit dem Befehlsbyte. In der bash stellen Sie mit folgendem Befehl die Spannung an AOUT auf 50 % von VCC:

```
i2cset -y 1 0x48 0x40 0x80
```

Um die Ausgangsspannung auf den Maximalwert zu setzen, ändern Sie das letzte Byte in 255 bzw. 0xff:

```
i2cset -y 1 0x48 0x40 0xff
```

In Python handhaben Sie die Einstellung der Ausgangsspannung wie folgt:

```
def set (a_wert):
    write = bus.write_byte_data(adresse, 0x40, a_wert)

print("Spannung auf Maximalwert")
set (0xff)
```

14.8   Raspberry Pi Camera Board und PiNoIR

Das Camera Board und die PiNoIR sind kleine nackte Digitalkamera-Boards, die speziell für die Verwendung mit dem Raspberry Pi entwickelt wurden (siehe Abbildung 14.18). Das Camera Board kam zuerst auf den Markt und ist aufgrund des einfachen Anschlusses, der sehr leichten Bedienung und der vielfältigen Einsatzmöglichkeiten ein echtes Muss für Hobbybastler.

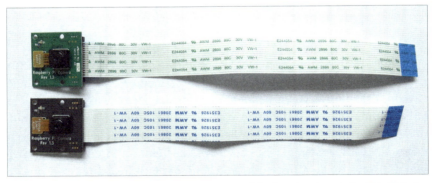

Abbildung 14.18 Das Raspberry Pi Camera Board (grün, oben) und die PiNoIR (schwarz, unten)

Einige Zeit später wurde ein zweites Modell der Kamera entwickelt, das den Namen PiNoIR trägt. In der PiNoIR ist der gleiche Bildsensor wie in ihrem Vorgänger verbaut, und sie unterscheidet sich auch von der äußeren Form her nicht. Der PiNoIR fehlt lediglich der Infrarotfilter in der Kameralinse. Mit so einem Filter ist es möglich, infrarotes Licht zu erfassen. Eine normale Fernbedienung wird im Bild der PiNoIR plötzlich zur Taschenlampe, die einen dunklen Raum ausleuchtet. Mehr dazu aber später.

Im April 2016 erschienen das normale Camera Board sowie die PiNoIR in einer überarbeiteten Version. Die neuen Boards tragen die Beschriftung *V2.x*. In der folgenden Liste haben wir Ihnen die Eckdaten der alten und neuen Versionen aufgeführt:

- **Foto:** bis zu 2592 × 1944 Pixel (alt), 3280 × 2464 Pixel (neu)
- **Video:** 1080p-Videoaufnahme (beide)
- **Schnittstelle:** CSI-Schnittstelle zum Raspberry Pi (beide Versionen)
- **Auflösung:** 5 Megapixel (alt), 8 Megapixel (neu)
- **Sensor:** OmniVision OV5647 (alt), Sony IMX219 (neu)
- **Größe:** Etwa 20 × 25 × 9 mm (beide)

Zudem verspricht das Update der Kamera-Boards einen besseren Weißabgleich sowie eine verbesserte Bildqualität. Die Einrichtung und Bedienung der alten und neuen Kamera-Versionen bleiben unverändert. Die Befehle und Programme des folgenden Abschnitts können Sie also mit jeder Version des Camera-Boards anwenden.

Fokus-Probleme

Das neue Camera Board überzeugt zwar durch seine höhere Auflösung, in der Praxis zeigten sich aber bei manchen Exemplaren Fokusprobleme: Nahaufnahmen sind scharf, aber Landschaftsaufnahmen (Fokus unendlich) sind nicht perfekt. *heise.de* hat ausführlich über das Problem berichtet und sogar eine Anleitung veröffentlicht, wie die Fokussierung mit etwas Bastelarbeit manuell verändert werden kann:

https://heise.de/-3198015, *https://heise.de/-3198260* und *https://heise.de/-3204292*

Anschluss

Auch die Anschlüsse des Camera Boards und der PiNoIR sind identisch. Beide Module besitzen ein etwa 10 cm langes CSI-Flachbandkabel, das in die dafür vorgesehene Klemme am Raspberry Pi eingeführt wird. Da der Vorgang beim ersten Mal einiges an Fingerspitzengefühl erfordert, gehen wir darauf genauer ein.

Wenn Sie die Kamera anschließen, muss der Raspberry Pi ausgeschaltet sein! Trennen Sie den Minicomputer dazu vorab also *unbedingt* von der Versorgungsspannung! Die CSI-Buchse befindet sich hinter der LAN-Buchse. Auf dem Kontakt ist eine Klemme aus Kunststoff montiert, die das Kabel in Position hält. Die Position der CSI-Buchse ist in allen Raspberry-Pi-B-Versionen ähnlich, ab Modell B+, also auch im Modell 3, befindet sich zwischen dem Kamera-Anschluss und der LAN-Buchse noch der Audio-/Video-Anschluss. Bei den A-Modellen finden Sie die Buchse zwischen HDMI- und Audio/Video-Anschluss.

Heben Sie die Klemme mit zwei Fingern leicht an. Die Kunststoffklemme sollte nun locker über dem Steckanschluss stehen. Die Flachbandleitung des Kameramoduls

14

führen Sie nun senkrecht von oben in die Klemme. Die blanken Kontakte der Leitung zeigen von der LAN-Buchse weg (siehe Abbildung 14.19)!

Abbildung 14.19 Korrekter Anschluss des Raspberry-Pi-Kameramoduls (Modell B)

Halten Sie die Anschlussleitung weiterhin fest, und drücken Sie nun mit der anderen Hand die Kunststoffklemme wieder nach unten. Diese sollte leicht einrasten. Kontrollieren Sie noch einmal den senkrechten Sitz der Leitung in der Buchse. Die Kamera ist jetzt startklar.

Leitung zu kurz?

Für das Kameramodul sowie für die PiNoIR sind inoffizielle Ersatzleitungen verfügbar. Ein Praxisversuch zeigte, dass eine 50-cm-Flachbandleitung problemlos funktioniert. Verfügbar sind teilweise Leitungen, die zwei Meter Verlängerung bieten. Die Erfahrungen der Community zeigen, dass es auch hier keinerlei Probleme gibt. Eine Diskussion zum Thema sowie Bezugsquellen finden Sie in diesem Thread:

http://forum-raspberrypi.de/Thread-kamera-modul-laengere-kabel-5cm-bis-200cm-fuer-das-camera-modul

In die aktuellen Raspbian-Distributionen sind bereits Treiber für die Kameramodule integriert. Um diese zu aktivieren, starten Sie das Programm EINSTELLUNGEN • RASPBERRY PI CONFIGURATION und aktivieren die Option INTERFACES • CAMERA. Nach einem Neustart sind die Treiber geladen und Sie können die Kameras bereits komplett nutzen. Wenn Sie Raspbian Lite im Textmodus verwenden, können Sie zur Kamerakonfiguration auch das alte Konfigurationsprogramm `raspi-config` verwenden. Dort finden Sie die Einstellung unter Punkt 5 ENABLE CAMERA.

Die Bedienung kann über unterschiedliche Wege erfolgen. Je nach Anwendungsziel können Sie die Kamera manuell in der bash bedienen oder in Python in ein Programm einbauen. Sie haben auch die Möglichkeit, einen Video-Stream einzurichten und diesen im Browser oder mit Video-Software abzurufen.

Die Pi-Kamera und der I^2C-0-Bus

Sofern Sie einen Device-Tree-Overlay für den zweiten I^2C-Bus erstellt haben, erzeugt die Kamera eine Fehlermeldung. Sollten Sie nach dem Ausführen von `raspistill` die Meldung `mmal: mmal_vc_component_create: failed to create component vc.ril.camera (1:ENOMEM)` angezeigt bekommen, so kommentieren Sie die Zeile `dtparam=i2c0=on` in der `/boot/config.txt` aus.

Der Raspberry Pi Zero und das Camera Board

Vom Raspberry Pi Zero sind bisher drei Modelle erschienen. Die erste Variante hatte noch keinen Kameraanschluss mit CSI-Schnittstelle. Diese Schnittstelle wurde erst bei der zweiten Modellvariante im Mai 2016 hinzugefügt. Sie wurde auch beim aktuellen Modell »Raspberry Pi Zero W« beibehalten.

Da auf dem Raspberry Pi Zero nicht genug Platz für den bei den anderen Modellen üblichen Kameraanschluss ist, wurde ein kleinerer FPC-Steckplatz gewählt (*Fine Pitch Connector*). Um eines der Kameramodule mit dem Raspberry Pi zu verbinden, benötigen Sie ein spezielles Kabel (siehe Abbildung 14.20). Eine mögliche Bezugsquelle in Deutschland ist *AVC-Shop.de*:

http://avc-shop.de/Flexkabel-fuer-Raspberry-Pi-Zero-und-Kameramodul

Abbildung 14.20 Durch den kleinen FPC-Anschluss benötigt der neue Raspberry Pi Zero ein spezielles CSI-Kabel.

raspistill und raspivid

Beginnen wir mit den unter Raspbian standardmäßig verfügbaren Kommandos `raspistill` und `raspivid`, die durch Optionen eine einfache Bedienung im Terminal bzw. in bash-Scripts ermöglichen (siehe Tabelle 14.1).

14

Option	Funktion	Verfügbar für	Beispiel
-o	Bildspeicherort	raspistill	-o /home/pi/bild.jpg
-o	Videospeicherort	raspivid	-o /home/pi/video.h264
-w -h -q	Breite, Höhe und Qualität	beide	-w 800 -h 600 -q 80
-tl n	Timelapse (Bild alle *n* ms)	raspistill	-tl 3000
-f	HDMI-Vollbildvorschau	beide	-f
-n	keine Vorschau	beide	-n
-sh n	Schärfe (–100 bis 100)	beide	-sh 75
-co n	Kontrast (–100 bis 100)	beide	-co 50
-rot n	Drehung (0 bis 359 Grad)	beide	-rot 275
-t n	Länge des Videos (in ms)	raspivid	-t 3000
-t n	Zeit bis zum Foto (in ms)	raspistill	-t 3000
-b n	Bitrate (Bits/Sekunde)	raspivid	-b 15000000

Tabelle 14.1 Die wichtigsten Optionen für raspistill und raspivid

raspistill nimmt ein Foto auf. Allerdings bedarf es einiger weiterer Parameter, die diese Funktion genauer definieren. Ein einfaches Foto im JPG-Format kann unter einem beliebigen Pfad mit folgendem Kommando gespeichert werden:

```
raspistill -o /tmp/meinBild.jpg
```

Die Standardauflösung beträgt 2592 × 1944 Pixel. Passen Sie die Auflösung mit den Parametern -w und -h an:

```
raspistill -o /tmp/meinBild.jpg -w 800 -h 600
```

Ein Video unter dem gleichen Pfad wird mit folgendem Kommando erzeugt:

```
raspivid -o /tmp/meinVideo.h264
```

Ohne weitere Parameter nimmt der obige Befehl ein fünf Sekunden langes Video in der Auflösung 1920 × 1080 Pixel auf. Die Aufnahmelänge beeinflussen Sie mit dem Parameter -t. Die Angabe der Zeit erfolgt in Millisekunden. Beispielsweise nimmt der folgende Befehl ein zehn Sekunden langes Video auf:

```
raspivid -o /tmp/meinVideo.h264 -t 10000
```

raspistill und raspivid lassen sich durch diverse Optionen steuern (siehe Tabelle 14.1). Sie können mehrere Optionen in einem Befehl kombinieren, indem Sie die Optionen einfach hintereinanderschreiben, zum Beispiel so:

```
raspivid -o video.h264 -w 1204 -h 768 -sh 50 -t 10000
```

Eine Auflistung aller Parameter für `raspistill` und `raspivid` würde mehrere Seiten umfassen. Mit folgenden Befehlen können Sie sich in der bash die möglichen Parameter anzeigen lassen:

```
raspistill | less
raspivid | less
```

Eine komplette Dokumentation und Beschreibung aller Funktionen finden Sie unter den folgenden Links:

▶ *https://github.com/odddivision/play_picam/blob/master/RaspiCam-Documentation.pdf*

▶ *http://elinux.org/Rpi_Camera_Module#RaspiVid*

Kamerasteuerung durch Python

Die Integration der Kamera in Python eröffnet viele weitere Möglichkeiten zum automatisierten Einsatz der Kamera in Ihren Projekten. So sind Kombinationen mit verschiedenen Sensoren, wie Bewegungssensoren oder Tastern, zur Auslösung der Kamera denkbar. Der Einsatz in Python erfordert, wie gewohnt, eine eigene Library, die vorab installiert werden sollte. Wir empfehlen Ihnen, `picamera` in der gerade aktuellen Version zu verwenden. Den aktuellen Entwicklungsstand der Software entnehmen Sie den offiziellen Internetseiten:

https://picamera.readthedocs.io

Bei aktuellen Raspbian-Versionen ist das `picamera`-Modul bereits vorinstalliert. Sollte das nicht der Fall sein, hilft das folgende Kommando:

```
sudo apt install python3-picamera
```

Nach der Installation kann die Library wie gewohnt im Kopf des Programmcodes mit `import picamera` geladen werden. Im folgenden Beispiel erstellen wir ein kleines Programm, das Bilder mit der Raspberry Pi Camera erstellt, sobald ein Bewegungssensor ein Objekt erkannt hat. Um das Programm nutzen zu können, ist der Anschluss eines PIR-Bewegungssensors notwendig (siehe Abschnitt 14.1).

```python
#!/usr/bin/python3
# Datei rpicam.py
import picamera, sys, time
import RPi.GPIO as GPIO
cam = picamera.PiCamera()
cam.resolution = (1920,1080)
GPIO.setmode(GPIO.BOARD)
GPIO.setup(7, GPIO.IN, pull_up_down=GPIO.PUD_DOWN)
```

14

```
def motion(pin):
    t = time.strftime("%Y_%m_%d-%H:%M:%S")
    print("Erzeuge Foto")
    cam.capture('/Ordner/Bild_%s.jpg' %t)
    print("Foto gespeichert")
    return

GPIO.add_event_detect(7, GPIO.RISING)
GPIO.add_event_callback(7, motion)

# mit minimaler CPU-Belastung auf das Programmende
# durch Strg+C warten
try:
  while True:
    time.sleep(5)
except KeyboardInterrupt:
  GPIO.cleanup()
  sys.exit()
  cam.close()
```

Den Python-Code haben wir aus Abschnitt 14.1, »PIR-Bewegungssensor«, übernommen. Die Funktion motion wurde allerdings abgeändert und enthält jetzt das Kommando zum Erzeugen eines Bildes. Bei jeder erkannten Bewegung wird nun ein Bild aufgenommen und mit dem aktuellen Datum und der aktuellen Uhrzeit nach folgendem Schema gespeichert:

Bild_2016_04_07-20:59:45.jpg

Der Programmcode stellt natürlich nicht alle verfügbaren Kommandos von picamera dar. Weitere Beispiele finden Sie in Abschnitt 19.4, »Kamera«. Noch mehr Optionen sind in der offiziellen Dokumentation des Pakets verzeichnet. Sie kann hier nachgelesen werden:

https://picamera.readthedocs.io

Videos und Bilder am Raspberry Pi anzeigen

Die aufgenommenen Bilder und Videos können Sie am Raspberry Pi direkt anzeigen lassen. Beachten Sie, dass Sie dazu ein Anzeigegerät (z. B. per HDMI) an den Raspberry Pi angeschlossen haben müssen. Eine Anzeige von Bildern und Videos über eine SSH-Verbindung funktioniert mit diesen Beispielen nicht.

Aufgenommene Fotos können Sie z. B. mit dem Programm fbi direkt in einer Textkonsole anzeigen lassen. Installieren Sie das Paket mit:

```
apt install fbi
```

Danach können Sie mit den folgenden Kommandos Bilder anzeigen lassen:

▶ Der Befehl `fbi /home/pi/bild.jpg` öffnet die Bildatei und zeigt sie an.

▶ Alle Bilder eines Ordners können Sie z. B. mit `fbi /home/pi/Bilder/*.jpg` anzeigen lassen.

▶ Eine Slideshow aller Bilder im Ordner mit einer Anzeigezeit von fünf Sekunden pro Bild erzeugen Sie mit dem Befehl `fbi /home/pi/Bilder/*.jpg -t 5`.

Alle weiteren Optionen von `fbi` können Sie `man fbi` oder der folgenden Webseite entnehmen:

http://manpages.ubuntu.com/manpages/gutsy/man1/fbi.1.html

`fbi` lässt sich auch gut per Tastatur bedienen (siehe Tabelle 14.2).

Taste	Funktion
Cursortasten	Bild verschieben
`Bild ↓`	nächstes Bild anzeigen
`Bild ↑`	voriges Bild anzeigen
`+` / `-`	Bild zoomen
`H`	Hilfe anzeigen
`V`	Statusleiste anzeigen/verbergen
`P`	Slideshow stoppen
`⇧`+`D`	Bild löschen
`R` / `L`	Bild rotieren (rechts/links)
`Q`	Programm beenden

Tabelle 14.2 Bedienung des Bildanzeigers fbi

Zum Abspielen von Videos können Sie den *omxplayer* verwenden, der unter Raspbian standardmäßig installiert ist. Sie spielen ein gespeichertes Video mit dem folgenden Befehl ab:

```
omxplayer /home/pi/video.h264
```

Auch hier haben Sie während der Video-Wiedergabe verschiedene Möglichkeiten zur Bedienung (siehe Tabelle 14.3). Eine Hilfe des Programms rufen Sie mit `omxplayer -h` auf.

14

495

Taste	Funktion
Leertaste	Play/Pause
← / →	einige Frames vor/zurück
↑ / ↓	Kapitel vor/zurück
1	langsamer abspielen
2	schneller abspielen
Q	Programm beenden

Tabelle 14.3 Bedienung des Videoplayers omxplayer

Video-Streams und Online-Zugriff

Wirklich spannend werden die kleinen Kameramodule allerdings erst, wenn wir sie zusammen mit den Stärken des Raspberry Pi nutzen. So kann der kleine PC das Bild der Kamera sogar live streamen. Zudem bieten sich verschiedene Möglichkeiten an, auf das Livebild der Kamera zuzugreifen oder geknipste Fotos automatisch online abzulegen.

Wir beginnen mit dem wirklich einfachsten aller Livestreams. Um genau zu sein, handelt es sich nicht um ein Video, sondern um ein stetig aktualisiertes Bild. Ein flüssiges Video ist also nicht zu erwarten – dementsprechend einfach gestaltet sich dafür die Umsetzung.

Sie sollten einen Webserver auf dem Raspberry Pi installiert haben (siehe Kapitel 23, »PHP-Programmierung«). Erstellen Sie nun im DocumentRoot-Ordner des Servers, standardmäßig also in /var/www/, eine HTML-Datei mit dem Namen cam.html. Als Inhalt der Datei schreiben Sie die folgenden Zeilen:

```
<html>
<head>
  <meta http-equiv=Refresh Content="3;">
</head>
<body>
  <img src="bild.jpg">
</body>
</html>
```

Die Mini-Webseite zeigt lediglich die Bilddatei bild.jpg an. Der Befehl Refresh Content im <head>-Bereich der Datei aktualisiert die Webseite alle drei Sekunden. Das dazugehörige folgende Python-Script erzeugt regelmäßig ein Foto und speichert es unter bild.jpg. Sollte die Python-Datei im gleichen Ordner wie das Bild liegen, so können Sie den Code einfach übernehmen. Liegt das Script unter einem anderen Pfad, so passen Sie den Speicherort des Bildes auf /var/www/bild.jpg an.

```python
#!/usr/bin/python3
# browserstream.py
import time, sys
import picamera
cam = picamera.PiCamera()

try:
    while True:
        cam.capture('bild.jpg')
        time.sleep(3)

except KeyboardInterrupt:
  cam.close()
  sys.exit()
```

Starten Sie nun das Python-Script, und lassen Sie es laufen. Wenn Sie nun die cam.html mit einem Browser aufrufen, so sehen Sie alle drei Sekunden ein neues Bild der Kamera.

VLC-Livestream

Eine weitere Methode ist das Streamen ins heimische Netzwerk via *VLC-Player*. Hiermit erreichen Sie ein recht flüssiges Video. Installieren Sie zuerst den VLC-Player auf dem Raspberry Pi:

```
sudo apt install vlc
```

Das folgende Kommando startet einen Livestream mit einer Auflösung von 800 × 600 Pixeln und macht diesen auf Port 8554 des Raspberry Pi zugänglich:

```
raspivid -t 0 -o - -w 800 -h 600 | \
  cvlc -vvv stream:///dev/stdin \
  --sout '#rtp{sdp=rtsp://:8554/}' :demux=h264
```

Fügen Sie ein zusätzliches -n nach raspivid ein, um die Vorschau-Ausgabe über HDMI zu deaktivieren. Der Stream läuft nun bis zum Abbruch des Befehls durch [Strg]+[C]. Über den Parameter -t bestimmen Sie die Laufzeit in Millisekunden (0 steht für »unendlich«).

Jetzt können Sie den Stream z. B. mit dem VLC-Player von einem anderen PC im Netzwerk aus abrufen. Wählen Sie bei Ihrem Videoplayer dazu den Punkt NETZWERK-STREAM ÖFFNEN, und tragen Sie die IP-Adresse des Raspberry Pi, gefolgt vom Port, ein. Die richtige Schreibweise sieht beispielsweise so aus:

14

```
rtsp://192.168.0.17:8554/
```

Der Video-Player zeigt nun das Livebild der Raspberry-Pi-Kamera an.

Wenn Sie Videos direkt in den Webbrowser streamen möchten, sollten Sie einen Blick in das Servocam-Projekt werfen. Dort streamen wir das Video einer beweglichen Servokamera, allerdings mit einer USB-Webcam, direkt in einen Browser (siehe Kapitel 42, »Die Servokamera«).

FTP-Upload

Eine weitere nützliche Methode ist der automatische Upload von Bildern in einen Online-Speicher oder auf einen Webserver per FTP. Dazu wird die in Python mitgelieferte Library ftplib genutzt:

```python
#!/usr/bin/python3
import ftplib, picamera, sys, time
cam = picamera.PiCamera()

def upload():
    session = ftplib.FTP('ftp.beispiel.com',
                         'ftp_username@domain.de', 'PASSWORD')
    directory = "/PFAD_AUF_DEM_SERVER"
    session.cwd(directory)
    file = open('bild.jpg','rb')
    session.storbinary('STOR bild.jpg', file)
    file.close()
    session.quit()
    return

try:
    while True:
        cam.capture('bild.jpg')
        time.sleep(1)
        upload()

except KeyboardInterrupt:
  cam.close()
  sys.exit()
```

Sehr praktisch ist auch der automatische Upload von Bildern des Raspberry Pi Camera Boards in einen Cloudspeicher (z. B. Dropbox). Ein entsprechendes Beispiel finden Sie in Abschnitt 19.5, »Dateien bei Dropbox hochladen«.

PiNoIR

Auch wenn die Bedienung und Handhabung der PiNoIR-Version mit der der normalen RasPi-Cam identisch ist, möchten wir speziell auf die Besonderheiten der PiNoIR eingehen. Die PiNoIR gleicht dem Raspberry Pi Camera Board, verzichtet aber auf einen Infrarotfilter. Sie haben so die Möglichkeit, infrarote Lichtquellen als *Taschenlampe* zu nutzen und somit dunkle Umgebungen im Bild der PiNoIR zu beleuchten.

Infrarotes Licht wird vom menschlichen Auge nicht wahrgenommen und bietet sich so z. B. zum Einsatz als nächtliche Überwachungskamera an. Machen Sie den ersten Test mit einer normalen Infrarotfernbedienung. Verdunkeln Sie den Raum, halten Sie eine beliebige Taste auf der Fernbedienung gedrückt, und erstellen Sie ein Bild mit der PiNoIR. Sie werden erkennen, dass das infrarote Licht der Fernbedienung bereits ausreicht, um den komplett verdunkelten Raum teilweise zu erhellen. Das Prinzip nutzen wir nun für einen eigenen unsichtbaren Scheinwerfer.

Der blaue Filterstreifen

Der PiNoIR liegt ein blauer Farbfilter bei. Er ermöglicht es Hobbybiologen, die Photosynthese von Pflanzen sichtbar zu machen. Es handelt sich dabei um den Filter *#2007 Storaro Blue* der Firma Roscolux. Einige interessante Aufnahmen und die Ergebnisse der nachträglichen Bearbeitung mit *Infragram* sehen Sie hier:

https://publiclab.org/notes/show/9679
https://publiclab.org/wiki/infragram

Infrarot-Scheinwerfer für die PiNoIR

Als Grundlage für den Scheinwerfer dienen uns Infrarot-LEDs. Diese sind in jedem Elektrofachhandel oder Online-Shop problemlos und günstig zu beschaffen. Zusätzlich sollten Sie ein paar Widerstände bereitlegen, die auf der benötigten Durchlassspannung basieren, sowie ein Stück Loch- oder Streifenrasterplatine.

Eine infrarote LED hat in der Regel eine Durchlassspannung von 1,2 V bis 1,5 V und benötigt bei dieser Spannung einen Strom von ca. 20 mA.

Wir legen den Scheinwerfer nun so aus, dass er noch am 5-V-Pin des Raspberry Pi betrieben werden kann. Sollten Sie einen noch größeren Scheinwerfer bauen, so kann es eventuell nötig sein, ihn an einer externen Spannungsquelle zu betreiben.

Der von uns geplante Scheinwerfer besteht aus sechs LEDs (siehe Abbildung 14.21). Davon werden jeweils drei in Reihe geschaltet und zwei Reihen parallel. Jeder Strang bekommt einen Vorwiderstand. Wenn Sie unseren Scheinwerfer wie gezeigt nachbauen, kann er mit 5 V betrieben werden und benötigt weniger als 40 mA. Sie können ihn also am 5-V-Pin der GPIO-Leiste betreiben.

14

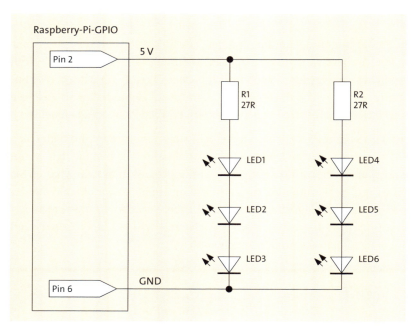

Abbildung 14.21 Schaltplan des Infrarotscheinwerfers

Abbildung 14.22 Großes Bild: IR-Scheinwerfer, aufgenommen mit normaler Digitalkamera. Kleines Bild: IR-Scheinwerfer, erfasst mit PiNoIR.

Bauen Sie den Scheinwerfer nach dem Schaltplan auf. Nutzen Sie dafür am besten eine Streifen- oder Lochrasterplatine. Wir haben die Anschlüsse als zweipolige Stiftleiste ausgeführt. Bei der Anschlussart haben Sie natürlich freie Auswahl.

Eine gewöhnliche Kamera nimmt den eingeschalteten IR-Scheinwerfer ganz anders wahr als die PiNoIR-Kamera (siehe Abbildung 14.22). Die sechs LEDs reichen aus, um Objekte im stockdunklen Raum bis zu einer Entfernung von ca. 4 Metern auszuleuchten. Alles in ein schönes Gehäuse eingebaut, ergibt ein günstiges Eigenbau-Nachtsichtgerät.

> **Unbemerkt fotografieren oder filmen**
>
> Sie können die kleine LED an der Front der Kameramodule dauerhaft abschalten. Dazu öffnen Sie die Datei `/boot/config.txt`, fügen die Zeile `disable_camera_led=1` ein und starten den Raspberry Pi neu.

14.9   Reed-Kontakt

Ein sehr einfacher, aber durchaus nützlicher Sensor ist der Reed-Kontakt. Nimmt man es genau, handelt es sich hierbei nicht einmal um einen Sensor, sondern um einen Magnetschalter. Bauen Sie den Reed-Kontakt allerdings geschickt ein, so kann er wie ein Sensor ein Signal geben, sobald eine erwartete Aktion geschah. Denkbare Anwendungsmöglichkeiten sind:

► Montage an einer Tür zur Auf/Zu-Erkennung

► Näherungssensor

► Modellbau

► Umdrehungssensor

► Detektierung von offenen Fenstern oder Türen

Der Reed-Kontakt ist in unterschiedlichen Bauweisen verfügbar, seine Funktionsweise ist jedoch immer identisch. Im Inneren des Kontakts befinden sich zwei nah aneinanderliegende metallische Kontaktfähnchen. Nähert man sich dem Reed-Kontakt mit einem Magneten oder einem magnetischen Gegenstand, so schließt sich der Kontakt im Inneren und es entsteht eine leitende Verbindung. Dadurch ist der Reed-Kontakt im Gegensatz zu mechanischen Tastern kontaktlos und beinahe verschleißfrei einzusetzen.

Der Reed-Kontakt funktioniert im Prinzip wie ein Taster. Genauso wird er auch in Verbindung mit dem Raspberry Pi behandelt. Dem Funktionsprinzip geschuldet, kann der Reed-Kontakt natürlich keine detaillierten Messwerte ausgeben, sondern lediglich eine logische 1 oder 0.

Abbildung 14.23 Simpler Reed-Kontakt in einem Glasröhrchen. Die Größe ähnelt der eines Widerstands.

Angeschlossen wird der Kontakt wie gewohnt an einen freien GPIO-Pin, der als Eingang deklariert wird. Die andere Seite des Reed-Kontakts legen Sie gegen Masse oder 3,3 V. Davon hängt es ab, ob die logische 1 im geschlossenen oder offenen Zustand erkannt wird. Im Schaltplan (siehe Abbildung 14.24) ist der Kontakt am GPIO-Pin 15 angeschlossen. R1 dient als Pull-up-Widerstand und ist optional, wenn in Python der Pull-up für diesen Pin aktiviert wird. R2 dient zur Strombegrenzung, wenn der Kontakt geschlossen ist.

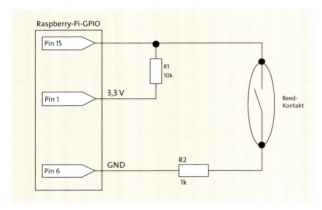

Abbildung 14.24 Reed-Kontakt an GPIO-Pin 15 als Eingang

Die Abfrage des Sensors in Python erfolgt wie gewohnt durch das Zurücklesen des GPIO-Status von Pin 15:

```python
#!/usr/bin/python3
# Datei reed.py
import time, sys
import RPi.GPIO as GPIO

GPIO.setmode(GPIO.BOARD)
GPIO.setup(15, GPIO.IN, pull_up_down=GPIO.PUD_UP)

while True:
    input = GPIO.input(15)
    print(input)
    time.sleep(1)
```

Das kleine Python-Programm gibt im Sekundentakt den Status des Reed-Kontakts an. Wird er nicht betätigt, erscheint eine 1, im betätigten Zustand wird eine 0 ausgegeben. Auch hier können Sie wie beim PIR-Sensor Events oder Interrupts einsetzen (siehe Abschnitt 14.1, »PIR-Bewegungssensor«).

14.10   Hardware Real Time Clock

Dieser Abschnitt beschreibt den Anschluss einer externen Uhr an den Raspberry Pi. Der Raspberry Pi selbst besitzt keine Hardware-Uhr und bezieht die aktuelle Uhrzeit über NTP (*Network Time Protocol*). Manchmal kann es erwünscht sein, dass eine *echte* Uhr vorliegt, die auch ohne Internetzugang die aktuelle Zeit mit dem Raspberry Pi abgleicht. Eine solche Uhr nennt man Hardware RTC (*Hardware Real Time Clock*). Zu empfehlen ist hier der Baustein DS1307. Dieses Bauteil ist wieder in mehreren Ausführungen verfügbar: einmal als einzelner IC, zum anderen auch wieder als Fertigmodul samt integrierter Knopfzelle.

Das Einzelbauteil benötigt für den Betrieb einen externen Quarz. Zudem muss bei dieser Methode das Bauteil nach jedem Neustart gestellt werden. Fertigmodule sind *fast* (siehe unten) komplett einsatzbereit mit einem Quarz und einer Knopfzelle, die eine Lebensdauer von mindestens einem Jahr verspricht. Egal für welche Methode Sie sich entscheiden, die Ansteuerung der Uhr ist gleich. Auch der Anschlussplan kann leicht auf das Modul oder den Einzelchip übertragen werden.

Kommen wir zurück auf das *fast*. Der auf solchen Modulen verbaute DS1307-Chip benötigt eine Versorgungsspannung von 5 V. Das ist eigentlich kein Problem, wären dort nicht zwei kleine Pull-up-Widerstände, die SDA und SCL auf den 5-V-Pegel ziehen (siehe Abbildung 14.25). Diese müssen Sie entfernen (siehe Abbildung 14.26)!

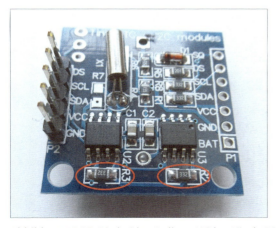

Abbildung 14.25 Die beiden Pull-up-Widerstände R2 und R3 auf dem RTC-Modul

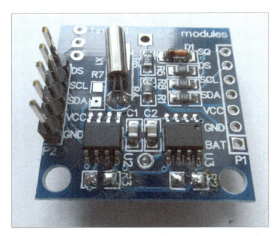

Abbildung 14.26 Die beiden Pull-up-Widerstände wurden ausgelötet.

Wie Sie bereits schon mehrfach gelesen haben, tun dem Raspberry Pi 5 V an seinen GPIO-Pins gar nicht gut. Keine Sorge, die I^2C-Leitungen sind auch weiterhin mit Pull-up-Widerständen beschaltet, nämlich mit den internen Widerständen des Raspberry Pi, die den Pegel der I^2C-Leitungen auf gesunde 3,3 V ziehen. Mit Lötkolben und Pinzette entfernen Sie die beiden Widerstände auf dem RTC-Modul.

Abbildung 14.27 Fertiges RTC-Modul mit integrierter Knopfzelle

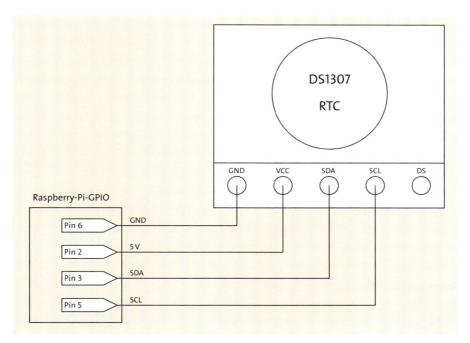

Abbildung 14.28 Anschlussplan für das DS1307-RTC-Modul

Im nächsten Schritt schließen Sie das RTC-Modul wie auf dem Schaltplan gezeigt an (siehe Abbildung 14.28). Sollten Sie einen DS1307-Einzelchip verwenden, so benötigen Sie einen externen 32,768-kHz-Quarz, der zwischen den Pins X1 und X2 der Einzelkomponente geschaltet wird. Der Anschluss von GND, VCC und der I^2C-Pins SDA und SCL gleicht dem Anschluss beim Fertigmodul.

Falls Sie weitere Infos zum Einzelchip und zur Inbetriebnahme am Raspberry Pi benötigen, finden Sie unter folgendem Link eine gute Beschreibung:

https://www.raspiprojekt.de/anleitungen/schaltungen/14-i2c.html

Sobald die Echtzeituhr angeschlossen ist, erfolgt das Laden der Treiber im Betriebssystem des Raspberry Pi. Für den ersten Test nehmen Sie die Einstellungen von Hand vor. Am Ende dieses Abschnitts erfahren Sie, wie sich alle nötigen Einstellungen bereits automatisch beim Boot-Vorgang erledigen lassen.

Stellen Sie sicher, dass Sie die I^2C-Schnittstelle freigeschaltet und die i2c-tools installiert haben (siehe Abschnitt 13.4, »I^2C«). Führen Sie nun im Terminal den Befehl zur Erkennung angeschlossener I^2C-Hardware aus:

```
i2cdetect -y 1
```

Nun sollte Ihnen eine Tabelle angezeigt werden, in der der Wert 68 eingetragen ist. Sofern weitere I^{2}C-Geräte angeschlossen sind, können dementsprechend weitere Adressen angezeigt werden. 68 ist jedoch die Adresse der Echtzeituhr.

Legen Sie nun wieder ein Device-Tree-Overlay in der Datei /boot/config.txt an. Fügen Sie dazu am Ende der Datei die folgende Zeile ein:

```
dtoverlay=rtc-i2c, RTC-Typ
```

RTC-Typ steht für den Typ der Echtzeituhr, den Sie verwenden. Ersetzen Sie den Platzhalter entsprechend durch den RTC-Typ, den Sie verwenden. Möglich sind diese RTC-Modelle:

▸ ds1307

▸ ds3231

▸ pcf2127

▸ pcf8523

Als Beispiel: dtoverlay=rtc-i2c, ds1307

Als Nächstes tragen Sie das Gerät als virtuelle Datei ein:

```
sudo echo ds1307 0x68 > /sys/class/i2c-adapter/i2c-1/new_device
```

Falls Sie noch die alte Raspberry-Pi-Version Rev 1 verwenden, so ändern Sie den vorletzten Ordner der Zeile in i2c-0 ab. Jetzt sind bereits alle Einstellungen abgeschlossen, und die Uhr kann ausgelesen werden:

```
sudo hwclock -r
```

Nun sollte ein ähnliches Datum wie in der folgenden Zeile angezeigt werden:

```
Sa 01 Jan 2000 01:00:05 CET
```

Natürlich stimmt das Datum nicht. Daher muss die Uhr im nächsten Schritt gestellt werden. Stellen Sie dazu am besten eine Internetverbindung per LAN oder WLAN her. Rufen Sie die aktuelle Systemzeit nun mit dem Befehl date ab.

Mit dem Kommando sudo hwclock -w schreiben Sie die aktuelle Zeit in die Echtzeituhr. Eine erneute Abfrage mit sudo hwclock -r zeigt dann das aktuelle Datum.

Wenn alles einwandfrei funktioniert, können Sie einen weiteren Schritt durchführen, damit alle Einstellungen direkt beim Bootvorgang geladen werden und die Systemuhr mit der RTC abgeglichen wird. Öffnen Sie dazu die Datei /etc/rc.local/:

```
sudo nano /etc/rc.local
```

Schreiben Sie jetzt folgende Zeilen an das Ende der Datei, allerdings *vor* exit 0:

```
echo ds1307 0x68 > /sys/class/i2c-adapter/i2c-1/new_device
sudo hwclock -s
```

Speichern und schließen Sie nun die Datei. Ab jetzt ist keine Internetverbindung mehr nötig, um die Systemzeit des Raspberry Pi auf die aktuelle Zeit einzustellen. Mit jedem Neustart wird nun die Systemzeit der Echtzeituhr angeglichen. Selbstverständlich geschieht das nur, sofern Sie ein RTC-Modul mit Batterie verwenden oder an den Einzelchip eine Batterie anschließen. Die zweite Möglichkeit finden Sie auch im vorhin genannten Link gut erklärt.

Uhrzeit manuell einstellen

Falls Sie die Uhrzeit komplett manuell einstellen möchten, also ohne eine Internetverbindung, finden Sie einige hilfreiche Tipps z. B. hier:

http://kampis-elektroecke.de/?page_id=2257

14.11 IR-Empfänger

Wenn Sie Ihren Raspberry Pi als Media-Center verwenden und dieses mit einer Infrarot-(IR-)Fernbedienung steuern möchten, benötigen Sie einen IR-Empfänger. Das gängigste Bauteil hierfür hat die Bezeichnung TSOP4838. Es ist Mitglied einer ganzen Familie von IR-Empfängern, die für unterschiedliche Frequenzen optimiert sind. Das Bauteil TSOP4838 ist auf 38 kHz abgestimmt, also auf den Frequenzbereich typischer TV-Fernbedienungen. Technische Details können Sie im Datenblatt nachlesen. Beachten Sie, dass die Belegung der Pins je nach TSOP-Variante unterschiedlich ist!

https://www.vishay.com/docs/82459/tsop48.pdf

Die Schaltung (siehe Abbildung 14.29) entspricht dem Vorschlag aus dem Datenblatt. Sowohl der Widerstand als auch der Kondensator sind optional; sie verbessern lediglich die elektrische Stabilität der Schaltung. Sie können also auch direkt die Pins 1, 2 und 3 des TSOP4838 mit den Pins 6 (GND), 12 und 1 (3,3 V) des J8-Headers des Raspberry Pi verbinden. Warum dient gerade Pin 12 als Signaleingang? Weil der mit ihm verbundene Eingang GPIO 18 standardmäßig vom *lirc*-Kerneltreiber verwendet wird.

Vorab müssen Sie jedoch wieder einen neuen Device-Tree-Eintrag in der Datei `/boot/config.txt` vornehmen. Fügen Sie am Ende der Datei die Zeile `dtoverlay=lirc-rpi` ein, und starten Sie das System neu.

Um den IR-Empfänger auszuprobieren, benötigen Sie das Kernelmodul `lirc_rpi` und das Kommando `mode2` aus dem Paket `lirc`. Damit können Sie im Textmodus Signale der Device-Datei der IR-Schnittstelle auslesen. Jetzt müssen Sie nur noch eine Fernbedienung auf den IR-Empfänger richten und einige Tasten drücken.

14

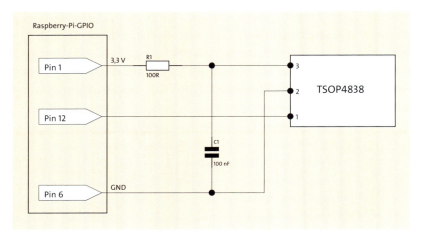

Abbildung 14.29 TSOP4838 – Anschluss an den Raspberry Pi

```
apt install lirc
dmesg | grep lirc
  lirc_dev: IR Remote Control driver registered, major 251
  lirc_rpi: module is from the staging directory, the quality
    is unknown, you have been warned. ...
  lirc_rpi: driver registered!
  input: lircd as /devices/virtual/input/input3
  lirc_rpi: auto-detected active low receiver on GPIO pin 18
mode2 -d /dev/lirc0
  space 1613
  pulse 584
  space 537
  pulse 593
  space 524
  pulse 603
  space 530
  ...
  <Strg>+<C>
```

mode2 ist nur dazu gedacht, die Fernbedienung auszuprobieren. In aller Regel werden Sie den IR-Empfänger in Kombination mit Kodi und dem Hintergrundprogramm *lircd* verwenden (siehe Kapitel 8, »Multimedia-Center mit Kodi und LibreELEC«).

LIRC in Python

Es existiert auch ein Python-Modul, mit dem Sie eingehende IR-Signale verarbeiten können:

https://github.com/tompreston/python-lirc

14.12 Fingerabdruck-Scanner

Mit den Sensoren aus den vorrangegangenen Abschnitten können Sie bereits eine Vielzahl an Werten aus der Umwelt und anderer Elektronik einlesen und verarbeiten. In diesem Abschnitt stellen wir Ihnen noch einen Fingerabdruck-Scanner vor.

Wie Sie sicherlich ahnen, kann dieses Modul verschiedene Fingerabdrücke speichern und später mit einem eingescannten Finger abgleichen. Dadurch eröffnen sich wieder viele Anwendungsmöglichkeiten: bauen Sie sich doch einfach ein elektronisches Türschloss, das nur von ausgewählten Personen geöffnet werden kann. Wie wäre es mit einem kleinen Tresor, den nur Sie mit Ihrem Daumen öffnen können? Ebenso ist es denkbar, statt einem physischen Gegenstand Teile Ihrer Software durch einen Fingerabdruck abzusichern.

Wir nutzen für dieses Vorhaben einen Fingerabdruck-Scanner, der ursprünglich für den Arduino konzipiert wurde. Glücklicherweise kann der Scanner aber ohne weitere Umbauten auch am Raspberry Pi betrieben werden. Die Grundlage der Software bietet eine kleine Python-Bibliothek, die uns freundlicherweise von Bastian Raschke und Philipp Meisberger zur Verfügung gestellt wurde. Sie betreiben die Webseite *https://sicherheitskritisch.de*, auf der Sie auch weiterführende Informationen zum späteren Code und seiner Verwendung finden.

Hardware

Grundlage für dieses Projekt ist der Fingerabdruck-Scanner, den Sie unter dem Suchbegriff *fingerabdruck scanner arduino* in vielen Online-Shops finden.

Es gibt diverse Scanner von verschiedenen Herstellern, die sich jedoch zum Großteil gleichen. Achten Sie darauf, dass der Sensor per UART kommuniziert, und wählen Sie ein Modell, das unserem ähnelt (siehe Abbildung 14.30).

Aufgrund unzähliger No-Name-Produkte ist die genaue Identifizierung der Modelle schwierig. Auf Nummer sicher gehen Sie jedoch mit diesen zwei Modellen:

https://adafruit.com/product/751
https://amazon.de/dp/B019TPP1UK

Sie haben nun zwei Möglichkeiten, den Sensor mit dem Raspberry Pi zu verbinden. Da der Sensor über die serielle Schnittstelle seine Daten ausgibt, können Sie ihn entweder direkt an die GPIO-Pins 8 und 10 (TXD und RXD) anschließen oder einen *Serial-to-USB-Converter* nutzen. Ersteres ist möglich, da der Sensor trotz 5-V-Versorgung nur ein 3,3-V-Signal an den UART-Pins ausgibt. Für Zweiteres brauchen Sie eine zusätzliche Komponente, die die serielle Kommunikation direkt über einen kleinen Dongle direkt durch die USB-Schnittstelle führt. Wir beschreiben beide Varianten; welche davon Sie wählen, bleibt Ihnen überlassen.

Abbildung 14.30 Der Fingerabdruck-Scanner für den Arduino

Abbildung 14.31 Der Serial-to-USB-Converter ist nicht größer als ein gängiger USB-Stick.

Direkter Anschluss an die GPIO-Ports

Um den Scanner direkt an die GPIO-Ports anzuschließen, verbinden Sie die farbigen Leitungen wie folgt:

- Rot an Pin 2 (5 V)
- Schwarz an Pin 6 (GND)
- Weiß an Pin 8 (RXD)
- Grün an Pin 10 (TXD)

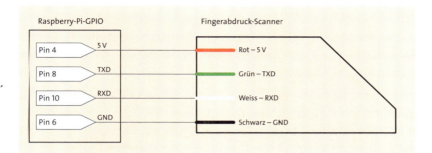

Abbildung 14.32 Der Schaltplan zeigt den Anschluss des Scanners an den Raspberry Pi.

Im Schaltplan (siehe Abbildung 14.32) sehen Sie die Verdrahtung schematisch darge-stellt. Es ist möglich, dass Ihr Modell mehr als vier Leitungen besitzt. In unserem Fall gibt es eine gelbe und eine blaue Leitung, die unbelegt bleiben können. Leider gibt es kaum ein gutes Datenblatt zu diesen Scannern, unsere Versuche haben jedoch gezeigt, dass die oben genannten Leitungsfarben auf die meisten Modelle zutreffen. Mit Glück sind die Leitungen auf der Platine des Scanners noch zusätzlich benannt.

14

Abbildung 14.33 Auch bei unserem Scanner-Modell blieben zwei Leitungen unbelegt.

Zudem können Sie mit etwas *Trial and Error* ebenfalls die korrekte Belegung her-ausfinden. Dies gilt jedoch nur für die TXD- und RXD-Leitungen. Ein Vertauschen dieser Leitungen hat bei unseren Versuchen keinen Schaden angerichtet. Die 5-V-Versorgung sowie die Masseleitung sollten Sie jedoch nicht vertauschen.

Anschluss über einen Serial-to-USB-Converter

Der Anschluss über den USB-Converter erfolgt nach dem gleichen Schema. Verbinden Sie die Pins 5 V, GND, TXD und RXD Ihres USB-Converters mit den entsprechenden Leitungen des Fingerabdruck-Scanners.

Danach stecken Sie den USB-Converter in einen freien USB-Port am Raspberry Pi. Prüfen Sie, ob das USB-Gerät korrekt erkannnt wurde, indem Sie sich mit dem Befehl `ls /dev` einen Überblick über die angeschlossenen Geräte verschaffen. Sollte in der Liste das Gerät `ttyUSB0` auftauchen, so wurde der Converter korrekt erkannt.

Damit Sie später die Programme, die den Converter nutzen, auch ohne Root-Rechte ausführen können, fügen Sie den Benutzer `pi` der Gruppe *dialout* hinzu:

```
sudo usermod -a -G dialout pi
```

Software

Die Software installieren Sie wie auf *https://sicherheitskritisch.de* erläutert. Dazu sind nur einige wenige Schritte nötig:

Installieren Sie mit der folgenden Zeile zunächst einige Pakete, die notwendig sind, um die Python-Bibliothek zu kompilieren:

```
sudo apt install devscripts
```

Danach klonen Sie den Quellcode von GitHub und kompilieren den Code zu einem Programm. Dazu wechseln Sie mit der ersten Zeile zum Home-Verzeichnis, in dem später die Dateien abgelegt werden:

```
cd /home/pi
git clone https://github.com/bastianraschke/pyfingerprint.git
cd ./pyfingerprint/src/
sudo dpkg-buildpackage -uc -us
```

Die Bibliothek ist seit Kurzem Python-3-tauglich und lässt sich daher für Python 3 und Python 2.x installieren. Wenn Sie überwiegend Python 3 nutzen, so installieren Sie *PyFingerprint* mit folgender Zeile:

```
sudo dpkg -i ../python3-fingerprint*.deb
```

Die Installation des Paketes legt unter dem Pfad `home/pi/pyfingerprint/src/files/examples` einige Beispieldateien an, die Ihnen die Möglichkeit bieten, Fingerabdrücke anzulernen, auszulesen, zu suchen und zu löschen. Die Beispieldateien sind für die Verwendung des *Serial-to-USB-Converters* ausgelegt. Falls Sie sich für die die direkte Verdrahtung an die GPIO-Pins entschieden haben, so ändern Sie in jedem der Beispielprogramme die Zeile `f = PyFingerprint('/dev/ttyUSB0', 57600, 0xFFFFFFFF, 0x00000000)` in `f = PyFingerprint('/dev/serial0')` ab. Das ist nur notwendig, wenn

Sie mit den Beispieldateien experimentieren möchten. Unsere Programme, die im Folgenden abgedruckt sind, beeinhalten beide Zeilen. Kommentieren Sie die jeweilige Zeile ein, je nachdem, welche Anschlussart Sie verwenden.

Voraussetzung für den Anschluss an die GPIO-Pins ist auch die korrekte Freischaltung der UART-Schnittstelle (siehe Abschnitt 13.5, »UART«) Achten Sie auch darauf, dass Sie bei der Verwendung eines Raspberry Pi 3 die Bluetooth-Schnittstelle abschalten, um Zugriff auf den UART zu bekommen. Auch dies ist im genannten Abschnitt erläutert.

In dem folgenden Python-Programm haben wir alle Funktionen der Beispielprogramme in einer Datei vereint und in Python-Funktionen verstaut. Dadurch können Sie den Fingerabdruck-Scanner in jedes beliebige Projekt importieren.

```python
#!/usr/bin/env python3
# Datei finger.py
import time
from pyfingerprint.pyfingerprint import PyFingerprint

try:
    # Anschluss über GPIO
    f = PyFingerprint('/dev/serial0')
    # Anschluss über USB
    # f = PyFingerprint('/dev/ttyUSB0', 57600,
    #                   0xFFFFFFFF, 0x00000000)

except Exception as e:
    print('Der Fingerabdrucksensor konnte nicht erkannt werden.')
    print('Fehlermeldung: ' + str(e))
    exit(1)

## Fingerabdruck scannen und mit gespeicherten Werten abgleichen
def finger_abfrage():
    try:
        # warten, bis der Fingerabdruck eingelesen wurde
        print('Warte auf Finger...')
        while(f.readImage() == False):
            pass

        ## Fingerabdruckdatenbank im Sensor durchsuchen
        f.convertImage(0x01)
        result = f.searchTemplate()
        positionNumber = result[0]
        accuracyScore = result[1]
```

```python
        if(positionNumber == -1):
            print('Keine Übereinstimmung gefunden!')
            return 0
        else:
            print('Fingerabdruck gefunden an Position: #' +
                    str(positionNumber))
            print('Die Übereinstimmung ist: ' +
                    str(accuracyScore))
            return 1

    except Exception as e:
        print('Fehlgeschlagen!')
        print('Fehlermeldung: ' + str(e))
        exit(1)


def finger_neu():
    # neuen Finger anlernen
    try:
        # Finger einlesen
        print('Warte auf Fingerabdruck ...')
        while(f.readImage() == False):
            pass

        ## prüfen, ob der Fingerabdruck bereits bekannt ist
        f.convertImage(0x01)
        result = f.searchTemplate()
        positionNumber = result[0]
        if (positionNumber >= 0):
            print('Der Fingerabdruck wurde gefunden an ' +
                    'Position: ' +  str(positionNumber))
            return 0

        print('Fingerabdruck entfernen...')
        time.sleep(2)
        print('Bitte gleichen Finger noch mal scannen...')

        # Finger zum Abgleich ein weiteres Mal scannen.
        while(f.readImage() == False):
            pass
        f.convertImage(0x02)
        f.createTemplate()

        # dem neuen Fingerabdruck eine Position in der
        # Datenbank des Sensors zuweisen
        positionNumber = f.getTemplateCount()
```

```
        if (f.storeTemplate(positionNumber) == True):
            print('Fingerabdruck erfolgreich gespeichert!')
            print('Fingerabdruck gespeichert unter Position: ' +
                    str(positionNumber))
            return 1

    except Exception as e:
        print('Fehlgeschlagen!')
        print('Fehlermeldung: ' + str(e))
        exit(1)

def finger_entfernen():
    print('Aktuell gespeicherte Abdrücke: ' +
        str(f.getTemplateCount()))
    try:
        positionNumber = raw_input('Welcher Fingerabdruck ' +
                                    'soll gelöscht werden?  ')
        positionNumber = int(positionNumber)

        if (f.deleteTemplate(positionNumber) == True):
            print('Fingerabdruck gelöscht!')
            return 1

    except Exception as e:
        print('Fehlgeschlagen!')
        print('Fehlermeldung: ' + str(e))
        exit(1)
```

Speichern Sie den gesamten Code als neue Datei finger.py. Nun kopieren Sie diese Datei in Ihr Projektverzeichnis. Jedes weitere Programm, das Sie nun in diesem Verzeichnis ablegen, kann durch die Importzeile from finger import * auf alle Funktionen zugreifen.

Ein kleines Allround-Programm ist der folgende Code. Speichern Sie diesen unter finger-test.py im gleichen Verzeichnis, und führen Sie das Programm anschließend durch python3 finger-test.py aus. Durch ein kleines Menü können Sie nun einen Finger anlernen, den Zugriff auf einen geschützten Bereich gewähren oder gespeicherte Fingerabdrücke löschen.

```
#!/usr/bin/env python3
# Datei finger-test.py
from finger import *
import RPi.GPIO as GPIO
GPIO.setmode(GPIO.BOARD)
GPIO.setup(11, GPIO.OUT)
```

```
# nur Eingabe 1, 2 oder 3 erlaubt
auswahl = int(input ('1 = Neuer Fingerabdruck\n' +
                     '2 = Zugriff geschützte Funktion\n' +
                     '3 = Fingerabdruck löschen\n'))
if auswahl == 1:
    FingerNeu()

if auswahl == 2:
    Zugriff=FingerAbfrage()
    # geschützter Programmteil, z. B. Schloss entriegeln
    if Zugriff == 1:
        GPIO.output(11, True)
        time.sleep(5)
        GPIO.output(11, False)
    # Ende des geschützten Bereichs

if auswahl == 3:
    FingerEntfernen()
```

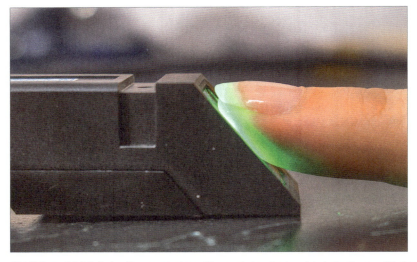

Abbildung 14.34 Beim Scannen eines Fingerabdrucks leuchtet die Sensorfläche grün.

Ein großes Lob sei an dieser Stelle den Jungs von *sicherheitskritisch.de* ausgesprochen. Durch ihre kurzfristige Unterstützung konnten wir die Bibliothek mit in diese Auflage aufnehmen. Weitere Informationen zu Updates und zur Handhabung finden Sie unter folgenden Links:

https://sicherheitskritisch.de/2014/03/fingerprint-sensor-fuer-den-raspberry-pi-und-debian-linux
https://github.com/bastianraschke/pyfingerprint

14.13   Leitfaden für fremde Sensoren

Natürlich ist es uns nicht möglich, alle verfügbaren Sensoren in diesem Buch zu beschreiben. Sie finden fast für jeden Zweck einen passenden Sensor. Die bislang behandelten Sensoren sollten Ihnen allerdings einen guten Eindruck von den unterschiedlichen Funktionsweisen sowie von der Handhabung geben.

Sie haben einen Sensor entdeckt, der nicht in diesem Buch behandelt wird, den Sie aber gern verwenden möchten? Oftmals ist das kein Problem. Als kleinen Leitfaden geben wir Ihnen einige Punkte mit, die Sie bei der Verwendung prüfen und beachten sollten. Gehen Sie bei jedem *fremden* Sensor oder Sensormodul nach dieser Checkliste vor:

▶ Die Versorgungsspannung beträgt idealerweise 3,3 V oder maximal 5 V.

▶ Die Ausgangssignale liegen bei maximal 3,3 V.

▶ Prüfen Sie, ob Sie einen Spannungsteiler bauen können, um ein eventuell höheres Potenzial am Ausgang entsprechend zu verkleinern.

▶ Die Ausgangsdaten werden in einem unterstützten Format kommuniziert (SPI, I^2C, UART, 1-Wire, binär).

▶ Ein Datenblatt ist verfügbar, und ihm können die relevanten Register, Bits und Funktionsweisen entnommen werden.

▶ Bei Bausteinen, die eine umfangreichere externe Beschaltung benötigen, sollten Sie nach Fertigmodulen suchen, die funktionsfertig aufgebaut sind. Dies erspart Ihnen eine Menge Arbeit und ist preislich teilweise sogar günstiger als die Beschaffung aller Einzelteile.

▶ Auf Ihrer Suche nach einem speziellen Sensor sollten Sie auch die Angebote für den Arduino prüfen. Für ihn sind in der Regel bereits weitaus mehr geeignete Sensoren verfügbar. Beachten Sie allerdings, dass Schaltungen, die für den Arduino entworfen wurden, oftmals 5-V-Signale ausgeben. Prüfen Sie also, ob die Funktion auch mit 3,3 V Betriebsspannung gewährleistet ist. Falls nicht, verfahren Sie nach dem dritten Punkt.

▶ Schreiben Sie kleine, sehr simple Python-Programme, oder testen Sie den Sensor anfangs mit bash-Kommandos. Dadurch können Sie sehr einfach und schnell die Funktionsweise testen und Änderungen vornehmen.

▶ Sobald Sie die gewünschte Funktion des Sensors in Python umgesetzt haben, erzeugen Sie nach Möglichkeit eine Klasse oder Funktion, um jederzeit im Programm durch sehr wenig Code auf den Sensor zuzugreifen.

14

Kapitel 15
Erweiterungsboards

In diesem Kapitel behandeln wir Erweiterungsboards, die speziell für den Raspberry Pi entwickelt wurden. Diese Boards erleichtern in erster Linie den Zugang zu GPIO-Ports und den dort verfügbaren Systemen und Kommunikationstechnologien (SPI, I^2C usw.).

Für viele Einsatzzwecke, die wir in den vorangegangenen Kapiteln behandelt haben, gibt es spezielle Boards. So sparen Sie sich die Anschaffung von und den Aufbau mit Einzelbausteinen. Gerade für Einsteiger ist es sinnvoll, auf eines der zahlreichen Boards zurückzugreifen. Viele Boards können Sie in bereits bestückter Ausführung oder als Bausatz kaufen (siehe Abbildung 15.1).

Abbildung 15.1 Eine Auswahl einiger verfügbarer Erweiterungsboards

Es muss nicht direkt die Mammuterweiterung *Gertboard* sein, oftmals reicht auch z. B. ein *PiFace* für die ersten Hardware-Versuche. Besonders Hardware-Neulinge schützen damit ihren wertvollen Raspberry Pi vor eventuellen Schäden. Oftmals sind die Erweiterungsboards durch Puffer, Optokoppler oder Transistoren abgesichert, und hinter den Boards kann sorgenfrei losgebastelt werden.

Auf einige der wichtigsten und hilfreichsten Boards möchten wir auf den nächsten Seiten eingehen. Vorweg ein erster Überblick:

- Das *Gertboard* ist eine Allround-Lösung, da es so gut wie alle Möglichkeiten der GPIO-Schnittstelle auf einer Leiterkarte abbildet.

- *Strom Pi 2* gibt Ihnen die Möglichkeit eine unterbrechungsfreie Stromversorgung nachzurüsten.

- Suchen Sie nach einem Board zur Ansteuerung von Motoren oder Relais, dann bieten sich das *RTK Motor Controller Board* von Adafruit oder das *Step Your Pi Board* für Schrittmotoren von ModMyPi an. Das *PiFace Digital 2* bietet unter anderem fertig bestückte Relais.

Kompatibilität mit dem Raspberry Pi 3

Die folgenden Abschnitte enthalten immer wieder Anmerkungen zur Kompatibilität mit dem Raspberry Pi 3. Einige Erweiterungen sind direkt kompatibel. Bei den meisten anderen Boards ist es möglich, durch einen sogenannten *Stacking Header* die ersten 26 Pins etwas höher zu legen und dort wie gewohnt alte Erweiterungen aufzustecken. Einen solchen Adapter finden Sie beispielsweise bei EXP-Tech.de:

https://exp-tech.de/stacking-header-for-raspberry-pi-b-2x20-extra-tall-header

---

15.1   Das Gertboard

Das Gertboard ist eines der ersten und umfangreichsten Erweiterungsboards, die für den Raspberry Pi erhältlich sind. Entwickelt wurde das Board von Gert van Loo, einem Entwickler des Raspberry Pi, der dem Board auch seinen Namen verlieh. Das Gertboard zählt zu den Allroundern und ist perfekt geeignet, um erste Prototypen der eigenen Projekte zu erstellen. Durch seine extra abgesicherten Ein- und Ausgänge bleibt der Raspberry Pi auch im Falle von elektrischen Fehlern in der Regel geschützt.

Im Verlauf dieses Kapitels werden Sie einige Bilder finden, die das Gertboard auf dem alten Raspberry Pi B zeigen. Das Gertboard ist für alle Raspberry-Pi-Modelle uneingeschränkt verwendbar. Es gibt noch keine Version des Gertboard, die an die neue 40-polige Steckerleiste angepasst ist. Da die ersten sechsundzwanzig Pins der Steckerleiste jedoch denen der alten Modelle entsprechen, können Sie mit diesen das Gertboard auch weiterhin perfekt zum Experimentieren verwenden.

Das Gertboard stellt die folgenden Funktionen zur Verfügung:

▶ 12 geschützte Ein- und Ausgänge

▶ 3 Taster

▶ 6 Open-Collector-Ausgänge (50 V, 0,5 A)

▶ Motortreiber für maximal 18 V und 2 A

▶ ATmega328-Microcontroller zur Auslagerung von Programmen

▶ 12 Status-LEDs

▶ ein 8-Bit-D/A-Wandler

▶ ein 10-Bit-A/D-Wandler

Inbetriebnahme

In der aktuell verfügbaren Version des Gertboards wird das komplette Board auf den Raspberry Pi gesteckt (siehe Abbildung 15.2). Frühere Versionen benötigten eine Flachbandleitung, um das Gertboard mit dem Raspberry Pi zu verbinden. Das Gertboard ist auch mit dem Modell 2 oder B+ kompatibel. Stecken Sie den Steckverbinder einfach auf die ersten 26 Pins der 40-poligen Steckerleiste (siehe Abbildung 15.3).

Abbildung 15.2 Auf dem Raspberry Pi montiertes Gertboard

Das Gertboard ist in verschiedene Funktionsblöcke aufgeteilt (siehe Abbildung 15.4). Die beiliegenden Verbindungskabel und Jumper machen es Ihnen möglich, gezielt einzelne Blöcke zu aktivieren bzw. miteinander zu verbinden. Wir beginnen nun als

Beispiel, die einzelnen Blöcke in Betrieb zu nehmen und deren Funktion am Raspberry Pi zu testen. Ein umfangreiches Handbuch sowie die Belegung und das Layout des Gertboards finden Sie in der offiziellen PDF-Datei:

https://element14.com/community/servlet/JiveServlet/previewBody/
   51727-102-1-265829/Gertboard_UM_with_python.pdf

Abbildung 15.3 Das Gertboard kann problemlos auf den Raspberry Pi 2 oder 3 gesteckt werden.

Abbildung 15.4 Das Gertboard in der Detailansicht

Die drei Taster

Das Gertboard enthält drei Druckknöpfe, die bei Betätigung den entsprechenden GPIO-Pin über einen 1-k-Widerstand gegen Masse ziehen. Die Taster sind nicht fest an bestimmte Ports gebunden. Hier kommen die mitgelieferten Kabel und Jumper zum Einsatz, um den Tastern einen beliebigen GPIO-Pin zuzuweisen.

Um die Taster mit dem Raspberry Pi zu verbinden, benötigen Sie die mitgelieferten Jumper und Jumper-Kabel. Werfen Sie einen Blick auf das gesamte Gertboard, so finden Sie dort die Steckerleiste J2. Diese Leiste ist mit GP1, GP17 usw. beschriftet. Dies spiegelt die GPIO-Pins des Raspberry Pi wider.

Die Pins auf den Gertboard sind aber in der BCM-Variante beschriftet. In diesem Beispiel möchten wir die drei Taster den physischen Pins 11 (GPIO17), 13 (GPIO27) und 15 (GPIO22) zuweisen. Wir haben diese Konstellation gewählt, um auf eine Besonderheit hinzuweisen: GPIO27 trägt seinen Namen erst seit der Raspberry-Pi-Revision 2. Die alte Bezeichnung war GPIO 21. Auf dem aktuellen Gertboard ist allerdings der GP27 noch weiterhin mit GP21 beschriftet!

> **Vorsicht, irreführende Pin-Bezeichnungen!**
>
> Auch die Beschriftung der Pins GP 0 und GP 1 bezieht sich auf die kaum mehr gebräuchliche Revision 1 des Modells B. Im Modell 3 des Raspberry Pi entsprechen diese Pins den Ports GPIO 2 und GPIO 3.

Die Steckerleiste J3 enthält die mit B1 bis B3 gekennzeichneten Pins. Diese sind bereits mit den Tastern verbunden. Sie müssen nun lediglich folgende Verbindungen durch die Jumper-Kabel herstellen:

- ▶ J3-B1 zu J2-GP17
- ▶ J3-B2 zu J2-GP21
- ▶ J3-B3 zu J2-GP22

Bereits jetzt könnten die Taster als Eingabeknöpfe am Raspberry Pi verwendet werden. Das Gertboard bietet allerdings zusätzlich noch die Option, den Status der Taster durch die verbauten LEDs anzuzeigen. Platzieren Sie hierzu den Jumper auf der Leiste J7 (siehe Abbildung 15.5). Hierbei handelt es sich um die Spannungsversorgung von 3,3 V, die durch das Platzieren des Jumpers auf das Board geführt wird. Sobald der Jumper platziert ist, sollten alle LEDs auf dem Gertboard leuchten.

Betrachten Sie das Gertboard aus dem Blickwinkel der Abbildung, so befindet sich unter dem mit U3 markierten Gebiet eine weitere Steckleiste, die die Pins B1, B2, B3 und B4 mit dem Hinweis *out* beinhaltet. Stecken Sie je einen Jumper über die Pins B1 bis B3 (siehe Abbildung 15.5).

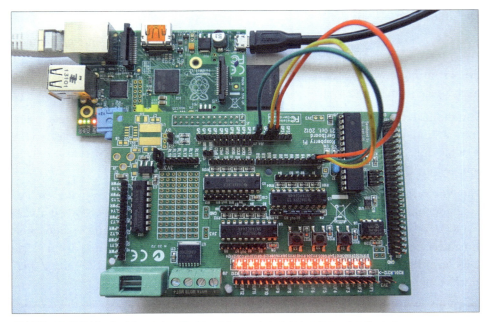

Abbildung 15.5 Verdrahtung des Gertboards zur Inbetriebnahme der Taster

Ein Tastendruck zieht jetzt den entsprechenden Raspberry-Pi-Pin gegen Masse. Dieses Verhalten spiegeln auch die LEDs wider. Sobald ein Taster betätigt ist, erlischt die entsprechende LED. Die Tasteneingaben verarbeiten Sie in einem Python-Script:

```python
#!/usr/bin/python3
import RPi.GPIO as GPIO
from time import sleep

GPIO.setmode(GPIO.BCM)
GPIO.setup(17, GPIO.IN, pull_up_down=GPIO.PUD_UP)
GPIO.setup(27, GPIO.IN, pull_up_down=GPIO.PUD_UP)
GPIO.setup(22, GPIO.IN, pull_up_down=GPIO.PUD_UP)

while True:
    if not GPIO.input(17):
        print("S1")
        sleep(0.5)

    elif not GPIO.input(27):
        print("S2")
        sleep(0.5)
```

```
elif not GPIO.input(22):
    print("S3")
    sleep(0.5)
```

Dieses kleine Beispielprogramm zeigt Ihnen, wie die Taster des Gertboards in Python verwendet werden können. Achten Sie darauf, die internen Pull-up-Widerstände zu aktivieren: Auf dem Gertboard selbst sind an den Tastern keine Pull-up-Widerstände verbaut. Um mit der Bezeichnung der Pins nicht durcheinanderzugeraten, bietet es sich bei der Arbeit mit dem Gertboard an, stets die BCM-Bezeichnungen der GPIO-Ports zu verwenden, da diese auf dem Gertboard aufgedruckt sind.

Digitale Ein- und Ausgänge und Leuchtdioden

Neben den drei Tastern auf dem Gertboard gibt es natürlich auch die Möglichkeit, jedes beliebige digitale Signal mit einem 3,3-V-Pegel zu verarbeiten. Hierzu legen Sie mittels Jumpern auf dem Gertboard die Ports als Ein- oder Ausgang fest. Als Beispiel dafür erstellen wir eine kleine Schaltung, in der durch einen Taster ein Signal erzeugt wird, woraufhin der Raspberry Pi eine externe LED schaltet.

Werfen Sie noch einen Blick auf das Board: Dort sind insgesamt zwölf gepufferte Ein- bzw. Ausgänge verfügbar. Den Zugang dazu finden Sie in der Pin-Leiste *J3*. Die Leiste *J2* führt alle GPIO-Ports als Pins aus dem Gertboard heraus. Verbinden Sie für diese Schaltung den Pin J2-GP22 mit J3-B4. Der vierte der zwölf verfügbaren I/Os auf dem Gertboard ist nun mit dem GPIO-Pin GPIO22 verbunden.

Im nächsten Schritt legen Sie fest, ob B4 ein Ein- oder Ausgang werden soll. Dies geschieht über die mitgelieferten Jumper: Stecken Sie den Jumper auf die Position U3-out-B4. Diese befindet sich oberhalb des ICs, der mit *U3* auf dem Gertboard eingezeichnet ist. Durch das Platzieren dieses Jumpers kann B4 nun als Ausgang genutzt werden. Die Verbindung nach *außen* geschieht über die Pins unterhalb der LEDs. Diese sind mit BUF1 bis BUF12 markiert. Hierbei handelt es sich um die Ausgänge bzw. Eingänge der Puffer-ICs.

Generell gilt: Die Puffer-ICs trennen jegliche Schaltung, die hinter den BUF*n*-Pins liegt, von den eigentlichen GPIO-Ports des Raspberry Pi. Sie dienen somit als Schutz vor Fehlbeschaltung. Zu guter Letzt setzen Sie auf die unteren beiden Pins der Leiste *J7* einen Jumper und versorgen so das Gertboard mit 3,3 V Betriebsspannung.

Wenn Sie die oben beschriebene Verdrahtung vornehmen, lässt sich der Puffer B4 bereits durch den Raspberry Pi schalten. Das Ausgangssignal wird bei einem aktiven Ausgang nun an BUF4 anliegen. Um dieses Beispiel ein wenig zu verdeutlichen, bauen wir wieder ein kleines Experiment auf: Wir nutzen einen der Taster, um dem Raspberry Pi ein Signal zu senden. Ein Python-Programm wertet das Signal aus und bringt eine externe LED zum Leuchten.

15

Dazu fügen Sie zu der oben beschriebenen Verdrahtung noch die Verbindung eines Tasters zu einem GPIO-Port hinzu. Wenn Sie den Taster S3 nutzen möchten, verbinden Sie also die Pins J3-B3 mit J2-GP17. Zusätzlich nehmen Sie nun eine LED und verbinden die Anode über einen Vorwiderstand mit BUF4 und die Kathode mit dem danebenliegenden GND-Pin (siehe Abbildung 15.6).

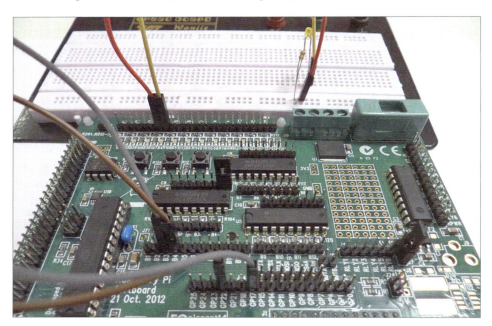

Abbildung 15.6 Die gesamte Verdrahtung zum Testen der digitalen Ein-/Ausgänge

Das dazugehörige Python-Programm kann in einer Minimalausführung wie folgt aussehen:

```python
#!/usr/bin/python3
import RPi.GPIO as GPIO
from time import sleep

GPIO.setmode(GPIO.BCM)
GPIO.setup(17, GPIO.IN, pull_up_down=GPIO.PUD_UP)
GPIO.setup(22, GPIO.OUT)

while True:
    if not GPIO.input(17):
        GPIO.output(22, True)
    else:
        GPIO.output(22, False)
    sleep (0.1)
```

Beachten Sie, dass die gepufferten Ein- und Ausgänge des Gertboards ebenfalls mit maximal 3,3 V zu belasten sind. Zum Schalten von höheren Spannungen nutzen Sie den Open-Collector-Treiber.

Der Open-Collector-Treiber

Auf dem Gertboard sind sechs Open-Collector-Ausgänge verfügbar. Diese werden durch den IC *ULN2803A* realisiert. Dank dieses Darlington-Arrays ist es möglich, Spannungen von bis zu 50 V mit einer Strombelastung von 500 mA pro Ausgang zu schalten. Eine detaillierte Beschreibung des ULN2803A samt Beschaltungs- und Verwendungsbeispielen finden Sie in Abschnitt 12.1, »Leuchtdioden (LEDs)«.

In diesem Abschnitt erstellen wir eine kleine Schaltung, die es ermöglicht, externe Spannungen mit dem Gertboard zu schalten. Stellen Sie dazu mit einem Jumper-Kabel folgende Verbindung auf dem Gertboard her:

▶ J2-GP7 zu J4-RLY1

Damit kann nun bereits über GPIO 7 der Port 1 des ULN2803A geschaltet werden. In unserem Beispiel schalten wir eine LED über ein externes Netzteil. Dazu wird J12-RLY1 mit der Kathode der LED verbunden. Ein externes Netzteil versorgt die LED an der Anode sowie J6-RPWR auf dem Gertboard mit der externen Spannung. Empfehlenswert für dieses Beispiel sind 3 bis 5 V. J6-GND wird mit der Masse des Netzteils verbunden (siehe Abbildung 15.7).

Jetzt fehlt nur noch das dazugehörende Programm: Sofern Sie die Anschlüsse wie oben beschrieben vorgenommen haben, können Sie den Python-Code aus dem Beispiel in Abschnitt 12.1, »Leuchtdioden (LEDs)«, unverändert übernehmen.

Der Motortreiber

Neben dem ULN2803A kann auch der integrierte Motortreiber BD6222HFP größere Lasten schalten. Den Motortreiber finden Sie physisch in dem mit U7 markierten Gebiet auf dem Gertboard. In der Platinenversion *21. Oct. 2012* des Gertboards ist der BD6222HFP als Treiber verbaut. Die Vorgängerversion verwendete den L6203. In der Bedienung macht sich dies nicht bemerkbar, wohl aber bei den maximal zulässigen Spannungen und Strömen: Der BD6222HFP kann mit 18 V und maximal 2 A an seinen Motorausgängen umgehen. Der alte L6203 konnte aufgrund seiner größeren Bauform sogar Spannungen bis 48 V und Ströme bis 5 A schalten.

Angesteuert wird der Motortreiber lediglich über zwei Pins: *MOTA* und *MOTB* in der Pin-Leiste J5. Die Ausgänge des Treibers sind als Schraubanschlüsse neben der Sicherung ausgeführt. Die 2-A-Feinsicherung sorgt für den Schutz vor Überstrom am Treiberausgang. Zudem hat der BD6222HFP einen internen Überhitzungsschutz. Lesen Sie dazu gegebenenfalls vorab Abschnitt 12.3, »Elektromotoren«!

15

Abbildung 15.7 Eine LED wird über ein externes Netzteil am ULN2803A
des Gertboards betrieben.

Um den Motortreiber auszuprobieren, benötigen wir ein externes Netzteil, das die
Motorbetriebsspannung liefert, sowie einen Gleichstrommotor. Die Drehrichtung
des Motors bestimmen Sie über die Taster S1 und S3 auf dem Gertboard. Stellen Sie
mit den Jumper-Kabeln die beiden folgenden Verbindungen her:

- ► J2-GP17 zu J5-MOTA
- ► J2-GP18 zu J5-MOTB
- ► J3-B1 zu J2-GP23
- ► J3-B2 zu J2-GP24

Die Schraubklemmen in J19 belegen Sie wie folgt (siehe Abbildung 15.8):

- ► GND mit der Masse des Netzteils
- ► MOT+ mit dem Pluspol des Netzteils
- ► MOTA mit Motorleitung 1
- ► MOTB mit Motorleitung 2

Abbildung 15.8 Verkabelung des Gertboards zur Nutzung des Motortreibers und der Taster

Warnung

Bei unseren Experimenten mit dem Motortreiber auf dem Gertboard haben wir einen Treiber zerstört – und das trotz sachgemäßer Verkabelung und Handhabung. Der Schaden zeigte sich durch einen Kurzschluss zwischen MOT+ und GND der Schraubklemme auf dem Gertboard. Wie die Diskussion im Raspberry-Pi-Forum zeigt, scheint dies kein Einzelfall zu sein:

https://raspberrypi.org/forums/viewtopic.php?f=42&t=38188

Im dazugehörenden Python-Programm werden die beiden Eingänge für die Taster (b1 und b2) mit einem internen Pull-up-Widerstand versehen. Die Pins in den Variablen mota und motb werden als Ausgang definiert, da diese den Motortreiber ansteuern.

Wir nutzen in diesem Programm Interrupts zur Flankenerkennung: Die Eingänge b1 und b2 werden auf steigende sowie fallende Flanken überwacht. Die Callback-Funktionen mot_v und mot_z unterscheiden anhand der if-Abfrage, ob für den Pin eine positive oder negative Flanke vorlag.

Was erwartet Sie nach dem Start des Programms? Drücken Sie den Taster S1, so dreht der Motor in eine Richtung. Lassen Sie den Taster los, so bleibt er stehen. Ebenso gilt dies für den Taster S2 in die entgegengesetzte Richtung.

```python
#!/usr/bin/python3
import RPi.GPIO as GPIO
import time
mota = 17
motb = 18
b1 = 23
b2 = 24
GPIO.setmode(GPIO.BCM)
GPIO.setup(b1, GPIO.IN, pull_up_down=GPIO.PUD_UP)
GPIO.setup(b2, GPIO.IN, pull_up_down=GPIO.PUD_UP)
GPIO.setup(mota, GPIO.OUT)
GPIO.setup(motb, GPIO.OUT)

def mot_v( pin ):
    if GPIO.input(pin) == False:
        GPIO.output(mota, GPIO.HIGH)
        GPIO.output(motb, GPIO.LOW)
    else:
        GPIO.output(mota, GPIO.LOW)
        GPIO.output(motb, GPIO.LOW)
    return

def mot_z( pin ):
    if GPIO.input(pin) == False:
        GPIO.output(mota, GPIO.LOW)
        GPIO.output(motb, GPIO.HIGH)
    else:
        GPIO.output(mota, GPIO.LOW)
        GPIO.output(motb, GPIO.LOW)

GPIO.add_event_detect(b1, GPIO.BOTH, bouncetime=50)
GPIO.add_event_callback(b1, mot_v)
```

```
GPIO.add_event_detect(b2, GPIO.BOTH, bouncetime=50)
GPIO.add_event_callback(b2, mot_z)

try:
  while True:
    time.sleep(5)
except KeyboardInterrupt:
  GPIO.cleanup()
  sys.exit()
```

Motorgeschwindigkeit steuern

Um auch die Motorgeschwindigkeit zu steuern, generieren Sie an den Motortreiber-eingängen MOTA und MOTB ein PWM-Signal. Eine entsprechende Anleitung finden Sie in Abschnitt 12.3, »Elektromotoren«.

Der Analog-Digital-Wandler

Als A/D-Wandler ist der MCP3002 im Gertboard verbaut. Dieses SPI-Bauteil stammt aus der gleichen Familie wie der in Abschnitt 13.2 vorgestellte MCP3008. Der MCP3002 jedoch ist nur ein Dual-Channel-ADC, also ein A/D-Wandler mit zwei Kanälen, während der MCP3008 gleich über acht Kanäle verfügt. Beide Bausteine haben eine Auflösung von 10 Bit. Um den ADC des Gertboards zu nutzen, stellen Sie folgende Jumper-Verbindungen her:

▸ J2-GP11 zu J11-SCLK
▸ J2-GP10 zu J11-MOSI
▸ J2-GP9 zu J11-MISO
▸ J2-GP8 zu J11-CSnA

Auf der Pin-Leiste J28 am linken oberen Rand des Gertboards finden Sie die Pins *AD0* und *AD1*. Dies sind die beiden Kanäle des MCP3002. Die darunterliegenden Pins *DA0* und *DA1* gehören zum D/A-Wandler, der im nächsten Abschnitt behandelt wird.

Zum Ausprobieren des A/D-Wandlers benötigen Sie ein Potenziometer. Wir haben ein Modell mit einer Reichweite von 0 Ω bis 1 kΩ verwendet. Das Potenziometer schließen Sie nun wie folgt an das Gertboard an (siehe Abbildung 15.9):

▸ Pin 1 an den rechten Pin von J28-AD0 (GND)
▸ Pin 2, also den Schleifer des Potis, an den linken Pin von J28-AD0
▸ Pin 3 an 3,3 V (ganz oben links auf dem Gertboard)

Denken Sie daran, dass Sie für dieses und das nächste Kapitel die SPI-Schnittstelle auf dem Raspberry Pi freischalten müssen (siehe Abschnitt 13.2, »Der Analog-Digital-Wandler MCP3008«). Auch den Steuerungscode können Sie aus diesem Abschnitt

15

übernehmen. Einige Details müssen allerdings verändert werden: Da im Gertboard ein A/D-Wandler sowie ein D/A-Wandler verbaut sind, die *beide* über die SPI-Schnitt-stelle verbunden sind, werden zwei SPI-Kanäle genutzt. Der hier verwendete A/D-Wandler liegt an SPI-Kanal 0, der D/A-Wandler an Kanal 1. Dies führt zu folgender Konfiguration für das Beispielprogramm:

```
spi.open(0,0)
```

Das vollständige Programm für ein Poti an AD0 sieht wie folgt aus:

```
#!/usr/bin/python3
import spidev
import time

spi = spidev.SpiDev()
spi.open(0, 0)
while True:
    antwort = spi.xfer([1, 128, 0])
    if 0 <= antwort[1] <=3:
        wert = ((antwort[1] * 256) + antwort[2]) * 0.00322
        print(wert, " V")
        time.sleep(1)
```

Abbildung 15.9 Jumper-Positionen und Poti zur Nutzung des A/D-Wandlers

Wenn Sie den Kanal DA1 verwenden möchten, müssen Sie die Konfigurationsbits gemäß dem Datenblatt anpassen:

http://ww1.microchip.com/downloads/en/DeviceDoc/21294E.pdf

Für das Beispielprogramm heißt das, das Sie der Funktion xfer folgende Parameter mitgeben müssen:

```
spi.xfer([1, 192, 0])
```

Der Digital-Analog-Wandler

Als D/A-Wandler ist im Gertboard je nach Verfügbarkeit ein Baustein aus der MCP48XX-Familie verbaut, also beispielsweise ein MCP4822, MCP4812 oder ein MCP4802. Unser Gertboard enthielt einen MCP4802. Prüfen Sie dies anhand der Bauteilbeschriftung des ICs in dem mit *U10* markierten Gebiet (siehe Abbildung 15.10). Die Bauteile unterscheiden sich durch ihre Auflösung, die beim MCP4802 8 Bit, beim MCP4812 10 Bit und beim MCP4822 12 Bit beträgt.

Alle drei möglicherweise verbauten Bausteine besitzen zwei Ausgangskanäle. Eine grundsätzliche Einführung in die Funktionen des D/A-Wandlers finden Sie in Abschnitt 13.3, »Der Digital-Analog-Wandler MCP4811«. Der dort verwendete MCP4811 hat allerdings nur einen Kanal. Dennoch ist die Handhabung gut übertragbar, insbesondere was die Berechnung der Auflösung und die Steuerung der verschiedenen Betriebsmodi betrifft.

15

Abbildung 15.10 Auf unserem Gertboard ist ein MCP4802 verbaut. Das ist an der Beschriftung im Gebiet U10 zu erkennen.

Um den Zugriff auf den D/A-Wandler zu ermöglichen, sind die Jumper wie folgt zu setzen:

- ▶ J2-GP11 zu J11-SCLK
- ▶ J2-GP10 zu J11-MOSI
- ▶ J2-GP9 zu J11-MISO
- ▶ J2-GP7 zu J11-CSnB

Die erzeugte Analogspannung wird an J28-DA0 respektive DA1 ausgegeben. Um die Funktion des folgenden Python-Programms zu verifizieren, schließen Sie an den beiden Pins von DA0 ein Multimeter zur Spannungsmessung an. Der Code entspricht weitgehend dem Beispiel aus Abschnitt 13.3, »Der Digital-Analog-Wandler MCP4811«. Beachten Sie aber, dass wir mit spi.open(0, 1) den SPI-Kanal 1 ansprechen, um den D/A-Wandler des Gertboards anzusprechen. Damit ergibt sich der folgende Python-Code:

```
#!/usr/bin/python3
import spidev
import time
import RPi.GPIO as GPIO

ce = 7
GPIO.setmode(GPIO.BCM)
GPIO.setup(ce, GPIO.OUT)
spi = spidev.SpiDev()
spi.open(0,1)

GPIO.output(ce, True)
GPIO.output(ce, False)
spi.writebytes([0b10110001, 0b00000000])
GPIO.output(ce, True)
```

Beachten Sie die Zeile spi.writebytes([0b10110001, ..]): Das erste Bit der Bitfolge, also das höchstwertige, ist in diesem Fall eine 1. Damit wird der Ausgang DA1 auf dem Gertboard angesprochen. DA0 erreichen Sie, wenn Sie das erste Bit in eine 0 abändern. Das ist ein Unterschied zum MCP4811, der hier zwingend eine 0 benötigte, da er nur einen Kanal besitzt.

Nach dem Start des Programms zeigt Ihnen Ihr Multimeter eine Spannung an. Die effektive Ausgangsspannung müssen Sie individuell für den auf Ihrem Gertboard verbauten D/A-Wandler errechnen (siehe Tabelle 15.1). Das komplette Datenblatt der MCP48X2-Familie finden Sie hier:

http://www.mouser.com/ds/2/268/22249A-14224.pdf

Modell	Verstärkungsfaktor	LSB-Größe
MCP4802 (n=8)	1 ×	2,048 V / 256 = 8 mV
	2 ×	4,096 V / 256 = 16 mV
MCP4812 (n=10)	1 ×	2,048 V / 1024 = 2 mV
	2 ×	4,096 V / 1024 = 4 mV
MCP4822 (n=12)	1 ×	2,048 V / 4096 = 0,5 mV
	2 ×	4,096 V / 4096 = 1 mV

Tabelle 15.1   Schrittweiten der MCP48X2-Familie. Der MCP4802 hat beispielsweise eine Schrittweite von 8 mV ohne aktivierten Gain-Modus (Verstärkungsfaktor).
(Quelle: Datenblatt des Herstellers)

15.2   Der ATmega auf dem Gertboard

Neben den im vorigen Abschnitt beschriebenen Hardware-Funktionen ermöglicht
das Gertboard auch die Nutzung eines Arduino-kompatiblen Mikrocontrollers. Das
Gertboard enthält dazu einen vormontierten ATmega168- oder ATmega328-Mikro-
controller. Dadurch können Sie Arduino-Programme auf den Mikrocontroller laden
und ausführen. Der auf unserem Gertboard verbaute ATmega328P hat 2 kByte RAM,
einen Flash-Speicher von 32 kByte und arbeitet aufgrund der 3,3-V-Versorgungsspan-
nung mit ca. 12 MHz.

Im Gertboard-Handbuch sind einige Beispielprogramme samt Verkabelung beschrieben. Eines davon nehmen wir in diesem Abschnitt als Beispiel und gehen
detailliert auf die Hard- und Software-Installationen ein, die hierfür erforderlich sind.
Die Pins des ATmega sind in der Leiste *J23* aufgeführt (siehe Abbildung 15.11).

Wenn Sie den vollen Umfang der Mikrocontroller-Funktionen nutzen möchten, führt
kein Weg an der Lektüre des Datenblatts des ATmega vorbei:

http://ww1.microchip.com/downloads/en/DeviceDoc/Atmel-2545-8-bit-
    AVR-Microcontroller-ATmega48-88-168_Datasheet.pdf

Hello World!

Als *Hello-World*-Projekt nutzen wir das Arduino-Programm *Blink*. Dieses lässt eine
einfache LED auf dem Gertboard blinken, gesteuert allerdings durch den ATmega-
Mikrocontroller. Denken Sie dieses Prinzip weiter, so kann der ATmega zahlreiche
Aufgaben für Sie erledigen und den Raspberry Pi so entlasten. Zu den Einsatzmöglichkeiten zählen unter anderem:

- ► Analogwertverarbeitung
- ► Timer
- ► Counter
- ► Speichern von Zuständen im EEPROM
- ► Port-Erweiterung
- ► allgemeine Logikverarbeitung

Für unser Beispielprojekt beginnen wir mit der Verkabelung. Diese ist nur einmalig notwendig, um das Mikrocontroller-Programm über SPI vom Raspberry Pi auf den ATmega zu laden. Danach können bei Bedarf Leitungen entfernt werden.

Sie benötigen vier Jumper-Kabel, mit denen Sie die Verbindungen von der Leiste *J2* zur Leiste *J23* herstellen (siehe Abbildung 15.11). Die Pins der SPI-Schnittstelle sind leider nicht beschriftet – orientieren Sie sich also am Schaltplan und an dem Foto des Versuchsaufbaus (siehe Abbildung 15.12).

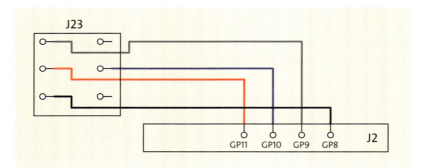

Abbildung 15.11 Schematische Darstellung der erforderlichen Gertboard-Verbindungen zur Programmierung des ATmega

Für unser Beispiel benötigen Sie außerdem ein Jumper-Kabel von J29-PB5 auf BUF1 in der darüberliegenden Leiste. Dieses Kabel verbindet einen Ausgang des ATmega mit der LED D1.

Stromversorgung für den Mikrocontroller

Setzen Sie im letzten Schritt einen Jumper auf die oberen beiden Pins der 3-Pin-Leiste J7. Dies versorgt die Bauteile auf dem Board mit einer 3,3-V-Spannung. Dieser Jumper wird im Gertboard-Handbuch nicht in den Schaltplänen dargestellt. Ohne die Verbindung schlägt aber jeder Programmierversuch fehl!

Abbildung 15.12 Die vier nötigen Leitungen von der SPI-Schnittstelle des Raspberry Pi zum ATmega. Der Mikrocontroller ist ganz links im Bild zu sehen.

15

avrdude

Zur Übertragung von Mikrocontroller-Code vom Raspberry Pi auf den Mikrocontroller des Gertboards ist ein spezielles Programm notwendig. Es wurde von Gordon Henderson entwickelt, dem die Raspberry-Pi-Community auch die WiringPi-Bibliothek zu verdanken hat:

https://projects.drogon.net/raspberry-pi/gertboard

Zur Installation führen Sie die folgenden Kommandos aus:

```
cd /tmp
wget http://project-downloads.drogon.net/gertboard/\
        avrdude_5.10-4_armhf.deb
sudo dpkg -i avrdude_5.10-4_armhf.deb
sudo chmod 4755 /usr/bin/avrdude
```

Im nächsten Schritt nehmen Sie einige Einstellungen am System vor und passen ein paar Gertboard-spezifische Parameter im Arduino-IDE an. Eine detaillierte Beschreibung aller Änderungen, die das Script setup.sh ausführt, finden Sie auf der oben erwähnten Webseite von Gordon Henderson.

```
cd /tmp
wget http://project-downloads.drogon.net/gertboard/setup.sh
chmod +x setup.sh
sudo ./setup.sh
```

Führen Sie nun mit reboot einen Neustart des Raspberry Pi durch. Sobald Sie sich wieder angemeldet haben, führen Sie das Kommando avrsetup aus:

```
avrsetup
```

Nun werden Sie nach Ihrem ATmega-Modell gefragt. Prüfen Sie die Bauteilbeschriftung, und drücken Sie ① für ATmega328P oder ② für ATmega168. Dem Mikrocontroller werden nun einige Parameter für den weiteren Betrieb übermittelt. Sollte die daraufhin erscheinende Meldung mit *Looks all OK – Happy ATmega programming!* enden, so ist die Einrichtung des Mikrocontrollers geglückt und Sie können mit der Programmierung beginnen.

Die Arduino-IDE

Nach diesen Vorbereitungsarbeiten erfolgt die eigentliche Mikrocontroller-Programmierung in der Arduino-IDE, also einer grafischen Entwicklungsumgebung. Diese installieren Sie wie folgt:

```
sudo apt install arduino
```

Da es sich hierbei um ein grafisches Programm handelt, müssen Sie spätestens jetzt einen Monitor an den Raspberry Pi anschließen oder eine VNC-Verbindung herstellen. Rufen Sie ELEKTRONIK • ARDUINO IDE im Startmenü Ihres Desktops auf. Nach dem ersten Start müssen Sie einmalig zwei Einstellungen vornehmen:

▶ Navigieren Sie zu TOOLS • BOARD, und aktivieren Sie den Eintrag GERTBOARD WITH ATMEGA168 (GPIO) beziehungsweise GERTBOARD WITH ATMEGA328 (GPIO) (siehe Abbildung 15.13).

▶ Außerdem wählen Sie unter TOOLS • PROGRAMMER den Eintrag RASPBERRY PI GPIO als Programmierschnittstelle aus (siehe Abbildung 15.14).

Nun öffnen Sie mit DATEI • BEISPIELE • 01 BASICS • BLINK das fertige Blink-Beispielprogramm. Sie sehen den C-Programmcode in einem neuen Fenster und können diesen gegebenenfalls verändern. Dieses Beispiel funktioniert so, wie es ist, daher können Sie direkt mit dem Upload fortfahren. Wählen Sie nun im neuen Fenster DATEI • UPLOAD MIT PROGRAMMER, um das kompilierte Programm mit dem speziellen Raspberry-Pi-Uploader auf den Mikrocontroller zu übertragen (siehe Abbildung 15.15).

Erscheint keine Fehlermeldung im unteren Bereich des Fensters, so ist die Übertragung abgeschlossen. Die LED auf dem Gertboard blinkt nun. Wenn das nicht der Fall ist, prüfen Sie, ob Sie JS29-PB5 mit der LED verbunden haben (BUF1).

Werfen Sie einen Blick in das englische Handbuch des Gertboard! In ihm sind einige weitere Beispielprogramme beschrieben. Dort finden Sie auch eine Menge Informationen zur Pin-Belegung sowie zu den Unterschieden in den Pin-Bezeichnungen zwischen dem Arduino und der Mikrocontroller-Programmierung auf dem Gertboard:

https://element14.com/community/servlet/JiveServlet/previewBody/
  51727-102-1-265829/Gertboard_UM_with_python.pdf

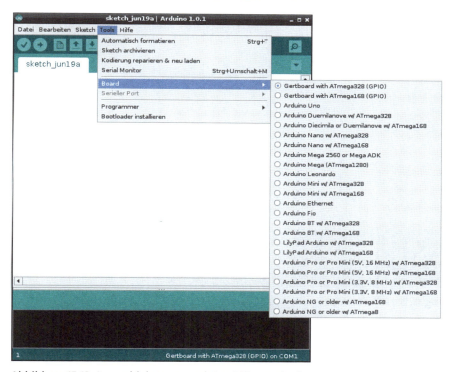

Abbildung 15.13 Auswahl des verwendeten Mikrocontrollers

Abbildung 15.14 Wahl der Programmierschnittstelle

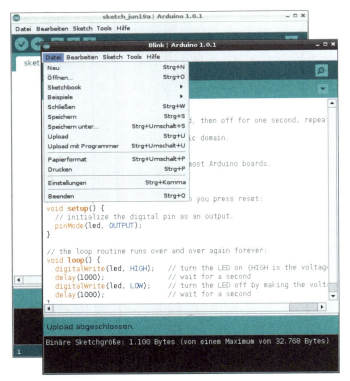

Abbildung 15.15 Upload des Programms auf den ATmega

15.3 Logic-Level-Converter

Nicht direkt eine Raspberry-Pi-Erweiterung, aber ein sehr nützlicher kleiner Helfer ist ein Logic-Level-Converter, zu Deutsch: Pegelwandler. Diese kleinen Module erleichtern die Kommunikation mit Plattformen unterschiedlicher TTL-Spannungslevel ungemein. Ein Arduino zum Beispiel führt an allen seinen Ausgangs-Pins 5 V. Ein direktes Signal vom Arduino zum Raspberry Pi würde das Aus für unseren geliebten Mini-PC bedeuten. Ein Pegelwandler kann zwischen die beiden Platinen geschaltet werden und wandelt so 5-V-Signale in 3,3-V-Signale und sogar umgekehrt um. Auch einige 5-V-Sensoren können so am Raspberry Pi verwendet werden.

Wir nutzen den 4-Kanal-Konverter von Adafruit. Dieser trägt den Namen *Adafruit 4-channel I2C-safe Bi-directional Logic Level Converter - BSS138* und unterstützt sogar die I^2C- und SPI-Kommunikation zweier Systeme mit unterschiedlichen Spannungspegeln.

Die Verwendung eines Pegelwandlers ist denkbar einfach. Das kleine Board besitzt eine *Low-Voltage*-Seite und eine *High-Voltage*-Seite. Jede Seite besitzt einen LV- beziehungsweise HV-Pin, der mit dem jeweiligen Spannungspegel der verwendeten Hardware verbunden wird.

Im Beispiel »Raspberry Pi und Arduino« schließen Sie die 3,3 V des Raspberry Pi an LV und die 5 V des Arduino an HV an. Sehr praktisch: Die HV-Seite des Moduls kann bis zu 10 V vertragen. Die beiden GND-Pins verbinden Sie mit den Massen ihrer Geräte.

Wenn Sie nun an einen der mit A1–A4 markierten Pins einen GPIO-Pin des Raspberry Pi anschließen und auf High schalten, so führt der gegenüberliegende Pin (mit B1–B4 markiert) einen 5-V-Pegel.

Das von uns verwendete Modell ist bidirektional. Das bedeutet, dass im Umkehrschluss ein 5-V- bis 10-V-Pegel an einem Pin der HV-Seite 3,3 V auf der LV-Seite erzeugt. Somit ist eine gefahrlose Kommunikation zwischen dem Raspberry Pi und anderen Einplatinencomputern möglich (siehe Abbildung 15.16).

15

Abbildung 15.16 Ein Logic-Level-Converter wandelt die 3,3 V eines GPIO-Pins in 5 V um.

15.4 PiFace Digital 2

Das *PiFace Digital 2* ist ein kleines Erweiterungsboard für digitale Ein- und Ausgänge (siehe Abbildung 15.18). Es legt den Fokus auf das sichere Basteln mit externer Peripherie. Durch die vielen Schraub- und Steckverbinder kann auch der Lötkolben kalt bleiben und die gewünschte Hardware kinderleicht an das PiFace Digital angeschlossen werden. Das PiFace Digital 2 ist der Nachfolger des ersten Modells und wurde für das Layout des Raspberry Pi 3 sowie für die Modelle A+, B+ und 2 angepasst. Neben ein paar kleinen Änderungen im Layout der PiFace-Platine selbst ist die größte Neuerung der nun 40-polige Verbindungsstecker. Die Anzahl der Ein- und Ausgänge hat sich nicht geändert.

Abbildung 15.17 Das alte PiFace Digital auf dem Raspberry Pi B

Falls Sie ein PiFace Digital der ersten Generation besitzen, können Sie dieses auch noch auf dem Raspberry Pi 3 verwenden. Nutzen Sie dazu einen Stacking-Header und kleine Kunststoff-Abstandshalter, damit die Platine sicher aufliegt. Da die ersten sechsundzwanzig Pins der alten Modelle dem neuen Modell 2 gleichen, sind keine Kompatibilitätsprobleme zu erwarten.

Abbildung 15.18 Das PiFace Digital 2 auf dem Raspberry Pi 3

Kaufinformationen, weiterführende Informationen und Herstellerhinweise sind auf der offiziellen Website zu finden:

http://www.piface.org.uk/products/piface_digital

Das PiFace Digital 2 bietet folgende technische Merkmale:

- ▶ zwei Wechslerrelais für maximal 20 V und 5 A
- ▶ vier Druckknöpfe, die als Signaleingang dienen
- ▶ acht frei belegbare digitale Eingänge
- ▶ acht Open-Collector-Ausgänge mit acht Status-LEDs
- ▶ einen grafischen Emulator des PiFace

Als Treiber-ICs sind ein MCP23S17 und ein ULN2803 verbaut. Die Installation erfolgt durch Aufstecken des Erweiterungsboards auf die GPIO-Steckerleiste. Das Board bedeckt den kompletten Raspberry Pi und enthält Aussparungen für die USB- und LAN-Buchsen.

Nach dem Aufstecken installieren Sie die dazugehörende Software. Diese beinhaltet unter anderem einen Emulator, auf den wir gleich eingehen, sowie eine Python-Bibliothek, die den Umgang mit den Ein- und Ausgängen sehr komfortabel gestaltet.

```
sudo apt install python3-pifacedigital-emulator
```

Ob die Installation erfolgreich verlaufen ist, testen Sie mit einem einfachen Beispielprogramm. Dazu führen Sie den nachfolgenden Befehl aus und achten auf die LEDs des PiFace:

```
python /usr/share/doc/python-pifacedigitalio/examples/blink.py
```

Sollte eine von ihnen nun blinken, ist alles in Ordnung. Andernfalls sollten Sie als Erstes überprüfen, ob Sie SPI aktiviert haben (siehe Abschnitt 13.1, »SPI«).

Der PiFace Digital Emulator

Der PiFace-Emulator mit dem Kommandonamen pifacedigital-emulator stellt das PiFace-Board auf dem Bildschirm dar und zeigt Eingangssignale und Tastendrücke an (siehe Abbildung 15.19). Zudem können Sie über Schaltflächen die Ausgänge des PiFace kontrollieren.

Zum Ausprobieren aktivieren Sie über den Menüpunkt ENABLE die beiden Funktionen OUTPUT CONTROL und INPUT PULLUPS. Nun drücken Sie einige der kleinen Taster auf dem PiFace-Board. Im Emulator sehen Sie, welcher Taster betätigt wurde. Wenn Sie mit der Maus eine der nummerierten Schaltflächen anklicken, so leuchtet am PiFace-Board die LED des entsprechenden Ausgangs. Der Ausgang ist also geschaltet. Die Relais sind den Ausgängen 0 und 1 zugeordnet. Klicken Sie auf diese beiden Schaltflächen, so hören Sie die Relais klacken.

Abbildung 15.19 Das Emulations-Tool für PiFace Digital

Die PiFace-Bibliothek

Mit dem zuvor installierten Paket wurde eine bedienerfreundliche Python-Library installiert. Da im PiFace Digital 2 mit dem MCP23S17 ein Port-Expander verbaut ist, würde sich die Handhabung des Boards ohne passende Bibliothek recht schwierig gestalten. Der MCP23S17 gleicht dem MCP23O17, verwendet zur Kommunikation jedoch SPI statt I^2C. Die Python-Bibliothek verpackt die SPI-Kommunikation in praktische Funktionen. Damit kann das PiFace Digital 2 ähnlich komfortabel wie mit dem RPi.GPIO-Modul gesteuert werden.

Geladen wird die Bibliothek mit `import pifacedigitalio`. Um die Funktionen noch bequemer aufzurufen, geben Sie dem Ganzen noch einen kürzeren Namen. Importieren Sie die PiFace-Bibliothek z. B. als `pf`:

```
import pifacedigitalio as pf
```

Nach der Initialisierung durch `pf.init()` können die weiteren Funktionen verwendet werden. Wir beschreiben die Handhabung hier an einem kleinen Beispiel: Unser Ziel ist es, den Status der Taste *S1* auszulesen und das Relais *K0* entsprechend zu steuern. Sobald der Taster *S1* betätigt wird, zieht das Relais *K0* an; lassen Sie *S1* los, fällt auch das Relais wieder ab.

```
#!/usr/bin/python3
import pifacedigitalio as pf
from time import sleep
pf.init()
```

```
while True:
    if pf.digital_read(0):
        pf.digital_write(0, 1)
    else:
        pf.digital_write(0, 0)
    sleep(0.1)
```

Das Beispiel zeigt die grundlegende Handhabung der Bibliothek. Das Auslesen der Eingänge geschieht über `pf.digital_read(0)`. In diesem Fall wird der Status von Eingang 0 abgefragt. Ersetzen Sie die 0 durch einen Wert von 0 bis 7 für die entsprechenden acht Eingänge. Die Ausgabe der Funktion ist bei anliegendem Signal *1*, bei keinem Signal *0*. Dies kann auch einfach kontrolliert werden:

```
print pf.digital_read(0)
```

Die vier Onboard-Taster liegen an den Eingängen 0 bis 3 parallel. Damit können weiterhin externe Signale an diese Eingänge angeklemmt werden. Werden nun aber die Taster betätigt, wird das externe Signal womöglich überstimmt.

Das Schalten der Ausgänge erfolgt nach dem gleichen Schema. Die folgende Funktion setzt den Ausgang 0 von Low auf High:

```
pf.digital_write(0,1)
```

Der erste Übergabeparameter bestimmt den Ausgang (Wertebereich 0 bis 7), der zweite Parameter definiert den gewünschten Status: 1 für High, 0 für Low.

Die beiden Relais sind an den Ausgängen 0 und 1 parallel geschaltet. Trotzdem ist es möglich, die Ausgänge 0 und 1 der gelben Schraubklemmenleiste zu verwenden. Wichtig zu wissen ist, dass die acht Ausgänge kein Signal ausgeben, sondern im angesteuerten Zustand gegen Masse schalten. Die darüberliegenden LEDs zeigen immer den Schaltzustand der Ausgänge an.

Interrupts und Events in der PiFace-Bibliothek

Da alle Ein- und Ausgänge des PiFace durch SPI gesteuert werden, können die gewohnten Event- und Interrupt-Funktionen zur Überwachung eines Eingangs nicht verwendet werden. Aber auch hierfür hat die PiFace-Bibliothek eine hauseigene Lösung parat: Das folgende Python-Programm überwacht CPU-schonend die Eingänge 0 und 3, also die Taster *S1* und *S4*.

```
#!/usr/bin/python3
import pifacedigitalio as pf
import sys, time
pf.init()
pfc = pf.PiFaceDigital()
```

```
def an(event):
    pf.digital_write(0, 1)

def aus(event):
    pf.digital_write(0,0)

listener = pf.InputEventListener(chip=pfc)
listener.register(0, pf.IODIR_FALLING_EDGE, an)
listener.register(3, pf.IODIR_RISING_EDGE, aus)
listener.activate()

try:
    while True:
        time.sleep(5)
except KeyboardInterrupt:
    listener.deactivate()
    sys.exit()
```

In der aktuellen Version der PiFace-Bibliothek sind die Flanken genau entgegenge-
setzt zu verwenden. Ein Tasterdruck erzeugt eine fallende Flanke, das Loslassen eine
steigende. Damit funktioniert das Programm wie folgt: Drücken Sie den Taster *S1*, so
zieht das Relais *K0* an. Um das Relais zurückzusetzen, drücken Sie den Taster *S4* und
lassen ihn wieder los. Beim Loslassen fällt das Relais wieder ab. Damit haben Sie beide
möglichen Flanken durch Python erfasst.

PiFace Rack und die Jumper

Der PiFace-Hersteller bietet auch ein *PiFace Rack* an. Hierbei handelt es sich um eine
Platine, mit der Sie bis zu vier PiFace-Platinen gleichzeitig an einen Raspberry Pi
anschließen können. Aus technischer Sicht ist dies dank der SPI-Kommunikation kein
Problem. Sollten mehrere Boards verwendet werden, so kann die Adresse jedes einzelnen Boards über die Jumper *JP1* und *JP2* in der Mitte des PiFace eingestellt werden
(siehe Tabelle 15.2).

Board-Nummer	JP1	JP2
0	0	0
1	1	0
2	0	1
3	1	1

Tabelle 15.2 Adressierung mehrerer PiFace-Boards durch Jumper

Auch in Python kann mit der Bibliothek gezielt jedes Board angesprochen werden:

```
# liest Eingang 0 auf Board 1 aus
pf.digital_read(0, 1)

# setzt Ausgang 0 des Boards 2 auf High
pf.digital_write(0, 1, 2)
```

Weitere Infos zum PiFace Rack finden Sie auf der Herstellerseite:

http://piface.org.uk/products/piface_rack

Auf dem PiFace Digital 2 befinden sich noch fünf weitere Jumper:

▶ **JP3** stellt die Verbindung zur 5-V-Schiene des Raspberry Pi her.

▶ **JP4** versorgt die Freilaufdioden des Darlington-Arrays ULN2803. Dieser Jumper muss nur entfernt werden, wenn die zu schaltende Spannung an den Ausgängen höher als 5 V ist.

▶ **JP5 und JP6** können entfernt werden, um die Relais aus der Schaltung zu trennen.

▶ **JP7** schaltet beim Entfernen die Versorgung aller Ausgänge und der Relais ab.

15

PiFace Control and Display

Die Hersteller des PiFace bieten außerdem ein *PiFace Control and Display* an. Dabei handelt es sich ebenfalls um ein aufsteckbares Board, in das ein 16 × 2-LC-Display verbaut ist. Weitere Features sind ein Infrarotempfänger, ein 3-Wege-Navigationsknopf, fünf Taster sowie eine Python-Bibliothek zur Steuerung dieser Funktionen.

15.5   StromPi 2 – USV und Wide-Range-Spannungsversorgung

Die Erweiterungsplatine StromPi 2 von Joy-IT widmet sich zwei Schwachstellen des Raspberry Pi zugleich. Zum einen erlaubt sie den Anschluss von Spannungsquellen von bis zu 61 V, zum anderen dient StromPi 2 als unterbrechungsfreie Stromversorgung (USV). StromPi 2 ist also die Platine der Wahl, wenn Sie Ihren Raspberry Pi an einer Autobatterie (12 V), im LKW (24 V) oder an anderen Spannungsquellen jenseits der 5 V betreiben möchten.

Die Platine kann bis zu 3 A an den Raspberry Pi liefern und enthält eine Reset-Funktion, auf die wir später noch eingehen werden. Auch ist es möglich, die USB-Ports des Raspberry Pi mithilfe des StromPi 2 zu High-Power-USB-Ports aufzurüsten, die dann bis zu 3 A Strom an angeschlossene USB-Geräte liefern können.

Installation und Modusauswahl

Um StromPi 2 mit dem Raspberry Pi zu verbinden, stecken Sie die Platine auf die GPIO-Leiste J8 (siehe Abbildung 15.20). Sie können nun durch die Position der beiden Modus-Jumper-Brücken zwischen dem Wide-Range- und dem USV-Modus wählen:

▶ Im Wide-Range-Modus können Sie an der Schraubklemme eine Spannungsquelle im Bereich von 6 bis 61 V anschließen. Liegt diese Spannung an, so startet der Raspberry Pi und kann verwendet werden. StromPi 2 besitzt einen Spannungsregler, der die Wide-Range-Spannung zuverlässig auf 5 V herunterregelt.

Sie können ebenfalls ein Micro-USB-Kabel in die mit *In* beschriftete Buchse des StromPi 2 stecken. In diesem Fall wird die Spannungsquelle am Micro-USB-Anschluss bevorzugt. Fällt diese aus, so wird nahtlos auf den Wide-Range-Eingang umgeschaltet. Wenn Sie am Wide-Range-Eingang z. B. eine Autobatterie anschließen, so ist der Raspberry Pi sicher vor Stromausfällen geschützt.

▶ Im USV-Modus kann der Raspberry Pi nur über eine Versorgungsspannung am Micro-USB-Port *In* gestartet werden (siehe Abbildung 15.21). Es wird nur auf den Wide-Range-Eingang zurückgegriffen, wenn die Spannung am Micro-USB-Port ausfällt. Dieser Modus begünstigt die Verwendung eines kleinen LiPo-Akkus, da der Betrieb im USV-Modus nur 20 µA bis 80 µA benötigt.

Abbildung 15.20 StromPi 2 passt perfekt auf den Raspberry Pi 2 und 3.

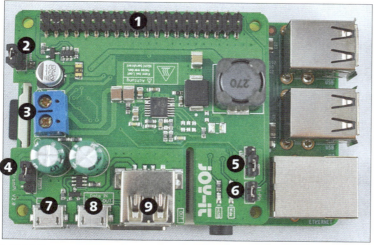

❶ GPIO-Port
❷ Reset-Umschalter
❸ Wide-Range-Spannungs-
   eingang (6 V bis 61 V)
   [sekundär]

❹ 2. Modus-Umschal-
   ter [USV|Wide]
❺ 1. Modus-Umschal-
   ter [USV|Wide]
❻ T-Pin

❼ Micro-USB-Spannungs-
   eingang (5 V) [primär]
❽ Daten-/Stromausgang zum Verbinden mit dem Raspberry Pi
❾ High-Power-USB-Ausgang

Abbildung 15.21 StromPi 2 im Überblick (Quelle: Joy-IT.net)

High-Power-USB und Reset

Die große USB-Buchse kann bereits als High-Power-USB-Port genutzt werden und liefert bis zu 3 A. Sie können auch die weiteren USB-Ports des Raspberry Pi aufrüsten, indem Sie mit einem Micro-USB-Kabel den Port *Data In Power Out* von StromPi 2 mit einer der USB-Buchsen des Raspberry Pi verbinden (siehe Abbildung 15.22). Die Voraussetzung hierfür ist natürlich, dass Ihre gewählte Primärspannungsquelle in der Lage ist, den benötigten Strom zu liefern.

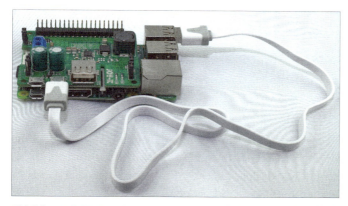

Abbildung 15.22 Durch diese Verbindung liefern auch die USB-Ports des Raspberry Pi bis zu 3 A Strom.

StromPi 2 kann den Raspberry Pi wieder neu starten, wenn eine unterbrochene Micro-USB-Spannung wiederhergestellt wurde. Dazu muss der Reset-Jumper auf StromPi 2 installiert sein (siehe Abbildung 15.21). Eine denkbare Anwendung ist das schonende Herunterfahren nach Ausfall der Hauptspannung und ein erneutes Hochfahren des Raspberry Pi, sobald diese wiederhergestellt wurde. Dieses Szenario können Sie mit der Software realisieren, die wir im folgenden Abschnitt beschreiben.

Die Software

Über die Webseite des Herstellers Joy-IT können Sie eine Software beziehen, die weitere Überwachungseinstellungen zulässt:

http://downloads.joy-it.net/download/37-strompi-2/90-strompi-2-software

Nach dem Download der Software erhalten Sie zwei kleine Python-Programme: `power-alarm.py` und `powershutdown.py`. Ersteres sendet eine E-Mail, sobald StromPi 2 vom Micro-USB-Port auf den Wide-Range-Eingang umgeschaltet hat – mit anderen Worten: sobald es einen Stromausfall gab. Sie müssen für diese Funktion nur die mitgelieferte Datei `sendmail.py` editieren und um die Zugangsdaten Ihres Mail-Accounts ergänzen.

Das zweite Programm fährt den Raspberry Pi nach Wegfall der Hauptspannungsversorgung am Micro-USB-Port schonend herunter, um Datenverluste zu vermeiden.

Beide Programme werden über den Wechsel der Versorgungspannung mithilfe des GPIO-Pins 21 benachrichtigt. Der Jumper *T-Pin* auf der StromPi-Platine stellt eine Verbindung zwischen dem Signalausgang von StromPi 2 und dem GPIO-Pin 21 des Raspberry Pi her. Wenn Sie diese Funktion nicht benötigen, den GPIO-Pin 21 anderweitig nutzen möchten oder einen eigenen Alarm-Pin verwenden wollen, so entfernen Sie den Jumper und nutzen gegebenenfalls einen Jumper-Wire zu einem beliebigen Pin. In diesem Fall müssen Sie jedoch die beiden Python-Programme an den neuen Pin anpassen, zum Beispiel `GPIO_TPIN = 3`.

Bezugsquellen für den StromPi 2 finden Sie hier:

http://joy-it.net/bezugsquellen

15.6   Pimoroni Zero LiPo

Das kleine Board *Pimoroni Zero LiPo* ist ein winzig kleiner Spannungswandler, der die 3,7 V eines LiPo-Akkus auf 5 V konvertiert. Das kleine Board wird einfach auf die ersten acht Pins der GPIO-Stiftleiste gesteckt. Der Raspberry Pi startet, sobald Sie den LiPo-Akku in den passenden Steckverbinder gedrückt haben.

Ein schwacher Akku (ab 3,4 V) wird mit einem Low-Signal an Pin 7 (GPIO 4) angezeigt. Mit dieser Information können Sie ein kleines Programm schreiben, das den Raspberry Pi gegebenenfalls sicher herunterfährt.

Pimoroni Zero LiPo kann bis zu 1,5 A Strom liefern und sollte für die meisten Anwendungsfälle ausreichen.

Als Bezugsquelle haben wir leider nur Adafruit oder Pimoroni ausfindig machen können. Beide Anbieter sitzen nicht in Deutschland:

https://shop.pimoroni.com/products/zero-lipo
https://adafruit.com/product/3196

Leider muss der LiPo-Akku zum Laden immer wieder abgestöpselt werden und über ein LiPo-taugliches Ladegerät geladen werden. Eine Alternative ist der *PowerBoost 1000 Charger*. Dieses kleine Board können Sie zwar nicht auf den Raspberry Pi stecken, jedoch kann es LiPos laden und gleichzeitig den Raspberry Pi versorgen. Weitere Details können Sie hier nachlesen:

https://www.adafruit.com/product/2465

Eine mögliche Bezugsquelle ist EXP-Tech:

https://exp-tech.de/adafruit-powerboost-1000-charger

15

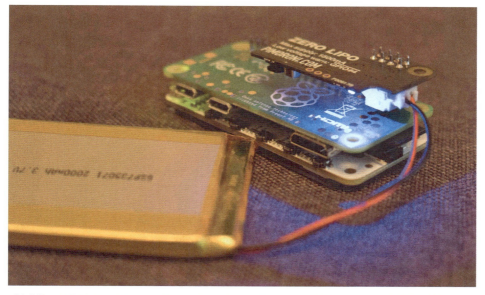

Abbildung 15.23 Der Pimoroni Zero LiPo auf dem Raspberry Pi Zero (unten PaPiRus-Display)

15.7 GertDuino

Neben dem Gertboard hat der Entwickler Gert van Loo auch das *GertDuino* entworfen. Hierbei handelt es sich um einen Arduino-Klon, der auf den Raspberry Pi gesteckt werden kann (siehe Abbildung 15.24). Ähnlich wie die Erweiterung *Alamode* kann das GertDuino vom Raspberry Pi programmiert werden. Zudem bietet dieses Board zwei Knöpfe und insgesamt sechs LEDs, die mit den Ausgängen des GertDuino angesteuert werden können.

Abbildung 15.24 Das GertDuino auf dem Raspberry Pi 3

Zusätzlich zum verbauten ATmega-328 befindet sich noch ein ATmega-48 auf dem Board. Beide Mikrocontroller können auf die Schnittstellen des GertDuino zugreifen, unterscheiden sich aber in ihrer Taktfrequenz und im Stromverbrauch. Alle weiteren Spezifikationen, Anschlüsse und auch das Layout entsprechen dem Arduino Uno. Damit ist das GertDuino voll kompatibel zu allen Arduino-Uno-Shields.

Aber worin liegt nun der Reiz, diese beiden Systeme zu verbinden? Wozu einen Arduino auf den Raspberry Pi stecken, wenn Letzterer doch *fast* alles kann? Dem Arduino, also ebenso dem GertDuino, fehlt es sicherlich an der vergleichbar riesigen Rechenleistung des Raspberry Pi. Allerdings punktet das Arduino-System mit seiner einfachen Programmierbarkeit und der Vielfalt an digitalen und analogen Schnittstellen. Ein ATmega benötigt kein riesiges Betriebssystem wie der Raspberry Pi und kann zeitkritische Aufgaben präziser erledigen.

Im folgenden Beispiel nutzen wir einen analogen Eingang des GertDuino, um eine Spannung auszulesen. Diese übergeben wir über die serielle Schnittstelle an den Raspberry Pi. Spinnen Sie dieses Projekt weiter, so können Sie die vergleichbar einfache Aufgabe des *Analogwert-Auslesens* dem GertDuino überlassen, während der Raspberry Pi diese Werte auf einem Webserver zur Verfügung stellt. So werden die beiden Systeme ein perfektes Team, in dem jedes der beiden Boards seine Stärken ausspielen kann.

Die Einrichtung

Bevor Sie allerdings mit dem GertDuino arbeiten können, müssen Sie es einrichten. Zu allererst legen wir Ihnen die offizielle Anleitung ans Herz, die die Grundfunktionen und den Aufbau der Platine beschreibt:

http://farnell.com/datasheets/1778121.pdf

Beginnen Sie damit, das GertDuino auf den Raspberry Pi zu stecken. Stellen Sie sicher, dass der Raspberry Pi dabei ausgeschaltet ist. Sie wundern sich vielleicht anfangs über den nur 26-poligen Anschlussstecker. Dieser passt sowohl auf die alten Raspberry-Pi-Modelle als auch auf das aktuelle Modell 3. Die fehlenden Pins bedeuten keinerlei Funktionseinbußen, da die Kommunikation zwischen dem GertDuino und dem Raspberry Pi über die UART-Schnittstelle verläuft. Diese ist in den ersten 26 Pins mit inbegriffen.

Nun installieren Sie die Arduino-IDE und *avrdude*, wie wir dies in Abschnitt 15.2, »Der ATmega auf dem Gertboard«, beschrieben haben.

Die vier mitgelieferten Jumper stecken Sie auf die Programmierstellung. Zusätzlich stellen Sie durch zwei gekreuzte Brücken die UART-Verbindung zwischen dem Raspberry Pi und dem ATmega328 her (siehe Abbildung 15.25).

Anschließend muss der ATmega-328 des GertDuino auf eine Taktfrequenz von 16 MHz gestellt werden. Dies geschieht über ein Kommando, das im Terminal auszuführen ist:

```
avrdude -qq -c gpio -p atmega328p -U lock:w:0x3F:m \
  -U efuse:w:0x07:m - U lfuse:w:0xE7:m -U hfuse:w:0xD9:m
```

Die Entwicklungsumgebung starten Sie im Raspbian-Menü mit ENTWICKLUNG • ARDUINO-IDE. Die Einrichtung und der Upload der Programme erfolgt ebenfalls so wie in Abschnitt 15.2, »Der ATmega auf dem Gertboard«, beschrieben.

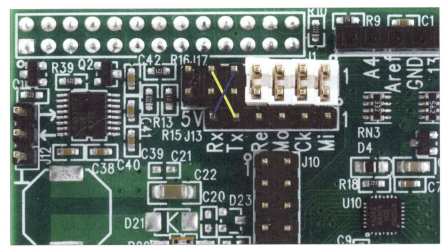

Abbildung 15.25 Alle vier Programmier-Jumper und in Gelb/Blau die benötigte UART-Verbindung

Bei unseren Versuchen gab es allerdings zunächst ein Problem mit der Kommunikation: So war es anfangs nicht möglich, eine *saubere* UART-Kommunikation aufzubauen, da sowohl der Raspberry Pi als auch das GertDuino nur Wirrwarr empfingen.

Der Fehler lag in einem fehlerhaften Parameter der Arduino-IDE. Sie können das Problem bereits beheben, bevor es auftritt. Dazu laden Sie die Anpassungen von Gordon Henderson herunter:

```
cd /tmp
wget http://project-downloads.drogon.net/gertboard/boards.txt
wget http://project-downloads.drogon.net/gertboard/\
  programmers.txt
```

In einem Editor suchen Sie in `boards.txt` die Zeile `gert328.build.f_cpu=12000000L` und ändern den Wert in `16000000L`. Durch die Anpassung stimmt nun auch die Taktfrequenz der Programmkonfiguration mit den tatsächlichen 16 MHz des ATmega328 überein. Danach speichern und schließen Sie die Datei und kopieren beide Dateien in den Arduino-IDE-Ordner:

```
cd /usr/share/arduino/hardware/arduino
sudo mv boards.txt board.txt.bak
sudo mv /tmp/boards.txt .
sudo mv programmers.txt programmers.txt.bak
sudo mv /tmp/programmers.txt .
```

Der Arduino-Sketch

Beginnen wir nun mit dem Arduino-Sketch. Dieses Programm fällt sehr simpel aus, da es nur einen Wert ausliest, diesen in eine Spannung umrechnet und über UART wieder an den Raspberry Pi schickt.

```
void setup() {
  Serial.begin(9600);
}
void loop() {
  int analog = analogRead(A0);
  float spannung = analog *(5.0/1023.0);
  delay(1000);
  Serial.println(spannung);
}
```

Der Pin A0 des GertDuino erwartet nun eine Spannung von 0 bis maximal 5 V, die Sie z. B. mit einem Potenziometer als Spannungsteiler erzeugen können. Falls Sie Hilfe beim Anschluss des Potenziometers benötigen, hilft ein Blick in die sehr gute Arduino-Datenbank. Unter folgendem Link finden Sie auch einen Anschlussplan für den Arduino Uno und das Potenziometer. Die Anschlüsse sind direkt auf das Gert-Duino übertragbar:

https://arduino.cc/en/Tutorial/ReadAnalogVoltage

Vergewissern Sie sich, dass sich die vier Jumper noch immer in der Programmier-stellung befinden und dass die Arduino-IDE wie in Abschnitt 15.2, »Der ATmega auf dem Gertboard«, beschrieben eingestellt ist. Laden Sie das Programm nun über den Menüpunkt DATEI • UPLOAD MIT PROGRAMMER auf das GertDuino.

Das Python-Programm auf dem Raspberry Pi

Das kleine C-Programm befindet sich nun im ATmega328. Im nächsten Schritt erstel-len Sie ein Python-Script für den Raspberry Pi. Es soll den Inhalt der zuvor gesendeten Variable spannung empfangen:

```
#!/usr/bin/python3
# Datei gertduino.py
import serial, import time, RPi.GPIO as GPIO

# Reset-Modus des Arduino abschalten
GPIO.setmode(GPIO.BCM)
reset = 8
GPIO.setup(reset, GPIO.OUT)
GPIO.output(reset, GPIO.HIGH)
ser = serial.Serial("/dev/ttyAMA0", timeout = 10)
ser.baudrate = 9600
```

```
while True:
    daten = ser.readline()
    print("Spannung am Arduino: ", daten.decode('utf-8'))
    time.sleep(.5)
ser.close()
```

Um das Programm fehlerfrei ausführen zu können, muss der UART-Port freigeschaltet sein und *pySerial* installiert werden. Folgen Sie dazu den Anweisungen in Abschnitt 13.5, »UART«.

Zu Beginn des Programms wird GPIO 8 aktiviert. Dies ist nötig, damit bei gesetztem Reset-Jumper (*Re* der vier Programmier-Jumper) das GertDuino-Board aus dem Reset-Modus aufwacht. Alternativ können Sie vor dem Start des Programms den Jumper entfernen. Lesen Sie die letzten Seiten der zuvor verlinkten GertDuino-Anleitung für weitere Details.

Programme starten

Mit dem Start des Python-Programms wecken Sie also den ATmega aus dem Reset-Schlaf. Dadurch beginnt er sofort mit der Ausführung des übertragenen Sketches. Das GertDuino-Programm läuft nun in einer Endlosschleife und sendet jede Sekunde den aktuellen Spannungswert von A0 an den Raspberry Pi. Eine Konsolenausgabe des Python-Programms zeigt Ihnen ebenfalls im Sekundentakt diesen Wert an (siehe Abbildung 15.26).

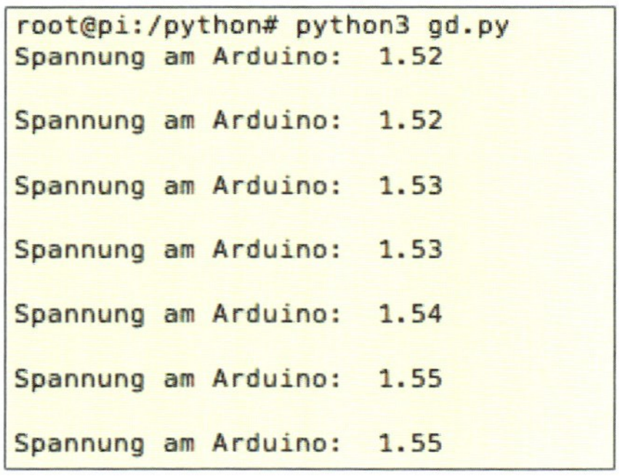

```
root@pi:/python# python3 gd.py
Spannung am Arduino:  1.52

Spannung am Arduino:  1.52

Spannung am Arduino:  1.53

Spannung am Arduino:  1.53

Spannung am Arduino:  1.54

Spannung am Arduino:  1.55

Spannung am Arduino:  1.55
```

Abbildung 15.26 Konsolenausgabe des Python-Programms

15.8 Raspberry-Pi-HATs

Etwa gleichzeitig mit dem Erscheinen des Raspberry Pi B+ und der damit verbundenen Layout-Änderung der Platine hat die Raspberry Pi Foundation eine Richtlinie zur Standardisierung von Erweiterungsboards veröffentlicht. Dieser Standard nennt sich *HAT*, was für *Hardware Attached on Top* steht. Das Ziel dieses Standards ist es, dass

Anwender zukünftige Erweiterungsboards sehr einfach in Betrieb nehmen können und die Kompatibilität gewährleistet wird.

Zwar ist nicht jeder Hersteller verpflichtet, seine Boards nach dem HAT-Standard zu entwerfen. Jedoch darf er sein Board dann auch nicht HAT nennen. Was braucht man also, damit ein Board ein richtiger HAT wird?

▶ **Mechanische Spezifikationen:** Der HAT-Standard gibt die Geometrie der Erweiterungsplatine vor. So benötigt ein HAT die richtigen Abmaße, Bohrungen sowie die passende Form und Aussparungen. Zudem *muss* das Board Kontakte für die komplette 40-polige GPIO-Leiste enthalten.

▶ **Elektrische Spezifikationen:** Ein Board muss Vorgaben zur I^2C-Schnittstelle sowie zur Möglichkeit des Backpowering erfüllen, um sich HAT nennen zu dürfen. Dazu zählen ein EEPROM sowie die Strombelastbarkeit beim Backpowering.

▶ **Das EEPROM:** Speziell zu erwähnen ist das für HATs erforderliche EEPROM. Ein EEPROM ist ein kleiner Speicherbaustein. Dieser soll in Zukunft einzigartige Informationen zu jedem HAT beinhalten. Dazu gehören eine Identifikationsnummer, Herstellerinformationen sowie eine GPIO-Konfiguration. Letztere soll beim Booten des Raspberry Pi mit aufgestecktem HAT die GPIO-Pins bereits korrekt konfigurieren. Somit entfällt das manuelle Einrichten der benötigten Pins (auch interner Pull-up-Widerstände), und es werden Fehler vermieden, wie z. B. die Belegung von Eingangs-Pins, die eigentlich Ausgänge sein müssten.

Alle Spezifikationen und bislang verfügbaren Infos zum Thema HATs finden Sie im offiziellen GitHub-Repository:

https://github.com/raspberrypi/hats

Prototyping HATs

Prototyping HATs sind leere, unbestückte Leiterkarten, die den HAT-Standard erfüllen. Das heißt, dass diese Boards auf die 40-polige Steckerleiste aufgesteckt werden können und sich genau mit der äußeren Form des Raspberry Pi 3 decken (siehe Abbildung 15.27).

Diese kleinen und recht preiswerten HATs sind ideal für Bastelprojekte, da sie sehr einfach verlötet werden können und aufgrund des geringen Preises problemlos für jedes neue Projekt angeschafft werden können. Das spart Platz und sorgt für Ordnung im Leitungs-Chaos.

Wir haben uns das *Watterott Prototyping HAT* sowie das *Adafruit Perma-Proto Pi HAT* angesehen. Produktinformationen finden Sie unter den folgenden Links:

https://watterott.com/de/RPi-Proto-HAT-ID-EEPROM
https://adafruit.com/products/2314

15

Abbildung 15.27 Zwei Prototyping HATS: links auf dem Raspberry Pi 3, rechts bereits mit einer kleinen Schaltung bestückt

Ebenso finden Sie Prototyping Hats für den Raspberry Pi Zero, so z. B. das *ProtoZero Board*:

https://thepihut.com/products/protozero

Beide Boards werden, sofern gewünscht, mit bereits bestücktem EEPROM, jedoch ohne verlöteten Steckverbinder verkauft. Jedoch sind die vierzig Lötpunkte schnell abgearbeitet. Es gibt jeweils bereits belegte Lochreihen für GND, 5 V und 3,3 V. Alle anderen Löcher können von Ihnen beliebig für Ihre Schaltung verwendet werden.

Unter dem Suchbegriff *raspberry pi zero prototyping hat* finden Sie auch bei deutschen Händlern jede Menge Auswahl. Sicherlich werden Sie bei Ihrer Suche nach einem Raspberry-Pi-Zero-Hat über den Begriff *pHAT* stolpern. Dies ist die Abkürzung für *partial HAT* und beschreibt oft die HAT-Boards für den Raspberry Pi Zero.

HATs und das EEPROM

Auch wir haben der neuen EEPROM-Unterstützung, die der Raspberry Pi ab Modell B+ bietet, anfangs zu wenig Aufmerksamkeit geschenkt. Einsteiger sind mit diesem Thema sicherlich auch ein wenig überfordert, da es bislang nur sparsame Informationen hierzu gibt. Doch das soll kein Hindernis sein. Das HAT-EEPROM verdient Aufmerksamkeit und bringt einige tolle Funktionen auf die HAT-Boards.

Beginnen wir mit einem kleinen Beispiel: Sie entwerfen eine Schaltung, die einige LEDs leuchten lassen soll und ein Relais schalten kann. Diese Schaltung löten Sie auf ein leeres Prototyping HAT, das ein EEPROM besitzt. Sobald alles wie gewünscht funktioniert, möchten Sie Ihrem eigenen Erweiterungsboard einige Einstellungen mitgeben, die permanent auf dem Board gespeichert bleiben. Kramen Sie das Board nämlich nach einiger Zeit wieder aus der Bastelkiste und stecken es auf Ihren Raspberry Pi, so wird dieser direkt beim Boot-Vorgang alle nötigen Einstellungen für Ihr Board laden und ist somit direkt einsatzbereit.

So weit die Theorie. Die Praxis erfordert jedoch ein wenig Geduld.

EEPROM flashen

Wir gehen nun davon aus, dass Sie ein Board mit einem korrekt angeschlossenen EEPROM verwenden. Sollten Sie ein eigenes EEPROM nutzen und anschließen wollen, so schauen Sie sich zunächst die wichtigen Informationen zum EEPROM-Typ sowie zur Verdrahtung an:

https://github.com/raspberrypi/hats

In der Elektronik nennt man das Beschreiben von digitalen Speicherbausteinen *flashen*. Bei diesem Vorgang wird eine entsprechende Datei auf das EEPROM geladen und dort gespeichert.

Jedes HAT-EEPROM verfügt über eine I^2C-Schnittstelle. Diese wird jedoch nicht an die bekannten I^2C-Pins 3 und 5 angeschlossen, sondern an den I^2C-Bus 0. Dieser befindet sich an den Pins 27 und 28 und soll auch *nur* für die EEPROM-HATs verwendet werden. Um auf den I^2C-Bus 0 zugreifen zu können, bedarf es einer kleinen Änderung in der /boot/config.txt in Form eines Device-Tree-Overlays. Öffnen Sie dazu die oben genannte Datei:

```
sudo nano /boot/config.txt
```

Fügen Sie im unteren Teil der Datei, jedoch vor dem ersten dt-Parameter, die folgende Anweisung in einer eigenen Zeile ein: dtparam=i2c0=on. Die resultierende Datei sieht dann beispielsweise so aus:

```
# Datei /boot/config.txt
# Additional overlays and parameters are documented
# in /boot/overlays/README
start_x=0
dtparam=i2c0=on
dtparam=spi=on
dtparam=i2c_arm=on
```

Nach dem Speichern der Datei sollten Sie den Raspberry Pi neu starten, um die Änderungen wirksam zu machen.

Nun laden Sie vom offiziellen HAT-Repository auf GitHub die *EEPROM-Utils* herunter. Dies sind drei kleine Programme, die das Beschreiben und Auslesen des EEPROMs ermöglichen.

```
sudo git clone https://github.com/raspberrypi/hats/tree/master/eepromutils
```

Wechseln Sie nun in das heruntergeladene Verzeichnis, und installieren Sie die EEPROM-Utils:

```
cd hats/eepromutils
make
chmod +x eepflash.sh
```

Im nächsten Schritt schauen wir uns den zukünftigen Inhalt des EEPROMs etwas genauer an. Eine Beispieldatei, die wir für unsere Zwecke abändern werden, haben Sie mit dem vorangegangenen `git-clone`-Befehl bereits auf Ihren Raspberry Pi geladen. Öffnen Sie die Datei `eeprom_settings.txt` im Ordner `eepromutils`:

```
sudo nano eeprom_settings.txt
```

Der obere Teil der Datei trägt den Titel *Vendor Info* und beinhaltet Informationen, die ein Hersteller eines HATs seinem Produkt mitgeben kann. Das sind z. B. eine einzigartige Produkt-ID sowie der Produktname und der Herstellername. Wir passen vier Zeilen dieses Bereichs an unser Vorhaben an:

```
# 16-bit product id
product_id 0x0001

# 16-bit product version
product_ver 0x0002

# ASCII vendor string  (max 255 characters)
vendor "Max Mustermann"

# ASCII product string (max 255 characters)
product "Mein erster Hut"
```

Der darauffolgende Abschnitt beinhaltet nun die für uns wichtigen Informationen. Hier können Sie Einstellungen zum GPIO-Port vornehmen:

▶ **gpio_drive:** Dieser Parameter kann Werte von 0 bis 8 beinhalten und bestimmt die Strombegrenzung der frei verwendbaren GPIO-Pins. 0 behält die Standardwerte bei, 1–8 entsprechen 2, 4, 6, 8, 10, 12, 14 bzw. 16 mA.

▶ **gpio_slew:** Die Slew-Rate bestimmt die Anstiegs- oder Abfallgeschwindigkeit einer Ausgangsspannung. Kurz gesagt: Sie bestimmt die Zeit, die Ihr GPIO-Pin von Low auf High benötigt. In der Regel ist diese Zeit zu vernachlässigen. Im Extremfall jedoch, wenn Sie sehr viele GPIOs auf einmal einschalten, können kurzzeitig sehr große Ströme fließen, die zum Einbruch der Versorgungsspannung führen können. Um die Anstiegszeit zu begrenzen und so einen sanfteren Wechsel der Zustände zu ermöglichen, können Sie mit diesem Parameter die Slew-Rate begrenzen. Der Parameter versteht die Werte 0 = Standard, 1 = Ein (Slew-Rate-Limitierung) und 2 = Aus (keine Slew-Rate-Limitierung).

▶ **gpio_hysteresis:** Der Wechsel eines Eingangs-Pins vom Zustand Low zu High findet bei einem minimal anderen Spannungspegel statt als der Wechsel von High zu Low. Durch dieses Phänomen gibt es einen kleinen Spannungsbereich, der einen undefinierten Zustand erzeugt. Durch die *Schalthysterese* kann dieses Problem vermieden werden. Mögliche Werte sind:

   – 0 = Standard
   – 1 = Hysterese
   – 2 = Hysterese aus

Die Slew-Rate und die Schalthysterese erfordern in der Regel nur Änderungen bei speziellen Sensoren. Ob und wie Sie die Werte anpassen müssen, entnehmen Sie dem Datenblatt Ihres Sensors. Beide Werte stehen im Zusammenhang mit dem sogenannten Schmitt-Trigger. Um zu verstehen, worauf es hier ankommt, sollten Sie sich mit dem Schmitt-Trigger-Prinzip vertraut machen:

https://de.wikipedia.org/wiki/Schmitt-Trigger

▶ **back_power** legt fest, ob Ihr HAT das Backpowering nutzt, den Raspberry Pi also über die GPIO-Leiste mit 5 V versorgt. Sie sollten einen Wert von 0 eintragen, falls Sie den Raspberry Pi ganz normal über die Micro-USB-Buchse versorgen. Eine 1 besagt, dass Ihr Board mindestens 1,3 A liefern kann. Den Wert 3 nutzen Sie, wenn Ihr HAT mindestens 2 A liefert.

Der letzte Parameterblock bestimmt nun die Funktion der genutzten GPIO-Pins. Der Pin 29 (GPIO5) kann nun mit der folgenden Zeile als Ausgang definiert werden:

```
setgpio   5     OUTPUT     DEFAULT
```

Der erste Parameter dieser Zeile beschreibt den BCM-Pin, der zweite Wert die Funktion (INPUT, OUTPUT, ALT0-ALT5). Im dritten Parameter können Sie die internen Pull-up/Pull-down-Widerstände hinzuschalten. Hier werden UP, DOWN, NONE sowie DEFAULT erwartet. Default lässt die Einstellung unverändert. Die folgende Zeile definiert den BCM-Pin GPIO27 als Eingang mit aktiviertem Pull-up-Widerstand:

```
setgpio 27 INPUT UP
```

Die beiden oben genannten Zeilen haben wir nun angepasst, und danach speichern wir die Datei. Achten Sie darauf, dass Sie in der Beispieldatei das #-Zeichen vor der entsprechenden Zeile entfernen. Alle anderen Zeilen der Datei können Sie unverändert lassen.

15

Im nächsten Schritt erzeugen Sie aus der Textdatei eine `.eep`-Datei, die vom EEPROM verarbeitet werden kann. Hierzu nutzen Sie das Programm `eepmake` aus den EEPROM-Utils:

```
sudo ./eepmake eeprom_settings.txt eeprom_settings.eep
```

Im Ordner sollte nun die Datei `eeprom_settings.eep` vorhanden sein. Diese kann jetzt in das EEPROM geflasht werden:

```
sudo ./eepflash.sh -w -t=24c32 -f=eeprom_settings.eep
```

Bestätigen Sie die folgende Sicherheitsabfrage mit `yes`. Nach wenigen Sekunden gibt das kleine Programm `Done.` zurück und der Flash-Vorgang ist erfolgreich beendet. Starten Sie nun den Raspberry Pi neu, so sind die beiden Pins bereits im zuvor eingestellten Modus.

Sie können auch jederzeit den EEPROM-Inhalt aus dem Baustein auslesen. Nutzen Sie dafür das Programm *eepflash* mit geänderten Parametern:

```
sudo ./eepflash.sh -r -t=24c32 -f=backup.eep
```

Mit diesem Befehl wird das EEPROM ausgelesen und die Datei `backup.eep` erstellt. Sie ist in diesem Zustand allerdings noch nicht lesbar. Mithilfe von *eepdump* erzeugen Sie aus den Informationen die lesbare Textdatei `backup.txt`:

```
sudo ./eepdump backup.eep backup.txt
```

> **Eigener Device-Tree-Eintrag**
>
> Um einen eigenen Device-Tree-Eintrag zu erstellen und somit auch Treiber für Ihr Board zu laden (falls notwendig), müssen Sie sich sehr gut mit dem Betriebssystem Linux auskennen. Möchten Sie es dennoch versuchen, so finden Sie in dieser Anleitung aus dem englischen Raspberry-Pi-Forum einige erste Schritte:
>
> *https://www.raspberrypi.org/forums/viewtopic.php?f=29&t=108134*

15.9   Sense HAT – Das Mulitalent

Das Sense HAT (siehe Abbildung 15.28) ist ein offizielles Erweiterungsboard für alle Raspberry-Pi-B-Modelle. Das Board wurde 2015 entwickelt und wurde damals im Rahmen der Astro-Pi-Aktion zur Raumstation ISS geschickt. Auf dem Weg dorthin konnte der Raspberry Pi mit dem Sense HAT viele Umgebungsbedingungen messen und auswerten. Nach dem Ausflug in den Weltraum ist das Sense HAT nun für die Öffentlichkeit zugänglich und kann bei vielen bekannten deutschen Onlineshops gekauft werden.

Das Sense HAT ist mit folgenden Features ausgestattet:

- 8 × 8-RGB-LED-Matrix
- 5-Wege-Joystick
- Beschleunigungssensor
- Gyroskop
- Magnetfeldsensor
- Temperatursensor
- Luftfeuchtigkeitssensor

Abbildung 15.28 Das Sense HAT auf dem Raspberry Pi 3 B+

Mit dieser Vielzahl an Sensoren lassen sich unzählige Projekte realisieren. Die Raspberry Pi Foundation hat hier ganze Arbeit geleistet und bietet exzellente Unterstützung im Umgang mit dem Sense HAT in Form von detaillierten und verständlichen Anleitungen sowie einem Sense-HAT-Simulator, der es erlaubt, Programme zu simulieren, ohne dass das Sense HAT vorhanden sein muss. Durch die grafische Oberfläche des Simulators sehen Sie auch direkt, welche Ausgaben die LED-Matrix anzeigen würde. Zu guter Letzt gibt es eine vorbildlich einfache Python-3-Bibliothek, die den Umgang mit dem Sense HAT so einfach wie möglich macht. Die Links zu den erwähnten Tools finden Sie am Ende dieses Abschnitts.

Wir möchten Ihnen, trotz der vielen offiziellen Informationen, einen kurzen Einblick in den Umgang mit dem Sense HAT geben, um Ihre Fantasie für eigene Projekte anzuregen.

Installation

Die Installation des Sense HAT kann nicht einfacher sein: Das Board wird einfach auf die GPIO-Leiste gesteckt. Hierzu liegt ein Erweiterungs-Header bei, der die Länge der GPIO-Pins etwas erhöht.

Das Sense HAT passt perfekt auf die B-Modelle des Raspberry Pi. Selbstverständlich können Sie das Sense HAT auch auf die Zero-Modelle stecken, dort passt es sich aber nicht so optimal in das Gesamtbild ein.

Als kleines Manko müssen wir erwähnen, dass nach dem Aufsetzen des Sense HAT alle GPIO-Pins belegt sind. Durch die flache Steckbuchse auf dem Board ist kein Zugang zu den Pins mehr möglich.

Software

Wir beginnen mit einem Python-Programm, das Ihnen fast alle grundlegenden Funktionen des Sense HAT nahebringen wird. Sofern Sie die neuste Version von Raspbian installiert haben, ist die Sense-HAT-Python-Bibliothek bereits vorinstalliert. Anderenfalls können Sie diese einfach nachinstallieren:

```
sudo apt update
sudo apt install sense-hat
sudo reboot
```

Sie können nun direkt mit dem Schreiben Ihres Python-Programms starten. Unser Beispielprogramm hat folgenden Inhalt:

```
#!/usr/bin/python3
# coding=utf-8
# Datei sensehat.py
from sense_hat import SenseHat, ACTION_PRESSED, ACTION_HELD,
                      ACTION_RELEASED
from time import sleep

sense = SenseHat()
sense.clear()

black= (0,0,0)
red = (255,0,0)
green = (0,255,0)
white = (255,255,255)
```

```
def measure_pressure (event):
    if event.action != ACTION_RELEASED:
        pressure = sense.get_pressure()
        pressure=round(pressure, 1)
        sense.show_message(str(pressure), scroll_speed=0.1,
                        text_colour=black, back_colour=white)
        print(pressure)

def measure_temp(event):
    if event.action != ACTION_RELEASED:
        temp = sense.get_temperature()
        temp=round(temp, 1)
        sense.show_message(str(temp), scroll_speed=0.1,
                        text_colour=red, back_colour=white)
        print(temp)

def measure_humidity(event):
    if event.action != ACTION_RELEASED:
        humidity = sense.get_humidity()
        humidity=round(humidity, 1)
        sense.show_message(str(humidity), scroll_speed=0.1,
                        text_colour=green, back_colour=white)
        print(humidity)

sense.stick.direction_up = measure_pressure
sense.stick.direction_left = measure_temp
sense.stick.direction_right = measure_humidity
sense.stick.direction_middle = sense.clear

while True:
    sleep(0.1)
```

Wenn Sie das Programm starten, können Sie über den Joystick die Funktionen auswählen. Sobald Sie den Joystick nach oben drücken, wird der Luftdruck gemessen und in Laufschrift auf der LED-Matrix angezeigt. Drücken Sie den Joystick nach links, sehen Sie die Temperatur (siehe Abbildung 15.29). Bewegen Sie den Stick nach rechts, erhalten Sie die Luftfeuchtigkeit, und ein zentraler Druck auf den Joystick löscht das Display.

Zu Beginn definieren wir die Farben, die wir nutzen möchten. Das geschieht im RGB-Code. Auf dieser Webseite können Sie sehr einfach die RGB-Codes zu jeder Farbe generieren:

https://www.w3schools.com/colors/colors_rgb.asp

Danach definieren wir die Funktionen zum Messen der drei Werte. Jeder Wert wird in einer anderen der zuvor definierten Farben dargestellt.

Im letzten Teil des Programms sehen Sie, dass wir auf die Eingaben des Joysticks warten, um daraufhin die entsprechend benannte Funktion zu starten. In den Funktionen sehen Sie, dass wir explizit darauf achten, den Moment des Loslassens (`ACTION_RELEASED`) zu ignorieren.

Das hat den Hintergrund, dass die Methoden `sense.stick.direction_XXX` die Events `PRESSED`, `RELEASED` und `HELD` wahrnehmen. Ohne diesen expliziten Ausschluss würde beim Drücken des Joysticks in eine Richtung die entsprechende Funktion zweimal ausgeführt werden: einmal für das Drücken (`PRESSED`) und einmal für das Loslassen (`RELEASED`).

Abbildung 15.29 Das Sense HAT zeigt die Temperatur in Laufschrift an.

Neben den von uns verwendeten Funktionen haben Sie noch eine Vielzahl an weiteren Möglichkeiten. Alle Funktionen und Sensoren des Sense HAT finden Sie in der offiziellen Anleitung:

https://projects.raspberrypi.org/en/projects/getting-started-with-the-sense-hat

Zudem finden Sie unter den folgenden Links den Simulator und die Python-Bibliothek auf GitHub:

https://trinket.io/sense-hat https://github.com/RPi-Distro/python-sense-hat

Sie werden auf den Seiten viele Projekte finden, z. B. Spiele, Wetterstationen oder Infosdisplays. Weil das Sense HAT so viele Ein- und Ausgabemöglichkeiten bietet, können Sie nun eigene umfangreiche Projekte verwirklichen. Wie wäre es mit einem eigenen Wetterballon, der mithilfe des Sense HAT seine Erlebnisse während des Fluges mit den Sensoren für die Nachwelt festhält?

15.10   Adafruit PWM/Servo-HAT

Die Entwickler von Adafruit haben mit dem PWM/Servo-HAT ein sehr nützliches HAT entwickelt, das Hobby-Bastlern bei der Ansteuerung mehrerer Servomotoren hilft. Zudem kann das Board genutzt werden, um 16 unabhängige PWM-Signale zu erzeugen. Falls die zwei Hardware-PWM-Pins (Pins 12 und 33) des Raspberry Pi 3 für Ihr Projekt nicht ausreichen, so ist dieses Erweiterungsboard eine sehr gute Alternative. Das HAT kommuniziert über I^2C mit dem Raspberry Pi. Der auf dem Board verbaute Controller empfängt lediglich die Einstellparameter und erzeugt dann, unabhängig vom Raspberry Pi, die gewünschten Pulsweitensignale.

Das Board finden Sie direkt bei Adafruit:

https://adafruit.com/products/2327

Nachdem Sie es ausgepackt haben, müssen Sie nur noch die Steckerleisten in die Leiterplatte löten. Das ist zwar ein wenig Fleißarbeit, geht aber schnell von der Hand. Nach dem Aufstecken auf den Raspberry Pi ist das Board betriebsbereit (siehe Abbildung 15.30).

Abbildung 15.30 Das PWM/Servo-HAT auf dem Rücken des Raspberry Pi 3

PWM-Signale erzeugen

Prüfen Sie zuerst, ob das HAT erfolgreich am I^2C-Bus erkannt wird. Nutzen Sie dafür die *i2c-tools*. Das Board sollte an der Adresse 0x40 sichtbar sein. Stellen Sie vorab sicher, dass Sie die I^2C-Schnittstelle korrekt eingerichtet haben (siehe Abschnitt 13.4, »I^2C«).

Die Ausgabe von i2cdetect -y 1 sollte Ihnen nun das Board an 0x40 anzeigen (siehe Abbildung 15.31).

```
pi@pi ~ $ i2cdetect -y 1
     0  1  2  3  4  5  6  7  8  9  a  b  c  d  e  f
00:          -- -- -- -- -- -- -- -- -- -- -- -- --
10: -- -- -- -- -- -- -- -- -- -- -- -- -- -- -- --
20: -- -- -- -- -- -- -- -- -- -- -- -- -- -- -- --
30: -- -- -- -- -- -- -- -- -- -- -- -- -- -- -- --
40: 40 -- -- -- -- -- -- -- -- -- -- -- -- -- -- --
50: -- -- -- -- -- -- -- -- -- -- -- -- -- -- -- --
60: -- -- -- -- -- -- -- -- -- -- -- -- -- -- -- --
70: 70 -- -- -- -- -- -- --
```

Abbildung 15.31 Das PWM/Servo-HAT wurde an Adresse 0x40 erkannt.

Das Generieren von PWM-Signalen ist mit der Adafruit-Python-Bibliothek ein Kinderspiel. Installieren Sie die passende Bibliothek:

```
sudo pip3 install adafruit-pca9685
```

Erzeugen Sie nun die Datei pwm-hat.py, und füllen Sie diese mit folgendem Inhalt:

```
#!/usr/bin/python3
# Datei pwm-hat.py
import Adafruit_PCA9685
import time

pwm = Adafruit_PCA9685.PCA9685()
pwm.set_pwm_freq(60) # 60 Hz
pwm.set_pwm(15, 0, 410) # 10 % Duty Cycle
pwm.set_pwm(8, 0, 1024) # 25 % Duty Cycle
pwm.set_pwm(4, 0, 2048) # 50 % Duty Cycle
time.sleep(2)
pwm.set_all_pwm(0, 0)
```

In diesem kleinen Programm werden die Kanäle 4, 8 und 15 des PWM/Servo-HATs angesprochen. Auf jedem Kanal wird ein unterschiedliches Signal erzeugt. Nach zwei Sekunden werden alle Signale gestoppt.

Die gesamte Bibliothek bietet drei Funktionen, die Ihnen die Möglichkeit geben, das Board in vollem Umfang zu nutzen:

▶ **set_pwm_freq(freq):** Führen Sie diese Funktion aus, bevor Sie den Duty Cycle einstellen, denn Sie erzeugen mit ihr eine Frequenz, auf die sich der Duty Cycle bezieht. Hier sind Werte von 40 bis 1000 erlaubt, wobei dieser Wert direkt für die Frequenz in Hertz steht.

▶ **pwm.set_pwm(Kanal, An, Aus):** Diese Funktion startet ein PWM-Signal mit dem eingestellten Duty Cycle. Dieser wird in den Parametern An und Aus definiert. Sie geben für An den Startpunkt und für Aus den Endzeitpunkt des High-Pegels an.

Der integrierte Controller bietet eine Auflösung von 12 Bit. Aus diesem Grund können Sie den Maximalwert von 4096 angeben. Möchten Sie nun einen Duty Cycle von 25 % einstellen, so geben Sie für An den Wert 0 ein, für Aus den Wert 2048. Mit einem einfachen Dreisatz können Sie nun jeden beliebigen Duty Cycle wählen. Außerdem müssen Sie noch den Parameter Kanal füllen. Dieser gibt den PWM-Kanal des Boards an, auf dem das Signal erzeugt werden soll, und erwartet einen Wert zwischen 0 und 15 (16 Kanäle).

▶ **pwm.set_all_pwm(An, Aus):** Mit dieser Funktion stellen Sie an allen 16 Kanälen das gewünschte Signal ein. Handhaben Sie diese Funktion genau wie die vorige, jedoch ohne Angabe des Kanals.

Dauerbetrieb?

Durch das Ausführen der obigen Funktionen wird ein Befehl über den Bus an den Controller auf dem HAT geschickt. Dieser nimmt sofort seine Arbeit auf und setzt sie danach endlos fort. Nutzen Sie daher die Funktionen setPWM(Kanal, 0, 0) beziehungsweise setAllPWM(0,0), um die Signalerzeugung wieder zu beenden.

Servomotoren ansteuern

Der zweite Verwendungszweck dieses Boards ist das Ansteuern von Servomotoren. Das Prinzip dieser Motoren und die Ansteuerung ohne ein Erweiterungsboard haben wir Ihnen bereits im Abschnitt zu den Motoren gezeigt (siehe Abschnitt 12.5, »Servomotoren«).

Das PWM/Servo-HAT bietet eine Hohlbuchse, an die ein externes Netzteil angeschlossen werden kann. Dort kann eine Spannung von 5 bis 6 V genutzt werden, um die Motoren zu versorgen. Prinzipiell kann ein an das Board angeschlossener Servomotor auch ohne Netzteil funktionieren. Er wird dann über die 5 V des Raspberry Pi versorgt. Da Motoren allerdings in der Regel sehr viel Strom benötigen, empfehlen wir, die externe Versorgung vorzuziehen.

```
#!/usr/bin/python3
# Datei servo-hat.py

import Adafruit_PCA9685
import time

pwm = Adafruit_PCA9685.PCA9685()
servoMin = 150
servoMax = 600
pwm.set_pwm_freq(60)

while (True):
  pwm.set_pwm(5, 0, servoMin)  # Minimale Endlage
  time.sleep(1)
  pwm.set_pwm(5, 0, servoMax)  # Maximale Endlage
  time.sleep(1)
```

15.11 BrickPi

Die Erweiterung *BrickPi* stellt eine Verbindung zwischen dem Raspberry Pi und dem *LEGO Mindstorms*-System her. Damit können Sie vier NXT- und EV3-Motoren sowie fünf digitale sowie analoge LEGO-Sensoren anschließen und vom Raspberry Pi aus steuern bzw. auslesen. Das Steuern bzw. Automatisieren von LEGO-Fahrzeugen oder -Robotern wird damit besonders einfach.

Die Installation erfolgt auch hier wieder durch das Aufstecken der BrickPi-Platine auf den Raspberry Pi. Die Stromversorgung von BrickPi ist so entworfen worden, dass mehrere Methoden möglich sind. So kann z. B. ein Batterie-Pack verwendet werden, um die selbst gebauten Roboter mobil zu halten. Alternativ ist die Versorgung via Micro-USB möglich.

Kompatibilitätsproblem mit EV3-Sensoren

BrickPi funktioniert tadellos mit Motoren des LEGO-Mindstorms-EV3-Systems. Lediglich die Sensoren sind momentan noch nicht mit BrickPi kompatibel. Der Grund dafür ist ein spezielles Protokoll der EV3-Sensoren, das von den Entwicklern von BrickPi noch nicht implementiert wurde.

BrickPi gibt es in unterschiedlichen Versionen zu kaufen. So gibt es Pakete, die den Raspberry Pi bereits enthalten. Des Weiteren ist ein Gehäuse verfügbar, das direkt auf LEGO- bzw. LEGO-Technics-Bausteine aufgesteckt werden kann. So kann die Platine nahtlos in den LEGO-Aufbau integriert werden (siehe Abbildung 15.32 bis Abbildung 15.33).

Abbildung 15.32 Die Anbindung der LEGO-Motoren an BrickPi erfolgt durch die Standardleitungen. (Quelle: Dexter Industries)

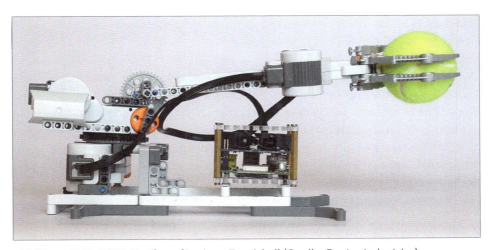

Abbildung 15.33 LEGO-Greifarm für einen Tennisball (Quelle: Dexter Industries)

15.12   GrovePi

GrovePi führt die Idee des *Plug & Play* noch einen Schritt weiter und ermöglicht es, Sensoren und Aktoren mithilfe von genormten Steckern durch simples Anstecken an die GrovePi-Platine zu nutzen (siehe Abbildung 15.34).

GrovePi ist nicht nur ein Erweiterungsboard, sondern ein komplettes System. Das System entstand aus dem von *Seeedstudio* entwickelten System *Grove*. Dieses stellt mehr als 100 Module zur Verfügung, die durch Plug & Play an den Arduino angeschlossen werden können.

Abbildung 15.34 Das GrovePi-System samt angeschlossener Module
(Quelle: Dexter Industries)

Dexter Industries führte dieses Konzept weiter und entwickelte eine Methode, um die vorhandenen Komponenten auch dem Raspberry Pi zugänglich zu machen. Das eigentliche Board stellt die Steckverbindungen zur Verfügung und sorgt mit einem ATmega 328P für die Kompatibilität zwischen Raspberry-Pi- und Arduino-Modulen. Möchten Sie nun die Einfachheit dieses Systems nutzen, so benötigen Sie die Sensoren und Aktoren aus der Grove-Reihe. Die Auswahl ist mittlerweile recht vielfältig und umfasst unter anderem:

► Taster und Schalter
► LEDs
► Relais
► Temperatur-, Geräusch-, Berührungs- und Alkoholsensoren
► Displays

Die komplette Auswahl aller unterstützten Komponenten finden Sie bei Dexter Industries:

https://dexterindustries.com/GrovePi/sensors/supported-sensors

GrovePi wurde für den Raspberry Pi 1B entworfen, ist allerdings auch mit den aktuellen Modellen (z. B. 3B, 3B+) kompatibel:

*https://dexterindustries.com/GrovePi/get-started-with-the-grovepi/
    raspberry-pi-model-b-grovepi*

Kapitel 16
Displays

Die einfachste Art, Ausgaben des Raspberry Pi anzuzeigen, ist der Anschluss eines HDMI-tauglichen Monitors oder Fernsehers. Allerdings ist dies nicht immer möglich oder gewollt. Oftmals sollen nur ganz bestimmte Ausgaben auf einem Display angezeigt werden, z. B. Messwerte, Befehle oder kurze Infos. In diesem Fall bieten sich einige Alternativen an, die wir Ihnen in diesem Kapitel aufzeigen möchten. Neben einfachen Displays für Zahlen und Buchstaben lernen Sie in diesem Kapitel auch ein Grafikdisplay, einen LCD-Touchscreen sowie Bildschirme für den Einbau in kleine Gehäuse kennen.

16.1 7-Segment-Anzeige

Wir beginnen dieses Kapitel mit der simpelsten Darstellungsform der hier vorgestellten Displays, der 7-Segment-Anzeige. Den Namen trägt diese Display-Art aufgrund ihrer Bauweise. Mit ihr ist es möglich, durch sieben LED-Segmente jede Zahl und jeden Buchstaben des Alphabets darzustellen, Umlaute ausgenommen.

Wir verwenden das *Adafruit 7-Segment LED Backpack*. Dieses Display besitzt vier Digits. Das heißt, Sie können maximal vier Ziffern oder Buchstaben darstellen. Zusätzlich gibt es die Möglichkeit, in der Mitte einen Doppelpunkt sowie nach jeder Stelle einen Dezimalpunkt einzublenden.

Sie können das Display direkt bei Adafruit oder über deutsche Händler kaufen, wie zum Beispiel *EXP-Tech*. Es kostet zwischen 15 EUR und 20 EUR. Zudem ist es in verschiedenen Farben erhältlich:

https://adafruit.com/product/880
https://exp-tech.de/adafruit-1-2-4-digit-7-segment-display-w-i2c-backpack-rot

Wir haben uns für das oben verlinkte Modell entschieden, weil es eine I^2C-Schnittstelle bietet. Ältere 7-Segment-Anzeigen verwenden meist für jedes Segment jedes Digits eine Leitung. Dies führt oft zu einem riesigen Kabelwust. Bei vier Digits würden Ihnen – ohne Port-Erweiterung – sogar die verfügbaren GPIOs des Raspberry Pi ausgehen. Durch das von Adafruit entwickelte Backpack mit HT16K33-Controller benötigen Sie neben VCC und GND nur die SDA- und SCL-Leitung des I^2C-Bus.

Bevor Sie das Display an den Raspberry Pi anschließen können, löten Sie die Anzeige auf die Controllerplatine. Durch den Bestückungsdruck auf der Platine finden Sie leicht die korrekte Orientierung. Ebenso löten Sie die vierpolige Stiftleiste in die vier Anschlusslöcher.

Die Verbindung zum Raspberry Pi ist simpel. Daher verzichten wir hier auf die Darstellung in einem Schaltplan. Verbinden Sie:

- VCC mit Pin 3 (3,3 V)
- GND mit Pin 6
- SDA mit Pin 3
- SCL mit Pin 5

Wundern Sie sich nicht: Trotz der bereits anliegenden Versorgungsspannung wird das Display nichts anzeigen! Kontrollieren Sie jedoch in einem Terminalfenster, ob das Display an der Adresse 0x70 des I^2C-Bus erkannt wurde. Die Ausgabe sollte das Display an 0x70 anzeigen (siehe Abbildung 16.1).

```
i2cdetect -y 1
```

```
root@pi:/python# i2cdetect -y 1
     0  1  2  3  4  5  6  7  8  9  a  b  c  d  e  f
00:          -- -- -- -- -- -- -- -- -- -- -- -- --
10: -- -- -- -- -- -- -- -- -- -- -- -- -- -- -- --
20: -- -- -- -- -- -- -- -- -- -- -- -- -- -- -- --
30: -- -- -- -- -- -- -- -- -- -- -- -- -- -- -- --
40: -- -- -- -- -- -- -- -- -- -- -- -- -- -- -- --
50: -- -- -- -- -- -- -- -- -- -- -- -- -- -- -- --
60: -- -- -- -- -- -- -- -- -- -- -- -- -- -- -- --
70: 70 -- -- -- -- -- -- --
```

Abbildung 16.1 Die 7-Segment-Anzeige an Adresse 0x70

Stellen Sie sicher, dass Sie die I^2C-Schnittstelle des Raspberry Pi aktiviert und die Pakete smbus sowie i2ctools installiert haben. Nur dann können Sie den obigen Befehl verwenden und das Display betreiben. Alle drei Arbeitsschritte haben wir in Abschnitt 13.4, »I^2C«, erläutert.

Zur Ansteuerung via Python nutzen Sie wieder eine Bibliothek aus der umfangreichen Adafruit-Codesammmlung. Installieren Sie die Bibliothek für die 7-Segment-Anzeige mit *pip3*:

```
pip3 install adafruit-led-backpack
```

Im Beispielprogramm stellen wir die aktuelle CPU-Temperatur sowie die aktuelle Uhrzeit für je zwei Sekunden auf der 7-Segment-Anzeige dar:

```
#!/usr/bin/python3
from Adafruit_LED_Backpack import SevenSegment
inport subprocess, time
display = SevenSegment.SevenSegment()
display.begin()

while True:
    # Anzeige der CPU-Temperatur
    temp = subprocess.Popen("/opt/vc/bin/vcgencmd measure_temp",
        shell=True, stdout=subprocess.PIPE).stdout.read()
    temp = (temp[5:9])
    display.print_float(float(temp))
    display.set_colon(False)
    display.write_display()
    time.sleep(2)

    #Anzeige der Uhrzeit
    display.clear()
    zeit = time.strftime("%H%M")
    display.print_float(int(zeit), decimal_digits = 0,
                        justify_right=False)
    display.set_colon(True)
    display.write_display()
    time.sleep(2)
```

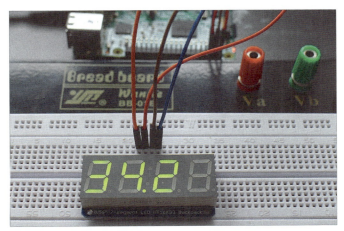

Abbildung 16.2 Die Ausgabe der CPU-Temperatur auf der 7-Segment-Anzeige

Einige Grundfunktionen des Programms möchten wir Ihnen im Folgenden erläutern. display = SevenSegment.SevenSegment() instanziiert das Display, das standardmäßig an der I^2C-Adresse Ox7O zu finden ist. Die Variable temp beinhaltet die CPU-Temperatur als Float-Wert, also als Dezimalzahl.

Um die Temperatur auf dem Display anzuzeigen, müssen Sie zuerst den Wert in den Display-Puffer schreiben. Das geschieht durch `display.print_float(float(temp))`. Nun stehen die gewünschten Zeichen quasi in der Warteschlange, jedoch noch nicht auf dem Display. Die Anzeige wird schlussendlich durch die Funktion `display.write_display()` aktualisiert und angezeigt. Dieser Befehl muss nach jeder Änderung der Display-Anzeige ausgeführt werden. Die 7-Segment-Anzeige kann in der Mitte einen Doppelpunkt darstellen. Diesen können Sie mit dem Befehl `display.set_colon(True)` ein- beziehungsweise ausschalten. (Die Option `False` nutzen Sie, wenn Sie keinen Doppelpunkt brauchen.)

Durch die Anzeige der Uhrzeit möchten wir Ihnen zeigen, wie Sie ganze Zahlen, also Zahlen ohne Dezimalstelle darstellen. Das geschieht über die gleiche Funktion, jedoch mit dem Zusatzparameter `decimal_digits = 0`:

```
display.print_float(int(zeit), decimal_digits=0,
                    justify_right=False)
```

Die Variable `zeit` enthält z. B. die Uhrzeit im Format 1530. Durch den aktivierten Doppelpunkt wird daraus auf dem Display die lesbare Uhrzeit 15:30.

Adafruit hat die gesamte Code-Sammlung aktualisiert und an Python 3 angepasst. Zudem wurde jeder Teilbibliothek ein eigener `pip`-Paketname verpasst, sodass Sie alle Einzelbibliotheken per `pip` installieren können. Leider hat sich damit auch für viele Bibliotheken die Syntax geändert. So ist es in der LED-Backpack-Bibliothek nicht mehr möglich, beliebige Zeichen auf dem Display darzustellen. Aktuell werden nur die Zahlen 0–9 sowie die Zeichen A–F unterstützt. Sie finden eine Übersicht aller Bibliotheken sowie deren `pip`-Paketnamen unter diesem Link:

https://github.com/adafruit/Adafruit-Raspberry-Pi-Python-Code

16.2 16×2-LC-Display

Das 16 × 2-LC-Display ist ein sehr preisgünstiges zweizeiliges Anzeigeelement (siehe Abbildung 16.3). Es verfügt meist über eine Hintergrundbeleuchtung und kann mit 5 V direkt vom Raspberry Pi versorgt werden. Es eignet sich hervorragend für den Einbau in Kunststoff- oder Holzboxen oder generell zur Anzeige ausgewählter Daten.

Sie können das Modul beispielsweise beim Elektronikhändler Pollin beziehen:

https://pollin.de/shop/dt/NDE2OTc4OTk-/Bauelemente_Bauteile/Aktive_Bauelemente/Displays/LCD_Modul_GOLDENTEK_GC_1602G0.html

https://pollin.de/shop/dt/Nzc1OTc4OTk-/Bauelemente_Bauteile/Aktive_Bauelemente/Displays/LCD_Modul_TC1602A_09.html

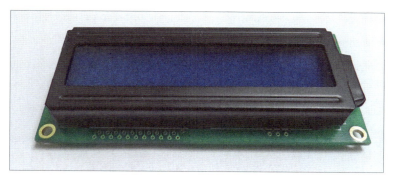

Abbildung 16.3 16 × 2-LCD-Modul von Pollin

Achten Sie beim Kauf eines 16 × 2-LCD-Moduls darauf, dass ein HD44780-Controller oder ein kompatibler Controller verbaut ist. Beim HD44780 handelt es sich um den im Modul vorhandenen Display-Controller, der die Befehle des Raspberry Pi in Zeichen auf dem Display umsetzt. Die beiden Modelle unter den aufgeführten Links können Sie fürdas Beispiel dieses Kapitel nutzen. Weiterhin finden Sie unter dem Stichwort *HD44780* auch etliche weitere Bezugsquellen im Internet.

Pin-Belegung

Das LCD-Modul verfügt über 16 Anschluss-Pins. Je nach Ausführung besitzt es bereits eine Stiftleiste. Die Pin-Belegung liest sich wie folgt:

- ▶ **Pin 1:** GND (VSS)
- ▶ **Pin 2:** PVCC 5 V (VCC)
- ▶ **Pin 3:** Kontrast (V0)
- ▶ **Pin 4:** Register Select (RS)
- ▶ **Pin 5:** Read/Write (R/W)
- ▶ **Pin 6:** Enable (E)
- ▶ **Pin 7:** Bit 0 – nicht benötigt (DB0)
- ▶ **Pin 8:** Bit 1 – nicht benötigt (DB1)
- ▶ **Pin 9:** Bit 2 – nicht benötigt (DB2)
- ▶ **Pin 10:** Bit 3 – nicht benötigt (DB3)
- ▶ **Pin 11:** Bit 4 (DB4)
- ▶ **Pin 12:** Bit 5 (DB5)
- ▶ **Pin 13:** Bit 6 (DB6)
- ▶ **Pin 14:** Bit 7 (DB7)
- ▶ **Pin 15:** Hintergrundbeleuchtung Anode (LED+)
- ▶ **Pin 16:** Hintergrundbeleuchtung Kathode (LED-)

16

Eine ausführlichere Beschreibung des Controllers finden Sie unter folgendem Link:

https://mikrocontroller.net/articles/HD44780

Der Anschluss an den Raspberry Pi benötigt insgesamt sechs freie GPIO-Pins zuzüglich 5 V und GND. Schließen Sie das Display so wie im Schaltplan dargestellt an (siehe Abbildung 16.4).

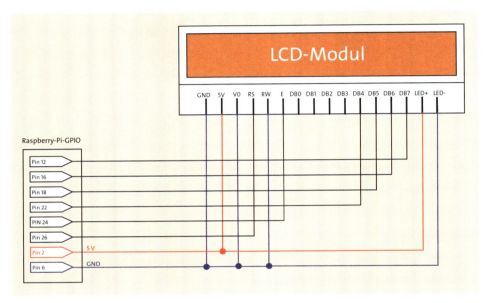

Abbildung 16.4 Anschluss des LC-Displays an den Raspberry Pi

Im Schaltplan liegt der Anschluss zur Kontrasteinstellung des Displays auf Masse. Alternativ können Sie vor diesen Anschluss ein Potenziometer schalten, um die Kontrasteinstellung des Displays anzupassen. Mit unserer Methode hat das Display immer vollen Kontrast und ist ideal zu lesen.

Vorsicht

Pin 5 (R/W) des Display-Moduls muss auf GND gelegt werden. Dadurch wird erzwungen, dass das Display lediglich Daten empfängt und keine sendet. Auch hier ist der Hintergrund wieder die zu hohe Versorgungsspannung von 5 V. Würden Daten gesendet werden, so geschähe dies mit einem 5-V-Pegel, der den Raspberry Pi schädigen könnte.

Programmierung

Zur Ansteuerung des Displays nutzen wir eine Python-Bibliothek von Adafruit. Diese ist perfekt auf das Display zugeschnitten und enthält alle nützlichen Funktionen, die für den Betrieb des Displays notwendig sind. Zur Installation führen Sie die folgenden Kommandos aus:

```
sudo pip3 install adafruit-charlcd
```

Damit sind bereits alle Voraussetzungen erfüllt, und Sie können beginnen das Display zu programmieren. In unserem kleinen Beispielprogramm werden das aktuelle Datum mit Uhrzeit und die CPU-Temperatur auf dem Display angezeigt:

```
#!/usr/bin/python3
import time
import subprocess
import Adafruit_CharLCD as LCD

# Raspberry-Pi-Pins
lcd_rs      = 7
lcd_en      = 8
lcd_d4      = 25
lcd_d5      = 24
lcd_d6      = 23
lcd_d7      = 18

# Zeilen und Spalten für ein 16 x 2 LC-Display
lcd_columns = 16
lcd_rows    = 2
lcd = LCD.Adafruit_CharLCD(lcd_rs, lcd_en, lcd_d4, lcd_d5,
                  lcd_d6, lcd_d7, lcd_columns, lcd_rows)
while True:
    zeit = time.strftime("%d.%b %H:%M:%S")
    temp=subprocess.Popen("/opt/vc/bin/vcgencmd measure_temp",
      shell=True, stdout=subprocess.PIPE).stdout.read()
    temp = (temp[5:9])
    lcd.message ("%s\nCPU-Temp: %s" %(zeit, float(temp)))
    time.sleep(5)
    lcd.home()
```

Passen Sie die Pins gemäß Ihrer Verdrahtung an. Die im Programm angegebenen Pins entsprechen auch unserer Verdrahtung. Beachten Sie, dass die Pins in der BCM-Bezeichnung angegeben sind. Das heißt, Pin 26 entspricht BCM 7 etc. Die Parameter haben die folgende Bedeutung:

▸ **lcd_rs:** entspricht Register Select (RS).
▸ **lcd_en:** entspricht Enable (E).
▸ **lcd_d4-7** steuert (von links nach rechts) Bit 4 bis Bit 7.

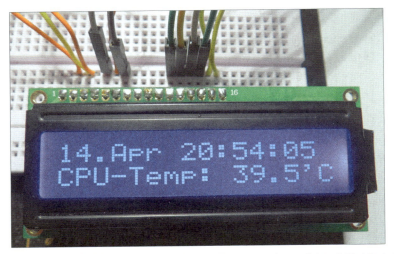

Abbildung 16.5 Die Ausgabe des Python-Beispielcodes auf dem LCD-Modul.
Die Anzeige wird alle fünf Sekunden aktualisiert.

Die Funktion lcd.message() stellt die übermittelten Werte als Zeichen auf dem Display dar (siehe Abbildung 16.5). Enthält der übermittelte Text den Newline-String \n, so findet dort ein Zeilenumbruch in die zweite Zeile des Displays statt.

lcd.home() setzt den Cursor des Displays wieder an den Anfang, sodass der gesamte Inhalt des LCD-Moduls alle fünf Sekunden überschrieben wird. Der Shell-Befehl für die Temperaturausgabe gibt die Temperatur als temp=35°C zurück. Für unsere Anzeige benötigen wir allerdings erst den Zahlenwert nach dem fünften Zeichen, also nach dem Zeichen = und bis zum neunten Zeichen. Das erledigt temp[5:9] im Programmcode.

Funktion	Bedeutung
lcd.clear()	Leert das komplette Display.
lcd.set_cursor(spalte,zeile)	Setzt den Cursor an die definierte Position.
lcd.enable_display(True/False)	Schaltet das Display ein oder aus.
lcd.blink(True/False)	Lässt den Text blinken.
lcd.show_cursor(True/False)	Zeigt den Cursor auf dem Display
lcd.move_left()	Scrollt den Text einer Zeile nach links.
lcd.move_right()	Scrollt den Text einer Zeile nach rechts.

Tabelle 16.1 Wichtige »lcd«-Funktionen

Die Bibliothek enthält noch weitere Funktionen, die nicht in unserem Programm zum Einsatz kamen (siehe Tabelle 16.1). Die Funktionen move_left() und move_right() erfordern eine spezielle Handhabung in Python. Damit Sie z. B. einen Text mit mehr als 16 Zeichen in einer Zeile als Laufschrift darstellen können, nutzen Sie eine for-Schleife:

```
text=("Viel zu langer Text fuer eine Zeile")
lcd.message (text)
for i in range (len(text) - 16):
    lcd.move_left()
    time.sleep(0.5)
```

GPIO-Leitungen sparen

Für gängige 16 × 2-LC-Displays gibt es sogenannte I^{2}C-Adapter. Dabei handelt es sich um Boards, auf die das Display aufgesteckt werden kann. Die Verbindung zum Raspberry Pi erfolgt danach nur noch über die I^{2}C-Leitungen. So halten Sie sich den Zugriff auf die sonst belegten GPIO-Pins frei. Unter dem Suchbegriff *I2C LCD Adapter* finden Sie im Internet weitere Informationen dazu.

16

16.3   PiTFT – Der Touchscreen für den Raspberry Pi

Der PiTFT von Adafruit ist ein kompakter 2,8-Zoll-Touchscreen für den Raspberry Pi. Das Display hat eine Auflösung von 320 × 240 Pixeln und lässt sich per Finger oder Eingabestift bedienen. Der PiTFT sitzt wie angegossen auf den B-Modellen des Raspberry Pi, wenn man ihn einmal auf die Steckerleiste gedrückt hat (siehe Abbildung 16.6).

Der PiTFT erschien zwar noch zu Zeiten des alten Raspberry-Pi-Layouts, passt jedoch auch problemlos auf die aktuellen Modelle 2 und 3 (siehe Abbildung 16.7). Isolieren Sie gegebenenfalls die USB- und LAN-Buchsen mit etwas Klebeband ab, da dort nun die Durchkontaktierungen des PiTFT aufliegen.

Die GPIO-Pins werden an einer weiteren Steckerleiste auf dem PiTFT wieder ausgeführt. Für den PiTFT werden die Anschlüsse SCK, MOSI, MISO, CEO, CE, GPIO 25 und GPIO 24 benötigt. Die übrigen Pins können so weiterhin zum Basteln verwendet werden. Zudem hat der PiTFT unterhalb des Displays Platz für vier Knöpfe, die allerdings separat gekauft werden müssen. Erwerben können Sie den PiTFT unter anderem bei Adafruit. Aber auch Amazon hat den Touchscreen gelegentlich im Sortiment.

https://adafruit.com/products/1601

Abbildung 16.6 Der PiTFT von Adafruit, auf das Modell B des Raspberry Pi 1 montiert

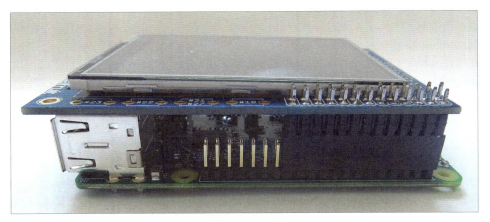

Abbildung 16.7 Der PiTFT passt problemlos auch auf den Raspberry Pi 3.

Als der Bildschirm neu auf den Markt kam, war es sehr aufwendig, ihn einzurichten. Mittlerweile bietet Adafruit zwei Möglichkeiten an, die das Einrichten des PiTFT ungemein erleichtern. Die erste Möglichkeit möchten wir zwar erwähnen, allerdings gehen wir nicht weiter auf sie ein. Sie beinhaltet das Installieren eines angepassten

Raspbian-Images, das Sie von der Adafruit-Seite herunterladen und auf Ihre SD-Karte kopieren können. Sofern Sie diese Möglichkeit bevorzugen, benötigen Sie keine weiteren Arbeitsschritte. Das Display ist mit dem Image direkt einsatzbereit. Adafruit stellt das Image unter folgendem Link zur Verfügung:

https://learn.adafruit.com/adafruit-pitft-28-inch-resistive-touchscreen-display-raspberry-pi

Bei der zweiten Möglichkeit passen Sie einige Kernelmodule mithilfe des *adafruit-pitft-helper* an. Dieses kleine Programm führt eine Menge Änderungen durch, die es ermöglichen, eine vorhandene Raspbian-Installation mit der Display-Unterstützung nachzurüsten. In den folgenden zwei Abschnitten beschreiben wir, wie Sie das Display zusammenbauen und montieren und dann den *adafruit-pitft-helper* installieren.

Der Zusammenbau

Geliefert wird der PiTFT ohne eingebaute Stift- und Buchsenleisten. Auch der eigentliche Bildschirm ist nicht befestigt. Das ist für den Zusammenbau aber auch gut so. Setzen Sie zuerst die mitgelieferte Buchsenleiste von unten in die Platine. Die Beinchen schauen oben raus, die schwarze Kunststoffbuchse zeigt vom Bildschirm nach unten weg. Löten Sie die Leiste nun ein. Klappen Sie den Bildschirm während des Lötens am besten zur Seite weg, um Hitzeschäden am Display zu vermeiden.

Achten Sie darauf, dass alle Pins sauber verlötet sind, damit auch der Kontakt zur zweiten Steckerleiste gegeben ist. Nun können Sie optional die zweite Stiftleiste einlöten. Diese führt wie erwähnt alle GPIO-Pins wieder nach außen. Stecken Sie die Leiste von unten in die Bohrungen an der rechten kurzen Seite der Leiterplatte. Auch diese 26 Pins verlöten Sie wieder sauber und prüfen sie anschließend auf Lotbrücken. Nun können Sie von unten z. B. eine Flachbandleitung anschließen, um die GPIO-Pins weiter zugänglich zu machen.

Ist das Löten abgeschlossen, ziehen Sie die Abdeckung der Klebefolien unter dem Display ab. Klappen Sie das Display auf die Leiterplatte, und richten Sie es anhand des aufgedruckten weißen Rahmens aus. Drücken Sie das Display vorsichtig fest. Lassen Sie am besten die Schutzfolie dort wo sie ist, und drücken Sie das Modul mit der Display-Seite nach unten auf einen sauberen Tisch.

Optional sind kleine Knöpfe für das Display verfügbar, die in die vier Kontakte unterhalb des Displays eingesetzt werden können. Falls Sie sie verwenden wollen, so löten Sie die Knöpfe ebenfalls vor dem Aufkleben des Displays ein. Folgender Link führt Sie zu den Knöpfen:

http://www.adafruit.com/product/1489

Jetzt können Sie den PiTFT bereits auf den Raspberry Pi stecken. Nach dem Einschalten des Mini-PCs leuchtet das Display weiß. Als nächster Arbeitsschritt ist nun die Integration in das Betriebssystem notwendig.

Die Einrichtung unter Raspbian

Fügen Sie mit folgendem Befehl die Quelle `apt.adafruit.com` zur Liste des Pakete-Index hinzu. Dadurch haben Sie Zugriff auf die benötigten Pakete:

```
curl -SLs https://apt.adafruit.com/add | sudo bash
```

Nun laden Sie die nötigen Pakete herunter und installieren diese. Dieser Vorgang dauert ein paar Minuten. Lassen Sie Ihrem Mini-PC ein wenig Zeit, um die Änderungen vorzunehmen. Sollte das Bild für eine Weile stocken, ist das kein Grund zur Panik.

```
sudo apt install raspberrypi-bootloader
sudo apt install adafruit-pitft-helper
```

Der folgende Befehl startet nun den `adafruit-pitft-helper`, fügt notwendige Device-Tree-Änderungen hinzu und nimmt noch einige Konfigurationen vor:

```
sudo adafruit-pitft-helper -t 28r
```

Sie werden nun gefragt, ob Sie die Textkonsole auf dem PiTFT sehen möchten und ob Sie GPIO 23 als An/Aus-Schalter verwenden möchten. Beide Optionen können Sie mit »Yes« oder »No« beantworten. Je nach geplantem Einsatz des PiTFT bleibt die Entscheidung Ihnen überlassen.

Laut der Adafruit-Webseite ist die Installation nun abgeschlossen. Wir haben allerdings die Erfahrung gemacht, dass Sie zwar die Konsole sehen können – sofern Sie diese Option vorab ausgewählt haben —, jedoch keinen X-Desktop. Um die Anzeige des Desktops auf das Display umzuleiten, erstellen Sie eine Konfigurationsdatei mit *nano*:

```
sudo nano /usr/share/X11/xorg.conf.d/99-pitft.conf
```

Füllen Sie die noch leere Datei mit folgendem Inhalt:

```
Section "Device"
  Identifier "Adafruit PiTFT"
  Driver "fbdev"
  Option "fbdev" "/dev/fb1"
EndSection
```

Nach einem Neustart können Sie mit `startx` den Desktop aurufen. Er wird auf dem PiTFT angezeigt. Alternativ können Sie in `raspi-config` den automatischen Boot auf den Desktop aktivieren. Eine Kalibrierung des Touchscreens ist nicht notwendig.

Erfahrene Nutzer möchten gegebenenfalls einen Blick hinter die Kulissen des *pitft-helper* werfen, um zu erfahren, welche Änderungen am Betriebssystem vorgenommen werden. Hierzu hat Adafruit eine detaillierte Anleitung veröffentlicht, die alle Änderungen aufzeigt:

https://learn.adafruit.com/adafruit-2-8-pitft-capacitive-touch/easy-install-2

Um die Schriftgröße und die Schriftart anzupassen, rufen Sie das Konfigurationsmenü auf:

```
sudo dpkg-reconfigure console-setup
```

Dort wählen Sie der Reihe nach:

▸ UTF8

▸ GUESS OPTIMAL CHARACTER SET (erkennt den optimalen Zeichensatz)

▸ z. B. TERMINUS (eine speziell für den Konsolenbetrieb optimierte Schriftart)

▸ 6X12 (FRAMEBUFFER ONLY)

Nach einer kurzen Wartezeit wird die neue Schriftart auf dem PiTFT angepasst und erscheint auch nach einem Neustart wieder.

Weiterführende Links

Die Anwendungsmöglichkeiten des PiTFT-Displays sind nahezu unerschöpflich. Auf einige Aspekte können wir hier aus Platzgründen nicht eingehen. Daher einige Leseempfehlungen:

▸ **WLAN-Kamera mit Touchscreen:**
  https://learn.adafruit.com/diy-wifi-raspberry-pi-touch-cam

▸ **Videos und Bilder auf dem PiTFT anzeigen:**
  https://learn.adafruit.com/adafruit-pitft-28-inch-resistive-touchscreen-display-raspberry-pi/playing-videos

▸ **Virtuelle Tastatur:**
  https://adafruit.com/blog/2014/02/28/from-the-forums-virtual-keyboard-for-pitft-raspberry_pi-piday-raspberrypi

▸ **Die Tasten des PiTFT nutzen:**
  http://3bm.de/2014/01/12/adafruit-pitft-buttons-mit-python-ansteuern

▸ **Hintergrundbeleuchtung steuern und Power-Button einrichten:**
  https://learn.adafruit.com/adafruit-pitft-28-inch-resistive-touchscreen-display-raspberry-pi/extras

16

16.4   Kfz-Rückfahrmonitore

Neben den Displays, die via GPIO oder HDMI angeschlossen werden, bietet auch der Composite-Ausgang des Raspberry Pi die Möglichkeit zur Bildübertragung. Es gibt sehr günstige Bildschirme, die diesen Anschluss unterstützen (siehe Abbildung 16.8). Sie können aber auch Kfz-Rückfahrmonitore zweckentfremden. Diese sind in vielen Größen – von 3 Zoll bis teilweise 10 Zoll – verfügbar. Der Anschluss erfolgt direkt an die gelbe RCA-Buchse des Raspberry Pi. Für die Verbindung benötigen Sie ein Male/Male-Cinch-Kabel, wie z. B. dieses:

https://www.amazon.de/dp/B00005UP6N

Abbildung 16.8 Darstellung des Raspbian-Desktops auf einem 3,5-Zoll-TFT-Monitor ohne optimierte Darstellung

Spezialkabel für aktuelle Raspberry-Pi-Modelle

Ab dem Modell RPi1 B+ besitzt der Raspberry Pi keine Cinch-Buchse mehr. Sie benötigen ein spezielles Kabel für die kombinierte Audio- und Video-Buchse. Beachten Sie auch die Belegung der Ringe des Klinkensteckers. Weitere Infos finden Sie unter folgendem Link:

http://raspberrypi-spy.co.uk/2014/07/raspberry-pi-model-b-3-5mm-audiovideo-jack

Bei Amazon finden Sie ein geeignetes Kabel z. B. unter dem folgenden Link oder mit dem Suchbegriff *Audio-Video-Kabel für Raspberry Pi 3*:

https://www.amazon.de/dp/B00NTBHRBC

Zur Stromversorgung benötigen diese Monitore allerdings meist die im Fahrzeug üblichen 12 V. Daher ist für den Betrieb in der Regel in externes Netzteil notwendig. Die Raspberry-Pi-Community hatte jedoch bereits einige Ideen, wie man diese Monitore von 12 V auf 5 V umbauen kann. Hierzu ist es notwendig, den Bildschirm zu öffnen und den internen Spannungsregler zu überbrücken oder zu entfernen. Er regelt die vorgesehene 12-V-Eingangsspannung intern auf 5 V. Wird das Bauteil überbrückt, so kann der Monitor direkt mit 5 V betrieben werden.

Mit dieser Maßnahme ist es möglich, dass sich der Raspberry Pi und der Monitor ein Netzteil teilen. Noch viel praktischer wird es, wenn Sie einen USB-Stecker an die neue 5-V-Versorgungsleitung löten. So ist es sogar möglich, diese Monitore über die USB-Buchsen des Minicomputers zu versorgen.

Bedenken Sie aber, dass durch das Öffnen der Monitore jegliche Garantie verloren geht. Auch der Umgang mit dem Lötkolben sollte Ihnen vertraut sein, da die Gefahr besteht, den Monitor komplett zu zerstören. Möchten Sie allerdings einen Versuch wagen, so stehen Ihnen zahlreiche Anleitungen zur Auswahl, die sich je nach verwendetem Modell unterscheiden:

▶ *https://raspberrypi.org/forums/viewtopic.php?f=41&t=17651&*
   sid=98b66f0306c76660eae73624793ccd22

▶ *http://elektronx.de/tutorials/43-tft-monitor-am-raspberry-pi-nutzen-*
   und-auf-usb-versorgung-umbauen

Bei einer normalen Raspbian-Installation wird das Bild entweder direkt über die Composite-Buchse oder über den HDMI-Ausgang ausgegeben werden – je nachdem, ob ein HDMI-Monitor erkannt wird. Sobald also ein HDMI-Kabel eingesteckt ist, wird kein Bild über den Composite-Ausgang ausgegeben. Um den Composite-Ausgang zu testen, schließen Sie dort einen Monitor an und lösen dann das HDMI-Kabel.

16

Beachten Sie, dass bei vielen Monitormodellen der Monitor erst aktiviert wird, wenn er ein Videosignal erhält. Die Versorgungsspannung allein reicht meist nicht aus, um den Monitor einzuschalten.

Sollten Sie trotzdem kein Bild bekommen, versuchen Sie, den Composite-Ausgang manuell zu aktivieren: Haben Sie eine Installation mit NOOBS vorgenommen, so halten Sie beim Bootvorgang die ⌂-Taste gedrückt. Drücken Sie danach die Taste ③ für PAL oder ④ für NTSC. Beide Tasten aktivieren den Composite-Ausgang.

Eine dauerhafte Lösung besteht darin, die Datei /boot/config.txt in einem Editor zu verändern. Dort suchen Sie die Zeile hdmi_force_hotplug=1 und kommentieren diese durch ein vorangestelltes #-Zeichen aus.

Bei einer NOOBS-Installation befindet sich am Ende der Datei der Block # NOOBS Auto-generated Settings. Die gesuchte Zeile befindet sich in diesem Block. Die Änderung wird nach einem Neustart wirksam.

```
# Datei /boot/config.txt
...
# der folgenden Zeile muss ein #-Zeichen vorangestellt werden
# hdmi_force_hotplug=1
```

Darstellung optimieren

Sobald der Bildschirm angeschlossen ist und der Raspberry Pi ein Bild liefert, ist der Monitor bereits funktionsfähig. Die Darstellung ist allerdings alles andere als optimal. Besonders der Text in der Shell lässt sich bei kleinen Modellen nur schwer lesen. Das können Sie ändern, indem Sie ein paar kleine Einstellungen vornehmen. Öffnen Sie dazu das Konfigurationsmenü mit:

```
sudo dpkg-reconfigure console-setup
```

Im ersten Schritt wählen Sie die Option UTF-8. Im nächsten Bildschirm entscheiden Sie sich für Vermutlich optimaler Zeichensatz bzw. Guess optimal character set.

Daraufhin wählen Sie VGA aus und im folgenden Menü den Punkt 16 × 28 (nur Framebuffer).

Nach einem Neustart bietet die Anzeige eine deutlich größere Schriftart, was das Lesen auf kleinen Monitoren ungemein erleichtert (siehe Abbildung 16.9 bis Abbildung 16.13).

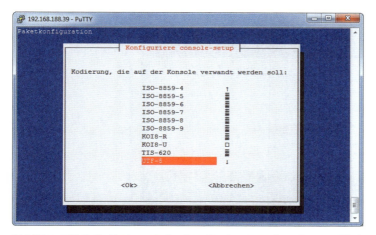

Abbildung 16.9 Optimierung der Anzeige in »console-setup« – Schritt 1

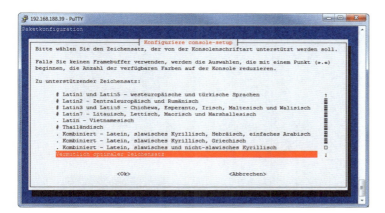

Abbildung 16.10 Optimierung der Anzeige in »console-setup« – Schritt 2

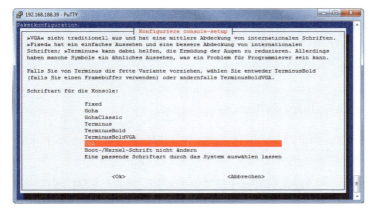

Abbildung 16.11 Optimierung der Anzeige in »console-setup« – Schritt 3

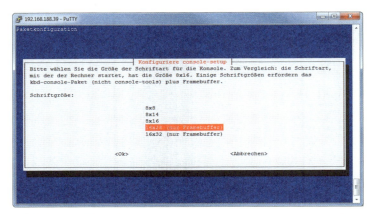

Abbildung 16.12 Optimierung der Anzeige in »console-setup« – Schritt 4

Abbildung 16.13 Anzeige auf einem 3,5-Zoll-TFT-Monitor mit optimierter Darstellung

16.5   Das offizielle Raspberry-Pi-Touchdisplay

Im September 2015 erschien endlich das lang ersehnte DSI-Display für den Raspberry Pi. Das Display nutzt nun erstmals den DSI-Port der Raspberry-Pi-Platine.

Die technischen Eckdaten des rund 70 EUR teuren Geräts machen einen guten Eindruck:

- ▶ 7-Zoll-Touchdisplay
- ▶ Anschluss via DSI-Flachbandleitung
- ▶ 800 × 480 bei 60 Hz
- ▶ 24-Bit-Farben
- ▶ FT5406 10-Punkt-Kapazitiv-Touchscreen
- ▶ 70-Grad-Betrachtungswinkel
- ▶ Metallrückseite mit Befestigungslöchern für den Raspberry Pi
- ▶ Abmessungen der sichtbaren Bildschirmfläche: 155 mm × 86 mm
- ▶ Gesamtabmessung inklusive Rand: 194 mm × 110 mm × 20 mm
- ▶ Stromverbrauch: 2,25 Watt

Abbildung 16.14 Der X-Desktop mit virtueller Touch-Tastatur

Installation

Durch die vier Montagelöcher auf der Rückseite des Displays ist es möglich, jedes Raspberry-Pi-Modell mit dem Layout A und B (ausgenommen Raspberry Pi Zero) unter den Monitor zu schrauben. Das mitgelieferte DSI-Kabel stecken Sie nun jeweils in den DSI-Port des Displays und des Raspberry Pi. Achten Sie auf die richtige Orientierung des Kabels.

Zum Betrieb der Touch-Funktionen verbinden Sie noch die Display-Pins 5V, GND, SDA und SCL mit den äquivalenten Pins am Raspberry Pi. In oben genannter Reihenfolge sind dies die physischen GPIO-Pins 2, 6, 3 und 5 (siehe Abbildung 16.15). Damit haben Sie auch bereits alle nötigen Schritte für die Einrichtung des Displays durchgeführt.

Stecken Sie das Micro-USB-Kabel nun in den Micro-USB-Port der Display-Steuerplatine. Dadurch werden der Raspberry Pi und das Display mit Strom versorgt. Achten Sie darauf, dass Sie für den Betrieb ein stärkeres Netzgerät benötigen. Die offizielle Webseite empfiehlt ein USB-Netzteil mit 5 V Ausgangsspannung und einer Strombelastbarkeit von mindestens 2 A.

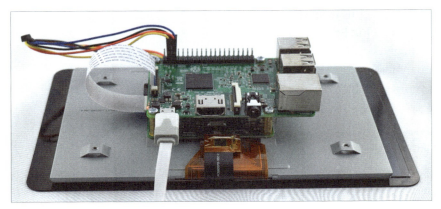

Abbildung 16.15 Der Raspberry Pi 3 wurde hinter das Touchdisplay geschraubt.

Führen Sie nun am Raspberry Pi ein Update und Upgrade durch. Nach einem Neustart wird das Display automatisch erkannt und genutzt:

```
sudo apt update
sudo apt full-upgrade
sudo reboot
```

Ohne weitere Einrichtung zeigt das Display nun entweder die bash-Konsole an oder auch den X-Desktop, den Sie mit startx aufrufen können. Im X-Desktop ist bereits die Touch-Funktion aktiv und kalibriert. Die Eingaben per Zeigefinger funktionieren leicht und präzise.

Möchten Sie eine virtuelle Tastatur im X-Desktop nutzen, so installieren Sie die entsprechenden Pakete manuell nach:

```
sudo apt install matchbox-keyboard
```

Sie finden die Software-Tastatur nun im Startmenü unter ACCESSORIES (siehe Abbildung 16.14).

Einige weitere Hinweise und Tipps finden Sie auf der offiziellen Raspberry-Pi-Webseite:

https://raspberrypi.org/blog/the-eagerly-awaited-raspberry-pi-display

Eine eigene Grafikoberfläche

So mancher Bastler wünscht sich sicher eine eigene grafische Oberfläche auf dem Touchsreen. Mit dem DSI-Display und der Python-Erweiterung *Kivy* ist das kein Hexenwerk. Wir zeigen Ihnen hier ein kleines Beispielprogramm, mit dem Sie zwei LEDs ein- und ausschalten können. Dieses Grundgerüst können Sie auf Ihre Anwendung übertragen. Sensoren, Motoren oder Software-Aktionen können dann per Fingertipp gesteuert werden. Wenn Sie das Programm von uns testen möchten, so schließen Sie vorab je eine LED an die GPIO-Pins 13 und 15 an (entspricht den Kontakten BCM 27 und BCM 22).

Zuerst installieren Sie Kivy. Dazu ist eine Reihe von Paketen notwendig. Installieren Sie alle unten aufgeführten Pakete. Die Installation nimmt einige Zeit in Anspruch.

```
sudo apt update
sudo apt install libsdl2-dev libsdl2-image-dev
  libsdl2-mixer-dev libsdl2-ttf-dev
  pkg-config libgl1-mesa-dev libgles2-mesa-dev
  python-setuptools libgstreamer1.0-dev git-core
  gstreamer1.0-plugins-{bad,base,good,ugly}
  gstreamer1.0-{omx,alsa} python-dev cython
```

Kivy ist komplett Python-3-tauglich. Für die Installation in Python 3 führen Sie folgenden Befehl aus. (Für die Installation in Python 2.x nutzen Sie pip statt pip3.)

```
sudo pip3 install git+https://github.com/kivy/kivy.git@master
```

Im nächsten Schritt erstellen Sie eine neue Python-Datei mit dem Namen touch.py:

```
#!/usr/bin/python3
import kivy
kivy.require('1.0.6')    # Ersetzen Sie durch Ihre Kivy-Version

from kivy.app import App
from kivy.uix.togglebutton import ToggleButton
from kivy.uix.boxlayout import BoxLayout
import RPi.GPIO as GPIO

GPIO.setmode(GPIO.BCM)
ledPin1 = 27    # BCM 27 = Pin 13
ledPin2 = 22    # BCM 22 = Pin 15

GPIO.setup(ledPin1, GPIO.OUT)
GPIO.setup(ledPin2, GPIO.OUT)
GPIO.output(ledPin1, GPIO.LOW)
GPIO.output(ledPin2, GPIO.LOW)
```

16

```python
# Die Funktion von Button 1 wird definiert.
def led1(obj):
    if obj.state == "down":
        GPIO.output(ledPin1, GPIO.HIGH)
    else:
        GPIO.output(ledPin1, GPIO.LOW)


# Die Funktion von Button 2 wird definiert.
def led2(obj):
    if obj.state == "down":
        GPIO.output(ledPin2, GPIO.HIGH)
    else:
        GPIO.output(ledPin2, GPIO.LOW)


class MyApp(App):
    def build(self):
        # Button 1 wird als Toggle-Button ausgeführt und mit der
        # Funktion led1() verknüpft. Gleiches gilt für Button 2.
        button1 = ToggleButton(text="GPIO27")
        button1.bind(on_press=led1)

        button2 = ToggleButton(text="GPIO22")
        button2.bind(on_press=led2)

        # Die beiden Buttons werden dem Layout hinzugefügt.
        layout = BoxLayout(orientation='vertical')
        layout.add_widget(button1)
        layout.add_widget(button2)

        return layout

# Benutzeroberfläche starten
if __name__ == '__main__':
    MyApp().run()
```

Starten Sie nun das Programm mit `python3 touch.py`. Sie werden feststellen, dass das Programm nicht auf Ihre Berührungen des Displays reagiert. Das ist an diesem Punkt noch ganz normal.

Durch das einmalige Starten des Programms erstellt Kivy eine Konfigurationsdatei. Sollten Sie das Programm als Root-User oder mit `sudo` starten, so befindet sich die Datei in `/root/.kivy/config.ini`. Haben Sie das Programm als Pi-User ausgeführt, so finden Sie die `config.ini` unter `/home/pi/.kivy/config.ini`.

Achten Sie darauf, dass es sich bei dem Ordner `.kivy` um einen versteckten Ordner handelt, den Sie mit einem Dateibrowser möglicherweise nicht sehen. Aktivieren Sie die Ansicht von versteckten Dateien in Ihrem Dateibrowser.

Wenn Sie direkt am Terminal arbeiten, können Sie den folgenden Schritt mit nano erledigen. Öffnen Sie dazu die entsprechende Konfigurationsdatei:

```
sudo nano /home/pi/.kivy/config.ini
```

Löschen Sie nun alles im Bereich [Input], und ersetzen Sie die gelöschten Zeilen durch die folgenden:

```
mouse = mouse
mtdev_%(name)s = probesysfs,provider=mtdev
hid_%(name)s = probesysfs,provider=hidinput
```

Speichern Sie die Datei, und starten Sie das Python-Programm erneut. Nun sollten Sie per Fingerdruck die LEDs an den GPIO-Pins 13 und 15 steuern können (siehe Abbildung 16.16).

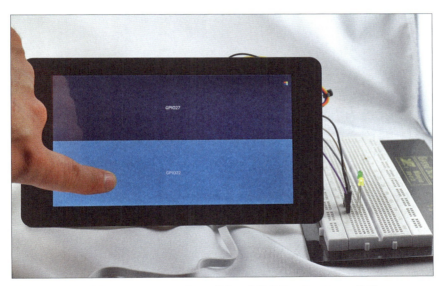

Abbildung 16.16 Steuerung von LEDs auf dem 7-Zoll-Touchscreen mit Kivy

Die Bibliothek von Kivy ist derart umfangreich, dass wir uns hier auf ein Minimum beschränkt haben. Sie haben unzählige Möglichkeiten zur Gestaltung Ihrer Bedienoberfläche. Die folgenden Links helfen Ihnen dabei, sich in Kivy einzuarbeiten:

▶ *https://kivy.org/docs/gettingstarted/intro.html*
▶ *https://github.com/mrichardson23/rpi-kivy-screen*

16

16.6   OLED-Display SSD1306

Nach dem großen Touchscreen möchten wir Ihnen noch ein ganz kleines Display vorstellen. Falls Sie nur wenige Informationen auf kleinem Bauraum darstellen möchten,
ist das *OLED-Display SSD1306* eine sehr gute Wahl. Die Maße des Displays betragen
in etwa 25 mm in der Höhe und 27 mm in der Breite. Die Tiefe ist mit knapp 3 mm
bemessen. Beachten Sie, dass dieses Display von unterschiedlichen Anbietern hergestellt wird. Je nachdem, wie der Hersteller die darunterliegende Leiterkarte gestaltet
hat, können die Gesamtmaße des Displays leicht abweichen.

Generell sollten mit dieser Anleitung jedoch alle Displays nutzbar sein, die Sie unter
dem Suchbegriff *OLED-Display SSD1306* im Internet finden. Je nach Plattform und
Anbieter liegt der Preis zwischen 3 EUR und 10 EUR. Eine gängige Größe ist ein 0,96-
Zoll-Display mit einer Auflösung von 128 × 64 Pixeln. Sie werden hier zwei Versionen
finden: Displays mit I^2C-Schnittstelle oder mit SPI-Schnittstelle. Wir beschränken uns
hier auf die I^2C-Schnittstelle. Eine Anleitung für das SPI-Display finden Sie z. B. auf
Adafruit.com:

*https://learn.adafruit.com/ssd1306-oled-displays-with-raspberry-pi-and-beaglebone-
black/overview*

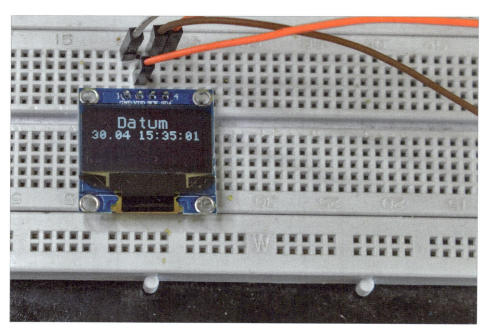

Abbildung 16.17 Das kleine OLED-Display auf einem Breadboard

Beginnen Sie mit der Verdrahtung, und verbinden Sie die Pins des Displays wie folgt mit dem Raspberry Pi:

▸ GND an Pin 6 (GND)

▸ VDD oder Vin an Pin 1 (3,3 V)

▸ SDK oder SCL an Pin 5 (SCL)

▸ SDA an Pin 3 (SDA)

Damit ist die Verdrahtung bereits abgeschlossen, und Sie können sich der Software widmen. Wir nutzen hier wieder die beste verfügbare Python-Bibliothek aus der Adafruit-Code-Sammlung.

Installieren Sie zunächst einige grundlegende Pakete. In der Regel sind diese in der aktuellen Version von Raspbian Stretch enthalten. Falls Sie die Light-Version nutzen, sollten Sie die Pakete jedoch manuell installieren.

```
sudo apt update
sudo apt install build-essential python-dev python-pip
sudo pip install RPi.GPIO
sudo apt install python-imaging python-smbus
```

Danach laden Sie die Python-3-taugliche Python-Bibliothek herunter:

```
sudo apt install git
git clone https://github.com/adafruit/Adafruit_Python_SSD1306.git
cd Adafruit_Python_SSD1306
sudo python3 setup.py install
```

Nun sind alle Vorkehrungen getroffen, und Sie können damit beginnen, das Display anzusteuern. In unserem Beispielcode stellen wir abwechselnd folgende Infos dar:

▸ CPU-Temperatur

▸ das aktuelle Datum

▸ die erste Schlagzeile des englischen BBC-Feeds in Laufschrift

Zur Anzeige des News-Feeds benötigen Sie noch die Bibliothek feedparser. Diese können Sie einfach mit pip3 install feedparser nachinstallieren.

```python
#!/usr/bin/python3
# Datei oled.py
import time
import Adafruit_SSD1306
from PIL import Image
from PIL import ImageDraw
from PIL import ImageFont
import subprocess
import feedparser
```

```
# Pin-Konfiguration
RST = 24

# 128x64-I2C-Display
disp = Adafruit_SSD1306.SSD1306_128_64(rst=RST)

# Display initialisieren
disp.begin()

# leeres Bild erzeugen
width = disp.width
height = disp.height
image = Image.new('1', (width, height))
draw = ImageDraw.Draw(image)

# Konstanten zum Zeichnen definieren
padding = 2
shape_width = 0
top = padding
bottom = height-padding
x=0

# Schriften laden
font = ImageFont.load_default()
fontN = ImageFont.truetype('VCR_OSD_MONO_1.001.ttf', 16)
fontH = ImageFont.truetype('VCR_OSD_MONO_1.001.ttf', 20)

def news():
    n = feedparser.parse('http://feeds.bbci.co.uk/news/rss.xml')
    headline = n['entries'][0]['title']
    x = 0

    for c in enumerate(headline):
        print (c)
        draw.rectangle((0, 0, width, height), outline=0, fill=0)
        draw.text((32, top), "NEWS",  font=fontH, fill=255)
        draw.text((x, 20), headline,  font=fontN, fill=255)
        x-=10
        disp.image(image)
        disp.display()
        time.sleep(.05)
```

```
def text(x, head, txt):
    draw.rectangle((0,0, width, height), outline=0, fill=0)
    draw.text((30, top), str(head), font=fontH, fill=255)
    draw.text((x, 20), str(txt), font=fontN, fill=255)
    disp.image(image)
    disp.display()

while True:
    zeit = time.strftime("%d.%m %H:%M:%S")
    temp = subprocess.Popen("/opt/vc/bin/vcgencmd measure_temp",
      shell=True, stdout=subprocess.PIPE).stdout.read()
    temp = (temp[5:9])
    temp = temp.decode("utf-8")

    text(24, "CPU-Temp ", temp)
    time.sleep(2)
    text(x, "Datum ", zeit)
    time.sleep(2)
    news()
    time.sleep(2)
```

Die von uns gewählten Schriftarten müssen Sie vorab herunterladen. Eine gute Seite für freie Schriftarten ist *http://dafont.com/de*. Laden Sie dort eine `ttf`-Datei herunter, speichern Sie diese im gleichen Ordner wie Ihr Python-Programm, und passen Sie die entsprechende Codezeile an:

```
fontN = ImageFont.truetype('/Pfad zu Ihrer/TTF-Datei.ttf', 16)
```

Damit können Sie verschiedene Schriftarten und -größen definieren und diese gleichzeitig darstellen (siehe Abbildung 16.18). Bei unserem Newsfeed nutzen wir beispielsweise für die Überschrift und die eigentliche Nachricht zwei unterschiedliche Schriftgrößen (`fontN` und `fontH`).

Speichern Sie den Code unter `oled.py`, und starten Sie das Programm mit `python3 oled.py`.

Verschiedene Display-Größen

Die Python-Bibliothek unterstützt verschiedene Display-Größen. Diese müssen Sie zu Beginn des Codes gegebenenfalls anpassen. Die jeweils notwendige Codezeile finden Sie bei Adafruit in einer Übersicht:

https://learn.adafruit.com/ssd1306-oled-displays-with-raspberry-pi-and-beaglebone-black/usage

Unser Code setzt eine Display-Größe von 128 × 64 Pixeln voraus.

Abbildung 16.18 Das OLED-Beispielprogramm wechselt zwischen drei Anzeige-Modi für das Datum, die CPU-Temperatur und die News-Anzeige

16.7 PaPiRus – Das E-Paper-Display

Zu guter Letzt stellen wir Ihnen ein Display für den Raspberry Pi Zero vor. Es hört auf den Namen *PaPiRus Zero* und ist ein wirklich tolles E-Paper-Display (auch E-Ink-Display). Die Anzeige hat eine Größe von 1,4 Zoll und hat die gleichen Abmaße wie der Raspberry Pi Zero. Das Display gibt es ebenfalls in einer 2,7-Zoll-Ausführung für Raspberry-Pi-Modelle der B-Bauform.

Das Besondere an PaPiRus ist die ePaper-Technologie. Genau wie die Displays von E-Readern (Lesegeräte für elektronische Bücher) benötigt PaPiRus nur sehr wenig Strom. Die Anzeige benötigt immer nur dann ein wenig Strom, sobald sich die Pixel, also das angezeigte Bild auf dem Display ändern. Ein einmal angezeigter Text bleibt auch im spannungsfreien Zustand erhalten.

Im Umkehrschluss bedeutet das allerdings, dass E-Paper-Displays sehr langsame Bildwiederholungsraten haben. So können keine Animationen oder flüssige Bewegungen dargestellt werden. Ein komplettes Update der Anzeige dauert gut und gerne ein bis zwei Sekunden.

Ein vollständiges Update bedeutet in diesem Fall, dass das Display alle Pixel zurücksetzt, indem es zunächst komplett schwarz und danach weiß wird. Daraufhin wird dann das neue Bild angezeigt. Darüber hinaus gibt es jedoch auch eine Möglichkeit, nur einzelne Pixel zu aktualisieren, was deutlich schneller funktioniert, aber nur begrenzt möglich ist. In unserem Beispielprogramm werden wir Ihnen beide Varianten vorstellen.

Zu erwähnen sind auch die fünf physischen Knöpfe, die sich unterhalb des Displays befinden und nach dem Aufstecken des Displays direkt mit den passenden GPIO-Pins verbunden sind.

Abbildung 16.19 PaPiRus hat die gleichen Abmaße wie der Raspberry Pi Zero.

Pin-Leiste umdrehen

Da PaPiRus die komplette Stiftleiste belegt, haben Sie nach dem Aufstecken des Displays keinen Zugriff mehr auf die GPIO-Pins. Wir haben daher die J8-Stiftleiste des Raspberry Pi Zero umgedreht, sodass die lange Stiftseite auf der Unterseite des Raspberry Pi herausschaut. So haben wir noch die Möglichkeit, z. B. Jumperwires aufzustecken (siehe Abbildung 16.20).

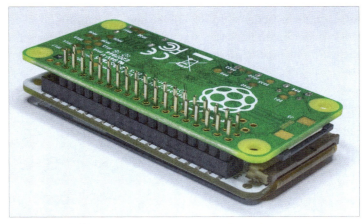

Abbildung 16.20 Durch das Umdrehen der Pin-Leiste behalten Sie auch mit PaPiRus Zugriff auf die GPIO-Pins.

Eine gute Produktvorstellung beider Varianten finden Sie auf *Adafruit.com*:

https://adafruit.com/product/3335

Sie können die Displays auch bei Adafruit kaufen. Da die Lieferung aus den USA kommen wird, sind jedoch die Versandkosten und die Versandzeit nicht zu unterschätzen. Alternative Bezugsquellen sind PiSupply (Großbritannien) oder gelegentlich Amazon. Das Display kostet knapp 40 EUR.

https://www.pi-supply.com/product/papirus-zero-epaper-screen-phat-pi-zero
https://www.amazon.de/PaPiRus-Zero-ePaper-eInk-Supply/dp/B01N3PFM8K

Wir haben uns in diesem Abschnitt für das PaPiRus Zero für den Raspberry Pi Zero (W) entschieden. Das kleine Display passt wie angegossen auf den Mini-PC. Durch die integrierte Buchsenleiste ist keinerlei Verdrahtungsarbeit nötig.

Stecken Sie das Display einfach auf den Raspberry Pi Zero, und installieren Sie die dazugehörige Software. Ein simpler Curl-Befehl bündelt alle notwendigen Maßnahmen, die zur Installation notwendig sind. Dazu gehören die Einrichtung der I^{2}C-Schnittstelle sowie die Installation von `git`, `smbus`, `i2c-tools`, `python-imaging` und der Python-Bibliothek `PaPiRus`.

```
curl -sSL https://pisupp.ly/papiruscode | sudo bash
```

Sie werden während der Installation nach der Display-Größe gefragt. Wenn Sie *PaPiRus Zero* nutzen, dann wählen Sie `1.44"`. Sollte dies bei Ihnen nicht funktionieren, so können Sie die notwendigen Schritte auch manuell durchführen. Die Erläuterung dazu finden Sie auf dem PaPiRus-GitHub-Seite:

https://github.com/PiSupply/PaPiRus

Mit dem neusten Update der `PaPiRus`-Bibliothek wurde diese Python-3-fähig gemacht. Es werden aber immer noch viele Updates an der Bibliothek vorgenommen. Werfen Sie daher immer mal wieder einen Blick in die offenen Punkte unter `Issues` im GitHub-Repository. Dort wird regelmäßig an Problemen und Nutzerwünschen gearbeitet.

Das nun folgende Programm `papirus.py` stellt wieder die CPU-Temperatur, das aktuelle Datum mit Uhrzeit, die IP-Adresse sowie den Hostnamen dar. Zudem erscheint ein kleines Raspberry-Pi-Logo auf dem Display.

```python
#!/usr/bin/env python3
# Datei: PaperDisplay.py

from papirus import Papirus
import subprocess
import RPi.GPIO as GPIO
import time
```

```
import socket
from PIL import Image
from PIL import ImageFont
from PIL import ImageDraw

# Tastenbelegung (BCM)
SW1 = 21
SW2 = 16
SW3 = 20
SW4 = 19
SW5 = 26

# GPIO-Setup
GPIO.setmode(GPIO.BCM)
GPIO.setup(SW1, GPIO.IN)
GPIO.setup(SW2, GPIO.IN)
GPIO.setup(SW3, GPIO.IN)
GPIO.setup(SW4, GPIO.IN)

# Die Darstellung auf dem Bildschirm kann rotiert werden.
# Werte 0,90,180,270
screen = Papirus(rotation = 180)

# Daten aufbereiten
def InfoData():
    Datum = time.strftime("%d.%m %H:%M:%S")
    temp = subprocess.Popen("/opt/vc/bin/vcgencmd measure_temp",
      shell=True,
      stdout=subprocess.PIPE).stdout.read()
    temp = (temp[5:9])
    temp = temp.decode("utf-8")
    hostname = socket.gethostname()
    ip = subprocess.Popen("hostname -I",
                          shell=True,
                          stdout=subprocess.PIPE).stdout.read()
    ip = ip.decode("utf-8")

# Bild bearbeiten und Hintergrund bearbeiten
    hg =Image.open("RPiLogo.bmp")
    draw = ImageDraw.Draw(hg)
    font = ImageFont.truetype("FreeMonoBold.ttf", 15)
    draw.text((0, 5), Datum, (0, 0, 0), font=font)
    draw.text((0, 20), str(ip[:-1]), (0, 0, 0), font=font)
    draw.text((0, 35), "CPU-Temp: %s*C" % (str(temp)),
              (0, 0, 0), font=font)
```

16

```
        draw.text((0, 50), "Hostname: %s" %(hostname),
                  (0, 0, 0), font=font)
        hg.save("hg.bmp")

# Bild darstellen
    screen.display(hg)
    screen.partial_update()
    return

# Taster 1: komplette Aktualisierung
def Refresh(pin):
    screen.update()

# Interrupt festlegen
GPIO.add_event_detect(SW1, GPIO.RISING, callback=Refresh,
                      bouncetime = 100)

while True:
    InfoData()
    time.sleep(1)
```

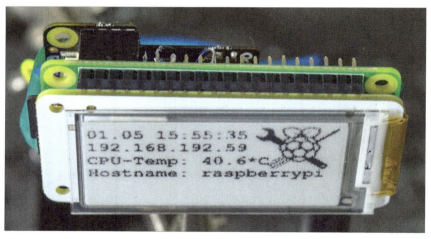

Abbildung 16.21 So haben Sie die Daten des Raspberry Pi immer im Blick.

Zum besseren Verständnis gehen wir die wichtigsten Funktionen noch einmal im Detail durch. Der Kopfbereich des Programms importiert die notwendigen Bibliotheken, legt die Pins der Taster des Displays fest und richtet den GPIO-Modus ein.

Die Funkion InfoData() stellt die Hauptanzeige dar (siehe Abbildung 16.22). Im ersten Abschnitt werden die erforderlichen Daten beschafft und in Variablen hinterlegt.

Der mittlere Teil stellt die Bildbearbeitung dar. Die PaPiRus-Bibliothek bietet mehrere Möglichkeiten, um Text und Bilder darzustellen.

Abbildung 16.22 Das Basis-Hintergrundbild. Der Text wird durch den Python-Code hinzugefügt.

`hg =Image.open("RPiLogo.bmp")` lädt eine *.bmp-Datei, die wir zuvor am PC mit einem Bildbearbeitungsprogramm erstellt haben. Die Maße des Bildes müssen genau 200 × 96 Pixel betragen, da dies der Auflösung des Displays entspricht. Anderenfalls werden Sie eine Fehlermeldung erhalten. Das Bild beinhaltet bisher nur das Raspberry-Pi-Logo. Den Text zeichnen wir nun mit

```
draw.text((PosX, PosY),Text,(R,G,B),font=Schriftart)
```

in das Bild. Da PaPiRus monochrom ist, können Sie als Schriftfarbe (`R,G,B`) nur (`0,0,0`) für Schwarz und (`255,255,255`) für Weiß einsetzen. Die Schriftart laden Sie vorab von *http://dafont.com/de* herunter und geben einen absoluten Pfad an:

```
// Schriftgröße 15 Punkt
Font = ImageFont.truetype("/home/pi/FreeMonoBold.ttf", 15)
```

Bild rotieren

In der vorigen Auflage dieses Buches mussten wir noch über Umwege das Hintergrundbild rotieren, um es an die Orientierung des Displays anzupassen. Mittlerweile haben die Entwickler der Bibliothek den Code nachgebessert und die Lage des Displays kann von Beginn an definiert werden. Nutzen Sie dafür die Zeile `screen = Papirus(rotation = 180)`. Zulässige Werte für die Rotation sind 0, 90, 180 und 270 Grad.

Das Bild wird nun gespeichert und mit `screen.display(hg)` in den Puffer geladen. Erst mit dem Aufruf von `screen.partial_update()` wird der Pufferinhalt auf dem Display dargestellt.

Wir haben zudem den Taster 1 des Displays mit einer Aktualisierungsfunktion belegt. Dadurch erhält das Display eine fehlerfreie und klare Anzeige, wenn Sie auf den Taster drücken. Dazu müssen Sie wissen, dass die Methode `partial_update()` nur die Pixel aktualisiert, die sich im Vergleich zum vorigen Bild verändert haben. Das geht zwar schnell, hinterlässt jedoch auch leichte Spuren der alten Pixel. So werden Sie nach einigen Minuten merken, dass die Sekundenstelle der Uhrzeit immer undeutlicher und verwaschener wirkt. Dagegen hilft es, den Taster 1 zu drücken: Die Anzeige wird mit dem Aufruf von `screen.update()` wieder klar.

Sie finden die Bibliothek auf GitHub unter folgendem Link:

https://github.com/PiSupply/PaPiRus

Dort finden Sie noch weitere Methoden, um auch Schriften ohne Bildbearbeitung anzeigen zu lassen. Die Beispiele dort sind eindeutig und gut verständlich. Umständlich ist jedoch, dass Sie z. B. das Modul `PapirusTextPos` importieren müssen, um beispielsweise einen positionierten Text darzustellen. Dieses Nodul wiederum unterstützt nicht das pixelweise Updaten. Außerdem gibt es noch das Modul `PapirusText`. Mit ihm können Sie zwar Text darstellen, Sie können ihn jedoch nicht auf dem Display positionieren.

Für uns war das Modul `Papirus` in Kombination mit der Bildbearbeitung durch `PIL` am besten zu handhaben. Falls es in Zukunft weitere Updates gibt, die das Arbeiten mit dem Display grundlegend verändern, werden wir Sie auf unserem Blog dazu auf dem Laufenden halten:

https://pi-buch.info/update-zu-papirus-zero

Ein smartes Namensschild

Mit einem kleinen LiPo-Akku, dem Raspberry Pi Zero W/WH und dem PaPiRus-Display können Sie ein Namensschild basteln, von dem Sie dann mit Fug und Recht behaupten können, dass es WLAN und Bluetooth besitzt. Das Original von Josh King finden Sie hier:

https://www.raspberrypi.org/blog/raspberry-pi-zero-pie-ink-name-badge

Den Artikel dazu finden Sie auf unserem Blog:

https://pi-buch.info/das-smarte-namensschild-mit-papirus

16.8   Weitere Display-Boards

Natürlich gibt es noch viele weitere Displays und Display-Boards, die mit dem Raspberry Pi kompatibel sind oder speziell für ihn entwickelt wurden. Einige Module möchten wir Ihnen im Folgenden kurz vorstellen.

C-Berry

C-Berry ist ein 3,5 Zoll großes Farbdisplay. Die Ansteuerung erfolgt über SPI. Hierzu wird die mitgelieferte SPI-Adapterplatine auf die GPIO-Steckerleiste montiert. Die Verbindung zum Display erfolgt dann über eine dünne Flachbandleitung. Die Auflösung des C-Berry liegt bei 240 × 320 Pixeln. Erhältlich ist es unter anderem bei *Conrad.de*:

https://www.conrad.de/ce/de/product/1020910

Einen ausführlichen Test sowie eine Anleitung zur Inbetriebnahme finden Sie im deutschen Raspberry-Pi-Forum:

http://forum-raspberrypi.de/Thread-test-c-berry-3-5-tft-display

C-Berry wurde zwar noch für das Modell B des Raspberry Pi entworfen, läuft nach einer kleinen Änderung allerdings auch problemlos auf dem Raspberry Pi 3:

http://forum-raspberrypi.de/Thread-raspberry-pi-2-c-berry-und-pi2-fehler

RPi-Display Plus von Watterott

Das RPi-Display von Watterott ist eine Alternative zum PiTFT. Dabei handelt es sich ebenfalls um ein aufsteckbares Board, das die komplette Fläche des Raspberry Pi abdeckt. Das Display ist 2,8 Zoll groß, hat eine Farbdarstellung mit 262.000 Farben und besitzt eine Touch-Oberfläche. Die Ansteuerung erfolgt via SPI. Kaufinformationen, Treiber und ein Produktvideo finden Sie unter:

https://watterott.com/de/RPi-Display-B-Plus

Ein guter Testbericht ist im deutschen Raspberry-Pi-Forum zu finden:

http://forum-raspberrypi.de/Thread-test-watterott-mi0283qt-9a-2-8-lcd-touchpanel

SainSmart Mini TFT Display

Ein echtes *Mini*-Display ist das *SainSmart 1.8 ST7735R*, ein 1,8 Zoll großes Display, das ebenfalls über SPI angesprochen wird. Die Auflösung beträgt 128 × 160 Pixel. Zusätzlich ist der Bildschirm mit einer LED-Hintergrundbeleuchtung ausgestattet. Das kleine Display eignet sich perfekt für den Einbau in Raspberry-Pi-Gehäuse. Es ist in Deutschland unter anderem bei *Conrad* erhältlich:

*https://www.conrad.de/ce/de/product/791898/Raspberry-Pi-Display-Modul-
   TFT-Display*
http://gtkdb.de/index_36_2227.html
*https://www.sainsmart.com/arduino-compatibles-1/lcd-module/sainsmart-1-8-
   spi-lcd-module-with-microsd-led-backlight-for-arduino-mega-atmel-atmega.html*

TEIL IV

Programmierung

Kapitel 17
Python kennenlernen

Programmieren bedeutet, einem Computer Anweisungen zu geben, was er in Zukunft wie erledigen soll. Derartige Anweisungen müssen in einer Programmiersprache erfolgen. Auf dem Raspberry Pi können Sie aus einer Menge derartiger Sprachen wählen, z. B. bash, C, C++, Java oder PHP.

In diesem und den beiden folgenden Kapiteln steht aber die Sprache Python im Vordergrund. Sie gilt als Standardprogrammiersprache für den Raspberry Pi und wird bevorzugt eingesetzt, wenn nicht gute Gründe für eine andere Sprache sprechen. Python ist einfach zu erlernen, braucht keine komplizierten Zusatzwerkzeuge und eignet sich gut, um die Hardware-Funktionen des Raspberry Pi anzusprechen.

Die Beschreibung von Python wurde für dieses Buch auf drei Kapitel verteilt:

► **Python kennenlernen:** Dieses Kapitel stellt grundlegende Konzepte von Python vor. Nahezu alle Beispiele können direkt in der Entwicklungsumgebung IDLE bzw. im Python-Kommandointerpreter ausprobiert werden. Obwohl es sich bei diesen Beispielen noch nicht um *richtiges* Programmieren handelt, lernen Sie hier eine Menge grundlegender Eigenschaften von Python kennen. Natürlich darf in diesem Kapitel das obligatorische Hello-World-Beispiel nicht fehlen!

► **Python-Grundlagen:** Das folgende Kapitel beschreibt systematisch die wichtigsten Sprachelemente von Python. Hier wird referenzartig zusammengefasst, wie Sie mit Zahlen, Zeichenketten und Listen umgehen, wie Sie Verzweigungen und Schleifen formulieren, wie Sie eigene Funktionen und Klassen definieren, wie Sie mit Dateien umgehen etc.

► **Python-Programmierung:** Im dritten Python-Kapitel stehen dann praktische Beispiele im Vordergrund. Neben typischen Lernprogrammen, die grundlegende Programmierkonzepte demonstrieren, geht es hier auch um die Hardware-Programmierung und um die Gestaltung einfacher Benutzeroberflächen.

Die drei Python-Kapitel richten sich ausdrücklich an Programmiereinsteiger. Wenn Sie schon Erfahrung mit anderen Programmiersprachen haben und nur die Besonderheiten von Python kennenlernen möchten, können Sie die meisten Abschnitte *diagonal* lesen. Geht es Ihnen primär um die GPIO-Steuerung, lesen Sie gleich in Kapitel 19, »Python-Programmierung«, weiter.

Python 2 oder 3?

Dieses und die beiden folgenden Kapitel beziehen sich grundsätzlich auf die Version 3 von Python. Unter Raspbian sind standardmäßig *zwei* Python-Versionen installiert, nämlich Python 2.7 und Python 3.5. Die exakte Versionsnummer von Python stellen Sie fest, indem Sie in einem Terminalfenster python --version bzw. python3 --version ausführen.

In der Python-Version 3 wurde die Syntax der Sprache in vielen Details verbessert. Einige Sprachänderungen sind allerdings inkompatibel zur bisherigen Version 2. Aus diesem Grund werden auf vielen Linux-Systemen beide Versionen parallel installiert, um sicherzustellen, dass alte Python-Programme ausgeführt werden können. Für Python-Neueinsteiger gibt es aber kaum Gründe, sich noch mit Python-2-Eigenheiten zu belasten. Führen Sie Ihre Programme, wenn möglich, also mit python3 aus!

Leider stehen manche Python-Erweiterungen nur für die Version 2 zur Verfügung. In den Hardware-Kapiteln unseres Buchs werden Sie daher auch einige in Python 2 formulierte Lösungen finden – ganz einfach deswegen, weil wir unseren Code oft an die Beispiele der Hersteller bzw. der Originaldokumentation angeglichen haben. Kurz und gut: Python 3 ist in vielerlei Hinsicht besser als Python 2, aber ganz auf Python 2 zu verzichten ist dennoch schwierig.

17.1   Python ausprobieren

Python in einem Terminalfenster ausführen

Im Gegensatz zu den meisten anderen Programmiersprachen können Sie Python ausprobieren, *ohne* Code in eine Datei zu schreiben. Dazu öffnen Sie ein Terminalfenster und führen darin das Kommando python3 aus. Damit starten Sie eine interaktive Python-Umgebung. Die drei Zeichen >>> geben darin den Ort an, an dem Sie selbst Eingaben durchführen können. ⏎ beendet die Eingabe, und Python zeigt daraufhin das Ergebnis an (siehe Abbildung 17.1).

```
>>> 1+2
3
```

Beim interaktiven Ausprobieren von Python können Sie zumeist auf print verzichten, weil Ergebnisse ohnedies automatisch angezeigt werden:

```
>>> x=5
>>> print(x + 7)
12
>>> x + 7
12
```

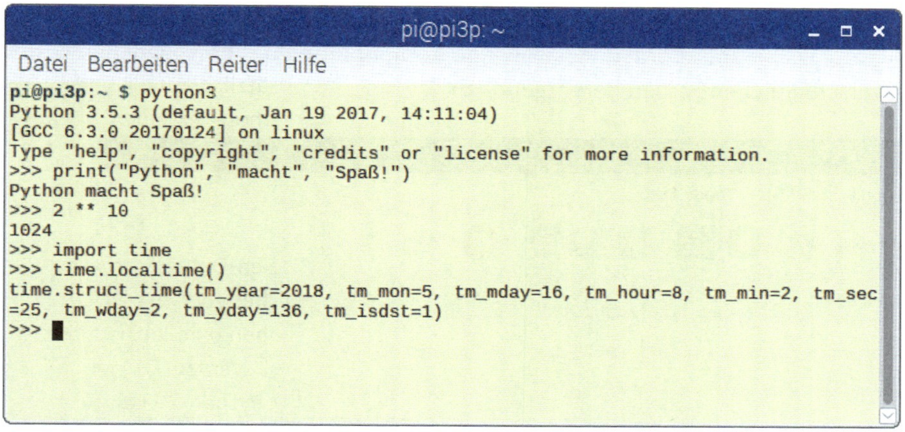

Abbildung 17.1 Python interaktiv ausprobieren

Sie können sogar mehrzeilige Anweisungen eingeben, z. B. for-Schleifen. Dabei sind zwei Dinge zu beachten: Zum einen müssen die Anweisungen innerhalb der Schleife durch Leerzeichen eingerückt werden, und zum anderen müssen Sie die gesamte Eingabe durch *zweimaliges* ⏎ abschließen. Der Python-Interpreter stellt der ersten Zeile >>> voran, bei allen Folgezeilen erscheinen drei Punkte:

```
>>> for i in range(3):
...     print(i)
...
0
1
2
```

Um Python zu beenden, drücken Sie Strg + D .

17

IDLE und Thonny

Unter Raspbian sind zwei Entwicklungsumgebungen für Python standardmäßig installiert:

▸ IDLE steht für *Integrated Development Environment* und ist eine recht einfache Benutzeroberfläche zur Python-Programmierung.

▸ Etwas mehr Funktionen und vor allem eine bessere Unterstützung bei der Fehlersuche sowie beim Aufruf von (rekursiven) Funktionen bietet das Programm *Thonny*.

Wir konzentrieren uns in diesem Buch auf Thonny. Im Startmenü finden Sie das Programm unter ENTWICKLUNG • THONNY PYTHON IDE. Das Fenster besteht aus einem oder mehreren Dialogblättern für Python-Dateien (oben) und einer Shell (unten). In der Shell können Sie interaktiv Python-Kommandos ausprobieren (siehe Abbildung 17.2). Dabei werden verschiedene Komponenten des eingegebenen Codes in unterschiedlichen Farben hervorgehoben.

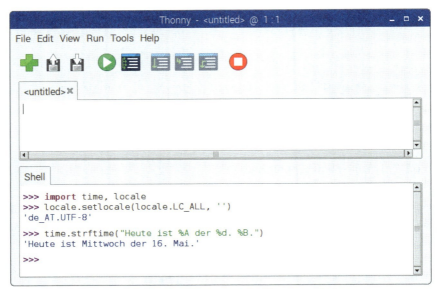

Abbildung 17.2 Python in Thonny interaktiv ausprobieren

Eingabetipps

Um in der Thonny-Shell Kommandos zu wiederholen bzw. zu korrigieren, navigieren Sie mit den Cursortasten durch die zuletzt durchgeführten Eingaben.

Mit ⇆ vervollständigen Sie Eingaben. Wenn Sie also die ersten Buchstaben einer Funktion oder Methode eingegeben haben und ⇆ drücken, fügt Python automatisch die fehlenden Zeichen hinzu. Gibt es mehrere mögliche Vervollständigungen, so erscheint eine Auswahlliste.

17.2 Python-Konzepte interaktiv kennenlernen

Dieser Abschnitt stellt grundlegende Python-Sprachelemente und -Konzepte anhand kleiner, interaktiver Beispiele vor. Die Kommandos müssen von einem Python-Interpreter ausgeführt werden, wobei es keine Rolle spielt, ob Sie Thonny bzw. IDLE 3 verwenden oder in einem Terminalfenster python3 ausführen. Achten Sie aber darauf, dass einige Beispiele spezifisch für die Python-Version 3 gelten und nicht funktionieren, wenn Sie IDLE 2 bzw. python verwenden!

Sie geben jeweils das Kommando ein, das hinter >>> bzw. bei mehrzeiligen Kommandos hinter ... beginnt. # leitet einen Kommentar ein, der in diesem Buch die Beispiele verdeutlicht, dessen Eingabe aber nicht erforderlich ist. Im folgenden Beispiel gilt also nur 2 ** 100 als Eingabe.

```
>>> 2 ** 100   # entspricht 2^100
1267650600228229401496703205376
```

Zahlen

Natürlich können Sie in Python alle elementaren Rechenarten durchführen:

```
>>> 7+12
19
>>> 3*6
13
>>> 100-3*5
85
```

Divisionen werden in Python grundsätzlich in Fließkommaarithmetik durchgeführt. Wenn Sie explizit eine ganzzahlige Division wünschen, verwenden Sie den Operator //. Das Prozentzeichen liefert den Rest einer ganzzahligen Division.

```
>>> 17 / 4    # Python 3 führt immer Fließkommadivisionen durch
4.25
>>> 17 // 4   # Verwenden Sie // für ganzzahlige Divisionen
4
>>> 17 % 4    # % liefert den Rest einer ganzzahligen Division
1
```

17

Wenn auch nur eine Zahl des Ausdrucks eine Fließkommazahl ist, führt Python die gesamte Berechnung in Fließkommaarithmetik durch. Die Genauigkeit beträgt dabei sechzehn Stellen:

```
>>> 12.0 - 2*3
6.0
>>> 100 / 7
14.285714285714286
```

Eine Besonderheit von Python 3 besteht darin, dass der Zahlenraum für Berechnungen mit ganzen Zahlen unbegrenzt ist. Mit _ können Sie das letzte Ergebnis weiterverarbeiten:

```
>>> 12345 * 6789 * 5678 * 6543 * 4563
14207565934731338910
>>> _ * 2
28415131869462677820
```

Sie können Zahlen in der Schreibweise 0xnnn hexadezimal schreiben bzw. mit der Methode hex in eine Zeichenkette in hexadezimaler Schreibweise umwandeln:

```
>>> 0xff
255
>>> hex(240)
'0xf0'
```

Viele mathematische Funktionen und Konstanten befinden sich im Modul math, das vor seiner ersten Verwendung importiert werden muss:

```
>>> import math
>>> math.sqrt(2)
1.4142135623730951
>>> math.sin(math.pi / 8)
0.3826834323650898
```

Zufallszahlen können mit den Funktionen des random-Moduls erzeugt werden. randrange(n) liefert eine zufällige ganze Zahl zwischen 0 und n−1. randrange(10, 20) liefert eine Zufallszahl zwischen 10 und 19. Bei randint sind die Grenzen hingegen inklusive, d. h., randint(10, 20) ergibt eine Zufallszahl zwischen 10 und 20. random() liefert eine zufällige Fließkommazahl zwischen 0 und 1.

```
>>> import random
>>> random.randrange(100)
58
>>> random.random()
0.26011495295431664
```

Mathematik-Experten wird es freuen, dass Python sogar mit komplexen Zahlen rechnen kann, also mit Zahlen, die einen Real- und einen Imaginärteil aufweisen. Die Notation solcher Zahlen lautet x+yj, wobei x der Real- und y der Imaginärteil ist. Diesem muss der Buchstabe j folgen. Das folgende Beispiel verwendet zur Speicherung zweier komplexer Zahlen die Variablen c1 und c2. (Jetzt haben Sie also auch gleich Variablen kennengelernt! Variablen dienen dazu, Daten innerhalb eines Programms zu speichern.)

```
>>> c1 = 4+2j
>>> c2 = 3+1j
>>> c1 + c2
(7+3j)
>>> c1*c2
(10+10j)
```

Zeichenketten

Wenn Sie schon etwas Programmiererfahrung haben, dann wissen Sie vielleicht bereits, dass in vielen Programmen der Umgang mit Zeichenketten weit mehr Arbeit verursacht als die Durchführung von Berechnungen. In Python können Zeichenketten wahlweise in einfache oder doppelte Apostrophe gestellt werden. Beide Schreibweisen sind gleichwertig und unterscheiden sich nur dadurch, dass der jeweils andere Apostroph unkompliziert in die Zeichenkette integriert werden kann. In den folgenden Zeilen werden drei Zeichenketten definiert. Sie werden in den drei Variablen s, t und u gespeichert.

```
>>> s = 'Python macht Spaß!'
>>> t = "Rheinwerk"
>>> u = '<img src="http://xxx">'
```

Unabhängig vom Apostrophtyp können Apostrophe mit \' oder \" in die Zeichenkette eingebaut werden. Außerdem gibt es einige weitere \-Zeichenkombinationen, z. B. \n für einen Zeilenumbruch und \t für ein Tabulatorzeichen. Zeichenketten mit solchen Sonderzeichen verhalten sich unterschiedlich, je nachdem, ob sie direkt oder mit print ausgegeben werden:

```
>>> v='abc\nefg'
>>> v
'abc\nefg'
>>> print(v)
abc
efg
```

Mit den beiden Operatoren + und * werden Zeichenketten aneinandergefügt bzw. vervielfältigt:

```
>>> 'abc' + 'efg'
'abcefg'
>>> 'abc' * 3
'abcabcabc'
```

Steht eine Zeichenkette einmal zur Verfügung, kann sie auf vielfältige Weise analysiert und verarbeitet werden:

```
>>> len(s)                # Anzahl der Zeichen
18
>>> s.upper()             # in Großbuchstaben umwandeln
'PYTHON MACHT SPAß!'
>>> s.lower()             # in Kleinbuchstaben umwandeln
'python macht spaß!'
```

```
>>> s.find('macht')          # ermittelt die Position, an der die
                             # Zeichenkette 'macht' in s vorkommt
7
>>> s.count('a')             # zählt das Vorkommen des
                             # Buchstabens 'a'
2
>>> s.replace('a', 'A')      # ersetzt 'a' durch 'A'
'Python mAcht SpAß!'
>>> s.split(' ')             # zerlegt s in eine Liste
['Python', 'macht', 'Spaß!']
```

Mit der Schreibweise s[n] extrahieren Sie ein einzelnes Zeichen aus einer Zeichenkette. n gibt dabei die Position des Zeichens an, wobei 0 für das erste Zeichen steht. (Diese Regel gilt generell in Python: Bei jeder Art von Aufzählung bezeichnet 0 das erste Element!) Bei negativen Zahlen wird vom Ende der Zeichenkette gerechnet.

```
>>> s[0], s[1], s[2]         # liefert das erste, das zweite
                             # und das dritte Zeichen
('P', 'y', 't')
>>> s[-1], s[-2]             # liefert das letzte und das vorletzte
                             # Zeichen
('!', 'ß')
```

Um mehrere Zeichen auf einmal zu lesen, kennt Python die Syntax s[start:ende], wobei start den Beginn und ende das Ende des Teilstrings angibt. Beide Angaben sind optional. Die Startposition wird *inklusive*, die Endposition aber *exklusive* angegeben! s[:5] liefert also alle Zeichen bis einschließlich des fünften Zeichens. s[:5] meint also die fünf Zeichen an den Positionen 0, 1, 2, 3 und 4. Die offizielle Bezeichnung für diese Art des Zeichenzugriffs lautet *Slicing*.

```
>>> s[:]                     # alles
'Python macht Spaß!'
>>> s[:5]                    # alles bis zum fünften Zeichen
'Pytho'
>>> s[5:]                    # alles ab dem sechsten Zeichen
'n macht Spaß!'
>>> s[5:10]                  # vom sechsten bis zum zehnten Zeichen
'n mac'
```

Die Start- und die Endposition können Sie auch durch negative Zahlen angeben – dann beginnt Python vom Ende der Zeichenkette her zu zählen:

```
>>> s[:-3]                   # alles außer den letzten drei Zeichen
'Python macht Sp'
>>> s[-3:]                   # alles ab dem drittletzten Zeichen
'aß!'
```

Durch einen optionalen dritten Parameter kann eine Art Schrittweite angegeben werden. In der Praxis ist hier am häufigsten der Wert –1 gebräuchlich, um die Reihenfolge einer Zeichenkette umzudrehen:

```
>>> s[::2]                 # jedes zweite Zeichen
'Pto ah pß'
>>> s[::-1]                # alles in umgekehrter Reihenfolge
'!ßapS thcam nchtyP'
```

Listen

Viele Programmiersprachen kennen Arrays, um damit mehrere gleichartige Daten (z. B. hundert ganze Zahlen) gemeinsam zu speichern und zu verarbeiten. Python bietet stattdessen mit *Listen* ein ungleich flexibleres Sprachkonstrukt: Listen werden in eckigen Klammern formuliert. Listen können Elemente beliebigen Datentyps aufnehmen. Der Zugriff auf die Listenelemente erfolgt wie auf die Zeichen einer Zeichenkette, also in der Form liste[start:ende]. Vergessen Sie nicht, dass Python die Nummerierung mit 0 beginnt und dass die Startposition inklusive, die Endposition aber exklusive ist!

```
>>> l = [1, 2.3, 'abc', 'efg', 12]
>>> l[2]                   # das dritte Element
'abc'
>>> l[2:4]                 # vom dritten bis zum vierten Element
['abc', 'efg']
>>> l[::-1]                # umgekehrte Reihenfolge
[12, 'efg', 'abc', 2.3, 1]
>>> l[0] = 3               # ändert das erste Listenelement
>>> l
[3, 2.3, 'abc', 'efg', 12]
```

Da als Listenelement jedes beliebige Python-Objekt erlaubt ist, sind auch verschachtelte Listen zulässig:

```
>>> l = [[1, 2],
...      [3, 4]]
>>> l
[[1, 2], [3, 4]]
```

Die Zeichen einer Zeichenkette können mit list in eine Liste umgewandelt werden:

```
>>> s = list('Hello World!')
>>> s
['H', 'e', 'l', 'l', 'o', ' ', 'W', 'o', 'r', 'l', 'd', '!']
```

17

Mit der Funktion list(range(start, ende, schrittweite)) können Sie unkompliziert Listen erzeugen, die Zahlen in einem bestimmten Wertebereich enthalten. Es wird Sie nun wohl nicht mehr verwundern, dass auch bei range der Endwert exklusive ist, also nicht erreicht wird. Damit die Liste 10, 20 … mit dem Wert 100 endet, muss also ein Endwert *größer* 100 angegeben werden! Im folgenden Beispiel wird die Liste wieder in einer Variablen gespeichert:

```
>>> l = list(range(10, 101, 10))    # erzeugt eine Liste
>>> l                               # und zeigt sie an
[10, 20, 30, 40, 50, 60, 70, 80, 90, 100]
```

len ermittelt die Anzahl der Elemente. extend bzw. += fügt eine zweite Liste am Ende der ersten Liste hinzu. insert fügt ein Element an einer beliebigen Position ein, pop entfernt es wieder. del löscht die in der [start:ende]-Notation angegebenen Elemente. remove entfernt das erste passende Objekt.

```
>>> len(l)            # ermittelt die Anzahl der Elemente
10
>>> l.extend([110])   # fügt ein Element am Ende hinzu
>>> l.insert(5, 55)   # fügt ein Element in der Mitte hinzu
>>> l
[10, 20, 30, 40, 50, 55, 60, 70, 80, 90, 100, 110]
>>> l.pop(5)          # entfernt das Element an der Position 5
55
>>> l
[10, 20, 30, 40, 50, 60, 70, 80, 90, 100, 110]
>>> l += [120, 130]   # fügt eine zweite Liste hinzu
>>> l
[10, 20, 30, 40, 50, 60, 70, 80, 90, 100, 110, 120, 130]
>>> del l[-3:]        # entfernt die letzten drei Elemente
>>> l
[10, 20, 30, 40, 50, 60, 70, 80, 90, 100]
>>> l.remove(80)      # entfernt die Zahl 80 aus der Liste
>>> l
[10, 20, 30, 40, 50, 60, 70, 90, 100]
```

Python bietet viele Möglichkeiten, um Listenelemente zu verarbeiten. Am elegantesten ist zumeist das Konzept der sogenannten *List Comprehension*: Dabei wird eine Anweisung in der Form [ausdruck for x in liste] gebildet. Python setzt nun der Reihe nach jedes Element der Liste in die Variable x ein und wertet dann den Ausdruck aus. Die Ergebnisse ergeben eine neue Liste. Im zweiten Beispiel ist jedes Ergebnis selbst eine aus zwei Elementen bestehende Liste, sodass die resultierende Liste verschachtelt ist.

```
>>> [x*2+1 for x in l]
[21, 41, 61, 81, 101, 121, 141, 181, 201]
>>> [ [x, x*x] for x in l]
[[10, 100], [20, 400], [30, 900], [40, 1600], [50, 2500],
 [60, 3600], [70, 4900], [90, 8100], [100, 10000]]
```

Erfahrene Programmierer mögen erleichtert sein, dass die Verarbeitung der Liste natürlich auch in traditionellen Schleifen zulässig ist. Dies ist aber selten der effizienteste Weg. Die folgende Schleife zeigt zu allen Listenelementen das Quadrat und die dritte Potenz an. Dabei bildet for eine Schleife, während der jedes Listenelement in die Variable x eingesetzt wird. print gibt die Daten aus, wobei die drei Zahlen jeweils durch ein Tabulator-Zeichen getrennt werden. Die Eingabe dieser Anweisung im Python-Interpreter müssen Sie durch ein zweimaliges ⏎ abschließen. Das ist notwendig, weil es möglich ist, mit jedem Durchlauf der for-Schleife mehrere Anweisungen auszuführen.

```
for x in l: print(x, x*x, x**3, sep='\t')
10      100     1000
20      400     8000
30      900     27000
40      1600    64000
50      2500    125000
60      3600    216000
70      4900    343000
90      8100    729000
100     10000   1000000
```

Tupel (Sequenzen)

Listen sind in sehr vielen Python-Programmen die dominierende Datenstruktur, wenn es darum geht, mehrere gleichartige oder ähnliche Daten zu speichern und zu verarbeiten. Dennoch ist es gut zu wissen, dass Python zwei weitere elementare Möglichkeiten zur Speicherung von Datenmengen anbietet, nämlich *Tupel* (Sequenzen) und *Sets* (Mengen, siehe den folgenden Abschnitt).

Kurz gesagt ist ein Tupel eine unveränderliche Liste. Während Sie bei Listen Elemente hinzufügen, ersetzen und entfernen können, ist ein einmal definiertes Tupel nicht mehr veränderlich. Tupel sind also gewissermaßen die *primitivere* Datenstruktur. Ihre interne Verwaltung ist deswegen mit weniger Overhead verbunden. Tupel werden in runden Klammern formuliert. Wenn es zu keinen syntaktischen Mehrdeutigkeiten kommen kann, ist es erlaubt, auf die Klammern zu verzichten.

17

```
>>> t = (12, 73, 3)
>>> t
(12, 73, 3)
>>> t = 12, 73, 3
>>> t
(12, 73, 3)
```

Sets (Mengen)

Ein *Set* ist eine ungeordnete Menge von Elementen ohne Doppelgänger. Anders als bei Listen kann sich die Reihenfolge der Elemente im Set jederzeit ändern. Sie dürfen sich nicht darauf verlassen, dass die Elemente in derselben Reihenfolge verarbeitet werden, in der Sie sie eingefügt haben. Es ist unmöglich, dass ein Set mehrfach dasselbe Objekt enthält.

Sets werden in geschwungenen Klammern formuliert. Zeichenketten können mit set in ein Zeichen-Set umgewandelt werden, wobei Doppelgänger automatisch eliminiert werden.

```
>>> s = {1, 2, 3}
>>> s
{1, 2, 3}
>>> s = set('Hello World!')
>>> s
{'r', 'W', '!', ' ', 'e', 'd', 'H', 'l', 'o'}
```

Sets bieten sich besonders zum Finden und Löschen von Doppelgängern sowie zum Durchführen von Mengenoperationen an, also z. B., wenn Sie herausfinden möchten, welche Objekte aus Set 1 auch in Set 2 enthalten sind. Rufen die folgenden Beispiele Erinnerungen an die Mengenlehre aus dem Mathematikunterricht wach?

```
>>> x = set('abcdef')
>>> y = set('efgh')
>>> x | y     # Vereinigung
{'a', 'c', 'b', 'e', 'd', 'g', 'f', 'h'}
>>> x - y     # Differenz
{'a', 'c', 'b', 'd'}
>>> x & y     # Schnittmenge (gemeinsame Elemente)
{'e', 'f'}
>>> x ^ y     # unterschiedliche Elemente (XOR)
{'a', 'c', 'b', 'd', 'g', 'h'}
```

Dictionaries (Assoziative Arrays)

Bei Listen und Tupeln erfolgt der Zugriff auf einzelne Elemente durch einen numerischen Index, also in der Form `liste[n]` oder `tupel[n]`. Python-Dictionaries ermöglichen es hingegen, Elementaufzählungen mit einem beliebigen Schlüssel zu verwalten. In manchen Programmiersprachen werden derartige Datenstrukturen als assoziative Arrays bezeichnet.

Dictionaries werden wie Sets in geschwungenen Klammern formuliert. Im Unterschied zu Sets werden aber immer Schlüssel-Wert-Paare gespeichert. Das folgende Beispiel speichert einige HTML-Farbcodes, wobei als Schlüssel der Name der Farbe verwendet wird:

```
>>> d = {'Rot' : 0xff0000, 'Grün' : 0xff00, 'Blau' : 0xff,
...      'Weiß' : 0xffffff}
>>> d
{'Blau': 255, 'Rot': 16711680, 'Weiß': 16777215, 'Grün': 65280}
```

Die Ausgabe von d zeigt bereits, dass Dictionaries nicht nur syntaktisch, sondern auch funktionell mit Sets verwandt sind: Die Reihenfolge der Elemente bleibt nicht erhalten. Zum Zugriff auf die Elemente des Dictionarys können Sie nun den Schlüssel verwenden. `hex` wandelt die dezimal gespeicherten Zahlen in die hexadezimale Schreibweise um:

```
>>> d['Rot']        # Zugriff auf ein Element
16711680
>>> hex(d['Rot'])
'0xff0000'
```

Der Versuch, auf ein nicht vorhandenes Element zuzugreifen, führt zu einem *KeyError*. Um das zu vermeiden, können Sie vorweg mit `schlüssel in d` testen, ob das Dictionary ein Element für einen bestimmten Schlüssel enthält:

```
>>> d['Gelb']
Traceback (most recent call last):
  File "<stdin>", line 1, in <module>
KeyError: 'Gelb'
>>> 'Gelb' in d
False
```

`len` liefert wie bei Listen, Sets und Tupeln die Anzahl der Elemente. Mit der Anweisung `d[neuerSchlüssel]=neuerWert` können Sie das Dictionary erweitern:

```
>>> len(d)
4
>>> d['Schwarz']=0  # fügt ein Element hinzu
```

del d[schlüssel] entfernt ein Element:

```
>>> del d['Rot']     # löscht ein Element
>>> d                # alle Key-Value-Paare ausgeben
{'Schwarz': 0, 'Blau': 255, 'Weiß': 16777215, 'Grün': 65280}
```

Die Methoden keys und values liefern alle Schlüssel bzw. alle Werte des Dictionarys. Gegebenenfalls können Sie diese Daten mit list oder set in Listen oder Sets umwandeln:

```
>>> d.values()
dict_values([0, 255, 16777215, 65280])
>>> d.keys()
dict_keys(['Schwarz', 'Blau', 'Weiß', 'Grün'])
>>> set(d.keys())
{'Schwarz', 'Blau', 'Weiß', 'Grün'}
>>> list(d.keys())
['Schwarz', 'Blau', 'Weiß', 'Grün']
```

Wenn Sie eine for-Schleife über ein Dictionary bilden, setzt Python in die Schleifenvariable alle Schlüssel ein:

```
>>> for f in d:
        print("Die Farbe", f, " hat den Farbcode", hex(d[f]))
Die Farbe Schwarz  hat den Farbcode 0x0
Die Farbe Blau  hat den Farbcode 0xff
Die Farbe Weiß  hat den Farbcode 0xffffff
Die Farbe Grün  hat den Farbcode 0xff00
```

Auch Dictionaries können durch *Comprehension*-Ausdrücke verarbeitet werden. Hier erzeugen wir eine Liste aller Farben, bei denen der Farbcode ungleich 0 ist:

```
>>> [ color for (color, code) in d.items() if code!=0 ]
['Blau', 'Weiß', 'Grün']
```

In den obigen Beispielen wurden immer Zeichenketten als Schlüssel verwendet. Grundsätzlich ist aber jedes Python-Objekt als Schlüssel geeignet. Die einzige Voraussetzung besteht darin, dass die Schlüssel eindeutig sind.

17.3   Hello World!

Jetzt haben Sie die wichtigsten Python-Datenstrukturen zumindest oberflächlich kennengelernt, richtig programmiert haben Sie aber noch nichts. Traditionell ist *Hello World* das erste Programm in jeder Programmieranleitung bzw. in jedem Programmierbuch. Die Aufgabe dieses Programms besteht darin, die Zeichenkette 'Hello World' auf dem Bildschirm bzw. in einem Terminalfenster auszugeben.

Eine ziemlich triviale Aufgabe, werden Sie einwenden – dazu muss ich nicht das Programmieren lernen! Damit haben Sie natürlich recht. Tatsächlich besteht der Sinn des Hello-World-Programms nicht darin, eine Zeichenkette auszugeben, sondern vielmehr darin, die Syntax und Werkzeuge einer neuen Programmiersprache erstmals auszuprobieren. Und genau darum geht es in diesem Abschnitt.

Texteditoren

Der nächste Schritt hin zum *richtigen* Programmieren besteht darin, eigenen Code in einer Textdatei zu speichern. Dazu benötigen Sie einen Texteditor. Unter Linux stehen unzählige Editoren zur Wahl; unter Raspbian sind drei schon vorinstalliert:

▸ nano: ein minimalistischer Texteditor; läuft in einem Terminalfenster.
▸ vim: ein Texteditor mit sehr vielen Funktionen, allerdings schwierig zu erlernen; läuft ebenfalls in einem Terminalfenster.
▸ Leafpad: ein einfacher Editor; läuft in einem eigenen Fenster.

nano und vim starten Sie direkt in einem Terminalfenster, z. B. in der Form nano dateiname. Leafpad können Sie über das Startmenü mit ZUBEHÖR • TEXT EDITOR ausführen oder mit Alt + F2 leafpad.

Gedit – Komforteditor für Einsteiger

Bei Bedarf können Sie mit sudo apt install paketname andere Editoren nachinstallieren. Empfehlenswert für Einsteiger ist das Programm Gedit (Paketname gedit): Dabei handelt es sich um den Standardeditor des Gnome-Desktops. Im Vergleich zu Leafpad bietet Gedit eine komfortablere Benutzeroberfläche. Außerdem zeigt das Programm verschiedene Codeteile in unterschiedlichen Farben an, was die Orientierung im Code erleichtert. Der größte Nachteil im Vergleich zu Leafpad ist der deutlich höhere Speicherbedarf des Programms.

17

»Hello World« mit Leafpad verfassen und ausprobieren

Für erste Experimente ist der Editor Leafpad eine gute Wahl (siehe Abbildung 17.3). Starten Sie das Programm mit ZUBEHÖR • TEXT EDITOR, geben Sie die folgende Codezeile ein, und speichern Sie die Textdatei dann unter dem Namen hello-world.py im Heimatverzeichnis. Die übliche Kennung für Python-Programme lautet .py.

```
print("Hello World!")
```

Um das Programm nun auszuführen, öffnen Sie ein Terminalfenster und führen dort das folgende Kommando aus (siehe Abbildung 17.4):

```
python3 hello-world.py
```

Abbildung 17.3 Der Programmcode für das Hello-World-Programm im Editor Leafpad

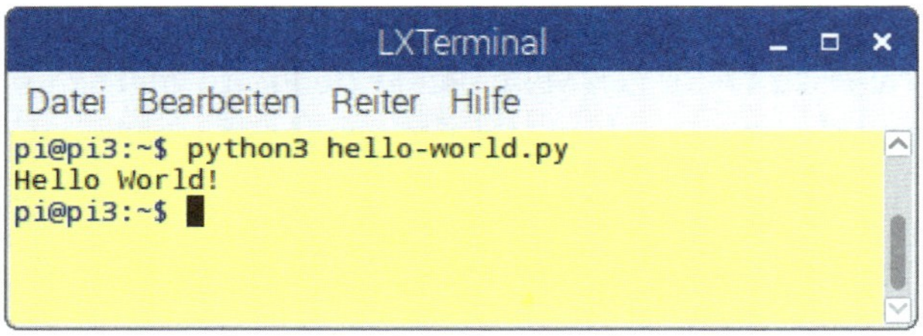

Abbildung 17.4 »Hello World« in einem Terminalfenster ausführen

Damit starten Sie das Programm python3, also den Interpreter zur Ausführung von Python-Scripts in der aktuellen Version 3. Als Parameter geben Sie das auszuführende Script an, also die Codedatei. Sofern Sie hello-world.py ohne Tippfehler eingegeben und gespeichert haben, wird das Programm die Zeichenkette *Hello World!* ausgeben. Damit haben Sie Ihr erstes Python-Script erfolgreich programmiert!

Unter Linux und macOS ist es üblich, Scripts mit einer sogenannten Shebang- oder Hashbang-Zeile einzuleiten. Diese Zeile gibt an, durch welchen Interpreter das Script ausgeführt werden soll. *Shebang* bzw. *Hashbang* steht dabei für die Zeichenkombination #!. Die Shebang-Zeile für Python 3 lautet #!/usr/bin/python3. Wenn Sie diese Zeile in den Hello-World-Code einbauen, sieht das vollständige Listing so aus:

```
#!/usr/bin/python3
print("Hello World!")
```

In einem zweiten Schritt können Sie das Script nun noch als ausführbar kennzeichnen, indem Sie mit chmod das Execute-Bit setzen:

```
chmod a+x hello-world.py
```

Das Execute-Bit in Kombination mit der korrekten Shebang-Zeile ermöglicht es nun, das Script mit weniger Tippaufwand auszuführen (siehe Abbildung 17.5):

```
./hello-world.py
```

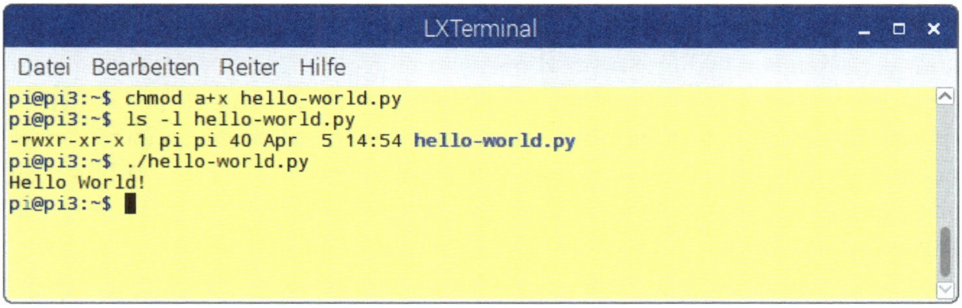

```
pi@pi3:~$ chmod a+x hello-world.py
pi@pi3:~$ ls -l hello-world.py
-rwxr-xr-x 1 pi pi 40 Apr  5 14:54 hello-world.py
pi@pi3:~$ ./hello-world.py
Hello World!
pi@pi3:~$ █
```

Abbildung 17.5 »Hello World« als eigenständiges Script ausführen

Was ist ein Script?

In diesem Buch ist häufig von *Scripts* die Rede. Was ist nun ein Script, und worin besteht der Unterschied zu einem Programm? Ein Script ist eine Sonderform eines Programms, bei dem der Quellcode direkt von einem Interpreter ausgeführt wird. Das Programm python3 verhält sich wie ein solcher Interpreter. Somit kann jedes Python-Programm als Script betrachtet werden. Die beiden Begriffe *Script* und *Programm* werden deswegen in diesem Kapitel synonym verwendet.

Bei vielen anderen Programmiersprachen (z. B. Java) muss ein Programm zuerst explizit kompiliert werden. In C oder C++ müssen außerdem sogenannte Objektdateien, also die Ergebnisse des Kompilierens, miteinander zu einer ausführbaren Datei verbunden werden (»gelinkt werden«). All das macht die Programmentwicklung etwas umständlicher.

Es geht an dieser Stelle eigentlich zu weit, aber der Korrektheit wegen wollen wir Ihnen nicht verschweigen, dass auch Python-Programme kompiliert werden. Daher ist es genau genommen nicht korrekt, von Python-Scripts zu sprechen! Sie merken vom Kompilieren jedoch nichts, weil dieser Vorgang durch den sogenannten Just-in-Time-Compiler automatisch erfolgt. Der resultierende Byte-Code von Einzeldateien wird nur im RAM abgelegt, aber nicht gespeichert.

Nur bei größeren Python-Projekten, die aus mehreren Modulen bestehen, werden Byte-Code-Dateien im Unterverzeichnis __pycache__ gespeichert, um ein wiederholtes Kompilieren zu vermeiden. Wenn Sie sich mehr für derartige Implementierungsdetails interessieren, legen wir Ihnen das im O'Reilly-Verlag erschienene Buch *Learning Python* von Mark Lutz ans Herz: Es ist das unserer Meinung nach beste Python-Buch auf dem Markt, auch wenn seine über 1600 Seiten auf den ersten Blick abschreckend erscheinen mögen.

Erste Programme in Thonny verfassen und ausprobieren

Zum Verfassen von Python-Scripts können Sie auch das schon erwähnte Programm *Thonny* verwenden. Im Vergleich zu Leafpad hat Thonny den Vorteil, dass es Python »versteht«: Es unterstützt Sie bei der Codeeingabe und Fehlersuche. Außerdem können Sie, solange Sie Ihren Code innerhalb von Thonny ausführen, sowohl auf die Shebang-Zeile als auch auf `chmod a+x` verzichten, was Einsteigern natürlich entgegenkommt.

Um ein neues Script zu entwickeln, schreiben Sie Ihren Code einfach in das Editorblatt *untitled*. Bevor Sie Ihr Programm zum ersten Mal mit dem RUN-Button oder mit [F5] ausprobieren können, müssen Sie es in einer Datei mit der Kennung *.py speichern. Alle Ausgaben erscheinen im Shell-Bereich von Thonny (siehe Abbildung 17.6).

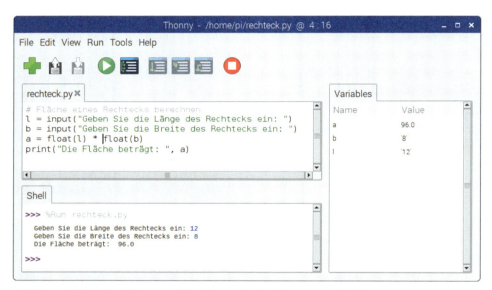

Abbildung 17.6 Entwicklung und Test eines simplen Programms in Thonny

Im Vergleich zum Editor Leafpad bietet Thonny bei der Programmentwicklung einige Vorteile:

- Verschiedene Teile des Codes, z. B. Zeichenketten, Schlüsselwörter oder Kommentare, werden in verschiedenen Farben dargestellt. So erhöht sich die Übersichtlichkeit.

- Bei der Codeeingabe können Sie Funktionsnamen und Methoden durch [⇆] vervollständigen.

- Bei der Programmausführung wird der erste Syntaxfehler im Programmcode gekennzeichnet.

▶ Mit den Debug-Buttons können Sie das Programm Zeile für Zeile ausführen. Besonders hilfreich ist dabei die Darstellung des Inhalts aller Variablen mit VIEW • VARIABLES.

Weitere Funktionen von Thonny sind hier dokumentiert:

https://www.raspberrypi.org/magpi/thonny
http://thonny.org

Auch wenn Thonny im Vergleich zu *großen* Entwicklungsumgebungen wie Eclipse (Java) oder Visual Studio (C#) ein recht einfaches Programm ist, bietet es gerade Python-Einsteigern viele hilfreiche Funktionen.

Noch ein Einführungsbeispiel

Natürlich wollen Sie mehr, als *Hello World* in einem tristen Terminalfenster ausgeben. Aber bevor Sie komplexere Programme verfassen können, müssen Sie zuerst die Grundlagen von Python kennenlernen. Diese sind Thema des folgenden Kapitels. Um Ihnen vorweg schon ein bisschen Appetit zu machen, stellen wir Ihnen hier ein weiteres Python-Programm vor, das besser als das Hello-World-Programm einen Eindruck davon vermittelt, wie ein Python-Script für den Raspberry Pi in der Praxis aussieht.

Das folgende Script setzt voraus, dass der GPIO-Pin 26 über einen Vorwiderstand mit einer Leuchtdiode verbunden ist (siehe Abbildung 19.1). Das Script bringt die Leuchtdiode zehnmal für eine Sekunde zum Leuchten. Das Programm greift dabei auf das RPi.GPIO-Modul zurück. Das entsprechende Paket python3-rpi.gpio ist unter Raspbian standardmäßig installiert. Die import-Anweisung bewirkt, dass das Modul unter dem Namen gpio angesprochen werden kann.

```
#!/usr/bin/python3
# Beispieldatei led-ein-aus.py
import RPi.GPIO as gpio
import time

# Pin-Nummern verwenden (nicht GPIO-Nummern)
gpio.setmode(gpio.BOARD)

# Pin 26 (= gpio 7) zur Datenausgabe verwenden
gpio.setup(26, gpio.OUT)

# LED über Pin 26 zehnmal ein- und ausschalten
for i in range(10):
    gpio.output(26, gpio.HIGH)
    time.sleep(1)
    gpio.output(26, gpio.LOW)
    time.sleep(1)
```

17

```
# alle vom Script benutzten GPIOs/Pins wieder freigeben
gpio.cleanup()
```

Python interaktiv kennenlernen

Eine Menge weiterer Beispiele und Übungen, anhand derer Sie sich interaktiv mit Python auseinandersetzen können, bietet die folgende eLearning-Webseite der University of Waterloo (Kanada):

https://cscircles.cemc.uwaterloo.ca

Kapitel 18
Python-Grundlagen

Nachdem das vorige Kapitel anhand interaktiver Beispiele und des kurzen Hello-World-Programms Python eher spielerisch vorgestellt hat, steht in diesem Kapitel eine systematische Beschreibung der wichtigsten Sprachelemente von Python im Vordergrund. Wenn Python Ihre erste Programmiersprache ist, werden die Details Sie anfangs vielleicht überfordern. Das ist nicht so schlimm: Wichtig ist, dass Sie einen ersten Überblick bekommen. Die Einzelheiten können Sie später nachlesen, sobald Sie sie brauchen. Konzentrieren Sie sich vorerst vor allem auf die Beispiele! Vieles wird klarer, sobald Sie beginnen, selbst zu programmieren.

18.1 Elementare Syntaxregeln

Anweisungen

Python-Anweisungen sind normalerweise einzeilig. Sie werden im Gegensatz zu vielen anderen Programmiersprachen nicht durch einen Strichpunkt oder ein anderes Zeichen abgeschlossen.

Mehrzeilige Anweisungen sind erlaubt, wenn deren Anfang und Ende durch Klammern eindeutig hervorgeht, z. B. bei Funktionsaufrufen. Alternativ können mehrzeilige Anweisungen auch mit dem Trennzeichen \ gebildet werden:

```python
print("abc",
      "efg")
a = 1 + 2 + \
    3 + 4
```

Anweisungen dürfen mit einem Strichpunkt abgeschlossen werden. Normalerweise ist dieser Strichpunkt optional und hat keine Auswirkungen auf die Programmausführung. Strichpunkte erlauben es aber, mehrere Anweisungen in einer Zeile zu formulieren:

```python
a = 1; b=2; c=3
```

Die obige Dreifachzuweisung können Sie auch auf eine andere Art durchführen, indem Sie sowohl die Variablen als auch die Werte in Gruppen angeben, deren

Bestandteile jeweils durch Kommas getrennt werden. Python-intern werden dabei Tupel gebildet. Beide Varianten sind *richtig*, aber die zweite Variante entspricht eher den Sprachkonzepten von Python.

```
a, b, c = 1, 2, 3
```

Blockelemente

In Python gibt es wie in jeder anderen Programmiersprache einige Sprachelemente, die einen ganzen Block weiterer Anweisungen einleiten, z. B. Verzweigungen mit `if`, Schleifen mit `for` und `while` oder Funktionsdefinitionen mit `function`. In Python enden derartige Sprachelemente immer mit einem Doppelpunkt. Alle weiteren Anweisungen, die zum entsprechenden Block gehören, müssen eingerückt werden. Dafür entfallen die in anderen Sprachen üblichen Klammern. Also:

```
if xxx:
    anweisung1a
    anweisung1b
else:
    anweisung2a
    anweisung2b
    anweisung2c
```

Wenn die Bedingung `xxx` erfüllt ist, werden die Anweisungen 1a und 1b ausgeführt; ist sie nicht erfüllt, werden stattdessen die Anweisungen 2a, 2b und 2c ausgeführt. Mehr Details zu `if` und `else` folgen in Abschnitt 18.4, »Verzweigungen (if)«.

Entscheidend ist in Python, dass die Codeeinrückung nicht wie bei anderen Programmiersprachen optional ist, sondern Teil der Syntax! Für das Ausmaß der Einrückung gibt es keine starren Regeln: Ein Zeichen reicht, üblich sind aber wegen der besseren Lesbarkeit vier Zeichen. Vorsicht ist in diesem Zusammenhang bei Editoren angebracht, die Tabulatorzeichen zum Einrücken verwenden. Python nimmt an, dass sich die Tabulatorposition an Vielfachen von acht Zeichen befindet. Wenn Sie in Ihrem Editor eine andere Tabulatorbreite eingestellt haben und Tabulator- und Leerzeichen mischen, dann kann es passieren, dass Python bei der Interpretation der Einrückungen durcheinanderkommt.

Code darf auch direkt nach einem Blockelement angegeben werden. In einfachen Fällen lassen sich so einzeilige Bedingungen oder Schleifen formulieren:

```
if xxx: anweisung
```

Zur Not können Sie auf diese Weise sogar mehrere Anweisungen in einer Zeile ausführen:

```
if xxx: anweisung1; anweisung2; anweisung3
```

print

Beim Kennenlernen von Python sowie in ersten Testprogrammen ist die print-Funktion allgegenwärtig. Damit können Sie unkompliziert im Terminal Variableninhalte oder Testnachrichten ausgeben. Die Bedeutung von print wird aber im Laufe der Zeit nachlassen: Je intensiver Sie programmieren, desto seltener werden Sie Ausgaben mit print durchführen – entweder schreiben Sie Resultate direkt in Dateien, oder Sie verwenden eine einfache grafische Benutzeroberfläche zur Interaktion mit den Anwendern.

Die Syntax von print ist einfach: Sie übergeben einen oder mehrere Parameter an die Funktion in runden Klammern. print wandelt jeden der Parameter in Zeichenketten um und gibt alle Zeichenketten aus. Dabei wird zwischen den Parametern jeweils ein Leerzeichen und am Ende ein Zeilenumbruchzeichen gesetzt, sodass jede print-Anweisung in einer neuen Zeile startet. print ist also sehr unkompliziert zu verwenden und kommt mit nahezu jeder Art von Python-Objekt zurecht, also auch mit Listen, Tupeln und Sets.

```python
>>> print(1, 2, 3/4, 'abc', 2==3)
1 2 0.75 abc False
>>> print('1/7 ist', 1/7)
1/7 ist 0.14285714285714285
>>> x, y, z = ['eine', 'Liste'], ('ein', 'Tupel'), {'ein', 'Set'}
>>> print(x, y, z)
['eine', 'Liste'] ('ein', 'Tupel') {'ein', 'Set'}
```

print kennt drei optionale Parameter:

▶ sep stellt die Zeichenkette ein, die zwischen den Parametern ausgegeben wird – standardmäßig ' '.

▶ end definiert die Zeichenkette, die nach dem letzten Parameter ausgegeben wird – standardmäßig '\n'.

▶ file bestimmt, wo die Ausgabe durchgeführt wird. Normalerweise werden die Ausgaben zur Standardausgabe umgeleitet. file gibt Ihnen die Möglichkeit, die Ausgaben in eine Textdatei zu schreiben.

```python
>>> print(1, 2, 3, sep='---')
1---2---3
>>> print(1, 2, 3, sep=';', end='.\nEOF\n')
1;2;3.
EOF
>>> f = open('out.txt', 'w')
>>> print(1, 2, 3, file=f)
>>> f.close()
```

print in Python 2

Dieses Kapitel bezieht sich grundsätzlich auf die Python-Version 3. Bei print wollen wir aber eine Ausnahme machen: Kein anderes Sprachkonstrukt hat sich beim Wechsel von Python 2 zu Python 3 so stark und offensichtlich geändert. In Python 2 ist print keine Funktion, sondern ein elementares Schlüsselwort. Daher entfallen die Klammern:

```
# gilt für Python 2
>>> print 1, 2, 3
1 2 3
```

Die Ausgabe endet immer mit dem Zeilenumbruch \n, es sei denn, am Ende von print wird ein Komma ohne weitere Parameter angegeben. Zwischen den Parametern wird wie bei print() jeweils ein Leerzeichen ausgegeben – aber auch hier gibt es eine Ausnahme: Wenn Python erkennt, dass der vorherige Parameter mit einem Tabulator oder Zeilenumbruch endet, also mit \t oder \n, dann wird kein zusätzliches Leerzeichen eingebaut. Die Syntaxvariante print >> file, para1, para2 ... ermöglicht es, Ausgaben in eine Datei umzuleiten:

```
# gilt für Python 2
f = open('out.txt', 'w')
print >> f, 123
f.close()
```

input

So wie Sie mit print Ausgaben in einem Terminalfenster durchführen können, verarbeitet input Texteingaben. (Falls Sie mit Python 2 arbeiten, müssen Sie anstelle von input die Funktion raw_input verwenden.)

input gibt zuerst den im optionalen Parameter angegebenen Text aus und erwartet dann eine Eingabe, die mit ⏎ abgeschlossen werden muss.

```
name = input('Geben Sie Ihren Namen an:')
print('Ihr Name lautet:', name)
```

Leere Eingaben, also ein ⏎ ohne Text, quittiert input mit einem EOFError. Wenn Ihr Programm das readline-Modul lädt, dann stehen bei wiederholten Eingaben Editierfunktionen zur Verfügung. Beispielsweise kann der Nutzer Ihres Programms dann mit den Cursortasten zuvor eingegebene Zeichenketten wiederverwenden und ändern.

Module und »import«

Für Einsteiger wirkt Python oft sehr groß und komplex, aber in Wirklichkeit ist die Anzahl der unmittelbar in Python implementierten Funktionen durchaus überschaubar. Alle erdenklichen Zusatzfunktionen sind nämlich nicht im Sprachkern von Python realisiert, sondern in Form von Modulen, die selbst in Python programmiert wurden. Diese Module müssen vor ihrer Verwendung importiert werden. Dafür gibt es diverse Syntaxvarianten, von denen wir hier nur die wichtigsten nennen:

- `import modulname`: Diese Anweisung liest das Modul. Anschließend können Sie alle darin definierten Funktionen in der Schreibweise `modulname.funktionsname()` nutzen. Mit `import m1, m2, m3` können Sie auch mehrere Module auf einmal importieren.

- `import modulname as m`: Bei dieser Variante können die im Modul definierten Funktionen in der Form `m.funktionsname()` verwendet werden. Bei langen Modulnamen minimiert das den Tippaufwand und macht den Code übersichtlicher.

- `from modulname import f1, f2`: Bei dieser Variante können Sie die Funktionen `f1` und `f2` ohne das Voranstellen des Modulnamens verwenden.

- `from modulname import *`: Diese Anweisung importiert alle Symbole aus dem angegebenen Modul, deren Name nicht mit `__` beginnt (also mit zwei Unterstrichen). Vorsicht: Bei dieser Variante kann es passieren, dass Sie unbeabsichtigt den Inhalt gleichnamiger Variablen überschreiben!

Python-intern bewirkt `import`, dass die Datei `modulname.py` gelesen und ausgeführt wird. Viele Module enthalten einfach die Definition diverser Funktionen; damit sind diese Funktionen Python nun bekannt und können genutzt werden. Module können aber auch Code enthalten, der sofort ausgeführt wird, beispielsweise um Initialisierungsarbeiten durchzuführen.

Es ist üblich, `import`-Anweisungen immer an den Anfang eines Python-Scripts zu setzen. Module können selbst weitere Module importieren. Python merkt sich, welche Module es bereits eingelesen hat, und vermeidet so einen neuerlichen Import bereits aktivierter Module.

`import` wertet bei der Suche nach den Moduldateien `sys.path` aus und berücksichtigt alle dort genannten Verzeichnisse. Der erste Eintrag mit der leeren Zeichenkette bedeutet, dass auch das lokale Verzeichnis durchsucht wird.

```
>>> import sys
>>> print(sys.path)
['',
 '/usr/lib/python35.zip',
 '/usr/lib/python3.5',
 '/usr/lib/python3.5/plat-arm-linux-gnueabihf',
```

18

```
'/usr/lib/python3.5/lib-dynload',
'/usr/local/lib/python3.5/dist-packages',
'/usr/lib/python3/dist-packages']
```

Mehr Details zum Umgang mit Modulen können Sie in der Python-Dokumentation nachlesen:

https://docs.python.org/3.5/reference/simple_stmts.html#import

> **Namenskonflikte zwischen Ihrem Script und dem Modul**
>
> Vermeiden Sie im lokalen Verzeichnis Dateinamen, die mit den Modulnamen überein-stimmen, die Sie verwenden!
>
> Wenn Sie beispielsweise in einem Python-Script import csv ausführen und im loka-len Verzeichnis gibt es die Datei csv.py, dann wird diese Datei anstelle des Python-Moduls zur Verarbeitung von CSV-Dateien importiert.

Kommentare

Einfache Kommentare werden mit dem Zeichen # eingeleitet und reichen bis zum Ende der Zeile:

```
# ein Kommentar
print("abc")  # noch ein Kommentar
```

Mit """ können Sie mehrzeilige Kommentare bilden:

```
""" ein langer
    Kommentar """
```

Wenn derartige Kommentare richtig platziert sind (z. B. unmittelbar nach der Defi-nition einer Funktion oder einer Klasse), gelten sie als sogenannte *Docstrings* und werden vom Python-internen Dokumentationssystem ausgewertet. Auf die Details gehen wir hier nicht ein, Sie können sie im Internet nachlesen:

https://www.python.org/dev/peps/pep-0257
https://en.wikipedia.org/wiki/Docstring

Eingebaute Hilfe

Zu Python finden Sie im Internet umfassende Dokumentation, Handbücher etc. Bei Detailproblemen führt eine kurze Websuche meist rasch zum Ziel, vor allem, wenn Sie der englischen Sprache mächtig sind. Achten Sie immer darauf, auf welche Python-Version sich die gefundene Seite bezieht – mitunter gibt es deutliche Unterschiede zwischen den Python-Versionen 2 und 3!

Python enthält aber auch integrierte Hilfefunktionen. Besonders hilfreich ist die Funktion dir aus dem sys-Modul. Sie listet alle Methoden auf, die auf ein bestimmtes Datenelement angewendet werden können. Wenn Sie z. B. wissen möchten, welche Methoden zur Bearbeitung von Zeichenketten es in Python gibt, gehen Sie so vor:

```
>>> dir('abc')
['__add__', '__class__', '__contains__', ..., 'capitalize',
 'casefold', 'center', 'count', 'encode', ..., 'zfill']
```

Methodennamen, die mit __ (also zwei Unterstrichen) beginnen und enden, sind für den internen Gebrauch oder für Operatoren vorgesehen. Eine kurze Beschreibung zu Datentypen, Klassen oder Methoden erhalten Sie, wenn Sie den Inhalt der Docstring-Zeichenkette __doc__ ausgeben:

```
>>> print(str.__doc__)       # Hilfe zu str (Datentyp/Funktion)
str(object='') -> str
str(bytes_or_buffer[, encoding[, errors]]) -> str
Create a new string object from the given object. ...

>>> print(str.find.__doc__) # Hilfe zur Methode find für
                            # Zeichenketten
S.find(sub[, start[, end]]) -> int
Return the lowest index in S where substring sub is found, ...
```

Wesentlich längere Hilfetexte liefert help, wobei Sie als Parameter ein Schlüsselwort, eine Methode oder einen Datentyp angeben. Der Hilfetext wird formatiert und seitenweise angezeigt. ⃞Q beendet das Anzeigeprogramm.

18

```
>>> help(str)                  # umfassende Hilfe zu str
Help on class str in module builtins:
class str(object)
 |  str(object='') -> str
 |  str(bytes_or_buffer[, encoding[, errors]]) -> str
...
```

18.2   Variablen und Objekte

Variablen dienen dazu, während des Programmablaufs vorübergehend Daten zu speichern. Der Inhalt der Variablen geht verloren, sobald das Programm endet. Um Daten dauerhaft zu speichern, muss der Inhalt von Variablen in eine Datei oder Datenbank übertragen werden.

Alle Daten gelten in Python als Objekte – einfache Zahlen, Zeichenketten, Listen, Tupel, Sets, Dateien und Funktionen (!) ebenso wie Instanzen vordefinierter oder eigener Klassen. Wenn Sie schon klassische objektorientierte Programmiersprachen wie

Java, C# oder C++ kennen, müssen Sie in diesem Punkt umdenken. Python verzichtet auf die sonst übliche Unterscheidung zwischen elementaren Datentypen (z. B. Integer, Double, Boolean) und Klassen und behandelt alle Daten gleich.

Variablen

Für den Umgang mit Variablen gelten in Python einfache Regeln:

▶ **Zuweisung vor der Verwendung:** Jeder Variablen muss ein Startwert zugewiesen werden, bevor die Variable in einem Ausdruck ausgewertet werden kann. Es ist also nicht erlaubt, x=x+1 auszuführen, wenn Sie nicht vorher eine erstmalige Zuweisung wie x=0, x=1, x=n durchgeführt haben.

▶ **Keine Typdeklaration:** In Python-Variablen können Objekte jedes beliebigen Typs gespeichert werden. Python merkt sich den Typ und weiß somit, auf welche Art von Daten eine Variable verweist. Im Gegensatz zu vielen anderen Programmiersprachen kann der Typ einer Variablen aber nicht festgelegt oder eingeschränkt werden. Es ist ohne Weiteres möglich, in ein und derselben Variablen Daten unterschiedlichen Typs zu speichern, also z. B. zuerst eine Zahl (x=1), später eine Zeichenkette (x='abc') und schließlich eine Liste (x=[3,2,1]).

▶ **Namen:** Variablennamen müssen mit Buchstaben oder einem Unterstrich beginnen. Allerdings ist der Unterstrich am Beginn von Variablennamen für Python-interne Daten vorgesehen, weswegen Sie ihn in eigenen Scripts möglichst nicht verwenden sollten. Die weiteren Zeichen dürfen auch Ziffern enthalten, allerdings keine Bindestriche oder Leerzeichen. Deutsche Sonderzeichen wie »äöüß« sind ebenso wie viele andere Unicode-Zeichen zulässig, aber unüblich.

Normalerweise bestehen Variablennamen aus lauter Kleinbuchstaben. Großbuchstaben werden zumeist nur für Wortzusammensetzungen verwendet, z. B. bei einLangerName.

```
a = 1
b = 'abc'
a = a+1
a = c+1                    # Fehler: An c wurde nie etwas
                           # zugewiesen.
einLangerName = 3          # OK
ein_langer_name = 4        # auch OK
so gehts nicht = 5         # Fehler: Leerzeichen sind nicht
                           # erlaubt.
so-gehts-auch-nicht = 6    # Fehler: Als einziges Sonderzeichen
                           # ist _ erlaubt.
```

Python kennt keine Konstanten

Python bietet keine Möglichkeit, Konstanten zu definieren. Es ist üblich, den Namen einer Variablen, die wie eine Konstante verwendet werden soll, aus lauter Großbuchstaben zu bilden, also z. B. KURSIV=3. Sie können aber nicht verhindern, dass dieser Variablen später ein anderer Wert zugewiesen wird.

Mutable oder immutable

Was passiert bei b=a, also bei der Zuweisung einer Variablen an eine andere? Die Frage ist nicht so trivial, wie es den Anschein hat. Beginnen wir mit einem Beispiel mit ganzen Zahlen. Im folgenden Code wird zuerst in a der Wert 3 gespeichert. Bei der Zuweisung b=a wird a durch 3 ersetzt. Also wird auch in b die Zahl 3 gespeichert. Um es exakter zu formulieren: a und b sind nun zwei Variablen, die beide auf ein Objekt mit der ganzen Zahl 3 verweisen. Durch a=4 wird a ein neuer Wert zugewiesen. Auf b hat dies keinen Einfluss. a und b sind unabhängig voneinander, a enthält nun den Wert 4, b den Wert 3.

```
a=3
b=a            # b
a=4
print(a, b)    # Ausgabe 4, 3
```

Der Code für das zweite Beispiel sieht ganz ähnlich aus. Allerdings werden hier in a und b keine einfachen Zahlen gespeichert, sondern Listen. Nach der Zuweisung b=a verweisen beide Variablen auf dieselbe Liste. Durch a[0]=4 wird ein Element der Liste geändert. Wie der print-Aufruf beweist, gilt diese Änderung sowohl für a als auch für b! a und b sind also nicht wie im vorigen Beispiel unabhängig voneinander!

```
a=[1, 2, 3]
b=a            # b verweist auf dieselbe Liste wie a
a[0] = 4       # ändert das erste Listenelement
print(a, b)    # Ausgabe [4, 2, 3] [4, 2, 3]
```

Warum verhält sich Python bei zwei scheinbar ganz ähnlichen Programmen so unterschiedlich? Der Grund besteht darin, dass Python zwischen veränderlichen und unveränderlichen Datentypen unterscheidet – in der Fachsprache zwischen *mutable* und *immutable types*. Zahlen, Zeichenketten und Tupel sind *immutable*, d. h., eine Änderung ist unmöglich. Stattdessen wird jedes Mal, wenn ein Ausdruck neue Daten ergibt, auch ein neues Objekt erzeugt!

Wenn Sie also zuerst x=10 und dann x=x+1 ausführen, dann erzeugt Python zuerst ein Objekt mit der Zahl 10; x verweist auf dieses Objekt. Die Berechnung x+1 liefert dann die Zahl 11. Für diese Zahl wird ein weiteres Objekt im Speicher angelegt. Die Varia-

18

ble x wird nun so geändert, dass sie auf das neue Objekt 11 zeigt. Dasselbe ist auch im ersten Codebeispiel in der Zeile a=4 passiert: Python hat ein neues Objekt für die Zahl 4 erzeugt. a verweist nun auf dieses Objekt. Das hat aber keinen Einfluss auf b; b verweist weiterhin auf das Objekt für die Zahl 3.

Viele andere Datentypen und insbesondere Listen sind hingegen *mutable*. Daher ist es möglich, die Elemente einer Liste zu verändern, *ohne* gleich ein neues Objekt zu erzeugen. Die Zuweisung a[0] ändert somit nicht die Liste als Ganzes, sondern nur ein Element der Liste. Im zweiten Beispiel verweisen a und b daher weiterhin auf dasselbe Objekt, dessen *Inhalt* sich geändert hat.

Veränderliche Daten kopieren

Wie gehen Sie vor, wenn Sie z. B. von einer Liste eine unabhängige Kopie benötigen, sodass zwei anfänglich gleichartige Listen über zwei Variablen unabhängig voneinander verändert werden können? In solchen Fällen verwenden Sie die Methoden copy oder deepcopy aus dem copy-Modul:

```
import copy
a=[1, 2, 3]
b=copy.copy(a)   # b verweist auf eine unabhängige Kopie von a.
a[0] = 4         # ändert das erste Listenelement von a,
                 # b bleibt unverändert.
print(a, b)      # Ausgabe [4, 2, 3] [1, 2, 3]
```

Die copy-Methode erstellt eine Kopie des angegebenen Objekts. Im obigen Beispiel wird also für b ein neues Listenobjekt erzeugt, das dann dieselben Objekte wie a enthält. deepcopy geht noch einen Schritt weiter: Es erstellt auch Kopien aller veränderlichen Objekte, auf die das Ausgangsobjekt verweist. Im obigen Beispiel ist deepcopy überflüssig, weil die Liste nur drei ganze Zahlen enthält, also unveränderliche Objekte. Wenn die Liste aber selbst veränderliche Objekte enthält, dupliziert deepcopy den gesamten Objektbaum, was in der Praxis oft aufwendig ist.

Das folgende Beispiel verdeutlicht den Unterschied zwischen copy und deepcopy. Die Variable a enthält eine verschachtelte Liste. copy dupliziert zwar die Liste in ihrer ersten Ebene, das dritte Listenelement zeigt aber in beiden Fällen auf ein weiteres Listenobjekt mit dem Inhalt [3, 4]. Eine Veränderung dieser Subliste gilt deswegen gleichermaßen für a und b, daran ändert auch copy nichts.

Das Objekt für d wird hingegen mit deepcopy aus c erzeugt. Hier wird auch das Listenobjekt [3, 4] dupliziert, sodass beide Listen (also c und d) als drittes Listenelement wieder zwei unabhängige Listen enthalten. Deswegen gilt nun die Veränderung c[2][0] wirklich nur für c, aber nicht für d.

```
import copy
a=[1, 2, [3, 4]]
b=copy.copy(a)
a[2][0] = 7     # gilt trotz copy für a und b
print(a, b)
# Ausgabe [1, 2, [7, 4]] [1, 2, [7, 4]]

c=[1, 2, [3, 4]]
d=copy.deepcopy(c)
c[2][0] = 7     # gilt wegen deepcopy nur für c
print(c, d)
# Ausgabe [1, 2, [7, 4]] [1, 2, [3, 4]]
```

Datentypen

Python kennt etliche vordefinierte Datentypen (siehe Tabelle 18.1). Außerdem können von Klassen, die in externen Modulen definiert sind, Objekte erzeugt werden. Wir geben Ihnen hier einen Überblick über die wichtigsten Python-Datentypen und -Klassen samt einem Beispiel und der Einordnung, ob die Daten veränderlich (*mutable*) oder unveränderlich (*immutable*) sind.

Datentyp	Funktion	Beispiel	veränderlich
int	ganze Zahlen	x=3	nein
float	Fließkommazahlen	x=3.0	nein
complex	komplexe Zahlen	x=3+4j	nein
bool	boolesche Zahlen	x=bool(1)	nein
str	Zeichenketten	x='abc'	nein
tupel	Tupel	x=(1, 2, 3)	nein
list	Listen	x=[1, 2, 3]	ja
set	Sets	x={1, 2, 3}	ja
dict	Dictionaries	x={1:'rot', 2:'blau'}	ja
bytearray	Byte-Arrays	x=bytearray(...)	ja
io.TextIOWrapper	Dateien	x=open('readme.txt')	ja
...	sonstige Klassen	...	ja

Tabelle 18.1 Wichtige Python-Datentypen und -Klassen

18

Python unterscheidet zwischen Variablen und Daten. Variablen sind eigentlich nur Namen, die auf Objekte verweisen, vergleichbar mit Zeigern in C oder mit Links in HTML. Wenn Variablen auf der linken Seite einer Zuweisung vorkommen (x=...), wird ein Verweis auf das Objekt gespeichert, das aus dem rechten Ausdruck resultiert. Wenn Variablen hingegen in Ausdrücken vorkommen, ersetzt Python den Namen durch das Objekt, auf das die Variable zeigt.

Aufgrund dieser Trennung von Variablen und Daten ist es unmöglich, den Datentyp einer *Variablen* festzustellen! Sie können nur den Typ der Daten ermitteln, auf die die Variable zeigt. Die Variable selbst hat keinen Typ! Den Typ von Objekten finden Sie mit type heraus. Die folgenden Beispiele können Sie interaktiv ausprobieren:

```
>>> x=3; type(x)
<class 'int'>
>>> x=3.1; type(x)
<class 'float'>
>>> x={1, 2, 3}; type(x)
<class 'set'>
>>> type(1==2)
<class 'bool'>
```

Typumwandlung

Nur in wenigen Fällen kümmert sich Python selbstständig um die Typumwandlung, wenn in einem Ausdruck Daten unterschiedlichen Typs vermischt werden. Wenn Sie beispielsweise eine ganze Zahl mit einer Fließkommazahl multiplizieren, wird die ganze Zahl automatisch in eine Fließkommazahl umgewandelt, sodass danach eine Fließkommamultiplikation möglich ist.

Von solchen Ausnahmen abgesehen, müssen Sie sich selbst um die Typumwandlung kümmern. Dazu verwenden Sie Funktionen, deren Namen mit dem jeweiligen Datentyp übereinstimmen (siehe Tabelle 18.1). Um beispielsweise eine Zeichenkette und eine Zahl zu einer neuen, längeren Zeichenkette zusammenzusetzen, verwenden Sie die Funktion str:

```
s = 'abc'
x = 3
s = s + str(x)   # Ergebnis 'abc3'
```

In die umgekehrte Richtung wandeln int und float eine Zeichenkette in eine Zahl um. Beachten Sie, dass dabei der Fehler *invalid literal* auftreten kann, z. B. wenn Sie versuchen, die Zeichenkette 'abc' in eine Zahl umzuwandeln.

```
>>> int('123'), float('123.3')
(123, 123.3)
```

Variablen und Daten vergleichen

Um zu testen, ob zwei Variablen gleich sind, können Sie a==b oder a is b ausführen. In diesem Abschnitt geht es um den Unterschied zwischen diesen beiden Varianten und darum, was *Gleichheit* bedeutet.

Beginnen wir mit ==: Damit vergleichen Sie Daten bzw. den Inhalt von Objektes. Im folgenden Beispiel werden in a und in b dieselben Zeichenketten gespeichert. Erwartungsgemäß trifft der Vergleich a==b zu, und das Programm gibt an, dass die Zeichenketten in a und b übereinstimmen.

```
a='abc'
b='abc'
if a==b:
  print("Der Inhalt der Variablen a und b stimmt überein.")
```

Im zweiten Beispiel wird wieder in a eine Zeichenkette gespeichert. Anschließend wird b der Inhalt von a zugewiesen. Intern verweisen a und b auf dasselbe Objekt. Der Test a is b trifft daher zu.

```
a='abc'
b=a
if a is b:
  print("a und b verweisen auf dasselbe Objekt.")
```

Diffiziler ist das dritte Beispiel: Hier werden zwei Listen gebildet, die identisch sind. Der erste print-Aufruf gibt erwartungsgemäß zwei gleiche Listen aus. Durch a==b vergleicht Python die Listen. Sie stimmen überein, daher trifft a==b zu. Der Vergleich a is b trifft hier aber *nicht* zu! a und b verweisen auf zwei unterschiedliche Objekte. Die dort gespeicherten Listen wurden ganz unterschiedlich gebildet.

```
a=['a', 'b', 'c']
b=['a']
b.append('b')
b.append('c')

print(a, b) # Ausgabe ['a', 'b', 'c'] ['a', 'b', 'c']

if a==b:     # trifft zu
  print("Die Listen der Variablen a und b stimmen überein.")

if a is b:  # trifft nicht zu
  print("a und b verweisen auf dasselbe Objekt.")
```

18

Soll ich nun mit == oder mit is vergleichen?

Manche Einsteiger werden sich nach den obigen Ausführungen vielleicht fragen, womit sie nun die Gleichheit testen sollen: mit == oder mit is? In den meisten Fällen wird es Ihnen darum gehen, festzustellen, ob die Daten übereinstimmen. Dann ist == der richtige Operator. Nur in seltenen Fällen ist es wichtig, festzustellen, ob zwei Variablen auf dasselbe Objekt verweisen; dann ist is die richtige Wahl. Übrigens gibt es auch Operatoren für *nicht gleich*, und zwar != für die Daten und is not für Objektreferenzen.

Gültigkeit von Variablen

Innerhalb eines gewöhnlichen Scripts ohne die Definition eigener Funktionen oder Klassen unterscheidet Python nicht zwischen Gültigkeitsebenen. Sobald eine Variable einmal definiert ist, kann sie weiterverwendet werden. Ein Beispiel:

```
if 1:       # das ist immer erfüllt
  x=1       # daher wird diese Zuweisung ausgeführt
print(x)    # ok, Ausgabe 1
```

Nur zum Vergleich: In Java würde ein vergleichbarer Code wie folgt aussehen und nicht funktionieren! Dieser Vergleich zeigt auch, wie kompakt und übersichtlich Python-Code im Vergleich zum Code vieler anderer Sprachen ist:

```
// Java-Code
if(1) {
  int x = 1;
}
System.out.println(x);   // Fehler, x ist hier nicht bekannt
```

Kommen wir zu Python zurück. Das folgende Miniprogramm löst einen Fehler aus. Hier ist die if-Bedingung nicht erfüllt. Das Programm läuft bis print(x), dann beanstandet Python, dass für x noch kein Wert bekannt ist (Fehlermeldung: *name x is not defined*).

```
if 0:       # das ist nie erfüllt
  x=1       # daher wird diese Zuweisung nicht ausgeführt
print(x)    # Fehler: name 'x' is not defined
```

Ein Sonderfall sind Funktionen und Klassen. Dort definierte Variablen gelten nur *innerhalb* der Funktion bzw. nur für ein Objekt der Klasse. Das folgende Codefragment zeigt die Grundidee. Mehr Details und Besonderheiten werden in Abschnitt 18.9, »Funktionen«, und in Abschnitt 18.10, »Objektorientiertes Programmieren«, behandelt.

```
def f():     # definiert die Funktion f
  x = 3      # lokale Variable, gilt nur innerhalb von f!
  print(x)

f()          # ruft f auf, Ausgabe 3
print(x)     # Fehler: name 'x' is not defined
```

Garbage Collection

Stellen Sie sich vor, Ihr Python-Programm geht wie folgt vor, um eine HTML-Datei zu erzeugen:

```
s = ''
for i in range(1, 101):
  s+='<p>Absatz ' + str(i) + '\n'
f = open('out.html', 'w')
f.write(s)
f.close()
```

In einer Schleife wird also Schritt für Schritt eine Zeichenkette zusammengesetzt, wobei jede Zeile mit <p> einen neuen HTML-Absatz einleitet. Jeder Absatz enthält den Text *Absatz nnn*. Mit open wird dann die Datei out.html erzeugt und der Text dort gespeichert.

Beachten Sie bitte, dass die hier präsentierte Vorgehensweise *nicht effizient* und daher nicht empfehlenswert ist! Interessant macht dieses Beispiel die Zeile s+='xxx'. Was geschieht hier? Python erstellt 100-mal eine neue Zeichenkette. Zuerst enthält die Zeichenkette <p>Absatz 1\n, dann <p>Absatz 1\n<p>Absatz 2\n, dann <p>Absatz 1\n <p>Absatz 2\n<p>Absatz 3\n usw.

Nun haben wir oben darauf hingewiesen, dass Zeichenketten unveränderlich (*immutable*) sind. Hinter den Kulissen muss Python also bei jeder s+=...-Anweisung eine *neue* Zeichenkette erzeugen. Was passiert aber mit den alten Zeichenketten? Wenn Sie die for-Schleife mit range(1,10001) bilden, beansprucht Python dann Speicherplatz für 10.000 Zeichenketten? Und was passiert, wenn der Arbeitsspeicher erschöpft ist?

Um das zu vermeiden, entfernt Python nicht mehr benötigte Objekte aus dem Speicher. Das funktioniert in der Regel vollautomatisch. Woran aber erkennt Python, dass es ein Objekt löschen darf? Ganz einfach: Python zählt mit, wie viele Variablen bzw. andere Objekte auf ein Objekt verweisen. Sobald dieser Zähler auf 0 sinkt, ist klar, dass nichts und niemand mehr das Objekt benötigt. Es kann gelöscht werden.

Probleme können allerdings zirkuläre Verweise verursachen, bei denen zumeist mehrere Objekte gegenseitig aufeinander verweisen – aber selbst mit diesem Sonderfall kommt Python meistens zurecht. Für das Entfernen solcher geschlossener Objektketten aus dem Speicher ist der sogenannte *Garbage Collector* verantwortlich. Technisch interessierte Leser finden hier Hintergrundinformationen:

https://docs.python.org/3.5/library/gc.html
https://stackoverflow.com/questions/10962393

Shared References

Als letztes Detail zur Variablen- und Objektverwaltung möchten wir Ihnen ganz kurz die Idee der *Shared References* vorstellen: In größeren Programmen gibt es oft an mehreren Stellen Variablen, die auf gleichartige Objekte verweisen. Beispielsweise gibt es im folgenden Beispiel die zwei Variablen a und b, die beide die Integerzahl 15 beinhalten – oder, um es exakter auszudrücken, die beide auf ein Objekt mit der Zahl 15 verweisen. Da liegt es eigentlich nahe, für beide Variablen ein und dasselbe Objekt zu verwenden. Der Fachbegriff hierfür lautet *Shared References* – mehrere Variablen verweisen also auf ein Objekt, das sie sich gewissermaßen teilen.

```
a=15         # a=15
b=14         # mit einem kleinen Umweg
b+=1         # gilt nun auch b=15
if a is b:   # ist unter Python 3.5 am Raspberry Pi erfüllt
  print('a und b zeigen auf dasselbe Objekt')
```

Die Idee ist simpel, die Realisierung ist aber viel schwieriger, als es den Anschein hat. Damit das Konzept funktioniert, muss Python jedes Mal, wenn in einer Variablen ein Verweis auf ein neues Objekt gespeichert wird, testen, ob es schon ein gleiches Objekt im Speicher gibt. Dieser Test muss äußerst schnell erfolgen, andernfalls würde der eingesparte Speicherplatz mit zu hohen Performance-Einbußen erkauft.

Tatsächlich ist es oft schwer vorherzusehen, wann Python diese Optimierung gelingt und wann nicht. Im folgenden Beispiel, bei dem in a und b zwei gleiche Zeichenketten gespeichert werden, versagt die Erkennung:

```
a=' ' * 2
b='  '
if a is b: # ist unter Python 3.5 am Raspberry Pi nicht erfüllt
  print('a und b zeigen auf dasselbe Objekt')
```

Ob die gemeinsame Nutzung gleichartiger Daten gelingt, ist stark implementierungsabhängig und kann sich sowohl je nach eingesetzter Python-Version als auch je nach Plattform ändern. Falls Sie neugierig sind, wie viele Verweise es auf ein bestimmtes Objekt gibt, können Sie dies mit der Methode sys.getrefcount feststellen:

```
import sys
print('1 wird von Python ', sys.getrefcount(1),
      '-mal verwendet')
print('15 wird von Python ', sys.getrefcount(15),
      '-mal verwendet')
print("' ' wird von Python ", sys.getrefcount(' '),
      '-mal verwendet')
# Ergebnisse im Python-Interpreter 3.5 unter Raspbian
# 1 wird von Python 796-mal verwendet
# 15 wird von Python 13-mal verwendet
# ' ' wird von Python 7-mal verwendet
```

Es ist schon bemerkenswert, dass es im Python-internen Code offensichtlich fast 800 Variablen gibt, die alle auf ein Objekt mit der ganzen Zahl 1 verweisen!

18.3   Operatoren

Python kennt im Wesentlichen dieselben Operatoren wie die meisten anderen Programmiersprachen. Auf einige Besonderheiten möchten wir aber hinweisen:

▶ **Division:** Der Operator / verhält sich in Python 2 und Python 3 unterschiedlich. Wenn in Python 2 a und b ganze Zahlen sind, liefert a/b das Ergebnis einer ganzzahligen Division. In Python 3 wird hingegen immer eine Fließkommadivision durchgeführt! Wenn Sie explizit eine ganzzahlige Division wünschen, müssen Sie den Operator // verwenden.

▶ **Zuweisung und Berechnung verbinden:** Zuweisungen können mit Grundrechenarten verbunden werden. Das heißt, a=a+1 kann auch in der Form a+=1 formuliert werden. Diese Kurzschreibweise ist nicht nur für die Grundrechenarten zulässig, sondern für fast alle Python-Operatoren. Im Gegensatz zu anderen Programmiersprachen sind a++ und a-- im Sinne von a=a+1 und a=a-1 aber *nicht* zulässig.

▶ **Mehrfachvergleiche:** Bei den Vergleichsoperatoren <, > etc. sind auch Mehrfachvergleiche möglich. Beispielsweise testet 10 <= x <= 20, ob x einen Wert zwischen 10 und 20 hat. Intern werden alle Vergleiche mit einem logischen Und verknüpft, d. h., 10 <= x <= 20 entspricht 10<=x and x<=20.

▶ **Inhalte vergleichen:** == testet, ob zwei Ausdrücke denselben Inhalt haben, also beispielsweise, ob die Variable x den Wert 3 hat (if x==3: ...) oder ob die Zeichenkette s mit 'abc' übereinstimmt (if s=='abc': ...).

▶ **Objekte vergleichen:** Im Gegensatz dazu überprüft der Operator a is b, ob die Variablen a und b auf das gleiche Objekt verweisen. Selbst wenn a==b gilt, kann es durchaus sein, dass a und b auf unterschiedliche Objekte mit demselben Inhalt verweisen. a is b entspricht also einer tiefer gehenden Gleichheit als a==b.

18

Operator	Funktion
+ -	Vorzeichen
+ - * /	Grundrechenarten; / liefert in Python 3 float-Ergebnisse!
//	ganzzahlige Division (20 // 6 ergibt 3.)
%	Rest der ganzzahligen Division (20 % 6 ergibt 2.)
**	Exponentialfunktion bzw. Hochstellen (2**8 ergibt 256.)
+ *	Strings verbinden bzw. vervielfachen ('ab'*2 ergibt 'abab'.)
%	Zeichenkette formatieren (printf-Syntax)
=	Zuweisung (var=3)
+=	Zuweisung und Addition (var+=3 entspricht var=var+3.)
-=	Zuweisung und Subtraktion
*=	Zuweisung und Multiplikation
/=	Zuweisung und Division
==	Gleichheit testen (if a==3: ...)
!=	Ungleichheit testen
< > <= >=	kleiner, größer, kleiner-gleich, größer-gleich
is	testen, ob zwei Variablen auf dasselbe Objekt zeigen
is not	testen, ob zwei Variablen auf unterschiedliche Objekte zeigen

Tabelle 18.2 Rechen-, String- und Vergleichsoperatoren

Operator	Funktion
& |	binäres Und und binäres Oder
^	binäres Exklusiv-Oder
~	binäres Nicht
<<	binär nach links schieben (2<<4 ergibt 32.)
>>	binär nach rechts schieben (768>>2 ergibt 192.)
or	logisches Oder
and	logisches Und
not	logisches Nicht

Tabelle 18.3 Binäre und logische Operatoren

Operator	Funktion
|	Vereinigung: {1, 2} | {2, 3} ergibt {1, 2, 3}.
-	Differenz: {1, 2} - {2, 3} liefert {1}.
&	Schnittmenge: {1, 2} & {2, 3} liefert {2}.
^	Symmetrische Differenz: {1, 2} ^ {2, 3} liefert {1, 3}.

Tabelle 18.4 Operatoren für Sets

Zuweisungen

Gewöhnliche Zuweisungen der Art variable = ausdruck gibt es in jeder Programmiersprache. Python kennt darüber hinaus einige ungewöhnliche Varianten. Beispielsweise können Sie mehreren Variablen auf einmal denselben Inhalt zuweisen. Python geht dabei von rechts nach links vor. Das heißt, im Beispiel unten werden die folgenden Zuweisungen durchgeführt: c=16, dann b=c und schließlich a=b. Damit verweisen alle drei Variablen auf dasselbe Objekt im Speicher, das die Zahl 16 repräsentiert.

```
a = b = c = 16          # drei Variablen denselben Wert zuweisen
```

Wenn Sie mehreren Variablen in kompakter Schreibweise unterschiedliche Werte zuweisen möchten, können Sie hierfür Listen oder Tupel verwenden. Beispielsweise funktionieren die folgenden Zuweisungen:

```
a, b = 2, 3
[e, f, g] = [7, 8, 9]
e, f, g = [7, 8, 9]     # gleichwertig
```

Diese Art der Zuweisung können Sie auch verwenden, um den Inhalt zweier Variablen zu vertauschen. Bei den meisten anderen Programmiersprachen würden Sie dazu eine dritte, temporäre Variable benötigen.

```
x, y = y, x             # x und y vertauschen
```

Eine spezielle Variante von Listen- und Tupel-Zuweisungen betrifft den Fall, dass es auf der linken Seite weniger Variablen gibt als auf der rechten Seite Listenelemente. In diesem Fall können Sie *einer* Variablen einen Stern voranstellen. Dieser Variablen werden dann alle überschüssigen Elemente als Liste zugewiesen:

```
>>> a, *b, c = [1, 2, 3, 4, 5]
>>> a
1
>>> b
[2, 3, 4]
>>> c
5
```

18

Extended Sequence Unpacking

Diese Art der Zuweisung steht erst ab Python 3 zur Verfügung und wird *Extended Sequence Unpacking* genannt. Der Mechanismus kann auch für Zeichenketten verwendet werden:

```
>>> a, *b = '123456'
>>> a
'1'
>>> b
['2', '3', '4', '5', '6']
```

Achten Sie darauf, dass maximal eine Variable mit einem Stern gekennzeichnet werden darf. Die Anzahl der Elemente auf der rechten Seite des Ausdrucks muss zumindest so groß sein wie die Anzahl der nicht durch den Stern markierten Variablen. Der Stern-Variablen wird dann eine leere Liste zugewiesen, also []. Liegen zu wenige Listenelemente oder Zeichen vor, tritt ein ValueError auf.

```
>>> *a, b, c = [1, 2]
>>> a
[]
>>> *a, b, c = [1]
Traceback (most recent call last): ...
ValueError: need more than 1 values to unpack
```

18.4   Verzweigungen (if)

if-Verzweigungen

if-Verzweigungen sind ja schon in vielen Beispielen vorgekommen. Die Syntax ist leicht verständlich und lässt sich so zusammenfassen:

```
if bedingung1:
    block1
elif bedingung2:
    block2
elif bedingung3:
    block3
else:
    block4
```

Es sind beliebig viele elif-Bedingungen erlaubt, auch null. Der else-Block ist optional. Python durchläuft die gesamte Konstruktion bis zur ersten zutreffenden Bedingung. Dann werden die Anweisungen ausgeführt, die dieser Bedingung zugeordnet sind. Anschließend wird der Code nach dem letzten elif- oder else-Block fortgesetzt.

Vergessen Sie die Doppelpunkte nicht, die sowohl nach den Bedingungen als auch nach else zu setzen sind! Im Gegensatz zu anderen Programmiersprachen kennt Python keine switch- oder case-Konstruktionen.

Bedingungen

Bedingungen werden in der Regel mit Vergleichsoperatoren gebildet, z. B. x==3 oder a is b. Mehrere Bedingungen können mit and bzw. or logisch verknüpft werden (siehe Tabelle 18.3).

```
if x>0 and (y>0 or z==1):
   ...
```

Python führt bei and und or eine sogenannte *short circuit*-Auswertung durch:

▸ Wenn bei einer and-Verknüpfung der erste Teilausdruck false ergibt, wird der zweite nicht mehr ausgewertet, weil das Ergebnis auf jeden Fall false lautet.

▸ Wenn bei einer or-Verknüpfung der erste Teilausdruck true ergibt, wird der zweite nicht mehr ausgewertet, weil das Ergebnis auf jeden Fall true lautet.

Anstelle von a<x and x<b ist die Kurzschreibweise a<x<b erlaubt. Bedingungen können auch ohne Vergleichsoperator formuliert werden, beispielsweise in dieser Form:

```
if x:
   ...
```

Diese Bedingung ist erfüllt, wenn:

▸ x eine Zahl ungleich 0 ist
▸ x eine nicht leere Zeichenkette ist
▸ x der boolesche Wert 1 (true) ist
▸ x eine Liste, ein Tupel oder ein Set mit mindestens einem Element ist
▸ x ein initialisiertes Objekt ist (nicht None)

if-Kurzschreibweise

Mitunter benötigen Sie if-Konstruktionen nur, um eine Variable zuzuweisen:

```
if bedingung:
    x=wert1
else
    x=wert2
```

Für derartige Konstruktionen gibt es eine platzsparende Kurzschreibweise:

```
x = wert1 if bedingung else wert2
```

18.5   Schleifen (for und while)

Schleifen werden in Python zumeist mit `for var in elemente` gebildet. Die Schleifenvariable nimmt dabei der Reihe nach jedes der angegebenen Elemente an.

```
for var in elemente:
    anweisungen
```

Die Schleifenvariable `var` kann auch im Code nach dem Ende der Schleife verwendet werden und enthält dann den zuletzt zugewiesenen Wert:

```
for i in [7, 12, 3]:
    anweisungen
print(i)    # Ausgabe 3
```

Alternativ können Schleifen mit `while` formuliert werden. Die eingerückten Anweisungen werden dann so lange ausgeführt, wie die Bedingung erfüllt ist.

```
while bedingung:
    anweisungen
```

`break` beendet `for`- und `while`-Schleifen vorzeitig:

```
for var in elemente:
    anweisung1
    if bedingung: break      # die Schleife abbrechen
    anweisung2
```

`continue` überspringt die restlichen Anweisungen für den aktuellen Schleifendurchgang, setzt die Schleife aber fort:

```
for var in elemente:
    anweisung1
    if bedingung: continue    # anweisung2 überspringen
    anweisung2
```

Python kennt auch einen `else`-Block für Schleifen und unterscheidet sich damit von den meisten anderen Programmiersprachen. Der `else`-Block wird ausgeführt, nachdem bei einer `for`-Schleife alle Elemente durchlaufen wurden bzw. wenn bei einer `while`-Schleife die Schleifenbedingung nicht mehr erfüllt ist.

```
for var in elemente:
    anweisung1
    anweisung2
else:
    anweisung3
```

> **Profi-Tipp: break und continue in verschachtelten Schleifen**
>
> Bei verschachtelten Schleifen gelten break und continue nur für die innerste Schleife. Um unkompliziert eine verschachtelte Schleife abzubrechen, verpacken Sie sie in eine Funktion und verlassen diese mit return. Eine andere Möglichkeit besteht darin, sämtliche Schleifen durch try abzusichern und zum Abbruch der Schleifen eine Exception auszulösen.

Schleifen über Zahlenbereiche (range)

Für Schleifen über einen vorgegebenen Zahlenraum werden die Elemente in der Regel durch range(start, ende) erzeugt, wobei der Endwert exklusiv ist. Die folgende Schleife durchläuft daher die Werte von 1 bis 9 (nicht 10!). Die Option end=' ' in print bewirkt, dass jeder Ausgabe ein Leerzeichen folgt (kein Zeilenumbruch).

```
for i in range(1, 10):
    print(i, end=' ')

# Ausgabe: 1 2 3 4 5 6 7 8 9
```

Bei range kann im optionalen dritten Parameter die Schrittweite angegeben werden:

```
for i in range(0, 20, 3): print(i, end=' ')
# Ausgabe: 0 3 6 9 12 15 18

for i in range(100, 0, -10):  print(i, end=' ')
# Ausgabe: 100 90 80 70 60 50 40 30 20 10
```

> **range in Python 2 und Python 3**
>
> range ist in Python 2 und Python 3 ganz unterschiedlich implementiert. In Python 2 erzeugt range eine Liste. Diese wird im Speicher abgelegt und kann dann z.B. in einer for-Schleife verarbeitet werden. In Python 3 ist range hingegen ein sogenannter *Generator*, der die Elemente erst bei Bedarf erzeugt. Vor allem bei Schleifen über eine große Anzahl von Elementen spart das eine Menge Speicherplatz. In Python 2 ist es in solchen Fällen hingegen zweckmäßig, anstelle von range mit xrange zu arbeiten.

range kann nur für ganze Zahlen verwendet werden, nicht für Fließkommazahlen. Wenn Sie eine Schleife von 0 bis 1 mit einer Schrittweite von 0.1 bilden möchten, können Sie z. B. so vorgehen:

```
for i in range(0, 11): x=i/10.0; print(x, end=' ')
# Ausgabe 0.0 0.1 0.2 0.3 0.4 0.5 0.6 0.7 0.8 0.9 1.0
```

18

Natürlich können Sie Schleifen über Zahlenbereiche auch mit while bilden. Das ist insbesondere dann vorteilhaft, wenn die Zahlen unregelmäßige Abstände aufweisen sollen.

```
i=1
while i<100000:
    print(i, end=' ')
    i += i*i
# Ausgabe: 1 2 6 42 1806
```

Schleifen über die Zeichen einer Zeichenkette

So können Sie eine Zeichenkette Zeichen für Zeichen verarbeiten:

```
for c in 'abc': print(c)
# Ausgabe: a
#          b
#          c
```

Unter Umständen ist es zweckmäßiger, die Zeichenkette mit list in eine Liste umzu-wandeln, deren Elemente jeweils ein Zeichen enthalten. Dann können Sie in der Folge alle Listenfunktionen verwenden.

```
>>> list('abc')
['a', 'b', 'c']
```

Schleifen über Listen, Tupel und Sets

Die Elemente von Listen, Tupeln und Sets können Sie mühelos mit for verarbeiten:

```
for i in (17, 87, 4): print(i, end=' ')
# Ausgabe: 17 87 4

for s in ['Python', 'macht', 'Spaß!']: print(s)
# Ausgabe: Python
#          macht
#          Spaß!
```

Oft ist das Ziel solcher Schleifen, eine neue Liste, einen neuen Tupel oder ein neues Set zu bilden. Dann ist es zumeist eleganter und effizienter, *List/Tupel/Set Compre-hension* zu verwenden. Hinter diesem Fachausdruck verbirgt sich eine besondere Variante der for-Schleife, die *in* einer Liste, einem Tupel oder einem Set gebildet wird. Die folgenden Beispiele beziehen sich alle auf Listen, können aber analog auch für Tupel oder Sets formuliert werden.

In der einfachsten Form lautet die Syntax [ausdruck for var in liste]. Dabei wer-den alle Listenelemente in die Variable eingesetzt. Die ausgewerteten Ausdrücke ergeben eine neue Liste. Optional kann mit if eine Bedingung für die Schleifenvariable angehängt werden: Dann werden nur die Listenelemente berücksichtigt, für die die Bedingung zutrifft.

```
>>> l = [1, 2, 3, 10]
>>> [ x*x for x in l ]              # Quadrat aller Listenelemente
                                   # bilden
[1, 4, 9, 100]
>>> [ x*x for x in l if x%2==0 ]   # nur gerade Zahlen
                                   # berücksichtigen
[4, 100]
```

Der Ausdruck darf dabei natürlich selbst eine Liste, ein Set oder ein Tupel sein – dann ist das Ergebnis ein verschachtelter Ausdruck:

```
>>> [ [x, x*x] for x in l ]
[[1, 1], [2, 4], [3, 9], [10, 100]]
```

Um aus einer Liste, einem Tupel oder einem Set ein Dictionary zu bilden, verwenden Sie die Schreibweise { k:v for x in liste }, wobei k und v Ausdrücke für den Schlüssel (Key) und den Wert (Value) jedes Dictionary-Elements sind.

```
>>> { x:x*x for x in l }
{1: 1, 2: 4, 3: 9, 10: 100}
```

> **map, filter und reduce machen viele Schleifen überflüssig!**
>
> Mitunter können Sie auf Schleifen ganz verzichten und stattdessen mit map, filter und reduce arbeiten. Entsprechende Beispiele finden Sie in Abschnitt 18.7, »Listen«.

18

Schleifen über Dictionaries

Die vorhin beschriebene Comprehension-Syntax kann auch für Dictionaries verwendet werden. In der einfachsten Form wird dabei eine Schleife über die Schlüssel der Dictionary-Elemente gebildet. Je nachdem, ob Sie den Ausdruck in eckige oder geschwungene Klammern stellen, ist das Ergebnis eine Liste oder ein Set.

```
>>> d = {'a':12, 'c':78, 'b':3, 'd':43}
>>> { x for x in d }
{'a', 'c', 'b', 'd'}
>>> [ x for x in d ]
['a', 'c', 'b', 'd']
```

Wenn Sie in der Schleife zwei Variablen für das Schlüssel/Wert-Paar benötigen, verwenden Sie die items-Methode bzw. iteritems in Python 2:

```
>>> { k for k,v in d.items() }
{'a', 'c', 'b', 'd'}
>>> { v for k,v in d.items() }
{43, 3, 12, 78}
```

Damit das Ergebnis des Ausdrucks selbst wieder ein Dictionary wird, bilden Sie den Ergebnisausdruck in der Form schlüssel:wert:

```
>>> { k:v*2 for k,v in d.items() }
{'a': 24, 'c': 156, 'b': 6, 'd': 86}
```

Schleifen über alle Script-Parameter

Wenn Sie an ein Python-Script Parameter übergeben, können Sie diese im Script mit der Anweisung sys.argv auswerten. sys ist eines von vielen Python-Modulen; es muss mit import gelesen werden, damit die darin enthaltenen Funktionen verwendet werden können.

argv ist eine Liste, deren erstes Element der Dateiname des Scripts ist. Die weiteren Listenelemente enthalten die übergebenen Parameter. Da der Script-Name selten benötigt wird, wird er mit dem Ausdruck [1:] eliminiert.

```
#!/usr/bin/python3
import sys
if(len(sys.argv)<=1):
    print("Es wurden keine Parameter übergeben.")
else:
    for x in sys.argv[1:]:
        print("Parameter:", x)
```

Ein möglicher Aufruf des Scripts könnte nun so aussehen:

```
./test.py zwei parameter
Parameter: zwei
Parameter: parameter
```

Im Terminalfenster läuft normalerweise die bash. Diese wertet Ausdrücke wie *.txt sofort aus und übergibt an das aufgerufene Kommando dann die Liste der gefundenen Dateien. Wenn im aktuellen Verzeichnis also die drei Dateien readme.txt, copyright.txt und gpl.txt gespeichert sind, dann werden mit ./test.py *.txt die Namen aller drei Dateien übergeben:

```
./test.py *.txt
Parameter: copyright.txt
Parameter: gpl.txt
Parameter: readme.txt
```

Schleifen über die Zeilen einer Textdatei

Es kommt recht oft vor, dass Sie eine Textdatei zeilenweise verarbeiten müssen. Python akzeptiert daher file-Objekte in for-Schleifen und übergibt jeweils eine Zeile an die Schleifenvariable. Bei der print-Anweisung verhindert end='', dass nach jeder ausgegebenen Zeile eine Leerzeile erscheint. Die in die Schleifenvariable eingesetzten Zeichenketten enthalten bereits die Zeilenumbruchcodes aus der Textdatei.

```python
f = open('readme.txt', 'r')
cnt = 0
for line in f:
    cnt+=1
    print("Zeile ", cnt, ": ", line, sep='', end='')
f.close()
```

Schleifen über alle Dateien eines Verzeichnisses

Die Funktion os.listdir liefert eine ungeordnete Liste aller Dateien und Unterverzeichnisse in einem Verzeichnis. Mit for können Sie unkompliziert eine Schleife darüber bilden. Bei der Verarbeitung der Dateien müssen Sie aber beachten, dass listdir die Dateinamen ohne Pfadinformationen liefert, also z. B. readme.txt, nicht /home/pi/readme.txt. Zur Weiterverarbeitung müssen Sie deswegen zumeist mit os.path.join den vollständigen Dateinamen bilden, wie dies im folgenden Listing gezeigt wird:

18

```python
import os
startdir = os.path.expanduser("~")
print(startdir)
for filename in os.listdir(startdir):
    fullname = os.path.join(startdir, filename)
    if os.path.isfile(fullname):
        print("Datei: ", fullname)
    elif os.path.isdir(fullname):
        print("Verzeichnis: ", fullname)
```

Im obigen Beispiel liefert os.path.expanduser("~") den Pfad des Heimatverzeichnisses. Wenn Sie nur an *.pdf-Dateien in diesem Verzeichnis interessiert sind, gehen Sie wie folgt vor:

```python
import os
startdir = os.path.expanduser("~")
print(startdir)
for filename in os.listdir(startdir):
    if not filename.lower().endswith('.pdf'): continue
    fullname = os.path.join(startdir, filename)
    ...
```

18.6   Zeichenketten

Python-Zeichenketten haben Sie ja schon im vorigen Kapitel kennengelernt. Zur Wiederholung ganz kurz die wichtigsten Eckdaten:

► Zeichenketten werden wahlweise in einfache oder doppelte Apostrophe gestellt, also 'abc' oder "abc". Beide Varianten sind gleichwertig.

► In Zeichenketten können mit \ markierte Sonderzeichen eingebettet werden (sogenannte Escape-Sequenzen), z.B. \n für einen Zeilenumbruch (siehe Tabelle 18.5). Eine vollständige Referenz aller String-Literale finden Sie hier:

  https://docs.python.org/3.5/reference/lexical_analysis.html#literals

► Sollen Zeichenketten im Code über mehrere Zeilen reichen, müssen sie in dreifache Apostrophe gestellt werden, also wahlweise ''' oder """.

► Für den Zugriff auf Teile einer Zeichenkette gilt die Slicing-Syntax. s[n] gibt das n-te Zeichen zurück, wobei n=0 das erste Zeichen meint. s[start:ende] liefert die Zeichen von start (inklusive) bis ende (exklusive). Mit negativen Werten geben Sie den Offset vom Ende der Zeichenkette an.

► Die Funktion len(s) ermittelt die Anzahl der Zeichen einer Zeichenkette.

► Zeichenketten können mit diversen Funktionen und Methoden bearbeitet werden (siehe Tabelle 18.6). Eine vollständige und detaillierte Beschreibung aller String-Methoden finden Sie hier:

  https://docs.python.org/3.5/library/stdtypes.html#string-methods

Zeichensequenz	Bedeutung
\a	Bell (Signalton)
\f	Formfeed (neue Seite)
\n	Zeilenumbruch
\r	Wagenrücklauf (für Windows-Textdateien)
\t	Tabulatorzeichen
\unnnn	Unicode-Zeichen mit dem Hexcode &xnnnn
\'	das Zeichen '
\"	das Zeichen "
\\	das Zeichen \

Tabelle 18.5 Ausgewählte Escape-Sequenzen

Methode	Funktion
`len(s)`	Ermittelt die Anzahl der Zeichen.
`str(x)`	Wandelt x in eine Zeichenkette um.
`sub in s`	Testet, ob sub in s vorkommt.
`s.count(sub)`	Ermittelt, wie oft sub in s vorkommt.
`s.endswith(sub)`	Testet, ob s mit sub endet.
`s.expandtabs()`	Ersetzt Tabulatorzeichen durch Leerzeichen.
`s.find(sub)`	Sucht sub in s und liefert die Startposition oder −1 zurück.
`s.isxxx()`	Testet Eigenschaften von s (islower(), isupper() etc.).
`s.join(x)`	Verbindet die Zeichenketten in x (Liste, Set, Tupel).
`s.lower()`	Liefert s mit lauter Kleinbuchstaben zurück.
`s.partition(sub)`	Trennt s auf und liefert drei Teile als Tupel zurück.
`s.replace(old, new)`	Liefert s zurück, wobei old jeweils durch new ersetzt wird.
`s.rfind(sub)`	Wie find, aber beginnt die Suche am Ende der Zeichenkette.
`s.split(sub)`	Zerlegt s bei jedem Vorkommen von sub, liefert eine Liste.
`s.startswith(sub)`	Testet, ob s mit sub beginnt.
`s.upper()`	Liefert s mit lauter Großbuchstaben zurück.

Tabelle 18.6 Ausgewählte String-Methoden und -Funktionen

18

Unicode

Ab Version 3 stellt Python intern alle Zeichenketten in Unicode dar und erwartet auch den Quelltext in der UTF-8-Codierung. Wenn Ihre Scripts kompatibel zu Python 2 sein sollen, fügen Sie in der ersten oder zweiten Zeile des Scripts einen Kommentar mit der Anweisung `-*- coding: utf-8 -*-` ein.

```
# -*- coding: utf-8 -*-
# nur in Python 2 erforderlich, wenn der Code Zeichen
# in UTF-8-Codierung enthält
```

Auch bei der Verarbeitung von Textdateien geht Python generell von einer UTF-8-Codierung aus. Auf dem Raspberry Pi ist diese Annahme für nahezu alle Dateien korrekt. Müssen Sie dennoch Dateien in einer anderen Codierung lesen oder speichern, geben Sie den erforderlichen Zeichensatz im encoding-Parameter von open an:

```
f = open('readme.txt', encoding='latin-1')
```

raw-Zeichenketten

Python interpretiert \-Sequenzen als Sonderzeichen (siehe Tabelle 18.5). Wenn Sie das nicht möchten und jedes \-Zeichen als solches gewertet werden soll, stellen Sie der gesamten Zeichenkette den Buchstaben r (*raw*) voran:

```
latexcode = r'\section{Überschrift}'
```

String-Konvertierung und -Formatierung

Häufig müssen Sie aus Zahlen, Datums- und Zeitangaben etc. Zeichenketten bilden. Im einfachsten Fall verwenden Sie dazu die Funktionen str(x) oder repr(x), die jedes beliebige Objekt als Zeichenkette darstellen. Die Funktion repr geht dabei so vor, dass die resultierende Zeichenkette mit eval wieder eingelesen werden kann. str bemüht sich hingegen, die Zeichenketten so zu formatieren, dass diese für Menschen gut leserlich sind.

Allerdings haben Sie mit beiden Methoden keinerlei Einfluss auf die Formatierung. Wenn Sie Zahlen rechtsbündig formatieren oder mit Tausendertrennung darstellen möchten, dann benötigen Sie spezielle Formatierungsfunktionen. Unter Python haben Sie dabei die Wahl zwischen mehreren Verfahren. Am populärsten sind der %-Operator und die format-Methode:

▶ formatzeichenkette % (daten, daten, daten): Hier wird die Formatzeichenkette in der Syntax der printf-Funktion der Programmiersprache C formuliert. Innerhalb dieser Zeichenkette geben %-Zeichen die Position der einzusetzenden Daten an.

▶ formatzeichenkette.format(daten, daten, daten): Der Aufbau der Zeichenkette hat große Ähnlichkeiten mit dem Aufbau der gleichnamigen Methode des .NET-Frameworks von Microsoft. Innerhalb dieser Zeichenkette geben {}-Klammernpaare die Position der Parameter an.

Zuerst drei Beispiele für das %-Verfahren:

```
>>> '%s ist %d Jahre alt.' % ('Matthias', 7)
'Matthias ist 7 Jahre alt.'

>>> '1/7 mit drei Nachkommastellen: %.3f' % (1/7)
'1/7 mit drei Nachkommastellen: 0.143'

>>> '<img src="%s" alt="%s" width="%d">' % ('foto.jpg',
...     'Portrait', 200)
'<img src="foto.jpg" alt="Portrait" width="200">'
```

Nun folgen einige Beispiele für die neuere `format`-Methode. Ihr größter Vorteil besteht darin, dass die Platzhalterreihenfolge durch {n} frei gewählt werden kann:

```
>>> '{} ist {} Jahre alt.'.format('Sebastian', 9)
'Sebastian ist 9 Jahre alt.'

>>> '{1} ist {0} Jahre alt.'.format(9, 'Sebastian')
'Sebastian ist 9 Jahre alt.'

>>> '{name} ist {alter} Jahre alt.'.format(alter=9,
...     name='Sebastian')
'Sebastian ist 9 Jahre alt.'

>>> '1/7 mit drei Nachkommastellen: {:.3f}'.format(1/7)
'1/7 mit drei Nachkommastellen: 0.143'

>>> 'select * from table where id={:d}'.format(324)
'select * from table where id=324'
```

Es gibt unzählige Codes zum Aufbau der Zeichenketten für die beiden Formatierungssysteme (siehe Tabelle 18.7 und Tabelle 18.8). Für eine vollständige Referenz fehlt uns allerdings der Platz. Es gibt im Internet genügend Seiten, die alle zulässigen Codes in allen denkbaren Varianten beschreiben. Die beiden folgenden Links verweisen auf die offizielle Python-Dokumentation:

https://docs.python.org/3.5/library/stdtypes.html#old-string-formatting-operations
https://docs.python.org/3.5/library/string.html#format-string-syntax

Code	Bedeutung
%d	ganze Zahl (dezimal)
%5d	ganze Zahl mit fünf Stellen, rechtsbündig
%-5d	ganze Zahl mit fünf Stellen, linksbündig
%f	Fließkommazahl (*float*)
%.2f	Fließkommazahl mit zwei Nachkommastellen
%r	Zeichenkette, Python verwendet `repr`.
%s	Zeichenkette, Python verwendet `str`.
%10s	Zeichenkette mit zehn Zeichen, rechtsbündig
%-10s	Zeichenkette mit zehn Zeichen, linksbündig
%x	ganze Zahl hexadezimal ausgeben

Tabelle 18.7 Ausgewählte Codes für die %-Formatierung (printf-Syntax)

Code	Bedeutung
{}	Parameter, beliebiger Datentyp
{0}, {1}, ...	nummerierte Parameter
{eins}, {zwei}, ...	benannte Parameter
{:d}	ganze Zahl
{:<7d}	ganze Zahl mit sieben Stellen, linksbündig
{:>7d}	ganze Zahl mit sieben Stellen, rechtsbündig
{:^7d}	ganze Zahl mit sieben Stellen, zentriert
{:f}	Fließkommazahl
{:.5f}	Fließkommazahl mit fünf Nachkommastellen
{:s}	Zeichenkette

Tabelle 18.8 Ausgewählte Codes für die format-Methode

Die Qual der Wahl

Was ist nun besser, das %-Verfahren oder die format-Methode? In der Regel kommen Sie mit beiden Verfahren zum Ziel. Wenn Ihnen die printf-Syntax vertraut ist, spricht nichts dagegen, beim %-Verfahren zu bleiben. Ansonsten sollten Sie für neuen Code format vorziehen – der resultierende Code ist zumeist besser lesbar.

Reguläre Ausdrücke

Reguläre Ausdrücke bzw. *regular expressions* sind eine eigene Art von Sprache, um Suchmuster für Zeichenketten zu beschreiben. Sie können damit z. B. alle Links aus einem HTML-Dokument extrahieren oder komplexe Suchen-und-Ersetzen-Vorgänge durchführen. In Python sind die entsprechenden Funktionen im Modul re gebündelt (siehe Tabelle 18.9).

Funktion	Bedeutung
match(pattern, s)	Testet, ob s dem Muster pattern entspricht.
search(pattern, s)	Liefert die Position, an der das Muster vorkommt.
split(pattern, s)	Zerlegt s bei jedem Vorkommen des Suchmusters.
sub(pattern, r, s)	Ersetzt das erste gefundene Muster in s durch r.

Tabelle 18.9 Ausgewählte Funktionen des re-Moduls

Die folgenden Zeilen zeigen eine einfache Anwendung: Das Programm erwartet mit
input die Eingabe einer E-Mail-Adresse. pattern enthält einen regulären Ausdruck
zum Testen, ob die Adresse formalen Kriterien entspricht. Dazu muss der erste Teil
der Adresse aus den Buchstaben a–z, den Ziffern 0–9 sowie einigen Sonderzeichen
bestehen. Danach folgt ein @-Zeichen, dann ein weiterer Block aus Buchstaben, Ziffern und Zeichen, schließlich ein Punkt und zuletzt ein reiner Buchstabenblock für
die Top-Level-Domain (z. B. info).

```
import re
pattern = r'^[A-Za-z0-9\.\+_-]+@[A-Za-z0-9\._-]+\.[a-zA-Z]+$'
email = input("Geben Sie eine E-Mail-Adresse ein: ")

if re.match(pattern, email):
  print("Die E-Mail-Adresse ist OK.")
else:
  print("Die E-Mail-Adresse sieht fehlerhaft aus.")
```

Das Beispiel macht auch gleich klar, dass das Zusammenstellen regulärer Ausdrücke
alles andere als einfach ist. Für gängige Problemstellungen finden Sie oft im Internet passende Lösungen. Der obige Code folgt z. B. einem Vorschlag auf der Seite
stackoverflow.com. Andernfalls müssen Sie den regulären Ausdruck selbst zusam-
menbasteln (siehe Tabelle 18.10). Weitere Details und Beispiele können Sie in der
Dokumentation zum re-Modul nachlesen:

https://docs.python.org/3.5/library/re.html

18

Code	Bedeutung
^	Beginn der Zeichenkette
$	Ende der Zeichenkette
.	ein beliebiges Zeichen
[a-z]	ein Kleinbuchstabe zwischen a und z
[a,b,f-h]	ein Buchstabe aus a, b, f, g und h
[^0-9]	ein beliebiges Zeichen außer 0 bis 9
<muster>*	Das Muster darf beliebig oft vorkommen (auch 0-mal).
<muster>+	Das Muster darf beliebig oft vorkommen (mindestens einmal).
\x	Spezialzeichen angeben (\$ steht also für ein $-Zeichen.)

Tabelle 18.10 Aufbau regulärer Ausdrücke

Das Muster [a-z]+ trifft beispielsweise auf beliebige aus Kleinbuchstaben zusammengesetzte Zeichenketten zu, z. B. auf abc oder x oder xxx, nicht aber auf a b (Leerzeichen), Abc (Großbuchstabe), a1 (Ziffer) oder äöü (internationale Buchstaben).

18.7 Listen

Listen haben Sie ja schon im vorigen Kapitel kennengelernt. Diverse Beispiele haben Ihnen mittlerweile sicher klargemacht, dass Listen in Python zu den wichtigsten Datenstrukturen zählen. In diesem Abschnitt fassen wir die wichtigsten Listenmethoden nochmals zusammen (siehe Tabelle 18.11) und stellen einige fortgeschrittene Methoden zur Bearbeitung von Listen vor.

Funktion/Methode	Bedeutung
del l[start:ende]	Entfernt die angegebenen Listenelemente.
n = len(l)	Liefert die Anzahl der Elemente.
l.append(x)	Fügt das Element x am Ende der Liste hinzu.
l.clear()	Löscht die Liste (entspricht l=[]).
n = l.count(x)	Ermittelt, wie oft das Element x in der Liste vorkommt.
l1.extend(l2)	Fügt die Liste l2 am Ende von l1 hinzu (also l1 += l2).
iterator = filter(f, l)	Liefert die Elemente zurück, für die f(element)==true gilt.
n = l.index(x)	Ermittelt die erste Position von x in der Liste.
l.insert(n, x)	Fügt das Element x an der Position n in die Liste ein.
iterator = map(f, l)	Wendet die Funktion f auf alle Elemente an.
x = l.pop(n)	Liest das Element an der Position n und entfernt es.
l.remove(x)	Entfernt das Element x aus der Liste.
l.reverse()	Dreht die Liste um (das erste Element zuletzt etc.).
l.sort()	Sortiert die Liste.
iterator = zip(l1, l2)	Verbindet die Listenelemente paarweise zu Tupeln.

Tabelle 18.11 Wichtige Funktionen und Methoden zur Bearbeitung von Listen

map

Die hier vorgestellten Funktionen map, reduce und filter sind keine ausgesprochenen Listenfunktionen. Sie können auf jedes Objekt angewendet werden, das *iterable* ist, d. h., das mehrere Elemente enthält, über die eine Schleife gebildet werden kann.

Außer auf Listen trifft dies unter anderem auch auf Sets, Tupel und Dictionaries zu. Der sprachlichen Einfachheit halber ist hier aber dennoch nur von Listen die Rede.

map wendet eine Funktion auf alle Elemente einer Liste an. map liefert aus Effizienzgründen nicht unmittelbar eine Ergebnisliste, sondern einen *Iterator*. Dieses Objekt kann z. B. in einer Schleife ausgewertet oder mit list in eine Liste umgewandelt werden. Im folgenden Beispiel wird erst die Funktion quad definiert, um eine Zahl zu quadrieren. Diese wird dann mit map auf eine Liste angewendet.

```
>>> def quad(x): return x*x
...
>>> l=[1, 2, 3, 4, 5]
>>> map(quad, l)           # map liefert einen Iterator
<map object at 0x1006c1250>
>>> list(map(quad, l))     # list(map(..)) liefert eine Liste
[1, 4, 9, 16, 25]
```

Es ist nicht notwendig, die Funktion, die Sie an map übergeben wollen, zuerst mit def zu definieren. Sie können die Funktion auch ad hoc als Lambda-Funktion angeben. Dabei verwenden Sie das Schlüsselwort lambda, um zuerst einen Variablennamen und dann die Funktion für diese Variable anzugeben. Mehr Details zu diesem Thema können Sie in Abschnitt 18.9, »Funktionen«, unter dem Stichwort »Lambda-Funktionen« nachlesen.

```
>>> list(map(lambda x: x*x, l))
[1, 4, 9, 16, 25]
```

Anstelle von map können Sie auch *List Comprehension* einsetzen (siehe Abschnitt 18.5, »Schleifen (for und while)«, Unterabschnitt »Schleifen über Listen, Tupel und Sets«). Dazu formulieren Sie die for-Schleife in den eckigen Klammern einer Liste:

```
>>> [ x*x for x in l ]
[1, 4, 9, 16, 25]
```

map kann auch *mehrere* Listen verarbeiten. In diesem Fall wird aus jeder Liste das jeweils n-te Element an eine Funktion übergeben, die so viele Parameter erwartet, wie Sie Listen an map übergeben. Wenn die Listen unterschiedlich lang sind, liefert map so viele Elemente wie die kürzeste Liste.

```
#!/usr/bin/python3
def f(x, y):
  return x+y

l1 = [ 7,  1,  4]
l2 = [10, 11, 12]
l3 = list(map(f, l1, l2))
print(l3)  # Ausgabe [17, 12, 16]
```

18

reduce

Auch bei reduce wird eine Funktion auf die Listenelemente angewendet. Die Funktion muss diesmal aber *zwei* Parameter verarbeiten. Die Funktion wird von links nach rechts paarweise angewendet, zuerst auf die beiden ersten Listenelemente, dann auf das vorherige Ergebnis und das dritte Element, dann auf das vorige Ergebnis und das vierte Element etc. Wenn die Listenelemente x1, x2, x3 etc. lauten, dann entspricht reduce(f, l) dem Ausdruck f(f(f(f(x1, x2), x3), x4), ...). reduce macht aus einer Liste also ein singuläres Ergebnis. Das erklärt auch den Namen: Die Funktion *reduziert* die Liste zu einem Wert.

Beachten Sie, dass reduce in Python 3 im Modul functools enthalten ist, das importiert werden muss. In Python 2 zählte reduce hingegen zu den Standardfunktionen. Im folgenden Beispiel wird mit lambda eine Funktion definiert, die die Summe der beiden Parameter ausrechnet. reduce(...) bildet dann die Summe über alle Elemente.

```
>>> l=list(range(1,11)); l
[1, 2, 3, 4, 5, 6, 7, 8, 9, 10]
>>> from functools import reduce
>>> reduce(lambda x,y: x+y, l)
55
```

filter

filter wendet ähnlich wie map eine Funktion auf jedes Listenelement an. Das Ziel ist es diesmal aber nicht, die Funktionsergebnisse zurückzugeben, sondern vielmehr alle Listenelemente, bei denen die Filterfunktion true liefert. Es geht also darum, alle Elemente aus einer Liste herauszufiltern, die einer Bedingung genügen. Das Ergebnis ist wie bei map ein Iterator, der bei Bedarf mit list zu einer Liste ausgewertet werden kann.

Das folgende Beispiel filtert aus einer Liste alle geraden Zahlen heraus. Der Lambda-Ausdruck ergibt true, wenn bei einer Division durch 2 kein Rest bleibt.

```
>>> l=list(range(1,11))
>>> l
[1, 2, 3, 4, 5, 6, 7, 8, 9, 10]
>>> l=list(range(1,11)); l
[1, 2, 3, 4, 5, 6, 7, 8, 9, 10]
>>> ergebnis = filter(lambda x: x%2==0, l)
>>> list(ergebnis)
[2, 4, 6, 8, 10]
```

Das gleiche Ergebnis können Sie wiederum auch mit *List Comprehension* erzielen:

```
>>> [ x for x in l if x%2==0 ]
[2, 4, 6, 8, 10]
```

zip

`zip` verbindet zusammengehörige Elemente mehrerer Listen zu Tupeln. Wenn Sie also an `zip` zwei Listen übergeben, besteht das Ergebnis aus Tupeln, die die jeweils ersten, zweiten, dritten Elemente der Listen enthalten. Wie `map` und `filter` liefert auch `zip` einen Iterator, den Sie mit `list` zu einer Liste oder mit `set` zu einer Menge auswerten können. `zip` kann bei Bedarf auch mehr als zwei Listen verarbeiten. Wenn die Listen unterschiedlich viele Elemente haben, bestimmt die Liste mit der kleinsten Elementanzahl das Ergebnis.

```
>>> l1=list(range(1,11)); l1
[1, 2, 3, 4, 5, 6, 7, 8, 9, 10]
>>> l2=list('abcdefghij'); l2
['a', 'b', 'c', 'd', 'e', 'f', 'g', 'h', 'i', 'j']
>>> list(zip(l1, l2))
[(1, 'a'), (2, 'b'), (3, 'c'), (4, 'd'), (5, 'e'),
 (6, 'f'), (7, 'g'), (8, 'h'), (9, 'i'), (10, 'j')]
```

Mit `dict(zip(keylist, valuelist))` können Sie aus zwei Listen mit Schlüsseln und Werten ein Dictionary bilden:

```
>>> dict(zip(l1, l2))
{1: 'a', 2: 'b', 3: 'c', 4: 'd', 5: 'e',
 6: 'f', 7: 'g', 8: 'h', 9: 'i', 10: 'j'}
```

18

18.8   Umgang mit Fehlern (Exceptions)

Wie reagiert Python, wenn bei der Ausführung eines Programms ein Fehler auftritt? Wenn Sie also eine Division durch null durchführen, mit `l[5]` auf das fünfte Element einer Liste mit nur vier Elementen zuzugreifen versuchen oder wenn Sie eine Datei mit `open(name, 'w')` öffnen möchten, für die Ihr Programm keine Leseberechtigung hat. In solchen Fällen löst Python wie viele andere moderne Programmiersprachen eine *Exception* aus, die über den Ausnahmezustand informiert. Wenn Ihr Programm keine Absicherung gegen derartige Exceptions vorsieht, dann endet es mit einer unschönen Fehlermeldung. Eben das können Sie vermeiden, wenn Sie Ihren Code mit `try/except` absichern.

try/except

Die Syntax für `try/except` ist einfach:

```
try:
  fehleranfälliger Code
except aaaError:
  Reaktion auf einen bestimmten Fehler
```

```
except bbbError as err:
  Reaktion auf noch einen Fehler; die
  Variable err enthält Informationen zum Fehler.
except (cccError, dddError):
  Reaktion auf die aufgezählten Fehler
except (eeeError, fffError) as err:
  Reaktion auf die aufgezählten Fehler; die
  Variable err enthält Informationen zum Fehler.
except:
  Reaktion auf alle anderen Fehler
else:
  wird ausgeführt, wenn kein Fehler aufgetreten ist.
finally:
  wird immer ausgeführt, egal, ob ein Fehler
  aufgetreten ist oder nicht.
```

Im Anschluss an try und den abzusichernden Code muss zumindest ein except- oder finally-Block folgen. Alle anderen Teile der try-Konstruktion sind optional. Tritt ein Fehler auf, sucht Python die erste auf den Fehler zutreffende except-Anweisung. except ohne einen Fehlernamen gilt dabei als Default-Anweisung, die auf jede Art von Fehler zutrifft.

Sofern es einen zutreffenden except-Block gibt, wird der dort angegebene Code ausgeführt. Anschließend gilt der Fehler als erledigt. Das Programm wird im Anschluss an die try-Konstruktion fortgesetzt.

Der Code im else-Block wird im Anschluss an den try-Code ausgeführt, sofern dort kein Fehler aufgetreten ist. In der Praxis ist ein else-Block nur selten sinnvoll. Die einzige Ausnahme: Mit hier platziertem Code können Sie unkompliziert feststellen, ob der try-Code ohne Fehler ausgeführt worden ist.

Code im finally-Block wird *immer* ausgeführt, entweder im Anschluss an den fehlerfreien try-Code oder nach einem Fehler im Anschluss an den entsprechenden except-Code. Im Unterschied zu else wird finally in der Praxis recht häufig verwendet, um Aufräumarbeiten durchzuführen, die auf jeden Fall erforderlich sind, beispielsweise um offene Dateien zu schließen oder um Datenbank- oder Netzwerkverbindungen zu beenden.

Im folgenden Beispiel ist der Code zum Auslesen einer Datei abgesichert. Sollte ein Fehler auftreten, wird eine kurze Fehlermeldung ausgegeben. Interessant ist aber der finally-Code: Hier wird getestet, ob f eine Variable ist und ob sie nicht leer ist: In diesem Fall wird die Datei geschlossen. Alternativ können Sie auch mit with/as arbeiten (siehe die übernächste Überschrift »with/as«).

```
try:
  f=open('readme.txt')
  for line in f:
      print(line, end='')
except:
  print('Es ist ein Fehler aufgetreten.')
finally:
  if 'f' in locals() and f: f.close()
```

Wenn Sie die except-Anweisung in der Form except xxxError as var formulieren, enthält var ein Objekt einer Klasse, die von der BaseException-Klasse abgeleitet ist. Details zu den vielen vordefinierten Exception-Klassen können Sie hier nachlesen:

https://docs.python.org/3.5/library/exceptions.html

Bei der Auswertung von Exception-Objekten ist in der Regel nur deren Variable args von Interesse. Sie liefert einen Tupel mit allen Parametern, die beim Auslösen des Fehlers übergeben wurden. Wenn ein Exception-Objekt in eine Zeichenkette umgewandelt wird – wahlweise explizit durch str(ϵ) oder implizit in der print-Funktion, dann wird der Inhalt von args automatisch in eine Zeichenkette umgewandelt.

```
try:
  n=1/0
except ZeroDivisionError as e:
  print(e)   # Ausgabe: 'division by zero'
```

18

Nichts tun mit »pass«

Mitunter kommt es vor, dass Sie einen bestimmten Fehler erwarten, darauf aber nicht reagieren möchten. Mit except xxx: fangen Sie den Fehler ab. Aber wie formulieren Sie Ihr Programm, damit es in diesem Fall nichts tut, also nicht einmal eine Fehlermeldung anzeigt?

Irgendeinen Code *müssen* Sie nach except xxx: angeben, sonst ist das Programm syntaktisch nicht korrekt. Für solche Fälle sieht Python die Anweisung pass vor. Die folgenden Zeilen zeigen eine mögliche Anwendung in einer Endlosschleife, die durch ⎡Strg⎤+⎡C⎤ unterbrochen werden kann. Sie erwarten also einen KeyboardInterrupt und wollen in diesem Fall Ihr Programm ordentlich beenden.

```
try:
  while 1:
    do_something()
except KeyboardInterrupt:
  pass           # keine Fehlermeldurgen anzeigen
finally:
  xxx.close()   # Aufräumarbeiten
```

Fehler in Funktionen und Methoden

Bei Code, der durch Funktionen oder Klassen strukturiert ist, wird der Umgang mit Fehlern ein wenig interessanter: Beim Auftreten eines Fehlers stellt Python zunächst fest, ob der Code direkt durch try abgesichert ist. Ist das nicht der Fall, wird die Funktion oder Methode verlassen.

Jetzt kommt es darauf an, ob der Code an der Stelle durch try abgesichert wurde, an der der Funktions- oder Methodenaufruf stattfand. Bei verschachtelten Funktions- und Methodenaufrufen hangelt sich Python gewissermaßen bis zur untersten Ausführebene Ihres Programms herunter. Nur wenn die Fehlerabsicherung auch dort fehlt, wird das Programm mit einer Fehlermeldung abgebrochen.

Für die Fehlersuche ist es oft wichtig, festzustellen, wie eine Exception zustande kommt. Dabei helfen die Funktionen des traceback-Moduls. print_exc() gibt an, welche Funktionen und Methoden in welcher Reihenfolge aufgerufen wurden, als der letzte Fehler auftrat.

Im folgenden Beispiel wird in der try-Konstruktion f1 aufgerufen. f1 ruft wiederum f2 auf, und dort tritt eine Division durch 0 auf. Da weder f2 noch f1 gegen Fehler abgesichert sind, kommt die try-Konstruktion auf der untersten Ebene zur Anwendung. Dort wird der Fehler festgestellt.

```
#!/usr/bin/python3
import traceback
def f2(x):
  return 2/(x-1)
def f1(x):
  ergebnis = f2(x) + 7
  return ergebnis

try:
  n=f1(1)
  print(n)
except ZeroDivisionError as e:
  print(traceback.print_exc())
```

Das Programm zeigt die folgende Fehlermeldung an:

```
Traceback (most recent call last):
  File "./test.py", line 12, in <module>
    n=f1(1)
  File "./test.py", line 8, in f1
    ergebnis = f2(x) + 7
  File "./test.py", line 5, in f2
    return 2/(x-1)
ZeroDivisionError: division by zero
```

with/as

Eine Grundregel für den Zugriff auf Dateien sowie für die Verwendung von Datenbank- und Netzwerkverbindungen besteht darin, die Datei bzw. die Verbindung so rasch wie möglich wieder zu schließen, um diese zumeist knappen Ressourcen nicht unnötig lange zu blockieren. Traditioneller Code zur Lösung dieses Problems ist oft nach dem folgenden Muster aufgebaut:

```
try:
  f = open('dateiname')
  ...
finally:
  f.close()
```

In der obigen Form garantiert der finally-Block, dass die Datei auf jeden Fall wieder geschlossen wird – selbst wenn ein Fehler auftritt. Oft wird der Code auch noch mit except-Blöcken kombiniert, um eventuell auftretende Fehler abzufangen.

Eine alternative Vorgehensweise bietet with/as: Damit können Sie eine oder mehrere Ressourcen öffnen und diese im nachfolgenden Block nutzen. Am Ende des Blocks werden die Ressourcen automatisch geschlossen. Die allgemeine Syntax für with/as sieht so aus:

```
with ausdruck1 as var1, ausdruck2 as var2, ...:
  Code, der var1, var2 etc. nutzt
```

Die in var1, var2 etc. enthaltenen Objekte werden nach dem with-Block automatisch geschlossen. Das setzt voraus, dass die entsprechenden Klassen als sogenannte *Kontextmanager* konzipiert sind und hierfür die entsprechenden __enter__- und __exit__-Methoden zur Verfügung stellen. Diese Voraussetzung ist unter anderem für file-Objekte gegeben. Wenn Sie also eine Textdatei auslesen möchten und gleichzeitig garantieren wollen, dass die Datei auch im Falle eines Fehlers geschlossen wird, dann können Sie Ihren Code ganz kompakt so formulieren:

```
with open('readme.txt') as f:
  for line in f:
      print(line, end='')
```

with/as schützt nicht vor Exceptions!

with/as garantiert zwar, dass die in der Konstruktion genannten Ressourcen auch beim Auftreten eines Fehlers geschlossen werden, der eigentliche Fehler tritt aber anschließend dennoch auf. with/as ersetzt also nicht try/except!

Selbst Exceptions auslösen

In selbst programmierten Funktionen und Methoden ist es mitunter zweckmäßig, selbst eine Exception auszulösen. Auf diese Weise können Sie den Anwender Ihrer Funktionen oder Klassen davon informieren, dass ein Fehler aufgetreten ist. Sofern Sie für die Fehlerweitergabe mit den in Python vordefinierten Ausnahmen Ihr Auslangen finden, ist der Codeaufwand minimal. Sie übergeben einfach ein entsprechendes Exception- oder Error-Objekt an raise:

```python
def f(x, y):
  if x<0 or y<0:
    raise ValueError('Sie müssen positive Parameter angeben')
  return x*y
```

Wenn Sie mit den vordefinierten Fehlerklassen nicht zufrieden sind, müssen Sie sich die Mühe machen und selbst eine entsprechende Klasse definieren. Ein Beispiel finden Sie im Python-Handbuch:

https://docs.python.org/3.5/tutorial/errors.html#user-defined-exceptions

Programmunterbrechungen abfangen

Python-Programme, die im Terminal ausgeführt werden, können jederzeit durch [Strg]+[C] abgebrochen werden. Es gibt zwei Möglichkeiten, dies zu verhindern bzw. beim Drücken dieser Tastenkombination zumindest einen geordneten Rückzug einzuleiten. Die eine Variante nutzt die try/except-Konstruktion, die wir bereits weiter vorn in diesem Abschnitt vorgestellt haben. Der Programmabbruch durch [Strg]+[C] gilt nämlich ebenfalls als KeyboardInterrupt-Exception und kann somit abgefangen werden:

```python
try:
  # Endlosschleife
  cnt=0
  while 1:
    cnt+=1
    print(cnt)
except KeyboardInterrupt:
  # Aufräumarbeiten ...
  print('Strg+C wurde gedrückt, Programmende')
```

Die andere Variante verwendet das signal-Modul, um gezielt auf das SIGINT-Signal zu reagieren, das hinter den Kulissen versendet wird, wenn ein Anwender [Strg]+[C] drückt. Im folgenden Beispiel wird die Funktion abbruch definiert. Diese Funktion *muss* zwei Parameter enthalten, auch wenn diese hier gar nicht benutzt werden. signal.signal legt nun fest, dass die abbruch-Funktion aufgerufen wird, sobald das Programm ein SIGINT-Signal erhält.

```
import signal, sys

def abbruch(signal, frame):
  # Aufräumarbeiten
  print('Strg+C wurde gedrückt, Programmende')
  sys.exit(0)

signal.signal(signal.SIGINT, abbruch)
cnt=0
# Endlosschleife
while 1:
    cnt+=1
    print(cnt)
```

Wenn der Programmabbruch nicht funktioniert

In der Theorie ist es also ganz einfach, auf ⎡Strg⎤+⎡C⎤ zu reagieren. In der Praxis funktionieren die beiden obigen Codebeispiele aber oft unzuverlässig oder gar nicht – abhängig davon, welcher Code gerade ausgeführt wird, wenn der Benutzer ⎡Strg⎤+⎡C⎤ drückt. Handelt es sich dabei nämlich um eine Systemfunktion, auf die Python zurückgreift, kann Python nicht selbst auf ⎡Strg⎤+⎡C⎤ reagieren. Das betrifft unter anderem die meisten I/O-Funktionen, also print-Ausgaben am Bildschirm und das Lesen und Schreiben von Dateien, sowie time.sleep(). Hintergrundinformationen können Sie hier nachlesen:

https://stackoverflow.com/questions/4606942

18

18.9 Funktionen

Python stellt diverse vordefinierte Funktionen zur Verfügung. Beispielsweise ermittelt len die Anzahl der Elemente einer Liste bzw. die Anzahl der Zeichen einer Zeichenkette; print gibt die in den Parametern angegebenen Daten aus etc. Daneben gibt es unzählige weitere Funktionen, die in Modulen definiert sind, z. B. sin oder sqrt im Modul math, randint oder random im Modul random, sleep im Modul sys etc.

In diesem Abschnitt geht es darum, selbst eigene Funktionen zu definieren. Damit können Sie Ihren Code besser und übersichtlicher strukturieren. In vielen Fällen können Funktionen auch Redundanz im Code vermeiden – z. B. wenn Sie bestimmte Aufgaben an mehreren Stellen in Ihrem Code durchführen müssen.

Python bietet zur Definition von Funktionen gleich zwei Möglichkeiten: Den Code für gewöhnliche Funktionen leiten Sie mit def ein. Außerdem können Sie mit minimalem Overhead sogenannte Lambda-Funktionen definieren und sofort anwenden.

Das bietet sich insbesondere dann an, wenn Sie einfache Funktionen nur an einer Stelle in Ihrem Programm benötigen.

Eigene Funktionen definieren

Die Definition eigener Funktionen beginnt mit dem Schlüsselwort def. Dem folgt der Funktionsname, für den dieselben Regeln wie für Variablennamen gelten. Die Parameter müssen in runde Klammern gestellt werden.

```
def funktionsname(para1, para2, para3):
  code
```

Für die Programmierung und Anwendung von Funktionen gelten einige Regeln:

▶ Funktionen müssen definiert werden, bevor sie verwendet werden können. Deswegen ist es üblich, zuerst alle Funktionen zu definieren und erst im Anschluss daran den restlichen Code anzugeben. Die Codeausführung beginnt somit in der ersten Zeile, die *nicht* zu einer Funktionsdefinition gehört.

▶ Funktionen ohne Parameter sind zulässig, die runden Klammern sind aber immer erforderlich.

▶ Funktionen können vorzeitig mit return verlassen werden. Die Verwendung von return ist optional.

▶ Mit return kann die Funktion ein Ergebnis zurückgeben. Hierfür ist jeder Python-Datentyp erlaubt, also auch Listen, Tupel etc. Auf diese Weise kann eine Funktion ganz einfach *mehrere* Werte zurückgeben.

▶ Funktionen dürfen verschachtelt werden. Es ist also zulässig, in einer Funktion f1 eine weitere Funktion f2 zu definieren. f2 kann dann allerdings nur innerhalb von f1 genutzt werden, weswegen die verschachtelte Definition von Funktionen in der Praxis nur selten vorkommt. Eine mögliche Anwendung zeigen wir später im Abschnitt »Funktionales Programmieren«, wo eine neue Funktion gebildet und das Ergebnis mit return zurückgegeben wird.

Im folgenden Miniprogramm werden zuerst zwei Funktionen definiert und dann aufgerufen, um den prinzipiellen Umgang mit Funktionen zu zeigen:

```
#!/usr/bin/python3
# Funktion ohne Ergebnis
def f1(x, y):
  print('Parameter 1:', x)
  print('Parameter 2:', y)

# Funktion mit Ergebnis
def f2(x, y):
  return x+y
```

```
# hier beginnt die Programmausführung
f1(2, 3)       # gibt die Parameter aus
# Ausgabe: Parameter 1: 2
#          Parameter 2: 3

n = f2(4, 5)
print(n)
# Ausgabe: 9
```

Lokale und globale Variablen

Funktionen können Variablen lesen, die außerhalb der Funktion definiert sind:

```
#!/usr/bin/python3
def f1():
  print(x)

x = 3
f1()  # Ausgabe 3
```

Umgekehrt gelten Variablen, die in einer Funktion initialisiert werden – die also auf der linken Seite einer Zuweisung stehen –, als *lokal*: Sie können nur innerhalb der Funktion verwendet werden. Intern verwendet Python zur Speicherung lokaler Variablen einen sogenannten Namensraum. Was das ist, wird in Abschnitt 18.10 unter dem Stichwort »Klassenvariablen und Namensräume« näher beschrieben.

```
#!/usr/bin/python3
def f1():
  y = 5
  print(y)  # Ausgabe 5

f1()
print(y)     # Fehler, y ist nicht definiert!
```

Diese Regel gilt auch dann, wenn eine Variable in einer Funktion denselben Namen hat wie eine Variable außerhalb der Funktion oder in einer anderen Funktion. Im folgenden Beispiel gibt es also zwei Variablen z: eine innerhalb von f1, die andere außerhalb. Die Variablen sind vollkommen unabhängig voneinander und beeinflussen sich nicht!

```
#!/usr/bin/python3
def f1():
  z = 5
  print(z) # Ausgabe 5
```

18

```
z=3
f1()
print(z)    # Ausgabe 3!
```

Im folgenden Miniprogramm kommt es zu einem Fehler. z gilt als lokale Variable innerhalb der Funktion f1. Deswegen kann z=z+3 nicht funktionieren, weil z auf der rechten Seite des Zeichens = verwendet wird, bevor die Variable innerhalb der Funktion definiert wurde.

```
#!/usr/bin/python3
def f1():
  z=z+3   # Fehler, z ist nicht definiert
  print(z)

z=3
f1()
```

Dieser Fehler tritt auch dann auf, wenn z oberhalb der Funktionsdefinition initialisiert wird. Entscheidend ist hier nur, dass z eine lokale Variable innerhalb der Funktion f1 ist.

```
#!/usr/bin/python3
z=3

def f1():
  z=z+3      # Fehler, z ist nicht definiert
  print(z)

f1()
```

Wenn Sie in einer Funktion eine Variable verändern möchten, die außerhalb der Funktion initialisiert wurde, dann können Sie diese Variable in der Funktion als global kennzeichnen. Genau genommen sagen Sie damit, dass die Funktion z nicht als lokale Variable betrachten soll, sondern als eine Variable aus dem globalen Gültigkeitsbereich (*Global Scope*) des Programms.

```
#!/usr/bin/python3
def f1():
  global z
  z=z+3
  print(z) # Ausgabe 6

z=3
f1()
print(z)    # Ausgabe 6
```

Vermeiden Sie globale Variablen in Funktionen!

In der Praxis wird das Schlüsselwort `global` meist vermieden, weil es oft zu unübersichtlichem Code führt. Stattdessen ist es in der Regel besser, das Funktionsergebnis mit `return` zurückzugeben und dann zu speichern. Das folgende Listing gibt hierfür ein Beispiel. Hintergrundinformationen zum Umgang mit Parametern folgen im nächsten Abschnitt.

```
#!/usr/bin/python3
def f1(x):
   return x+3

z=3
z = f1(z)
print(z)    # Ausgabe 6
```

Lokale Variablen sind für jeden Funktionsaufruf lokal!

Funktionen dürfen sich selbst oder andere Funktionen aufrufen. Dabei sind lokale Variablen ebenso wie die im nächsten Abschnitt beschriebenen Parameter für *jeden* Funktionsaufruf lokal und beeinflussen einander nicht. Nur so ist die Programmierung rekursiver Algorithmen möglich, bei der eine Funktion immer wieder sich selbst aufruft, beispielsweise um eine hierarchische Datenstruktur Ebene für Ebene abzuarbeiten.

Funktionsparameter

Parameter dienen dazu, um Daten an eine Funktion zu übergeben. Intern verhalten sich die Parameter wie lokale Variablen. Ein Parameter mit dem Namen x ist somit vollkommen unabhängig von einer gleichnamigen Variablen, die außerhalb der Funktion definiert ist:

```
#!/usr/bin/python3
def f1(x):
   x=6
   print(x) # Ausgabe 6

x=3
f1(x)
print(x)    # Ausgabe 3
```

Für die Übergabe von Daten in den Parametern einer Funktion gelten dieselben Regeln wie bei Variablenzuweisungen (siehe Abschnitt 18.2, Stichwort »Mutable oder immutable«). Das bedeutet, dass bei unveränderlichen Datentypen eine Änderung der Daten durch die Funktion ausgeschlossen ist, wie auch das obige Beispiel beweist.

Etwas komplizierter ist die Lage bei veränderlichen Datentypen, z. B. bei Listen oder allgemein bei Objekten. Auch in diesem Fall führt eine direkte Zuweisung dazu, dass die Daten nur innerhalb der Funktion, aber nicht außerhalb verändert werden:

```python
#!/usr/bin/python3
def f1(x):
  x=[4, 5]
  print(x) # Ausgabe [4, 5]

x=[1, 2]
f1(x)
print(x)    # Ausgabe [1, 2]
```

Sehr wohl möglich ist hingegen eine Veränderung am *Inhalt* eines Objekts, einer Liste, eines Sets etc., also beispielsweise das Hinzufügen eines weiteren Elements!

```python
#!/usr/bin/python3
def f1(x):
  x.append(3)
  print(x) # Ausgabe [1, 2, 3]

x=[1, 2]
f1(x)
print(x)    # Ausgabe [1, 2, 3]
```

Optionale Parameter

Mit para=default kann für einen Parameter ein Default-Wert definiert werden. Dieser Parameter ist damit gleichzeitig optional. Alle optionalen Parameter müssen am Ende der Parameterliste angegeben werden.

Damit der Aufruf von Funktionen mit vielen optionalen Parametern übersichtlicher ist, können die Funktionsparameter auch in der Schreibweise name=wert übergeben werden. Der Funktionsaufruf mit benannten Parametern hat zudem den Vorteil, dass Sie sich nicht an die Reihenfolge der Parameter halten müssen und der Code unter Umständen besser lesbar wird.

```python
#!/usr/bin/python3
def f(a, b, c=-1, d=0):
  print(a, b, c, d)

f(6, 7, 8, 9)      # Ausgabe 6 7  8 9
f(6, 7, 8)         # Ausgabe 6 7  8 0
f(a=6, b=7, d=9)   # Ausgabe 6 7 -1 9
```

```
f(d=9, b=7, a=6)    # Ausgabe 6 7 -1 9
f(6, 7)             # Ausgabe 6 7 -1 0
f(6, 7, d=3)        # Ausgabe 6 7 -1 3

f(6)                # Fehler, b fehlt
f(b=6, c=7)         # Fehler, a fehlt
```

Variable Parameteranzahl

Wenn Sie einen Parameter in der Form *para oder **para definieren, nimmt dieser Parameter beliebig viele Werte entgegen. Bei *para stehen diese Parameter anschließend als Tupel zur Verfügung, bei **para als Dictionary. **para-Argumente *müssen* als benannte Parameter übergeben werden.

```
#!/usr/bin/python3
def f(a, b, *c):
  print(a, b, c)

f(1, 2, 3)          # Ausgabe 1 2 (3,)
f(1, 2, 3, 4)       # Ausgabe 1 2 (3, 4)
f(1, 2, 3, 4, 5, 6) # Ausgabe 1 2 (3, 4, 5, 6)
```

Wenn die Daten, die Sie an eine Funktion übergeben wollen, in einer Liste, einem Tupel oder einer anderen aufzählbaren Datenstruktur vorliegen, ist beim Funktionsaufruf auch die Schreibweise function(*liste) erlaubt. Damit werden die Elemente der Liste automatisch auf die Parameter verteilt:

```
#!/usr/bin/python3
def f(a, b, *c):
  print(a, b, c)

l = [1, 2, 3, 4, 5, 6]
f(*l)               # Ausgabe 1 2 (3, 4, 5, 6)
```

Die Schreibweise *liste können Sie in den Parametern *jeder* Funktion verwenden, z. B. auch in print:

```
l = [1, 2, 3]
print(l)   # ganze Liste ausgeben, also [1, 2, 3]
print(*l)  # Listenelemente werden zu Parametern, Ausgabe 1 2 3
```

In Kombination mit der *List Comprehension* können sich Ausdrücke ergeben, die auf den ersten Blick merkwürdig aussehen. Im folgenden Beispiel bildet [x*x for ...] Quadrate aller Listenelemente. * bewirkt, dass die Ergebnisse als print-Parameter verwendet werden:

18

```
#!/usr/bin/python3
l = [1, 2, 3]
print(*[x*x for x in l])  # Ausgabe 1 4 9
```

Innerhalb der Funktion können Sie mit len(c) feststellen, wie viele Parameter übergeben wurden. Das folgende Beispiel demonstriert den Umgang mit einem **-Parameter:

```
#!/usr/bin/python3
def f(a, b, **c):
  print(a, b, c)

f(1, 2)               # Ausgabe 1 2 {}
f(1, 2, x=4, y=7)     # Ausgabe 1 2 {'y': 7, 'x': 4}
```

Benannte Parameter können auch aus einem Dictionary mit der Schreibweise **dict in die Parameterliste übertragen werden:

```
#!/usr/bin/python3
def f(a, b, **c):
  print(a, b, c)

dict = {'a': 1, 'b': 2, 'x': 3, 'y': 4, 'z': 5}
f(**dict)             # Ausgabe 1 2 {'y': 4, 'x': 3, 'z': 5}
```

In der Parameterliste darf es maximal einen *- oder **-Parameter geben. Einem **-Parameter dürfen keine weiteren Parameter mehr folgen. Bei *-Parametern sind weitere einfache Parameter erlaubt. Diese müssen aber immer benannt werden, wie das folgende Beispiel zeigt:

```
#!/usr/bin/python3
def f(a, b, *c, x):
  print(a, b, c, x)

f(1, 2, x=3)         # Ausgabe 1 2 () 3
f(1, 2, 3, 4, x=5)   # Ausgabe 1 2 (3, 4) 5
```

Keep it simple, stupid!

Python erlaubt also sowohl den Aufbau von ziemlich komplexen Parameterlisten als auch die Übergabe von Parametern in vielen erdenklichen Syntaxvarianten. Ihr Ziel sollte es aber immer sein, dass der Code gut lesbar und verständlich bleibt. Übertreiben Sie es also nicht!

Lambda-Funktionen

Eigene Funktionen verwenden Sie oft aus zwei Gründen: einerseits, um komplexen Code in überschaubare Teile zu zerlegen, oder andererseits, weil Sie eine bestimmte Aufgabe an verschiedenen Stellen im Code erledigen möchten und so redundanten Code vermeiden möchten. Mitunter gibt es aber eine dritte Variante: Sie brauchen an *einer* Stelle im Code – z. B. in map, filter oder zur Formulierung einer einfachen Callback-Funktion – eine oft recht einfache Funktion. Der herkömmliche Weg ist dann recht umständlich: Sie müssen eine oft nur einzeilige Funktion explizit mit def definieren, um sie dann nur ein einziges Mal zu verwenden.

Für solche Fälle bieten sich Lambda-Funktionen als platzsparende Alternative an: Dabei handelt es sich um Funktionen, die ad hoc definiert *und* gleichzeitig an dieser Stelle im Code auch sofort verwendet werden. Aus diesem Grund besteht auch keine Notwendigkeit, der Funktion einen Namen zu geben, weswegen Lambda-Funktionen korrekt als *anonyme Funktionen* bezeichnet werden. Etwas salopper könnte man auch von »Wegwerf-Funktionen« sprechen, die nur für den einmaligen Einsatz definiert werden.

Die folgende Zeile zeigt die Syntax zur Definition einer Lambda-Funktion. Die größte Einschränkung von Lambda-Funktionen im Vergleich zu anderen Funktionen besteht übrigens darin, dass Lambda-Funktionen nur aus einem einzigen Ausdruck bestehen dürfen!

```
lambda var1, var2, var3, ...: ausdruck
```

Das folgende Miniprogramm zeigt den Einsatz von gleich zwei Lambda-Funktionen: Der erste Lambda-Ausdruck erkennt durch 3 teilbare Zahlen und verwendet dieses Kriterium, um Elemente in l2 aufzunehmen. Der zweite Lambda-Ausdruck wird auf alle Elemente von l2 angewandt, um diese ganzzahlig durch 3 zu dividieren. Die resultierende Liste landet in l3:

```
#!/usr/bin/python3
l1 = [1, 2, 3, 9, 345, 36, 33]
# l2 enthält alle durch 3 teilbaren Elemente von l1
l2 = list(filter(lambda x: x%3==0, l1))
print(l2)  # Ausgabe [3, 9, 345, 36, 33]
# alle Elemente von l2 durch 3 dividieren
l3 = list(map(lambda x: x//3, l2))
print(l3)  # Ausgabe [1, 3, 115, 12, 11]
```

Unüblich, aber syntaktisch erlaubt ist es, eine Lambda-Funktion einer Variablen zuzuweisen. Diese Variable kann dann wie eine gewöhnliche Funktion verwendet werden. Die beiden Funktionen f1 und f2 im folgenden Code sind daher gleichwertig:

18

```
#!/usr/bin/python3
def f1(x, y):
    return (x+1)*(y+1)

f2 = lambda x, y: (x+1)*(y+1)
print(f1(2, 3))   # Ausgabe 12
print(f2(2, 3))   # Ausgabe 12
```

Funktionales Programmieren

Python kann mit Funktionen ungemein flexibel umgehen. Das vorige Beispiel hat bereits gezeigt, dass Sie Funktionen so wie Zahlen, Listen oder Objekte ohne Weiteres in einer Variablen speichern können – um diese Variable dann wie eine Funktion einzusetzen.

Ebenso können Funktionen selbst an die Parameter einer anderen Funktion übergeben werden. Funktionen können auch mit return eine Funktion als Ergebnis zurückgeben. Betrachten Sie das folgende Beispiel:

```
#!/usr/bin/python3
import math

def funcbuilder(f, n):
    def newfunc(x): return f(n*x)
    return newfunc

# bildet die Funktion sin(2*x)
f1 = funcbuilder(math.sin, 2)
print(f1(0.4), math.sin(0.4*2))
# Ausgabe 0.7173560908995228 0.7173560908995228

# bildet die Funktion cos(4*x)
f2 = funcbuilder(math.cos, 4)
print(f2(0.07), math.cos(0.07*4))
# Ausgabe 0.9610554383107709 0.9610554383107709
```

funcbuilder erwartet als Parameter eine Funktion und eine Zahl. Damit wird die neue Funktion neu(x)=f(n*x) gebildet. return gibt die Funktion zurück. Die restlichen Zeilen zeigen die Anwendung von funcbuilder.

Wenn Sie in funcbuilder einen Lambda-Ausdruck verwenden, können Sie den Code weiter verkürzen. Es gibt nur wenige Programmiersprachen, die solche Konstrukte derart elegant unterstützen.

```
def funcbuilder(f, n):
    return lambda x: f(n*x)
```

Das nächste Beispiel verfolgt eine ähnliche Idee, liefert allerdings keine Funktion, sondern gleich ein Ergebnis zurück. Die Funktion erwartet drei Parameter: f, g und x. Dabei müssen f und g Funktionen sein. Das Resultat ist f(g(x)).

```
#!/usr/bin/python3
import math
def verschachteln(f, g, x):
  return f(g(x))

verschachteln(print, math.sin, 0.2) # 0.19866933079506122
print(math.sin(0.2))                # 0.19866933079506122

ergebnis = verschachteln(math.sin, math.sqrt, 0.5)
print(ergebnis == math.sin(math.sqrt(0.5)))  # True
```

Über den praktischen Nutzen dieser Spielereien kann man geteilter Meinung sein. Vor allem mathematisch ausgebildete Programmierer werden Freude an ihnen haben. Viele mathematische Konzepte lassen sich in Python einfacher realisieren als in anderen Programmiersprachen. Es ist kein Zufall, dass Guido van Rossum, der Erfinder der Programmiersprache Python, selbst Mathematik studiert hat. Einen guten Einführungsartikel in die funktionale Programmierung finden Sie z. B. hier:

https://maryrosecook.com/blog/post/a-practical-introduction-to-functional-programming

18.10   Objektorientiertes Programmieren

Eines gleich vorweg: Python ist *nicht* eine primär objektorientierte Programmiersprache. Sie müssen die Konzepte der Objektorientierung nicht kennen, um ausgezeichnete Python-Programme zu entwickeln. Objektorientierung oder kurz OO kann aber dabei helfen, den Code umfangreicher Projekte besser zu strukturieren und so zu organisieren, dass Sie Teile Ihres Codes später in anderen Projekten besser wiederverwenden können.

Grundsätzlich müssen Sie differenzieren, ob Sie lediglich Klassen und Objekte *nutzen* möchten oder ob Sie selbst Klassen entwickeln möchten. Ersteres ist vollkommen unkompliziert und wird in den drei Python-Kapiteln dieses Buchs an unzähligen Stellen praktiziert, ohne groß darüber zu reden. Ein Beispiel: Sie möchten eine Zeichenkette in Kleinbuchstaben umwandeln. Das geht so:

```
s1 = 'Objektorientierte Features von Python'
s2 = s1.lower()
print(s2)  # objektorientierte features von python
```

In diesem winzigen Programm sind s1 und s2 Variablen, die auf Objekte verweisen. Bei diesen Objekten handelt es sich um *Instanzen*, also um konkrete Realisierungen der Klasse str. lower ist eine *Methode* dieser Klasse. Methoden agieren wie Funktionen, beziehen sich aber automatisch auf die Daten eines Objekts.

Die str-Klasse ist insofern ein Sonderfall, als es sich dabei um einen tief in Python integrierten Datentyp handelt. Deswegen können Sie ein neues str-Objekt einfach in der Form s1 = 'abc' erzeugen. Bei *gewöhnlichen* Klassen erzeugen Sie Objekte hingegen mit einer Zuweisung der Art var = name(), wobei name der Name der Klasse ist. var zeigt dann auf ein Objekt dieser Klasse. In der OO-Nomenklatur nennt man dieses Objekt eine *Instanz* der Klasse. Bei vielen Klassen können an name() Parameter übergeben werden, um das Objekt gleich mit Daten zu initialisieren.

Sobald Sie ein Objekt dieser Klasse haben, können Sie es nutzen, also z. B. seine Methoden aufrufen oder seine Daten auslesen oder verändern:

```
# Objekte und Klassen nutzen
var = eineKlasse()
var.einAttribut = 123
ergebnis = var.eineMethode(17)
```

Im nächsten Kapitel stellen wir Ihnen unter anderem die PiCamera-Klasse vor, mit der Sie Bilder und Videos mit der Raspberry-Pi-Kamera aufnehmen können. Die Nutzung dieser Klasse entspricht genau dem obigen Schema: Sie erzeugen ein Objekt der PiCamera-Klasse, die im Modul picamera definiert ist. Dann stellen Sie die Helligkeit für die Aufnahme ein und führen mit der Methode capture eine Aufnahme durch, die in der Datei image.jpg gespeichert wird:

```
#!/usr/bin/python3
import picamera
camera = picamera.PiCamera()
camera.brightness = 10
camera.capture('image.jpg')
```

Sie sehen also: Objekte zu verwenden ist kinderleicht und gelingt auch dann, wenn Sie die zugrunde liegenden Konzepte objektorientierter Programmierung nicht kennen.

Eigene Klassen definieren

In den weiteren Abschnitten gehen wir davon aus, dass Sie mit den Ideen der Objektorientierung bereits vertraut sind, z. B. weil Sie C++, C# oder Java schon gut kennen. Der Platz in diesem Buch reicht für eine richtige OO-Einführung einfach nicht aus. Stattdessen konzentrieren wir uns auf den folgenden Seiten darauf, Ihnen zu zeigen, wie Sie Ihr bereits vorhandenes OO-Wissen auf Python anwenden können, um eigene Klassen zu definieren.

```
# Definition einer Klasse
class MeineKlasse:
  code ...
```

Wie Funktionen müssen auch Klassen definiert werden, *bevor* sie verwendet werden können. Der Code einer Klasse besteht normalerweise aus Definitionen von Funktionen, die im Kontext von Klassen bzw. Objekten aber *Methoden* genannt werden.

Es ist üblich, Klassennamen mit einem Großbuchstaben zu beginnen. Diese Konvention ist zwar nicht zwingend vorgeschrieben, erhöht aber die Lesbarkeit des Codes, vor allem für andere Programmierer. Variablen- und Methodennamen beginnen hingegen mit Kleinbuchstaben.

Old Style versus New Style

Vor mehr als zehn Jahren wurden in Python 2.2 sogenannte *New Style Classes* eingeführt. Damit wurden selbst definierte Klassen auf dieselbe Ebene wie interne Python-Datentypen gestellt. Python 2.n unterscheidet bis heute zwischen *Old Style* und *New Style Classes*, wobei Erstere in der Form class name:, Zweitere hingegen in der Form class name(basisklasse): definiert werden. Dabei muss als Basisklasse eine andere New-Style-Klasse oder einfach object angegeben werden.

Python 3.n unterstützt nur noch New-Style-Klassen! Jede Klasse – unabhängig davon, wie sie definiert ist – gilt als New-Style-Klasse. Dementsprechend behandelt dieses Kapitel ausschließlich New-Style-Klassen. Sollten Sie Code für Python 2.n entwickeln, vergessen Sie nicht, eigene Klassen in der Form class name(object) zu definieren!

18

Methoden

Methoden werden zumeist in der Form obj.methode(para1, para2) aufgerufen, um die durch die Variable obj bezeichnete Instanz der Klasse zu bearbeiten. Die Instanz wird dabei an den ersten Parameter der Methode übergeben. Es ist üblich, diesen Parameter self zu nennen:

```
class MeineKlasse:
  def methode(self, x, y):
    self.data = x + y
    ...
```

Intern entspricht obj.methode(1, 2) dem Aufruf von Klasse.methode(obj, 1, 2):

```
obj = MeineKlasse()
obj.methode(127, 234)
MeineKlasse.methode(obj, 127, 234)     # gleichwertiger Code
```

Sie können auch statische Methoden *ohne* den `self`-Parameter definieren. Diese werden dann in der Form `MeineKlasse.methode(...)` aufgerufen, *nicht* in der Form `obj.methode(...)`.

```
class MeineKlasse:
  def methode(x, y):
    return x + y
```

Für Python ist `self` ein Parameter wie jeder andere. Insofern weiß Python bei der obigen Methode nicht, ob hier nicht `x` die Rolle von `self` einnimmt. Sollten Sie die oben definierte Methode irrtümlich in der Form `obj.methode(1, 2)` aufrufen, meldet Python einen Fehler, weil die Parameteranzahl nicht korrekt ist. Das sieht auf den ersten Blick überraschend aus – es sind ja zwei Parameter. Aber denken Sie daran: Hinter den Kulissen entspricht `obj.methode(1, 2)` dem Aufruf `MeineKlasse(obj, 1, 2)`, und damit ist ein Parameter zu viel vorhanden!

Derartige Fehler können Sie vermeiden, wenn Sie der Definition der Methode `@staticmethod` voranstellen. In der Python-Nomenklatur ist `@xxx` ein Dekorator, d. h., Sie versehen (dekorieren) die Methode mit einer zusätzlichen Information. Python weiß nun, dass die Methode nur statisch verwendet werden soll, und akzeptiert jetzt überraschenderweise auch den Aufruf `obj.methode(1, 2)`. Intern entspricht der Aufruf nun aber – wie beabsichtigt – dem Aufruf `MeineKlasse(1, 2)`.

```
#!/usr/bin/python3
class MeineKlasse:
  @staticmethod
  def methode(x, y):
    return x + y

# so ist's beabsichtigt
print(MeineKlasse.methode(1, 2))   # Ausgabe 3

# aber so funktioniert es jetzt auch
obj=MeineKlasse()
print(obj.methode(1, 2))           # Ausgabe 3
```

Konstruktor

Wenn Sie Ihre Klasse mit einem Konstruktor ausstatten möchten, also mit Code, der die Initialisierung einer neuen Instanz der Klasse erledigt, nennen Sie diese Methode `__init__`. An diese Methode werden die Daten übergeben, die Sie beim Erzeugen einer neuen Objektinstanz angeben.

```
#!/usr/bin/python3
class MeineKlasse:
  def __init__(self, a, b):
    self.a=a
    self.b=b

obj = MeineKlasse(1, 2)
obj.c=3
print(obj.a, obj.b, obj.c)   # Ausgabe 1 2 3
```

Instanzvariablen und Namensräume

Für Instanzvariablen gelten im Prinzip die gleichen Regeln wie für gewöhnliche Variablen in Python: Eine vorherige Deklaration ist nicht erforderlich. Eine Instanzvariable *entsteht*, sobald im Code der Klasse self.name=... ausgeführt wird. Instanzvariablen können aber auch erst später bei der *Nutzung* eines Objekts erzeugt werden – beim obigen Beispiel, indem obj.c=... zugewiesen wird. Instanzvariablen können durch del self.name in der Klasse bzw. durch del obj.name außerhalb wieder gelöscht werden.

Wie in Python üblich, werden Instanzvariablen *nicht* deklariert. Sie entstehen durch die Zuweisung self.name=... in einer Methode einer Klasse. Die dynamische Natur von Python erlaubt es, Klassen oder Objekte auch *nachträglich* durch weitere Methoden oder Variablen zu ergänzen:

```
obj = MeineKlasse()
obj.neueVariable = 23     # neue Variable für obj
def f(x): return(2*x)
MeineKlasse.f = f          # neue Funktion für MeineKlasse
```

Intern verwendet Python für jede Klasse sowie für jede davon abgeleitete Objektinstanz einen eigenen Namensraum (Namespace). Bei einer Klasse enthält dieser Namensraum anfänglich alle Methoden, wobei es sich bei den Methoden genau genommen ja auch um Variablen (Attribute) handelt, die aber nicht auf Daten, sondern auf Funktionen verweisen. Sollte es *direkt* in einer Klasse, also außerhalb der Methoden, Code geben, wird dieser Code beim Einlesen der Klasse auch durchgeführt und kann Klassenvariablen erzeugen und initialisieren.

```
#!/usr/bin/python3
class MeineKlasse():
    var=3              # Klassenvariabe MeineKlasse.var
    def methode(self, p1):
        self.var=p1   # Instanzvariable obj.var
```

```
obj = MeineKlasse()
print(obj.var) # Ausgabe 3 (liest die Klassenvariable)
obj.var=4      # erzeugt Instanzvariable
print(obj.var) # 4, Instanzvariable überlagert Klassenvariable
obj.methode(5) # verändert Instanzvariable
print(obj.var) # Ausgabe 5
```

Namensräume haben zwei Aufgaben: Einerseits stellen sie sicher, dass es keine Konflikte zwischen gleichnamigen Variablen innerhalb und außerhalb einer Klasse bzw. eines Objekts gibt. Andererseits dient der Namensraum als eine Art Container, also als ein Speicherort.

Momentan werden Namensräume mit Dictionaries realisiert – das ist aber ein Implementierungsdetail, das sich in zukünftigen Python-Versionen ändern kann. Die Funktion vars bietet die Möglichkeit, in den Namensraum eines Objekts oder einer Klasse gleichsam hineinzusehen.

Die Ausgabe der beiden folgenden print-Anweisungen gilt im Anschluss an das obige Codebeispiel. Auf die Wiedergabe diverser interner Datenstrukturen im Namensraum haben wir aus Gründen der Übersichtlichkeit verzichtet.

```
print(vars(MeineKlasse))
# Ausgabe {'var': 3, 'methode': <function MeineKlasse.methode
#          at 0x1007e5200>, ...}
print(vars(obj))    # Ausgabe {'var': 5}
```

Im Zusammenhang mit Python-Namensräumen sind einige Details bemerkenswert:

▶ Der Inhalt von Namensräumen ist vollkommen dynamisch: Sie können sowohl eine Klasse als auch eine spezifische Objektinstanz jederzeit um Variablen oder Methoden erweitern, wie dies zu Beginn dieses Abschnitts gezeigt wurde. Sie können Variablen und Methoden mit del obj.var sogar wieder löschen!

▶ Wenn ein neues Objekt erzeugt wird (obj=MeineKlasse()), dann ist der Namensraum der Objektinstanz anfänglich leer! Erst Zuweisungen von self.name=... im Klassencode bzw. von obj.name=... außerhalb erzeugen ein neues Element (ein neues Attribut) im Namensraum.

▶ Wenn Sie obj.xy auslesen und Python das Attribut im Namensraum des Objekts nicht findet, durchsucht es anschließend den Namensraum der Klasse. Sollten Sie Vererbung verwenden, werden anschließend auch alle Namensräume der Basisklassen durchsucht. Erst wenn das Attribut in keinem dieser Namensräume gefunden wird, kommt es zu einem Fehler (*object has no attribute 'xxx'*).

> **Klassen, Objekte und Instanzen besser verstehen**
>
> Damit Sie besser verstehen, wie Python mit Attributen umgeht, also mit Variablen und Methoden, sollten Sie auch einen Blick in den Abschnitt »Klassen, Objekte und Instanzen« etwas weiter unten werfen!

Private Instanzvariablen

In Python fehlt ein relativ elementares Konzept, das in fast allen anderen Programmiersprachen selbstverständlich ist: Es gibt keine privaten Attribute und somit weder private Methoden noch private Instanzvariablen. Es ist daher nicht möglich, Variablen oder Methoden zu definieren, die nur dem Code innerhalb der Klasse zugänglich sind. Diese Einschränkung wird durch zwei Konventionen umgangen:

▶ Attribute, deren Namen mit einem Unterstrich _ beginnen, gelten als privat. Wer auch immer eine Klasse nutzt, die derartige Variablen enthält, sollte auf diese Variablen nicht von außen zugreifen. (*Innen* bedeutet in diesem Kontext »Code innerhalb der Klasse«, also im eingerückten Codeblock nach `class Name():`. *Außen* bedeutet »Code, der ein Objekt nutzt«, z. B. `obj.xxx=...`)

▶ Ein wenig wirkungsvoller ist es, Attributsnamen zwei Unterstriche voranzustellen. Python führt dann ein sogenanntes *Name Mangling* durch und ersetzt `__varname` durch `_klassenname__varname`. Die Variable ist somit besser vor irrtümlichen Zugriffen geschützt.

Wie es mit Konventionen so ist – man kann sich daran halten oder eben auch nicht. Die folgenden Zeilen zeigen, wie leicht sich der Schutz umgehen lässt:

```
#!/usr/bin/python3
class Test():
  def __init__(self):
    _privat=1
    __nochPrivater=2

obj=Test()
print(obj._privat)              # Ausgabe 1
print(obj._Test__nochPrivater)  # Ausgabe 2
```

Getter- und Setter-Methoden

Oft möchten Sie beim Design einer Klasse den Lese- und Schreibzugriff auf eine Klassenvariable kontrollieren – beispielsweise, um einen bestimmten Wertebereich zu garantieren. Bei vielen objektorientierten Programmiersprachen wird dazu die betroffene Variable privat deklariert. Der Zugriff erfolgt dann über eine get- und

18

eine set-Methode. Manche Programmiersprachen sehen für diesen Zweck auch Eigenschaften (Properties) vor. In Python kennzeichnen Sie in diesem Fall zwei gleichnamige Methoden mit @varname.setter bzw. mit @property. Dabei ist zu beachten, dass die @property-Methode zuerst definiert werden muss.

Im einfachsten Fall sieht der Code für eine Setter- und eine Getter-Methode damit so wie im folgenden Listing aus. Jedes Mal, wenn Sie obj.meineEigenschaft=... ausführen, greift Python auf die meineEigenschaft-Setter-Methode zurück. Bei Lesezugriffen ruft Python dagegen die meineEigenschaft-Getter-Methode auf. Ein weiteres Beispiel folgt im Abschnitt »Beispiel: Rechteck-Klasse«.

```
# Klasse mit Getter/Setter für 'meineEigenschaft'
class MeineKlasse:
  # Getter-Methode für meineEigenschaft
  @property
  def meineEigenschaft(self):
    return self.__meineEigenschaft

  # Setter-Methode für meineEigenschaft
  @meineEigenschaft.setter
  def meineEigenschaft(self, wert):
    self.__meineEigenschaft=wert

# Verwendung der Klasse
obj = MeineKlasse()
obj.meineEigenschaft=1
print(obj.meineEigenschaft)
```

Operator Overloading

Operator Overloading erlaubt es, Operatoren wie +, -, < oder > neue Funktionen zuzuweisen, die dann wirksam werden, wenn der Operator auf Objekte der jeweiligen Klasse angewendet wird. Dazu müssen Sie lediglich dafür vorgesehene Funktionen wie __add__, __sub__ etc. in Ihrer Klasse neu implementieren. Ein konkretes Beispiel finden Sie im folgenden Abschnitt.

Python kennt kein Overloading für Funktionen/Methoden

Manche Programmiersprachen lassen die Definition mehrerer gleichnamiger Funktionen oder Methoden zu, die sich nur durch die Anzahl oder die Typen der Parameter unterscheiden. Auch das wird als *Overloading* bezeichnet. In Python ist das nicht möglich. Dafür bietet Python mehr Freiheiten bei der Gestaltung der Parameterliste.

Beispiel: Rechteck-Klasse

Das folgende Beispiel zeigt eine Klasse zur Speicherung von Rechtecken. Die Setter-Methoden für die Länge und Breite des Rechtecks stellen sicher, dass diese beiden Daten immer größer als 0 sind. Auch der Konstruktor greift auf diese Methoden zurück. Die Methoden flaeche und umfang liefern den Flächeninhalt und den Umfang des Rechtecks zurück.

```python
#!/usr/bin/python3
# Rechteck-Klasse
class Rechteck():
  # Konstruktor
  def __init__(self, laenge, breite):
    self.laenge = laenge
    self.breite = breite

  # Getter und Setter für Länge
  @property
  def laenge(self):
    return self.__laenge
  @laenge.setter
  def laenge(self, laenge):
    if laenge>0:
      self.__laenge=laenge
    else:
      raise ValueError('Die Länge muss größer 0 sein.')

  # Getter und Setter für Breite
  @property
  def breite(self):
    return self.__breite
  @breite.setter
  def breite(self, breite):
    if breite>0:
      self.__breite=breite
    else:
      raise ValueError('Die Breite muss größer 0 sein.')

  # Methoden für Umfang und Fläche
  def umfang(self):
    return (self.__laenge + self.__breite) * 2
  def flaeche(self):
    return self.__laenge * self.__breite
```

18

Als Kriterium zum Vergleich zweier Rechtecke dient deren Flächeninhalt. Mit den Methoden __eq__, __lt__ und __le__ stellt die Klasse Code für die Operatoren ==, < und <= zur Verfügung.

Eine Implementierung von __ne__, __gt__ und __ge__ für !=, > und >= ist nicht nötig. Python verwendet einfach die passenden Methoden __eq__, __lt__ und __le__ und invertiert das Ergebnis. __str__ und __repr__ dienen dazu, Rechteckobjekte in Form von Zeichenketten darzustellen.

```python
# Fortsetzung des Klassencodes der Rechteck-Klasse
  # Operator Overloading für <, >, <=, >=, == und !=
  def __eq__(self, other):
    return self.flaeche() == other.flaeche()
  def __lt__(self, other):
    return self.flaeche() < other.flaeche()
  def __le__(self, other):
    return self.flaeche() <= other.flaeche()

  # Umwandlung in Zeichenketten
  def __str__(self):
    return 'R(%.1f,%.1f)' % (self.laenge, self.breite)
  # für die Ausgabe durch print
  def __repr__(self):
    return 'R(%.1f,%.1f)' % (self.laenge, self.breite)
```

Die folgenden Zeilen zeigen die Anwendung der Klasse. sorted kann eine Liste von Rechtecken dank der Methoden __eq__, __lt__ und __le__ neu ordnen:

```python
# Anwendung der Klasse
r1 = Rechteck(2, 4)
r2 = Rechteck(7, 12)
print(r1.flaeche(), r2.flaeche())  # Ausgabe 8, 84
if r2>r1:
  print("Der Flächeninhalt von r2 ist größer als der von r1.")

l = [ r2, r1, Rechteck(4,4) ]
print(sorted(l))
# Ausgabe [R(2.0,4.0), R(4.0,4.0), R(7.0,12.0)]
```

Vererbung

Dank Vererbung können Sie eigene Klassen von anderen Klassen ableiten. Dazu definieren Sie Ihre neue Klasse wie folgt:

```python
class MeineKlasse(BasisKlasse):
  ...
```

Damit stehen in `MeineKlasse` alle Attribute der Basisklasse zur Verfügung – und natürlich auch alle Attribute der Klassen, von denen die Basisklasse selbst abgeleitet wurde. Sie können die entsprechenden Methoden unverändert übernehmen oder in Ihrer eigenen Klasse neu implementieren. Python unterstützt sogar die Vererbung von *mehreren* Basisklassen:

```
class MeineKlasse(BasisKlasse1, BK2, BK3):
  ...
```

Damit übernimmt `MeineKlasse` die Attribute aller aufgezählten Basisklassen. Wenn es in mehreren Basisklassen gleichnamige Attribute gibt, haben die Attribute der Klasse Vorrang, die in der Vererbungsliste zuerst genannt wird.

Im Code der neuen Klasse können Sie mit `super()` Methoden einer Basisklasse aufrufen, z. B. mit `super().__init(parameter)__` den Konstruktor der Super-Klasse. Die Verwendung von `super` ist nur erforderlich, wenn Sie die betreffende Methode in Ihrer eigenen Klasse neu implementiert haben und es für Python ohne `super` nicht klar ist, ob Sie Ihre eigene Methode `xy` meinen oder die Methode `xy` der Basisklasse.

Klassen, Objekte und Instanzen

Dieser Abschnitt fasst nochmals einige Besonderheiten zusammen, die in Python für den Umgang mit Klassen und Objekten gelten. Er richtet sich speziell an Personen, die schon mit anderen objektorientierten Programmiersprachen zu tun hatten. Diese haben oft mehr Verständnisprobleme als Python-Neueinsteiger.

Bei den meisten objektorientierten Programmiersprachen gibt es eine scharfe Trennung zwischen Klassen und Objekten: Klassen bestehen aus Code, der Variablen, Attribute und Methoden vorgibt, also gewissermaßen den Bauplan für die weitere Nutzung. Objekte sind hingegen tatsächliche Instanzen dieser Klassen, also die eigentlichen Daten. Die Grundidee ist einfach: Zuerst wird die Klasse definiert, dann werden Objekte für diese Klasse erzeugt. Und all dies ist natürlich auch in Python möglich:

```
class MeineKlasse:
  code ...

obj1 = MeineKlasse()    # drei Instanzen (Objekte)
obj2 = MeineKlasse()    # von MeineKlasse
obj3 = MeineKlasse()
```

In Python sind die Grenzen aber weniger scharf, weil auch die Klasse *an sich* als Objekt gilt! Dieses Objekt wird als *Class Object* bezeichnet, im Gegensatz zu den *Instance Objects*. Zur Illustration dieses Konzepts dient im folgenden Beispiel die Klasse `minimalist`, die keinen Code außer `pass` enthält, somit also keine vordefinier-

18

ten Attribute/Methoden. In der Praxis werden solche *Ad-hoc-Klassen* sogar recht oft benutzt, wenn man auf unkomplizierte Art und Weise simple Datenstrukturen nachbilden möchte, also records oder structs anderer Programmiersprachen.

Die Variable obj1 verwendet diese Klasse als Objekt! Die Zuweisungen obj1.a=... und obj1.b=... ergänzen die Klasse nachträglich um zwei Attribute. Anstelle von obj1 könnten wir auch direkt minimalist schreiben. obj1 soll hier nur die Idee verdeutlichen, dass die Klasse an sich als Objekt genutzt werden kann. Hinter den Kulissen sind obj1 und minimalist gleichwertig. Beide Variablen zeigen auf die Klasse, die hier als Objekt verwendet wird.

obj2=minimalist() oder die gleichwertige Anweisung obj2=obj1() erzeugen hingegen eine *neue Instanz* der Klasse. Entscheidend sind hier die runden Klammern, die Python klarmachen, dass wir nicht einfach eine Zuweisung durchführen möchten, sondern ein neues Objekt erzeugen wollen. Damit wird speziell für obj2 ein neuer Namensraum geschaffen. Dieser ist anfänglich leer! Beim Auslesen von obj2.a erkennt Python, dass es im Namensraum des Objekts kein Attribut a gibt, und greift deswegen auf die zugrunde liegende Klasseninstanz zurück. Dort hat a den Wert 3.

```python
#!/usr/bin/python3

class Minimalist: pass

obj1 = Minimalist  # obj1 und Minimalist sind 'Class Objects'
obj1.a = 3
obj1.b = 4

obj2 = Minimalist() # obj2 und obj3 sind zwei voneinander
obj3 = Minimalist() # unabhängige 'Instance Objects'
obj2.c = 5
obj3.c = 6

# Attribute in den Namensräumen der Klasse sowie der
# beiden Instanzen
print(vars(obj1))    # Ausgabe {'a': 3, 'b': 4, ...}
print(vars(obj2))    #         {'c': 5}
print(vars(obj3))    #         {'c': 6}
print(obj1.a, obj2.a, obj3.a) # Ausgabe 3 3 3
print(obj1.b, obj2.b, obj3.b) # Ausgabe 4 4 4
print(obj2.c, obj3.c)         # Ausgabe   5 6
```

Wird nun obj1.a geändert, gilt diese Änderung auch für obj2 und obj3, weil es dort noch kein eigenes Attribut a gibt. Die Zuweisung obj2.b=... schafft nun ein neues Attribut im Namensraum von obj2. Attribute im Namensraum einer Objektinstanz haben immer Vorrang vor Attributen der zugrunde liegenden Klasse.

```
# Fortsetzung
obj1.a=7
print(obj1.a, obj2.a, obj3.a) # Ausgabe 7 7 7
obj2.b=8
print(obj1.b, obj2.b, obj3.b) # Ausgabe 4 8 4
```

Wird nun obj1.b geändert, gilt die Änderung natürlich für obj1, außerdem für obj3, weil es in dessen Namensraum kein Attribut b gibt. obj2.b bleibt aber 8. Die Zuweisung obj2.c=... beweist, dass die Attribute in den Namensräumen von Objektinstanzen unabhängig voneinander sind.

```
# Fortsetzung
obj1.b=9
print(obj1.b, obj2.b, obj3.b) # Ausgabe 9 8 9
obj2.c=10
print(obj2.c, obj3.c)         # Ausgabe   10 6
print(vars(obj1))   # Ausgabe {'a': 7, 'b': 9, ...}
print(vars(obj2))   #         {'b': 8, 'c': 10,}
print(vars(obj3))   #         {'c': 6}
```

> **Leseempfehlungen**
>
> Wenn Sie sich mehr für die Interna von Klassen und Objekten sowie für fortgeschrittene Programmiertechniken interessieren, möchten wir Ihnen abschließend noch die folgenden Webseiten empfehlen:
>
> *https://en.wikibooks.org/wiki/Python_Programming/Classes*
> *https://docs.python.org/3.5/tutorial/classes.html*
> *https://www.python.org/download/releases/2.2.3/descrintro*
> *https://stackoverflow.com/questions/54867*

18.11   Systemfunktionen

Zum Abschluss dieses Python-Sprachüberblicks stellen wir Ihnen in diesem Abschnitt einige grundlegende Systemfunktionen vor, von denen sich viele im Modul sys befinden. Dieses Modul muss also mit import eingebunden werden:

```
import sys
```

Zugriff auf die Programmparameter

sys.argv enthält die Liste aller Parameter, die an ein Python-Script übergeben wurden. Dabei müssen Sie beachten, dass das erste Listenelement den Programmnamen enthält, den Sie in der Regel nicht auswerten wollen. Auf die restlichen Elemente greifen Sie dann am einfachsten in der Form `sys.argv[1:]` zu.

Zugriff auf Standardeingabe und Standardausgabe

`sys.stdin` und `sys.stdout` enthalten `file`-Objekte, die Sie zur Ausgabe von Daten an die Standardausgabe bzw. zum Einlesen von Daten aus der Standardeingabe verwenden können. Dabei stehen Ihnen dieselben Funktionen zur Verfügung wie bei gewöhnlichen Dateien (siehe Abschnitt 19.7, »Textdateien lesen und schreiben«). Fehler- und Logging-Meldungen senden Sie am besten an `sys.stderr`.

Modul-Metainformationen ermitteln

`sys.path` liefert den Pfad, in dem Python nach Modulen sucht. Sie können die Liste bei Bedarf um weitere Verzeichnisse erweitern, um anschließend Module aus diesen Verzeichnissen zu laden. `sys.modules` liefert eine Liste aller bereits geladenen Module.

Programm beenden

Normalerweise endet ein Python-Programm mit der Ausführung der letzten Anweisung oder wenn ein nicht behandelter Fehler auftritt. Wenn Sie ein Programm vorzeitig beenden möchten, führen Sie `sys.exit()` aus. Mit `sys.exit(n)` können Sie dabei auch einen Fehlercode zurückgeben (siehe Tabelle 18.12). Alternativ können Sie an die `exit`-Methode auch eine Zeichenkette übergeben, die dann als Fehlermeldung angezeigt wird. Als Fehlercode kommt in diesem Fall automatisch 1 zur Anwendung.

Fehlercode	Bedeutung
0	OK, kein Fehler
1	allgemeiner Fehler
2	fehlerhafte Parameter (also in `argv`)
3–127	spezifische Fehlercodes des Programms

Tabelle 18.12 Typische Fehlercodes

exit produziert eine Exception!

Beachten Sie, dass die `exit`-Methode intern eine `SystemExit`-Exception auslöst. Das Programmende kann daher durch `try/except` verhindert werden.

Andere Programme bzw. Kommandos aufrufen

Mit `subprocess.call` können Sie aus einem Python-Script heraus ein anderes Programm oder Kommando ausführen. Im einfachsten Fall übergeben Sie an `call` eine Liste mit dem Kommandonamen und den dazugehörenden Optionen:

```python
#!/usr/bin/python3
import subprocess
returncode = subprocess.call(['ls', '-l'])
```

Damit wird das Kommando `ls` ausgeführt. Bei einem Python-Script, das in einem Terminal läuft, sehen Sie dort die Ausgabe des Kommandos. Sie können diese aber in Ihrem Programm nicht weiterverarbeiten. Wenn Sie das möchten, verwenden Sie anstelle von `call` die Methode `check_output`. Sie liefert die Ausgabe des Kommandos als Byte-String. Mit `decode('utf8')` machen Sie daraus einen gewöhnlichen Unicode-String. Zur zeilenweisen Verarbeitung verwenden Sie am einfachsten `readline`:

```python
#!/usr/bin/python3
import subprocess
ergebnis = subprocess.check_output(["ls", "-l"])
for line in ergebnis.decode('utf8').splitlines():
  print(line)
```

Wenn Sie möchten, dass Ihr Kommando von der Standard-Shell ausgeführt wird, auf dem Raspberry Pi also von der `bash`, dann übergeben Sie an `call` oder `check_output` den zusätzlichen Parameter `shell=True`. Das hat zwei Vorteile:

▶ Zum einen können Sie nun das oder die auszuführenden Kommandos in einer einfachen Zeichenkette angeben, wobei auch das Pipe-Zeichen | funktioniert, also beispielsweise:

```python
ergebnis = \
  subprocess.check_output('dmesg | grep -i eth', shell=True)
```

▶ Zum anderen wertet die Shell die Jokerzeichen * und ? aus, womit Sie unkompliziert Dateien verarbeiten können, die einem bestimmten Muster entsprechen:

```python
ergebnis = \
  subprocess.check_output('ls -l *.py', shell=True)
```

Die Verwendung der Shell verursacht allerdings einen höheren Overhead. Wenn es Ihnen darum geht, viele Kommandos möglichst schnell auszuführen, sollten Sie auf `shell=True` nach Möglichkeit verzichten. Auf der folgenden Website finden Sie Tipps, wie Sie gängige Aufgabenstellungen auch ohne `shell=True` realisieren können:

https://docs.python.org/3.5/library/subprocess.html

Wenn im aufgerufenen Kommando ein Fehler auftritt bzw. wenn dieses einen Rückgabewert ungleich 0 liefert, tritt im Python-Programm eine Exception auf. Deswegen sollten Sie call und check_output immer durch try/except absichern. Dabei können Sie den Exception-Typ OSError verwenden. Bei call sollten Sie außerdem den Rückgabecode auswerten. Zahlen ungleich 0 gelten als Fehlercodes.

```
try:
  returncode = subprocess.call("ls", shell=True)
  if returncode != 0:
    print("Fehlercode", returncode)
  else:
    print("Alles bestens, Rückgabecode", returncode)
except OSError as e:
  print("OSError-Exception", e)
```

Warten (sleep)

Gerade am Raspberry Pi besteht oft die Notwendigkeit, im Programm auf ein bestimmtes Ereignis zu warten, z. B. auf das Drücken einer Taste. Auf keinen Fall sollten Sie hier einfach eine Schleife formulieren, die ununterbrochen den Zustand eines GPIO-Pins abfragt. Die Schleife würde vollkommen unnötig die gesamten CPU-Ressourcen des Raspberry Pi blockieren. Besser ist es in solchen Fällen, Ihr Programm mit time.sleep(n) für die angegebene Zeit in Sekunden in den Schlaf zu versetzen. n kann eine Fließkommazahl sein, sodass die Möglichkeit besteht, nur einige Sekundenbruchteile zu warten. Das folgende Mini-Script zeigt die Anwendung von sleep:

```
#!/usr/bin/python3
import time
for i in range(100):
    print(i)
    time.sleep(0.2)
```

Kapitel 19
Python-Programmierung

Programmieren lernen kann man nur auf eine Weise: indem man programmiert, je mehr, desto besser. Ein Buch wie dieses kann Grundlagen vermitteln und Programmiertechniken zeigen. Aber sobald Sie das erste Mal gewissermaßen *allein* vor einer Aufgabenstellung sitzen und versuchen, Ihre Ideen in Code umzusetzen, werden unweigerlich Fragen auftauchen. Google gibt fast immer die richtige Antwort, das Problem ist nur, diese unter Tausenden von Suchergebnissen zu entdecken. Die Behebung trivialer Programmierfehler wird anfangs viel Zeit kosten und frustrierend sein. Das können wir Ihnen nicht abnehmen.

Richtig Spaß zu machen beginnt das Programmieren dann, wenn das erste Programm so läuft, wie Sie es sich vorstellen. Wenn Ihr Raspberry Pi plötzlich Messdaten richtig verarbeitet und zum richtigen Zeitpunkt ein Licht einschaltet, die Heizung zurückdreht oder die Drehzahl eines Motors erhöht.

Nachdem die vorangegangenen zwei Python-Kapitel recht theoretisch waren, stehen in diesem Kapitel Beispiele im Vordergrund – z. B. das Lesen und Schreiben von Textdateien und die Gestaltung einer einfachen Benutzeroberfläche. Ein Schwerpunkt dieses Kapitels liegt aber auf der Steuerung des Raspberry Pi: Sie lernen hier verschiedene Module kennen, um die GPIO-Ports des Raspberry Pi auszulesen bzw. einzustellen sowie um Bilder der Raspberry-Pi-Kamera zu lesen.

Viele weitere Python-Beispiele sind über den Rest des Buchs verteilt: Sowohl bei der Beschreibung spezieller Hardware-Komponenten (Teil III) als auch in vielen Projekten (Teil V) wird zumeist Python als Programmiersprache eingesetzt.

19.1 GPIO-Zugriff mit RPi.GPIO

Es gibt mehrere Python-Module, die Ihnen beim Lesen bzw. Verändern des Status von GPIO-Pins helfen. Dieser Abschnitt stellt das seit mehreren Jahren bewährte Modul RPi.GPIO vor. Damit können Sie einzelne Pins auslesen oder verändern sowie die Software-Pulse-Width-Modulation verwenden. *Nicht* unterstützt werden momentan serielle Schnittstellen, die Bussysteme SPI und I^2C, Hardware-PWM sowie das

Auslesen von 1-Wire-Temperatursensoren. Die Online-Dokumentation des RPi.GPIO-Moduls finden Sie hier:

https://pypi.python.org/pypi/RPi.GPIO

Eine neue und speziell für Programmiereinsteiger ausgesprochen interessante Alternative ist das Modul `gpiozero`, das wir Ihnen in Abschnitt 19.2, »GPIO-Zugriff mit gpiozero«, näher vorstellen.

Allen Beispielen in diesem und dem folgenden Abschnitt liegt eine äußerst einfache Beschaltung des Raspberry Pi zugrunde (siehe Abbildung 19.1): Pin 26 des J8-Headers (GPIO 7 in BCM-Notation) ist über einen Vorwiderstand mit einer Leuchtdiode verbunden, und Pin 21 (GPIO 9) dient als Signaleingang für einen Taster mit Pull-up-Widerstand.

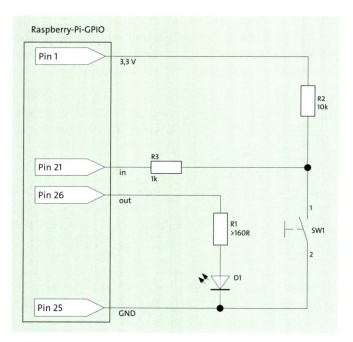

Abbildung 19.1 Versuchsaufbau zum Test der RPi.GPIO-Funktionen

GPIO-Pins lesen und verändern

Beim Import des Moduls ist es zweckmäßig, mit `as gpio` ein Kürzel zu definieren, damit nicht beim Zugriff auf jede Funktion `RPi.GPIO` vorangestellt werden muss. Vor dem ersten Zugriff auf GPIOs müssen Sie festlegen, ob Sie mit den internen GPIO-Nummern der BCM-CPU arbeiten möchten oder die Pin-Nummerierung des J8-Headers verwenden möchten. Dazu führen Sie *eine* der beiden folgenden `setmode`-

Funktionen aus. Alle Beispiele in diesem Kapitel verwenden die Pin-Nummern des J8-Headers.

```
import RPi.GPIO as gpio
gpio.setmode(gpio.BOARD)      # Pin-Nummern des J8-Headers
gpio.setmode(gpio.BCM)        # oder Broadcom-GPIO-Nummern
```

Zuordnung zwischen Pin-Nummern und BCM-Nummern

Die Zuordnung zwischen den Pin-Nummern des J8-Headers und den Broadcom-GPIO-Nummern finden Sie am leichtesten mit dem Kommando gpio -g readall heraus. Das gpio-Kommando ist Teil der WiringPi-Bibliothek, die wir Ihnen in Kapitel 20, »bash-Programmierung«, vorstellen.

Schließlich müssen Sie jeden GPIO-Pin einrichten, den Sie in Ihrem Script nutzen wollen. Dazu geben Sie mit setup an, ob der Pin zur Ein- oder zur Ausgabe dient. Zulässige Einstellungen sind IN und OUT.

```
gpio.setmode(gpio.BOARD)      # Pin-Nummern des P1/J8-Headers
gpio.setup(26, gpio.OUT)      # Pin 26 zur Datenausgabe
gpio.setup(21, gpio.IN)       # Pin 21 zur Dateneingabe
```

Die GPIOs des Raspberry Pi sind mit internen Pull-up- und Pull-down-Widerständen versehen. Das vereinfacht z. B. den Anschluss von Schaltern. (Hintergrundinformationen dazu finden Sie in Abschnitt 12.1, »Leuchtdioden (LEDs)«.) Wenn Sie den Pull-up-oder Pull-down-Widerstand bei einem Eingang benutzen möchten, übergeben Sie an setup wie im folgenden Beispiel einen dritten Parameter:

```
gpio.setmode(gpio.BOARD)      # Pin-Nummern des P1/J8-Headers
pin=21
gpio.setup(pin, gpio.IN, pull_up_down=gpio.PUD_UP)
gpio.setup(pin, gpio.IN, pull_up_down=gpio.PUD_DOWN)
```

Die setup-Funktion liefert unter Umständen eine Warnung, wenn ein anderes Programm den GPIO-Pin ebenfalls nutzt: *RuntimeWarning: This channel is already in use, continuing anyway.* Das Programm wird also trotz der Warnung fortgesetzt, zumal die Warnung oft nur ein Indiz dafür ist, dass ein anderes Python-Script den erforderlichen cleanup-Aufruf vergessen hat (siehe unten). Gegebenenfalls können Sie die Warnung unterdrücken, indem Sie vor dem setup-Aufruf die folgende Zeile einbauen:

```
gpio.setwarnings(False)       # Warnungen unterdrücken
gpio.setup(...)
```

Um zu ermitteln, wie ein GPIO-Pin programmiert wurde, werten Sie die Funktion gpio_function aus. Sie kann neben gpio.IN und .OUT auch die Ergebnisse .SPI, .I2C, .SERIAL oder .UNKNOWN zurückgeben.

19

Nach diesen Vorbereitungsarbeiten können Sie nun endlich GPIOs verändern oder auslesen, je nachdem, ob diese zur Aus- oder Eingabe eingestellt wurden. Um den Ausgangszustand zu verändern, verwenden Sie die output-Funktion:

```
gpio.output(26, gpio.HIGH)   # GPIO auf High stellen
...
gpio.output(26, gpio.LOW)    # GPIO auf Low stellen
```

Bei Signaleingängen liefert die input-Funktion den aktuellen Zustand 0 oder 1 (entspricht LOW bzw. False oder HIGH bzw. True):

```
status = gpio.input(21)
```

sudo

In älteren Raspbian-Versionen funktionierte der Zugriff auf die GPIO-Pins nur, wenn Sie Ihr Python-Programm mit sudo ./script.py ausführten. In aktuellen Raspbian-Versionen entfällt diese Einschränkung bzw. Sicherheitsvorkehrung. GPIO-Scripts können nun einfach mit ./script.py ausgeführt werden.

Zum Programmende sollten Sie alle von Ihrem Script genutzten GPIO-Pins wieder freigeben. Dazu führen Sie normalerweise einfach cleanup aus. Stellen Sie durch try/finally sicher, dass cleanup auch dann ausgeführt wird, wenn im Script ein Fehler aufgetreten ist:

```
try:
  gpio-Code
finally:
  gpio.cleanup()
```

Sollten Sie nicht alle GPIO-Pins, sondern nur einen ausgewählten Pin freigeben wollen, übergeben Sie an cleanup je nach setmode-Einstellung die betreffende Pin- oder GPIO-Nummer:

```
gpio.cleanup(n)
```

Taster und Schalter

Wie kann ein Python-Script den Zustand des Tasters überwachen? Eine einfache und naheliegende Lösung sieht so aus:

```
while True:
  input = gpio.input(21)
  print('Zustand: ' + str(input))
  time.sleep(0.05)
```

In einer Schleife wird also ca. 20-mal pro Sekunde festgestellt, ob der Taster gerade gedrückt ist oder nicht. Die Überwachung von Signalzuständen durch eine Schleife ist aber selten ein optimales Konzept. Wenn die sleep-Zeit kurz ist, verursacht das Programm eine Menge unnötige CPU-Last; wenn Sie eine längere Zeit angeben, steigt die Reaktionszeit des Programms, und im ungünstigsten Fall übersieht es einen kurzen Impuls ganz. Wesentlich intelligenter ist es, das Python-Programm so zu formulieren, dass es einfach auf einen Signalwechsel wartet und erst dann wieder aktiv wird.

Das RPi.GPIO-Modul bietet hierfür drei Funktionen an, die für mehr Komfort bei der Programmierung sorgen und außerdem sparsam mit CPU-Ressourcen umgehen:

▶ wait_for_edge wartet auf einen Zustandswechsel eines GPIO-Pins. Dabei können Sie auf einen fallenden oder auf einen steigenden Signalpegel warten oder auch auf beides. Bis der Pegelwechsel eintritt, tut das Programm nichts und verbraucht nur vernachlässigbar wenige CPU-Zyklen.

```
gpio.wait_for_edge(n, gpio.RISING)
gpio.wait_for_edge(n, gpio.FALLING)
gpio.wait_for_edge(n, gpio.BOTH)
```

▶ Mit add_event_detect können Sie eine Hintergrundüberwachung eines GPIO-Pins einrichten. Später können Sie mit event_detected feststellen, ob das erwartete Ereignis in der Zwischenzeit eingetroffen ist. event_detected kann wiederholt getestet werden. Es gibt immer an, ob seit dem letzten Aufruf ein weiteres Ereignis eingetroffen ist. event_detected eignet sich besonders gut, um im Main-Loop von Spielen oder Benutzeroberflächen regelmäßig GPIO-Eingänge abzufragen.

```
gpio.add_event_detect(n, gpio.FALLING)
# andere Dinge erledigen ...
if gpio.event_detected(n):
  # auf das Ereignis reagieren
  ...
```

Wollen Sie die Signalüberwachung vor dem Programmende wieder stoppen, führen Sie remove_event_detect(n) aus.

▶ Zu guter Letzt können Sie mit add_event_callback auch eine sogenannte Callback-Funktion angeben, die jedes Mal automatisch aufgerufen werden soll, sobald ein Pegelwechsel eintritt. add_event_callback setzt einen vorherigen add_event_detect-Aufruf voraus.

An die Callback-Funktion wird ein Parameter übergeben, der je nach setmodus die Pin- oder GPIO-Nummer enthält. Im folgenden Code wird die Callback-Funktion während der Wartezeit von 10 Sekunden jedes Mal automatisch aufgerufen, wenn der Taster gedrückt oder wieder losgelassen wird:

19

```
def myCallback(n):
  print('Pegelwechsel für Pin', n, 'festgestellt.')

gpio.add_event_detect(21, gpio.BOTH)
gpio.add_event_callback(21, myCallback)
time.sleep(10)
```

Optional können Sie an add_event_detect als dritten Parameter bouncetime=n übergeben und damit die minimale Zeitspanne zwischen zwei Pegelwechseln in Millisekunden angeben. Damit sollten mehrfache Events vermieden werden, wenn Schalter oder Taster prellen. Leider hat bouncetime bei unseren Tests sehr unzuverlässig funktioniert.

Entprellen per Software

Das folgende Script zeigt, wie Sie eine Leuchtdiode durch einen Taster ein- und durch nochmaliges Drücken wieder ausschalten können. Das Entprellen wird dabei per Software realisiert. Dazu merken wir uns in der Variablen lastTime den Zeitpunkt des letzten Tastendrucks. Den nächsten Tastendruck verarbeiten wir frühestens eine halbe Sekunde später. (Weitere Anwendungsbeispiele zur add_event_callback-Funktion finden Sie in Abschnitt 19.9, »Grafische Benutzeroberflächen mit tkinter«, und in Abschnitt 12.1 unter dem Stichwort »LEDs mit einem Taster ein- und ausschalten«.)

```
#!/usr/bin/python3
# Beispieldatei rpigpio-schalter.py
import RPi.GPIO as gpio, time, datetime

# Pins
pinLed = 26
pinButton = 21
ledStatus = 0   # LED anfänglich aus

# Initialisierung
gpio.setmode(gpio.BOARD)      # J8-Pin-Nummern
gpio.setup(pinLed, gpio.OUT)
gpio.setup(pinButton, gpio.IN)
gpio.output(pinLed, ledStatus)
lastTime=datetime.datetime.now()

# Callback-Funktion, wenn Taster gedrückt wird
def myCallback(n):
  global lastTime, ledStatus
  now = datetime.datetime.now()
```

```
    # 500 ms Entprellzeit
    if now-lastTime > datetime.timedelta(microseconds=500000):
        print('Der Taster wurde gedrückt.')
        lastTime = now
        ledStatus = not ledStatus
        gpio.output(pinLed, ledStatus)

# Callbacks einrichten
gpio.add_event_detect(21, gpio.FALLING)
gpio.add_event_callback(21, myCallback)

# jetzt läuft alles automatisch
print("Das Script endet in 20 Sekunden automatisch.")
time.sleep(20)
gpio.cleanup()
```

Software-PWM

Das RPi.GPIO-Modul unterstützt softwaregesteuerte *Pulse Width Modulation* (PWM), also das regelmäßige Ein- und Ausschalten eines GPIO-Pins in einer vorgegebenen Frequenz. Dazu erzeugen Sie zuerst ein PWM-Objekt, wobei Sie die gewünschte Frequenz in Hertz angeben (maximal 1023 Hertz). Anschließend können Sie die PWM mit start beginnen und mit stop wieder beenden. An start übergeben Sie einen Parameter zwischen 0 und 100, der angibt, wie viel Prozent einer Periode der Signalausgang auf High geschaltet werden soll.

Der folgende Code bewirkt, dass die mit dem GPIO-Pin 26 verbundene Leuchtdiode zweimal pro Sekunde ein- und ausgeschaltet wird. Innerhalb einer Schwingungsperiode ist die LED zu 50 % ein- und zu 50 % ausgeschaltet.

```
#!/usr/bin/python3
# Beispieldatei rpigpio-pwm.py
import RPi.GPIO as gpio
gpio.setup(26, gpio.OUT) # LED an GPIO-Pin 26
pwm = gpio.PWM(26, 2)    # Frequenz: 2 Hertz
pwm.start(50)            # Duty: 50 %
time.sleep(10)
pwm.stop()
```

Sowohl die Frequenz als auch der Prozentanteil des High-Signals können jederzeit mit den Methoden ChangeFrequency und ChangeDutyCycle verändert werden. Die folgenden Einstellungen bewirken, dass die LED alle zwei Sekunden kurz aufleuchtet:

```
pwm.ChangeFrequency(0.5) # Frequenz: 0,5 Hertz
pwm.ChangeDutyCycle(10)  # Duty: 10 %
```

Ein weiteres Beispiel zur Anwendung von Software-PWM finden Sie in Abschnitt 12.1, »Leuchtdioden (LEDs)«.

Version des Raspberry-Pi-Modells herausfinden

Wenn Sie wissen möchten, mit welcher RPi.GPIO-Version Sie es zu tun haben bzw. auf welcher Version des Raspberry Pi Ihr Script läuft, werten Sie die Variablen VERSION und RPI_INFO aus. Beachten Sie, dass die von älteren RPi.GPIO-Versionen unterstützte Variable RPI_REVISION als veraltet gilt und nicht mehr verwendet werden sollte! Die folgenden Ausgaben sind auf einem Raspberry Pi 3, Modell B+ entstanden, das die Bibliothek zu diesem Zeitpunkt nicht erkannte (Typ unknown).

```
#!/usr/bin/python3
# Beispieldatei rpigpio-version.py
import RPi.GPIO as gpio
print('RPi.GPIO-Version', gpio.VERSION)
  RPi.GPIO-Version 0.6.3
print(gpio.RPI_INFO)
  {'P1_REVISION': 3,         'RAM': '1024M',
   'REVISION': 'a020d3',     'TYPE': 'Unknown',
   'PROCESSOR': 'BCM2837',   'MANUFACTURER': 'Sony'}
print(gpio.RPI_INFO['TYPE'])
  Unknown
```

19.2 GPIO-Zugriff mit gpiozero

Das seit Ende 2015 verfügbare Python-Modul gpiozero macht die Steuerung von Hardware-Komponenten durch GPIOs besonders einfach. Der wesentliche Unterschied zum RPi.GPIO-Modul besteht darin, dass es für häufig benötigte Hardware-Komponenten eigene Klassen gibt. Dazu zählen unter anderem:

▶ LED (Leuchtdiode)

▶ PWMLED (Leuchtdiode mit Software Pulse Width Modulation)

▶ RGBLED (dreifarbige LED, die über drei GPIO-Ausgänge gesteuert wird)

▶ TrafficLights (Kombination aus einer roten, gelben und grünen Leuchtdiode)

▶ MotionSensor (für PIR-Bewegungssensoren)

▶ LightSensor (Lichtdetektor)

▶ Button (Taster)

▶ Buzzer (Summer)

▶ Motor (zur Steuerung von zwei GPIOs für Vorwärts- und Rückwärts-Signale)

▶ Robot (zur Steuerung mehrerer Motoren)

▶ MCP3008 (für den gleichnamigen A/D-Konverter)

Einen guten Klassenüberblick gibt die folgende Seite, die wir Ihnen als Startpunkt zur ausgezeichneten Dokumentation des gpiozero-Moduls empfehlen:

https://gpiozero.readthedocs.io/en/v1.4.1/api_generic.html

Beim Erzeugen entsprechender Objekte geben Sie an, mit welchen GPIOs die Komponente verkabelt ist. Der weitere Code ist dann in der Regel wesentlich besser lesbar als vergleichbare RPi.GPIO-Codes. (Intern basiert gpiozero übrigens auf RPi.GPIO.)

> **GPIO-Nummern**
>
> Beim gpiozero-Modul werden die GPIOs über die Nummern der BCM-Dokumentation adressiert, nicht über die Pin-Nummern des J8-Headers! Welcher Pin des J8-Headers welcher BCM-Nummer entspricht, verrät die BCM-Spalte in Abbildung 10.3. Werfen Sie gegebenenfalls auch einen Blick auf die Abbildung am Beginn der folgenden Webseite:
>
> *https://gpiozero.readthedocs.io/en/v1.4.1/recipes.html*

Leuchtdiode ein- und ausschalten

Das folgende Einführungsbeispiel zeigt, wie Sie die LED-Klasse verwenden, um eine Leuchtdiode ein- und nach einer Sekunde wieder auszuschalten. Beim Erzeugen des LED-Objekts geben Sie an, über welchen GPIO die Leuchtdiode angesteuert werden soll. Wir verwendenden dieselbe Schaltung wie im vorigen Abschnitt (siehe Abbildung 19.1). Pin 26 des J8-Headers ist intern mit dem GPIO 7 gemäß der BCM-Nummerierung verbunden. Zum Ein- und Ausschalten der LEDs verwenden Sie die Methoden on und off, was den Code viel besser lesbar macht als bei den RPi.GPIO-Beispielen. Mit is_lit können Sie den aktuellen Zustand feststellen, mit toggle zwischen ein und aus umschalten.

```python
#!/usr/bin/python3
# Beispieldatei gpiozero-led.py
from gpiozero import LED
import time
myled = LED(7)  # BCM-Nummer 7 = Pin 26 des J8-Headers
print("LED eir")
myled.on()
time.sleep(1)
print("LED aus und Programmende")
nyled.off()
```

Blinkende Leuchtdiode

Die Klasse PWMLED steuert eine Leuchtdiode über Software-PWM an. Das ist praktisch, wenn Sie die Helligkeit einer Leuchtdiode steuern oder eine blinkende Leuchtdiode realisieren möchten.

Beim Erzeugen eines PWMLED-Objekts geben Sie nicht nur die BCM-Nummer an, sondern auch die anfängliche Blink- bzw. Leuchtfrequenz. Die Methoden on und off schalten die LED ein bzw. aus. Mit value können Sie die gewünschte Helligkeit (*Duty*) zwischen 0,0 und 1,0 einstellen. Mit der Methode blink bringen Sie die Leuchtdiode zum Blinken. Dabei übergeben Sie vier Parameter: on_time steuert, wie lange die Leuchtdiode pro Zyklus leuchtet, bestimmt off_time, wie lange sie anschließend dunkel bleibt. n gibt die Anzahl der Zyklen an (n=0 für unbegrenztes Blinken). background bestimmt, ob die Methode im Hintergrund ausgeführt wird. Wenn Sie hier True übergeben, wird die Methode sofort beendet, die Leuchtdiode blinkt dann aber weiter, solange das Script läuft bzw. bis sie explizit ausgeschaltet wird.

```python
#!/usr/bin/python3
# Beispieldatei gpiozero-led-pwm.py
from gpiozero import PWMLED
import sys, time
myled = PWMLED(7, frequency=1000)   # BCM-Nummer 7 = Pin 26 (J8)
                                    # Frequenz: 1000 Hz

print("LED wird langsam heller")
myled.value=0
myled.on()
for brightness in range(1, 11):
  myled.value = brightness / 10.0
  time.sleep(0.5)

print("LED blinkt zehnmal")
myled.blink(on_time=0.5, off_time=0.25, n=10, background=False)

print("Kurze Pause")
time.sleep(1)

print("LED blinkt dreimal langsam, halbe Helligkeit")
myled.value=0.1
myled.blink(on_time=1, off_time=1, n=3, background=False)

print("LED aus und Programmende")
myled.off()
```

Taster

Die Button-Klasse repräsentiert einen Taster. Beim Erzeugen können Sie mit dem zweiten Parameter angeben, ob ein Pull-down- oder ein Pull-up-Widerstand verwendet werden soll (pull_up=True/False). Der dritte, ebenfalls optionale Parameter bestimmt die Entprellzeit. Unsere Erfahrungen damit waren aber ähnlich schlecht wie beim RPi.GPIO-Modul.

is_pressed verrät den aktuellen Zustand der Taste. Die Methoden wait_for_press bzw. wait_for_release warten auf das nächste Drücken bzw. Loslassen des Tasters. Damit lässt sich schon ein simples Programm gestalten, um eine Leuchtdiode zuerst ein- und dann nach frühestens einer Sekunde wieder auszuschalten.

```python
#!/usr/bin/python3
# Beispieldatei gpiozero-schalter.py
from gpiozero import LED, Button
import datetime, time
# BCM-Nummer 7 = Pin 26 des J8-Headers
myled = LED(7)

# BCM-Nummer 9 = Pin 21 des J8-Headers
# mit Pull-up-Widerstand
mybutton = Button(9, pull_up=True)
print("Taste drücken zum Einschalten")
mybutton.wait_for_press()
myled.on()
time.sleep(1)
print("Taste nochmals drücken zum Ausschalten")
mybutton.wait_for_press()
myled.off()
```

Mit when_pressed bzw. when_released können Sie eine Funktion angeben, die jedes Mal aufgerufen wird, wenn die Taste gedrückt bzw. losgelassen wird. Um den Funktionsaufruf zu stoppen, setzen Sie diese Eigenschaften auf None. Die folgenden Zeilen zeigen, wie Sie eine Funktion mit Software-Entprellung aufrufen, wobei der minimale Zeitabstand zwischen zwei Schaltvorgängen 250 ms beträgt.

```python
# Fortsetzung der Beispieldatei gpiozero-schalter.py
lastTime=datetime.datetime.now()

def ledOnOff():
  global myled, lastTime
  now = datetime.datetime.now()
  if now-lastTime > datetime.timedelta(microseconds=250000):
    myled.toggle()
    lastTime = now
```

19

```
print("Jetzt können Sie die LED zehn Sekunden
        lang ein- und ausschalten")
mybutton.when_pressed = ledOnOff
time.sleep(10)

print("LED aus und Programmende")
myled.off()
```

19.3   Reset/Shutdown-Taste

Immer wieder taucht die Frage auf, wie der Raspberry Pi über einen Taster neu gestartet oder einfach nur heruntergefahren werden kann. Dieser Abschnitt zeigt Ihnen
zwei Möglichkeiten dafür.

Hard-Reset-Button

Alle aktuellen Raspberry-Pi-Modelle unterstützen einen *Hard-Reset*. Beim Raspberry
Pi Modell 1B müssen dazu die zwei Kontakte des P6-Headers für einen Moment kurzgeschlossen werden, z. B. durch einen Taster. Bei den Modellen 1B+, 2B, 3B und 3B+
bieten die Run-Header dieselbe Funktion (siehe Abbildung 10.5).

Der einfachste Weg zu einem Reset-Schalter – also ganz ohne Python! – besteht darin,
an diese beiden Kontakte Kabel anzulöten und diese mit einem Taster zu verbinden.
Ein Druck auf den Taster führt nun zu einem *Hard-Reset*, d. h., der Raspberry Pi wird
übergangslos neu gestartet – so, als hätten Sie kurz den Netzstecker gezogen.

Sollte sich der Raspberry Pi beim Drücken des Reset-Buttons bereits in einem Halt-
Zustand befinden (z. B. nach dem vorherigen sudo halt), dann bewirkt das Drücken
des Reset-Buttons einen Neustart des Raspberry Pi.

> **Vorsicht, Gefahr von Datenverlusten!**
>
> Generell ist ein Hard-Reset immer eine Notlösung. Dabei wird ein laufendes Sys-
> tem ohne Vorwarnung einfach ausgeschaltet bzw. neu gestartet. Es besteht keine
> Möglichkeit, offene Dateien zu schließen, Speichervorgänge abzuschließen oder das
> Dateisystem korrekt herunterzufahren. Normalerweise reagiert der Raspberry Pi auf
> derartige Resets erstaunlich robust. Dennoch ist nicht auszuschließen, dass das Datei-
> system irgendwann nachhaltigen Schaden nimmt oder dass gerade zum Zeitpunkt
> des Resets eine wichtige Datei geschrieben wird und diese dann nach dem Neustart
> nur noch in einem unvollständigen oder fehlerhaften Zustand zur Verfügung steht.

Soft-Reset-Button

Von einem *Soft-Reset* spricht man, wenn ein Knopfdruck einen ordentlichen Shutdown des Raspberry Pi auslöst. Eine derartige Funktion realisieren Sie am einfachsten durch einen Taster, den Sie mit einem als Input konfigurierten GPIO-Pin verbinden. Beim Hochfahren des Rechners starten Sie ein Script, das diesen GPIO-Pin ständig überprüft. Sobald der Taster gedrückt ist, führen Sie in Ihrem Script reboot oder halt aus. Wenn Sie möchten, können Sie Ihren Soft-Reset-Code auch so formulieren, dass es nur dann zu einem Neustart kommt, wenn der Taster mehrere Sekunden lang gedrückt wird.

Die folgenden Zeilen zeigen ein ganz simples Python-Script, das reboot ausführt, sobald der Taster am Pin 21 gedrückt wird. Die Beschaltung des Tasters ist so gewählt, dass das Drücken den GPIO-Pin auf Low zieht (siehe Abbildung 19.1).

```python
#!/usr/bin/python3
# Beispieldatei /home/pi/reboot.py
import os, sys, time, RPi.GPIO as gpio
gpio.setmode(gpio.BOARD)     # Pin-Nummern des J8-Headers
gpio.setup(21, gpio.IN)      # Pin 21 = Reset-Button
while 1:
  if gpio.input(21)==gpio.LOW:
    os.system("reboot")
    sys.exit()
  time.sleep(0.3)
```

Soll der Raspberry Pi durch den Soft-Reset-Button neu starten (Kommando reboot) oder einfach nur angehalten werden (halt)? Es kommt darauf an, was Sie bezwecken: Nach einem halt kann der Raspberry Pi gefahrlos von der Stromversorgung getrennt werden, beispielsweise um Wartungsarbeiten am Präsentationssystem durchzuführen, einen neuen USB-Stick anzustecken etc. halt hat aber den Nachteil, dass sich der Raspberry Pi nun nur neu starten lässt, indem die Stromversorung unterbrochen wird – oder durch einen zusätzlichen Hard-Reset-Button.

Vergessen Sie nicht, das Script mit chmod a+x reboot.py ausführbar zu machen. Nun fügen Sie in /etc/rc.local vor exit eine Zeile ein, um das Script zum Ende des Boot-Prozesses zu starten. Beachten Sie das Zeichen & am Ende des Kommandos: Es bewirkt, dass das reboot-Script als Hintergrundprozess ausgeführt wird.

```
# Datei /etc/rc.local
...
/home/pi/reboot.py &
...
exit 0
```

Hard-Reset versus Soft-Reset

Was ist nun besser, ein Hard- oder ein Soft-Reset? Sollte der Raspberry Pi aus irgendeinem Grund komplett abstürzen (z. B. Hardware-Problem, Kernel-Fehler), dann hilft nur ein Hard-Reset. Da auf dem Raspberry Pi keine Programme mehr laufen, ist auch keine Reaktion auf den Soft-Reset-Button mehr möglich.

Andererseits ist dieser Fall zum Glück die Ausnahme, und sollte er wirklich eintreten, können Sie ebenso gut kurz die Stromversorgung trennen. Der Vorteil des Soft-Resets besteht darin, dass der Rechner *ordentlich* heruntergefahren wird. Wenn Sie also ein Präsentationssystem für einen Endkunden bauen und einen Reset-Button zur Verfügung stellen möchten, würden wir eher zu einem Soft-Reset tendieren.

19.4   Kamera

Sie haben zwei Möglichkeiten, um in Python-Scripts Bilder oder Videos mit der Raspberry-Pi-Kamera aufzunehmen:

► Sie rufen mit `subprocess.call` das Kommando `raspistill` auf. Die Optionen dieses Kommandos sind in Abschnitt 14.8, »Raspberry Pi Camera Board und PiNoIR«, beschrieben.

► Oder Sie verwenden das Modul `picamera`, mit dem Sie die Kamera direkt durch Python-Code steuern können.

Dieser Abschnitt behandelt nur die zweite Variante. Bei älteren Raspbian-Versionen müssen Sie das Paket `python3-picamera` für Python 3 bzw. `python-picamera` für Python 2 installieren – oder gleich beide Versionen:

```
sudo apt install python-picamera python3-picamera
```

Im Python-Code erzeugen Sie zuerst ein `PiCamera`-Objekt, das Ihnen dann eine Menge Methoden zur Verfügung stellt. Am wichtigsten sind:

► `capture`: macht ein Foto und speichert es in einer Datei.

► `start_recording`: startet eine Video-Aufnahme und speichert den Film in einer Datei.

► `stop_recording`: beendet die Video-Aufnahme.

► `close`: beendet den Zugriff auf die Kamera.

Die folgenden Absätze beschreiben nur die wichtigsten Funktionen aus dem `picamera`-Modul. Eine umfassende Referenz aller Klassen und Methoden sowie eine Menge Beispiele finden Sie in der Online-Dokumentation. Dort sind unter anderem eine Menge fortgeschrittene Anwendungsfälle beschrieben, z. B. die Übertragung von Bildern und Videos im Netzwerk oder die Verwendung eines Puffers für eine vordefinierte Zeit, wobei die jeweils älteste Aufnahme dann durch die gerade aktuelle überschrieben wird (*Circular Stream*).

https://picamera.readthedocs.io

Fotos aufnehmen

In ihrer einfachsten Form sieht die Anwendung des `picamera`-Moduls so aus:

```python
#!/usr/bin/python3
# Beispieldatei camery.py
import picamera
camera = picamera.PiCamera()
camera.capture('image.jpg')
camera.close()
```

`capture` unterstützt unter anderem die Bitmap-Formate JPEG, PNG und GIF. Die Methode versucht anhand des Dateinamens das gewünschte Format zu erkennen. Bei Dateinamen ohne Kennung müssen Sie das Format durch den optionalen Parameter `format='xxx'` angeben. Für das JPEG-Format können Sie durch den optionalen Parameter `quality=n` die gewünschte Bildqualität im Bereich zwischen 1 und 100 angeben. Die Standardeinstellung beträgt 85. Je höher der Wert ist, desto besser wird die Bildqualität. Gleichzeitig steigt aber auch die Größe der Datei.

Die Bildgröße beträgt standardmäßig 1920 × 1200 Pixel. Wünschen Sie größere oder kleinere Bilder, geben Sie `resize=(breite, höhe)` an. Dabei müssen Sie allerdings aufpassen, dass das Verhältnis von Breite und Höhe unverändert bleibt – andernfalls werden die Bilder verzerrt!

Wenn die Aufnahme sehr schnell gehen soll, geben Sie `use_video_port=True` an. Das `picamera`-Modul greift dann die Videoschnittstelle der Kamera ab. Das geht deutlich schneller, die resultierenden Bilder sind aber weniger scharf.

```python
camera.capture('image.jpg', resize=(480, 300),
               use_video_port=True, quality=80)
```

Mit `capture_sequence` nehmen Sie ganze Bilderfolgen auf. Im ersten Parameter muss eine Liste von Dateien übergeben werden. Mit den folgenden Parametern nimmt `picamera` beachtliche 16 Bilder pro Sekunde auf:

```python
filenames = [ 'image%02d.jpg' % i for i in range(100) ]
camera.capture_sequence(filenames, resize=(480, 300),
                        use_video_port=True, quality=80)
```

`capture_continuous` funktioniert ähnlich wie `capture_sequence`, allerdings generiert die Methode die Dateinamen selbst. Dazu bauen Sie in den Dateinamen die Zeichenkette {counter} oder {timestamp} ein. Dieses Muster wird dann durch einen

19

durchlaufenden Zähler oder durch das aktuelle Datum samt Uhrzeit ersetzt. Optional können Sie diese Zahlen bzw. Zeitangaben mit `format`-Codes formatieren (siehe Abschnitt 18.6, »Zeichenketten«), beispielsweise so:

```
'image{counter:03d}.jpg'        dreistelliger Zähler
'image{timestamp:%H-%M-%S}.jpg' Zeitangabe in der Form 23-59-59
```

Sie können sogar {counter} und {timestamp} in einer Zeichenkette kombinieren. `capture_sequence` liefert einen Generator zurück, muss also in einer Schleife verwendet werden. In jedem Schleifendurchgang erzeugt die Methode ein Generatorobjekt, das Sie aber nicht weiter auswerten müssen.

Das folgende Script läuft endlos, bis es durch ⌈Strg⌉+⌈C⌉ beendet wird. Es nimmt kontinuierlich Bilder auf und speichert diese unter dem Namen image-nn.jpg, wobei nn die Sekunde der Aufnahmezeit ist. Bereits existierende Bilder werden damit überschrieben. Im aktuellen Verzeichnis stehen dadurch immer Bilddateien mit Aufnahmen der letzten 60 Sekunden zur Verfügung.

```python
#!/usr/bin/python3
import picamera, time
camera = picamera.PiCamera()
filenames = 'image-{timestamp:%S}.jpg'
try:
  for obj in camera.capture_continuous(filenames,
                                        resize=(480, 300)):
    time.sleep(0.1)
except KeyboardInterrupt:
  pass   # keine Fehlermeldungen anzeigen
finally:
  camera.close()
```

Videos aufnehmen

`start_recording` nimmt Videos auf und codiert diese wahlweise im H.264- oder im M-JPEG-Format. Das gewünschte Format geht entweder aus der Endung .h264 oder .mjpeg des Dateinamens hervor oder muss mit dem optionalen Parameter `format='h264|mjpeg'` eingestellt werden. Vor dem Start der Aufnahme ist es zumeist zweckmäßig, die Auflösung mit `camera.resolution` zu reduzieren.

`stop_recording` beendet die Aufnahme. Wenn Sie ein Video von 10 Sekunden aufnehmen möchten, empfiehlt es sich, anstelle von `time.sleep` die Wartezeit mit `wait_recording` zu überbrücken. Der Vorteil dieser Methode gegenüber `sleep` besteht darin, dass ein Fehler während der Aufnahme (beispielsweise unzureichender Platz, um die Videodatei zu speichern) zum sofortigen Programmende führt. Bei `sleep` tritt die Fehlermeldung hingegen erst nach dem Verstreichen der vorgegebenen Schlafpause auf.

Das folgende Miniprogramm nimmt ein 10-Sekunden-Video in einer Auflösung von 800 × 600 Pixeln auf:

```
#!/usr/bin/python3
import picamera
camera = picamera.PiCamera()
try:
  camera.resolution=(800, 600)
  camera.start_recording('video.h264')
  camera.wait_recording(10)
  camera.stop_recording()
except KeyboardInterrupt:
  pass
finally:
  camera.close()
```

Videos abspielen

Auf dem Raspberry Pi können Sie H.264-Videos direkt mit dem omxplayer abspielen. Mit M-JPEG-Aufnahmen ist dieses Programm aber überfordert. Abhilfe schafft die Installation des Video-Players VLC mit sudo apt install vlc. Das Programm ist recht umfangreich und beansprucht rund 100 MByte Speicherplatz. Außerdem nutzt die VLC-Version aus den Raspbian-Paketquellen keine Hardware-Beschleunigung bei der Wiedergabe und ist daher nur für Videos in kleiner Auflösung geeignet.

19

Kameraparameter steuern

Vor der Aufnahme eines Fotos oder Videos können Sie zahlreiche Kameraparameter einstellen, z. B. die Auflösung, die Helligkeit oder den Kontrast (siehe Tabelle 19.1).

Parameter	Bedeutung	Werte	Default
brightness	Helligkeit	0 bis 100	50
contrast	Kontrast	−100 bis 100	0
crop	Ausschnitt	(x, y, b, h)	(0.0, 0.0, 1.0, 1.0)
framerate	Bilder pro Sekunde	1 bis 30	30
resolution	Bildauflösung	(b, h)	(1920, 1200)
rotation	Drehung des Bilds	0, 90, 180, 270	0
saturation	Farbsättigung	−100 bis 100	0
sharpness	Schärfe	−100 bis 100	0

Tabelle 19.1 Ausgewählte Kameraparameter

Eine ausführliche Referenz aller Parameter finden Sie in der API-Dokumentation des picamera-Moduls:

https://picamera.readthedocs.io/en/release-1.13/api_camera.html

Das folgende Miniprogramm erstellt neun Aufnahmen mit unterschiedlichen Einstellungen:

```python3
#!/usr/bin/python3
import picamera
camera = picamera.PiCamera()
camera.resolution=(1280, 960)
cnt=1
for c in (-10, 0, 10):
  for b in (40, 50, 60):
    camera.brightness = b
    camera.contrast = c
    camera.capture('image-%d.jpg' % cnt)
    cnt+=1
camera.close()
```

19.5   Dateien bei Dropbox hochladen

Gerade im Zusammenhang mit der Raspberry-Pi-Kamera besteht oft der Wunsch, ein Foto oder eine Video-Datei automatisiert in das eigene Dropbox-Konto hochzuladen. Im Internet finden Sie dazu diverse Python-Scripts. Viele dieser Scripts sind aber obsolet: Dropbox hat nämlich schon vor eine Weile die API v2 eingeführt. Programmcode, der die alte API v1 verwendet, funktioniert nicht mehr! Das gilt auch für die Beispiele bis zur 3. Auflage dieses Buchs. Dieser Abschnitt berücksichtigt selbstverständlich die aktuelle API v2.

Dropbox-App einrichten

Die Grundvoraussetzung besteht natürlich darin, dass Sie über ein eigenes Dropbox-Konto verfügen. Auf den Dropbox-Developer-Seiten richten Sie in der Rubrik »My Apps« eine neue Dropbox-App ein:

https://www.dropbox.com/developers/apps

Beim Einrichten der App haben Sie die Wahl zwischen zwei PERMISSION TYPES:

▸ APP FOLDER: Die App hat nur Zugriff auf ein Verzeichnis, das genauso heißt wie die App. Für die folgenden Beispiele ist das ausreichend. Sie finden das Verzeichnis dann in Ihren Dropbox-Verzeichnissen unter Apps/app-name.

▸ FULL DROPBOX: Die App hat Zugriff auf alle Ihre Dropbox-Dateien.

Sie müssen als App-Namen einen im Dropbox-Universum eindeutigen Namen verwenden! Wenn Ihnen nichts Besseres einfällt, versuchen Sie es mit einer Kombination aus Ihrem Namen, z. B. `vorname-nachname-test123`. Für dieses Beispiel haben wir der App den Namen *pi-buch-uploader* gegeben. In der Einstellungsseite dieser App finden Sie nun den Button GENERATE, um einen App-spezifischen Code (ein *Token*) zu generieren (siehe Abbildung 19.2). Der Screenshot zeigt den bereits generierten Token, der den Button ersetzt.

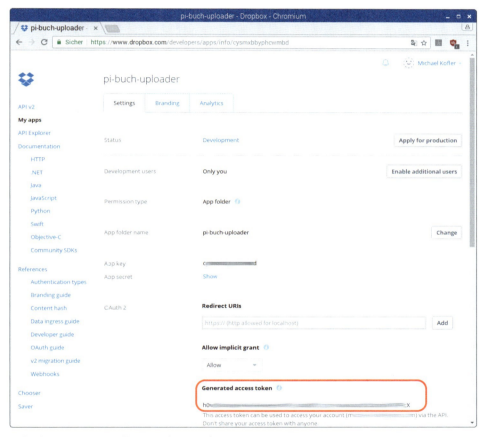

Abbildung 19.2 Einstellungen der Dropbox-App

Dropbox-Python-Modul installieren

Die Python-Funktionen zur Kommunikation mit Dropbox befinden sich in einem Erweiterungspaket, das sich am einfachsten mit `pip` installieren lässt. Der Kommandoname `pip` steht für *Pip Installs Python*, das ein eigenes Paketverwaltungssystem für Python ist.

```
sudo apt install python3-pip
sudo pip3 install dropbox
sudo pip3 install --upgrade requests
```

Programmierung

Mit dem auf der Dropbox-Seite generierten App-Token können wir nun testen, ob der Verbindungsaufbau zu Dropbox gelingt. Das folgende Mini-Script sollte Informationen über Ihren Dropbox-Account liefern:

```
#!/usr/bin/python3
# Beispieldatei dropbox-info.py
import dropbox
db = dropbox.Dropbox('xxx-token-code-xxx')
print(db.users_get_current_account())
```

Wenn Sie das Script ausführen, sollte die Ausgabe so ähnlich wie die folgenden Zeilen aussehen:

```
./dropbox-info.py
  FullAccount(account_id='dbid:xxx',
             name=Name(given_name='Michael', ...),
             email='xxx',
             email_verified=True,
             disabled=False,
             locale='de', ...)
```

Klappt so weit alles, ist es Zeit für den ersten Upload. Die folgenden Zeilen laden die Datei test.jpg aus dem lokalen Verzeichnis in das Root-Verzeichnis Ihres Dropbox-App-Verzeichnisses (bei App-Folder-Apps) bzw. in das Root-Verzeichnis Ihres Dropbox-Kontos hoch (Full-Dropbox-Apps). Beachten Sie, dass der im zweiten Parameter von files_upload angegebene Dropbox-Name (hier in der Variablen dname) immer mit dem Zeichen / beginnen muss!

```
#!/usr/bin/python3
# Beispieldatei dropbox-upload.py
import dropbox
db = dropbox.Dropbox('xxx-token-code-xxx')
fname = 'test.jpg'      # Name einer lokalen Datei
dname = '/upload.jpg'   # Name der Datei in Dropbox
f = open(fname, 'rb')
response = db.files_upload(f.read(), dname)
print('uploaded:', response)
f.close()
```

Allgemeingültige Dropbox-Authentifizierung

Wir sind hier davon ausgegangen, dass Ihr Script nur mit Ihrem eigenen Dropbox-Konto kommunizieren soll. Ganz anders ist die Ausgangslage, wenn Sie ein Script zur Weitergabe an andere Benutzer entwickeln, die jeweils ihre eigenen Dropbox-Konten verwenden möchten.

In diesem Fall müssen Sie im Script Code vorsehen, der dem Benutzer die Möglichkeit gibt, den jeweiligen Dropbox-Zugriff zu authentifizieren. Der Benutzer wird dabei auf eine Seite von Dropbox geleitet, muss dort sein Dropbox-Passwort angeben und erhält dann einen speziellen Code für das Script. Ihr Script bittet um die Eingabe dieses Codes und speichert ihn so, dass es später wieder darauf zugreifen kann. Mehr Details können Sie hier nachlesen:

https://stackoverflow.com/questions/23894221
https://www.dropbox.com/developers/documentation/python

Foto mit Datum- und Zeitinfos hochladen

Ein wenig praxisnäher ist das zweite Beispiel: Es erstellt zuerst ein Foto und lädt dieses dann in das Dropbox-Verzeichnis hoch. Der Dateiname des Fotos unter Dropbox setzt sich aus rapi- und dem Datum zusammen, z. B. rapi-2018-06-30.jpg.

```python
#!/usr/bin/python3
# Beispieldatei dropbox-foto.py
import datetime, dropbox, picamera
db = dropbox.Dropbox('xxx-token-code-xxx')

# Foto erstellen und lokal speichern
localname = 'tmp.jpg'
camera = picamera.PiCamera()
camera.resolution=(1280, 960)
camera.capture(localname)
camera.close()

# Foto hochladen
f = open(localname, 'rb')
today = datetime.date.today()
upname = today.strftime('/rapi-%Y-%m-%d.jpg')
db.files_upload(f.read(), upname)
f.close()
```

19

19.6   E-Mails versenden

Das Versenden von E-Mails in einem Python-Programm ist an sich nicht schwierig, setzt aber voraus, dass diverse Module zusammenspielen. Die Aufgabenstellung für das erste Beispiel ist, eine E-Mail zu versenden, bei der sowohl der Betreff- als auch der Nachrichtentext Nicht-ASCII-Zeichen enthalten. Für den eigentlichen E-Mail-Transport müssen Sie Zugriff auf einen SMTP-Server haben. Das Kürzel SMTP steht für *Simple Mail Transfer Protocol*. Das ist das übliche Protokoll zum Versenden von E-Mails.

Im Python-Programm müssen Sie zuerst die eigentliche E-Mail in einem MIMEText-Objekt zusammensetzen. Sie besteht aus einem Absender, einem oder mehreren Empfängern, dem Betreff sowie dem eigentlichen Text.

Zum Versenden erzeugen Sie ein SMTP-Objekt, wobei Sie an den Konstruktor den Hostnamen des SMTP-Servers übergeben. Die Methode starttls initiiert den verschlüsselten Verbindungsaufbau, der mittlerweile bei fast allen SMTP-Servern üblich ist. Anschließend führt login die Authentifizierung durch. sendmail versendet schließlich die E-Mail.

```python
#!/usr/bin/python3
# Beispieldatei sendmail-text-only.py
import smtplib, sys
from email.mime.text import MIMEText
from email.header import Header

frm  = 'Absender <absender@myhost.com>'
to   = 'Empfänger <an.irgendwen@gmail.com>'
subj = 'Betreff mit äöüß'
msg  = 'Nachrichtentext mit äöüß.\nZweite Zeile.\nDritte Zeile.'

try:
  mime = MIMEText(msg, 'plain', 'utf-8')
  mime['From'] = frm
  mime['To']   = to
  mime['Subject'] = Header(subj, 'utf-8')

  smtp = smtplib.SMTP("myhost.com")
  smtp.starttls()
  smtp.login("loginname", "strenggeheim")
  smtp.sendmail(frm, [to], mime.as_string())
  smtp.quit()
except:
  print("Beim E-Mail-Versand ist ein Fehler aufgetreten:",
        sys.exc_info())
```

Eine E-Mail mit Bitmap versenden

Wenn Sie zusammen mit der E-Mail auch ein Bild versenden möchten, wird das Zusammensetzen des E-Mail-Objekts noch ein wenig umständlicher: Ausgangspunkt ist nun ein `MIMEMultipart`-Objekt, dem Sie den Absender, Empfänger, Betreff sowie den Nachrichtentext als `MIMEText` hinzufügen. Die Bilddatei, die Sie in die Mail einbetten wollen, lesen Sie zuerst in ein `MIMEImage`-Objekt ein und fügen dieses Objekt dann dem `MIMEMultipart`-Objekt hinzu. Diese Vorgehensweise wiederholen Sie, falls Sie mehrere Bilder auf einmal übertragen wollen.

```python
#!/usr/bin/python3
# Beispieldatei sendmail.py
import smtplib
from email.header import Header
from email.mime.image import MIMEImage
from email.mime.multipart import MIMEMultipart
from email.mime.text import MIMEText

frm  = 'Absender <absender@myhost.com>'
to   = 'Empfänger <an.irgendwen@gmail.com>'
subj = 'Betreff'
msg  = 'Nachrichtentext'
fn   = 'tmp.jpg'  # diese Bitmap-Datei mitsenden

try:
  # E-Mail zusammensetzen
  mime = MIMEMultipart()
  mime['From'] = frm
  mime['To']   = to
  mime['Subject'] = Header(subj, 'utf-8')
  mime.attach(MIMEText(txt, 'plain', 'utf-8'))

  # Bild hinzufügen
  f = open(fn, 'rb')
  img = MIMEImage( f.read() )
  f.close()
  mime.attach(img)

  # versenden
  smtp = smtplib.SMTP("...")
  ... wie im vorigen Beispiel
except:
  print("Beim E-Mail-Versand ist ein Fehler aufgetreten:",
        sys.exc_info())
```

19

Eine Aufnahme der Raspberry-Pi-Kamera versenden

Mit diesem Grundlagenwissen ist es nun kein Problem mehr, ein Python-Script zu programmieren, das zuerst eine Aufnahme mit der Raspberry-Pi-Kamera erstellt und das Foto dann per E-Mail versendet:

```python
#!/usr/bin/python3
# Beispieldatei sendmail-foto.py
import picamera, smtplib, sys
from email.header import Header
from email.mime.image import MIMEImage
from email.mime.multipart import MIMEMultipart
from email.mime.text import MIMEText
frm   = 'Absender <absender@myhost.com>'
to    = 'Empfänger <an.irgendwen@gmail.com>'
subj  = 'Foto'
msg   = 'Nachrichtentext'
fn    = 'foto.jpg'

try:
  # Foto erstellen
  camera = picamera.PiCamera()
  camera.capture(fn, resize=(640,480))
  camera.close()

  # E-Mail zusammensetzen
  # Bild hinzufügen
  # versenden
  # ... alles wie im vorigen Beispiel
except:
  print("Beim E-Mail-Versand ist ein Fehler aufgetreten:",
        sys.exc_info())
```

19.7   Textdateien lesen und schreiben

Bevor Sie eine Textdatei lesen oder schreiben können, müssen Sie die Datei mit open öffnen. Dabei übergeben Sie im ersten Parameter den Dateinamen und im zweiten den gewünschten Zugriffsmodus (siehe Tabelle 19.2).

open liefert ein file-Objekt, das nun mit diversen Methoden bearbeitet werden kann (siehe Tabelle 19.3). file zählt zu den elementaren Python-Datentypen. Sie brauchen also kein Modul zu importieren, um einfache Dateioperationen durchzuführen.

Modus	Bedeutung
'r'	Datei lesen (gilt standardmäßig)
'w'	Datei schreiben; existierende Dateien werden überschrieben!
'a'	an das Ende einer vorhandenen Datei schreiben (append)
'r+'	Datei lesen und schreiben

Tabelle 19.2 Zugriffsmodi der open-Methode

Methode	Bedeutung
s=f.read()	Liest die gesamte Datei.
s=f.read(n)	Liest n Bytes und liefert diese als Zeichenkette.
s=f.readline()	Liest eine Zeile der Datei.
f.write(s)	Schreibt die Zeichenkette s in die Datei.
n=f.tell()	Gibt die aktuelle Lese-/Schreibposition an.
f.seek(n, offset)	Verändert die Lese-/Schreibposition.
close()	Schließt die Datei.

Tabelle 19.3 Wichtige Methoden für file-Objekte

close() beendet den Zugriff auf die Datei und gibt diese wieder für andere Programme frei. In kurzen Scripts können Sie auf close() verzichten – zum Programmende werden in jedem Fall alle geöffneten Dateien geschlossen. Sofern die Struktur Ihres Codes es zulässt, sollten Sie den gesamten Code zur Bearbeitung einer Datei wie im nächsten Beispiel mit with open() as f formulieren. Damit ersparen Sie sich nicht nur den expliziten close()-Aufruf, sondern Sie stellen zudem sicher, dass die Datei auch beim Auftreten eines Fehlers geschlossen wird.

Mit readline() können Sie eine Datei zeilenweise einlesen. readline() liefert immer auch das Zeilenendezeichen jeder Zeile mit, also \n auf dem Raspberry Pi. Wenn das Ende der Datei erreicht ist, gibt readline() eine leere Zeichenkette zurück. Da leere Zeilen *innerhalb* der Datei zumindest aus \n bestehen, gibt es hier keine Doppeldeutigkeiten. Um eine Textdatei zeilenweise zu verarbeiten, können Sie auch einfach eine for-Schleife bilden und sich so das Hantieren mit readline() ersparen:

```
with open('test.py') as f:
  for line ir f:
    print(lire, end='')
```

Wenn Sie Textdateien schreiben, vergessen Sie nicht, \n in die Zeichenketten einzubauen, die Sie ausgeben möchten. write() kümmert sich nicht um Zeilenenden! Beachten Sie auch, dass write im Gegensatz zu print nur einen Parameter erwartet und dass dieser Parameter wirklich eine Zeichenkette sein muss. Wenn Sie Zahlen oder andere Daten in der Textdatei speichern möchten, müssen Sie diese zuerst in Zeichenketten umwandeln. Dabei helfen die Formatfunktionen von Python, die in Abschnitt 18.6, »Zeichenketten«, beschrieben sind. Das folgende Programm produziert eine Textdatei mit zehn Zeilen:

```
#!/usr/bin/python3
with open('test.txt', 'w') as out:
  for i in range(1, 11):
    out.write('Zeile %d\n' % i)
```

CSV-Dateien

CSV-Dateien (*Comma Separated Values*) sind Textdateien mit tabellarischen Daten. Die Elemente bzw. Spalten sind je nach Datenherkunft durch ein Komma oder durch ein Semikolon voneinander getrennt. Zeichenketten können zudem in doppelte Anführungszeichen gestellt sein. Beim Lesen und Schreiben derartiger Dateien helfen die Methoden des csv-Moduls.

Mit reader() bzw. writer() erzeugen Sie ein CSV-Lese- bzw. ein CSV-Schreibobjekt. An den Konstruktor übergeben Sie ein zuvor erzeugtes file-Objekt sowie einige Parameter, die die Syntax Ihrer CSV-Datei beschreiben (siehe Tabelle 19.4).

Parameter	Bedeutung
delimiter	Gibt das Spaltentrennzeichen an (Default ',').
lineterminator	Gibt das bzw. die Zeilentrennzeichen an ('\r\n').
quotechar	Gibt an, wie Zeichenketten markiert sind ('"').
skipinitialspace	Gibt an, ob leere Zeilen übersprungen werden sollen (False).
strict	Gibt an, ob bei Syntaxfehlern ein Fehler ausgelöst wird (False).
escapechar	Gibt an, welches Zeichen der writer Sonderzeichen voranstellt.
doublequote	Gibt an, ob Apostrophe verdoppelt werden (True).

Tabelle 19.4 CSV-Format-Parameter

lineterminator gilt nur für writer-Objekte. Beim Lesen kommt der reader automatisch mit beliebigen Kombinationen aus '\r' und \n zurecht. doublequote gibt an, wie das CSV-Modul mit dem Sonderfall umgehen soll, dass eine Zeichenkette selbst das quotechar-Zeichen enthält. Standardmäßig wird das Zeichen dann verdoppelt. Mit doublequote=False wird dem Zeichen hingegen das Zeichen vorangestellt, das Sie mit escapechar einstellen müssen, üblicherweise ein \-Zeichen. Beachten Sie, dass es für escapechar keine Default-Einstellung gibt.

Um mit dem CSV-Reader eine Zeile zu lesen, bilden Sie einfach eine for-Schleife. Die Schleifenvariable enthält die einzelnen Elemente als Liste:

```python
#!/usr/bin/python3
import csv
with open('/var/log/temp.csv') as f:
  c = csv.reader(f, delimiter=';')
  for line in c:
    print(line)
    # Ausgabe ['Spalte 1', 'Spalte 2', ...]
```

Beim CSV-Writer fügt die Methode writerow eine Zeile in die CSV-Datei ein. Die Elemente müssen als Liste übergeben werden:

```python
#!/usr/bin/python3
import csv
with open('out.csv', 'w') as out:
  cw = csv.writer(out, delimiter=';', lineterminator='\n',
                  quotechar='"')
  cw.writerow(['Spalte 1', 2, 'Spalte 3', 1/4])
  cw.writerow(['Text mit " und ; und \\', 'äöü'])
# Inhalt von out.csv
# Spalte 1;2;Spalte 3;0.25
# "Text mit "" und ; und \";äöü
```

Beachten Sie, dass der CSV-Writer Zeichenketten nur dann in Anführungszeichen stellt, wenn andernfalls ein korrektes Einlesen nicht möglich wäre. Wenn *jedes* Element in Anführungszeichen gestellt werden soll, übergeben Sie an den Konstruktor von writer den zusätzlichen Parameter quoting=csc.QUOTE_ALL.

Messdaten verarbeiten

Nehmen wir an, Sie überwachen mit einem 1-Wire-Temperatursensor eine Temperatur und speichern diese regelmäßig in einer CSV-Datei, die das folgende Format hat:

```
2018-02-03T10:35,t=23437
2018-02-03T10:40,t=23500
...
```

Sie wollen aus dieser Datei für jeden Tag die Durchschnittstemperatur, das Minimum und das Maximum extrahieren. Das Ergebnis soll in *zwei* Dateien gespeichert werden: in einer leicht lesbaren Textdatei und in einer CSV-Datei. Die Textdatei soll so aussehen:

```
2018-02-03 Minimum: 18.7°C  Maximum: 24.3°C  Durchschnitt: 21.1°C
```

Die CSV-Datei soll hingegen die Standardformatierung des CSV-Writers verwenden:

```
2018-02-03,18.7,24.3,21.1
```

Der erforderliche Python-Code sieht so aus:

```python
#!/usr/bin/python3
# Beispieldatei templog.py
import csv
with open('/var/log/temp.csv') as csvfile, \
     open('temperaturen.txt', 'w') as txtout, \
     open('temperaturen.csv', 'w') as csvout:
  cr = csv.reader(csvfile, delimiter=',')
  cw = csv.writer(csvout)
  datumvorher=''
  temperaturen=[]

  # Schleife über alle Zeilen der CSV-Datei
  for line in cr:
    try:
      datum = line[0][:10]   # 1. Spalte, die ersten 10 Zeichen
      temp  = int(line[1][2:]) / 1000     # 2. Spalte, ab
                                          # dem 2. Zeichen

      if datum==datumvorher:
        # Temperaturwerte in Liste sammeln
        temperaturen.append(temp)

      else:
        if len(temperaturen)>0:
          # Temperaturen ausgeben
          txt = '%s  Minimum: %.1f°C  Maximum: %.1f°C
                Durchschnitt: %.1f°C \n'
          tmin =    min(temperaturen)
          tmax =    max(temperaturen)
          tdurch = sum(temperaturen) / len(temperaturen)
          txtout.write(txt % (datum, tmin, tmax, tdurch))
          cw.writerow([datumvorher, '%.1f' % tmin, '%.1f' % tmax,
                      '%.1f' % tdurch])
        # neue Liste für den nächsten Tag
        temperaturen=[temp]
      datumvorher=datum
    except:
      print('Syntaxfehler in CSV-Datei,
            die fehlerhafte Zeile lautet:')
      print(line)
```

Dazu einige Anmerkungen: with öffnet drei Dateien zum Lesen und Schreiben. In der Zeile datum=... wird zuerst aus der Liste in line das erste Element gelesen. Dabei muss es sich um eine Zeichenkette handeln, aus der wiederum die ersten 10 Zeichen gelesen werden. Das ist das Datum.

temp=... agiert ähnlich und extrahiert aus der zweiten Spalte alle Zeichen mit Ausnahme der ersten zwei (also 't='). Die Zeichenkette wird mit int als Zahl interpretiert und durch 1000 dividiert. Wenn die CSV-Datei nicht das vorgeschriebene Format einhält, kann dabei eine Menge schiefgehen – daher die Fehlerabsicherung durch try.

In der Liste temperaturen werden alle Temperaturen eines Tages gespeichert. Wenn sich das Datum ändert, die Bedingung datum==datumvorher also nicht mehr erfüllt ist, ermittelt das Programm das Minimum, das Maximum und den Durchschnittswert der Temperaturen. write schreibt das Ergebnis in die Textdatei temperaturen.txt. Die Liste temperaturen wird nun neu mit der Temperatur des neuen Datums initialisiert. Beachten Sie, dass die Messdaten des letzten Tags nicht in das Ergebnis einfließen.

19.8   Grafikprogrammierung

In einem Terminalfenster ausgeführte Python-Scripts sind sicherlich nützlich und wichtig. Viel mehr Spaß macht das Programmieren aber mit sichtbarem Feedback. Dieser Abschnitt zeigt Ihnen, wie Sie mit der pygame-Bibliothek einfache Grafikprogramme entwickeln. Diese Bibliothek ist eigentlich zur Programmierung von Spielen konzipiert, aber damit würden wir den Rahmen dieses Buchs sprengen. Wir beschränken uns in diesem Abschnitt auf reine Grafikfunktionen.

Hello World!

Das folgende Programm veranschaulicht die prinzipielle Nutzung des pygame-Moduls: Das Modul muss zuerst importiert werden. Die Anweisung from pygame.locals import * erlaubt es, Konstanten des pygame-Moduls zu verwenden, ohne jedes Mal den Modulnamen voranzustellen.

pygame.init() initialisiert die Bibliothek. set_mode erzeugt ein Fenster mit einem Surface-Objekt und gibt dieses Objekt zurück. Es gibt Zugriff auf eine Bitmap mit der Zeichenfläche. An set_mode übergeben Sie die gewünschte Breite und Höhe der Bitmap als Tupel (b,h). Die beiden anderen Parameter geben den gewünschten Modus und die Farbtiefe an. Die Farbtiefe 32 bedeutet, dass zur Speicherung für jedes Pixel der Bitmap 32 Bit, also 4 Byte, vorgesehen werden – je ein Byte für die drei Farbanteile Rot, Grün und Blau sowie ein Byte für den Alpha-Kanal für Transparenzeffekte.

19

Weder die Fenster- noch die Surface-Größe kann verändert werden. Wenn Sie das möchten, müssen Sie an set_mode anstelle von O die Konstante RESIZABLE übergeben. Das macht die Programmierung aber aufwendiger. Wenn Ihr Programm den gesamten Bildschirm nutzen soll, dann geben Sie anstelle von O den Wert FULLSCREEN an. Das pygame-Programm überdeckt dann alle Fenster der Raspberry-Pi-Benutzeroberfläche.

set_caption gibt dem pygame-Fenster seinen Titel (siehe Abbildung 19.3). fill färbt den gesamten ursprünglich schwarzen Hintergrund weiß ein. Anschließend folgen diverse Zeichenmethoden, die im nächsten Abschnitt näher beschrieben werden. Damit die Grafikausgaben tatsächlich sichtbar werden, muss der Fensterinhalt durch display.update() aktualisiert werden. Der restliche Code bildet eine Schleife zur pygame-Ereignisverarbeitung. Sobald eine beliebige Taste gedrückt oder das Fenster geschlossen wird, endet das Programm.

Abbildung 19.3 Hello-World-Programm zur pygame-Programmierung

```python
#!/usr/bin/python3
# Beispieldatei grafik-hw.py
import pygame, time, sys
from pygame.locals import *

# Konstanten
(B, H) = (500, 300)          # Größe der Zeichenfläche
WHITE  = (255, 255, 255)     # Rot-, Grün- und Blauanteil
RED    = (255, 0, 0)         # diverser Farben
GREEN  = (0, 255, 0)
BLUE   = (0, 0, 255)
```

```
# pygame initialisieren, Fenster erzeugen
pygame.init()
surf = pygame.display.set_mode((B, H), 0, 32)
pygame.display.set_caption('Grafikprogrammierung mit pygame')

# weißer Hintergrund
surf.fill(WHITE)

# diverse Zeichenmethoden, siehe nächstes Listing
...

# Fensterinhalt aktualisieren
pygame.display.update()

# auf Tastendruck oder Fenster-Schließen warten
while 1:
  event = pygame.event.wait()
  if event.type == KEYDOWN or event.type == QUIT:
    pygame.quit()
    sys.exit()
  time.sleep(0.05)
```

pygame-Zeichenmethoden

pygame kennt eine Menge Zeichenmethoden (siehe Tabelle 19.5). Dabei werden Farben als Tupel in der Form (r, g, b) angegeben, wobei r, g und b jeweils Zahlen zwischen 0 und 255 sind. Koordinatenpunkte werden als Tupel oder Listen in der Form (x, y) bzw. [x, y] übergeben. Bei rect werden die Position und die Größe des Rechtecks in der Form (x, y, b, h) angegeben. Alle Koordinatenangaben sind relativ zum linken oberen Eckpunkt des Fensters.

```
# Grafikausgabe im pygame-Hello-World-Programm
# Linie, vier Pixel breit
pygame.draw.line(surf, RED, (10,10), (200, 100), 4)

# gefülltes Rechteck (x, y, b, h)
pygame.draw.rect(surf, GREEN, (350, 50, 100, 20))

# gefülltes Dreieck
pygame.draw.polygon(surf, BLUE, [(200,50), (300,200), (400,150)])

# Kreis
pygame.draw.circle(surf, RED, (200, 200), 50)
```

19

Methode	Funktion
line(surf, farbe, von, bis, breite)	Linie zeichnen
aaline(surf, farbe, von, bis)	eine glatte, dünne Linie zeichnen
rect(surf, farbe, rect)	ein gefülltes Rechteck zeichnen
rect(surf, farbe, rect, breite)	einen rechteckigen Linienzug zeichnen
circle(surf, farbe, mitte, radius)	einen Kreis zeichnen
polygon(s, farbe, punktliste)	ein gefülltes Vieleck zeichnen
polygon(s, farbe, pliste, breite)	einen Polygonzug zeichnen

Tabelle 19.5 Ausgewählte pygame.draw-Zeichenmethoden

Die aa-Methoden zeichnen besonders glatte Linien oder Kreise. aa steht dabei für *Anti-Aliasing*. Das ist eine besondere Zeichentechnik, bei der benachbarte Pixel entlang der Linie in schattierten Farben gezeichnet werden. Das gibt Linien ein schärferes, weniger pixelhaftes Aussehen. Leider stellt das pygame-Modul nur wenige aa-Methoden zur Verfügung, die im Vergleich zu den gewöhnlichen Zeichenmethoden zudem mit Einschränkungen verbunden sind. Eine detaillierte Beschreibung aller Grafikmethoden enthält die pygame-API-Referenz:

https://www.pygame.org/docs/ref/draw.html

Deutlich mehr Methoden enthält das experimentelle Modul pygame.gfxdraw. Es muss explizit mit import pygame.gfxdraw aktiviert werden. Beachten Sie aber, dass für diese Methoden eine andere Parameterreihenfolge gilt und dass sich die Methoden in künftigen pygame-Versionen noch ändern können.

https://www.pygame.org/docs/ref/gfxdraw.html

Textausgaben sind etwas umständlicher: Sie müssen zuerst ein font-Objekt erzeugen, wobei Sie an SysFont den Namen einer TTF-Datei sowie die gewünschte Größe übergeben. Eine Liste aller geeigneten Fonts ermitteln Sie im Terminal mit dem Kommando fc-list | grep ttf. Die render-Methode für die font-Klasse liefert als Ergebnis ein neues Surface-Objekt. Im zweiten Parameter von render geben Sie an, dass die Textausgabe mit Anti-Aliasing in möglichst guter Qualität durchgeführt werden soll. Der dritte Parameter gibt die Textfarbe an. Standardmäßig erfolgt die Textausgabe transparent. Wenn Sie stattdessen eine Hintergrundfarbe wünschen, geben Sie diese im vierten Parameter an.

Das render-Ergebnis übertragen Sie schließlich mit blit in das Surface-Objekt des Fensters. An blit übergeben Sie im zweiten Parameter einen Koordinatenpunkt, der die linke obere Ecke der Ausgabe angibt.

render erwartet Zeichenketten in Latin-1-Codierung. Wenn Sie Ihren Quellcode wie am Raspberry Pi üblich als UTF-8-Text speichern, dann müssen Sie die Codierung der Zeichenkette vorher ändern.

```
# Textausgabe im pygame-Hello-World-Programm
myfont = pygame.font.SysFont('FreeSerif.ttf', 24)
textsurf = myfont.render('Hello World!', 1, (0,0,0))
surf.blit(textsurf, (20, 80))

msg = u'abc äöüß'
msg = msg.encode('latin-1')
textsurf = myfont.render(msg, 1, WHITE, RED)
surf.blit(textsurf, (20, 120))
```

Bilder speichern

Um den aktuellen Inhalt eines pygame-Fensters in einer PNG-Datei zu speichern, bauen Sie einfach die folgende Zeile in Ihren Code ein:

```
pygame.image.save(surf, 'bild.png')
```

Falls das Erzeugen einer Bitmap das eigentliche Ziel Ihres Scripts ist, wollen Sie womöglich nie ein Fenster anzeigen. Damit vereinfacht sich Ihr Code, wie die folgende Codeschablone zeigt. Insbesondere entfallen die set_mode- und set_caption-Aufrufe sowie die gesamte Ereignisverwaltung.

```
import pygame
from pygame.locals import *
pygame.init()
surf = pygame.Surface((B, H), 0, 32)   # Surface-Objekt erzeugen
pygame.drax.xxx()                       # darin zeichnen
pygame.image.save(surf, 'bild.png')     # und speichern
```

Temperaturkurve zeichnen

Dieses wieder stärker praxisorientierte Beispiel greift nochmals das CSV-Beispiel aus Abschnitt 19.7, »Textdateien lesen und schreiben«, auf. Vorausgesetzt wird, dass es im aktuellen Verzeichnis die Datei temperaturen.csv gibt, deren Inhalt zeilenweise je ein Datum, die minimale und die maximale Temperatur sowie einen Tagesdurchschnittswert enthält:

```
2018-02-03,18.7,24.3,21.1
```

Unser pygame-Programm soll die Temperaturen der letzten 14 Tage grafisch darstellen (siehe Abbildung 19.4). Um den Code einfacher zu machen, sind der mögliche Temperaturbereich mit 15 bis 30 °C sowie die Fenstergröße fix eingestellt.

19

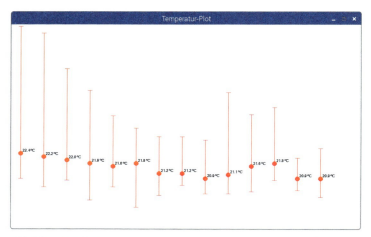

Abbildung 19.4 Grafische Darstellung von Temperaturen mit pygame

Beim Einlesen der CSV-Datei greifen wir nochmals auf das csv-Modul aus Abschnitt 19.7, »Textdateien lesen und schreiben«, zurück. Nach dem Ende der for-Schleife enthält data eine verschachtelte Liste in der folgenden Form:

```
[ ['2018-03-21', '19.8', '23.1', '22.0'],
  ['2018-03-22', '21.7', '24.1', '22.5']  ... ]
```

```python
#!/usr/bin/python3
# Beispieldatei grafik-csv.py
from __future__ import division, print_function
import csv, pygame, pygame.gfxdraw, time, sys
from pygame.locals import *

# Konstanten
(B, H) = (800, 600)        # Bitmapgröße
(TMIN, TMAX) = (15, 30)    # Temperaturbereich
(ANZTAGE) = 14             # Anzahl der Messpunkte
WHITE   = (255, 255, 255)
RED     = (255, 0, 0)
GREEN   = (0, 255, 0)
BLUE    = (0, 0, 255)

# CSV-Daten in verschachtelte Liste einlesen
data = []
with open('temperaturen.csv') as f:
  cr = csv.reader(f)
  for line in cr:
    data.append(line)
# nur die Daten der letzten n Tage
data = data[-ANZTAGE:]
```

Nach den `pygame`-Initialisierungsarbeiten und dem Laden eines Fonts zur Textausgabe werden die Messdaten in einer Schleife verarbeitet. Die Messdaten liegen als Zeichenketten vor und müssen mit `float` in Fließkommazahlen umgewandelt werden. `x`, `ymin`, `ymax` und `yavg` enthalten die Bitmap-Koordinaten zum Zeichnen eines Messpunkts. `int(...)` ist erforderlich, weil manche `pygame`-Methoden nur ganze Zahlen verarbeiten. Um den Kreis für die Durchschnittstemperatur zu zeichnen, werden `gfxdraw`-Methoden verwendet. Dadurch wirkt der Kreis weniger pixelig.

```
# pygame initialisieren, Fenster erzeugen
pygame.init()
surf = pygame.display.set_mode((B, H), 0, 32)
surf.fill(WHITE)
pygame.display.set_caption('Temperatur-Plot')
myfont = pygame.font.SysFont('FreeSerif.ttf', 14)
x=20
# Schleife über die Messdaten
for messpunkt in data:
  tmin = float(messpunkt[1])
  tmax = float(messpunkt[2])
  tavg = float(messpunkt[3])
  ymin = int(H - (tmin-TMIN) / (TMAX-TMIN) * H)
  ymax = int(H - (tmax-TMIN) / (TMAX-TMIN) * H)
  yavg = int(H - (tavg-TMIN) / (TMAX-TMIN) * H)
  # Grafikausgabe
  pygame.draw.line(surf, RED, (x, ymin), (x, ymax), 1)
  pygame.draw.line(surf, RED, (x-5, ymin), (x+5, ymin), 1)
  pygame.draw.line(surf, RED, (x-5, ymax), (x+5, ymax), 1)
  pygame.gfxdraw.aacircle(surf, x, yavg, 5, RED)
  pygame.gfxdraw.filled_circle(surf, x, yavg, 5, RED)
  # Durchschnittstemperatur als Text
  txt = u'%.1f°C' % tavg
  textsurf = myfont.render(txt.encode('latin-1'), 1, (0,0,0))
  surf.blit(textsurf, (x+5, yavg-12))
  # X-Koordinate für den nächsten Messpunkt
  x+=B // (ANZTAGE+1)
# Fensterinhalt aktualisieren, auf Tastendruck warten
pygame.display.update()
while 1:
  time.sleep(0.05)
  event = pygame.event.wait()
  if event.type == KEYDOWN or event.type == QUIT: sys.exit()
```

Das Programm könnte nun natürlich in vielen Details verbessert werden, z. B. indem die Daten vorweg analysiert werden, um den tatsächlichen Temperaturbereich der Messdaten zu ermitteln; indem das Diagramm beschriftet und mit Koordinatenachsen versehen wird etc.

19.9 Grafische Benutzeroberflächen mit tkinter

Es existieren diverse Python-Module, die dabei helfen, grafische Benutzeroberflächen zu programmieren – z. B. *wxPython*, *PyQt* oder *PyGTK*. In diesem Buch beschränken wir uns auf eine Einführung zu tkinter. Dieses Modul zählt zum Lieferumfang von Python und ist unter Raspbian standardmäßig installiert. tkinter gilt trotz gewisser Nachteile als De-facto-Standard für die GUI-Programmierung mit Python, wobei GUI die Abkürzung für *Graphical User Interface* ist. Der Name tkinter ist wiederum eine Abkürzung für das *Tk Interface*. Und *Tk* ist eine Bibliothek zur Programmierung von Benutzeroberflächen, die ursprünglich für die Sprache *Tcl* konzipiert wurde.

Der Programmcode für *Hello World!* mit tkinter umfasst nur wenige Zeilen. Tk() erzeugt das tkinter-Wurzelobjekt, also ein Fenster (siehe Abbildung 19.5). wm_title() stellt dessen Titel ein. Label erzeugt ein Textfeld innerhalb dieses Fensters, wobei zwei Parameter den gewünschten Text und die Schriftart angeben. pack() macht das Textfeld so groß, dass es genau Platz für den anzuzeigenden Text bietet; außerdem wird das Textfeld erst durch diese Methode sichtbar. mainloop() kümmert sich um die Ereignisverwaltung des Programms – und zwar so lange, bis das Programm beendet wird, indem das Fenster geschlossen wird.

```python
#!/usr/bin/python3
# Beispieldatei tkinter-hellow.py
from tkinter import *
import tkinter.font as tkf
mywin = Tk()
mywin.wm_title('Hello World')
myfont = tkf.Font(family='DejaVuSans', size=20)
mylabel = Label(mywin, text='Hello World!', font=myfont)
mylabel.pack()
mywin.mainloop()
```

Abbildung 19.5 »Hello World!« mit tkinter

Tkinter versus tkinter

Der Name des tkinter-Moduls beginnt je nach Python-Version mit einem kleinen oder einem großen Anfangsbuchstaben:

```python
from tkinter import * # für Python 3
from Tkinter import * # für Python 2
```

> Auch eine Menge anderer verwandter Pakete haben in Python 3 neue Namen bekommen, z. B. tkinter.font (ehemals tkFont) oder tkinter.messagebox (ehemals tkMessageBox). In diesem Kapitel gehen wir bei allen Beispielen davon aus, dass Sie mit Python 3 arbeiten.

Der Platz in diesem Buch reicht nur für eine tkinter-Einführung. Ungleich mehr Details enthält das kostenlose, rund 170 Seiten umfassende Referenz-Handbuch von John Shipman. Beachten Sie aber, dass sich dieses Handbuch auf Python 2.7 bezieht. Sie müssen also alle import-Anweisungen anpassen!

https://infohost.nmt.edu/tcc/help/pubs/tkinter/tkinter.pdf

Ebenfalls sehr hilfreich ist die folgende Website mit einer Sammlung von Artikeln zu elementaren tkinter-Programmiertechniken:

http://effbot.org/tkinterbook

Steuerelemente anordnen

Steuerelemente, die in der tkinter-Nomenklatur *Widgets* heißen, sind die Bausteine zur Gestaltung eigener Benutzeroberflächen (siehe Tabelle 19.6). Sie erzeugen Steuerelemente durch den Aufruf des gleichnamigen Konstruktors.

Steuerelement	Funktion
Button	Button
Canvas	Grafikelement (Linie, Rechteck, Ellipse etc.)
Checkbutton	Auswahlkästchen
Entry	einzeiliges Texteingabefeld
Frame	Rahmen, Container für andere Widgets
Label	Textanzeige, auch mehrzeilig
LabelFrame	beschrifteter Rahmen/Container
ListBox	Listenfeld
RadioButton	Options-Button
Scale	Schiebebalken zur Einstellung eines Zahlenwerts
Scrollbar	Bildlaufleiste
Text	mehrzeiliges Texteingabefeld

Tabelle 19.6 Die wichtigsten tkinter-Steuerelemente

19

Dabei übergeben Sie im ersten Parameter das Fenster, in das das Steuerelement eingefügt werden soll; alternativ können Sie hier auch ein Container-Steuerelement angeben, wenn Sie beispielsweise mehrere Radio-Buttons in einem Frame-Steuerelement gruppieren möchten. Die weiteren Parameter des Konstruktors werden in der Regel in der Form `parametername=wert` übergeben. Damit können Sie Eigenschaften des Steuerelements in beliebiger Reihenfolge voreinstellen:

```
mylabel = Label(container, text='Bla bla', fg="blue", bg="white")
```

Spätere Änderungen an Steuerelementeigenschaften führen Sie mit der `configure`-Methode durch. Um eine Eigenschaft auszulesen, verwenden Sie `cget()`:

```
mylabel.configure(text='Neuer Text')
txt = mylabel.cget('text')
```

Mit dem Erzeugen der Steuerelemente ist es allerdings noch nicht getan. Sie müssen die Steuerelemente innerhalb des Fensters auch korrekt anordnen – und das ist gar nicht so einfach! Die `tkinter`-Bibliothek unterstützt mehrere Platzierungsstrategien, von denen `pack()` und `grid()` am populärsten sind.

Im Hello-World-Beispiel mit nur einem Steuerelement bewirkte `pack()`, dass für das Steuerelement die optimale Größe ermittelt wurde. Das `tkinter`-Fenster passte sich automatisch an die Größe an. Wenn es mehrere Steuerelemente gibt, werden diese durch `pack()` untereinander angeordnet und jeweils horizontal zentriert. Das Fenster wird so groß, dass alle Steuerelemente Platz finden (siehe Abbildung 19.6).

Abbildung 19.6 Steuerelemente mit pack() untereinander anordnen

```
#!/usr/bin/python3
# Beispieldatei tkinter-pack1.py
from tkinter import *
mywin = Tk()
mylabel1 = Label(mywin, text='Text', bg="yellow")
mylabel2 = Label(mywin, text='Noch mehr Text', fg="blue")
mybutton1 = Button(mywin, text='Button 1')
mybutton2 = Button(mywin,
                   text='Button 2 mit einem längeren Text')
mylabel1.pack()
mylabel2.pack()
```

```
mybutton1.pack()
mybutton2.pack()
mywin.mainloop()
```

Mit dem pack-Parameter side=LEFT erreichen Sie, dass Steuerelemente nebeneinander statt untereinander angeordnet werden. Allerdings sollten Sie innerhalb eines Fensters oder Containers alle Steuerelemente einheitlich anordnen – andernfalls sind die Resultate schwer vorhersehbar.

anchor=W|NW|N|NE|E|SE|S|SW|CENTER bestimmt, an welchem Rand bzw. an welcher Ecke des Fensters oder Containers die Steuerelemente ausgerichtet werden sollen. Die Buchstabenkombinationen geben Himmelsrichtungen an; SE steht beispielsweise für South-East und bedeutet rechts unten. Standardmäßig gilt CENTER.

Das folgende Beispiel zeigt, dass die pack-Strategie in Kombination mit Containern durchaus eine Menge Gestaltungsmöglichkeiten bietet: Der obere Container enthält zwei Labels und ein mehrzeiliges Texteingabefeld. Darunter befindet sich ein zweiter Container, der nebeneinander zwei Buttons enthält. Der Container mit den Buttons wird rechtsbündig dargestellt (siehe Abbildung 19.7).

```
#!/usr/bin/python3
# Beispieldatei tkinter-pack2
from tkinter import *
mywin = Tk()

# Container für Textfelder
upperframe = Frame(mywin)
mylabel1 = Label(upperframe, text='Text', bg="yellow")
mylabel2 = Label(upperframe, text='Noch mehr Text', fg="blue")
mytext = Text(upperframe, height=4, width=50)
mytext.insert('1.0', 'Zeile 1\nZeile 2\nZeile 3')
mylabel1.pack(anchor=W)  # Label 1 linksbündig
mylabel2.pack(anchor=E)  # Label 2 rechtsbündig
mytext.pack(anchor=W)    # Textfeld wieder linksbündig
upperframe.pack()

# Container für Buttons
lowerframe = Frame(mywin)
mybutton1 = Button(lowerframe, text='Abbrechen')
mybutton2 = Button(lowerframe, text='OK')
mybutton1.pack(side=LEFT)  # Buttons nebeneinander anordnen
mybutton2.pack(side=LEFT)
lowerframe.pack(anchor=E)  # Button-Container rechtsbündig

mywin.mainloop()
```

19

Abbildung 19.7 Ein etwas komplexeres pack()-Layout

Anstelle von `pack()` können Sie zur Anordnung Ihrer Steuerelemente `grid()` verwenden. Die Grundidee dieser Methode ist einfach: Jedes Steuerelement landet in der Zelle eines virtuellen Rasters. Die Breite der Spalten ergibt sich aus dem jeweils breitesten Steuerelement, die Höhe aus dem jeweils höchsten Steuerelement. Steuerelemente dürfen auch über mehrere Zeilen oder Spalten reichen (`rowspan=n` bzw. `columnspan=n`). Steuerelemente, die kleiner als die jeweilige Zelle sind, werden darin standardmäßig zentriert. Mit `sticky=W|NW|N|NE|E|SE|S|SW` können Sie die Ausrichtung bei Bedarf ändern. Steuerelemente füllen ihre Zelle normalerweise vollständig aus. Mit `padx=n` bzw. `pady=n` können Sie zwischen dem Zellrand und dem Steuerelement horizontalen oder vertikalen Leerraum hinzufügen.

> **pack() oder grid(), aber nicht beide!**
>
> Innerhalb eines Containers dürfen Sie `pack()` und `grid()` nicht mischen! Sie müssen sich also für eine Strategie entscheiden.

Das folgende Beispielprogramm verwendet `grid()`, um ein Label, einige Options- und Auswahlfelder sowie einen Button anzuordnen (siehe Abbildung 19.8). Die Radiobuttons werden über die Variable `optVar` miteinander zu einer Gruppe verbunden.

```python
#!/usr/bin/python3
from tkinter import *
mywin = Tk()
txt    = Label(mywin, text='Diverse Optionen')
optVar = IntVar()
opt1   = Radiobutton(mywin, text='Montag-Freitag',
                     variable=optVar, value=1)
opt2   = Radiobutton(mywin, text='Samstag',
                     variable=optVar, value=6)
opt3   = Radiobutton(mywin, text='Sonntag',
                     variable=optVar, value=7)
check1 = Checkbutton(mywin, text='Ferrari-Rot')
check2 = Checkbutton(mywin, text='Weiß')
```

```
check3  = Checkbutton(mywin, text='Mokka-Braun')
check4  = Checkbutton(mywin, text='Vanille')
btn     = Button(mywin, text='OK')

txt.grid(column=0, row=0, columnspan=2, pady=10)
opt1.grid(column=0, row=1, sticky=W)
opt2.grid(column=0, row=2, sticky=W)
opt3.grid(column=0, row=3, sticky=W)
check1.grid(column=1, row=1, sticky=W)
check2.grid(column=1, row=2, sticky=W)
check3.grid(column=1, row=3, sticky=W)
check4.grid(column=1, row=4, sticky=W)
btn.grid(column=1, row=5, sticky=E, padx=4, pady=4)
mywin.mainloop()
```

Abbildung 19.8 Beispiel für ein Grid-Layout

19

Noch mehr Tipps zur optimalen Anordnung von Steuerelementen können Sie auf den folgenden Seiten nachlesen:

http://effbot.org/tkinterbook/pack.htm
http://effbot.org/tkinterbook/grid.htm

Ereignisverarbeitung

Die bisherigen Beispiele vermitteln zwar einen Eindruck davon, wie eine grafische tkinter-Benutzeroberfläche aussehen kann, die Programme sind aber noch ohne Funktion. Das heißt, sie reagieren nicht auf das Anklicken von Optionen oder Buttons. Abhilfe schaffen selbst definierte Funktionen, die mit einem Steuerelement verbunden werden. Um die Ereignisverwaltung kümmert sich die tkinter-Bibliothek, genau genommen deren mainloop-Methode, die läuft, bis das Programm endet.

Die folgenden Zeilen geben ein erstes Beispiel: Beim Klick auf den Button *OK* wird die Funktion btn_click aufgerufen und das Programm beendet. Die Verbindung zwischen dem Button und btn_click wird hier durch den command-Parameter des Konstruktors hergestellt:

```
#!/usr/bin/python3
import sys
from tkinter import *
mywin = Tk()

# Funktion, reagiert auf Button-Klick
def btn_click():
  sys.exit()

Button(mywin, text='OK', command = btn_click).pack()
mywin.mainloop()
```

Bei vielen Steuerelementen gibt es unterschiedliche Arten von Ereignissen, z. B. Mausklicks oder Tastatureingaben. Der command-Parameter des Konstruktors gewährt hierfür zu wenig Flexibilität. Stattdessen müssen Sie die Methode, die Sie aufrufen wollen, in solchen Fällen mit bind angeben, wobei der erste Parameter in einer Zeichenkette das Ereignis beschreibt.

Im folgenden Beispiel enthält das Fenster keine Steuerelemente. Seine Innengröße ist mit 100 × 100 Pixel voreingestellt. bind bewirkt, dass bei jedem Klick mit der linken Maustaste die Funktion win_click und bei jeder Tastatureingabe die Funktion win_key aufgerufen wird. An diese Funktion wird ein Ereignisobjekt übergeben, das bei einem Mausklick die x- und y-Koordinate der Mausposition enthält und bei einer Tastatureingabe eine Zeichenkette mit dem eingegebenen Zeichen.

```
#!/usr/bin/python3
import sys
from tkinter import *
mywin = Tk()

# Reaktion auf Mausklick im Fenster
def win_click(event):
  print("Mausklick", event.x, event.y)

# Reaktion auf Tastatureingabe
def win_key(event):
  print("Tastatureingabe", event.char)
  if event.char.lower() == 'q': sys.exit()

mywin.geometry("100x100")
mywin.bind('<Button-1>', win_click)
mywin.bind('<Key>', win_key)
mywin.mainloop()
```

Einen guten Überblick über weitere tkinter-Ereignistypen gibt die folgende Webseite:

http://effbot.org/tkinterbook/tkinter-events-and-bindings.htm

Aufräumarbeiten beim Programmende

Mitunter müssen Sie beim Programmende Aufräumarbeiten durchführen. Dazu ist es erforderlich, auf das Schließen des Fensters zu reagieren. Die auszuführende Funktion geben Sie nun aber nicht mit bind, sondern mit protocol für das tkinter-Fenster an. In der Funktion müssen Sie dann quit() ausführen:

```
# Code wie bisher
...
mywin = Tk()

# Reaktion auf das Programmende
def win_close():
  # Aufräumarbeiten ..
  mywin.quit()

mywin.protocol("WM_DELETE_WINDOW", win_close)
```

Ein weiterer Sonderfall ist die korrekte Reaktion auf [Strg]+[C] im Terminal. Normalerweise reagiert ein tkinter-Programm auf [Strg]+[C] erst, wenn im tkinter-Fenster das nächste reguläre Ereignis auftritt. Das liegt daran, dass die Ausführung in der Funktion mainloop() »gefangen« ist und Python daher gar nicht auf [Strg]+[C] reagieren kann. Abhilfe schafft das Einrichten einer Funktion, die regelmäßig aufgerufen wird, z. B. alle 200 Millisekunden. Dazu verwenden Sie die Methode after. Außerdem benötigen Sie, wie in Abschnitt 18.8, »Umgang mit Fehlern (Exceptions)«, beschrieben, einen Signal-Handler für das SIGINT-Signal:

```
#!/usr/bin/python3
# Beispieldatei tkinter-strg-c.py
import sys, signal
from tkinter import *
mywin = Tk()
...
# Programmende durch Strg+C im Terminal
def strg_c(signal, frame):
  mywin.quit()

# regelmäßiger Aufruf, damit Strg+C funktioniert
def do_nothing():
  mywin.after(200, do_nothing)

signal.signal(signal.SIGINT, strg_c)
mywin.after(200, do_nothing)

# Fenster öffnen
mywin.mainloop()
```

19

741

LED ein- und ausschalten

Dieses Grundlagenwissen in Kombination mit der einen oder anderen Websuche sollte ausreichen, um einfache `tkinter`-Anwendungen selbst zu gestalten. Die verbleibenden Abschnitte dieses Kapitels zeigen, wie Sie typische Steuerungsaufgaben für den Raspberry Pi über eine grafische Benutzeroberfläche erledigen. Im ersten Beispiel geht es wie in Abschnitt 19.1, »GPIO-Zugriff mit RPi.GPIO«, darum, eine Leuchtdiode ein- und auszuschalten – aber eben komfortabel per Button. Das Programm setzt voraus, dass die LED mit Pin 26 der GPIOs verbunden ist.

Das Programm greift auf das `RPi.GPIO`-Modul zurück und funktioniert daher nur, wenn es mit `sudo` ausgeführt wird! Der Button wurde als `Checkbutton` realisiert, um dauerhaft zwischen den Zuständen *ein* und *aus* differenzieren zu können. `indicatoron=0` bewirkt, dass das Steuerelement nicht wie ein Auswahlkästchen, sondern wie ein Button aussieht. Der Button ist mit dem `IntVar`-Objekt `ledstatus` verbunden. Bei jedem Klick wird in diesem Objekt der aktuelle Zustand des Buttons gespeichert.

Die Funktion `led_change` wird dank `command=...` automatisch bei jeder Zustandsänderung aufgerufen. Dort wird `ledstatus` ausgewertet und der GPIO-Pin 26 entsprechend auf High oder Low gestellt. Die `padx`- und `pady`-Zuweisungen bewirken, dass innen und außen rund um den Button ein wenig mehr Platz ist (siehe Abbildung 19.9).

```python
#!/usr/bin/python3
# Beispieldatei tkinter-led-ein-aus.py
from tkinter import *
import RPi.GPIO as gpio
gpio.setmode(gpio.BOARD)
gpio.setwarnings(False)
gpio.setup(26, gpio.OUT)     # J8-Header, Pin 26
gpio.output(26, gpio.LOW)

# Reaktion auf Mausklick im Fenster
def led_change():
  if ledstatus.get():
    gpio.output(26, gpio.HIGH)
    lbl.configure(text='Die LED leuchtet.')
  else:
    gpio.output(26, gpio.LOW)
    lbl.configure(text='Die LED ist ausgeschaltet.')

# Benutzeroberfläche mit Ereignisverwaltung
mywin = Tk()
ledstatus = IntVar()
lbl = Label(mywin, text='Die LED ist ausgeschaltet.')
```

```
ledbtn = Checkbutton(mywin, text='LED ein-/ausschalten',
                     indicatoron=0,
                     variable=ledstatus,
                     command=led_change,
                     padx=10, pady=10)
lbl.grid(columr=0, row=0, padx=5, pady=5)
ledbtn.grid(column=0, row=1, padx=5, pady=5)
mywin.mainloop()
```

Abbildung 19.9 Eine Leuchtdiode per Button ein- und ausschalten

Helligkeit einer Leuchtdiode mit PWM steuern

Im folgenden Beispiel geht es darum, die Helligkeit einer LED durch *Pulse Width Modulation* (PWM) zu steuern. Dabei wird die PWM-Frequenz auf 1000 Hz eingestellt. Über einen Slider, also ein Scale-Steuerelement, kann nun der »Duty Cycle« zwischen 0 und 100 Prozent eingestellt werden (siehe Abbildung 19.10). Der Startwert beträgt 50 Prozent, also mittlere Helligkeit. Im Vergleich zum vorigen Beispiel ist hier auch Code für Aufräumarbeiten enthalten. win_close() wird sowohl ausgeführt, wenn das Fenster geschlossen wird, als auch, wenn der Benutzer im Terminalfenster [Strg]+[C] drückt.

```
#!/usr/bin/python3
# Beispieldatei tkinter-led-pwm.py
from tkinter import *
import RPi.GPIO as gpio, signal

gpio.setmode(gpio.BOARD)
gpio.setwarnirgs(False)
gpio.setup(26, gpio.OUT)

pwm = gpio.PWM(26, 1000)        # Frequenz: 1000 Hertz
pwm.start(50)                   # Duty Cycle: anfangs 50 %

# Reaktion auf Mausklick im Fenster
def pwm_change(value):
    pwm.ChangeDutyCycle(float(value))
```

```
# Programmende durch Windows-Close-Button
def win_close():
  mywin.quit()
  gpio.cleanup()
  sys.exit()

# Programmende durch Strg+C im Terminal
def strg_c(signal, frame):
  win_close()

# alle 200 ms aufrufen, damit Strg+C funktioniert
def do_nothing():
  mywin.after(200, do_nothing)

# Benutzeroberfläche
mywin = Tk()
mywin.wm_title('LED-Helligkeit')
lbl = Label(mywin, text='LED-Helligkeit mit PWM steuern')
ledscale = Scale(mywin, from_=0, to=100, orient=HORIZONTAL,
                 command=pwm_change)
ledscale.set(50)
lbl.grid(column=0, row=0, padx=5, pady=5)
ledscale.grid(column=0, row=1, padx=5, pady=5)

# Ereignisverwaltung
mywin.protocol("WM_DELETE_WINDOW", win_close)
signal.signal(signal.SIGINT, strg_c) # Reaktion auf Strg+C
mywin.after(200, do_nothing)              # damit Strg+C funktioniert
mywin.mainloop()
```

Abbildung 19.10 Helligkeitssteuerung einer LED

Tastenzustand anzeigen

Die Aufgabe des nächsten Beispielprogramms besteht darin, die Temperatur eines 1-Wire-Temperatursensors sowie den Zustand eines Tasters in einem tkinter-Fenster regelmäßig anzuzeigen. Das Beispiel setzt voraus, dass /boot/config.txt die Zeile dtoverlay=w1-gpio-pullup enthält und dass Pin 7 des J8-Headers mit dem Signalausgang eines 1-Wire-Temperatursensors verbunden ist (siehe Abschnitt 14.5, »Temperatursensoren«). Im Code müssen Sie die Variable WIRE anpassen und dort die ID-Nummer Ihres Temperatursensors eintragen.

Für die Temperaturanzeige ist die Funktion temp verantwortlich, die alle 10 Sekunden die in der Konstanten WIRE eingestellte 1-Wire-Datei ausliest. Der Aufbau dieser Datei sieht so aus:

```
30 00 4b 46 ff ff 0e 10 7c : crc=7c YES
30 00 4b 46 ff ff 0e 10 7c t=23875
```

temp() liest zuerst die erste, dann die zweite Zeile aus dieser Datei und sucht dann darin nach t=. Die nachfolgende Zeichenkette wird mit int in eine Zahl umgewandelt und dann durch 1000 dividiert. Die Temperatur, die sich daraus ergibt, wird im Label lbl2 angezeigt.

Als deutlich aufwendiger hat sich das korrekte Ermitteln des Tastenzustands herausgestellt. Anfänglich gab es im Programm hierfür nur die Ereignisprozedur taster, die, wie in Abschnitt 19.1, »GPIO-Zugriff mit RPi.GPIO«, beschrieben, mittels add_event_callback automatisch bei jedem Pegelwechsel aufgerufen wird. Dabei ist eine Entprellzeit von 50 ms vorgesehen. Dies führt allerdings dazu, dass das Programm immer wieder einen Pegelwechsel übersieht und im Label dann der falsche Tastenzustand angegeben wird.

Deswegen haben wir zusätzlich die Funktion polltaster eingerichtet, die alle 50 Millisekunden aufgerufen wird. Sie ruft ebenfalls taster auf und aktualisiert bei Bedarf die Anzeige.

19

```python
#!/usr/bin/python3
# Beispieldatei tkinter-io-info.py
from tkinter import *
import RPi.GPIO as gpio, signal

# Konstanten, GPIO-Initialisierung
SWITCH=21
WIRE='/sys/devices/w1_bus_master1/10-000802ae1551/w1_slave'
gpio.setmode(gpio.BOARD)
gpio.setwarnings(False)
gpio.setup(SWITCH, gpio.IN)

# Reaktion auf Tastendruck an GPIO-Pin 21
def taster(n):
  if n!=SWITCH: return
  if gpio.input(SWITCH) == gpio.LOW:
    lbl.configure(text='Der Taster ist gedrückt')
  else:
    lbl.configure(text='Der Taster ist nicht gedrückt')
```

```
# Tastenzustand alle 50 ms auslesen
def polltaster():
  taster(SWITCH)
  mywin.after(50, polltaster)

# Temperatur alle 10 s auslesen und anzeigen
def temp():
  with open(WIRE) as f:
    f.readline()     # erste Zeile ignorieren
    s=f.readline()   # zweite Zeile
  n=s.find('t=')     # dort 't=' suchen
  if(n > 0):
    t = int(s[n+2:]) / 1000
    lbl2.configure(text='Temperatur: %.1f°C' % t)
  mywin.after(10000, temp)

# Benutzeroberfläche
mywin = Tk()
mywin.geometry("250x120")
mywin.wm_title('Input-Verarbeitung')
lbl = Label(mywin)
lbl.pack(pady=20)

polltaster()    # Tastenzustand ermitteln, lbl-Text einstellen
lbl2 = Label(mywin)
lbl2.pack(pady=20)
temp()          # Temperatur auslesen, lbl2-Text einstellen

# Ereignisse
# 50 ms Entprellzeit
gpio.add_event_detect(21, gpio.BOTH, bouncetime=50)
gpio.add_event_callback(21, taster)
mywin.mainloop()
```

Abbildung 19.11 Programm zur Anzeige einer Temperatur und eines Tastenzustands

Kapitel 20
bash-Programmierung

Sie haben die *Bourne Again Shell* (bash) bereits in Kapitel 3, »Arbeiten im Terminal«, kennengelernt. Die bash läuft in jedem Terminalfenster und ist dafür verantwortlich, Ihre Kommandos entgegenzunehmen, auszuführen und die Ergebnisse anzuzeigen. Die bash kann aber auch zur Script-Programmierung verwendet werden. Dazu speichern Sie die Kommandos in einer speziellen Textdatei und führen diese aus. Diese Art der Script-Programmierung steht im Mittelpunkt dieses Kapitels.

20.1 Einführung

Hello World!

Das klassische Hello-World-Programm umfasst nur zwei Zeilen:

```
#!/bin/bash
echo "Hello World!"
```

Die erste Zeile gibt wie bei Python-Scripts den Ort des Interpreters an. Die Datei soll also vom Programm /bin/bash verarbeitet werden. Zur Ausgabe einer Zeichenkette verwenden Sie das Kommando echo. Wenn Sie die beiden obigen Zeilen mit einem Editor in einer Textdatei speichern, ist das Ergebnis vorerst nur ein Text. Um daraus ein ausführbares Programm zu machen, müssen Sie für die Datei im Terminal das Execute-Bit setzen. Anschließend können Sie das Programm in der Form ./dateiname ausführen:

```
chmod a+x hello-world
./hello-world

  Hello World!
```

Noch ein Beispiel

Das folgende Script ist nur um eine Zeile länger, erfüllt aber bereits eine sinnvolle Aufgabe: Es erstellt mit der Raspberry-Pi-Kamera ein Foto und speichert es unter dem Namen /home/pi/Bilder/img-hh-mm.png. Dabei wird hh durch die Stunde und mm durch die Minute ersetzt. Diese Daten ermittelt das Kommando date. Der Aufruf von date erfolgt in der Form $(...). Das bedeutet, dass das Ergebnis von date in die Zeichenkette eingebaut wird. Das Script selbst hat den Dateinamen /home/pi/makephoto.

```
#!/bin/bash
filename=/home/pi/Bilder/img-$(date '+%H-%M').jpg
raspistill -n -w 1280 -h 800 -t 1 -o $filename
```

Die folgende Datei /etc/cron.d/makephotos bewirkt, dass das Script automatisch alle 10 Minuten aufgerufen wird (siehe Abschnitt 4.11, »Programme regelmäßig ausführen (Cron)«). pi in der sechsten Spalte bewirkt, dass das Script unter dem Account pi ausgeführt wird, nicht mit root-Rechten. Generell sollten Sie sich bemühen, Cron-Jobs nur dann im root-Account auszuführen, wenn dies unbedingt erforderlich ist.

```
# Datei /etc/cron.d/makephotos
PATH=/usr/local/sbin:/usr/local/bin:/usr/sbin:/usr/bin:/sbin:/bin
*/10 * * * *  pi  /home/pi/makephoto
```

Das bash-Script in Kombination mit der Cron-Einstellung bewirkt, dass während der ersten 24 Stunden 144 Bilder aufgenommen und gespeichert werden. In der Folge werden ältere Bilder durch neuere ersetzt, sodass zu jedem Zeitpunkt Aufnahmen der letzten 24 Stunden zur Verfügung stehen. Der Platzbedarf für alle Bilder in der gewählten Auflösung von 1280 × 800 Pixel beträgt ca. 100 MByte.

Elementare Syntaxregeln

▶ **Shebang/Hashbang:** Die erste Zeile des bash-Scripts gibt in der Form #!/bin/bash den Ort des Shell-Interpreters an. Verwenden Sie hier nicht #!/bin/sh! Damit wird Ihr Script nicht von der bash ausgeführt, sondern durch den Interpreter dash. Dieses Programm ist auf höhere Geschwindigkeit optimiert, aber nicht vollständig kompatibel zur bash.

▶ **Kommentare:** Kommentare werden mit dem Zeichen # eingeleitet und reichen bis zum Ende der Zeile.

▶ **Anweisungen:** Grundsätzlich gilt die Regel: eine Anweisung pro Zeile. Bei sehr langen Anweisungen besteht die Möglichkeit, diese mit dem Zeichen \ in der nächsten Zeile fortzusetzen. Umgekehrt können Sie einige kurze Kommandos auch innerhalb einer Zeile angeben, wobei Sie die Befehle mit dem Zeichen ; voneinander trennen.

Ausgeführt werden können neben bash-internen Kommandos wie cd auch alle im Terminal verfügbaren Linux-Kommandos, also von apt zur Paketverwaltung bis zip zum Erstellen von ZIP-Archiven. Das Kommando zip setzt voraus, dass Sie zuvor das gleichnamige Paket installiert haben.

▸ **Zeichenketten:** Zeichenketten können wahlweise in den Formen 'abc' oder "abc" angegeben werden. Diese Formen sind aber *nicht* gleichwertig! Zeichenketten in einfachen Apostrophen werden immer unverändert weitergegeben. Bei Zeichenketten in doppelten Anführungszeichen versucht die bash hingegen, darin enthaltene Zeichenketten in der Form $varname durch ihren Inhalt zu ersetzen.

▸ **Variablen:** Variablen werden normalerweise durch ein vorangestelltes $-Zeichen gekennzeichnet. Ein wenig ungewöhnlich ist in diesem Zusammenhang aber, dass Zuweisungen an Variablen *ohne* das $-Zeichen erfolgen! Es heißt also var=3, aber echo $var. bash-intern speichern Variablen ausschließlich Zeichenketten, d. h., es gibt keinen Unterschied zwischen var=3 und var='3'.

Kommandos aufrufen

Viele bash-Programme sind nichts anderes als eine Aneinanderreihung von Linux-Kommandos, die ausgeführt werden sollen. Der Aufruf externer Werkzeuge, der bei fast allen anderen Programmiersprachen einen Sonderfall darstellt, ist in der bash der Normalfall und bedarf keiner besonderen Funktionen: Jede Anweisung, die die bash nicht als internes Kommando erkennt, führt zum Aufruf des entsprechenden externen Kommandos. Dabei sucht die bash das Kommando in allen Verzeichnissen, die in der Umgebungsvariablen PATH aufgelistet sind. Findet die bash das Kommando nicht – z. B. aufgrund eines Tippfehlers oder weil das betreffende Kommando gar nicht installiert ist –, tritt ein Fehler auf.

Syntax	Bedeutung
cmd	das Kommando cmd ausführen
cmd &	cmd im Hintergrund ausführen
cmd1; cmd2	zuerst cmd1, dann cmd2 ausführen
(cmd1; cmd2)	cmd1 und cmd2 in der gleichen Shell ausführen
cmd1 & cmd2	Führt cmd2 nur aus, wenn cmd1 erfolgreich ist.
cmd1 || cmd2	Führt cmd2 nur aus, wenn cmd1 einen Fehler liefert.
cmd1 | cmd2	cmd2 verarbeitet die Ausgaben von cmd1.
x=$(cmd)	Speichert die Ausgaben von cmd in der Variablen x.
x=`cmd`	wie oben

Tabelle 20.1 Aufruf von Kommandos

20

Da der Aufruf von Kommandos für die bash derart elementar ist, verwundert es nicht, dass es hierfür eine Menge syntaktischer Varianten gibt (siehe Tabelle 20.1). Oft sollen die aufzurufenden Kommandos Dateien verarbeiten. Dabei darf der Dateiname Jokerzeichen enthalten. `cat *.txt` zeigt also alle Dateien mit der Endung `.txt` an. Noch wesentlich mehr Möglichkeiten zur Suche nach Dateien bietet das Kommando `find`.

Naturgemäß können Sie bei allen Kommandos, die Sie in einem bash-Script aufrufen, von der Ein- und Ausgabeumleitung Gebrauch machen und so z. B. die Ergebnisse eines Kommandos mit `>` `dateiname` in einer temporären Datei speichern.

In andere Scripts verzweigen

Andere bash-Scripts können Sie aus Ihrem bash-Script heraus einfach durch die Nennung des Dateinamens ausführen. Bei Scripts aus dem aktuellen Verzeichnis dürfen Sie nicht vergessen, `./` voranzustellen: Die bash sucht Kommandos und Scripts nämlich nur in den in PATH aufgelisteten Verzeichnissen. Das aktuelle Verzeichnis, dessen Ort einfach durch `.` abgekürzt wird, zählt aus Sicherheitsgründen nicht dazu.

```
#!/bin/bash
kommando
./ein-anderes-script-im-aktuellen-Verzeichnis
/usr/local/bin/noch-ein-script
```

Anstatt ein anderes Script wie ein eigenständiges Programm auszuführen, können Sie dessen Code mit `source` `datei` bzw. durch `.` `datei` auch in das aktuelle Script integrieren. Dadurch kann es aber leicht zu Konflikten durch gleichnamige Variablen oder Funktionen kommen – oder zu einem unbeabsichtigten Programmende durch `exit`. Deshalb ist es zumeist sicherer, andere Scripts wie Kommandos auszuführen. Der Vorteil von `source` besteht darin, dass der Ressourcenaufwand kleiner ist. Insbesondere muss keine neue Instanz der `bash` gestartet werden. Zweckmäßig ist diese Vorgehensweise vor allem dann, wenn Sie eigenen Code über mehrere Dateien verteilen und z. B. alle Funktionsdefinitionen in einer eigenen Datei speichern möchten.

bash oder Python?

Welches ist nun die bessere Sprache: bash oder Python? Sie werden es schon vermutet haben: Eine klare Antwort ist hier nicht zu erwarten. Wie so oft hängt es davon ab, was Sie bezwecken möchten. Die bash bietet sich vor allem dann als Script-Sprache an, wenn Sie Ihre Aufgaben primär mit vorhandenen Linux-Kommandos lösen können. Die bash eignet sich ausgezeichnet dazu, Daten von einem Kommando zum nächsten weiterzuleiten. Das bedeutet aber auch: Eine Grundvoraussetzung für den Einsatz der bash ist eine gute Kenntnis der Kommandos, die unter Linux bzw. speziell auf dem Raspberry Pi zur Auswahl stehen.

Die bash stößt rasch an ihre Grenzen, wenn es darum geht, komplexe Algorithmen zu entwickeln oder große Datenmengen im Arbeitsspeicher zu manipulieren. Die bash bietet hierfür nur recht primitive syntaktische Möglichkeiten und eine vergleichsweise niedrige Verarbeitungsgeschwindigkeit. Besonders ungeeignet ist die bash für jede Art von mathematischen Berechnungen: Die bash kennt nicht einmal Fließkommazahlen!

In der Praxis wird die bash unter Linux häufig als Werkzeug zur Systemadministration verwendet, z. B. um Backups durchzuführen oder um Dateien automatisiert auf eine Website hochzuladen oder aus dem Internet herunterzuladen. bash-Scripts sind im Vergleich zu Python-Programmen oft sehr kurz und bestehen vielfach gerade mal aus 10 oder 20 Zeilen.

20.2   Variablen

Die Zuweisung von Variablen erfolgt durch den Operator =. Dabei darf zwischen dem Variablennamen und dem Zeichen = kein Leerzeichen stehen! var = abc ist syntaktisch falsch und funktioniert nicht! Zum Auslesen von Variablen müssen Sie dem Namen ein $-Zeichen voranstellen. Den Inhalt einer Shell-Variablen zeigen Sie am einfachsten mit echo an:

```
var=abc
echo $var   # Ausgabe abc
```

Grundsätzlich enthalten alle bash-Variablen Zeichenketten. var=abc ist insofern nur eine Kurzschreibweise für var='abc'. Die Apostrophe sind unbedingt erforderlich, wenn die Zeichenkette, die Sie speichern wollen, Leer- oder Sonderzeichen enthält.

Bei der Zuweisung können mehrere Zeichenketten unmittelbar aneinandergereiht werden. Im folgenden Beispiel wird der Variablen eine neue Zeichenkette zugewiesen, die aus ihrem alten Inhalt, der Zeichenkette und nochmals dem ursprünglichen Inhalt besteht:

```
a=3
a=$a'xxx'$a
echo $a     # Ausgabe 3xxx3
```

Wenn Variablen ganze Zahlen enthalten, können Sie damit rechnen. Dabei müssen Sie allerdings die gewöhnungsbedürftige Syntax $[ausdruck] einhalten. Die bash kann nur mit ganzen Zahlen rechnen und kennt keine Fließkommazahlen:

```
echo $[2+3]    # Ausgabe 5
a=3
b=4
```

```
c=$[$a/$b+1]
echo $c        # Ausgabe 1 (3/4 ergibt 0, +1)
```

Variablen und $-Ausdrücke in Zeichenketten mit doppelten Apostrophen werden ausgewertet. Für Zeichenketten in einfachen Apostrophen gilt dies nicht:

```
echo "a=$a b=$b c=$c $[$a+$b+$c]"   # Ausgabe a=3 b=4 c=1 8
echo 'a=$a b=$b c=$c $[$a+$b+$c]'   # Ausgabe a=$a ...
```

Variablen mit read einlesen

Mit read können Sie Benutzereingaben durchführen. In der Regel geben Sie dazu zuerst mit echo einen kurzen Text aus, in dem Sie den Anwender darüber informieren, welche Eingabe Sie erwarten, beispielsweise *y/n*, einen numerischen Wert etc. Dabei ist die Option -n sinnvoll, damit die Eingabe unmittelbar hinter dem echo-Text und nicht in der nächsten Zeile erfolgt. Bei der Ausführung des anschließenden read-Kommandos wartet die bash so lange, bis der Anwender eine Zeile eingibt und diese mit ⏎ abschließt.

Im folgenden Beispielprogramm wird die while-Schleife so lange ausgeführt, bis die Zeichenkette in der Variablen nicht mehr leer ist. Nach der Eingabe durch readline wird der gesamte Inhalt der Variablen via Parametersubstitution gelöscht, wenn darin irgendein Zeichen außer einer Ziffer, einem Minuszeichen oder einem Leerzeichen vorkommt. Diese Kontrolle ist zwar nicht perfekt, weil sie Zeichenketten wie "12-34-5" und "12 34" akzeptiert, aber schon recht wirkungsvoll. Informationen zur Parametersubstitution mit ${var##muster}, zur Durchführung von Vergleichen sowie zur Bildung von Schleifen folgen auf den nächsten Seiten.

```
#! /bin/bash
# einen numerischen Wert einlesen
a=                      # a löschen
while [ -z "$a" ]; do
  echo -n "Geben Sie eine Zahl ein: "
  read a
  a=${a##*[^0-9,' ',-]*}  # Zeichenketten eliminieren, die
                          # irgendwelche Zeichen außer 0-9, dem
                          # Minuszeichen und dem Leerzeichen
                          # enthalten
  if [ -z "$a" ]; then
    echo "Ungültige Eingabe, bitte Eingabe wiederholen"
  fi
done
echo $a
```

Umgebungsvariablen

Die bash kennt auch sogenannte Umgebungsvariablen. Dabei handelt es sich einerseits um alle vordefinierten Variablen, die bereits im Terminalfenster bekannt sind und die Sie mit dem Kommando printenv ermitteln können (siehe Tabelle 20.2). Andererseits können Sie mit export var[=wert] selbst eine Variable zur Umgebungsvariablen machen. Das hat zur Folge, dass diese Variable in allen Kommandos oder Scripts ausgelesen werden kann, die Sie aus Ihrem Programm heraus aufrufen.

Variable	Bedeutung
HOME	das Heimatverzeichnis
LANG	Lokalisierungseinstellungen, also Sprache und Zeichensatz
PATH	Verzeichnisse, in denen nach Programmen gesucht wird
PS1	Inhalt/Aussehen des Kommandoprompts
PWD	das aktuelle Verzeichnis
USER	der Login-Name des aktiven Nutzers

Tabelle 20.2 Wichtige Umgebungsvariablen

Vordefinierte bash-Variablen

bash-Scripts können auf einige vordefinierte Variablen zugreifen. Diese Variablen können nicht durch Zuweisungen verändert, sondern nur gelesen werden – beispielsweise, um die an ein Script übergebenen Parameter zu verarbeiten. Der Name der Variablen wird durch verschiedene Sonderzeichen gebildet (siehe Tabelle 20.3). Die Abkürzung PID steht dabei für *Process ID*, also für die interne Prozessnummer.

20

Variable	Bedeutung
$?	Rückgabewert des letzten Kommandos
$!	PID des zuletzt gestarteten Hintergrundprozesses
$$	PID der aktuellen Shell
$0	Dateiname des ausgeführten Scripts
$#	Anzahl der Parameter
$1 bis $9	Parameter 1 bis 9
$* oder $@	Gesamtheit aller übergebenen Parameter

Tabelle 20.3 Vordefinierte bash-Variablen

Felder (Arrays)

Neben einfachen Variablen kennt die bash auch Felder (Arrays). Das sind Datenstrukturen zur Speicherung mehrerer Werte. Gewöhnliche Arrays verwenden ganze Zahlen als Index. Beachten Sie die von vielen anderen Programmiersprachen abweichende Syntax ${feld[n]} für den Zugriff auf das n-te Element.

```
x=()                    # Definition eines leeren Arrays
x[0]='a'                # Array-Elemente zuweisen
x[1]='b'
x[2]='c'
x=('a' 'b' 'c')         # Kurzschreibweise für die obigen 4 Zeilen
echo ${x[1]}            # ein Array-Element lesen
echo ${x[@]}            # alle Array-Elemente lesen
```

Die bash kennt auch assoziative Arrays. Dazu müssen Sie die Feldvariable explizit mit declare -a als assoziativ deklarieren!

```
declare -A y           # Definition eines leeren assoziativen Arrays
y[abc] = 123           # Element eines assoziativen Arrays zuweisen
y[efg] = xxx
y=( [abc]=123 [efg]=xxx )      # Kurzschreibweise
echo ${y[abc]}         # ein Array-Element lesen
```

Mit mapfile übertragen Sie eine ganze Textdatei zeilenweise in die Elemente eines gewöhnlichen Arrays:

```
mapfile z < textdatei
```

Parametersubstitution

Der bash fehlen die in den meisten anderen Programmiersprachen üblichen Funktionen oder Methoden zur Bearbeitung von Zeichenketten, also um z. B. die ersten drei Zeichen zu lesen oder die letzten fünf. Dafür kennt die bash unter dem Begriff *Parametersubstitution* einige durchaus leistungsfähige Mechanismen, um Informationen aus Zeichenketten zu extrahieren, die in Variablen gespeichert sind:

▸ ${var:-default}: Wenn die Variable leer ist, liefert die Konstruktion die Default-Einstellung als Ergebnis, andernfalls den Inhalt der Variablen. Die Variable wird nicht geändert.

```
var=
echo ${var:-abc}    # Ausgabe abc
var=123
echo ${var:-abc}    # Ausgabe 123
```

▶ `${var:=default}`: Wie oben, es wird aber gleichzeitig der Inhalt der Variablen geändert, wenn diese bisher leer war.

▶ `${var:+neu}`: Wenn die Variable leer ist, bleibt sie leer. Wenn die Variable dagegen bereits belegt ist, wird der bisherige Inhalt durch eine neue Einstellung ersetzt. Die Konstruktion liefert den neuen Inhalt der Variablen.

▶ `${var:?fehlermeldung}`: Wenn die Variable leer ist, werden der Variablenname und die Fehlermeldung ausgegeben, und das Shell-Programm wird anschließend beendet. Andernfalls liefert die Konstruktion den Inhalt der Variablen.

▶ `${#var}`: liefert die Anzahl der in der Variablen gespeicherten Zeichen als Ergebnis oder 0, falls die Variable leer ist. Die Variable wird nicht geändert.

```
x='abcde'
echo ${#x}          # Ausgabe 5
```

▶ `${var\#muster}`: vergleicht den Anfang der Variablen mit dem angegebenen Muster. Wenn das Muster erkannt wird, liefert die Konstruktion den Inhalt der Variablen abzüglich des kürzestmöglichen Textes, der dem Suchmuster entspricht. Wird das Muster dagegen nicht gefunden, wird der ganze Inhalt der Variablen zurückgegeben. Im Suchmuster können die zur Bildung von Dateinamen bekannten Joker-Zeichen verwendet werden, also *, ? und [abc]. Die Variable wird in keinem Fall verändert.

```
dat=/home/pi/Bilder/img123.png
echo ${dat#*/}      # Ausgabe home/pi/Bilder/img123.png
echo ${dat#*.}      # Ausgabe png
```

▶ `${var##muster}`: wie oben, allerdings wird jetzt die größtmögliche Zeichenkette, die dem Muster entspricht, eliminiert:

```
echo ${dat##*/}     # Ausgabe img123.png
echo ${dat##*.}     # Ausgabe png
```

▶ `${var%muster}`: wie `${var#muster}`, allerdings erfolgt der Mustervergleich jetzt am Ende des Variableninhalts. Es wird die kürzestmögliche Zeichenkette vom Ende der Variablen eliminiert. Die Variable selbst bleibt unverändert.

```
echo ${dat%/*}      # Ausgabe /home/pi/Bilder
echo ${dat%.*}      # Ausgabe /home/pi/Bilder/img123
```

▶ `${var%%muster}`: wie oben, allerdings wird nun die größtmögliche Zeichenkette eliminiert:

```
echo ${dat%%/*}     # keine Ausgabe (leere Zeichenkette)
echo ${dat%%.*}     # Ausgabe /home/pi/Bilder/img123
```

20

▶ `${var/find/replace}`: ersetzt das erste Auftreten des Musters `find` durch `replace`:

```
x='abcdeab12ab'
echo ${x/ab/xy}     # Ausgabe xycdeaab12ab
```

▶ `${!var}` liefert den Inhalt derjenigen Variablen, deren Name in der Zeichenkette enthalten ist:

```
abc=123
efg='abc'
echo ${!efg}     # Ausgabe 123
```

Zeichenketten bzw. Aufzählungen bilden

Wenn Sie mehrere Zeichenketten aneinanderfügen möchten, geben Sie die Zeichenketten bzw. die entsprechenden Variablen einfach direkt hintereinander an:

```
a=123
b=efg
echo $a$b               # Ausgabe 123efg
```

Mit der Syntax `{a,b,c}` bzw. `{n1..n2}` bzw. `{zeichen1..zeichen2}` können Sie Aufzählungen bilden, beispielsweise um diese anschließend in einer Schleife zu verarbeiten. In den folgenden Beispielen werden die Aufzählungen nur ausgegeben:

```
echo {1,3,5}       # Ausgabe 1 3 5
echo {1..6}        # Ausgabe 1 2 3 4 5 6
echo {a..g}        # Ausgabe a b c d e f g
```

Werden mehrere `{}`-Ausdrücke aneinandergereiht, bildet die bash alle möglichen Kombinationen. Die bash-Nomenklatur nennt diese `{}`-Syntax *Brace Expansion*.

```
echo {ab,cd}{1,2,3}  # Ausgabe ab1 ab2 ab3 cd1 cd2 cd3
echo {a..d}{4..7}    # Ausgabe a4 a5 a6 a7 b4 b5 b6 b7
                     #         c4 c5 c6 c7 d4 d5 d6 d7
```

Rechnen mit Variablen

Um Rechenausdrücke auszuwerten, verwenden Sie die Syntax `$((ausdruck))`. Dabei ist nur Integer-Arithmetik erlaubt.

```
x=3
echo $((x*2))      # Ausgabe 6
```

20.3 Schleifen, Bedingungen und Funktionen

Viele bash-Scripts bestehen nur aus einer Aneinanderreihung von Kommandos, die nacheinander aufgerufen werden sollen. Darüber hinaus bietet die bash aber auch diverse Möglichkeiten, um den Programmfluss zu steuern und Verzweigungen und Schleifen zu bilden:

- Verzweigungen in Shell-Programmen werden mit den Kommandos if und case gebildet. Während sich if eher für einfache Fallunterscheidungen eignet, ist case für die Analyse von Zeichenketten prädestiniert (Mustervergleich).

- Mit for, while und until bilden Sie Schleifen. Schleifen können mit break vorzeitig abgebrochen werden. continue überspringt die Kommandos im Inneren der Schleife, setzt diese aber fort.

- Bedingungen für Verzweigungen und Schleifen können wahlweise mit dem Kommando test ausdruck oder in der Kurzschreibweise [ausdruck] formuliert werden. Dabei muss nach [und vor] mindestens ein Leerzeichen stehen!

- Mit function definieren Sie eigene Funktionen.

- exit beendet das Script vorzeitig und gibt einen Fehlerwert zurück.

if-Verzweigungen

Die Syntax für if-Verzweigungen sieht wie folgt aus:

```
if bedingung; then
  kommandos
[elif bedingung; then
  kommandos ]
[else
  kommandos ]
fi
```

Dabei sind beliebig viele elif-Blöcke erlaubt. Das folgende Beispiel testet, ob an das Script zwei Parameter übergeben wurden. Wenn das nicht der Fall ist, wird eine Fehlermeldung ausgegeben. Das Programm wird durch exit mit einem Rückgabewert ungleich 0 beendet, um so einen Fehler anzuzeigen. Andernfalls wird der Inhalt der beiden Parameter auf dem Bildschirm angezeigt.

```
#!/bin/bash
if test $# -ne 2; then
  echo "Dem Kommando müssen zwei Parameter übergeben werden!"
  exit 1
else
  echo "Parameter 1: $1, Parameter 2: $2"
fi
```

Als Kriterium für die Verzweigung gilt der Rückgabewert des letzten Kommandos vor then. Die Bedingung ist erfüllt, wenn dieses Kommando den Rückgabewert 0 liefert. Wenn then noch in derselben Zeile angegeben wird und nicht erst in der nächsten, dann muss das Kommando mit einem Semikolon abgeschlossen werden.

Verkehrte Logik

Beachten Sie, dass in der bash die Wahrheitswerte für wahr (0) und falsch (ungleich 0) genau umgekehrt definiert sind als in den meisten anderen Programmiersprachen! Kommandos, die ordnungsgemäß beendet werden, liefern den Rückgabewert 0. Jeder Wert ungleich 0 deutet auf einen Fehler hin. Manche Kommandos liefern je nach Fehlertyp unterschiedliche Fehlerwerte.

Im obigen Beispiel wurde die Bedingung unter Zuhilfenahme des bash-Kommandos test gebildet. Der Operator -ne steht dabei für ungleich (*not equal*). test kommt immer dann zum Einsatz, wenn zwei Zeichenketten oder Zahlen miteinander verglichen werden sollen, wenn getestet werden soll, ob eine Datei existiert etc. Das Kommando wird im nächsten Abschnitt näher beschrieben.

Das obige Programm könnte auch anders formuliert werden: Statt des test-Kommandos kann eine Kurzschreibweise in eckigen Klammern verwendet werden. Dabei muss nach [und vor] jeweils ein Leerzeichen angegeben werden!

Außerdem kann das zweite echo-Kommando aus der if-Struktur herausgelöst werden, weil wegen der exit-Anweisungen alle Zeilen nach fi nur dann ausgeführt werden, wenn die Bedingung erfüllt ist.

```
#!/bin/bash
if [ $# -ne 2 ]; then
  echo "Dem Kommando müssen zwei Parameter übergeben werden!"
  exit 1
fi
echo "Parameter 1: $1, Parameter 2: $2"
```

Sie können auch einzeilige if-Konstruktionen bilden:

```
if [ $a -gt 1 ]; then echo "a ist größer als 1."; fi
```

Beachten Sie im obigen Code den nun erforderlichen Strichpunkt nach echo. Besonders gut lesbar sind derartige Konstruktionen freilich nicht. Für einfache Fälle besser geeignet ist diese Konstruktion, die gleichwertig zum obigen if ist:

```
[ $a -gt 1 ] && echo "a ist größer als 1."
```

Hier kommt der logische Und-Operator anstelle von if zum Einsatz: Zuerst wird mit [...] die Bedingung überprüft. Nur wenn diese erfüllt ist, wird das Kommando nach && ausgeführt.

test

In der bash ist es nicht möglich, Bedingungen direkt in der Form if $a>1 anzugeben. Zum einen basiert die bash darauf, dass alle Aktionen über ein einheitliches Kommandokonzept durchgeführt werden, zum anderen sind Sonderzeichen wie > und < bereits für die Umleitung von Ein- und Ausgaben reserviert. Aus diesem Grund müssen Sie zur Formulierung von Bedingungen in Schleifen und Verzweigungen das bash-Kommando test verwenden.

test liefert als Rückgabewert 0 (wahr), wenn die Bedingung erfüllt ist, oder 1 (falsch), wenn die Bedingung nicht erfüllt ist. Um den Schreibaufwand zu verringern, ist eine Kurzschreibweise in eckigen Klammern vorgesehen.

test wird primär in drei Aufgabenbereichen eingesetzt: zum Vergleich zweier Zahlen, zum Vergleich von Zeichenketten und zum Test, ob eine Datei existiert und bestimmte Eigenschaften aufweist (siehe Tabelle 20.4).

Testausdruck	Bedeutung
[zk]	wahr, wenn die Zeichenkette nicht leer ist
[-n zk]	wie oben
[zk1 = zk2]	wahr, wenn die Zeichenketten übereinstimmen
[z1 -eq z2]	wahr, wenn die Zahlen gleich groß sind (*equal*)
[z1 -ne z2]	wahr, wenn die Zahlen ungleich sind (*not equal*)
[z1 -gt z2]	wahr, wenn z1 größer z2 ist (*greater than*)
[z1 -ge z2]	wahr, wenn z1 größer gleich z2 ist (*greater equal*)
[z1 -lt z2]	wahr, wenn z1 kleiner z2 ist (*less than*)
[z1 -le z2]	wahr, wenn z1 kleiner gleich z2 ist (*less equal*)
[-d dat]	wahr, wenn dat ein Verzeichnis ist (*directory*)
[-f dat]	wahr, wenn dat eine Datei ist (*file*)
[-r dat]	wahr, wenn die Datei gelesen werden darf (*read*)
[-w dat]	wahr, wenn die Datei verändert werden darf (*write*)
[dat1 -nt dat2]	wahr, wenn Datei 1 neuer als Datei 2 ist (*newer than*)

Tabelle 20.4 Die wichtigsten Ausdrücke zur Formulierung von Bedingungen

Die folgenden Beispiele zeigen drei Anwendungsfälle. Eine Referenz zu *allen* test-Einsatzmöglichkeiten gibt wie üblich man test.

20

▶ test "$x" überprüft, ob x belegt ist. Das Ergebnis ist falsch, wenn die Zeichenkette 0 Zeichen aufweist, andernfalls ist es wahr.

▶ test $x -gt 5 testet, ob die Variable x einen Zahlenwert größer 5 enthält. Wenn x keine Zahl enthält, kommt es zu einer Fehlermeldung. Statt -gt können auch die Vergleichsoperatoren -eq, -ne, -lt, -le und -ge verwendet werden.

▶ test -f $x testet, ob eine Datei mit dem in x angegebenen Namen existiert.

Anstelle von test ausdruck wird in der Regel die Kurzschreibweise [ausdruck] verwendet. Dabei dürfen Sie aber nicht vergessen, zwischen den eckigen Klammern und dem Ausdruck beidseitig mindestens ein Leerzeichen anzugeben! Egal, ob Sie mit test oder [...] arbeiten: Denken Sie daran, dass die bash-Syntax einen Strichpunkt nach der Bedingung verlangt: if [$a -gt 1] then ... ist syntaktisch falsch, es muss if [$a -gt 1]; then ... heißen!

test und die Kurzschreibweise [ausdruck] funktioniert in der hier beschriebenen Form auch bei den meisten anderen Shells. Die bash kennt aber außerdem auch eine Variante mit zwei eckigen Klammern mit einigen zusätzlichen Testmöglichkeiten (siehe Tabelle 20.5).

Testausdruck	Bedeutung
[[zk = muster*]]	wahr, wenn die Zeichenkette mit muster beginnt
[[zk == muster*]]	wie oben
[[zk =~ regex]]	wahr, wenn das reguläre Muster zutrifft
[[bed1 && bed2]]	wahr, wenn beide Bedingungen erfüllt sind (*and*)
[[bed1 || bed2]]	wahr, wenn mindestens eine Bedingungen erfüllt ist (*or*)

Tabelle 20.5 bash-spezifische Testvarianten

case

case-Konstruktionen werden mit dem Schlüsselwort case eingeleitet. Darauf folgt der Parameter, den Sie analysieren wollen. Er wird meistens in einer Variablen angegeben. Nach dem Schlüsselwort in können dann mehrere mögliche Musterzeichenketten angegeben werden, mit denen der Parameter verglichen wird. Dabei sind die gleichen Jokerzeichen wie bei Dateinamen erlaubt.

```
case ausdruck in
  muster1 ) kommandos ;;
  muster2 ) kommandos ;;
  ...
esac
```

Jedes Muster wird mit einer runden Klammer) abgeschlossen. --*) erkennt z. B. Zeichenketten, die mit zwei Minuszeichen beginnen. Mehrere Muster können durch | voneinander getrennt werden. In diesem Fall werden beide Muster getestet. Beispielsweise dient *.c|*.h) zur Erkennung von *.c- und *.h-Dateien im selben Zweig.

Die der Klammer folgenden Kommandos müssen durch zwei Semikolons abgeschlossen werden. Wenn ein else-Zweig benötigt wird, dann muss als letztes Muster * angegeben werden – alle Zeichenketten entsprechen diesem Muster. Bei der Abarbeitung einer case-Konstruktion wird nur der erste Zweig berücksichtigt, bei dem der Parameter dem angegebenen Muster entspricht.

Das folgende Beispiel zeigt die Anwendung von case zur Klassifizierung der übergebenen Parameter in Dateinamen und Optionen. Die Schleife für die Variable i wird für alle Parameter ausgeführt, die Sie an das Script übergeben haben. Innerhalb dieser Schleife wird jeder einzelne Parameter mit case analysiert. Wenn der Parameter mit einem Bindestrich beginnt, wird der Parameter an das Ende der Variablen opt angefügt, andernfalls an das Ende von dat.

```bash
#!/bin/bash
for i do      # Schleife für alle übergebenen Parameter
  case "$i" in
    -* ) opt="$opt $i";;
    *  ) dat='$dat $i";;
  esac
done          # Ende der Schleife
echo "Optionen: $opt"
echo "Dateien:  $dat"
```

Ein Beispiellauf des Scripts beweist die Wirkungsweise dieser einfachen Fallunterscheidung. Die in ihrer Reihenfolge wahllos übergebenen Parameter werden in Optionen und Dateinamen untergliedert:

```
test-script -x -y dat1 dat2 -z dat3
  Optionen: -x -y -z
  Dateien:  dat1 dat2 dat3
```

Nach demselben Schema können Sie case-Verzweigungen auch zur Klassifizierung von bestimmten Dateikennungen verwenden, indem Sie im Suchmuster die Endung in der Form *.abc angeben.

for

Die bash kennt drei Kommandos zur Bildung von Schleifen: for führt eine Schleife für alle Elemente einer angegebenen Liste aus. while führt eine Schleife so lange aus, bis die angegebene Bedingung nicht mehr erfüllt ist. until führt die Schleife dagegen so lange aus, bis die Bedingung zum ersten Mal erfüllt ist. Alle drei Schleifen können mit

20

break vorzeitig verlassen werden. continue überspringt den restlichen Schleifenkörper und setzt die Schleife mit dem nächsten Schleifendurchlauf fort. Die folgenden Zeilen fassen die Syntax von for zusammen:

```
for var in liste; do
  kommandos
done
```

for-Schleifen können auch einzeilig formuliert werden. Dann muss das Kommando innerhalb der Schleife mit einem Strichpunkt abgeschlossen werden:

```
for var in liste; do kommando; done
```

Das erste Beispiel weist der Variablen i der Reihe nach die Zeichenketten a, b und c zu. Der Schleifenkörper zwischen do und done gibt den Inhalt der Variablen aus:

```
for i in a b c; do echo $i; done
  a
  b
  c
```

Die äquivalente mehrzeilige Formulierung des obigen Kommandos in einer Script-Datei würde so aussehen:

```
#!/bin/bash
for i in a b c; do
  echo $i
done
```

Die Liste für for kann auch mit Jokerzeichen für Dateinamen oder mit {..}-Konstruktionen zur Bildung von Zeichenketten umgehen. Im folgenden Beispiel werden alle *.jpg-Dateien in *.jpg.bak-Dateien kopiert:

```
for file in *.jpg; do cp "$file" "$file.bak"; done
```

Oft benötigen Sie Schleifen, um eine Textdatei Zeile für Zeile abzuarbeiten. Kein Problem: Übergeben Sie an das Schlüsselwort in einfach das Ergebnis von cat datei! Das folgende Miniprogramm erstellt für alle Datenbanken, die in der Datei dbs.txt zeilenweise genannt sind, ein komprimiertes Backup in der Datei dbname.sql.gz:

```
#!/bin/bash
# Schleife über alle Datenbanken in dbs.txt
for db in $(cat dbs.txt); do
  mysqldump $db | gzip -c > $db.sql.gz
done
```

Bei for-Schleifen ohne in ... werden der Schleifenvariablen der Reihe nach alle beim Script-Aufruf angegebenen Parameter übergeben; das entspricht also in $*. Ein Beispiel für so eine Schleife finden Sie bei der Beschreibung von case.

while und until

Die folgenden Zeilen fassen die Syntax für `while`- und `until`-Schleifen zusammen:

```
while/until bedingung; do
  kommandos
done
```

Im folgenden Beispiel wird der Variablen `i` der Wert 1 zugewiesen. Anschließend wird die Variable im Schleifenkörper zwischen `do` und `done` so oft um 1 erhöht, bis der Wert 5 überschritten wird. Die Schleifenbedingung formulieren Sie wie bei `if` mit `test` oder mit `[ ... ]`. Das Miniprogramm gibt also die Zahlen 1, 2, 3, 4 und 5 aus:

```
#!/bin/bash
i=1
while [ $i -le 5 ]; do
  echo $i
  i=$[$i+1]
done
```

Auch bei der einzeiligen `while`-Variante dürfen Sie den Strichpunkt vor `done` nicht vergessen!

```
#!/bin/bash
i=1; while [ $i -le 5 ]; do echo $i; i=$[$i+1]; done
```

Die folgende Schleife verarbeitet alle *.jpg-Dateien im lokalen Verzeichnis. Dabei wird das Ergebnis von `ls` mit dem Pipe-Operator | an `while` weitergegeben:

```
#!/bin/bash
ls *.jpg | while read file
do
  echo "$file"
done
```

Mit `while` können Sie auch alle Zeilen einer Textdatei verarbeiten. Dazu verwenden Sie den Operator <, um den Inhalt der Textdatei an die `while`-Schleife umzuleiten. In der Schleife liest `read` jeweils eine Zeile – so lange, bis das Ende der Textdatei erreicht wird:

```
#!/bin/bash
while read zeile; do
  echo $zeile
done < textdatei.txt
```

Der einzige Unterschied zwischen `until`-Schleifen und `while`-Schleifen besteht darin, dass die Bedingung logisch negiert formuliert wird. Das folgende Kommando gibt wie das erste `while`-Beispiel die Zahlen 1 bis 5 aus:

20

```
#!/bin/bash
i=1
until [ $i -gt 5 ]; do
  echo $i
  i=$[$i+1]
done
```

break und continue

Alle bash-Schleifenvarianten können Sie vorzeitig mit break beenden. continue überspringt alle Kommandos bis done, setzt die Schleife dann aber fort.

Das folgende Beispiel zeigt eine Anwendung von break und continue. In der for-
Schleife soll die Variable i die Werte von 1 bis 10 durchlaufen. rest enthält den Rest
der ganzzahligen Division durch 2. Mit [$rest -eq 1] testet das Script, ob der Rest
1 beträgt, ob es sich bei i also um eine ungerade Zahl handelt. In diesem Fall werden
die folgenden Kommandos mit continue übersprungen. echo gibt den Inhalt von i
aus. Wenn i den Wert 6 erreicht, wird die Schleife mit break beendet. Somit gibt das
Programm die Zahlen 2, 4 und 6 aus.

```
#!/bin/bash
for i in {1..10}; do
  rest=$[$i%2]
  [ $rest -eq 1 ] && continue
  echo $i
  [ $i -eq 6 ] && break
done
```

function

Das Schlüsselwort function definiert eine Subfunktion, die wie ein neues Kommando
aufgerufen werden kann. Der Code der Funktion muss in geschwungene Klammern
gesetzt werden. Innerhalb der Funktion können Sie mit local lokale Variablen definieren. Funktionen können rekursiv aufgerufen werden, und sie müssen *vor* ihrem
ersten Aufruf deklariert werden!

An Funktionen können Parameter übergeben werden. Anders als bei vielen Programmiersprachen werden die Parameter nicht in Klammern gestellt. Innerhalb der
Funktion können die Parameter den Variablen $1, $2 entnommen werden. Das heißt,
eine Funktion verarbeitet Parameter auf die gleiche Art und Weise wie ein bash-Script.
Das folgende Mini-Script gibt *Hello World, Raspberry Pi!* aus:

```
#!/bin/bash
function myfunc {
  echo "Hello World, $1!"
}

myfunc "Raspberry Pi"
```

Das Schlüsselwort `function` ist optional. Wenn auf `function` verzichtet wird, müssen dem Funktionsnamen allerdings zwei runde Klammern folgen. Somit ist das folgende Programm gleichwertig zum vorigen Beispiel:

```
#!/bin/bash
myfunc() {
  echo "Hello World, $1!"
}

myfunc "Raspberry Pi"
```

Umgang mit Fehlern

In den meisten Programmiersprachen gilt: Sobald ein unbehandelter Fehler auftritt, wird das Programm beendet. Wesentlich entspannter geht es in bash-Scripts zu: Dass bei der Kommandoausführung Fehler passieren, wird als etwas Alltägliches hingenommen. Die Ausführung des Scripts wird einfach mit der nächsten Anweisung fortgesetzt.

Das gilt allerdings nicht für offensichtliche Syntaxfehler, z.B. für eine `for`-Schleife ohne `done` oder für eine Zeichenkette, die mit " beginnt, bei der das zweite "-Zeichen aber fehlt: In solchen Fällen kann die bash die weitere Programmstruktur nicht mehr entschlüsseln: Sie zeigt eine Fehlermeldung an und bricht die Codeausführung ab. Anweisungen bis zum ersten Syntaxfehler werden aber auch in diesem Fall ausgeführt.

Wenn Sie nach einem Kommando feststellen möchten, ob es korrekt ausgeführt wurde oder nicht, werten Sie die vordefinierte Variable $* aus. Sie enthält den Fehlercode des letzten Kommandos. Dabei bedeutet der Wert 0, dass alles in Ordnung war (siehe Tabelle 20.6).

```
#!/bin/bash
command_might_fail
errcode=$?
if [ $errcode -ne 0 ]; then
  echo "Fehlercode $errcode"
fi
```

Auch wenn die hohe Fehlertoleranz der bash oft bequem ist – manchmal wollen Sie, dass ein Script beim ersten Fehler abbricht und nicht womöglich noch mehr Folge-fehler produziert. Das erreichen Sie, wenn Sie in den Code set -e einbauen. Ab dieser Position führen Fehler zum sofortigen Ende. Wenn diese strikte Fehlerkontrolle für das ganze Script gelten soll, geben Sie die Option -e gleich in der ersten Zeile an:

```
#!/bin/bash -e
# dieses Script wird beim ersten Fehler abgebrochen
...
```

Bei miteinander verknüpften Kommandos gelten set -e bzw. die bash-Option -e nur für das Gesamtergebnis. Wenn im folgenden Beispiel cmd1 scheitert – und sei es daran, dass es das Kommando gar nicht gibt –, dann wird cmd2 ausgeführt. Nur wenn auch dieses Kommando zu einem Fehler führt, wird das Script abgebrochen.

```
#!/bin/bash -e
cmd1 || cmd2
```

exit

exit beendet das laufende Script. Damit gibt das Script den Rückgabewert des zuletzt ausgeführten Kommandos zurück. Wenn Sie das nicht wünschen, können Sie an exit explizit einen Wert übergeben. Dabei wird der Wert 0 verwendet, um ein fehler-freies Programmende zu signalisieren. Alle anderen Zahlen signalisieren einen Fehler (siehe Tabelle 20.6).

exit-Code	Bedeutung
0	OK, kein Fehler
1	allgemeiner Fehler
2	Fehler in den übergebenen Parametern
3–255	andere Fehler, Bedeutung programmspezifisch

Tabelle 20.6 Übliche exit-Codes

Reaktion auf Signale (trap)

Das Konzept der Prozessverwaltung unter Unix/Linux sieht vor, dass Prozessen Signale gesendet werden können (siehe Tabelle 20.7). Noch mehr Signale listet kill -l auf. Wenn Sie beispielsweise während der Ausführung eines bash-Scripts Strg+C drücken, wird das Signal SIGINT versendet, und die Script-Ausführung wird abgebrochen.

Signalname	Code	Bedeutung
SIGHUP	1	Aufforderung, die Konfiguration neu zu lesen
SIGINT	2	Unterbrechung durch Strg + C
SIGKILL	9	kill-Signal, kann nicht abgefangen werden.
SIGTERM	15	Aufforderung, das Programm zu beenden

Tabelle 20.7   Die wichtigsten Signale

Mit trap können Sie gezielt auf solche Signale reagieren. Die Syntax von trap ist einfach:

```
trap 'commands' signals
```

commands gibt ein oder mehrere Kommandos an, die ausgeführt werden sollen, wenn eines der aufgezählten Signale empfangen wird. Die Signale können wahlweise durch ihre Namen oder durch ihre Codes angegeben werden. Wenn Sie komplexen Code in Reaktion auf ein Signal ausführen möchten, definieren Sie den Code in einer Funktion und geben beim trap-Kommando den Funktionsnamen an.

trap wird oft dazu verwendet, um vor einem Programmabbruch, der durch ein Signal ausgelöst wird, Aufräumarbeiten durchzuführen. So können Sie beispielsweise eine temporäre Datei löschen. Mit dem simplen Kommando trap '' 2 erreichen Sie, dass Ihr Script Strg + C einfach ignoriert.

20.4   WiringPi

Das Projekt *WiringPi* stellt das Kommando gpio zur Verfügung. Damit können Sie einzelne GPIO-Pins im Terminal bzw. in einem bash-Script auslesen und verändern. gpio kann auch das populäre Gertboard sowie das PiFace-Board steuern. Teil des *WiringPi*-Projekts sind zudem die C-Bibliothek wiringPi und devLib, die Programmierern dabei hilft, die Hardware-Funktionen des Raspberry Pi sowie diverse Zusatz-Hardware zu steuern, z. B. den DS1302-Chip (Real Time Clock) oder verschiedene LC-Displays. Diverse Anwendungsbeispiele und Hintergrundinformationen finden Sie auf der Website des WiringPi-Projekts:

http://wiringpi.com

WiringPi steht in Raspbian Jessie als Paket wiringpi zur Verfügung und ist standardmäßig installiert. Die Versionsnummer von WiringPi sowie Informationen über Ihr Raspberry-Pi-Modell verrät das Kommando gpio -v:

20

```
gpio -v
  gpio version: 2.46
  Copyright (c) 2012-2018 Gordon Henderson
  This is free software with ABSOLUTELY NO WARRANTY.
  For details type: gpio -warranty
  Raspberry Pi Details:
  Type: Pi 3+, Revision: 03, Memory: 1024MB, Maker: Sony
  * Device tree is enabled.
  *--> Raspberry Pi 3 Model B Plus Rev 1.3
  * This Raspberry Pi supports user-level GPIO access.
```

Das gpio-Kommando

Dieser Abschnitt konzentriert sich auf die Kernfunktionen des gpio-Kommandos, also auf die Steuerung der GPIO-Pins (siehe Tabelle 20.8). Der mode-Befehl kennt neben den vier Hauptmodi input, output, clock und pwm (für *Pulse Width Modulation*) auch noch die Zustände up, down und tri. Damit kann der interne Pull-up- bzw. Pull-down-Widerstand mancher GPIO-Eingänge gesteuert werden. Einen kurzen Hilfetext können Sie mit gpio -h nachlesen.

Option/Befehl	Bedeutung
-1	Pin-Nummern des J8-Headers verwenden (eins, nicht L)
-g	BCM-GPIO-Nummerierung verwenden
mode n m	Pin n für Modus nutzen (in, out, pwm ...)
read n	Signaleingang bei Pin n auslesen
wfi n status	warten, bis Pin n den gewünschten Status erreicht
write n 0/1	Signalausgang an Pin n auf 0/1 setzen
readall	alle Pins auslesen und als Tabelle darstellen
reset	alle GPIO-Pins auf Input umstellen
pwm n	PWM-Duty-Cycle steuern (0–1023, nur für GPIO 18 = Pin 12)

Tabelle 20.8 Die wichtigsten gpio-Optionen und -Befehle

gpio readall verrät den aktuellen Status aller GPIO-Pins. Die Bedeutung der Spalten ist wie folgt:

▶ **BCM**: Diese Spalte bezieht sich auf die Nomenklatur der Broadcom-CPU BCM2835, die aber nicht mit den üblichen Raspberry-Pi-Bezeichnungen übereinstimmt! Wenn Sie sich bei gpio-Kommandos auf diese Nomenklatur beziehen möchten, müssen Sie die Option -g verwenden.

- ▶ **wPi:** Diese Spalte enthält die WiringPi-internen Nummern der Pins. Diese Nummerierung gilt standardmäßig für das gpio-Kommando, wenn weder die Option -g noch die Option -1 verwendet wird.

- ▶ **Name:** Diese Spalte erläutert die Funktion des Pins. 0v entspricht GND.

- ▶ **Mode:** Diese Spalte gibt an, ob der Pin als Ein- oder Ausgabe verwendet wird.

- ▶ **V:** Die Spalte gibt den aktuellen Zustand (*value*) des Pins an (High oder Low).

- ▶ **Physical:** Diese Spalte gibt die Pin-Nummern des J8-Headers des Raspberry Pi an. Wenn Sie sich bei gpio-Kommandos auf diese Pin-Nummern beziehen, müssen Sie die Option -1 verwenden (eins, nicht L).

```
gpio readall   # zeigt die WiringPi-Nummerierung
 +---+---+--------+----+-+---Pi 3+--+-+----+--------+---+---+
 |BCM|wPi|  Name  |Mode|V| Physical |V|Mode|Name    |wPi|BCM|
 +---+---+--------+----+-+----++----+-+----+--------+---+---+
 |   |   |    3.3v|    | |  1 || 2  | |    |5v      |   |   |
 |  2|  8|   SDA.1| IN |1|  3 || 4  | |    |5V      |   |   |
 |  3|  9|   SCL.1| IN |1|  5 || 6  | |    |0v      |   |   |
 |  4|  7|GPIO. 7 | IN |1|  7 || 8  |1|ALT0|TxD     |15 |14 |
 |   |   |     0v |    | |  9 || 10 |1|ALT0|RxD     |16 |15 |
 | 17|  0|GPIO. 0 | IN |0| 11 || 12 |0|IN  |GPIO. 1 |1  |18 |
 | 27|  2|GPIO. 2 | IN |0| 13 || 14 | |    |0v      |   |   |
 | 22|  3|GPIO. 3 | IN |0| 15 || 16 |0|IN  |GPIO. 4 |4  |23 |
 |   |   |    3.3v|    | | 17 || 18 |0|IN  |GPIO. 5 |5  |24 |
 | 10| 12|   MOSI | IN |0| 19 || 20 | |    |0v      |   |   |
 |  9| 13|   MISO | IN |1| 21 || 22 |0|OUT |GPIO. 6 |6  |25 |
 | 11| 14|   SCLK | IN |0| 23 || 24 |0|OUT |CE0     |10 |8  |
 |   |   |     0v |    | | 25 || 26 |1|OUT |CE1     |11 |7  |
 |  0| 30|   SDA.0| IN |1| 27 || 28 |1|IN  |SCL.0   |31 |1  |
 |  5| 21|GPIO.21 | OUT|1| 29 || 30 | |    |0v      |   |   |
 |  6| 22|GPIO.22 | IN |1| 31 || 32 |0|IN  |GPIO.26 |26 |12 |
 | 13| 23|GPIO.23 | IN |0| 33 || 34 | |    |0v      |   |   |
 | 19| 24|GPIO.24 | IN |0| 35 || 36 |0|IN  |GPIO.27 |27 |16 |
 | 26| 25|GPIO.25 | IN |0| 37 || 38 |0|IN  |GPIO.28 |28 |20 |
 |   |   |     0v |    | | 39 || 40 |0|IN  |GPIO.29 |29 |21 |
 +---+---+--------+----+-+----++----+-+----+--------+---+---+
 |BCM|wPi| Name   |Mode|V| Physical |V|Mode|Name    |wPi|BCM|
 +---+---+--------+----+-+----+-+---Pi 3---+-+----+--------+---+---+
```

LED ein- und ausschalten

Das erste Beispiel bezieht sich auf dieselbe Testschaltung, die bereits im vorigen Kapitel zum Einsatz kam (siehe Abbildung 19.1): Pin 26 des J8-Headers ist über einen Vorwiderstand mit einer LED verbunden. Um die LED ein- und auszuschalten, programmieren Sie den GPIO-Pin als Ausgang und stellen ihn auf 1 oder 0. Im Gegensatz zu dem im vorigen Kapitel vorgestellten RPi.GPIO-Modul für Python sind dabei keine root-Rechte erforderlich. Die LED-Steuerung funktioniert also ohne sudo. Die gpio-Option -1 (eins, nicht L) bewirkt, dass gpio die physischen Pin-Nummern als Parameter erwartet.

```
gpio -1 mode 26 out    # GPIO auf J8-Pin 26 als Ausgang nutzen
gpio -1 write 26 1     # LED ein
gpio -1 write 26 0     # LED aus
```

LED-Helligkeit steuern (PWM)

Wenn Sie auch die Helligkeit einer Leuchtdiode variieren möchten, müssen Sie auf *Pulse Width Modulation* (PWM) zurückgreifen. Im Gegensatz zum Python-Modul RPi.GPIO unterstützt gpio nur Hardware-PWM. Deswegen kann gpio nur zur PWM-Steuerung für den GPIO 18 (BCM-Notation) verwendet werden, der am J8-Header des Raspberry Pi über Pin 12 zugänglich ist. Nachdem Sie diesen Pin über einen Vorwiderstand mit einer Leuchtdiode verbunden haben, sehen die erforderlichen gpio-Kommandos so aus:

```
gpio -1 mode 12 pwm      # GPIO auf J8-Pin 12 für PWM nutzen
gpio -1 pwm 12 0         # LED aus
gpio -1 pwm 12 500       # LED in mittlerer Helligkeit
gpio -1 pwm 12 1023      # LED in maximaler Helligkeit
```

Mit gpio pwm steuern Sie den Duty Cycle des PWM-Signals, also den Zeitanteil, während dem das Ausgangssignal High sein soll. Der Wertebereich reicht von 0 bis 1023 (entspricht 100 Prozent Duty Cycle). Sie haben keinen Einfluss auf die Frequenz des PWM-Signals.

LED mit Taster ein- und ausschalten

Mit gpio read n können Sie den aktuellen Zustand eines Pins n ermitteln. Vorher müssen Sie den Pin mit gpio mode n in als Input kennzeichnen. Außerdem sollten Sie mit gpio mode n up/down den internen Pull-up- oder Pull-down-Widerstand aktivieren, damit der Signaleingang stabil ist.

Praktischer als gpio read n ist oft das Kommando gpio wfi (*wait for input*). Damit wartet gpio bei minimaler CPU-Belastung, bis sich am angegebenen Pin der Pegel ändert. Zulässige Zustände sind rising, falling oder both:

```
gpio -1 mode 21 in
gpio -1 mode 21 up
gpio -1 wfi 21 falling
```

Mit dem folgenden Script können Sie mit einem Taster eine LED ein- und durch nochmaliges Drücken wieder ausschalten (siehe Abbildung 19.1). Das Script läuft, bis Sie es
mit ⌜Strg⌝+⌜C⌝ abbrechen.

```bash
#!/bin/bash
gpio -1 mode 26 out          # Pin 26: LED
gpio -1 mode 21 in           # Pin 21: Taster
gpio -1 mode 21 up           # Pull-up-Widerstand
status=0                     # LED anfänglich aus
gpio -1 write 26 $status
echo "Ende mit <Strg>+<C>"

while true; do
  gpio -1 wfi 21 falling     # warten
  status=$((1-status))       # Status invertieren
  gpio -1 write 26 $status    # LED aktualisieren
  sleep 0.25                 # zum Entprellen
done
```

LED-Temperatur-Ampel

Im zweiten Beispiel geht es darum, die CPU-Temperatur auszulesen und in Abhängigkeit von der Temperatur eine grüne, eine gelbe oder eine rote Leuchtdiode einzuschalten. Die grüne LED soll leuchten, wenn die CPU-Temperatur zwischen 30 und 45 Grad
beträgt, die gelbe LED bei Temperaturen zwischen 45 und 60 Grad und die rote LED
bei Temperaturen darüber. Die drei LEDs werden durch die GPIOs 7, 8 und 25 gesteuert, also durch Pin 26, 24 und 22 des J8-Headers (siehe Abbildung 20.1).

20

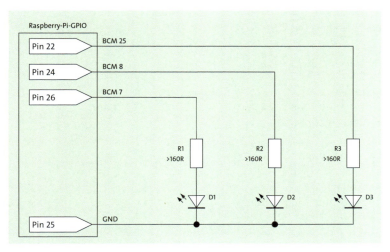

Abbildung 20.1 Eine grüne, eine gelbe und eine rote Leuchtdiode visualisieren
die CPU-Temperatur.

Nachdem Sie die Schaltung aufgebaut haben, testen Sie in einem Terminal, ob alle drei LEDs funktionieren:

```
gpio -1 mode 26 out
gpio -1 write 26 1    # grüne LED ein
gpio -1 write 26 0    # grüne LED aus
gpio -1 mode 24 out
gpio -1 write 24 1    # gelbe LED ein
gpio -1 write 24 0    # gelbe LED aus
gpio -1 mode 22 out
gpio -1 write 22 1    # rote LED ein
gpio -1 write 22 0    # rote LED aus
```

Ein Shell-Script zum Ein- und Ausschalten der drei LEDs in Abhängigkeit von der CPU-Temperatur ist rasch geschrieben:

```
#!/bin/bash
# Datei /home/pi/cpu-led
greenpin=26
yellowpin=24
redpin=22
gpio -1 mode $greenpin  out
gpio -1 mode $yellowpin out
gpio -1 mode $redpin    out

# CPU-Temperatur
temp=$(cat /sys/class/thermal/thermal_zone0/temp)
echo $temp
# grüne LED ansteuern
if [[ "$temp" -ge 30000 &&  "$temp" -lt 45000 ]]; then
  gpio -1 write $greenpin 1
else
  gpio -1 write $greenpin 0
fi
# gelbe LED ansteuern
if [[ "$temp" -ge 45000 &&  "$temp" -lt 60000 ]]; then
  gpio -1 write $yellowpin 1
else
  gpio -1 write $yellowpin 0
fi
# rote LED ansteuern
if [[ "$temp" -ge 60000 ]]; then
  gpio -1 write $redpin 1
else
  gpio -1 write $redpin 0
fi
```

Diese Datei muss ausführbar sein:

```
chmod a+x /home/pi/cpu-led
```

Jetzt geht es nur noch darum, dieses Script einmal pro Minute aufzurufen. Dazu legen Sie im Verzeichnis /etc/cron.d die folgende Datei an (siehe Abschnitt 4.11, »Programme regelmäßig ausführen (Cron)«):

```
# Datei /etc/cron.d/cpu-temp
PATH=/usr/local/sbin:/usr/local/bin:/usr/sbin:/usr/bin:/sbin:/bin
*/1 * * * *  root  /home/pi/cpu-led
```

Von nun an werden die drei LEDs minütlich je nach CPU-Temperatur ein- und ausgeschaltet. Vergessen Sie nicht, /etc/cron.d/cpu-led zu löschen, wenn Sie die Pins 22, 24 und 26 später für eine andere Schaltung verwenden möchten!

20.5 Das raspi-gpio-Kommando

Das relativ neue Kommando raspi-gpio ermittelt bzw. verändert den Zustand der GPIO-Pins des Raspberry Pi. Es ist eine Alternative zum vorhin präsentierten gpio-Kommando des WiringPi-Projekts. Zur Installation führen Sie das folgende Kommando aus:

```
sudo apt install raspi-gpio
```

Die Adressierung der GPIO-Pins muss gemäß der BCM-Nummerierung erfolgen – also so, als würde gpio mit der Option -g ausgeführt. Andere Nummerierungsschemata werden nicht unterstützt. Welcher Pin des J8-Headers welcher BCM-Nummer entspricht, verrät die BCM-Spalte in Abbildung 10.3.

Die folgende Aufzählung fasst die wichtigsten Anwendungen des raspi-gpio-Kommandos zusammen:

▶ raspi-gpio help zeigt die Dokumentation zu dem Kommando an.

▶ raspi-gpio get [gpionr] ermittelt den aktuellen Status aller GPIOs bzw. des angegebenen GPIOs.

▶ raspi-gpio funcs [gpionr] ermittelt, welche alternativen Funktionen der angegebene GPIO bzw. alle GPIOs erfüllen können.

▶ raspi-gpio set gpionr status1 status2 status3 verändert den Status des angegeben GPIOs. Mögliche Schlüsselwörter anstelle von status1, status2 etc. sind:

  – ip = Input
  – op = Output
  – dl = Zustand Low (Drive Low)
  – dh = Zustand High (Drive High)

- pu = Pull-up-Widerstand aktiv
- pd = Pull-down-Widerstand aktiv
- pn = keine Pull-up/down-Funktion
- a0 bis a5 = alternative Funktion *n* aktivieren

Soweit sich sinnvolle Kombinationen ergeben, dürfen mehrere der obigen Schlüsselwörter auf einmal genannt werden, jeweils getrennt durch Leerzeichen. Welche alternative Funktionen ein GPIO unterstützt und wie diese nummeriert sind, geht aus `raspi-gpio funcs` hervor.

Im Gegensatz zu `gpio` ist `raspi-gpio` nicht in der Lage, PWM-Parameter zu setzen.

Beispiel

Das erste Kommando ermittelt, welche Funktionen der GPIO mit der BCM-Nummer 23 unterstützt. Auf dem Raspberry Pi ist dieser GPIO mit Pin 16 des J8-Headers verbunden. Das zweite Kommando nutzt diesen GPIO als simplen Signalausgang, wobei der Pegel auf High gesetzt wird (3,3 V). Eine mit Pin 16 verbundene LED würde nun leuchten. Das dritte Kommando verifiziert den Zustand von GPIO 23:

```
raspi-gpio funcs 23
  GPIO, PULL, ALT0,    ALT1, ALT2,    ALT3,    ALT4,    ALT5
  23,   DOWN, SD0_CMD, SD15, DPI_D19, SD1_CMD, ARM_RTCK, -

raspi-gpio set 23 op dh

raspi-gpio get 23
  GPIO 23: level=1 fsel=1 func=OUTPUT
```

Kapitel 21
C-Programmierung

Die Programmiersprache C ist eine Low-Level-Programmiersprache. In der Linux-Welt wird C von vielen Kernel- und Treiberprogrammierern eingesetzt – vor allem deswegen, weil C-Code oft viel effizienter ausgeführt wird als vergleichbarer Code anderer Programmiersprachen. Leider ist die Entwicklung von C-Programmen vergleichsweise mühsam und fehleranfällig.

Da es für die eingebauten Funktionen des Raspberry Pi und für nahezu alle Erweiterungskomponenten bereits fertige Treiber und vielfach sogar Python-Module gibt, ist der Einsatz von C für die meisten Raspberry-Pi-Projekte überflüssig. Das gilt auch für alle in diesem Buch vorgestellten Raspberry-Pi-Erweiterungen und -Projekte! Das erklärt auch die Kürze dieses Kapitels. Es stellt Ihnen den GNU-C-Compiler, das Programm make sowie die Bibliotheken *WiringPi* und *bcm2835* vor.

21.1 Hello World!

Der GNU-C-Compiler

Als Beispiel zum Kennenlernen des C-Compilers dient wie in den anderen Programmierkapiteln »Hello World!«. Die einzige Aufgabe dieses minimalistischen Programms besteht darin, eine Zeichenkette auszugeben. Den Code geben Sie in einem beliebigen Editor ein:

```
/* Datei hellow.c */
#include <stdio.h>
int main(void) {
  printf("Hello World!\n");
}
```

Das Programm müssen Sie nun mit dem GNU-C-Compiler (gcc) kompilieren. Die Option -o gibt dabei an, in welche Datei der ausführbare Code geschrieben werden soll. Das resultierende Programm hellow wird automatisch als ausführbar markiert. Sie können es in der Schreibweise ./name ausführen, die Sie bereits aus den vorangegangenen Kapiteln kennen.

```
gcc -o hellow hellow.c
./hellow
  Hello World!
```

make

Größere C-Programme bestehen aus vielen *.c- und *.h-Dateien, wobei die *.c-Dateien den eigentlichen Code enthalten und die *.h-Dateien (Header-Dateien) öffentliche Funktionsdefinitionen und gemeinsame Konstanten beinhalten.

Das Kompilieren erfolgt in zwei Schritten: Zuerst wird jede *.c-Datei für sich zu einer Objektdatei mit der Dateikennung *.o kompiliert, und danach werden alle *.o-Dateien zu einem Programm verbunden (gelinkt). Diese Vorgehensweise hat insbesondere den Vorteil, dass bei einer Änderung in *einer* Datei nicht alle Dateien neu kompiliert werden müssen, sondern nur die geänderten Dateien.

Nehmen wir an, Ihr Projekt besteht aus den folgenden fünf Dateien:

```
/* Datei func1.h */
#define THENUMBER 42
int func1(void);

/* Datei func1.c */
#include "func1.h"
int func1(void) {
  return(THENUMBER);
}

/* Datei func2.h */
int func2(int a, int b);

/* Datei func2.c */
int func2(int a, int b) {
  return(a+b);
}

/* Datei main.c */
#include <stdio.h>
#include "func1.h"
#include "func2.h"
int main(void) {
  int x, y;
  x = func1();
  y = func2(x, 7);
  printf("Ergebnis %d\n", y);
}
```

Wenn Sie immer alles neu kompilieren möchten, wie es bei kleinen Projekten oft der Fall ist, reicht weiterhin ein gcc-Aufruf. Dabei gibt -I den Pfad zu eigenen Header-Dateien an. Das ist insbesondere dann erforderlich, wenn diese Dateien in einem eigenen Verzeichnis gespeichert werden.

```
gcc -I . -o myprog *.c
```

Sie können aber auch jede *.c-Datei für sich zu einer Objektdatei kompilieren und dann alle Objektdateien zusammenfügen:

```
gcc -I . -c func1.c
gcc -I . -c func2.c
gcc -I . -c main.c
gcc -o myprog *.o
```

Um diesen Vorgang so bequem und effizient wie möglich zu gestalten, können Sie make zu Hilfe nehmen. Dieses Programm wertet die Datei makefile aus. makefile enthält wiederum Regeln, wie Ihr Programm kompiliert werden soll. make kümmert sich dann darum, alle geänderten Dateien neu zu kompilieren und das ausführbare Programm zusammenzusetzen.

Die makefile-Syntax ist ziemlich komplex, und es wurden schon ganze Bücher geschrieben, um ihre Logik begreiflich zu machen. Wir beschränken uns hier auf ein Beispiel:

```
# Datei makefile
CC      = gcc
CFLAGS  = -I .
INCL    = func1.h func2.h
OBJ     = func1.o func2.o main.o

myprog: $(OBJ)
        $(CC) $(CFLAGS) -o myprog $(OBJ)

%.o: %.c $(INCL)
        $(CC) $(CFLAGS) -c -o $@ $<

clean:
        rm *.o myprog
```

In den ersten Zeilen werden Konstanten definiert: CC gibt an, welcher Compiler eingesetzt werden soll. CFLAGS enthält alle Optionen, die an den Compiler übergeben werden sollen. INCL zählt alle Header-Dateien des Projekts auf, OBJ alle Objektdateien.

Nun folgen die makefile-Regeln, die in der Form ziel: abhängigkeiten angegeben werden. Der Ausdruck vor dem Doppelpunkt gibt also an, was kompiliert werden soll, während der Ausdruck dahinter festlegt, welche Dateien dabei berücksichtigt werden müssen. In den weiteren Zeilen folgen dann die Kommandos, die ausgeführt werden müssen, wenn sich abhängige Dateien seit der letzten make-Ausführung verändert haben. Die erste Regel besagt also, dass das Programm myprog aus den Objektdateien zusammengesetzt werden soll.

Woher aber stammen die Objektdateien? Dafür ist die zweite Regel zuständig. Sie besagt, dass jede Objektdatei name.o aus der zugehörigen Datei name.c resultiert. Außerdem müssen Objektdateien neu erzeugt werden, wenn sich eine Include-Datei ändert. Die Kompilieranweisung enthält zwei makefile-Besonderheiten: $@ bezeichnet den linken Regelausdruck. Wird der Regelausdruck %.o also auf die Datei func1.o angewendet, enthält $@ den Dateinamen func1.o. Der Ausdruck $< wird wiederum durch den ersten Namen des rechten Regelausdrucks ersetzt, in diesem Fall also durch func1.c.

Die erste Regel von makefile gilt als Default-Regel, d. h., make ohne weitere Parameter verarbeitet die Regel myprog. Dabei werden Abhängigkeiten automatisch berücksichtigt, sodass auch die zweite Regel zum Einsatz kommt. Darüber hinaus können Sie Zusatzregeln wie die clean-Regel definieren. Um die Anweisungen dieser Regel auszuführen, müssen Sie an make den Regelnamen übergeben, also make clean.

Jetzt können Sie das makefile ausprobieren. make clean löscht alle Objektdateien und das Kompilat. make kompiliert das Programm nun von Grund auf neu. Wenn Sie anschließend die Datei func2.c verändern, erzeugt make die neue Objektdatei func2.o und linkt das Programm neu zusammen, verzichtet aber auf das neuerliche Kompilieren von func1.c und main.c.

```
make clean
  rm *.o myprog
make
  gcc -I . -c -o func1.o func1.c
  gcc -I . -c -o func2.o func2.c
  gcc -I . -c -o main.o main.c
  gcc -I . -o myprog func1.o func2.o main.o
touch func2.c
make
  gcc -I . -c -o func2.o func2.c
  gcc -I . -o myprog func1.o func2.o main.o
```

make erfordert Tabulatoren!

Beim Verfassen eines makefiles müssen Sie darauf achten, dass Sie die Regelanweisungen durch echte Tabulatoren einrücken, nicht durch Leerzeichen!

21.2   GPIO-Steuerung mit C

Zur Steuerung der GPIOs durch ein C-Programm bestehen verschiedene Möglichkeiten. Die folgende Aufzählung fasst die drei wichtigsten Varianten kurz zusammen:

▶ **sysfs-Dateisystem:** Wenn Sie ganz ohne externe Bibliotheken auskommen möchten, können Sie in Ihrem C-Programm Dateien, die den GPIOs zugeordnet sind, im Verzeichnis /sys/class/gpio lesen bzw. schreiben. Diese Vorgehensweise ist ziemlich umständlich, außerdem gilt das sysfs-Dateisystem als *deprecated* und wird nicht mehr gewartet. Wir werden daher nicht weiter auf diese Variante eingehen. Grundlegende Informationen sowie Beispielcode finden Sie bei Bedarf auf diesen Webseiten:

https://www.kernel.org/doc/Documentation/gpio/sysfs.txt
https://elinux.org/RPi_Low-level_peripherals

▶ **WiringPi-Bibliothek:** Die WiringPi-Bibliothek ist eine speziell für den Raspberry Pi entwickelte C-Bibliothek, die neben allen GPIO-Grundfunktionen inklusive I^2C, SPI und UART auch diverse externe Hardware-Komponenten unterstützt, die oft in Raspberry-Pi-Projekten eingesetzt werden.

▶ **bcm2835-Bibliothek:** Die bcm2835-Bibliothek hat einen ähnlichen Funktionsumfang wie die WiringPi-Bibliothek. Sie ist für alle Embedded-Systeme geeignet, die wie der Raspberry Pi eine BCM2835-, BCM2836- oder BCM2837-CPU enthalten.

GPIO-Steuerung mit der WiringPi-Bibliothek

In Kapitel 20, »bash-Programmierung«, haben wir Ihnen bereits das Kommando gpio des WiringPi-Projekts vorgestellt. Es ermöglicht eine unkomplizierte GPIO-Steuerung im Terminal bzw. in bash-Scripts. Teil des WiringPi-Projekts ist aber auch die gleichnamige Bibliothek zur C-Programmierung, die im Mittelpunkt dieses Abschnitts steht. Dabei setzen wir voraus, dass Sie die Installation der Bibliothek bereits durchgeführt haben, die in Abschnitt 20.4, »WiringPi«, beschrieben ist. Da die WiringPi-Bibliothek der *Lesser General Public License* (LGPL) untersteht, kann sie bedenkenlos auch in kommerziellen Projekten eingesetzt werden.

Bei der Anwendung der WiringPi-Funktionen müssen Sie beachten, dass die WiringPi-Bibliothek eine eigene Pin-Nummerierung verwendet, die weder mit den Pin-Nummern noch mit der Nummerierung in der Dokumentation der BCM2835-Bibliothek übereinstimmt:

http://wiringpi.com/pins

Wenn man von diesem Detail einmal absieht, ist der Einsatz der Bibliothek denkbar unkompliziert. Das im Folgenden abgedruckte Programm schaltet eine mit dem Pin 26 des J8-Headers verbundene Leuchtdiode zehnmal ein und aus. Die Funktion wiringPiSetup ist für die Initialisierung verantwortlich. pinMode steuert, wie der GPIO-Pin verwendet werden soll – in diesem Beispiel als Signalausgang. digitalWrite stellt den Ausgang anschließend auf High bzw. Low.

```c
// Datei ledonoff.c
#include <wiringPi.h>

// Die Leuchtdiode ist mit Pin 26 des J8-Headers verbunden.
// Die Wiring-Nummer dieses Pins lautet 11.
#define LEDPIN 11

int main(void) {
  if(wiringPiSetup() == -1)
    return 1;

  // GPIO-Pin als Signalausgang verwenden
  pinMode(LEDPIN, OUTPUT);

  // LED zehnmal ein- und ausschalten
  int i;
  for (i=0; i<10; i++) {
    digitalWrite(LEDPIN, 1);
    delay(500);                  // 0,5 Sekunden
    digitalWrite(LEDPIN, 0);
    delay(500);
  }
  return 0;
}
```

Beim Kompilieren müssen Sie mit der gcc-Option -l angeben, dass das Programm mit der WiringPi-Bibliothek verbunden werden soll. Die Bibliothek aus dem Paket wiringpi ist in Raspbian Jessie standardmäßig installiert.

```
gcc -I . -o ledonoff ledonoff.c -l wiringPi
```

Das resultierende Programm funktioniert nur, wenn es mit root-Rechten ausgeführt wird:

```
sudo ./ledonoff
```

Die WiringPi-Bibliothek kann auch dazu verwendet werden, um die Bussysteme SPI und I^2C zu steuern. Außerdem gibt es diverse Erweiterungsmodule zur Steuerung von Hardware-Komponenten, die oft in Raspberry-Pi-Projekten zum Einsatz kommen. Die vollständige Dokumentation sowie eine Menge Beispielprogramme finden Sie hier:

http://wiringpi.com

GPIO-Steuerung mit der bcm2835-Bibliothek

Die bcm2835-Bibliothek ist nach der CPU benannt, die im Raspberry Pi 1 eingebaut ist. Die Bibliothek ist aber natürlich auch zu den neueren CPUs der Raspberry-Pi-Versionen 2 und 3 kompatibel. Sie hilft bei der Programmierung vieler Hardware-Funktionen. Die Bibliothek unterliegt der General Public License (GPL) und kann somit in den meisten Fällen kostenlos verwendet werden, also zur privaten Nutzung sowie in Open-Source-Projekten. Kommerzielle Projekte, bei denen das resultierende Programm ohne Codeweitergabe verkauft werden soll, erfordern hingegen eine spezielle Lizenz des Autors der Bibliothek.

http://airspayce.com/mikem/bcm2835

Bevor Sie die bcm2835-Bibliothek verwenden können, müssen Sie den Quellcode entsprechend den folgenden Anweisungen herunterladen, kompilieren und die resultierenden Dateien in die Verzeichnisse /usr/local/lib und /usr/local/include installieren. Vermutlich wird es bereits eine neuere Version geben, wenn Sie dieses Buch lesen. Aktuelle Download-Links finden Sie auf der Webseite des Projekts.

```
wget http://www.airspayce.com/mikem/bcm2835/bcm2835-1.55.tar.gz
tar xzf bcm2835-*.tar.gz
cd bcm2835-*
./configure
make
sudo make check
sudo make install
```

An die bcm2835-Funktionen werden keine Pin-Nummern übergeben, sondern die GPIO-Nummern gemäß der BCM2835-Nomenklatur. Pin 26 des J8-Headers entspricht dem GPIO 7, dementsprechend erwarten die bcm2835-Funktionen im ersten Parameter den Wert 7. Wenn Sie – wie viele Raspberry-Pi-Anwender – in Pin-Nummern denken, verwenden Sie am besten die vordefinierten Konstanten RPI_V2_GPIO_P1_nn, wobei nn die Pin-Nummer ist. RPI_V2_GPIO_P1_26 enthält somit den Wert 7. Werfen Sie gegebenenfalls auch einen Blick in die Include-Datei /usr/local/include/bcm2835.h!

Das folgende C-Programm schaltet die mit dem GPIO-Pin 26 des J8-Headers verbundene Leuchtdiode zehnmal ein und aus. Der Code sollte auf Anhieb verständlich sein: bcm2835_init initialisiert die Bibliothek. bcm2835_gpio_fsel steuert, wie ein GPIO-Pin verwendet werden soll – hier als Ausgang. bcm2835_gpio_write stellt den Signalausgang auf Low oder High.

21

```
// Datei ledonoff.c
// die Leuchtdiode ist mit Pin 26 des J8-Headers verbunden
#define LEDPIN RPI_V2_GPIO_P1_26

int main(void) {
  // bcm2835_set_debug(1);
  if (!bcm2835_init())
    return 1;

  // den Pin als Signalausgang verwenden
  bcm2835_gpio_fsel(LEDPIN, BCM2835_GPIO_FSEL_OUTP);

  // zehnmal ein- und ausschalten
  int i;
  for(i=0; i<10; i++) {
    bcm2835_gpio_write(LEDPIN, HIGH);
    delay(500);
    bcm2835_gpio_write(LEDPIN, LOW);
    delay(500);
  }
  return 0;
}
```

Mit dem folgenden Kommando kompilieren Sie das Programm. Die gcc-Option -l gibt an, welche Bibliothek mit dem Programm verbunden werden soll.

```
gcc -I . -o ledonoff ledonoff.c -l bcm2835
```

Wie beim WiringPi-Beispiel funktioniert auch hier das resultierende Programm nur, wenn es mit root-Rechten ausgeführt wird:

```
sudo ./ledonoff
```

Sie können die bcm2835-Bibliothek auch dazu verwenden, um die PWM-Funktionen des Raspberry Pi sowie die Bussysteme I^2C und SPI zu steuern. Beispielprogramme finden Sie hier:

http://airspayce.com/mikem/bcm2835/examples.html

Kapitel 22
Java-Programmierung

Für viele Schüler und Studenten ist Java die erste Programmiersprache. Auf dem Raspberry Pi ist Java weniger populär und selten die erste Wahl, dennoch lassen sich einfache Programme zur Steuerung der GPIO-Pins mit Java ebenso gut wie mit Python realisieren. Dieses kurze Kapitel fasst zusammen, wie Sie mit Java auf dem Raspberry Pi umgehen.

22.1 Erste Schritte

Dieses Kapitel bezieht sich auf die Java-Version 8, die unter Raspbian standardmäßig installiert ist. Die aktuelle Versionsnummer stellen Sie wie folgt fest:

```
java -version
  java version "1.8.0_65"
  Java(TM) SE Runtime Environment (build 1.8.0_65-b17)
  Java HotSpot(TM) Client VM (build 25.65-b01, mixed mode)
```

Oracle hat Java speziell für die CPU des Raspberry Pi optimiert. Die von Oracle zur Verfügung gestellte Java-Version bietet spürbare Geschwindigkeitsgewinne im Vergleich zu OpenJDK, also der Open-Source-Implementierung von Java, die in den meisten anderen Linux-Distributionen zum Einsatz kommt:

https://raspberrypi.org/oracle-java-on-raspberry-pi

22

Java 10

Als wir dieses Buch zuletzt überarbeitet haben, war gerade Java 10 aktuell. Im Herbst 2018 soll bereits Java 11 folgen, erstmalig seit Java 8 wieder als Langzeit-Release. Es bleibt abzuwarten, ob diese Version dann auch unter Raspbian verfügbar sein wird.

Wenn Sie eine aktuelle Java-Version für den Raspberry Pi suchen, müssen Sie auf externe Quellen zurückgreifen. Zuletzt hat sich die Firma BellSoft die Mühe gemacht, eine Open-Source-Implementierung von Java 10 für den Raspberry Pi zu kompilieren: *Liberica JDK*. Das JDK steht auf der folgenden Seite als Debian-Paket zum Download zur Verfügung:

https://www.bell-sw.com/java-for-raspberry-pi.html

Hello World!

Als ersten Test für den Java-Compiler und -Interpreter bietet sich das obligatorische Hello-World-Programm an. Starten Sie also einen Editor, z. B. Leafpad, geben Sie darin die folgenden Zeilen an, und speichern Sie die Datei unter dem Namen `HelloWorld.java`. Achten Sie dabei auch darauf, dass der Dateiname der `.java`-Datei exakt mit dem Namen der Klasse übereinstimmen muss – auch in der Groß- und Kleinschreibung!

```java
// Datei HelloWorld.java
class HelloWorld {
  public static void main(String[] args) {
    System.out.println("Hello World!");
  }
}
```

In einem Terminalfenster wechseln Sie nun in das Verzeichnis, in dem Sie Ihre Codedatei gespeichert haben. `javac` macht aus dem Quellcode den Java-typischen Byte-Code, und `java` führt ihn aus. An `java` übergeben Sie den Klassennamen ohne Endung, also weder `name.java` noch `name.class`!

```
javac HelloWorld.java
```

```
java HelloWorld
  Hello World!
```

Für die weitere Programmentwicklung ist es hilfreich, das Kompilieren und Ausführen in einem einzigen Kommando zu verknüpfen:

```
javac HelloWorld.java && java HelloWorld
  Hello World!
```

Damit versucht zuerst der Java-Compiler das Programm zu übersetzen. Nur wenn das ohne Syntaxfehler gelingt, wird das Programm anschließend ausgeführt.

Entwicklungsumgebungen (IDEs)

Viele Java-Einsteiger verwenden von Anfang an Eclipse als komfortable Umgebung zur Entwicklung von und zur Fehlersuche in Java-Programmen. Diese Option kommt nicht infrage, wenn Sie direkt auf dem Raspberry Pi arbeiten möchten: Eclipse ist für den Raspberry Pi zu groß und zu langsam. Das gilt ebenso für andere »große« Java-IDEs, wie NetBeans oder IntelliJ.

Der einfachste Weg zur Java-Entwicklung führt über einen simplen Editor, z. B. Gedit. Damit verfassen Sie Code, den Sie dann in einem Terminalfenster kompilieren und ausführen. Für kleine Programme funktioniert das gut – zumindest so lange, bis Sie zum ersten Mal einen Debugger benötigen, um Ihr fehlerhaftes Programm Schritt für Schritt auszuführen.

Mehr Komfort als ein reiner Editor bietet Geany (`sudo apt install geany`): Diese kompakte Entwicklungsumgebung vereinfacht das Kompilieren und Ausführen von Code, stellt Code übersichtlich in verschiedenen Farben dar, ermöglicht es, Klassen und Methoden ein- und auszuklappen, und hilft bei der Suche nach Syntaxfehlern (siehe Abbildung 22.1). Echte Debugging-Funktionen fehlen allerdings.

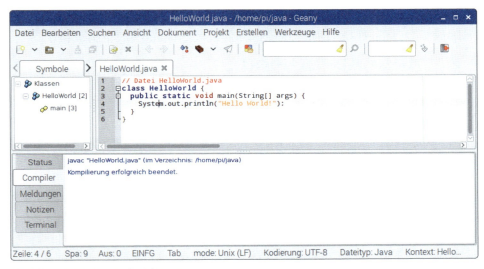

Abbildung 22.1 Der Code-Editor Geany

22.2   GPIO-Steuerung mit Java

Die populärste Bibliothek zur Steuerung der GPIO-Pins durch Java ist Pi4J. Sie können damit GPIO-Pins als Input oder Output programmieren, die entsprechenden Pins auf High oder Low setzen bzw. den aktuellen Signalpegel auslesen, mit I^2C- und SPI-Bauteilen kommunizieren und die serielle Schnittstelle nutzen.

Pi4J basiert auf der WiringPi-Bibliothek. Diese ist im Pi4J-Paket integriert und muss nicht extra installiert werden. Die Dokumentation zu Pi4J befindet sich auf der folgenden Webseite:

http://pi4j.com

Installation

Die Projektwebseite enthält Download-Links für die aktuelle Version. Die Installation erfolgt üblicherweise wie folgt:

22

```
curl -s get.pi4j.com | sudo bash
  /opt/pi4j/lib
  Example Java programs are located at:
  /opt/pi4j/examples
  You can compile the examples using this script:
  sudo /opt/pi4j/examples/build
```

Im Mai 2018 war allerdings nur die Entwicklerversion von Pi4J kompatibel zum Raspberrry-Pi-Modell 3B+. Die Installation dieser Version führen Sie so durch:

```
wget http://get.pi4j.com/download/pi4j-1.2-SNAPSHOT.deb
sudo dpkg -i pi4j-1.2-SNAPSHOT.deb
```

Hello Pi4J!

Für das Hello-Pi4J-Programm nehmen wir an, dass der GPIO-Pin 26 über einen Vorwiderstand eine Leuchtdiode steuert (siehe Abbildung 19.1). Diese Leuchtdiode wollen wir über ein Java-Programm ein- und wieder ausschalten.

Der Dreh- und Angelpunkt zur GPIO-Steuerung ist ein GpioController-Objekt. Die Pi4J-Dokumentation schreibt vor, dass jedes Programm nur *eine* Instanz dieses Controllers erzeugen und diese Instanz im gesamten Programm verwenden soll.

Bei den GPIO-Pins muss vor der ersten Benutzung definiert werden, in welcher Funktion der jeweilige Pin benutzt werden soll: als Input oder als Output. Die Methode provisionDigitalXxxPin liefert dann ein entsprechendes Objekt zurück, mit dem Eingänge mit getState gelesen bzw. der Zustand von Ausgängen mit setState verändert werden kann.

Für jeden vom Programm genutzten Output-Pin können Sie mit setShutdownOptions einstellen, welchen Zustand der Pin nach dem Programmende einnehmen soll. Zum Programmende bzw. sobald Sie die GPIO-Funktionen nicht mehr benötigen, führen Sie die shutdown-Methode für den GPIO-Controller aus.

Pin-Nummern

Pi4J spricht Pins ausschließlich über die WiringPi-internen Namen an, *nicht* über die Pin-Nummer des J8-Headers! Die Nomenklatur geht aus dem Ergebnis von gpio readall hervor. Werfen Sie gegebenenfalls einen Blick in Abschnitt 20.4, »WiringPi«! Pin 26 des J8-Headers hat nach dieser Nomenklatur die WiringPi-Nummer 11. Im Java-Programm verwenden Sie daher RaspiPin.GPIO_11.

Das folgende Programm verwendet Pin 26 als Ausgang, schaltet ihn auf High und nach einer Wartezeit von zwei Sekunden wieder auf Low. Die try/catch-Absicherung ist nur für die sleep-Methode erforderlich.

```
// Datei HelloPi4J.java
import com.pi4j.io.gpio.*;

class HelloPi4J {

  // Zugriff auf die GPIOs
  public static final GpioController gpio =
    GpioFactory.getInstance();

  public static void main(String[] args) {
    try {                          // Wiring-Pi-Nummer 11 = Pin 26
      GpioPinDigitalOutput led =
        gpio.provisionDigitalOutputPin(RaspiPin.GPIO_11);
      led.setShutdownOptions(true, PinState.LOW);
      led.setState(PinState.HIGH);  // LED einschalten
      Thread.sleep(2000);           // zwei Sekunden warten
      led.setState(PinState.LOW);   // LED wieder ausschalten
    } catch(InterruptedException ex) {
      Thread.currentThread().interrupt();
    }
    gpio.shutdown();
  }
}
```

Beim Kompilieren und Ausführen Ihres Codes müssen Sie jeweils die Option
-classpath .:classes:/opt/pi4j/lib/'*' angeben, damit Java die Pi4J-Bibliotheken
findet.

Beim Ausführen müssen Sie außerdem sudo angeben, weil der Zugriff auf GPIO-Pins
durch ein Java-Programm root-Rechte erfordert:

```
javac -classpath .:classes:/opt/pi4j/lib/'*' HelloPi4J.java
sudo java -classpath .:classes:/opt/pi4j/lib/'*' HelloPi4J
```

Mehr DigitalOutput-Steuerungsmöglichkeiten

Außer mit der Methode setState(...) können Sie GPIO-Pins mit etwas weniger Tippaufwand auch mithilfe der Methoden high() und low() ein- und ausschalten. toggle()
verändert den gerade aktiven Zustand. pulse(n) schaltet die Pins für n Millisekunden
auf High und dann automatisch wieder auf Low. Das Programm wird nach pulse()
sofort fortgesetzt.

blink(n) bewirkt, dass der Output-Pin alle n Millisekunden zwischen High und Low
umgeschaltet wird. Wenn der Pin mit einer Leuchtdiode verbunden ist, blinkt diese
von nun an bis zum Programmende.

```
GpioPinDigitalOutput led =
  gpio.provisionDigitalOutputPin(RaspiPin.GPIO_11);
led.blink(1000);   // 1 Sekunde an, 1 Sekunde aus usw.
```

Im optionalen zweiten Parameter können Sie die Gesamtdauer des Blinkens einstellen. Im folgenden Beispiel blinkt die LED in einem Zeitraum von 20 Sekunden jeweils einmal pro Sekunde (also 500 ms High, 500 ms Low):

```
led.blink(500, 20000);   // für 20 Sekunden blinken
```

Pulse Width Modulation

Die Helligkeit von LEDs können Sie durch *Pulse Width Modulation* (PWM) steuern. Für Hardware-PWM ist einzig der GPIO-Pin 12 geeignet, das ist `RaspiPin.GPIO_01` in der für Pi4J gültigen WiringPi-Nummerierung.

Um Hardware-PWM zu nutzen, müssen Sie zuerst ein `GpioPinPwmOutput`-Objekt erzeugen. Dessen Methode `setPwm(n)` steuert die Helligkeit. In der Pi4J-Bibliothek ist die Bedeutung des Parameters `n` nicht dokumentiert. Offensichtlich steuert der Parameter den *Duty Cycle* in einem Wertebereich von 0 bis 1000 oder von 0 bis 1023. Höhere Werte führen nicht zu einem Fehler, machen die LED aber auch nicht mehr heller.

Das folgende Miniprogramm zeigt, wie die Helligkeit einer LED an Pin 12 kontinuierlich von Dunkel auf Hell gesteuert wird. Zum Programmende wird der *Duty Cycle* wieder auf 0 zurückgesetzt, die LED erlischt also.

```
// Datei PWMPi4J.java
import com.pi4j.io.gpio.*;

class PWMPi4J {
  public static final GpioController gpio =
    GpioFactory.getInstance();

  public static void main(String[] args) {
    GpioPinPwmOutput pwm = null;
    try {
      pwm = gpio.provisionPwmOutputPin(RaspiPin.GPIO_01);
      for(int i=0; i<1024; i++) {
        pwm.setPwm(i);
        Thread.sleep(10);
      }
    } catch(InterruptedException ex) {
      Thread.currentThread().interrupt();
    }
```

```
    pwm.setPwm(0);
    gpio.shutdown();
  }
}
```

Eingaben verarbeiten

Um digitale Eingaben zu verarbeiten, benötigen Sie ein `GpioPinDigitalInput`-Objekt.
Dessen Methode `getState()` verrät, ob an dem Signaleingang High oder Low anliegt.
Das folgende Beispielprogramm setzt voraus, dass Sie Pin 21 über einen Taster mit
einem Pull-up-Widerstand verbunden haben (siehe Abbildung 19.1). In der WiringPi-
Nummerierung entspricht dieser Pin `RaspiPin.GPIO_13`. Der Zustand des Tasters wird
nun in einer Schleife abgefragt und ausgegeben:

```
// Datei InputPi4J.java
import com.pi4j.io.gpio.*;
class InputPi4J {
  public static final GpioController gpio =
    GpioFactory.getInstance();

  public static void main(String[] args) {
    try {
      GpioPinDigitalInput btn =
        gpio.provisionDigitalInputPin(RaspiPin.GPIO_13);
      for(int i=0; i<20; i++) {
        System.out.println(btn.getState());
        Thread.sleep(300);
      }
    } catch(InterruptedException ex) {
      Thread.currentThread().interrupt(); }
    gpio.shutdown();
  }
}
```

Schleifen zum Abfragen von Eingaben sind nie elegant. Die GPIO-Bibliothek bietet
deswegen auch die Möglichkeit, durch Trigger-Objekte automatisiert auf Eingaben
zu reagieren und beispielsweise einen Output-Pin entsprechend zu verändern. Das
folgende Beispiel verwendet zwei `GpioSetStateTrigger`: Der erste Trigger wird aktiv,
wenn der Signaleingang von Pin 21 auf Low geht, d. h., wenn der Taster gedrückt wird.
In diesem Fall soll die LED leuchten, Pin 26 soll also auf High gesetzt werden.

Gerade umgekehrt soll die Reaktion sein, wenn der Taster losgelassen wird. Pin 21 geht
dann auf High, Pin 26 soll auf Low gesetzt werden. Die LED leuchtet nicht mehr.

22

```java
// Datei TriggerPi4J.java
import com.pi4j.io.gpio.*;
import com.pi4j.io.gpio.trigger.*;
class TriggerPi4J {
  public static final GpioController gpio =
    GpioFactory.getInstance();

  public static void main(String[] args) {
    try {
      // Taster auf Pin 21 (entspricht RaspiPin.GPIO_13)
      GpioPinDigitalInput btn =
        gpio.provisionDigitalInputPin(RaspiPin.GPIO_13);

      // Leuchtdiode auf Pin 26 (entspricht RaspiPin.GPIO_11)
      GpioPinDigitalOutput led =
        gpio.provisionDigitalOutputPin(RaspiPin.GPIO_11);
      led.setShutdownOptions(true, PinState.LOW);

      // LED einschalten, wenn Taste gedrückt wird
      btn.addTrigger(new
        GpioSetStateTrigger(PinState.LOW, led, PinState.HIGH));

      // LED ausschalten, wenn Taste losgelassen wird
      btn.addTrigger(new
        GpioSetStateTrigger(PinState.HIGH, led, PinState.LOW));

      // zehn Sekunden lang auf Tastendrücke reagieren
      System.out.println("Drücken Sie den Taster!");
      Thread.sleep(10000);
    } catch(InterruptedException ex) {
      Thread.currentThread().interrupt();
    }
    gpio.shutdown();
  }
}
```

Kapitel 23
PHP-Programmierung

PHP wird fast ausschließlich zur Programmierung dynamischer Webseiten verwendet. Unzählige Foren, Wikis und CMS (Content-Management-Systeme) sind in PHP realisiert. PHP ist eine sehr einsteigerfreundliche Sprache: Die Syntax ist einfach, erste Erfolgserlebnisse stellen sich rasch ein.

Ist der Raspberry Pi als Webserver geeignet?

Wozu braucht man ein PHP-Kapitel in einem Buch zum Raspberry Pi? Wollen wir Ihnen hier den Raspberry Pi als Webserver verkaufen? Nein. Im Gegenteil, wir sind überzeugt davon, dass der Raspberry Pi für die meisten Server-Aufgaben ungeeignet ist. Das Problem ist dabei weniger die RAM-Ausstattung oder die CPU-Leistung, die beim Raspberry Pi 2 oder 3 für Websites mit wenigen Besuchen mehr als ausreichend ist. In der Praxis wiegen drei andere Einschränkungen viel schwerer:

► Die Ethernet-Schnittstelle des Raspberry Pi ist intern via USB ausgeführt. Wenn Sie USB auch zum Anschluss eines externen Datenträgers verwenden, dann teilen sich diese Geräte mit der Ethernet-Schnittstelle den gemeinsamen Bus und bremsen sich gegenseitig.

► Hinzu kommt, dass ein Webserver normalerweise nicht nur im lokalen Netzwerk, sondern weltweit im Internet zugänglich sein sollte. Diese Voraussetzung ist beim Raspberry Pi im Heimbetrieb selten erfüllt: Zwar können andere Geräte im lokalen Netzwerk mit dem Raspberry Pi kommunizieren, von außerhalb ist aber kein Zugang möglich.

Diese Einschränkung lässt sich durch eine geschickte Konfiguration umgehen. In Kapitel 4, »Arbeitstechniken«, haben wir eine Variante beschrieben, die dynamisches DNS und Port Forwarding verwendet.

► Viele Privatanwender sind via ADSL mit dem Internet verbunden; die Download-Geschwindigkeit ist passabel, die Upload-Geschwindigkeit aber mager. Gerade diese Upload-Geschwindigkeit ist aber entscheidend, wenn jemand aus dem Internet auf Seiten zugreifen will, die der Raspberry Pi als Webserver zur Verfügung stellt.

PHP zur webbasierten Hardware-Steuerung

Jetzt haben wir Ihnen also erklärt, warum Sie Ihren Raspberry Pi besser nicht zum Webserver für Ihr privates Blog oder für Ihre Firma machen. Vielmehr verfolgen wir hier eine ganz andere Zielrichtung: Das PHP-Kapitel soll Ihnen zeigen, wie Sie Raspberry-Pi-Hardware aus dem Internet heraus steuern. Mit einem kleinen PHP-Programm können Sie z. B. die letzte Aufnahme Ihrer Raspberry-Pi-Kamera ansehen, über den Raspberry Pi gesteuerte Jalousien öffnen, Lichter ein- und ausschalten oder von Ihrem Urlaubsort aus die Temperatur in Ihrer Wohnung ablesen.

Bevor Sie die erste Zeile programmieren können, müssen Sie freilich erst einige Installationsarbeiten erledigen: PHP wird unter Linux fast immer zusammen mit dem Webserver Apache verwendet, oft in Kombination mit dem Datenbank-Server MySQL bzw. MariaDB. Die ersten Abschnitte dieses Kapitels zeigen, wie Sie diese Programme installieren, konfigurieren und administrieren. Erst dann wird es Zeit für das erste PHP-Programm.

23.1 Apache installieren und konfigurieren

Die Installation von Apache erfordert nur ein einziges Kommando und ist in weniger als einer Minute erledigt:

```
sudo apt install apache2
```

Der Webserver wird nach der Installation automatisch gestartet. Davon können Sie sich überzeugen, indem Sie auf dem Raspberry Pi den Webbrowser starten und sich dort die Seite *http://localhost* ansehen. Dort ist anfänglich nur eine sehr schlichte Testseite zu sehen (siehe Abbildung 23.1).

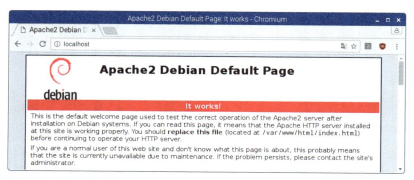

Abbildung 23.1 Die Testseite des Webservers Apache

Apache wird bei jedem Neustart des Raspberry Pi automatisch aktiviert. Wenn Sie das nicht wollen, deaktivieren Sie den automatischen Start mit dem folgenden Kommando:

```
sudo systemctl disable apache2
```

Die folgenden Kommandos starten bzw. stoppen Apache nun manuell:

```
sudo systemctl start apache2
sudo systemctl stop apache2
```

So richten Sie den Autostart wieder ein:

```
sudo systemctl enable apache2
```

Apache-Konfiguration

Unter Raspbian kommt die aktuelle Apache-Version 2.4 zum Einsatz. Apache läuft unter dem Account www-data. Das ist vor allem zur korrekten Einstellung der Zugriffs-rechte wichtig: Alle Dateien, die der Webserver lesen und in Form von Webseiten anzeigen oder als PHP-Programme ausführen soll, müssen für den Account www-data lesbar sein. Das gilt natürlich auch für die Verzeichnisse, in denen diese Dateien gespeichert sind!

Standardmäßig gilt /var/www/html als sogenanntes DocumentRoot-Verzeichnis: Apache liest die dort gespeicherten Dateien und zeigt sie als Webseiten an. Anfänglich befin-det sich in diesem Verzeichnis nur die Datei index.html mit der Testseite.

Die Apache-Konfiguration ist über eine Vielzahl von Dateien im Verzeichnis /etc/apache2 verteilt (siehe Tabelle 23.1). Die Unterscheidung zwischen den Verzeich-nissen *-available und *-enabled vereinfacht das Aktivieren und Deaktivieren einzel-ner Erweiterungen oder ganzer Websites. Dazu werden mit den Kommandos a2enconf, a2enmod und a2ensite Links eingerichtet (*enable*) bzw. mit a2disconf, a2dismod und a2dissite wieder entfernt (*disable*).

Anfänglich ist die Datei /etc/apache2/sites-available/000-default.conf am wich-tigsten. Diese Datei enthält die Default-Einstellung für die Hauptseite, deren HTML-Dateien in /var/www/html gespeichert sind. In dieser Datei sollten Sie die Variablen ServerName und ServerAdmin korrekt einstellen. Damit Änderungen an der Apache-Konfiguration wirksam werden, führen Sie das folgende Kommando aus:

```
sudo systemctl reload apache2
```

Grundsätzlich können Sie mit Apache mehrere virtuelle Hosts verwalten, d. h., Web-seiten für unterschiedliche Hostnamen realisieren. In diesem Fall richten Sie zuerst eine entsprechende Konfigurationsdatei in /etc/apache2/sites-available ein und aktivieren diese dann mit a2ensite name. Auf dem Raspberry Pi ist es aber eher unwahrscheinlich, dass Sie diese Funktion tatsächlich benötigen werden.

23

Datei	Inhalt
apache2.conf	Startpunkt
ports.conf	überwachte Ports, normalerweise Port 80
conf-available/*	verfügbare weitere Konfigurationsdateien
conf-enabled/*	aktive Konfigurationsdateien (Links)
mods-available/*	verfügbare Erweiterungsmodule
mods-enabled/*	aktive Erweiterungsmodule (Links)
sites-available/*	verfügbare Websites (virtuelle Hosts)
sites-enabled/*	aktive Websites (Links)
envvars	Umgebungsvariablen für das Init-Script

Tabelle 23.1 Apache-Konfigurationsdateien innerhalb von »/etc/apache2«

23.2   Webverzeichnisse einrichten und absichern

Für die Grundkonfiguration ist die Datei /etc/sites-available/000-default.conf verantwortlich:

```
# Datei /etc/apache2/sites-available/000-default.conf
<VirtualHost *:80>
    ServerAdmin webmaster@localhost
    DocumentRoot /var/www/html
    ErrorLog ${APACHE_LOG_DIR}/error.log
    CustomLog ${APACHE_LOG_DIR}/access.log combined
</VirtualHost>
```

Die Default-Einstellungen für den Zugriff auf alle Verzeichnisse (Directory /) sowie für die Verzeichnisse innerhalb von /var/www befinden sich in apache.conf. Sie bewirken, dass Apache im Verzeichnis /var/www gespeicherte Dateien ohne Zugriffseinschränkungen als Webseiten ausliefern kann (Require all granted). Innerhalb dieses Verzeichnisses ist es aber nicht zulässig, durch eine .htaccess-Datei Änderungen an der Konfiguration vorzunehmen (AllowOverride None).

```
# Datei /etc/apache2/apache.conf (auszugsweise)
<Directory />
        Options FollowSymLinks
        AllowOverride None
        Require all denied
</Directory>
```

```
<Directory /usr/share>
        AllowOverride None
        Require all granted
</Directory>

<Directory /var/www/>
        Options Indexes FollowSymLinks
        AllowOverride None
        Require all granted
</Directory>
```

Für die in diesem Buch skizzierten Anwendungen besteht keine Notwendigkeit, diese Grundeinstellungen zu verändern. Sie werden aber vermutlich selbst Webverzeichnisse einrichten wollen, für die abweichende Einstellungen gelten. Dazu erweitern Sie die Datei `000-default.conf` zwischen `<VirtualHost>` und `</VirtualHost>` um einige Zeilen und fordern Apache dann dazu auf, die Konfiguration neu einzulesen (`systemctl reload apache2`).

Eigene Webverzeichnisse definieren

Alle Einstellungen für ein Verzeichnis werden mit `<Directory "/pfad/">` eingeleitet und enden mit `</Directory>`. Die folgenden Absätze beschreiben ganz kurz die wichtigsten Schlüsselwörter zur Definition eigener Webverzeichnisse:

`DirectoryIndex` gibt an, welche Datei Apache senden soll, wenn eine Adresse mit / endet und somit ein ganzes Verzeichnis betrifft. Standardmäßig sucht Apache dann nach der Datei `index.html` und überträgt deren Inhalt. Wenn mehrere Dateien angegeben werden, arbeitet Apache alle Angaben der Reihe nach bis zum ersten Treffer ab (z. B. `DirectoryIndex index.php index.html`).

`Options` ermöglicht die Angabe diverser Optionen, die für das Verzeichnis gelten (siehe Tabelle 23.2). `AllowOverride` gibt an, welche Einstellungen verzeichnisspezifisch durch eine `.htaccess`-Datei verändert werden dürfen (siehe Tabelle 23.3).

Option	Bedeutung
ExecCGI	CGI-Scripts ausführen
FollowSymLinks	symbolische Links verfolgen
Includes	Include-Dateien hinzufügen (Modul `mod_include`)
Indexes	Dateiliste anzeigen, wenn `index.html` fehlt
MultiViews	automatische Sprachauswahl (Modul `mod_negotiation`)

Tabelle 23.2 Apache-Verzeichnisoptionen

23

Option	Bedeutung
AuthConfig	Authentifizierungsverfahren einstellen
FileInfo	Datei- und Dokumenttypen einstellen
Indexes	Verzeichnisindex modifizieren
Limit	Zugriffsrechte ändern (Allow, Deny, Order)
Options	Verzeichnisoptionen ändern

Tabelle 23.3 AllowOverride-Verzeichnisoptionen

Alias stellt eine Zuordnung zwischen einem Webverzeichnis und einem beliebigen Verzeichnis der Festplatte auch außerhalb von DocumentRoot her. Beispielsweise bewirkt Alias /mytool /usr/local/mytool, dass bei Zugriffen auf *http://hostname/mytool* die Dateien aus dem Verzeichnis /urs/local/mytool gelesen werden.

Beispiel

Nehmen wir an, Sie wollen Ihre eigenen HTML-Seiten und PHP-Scripts im Verzeichnis /var/www/mycode speichern. Dazu richten Sie dieses Verzeichnis zuerst einmal so ein, dass Sie dort in Zukunft als Benutzer pi arbeiten können, ohne ständig mit sudo die Zugriffsrechte Ihrer Dateien anpassen zu müssen:

```
sudo mkdir /var/www/mycode
sudo chown pi.www-data /var/www/mycode
sudo chmod 2750 /var/www/mycode
```

Damit gehört das Verzeichnis nun dem Benutzer pi. Apache unter dem Account www-data kann auf alle Dateien zugreifen. Neu eingerichtete Dateien werden automatisch der Gruppe www-data zugeordnet.

Im zweiten Schritt müssen Sie die Apache-Konfiguration für dieses Verzeichnis in /etc/apache/sites-available/000-default.conf eintragen. Mit der Alias-Zeile erreichen Sie, dass Apache das Verzeichnis unter der Adresse *http://hostname/my-pi* anbietet. DirectoryIndex bewirkt, dass automatisch die Datei hellow.html geladen wird, wenn im Webbrowser nur das Verzeichnis angegeben wird. Alle anderen Einstellungen werden vom übergeordneten Verzeichnis /var/www/ übernommen.

```
# in /etc/apache/sites-available/000-default.conf
<VirtualHost *:80>
  ...
  # mycode-Verzeichnis, Webadresse http://hostname/my-pi
  Alias /my-pi /var/www/mycode
  <Directory /var/www/mycode>
     DirectoryIndex hellow.html
  </Directory>
```

```
   ...
</VirtualHost>
```

Damit die geänderte Konfiguration wirksam wird, müssen Sie Apache auffordern, die Konfigurationsdatei neu einzulesen:

```
sudo systemctl reload apache2
```

Als Benutzer pi können Sie nun mit einem beliebigen Editor die Datei /var/www/mycode/hellow.html verfassen und dort den folgenden Text speichern:

```
<h1>Hello World!</h1>
```

Wenn Sie nun auf dem Raspberry Pi im Webbrowser die Adresse *http://localhost/my-pi* eingeben, sollten Sie die Hello-World-Seite sehen (siehe Abbildung 23.2).

Abbildung 23.2 Die Hello-World-Seite in einem eigenen Webverzeichnis

Verzeichnisse absichern

Die Apache-Version 2.4 verwendet im Vergleich zur Vorgängerversion 2.2 ganz neue Mechanismen zur Absicherung von Verzeichnissen. Die in Version 2.2 üblichen Schlüsselwörter Order, Allow und Deny werden zwar dank des Moduls mod_access_compat weiterhin akzeptiert, sollten aber vermieden werden. Stattdessen wird nun der Einsatz des neuen Schlüsselworts Require empfohlen.

Require wird innerhalb einer <Directory>-Gruppe verwendet. Wenn Sie mehrere Bedingungen formulieren, dann reicht es, wenn *eine* dieser Bedingungen erfüllt ist:

```
<Directory /var/www/meinverzeichnis>
  Require local
  Require ip 192.168
  Require host meine-firma.de
</Directory>
```

Mit <RequireAll> können Sie mehrere Bedingungen durch ein logisches Und kombinieren. Apache liefert die angeforderte Seite nur, wenn *alle* Bedingungen gleichzeitig zutreffen.

23

```
<Directory /var/www/meinverzeichnis>
  <RequireAll>
    Require valid-user
    Require ip 192.168.17
  </RequireAll>
</Directory>
```

Das folgende Listing erläutert verschiedene Anwendungs- und Syntaxformen. Besonders die zweite Variante ist beim Raspberry-Pi-Einsatz zu Hause oft zweckmäßig: Sie erlaubt den Zugriff nur aus dem lokalen Netz (z. B. 10.0.0.* oder 192.168.11.*), aber nicht von außerhalb.

```
# erlaubt den Zugriff vom Rechner mit der IP-Adresse 192.168.0.2
Require ip 192.168.0.2

# erlaubt den Zugriff aus dem Adressbereich 10.0.*.*
Require ip 10.0

# erlaubt den Zugriff aus einem IPv6-Adressbereich
Require ip 2001:1234:789a:0471::/64

# erlaubt den Zugriff für einen bestimmten Hostnamen
Require host intern.meine-firma.de

# erlaubt den Zugriff für *.meine-firma.de
Require host meine-firma.de

# erlaubt den Zugriff von localhost (IPv4 und IPv6)
Require local

# erlaubt den Zugriff für authentifizierte Benutzer
Require valid-user

# erlaubt den Zugriff von überall
Require all granted

# blockiert jeden Zugriff
Require all denied
```

Unter Raspbian gilt für / per Default Require all denied, womit jeder Zugriff auf das Dateisystem blockiert wird. Einzig für /usr/share und /var/www sowie für alle dort befindlichen Unterverzeichnisse gibt es mit Require all granted eine Ausnahme, die den Zugriff erlaubt.

Passwortschutz für Webverzeichnisse

Manche Webverzeichnisse sollen aus Sicherheitsgründen nur nach einer Authentifizierung durch einen Benutzernamen und das dazugehörende Passwort freigegeben werden. Das ist insbesondere dann wichtig, wenn Sie webbasierte Steuerungsfunktionen nicht nur in Ihrem lokalen Netzwerk anbieten möchten, sondern auch öffentlich über das Internet. Dann sollten Sie das Verzeichnis mit Ihren PHP-Scripts unbedingt durch ein Passwort absichern!

Der erste Schritt hin zum Passwortschutz ist eine Passwortdatei. Die Datei sollte aus Sicherheitsgründen außerhalb aller Webverzeichnisse angelegt werden, um einen Zugriff per Webadresse auszuschließen. Im folgenden Beispiel gehen wir davon aus, dass die Passwortdatei im Verzeichnis /var/www-private gespeichert wird. Apache muss Leserechte für das Verzeichnis haben:

```
sudo mkdir /var/www-private
sudo chgrp www-data /var/www-private/
sudo chmod 2750 /var/www-private/
```

Um eine neue Passwortdatei anzulegen, verwenden Sie das Kommando mit der Option -c (*create*). Das Passwort wird verschlüsselt gespeichert (genau genommen in Form eines Hash-Codes).

```
cd /var/www-private
htpasswd -c passwords.pwd username
  New password: ********
  Re-type new password: ********
  Adding password for user username
```

Weitere Benutzername/Passwort-Paare werden ohne die Option -c hinzugefügt:

```
htpasswd passwords.pwd user2
  New password: ********
  Re-type new password: ********
  Adding password for user user2
```

Damit Apache die Passwortdatei tatsächlich berücksichtigt, müssen Sie in die <Directory>-Gruppe Authentifizierungsoptionen einfügen. Wenn es für das zu schützende Verzeichnis noch keine eigene <Directory>-Gruppe gibt, legen Sie eine neue Gruppe an. Dabei werden automatisch alle Optionen vom übergeordneten Verzeichnis übernommen. Sie müssen also nur die Authentifizierungsoptionen hinzufügen.

Wenn das Verzeichnis /var/www/mycode, das wir im vorigen Abschnitt eingerichtet haben, durch ein Passwort abgesichert werden soll, fügen Sie in die default-Datei die AuthXxx- und Require-Zeilen gemäß dem folgenden Muster ein:

23

```
# in /etc/apache2/sites-available/000-default.conf
<VirtualHost *:80>
  ...
  # mycode-Verzeichnis durch Passwort absichern
  <Directory "/var/www/mycode/">
      DirectoryIndex hellow.html
      ...
      AuthType    Basic
      AuthUserFile /var/www-private/passwords.pwd
      AuthName    "admin"
      Require     valid-user
  </Directory>
  ...
</VirtualHost>
```

Kurz eine Erklärung der Schlüsselwörter: AuthType gibt den Authentifizierungstyp an. In diesem Buch gehen wir nur auf den einfachsten Typ, nämlich Basic, ein. AuthUserFile gibt den Ort der Passwortdatei an.

AuthName bezeichnet den Bereich (Realm), für den der Zugriff gültig ist. Der Sinn besteht darin, dass Sie nicht jedes Mal einen Login durchführen müssen, wenn Sie auf unterschiedliche Verzeichnisse zugreifen möchten, die durch dieselbe Passwortdatei geschützt sind. Sobald Sie sich mit einer bestimmten AuthName-Bezeichnung eingeloggt haben, gilt dieser Login auch für alle anderen Verzeichnisse mit diesem AuthName.

Require bedeutet, dass als Login jede gültige Kombination aus Benutzername und Passwort erlaubt ist. Alternativ können Sie hier auch angeben, dass ein Login nur für ganz bestimmte Benutzer erlaubt ist:

```
Require user name1 name2
```

Damit Apache die Änderungen berücksichtigt, müssen Sie das Programm auffordern, die Konfiguration neu einzulesen:

```
sudo systemctl reload apache2
```

.htaccess-Datei

Im Internet ist oft beschrieben, wie Sie einen Passwortschutz durch Einstellungen in der .htaccess-Datei im betreffenden Verzeichnis erreichen – für das obige Beispiel also in /var/www/mycode. Das ist eine alternative Vorgehensweise, die vor allem dann zweckmäßig ist, wenn Sie die Apache-Konfigurationsdateien nicht verändern dürfen. Das ist bei den meisten Webhosting-Angeboten der Regelfall. Wenn Sie Apache aber (wie in diesem Buch beschrieben) ohnedies selbst administrieren, ist es einfacher, die betreffenden Einstellungen direkt in einer Konfigurationsdatei vorzunehmen.

Wollen Sie dennoch mit `.htaccess` arbeiten, speichern Sie in dieser Datei dieselben Anweisungen, die vorhin innerhalb der `<Directory>`-Gruppe angegeben wurden, also `AuthType`, `AuthUserFile`, `AuthName` und `Require`.

Beachten Sie außerdem, dass Einstellungen in `.htaccess` nur dann von Apache berücksichtigt werden, wenn die Verzeichniskonfiguration dies vorsieht. `AuthConfig`-Anweisungen in `.htaccess` werden nur in Verzeichnissen beachtet, für die die Einstellung `AllowOverride` den Wert `AuthConfig` oder sogar `All` enthält.

23.3 HTTPS

Für den gewöhnlichen Austausch von Daten zwischen Webserver und Browser kommt das Protokoll HTTP zum Einsatz. Es überträgt aber alle Daten unverschlüsselt und ist deswegen für die Übermittlung vertraulicher Daten ungeeignet. Für diesen Zweck ist das Protokoll HTTPS vorzuziehen. HTTPS vereint die Protokolle *Hypertext Transfer Protocol* (HTTP) und *Secure Sockets Layer* (SSL) und fügt HTTP so Verschlüsselungsfunktionen hinzu.

Die auf dem Raspberry Pi installierte Apache-Version ist für die Verwendung von HTTPS bereits vorbereitet. Um die HTTPS-Funktionen zu aktivieren, führen Sie einfach die folgenden Kommandos aus:

```
sudo a2ensite default-ssl
sudo a2enmod ssl
sudo systemctl restart apache2
```

Ab jetzt können Sie auch via *https://localhost* auf Ihre Webseite zugreifen und dabei eine verschlüsselte Verbindung nutzen. Leider hat diese simple Lösung einen Schönheitsfehler: Es kommen dabei automatisch erzeugte Zertifikate zum Einsatz. Diese Zertifikate wurden von niemandem überprüft. Die meisten Webbrowser zeigen deswegen unmissverständliche Warnungen an, dass diesen Zertifikaten nicht zu trauen ist. Midori, der Default-Webbrowser von Raspbian, verzichtet zwar auf derartige Warnungen, versieht dafür aber die Adressleiste mit einem roten Hintergrund.

Wenn Sie über Ihre Webseite Waren oder Dienstleistungen verkaufen möchten, ist dieser Umstand natürlich inakzeptabel – dann benötigen Sie *richtige* Zertifikate. Geht es Ihnen aber nur darum, abhörsicher auf Ihren Raspberry Pi zuzugreifen, dann sind die automatisch erzeugten Zertifikate vollkommen ausreichend. Die Verschlüsselungsqualität der Verbindung ist genauso gut wie bei jedem anderen Zertifikat.

Die automatisch erzeugten Zertifikate stammen vom Paket `ssl-cert`, das zusammen mit Apache installiert worden ist. Dabei wurden automatisch Zertifikate erzeugt, die scherzhaft Snakeoil-Zertifikate genannt werden. (»Snakeoil« wird im Englischen als Bezeichnung für vorgebliche Wunder- oder Allheilmittel verwendet.) Die Zertifi-

23

kate berücksichtigen die Hostname-Einstellungen laut /etc/hostname. Wenn Sie Ihren Hostnamen später verändern, passen die Zertifikate und Ihr Hostname nicht mehr zusammen. Abhilfe: Erzeugen Sie neue Zertifikate, und aktivieren Sie diese durch einen Neustart von Apache:

```
sudo make-ssl-cert generate-default-snakeoil --force-overwrite
sudo systemctl restart apache2
```

Die Snakeoil-Zertifikate werden in den Dateien /etc/ssl/certs/ssl-cert-snakeoil.* gespeichert. Die folgenden Zeilen in default-ssl.conf sind dafür verantwortlich, dass die Zertifikate automatisch berücksichtigt werden:

```
# Datei /etc/apache2/sites-available/default-ssl.conf
<IfModule mod_ssl.c>
  <VirtualHost _default_:443>
    ...
    SSLCertificateFile    /etc/ssl/certs/ssl-cert-snakeoil.pem
    SSLCertificateKeyFile /etc/ssl/private/ssl-cert-snakeoil.key
    ...
  </VirtualHost>
</IfModule>
```

Für den privaten Zugriff auf Ihren Raspberry Pi ist es überflüssig, *richtige* Zertifikate von einer etablierten Zertifizierungsstelle zu verwenden. Soll Ihr Raspberry Pi aber öffentlich im Internet erreichbar sein, dann ist es zweckmäßig, ein kostenloses Zertifikat von *https://letsencrypt.org* zu besorgen oder ein Zertifikat bei Verisign, Thawte oder einer anderen Zertifikatsstelle zu erwerben.

Die Zertifikats- und Schlüsseldateien kopieren Sie in das Verzeichnis /etc/ssl/certs und /etc/ssl/private. Damit die Zertifikate von Apache berücksichtigt werden, müssen Sie in der Datei /etc/apache2/sites-available/default-ssl die Einstellungen für SSLCertificateFile und -KeyFile modifizieren. Unter Umständen benötigen Sie außerdem Zertifikate der Zertifizierungsstelle, die Sie mit den Schlüsselwörtern SSLCertificateChainFile und SSLCACertificateFile in die Konfiguration einbinden. Anschließend starten Sie Apache mit systemctl restart apache2 neu.

23.4   PHP installieren und konfigurieren

Apache an sich kann nur statische Webseiten übertragen. Alle modernen Websites nutzen aber dynamische Seiten: Jedes Mal, wenn eine derartige Seite angefordert wird, startet Apache ein externes Programm, verarbeitet den Code der Seite und liefert als Ergebnis eine Seite, die individuell angepasst ist. Damit kann die Seite beispielsweise die aktuelle Uhrzeit oder das aktuelle Bild der Raspberry-Pi-Kamera enthalten.

Zur Programmierung dynamischer Webseiten eignen sich zahllose Programmiersprachen – z. B. Perl, PHP oder Java. Dieses Buch geht allerdings nur auf PHP ein. Die Grundidee einer PHP-Webseite besteht darin, dass die Datei mit der Kennung *.php sowohl HTML- als auch PHP-Code enthält. PHP-Code wird mit dem Tag `<?php` ein­geleitet und endet mit `?>`. Apache übergibt PHP-Seiten an den PHP-Interpreter, der den PHP-Code ausführt. Das Ergebnis des Codes wird als HTML-Seite übertragen. Der Webbrowser des Nutzers sieht also nie den PHP-Code, sondern immer nur die resultierende HTML-Seite.

Damit Sie in PHP programmieren können, installieren Sie mit Ihrem Paketverwaltungsprogramm die erforderlichen php5-Pakete. Was *erforderlich* ist, ist allerdings gar nicht so einfach festzustellen: Ähnlich wie Apache ist auch PHP über zahlreiche Pakete verteilt, die die Sprache an sich sowie diverse Erweiterungen enthalten. Für erste Experimente reichen üblicherweise php, php-common sowie libapache2-mod-php. Während der Installation wird Apache automatisch neu gestartet.

```
sudo apt install php php-common libapache2-mod-php
```

Zahllose Optionen des PHP-Interpreters werden durch die Datei /etc/php/7.0/ apache2/php.ini gesteuert. Im Regelfall können Sie die Grundeinstellungen einfach beibehalten. Sollten Sie Änderungen durchführen, müssen Sie Apache anschließend neu starten, damit Ihre Einstellungen wirksam werden:

```
sudo systemctl restart apache2
```

PHP ausprobieren

Um zu testen, ob die PHP-Installation funktioniert (siehe Abbildung 23.3), erstellen Sie die Datei /var/www/html/phptest.php, die aus nur einer einzigen Zeile Code besteht:

```
<?php phpinfo(); ?>
```

Diese Datei muss für den Account www-data lesbar sein. Selbst wenn Sie die Datei mit einem Editor als root erzeugt haben, ist diese Voraussetzung standardmäßig erfüllt. Obwohl es sich bei PHP-Dateien eigentlich um Script-Dateien handelt, reichen simple Leserechte. Anders als bei Python- oder bash-Scripts ist also kein Execute-Zugriffsbit erforderlich.

Mit einem Webbrowser sehen Sie sich nun die Seite *http://localhost/phptest.php* an (siehe Abbildung 23.3). Das Ergebnis ist eine sehr umfangreiche Seite, die alle möglichen Optionen und Einstellungen von Apache und PHP enthält. Die Seite verrät auch, dass unter Raspbian Stretch PHP 7.0 zum Einsatz kommt. (Aktuell wäre eigentlich PHP 7.2, aber für diese Version gibt es in Raspbian noch keine Pakete.)

23

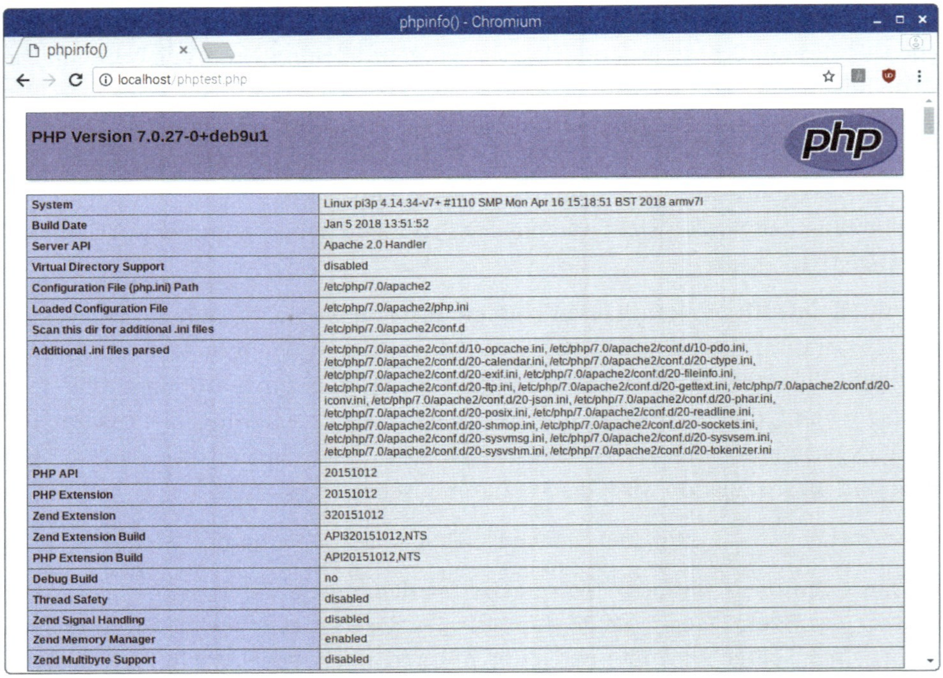

Abbildung 23.3 Die PHP-Testseite

Aus Sicherheitsgründen ist es nicht empfehlenswert, eine Seite mit `phpinfo()` frei zugänglich ins Internet zu stellen. Sie enthält eine Menge Informationen über Ihre Konfiguration.

23.5   MariaDB installieren und administrieren

Unter Raspbian Stretch steht nicht mehr MySQL als Datenbank-Server zur Verfügung, sondern das dazu weitgehend kompatible Programm MariaDB. MySQL bzw. MariaDB werden besonders oft in Kombination mit PHP eingesetzt, um die Inhalte von dynamischen Webseiten zu speichern, also Forenbeiträge, Wiki-Texte oder CMS-Artikel.

MariaDB installieren

Um den MariaDB-Server sowie die PHP-Erweiterung zum MySQL/MariaDB-Zugriff zu installieren, führen Sie das folgende Kommando aus:

```
sudo apt install mysql-server php-mysql
```

Wie Apache wird nun auch MariaDB sofort und in Zukunft bei jedem Start des Raspberry Pi ausgeführt. Wenn Sie MariaDB nur bei Bedarf manuell starten möchten, verhindern Sie den Auto-Start wie folgt:

```
sudo systemctl disable mariadb
```

Die folgenden Kommandos starten bzw. stoppen MariaDB nun manuell:

```
sudo systemctl start mariadb
sudo systemctl stop mariadb
```

So richten Sie den Auto-Start wieder ein:

```
sudo systemctl enable mariadb
```

Muss es MariaDB sein oder reicht SQlite?

MariaDB ist ein sehr komplexes Programm, das selbst im Leerlauf einigen Arbeitsspeicher beansprucht. Zudem benötigt es sehr viel Platz auf Ihrer SD-Karte. Daher sollten Sie MariaDB nur installieren, wenn Sie diesen Datenbank-Server wirklich benötigen. Viele PHP-Programme brauchen gar keinen Datenbank-Server, andere können statt MariaDB auch andere Datenbanksysteme nutzen.

Ideal für Anwendungen mit kleinen Datenmengen ist SQlite (Installation mit sudo apt install sqlite). Diese minimalistische Bibliothek stellt alle wichtigen Datenbankfunktionen für einfache Anwendungen zur Verfügung, beansprucht aber viel weniger Ressourcen. Diese Argumente nützen natürlich wenig, wenn die von Ihnen angedachte Web-Applikation MySQL bzw. MariaDB voraussetzt.

MariaDB-Konfiguration

Die MariaDB-Grundkonfiguration befindet sich in den Dateien /etc/mysql/*.conf. (Der Pfad /etc/mysql gilt aus Kompatibilitätsgründen auch für MariaDB.) Änderungen an diesen Dateien sind normalerweise nicht erforderlich.

Der MariaDB-Server speichert alle Datenbanken im Verzeichnis /var/lib/mysql. Die meisten Dateien liegen in einem binären Format vor und sollten nicht angerührt werden, solange der Datenbank-Server läuft. Nur wenn Sie den MariaDB-Server vorher stoppen, können Sie das gesamte Verzeichnis sichern. Auf diese Weise können Sie ein Backup *aller* MariaDB-Datenbanken auf einmal erstellen. Zweckmäßiger ist es aber zumeist, Backups mit mysqldump durchzuführen.

Das mysql-Kommando

Der MariaDB-Server ist ein Programm ohne Benutzeroberfläche. Er läuft im Hintergrund als »Dämon« und ist gewissermaßen eine unsichtbare Blackbox. Um den

23

Server zu steuern, um neue Datenbanken anzulegen, um Backups durchzuführen sowie für viele weitere Aufgaben brauchen Sie Administrationswerkzeuge. In diesem Kapitel stellen wir Ihnen dafür die Kommandos mysql und mysqldump sowie die Weboberfläche phpMyAdmin vor. (Aus Kompatibilitätsgründen hat MariaDB die Namen der Kommandos mysql und mysqldump vom Original übernommen.)

Das Kommando mysql ist eine Art Kommandointerpreter für SQL-Kommandos. Beim Start des Kommandos stellt mysql eine Verbindung zum Datenbank-Server her. In der Folge können Sie dann SQL-Kommandos ausführen und deren Ergebnisse ansehen.

Sie starten sudo mysql in einem Terminalfenster. sudo ist erforderlich, weil administrative Arbeiten in mysql nur dann zulässig sind. (Sobald Sie Datenbanknutzer ohne administrative Rechte erstellt haben, können Sie mysql auch ohne sudo verwenden. Sie geben dann die Optionen -u <name> -p an. -u gibt den Namen des Benutzers an. Die Option -p ohne weitere Angaben bewirkt, dass mysql unmittelbar nach dem Start interaktiv nach dem Passwort fragt. Außerdem können Sie als weiteren Parameter die Datenbank angeben, die Sie mit mysql bearbeiten möchten.)

Sofern der Verbindungsaufbau zum Datenbank-Server gelingt, können Sie nun SQL-Kommandos eingeben und ausführen. Dabei ist zu beachten, dass jedes Kommando mit einem Strichpunkt enden muss. exit oder [Strg]+[D] beendet mysql.

```
sudo mysql
  Welcome to the MariaDB monitor.
  Server version: 10.1.23-MariaDB-9+deb9u1 Raspbian 9.0

MariaDB> SELECT 1+1;
  2

MariaDB> exit
```

Neue Datenbanken einrichten

Das folgende Listing zeigt, wie Sie mit mysql zuerst eine neue Datenbank und dann einen Benutzer einrichten, der auf diese Datenbank zugreifen darf, aber darüber hinaus keine administrativen Rechte hat. Bei den folgenden Kommandos müssen Sie lediglich dbname durch den tatsächlichen Datenbanknamen, dbuser durch den gewünschten MariaDB-Benutzernamen und geheim durch das Passwort ersetzen:

```
sudo mysql

MariaDB> CREATE DATABASE dbname;

MariaDB> GRANT ALL ON dbname.* TO dbuser@localhost
         IDENTIFIED BY 'geheim';

MariaDB> exit
```

Die Datenbank dbname ist vorerst leer. Mit dem SQL-Kommando CREATE TABLE können Sie nun bei Bedarf Tabellen in der Datenbank einrichten, sofern es nicht ein Installationsprogramm gibt, das sich darum kümmert.

Sollten Sie die Datenbank und den betreffenden Benutzer wieder löschen wollen, führen Sie diese Kommandos aus:

```
sudo mysql

MariaDB> DROP DATABASE dbname;

MariaDB> DROP USER dbuser@localhost;

MariaDB> exit
```

Datenbankintern werden Benutzer und deren Zugriffsrechte in der vordefinierten Datenbank *mysql* gespeichert. SELECT * FROM mysql.user listet alle Benutzer sowie deren globalen Rechte auf, die in der Nomenklatur von MySQL bzw. MariaDB *Privilegien* heißen.

---

mysql oder *mysql*?

Wenn man von MySQL oder MariaDB schreibt oder spricht, stößt man unweigerlich auf das Problem, dass der Begriff *MySQL* mehrdeutig ist. mysql ist ein Kommandointerpreter, also ein administratives Werkzeug, um in einem Terminalfenster SQL-Kommandos auszuführen. Die Schreibweise *mysql* hingegen verwenden wir für eine besondere MySQL- bzw. MariaDB-interne Datenbank, die zur Speicherung der Zugriffsrechte aller Datenbankbenutzer verwendet wird.

Datenbanken sichern und wiederherstellen

Um ein vollständiges Backup einer Datenbank in einer komprimierten Datei zu erstellen, verwenden Sie mysqldump in Kombination mit gzip.

```
sudo sh -c 'mysqldump  dbname | gzip -c > dbname.sql.gz'
```

Sollte es später notwendig sein, eine Datenbank aus diesem Backup wiederherzustellen, erzeugen Sie zuerst mit mysqladmin eine leere Datenbank. gunzip dekomprimiert dbname.sql.gz und leitet dann die SQL-Kommandos an mysql weiter.

```
sudo mysqladmin create dbname

gunzip -c dbrame.sql.gz |
  sudo mysql --default-character-set=utf8 dbname
```

23

Administration mit phpMyAdmin

Wenn Ihnen die Administration des MariaDB-Servers auf Kommandoebene, also mit `mysql` oder `mysqldump`, zu sperrig erscheint, installieren Sie die Weboberfläche *php-MyAdmin*:

```
sudo apt install phpmyadmin
```

Während der Installation müssen Sie angeben, für welchen Webserver phpMyAdmin eingerichtet werden soll; hier wählen Sie Apache2. Außerdem fragt das Installations-programm, ob es eine Datenbank einrichten soll, in der phpMyAdmin diverse Einstel-lungen speichern kann. Diese Datenbank ist nicht unbedingt erforderlich, ermöglicht aber die Nutzung einiger Zusatzfunktionen von phpMyAdmin. Wählen Sie daher JA. Das Installationsprogramm fragt nun, welches Passwort Sie für einen eigenen Benut-zer verwenden möchten, der für phpMyAdmin eingerichtet wird. Drücken Sie hier einfach ⏎, damit ein zufälliges Passwort generiert und in die Konfigurationsda-teien eingetragen wird. (Sie müssen dieses Passwort selbst nie eingeben.)

Sie können phpMyAdmin nun über die Seite *http://localhost/phpmyadmin* verwen-den. Im Login-Dialog geben Sie einen zuvor eingerichteten Datenbankbenutzer (z. B. `dbname` aus den obigen Beispielen) sowie das dazu passende Passwort an. Innerhalb von phpMyAdmin haben Sie damit aber nur Zugriff auf die Datenbanken, die `dbname` verwalten darf.

Wenn Sie in phpMyAdmin uneingeschränkte Administratorrechte haben möchten, müssen Sie zu diesem Zweck zuerst einen geeigneten Benutzer einrichten. Diesen Schritt müssen Sie in einem Terminal erledigen:

```
sudo mysql

MariaDB> GRANT ALL ON *.* TO pmaroot@localhost
         IDENTIFIED BY 'geheim' WITH GRANT OPTION;
```

Im Login-Dialog von phpMyAdmin melden Sie sich nun als `pmaroot` mit dem Pass-wort `geheim` an. (Natürlich sollten Sie anstelle von `pmaroot` und `geheim` einen eige-nen User-Namen und ein besseres Passwort verwenden!) In der Weboberfläche (siehe Abbildung 23.4) können Sie jetzt Datenbanken und Tabellen einrichten, SQL-Kommandos ausführen, MySQL-Benutzer einrichten etc. Auch wenn die Weboberflä-che viele administrative Aufgaben vereinfacht, kann sie ein Datenbankgrundwissen nicht ersetzen.

Wenn Ihr Raspberry Pi über das Internet erreichbar ist, stellt phpMyAdmin ein Sicher-heitsrisiko dar, zumal die mit Raspbian ausgelieferte Version veraltet ist. Sie sollten das phpMyAdmin-Verzeichnis unbedingt durch ein Passwort absichern. Dazu rich-ten Sie zuerst (wie in Abschnitt 23.2, »Webverzeichnisse einrichten und absichern«, beschrieben) mit htpasswd die Passwortdatei /var/www-private/passwords.pwd ein und ergänzen dann die bereits vorhandene Datei /etc/phpmyadmin/apache.conf um drei AuthXxx-Zeilen und eine Require-Zeile:

```
# Datei /etc/phpmyadmin/apache.conf
...
<Directory /usr/share/phpmyadmin>
    Options FollowSymLinks
    DirectoryIndex index.php
    <IfModule mod_php5.c>
      ...
    </IfModule>
    <IfModule mod_php.c>
      ...
    </IfModule>

    # diese Zeilen einfügen
    AuthType      Basic
    AuthUserFile  /var/www-private/passwords.pwd
    AuthName      "admin"
    Require       valid-user
</Directory>
...
```

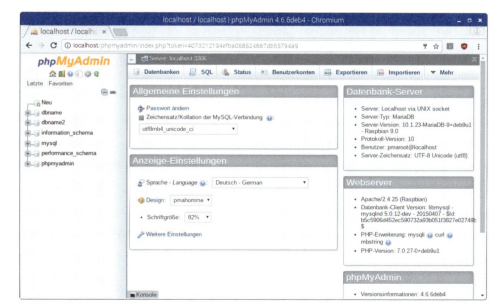

Abbildung 23.4 Administration von MariaDB im Webbrowser mit phpMyAdmin

23

23.6   Hello World! in PHP

Die Grundidee der Programmiersprache PHP ist einfach: Wenn jemand über den Webbrowser eine PHP-Seite ansehen will, dann lädt Apache die betreffende Datei und übergibt sie an den PHP-Interpreter. Dieser durchsucht die Datei nach Code-Sequenzen, die mit `<?php` beginnen und mit `?>` enden. Der dazwischen befindliche Code wird nun ausgeführt. Alle Ausgaben von PHP werden anstelle des PHP-Codes in die Datei eingebettet. Apache sendet dann das Ergebnis via HTTP an die IP-Adresse, die die Seite angefordert hat.

Als erstes Beispiel verfassen Sie mit einem Editor die Datei `hellow.php`:

```
<!DOCTYPE html>
<meta charset="utf-8">
<h1>Hello World!</h1>
<?php
  echo "<p>Dynamischer Test mit Datum und Uhrzeit: " .
    date("j.n.Y H:i", time());
  echo "<p>Sonderzeichentest: äöüß€"
?>
```

Diese Datei speichern Sie im Verzeichnis `/var/www/html`. Im Gegensatz zu den Script-Sprachen Python oder bash besteht bei PHP-Dateien keine Notwendigkeit, diese als ausführbar zu kennzeichnen. Wichtig ist nur, dass der Benutzer `www-data`, mit dessen Rechten der Webserver Apache ausgeführt wird, die Datei lesen darf. Wenn Sie die Seite *http://localhost/hellow.php* aufrufen, machen Apache und PHP daraus den folgenden HTML-Code:

```
<!DOCTYPE html>
<meta charset="utf-8">
<h1>Hello World!</h1>
<p>Dynamischer Test mit Datum und Uhrzeit: 17.5.2018 08:04
<p>Sonderzeichentest: äöüß€
```

Die Teile der PHP-Datei, die nicht zwischen `<?php` und `?>` eingeschlossen sind, bleiben also unverändert und werden eins zu eins weitergegeben. Die PHP-Codepassagen werden hingegen vom PHP-Interpreter ausgeführt. Im resultierenden HTML-Dokument sind von den Codepassagen nur die Ergebnisse sichtbar, also die mit echo durchgeführten Ausgaben. Dieses HTML-Dokument sendet Apache nun an den Webbrowser, der es darstellt (siehe Abbildung 23.5).

Wenn Sie noch nie mit PHP programmiert haben, dann sollten Sie sich jetzt ein paar Tage Zeit nehmen und sich in die Grundlagen von PHP, HTML, CSS und eventuell auch noch JavaScript einarbeiten. Es gibt unzählige Bücher und noch mehr Webseiten zu diesem Thema. Die weiteren Abschnitte dieses Kapitels konzentrieren sich auf

Raspberry-Pi-spezifische Programmiertechniken und setzen voraus, dass Sie mit PHP und HTML umgehen können.

Abbildung 23.5 »Hello World« in PHP

Fehlersuche

Wenn ein PHP-Script nicht so funktioniert, wie Sie es erwarten, sollten Sie einen Blick in die Datei /var/log/apache2/error.log werfen. Dort protokolliert Apache alle Fehler, die im Betrieb auftreten – und dazu zählen auch PHP-Syntaxfehler.

Während der Entwicklungsphase ist es noch praktischer, wenn Fehlermeldungen direkt im Webbrowser angezeigt werden. Dazu verändern Sie eine Zeile in der PHP-Konfigurationsdatei php.ini:

```
; Datei /etc/php/7.0/apache2/php.ini
...
; alle PHP-Fehler anzeigen
display_errors = On
error_reporting = E_ALL
```

Vergessen Sie nicht, die Einstellungen auf ihre Default-Werte zurückzusetzen, sobald Ihre Programme zufriedenstellend laufen! Es ist aus Sicherheitsgründen nie empfehlenswert, dass ein Besucher Ihrer Webseiten Fehlermeldungen zu sehen bekommt!

```
; Datei /etc/php/7.0/apache2/php.ini
...
; sichere Default-Einstellung für den Betrieb
display_errors = Off
error_reporting =  E_ALL & ~E_DEPRECATED & ~E_STRICT
```

Änderungen an php.ini werden erst wirksam, wenn Sie Apache neu starten:

```
sudo systemctl restart apache2
```

23

23.7   GPIO-Steuerung mit PHP

Alle PHP-Scripts zur Hardware-Steuerung sind nicht nur für Sie zugänglich, sondern für jeden, der mit einem Webbrowser auf Ihren Raspberry Pi zugreifen kann – sei es im lokalen Netzwerk oder bei entsprechender Konfiguration weltweit über das Internet! Deswegen empfehlen wir Ihnen dringend, alle PHP-Dateien in einem Webverzeichnis zu speichern, dessen Zugriff durch ein Passwort geschützt ist.

Wie Sie dazu vorgehen müssen, haben wir in Abschnitt 23.2, »Webverzeichnisse einrichten und absichern«, für das Verzeichnis /var/www/mycode beschrieben. Alle in diesem Verzeichnis gespeicherten Scripts können im Webbrowser unter den Adressen *http://localhost/my-pi/name.php* bzw. *http://hostname/my-pi/name.php* aufgerufen werden. Der folgende Code zeigt nochmals die relevanten Zeilen der Apache-Konfiguration. Beachten Sie insbesondere auch die Alias-Anweisung, die das mycode-Verzeichnis mit der Webadresse hostname/my-pi verbindet.

```
# in /etc/apache2/sites-available/000-default.conf
<VirtualHost *:80>
  ...
  # mycode-Verzeichnis, Webadresse http://hostname/my-pi
  Alias /my-pi /var/www/mycode
  <Directory /var/www/mycode>
      AuthType      Basic
      AuthUserFile  /var/www-private/passwords.pwd
      AuthName      "admin"
      Require       valid-user
  </Directory>
  ...
</VirtualHost>
```

GPIOs auslesen und verändern

PHP enthält selbst keine Funktionen zur GPIO-Programmierung. Deswegen ist es am einfachsten, im PHP-Code auf das gpio-Kommando aus der WiringPi-Bibliothek zurückzugreifen. Die Installation dieser Bibliothek und die Syntax der gpio-Kommandos sind in Abschnitt 20.4, »WiringPi«, ausführlich beschrieben.

Zum Aufruf externer Kommandos sieht PHP die Funktionen shell_exec und exec vor. Die beiden Funktionen unterscheiden sich darin, dass shell_exec alle Ausgaben des aufgerufenen Kommandos zurückgibt, exec hingegen nur die letzte Zeile. Bei exec können Sie dafür zwei zusätzliche Variablen angeben, die nach dem Aufruf die Ausgaben als String-Array und den Rückgabewert des Kommandos enthalten:

```
exec('gpio -1 write 26 1');        // Pin 26 auf HIGH stellen
$state = exec('gpio -1 read 26');  // Status von Pin 26 ermitteln
```

LED ein- und ausschalten

Das folgende Beispiel setzt voraus, dass der GPIO-Pin 26 über einen Vorwiderstand mit einer Leuchtdiode verbunden ist. Wird dieser Pin als Signalausgang verwendet und auf *High* gestellt, dann leuchtet die LED. Das Script led.php ermittelt den aktuellen Zustand und zeigt ihn an. Außerdem erzeugt das Programm den HTML-Code für einen Button, um den Zustand der Leuchtdiode zu ändern (siehe Abbildung 23.6).

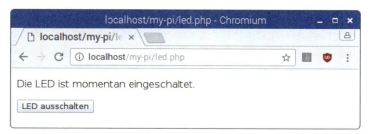

Abbildung 23.6 Eine Leuchtdiode über eine Webseite ein- und ausschalten

```
<!DOCTYPE html>
<meta charset="utf-8">
<?php
  // Pin 26 als Output verwenden
  exec('gpio -1 mode 26 out');

  // POST-Formulardaten verarbeiten
  if(isset($_POST['newstate'])) {
    $new = $_POST['newstate'];
    if($new=='0' || $new=='1')
      exec("gpio -1 write 26 $new");
  }
  // aktuellen Zustand und Button zum Umschalten anzeigen
  $current = exec('gpio -1 read 26');
  if($current == '0') {
    echo "<p>Die LED ist momentan ausgeschaltet.";
    echo "<p><form action='led.php' method='post'>
          <input type='hidden' name='newstate' value='1'>
          <input type='submit' value='LED einschalten'>
          </form>";
  } else {
    echo "<p>Die LED ist momentan eingeschaltet.";
    echo "<p><form action='led.php' method='post'>
          <input type='hidden' name='newstate' value='0'>
          <input type='submit' value='LED ausschalten'>
          </form>";
  }
?>
```

23

Temperatur auslesen

Das folgende PHP-Script soll die Temperatur eines 1-Wire-Temperatursensors anzeigen. Der 1-Wire-Kerneltreiber macht diese Temperatur in der Datei /sys/devices/ w1_bus_master1/nnn1/w1_slave zugänglich, wobei nnn ein ID-Code des Temperatursensors ist. Die Datei hat den folgenden Aufbau:

```
30 00 4b 46 ff ff 0e 10 7c : crc=7c YES
30 00 4b 46 ff ff 0e 10 7c t=222312
```

Die Aufgabe des PHP-Programms besteht also darin, diese Datei zu lesen, daraus die Temperatur zu extrahieren, sie in Grad Celsius umzurechnen und anzuzeigen (siehe Abbildung 23.7).

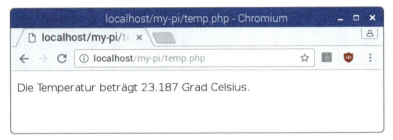

Abbildung 23.7 1-Wire-Temperatursensor auslesen

file_get_contents liest die gesamte Sensordatei in eine Zeichenkettenvariable. strpos ermittelt, an welcher Position in dieser Zeichenkette t= steht. substr extrahiert dann die Temperatur, die in Tausendstel Grad angegeben ist. intval macht daraus eine Zahl. Der Code ist durch try/catch abgesichert. Die wahrscheinlichste Fehlerursache ist ein falscher ID-Code für den Temperatursensor. Vergessen Sie nicht, die Zuweisung für die Variable $id an den ID-Code Ihres Sensors anzupassen!

```php
<!DOCTYPE html>
<meta charset="utf-8">
<?php
try {
  $id = '10-000802ae1551';
  $fname = "/sys/devices/w1_bus_master1/$id/w1_slave";
  $data = file_get_contents($fname);
  $pos= strpos($data, 't=');
  $temp = intval(substr($data, $pos+2)) / 1000;
  echo "<p>Die Temperatur beträgt $temp Grad Celsius.";
} catch(Exception $e) {
  echo "<p>Es ist ein Fehler aufgetreten.";
}
?>
```

Python-Scripts von PHP aus aufrufen

Relativ oft besteht der Wunsch, von PHP aus Python-Scripts aufzurufen. Grundsätzlich funktioniert das wie der Aufruf von Linux-Kommandos oder bash-Scripts mit exec. Anstelle dieser PHP-Funktion können Sie auch shell_exec verwenden. Diese Funktion hat den Vorteil, dass sie die gesamte Standardausgabe des aufgerufenen Kommandos zurückliefert, nicht nur die letzte Zeile. Zu shell_exec gibt es zudem eine komfortable Kurzschreibweise:

```
// Ergebnis von ls -l anzeigen
echo "<pre>" . shell_exec("ls -l /etc") . "</pre>";
// gleichwertige Kurzschreibweise
echo "<pre>" . `ls -l /etc` . "</pre>";`
```

Leider scheitert die GPIO-Steuerung durch Python-Scripts oft an mangelnden Zugriffsrechten. Wenn Sie einen Blick in /var/log/apache2/error.log werfen, werden Sie dort die Fehlermeldung no access to /dev/mem finden. Kurz eine Begründung, warum es dazu kommt: Der Webserver Apache wird unter Raspbian vom Account www-data ausgeführt. Viele GPIO-Kommandos und -Bibliotheken kommunizieren mit der Device-Datei /dev/gpiomem. Unter Raspbian ist diese Datei so eingerichtet, dass root sowie alle Mitglieder der Gruppe gpio Schreib- und Leserechte auf diese Datei haben. Der Standardbenutzer pi gehört der gpio-Gruppe an, der Account www-data aber nicht.

Wenn Sie möchten, dass PHP-Scripts sowie durch PHP ausgeführte Kommandos oder Scripts Zugriff auf /dev/gpiomem haben sollen, dann fügen Sie den Account www-data zur Gruppe gpio hinzu. Das gelingt so:

```
sudo adduser www-data gpio
sudo systemctl restart apache2
```

Je nachdem, welche (Python-)Bibliotheken Sie einsetzen und was Sie steuern möchten, reicht die obige einfache Lösung mitunter nicht aus. Die Hardware-Steuerung gelingt nur, wenn das betreffende Script mit root-Rechten, also mit sudo, ausgeführt wird. Aus Sicherheitsgründen ist es nicht wünschenswert, dass Apache oder der Python-Interpreter generell mit root-Rechten ausgeführt wird. Vielmehr soll nur das betreffende Python-Script mit diesen Rechten ausgeführt werden – und das ohne Passwortangabe.

Die erforderliche Konfiguration erfolgt in der Datei /etc/sudoers. Diese Datei darf nur mit Administratorrechten geändert werden, d. h., Sie starten aus einem Terminal heraus den Editor mit sudo:

```
sudo leafpad /etc/sudoers
```

Nun fügen Sie am Ende dieser Datei die folgende Zeile hinzu:

```
# am Ende von /etc/sudoers
www-data ALL=(ALL) NOPASSWD: /home/pi/mein-script.py
```

23

Das bedeutet, dass Apache durch den Account www-data das Script /home/pi/mein-script.py ohne Passwort-Angaben mit sudo ausführen darf. Halten Sie sich exakt an die obige Syntax, und ersetzen Sie lediglich /home/pi/mein-script.py durch den vollständigen Pfad zu Ihrem Script. Wenn es mehrere Scripts gibt, die von PHP aus aufgerufen werden sollen, können Sie deren Namen durch Kommata trennen oder für jedes Script eine eigene Zeile in /etc/sudoers angeben.

In Ihrem PHP-Script müssen Sie sudo nun auch bei exec verwenden, beispielsweise so:

```php
<?php
exec("sudo /home/pi/mein-script.py");
?>
```

Datenaustausch zwischen PHP und Python

Noch mehr Tipps zum Aufruf von Python-Code aus PHP-Scripts finden Sie in unserem Blog. Dort ist auch beschrieben, wie Sie am einfachsten Daten zwischen PHP und Python austauschen:

https://pi-buch.info/gpio-steuerung-in-php-scripts

23.8 Kamerafunktionen mit PHP nutzen

Grundsätzlich gibt es zwei prinzipielle Vorgehensweisen, wie Sie eine aktuelle Aufnahme Ihrer Raspberry-Pi-Kamera auf einer Webseite anzeigen lassen können: Die eine Variante besteht darin, dass Sie mit einem Cron-Job regelmäßig, z. B. alle fünf Minuten, eine Aufnahme machen und das Bild in /var/www/html/foto.jpg speichern. Über den Webbrowser können Sie das Bild unter *http://hostname/foto.jpg* ansehen. Alternativ können Sie das Bild natürlich auch in eine HTML-Seite einbetten, etwa so:

```html
<!DOCTYPE html>
<img width="500" alt="Foto" src="foto.jpg" >
```

PHP ist also keineswegs erforderlich, um Raspberry-Pi-Fotos webbrowsertauglich anzubieten. Wenn Sie aber bereit sind, ein paar Zeilen PHP zu programmieren, können Sie Raspberry-Pi-Kameraaufnahmen über das Internet fernsteuern und dabei auch diverse Kameraparameter einstellen. Wie das geht, lernen Sie in diesem Abschnitt.

Apache den Kamerazugriff erlauben

raspistill und raspivid kommunizieren nicht direkt mit der Kamera, sondern verwenden dafür die Device-Datei /dev/vchiq. Eine Device-Datei ist eine spezielle Datei, die es unter Linux ermöglicht, auf viele Hardware-Funktionen so zuzugreifen, als würde es sich um Dateien handeln. Allerdings dürfen unter Raspbian nur root sowie alle Mitglieder der Gruppe video auf die Datei /dev/vchiq zugreifen:

```
ls -l /dev/vchiq
  crw-rw---T 1 root video 250, 0 Jan  1  1970 /dev/vchiq
```

Der Webserver Apache und somit auch alle PHP-Scripts werden aber unter dem Account www-data ausgeführt. Deswegen ist es anfänglich unmöglich, in einem PHP-Script raspistill aufzurufen. Zum Glück ist es nicht weiter schwierig, dieses Problem zu beheben – Sie müssen einfach den Account www-data der Gruppe video hinzufügen und Apache dann neu starten:

```
sudo usermod -a -G video www-data
sudo systemctl restart apache2
```

Ein Echtzeitfoto erstellen und übertragen

Das folgende Mini-Script verwendet raspistill, um ein Foto zu machen. Die Optionen -w und -h geben die gewünschte Größe an. -n deaktiviert die Bildvorschau. -t 1 bewirkt, dass das Foto nahezu sofort gemacht wird. Eine kleinere Verzögerungszeit als eine Millisekunde ist nicht möglich. -o - leitet die Bilddaten an die Standardausgabe um. Damit kann shell_exec den Byte-Stream des Bildes in einer Variablen speichern.

Die erste header-Anweisung teilt dem Webbrowser mit, dass es sich bei den vom Webserver übertragenen Daten nicht um ein HTML-Dokument, sondern um ein Bild handelt. Content-length gibt die Bildgröße in Byte an. Mit echo werden dann die binären Bilddaten an den Webserver übergeben, der die Daten an den Browser sendet. Bei diesem Beispiel ist es wichtig, dass die PHP-Datei mit <?php beginnt und keinen HTML-Header enthält!

```php
<?php
$imgdata =
  shell_exec("/usr/bin/raspistill -w 640 -h 400 -n -t 1 -o -");
header('Content-type: image/jpeg');
header('Content-length: ' . strlen($imgdata));
echo $imgdata;
?>
```

Ein Foto mit frei wählbaren Aufnahmeparametern erstellen

Das gerade vorgestellte Script kann nun so erweitert werden, dass zuvor in einem HTML-Formular eingestellte Aufnahmeparameter ausgewertet werden. Sie können damit zuerst auf einer Webseite die Auflösung, Helligkeit etc. einstellen (siehe Abbildung 23.8), dann die entsprechende Aufnahme durchführen und sich das Ergebnis im Webbrowser ansehen.

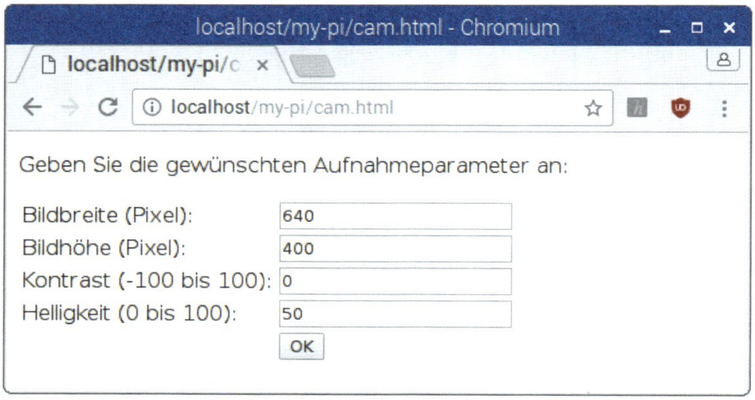

Abbildung 23.8 HTML-Formular zur Eingabe der Aufnahmeparameter

Der HTML-Code für die Datei cam.html sieht so aus:

```
<!DOCTYPE html>
<!-- Datei cam.html -->
<meta charset="utf-8">
<p>Geben Sie die gewünschten Aufnahmeparameter an:

<table>
<form action='cam.php' method='post'>
<tr><td>Bildbreite (Pixel):
    <td><input type='text'   name='width' value='640' />
<tr><td>Bildhöhe (Pixel):
    <td><input type='text'   name='height' value='400' />
<tr><td>Kontrast (-100 bis 100):
    <td><input type='text'   name='contrast' value='0' />
<tr><td>Helligkeit (0 bis 100):
    <td><input type='text'   name='brightness' value='50' />
<tr><td><td><input type='submit' name='okbtn' value='OK' />
</form>
</table>
```

Für die Auswertung der Formulardaten ist cam.php zuständig. Die vier Parameter werden dann als Optionen an raspistill übergeben. Das resultierende Bild wird direkt im Webbrowser angezeigt (siehe Abbildung 23.9).

```
<?php
// Datei cam.php
$FVI = FILTER_VALIDATE_INT;
$width      = filter_input(INPUT_POST, 'width',      $FVI);
$height     = filter_input(INPUT_POST, 'height',     $FVI);
$contrast   = filter_input(INPUT_POST, 'contrast',   $FVI);
$brightness = filter_input(INPUT_POST, 'brightness', $FVI);
```

```
// sinnvolle Default-Werte sicherstellen
if(!$width || $width<100 || $width>2592)
  $width = 640;
if(!$height || $height<100 || $height>1944)
  $height = 480;
if(!$contrast || $contrast<-100 || $contrast>100)
  $contrast = 0;
if(!$brightness || $brightness<0 || $brightness>100)
  $brightness = 50;

$opts = "-w $width -h $height -co $contrast -br $brightness ";
$imgdata = shell_exec("/usr/bin/raspistill $opts -n -t 1 -o -");
header('Content-type: image/jpeg');
header('Content-length: ' . strlen($imgdata));
echo $imgdata;
?>
```

Abbildung 23.9 Das resultierende Foto im Webbrowser

23

Kapitel 24
Mathematica und die Wolfram Language

In den 1990er-Jahren war das Programm Mathematica eine Sensation: Es war das erste weit verbreitete Werkzeug, mit dem man mathematische Ausdrücke nicht nur numerisch auswerten und grafisch darstellen konnte, sondern mit dem man auch symbolisch rechnen konnte. Die Software war allerdings immer schon relativ teuer, weswegen sich Mathematica nur in relativ kleinen Nischen durchsetzen konnte, vor allem im wissenschaftlichen Umfeld.

Ende 2013 überraschte die Firma Wolfram mit der Ankündigung, dass Mathematica und mit ihr auch eine neue Programmiersprache, die *Wolfram Language*, ab sofort für den Raspberry Pi frei zur Verfügung steht. Im Mai 2018 enthielt Raspbian Mathematica in der fast aktuellen Version 11.2. (Für andere Plattformen ist seit März 2018 Version 11.3 verfügbar.)

Geschwindigkeit

Wer Mathematica schon einmal auf einem anderen Rechner ausprobiert hat, wird sich vielleicht fragen, ob die RAM-Größe und CPU-Geschwindigkeit des Raspberry Pi ausreichen, um Mathematica in einer angemessenen Geschwindigkeit auszuführen. Seit der Raspberry Pi 3 verfügbar ist, kann man mit reinem Gewissen antworten: Ja! Der erstmalige Start von Mathematica dauert zwar rund 15 Sekunden, danach lässt sich die Notebook-Oberfläche von Mathematica aber flüssig bedienen.

Über die kommerzielle Intention dieses Geschenks für die Raspberry-Pi-Community kann man nur spekulieren. Sicher ist, dass damit allen Raspberry-Pi-Anwendern ein überaus faszinierendes Software-System zur Verfügung steht und dass es sich lohnt, die Wolfram Language kennenzulernen.

Open-Source-Puristen seien gewarnt: Mathematica und die Wolfram Language stehen zwar kostenlos zur Verfügung, allerdings nur für die private Nutzung und für den Einsatz in der Schule. Es handelt sich nicht um Open-Source-Code; die kommerzielle Nutzung ist nicht zulässig!

24

24.1   Arbeiten mit Mathematica

In Raspbian ist Mathematica standardmäßig installiert. Die erforderlichen Pakete befinden sich in der Raspbian-Paketquelle. Unter anderen Distributionen ist Mathematica leider nicht verfügbar. Der Start von Mathematica erfolgt wahlweise mit ENTWICKLUNG • MATHEMATICA oder mit ENTWICKLUNG • WOLFRAM. Das erste Kommando startet die grafische Benutzeroberfläche (siehe Abbildung 24.1), das zweite den textbasierten Kommandointerpreter der *Wolfram Language* in einem Terminal.

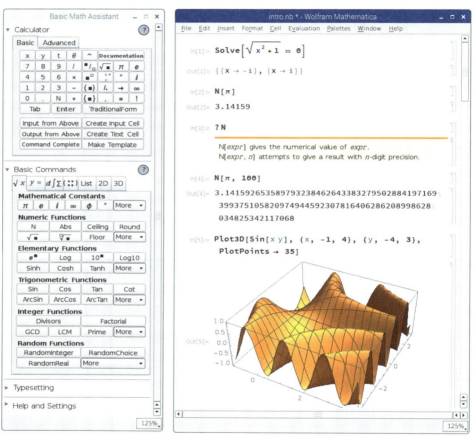

Abbildung 24.1 Die grafische Benutzeroberfläche von Mathematica

Die grafische Benutzeroberfläche von Mathematica

Der Start der grafischen Benutzeroberfläche von Mathematica dauert rund eine halbe Minute. Anschließend erscheint ein sogenanntes Mathematica-Notebook als vorerst leeres Fenster. Darin können Sie nun Mathematica-Anweisungen eingeben. Damit diese ausgeführt werden, drücken Sie ⌥+↵. Unternehmen Sie einen ersten Versuch mit 2+3. Mathematica berechnet das Ergebnis und zeigt erwartungsgemäß 5 an.

Eingabehilfen

Bei der Eingabe mathematischer Formeln hilft der *Basic Math Assistent*. Dieses Zusatzfenster öffnen Sie mit Palettes • Basic Math Assistant, wobei Sie geraume Zeit warten müssen, bis das Fenster tatsächlich erscheint.

Wenn Sie den zuletzt eingegebenen Ausdruck neuerlich bearbeiten möchten, können Sie ihn mit Strg+L kopieren.

Rechnen in Mathematica

Mathematische Funktionen werden in Mathematica grundsätzlich in eckigen Klammern formuliert. Um die Sinusfunktion für den Winkel *Pi/4* zu berechnen, geben Sie Sin[Pi/4] ein. Als Ergebnis liefert Mathematica nun freilich keine Zahl, sondern den mathematischen Ausdruck 1/Sqrt[2]. Wenn Sie ein numerisches Ergebnis wünschen, führen Sie N[Sin[Pi/4]] aus. Das Ergebnis lautet nun 0.707107 – mit mageren sechs Nachkommastellen. Kann Mathematica denn nicht genauer rechnen? Doch, natürlich – Sie müssen nur die gewünschte Stellenanzahl angeben. N[Sin[Pi/4], 50] liefert Ihnen das Ergebnis mit 50 Nachkommastellen (siehe Abbildung 24.2). Auch 500 Stellen sind kein Problem – probieren Sie es aus!

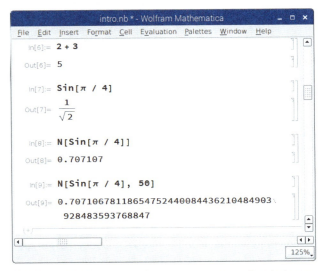

Abbildung 24.2 Numerische Auswertung von Ergebnissen

Die beiden wichtigsten Mathematica-Funktionen zum symbolischen Rechnen sind Simplify und Solve (siehe Abbildung 24.3):

24

▶ Simplify versucht den angegebenen mathematischen Ausdruck zu vereinfachen. Falls Simplify nicht zum Ziel führt, können Sie Ihr Glück auch mit FullSimplify versuchen – Mathematica greift dann auf noch mehr Vereinfachungsregeln zurück.

▶ Solve versucht eine Gleichung für die im zweiten Parameter angegebene Variable zu lösen.

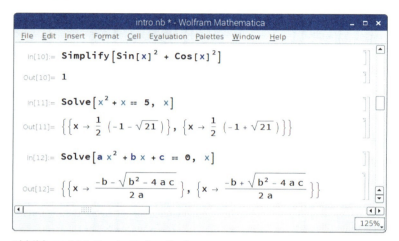

Abbildung 24.3 Symbolisches Rechnen

Online-Hilfe und Dokumentation

Mit ?Kommando bzw. ??Kommando erhalten Sie eine kurze bzw. etwas ausführlichere Beschreibung des betreffenden Kommandos. Die viel detailliertere Online-Hilfe des originalen Mathematica-Pakets fehlt bei der Raspberry-Pi-Version aus Platzgründen. Das ist nicht wirklich schlimm – Sie können die gesamte Dokumentation auch online nachlesen:

http://reference.wolfram.com/mathematica/guide/Mathematica.html

Formeleingabe

Sie können mathematische Ausdrücke als reinen Text eingeben, z. B. in der Form N[Sqrt[1 + Pi^2/2]]. Die Notebook-Oberfläche von Mathematica ermöglicht aber auch die Tastatureingabe von Formeln (siehe Abbildung 24.4). Dabei helfen das Zusatzfenster PALETTES • BASIC MATH ASSISTANT, diverse Kommandos des Menüs INSERT • TYPESETTING sowie eine Menge Tastenkürzel (siehe Tabelle 24.1).

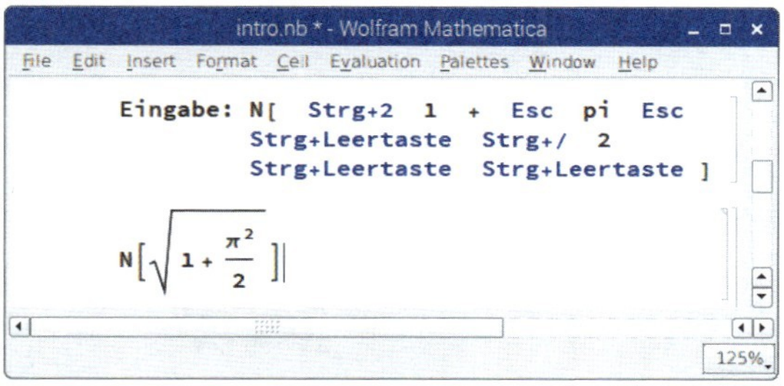

Abbildung 24.4 Formeleingabe

Tastenkürzel	Funktion
`Strg`+`2`	Quadratwurzel
`Strg`+`6`	hochstellen
`Strg`+`/`	Bruch
`Esc` name `Esc`	Eingabe griechischer Buchstaben
`Esc` p `Esc`	Eingabe des Symbols Pi
`Esc` ii `Esc`	Eingabe der imaginären Einheit I
`Esc` int `Esc`	Eingabe eines Integrals
`Esc` dd `Esc`	Eingabe des Differenzialoperators
`Strg` + Leertaste	Eingabeebene verlassen

Tabelle 24.1 Tastenkürzel zur Eingabe mathematischer Formeln

Grafik

Seine hohe Bekanntheit hat Mathematica nicht zuletzt seinen tollen Grafikfunktionen zu verdanken (siehe Abbildung 24.5). Um eine mathematische Funktion zu zeichnen, verwenden Sie Plot. Dabei übergeben Sie an den ersten Parameter die Funktion und an den zweiten Parameter den zu zeichnenden Wertebereich in der Form {var, start, ende}.

Für 3D-Grafiken gibt es das analoge Kommando Plot3D. Es erwartet drei Parameter: die Funktion sowie die Wertebereiche für zwei Variablen. 3D-Grafiken werden standardmäßig in einer recht groben Auflösung dargestellt. Durch die Option PlotPoints -> 30 können Sie die Darstellungsqualität spürbar verbessern.

24

intro.nb * - Wolfram Mathematica
File Edit Insert Format Cell Evaluation Palettes Window Help
In[13]:= Plot[-x^3 + 2 x^2 - 2 Sin[3 x], {x, -2, 2}]
Out[13]=
125%
Untitled-2 * - Wolfram Mathematica
File Edit Insert Format Cell Evaluation Palettes Window Help
In[14]:= Plot3D[Sin[x y], {x, -1, 3}, {y, -2, 2},
PlotPoints → 30]
Out[14]=
100%

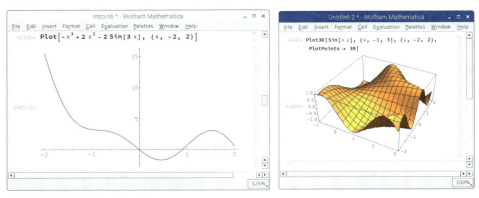

Abbildung 24.5 Zwei- und dreidimensionale Darstellung mathematischer Formeln

Mathematica im Textmodus

Mathematica kann auch im Textmodus verwendet werden (siehe Abbildung 24.6): Dazu führen Sie im Startmenü ENTWICKLUNG • WOLFRAM aus bzw. geben in einem Terminalfenster das Kommando `wolfram` ein.

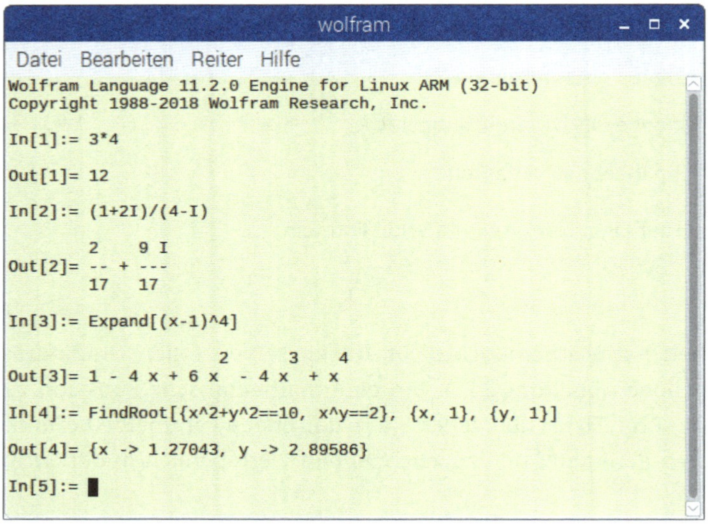

wolfram
Datei Bearbeiten Reiter Hilfe
Wolfram Language 11.2.0 Engine for Linux ARM (32-bit)
Copyright 1988-2018 Wolfram Research, Inc.
In[1]:= 3*4
Out[1]= 12
In[2]:= (1+2I)/(4-I)
2 9 I
Out[2]= -- + ---
17 17
In[3]:= Expand[(x-1)^4]
2 3 4
Out[3]= 1 - 4 x + 6 x - 4 x + x
In[4]:= FindRoot[{x^2+y^2==10, x^y==2}, {x, 1}, {y, 1}]
Out[4]= {x -> 1.27043, y -> 2.89586}
In[5]:=

Abbildung 24.6 Mathematica im Textmodus

Im Vergleich zur schicken Notebook-Oberfläche werden Ihnen gleich einige Unterschiede auffallen:

- Eingaben werden einfach durch [↵] abgeschlossen.
- Zuvor durchgeführte Eingaben können einfach mit den Cursortasten [↑] und [↓] angesprochen und bei Bedarf korrigiert werden.

▶ Die Ein- und Ausgabe mathematischer Formeln erfolgt ausschließlich im Textmodus. Auf die Darstellung von griechischen Buchstaben, Integralen und mathematischen Sonderzeichen müssen Sie verzichten.

▶ Es können keine Grafiken angezeigt werden.

> **Tipp**
>
> Mathematica erkennt bei der Eingabe automatisch, ob ein mathematischer Ausdruck noch nicht abgeschlossen ist. In diesem Fall schließt ⏎ die Eingabe nicht ab, vielmehr können Sie die Eingabe in der nächsten Zeile abschließen. Das wiederholt sich so lange, bis alle Klammernebenen geschlossen sind. Sollten Sie sich in einem komplexen Ausdruck *verirrt* haben, können Sie die Eingabe mit Strg+G abbrechen. Dieses Tastenkürzel muss am Beginn einer Zeile eingegeben werden.

Bleibt noch die Frage, wie Sie Mathematica wieder beenden. Eine Variante besteht darin, einfach das Terminalfenster zu schließen. Alternativ führen Sie das Kommando Quit aus oder drücken am Beginn einer Eingabezeile Strg+D.

Grafiken im Textmodus anzeigen

Solange es nur darum geht, rasch einige Berechnungen durchzuführen, reicht ein Terminalfenster also vollkommen aus. Der Verzicht auf die Grafiken stößt aber bitter auf. Tatsächlich müssen Sie keineswegs ganz darauf verzichten, allerdings wird der Umgang mit Grafiken ein wenig umständlicher. Um eine Grafik anzusehen, speichern Sie das Ergebnis des Plot-Kommandos in einer Variablen. Der nachfolgende Strichpunkt bewirkt, dass der Mathematica-Interpreter auf die Ausgabe -Graphics-verzichtet. Anschließend können Sie die Grafik mit Export in einer Datei speichern:

```
p = Plot[Sin[x], {x, 0, 2 Pi}];
Export["bild.png", p]
```

bild.png wird in Ihrem Heimatverzeichnis gespeichert, standardmäßig also in /home/pi. Um die Grafik nun anzuzeigen, verwenden Sie den Viewer gpicview. Das Programm können Sie bei Bedarf direkt aus dem Mathematica-Terminal starten:

```
Run["gpicview test.png &"];
```

Standardmäßig ist die mit Export erstellte Grafikdatei freilich nur 360 Pixel breit, also recht klein. Um eine höher aufgelöste Grafik zu erstellen, verwenden Sie das folgende Kommando:

```
Export["bild.png", p, ImageSize -> {800, 600}]
```

Alternativ können Sie die Grafik mit Export auch in einem auflösungsunabhängigen Format speichern, z. B. als EPS-, SVG- oder PDF-Datei.

24

Interna

Unabhängig davon, ob Sie Mathematica mit der grafischen Benutzeroberfläche oder im Terminal ausführen, ist die Ein- und Ausgabe von der tatsächlichen Berechnung der Ergebnisse getrennt. Die eigentliche Arbeit erledigt der im Hintergrund laufende Mathematica-Kernel. Dieser Prozess beansprucht eine Menge Speicherplatz – über 100 MByte! Dementsprechend lange dauert auch sein erstmaliger Start.

Während der Initialisierung von Mathematica werden diverse Konfigurationsdateien eingelesen. Für eigene Anpassungen sind die beiden folgenden Dateien vorgesehen:

```
.Mathematica/Kernel/init.m        (Mathematica-Kernel)
.Mathematica/FrontEnd/init.m      (grafische Benutzeroberfläche)
```

24.2   Programmieren mit der Wolfram Language

Mathematica war schon immer programmierbar. Große Teile von Mathematica, insbesondere die zahllosen Erweiterungspakete (Packages), sind selbst in der Sprache Mathematica programmiert. Was ist nun die *Wolfram Language*? Im Prinzip ist sie nichts anderes als ein neuer Name für die Mathematica-Programmiersprache. Neu ist eigentlich nur, dass die Firma Wolfram nun erreichen will, dass diese Programmiersprache auch außerhalb der Kernanwenderschicht von Mathematica eingesetzt wird. Um diese Ambitionen marketingtechnisch zu unterstützen, hat man dem Kind einen neuen Namen gegeben – eben *Wolfram Language*.

Hello World!

Das klassische Hello-World-Programm lässt sich in der Wolfram Language in einer einzigen Zeile formulieren. Starten Sie einen Editor, und speichern Sie die folgende Anweisung in einer Textdatei. Die vorgesehene Dateikennung lautet *.wl, an diese Vorgabe müssen Sie sich aber nicht halten.

```
Print["Hello World!"]
```

Dieses Miniprogramm führen Sie in einem Terminalfenster so aus:

```
wolfram -script hello-world.wl
```

Eine alternative Vorgehensweise besteht darin, die Textdatei in der ersten Zeile mit dem #! als Script zu kennzeichnen und den Pfad zum Kommando wolfram anzugeben. Die Hello-World-Datei sieht dann so aus:

```
#!/usr/bin/wolfram -script
Print["Hello World!"]
```

Außerdem müssen Sie mit chmod das Execute-Bit der Datei setzen:

```
chmod a+x hello-world.wl
```

Damit können Sie das Programm nun etwas bequemer wie ein bash- oder Python-Script ausführen:

```
./hello-world.wl
```

Syntax

Anweisungen werden in der von Mathematica vertrauten Syntax angegeben (siehe Tabelle 24.2).

Code	Bedeutung
(* abc *)	Kommentar, kann über mehrere Zeilen reichen
ausdruck	Ausdruck auswerten
ausdruck;	Ausdruck auswerten (wie oben)
x=123	Zuweisung
y:=ausdruck	verzögerte Zuweisung, Auswertung erst, wenn y gelesen wird
f[x, Option->123]	vorübergehende Zuweisung
f[x_] := ausdruck	Definition einer Funktion mit einem Parameter
Solve[x^2==-3]	Test auf Gleichheit mit ==
z->ausdruck	vorübergehende Zuweisung
(2+3)*4	Gruppierung von Ausdrücken mit ()
{a, b, c}	Formulierung von Listen mit {}
Sin[x]	Angabe von Parametern mit []
lst[[2]]	Zugriff auf ein Listenelement mit [[n]]
"abc"	Zeichenkette
"abc"<> "efg"	Zeichenketten verbinden

Tabelle 24.2 Syntaktische Grundelemente der Wolfram Language

Anweisungen dürfen über mehrere Zeilen reichen, sofern die Wolfram Language anhand offener Klammern erkennen kann, wie weit die Anweisung reicht:

```
a=3
b=4
Print[a
  b]
(* Ausgabe 12, also das Produkt von a mal b *)
```

```
c = a
  b
Print[c]
(* Ausgabe 3; die Zeile 'b' wird als eigene
   Anweisung betrachtet *)
```

Wenn Sie möchten, können Sie Anweisungen mit einem Strichpunkt abschließen. Der Strichpunkt ist optional. Er verändert weder die Codeausführung noch hat er Einfluss auf die Ausgabe. Anders als im interaktiven Modus führt die Wolfram Language im Script-Modus normalerweise keine Ausgaben durch. Um etwas auszugeben, verwenden Sie die Funktion Print.

Funktionale Programmierung und symbolische Ausdrücke

Die Stärken der Wolfram Language liegen in der funktionalen Programmierung sowie in der symbolischen Interpretation von Ausdrücken. Um beispielsweise eine Menge von Zahlen zu verarbeiten, benötigen Sie keine herkömmliche Schleife. Stattdessen formulieren Sie die Daten als Liste ({element1, element2, ...}) und wenden darauf eine Funktion oder einen Operator an. Die folgenden Zeilen zeigen die Definition der Funktion f, die einen als Parameter übergebenen Ausdruck quadriert. Dabei kennzeichnet der nachgestellte Unterstrich in x_ das Symbol x als Parameter. Diese Funktion wird mit dem Postfix-Operator // auf alle Elemente der Liste angewendet.

```
f[x_]:=x^2
lst = {1, 2, 3, a, b}
ergebnis = lst // f
Print[ergebnis]

(* Ausgabe *)


              2    2
{1, 4, 9, a , b }
```

Funktionen mit komplexerem Code bzw. mit lokalen Variablen werden mit dem Schlüsselwort Module definiert. Die prinzipielle Syntax sieht folgendermaßen aus:

```
f[x_, y_, ...] = Module[{var1, var2 ...}, ausdruck]}   (* bzw. *)
f[x_, y_, ...] = Module[{var1=wert1, var2=wert2, var3=wert3 ...},
                        ausdruck]}
```

Im Unterschied zur direkten Definition von Funktionen können Sie nun auch lokale Variablen verwenden, die unabhängig von allen anderen Variablen sind. (Grundsätzlich gelten in der Wolfram Language alle Variablen als global.) Module darf verschachtelt werden, d. h., Sie können innerhalb einer Funktion eine weitere Subfunktion definieren.

Das folgende Beispiel veranschaulicht den Umgang mit `Module`: Die Funktion `shrink` erwartet als Argument eine Liste von Punkten. Innerhalb des Moduls ist `mid` eine lokale Variable. In dieser Variablen wird der Mittelpunkt der übergebenen Punkte zwischengespeichert. Mit `Map` wird nun für jeden Punkt der Argumentliste der Mittelwert dieses Punkts berechnet. Die resultierende Liste ist das Ergebnis von `shrink`. Die Funktion bewirkt, dass alle Punkte nach innen wandern, sodass das Polygon schrumpft, das durch die Punkte definiert ist (siehe Abbildung 24.7).

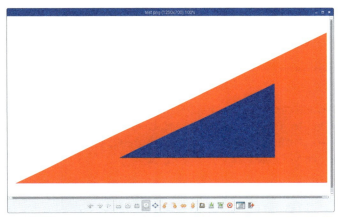

Abbildung 24.7 Das ursprüngliche Polygon ist hier in Rot dargestellt, die geschrumpfte Variante in Blau.

```
#!/usr/bin/wolfram -script
# Datei shrink.wl
shrink[pts_List] :=
  Module[ {mid},
          mid = Plus@@pts / Length[pts]
          Map[ # + mid&, pts] / 2]
polygon = {{1,1},{3,1},{3,2}}
smallerPolygon = shrink[polygon]
Print[smallerPolygon]
g = Graphics[{RGBColor[1, 0, 0], Polygon[polygon],
              RGBColor[0, 0, 1], Polygon[smallerPolygon]}]
Export["test.png", g, ImageSize -> {1200, 700}]
```

Die Wolfram Language kennt auch einige prozedurale Sprachelemente, wie `If`, `Which`, `Switch`, `For`, `Do` und `While`. Deren zu häufiger Einsatz deutet aber meist darauf hin, dass Sie die Stärken von Mathematica nicht optimal nutzen. Objektorientierte Konzepte fehlen in Mathematica.

24

GPIO-Zugriff

Für die Raspberry-Pi-Edition wurden Mathematica bzw. die Wolfram Language um einige Zusatzfunktionen erweitert. Um den Zustand von GPIO-Pins auszulesen bzw. zu verändern, setzen Sie die Funktionen DeviceRead und DeviceWrite ein. Vorher muss mit FindDevices die GPIO-Belegung ermittelt werden. Dann kann mit DeviceConfigure eingestellt werden, wie ein GPIO-Pin verwendet werden soll. Dabei sind nur die Zustände "Input", "Output" und None (ohne Anführungszeichen!) zulässig. Die direkte Nutzung von GPIO-Spezialfunktionen ist also nicht möglich. Anders als in älteren Versionen ist es zur Steuerung der GPIO-Funktionen nicht mehr erforderlich, den Kommandointerpreter wolfram mit root-Rechten auszuführen.

> **Vorsicht**
>
> Die Adressierung der GPIO-Pins erfolgt über die Broadcom-GPIO-Nummern (BCM-Nummern), *nicht* über die Pin-Nummer! Beispielsweise entspricht Pin 26 des P1- bzw. J8-Headers der Broadcom-GPIO-Nummer 7. In der Wolfram Language sprechen Sie diesen Kontakt somit über die Nummer 7 an.

```
FindDevices["GPIO"]
DeviceConfigure["GPIO", {7 -> "Output", 9 -> "Input"}]

(* GPIO 9 auslesen *)
state = DeviceRead["GPIO", 9]

  {9 -> 0}

(* GPIO 7 auf 1 schalten *)
DeviceWrite["GPIO", 7 -> 1]
```

Beachten Sie, dass DeviceRead nicht direkt den Zustand eines Pins liefert, sondern eine mit dem Operator -> formulierte Substitutionsregel in der Form gpionummer->zustand, also z. B. {17 -> 0}. Man könnte eine derartige Regel auch als Key-Value-Paar betrachten. Wenn Sie nur den Wert und nicht die ganze Regel benötigen, können Sie die Regel mit dem Operator /. auf die GPIO-Nummer anwenden:

```
9 /. state

  0
```

Besser lesbar wird Ihr Code, wenn Sie vorweg die GPIO-Nummern als Variablen definieren:

```
#!/usr/bin/wolfram -script
# Datei gpio.wl
FindDevices["GPIO"]
DeviceConfigure["GPIO", {7 -> "Output", 9 -> "Input"}]

led = 7;            (* GPIO 7 = Pin 26*)
pushbutton = 9;     (* GPIO 9 = Pin 21 *)

(* Button-Zustand auslesen *)
state = DeviceRead["GPIO", pushbutton];
onoff = pushbutton /. state;
Print[onoff];

(* LED einschalten *)
DeviceWrite["GPIO", led -> 1];
```

RaspiCam

DeviceRead["RaspiCam"] macht mit der Raspberry-Pi-Kamera ein Foto in der vollen Auflösung von 2593 × 1944 Pixeln und gibt das resultierende Bild zurück. Alternativ können Sie die Aufnahme auch mit dem Kommando raspistill durchzuführen und die Bilddaten dann importieren, wie dies im folgenden Beispiel demonstriert ist:

```
image = Import[ "!raspistill -n -w 800 -h 600 -t 1 -o -", "JPG"];
```

Kurz eine Erklärung zu den raspistill-Optionen: -n unterdrückt die Anzeige des Preview-Fensters, -w und -h geben die gewünschte Bildgröße an, -t 1 führt die Aufnahme nach nur einer Millisekunde aus (-t 0 hat bei unseren Tests nicht funktioniert), und -o - leitet das resultierende Bild in die Standardausgabe um, von wo es durch Import gelesen wird. Das vorangestellte Ausrufezeichen im ersten Import-Parameter bewirkt, dass Import die Zeichenkette nicht als Dateinamen, sondern als Kommando interpretiert.

Einmal aufgenommene Bilder können Sie dann mit diversen Bildverarbeitungskommandos von Mathematica verarbeiten. Beispielsweise führt EdgeDetect eine Kantendetektion durch und liefert ein entsprechendes Schwarz-Weiß-Bild (siehe Abbildung 24.8).

Weitere Tipps zur Verwendung der Raspberry-Pi-Kamera in Mathematica finden Sie hier:

https://community.wolfram.com/groups/-/m/t/157704

24

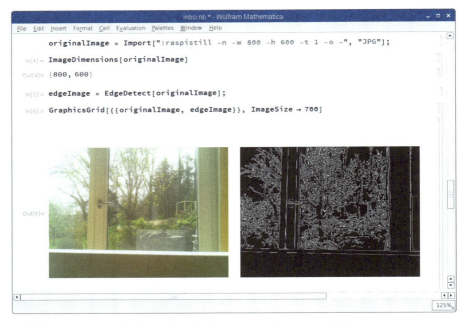

Abbildung 24.8 Verarbeitung einer Aufnahme der Raspberry-Pi-Kamera

Wolfram Language – Pro und Kontra

Die Wolfram Language ist sicherlich eine der leistungsfähigsten Programmiersprachen, die für den Raspberry Pi verfügbar sind. Wenn der Spracherfinder Steven Wolfram sein Kind mit lauter Superlativen beschreibt, fällt es schwer, seine Argumente sachlich zu widerlegen. Für den Raspberry-Pi-Alltag spielen diese Argumente dennoch eine untergeordnete Rolle. Hier gilt es, das optimale Werkzeug für den jeweiligen Zweck auszuwählen. Glänzen kann die Wolfram Language vor allem in zwei Punkten:

▸ wenn Sie zur Verarbeitung von Messdaten und Bildern anspruchsvolle mathematische Funktionen benötigen

▸ wenn Sie Daten(reihen) elegant visualisieren möchten

Insbesondere für die zweite Aufgabe gibt es wohl kein anderes kostenloses Werkzeug, das vergleichbare Möglichkeiten wie die Wolfram Language bietet. Leider sprechen mehrere Punkte gegen den Einsatz der Wolfram Language:

▸ Die Programmiersprache ist schwer erlernbar. Der Preis des großen Funktionsumfangs ist eine komplexe, stark mathematisch orientierte Syntax, die auch bei fundierten Vorkenntnissen in anderen Programmiersprachen eine echte Hürde darstellen kann.

▶ Die Wolfram Language beansprucht sehr viele Ressourcen (RAM, CPU) und ist vergleichsweise langsam. Die Generierung der Temperaturkurve für das Beispiel im folgenden Abschnitt dauert auf einem Raspberry Pi 3 rund 15 Sekunden – und das unter der Voraussetzung, dass die Wolfram Language zuletzt verwendet wurde und sich die erforderlichen Dateien bereits im Cache befinden.

Weitere Informationen und Links

Dieses Kapitel konnte nur an der Oberfläche von Mathematica bzw. der Wolfram Language kratzen. Zum Glück mangelt es im Internet nicht an Informationen:

▶ *https://reference.wolfram.com/language*

▶ *https://reference.wolfram.com/language/guide/LanguageOverview.html*

▶ *https://reference.wolfram.com/language/guide/Syntax.html*

▶ *https://reference.wolfram.com/language/tutorial/*
  TheSyntaxOfTheWolframLanguage.html

▶ *https://reference.wolfram.com/language/guide/RaspberryPi.html*

▶ *https://reference.wolfram.com/language/ref/device/SenseHAT.html*

▶ *https://community.wolfram.com/content?curTag=raspberry%20pi*

24.3   Grafische Darstellung von Temperaturdaten

Das Abschlussbeispiel dieses Kapitels zeigt, wie die Wolfram Language dazu eingesetzt wird, um regelmäßige Temperaturmessungen grafisch darzustellen. Dabei gelten die folgenden Voraussetzungen:

▶ Zur Temperaturmessung wird ein DS1820-kompatibles Bauteil verwendet (siehe Abschnitt 14.5, »Temperatursensoren«).

▶ Der GPIO-Pin 7 ist als Input programmiert. Dazu bauen Sie mit sudo nano in /etc/rc.local die folgende Zeile ein:

```
# Datei /etc/rc.local
...
/usr/local/bin/gpio -1 mode 7 in
...
exit 0
```

▶ Die Kernelmodule w1_gpio und w1_therm für den 1-Wire-Sensor werden automatisch geladen. Dazu fügen Sie die Zeile dtoverlay=w1-gpio-pullup in /boot/config.txt ein.

24

Temperaturaufzeichnung durch ein bash-Script

Das Script /etc/myscripts/log-temp liest die Temperatur aus und speichert die aktuelle Zeit und den Messwert in der Textdatei /var/log/temp.csv:

```
#!/bin/bash
# Script-Datei /etc/myscripts/log-temp
d=$(date +'%Y-%m-%dT%H:%M,')
awk -vd=$d 'NR==2 {print d $10}' \
  /sys/devices/w1_bus_master1/10-*/w1_slave >> /var/log/temp.csv
```

Dabei werden in der ersten Zeile Datum und Uhrzeit zu einer Zeichenkette in der Form 2018-12-31T17:55 zusammengesetzt. awk extrahiert dann aus der DS1820-Temperaturdatei die zehnte Spalte aus der zweiten Zeile, also die Angabe t=nnnnn. Zusammen mit Datum und Uhrzeit werden somit in /var/log/temp.csv die folgenden Angaben protokolliert:

```
2018-02-03T10:35,t=23437
2018-02-03T10:40,t=23500
...
```

Cron kümmert sich darum, das Script log-temp alle 10 Minuten aufzurufen. Dazu ist die folgende Ergänzung in /etc/crontab erforderlich:

```
*/10 * * * * root /etc/myscripts/log-temp
```

Damit das Wolfram-Language-Script die Log-Datei ohne root-Rechte lesen kann, führen Sie noch das folgende Kommando aus:

```
chmod a+r /var/log/temp.csv
```

Grafische Verarbeitung durch die Wolfram Language

Das folgende Script in der Wolfram Language erstellt aus allen verfügbaren Messdaten ein Diagramm:

```
#!/usr/bin/wolfram -script
# Datei plot-temp.wl
raw = Import["/var/log/temp.csv"];
trans[x_List] :=
  {x[[1]], ToExpression[StringDrop[x[[2]], 2]]/1000};
data = Map[trans, raw];
graphic = DateListPlot[data, Joined->True];
Export["test.png", graphic, ImageSize -> 800]
```

Import erzeugt aus der CSV-Datei eine Liste, die wie folgt aufgebaut ist:

```
{{"2018-02-03T10:38", "t=23437"},
 {"2018-02-03T10:38", "t=23500"},
 {"2018-02-03T10:54", "t=23562"}, ... }
```

Mit `Map` wird auf alle Listenelemente die Funktion `trans` angewendet. Diese Funktion erwartet als Parameter selbst wieder eine Liste mit zwei Elementen. Sie lässt die Zeitangabe im ersten Element unverändert und macht aus der Temperaturzeichenkette eine Zahl. Dazu werden mit `StringDrop` die beiden ersten Zeichen entfernt. `ToExpression` macht aus der verbleibenden Zeichenkette eine Zahl, die durch 1000 dividiert werden kann. Die resultierende Liste in `data` sieht so aus:

```
{{"2018-02-03T10:38", 23.437},
 {"2018-02-03T10:38", 23.500},
 {"2018-02-03T10:54", 23.562}, ... }
```

`DateListPlot` stellt diese Daten als Diagramm dar (siehe Abbildung 24.9). Die Option `Joined->True` bewirkt, dass die Messpunkte durch eine Kurve verbunden werden.

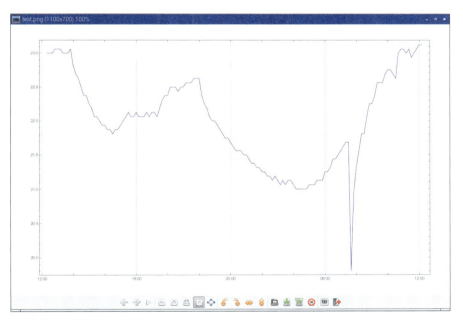

Abbildung 24.9 Eine 24-Stunden-Temperaturkurve in einem Arbeitsraum.
Der starke Temperaturabfall ist kein Messfehler, sondern das Ergebnis
des morgendlichen Stoßlüftens des Raums bei winterlichen Temperaturen.

Um im Diagramm nur die Messdaten der letzten 24 Stunden zu berücksichtigen, verändern Sie das Script wie folgt:

```
#!/usr/bin/wolfram -script
# Datei plot-temp2.wl
raw = Import["/var/log/temp.csv"];
last = raw[[-1,1]];                (* Zeitpunkt der letzten Messung *)
start = DatePlus[last, {-1, "Day"}];          (* ein Tag vorher *)
startstr = DateString[start, {"Year", "-", "Month", "-", "Day",
   "T", "Hour", ":", "Minute"}];              (* als Zeichenkette *)
rawlast24h = Select[raw, Order[#[[1]], startstr] == -1 & ];
trans[x_List] :=
   {x[[1]], ToExpression[StringDrop[x[[2]], 2]] / 1000};
data = Map[trans, rawlast24h];
graphic = DateListPlot[data, Joined->True];
Export["test.png", graphic, ImageSize -> 800]
```

Dabei extrahiert raw[[-1, 1]] den Zeitpunkt der letzten Messung aus der Liste. -1 bezieht sich auf das letzte Wertepaar, 1 auf das erste Element in diesem Paar. Die Wolfram Language kann diese Zeichenkette in DatePlus als Datum plus Zeit interpretieren und einen beliebigen Zeitraum hinzufügen bzw. wegrechnen. Das resultierende Startdatum – also der Zeitpunkt, ab dem die Messdaten berücksichtigt werden sollen – muss nun wieder in eine Zeichenkette zurückverwandelt werden, was mit DateString nur recht umständlich gelingt. Nun können mit Select alle relevanten Messdaten in eine neue Liste übertragen werden. Order vergleicht dabei zwei Zeichenketten: die des Messzeitpunkts mit der des Startzeitpunkts.

Der Platzbedarf für die Speicherung der Temperaturmessdaten in temp.csv beträgt etwa 6 kByte pro Tag bzw. 2,2 MByte pro Jahr. Wenn das Sie stört, können Sie die Datei durch einen weiteren Cron-Job einmal monatlich auf die letzten 10.000 Zeilen kürzen, also auf einen Zeitraum von etwas mehr als zwei Monaten:

```
#!/bin/bash
# Datei /etc/cron.monthly/shorten-temp-log
tail -n 10000 /var/log/temp.csv > /var/log/temp.new
mv /var/log/temp.new /var/log/temp.csv
```

Kapitel 25
C# (Windows IoT)

Beginnend mit dem Modell 2B können Sie auf dem Raspberry Pi sogar eine spezielle Version von Windows 10 installieren. Die Inbetriebnahme von Windows IoT (*Internet of Things*) auf dem Raspberry Pi gelingt unkompliziert, setzt allerdings voraus, dass Sie einen PC mit Windows 10 besitzen. Im Vergleich zu Raspbian bietet Windows IoT nur einen Bruchteil der Flexibilität von Linux. Für erfahrene C#-Programmierer, die moderne grafische Oberflächen für den Raspberry Pi gestalten möchten, kann Windows IoT aber dennoch eine interessante Alternative zu Linux sein.

25.1 Installation

Bevor Sie beginnen, sollten Sie sich im Klaren darüber sein, welche Art von Windows Sie installieren werden. Microsoft bezeichnet diese Windows-Version sperrig als *Windows 10 IoT Core*. Dabei steht IoT für *Internet of Things*, also für das Internet der Dinge. Es handelt sich demnach nicht um ein Desktop-Windows, sondern um eine abgespeckte Windows-Version mit einer ganz eingeschränkten grafischen Benutzeroberfläche, in der Sie lediglich die Netzwerkanbindung und die Zeitzone konfigurieren können. Windows IoT ist also nicht zum interativen Arbeiten vorgesehen. Die gesamte Entwicklungsarbeit muss auf einem Windows-PC erfolgen.

Microsoft erhofft sich, dass derartige Windows-IoT-Versionen in Zukunft auf miteinander vernetzten Geräten installiert werden. Windows 10 IoT Core richtet sich insofern nicht an den typischen Raspberry-Pi-Bastler, sondern an Entwickler, die diese spezielle Windows-Version ausprobieren möchten.

25

> **Kompatibilitätsprobleme mit dem Modell 3B+**
>
> Als wir dieses Kapitel Mitte Mai 2018 aktualisieren wollten, gab es leider noch keine Windows-IoT-Version, die kompatibel zum Modell 3B+ des Raspberry Pi war. Die aktuellste Version war zu diesem Zeitpunkt der Build 17661 für Mitglieder des Windows-Insider-Programms. Dieser Build läuft auf den Modelle 2B und 3B. Auf dem Modell 3B+ erscheint hingegen nur ein Regenbogenquadrat. Schuld sind offensichtlich fehlende LAN- und WLAN-Treiber. Die Tests für dieses Kapitel haben wir deswegen mit dem Modell 3B durchgeführt.

Image-Datei schreiben

Die meisten Raspberry-Pi-Distributionen laden Sie einfach aus dem Internet herunter und schreiben sie dann auf eine SD-Karte. Die Vorgehensweise für Windows IoT sieht ein wenig anders aus. Als Basis für alle Experimente benötigen Sie einen PC mit Windows 10. Dort laden Sie von der folgenden Seite das kostenlose Programm *IoT Dashboard* herunter:

https://developer.microsoft.com/de-de/windows/iot

Nun starten Sie das Programm und wählen als Gerätetyp *Raspberry Pi 2 & 3* aus, geben den gewünschten Hostnamen an (standardmäßig gilt minwinpc und legen ein sicheres Administratorpasswort fest. Außerdem stecken Sie Ihre SD-Karte in einen Slot oder in einen USB-Adapter. Das Programm lädt nun eine passende Image-Datei herunter und überträgt sie nach einer Sicherheitsabfrage auf die SD-Karte (siehe Abbildung 25.1).

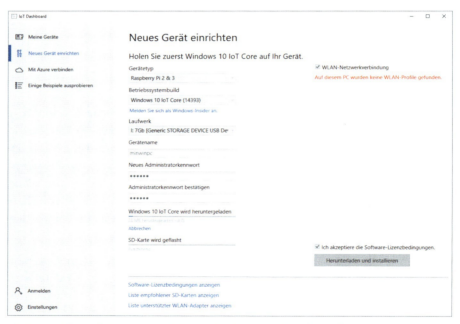

Abbildung 25.1 IoT Dashboard hilft dabei, Windows IoT auf die SD-Karte zu übertragen.

Inbetriebnahme

Nach diesen Vorbereitungsarbeiten führen Sie im Explorer AUSWERFEN aus, stecken die SD-Karte in Ihren Raspberry Pi und starten diesen neu. Auf dem Bildschirm erscheint kurz das Windows-Logo, danach wird der Bildschirm vorübergehend schwarz. Aber keine Angst, Windows führt im Hintergrund Konfigurationsarbeiten durch.

Nach dem Abschluss dieser Arbeiten zeigt der an den Raspberry Pi angeschlossene Monitor den Hostnamen und – sofern eine Netzwerkverbindung besteht – die IP-Adresse an. Sie können nun die gewünschte Sprache einstellen und bei Bedarf eine WLAN-Konfiguration durchführen.

Schließlich erscheint ein weitgehend scharzer Status-Bildschirm mit einer Abbildung des Raspberry Pi. Wir haben leider keine Möglichkeit gefunden, einen Screenshot zu machen, und mussten den Statusbildschirm deswegen durch ein Foto dokumentieren (siehe Abbildung 25.2). Mit der Maus erreichen Sie ein Einstellungsmenü. Dort können Sie einige weitere Konfigurationsoptionen verändern.

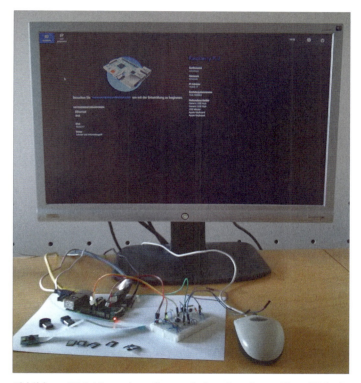

Abbildung 25.2 Versuchsaufbau mit dem Raspberry Pi und Windows 10 IoT Core

Auf dem Raspberry Pi läuft auf Port 8080 ein Webserver, bei dem Sie sich mit dem Login-Namen Administrator und dem Passwort anmelden können, das Sie zuvor im IoT Dashboard festgelegt haben. Anschließend können Sie verschiedene Ressourcen der Windows-Installation beobachten, den Hostnamen, die Zeitzone oder ein neues Passwort einstellen, einen Shutdown einleiten, nach Updates suchen etc. (siehe Abbildung 25.3).

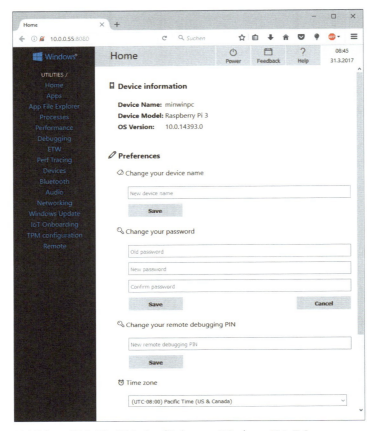

Abbildung 25.3 Die Weboberfläche von Windows 10 IoT Core

Erfreulicherweise läuft auf aktuellen Windows-IoT-Versionen sogar ein SSH-Server. Mit ssh Administrator@minwinpc können Sie sich dort anmelden. Dabei verwenden Sie wiederum das Passwort, das Sie im IoT Dashboard festgelegt haben. Ungewohnt ist natürlich, dass Sie via SSH keine Linux- oder bash-Kommandos ausführen können, sondern nur PowerShell-Kommandos.

25.2   Anwendung

Anders als unter Raspbian bzw. unter anderen Linux-Distributionen ist es unter Windows 10 IoT Core nicht vorgesehen, dass Sie damit direkt arbeiten oder gar Programme entwickeln. Stattdessen müssen Sie Programme, die Sie auf dem Raspberry Pi ausführen wollen, auf einem Windows-PC oder -Notebook entwickeln und kompilieren. Das fertige Programm kann dann auf den Raspberry Pi übertragen und dort getestet werden.

Fernwartung mit der PowerShell

Ein unentbehrliches Hilfsmittel bei der Arbeit mit Windows IoT ist die PowerShell. Dieses Programm ist eine zeitgemäße Alternative zum Eingabeaufforderungsfenster. Bei aktuellen Windows-Versionen ist powershell.exe standardmäßig installiert. Für den ersten Verbindungsaufbau starten Sie das Programm mit Administratorrechten und führen dann die folgenden vier Kommandos aus, um sich auf dem Raspberry Pi einzuloggen und diesen fernzusteuern:

```
> net start WinRM
> Set-Item WSMan:\localhost\Client\TrustedHosts  -Value MINWINPC
> Enter-PsSession  -ComputerName MINWINPC
                   -Credential MINWINPC\Administrator
```

Das erste Kommando startet auf Ihrem lokalen Windows-Rechner einen WinRM-Dienst. Das zweite Kommando fügt den Raspberry Pi zur Liste der vertrauenswürdigen Rechner hinzu. Dabei müssen Sie natürlich MINWINPC durch den tatsächlichen Hostnamen ersetzen.

Die Ausführung des letzten Kommandos führt in einen Login-Dialog, in dem Sie sich mit Ihrem Passwort identifizieren. Anschließend vergehen einige Sekunden, bis schließlich der Prompt der PowerShell wieder erscheint – aber jetzt mit der vorangestellten Zeichenkette [MINWINPC]. Alle weiteren Kommandos werden also auf dem Raspberry Pi ausgeführt, ähnlich wie bei einer SSH-Session unter Linux.

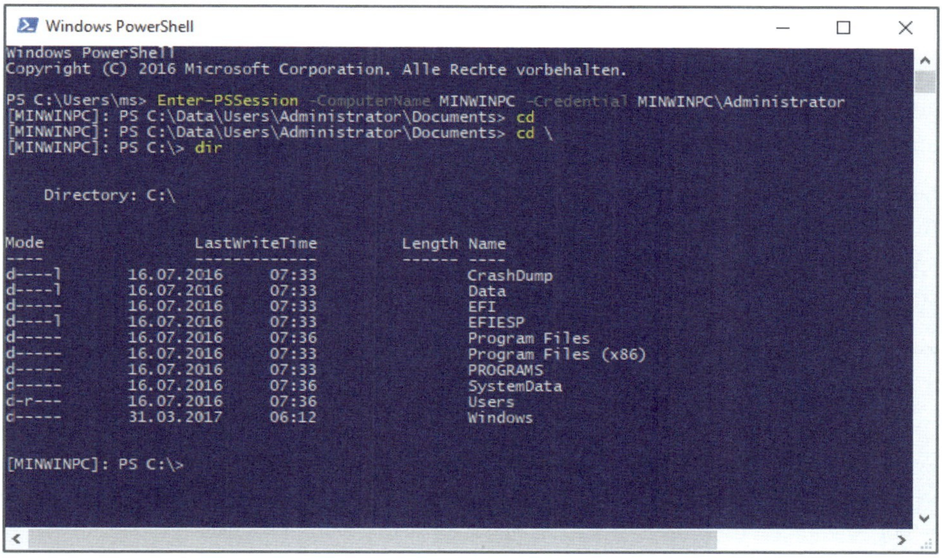

Abbildung 25.4 In der PowerShell können Sie sich auf dem Raspberry Pi anmelden und dort Kommandos ausführen.

Sofern Sie das Administrator-Passwort von Windows IoT nicht schon auf der Weboberfläche geändert haben, können Sie es nun mit dem Kommando net user neu einstellen. exit beendet die Verbindung zum Raspberry Pi.

```
[MINWINPC]> net user Administrator ganzGeheim
[MINWINPC]> exit
```

In Zukunft reicht ein normaler Start der PowerShell, also ohne Administrationsrechte. Sie müssen auch nur noch das Enter-PSSession-Kommando ausführen (siehe Abbildung 25.4). Weitere Informationen zum Umgang mit der PowerShell und zu den dort verfügbaren Kommandos finden Sie beispielweise hier:

https://blog.udemy.com/powershell-tutorial
https://developer.microsoft.com/en-us/windows/iot/docs/commandlineutils

25.3   Programmentwicklung mit Visual Studio

Um Programme für Windows IoT Core zu entwickeln, benötigen Sie Visual Studio 2017. Die kostenlose Community Edition können Sie von der folgenden Webseite herunterladen:

https://www.visualstudio.com/downloads

Achten Sie bei der Installation darauf, dass Sie die Option TOOLS FÜR DIE UNIVERSELLE WINDOWS-APP-ENTWICKLUNG bzw. UNIVERSAL WINDOWS APP DEVELOPMENT TOOLS aktivieren! Sie ist standardmäßig nicht ausgewählt. Sie können diesen Schritt gegebenenfalls nachholen, indem Sie das üblicherweise im Downloads-Verzeichnis gespeicherte Installationsprogramm nochmals starten und die Installationsoptionen anpassen.

Bevor Sie mit der Entwicklung eigener Projekte beginnen können, müssen Sie für Ihren Windows-Rechner noch den Entwicklermodus aktivieren. Sie finden die entsprechende Option in den Systemeinstellungen in der Gruppe UPDATE UND SICHERHEIT (siehe Abbildung 25.5).

Voraussetzungen

Im Folgenden setzen wir voraus, dass Sie prinzipiell mit Visual Studio und C# vertraut sind und dass Sie sich auch schon so weit mit der Hardware des Raspberry Pi befasst haben, dass Sie eine Leuchtdiode an einen GPIO-Pin anschließen können. Werfen Sie gegebenenfalls einen Blick in Kapitel 12, »LEDs, Motoren und Relais«.

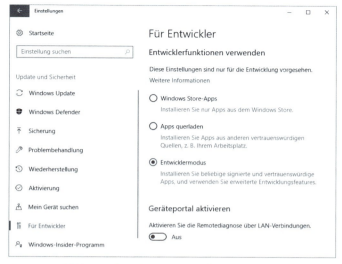

Abbildung 25.5 Den Entwicklermodus in Windows 10 aktivieren

Hello World!

Um ein erstes, selbst entwickeltes C#-Programm mit grafischer Benutzeroberfläche auf dem Raspberry Pi auszuführen, richten Sie in Visual Studio ein neues Projekt ein. Dabei verwenden Sie die Vorlage VISUAL C# • WINDOWS • UNIVERSAL • LEERE APP (siehe Abbildung 25.6).

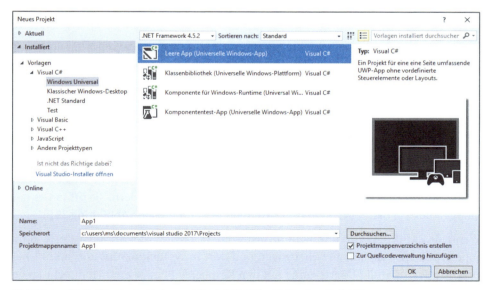

Abbildung 25.6 Ein neues Universal-Projekt in Visual Studio einrichten

Im nächsten Schritt stellen Sie als Zielversion und als Mindestversion jeweils die Windows-Version ein, die Sie auf Ihren Raspberry Pi installiert haben (bei unseren Tests war das jeweils WINDOWS 10 ANNIVERSARY EDITION 10, BUILD 14393).

Nun öffnen Sie die Datei MainPage.xaml und gestalten die grafische Benutzeroberfläche des Programms. Fügen Sie einen Textblock und einen Button ein, und beschriften Sie diese Elemente mit HELLO WORLD und ENDE. Durch einen Doppelklick auf den Button können Sie diesen mit Code verbinden, der ausgeführt wird, wenn der Benutzer auf den Button klickt. In der nun angezeigten Code-Datei MainPage.xaml.cs rufen Sie die Methode exit auf, um das Programm zu beenden. Die gesamte Methode button_click muss so aussehen:

```
private void button_Click(object sender, RoutedEventArgs e) {
  Application.Current.Exit();
}
```

Jetzt starten Sie Ihr Programm probeweise auf Ihrem lokalen Windows-PC (siehe Abbildung 25.7). Ein Klick auf den Button ENDE sollte das Programm wieder beenden.

Abbildung 25.7 »Hello World!« auf einem Windows-PC

Der spannende Augenblick folgt nun: Wir wollen unser Hello-World-Programm auf dem Raspberry Pi ausführen. Dazu stellen Sie in der Symbolleiste von Visual Studio die Architektur von x86 auf ARM um und wählen im danebenliegenden Listenfeld zur Programmausführung den Punkt REMOTECOMPUTER. Es erscheint ein kleiner Dialog zur Konfiguration der Kommunikation mit dem Raspberry Pi. Dort stellen Sie ADRESSE = MINWINPC und AUTHENTIFIZIERUNGSMODUS = UNIVERSELL ein.

Sollte Ihr Raspberry Pi unter dem Hostnamen minwinpc nicht im Netz auffindbar sein, müssen Sie statt des Namens seine IP-Adresse angeben. Sie können die Einstellungen bei Bedarf im Dialogblatt DEBUG der Projekteigenschaften ändern. Sie öffnen es per Doppelklick auf PROPERTIES im Projektmappen-Explorer (siehe Abbildung 25.8).

Wenn Sie das Programm nun neuerlich starten, wird es für die ARM-Plattform kompiliert, auf den Raspberry Pi übertragen und dort im Vollbildmodus ausgeführt. Bei unseren Tests hat die Übertragung auf den Raspberry Pi zwar erstmalig recht lange gedauert, ansonsten funktioniert der Prozess aber wunderbar. Das Schreiben von Programmen mit grafischer Benutzeroberfläche gelingt so zugegebenermaßen sehr elegant (C#-Vorwissen vorausgesetzt).

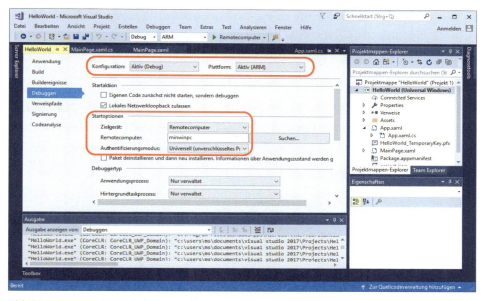

Abbildung 25.8 Erforderliche Einstellungen zur Programmausführung auf dem Raspberry Pi

GPIOs steuern

Natürlich wollen wir es mit dem Hello-World-Beispiel nicht bewenden lassen – wir wollen Ihnen auch zeigen, wie Sie mit C#-Code GPIOs steuern. Das folgende Beispiel setzt voraus, dass der Pin 29 des J8-Headers über einen Vorwiderstand mit einer Leuchtdiode verbunden ist. Die BCM-Nummer dieses Pins ist 5. Natürlich können Sie die Leuchtdiode auch mit einem anderen Pin verbinden – dann müssen Sie den Code entsprechend anpassen.

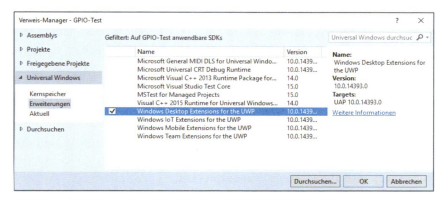

Abbildung 25.9 Verweis auf die Windows-IoT-Bibliothek einrichten

In Visual Studio müssen Sie Ihrem Projekt zuerst einen Verweis auf die Windows-IoT-SDK hinzufügen: Klicken Sie also im Projektmappen-Explorer mit der rechten Maustaste auf VERWEISE, führen Sie VERWEIS HINZUFÜGEN aus, suchen Sie nach dem Eintrag WINDOWS IoT EXTENSION SDK, und aktivieren Sie diesen Eintrag (siehe Abbildung 25.9).

In die Benutzeroberfläche des Hello-World-Programms fügen Sie nun zwei weitere Buttons ein, die Sie mit LED EIN und LED AUS beschriften und denen Sie die Namen button_led_on und button_led_off geben (siehe Abbildung 25.10). Ein Doppelklick auf die beiden Buttons fügt die entsprechenden Ereignismethoden in den C#-Code ein.

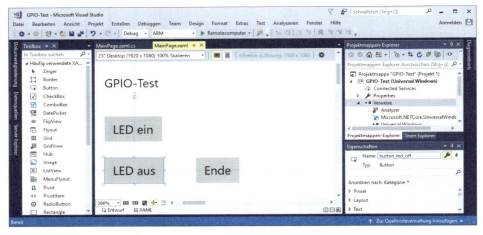

Abbildung 25.10 Entwurf der Benutzeroberfläche in Visual Studio

Nun gilt es nur noch, den Code zu vervollständigen:

▶ **GPIO-Bibliothek nutzen:** using Windows.Devices.Gpio erlaubt die unmittelbare Verwendung der Klassen aus dem Gpio-Namensraum.

▶ **Initialisierung:** In MainPage wird ein GpioController-Objekt erzeugt. Sofern der Code auf einem Raspberry Pi ausgeführt wird, sollte das ohne Fehler gelingen. Anschließend wird in der Variablen pin ein GpioPin-Objekt gespeichert, das Zugriff auf einen GPIO des Raspberry Pi gibt. Dieser Pin soll als Output verwendet werden – daher die SetDriveMode-Methode. Beim Start des Programms soll die LED sofort leuchten. Das erreicht die Write-Methode.

Beachten Sie, dass sich die Nummer in LED_GPIO auf die interne BCM-Nummerierung bezieht, nicht auf die Pin-Nummer des J8-Headers. Der GPIO mit der BCM-Nummer 5 wird über den Pin 29 angesprochen.

▶ **LED ein- und ausschalten:** Die Methoden button_led_on_Click und button_led_off_Click verwenden ebenfalls die Write-Methode, um den Zustand des GPIO 5 entsprechend zu verändern.

Das gesamte Listing sieht so aus:

```
// Datei Mainpage.xaml.cs
using ...
using Windows.Devices.Gpio;

namespace HelloWorld {
  public sealed partial class MainPage : Page {
    private const int LED_GPIO = 5;  // Pin 29 des J8-Headers
    private GpioPin pin;

    // Initialisierung
    public MainPage() {
      this.InitializeComponent();
      var gpio = GpioController.GetDefault();
      if(gpio == null)  {
        pin = null;
        return;
      }

      pin = gpio.OpenPin(LED_GPIO);
      pin.SetDriveMode(GpioPinDriveMode.Output);
      pin.Write(GpioPinValue.High);
    }

    // Programmende
    private void button_Click(object sender, RoutedEventArgs e) {
      Application.Current.Exit();
    }

    // LED einschalten
    private void button_led_on_Click(object sender,
                                     RoutedEventArgs e)
    {
      if(pin != null)
        pin.Write(GpioPinValue.High);
    }
    // LED ausschalten
    private void button_led_off_Click(object sender,
                                      RoutedEventArgs e)
    {
      if (pin != null)
        pin.Write(GpioPinValue.Low);
    }
  }
}
```

25

Weitere Beispiele

Microsoft hat dankenswerterweise eine ganze Sammlung von Beispielprojekten zusammengestellt. Die Beispiele enthalten auch sogenannte *headless* Programme, also Programme, die ohne grafische Benutzeroberfläche im Hintergrund laufen. Eine Referenz sowie die entsprechende Dokumentation finden Sie hier:

https://developer.microsoft.com/en-us/windows/iot/samples

Die Beispielprogramme laden Sie am einfachsten en bloc als ZIP-Datei von GitHub herunter und packen sie dann auf Ihrem Rechner aus:

https://github.com/ms-iot/samples/archive/develop.zip

GUI-Programmierung ohne Windows

Wenn es Ihnen nur darum geht, mit überschaubarem Aufwand grafische Benutzeroberflächen für den Raspberry Pi zu gestalten, können Sie eventuell auch in der Linux-Welt bleiben. Python ist in solchen Fälle zwar nicht die erste Wahl, aber dafür bietet die Open-Source-Entwicklungsumgebung *Lazerus* relativ viel Komfort. Der Nachteil: Als Programmiersprache müssen Sie die wenig populären Sprachen Pascal bzw. Object Pascal verwenden.

http://wiki.freepascal.org/Lazarus_on_Raspberry_Pi/de

# TEIL V

Projekte

Kapitel 26
Der Raspberry Pi im Vogelhaus

Der Winter war schon fast vorbei, als die Idee aufkam, ein Vogelhäuschen im Garten aufzuhängen. Ein eher kleines sollte es sein, geeignet für Meisen. Ob es vielleicht möglich wäre, mithilfe eines Raspberry Pi und einer Kamera die Vögel beim Brüten zu beobachten, ohne sie zu stören? »Versuch macht kluch!« Dabei ist das Vogelhaus natürlich nur der Aufhänger, um Ihnen die Möglichkeiten des Raspberry-Pi-Kameramoduls näherzubringen: In diesem Kapitel lernen Sie, wie Sie Einzelbilder, Videos und Zeitrafferaufnahmen anfertigen, und realisieren zum Schluss eine rein software-gesteuerte Bewegungserkennung. Diese können Sie nicht nur zur Beobachtung von Tieren, sondern auch als Alarmanlage nutzen.

26.1 Einbau des Raspberry Pi samt Kameramodul in ein Vogelhaus

Als Grundlage für unser Projekt diente ein Vogelhaus aus dem Gartenmarkt (siehe Abbildung 26.1); handwerklich geschickte Menschen greifen sicher lieber selbst zur Säge. Das Vogelhaus, auf das die Wahl fiel, ist ein Mehrfamilienhaus: Es hat drei separate Brutkammern, jede mit einem eigenen Eingang.

Von den drei Kammern soll nur die mittlere für brütende Meisen (auf deren Größe sind die Einfluglöcher bemessen) zur Verfügung stehen. Die beiden äußeren Kammern sollen die Technik aufnehmen (siehe Abbildung 26.2). Zuerst wird der Raspberry Pi installiert und die Kamera ausgerichtet. Die Befestigung erfolgte mit kurzen Stahlnägeln, die durch die unteren Belüftungslöcher des Kunststoffgehäuses geführt wurden.

Vom Raspberry-Pi-Kameramodul gibt es zwei Varianten: eine »normale« und das sogenannte PiNoIR-Modul. Wir wählten hier die PiNoIR-Variante, weil sie auch bei dämmrigem Licht noch ansehnliche Bilder liefert. Der Name (NoIR = *No Infrared*, außerdem ist *noir* das französische Wort für *schwarz*) deutet darauf hin, dass diesem Kameramodul der sonst übliche Filter für infrarotes Licht fehlt. Das führt am Tag zu verfälschten Farben. Bei Dunkelheit oder bei Beleuchtung mit einem Infrarotscheinwerfer liefert die PiNoIR-Variante aber auch dann noch Bilder, wenn das normale Kameramodul schon lange aufgegeben hat.

Abbildung 26.1 Das Vogelhaus, frisch aus dem Gartenmarkt

Das Modul löst fünf Megapixel auf, liefert also Bilder mit 2592 × 1944 Pixeln. Kleinere Formate lassen sich per Software einstellen. Im Video-Betrieb liefert das Modul maximal 1080p (Full HD) bei 30 Bildern pro Sekunde. Es misst 25 × 20 × 9 Millimeter und wiegt 3 Gramm.

Im Vogelhaus reicht das durch die Einflugöffnung scheinende Mondlicht aus, um der Kamera brauchbare Aufnahmen zu ermöglichen (siehe Abbildung 26.3).

Flachbandkabel zu kurz?

Wenn das Flachbandkabel der Kamera zu kurz ist, können Sie inzwischen im Fachhandel eine längere Ausführung erwerben. Auch verschiedene Gehäuse für das Kameramodul (das in der Regel ohne Gehäuse verkauft wird) sind erhältlich.

Greifen Sie beim Stromanschluss unbedingt auf eine Steckdose zurück, die für den Betrieb im Außenbereich ausgelegt ist. In unser Vogelhaus hat es zwar nie hineingeregnet, aber Kondensfeuchte kann natürlich trotzdem entstehen. Achten Sie auch auf eine Zugentlastung der Zuleitung. Die Stromversorgung für den Raspberry Pi ist durch die Brutkammer geführt (siehe Abbildung 26.2). Bei Meisen funktioniert das, denn sie zerknabbern keine Kabel.

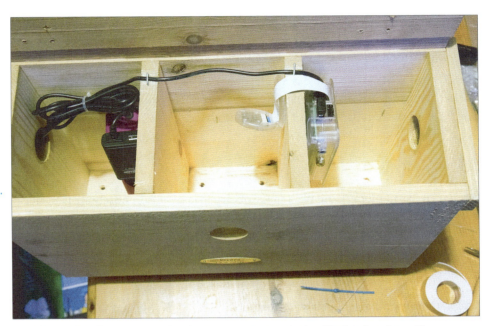

Abbildung 26.2 Eine Kammer für die Stromversorgung, eine für den Raspberry Pi, eine für die Mieter

Abbildung 26.3 Die bezugsfertige Kammer, von innen fotografiert durch den Raspberry Pi bei Mondlicht ohne künstliche Beleuchtung

Wenn Sie ein Vogelhaus wählen, das auch größeren Vögeln Platz bietet, sollten Sie das Kabel entweder anders führen oder es durch ein stabiles Rohr schützen. Auch für das Kameragehäuse wählen Sie in diesem Fall eine möglichst robuste Ausführung.

Zum Schluss schadet es nicht, das aufklappbare Dach der Vogelhauses zusätzlich mit etwas Dichtband abzudichten. Die Öffnung, aus der das Stromkabel austritt, kleben Sie mit wetterfestem Band, etwa Gewebeband, ab.

26.2   Kamerapraxis

Wir haben das Kameramodul für den Raspberry Pi ja bereits in Abschnitt 14.8, »Raspberry Pi Camera Board und PiNoIR«, näher vorgestellt. Dieser Abschnitt fasst nochmals zusammen, wie Sie das Modul in Betrieb nehmen und wie Sie Bild- und Filmaufnahmen erstellen. Außerdem erfahren Sie hier, wie Sie aus Einzelbildern einen Zeitrafferfilm machen, und lernen Möglichkeiten zur Bildoptimierung kennen.

Das Kameramodul betriebsbereit machen

Nachdem Sie die Kamera angeschlossen haben, müssen Sie diese software-seitig aktivieren. Am einfachsten gelingt dies mit EINSTELLUNGEN • RASPBERRY PI CONFIGURATION. Sollten Sie Raspbian Lite ohne Grafiksystem verwenden, rufen Sie stattdessen `sudo raspi-config` auf. Wählen Sie den Menüpunkt `Enable Camera` und danach `Finish`. Sie werden nun aufgefordert, den Raspberry Pi einmal neu zu starten. Danach ist das Kameramodul betriebsbereit.

Kamera-LED deaktivieren

Immer wenn die Kamera aktiv ist, also ein Bild oder Video aufzeichnet, leuchtet eine rote Leuchtdiode (LED) an der Vorderseite des Moduls. Das ist im Vogelhaus nicht erwünscht, denn auf so kleinem Raum ist die LED sehr hell und würde die Vögel mit Sicherheit verschrecken.

Sie können die Aktivierung der LED zum Glück unterdrücken. Editieren Sie dazu die Datei /boot/config.txt, und hängen Sie die folgende Zeile an das Ende der Datei an:

```
disable_camera_led=1
```

Auch diese Einstellung wird erst nach einem Neustart wirksam.

Standbilder mit raspistill aufnehmen

Bereits vorinstalliert sind die Programme `raspistill` und `raspivid`. Das eine ist für Bilder zuständig (engl. *still* = Standbild), das andere für Videos. Mit `raspistill` können Sie nicht nur einfach Bilder anfertigen, sondern diese auch in vielfältiger Weise manipulieren und nachbearbeiten. Es gibt Korrekturmöglichkeiten für die meisten gängigen Bildfehler, und Sie können auf Belichtung, Schärfe, Sättigung und vieles Weitere Einfluss nehmen. Sogar Reihen- und Zeitrafferaufnahmen sind möglich.

Im einfachsten Fall entlocken Sie Ihrer Kamera mit diesem Kommando ein Standbild:

```
raspistill -o bild.jpg
```

Das Ergebnis `bild.jpg` wird im aktuellen Verzeichnis abgelegt. Es wird in voller Auflösung erzeugt (2595×1944 Pixel) und im JPEG-Format gespeichert. Obwohl das JPEG-Format eine Kompression beinhaltet, ist die Qualitätsstufe standardmäßig so gewählt, dass in der Regel keine Bildstörungen sichtbar sind. Falls Sie direkt auf dem Raspberry Pi arbeiten, also Monitor und Tastatur angeschlossen haben, ist Ihnen sicher aufgefallen, dass das aufgenommene Bild auf dem Monitor eingeblendet wird. Das ist die *Preview*-Funktion (Preview = Vorschau). Sie können diese Funktion mit dem Parameter -n abschalten:

```
raspistill -o bild.jpg -n
```

Auch die anderen Bildeigenschaften können Sie durch weitere Parameter beeinflussen. Wollen Sie etwa ein kleineres Bild haben, können Sie Höhe und Breite angeben:

```
raspistill -o bild.jpg -w 640 -h 480
```

Sind Ihnen die Bilddateien zu groß, können Sie die Qualität herunterschrauben und erhalten so kleinere Dateien. Hier wird die JPEG-Qualität auf 60 Prozent reduziert:

```
raspistill -o bild.jpg -q 60
```

Möchten Sie Ihre Bilder nicht im JPEG-Format bekommen, so stehen Ihnen auch noch die Ausgabeformate GIF, PNG und BMP zur Verfügung. Um die Ausgabe im PNG-Format zu wählen, geben Sie Folgendes ein:

```
raspistill -o bild.png -e png
```

Möglichkeiten zur Bildkorrektur

Wenn die Standardwerte des Kameramoduls keine zufriedenstellenden Ergebnisse liefern, gibt es einige Stellschrauben, an denen Sie drehen können. Ist Ihr Bild chronisch unterbelichtet, ohne dass Sie das Problem durch eine Änderung der Beleuchtungssituation beheben können, kommt Ihnen vielleicht der Parameter -ev (Exposure Value, Belichtungskorrektur) zur Hilfe. Das Bild wird, wenn Sie hier einen positiven Wert angeben, künstlich aufgehellt. Dieser und weitere Parameter zu Bildkorrektur werden in Abschnitt 14.8, »Raspberry Pi Camera Board und PiNoIR«, erläutert.

ISO-Einstellung

Wenn heute ein Kindergartenkind gebeten wird, Filmdöschen zum Basteln mitzubringen, guckt es in der Regel ein wenig verwirrt aus der Wäsche. Wir Älteren wissen aber noch, dass es Filmrollen in verschiedenen Empfindlichkeitsstufen gibt, die an der ISO-Zahl erkennbar sind und von Anhängern der analogen Fotografie noch heute gern benutzt werden. Je höher der ISO-Wert ist, umso empfindlicher ist der Film, das heißt, umso weniger Licht muss auf ihn fallen, um ein ansehnliches Bild zu produzieren.

Die Sensoren heutiger Kameras können ebenfalls in ihrer Empfindlichkeit eingestellt werden. Höhere ISO-Werte erhöhen auch hier die Empfindlichkeit und ermöglichen Aufnahmen bei schlechten Lichtverhältnissen. Diesen Vorteil erkauft man sich in der Regel mit zunehmendem Bildrauschen.

Auch den ISO-Wert der Raspberry-Pi-Kamera können Sie einstellen. Standardmäßig kommt eine Automatik zum Einsatz, die selbstständig versucht, die richtige ISO-Einstellung zu wählen. Bei schwierigen Lichtverhältnissen kann die Automatik aber versagen und über- oder unterbelichtete Bilder liefern. In diesem Fall stellen Sie den Wert manuell ein:

```
raspistill -o bild.jpg -ISO 800
```

Im Vogelhaus wurde die Kamera auf die höchste Empfindlichkeitsstufe eingestellt. Die Skala reicht bei der Raspberry-Kamera von 100 bis 800 in Hunderterschritten. Den ISO-Parameter können Sie auch für Video-Aufnahmen mit raspivid nutzen.

Zeitverzögerung und Zeitrafferfilme

Sie können die Kamera eine Zeitlang warten lassen, bevor das Bild erzeugt wird. Die Länge der Pause geben Sie in Millisekunden an, für fünf Sekunden Verzögerung also 5000:

```
raspistill -o bild.jpg -t 5000
```

Eine Zeitrafferaufnahme erstellen Sie, indem Sie den zusätzlichen Parameter -tl (*tl* = *timelapse*, Zeitraffer) hinzunehmen. Das folgende Kommando erstellt alle fünf Sekunden ein Bild, insgesamt sechzig Sekunden lang. Das %03d im Dateinamen führt dazu, dass raspistill die Bilder mit einer fortlaufenden dreistelligen Nummer versieht, also bild-001.jpg, bild-002.jpg und so weiter.

```
raspistill -o bild-%03d.jpg -t 60000 -tl 5000
```

Jetzt haben Sie eine Reihe von Einzelaufnahmen, die Sie zu einem Zeitraffer-Video zusammensetzen können. Das gelingt mit avconv (*Audio Video Converter*). Sollte avconv auf Ihrem Raspberry Pi noch nicht installiert sein, können Sie das schnell mit `sudo apt -fym install libav-tools` nachholen. Das folgende Kommando erstellt aus Ihren Einzelbildern ein Video im MP4-Format mit fünf Bildern pro Sekunde:

```
avconv -r5 -f image2 -i bild-%03d.jpg zeitraffer.mp4
```

Dieser Vorgang ist sehr rechenintensiv und dauert auf dem Raspberry Pi eine ganze Weile. Falls Sie noch einen weiteren, schnelleren Linux-Rechner zur Verfügung haben, ist es eine gute Idee, die Einzelbilder auf diesen zu kopieren und das Zeitraffer-Video dort erstellen zu lassen.

Videos aufzeichnen mit raspivid

Das Aufzeichnen von Videos mit `raspivid` ist genau so einfach wie das Anfertigen von Standbildern, und viele Parameter sind ebenfalls gleich oder ähnlich. Das folgende Kommando nimmt ein Video von 10 Sekunden Länge auf (auch hier wieder in Millisekunden angegeben). Die Größe ist dabei auf 640 × 480 Pixel reduziert.

```
raspivid -o video.h264 -w 640 -h 480 -t 10000
```

Das Video-Format H.264, das standardmäßig verwendet wird, können die meisten Abspielprogramme problemlos verarbeiten. Sollten Sie doch einmal Probleme haben, können Sie das Video mit `avconv` konvertieren, das Sie bei den Zeitrafferaufnahmen schon kennengelernt haben. Das folgende Kommando rechnet Ihr Video in das MP4-Format um:

```
avconv -i video.h264 -vcodec copy video.mp4
```

Hier gilt wie beim Zeitraffer: Es dauert auf dem Raspberry Pi recht lange. Sie können tricksen, indem Sie die Bildwiederholrate reduzieren, etwa auf 15 Bilder pro Sekunde:

```
avconv -i video.h264 -r 15 -vcodec copy video.mp4
```

Das geht natürlich zulasten der Bildqualität. Bei 15 Bildern pro Sekunde nimmt das menschliche Auge schon ein störendes Ruckeln wahr. Besser ist es, Sie nehmen die Konvertierung auf einem anderen, schnelleren Rechner vor.

26.3   Bewegungserkennung mit motion

Zeitrafferaufnahmen und Videos sind gut und schön, aber wenn sich vor der Linse nichts tut, sind sie genauso langweilig wie ein Standbild. Daher wäre es sinnvoll, eine Bewegungserkennung zu haben, die die Kamera nur dann zu einer Aufnahme veranlasst, wenn tatsächlich etwas passiert. Das ist nicht nur für unser Vogelhaus sinnvoll, sondern eignet sich auch gut als Alarmanlage während des Urlaubs oder zur Beobachtung schreckhafter Tiere.

Das Paket motion ermöglicht es Ihnen, diese Idee mit dem Raspberry-Pi-Kamera-modul und natürlich auch mit anderen Webcams umzusetzen. Mit den folgenden Kommandos installieren Sie motion und das Paket v4l-utils. Dieses Paket enthält einen v4l-Treiber (*v4l = video for linux*), der das Raspberry-Pi-Kameramodul unter der Bezeichnung /dev/video0 für motion sicht- und nutzbar macht.

```
sudo apt update
sudo apt full-upgrade
sudo apt -fym install v4l-utils motion
```

Das folgende Kommando lädt das Treibermodul. Nachdem Sie es ausgeführt haben, existiert die Datei /dev/video0.

```
modprobe bcm2835-v4l2
```

Dass das Modul korrekt geladen und die Kamera erkannt wurde, sehen Sie auch im System-Logfile. Schauen Sie sich die letzten Zeilen mit tail -n 20 /var/log/syslog einmal an:

```
[  864.023270] Linux video capture interface: v2.00
[  864.068272] bcm2835-v4l2: scene mode selected 0, was 0
[  864.074260] bcm2835-v4l2: V4L2 device registered as
               video0 - stills mode > 1280x720
[  864.079525] bcm2835-v4l2: Broadcom 2835 MMAL video capture
               ver 0.0.2 loaded.
```

Das Treibermodul wird noch weiterentwickelt, deshalb können bei Ihnen andere Versionsnummern auftauchen. Wichtig ist registered as video0, denn das bedeutet, dass Ihre Kamera startklar ist.

Motion konfigurieren

Das Paket motion bringt bei der Installation eine Konfigurationsdatei mit, die /etc/motion/motion.conf heißt. Lassen Sie sich nicht von der Größe der Datei abschrecken! Man kann sehr viel einstellen, aber fast alle Werte haben sinnvolle Vorein-stellungen und müssen nicht geändert werden. Um mit motion loslegen zu können, reichen ganz wenige Modifikationen, die wir nun Schritt für Schritt erläutern. Trotzdem ist es immer eine gute Idee, die unveränderte Konfigurationsdatei unter einem anderen Namen zu sichern, etwa so:

```
sudo cp /etc/motion/motion.conf /etc/motion.motion.conf.sicher
```

Jetzt kann es losgehen. Öffnen Sie die motion.conf, und suchen Sie diese Zeilen:

```
# Datei /etc/motion/motion.conf
# Image width (pixels).
# Valid range: Camera dependent, default: 352
width 320
```

```
# Image height (pixels).
# Valid range: Camera dependent, default: 288
height 240
```

Hier können Sie die Bildgröße einstellen, die motion aufzeichnen wird. 320 × 240 Pixel ist arg klein, diese Werte können Sie getrost verdoppeln.

Danach stellen Sie die Empfindlichkeit ein, mit der motion auf Änderungen im Bild reagiert. Die Bewegungserkennung funktioniert so, dass motion nacheinander aufgenommene Bilder miteinander vergleicht und prüft, wie viele Bildpunkte sich von einem zum anderen Bild geändert haben. Ist eine gewisse Schwelle überschritten, startet motion die Aufnahme und stoppt sie wieder, wenn das Bild sich beruhigt. Diese Schwelle stellen Sie an folgender Stelle der Konfigurationsdatei ein:

```
# Datei /etc/motion/motion.conf
# Threshold for number of changed pixels in an image that
# triggers motion detection (default: 1500)
threshold 1500
```

Standardmäßig müssen sich also 1500 Pixel zwischen zwei Bildern ändern, damit motion dies als Bewegung interpretiert und reagiert. Für Ihre ersten Experimente können Sie diesen Wert niedrig ansetzen. Später finden Sie den richtigen Wert eigentlich nur durch ein wenig Experimentieren heraus, denn er hängt natürlich auch ganz wesentlich davon ab, was Sie beobachten oder überwachen möchten. Eine Beobachtungskamera in einem Vogelhaus benötigt hier natürlich andere Werte, als wenn Sie motion nachts als Einbruchsüberwachung in einer Lagerhalle einsetzen.

Nun kommen wir zum Ausgabeformat. Per Default speichert motion alle Videos im Shockwave-Flash-Format mit der Dateiendung .swf:

```
# Datei /etc/motion/motion.conf
ffmpeg_video_codec swf
```

Dafür benötigen Sie jedoch eine proprietäre Abspielsoftware, was unschön ist. Um stattdessen Videos im MP4-Format zu erhalten, ändern Sie die Zeile so ab:

```
# Datei /etc/motion/motion.conf
ffmpeg_video_codec mpeg4
```

Nicht notwendig, aber eine nette Spielerei ist die locate-Funktion. Wenn motion irgendwo im Bild eine Bewegung erkannt hat, kann es diesen Bildbereich mit einem rechteckigen Rahmen kennzeichnen. Diese Funktion ist zunächst deaktiviert (off). Setzen Sie sie auf locate on, wenn Sie diese Funktion nutzen möchten.

```
# Datei /etc/motion/motion.conf
locate off
```

Auf Port 8081 stellt motion einen Mini-Webserver zur Verfügung, auf dem Sie das aktuelle Bild der Kamera live verfolgen können. Es gibt aber zwei Haken: Erstens ist motion zunächst so konfiguriert, dass sich das Live-Bild nur bei einer erkannten Bewegung aktualisiert. Zweitens ist dieser Webserver nicht von anderen Rechnern im gleichen Netz erreichbar, denn er ist nur an das lokale Loopback-Interface gebunden. Glücklicherweise lässt sich beides leicht ändern. Finden Sie die folgenden Zeilen:

```
# Datei /etc/motion/motion.conf
# rate given by webcam_maxrate when motion is detected
# (default: off)
webcam_motion off
...
# Restrict webcam connections to localhost only
# (default: on)
webcam_localhost on
```

Ändern Sie nun off bzw. on in das jeweilige Gegenteil:

```
# Datei /etc/motion/motion.conf
webcam_motion on
...
webcam_localhost off
```

Jetzt stellt der Livestream ein Bild pro Sekunde dar, auch wenn nichts passiert (ein Video speichert motion natürlich trotzdem nur dann, wenn eine Bewegung erkannt wird). Außerdem ist der Livestream jetzt auch von den Netznachbarn Ihres Raspberry Pi zu bewundern. Das können Sie auch gleich einmal ausprobieren, denn die grundlegende Konfiguration ist damit abgeschlossen.

Sie starten motion mit dem gleichnamigen Kommando im Terminal. Es sucht nach der Konfigurationsdatei /etc/motion/motion.conf und liest sie ein. Jetzt können Sie auf einem Browser die Adresse Ihres Raspberry Pi, gefolgt von :8081, eingeben. Hat der Raspberry Pi also zum Beispiel die IP-Adresse 192.168.2.10, so geben Sie in die Adresszeile des Browsers 192.168.2.10:8081 ein. Jetzt sehen Sie ein Bild pro Sekunde live aus der Raspberry-Pi-Kamera. Wenn eine Bewegung im Bild erkannt wird, umrahmt motion den Bereich (siehe Abbildung 26.4) und startet gleichzeitig die Aufnahme.

Der fehlende Infrarotfilter des PiNoIR-Kameramoduls verfälscht die Farben, wenn man es bei Tageslicht einsetzt. Die Aufnahmen speichert motion im Verzeichnis /tmp/motion. Es ist sinnvoll, alte Dateien regelmäßig aus diesem Verzeichnis zu löschen, denn je nach Aktivität kann es dort bald recht eng zugehen. Es empfiehlt sich, der in Linux eingebauten Zeitsteuerung Cron diese Aufgabe zu überlassen. Cron hat eine Art To-do-Liste, die crontab. Sie editieren sie mit dem Kommando sudo crontab -e. Fügen Sie diese Zeile hinzu:

```
0 0 * * * find /tmp/motion/ -iname "*" -mtime +7 -delete
```

Abbildung 26.4 motion erkennt eine Bewegung.

Verlassen Sie nun den Editor. Jetzt werden täglich um Mitternacht alle Dateien aus /tmp/motion gelöscht, die älter als 7 Tage sind. Mehr zu Cron finden Sie in Abschnitt 4.11, »Programme regelmäßig ausführen (Cron)«.

26.4 Das Vogelhaus im praktischen Einsatz

Nach so vielen Tipps zur optimalen Verwendung der Kamera sollen Sie zum Abschluss noch erfahren, welche der bisher dargestellten Möglichkeiten wir tatsächlich im Vogelhaus genutzt haben: Die Bewegungserkennung mit motion, die ein durchaus breites Einsatzspektrum hat, haben wir nicht genutzt. Der Grund: Wären tatsächlich Meisen in das Haus eingezogen, so wäre dort permanent Bewegung gewesen, und motion hätte praktisch unablässig gefilmt – jedenfalls, solange das Licht ausreicht.

Stattdessen wurde mit raspistill alle 60 Sekunden ein Einzelbild in der Auflösung 1024 × 768 Pixel geschossen. Es bietet sich an, das von cron erledigen zu lassen (siehe Abschnitt 4.11). Der folgende crontab-Eintrag ist hier nur aus Platzgründen über zwei Zeilen verteilt. Geben Sie das gesamte Kommando ohne \ in einer Zeile an!

```
* * * * * raspistill -o /var/www/html/birdpi.jpg -w 1024 -h 768 \
                -ex night -ifx denoise -sh 50
```

Der Parameter -ex night schaltet die Kamera dabei in eine Art Nachtmodus. Dieser bewirkt hauptsächlich, dass die Kamera hohe ISO-Werte nutzt, die sonst nicht zum Einsatz kämen. Mit -ifx denoise wird eine Nachbearbeitung vorgenommen, die das Bildrauschen reduzieren soll, das durch die hohen ISO-Werte entsteht. Dadurch wird das Bild aber recht stark »gebügelt«, und es besteht die Gefahr, dass Details verloren gehen. Deshalb wird zum Schluss noch mit -sh 50 ein wenig nachgeschärft.

Abgelegt wird das Bild unter /var/www/html. Das ist das Standardverzeichnis des Webservers Apache, der ebenfalls auf dem Raspberry Pi installiert ist. Im gleichen Verzeichnis liegt eine sehr einfach gestrickte HTML-Datei, die nichts weiter macht, als dieses Bild anzuzeigen:

```html
<html>
  <head>
    <title>BirdPi</title>
  </head>
  <body>
    <img src="./birdpi.jpg" alt="Vogelhaus">
  </body>
</html>
```

Durch Eingabe der IP-Adresse des Vogelhaus-Raspberry-Pi wird nun das Bild aus der Brutkammer angezeigt.

Lichtverhältnisse und Bildqualität

Wir waren uns nicht sicher, wie Meisen auf zusätzliches Infrarotlicht in der Brutkammer reagieren, und haben es daher nicht eingesetzt. Das hat zur Folge, dass für einige Stunden in der Mitte der Nacht ein rein schwarzes Bild entsteht. Allerdings ist die PiNoIR-Variante der Raspberry-Kamera ausreichend lichtstark, um auch bei sehr geringem Umgebungslicht, etwa bei Mondschein oder in der Morgen- und Abenddämmerung, schon erkennbare Bilder zu liefern. Falls doch irgendwann ein Hilfslicht zum Einsatz kommen wird, werden wir zu einer einzelnen Infrarot-Diode greifen – alles andere wäre für den Einsatz auf so kleinem Raum völlig übertrieben.

Die Bildqualität haben wir getestet, indem wir kleine Gegenstände in das Vogelhaus gelegt haben, etwa ein Spielzeugauto oder eine Tomate. Die entstandenen Bilder waren brauchbar, wenn auch nicht hundertprozentig scharf. Das liegt daran, dass man bei dieser Entfernung an der Naheinstellgrenze der Kamera kratzt. Sie kennen das von Ihren eigenen Augen – was Sie sich direkt vor die Pupille halten, können Ihre Augen nicht scharf abbilden, ein gewisser Mindestabstand muss sein. Trotzdem war das Bild hinreichend gut, um von weiteren Modifikationen abzusehen. Wenn Sie dennoch das letzte Quäntchen Schärfe herausholen möchten, finden Sie in unserem Blog eine Anleitung, um die Naheinstellgrenze der Kamera zu verändern:

https://pi-buch.info/naheinstellgrenze-der-raspberry-pi-kamera-veraendern

Wo ist nun die brütende Meise?

Gern hätten wir Ihnen an dieser Stelle noch ein Foto von brütenden Meisen gezeigt, aber unser Vogelhaus wurde leider nur temporär bezogen. Im Winter übernachtete dort regelmäßig eine Kohlmeise (siehe Abbildung 26.5), zum Nestbau kam es aber nicht. Wir versuchen es weiter und halten Sie im Blog zu diesem Buch unter der Adresse *https://pi-buch.info* auf dem Laufenden!

Abbildung 26.5 Eine Kohlmeise im Vogelhaus

Kapitel 27
Zeitmessung mit Lichtschranken

In diesem kleinen Projekt machen wir einen Ausflug in den Physikunterricht. Die Aufgabenstellung ist einfach: *Die horizontale und vertikale Entfernung von Start- und Zielpunkt seien definiert: Finden Sie nun den schnellsten Weg vom Start zum Ziel.* Bei diesem Vorhaben hilft Ihnen eine Kugel sowie eine selbst gebaute Kugelbahn. Der Raspberry Pi kommt bei der Messung der benötigten Zeit ins Spiel. Wenn die Kugel über die Startlinie rollt, löst sie einen Timer aus, der gestoppt wird, wenn die Kugel die Ziellinie erreicht.

Hinweise auf den sinnvollsten Verlauf der Kugelbahn sowie die physikalischen Hintergründe finden Sie unter dem Stichwort *Brachistochrone* in der Wikipedia. So viel vorweg: Gerade bei flachen Bahnen ist der direkte Weg erstaunlicherweise *nicht* der schnellste!

https://de.wikipedia.org/wiki/Brachistochrone

27.1 Versuchsaufbau (Hardware)

Holz, Metall oder Papier? Bei dem Design der Bahn ist Ihre Kreativität gefragt – oder die Ihrer Schüler. Wir entschieden uns für ausrangierte Laufrohre eines Hamsterkäfigs. Um Ihnen die Lösung des Experiments nicht gleich zu verraten, gehört unsere Streckenführung sicherlich nicht zu den Top-Favoriten (siehe Abbildung 27.1). Zugegeben, den mechanischen Part dieses Projekts hätte man sicher eleganter ausführen können.

Schaltungsaufbau mit IR-Lichtschranken

Beginnen wir mit der Start- und Zielerkennung. Hierfür nutzen Sie am besten kleine Infrarotlichtschranken. Diese gibt es bei eBay oder auch im Elektrofachhandel zumeist paarweise. Die Lichtschranke benötigt nämlich einen Sender und einem Empfänger. In unserem Fall nutzten wir das Lichtschrankenpaar *Temic K153P*. Unter diesem Suchbegriff finden Sie das Bauteilpaar auch beim Elektronikhändler Pollin.

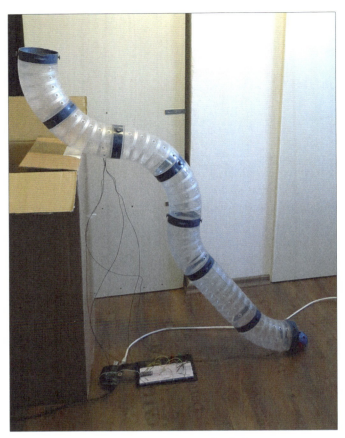

Abbildung 27.1 Kugelbahn aus Nagetierlaufröhren

Die Funktionsweise ist denkbar einfach: Der Sender ist eine LED. Sie ist gepolt und besitzt Anode und Kathode. Ist sie in Betrieb, so werden Sie dies mit bloßem Auge allerdings nicht erkennen. Die Sende-LED strahlt infrarotes Licht im Bereich von 985 nm aus.

Der Empfänger hingegen ist ein Transistor. Aus dem Gehäuse ausgeführt sind jedoch nur zwei Beinchen: Kollektor und Emitter. Ein Basisbeinchen ist nicht notwendig, da der Transistor leitend wird, sobald infrarotes Licht in die Linse fällt. Das gleiche Prinzip, nur in einem gemeinsamen Gehäuse, kennen Sie sicher vom Optokoppler (siehe Abschnitt 12.2, »Optokoppler«).

Beachten Sie, dass Sie je nach Modell die Versorgungsspannung der Sende-LED und den Vorwiderstand gegebenenfalls anpassen müssen. Die beiden Empfängertransistoren hängen über einem Widerstand an GND (siehe Abbildung 27.2). Die Eingänge der Pins 16 und 18 ziehen Sie später im Programmcode durch einen internen Pull-up-

Widerstand auf 3,3 V. Schaltet der Transistor also durch, liegt an den Eingängen ein Low-Signal an.

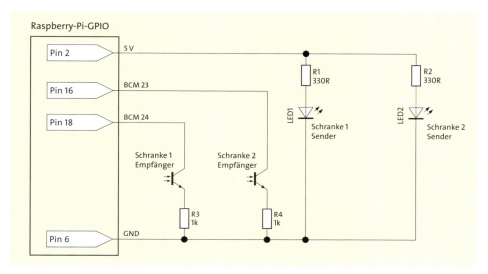

Abbildung 27.2 Anschluss der Lichtschrankenpaare

Die beiden Lichtschrankenpaare bringen Sie nun rechts und links von Ihrer Kugelbahn an (siehe Abbildung 27.3). Die Reichweite der Lichtschranke betrug in unseren Versuchen mindestens 5 cm.

Abbildung 27.3 Ziel-Lichtschranke am Röhrenausgang

Das Ausrichten der Bauteilpaare kann mitunter sehr mühsam werden. Gerade bei größeren Abständen ist eine sehr genaue Ausrichtung notwendig. Starten Sie dazu am besten das Python-Programm dieses Projekts, und beobachten Sie die Ausgaben am Bildschirm. So erkennen Sie sofort, wenn einer der Transistoren reagiert.

Zudem kann es notwendig sein, an die Beinchen der Bauteile Leitungen anzulöten. Verwenden Sie idealerweise farbige Leitungen, um Anode und Kathode sowie Kollektor und Emitter zu unterscheiden.

Wenn der Aufbau steht, die Lichtschranken befestigt sowie ausgerichtet sind und die komplette Schaltung mit dem Raspberry Pi verbunden ist, können Sie mit der Software fortfahren.

27.2 Software

Die pigpio-Bibliothek

Für dieses Programm haben wir uns von der bisher oft genutzten Python-Bibliothek `RPi.GPIO` getrennt und sind auf `pigpio` umgestiegen. Der Grund dafür ist das Event-Handling der beiden Module. Das Ziel dieses Projekts ist das Ermitteln einer Geschwindigkeit. Dazu sind – gerade bei kurzen Strecken – auch sehr genaue Start- und Zielsignale notwendig. `RPi.GPIO` unterstützt zwar Events, nennt uns aber nicht den genauen Zeitpunkt der erkannten Flanke.

Natürlich kann eine Funktion aufgerufen werden, die z. B. per `time.time()` die genaue Uhrzeit ermittelt. Aber auch wenn Sie es kaum wahrnehmen: All dies dauert Zeit, und das Aufrufen der Funktionen kann sogar von der aktuellen Prozessorauslastung beeinflusst werden und somit von Mal zu Mal schwanken. Für eine Geschwindigkeitsmessung ist das nicht optimal. Wir möchten Ihnen daher eine Methode aufzeigen, die in der Wiederholgenauigkeit der Flankenerkennung deutlich zuverlässiger funktioniert.

Die Python-Bibliothek `pigpio` speichert im Moment der Flankenerkennung einen Zeitstempel in Form von *CPU-Ticks*, wobei jeder Tick einer Mikrosekunde entspricht. Diesen Zeitpunkt können Sie danach auslesen und für die Berechnungen verwenden. Es geht also keine Zeit mehr für Zwischenschritte verloren.

`pigpio` ist in der aktuellen Version von Raspbian Jessie enthalten und bedarf in der Regel keiner weiteren Installation. Falls Sie noch eine ältere Raspbian-Distribution nutzen, so führen Sie die Installationsschritte von Hand durch:

```
wget abyz.co.uk/rpi/pigpio/pigpio.zip
unzip pigpio.zip
cd PIGPIO
make
sudo make install
```

Eine C-Bibliothek, Dokumentation und weitere Beispiele finden Sie auf der Webseite von pigpio:

http://abyz.co.uk/rpi/pigpio

pigpio nutzt einen Dämon, der im Hintergrund läuft. Nur so ist es pigpio möglich, direkten Zugriff auf die GPIOs zu erhalten, also ohne den Umweg über Python. Der Dämon muss *vor* dem Start des Programms ausgeführt werden:

```
sudo systemctl start pigpiod
```

Um den Dämon in Zukunft automatisch bei jedem Start des Raspberry Pi zu starten, führen Sie das folgende Kommando aus:

```
sudo systemctl enable pigpiod
```

Programmcode

Der Python-Code für das Kugelrennen sieht wie folgt aus:

```
#!/usr/bin/python3
# coding=utf-8
# Datei geschwindigkeitsmessung.py
import time, sys
import pigpio

pi = pigpio.pi()
pi.set_mode(23, pigpio.INPUT)
pi.set_mode(24, pigpio.INPUT)
pi.set_pull_up_down(23, pigpio.PUD_UP)
pi.set_pull_up_down(24, pigpio.PUD_UP)

# Callback-Furktion zum Start der Stoppuhr
def start(pin,status,tick):
    global tick_start
    tick_start = tick
    print ("Start")

# Callback-Funktion, um die Uhr zu stoppen
def ende (pin,status,tick_end):
    diff = (pigpio.tickDiff(tick_start, tick_end) * 10 ** (-6))
    print (diff, "Sekunden")
    # 1000 = 1 m. Entspricht der Bahnlänge.
    v = (1000 / diff) * 0.0036
    print (v, "km/h")
    return
```

```
# Start des Hauptprogramms
event_start = pi.callback(24, pigpio.FALLING_EDGE, start)
event_ende = pi.callback(23, pigpio.FALLING_EDGE, ende)

try:
  while True:
    time.sleep(5)
except KeyboardInterrupt:
  pi.stop()
  sys.exit()
```

Gehen wir das Programm kurz durch: `pi = pigpio.pi()` instanziiert `pigpio`. Die vier folgenden Zeilen setzen GPIO 23 und 24 als Eingang und statten diese mit den internen Pull-up-Widerständen aus. Beachten Sie, dass `pigpio` ausschließlich die BCM-Nummerierung der GPIO-Pins nutzt!

Es folgen die beiden Funktionen, in denen die Start- und Zielzeit ermittelt und umgerechnet wird. Der Start-Zeitstempel (Tick) wird von `pi.callback(24, pigpio.FALLING_EDGE, start)` an die Funktion `start` übergeben. Entsprechend verhält sich der Zeitstempel des Zieldurchlaufs für die Funktion `ende`. Dort wird die Differenz der beiden Zeitstempel in km/h konvertiert.

Stellen Sie sicher, dass Sie den `pigpio`-Dämon gestartet haben, und führen Sie dann das Python-Programm aus. Nun können Sie die Kugel rollen lassen. Die Ausgabe sieht in etwa so aus:

```
Start
3.061313 Sekunden
1.1759659989 km/h
```

`pigpio` hinterließ in unserem Test einen ausgezeichneten Eindruck, was seine Wiederholgenauigkeit betrifft. Die Werte auf einer geraden Bahn nach drei Durchläufen:

- 8,5 km/h
- 8,6 km/h
- 8,5 km/h

Bedenken Sie, dass der Raspberry Pi mit seinem Linux kein Echtzeitsystem ist. Die Verzögerung werden Sie in solch einer Anwendung kaum feststellen, aber sie ist vorhanden. Für sehr zeitkritische Anwendungen bietet sich der Arduino an.

Keine echte Geschwindigkeitsangabe

Die Umrechnung in km/h wird hier nur als Beispiel durchgeführt. Sie spiegelt nicht die tatsächliche Geschwindigkeit der Kugel am Ausgang der Kugelbahn wider, sondern ist ein Durchschnittswert.

Kapitel 28
Das autonome Auto

In diesem Projekt bauen wir ein kleines, vom Raspberry Pi gesteuertes Auto, das in der Lage ist, eigenständig einer schwarzen Linie zu folgen. Vielleicht kennen Sie aus Schule oder Ausbildung noch den kleinen *ASURO*. Das war ein Mini-Roboter, der nach schier endlosen Stunden Lötarbeit dann *mit Glück* in der Lage war, einer Linie zu folgen. Dasselbe Ziel verfolgen auch wir, und wir brauchen dazu nicht einmal einen Lötkolben.

Grundvoraussetzung sind die folgenden Komponenten:

- ein Raspberry Pi
- eine mobile Stromversorgung (siehe Abschnitt 10.4, »Stromversorgung«)
- ein RC-Car-Chassis
- ein Dual-Motortreiber, z. B. L298 (siehe Abschnitt 12.3, »Elektromotoren«)
- zwei Line-Follower-Module
- idealerweise ein WLAN-Stick zur Vermeidung von Kabeln

28.1 Hardware

Das Chassis

Als Basis des Autos können Sie im Prinzip jedes Chassis eines ferngesteuerten Autos verwenden. Alternativ finden Sie in vielen Online-Modellbau-Shops RC-Car-Chassis jeglicher Art. Wir haben das Modell *Dagu Rover 5* von *http://exp-tech.de* verwendet (siehe Abbildung 28.1). Dass es sich hierbei um ein Kettenfahrzeug handelt, ist für unseren Fall von Vorteil: So benötigen wir keine separate Lenkung, sondern können die Fahrtrichtung über das einseitige Ansteuern einer Fahrzeugseite realisieren.

http://exp-tech.de/dagu-rover-5-chassis-4wd-4-motors-4-encoders

Das Chassis enthält, wie viele andere auch, je zwei Motoren pro Fahrzeugseite. Wir werden die Motoren einer Seite parallel schalten. Damit behandeln wir jede Seite als einzelnen Motor. Zusätzlich sind vier Encoder an den Motoren angebracht, mit denen die Drehzahl zurückgelesen werden kann. Für dieses Projekt lassen wir die Encoder aber links liegen.

Abbildung 28.1 Das Kettenchassis »Dagu Rover 5«

Der Liniensensor

Als *Auge* des Autos verwenden wir einen *Line-Follower* (siehe Abbildung 28.2). Das ist ein kleiner Sensor, der durch infrarotes Licht dunkle und helle Flächen unterscheiden kann. So einen Sensor bekommen Sie ebenfalls in Modellbau-Shops oder bei eBay unter dem Suchbegriff *line follower*. Ein kompatibles Modul finden Sie z. B. auch bei EXP-Tech:

http://exp-tech.de/redbot-sensor-line-follower

Der Sensor verfügt über drei Anschlussbeinchen: VCC, GND und OUT. Die Funktionsweise ist ganz einfach. Der Sensor wird mit Spannung versorgt und erzeugt beim Erkennen einer dunklen Oberfläche ein Signal am OUT-Ausgang. Der Sensor macht sich die Lichtreflexion zunutze. Er besitzt eine infrarote Diode, die neben einem Fototransistor sitzt. Der Fototransistor bekommt nur infrarote Strahlung ab, sofern diese vom Untergrund reflektiert wird. Das ist nur auf hellen Oberflächen der Fall. Unsere spätere schwarze Linie wird das Licht nicht reflektieren, und der Sensor wechselt sein Ausgangssignal von High auf Low.

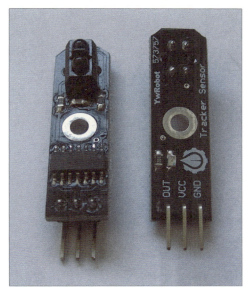

Abbildung 28.2 Die zwei Line-Follower-Sensoren, die an das Chassis montiert werden

Bei unseren Versuchen war es kein Problem, den Sensor mit 3,3 V zu versorgen. Der Sensor wird nämlich den Spannungspegel ausgeben, mit dem er versorgt wird. Stellen Sie also sicher, dass 3,3 V nicht überschritten werden, anderenfalls nutzen Sie einen Spannungsteiler am Ausgang (siehe Abschnitt 11.2, »Grundschaltungen«).

Die Mechanik

Beginnen wir nun mit dem mechanischen Teil dieses Projekts. Er verteilt sich auf mehrere Unterpunkte:

- ▶ Schaffen einer Grundfläche auf dem Chassis
- ▶ Montage der Line-Follower
- ▶ Befestigung des Raspberry Pi und des Motortreibers

Als Grundfläche haben wir eine dünne Holzplatte verwendet. Diese wird einfach auf das Chassis aufgeschraubt (siehe Abbildung 28.3). Mit vier kleinen Bohrungen können die Motorleitungen an die Oberseite geführt werden. Sie können natürlich auch Ihre eigene Idee einer Grundplatte umsetzen. Achten Sie allerdings darauf, dass diese nicht zu schwer wird. Die kleinen Motoren kommen leicht an ihre Grenzen. Nutzen Sie daher Grundplatten aus Holz, Kunststoff oder maximal aus Aluminium.

Für dieses Vorhaben benötigen Sie zwei Line-Follower-Module. Angebracht haben wir diese auf zwei Metallwinkeln, die am Vorderbau des Chassis befestigt wurden, wodurch unser Auto nun einem Gabelstabler ähnelt (siehe Abbildung 28.4 bis

Abbildung 28.6). Der Abstand zwischen den beiden Sensoren beträgt ca. 2 cm. Unser Ziel ist es, die schwarze Linie zwischen den beiden Sensoren *einzusperren*. Berührt einer der beiden Sensoren die Linie, wird sofort ein Richtungswechsel des Fahrzeugs durchgeführt.

Abbildung 28.3 Das Chassis mit Holzplatte als Grundfläche. Die Motorleitungen führen Sie durch vier kleine Bohrungen.

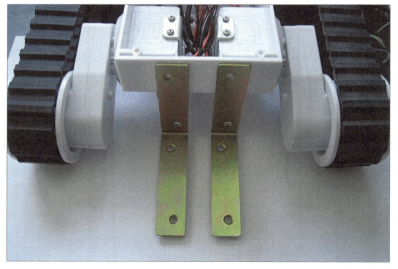

Abbildung 28.4 Zwei Metallwinkel dienen als Montageflächen für die Sensoren.

Abbildung 28.5 Die Montageflächen müssen nah am Boden sein. Ein idealer Abstand vom Boden zu den Sensoren beträgt 3 mm.

Abbildung 28.6 Die Line-Follower-Sensoren wurden mit Klebeband auf den Gabeln fixiert.

Als Motortreiber verwenden wir ein Fertigmodul. Das erspart uns eine Menge Verdrahtungsaufwand und minimiert damit auch das Fehlerpotenzial. Unser Fertigmodul verwendet den Treiber L298 und ist direkt kompatibel mit der Anleitung aus Kapitel 12, »LEDs, Motoren und Relais«.

Das Fertigmodul hat den Vorteil, dass alle Bauteile auf einer kleinen Leiterkarte montiert sind. Diese lässt sich einfach auf die Grundplatte aufschrauben. Ein weiterer

Vorteil besteht darin, dass die meisten L298-Fertigmodule einen 5-V-Ausgang besitzen. Sie erzeugen also aus der angelegten Motorspannung zusätzlich 5 V. Damit haben Sie die Möglichkeit, auch den Raspberry Pi zu versorgen. Da das Auto möglichst mobil bleiben soll, ist es anzustreben, keine Netzleitungen zu benutzen. Mehr zu den möglichen Stromversorgungsmethoden folgt gleich.

Anschlusspläne

Das Gesamtprojekt besteht aus mehreren Einzelblöcken (siehe Abbildung 28.7). Dazu zählen:

▶ der Raspberry Pi

▶ die Line-Follower-Sensoren

▶ der Motortreiber L298

▶ die Motoren

▶ die Spannungsquelle(n)

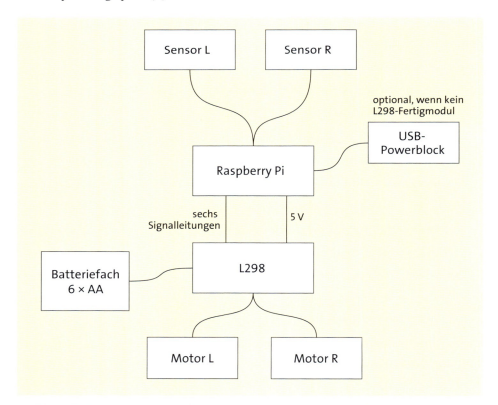

Abbildung 28.7 Die schematische Darstellung der Verbindung aller Einzelkomponenten

Für den Anschluss des Motortreibers und der beiden Sensoren haben wir einen detaillierten Schaltplan erstellt (siehe Abbildung 28.8). Der Schaltplan bezieht sich allerdings nur auf den Anschluss der Signalleitungen zum L298. Für ein Fertigmodul ist dies ausreichend. Wenn Sie einen Einzelbaustein verwenden, so schließen Sie die restlichen Pins gemäß den Anleitungen aus Kapitel 12, »LEDs, Motoren und Relais«, an.

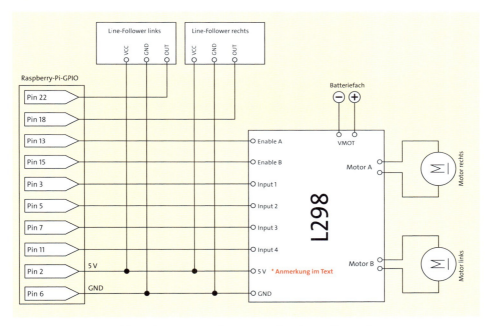

Abbildung 28.8 Anschluss des Motortreibers L298, der Line-Follower-Sensoren und der Motoren

Die mobile Stromversorgung des Raspberry Pi

Da das Auto beweglich sein soll, ist es notwendig, auf Zuleitungen von einem Netzteil zu verzichten. Wie wir bereits vorab erwähnt haben, erzeugen einige L298-Fertigmodule aus der angelegten Motorspannung intern 5 V. Diese können auch zur Versorgung des Raspberry Pi verwendet werden. Verbinden Sie dazu den 5-V-Ausgang des Moduls mit einem 5-V-GPIO-Pin, also z. B. mit Pin 2.

Falls Sie lieber einen Einzelbaustein als Motortreiber verwenden möchten oder Ihr Modul keine 5 V erzeugt, müssen Sie eine andere Möglichkeit zur Versorgung des Raspberry Pi wählen. In Abschnitt 10.4, »Stromversorgung«, finden Sie einige Vorschläge. Die ideale Wahl für dieses Projekt ist eine kleine USB-Powerbank. Diese kann einfach per Micro-USB-Kabel mit dem Raspberry Pi verbunden und vom Auto transportiert werden.

Stromversorgung der Motoren

Die Motoren des Dagu-Rover-5-Chassis laufen mit einer Betriebsspannung von 9 V. Es bietet sich hier ein Sechsfach-Batteriefach für AA-Batterien an (siehe Abbildung 28.9). Dieses schließen Sie an den Eingang für die Motorspannung und GND am L298-Modul an. Der Anschluss für die Motorversorgung wird meist mit VMS oder VMOT bezeichnet. Wenn Sie andere Motoren verwenden, die eine höhere Spannung benötigen, ist das auch kein Problem. Der L298 ist für Motorspannungen bis zu 40 V ausgelegt.

Abbildung 28.9 Zwei Batteriefächer für sechs AA-Batterien

Ausrichtung und erste Tests

Sie haben nun alle Einzelkomponenten zusammengefügt und verdrahtet. Der Raspberry Pi sollte jetzt mit Spannung versorgt und hochgefahren werden. Drucken Sie dann eine ca. 1 cm breite schwarze Linie auf ein weißes Blatt Papier. Legen Sie das Blatt nun so unter die Sensorengabel, dass die schwarze Linie zwischen den Sensoren liegt. Die LEDs auf den beiden Sensoren sollten nun leuchten, was signalisiert, dass das infrarote Licht vom weißen Papier reflektiert wird. Spricht ein Sensor bei Ihnen nicht an, so überprüfen Sie den Abstand der Sensoren zum Papier. Dieser sollte idealerweise 3 mm betragen (siehe Abbildung 28.10). Justieren Sie die Sensoren gegebenenfalls etwas nach.

Schieben Sie nun die schwarze Linie unter die Sensoren, und stellen Sie sicher, dass die LED erlischt, sobald die Linie in den Sensorbereich geschoben wird (siehe Abbildung 28.11).

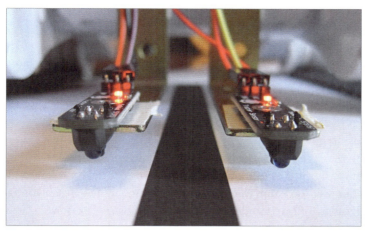

Abbildung 28.10 Die Sensorengabel mit den angeschlossenen Line-Follower-Sensoren

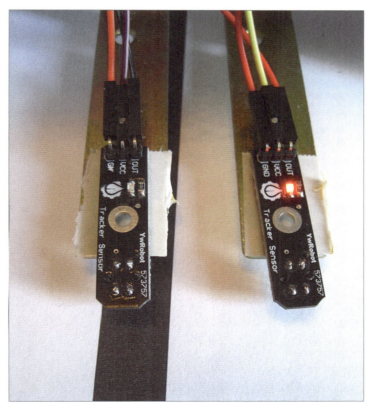

Abbildung 28.11 Ist die Linie im Sensorbereich, so wechselt der Line-Follower-Sensor von High auf Low und die LED erlischt.

28.2   Die Software

Sie sollten an diesem Punkt alle mechanischen und elektrischen Aufgaben erledigt haben. Auch die Sensoren sind justiert und reagieren wie gewünscht. Damit können Sie sich nun der Software widmen. Als Programmiersprache verwenden wir wie üblich Python.

Wir haben das Programm in zwei Abschnitte aufgeteilt: Im ersten Teil des Programms werden alle GPIO-Pins definiert und die benötigten Funktionen erstellt. Wir haben die Möglichkeit der PWM-Ansteuerung der beiden Enable-Eingänge eingefügt. Damit können Sie die Geschwindigkeit des Fahrzeugs kontrollieren. Wir haben festgestellt, dass die Linie übersehen werden kann, wenn das Auto mit maximaler Geschwindigkeit losrast. Ihre Idealgeschwindigkeit finden Sie durch Ausprobieren. Passen Sie dazu die Werte in pwmX.start(n) im Bereich von 0 bis 100 an.

```python
#!/usr/bin/python3
# Datei auto.py, Teil 1
from time import sleep
import RPi.GPIO as GPIO
import sys
GPIO.setmode(GPIO.BOARD)

EnableA = 13
EnableB = 15
Input1 = 3
Input2 = 5
Input3 = 7
Input4 = 11

# die beiden Line-Follower (r)echts und (l)inks
lf_r=18
lf_l=22

GPIO.setup(EnableA,GPIO.OUT)
GPIO.setup(EnableB,GPIO.OUT)
GPIO.setup(Input1,GPIO.OUT)
GPIO.setup(Input2,GPIO.OUT)
GPIO.setup(Input3,GPIO.OUT)
GPIO.setup(Input4,GPIO.OUT)
GPIO.setup(lf_l, GPIO.IN, pull_up_down=GPIO.PUD_DOWN)
GPIO.setup(lf_r, GPIO.IN, pull_up_down=GPIO.PUD_DOWN)

pwmA=GPIO.PWM(EnableA,100)
pwmB=GPIO.PWM(EnableB,100)
```

```
# Funktion zum Geradeausfahren
def vor():
        pwmA.start(90)
        GPIO.output(Input3, True)
        GPIO.output(Input4, False)
        pwmB.start(90)
        GPIO.output(Input1, True)
        GPIO.output(Input2, False)

# Funktion zum Linksabbiegen
def links():
        pwmA.start(90)
        GPIO.output(Input1, True)
        GPIO.output(Input2, False)
        pwmB.start(90)
        GPIO.output(Input3, False)
        GPIO.output(Input4, True)

# Funktion zum Rechtsabbiegen
def rechts():
        pwmB.start(90)
        GPIO.output(Input3, True)
        GPIO.output(Input4, False)
        pwmA.start(90)
        GPIO.output(Input1, False)
        GPIO.output(Input2, True)
```

Der zweite Teil des Programms enthält nun die eigentliche Logik des Autos. Sie erkennen, dass die Funktionsweise wirklich simpel ist. Zwei if-Abfragen prüfen ständig den Zustand der Sensoren. Trifft der linke Sensor auf die Linie, so fährt das Auto nach rechts und umgekehrt. *Sehen* beide Sensoren nur das weiße Papier, so muss sich die Linie genau zwischen den Sensoren befinden, und das Auto fährt geradeaus, bis einer der Sensoren wieder die Linie erkennt.

Die Wartezeit sleep(0.01) ist eher experimentell. Falls Sie merken, dass Ihr Auto die Linie teilweise übersieht, verringern Sie einfach die Wartezeit.

```
# Datei auto.py, Teil 2
while True:
   try:
     if GPIO.input(lf_l) == False and GPIO.input(lf_r) == True:
        rechts()
     elif GPIO.input(lf_r) == False and GPIO.input(lf_l) == True:
        links()
     else:
        vor()
     sleep(0.01)
```

```
except KeyboardInterrupt:
  GPIO.cleanup()
  sys.exit()
```

Die Jungfernfahrt

Denken Sie sich nun einen Linienverlauf aus. Drucken Sie einige Linien aus, und fixieren Sie die Blätter hintereinander auf dem Boden, sodass eine durchgängige Linienführung entsteht. Bauen Sie ruhig einige Kurven ein, damit das Auto auch gefordert wird. Setzen Sie nun wieder das Auto mit der Linie zwischen den Sensoren an den Anfang der Fahrbahn (siehe Abbildung 28.12). Per SSH starten Sie dann das Python-Programm. Das Auto fährt jetzt los und hangelt sich entlang der schwarzen Linie bis zum Ziel. Auf dem Blog zu diesem Buch haben wir ein Video des fahrenden Autos veröffentlicht:

https://pi-buch.info/das-autonome-auto-in-aktion

Abbildung 28.12 Das fertige Auto bei der Jungfernfahrt

Don't drink and drive!

Wenn Sie feststellen sollten, dass das Auto unwillkürliche Bewegungen macht, die Sie nicht programmiert haben, so prüfen Sie den Anschluss der Motoren an den Motortreiber. Am einfachsten ist es, wenn Sie das Chassis aufbocken und testen, ob die Motoren vorwärts drehen, wenn sie vorwärtsfahren sollen. Dreht ein Motor rückwärts, so tauschen Sie dessen Polarität.

Kapitel 29
RFID-Türöffner mit Zutrittskontrolle

In diesem Projekt bauen wir einen Türöffner, der mit RFID-Technologie ausgestattet wird. Man kennt diese Technologie beispielsweise von modernen Zutrittskontrollen, z. B. auf Firmengeländen oder in öffentlichen Einrichtungen. Wenn Sie eine Karte vor ein Lesegerät halten, werden Informationen angezeigt bzw. wird der Zutritt gewährt. In unserem Fall nutzen wir eine kreditkartengroße RFID-Karte als Schlüssel. Unser Projekt bietet Ihnen die Möglichkeit, jedem Zugangsberechtigten eine eigene Karte zuzuweisen. So kann erfasst werden, wer zu welcher Zeit wie oft die Tür öffnete.

Nach Fertigstellung dieses Projekts stehen Ihnen die folgenden Funktionen zur Verfügung:

▶ Öffnen eines Schlosses durch das Vorhalten einer RFID-Karte

▶ automatische Verriegelung nach Betreten der Tür

▶ Anlegen, Ändern und Löschen von Zutrittsberechtigten

▶ Anzeige von Zutrittszeiten

Für dieses Projekt benötigen Sie:

▶ einen Raspberry Pi

▶ einen RFID-Reader mit UART-Schnittstelle

▶ einige RFID-Karten oder Schlüsselanhänger

▶ ein paar Widerstände (2 × 10 k)

▶ eine Lochrasterplatine oder ein Breadboard

▶ ein Relais

▶ einen elektronischen Schließmechanismus

▶ Python mit `pySerial`

▶ eine eingerichtete MariaDB-Datenbank und einen Apache-Server

▶ optional ein 16 × 2-LCD-Modul

Je nach Anwendung sind die unterschiedlichsten Schließmechanismen für die zu bedienende Tür denkbar. So gibt es elektronische Türschlösser für den Türrahmen, elektromagnetische Verriegelungen, z. B. für Schranktüren oder Gartenhütten, oder Eigenbaulösungen mit Motoren. Wie Sie Ihr Projekt gestalten, bleibt Ihnen überlassen. Alle diese Schlösser lassen sich in der Regel durch ein Relais auslösen. Daher geht unser Aufbau bis zum Relais.

29.1   RFID-Hardware

Die RFID-Technologie

RFID steht für *Radio Frequency IDentification*, also eine Identifikation via Funk, d. h. berührungslos. Diese Technologie besteht aus einem Sender und einem Empfänger. Die Sender sind meist Karten, Schlüsselanhänger oder sogenannte *Tags*. Wir bleiben bei dem allgemeinen Begriff Transponder. Transponder beinhalten eine Antenne. Von außen nicht zu sehen, schlängelt sich meist rund oder viereckig eine hauchdünne Drahtspule durch eine kreditkartengroße RFID-Karte. Am Ende der Spule befindet sich ein ebenso winziger Mikrocontroller. Dort ist für jede Karte ein eindeutiger und einzigartiger Zahlencode hinterlegt.

Wird eine RFID-Karte nun vor ein Lesegerät gehalten, passiert Folgendes: Das Lesegerät erzeugt ein Magnetfeld. Dies reicht der RFID-Karte aus, um den Mikrocontroller kurzzeitig mit Strom zu versorgen. In diesem Moment sendet der Mikrocontroller durch die Antenne seine ID an das Lesegerät.

Reader und Transponder

Den RFID-Reader (siehe Abbildung 29.1) sowie die passenden RFID-Karten oder Schlüsselanhänger gibt es in vielen Elektronikshops. Nutzen Sie für unser Projekt die gängige 125-kHz-Frequenz und den EM410X-Standard. Dabei handelt es sich um *Read-only*-Transponderkarten (siehe Abbildung 29.2), die eine ID-Nummer in der Länge von fünf Byte zurückgeben.

Ein RFID-Readermodul finden Sie z. B. bei *EXP-Tech.de*:

http://exp-tech.de/seeed-studio-125khz-rfid-module-rdm630-uart

Des Weiteren finden Sie viele ähnliche Modelle unter den Stichwörtern *RFID Reader 125 kHz* bei eBay oder Amazon. Achten Sie lediglich darauf, dass Ihr gewähltes Lesemodul über eine serielle Schnittstelle (UART) kommuniziert. Oftmals kann auf dem Modul mittels Jumpern zwischen *Wiegand* oder UART gewählt werden.

Transponderkarten, Tags oder Schlüsselanhänger finden Sie z. B. auf diesen Seiten:

http://pollin.de/shop/dt/NDM5OTgxOTk-/Bausaetze_Module/Bausaetze/
   RFID_Transponderkarte_EM4102_ReadOnly_125_kHz.html
http://transponder.de/orderon.htm

Alternativ suchen Sie nach den Begriffen *EM4102 RFID Tag* in Auktionshäusern oder Onlineshops.

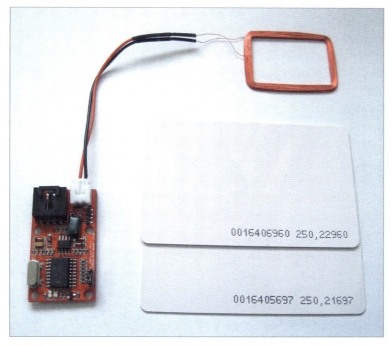

Abbildung 29.1 Ein typisches RFID-Lesemodul mit Antenne

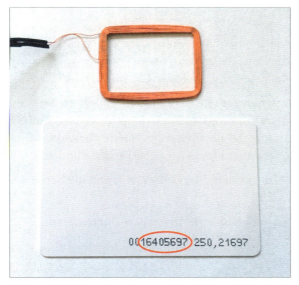

Abbildung 29.2 Ein RFID-Transponder in Kartenform.
Markiert: die Transpondernummer als Dezimalzahl.

Verdrahtung

Sobald Sie über die nötige Hardware verfügen, kann es mit der Verdrahtung weitergehen. Sofern Sie eines der oben erwähnten Module nutzen, bauen Sie die Schaltung nach dem gezeigten Schaltplan auf (siehe Abbildung 29.3). Beachten Sie, dass die meisten Module mit 5 V betrieben werden müssen. Aus diesem Grund ist ein Spannungsteiler am TxD-Ausgang notwendig.

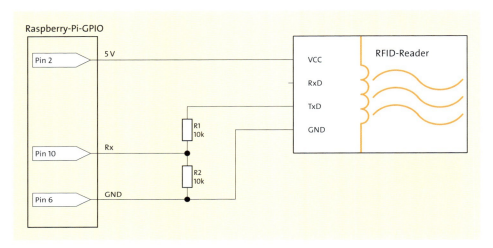

Abbildung 29.3 Schaltplan für den Anschluss des RFID-Readers

Sobald Sie den Raspberry Pi nun wieder einschalten, sollte bereits eine LED auf dem Lesemodul leuchten. Halten Sie nun einen RFID-Transponder über die Antenne des Moduls, so wird dies durch das Aufleuchten einer weiteren LED quittiert.

Im Schaltplan haben wir nur den Anschluss des RFID-Moduls abgebildet. In der Wahl Ihres Auslösers für den Schließmechanismus sind Sie frei. Es empfiehlt sich allerdings ein Relais an einem beliebigen GPIO-Pin. Das dadurch angesteuerte Türschloss kann z. B. das *ABUS 215322* sein, das Sie unter diesem Namen z. B. bei Amazon finden.

Wir sehen uns nun die Software an, die es dem Raspberry Pi erlaubt, die Daten des RFID-Readers zu verarbeiten.

Vor dem Start des Python-Programms müssen Sie noch ein paar Dinge klären:

▶ Haben Sie Apache samt MariaDB und phpMyAdmin installiert (siehe Kapitel 23, »PHP-Programmierung«)?

▶ Ist die UART-Schnittstelle des Raspberry Pi eingerichtet und ist `pySerial` installiert (siehe Abschnitt 13.5, »UART«)?

29.2 Software

Sobald Sie den RFID-Reader mit dem Raspberry Pi verbunden haben, müssen Sie sich mit dessen Steuerung befassen. Neben einer Menge Python-Code brauchen Sie auch eine Datenbank, die alle gültigen IDs enthält.

Die Zugangsdatenbank

In einer Datenbanktabelle sollen alle zugangsberechtigten Karten-IDs verwaltet werden. Sinnvolle Informationen für die Datenbank sind:

▸ RFID-ID
▸ Name
▸ Zeitstempel der Zutritte

Die daraus resultierende Tabelle kann wie folgt aufgebaut werden:

rfid	name	timestamp
3E00FA54C151	Christoph	15-06-2018
3E00FB568C25	Michael	16-06-2018
3100396E0264	Charly	17-06-2018
3100407F1373		25-06-2018

...

Tabelle 29.1 Mögliche Struktur der Zugangsdatenbank

In der Tabelle können nun alle zutrittsberechtigten Personen gespeichert werden. Die timestamp-Spalte speichert den Zeitpunkt, wann eine RFID-Karte zuletzt verwendet wurde.

Um diese Daten zu speichern, verwenden wir das Datenbanksystem MariaDB und das Administrationsprogramm phpMyAdmin (siehe Abschnitt 23.5, »MariaDB installieren und administrieren«). Nach der Installation von Apache, PHP, MariaDB und phpMyAdmin öffnen Sie die phpMyAdmin-Seite in einem Webbrowser, legen dort zuerst die neue Datenbank rfid an, wählen diese aus und klicken anschließend auf den Reiter SQL. Dort fügen Sie die folgenden SQL-Befehle ein und bestätigen sie mit OK. Damit wird die Tabelle user in der Datenbank rfid erzeugt.

```
CREATE TABLE IF NOT EXISTS `user` (
  `id`        int(11) NOT NULL AUTO_INCREMENT,
  `name`      varchar(45) CHARACTER SET utf8 DEFAULT NULL,
```

```
  `rfid`       text CHARACTER SET utf8,
  `timestamp`  timestamp NOT NULL DEFAULT '0000-00-00 00:00:00'
               ON UPDATE CURRENT_TIMESTAMP,
  PRIMARY KEY (`id`)
)
```

Die Datenbank steht. Nun fehlt noch der Zugriff via Python auf die Daten. Dazu installieren Sie zuerst python-setuptools und python3-pip. Anschließend können Sie mit python3-pip PyMySQL für Python 3 installieren:

```
sudo apt install python-setuptools
sudo apt install python3-pip
sudo pip-3 install PyMySQL
```

Nach der Installation kann die Bibliothek in jedem Python-Programm durch import pymysql verwendet werden.

Python-Code zum Auslesen der RFID-Transponder

Wir haben den Code für dieses Projekt über mehrere Abschnitte aufgeteilt. Der erste Teil in der Datei functions.py beinhaltet die Funktionen zum Auslesen der RFID-Transponder und für den Zugriff auf die Datenbank. Im Hauptprogramm importieren wir diese Funktionsdatei und halten so das eigentliche Programm sehr schlank.

```
#!/usr/bin/python3
# coding=utf-8
# Datei functions.py

import serial
import pymysql
import sys

# Auslesen der RFID-Transponder

def read_rfid():
    ser = serial.Serial("/dev/serial0")
    ser.baudrate = 9600
    daten = ser.read(14)
    ser.close()
    daten = daten.replace(b'\x02', b'')
    daten = daten.replace(b'\x03', b'')
    return daten
```

In der Funktion read_rfid() wird die serielle Schnittstelle geöffnet und der Variablen ser zugeteilt. Ebenso ist es wichtig, die richtige Baudrate einzustellen. Unser verwendeter RFID-Reader benötigt eine Einstellung von 9600 Baud. Die Information dazu finden Sie im Datenblatt Ihres Moduls.

Die Funktion ser.read(14) liest die komplette Identifikationsnummer der Karte aus und gibt diese als Hexadezimalwert zurück. Für Transponder mit EM410X-Standard ist 14 die korrekte Einstellung. Falls Sie andere Transponder verwenden, müssen Sie diesen Wert gegebenenfalls – je nach Länge der ID-Nummer – anpassen.

Die vorletzte und die drittletzte Zeile entfernen das Start- und Endsignal, das das RFID-Modul mitsendet. Dies ist notwendig, damit erkannt werden kann, wo die Nachricht beginnt und wo sie aufhört. Wir schneiden diese Markierungen allerdings ab, um die reine Transpondernummer zu erhalten. Konvertieren Sie die ausgelesene Transpondernummer in eine Dezimalzahl, so finden Sie diese meist auf den Transpondern aufgedruckt wieder (siehe Abbildung 29.2).

Python-Code zum Datenbankzugriff

In den folgenden Zeilen wird eine Klasse für die Handhabung der Datenbank definiert. So ist es möglich, die Datenbankverbindung auch später im Hauptprogramm zu nutzen. USERNAME und PASSWORD ersetzen Sie durch Ihre MariaDB-Zugangsdaten. db.autocommit(True) sorgt dafür, dass jede Änderung in der Datenbank automatisch übernommen wird.

```
# Datei functions.py, Fortsetzung
class DB():
    def __init__(self):
        db = pymysql.connect(host="localhost", user="USERNAME",
                             passwd="PASSWORD", db="rfid")
        db.autocommit(True)
        self.cur = db.cursor()

    def close_db( self ):
        self.cur.close()
```

Die Klasse enthält drei Methoden:

▶ **add_user():** Erlaubt es, neue Transpondernummern und somit neue Zugangsberechtigte dem System hinzuzufügen.

▶ **mysql_read():** Durchsucht die Datenbank nach der eingescannten Transpondernummer. Sollte sie bereits hinterlegt sein, so gibt die Funktion die Werte ID, Name, Zeitstempel sowie die eigentliche Transpondernummer zurück.

▶ **update_timestamp():** Mit dieser Methode kann der Zeitstempel auf die aktuelle Uhrzeit gesetzt werden. Das geschieht im Hauptprogramm direkt nach dem erfolgreichen Öffnen der Tür.

```
# Datei functions.py, Fortsetzung
def add_user(self,rfid_id, name):
    add=self.cur.execute("INSERT INTO user (rfid, name) " +
                            "VALUES (%s,%s)", (rfid_id, name))


def mysql_read(self, rfid_id):
    a=self.cur.execute("SELECT id, name, timestamp, rfid " +
                        "FROM user WHERE rfid = %s" ,rfid_id)
    id = 0
    name = 0
    timestamp = 0
    rfid = 0
    for row in self.cur.fetchall():
        id = int(row[0])
        name = str(row[1])
        timestamp = str(row[2])
        rfid = str(row[3])
    return id, name, timestamp,rfid

def update_timestamp(self, rfid_id):
    a=self.cur.execute("UPDATE user SET timestamp = NOW() " +
                        "WHERE rfid = %s" ,rfid_id)
```

Python-Code zum Hinzufügen der Transpondernummern

Der Code in der Datei add.py erlaubt es Ihnen, bequem neue Nutzer ins System ein-
zupflegen:

```
#!/usr/bin/python3
# Datei add.py
import RPi.GPIO as GPIO
from functions import *
db = DB()
print("Neuer Zugangsberechtigter\n")
print("Transponder einlesen...\n")
id = read_rfid()
name = input("Name eingeben: ")
try:
    db.add_user(id,name)
    print ("Neuer Datensatz angelegt")
except:
    print ("Fehler beim Schreiben")

db.close_db()
```

Nach dem Start des obigen Programms werden Sie gebeten, einen Transponder vor das Lesegerät zu halten (siehe Abbildung 29.4). Anschließend wird der Name der dazugehörigen Person abgefragt. Beide Informationen werden nun in der Datenbank abgelegt. `db = DB()` instanziiert die Klasse `DB` aus `functions.py`, um auch hier auf die Datenbankverbindung zugreifen zu können.

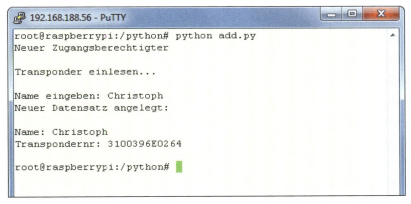

Abbildung 29.4 Die Ausgabe von »add.py« nach dem Hinzufügen einer neuen Berechtigung

Python-Hauptprogramm

Das Hauptprogramm in der Datei `main.py` wartet in einer Endlosschleife auf Zutrittswillige. Wenn das Programm einen Transpondercode erkennt und dieser in der Datenbank vorhanden ist, dann öffnet sich die Tür für fünf Sekunden (siehe Abbildung 29.5). Danach fällt das Relais wieder ab, und die Tür ist verriegelt. Wird die Karte in der Datenbank nicht gefunden, so wird dies auf dem Bildschirm angezeigt und das Relais nicht angesteuert – die Tür bleibt verschlossen.

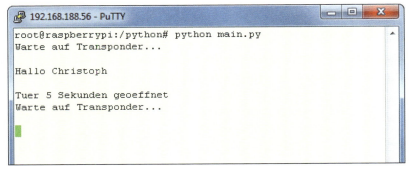

Abbildung 29.5 Das Hauptprogramm wartet auch nach einem Zutritt wieder auf den nächsten Besucher.

```python
#!/usr/bin/python3
# Datei main.py
import RPi.GPIO as GPIO
from functions import *
import time,sys

GPIO.setmode(GPIO.BOARD)
GPIO.setup(13,GPIO.OUT)
db = DB()
time_open = 5

try:
    while True:
        print ("Warte auf Transponder...\n")
        id = read_rfid()
        check =  db.mysql_read(id)
        if check[1] != 0:
            print ("Hallo",check[1],"\n")
            print ("Tuer",time_open,"Sekunden geoeffnet ")
            db.update_timestamp(id)
            GPIO.output(13, True)
            time.sleep(time_open)
            GPIO.output(13, False)
        else:
            print ("Transpondernummer",id, "nicht gefunden!")
            print ("Kein Zutritt!")
            continue

except KeyboardInterrupt:
    db.close_db()
    GPIO.cleanup()
    sys.exit()
```

phpMyAdmin – der Hausmeister

Natürlich braucht dieses Sytem einen *Hausmeister*, der Karten hinzufügen oder Berechtigungen entziehen kann. Am simpelsten geschieht dies über die Datenbankverwaltung (siehe Abbildung 29.6). Dort können alle Infos eingesehen werden, einschließlich des Zeitpunkts des letzten Zutritts. Dazu verwenden Sie am einfachsten phpMyAdmin (siehe Kapitel 23, »PHP-Programmierung«). Sollten Sie über weiterführende Kenntnisse in PHP, MariaDB und HTML verfügen, können Sie auch eine eigene grafische Weboberfläche entwickeln.

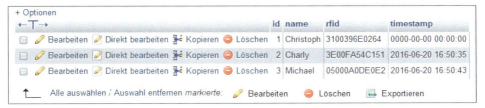

Abbildung 29.6 Autorisierte Transpondernummern samt Name und Zeitpunkt des letzten Zutritts

29

Vorsicht

Stellen Sie sicher, dass niemand physisch oder über das Netzwerk Zugriff auf Ihren Raspberry Pi hat! Wer Ihr System kennt und in der Lage ist, die MariaDB-Datenbank zu verändern, braucht nur die ID-Nummer seiner eigenen RFID-Karte in die Datenbank eintragen und kann dann mühelos Ihr Haus betreten!

29.3   Erweiterungsmöglichkeiten und Tipps

Wir möchten Ihnen nun noch einige weitere Ideen zur Optimierung des Projekts mit an die Hand geben. Die obige Anleitung ist lediglich der Grundstein für viele spannende Projekte. Lassen Sie Ihrer Fantasie freien Lauf!

Den Schrank abschließen

Das System ist auch auf andere kleine Projekte übertragbar. So ist es z. B. mit einem kleinen, elektromagnetischen Bolzen möglich, einzelne Schranktüren oder die Gartenhütte zu versperren. Einen möglichen Kandidaten finden Sie bei Pollin.de:

https://www.pollin.de/p/tuerentriegelung-12-v-340789

LCD-Modul statt bash-Ausgabe

Nicht jeder hat einen Monitor an der Eingangstür hängen, auf dem die Bildschirmausgaben angezeigt werden. Natürlich geht es auch ganz ohne grafisches Feedback an den Bediener. Noch eleganter wäre es allerdings, ein kleines 16 × 2-LC-Display an der Haustür anzubringen, das dem Bediener kurze Rückmeldungen gibt oder ihn mit seinem Namen begrüßt. Leiten Sie dazu einfach die print-Ausgaben in eine Funktion für ein LC-Display um. Wie das geht und wie Sie ein LCD-Modul anschließen, erfahren Sie in Kapitel 16, »Displays«.

Sensor statt Zeitsteuerung

Das hier vorgestellte Projekt verriegelt die Tür wieder, sobald eine voreingestellte Zeit vergangen ist. Besser wäre es, wenn der Raspberry Pi erkennt, wann der Bediener eingetreten ist und die Tür zugezogen hat. Danach kann dann das elektronische Schloss wieder verriegeln. Eine gute und einfache Möglichkeit dafür ist ein Reed-Kontakt. Mit einem Magneten am Türblatt ausgestattet, erkennt dieser jederzeit zuverlässig den Status der Tür. Den Reed-Kontakt haben wir bereits in Abschnitt 14.9, »Reed-Kontakt«, vorgestellt.

Alarm bei falschem Transponder

Eine Eingrenzung der Zutrittsberechtigten bedeutet auch immer, dass ungebetene Gäste kein Recht haben, die Tür zu öffnen. Der eine oder andere möchte es an Ihrem selbst gebastelten System aber doch mal versuchen. Lassen Sie den Raspberry Pi Alarm schlagen, sobald ein nicht bekannter Transponder versucht, Zutritt zu erlangen. Denkbar ist dies z. B. über E-Mail oder Twitter. Treiben Sie Ihre Überwachungslust auf die Spitze, und erzeugen Sie im Falle eines unautorisierten Zutrittsversuchs ein Foto mit der Raspberry-Pi-Kamera. In Kapitel 35, »Der Raspberry Pi lernt twittern«, erfahren Sie, wie Sie Nachrichten und Bilder twittern. Den Umgang mit der Raspberry-Pi-Kamera haben wir in Abschnitt 14.8, »Raspberry Pi Camera Board und PiNoIR«, für Sie zusammengefasst.

Die Empfangsantenne verstecken

Es ist sinnvoll, die Antenne des RFID-Readers hinter einer Abdeckung zu verstecken, um eine Beschädigung der feinen Drähte zu verhindern. In unserem Versuchsaufbau wurde der Transponder hinter 1 cm dickem Kunststoff oder Holz zuverlässig erkannt. So können Sie die Antenne also in einer kleinen Box verstecken oder bei dünnen Türen direkt hinter dem Türblatt.

Kapitel 30
SnackPi – Abnehmen für Nerds

Sie suchen händeringend ein Projekt, das auch Ihre Frau von der Notwendigkeit der Anschaffung diverser Raspberry-Pi-Platinen überzeugt? Ihnen gehen die Ausreden für die nächtelangen Aufenthalte im Bastelzimmer aus? Damit wird ab sofort Schluss sein!

In diesem Kapitel verfolgen Sie direkt Ihre körperliche Aktivität und die Ihrer Familie. Im gleichen Zuge entwickeln Sie ein System, das Belohnungen für überdurchschnittliche körperliche Betätigungen erlaubt.

Brechen wir das Ganze auf eine technische Ebene herunter: Mithilfe des 10 bis 20 EUR teuren Fitness-Trackers *MiBand* überwachen Sie, wie viele Schritte Sie zurückgelegt haben. Sobald Sie zu Hause angekommen sind, liest der Raspberry Pi Ihre Aktivität aus, rechnet sie in *Snack-Punkte* um und speichert sie in einer Datenbank.

Der Clou an der Sache ist, dass der Raspberry Pi in einer Kiste verbaut ist, die über ein elektronisches Schloss verfügt. In dieser Kiste bewahren Sie Ihre Süßigkeiten auf. Wenn Sie wieder das Verlangen nach Schokolade packt, so kostet Sie das Öffnen der Süßigkeitenkiste von nun an Snack-Punkte.

So überlegen Sie sich in Zukunft zweimal, ob Sie Ihre wertvollen Snack-Punkte ausgeben möchten. Schlimmer noch: Ihr Punkte-Guthaben auf dem persönlichen Snack-Punkte-Konto reicht vielleicht überhaupt nicht aus, um Zugriff auf die Leckereien zu bekommen. Also Laufschuhe an und ab um den Block!

Unsere Kiste ist zudem mit einem kleinen LC-Display ausgestattet, das den Gesamtpunktestand und den aktuellen Zustand der Box anzeigt.

Wichtige Hinweise zum Projekt

Dieses Projekt ist nicht als Fertig-Lösung anzusehen. Es stellt eher den Prototyp einer Idee dar. Unsere Realisierung funktioniert, ist aber sicherlich optimierbar. Wir sind bei diesem Vorhaben von dem Hersteller des Fitness-Trackers sowie von einigen Python-Bibliotheken abhängig, die nicht mehr gepflegt werden. Auf unserem Blog *https://pi-buch.info* werden wir Sie über dieses Projekt auf dem Laufenden halten und über Änderungen und neue Möglichkeiten informieren.

30.1   Übersicht

Wir starten mit einem Überblick über das Gesamtsystem. Damit können Sie sich einen Eindruck von der Art der Umsetzung verschaffen und gegebenenfalls Teile des Projekts an Ihre eigenen Möglichkeiten und Vorstellungen anpassen.

Das Projekt *SnackPi* ist komplett in einer Holzkiste mit klappbarem Deckel verbaut. Im Deckel der Kiste befindet sich ein LC-Display, das kurze Informationen und Instruktionen anzeigen kann (siehe Abbildung 30.1).

Abbildung 30.1 Eine Holzkiste stellt die Grundlage des SnackPi-Projekts dar.

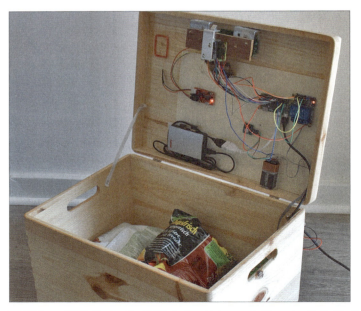

Abbildung 30.2 Eine volle Süßigkeitenkiste sorgt für ordentlich Motivation.

Die gesamte Elektronik befindet sich an der Unterseite des Deckels. Wir haben die Komponenten mit kleinen Schrauben und Heißkleber fixiert (siehe Abbildung 30.3).

Abbildung 30.3 Die Unterseite des Holzdeckels ist mit Elektronik gespickt.

Der Deckel wird mechanisch verschlossen. Dazu nutzen wir ein kleines elektromagnetisches Schrankschloss, das mit 9 V bis 12 V angesteuert werden kann (siehe Abbildung 30.4).

Abbildung 30.4 Das elektromagnetische Schloss schützt die Süßigkeiten vor ungewolltem Zugriff.

Damit sich der Bolzen des Schlosses im Korpus der Kiste verhakt, haben wir die Gegenseite des Schlosses aus einem kleinen Metallwinkel gebaut (siehe Abbildung 30.5).

Abbildung 30.5 Der kleine Metallwinkel stellt die Gegenseite des Schlosses dar.

Abbildung 30.6 Sobald der Deckel ins Schloss fällt, kann er nur durch Bezahlung von Snack-Punkten wieder geöffnet werden.

Das Schloss wird über ein Relais mit 9 V versorgt. Um kein separates Netzteil verwenden zu müssen, nehmen wir uns diese Spannung aus einer 9-V-Blockbatterie (siehe Abbildung 30.7).

Mithilfe eines RFID-Readers, der ebenfalls unter dem Deckel befestigt wurde, wird die Kiste bedient. Durch das Scannen personenspezifischer RFID-Tags wird die Synchronisierung des jeweiligen Fitness-Trackers angestoßen. Ebenso wird mithilfe eines RFID-Tags der Zugang zu den Süßigkeiten ermöglicht und werden dem jeweiligen

»Naschfuchs« die entsprechenden Punkte von seinem Snack-Punkte-Guthabenkonto abgezogen (siehe Abbildung 30.8).

Abbildung 30.7 Die 9-V-Blockbatterie sitzt hinter der Box in einem Batteriefach und lässt sich so sehr einfach austauschen.

Abbildung 30.8 Das komplette System wird mit RFID-Tags bedient.

Abbildung 30.9 Das Scannen der RFID-Tags erfolgt durch die Holzplatte des Deckels.

Die zentrale Recheneinheit stellt in unserem Fall der Raspberry Pi Zero dar. Daher benötigten wir noch einen WLAN-Stick und einen Bluetooth-4.0-Stick. Genauso gut können Sie das Projekt mit einem anderen Raspberry-Pi-Modell durchführen. Wir empfehlen jedoch, trotz des integrierten Bluetooth-Modems im Raspberry Pi 3 einen separaten USB-Bluetooth-Stick zu nutzen. Der Grund dafür ist die Überlagerung der UART- und Bluetooth-Schnittstelle beim Raspberry Pi 3 (siehe Abschnitt 13.5, »UART«).

Ein Ablaufdiagramm erläutert die Handhabungslogik (siehe Abbildung 30.10).

30.2 Hardware

In der folgenden Liste finden Sie alle Komponenten, die wir für dieses Projekt benutzt haben. Auf dem Blog zum Buch haben wir Ihnen mögliche Bezugsquellen zu jeder Komponente verlinkt:

https://pi-buch.info/snackpi-die-einkaufsliste

▶ Holzkiste (Größe je nach Bedarf), Metallwinkel und Schrauben, Heißklebepistole
▶ MiBand-Fitnesstracker in den Versionen MiBand 1 oder MiBand 1S (Pulse)
▶ 16 × 2-LC-Display
▶ Raspberry Pi (2, 3 oder Zero) sowie ein Bluetooth-4.0-Stick
▶ RFID-Reader
▶ Relais oder Relaisboard
▶ 9-V-Blockbatterie und 9-V-Block-Batteriefach
▶ Elektromagnetisches Schrankschloss
▶ falls kein RPi 3 oder Zero W verwendet wird: WLAN-Stick
▶ falls nötig: USB-Hub

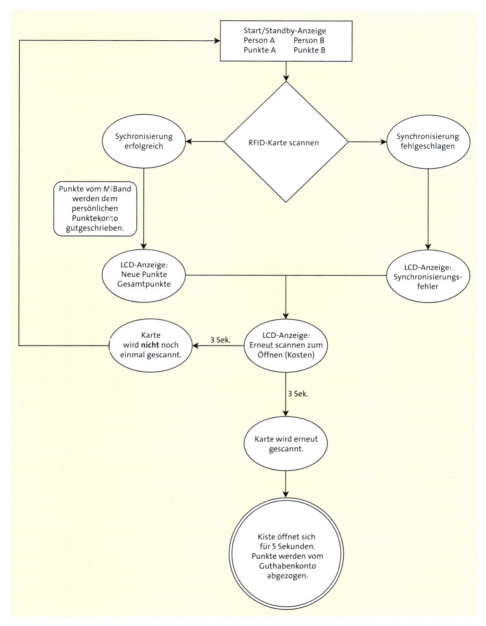

Abbildung 30.10 Das Ablaufdiagramm zeigt die Bedienung des SnackPi-Systems.

Montage

Den grundlegenden Aufbau haben Sie bereits den Bildern zuvor entnehmen können.
Einige Details erläutern wir im Folgenden noch separat.

Schrauben Sie mit kleinen Holzschrauben vorsichtig die Platinen unter den Holzdeckel. Der Raspberry Pi besitzt vier kleine Bohrungen, die sich dafür ideal eignen. Je nach Ausführung des RFID-Readers, des Relais und des Schlosses kann die Montage von unserem Beispiel abweichen. Improvisieren Sie ein wenig, seien Sie aber vorsichtig und ziehen Sie die kleinen Schrauben nur behutsam an. Zu schnell können durch mechanische Verspannungen in den Leiterkarten die darauf verbauten Bauteile brechen. Das Schloss haben wir mit einer Konstruktion aus Metallwinkeln unter den Deckel geschraubt.

Zur Montage des Displays haben wir eine Aussparung in den Deckel gesägt und das Display von unten verschraubt.

Die Spannungsversorgung für das Schloss erfolgt, wie bereits erwähnt, mit einer 9-V-Blockbatterie. Diese wurde in einem passenden Halter von außen an die Kiste geschraubt.

Wartung muss sein

Die Anbringung der 9-V-Blockbatterie außerhalb der Kiste ist bewusst gewählt worden. Im Falle eines Fehlers (und davon wird es während der Einrichtung reichlich geben) können im Batteriefach die Kontakte des Schlosses direkt erreicht werden. Daher können Sie durch das Anlegen einer externen Spannung immer eine *Notöffnung* der Kiste vornehmen.

Verdrahtung

Fast alle verwendeten Komponenten haben wir im Verlauf dieses Buches bereits einzeln behandelt. Schließen Sie die nun folgenden Komponenten genauso an, wie es in den entsprechenden Kapiteln dargestellt wird.

Sie sollten danach folgende Pins belegt haben:

▸ **LC-Display-Pins:** 13, 16, 18, 22, 24, 26, 5 V, GND (siehe Abschnitt 16.2, »16 × 2-LC-Display«)

▸ **RFID-Reader-Pins:** 10, 5 V, GND (siehe Abschnitt 29.1, »RFID-Hardware«)

▸ **Relais-Pins:** 37, 5 V, GND (Achtung: Pin abweichend, siehe Abschnitt 12.6, »Relais«)

Ihnen werden im Laufe der Verdrahtung, die 5-V- und GND-Pins am Raspberry Pi ausgehen. Bauen Sie dafür kleine Verteilerboards oder benutzen Sie Mini-Breadboards.

Das Schloss wird nun als Last an das Relais angeschlossen. Den Schaltplan dazu finden Sie in Abschnitt 12.6, »Relais« (siehe Abbildung 12.31). Statt 230 V schließen Sie einfach die 9-V-Blockbatterie an.

30.3   Software

Die Software des SnackPi-Systems basiert auf Python. Bevor Sie jedoch mit der Programmierung des Hauptprogrammes beginnen, sollten Sie das WLAN-Netzwerk einrichten(siehe Abschnitt 2.4, »WLAN-Konfiguration«).

Die Einrichtung des Bluetooth-Moduls geschieht hauptsächlich durch die Installation einiger Pakete:

```
sudo apt update
sudo apt ugrade
sudo apt install bluetooth bluez python-bluez
sudo apt install libbluetooth-dev libboost-python-dev
sudo apt install python-pip
sudo pip2 install pybluez
```

Des Weiteren benötigen wir die anwendungsspezifischen Python-Bibliotheken:

```
sudo pip2 install mibanda
sudo pip2 install gattlib
```

Probleme bei der Installation

Sollten Sie beim Installieren der Bibliothek gattlib eine Fehlermeldung bezüglich fehlender Abhängigkeiten angezeigt bekommen, so installieren Sie die folgenden Pakete manuell nach:

```
sudo apt install pkg-config libboost-thread-dev libglib2.0-dev
```

Zudem kann es sein, dass die Installation nach sehr langer Wartezeit abbricht. Dies ist uns mehrfach auf dem Raspberry Pi Zero widerfahren. Der Grund dafür ist das umfangreiche Paket gattlib, das beim Kompilieren eine Menge Arbeitsspeicher benötigt.

Da der Raspberry Pi Zero nur über 512 MB RAM verfügt, können Sie vor der Installation die Größe der Auslagerungsdatei (Swap-File) anpassen. Öffnen Sie dazu die Datei /etc/dphys-swapfile in einem Editor, und weisen Sie dem Parameter CONF_SWAPSIZE den Wert 500 zu. Speichern und schließen Sie die Datei, und führen Sie einen Neustart durch. Die Kompilierung von gattlib sollte nun erfolgreich durchlaufen.

Um unser Programm zu nutzen, benötigen Sie noch weitere Bibliotheken. Bitte beachten Sie, dass wir aufgrund der Inkompatibilität einiger wichtiger Python-Bibliotheken nicht Python 3 nutzen können. Wir greifen daher für dieses Projekt komplett auf Python 2.x zurück. Sofern uns Updates bekannt werden, werden wir Sie auf unserem Blog *https://pi-buch.info* darüber informieren.

- **pyserial:** Hiermit nutzen Sie die serielle UART-Schnittstelle in Python.

  ```
  sudo pip2 install pyserial
  ```

- **tinydb:** Das ist eine kleine Datenbank, die das Punkteguthaben verwaltet.

  ```
  sudo pip2 install tinydb
  ```

- **Adafruit_CharLCD:** Die Adafruit-Bibliothek erlaubt das einfache Ansteuern des LC-Displays. Die Installation haben wir im LCD-Kapitel bereits erläutert (siehe Abschnitt 16.2, »16 × 2-LC-Display«). Achten Sie jedoch darauf, dass Sie in diesem Projekt Python 2 nutzen müssen, daher heißt der Befehl `pip2 install adafruit-charlcd`.

Nachdem Sie alle Pakete und Bibliotheken installiert haben, können wir uns dem Python-Programm widmen. Dieses ist in zwei Dateien unterteilt, `runsb.py` und `sb.py`:

- `runsb.py`: Diese Datei enthält das Hauptprogramm und läuft in einer Dauerschleife.
- `sb.py`: Diese Datei enthält alle Funktionen und Klassen, die `runsb.py` dauerhaft ausführen wird.

Wir starten mit `sb.py` und den darin enthaltenen Funktionen.

Die Code-Datei sb.py

```python
#!/usr/bin/python
# Datei sb.py
import datetime
from mibanda import BandDevice
from tinydb import TinyDB, Query
import Adafruit_CharLCD as LCD
import serial
import time
import RPi.GPIO as GPIO
GPIO.setmode(GPIO.BCM)
GPIO.setup(19, GPIO.OUT)

relais = 19
db = TinyDB('/python/db.json')

## Einrichtung LC-Display (Raspberry-Pi-Pins)
lcd_rs       = 7
lcd_en       = 8
lcd_d4       = 25
lcd_d5       = 24
lcd_d6       = 23
lcd_d7       = 18
```

```
# Zeilen und Spalten für ein 16x2-LC-Display
lcd_columns = 16
lcd_rows    = 2
lcd = LCD.Adafruit_CharLCD(lcd_rs, lcd_en, lcd_d4, lcd_d5, lcd_d6,
                           lcd_d7, lcd_columns, lcd_rows)


class snackbox():
    # Auslesen der Gesamtschritte aus der Datenbank
    def readDbSteps(self,name):
        data = Query()
        a={}
        a=db.search(data.name == name)
        balance=a[0]['steps']
        return balance

    # Auslesen des MiBand via Bluetooth
    def getSteps(self,mac):
        dev = BandDevice(str(mac), "")
        dev.connect()
        steps = dev.getSteps()
        return steps

    # Text auf dem LC-Display anzeigen
    def writeLCD(self,text):
        lcd.clear()
        lcd.message (text)
        lcd.home()

    # RFID-Karten einlesen
    def read_rfid(self,t=None):
        ser = serial.Serial("/dev/serial0", timeout = t)
        ser.baudrate = 9600
        daten = ser.read(14)
        ser.close()
        daten = daten.replace('\x02', '' )
        daten = daten.replace('\x03', '' )
        # print daten
        return daten

    # Durchlauf des Synchronisierungsprozesses
    def sync(self,user):
        # MAC-ID für Benutzer aus Datenbank auslesen
        data = Query()
        a={}
        a=db.search(data.name == user)
        dbMac = a[0]['mac']
```

30

```python
# BT-Verbindung zum Armband aufbauen, Schritte auslesen
self.writeLCD ("Sync %s..." %(user))
# Abfrage, ob Auslesen von Band erfolgreich
try:
    miSteps =self.getSteps(dbMac)
    miSteps= miSteps/100
except:
    self.writeLCD("Sync failed")
    time.sleep(1)
    return

# Zeitpunkt der letzten Aktualisierung auslesen
b=db.search(data.name == user)
year = a[0]['date'][0]
month = a[0]['date'][1]
day =a[0]['date'][2]

# Ermitteln, ob die ausgelesenen Schritte vom gleichen
# Tag der letzten Synchronisation stammen.
lastSteps=a[0]['last_steps']
today = datetime.date.today()
someday = datetime.date(year, month, day)
diff = today- someday
dbSteps=a[0]['steps']

if diff.days > 0:
    newSteps = miSteps + int(dbSteps)
    diffSteps = miSteps

elif diff.days <= 0:
    diffSteps =  miSteps - int(lastSteps)
    newSteps = diffSteps + int(dbSteps)

# aktuelles Datum für die aktuellste Synchronisation
# in die Datenbank eintragen
syncDate = datetime.date.today()

# Datenbank updaten
data = Query()
db.update({'steps': newSteps}, data.name ==  user)
db.update({'last_steps': miSteps }, data.name ==  user)
db.update({'date': [syncDate.year,
                    syncDate.month,
                    syncDate.day]},
        data.name ==  user)
```

```
        self.writeLCD("Hello %s" %(user))
        time.sleep(1)
        self.writeLCD("New Points: %s\nTotal: %s" \
                    % (diffSteps, newSteps))
        time.sleep(2)
        return  newSteps, diffSteps

    # Kiste durch RFID-Karte öffnen und Punkte vom
    # Punktekonto abziehen
    def openBox(self, username, cost):
        data = Query()
        a={}
        a=db.search(data.name == username)
        balance=a[0]['steps']
        newBalance = balance-cost

        if balance - cost <0:
            self.writeLCD("Not enough points")
            time.sleep(1)

        elif balance - cost >= 0:
            GPIO.output(relais, True)
            for i in range(5):
                self.writeLCD("Opened for %i seconds" %(5-i) )
                time.sleep(1)
            GPIO.output(relais, False)
            db.update({'steps': newBalance},
                    data.name ==  username)
        return newBalance

    # Sobald die Hausmeisterkarte eingescannt wird,
    # kann die Kiste umsonst geöffnet werden.
    def boxRefill(self):
        GPIO.output(relais, True)
        for i in range(5):
            self.writeLCD("Opened for %i seconds" %(5-i) )
            time.sleep(1)
        GPIO.output(relais, False)
```

Im Folgenden erklären wir kurz die Funktionen des Codes:

► readDbSteps(self,name) liest die gespeicherten Punkte aus der tinyDB-Datenbank aus.

► getSteps(self,mac) liest die Tagesschritte aus dem MiBand aus. Als Parameter ist hier die MAC-Adresse des jeweiligen Bands in mac zu übergeben. Im weiteren Verlauf des Kapitels erläutern wir, wie Sie an diese Informationen kommen.

- ▶ `writeLCD(self,text)` zeigt Text auf dem LC-Display an.
- ▶ `read_rfid(self,t=None)` wartet auf RFID-Tags. In `t=None` kann ein Timeout in Sekunden mitgegeben werden.
- ▶ `sync(self,user)` startet den eigentlichen Synchronisierungsprozess. Die Daten werden aus dem entsprechenden MiBand geladen. Es wird überprüft, ob die Daten vom gleichen Tag stammen, und der Punktestand wird entsprechend angeglichen.
- ▶ `openBox(self,username,cost)` öffnet die Kiste kostenpflichtig. Variabel sind hier der Benutzer, der an die Süßigkeiten möchte, und die Kosten für das Öffnen der Kiste.
- ▶ `boxRefill(self)`: Wenn diese Funktion aufgerufen wird, wurde das Hausmeister-RFID-Tag eingescannt. Dadurch öffnet sich die Truhe ohne den Abzug von Punkten. Dies sollte nur genutzt werden, um neue Süßigkeiten in die Kiste zu füllen.

Die folgenden Abschnitte erläutern im Detail die wichtigsten Aspekte des Codes.

Die Datenbank

Wir haben das System für zwei Personen ausgelegt, Christoph und Rica. Daher nutzen wir zwei MiBand-Fitness-Tracker, zwei RFID-Tags und zwei Einträge in der Datenbank. Die Anpassung der Anzahl an Teilnehmern ist recht einfach und wird nachfolgend erläutert.

Die Datenbank befindet sich in einer JSON-Datei, die vor dem ersten Start des Programms angelegt werden muss. Erstellen Sie daher eine Datei namens `db.json` im gleichen Verzeichnis dieses Python-Programms. Füllen Sie die Datei bereits mit der Datenbankstruktur für zwei Teilnehmer:

```
{"_default": {"1": {"mac":    "C1:2F:10:32:90:50",
                    "name":   "Christoph",
                    "date": [2016, 6, 5],
                    "steps": 0,
                    "last_steps": 0},
            "2": {"mac": "C2:2F:20:33:80:60",
                    "name": "Rica",
                    "date": [2016, 6, 5],
                    "steps": 0,
                    "last_steps": 0}}}
```

Sofern mehr oder weniger Personen teilnehmen, fügen Sie mehr oder weniger Datensätze hinzu. Der erste Datensatz beginnt bei `{"1": {` und endet bei `"last_steps": 0},`. Den Eintrag `date` passen Sie an das aktuelle Datum an.

MAC-Adressen

Zur Einrichtung der Datenbank benötigen Sie die MAC-Adresse Ihres MiBand-Fitnesstrackers. MAC-Adressen sind eindeutige IDs für die Bluetooth-Kommunikation. Es gibt zwei Verfahren, um die MAC-Adresse der Armbänder in Erfahrung zu bringen:

▶ Bei der einen Möglichkeit nutzen Sie die offizielle iOS- oder Android-App *MiFit*, die im jeweiligen App-Store verfügbar ist. Folgen Sie dort den Installationshinweisen der App und des Handbuches der Armbänder, und richten Sie das Armband wie vorgesehen ein. Sie finden im Bereich PROFILE · MI BAND (PULSE) · BAND'S MAC ADDRESS nun die MAC-Adresse Ihres Armbands.

▶ Alternativ können Sie mit einem bash-Kommando einen Bluetooth-LE-Scan starten:

```
sudo timeout -s SIGINT 5s hcitool -i hci0 lescan
```

Dieser Befehl scannt für fünf Sekunden die Bluetooth-Umgebung ab. Sie sollten nun eine ähnliche Ausgabe angezeigt bekommen wie diese:

```
XX:BD:BC:DA:D7:XX (unknown)
XX:BD:BC:DA:D7:XX (unknown)
C8:XX:10:XX:2F:XX MI1A
XX:BD:BC:DA:D7:XX (unknown)
C8:XX:10:XX:87:XX MI1S
XX:BD:BC:DA:D7:XX (unknown)
```

Dabei steht MI1A für ein MiBand in der Version 1 (ohne Pulsmesser) und MI1S für ein MiBand 1S (mit Pulsmesser). Beide Varianten sind mit diesem Projekt kompatibel. Achten Sie jedoch darauf, dass während des Scans die Armbänder *nicht* mit einem Smartphone via Bluetooth verbunden sind. Am besten schalten Sie Bluetooth an Ihrem Smartphone während des Scanvorgangs aus. Das Gleiche gilt für das fertige Projekt. Das MiBand kann vom Raspberry Pi nur ausgelesen werden, wenn es nicht zeitgleich mit einem Smartphone verbunden ist. Zum Glück ist das mit dem MiBand kein Problem, da das Band nicht zwingend mit dem Handy verbunden bleiben muss, sondern alle Bewegungsdaten auch ohne Handy im Band selbst speichert.

Das MiBand auslesen

Das Auslesen des MiBands startet durch den Aufruf der Funktion sync(self,user). Sie werden feststellen, dass innerhalb dieser Funktion noch ein bisschen Rechenarbeit und Datumsvergleiche stattfinden. Das ist durch den Umstand bedingt, dass die Bibliothek mibanda nur die Schritte des aktuellen Tages auslesen kann. Das heißt, dass am Ende eines jeden Tages um 0 Uhr die Tages-Schritte im MiBand wieder auf null gesetzt werden.

Da unser System es aber erlauben soll, mehrfach pro Tag eine Synchronisation zu starten, fragen wir folgende Bedingung ab: »Fand die letzte Synchronisation am gleichen Tag statt?« Ist dies der Fall, so wird nur die Differenz zwischen der letzten Synchronisation und der aktuellen zum Punktekonto addiert. Fand die letzte Synchronisation am Tag zuvor statt, so werden alle Tagesschritte dem Punktekonto gutgeschrieben.

Nehmen wir beispielsweise an, Ihre Tagesschritte betragen 2000. Sie synchronisieren Ihr Band heute zum ersten Mal. Dann werden Ihnen alle 2000 Schritte gutgeschrieben. Danach starten Sie einen Lauf durch den Park und erreichen dadurch insgesamt 8000 Tagesschritte.

Zu Hause angekommen, möchten Sie die Erfolge natürlich sofort auf Ihr Konto gutschreiben. Ohne die obige Abfrage würden Ihnen nun nochmals 8000 Schritte gutgeschrieben werden, obwohl Ihnen nur die Differenz zur letzten Synchronisation zusteht, nämlich 6000 Schritte. `last_steps` in der tinyDB-Datenbank speichert jeweils den Wert der letzten Synchronisation des Tages. Damit kann dann die neue Differenz ermittelt werden.

Snack-Punkte

Die Einheit, mit der wir in diesem Projekt arbeiten, haben wir »Snack-Punkte« genannt. Das MiBand speichert Schritte, deren Anzahl je nach Aktivitätslevel am Tag auch schon mal fünfstellig werden kann. Wir rechnen diese Schritte der Einfachheit halber jedoch in Punkte um, indem wir die Schritte durch 100 teilen. Dadurch verlieren wir zwar ein wenig an Genauigkeit, aber dies fällt kaum ins Gewicht. Der Vorteil ist, dass wir die Anzeige auf dem LC-Display so nun besser nutzen können, da wir pro Zeile nur 16 Zeichen zur Verfügung haben. Das heißt: 500 Snack-Punkte entsprechen 50.000 *echten* Schritten.

RFID-Tags

Wir benutzen RFID-Karten zur Identifikation des Benutzers. Jeder Nutzer soll seine persönliche RFID-Karte bekommen. Scannt ein Nutzer seine Karte ein, so kann das Python-Programm folgende Fragen beantworten:

▶ Wer bedient die Kiste?
▶ Welche MAC-Adresse wird synchronisiert?
▶ Welchem Konto werden die Schritte gutgeschrieben?
▶ Welchem Konto werden Schritte abgezogen, wenn die Box geöffnet wird?

Sie sehen also, dass Sie Ihr RFID-Tag gut verstecken sollten. Sie möchten doch nicht, dass ein Familienmitglied sich eine Tüte Chips auf Ihre Kosten aus der Kiste nimmt, oder? Im folgenden Programm `runsb.py` finden Sie das *Dictionary* `users`. Darin sind die RFID-IDs der Benutzerkarten enthalten. Um diese Werte abzufragen, öffnen Sie die Datei sb.py in einem Editor und entfernen dort in der Funktion read_rfid() das #-Zeichen aus der Zeile # print daten.

Nach der kompletten Einrichtung starten Sie das Programm sb.py, und in der Konsole sehen Sie die ID der eingescannten RFID-Karte. Das Programm wird dann mit einer Fehlermeldung abbrechen. Fügen Sie die ID nun dem Dictionary users mit dem entsprechenden Namen hinzu, und starten Sie das Programm erneut, bis alle Teilnehmer in users eingetragen wurden. Beachten Sie auch die ID der Hausmeister-Karte im dritten Absatz der while-Schleife.

30

Die Code-Datei runsb.py

Der zweite Teil der Software besteht aus dem Python-Programm runsb.py. Hier wird eine Endlosschleife gestartet und werden die Funktionen von sb.py nacheinander aufgerufen. Sie müssen runsb.py und sb.py im gleichen Verzeichnis speichern.

```python
#!/usr/bin/python -u
# Datei runsb.py
import time,sys
from Adafruit_CharLCD import Adafruit_CharLCD
from sb import snackbox
import signal

sb= snackbox()
time.sleep(2)

# Dictionary mit RFID-Tags und Namen
users = {'3E0CFA3CF20A': 'Christoph', '3E00FA60FC58':'Rica'}

# Kosten zum Öffnen der Truhe
cost= 500

def sig_handler(signum, frame):
    print "SegFault"
    pass
    # Abfangen des SegmentationFault
    signal.signal(signal.SIGSEGV, sig_handler)

while True:
    # Anzeige des LC-Displays im Standby-Modus
    b1 = sb.readDbSteps('Christoph')
    b2 = sb.readDbSteps('Rica')
    sb.writeLCD ('Christoph  Rica\n%s      %s' %(b1, b2))
    id = sb.read_rfid()
    if id != '' and id != '3E00FA40C743':
        steps=sb.sync(users[id])
```

```
# Hausmeisterkarte
if id == '3E00FA40C743':
    sb.boxRefill()
    continue
sb.writeLCD ('Open Box?\nCosts: %s' %(cost))

# Bestätigung zum Öffnen -- gleiche Karte noch einmal scannen
confID = sb.read_rfid(3)
if confID == id:
    sb.openBox(users[id],cost)
else:
    continue
```

runsb.py enthält die anpassbare Variable cost. Wählen Sie hier die Kosten für das einmalige Öffnen der Box. (Zur Erinnerung: Der Wert 500 entspricht 50.000 Schritten.) Zudem ist hier das Dictionary users hinterlegt, das die RFID-IDs und die Namen der Benutzer enthält.

Die Bibliothek gattlib, die von mibanda genutzt wird, erzeugt in manchen Fällen einen *Segmentation Fault*. Wir vermuten, dass es sich um einen Fehler in der Bibliothek handelt, da gattlib sowie mibanda leider nicht mehr aktualisiert werden. Wir fangen diesen sporadischen Fehler mit der Funktion sig_handler(signum, frame) ab und ignorieren ihn so.

Der erste Absatz der while-Schleife erzeugt die Standard-Anzeige auf dem Display der Snackbox-Kiste. Falls Sie mehr als zwei Benutzer einrichten möchten, so müssen Sie den Platz auf dem Display anders aufteilen. Fügen Sie die Zeile bX = sb.readDbSteps('X') für jeden weiteren Nutzer hinzu, und lesen Sie somit den Kontostand aus der Datenbank aus. Die Ausgabe erfolgt in der darauffolgenden Zeile sb.writeLCD(...). Nutzen Sie hier die Möglichkeiten der Adafruit-Bibliothek, um auch noch mehr Benutzer auf den 16 × 2-Zeichen anzeigen zu können (siehe Abschnitt 16.2, »16 × 2-LC-Display«).

Um die Snackbox direkt nach dem Bootvorgang zu starten, platzieren Sie einfach einen Cronjob als Root-User:

```
su root
crontab -e
```

Fügen Sie folgenden Eintrag ans Ende der Datei an:

```
@reboot python /Pfad zur/runsb.py
```

Das System sollte nun startklar sein. Starten Sie es, indem Sie die Datei runsb.py aufrufen. Das muss als Root-User oder mit sudo geschehen, damit Sie den vollen Zugriff auf die Bluetooth-Funktionalität erhalten:

```
sudo python runsb.py
```

30.4 Anmerkungen und Hinweise

Bitte betrachten Sie dieses Projekt als Grundgerüst für Ihre eigene Umsetzung. Wir freuen uns auch über Ihre Ideen und Tipps zu ihrer Umsetzung.

Im Dauertest dieses Systems fielen uns ein paar Punkte auf:

▸ Die Karte muss täglich gescannt werden, sonst verpuffen Ihre Schritte des Tages. Das nachträgliche Hinzufügen von Punkten ist nur durch das manuelle Editieren der Datei `db.json` möglich.

▸ Teilweise tritt beim Auslesen des Armbands ein `Bus error` auf. Dieser erscheint nur sehr selten und ließ sich von uns nicht wirkungsvoll abfangen. Sollte dieser Fehler auftreten, muss das Python-Programm neu gestartet werden. Wir vermuten die Ursache in der `mibanda`-Bibliothek.

▸ Die Bluetooth-Verbindung zwischen Armband und Smartphone muss beim Synchronisieren mit der Box getrennt sein.

▸ Im Juni 2016 erschien das Xiaomi MiBand 2 mit einem Display im Armband. Leider funktioniert der Code nicht mit dem MiBand2. Sollten wir hierzu eine Lösung finden, so informieren wir Sie auf dem Blog zum Buch. Getestet haben wir das Projekt mit dem MiBand 1 und MiBand 1S (Pulse).

Hier sind einige weiterführende Links zu den verwendeten Bibliotheken und zum Blog-Eintrag auf unserer Webseite zum Buch:

https://bitbucket.org/OscarAcena/mibanda
https://bitbucket.org/OscarAcena/pygattlib
https://tinydb.readthedocs.io/en/latest
https://pi-buch.info/snackpi-die-einkaufsliste

Wir werden außerdem Updates zum Projekt auf *https://pi-buch.info* veröffentlichen.

Kapitel 31
Stromzähler auslesen

Dieses Projekt zeigt Ihnen, wie Sie einen Stromzähler neuerer Bauart, einen soge-nannten *Smart Meter*, mit dem Raspberry Pi auslesen können. Daraus ergeben sich viele Anwendungsmöglichkeiten: Sie können Ihren Stromverbrauch nun jederzeit exakt verfolgen und grafisch darstellen. Falls Sie über eine Photovoltaikanlage verfü-gen, können Sie auch genau erfassen, wann wie viel Strom in welche Richtung fließt.

Zur Verwertung der Messdaten setzen wir eine Round-Robin-Datenbank (RRD) ein. Diese Datenbank ist für die Erfassung zeitbezogener Daten optimiert. Der Clou be-steht darin, dass die Datenbank im Laufe der Zeit *nicht* immer größer wird. Vielmehr werden Daten aus vergangenen Zeitperioden kontinuierlich zusammengefasst (ver-dichtet). Damit ist je nach Konfiguration beispielsweise eine exakte Auswertung der letzten 24 Stunden möglich, außerdem zusammenfassende Auswertungen der letz-ten Woche, des letzten Monats und des letzten Jahres. Ältere Detaildaten werden wie bei einem Ringpuffer zyklisch überschrieben.

31.1 Stromzähler-Grundlagen

Werfen Sie einmal einen Blick auf Ihren Stromzähler. Ist es noch ein altes Gerät mit der klassischen sich drehenden Zählerscheibe? Dann haben Sie leider Pech – solche Zähler automatisiert auszulesen ist nur mit hohem bastlerischen Aufwand möglich. Ein beliebter Ansatz ist, eine Webcam vor dem Zähler zu montieren, die zyklisch den Zählerstand abfotografiert, und die Zahlen dann mit einer OCR-Software aus dem Foto auszulesen. Leider funktioniert diese Methode nur bei sehr gleichmäßiger Aus-leuchtung und hoher Bildqualität, sprich: in der Praxis eher selten.

Haben Sie dagegen einen der neuen Stromzähler, die kurz »eHZ« (elektronischer Heimzähler) oder *Smart Meter* genannt werden, ist die Sache deutlich einfacher. Diese Zähler besitzen an der Vorderseite eine Infrarotdiode, die die aktuellen Zählerstände alle paar Sekunden ungefragt in die Umgebung pulst.

Lesekopf und Signalwandler

Mit einem optischen Lesekopf werden die Daten ausgelesen. So einen Lesekopf kann man käuflich erwerben (siehe Abbildung 31.1) oder selbst bauen (auf *http:// volkszaehler.org* hat sich dazu ein reicher Erfahrungsschatz angehäuft). Die Daten stehen als serielles Signal zur Verfügung und können etwa mit minicom dargestellt und gespeichert werden. Der Zähler sendet die Daten in der Regel mit 9600 Baud, 8 Bit ohne Parität.

Abbildung 31.1 Stromzähler mit optischem Lesekopf, der magnetisch haftet

Wer es noch bequemer haben möchte, kann einen zusätzlichen Signalwandler einsetzen (siehe Abbildung 31.2). Er nimmt das serielle Signal vom optischen Lesekopf auf (das ist das obere Kabel) und stellt die Messdaten per HTTP zur Verfügung.

Sie können die Daten nun einfach mit einem Browser oder dem Kommando curl auslesen. Das Kommando wurde hier aus Platzgründen mit \ über zwei Zeilen verteilt:

```
/usr/bin/curl 192.168.2.10 \
  -o /usr/local/shellscripts/verbrauch/sml.txt --max-time 10
```

Abbildung 31.2 Der Signalwandler stellt das serielle Signal per HTTP zur Verfügung.

Die 192.168.2.10 ist dabei die Adresse des Signalwandlers, und hinter -o wird der Pfad angegeben, in dem die Daten zur weiteren Verarbeitung abgelegt werden. Der Parameter --max-time 10 führt dazu, dass curl die Verbindung nach maximal zehn Sekunden beendet. Das ist notwendig, denn der Signalwandler liefert einen stetigen, nicht endenden Datenstrom. Ließe man --max-time weg, würde das Kommando ewig laufen.

Uns reicht für die weitere Verarbeitung ein Messwert pro Minute. Es ist also sinnvoll, das curl-Kommando einmal pro Minute automatisch vom Cron-Dämon ausführen zu lassen. Dazu editieren Sie die crontab-Datei mit dem Kommando crontab -e und fügen die folgende Anweisung hinzu, die hier wieder über zwei Zeilen verteilt ist:

```
* * * * * /usr/bin/curl 192.168.2.10 \
  -o /usr/local/shellscripts/verbrauch/sml.txt --max-time 10
```

Weitere Informationen zur Konfiguration von Cron finden Sie in Abschnitt 4.11, »Programme regelmäßig ausführen (Cron)«.

Die Smart Message Language

Jetzt bekommen Sie einmal pro Minute einen frischen Datensatz vom Stromzähler. Leider sind Sie damit noch nicht am Ziel, denn Sie bekommen einen Datenblock aus lauter Hexadezimalwerten, der etwa so aussieht:

```
SML(1B1B1B1B0101010176070012003CB673620062007263010176010107000
1200113CD109080C2AEC2D4C5886010163CFC50076070012003CB674620062
0072630701770109080C2AEC2D4C5886017262016500117A0E7977078181C7
8203FF0101010104454D480177070100000009FF0101010109080C2AEC2D4C
58860177070100010800FF63018201621E52FF56000014FDEF017707010002
0800FF63018201621E52FF5600003ED1F60177070100010801FF0101621E52
FF56000014FDEF0177070100020801FF0101621E52FF5600003ED1F6017707
0100010802FF0101621E52FF56000000000001770701000F0700FF0101621B
52FF5500001DB60177078181C78205FF010101018302CE76D79A808753C7F4
B0A5799BEA8B017D95DCC2D4E8A2F25FB5998D20AA5C69754C8001FA564EDA
8E532CA0BAD4BC85010101637ADD0076070012003CB67762006200726302 01
71016323910000000001B1B1B1A03DED0)
```

Auch wenn der Datenwust zunächst eher unsortiert wirkt, hat das Chaos doch Methode, denn das Datenformat ist standardisiert. Es heißt SML (*Smart Message Language*) und ist entfernt mit XML verwandt. Einen einzelnen Datenblock wie den obigen nennt man ein SML-Telegramm.

Die gute Nachricht ist, dass die für Sie interessanten Daten – der Zählerstand Ihres Verbrauchszählers – innerhalb des SML-Telegramms immer an der gleichen Stelle stehen. Um sie zu finden, werfen Sie noch einmal einen Blick auf die Anzeige Ihres Stromzählers. Wenn dort der aktuelle Zählerstand angezeigt wird, sehen Sie im Display auch die dazugehörige OBIS-Kennzahl. Auf der folgenden Webseite finden Sie die aktuelle Liste der OBIS-Kennzahlen:

http://de.wikipedia.org/wiki/OBIS-Kennzahlen

In der Regel lautet sie »1.8.0«, das bedeutet »Wirkarbeit Bezug« in der OBIS-Sprache. Die Kennzahl finden Sie als 010800 im SML-Telegramm wieder. Damit beginnt eine Sequenz von Bytes, die die für uns relevanten Informationen enthält: 010800FF63018201621E52FF56000014FDEF01. Das lässt sich wie folgt aufdröseln:

```
01 08 00          die OBIS-Kennzahl
63 01 82 01       nicht relevant
62 1E             die Einheit, in der die Ausgabe erfolgt
                  (1E = Wattstunden)
52 FF             bedeutet, dass der Wert eine Nachkommastelle hat.
56                Ab dem nächsten Byte kommt der Zählerstand.
00 00 14 FD EF    Da ist er!
01                schließt den Zählerstand ab.
```

Der Zählerstand lautet in hexadezimaler Schreibweise also `14fdef`, in dezimaler Schreibung entspricht das 1375727. Da wir wissen, dass der Wert in Wattstunden (Wh) mit einer Nachkommastelle ausgewiesen wird, lautet der aktuelle Zählerstand also 137572,7 Wattstunden. Da in jedem Haushalt ständig irgendwo Energie benötigt wird, wird dieser Wert schon nach kurzer Zeit angestiegen sein. Diese Veränderungen wollen wir sichtbar machen.

31.2 Einführung in RRDtool

Bevor wir nun die Zählerstanddaten automatisiert verarbeiten, müssen wir uns noch mit dem RRDtool auseinandersetzen. Die Kommandos des gleichnamigen Pakets helfen dabei, Daten in eine Round-Robin-Datenbank einzutragen, von dort auszulesen sowie zu Grafiken zu verarbeiten.

```
sudo apt install rrdtool
```

In einer Round-Robin-Datenbank lassen sich alle möglichen numerischen Daten speichern: Datendurchsatz in Bytes, Zähler, Temperatur, Lüfterdrehzahl – die Möglichkeiten sind fast endlos. Leider ist die Syntax etwas sperrig und nicht intuitiv zu verstehen. Deshalb wollen wir hier anhand eines einfachen Beispiels erklären, wie Sie RRDtool für Ihre eigenen Zwecke nutzen können. Als Beispiel nehmen wir die CPU-Temperatur des Raspberry Pi. Wir werden sie alle fünf Minuten ermitteln, in einer RRD speichern und schließlich einen Verlaufsgraphen zeichnen lassen.

Die Round-Robin-Datenbank erstellen

Mit dem Kommando `rrdtool create` wird eine neue RRD erstellt. Weitere Parameter legen fest, wie viele Datenpunkte in welchen Intervallen die Datenbank aufnimmt und wie sie mit fortschreitender Zeit konsolidiert werden. Das folgende Kommando erstellt eine RRD, die für die Aufnahme von Temperaturdaten geeignet ist (es ist eine einzige Zeile, die zur besseren Lesbarkeit mehrfach umbrochen wurde):

```
rrdtool create cputemp.rrd \
        --step 300 \
        DS:temp:GAUGE:600:-20:90 \
        RRA:AVERAGE:0.5:12:24 \
        RRA:AVERAGE:0.5:288:31
```

Schauen wir uns das Kommando Stück für Stück an:

▶ `rrdtool create cputemp.rrd`: Die Datenbank soll erstellt werden und den Namen `cputemp.rrd` bekommen.

▶ `--step 300`: Alle 300 Sekunden (= fünf Minuten) soll ein Temperaturwert in die Datenbank geschrieben werden.

In der nächsten Zeile, die mit DS beginnt, werden die Eigenschaften der Datenquelle beschrieben:

▶ DS: DS steht für Data Source = Datenquelle.

▶ temp: Das ist der Name der Datenquelle. Diesen Namen können Sie frei wählen.

▶ GAUGE: Der Typ der Datenquelle (*Data Source Type*, DST). GAUGE bedeutet, dass der übergebene Zahlwert – der positiv oder negativ sein darf – unverändert gespeichert wird. Andere Typen sind COUNTER (speichert die Differenz zum vorherigen Wert), DERIVE (wie COUNTER, aber auch mit negativen Werten) und ABSOLUTE (nimmt an, dass der vorherige Wert nach dem Auslesen immer auf null zurückfällt).

▶ 600: Dieser Wert heißt Heartbeat. Eigentlich sollte alle 300 Sekunden ein Wert in die Datenbank geschrieben werden. Bleibt einmal ein Wert aus, so akzeptiert RRDtool auch noch später eintreffende Werte, aber nur bis zu einer maximalen Verspätung von 600 Sekunden. Danach wird der Datenpunkt als undefined in die Datenbank eingetragen.

▶ -20:90: Das sind die Minimal- und Maximalwerte, die die Datenbank akzeptiert. Da wir in diesem Beispiel Temperaturdaten speichern, ist der Bereich zwischen minus 20 und 90 Grad Celsius plausibel. Würden wir versuchen, Werte außerhalb dieses Bereichs in die Datenbank zu schreiben, würde RRDtool die Werte verwerfen und stattdessen undefined speichern.

Die beiden nächsten Zeilen definieren, wie ältere Daten konsolidiert (zusammengefasst) werden:

▶ RRA: Das Schlüsselwort steht für *Round Robin Archive*.

▶ AVERAGE: Mehrere Datenpunkte werden zusammengefasst, indem ihr Mittelwert gebildet wird. Andere Möglichkeiten sind hier MAX (der höchste Wert bleibt erhalten), MIN (niedrigster Wert) und LAST (letzter Wert).

▶ 0.5:12:24: Zwölf Datenpunkte werden zu einem Archiv-Datenpunkt zusammengefasst. In der RRDtool-Sprache heißen die ursprünglichen Datenpunkte *Primary Data Points*, kurz PDP, die konsolidierten Datenpunkte *Consolidated Data Points*, CDP. Von den 12 PDPs müssen mindestens die Hälfte (Faktor 0,5 – das ist der sogenannte X-Files Factor, XFF) gültig sein, also nicht undefined. Die letzte Zahl bedeutet, dass in diesem Round-Robin-Archiv 24 CDPs Platz finden.

Die letzte Zeile definiert nach dem gleichen Muster ein weiteres Round-Robin-Archiv für nochmals weiter konsolidierte Daten.

Werte in die Datenbank eintragen

Damit wir die CPU-Temperatur in die Datenbank schreiben können, müssen wir sie
zunächst einmal ermitteln. Das ist zum Glück recht einfach, denn sie steht in der
Datei /sys/class/thermal/thermal_zone0/temp. So sieht es aus, wenn Sie die Temperatur einfach auf der Konsole anzeigen lassen:

```
cat /sys/class/thermal/thermal_zone0/temp
  58376
```

Sie sehen, dass leider ein Dezimalpunkt fehlt: Der tatsächliche Wert beträgt 58,376
Grad Celsius (womit der Sensor übrigens eine Genauigkeit vortäuscht, die er gar
nicht erreicht). Das folgende kleine bash-Script dividiert deshalb die Temperatur
durch 1000 und kürzt die Ausgabe auf nur noch eine Nachkommastelle (dafür sorgt
scale=1). Die Berechnung erfolgt mit dem Kommando bc, das vorweg mit apt install
bc installiert werden muss. Danach schreibt das Script die Temperatur in die RRD
cputemp.rrd, die wir gerade angelegt haben:

```
#!/bin/bash
# Datei cputemp.sh
# CPU-Temperatur auslesen, formatieren und auf eine
# Nachkommastelle kürzen
TEMP=$(echo "scale=1;$(cat /sys/class/thermal/\
                        thermal_zone0/temp ) / 1000 "|bc -l)

#den ermittelten Wert in die RRD schreiben
rrdtool update cputemp.rrd N:$TEMP
```

Jeder Eintrag in eine RRD erhält einen Zeitstempel. Dieser Zeitstempel besteht aus
einer Zahl, die die Anzahl der Sekunden seit dem 01. 01. 1970 angibt. Das N: in der
rrdtool update-Zeile nimmt Ihnen die Arbeit ab, diesen Zeitstempel zu ermitteln. Es
steht für Now und fügt automatisch den aktuellen Zeitstempel ein.

Unsere RRD erwartet einen Datenpunkt alle fünf Minuten, deshalb lassen wir das
Script in diesem Intervall per Cron ausführen. Die entsprechende Zeile in der *crontab*
sieht so aus:

```
*/5 * * * * <pfad>/cputemp.sh
```

Jetzt wird die RRD pünktlich alle fünf Minuten mit einem Temperaturwert versorgt.

Graphen erzeugen

Mit dem Kommando rrdtool graph erzeugen Sie aus den Daten in der Datenbank
anschauliche Verlaufsgraphen (siehe Abbildung 31.3). Schauen Sie sich einmal das folgende Kommando an, das hier wiederum über mehrere Zeilen verteilt wurde:

```
rrdtool graph cputemp.gif \
    --start -24h \
    --title "CPU-Temperatur" \
    --vertical-label "Grad Celsius" \
    DEF:cputemperatur=cputemp.rrd:temp:AVERAGE \
    LINE1:cputemperatur#ff0000:"CPU-Temperatur" ;
```

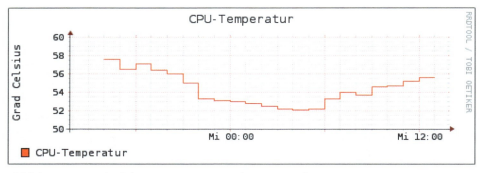

Abbildung 31.3 Verlauf der CPU-Temperatur über 24 Stunden

Sehen wir uns auch dieses Kommando schrittweise an:

▶ rrdtool graph cputemp.gif: Es soll eine Grafik mit dem Namen cputemp.gif erzeugt werden.

▶ --start -24h: Der Startpunkt des Graphen soll 24 Stunden in der Vergangenheit liegen. Als Abkürzungen für die Zeiteinheiten akzeptiert RRDtool auch m für Minuten und d für Tage, --start -365d erzeugt also einen Graphen über ein Jahr.

▶ --title "CPU-Temperatur": Die Überschrift über der Grafik.

▶ --vertical-label "Grad Celsius": Die Beschriftung der y-Achse.

▶ DEF:cputemperatur=cputemp.rrd:temp:AVERAGE: Hier wird definiert (DEF), aus welcher Datenquelle der Graph gezeichnet wird. Es folgt ein Variablenname (cputemperatur), der frei wählbar ist, gefolgt von einem Gleichheitszeichen und dem Dateinamen der RRD. Danach folgt der Name der Datenquelle, wie er im DS-Abschnitt beim Anlegen der RRD vergeben wurde, hier ebenfalls temp. Zum Schluss kommt die Konsolidierungsfunktion AVERAGE. Auch sie muss mit dem übereinstimmen, was Sie beim Anlegen der RRD festgelegt haben.

▶ LINE1:cputemperatur#ff0000:"CPU-Temperatur": Hier geht es um das Aussehen des Graphen und die Beschriftung der Legende. LINE1 bewirkt, dass der Graph als dünne Linie gezeichnet wird. Alternativ gibt es LINE2 (dickere Linie) und AREA (gefüllte Fläche). Das nächste Feld ist der Variablenname, den Sie zuvor nach dem Schlüsselwort DEF vergeben haben.

Gleich danach legen Sie die Farbe des Graphen als Hexadezimalwert fest. #ff0000 ist ein zusammengesetzter Wert aus den Grundfarben Rot, Grün und Blau. Die Intensität jedes der drei Farbwerte reicht von 0 bis 255, das ist in hexadezimaler Schreibweise 00 bis ff. In unserem Beispiel hat der Wert für die Farbe Rot den Maximalwert ff, Grün und Blau haben dagegen den Wert 00. Das Resultat ist, wie Sie auf dem Bild sehen können, eine knallrote Linie. Das letzte Feld, "CPU-Temperatur", ist der Text, der unterhalb des Graphen in der Legende erscheint.

Wenn Ihnen die Grafik optisch noch nicht gefällt, gibt es noch ein paar Möglichkeiten, Einfluss auf die Gestaltung zu nehmen (siehe Abbildung 31.4). Das folgende Beispiel verändert die Höhe und Breite der Grafik (-w 550 -h 220) und ändert die Farben der Gitterlinien (GRID), des Hintergrundes (BACK) und der umlaufenden Schattierung, die für einen leichten 3D-Effekt sorgt (SHADEA und SHADEB).

```
rrdtool graph cputemp.gif \
    -c GRID#ffffff00 -c BACK#ffffff \
    -c SHADEA#ffffff -c SHADEB#ffffff \
    --start -24h \
    --title "CPU-Temperatur" --vertical-label "Grad Celsius" \
    -w 550 -h 220 \
    DEF:cputemperatur=cputemp.rrd:temp:AVERAGE \
    LINE1:cputemperatur#ff0000:"CPU-Temperatur" ;
```

Die optische Gestaltung der Grafik ist natürlich in hohem Maße vom persönlichen Geschmack abhängig. Nehmen Sie sich ein paar Minuten Zeit, und spielen Sie mit den verschiedenen Farbwerten, bis das Ergebnis Ihnen zusagt.

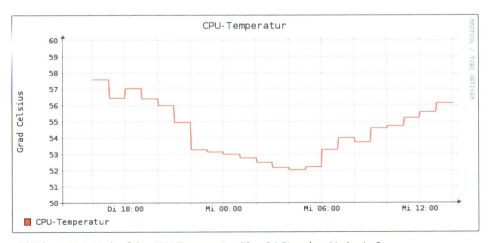

Abbildung 31.4 Verlauf der CPU-Temperatur über 24 Stunden, Variante 2

31.3   Zählerdaten speichern und zu Graphen aufbereiten

Jetzt haben wir alle Voraussetzungen, um die Daten des Stromzählers zyklisch (etwa alle 60 Sekunden) zu lesen und daraus eine aussagekräftige Verlaufsgrafik zu generieren. Das folgende Listing zeigt einen Ansatz, wie Sie das mit einem einfachen bash-Script bewerkstelligen können. Dieses Script ist recht rudimentär und soll Ihnen nur als Ideensteinbruch dienen, denn je nach Modell Ihres Stromzählers und anderen Gegebenheiten werden Sie es sicherlich an Ihre eigenen Bedürfnisse anpassen müssen. Das Script enthält auch keinerlei Fehlerbehandlung, damit es nicht zu komplex wird.

Das Beispiel-Script geht davon aus, dass das jeweils aktuelle SML-Telegramm durch die eingangs in der `crontab` hinzugefügte Zeile in der Datei `/usr/local/shellscripts/verbrauch/sml.txt` abgelegt wird. Es verlässt sich außerdem darauf, dass die im vorigen Abschnitt vorgestellten RRDtools installiert sind. Dort sind auch alle relevanten Parameter der RRDtool-Kommandos beschrieben.

Im ersten Teil des Scripts werden die relevanten Bytes aus der `sml.txt` ausgeschnitten, von der hexadezimalen in die dezimale Schreibweise umgewandelt und in die richtige Einheit (Wattstunden) gebracht. Danach wird die RRD angelegt und gefüllt (`rrdtool update ...`), und zum Schluss werden mehrere Bilder generiert, die den Verlauf der Datenreihe in bestimmten Abständen von den letzten vier Stunden bis über das letzte Jahr zeigen (`rrdtool graph ...`).

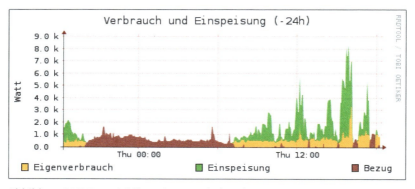

Abbildung 31.5 Energiebilanz des Haushalts über 24 Stunden

Jede RRD kann eine oder mehr Datenreihen aufnehmen. In unserem Beispiel sind es vier, im Listing heißen sie `data1` bis `data4`. Natürlich brauchen Sie zunächst nur eine Datenreihe (für den Stromverbrauch), aber vielleicht wollen Sie später noch weitere Messdaten hinzufügen, etwa die Einspeiseleistung einer Photovoltaikanlage. Die Bilder, die `rrdtool` aus den Daten generiert, zeigen den Verlauf von drei Datenreihen über die letzten 24 Stunden (siehe Abbildung 31.5).

```
#!/bin/bash
# Datei /usr/local/shellscripts/verbrauch/verbrauch.sh
WDIR=/usr/local/shellscripts/verbrauch
RRDDIR=$WDIR/rrd
IMGDIR=$WDIR/bilder

# Zählerstand extrahieren (der Zählerstand steht in den
# Bytes 285 bis 294, muss je nach Zählermodell angepasst werden)
BEZUGZAEHLERSTAND=$(cat $WDIR/sml.txt|cut -b285-294);
# in Dezimalzahlen umrechnen
BZZDEZIMAL=$(echo "ibase=16;obase=A;$BEZUGZAEHLERSTAND"|bc);
# Ergebnis in Wh
BZZWH=$(echo "scale=4;$BZZDEZIMAL/10"|bc -l);
echo "Der aktuelle Bezugszählerstand ist $BZZKWH Wh."

# RRD anlegen, falls sie noch nicht existiert
if [ -e $RRDDIR/verbrauch.rrd ]; then
  echo "OK, verbrauch.rrd exists.";
else
  rrdtool create $RRDDIR/verbrauch.rrd --step 60 \
    DS:data1:GAUGE:180:0:U \
    DS:data2:GAUGE:180:0:U \
    DS:data3:GAUGE:180:0:U \
    DS:data4:GAUGE:180:0:U \
    RRA:MAX:0.5:1:600 \
    RRA:MAX:0.5:6:700 \
    RRA:MAX:0.5:24:775 \
    RRA:MAX:0.5:288:797;
  echo "RRD created";
fi

# Daten in die RRD schreiben
rrdtool update $RRDDIR/energiebilanz.rrd N:$BZZWH:U:U:U;

# Auswertungsgrafiken erzeugen
for i in -4h -8h -24h -7d -30d -90d -180d -360d; do
  rrdtool graph $IMGDIR/verbrauch-$i.gif \
    -c GRID#ffffff00 -c BACK#ffffff \
    -c SHADEA#ffffff -c SHADEB#ffffff \
    --lazy --slope-mode --start $i \
    --title "Verbrauch ($i)" --vertical-label "Watt" \
    -w 750 -h 150 \
    DEF:data1=$RRDDIR/verbrauch.rrd:data1:AVERAGE \
    AREA:data1#aa5555:"Verbrauch";
done
```

Kapitel 32
Hausautomation mit Netzwerksteckdosen

Der Freund eines der Autoren hat daheim in einer Scheune eine kleine Sauna eingebaut, in der seit zwölf Jahren jeden Donnerstag vier schwitzende Männer die Ereignisse der Woche Revue passieren lassen. Vor der Sauna gibt es einen kleinen Ruheraum, der sich zu einer Außenterasse öffnet. Dort gibt es ein Tauchbecken und, seit Neuestem, einen runden Pool mit gut drei Metern Durchmesser und 1,20 Metern Wassertiefe.

Der Pool kann sogar mittels einer eigenen Wärmepumpenheizung beheizt werden. Damit das kostengünstig und klimaschonend passiert, kommt der Strom dafür von einer Photovoltaikanlage, die sich auf dem Dach der Scheune sonnt. Eines Tages fragte der Freund, ob es nicht möglich sei, eine kleine Bastelei zu entwerfen, die die Heizung selbstständig nur dann einschaltet, sobald die Photovoltaikanlage mehr als, sagen wir, 4000 Watt liefert. Eine Aufgabe, wie gemacht für den Raspberry Pi.

Es ist klar, dass nicht jeder in die Lage kommt, derartige Luxusprobleme zu lösen. Dennoch möchten wir Ihnen anhand dieses Beispiels zeigen, wie Sie einfach und bequem anhand von Bedingungen einen 230-V-Verbraucher ein- und ausschalten können. Ob dieser Verbraucher am Ende eine Wärmepumpenheizung oder eine Stehlampe ist, ist dabei völlig unerheblich, denn der Lösungsweg ist der gleiche.

32.1 Einführung

Das Projekt gliedert sich in vier Schritte:

► Leistung der Photovoltaikanlage (PV) ermitteln

► eine kleine Webseite anlegen zum Einstellen der Schaltschwelle, mit Visualisierung der PV-Leistung und der Schaltvorgänge

► Entscheidung: Genug Leistung? Dann Heizung einschalten, sonst ausschalten

► der eigentliche Schaltvorgang

Universal-Schaltbox

Die Teilaufgabe *Heizung ein-/ausschalten* ist für Sie sicherlich das Spannendste an diesem Projekt. Denn dafür haben wir eine Universal-Schaltbox benutzt, die bis zu vier 230-V-Verbraucher unabhängig voneinander schalten kann (siehe Abbildung 32.1). Diese Schaltbox gibt es auch noch in einer anderen Bauform: Sie sieht dann wie eine Vierfach-Schukosteckdosenleiste aus. Technisch arbeiten beide Bauformen identisch.

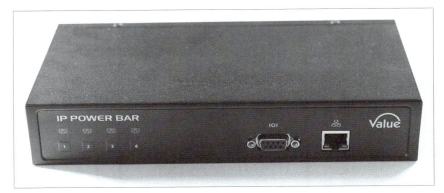

Abbildung 32.1 ValueIP-Schaltbox, Vorderansicht

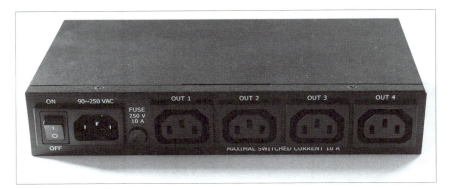

Abbildung 32.2 ValueIP-Schaltbox, Rückseite mit Kaltgeräteanschlüssen

Die Schaltbox wird mit einem Ethernet-Kabel mit dem Heimnetz verbunden und bekommt eine IP-Adresse. Unter dieser IP-Adresse ist eine Webseite aufrufbar, über die Sie allerlei Einstellungen vornehmen können. Wichtig ist dabei aber nur, dass Sie einen Benutzer samt Passwort anlegen. Alle anderen Einstellungen können Sie für dieses Beispiel auf den Standardwerten belassen. Der Clou an dieser Schaltbox ist nämlich, dass Sie die einzelnen angeschlossenen Verbraucher mit nichts weiter als einem kurzen bash-Kommando schalten können. Sie brauchen die Weboberfläche nicht, und erst recht brauchen Sie keine App für Ihr Mobiltelefon oder Ähnliches.

So viel Komfort hat allerdings seinen Preis. Für die hier eingesetzte Schaltbox werden etwa 120 EUR fällig. Sie ist in mehreren Varianten von den Herstellern Value und Koukaam über den Elektronikfachhandel erhältlich.

Preiswertere Schaltsteckdosen gibt es auch, aber sie sind in der Regel nicht per Script schaltbar, sondern nur über eine App oder eine Webseite, was sie für unseren speziellen Zweck unbrauchbar macht. Es gibt dennoch einen anderen Weg, das gleiche Ziel zu erreichen: Sie haben vielleicht im Baumarkt schon einmal Funk-Schaltsteckdosen gesehen. Ein Paket besteht in der Regel aus einer kleinen Fernbedienung und einem bis vier Empfängern, die in eine Steckdose gesteckt werden und auf ein Funksignal von der Fernbedienung hin den Stromfluss herstellen.

Diese Pakete kosten nur den Bruchteil einer IP-Schaltbox, und mit einem 433-MHz-Funksender, der vom Raspberry Pi gesteuert wird, können Sie diese Funksteckdosen beliebig schalten. Das erfordert ein wenig Bastelarbeit, spart aber eine Stange Geld. Eine Anleitung zum Bau einer solchen Funksteckdosen-Steuerung finden Sie in Kapitel 33, »Hausautomation mit 433 MHz-Funktechnologie«.

32.2   Programmierung

Steigen wir also in unser Projekt ein! Zunächst ermitteln wir die Leistung der Photovoltaikanlage. Ihre Leistung ist das Entscheidungskriterium, anhand dessen wir die Heizung ein- oder ausschalten.

Die Leistung der Photovoltaikanlage ermitteln

Photovoltaikanlagen (PV) liefern Gleichstrom, der zunächst in Wechselstrom umgeformt werden muss, damit er an Verbraucher verfüttert oder ins Stromnetz eingespeist werden kann. Diese Aufgabe übernimmt ein Wechselrichter. Beim Freund arbeitet ein Wechselrichter des Herstellers SMA, der über eine sogenannte *Webbox* verfügt. Die Webbox bindet den Wechselrichter ans Heimnetz an. Man kann bequem vom PC aus die Leistungsdaten der PV anschauen.

Direkt auf der Einstiegsseite zeigt die Webbox bereits die aktuelle Leistung in Watt an. Genau diesen Wert wollen wir mit unserem Raspberry Pi auslesen, um ihn weiterverarbeiten zu können. Das folgende Listing enthält ein Script, das die aktuelle Leistung der PV-Anlage aus der Webbox ausliest und in die Datei /var/www/ pvleistung.txt schreibt.

Zusätzlich werden die ermittelten Daten in einer RRD-Datei gespeichert. RRD steht für *Round Robin Database*, also für eine selbstkonsolidierende Datenbank konstanter Größe. Sie ist für die Visualisierung wichtig, denn aus den Daten in einer RRD können Sie schnell und leicht aussagekräftige Grafiken generieren lassen, wie Sie im Verlauf dieses Kapitels noch sehen werden. Wie die zugrunde liegenden RRDtool-Kommandos funktionieren, ist in Abschnitt 31.2, »Einführung in RRDtool«, ausführlich erläutert.

Beachten Sie, dass wir im Listing aus Platzgründen etliche lange Zeilen mit \ über mehrere Zeilen verteilt haben. Das vollständige Listing finden Sie auch in den Begleitdateien zum Buch unter *https://www.rheinwerk-verlag.de/4717*.

```bash
#! /bin/bash
# Datei /usr/local/shellscripts/pumpi/webbox.sh
# Dieses Script liest den aktuellen
# Output der PV aus der Webbox aus
# und schreibt ihn in die Datei
# $WEBDIR/pvleistung.txt.
WDIR=/usr/local/shellscripts/pumpi
WEBDIR=/var/www
RRDDIR=$WDIR/rrd

WEBBOX=192.168.2.178
ROUTER=192.168.2.1
NETIO=192.168.2.11

wget -O /tmp/webbox.tmp 192.168.2.178/home.htm
PVLEISTUNG=\
  $(cat /tmp/webbox.tmp |grep Power|cut -f2 -d\>|cut -f1 -d" ")

# prüfen, ob Daten angekommen sind (Verbindung zur
# Webbox könnte gestört sein)
if [ -z "$PVLEISTUNG" ]; then
  logger "keine Daten von der Webbox"
  PVLEISTUNG=0
  echo $PVLEISTUNG > $WEBDIR/pvleistung.txt
else
  logger "PV-Leistung = $PVLEISTUNG";
  # Der folgende Vergleich geht schief, wenn $PVLEISTUNG
  # kein Integer ist. Das passiert bei der Webbox immer
  # dann, wenn die Leistung > 10 kW ist.
  if ! [ "$PVLEISTUNG" -eq "$PVLEISTUNG" 2> /dev/null ]
  then
      # Kommaformat korrigieren - unter 10 kW liefert die
      # Webbox den Output 4-stellig (z. B. 5647 Watt), darüber
      # als z. B. 10.3 kW.
      KOMMA=$(echo "$PVLEISTUNG"|sed s/\,/\./);
      logger  "Wert ueber 10kW, wird konvertiert" > /dev/stderr
```

```
        NEWWATT=$(echo "$KOMMA * 1000"|bc -l|cut -f1 -d\.);
        logger "konvertierter Wert:  $NEWWATT"
        echo $NEWWATT > $WEBDIR/pvleistung.txt
  else
        echo $PVLEISTUNG > $WEBDIR/pvleistung.txt
  fi
fi

# RRD erstellen, falls sie noch nicht existiert, und füllen
if [ -e $RRDDIR/webbox.rrd ]; then
    echo "OK, webbox.rrd exists.";
  else
    rrdtool create $RRDDIR/webbox.rrd --step 60  \
    DS:data1:GAUGE:180:0:16000 \
    DS:data2:GAUGE:180:0:16000 \
    DS:data3:GAUGE:180:0:16000 \
    DS:data4:GAUGE:180:0:16000 \
    RRA:AVERAGE:0.5:1:600 \
    RRA:AVERAGE:0.5:6:700 \
    RRA:AVERAGE:0.5:24:775 \
    RRA:AVERAGE:0.5:288:797 \
    RRA:MAX:0.5:1:600 \
    RRA:MAX:0.5:6:700 \
    RRA:MAX:0.5:24:775 \
    RRA:MAX:0.5:288:797;
    echo "RRD created";
fi

DATA1=$(cat $WEBDIR/pvleistung.txt);
DATA2=$(cat $WDIR/rrd-ein.txt);
DATA3=$(cat $WDIR/rrd-aus.txt);
rrdtool update $RRDDIR/webbox.rrd N:$DATA1:$DATA2:$DATA3:U;

for i in -4h -24h -7d -30d -360d; do
  rrdtool graph $WEBDIR/webbox$i.gif \
    -l 0 -r --border=0 -c GRID#ffffff00 -c BACK#ffffff \
    --lazy --slope-mode --start $i \
    --title "PV-Leistung und PumPi Schaltzyklen ($i)" \
    --vertical-label "Watt" -w 400 -h 140 \
    DEF:data3=$RRDDIR/webbox.rrd:data3:\
      MAX AREA:data3#ff777750:"aus\n"  \
    DEF:data1=$RRDDIR/webbox.rrd:data1:\
      MAX AREA:data1#7777ff:"PV-Leistung (Watt)\n" \
    DEF:data2=$RRDDIR/webbox.rrd:data2:\
      MAX LINE2:data2#77ff77:"ein / Schaltschwelle\n"
done
```

32

Im ersten Teil des Scripts wird die PV-Leistung aus der Webbox ausgelesen und ins richtige Format gebracht, im zweiten Teil wird die RRD gefüllt. Aus der Datenbank werden mit dem Kommando `rrdtool graph` Verlaufsgrafiken erzeugt. Eine detaillierte Beschreibung dieses Grafikkommandos finden Sie auf der Webseite des RRDtool-Projekts:

https://oss.oetiker.ch/rrdtool/doc/rrdtool.en.html

Das Kommando `logger` schreibt beliebige Informationen in das System-Logfile `/var/log/syslog`. Die Benutzung ist sehr einfach:

```
logger "Das ist ein Test"
```

Die Zeile schreibt den Text zwischen den Anführungszeichen ins Syslog. Wenn Sie sie in ein Script einbauen, können Sie so auch nachträglich anhand der Log-Einträge nachvollziehen, an welcher Stelle eventuell etwas schiefgelaufen ist.

Das Script `webbox.sh` soll einmal pro Minute ausgeführt werden. Dadurch entsteht ein genauer Verlaufsgraph für die PV-Leistung. Das zeitgesteuerte Ausführen des Scripts übernimmt der Cron-Dämon (siehe Abschnitt 4.11). Dazu fügen Sie mit `crontab -e` Ihrer `crontab`-Datei die folgende Zeile hinzu:

```
* * * * * /usr/local/shellscripts/pumpi/webbox.sh
```

Das Web-Interface

Unser Freund sollte in der Lage sein, über eine einfache Webseite die Schaltschwelle für die PV-Leistung einzustellen. Er soll also entscheiden können, ob die Poolheizung bei einer Leistung von 1000, 2000, ... bis 7000 Watt aktiviert wird. Außerdem soll er die leistungsabhängige Steuerung deaktivieren können, sie also unabhängig von der Photovoltaikanlage permanent ein- (wenn der Pool trotz schlechten Wetters geheizt werden soll) oder ausschalten können (etwa im Urlaub). Als Grundlage dazu werden auf einer Webseite Zustandsgrafiken angezeigt (siehe Abbildung 32.3).

Zur Implementierung dieser Webseite müssen Sie den Webserver Apache und die Programmiersprache PHP installieren (siehe Kapitel 23, »PHP-Programmierung«). Die Webseite ist in einfachem HTML ohne CSS mit ein wenig eingebettetem PHP-Code geschrieben. Das macht sie einfach zu verstehen und zu warten. Den folgenden Code speichern Sie in der Datei `/var/www/index.php`:

```
<html>   <!-- Datei /var/www/index.php -->
<head>
  <meta http-equiv="refresh" content="60;url=/index.php">
  <title>PumPi</title>
</head>
<body>
```

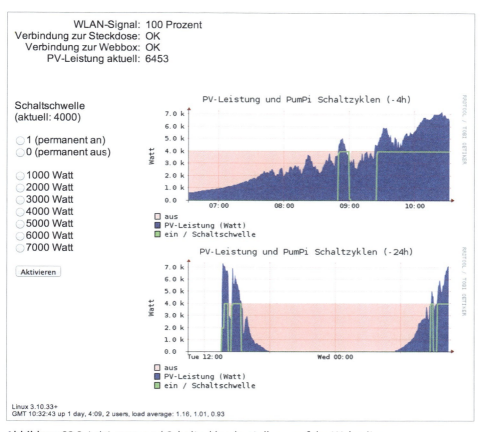

Abbildung 32.3 Leistungs- und Schaltzyklendarstellung auf der Webseite zur Steuerung der Poolheizung

```php
<?php
if ( $_GET['schwelle'] <> "" )
{
  $handle = fopen("schwelle.txt", "w");
  fwrite($handle, $_GET['schwelle']);
  fclose($handle);
  echo "Auswahl gespeichert, Aktivierung " .
       "innerhalb von 5 Minuten.";
}
?>

<font face="arial,helvetica">
<table border=0>
<tr>
  <td align=right valign=top>
    WLAN-Signal: <br>
```

```
      Verbindung zur Steckdose: <br>
      Verbindung zur Webbox: <br>
      PV-Leistung aktuell: <br>
  </td>
  <td align=left valign=top>
      <? include("wlansig.txt") ?><br>
      <? include("netioconn.txt") ?><br>
      <? include("webboxconn.txt") ?><br>
      <? include("pvleistung.txt") ?><br>
      <br>
  </td>
</tr>
<tr>
  <td valign=top>
      <br><form action="index.php" method="get">
      <p>Schaltschwelle</br>
  <td align=left valign=top>
      <? include("wlansig.txt") ?><br>
      <? include("netioconn.txt") ?><br>
      <? include("webboxconn.txt") ?><br>
      <? include("pvleistung.txt") ?><br>
      <br>
  </td>
</tr>
<tr>
  <td valign=top>
      <br>
      <form action="index.php" method="get">
      <p>Schaltschwelle</br>
      (aktuell: <? include("schwelle.txt"); ?>)
      <br>
      <br>
      <input type=radio name="schwelle" value="1">
        1 (permanent an)<br>
      <input type=radio name="schwelle" value="0">
        0 (permanent aus)<br><br>
      <input type=radio name="schwelle" value="1000">1000 Watt<br>
      <input type=radio name="schwelle" value="2000">2000 Watt<br>
      <input type=radio name="schwelle" value="3000">3000 Watt<br>
      <input type=radio name="schwelle" value="4000">4000 Watt<br>
      <input type=radio name="schwelle" value="5000">5000 Watt<br>
      <input type=radio name="schwelle" value="6000">6000 Watt<br>
      <input type=radio name="schwelle" value="7000">7000 Watt<br>
      <br>
```

```
      <input type=submit value="Aktivieren"><br>
      </p>
   </td>
   <td align=left valign=top>
      <br>
      <img src="webbox-4h.gif"><br>
      <img src="webbox-24h.gif"><br>
   </td>
</tr>
</table>
<font size="1">
<br>
<? passthru("uptime"); ?>
</body>
</html>
```

Klickt der Freund als Schaltschwelle zum Beispiel 4000 WATT an, so wird die Zahl 4000 in die Datei schwelle.txt geschrieben. Wählt er die Einstellung PERMANENT EIN, so steht in der Datei eine Eins, bei PERMANENT AUS eine Null. Das macht die weitere Verarbeitung leicht.

Vorsicht

Die Versuchung ist groß, das Webinterface für eine solche Steuerung auch über das Internet zugänglich zu machen. Das ist technisch natürlich möglich, aber wir möchten dringend davon abraten. Sollte durch eine wie auch immer geartete Sicherheitslücke der Zugang auch für Unbefugte möglich sein, sind Sie am Ende der Dumme. Es gilt der Merksatz: Wer seine Heizung ins Internet stellt, sollte sich warm anziehen.

Die Heizungssteuerung

Ein bash-Script, das alle 15 Minuten per cron ausgeführt wird, wertet die Datei schwelle.txt aus und schaltet die Heizung entsprechend der Vorgabe ein oder aus. Dieses Script ist eigentlich recht simpel, enthält gemessen an der Aufgabe aber doch recht viel Code. Lassen Sie sich davon nicht verwirren!

Das Script enthält eine Menge Kontrollcode, der sicherstellt, dass alle benötigten Komponenten (Webbox, Schaltbox) im Netz erreichbar sind und dass das WLAN überhaupt funktioniert. (Bei unserem Aufbau kommuniziert der Raspberry Pi zwar mit der Schaltbox per Ethernet, erreicht aufgrund der örtlichen Gegebenheiten die Webbox der Photovoltaikanlage aber nur über das WLAN.) Im Script wird die Schaltbox übrigens als *NetIO* bezeichnet, weil das die Bezeichnung des Herstellers ist. So sieht das Script aus:

```bash
#! /bin/bash
# Datei /usr/local/shellscripts/pumpi/pumpi.sh
# Dieses Script läuft per Cron alle 15 min.
# Es schaltet Port 1 einer NetIO ein,
# sobald die Leistung der Photovoltaik einen
# Schwellenwert überschreitet, oder bei
# Unterschreitung des Wertes aus.

WDIR=/usr/local/shellscripts/pumpi
WEBDIR=/var/www
RRDDIR=$WDIR/rrd

WEBBOX=192.168.2.178
ROUTER=192.168.2.1
NETIO=192.168.2.11

#Schwellenwert in Watt
SWERT=$(cat $WEBDIR/schwelle.txt);
echo "Schwellenwert = $SWERT";

# 1. WLAN-Verbindung prüfen
WLANSIG=$(/sbin/iwconfig wlan0|grep "Link Q"|\
        cut -f2 -d\=|cut -f1 -d\/);

if [ -z "$WLANSIG" ]; then
  logger "WLAN-Signalstärke: unbekannt";
  echo "$WLANSIG von 100" > $WEBDIR/wlansig.txt;
else
  logger "WLAN-Signalstärke: $WLANSIG% ";
  echo "$WLANSIG Prozent" > $WEBDIR/wlansig.txt;
fi

# 2. Prüfen, ob NetIO erreichbar ist
NETIOCONN=$(httping -G -t 5s -c 5 -g http://$NETIO|\
           grep connects|cut -f2 -d\,|cut -f1 -d\,|\
           tr -d [:blank:]|cut -b1)

if [ -z "$NETIOCONN" ]; then
  NETIOCONN=0
fi

if [ $NETIOCONN -le 3 ]; then
  NETIOCONN=0
  logger "NETIO nicht erreichbar"
    echo "keine Verbindung" > $WEBDIR/netioconn.txt
```

```
  #Alarmierung per Mail
  #[...]
else
  NETIOCONN=1
  logger "NetIO: OK"
  echo "OK" > $WEBDIR/netioconn.txt
fi


# 3. Prüfen, ob Webbox erreichbar ist
WEBBOXCONN=$(httping -G -t 5s -c 5 -g http://$WEBBOX|\
            grep connects|cut -f2 -d\,|cut -f1 -d\,|\
            tr -d [:blank:]|cut -b1)

if [ -z "$WEBBOXCONN" ]; then
  WEBBOXCONN=0
fi
if [ $WEBBOXCONN -le 3 ]; then
  WEBBOXCONN=0
  logger "Webbox nicht erreichbar"
  echo "keine Verbindung" > $WEBDIR/webboxconn.txt
else
  WEBBOXCONN=1
  logger "Webbox: OK"
  echo "OK" > $WEBDIR/webboxconn.txt
fi


PVINPUT=$(cat $WEBDIR/pvleistung.txt);

# Der folgende kleine Kunstgriff ist notwendig, weil $PVINPUT
# evtl. nicht in allen Fällen als Integer erkannt wird.
PVLEISTUNG=$(echo $((PVINPUT*1)));
echo "PV-Leistung = $PVLEISTUNG"

# weitermachen, wenn Verbindungen zur Webbox und Steckdose
# OK sind
if [ "$WEBBOXCONN" = "1" ] && [ "$NETIOCONN" = "1" ]; then
    if [ $SWERT -eq 1 ]; then
      $WDIR/netio.sh $NETIO 1uuu;
      logger "Permanent eingeschaltet"
      #RRD
      echo "$SWERT" > $WDIR/rrd-ein.txt
      echo "0" > $WDIR/rrd-aus.txt
    elif [ $SWERT -eq 0 ]; then
      $WDIR/netio.sh $NETIO 0uuu;
```

```
      logger "Permanent ausgeschaltet"
      #RRD
      echo "0" > $WDIR/rrd-ein.txt
      echo "$SWERT" > $WDIR/rrd-aus.txt
    elif [ $PVLEISTUNG -ge $SWERT ]; then
      $WDIR/netio.sh $NETIO 1uuu
      logger "$PVLEISTUNG groesser $SWERT: eingeschaltet"
      #RRD
      echo $SWERT > $WDIR/rrd-ein.txt
      echo "0" > $WDIR/rrd-aus.txt
    else
      $WDIR/netio.sh $NETIO 0uuu
      logger "$PVLEISTUNG kleiner $SWERT: ausgeschaltet"
      echo "0" > $WDIR/rrd-ein.txt
      echo "$SWERT" > $WDIR/rrd-aus.txt
    fi

else

    # Sicher ist sicher: war eine der Pruefungen negativ,
    # wird die Steckdose ausgeschaltet
    $WDIR/netio.sh $NETIO 0uuu
    logger "Webbox oder NetIO nicht erreichbar"
fi
```

Die Prüfungen, ob die Webbox und die NetIO-Schaltsteckdosen erreichbar sind, werden mit dem Programm httping durchgeführt. Gegenüber einem ping vom Typ ICMP hat httping den Vorteil, dass es Daten vom Webserver abruft und so nicht nur kontrolliert, ob die Gegenseite noch erreichbar ist, sondern auch tatsächlich noch Daten liefert – ein »hängender« Webserver wird so nicht mehr zu Stolperfalle. Sie installieren httping mit dem Kommando sudo apt -fym install httping. Ein Beispielaufruf (der mit identischen Parametern auch in unserem Script verwendet wird), sieht zum Beispiel so aus:

```
httping -G -t 5s -c 5 -g pi-buch.info
  PING pi-buch.info:80 (pi-buch.info):
  connected to 213.133.104.4:80 (991 bytes), seq=0 time=354.71 ms
  connected to 213.133.104.4:80 (991 bytes), seq=1 time=148.94 ms
  connected to 213.133.104.4:80 (991 bytes), seq=2 time=154.45 ms
  connected to 213.133.104.4:80 (991 bytes), seq=3 time=172.88 ms
  connected to 213.133.104.4:80 (991 bytes), seq=4 time=166.28 ms
  --- pi-buch.info ping statistics ---
  5 connects, 5 ok, 0.00% failed, time 5001ms
  round-trip min/avg/max = 148.9/199.5/354.7 ms
```

Mit -G legen Sie fest, dass eine GET-Abfrage an den Server geschickt wird, also ein vollständiger Seitenabruf. Mit -t 5s wird der Timeout festgelegt. Hat der Server innerhalb dieser Zeit nicht geantwortet, gilt der Versuch als fehlgeschlagen. Schließlich legen Sie mit -c 5 die Anzahl der Versuche auf fünf fest. httping antwortet mit den benötigten Zugriffszeiten und schreibt am Schluss eine Zusammenfassung, wie viele der durchgeführten Versuche erfolgreich waren. Diese Information wertet unser Script aus.

Zuletzt müssen Sie noch die Cron-Konfiguration so ändern, dass das Script alle 15 Minuten automatisch eingerichtet wird (siehe Abschnitt Cron). Dazu fügen Sie der crontab folgende Zeile hinzu:

```
*/15 * * * * /usr/local/shellscripts/pumpi/pumpi.sh
```

Die Steuerung der schaltbaren Steckdose

Vielleicht ist Ihnen aufgefallen, dass wir in dem oben beschriebenen Script auf ein weiteres bash-Script netio.sh zurückgreifen. Das ist das Stück Code, mit dem die Steckdosen der Schaltbox aktiviert und deaktiviert werden, und damit sicherlich das Script, das für Sie den größten praktischen Wert hat. Schauen wir uns zunächst den Code an, bevor wir ihn im Einzelnen erläutern:

```bash
#! /bin/bash
# Datei /usr/local/shellscripts/pumpi/netio.sh

#Benutzername und Passwort
USER=charly
PASS=s3cr3t·

# in $1 steht die IP-Adresse der Ziel-NetIO.
# IP-Adresse zu Kontrollzwecken ausgeben:
echo "$1";

# in $2 steht entweder "status" oder die
# Schaltänderung, z. B. "uu1u".
echo "$2";
if [ "$2" = 'status' ]; then
  ACTION="port=list";
else
  ACTION="port=$2";
fi

echo "debug ACTION = $ACTION"
URL="http://$1/tgi/control.tgi?login=p:$USER:$PASS&$ACTION"
wget -O /tmp/return.txt -i $URL
```

```
# clear
echo "Status of power outlets on $1"
cat /tmp/return.txt|cut -f2 -d\>|cut -f1 -d\< && \
  echo"" >> /tmp/netio.output
cat /tmp/netio.output
rm /tmp/return.txt; rm /tmp/netio.output;
```

Sie sehen, der Code ist erfreulich kurz. Das Script `netio.sh` wird mit zwei Parametern aufgerufen. Der erste Parameter ist die IP-Adresse der Schaltbox, denn dem Autor sind Haushalte bekannt, in denen es mehrere dieser Boxen gibt. Der zweite Parameter lautet entweder `status` oder er enthält einen Schaltcode. Zu diesem kommen wir gleich, aber zunächst schauen wir uns an, was beim Parameter `status` passiert. Rufen wir das Script also auf der Kommandozeile auf:

```
bash netio.sh 192.168.2.11 status
```

Die Ausgabe lautet kurz:

```
1000
```

Das ist nicht etwa die Zahl eintausend, sondern es sind die Zustände der vier Steckdosen, die geschaltet werden können. Steckdose Nummer 1 ist eingeschaltet, die anderen drei sind ausgeschaltet.

Jetzt wollen wir alle vier Steckdosen einschalten. Das Kommando dazu lautet:

```
bash netio.sh 192.168.2.11 1111
```

Besonders pfiffig ist die Möglichkeit, eine bestimmte Steckdose zu schalten, ohne dabei den Zustand der anderen drei zu ändern. Wollen Sie etwa Steckdose Nummer 3 einschalten und die anderen unverändert lassen, (weil Sie vielleicht gar nicht wissen, ob sie gerade ein- oder ausgeschaltet sind), so genügt dieses Kommando:

```
bash netio.sh 192.168.2.11 uu1u
```

Das u steht dabei für *unchanged*, also unverändert.

Im Script sehen Sie, dass am Ende einfach ein `wget`-Kommando an die Schaltbox geschickt wird. Es wird im Script aus mehreren Variablen zusammengebaut, aber vollständig ausgeschrieben kann es zum Beispiel so aussehen:

```
wget -O /tmp/return.txt \
  http://192.168.2.11/tgi/control.tgi?login=p:charly:s3cr3t&uu1u
```

Kapitel 33
Hausautomation mit
433-MHz-Funktechnologie

Der Raspberry Pi, so klein er auch sein mag, verfügt über die Fähigkeit, auch große Lasten zu schalten, also 230-V-Verbraucher und Steckdosen. Eine Möglichkeit, dies über IP-Steckdosen zu lösen, haben wir in Kapitel 32, »Hausautomation mit Netzwerksteckdosen«, bereits präsentiert. Dieses Projekt zeigt Ihnen eine weitere Lösung: das Steuern von 433-MHz-Funksteckdosen aus dem Baumarkt.

33.1 Hardware-Grundlagen

Funksteckdosen

Sie benötigen ein Set an Funksteckdosen mit der 433-MHz-Technologie. Da es sich dabei um eine freie Funkfrequenz handelt, ist es ein Leichtes, die richtigen Steckdosen zu finden (siehe Abbildung 33.1). Sie erhalten derartige Steckdosen in nahezu allen Baumärkten, bei Elektronikhändlern und natürlich auch bei Amazon:

https://amazon.de/dp/B002UJKW7K

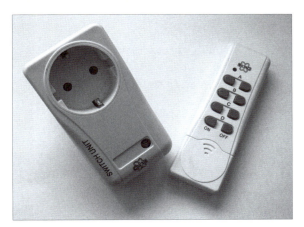

Abbildung 33.1 Funksteckdose mit Fernbedienung aus einem Baumarkt-Set

Das Sendemodul

Die meisten Funksteckdosen werden im Set mit einer kleinen Fernbedienung verkauft. Die Fernbedienung können Sie schon mal getrost in die Ecke legen: Um den Raspberry Pi *funkfähig* zu machen, bedienen wir uns der Fähigkeiten eines kleinen Funkmoduls. Ein solches Modul finden Sie meist für unter 5 EUR bei eBay, Amazon oder z. B. bei Watterott.com:

http://watterott.com/de/RF-Link-Sender-434MHz

Der Funksender verfügt über vier Anschluss-Pins:

- ▶ **VCC:** Versorgungsspannung
- ▶ **GND:** Masse
- ▶ **DATA:** Datenleitung
- ▶ **ANT:** Antenne

In der Regel können die Module mit bis zu 12 V an VCC versorgt werden. Damit verfügt das Modul über die größte Reichweite. Prüfen Sie dies aber sicherheitshalber noch im Datenblatt Ihres Moduls! Ausnahmen gibt es auch hier immer wieder. Allgemein haben Sie zwei Möglichkeiten, die Reichweite des Funksenders zu beeinflussen:

- ▶ **Die Versorgungsspannung** kann zwischen 5 V und 12 V betragen, wobei 5 V die für den Betrieb minimal erforderliche Spannung darstellt. Spannungswerte darüber beeinflussen die Sendeleistung positiv.
- ▶ **Die Antenne**, die am Pin ANT angeschlossen wird, sollte ein blanker Kupferdraht mit einer Länge von 15 cm bis 20 cm sein. Eine 20 cm lange Antenne in Verbindung mit einer Versorgungsspannung von 12 V funkt problemlos alle Räume einer Etage an.

Externes Netzteil erforderlich!

Falls Sie die volle Sendeleistung aus dem Modul herausholen möchten, benötigen Sie ein externes 12-V-Netzteil. Alternativ können Sie das Modul auch mit einer 9-V-Blockbatterie betreiben. Vergessen Sie nicht, die Massen der Modulversorgung und des Raspberry Pi zu verbinden!

Anschluss des Sendemoduls

Schließen Sie das Sendemodul wie auf dem Schaltplan zu sehen an den Raspberry Pi an (siehe Abbildung 33.2). Wir nutzen in diesem Beispiel die 5 V am GPIO-Pin 2 zur Versorgung des Moduls. Die Reichweite wird sich mit unserem Setup auf ungefähr einen Raum beschränken. Die Datenleitung des Moduls haben wir auf Pin 11 gelegt.

Das ist notwendig, um das Programm `rcswitch-pi` problemlos nutzen zu können, das wir später noch einsetzen wollen.

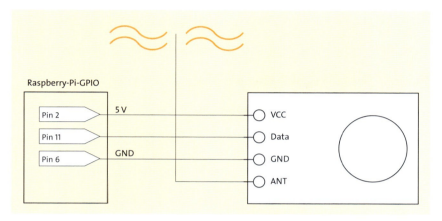

Abbildung 33.2 Anschluss des Sendemoduls an den Raspberry Pi

Vorbereitung der Steckdosen

Im nächsten Schritt bereiten Sie die Steckdosen vor und weisen ihnen eine Adresse zu. Die 433-MHz-Funksets verwenden zwei unterschiedliche Adressen:

▶ **Der Systemcode** gibt allen Ihren Steckdosen eine übergeordnete Adresse. So vermeiden Sie, dass Ihre Nachbarn versehentlich Ihre Steckdosen ansteuern. Sollten Sie bemerken, dass Ihre Steckdosen ungewollt reagieren, so ändern Sie den Systemcode. Möglicherweise verwendet Ihr Nachbar den gleichen Code.

▶ **Der Gerätecode** verleiht jeder Steckdose eine eindeutige Adresse. Während der Systemcode bei allen Steckdosen gleich ist, ist der Gerätecode bei jeder Steckdose ein anderer. Nur so können Sie gezielt einzelne Dosen ein- und ausschalten.

Verfahren Sie beim Einstellen der Steckdosen einfach nach der Bedienungsanleitung des Steckdosensets:

1. Öffnen Sie die Abdeckung.
2. Wählen Sie durch die Jumper einen Systemcode (siehe Abbildung 33.3).
3. Weisen Sie jeder Steckdose einen anderen Gerätecode zu.
4. Merken Sie sich den System- und den Gerätecode.
5. Schließen Sie die Abdeckung der Dosen wieder.

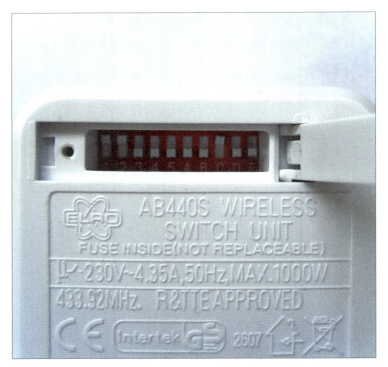

Abbildung 33.3 Hier wurde als Systemcode 11000 eingestellt, als Gerätecode 00100.

33.2   Software und Steuerungsbeispiele

rcswitch-pi

Bei der Wahl der Software haben Sie die Qual. So gibt es zahllose kleine C-, bash-, Python- oder auch webbasierte Programme, die sich auf das Senden von Signalen der 433-MHz-Technologie spezialisiert haben. Wir nehmen für unser Projekt die Dienste von rcswitch-pi in Anspruch.

Dafür installieren Sie als Erstes wiringPi (siehe Abschnitt 20.4, »WiringPi«):

```
git clone git://git.drogon.net/wiringPi
cd wiringPi
./build
```

Danach laden Sie rcswitch-pi von GitHub und kompilieren es:

```
cd
git clone https://github.com/r10r/rcswitch-pi.git
cd rcswitch-pi
make
```

Der erste Schritt ist nun getan. Wenn Sie alles richtig angeschlossen haben und eine Funksteckdose in der Nähe ist, so können Sie bereits den ersten Befehl senden. Zuerst müssen wir uns allerdings noch mit der *Übersetzung* der System- und Gerätecodierung befassen: Die gängigen Funksysteme haben pro Codegruppe fünf Jumper, die entweder auf High oder Low bewegt werden können. Bei unserem Beispielgerät sind die Jumper des Systemcodes mit 12345 und die Jumper des Gerätecodes mit ABCDE gekennzeichnet (siehe Abbildung 33.3). Beim Systemcode ist jede binäre Kombination der Jumper zulässig; beim Gerätecode darf hingegen nur *ein* Jumper gesetzt werden. Er bestimmt einen Wert zwischen 1 und 5.

Der Sendebefehl für `rcswitch-pi` ist nach folgendem Schema aufgebaut:

```
sudo ./send <Systemcode> <Gerätecode> <Status>
```

Dabei sind folgende Eingaben möglich:

- **Systemcode:** 00000 bis 11111
- **Gerätecode:** 1 bis 5
- **Status:** 0 oder 1

Für unser Beispiel (siehe Abbildung 33.3) lautet ein Befehl zum Einschalten also:

```
sudo ./send 11000 3 1
```

und zum Ausschalten entsprechend:

```
sudo ./send 11000 3 0
```

`scswitch-pi` muss immer mit `sudo` ausgeführt werden. Zudem müssen Sie sich in dem Ordner befinden, in dem der Ordner `rcswitch-pi` abgelegt wurde. Sofern Sie die obigen Installationsschritte als Benutzer `pi` ausgeführt haben, befindet sich das Programm unter folgendem Pfad:

```
/home/pi/rcswitch-pi/
```

Zugegeben, das eigentliche Anfunken der Steckdosen war kein Hexenwerk. Wirklich spannend wird das Projekt, wenn Sie dem Raspberry Pi einige Bedingungen zum Schalten der Steckdosen beibringen. Ein paar kleine Beispiele sollen Ihnen Lust auf mehr machen.

Die klassische Zeitsteuerung

Die vermutlich gängigste Bedingung, die z. B. zum Ein- und Ausschalten von Steckdosenleisten führt, ist die Uhrzeit. In unserem Beispiel werden alle Steckdosen um 22:00 Uhr ausgeschaltet und um 7:00 Uhr wieder eingeschaltet. Denkbare Verbraucher sind in diesem Fall der Fernseher, das Radio, ein Ventilator oder eine Teichpumpe. Wir haben diese Zeitsteuerung hier durch ein kleines Python-Script realisiert:

```python
#!/usr/bin/python3
# Datei funk.py
import os
import time
while True:
    lt= time.localtime()
    h = lt[3]

    if h <= 21 and h >= 6:
        os.system("sudo /home/pi/rcswitch-pi/./send 11000 3 1")
        print ("Vor 7  Uhr - An")
    else:
        os.system("sudo /home/pi/rcswitch-pi/./send 11000 3 0")
        print ("Nach 22 Uhr - AUS")

    time.sleep (60)   # eine Minute nichts tun
```

Alternativ können Sie natürlich auch zwei Cron-Jobs einrichten, bei denen ein Job um 7:00 Uhr das Gerät einschaltet und der zweite Job um 22:00 Uhr die Steckdose wieder abschaltet (siehe Abschnitt 4.11, »Programme regelmäßig ausführen (Cron)«).

Automatische Anwesenheitserkennung

Ab hier wird es schon etwas außergewöhnlich und besser auf die Fähigkeiten des Raspberry Pi zugeschnitten. Fast jeder trägt mittlerweile ein Smartphone mit sich herum. Heutzutage ist das Handy ebenso wenig vom Körper wegzudenken wie das Portemonnaie. Genau das machen wir uns zunutze. Unser Ziel ist es, dass Sie bereits mit eingeschaltetem Licht oder Radio begrüßt werden, sobald Sie Ihre Wohnung betreten.

Jedes aktuelle Smartphone mit WLAN baut in Reichweite eines bekannten Netzwerks automatisch eine Verbindung zu diesem auf. Simpler gedacht: Kommen Sie nach Hause, ist Ihr Handy mit Ihrem heimischen WLAN verbunden. Verlassen Sie das Haus, so verlässt auch Ihr Handy das Funknetzwerk. Das ist der perfekte Indikator für Ihren Standort!

Wir erstellen nun ein kurzes Python-Programm, das ein ping-Datenpaket an die IP-Adresse Ihres Handys sendet. Stellen Sie sich das so vor, als rufe der Raspberry Pi unentwegt: »Hallo Handy!« Ihr Handy wird den Ruf nur hören und mit »Hallo Raspberry!« antworten, wenn es sich im gleichen WLAN befindet. Anderenfalls verhallt der Ruf ungehört.

Vorab müssen Sie die IP-Adresse Ihres Smartphones ausfindig machen. Das geht z. B. über das Handy selbst. Bei iOS und Android finden Sie Ihre WLAN-IP-Adresse in den WLAN- bzw. in den Systemeinstellungen (siehe Abbildung 33.4). Alternativ finden Sie die IP-Adresse auch in der Heimnetzübersicht Ihres Routers.

Abbildung 33.4 Anzeige der IP-Adresse unter iOS (links) und Android (rechts)

Das folgende Python-Programm sendet nun einen `ping` an das Smartphone. Sie müssen nur die IP-Adresse Ihres Smartphones anpassen:

```python
#!/usr/bin/python3
# Datei funk_ping.py
import os

# Ihre Smartphone-IP-Adresse
ip = "192.168.188.37"

# Parameter -c gibt die Zyklenzahl an
# -c 1 = 1 x Ping
os.system("ping -c 1 " + ip)
print (os.system("ping -c 1 " + ip))

if os.system("ping -c 1 " + ip) == 0:
    # Handy erreichbar, Steckdosen EIN
    print ("Handy antwortet")
    os.system("sudo /home/pi/rcswitch-pi/./send 11000 3 1")
else:
    # Handy nicht erreichbar, Steckdosen AUS
    print ("Keine Antwort")
    os.system("sudo /home/pi/rcswitch-pi/./send 11000 3 0")
```

33

Das Programm funktioniert nach folgendem Prinzip: Der bash-Befehl ping gibt bei Erfolg eine 0 zurück. Geht der Ping ins Leere, gibt der Befehl einen Fehlercode größer 0 zurück.

Zur dauerhaften Überwachung der Anwesenheit lassen Sie den Code in einer Endlosschleife laufen und fügen sleep(20) hinzu, um die Prozessorauslastung gering zu halten.

Überwachung von Analogsensoren

Mit dem folgenden Codebeispiel können Sie analoge Werte von A/D-Wandlern überwachen. Einige Beispiele dazu haben wir in Kapitel 14, »Sensoren«, bereits beschrieben: Denkbar sind hier Werte wie die Temperatur, die Helligkeit oder sogar die Feuchtigkeit. Beim Über- oder Unterschreiten eines Schwellenwertes können nun Verbraucher (z. B. Lampen, Klimaanlagen, Heizlüfter oder Multimediageräte) eingeschaltet werden.

Für dieses Beispiel setzen wir den korrekten Anschluss eines Fotowiderstands an einem Analog-Digital-Wandler des Typs MCP3008 voraus (siehe Abschnitt 13.1, »SPI«).

Mit dem folgenden Programm kann zum Beispiel eine Außenbeleuchtung eingeschaltet werden, sobald der Fotowiderstand die Dämmerung erfasst hat. Je nach Platzierung des Sensors sollten Sie die Schwellenwerte für Tag, Nacht und Dämmerung durch Beobachten und Ausprobieren ermitteln.

```python
#!/usr/bin/python3
# Datei funk_sensor.py
import spidev
import os
import time
spi = spidev.SpiDev()
spi.open(0,1)

while True:
    antwort = spi.xfer([1,128,0])
    if 0 <= antwort[1] <=3:
        wert = ((antwort[1] * 256) + antwort[2]) * 0.00322
        print (wert)

    if wert <= 1:
        os.system("sudo /home/pi/rcswitch-pi/./send 11000 3 1")
    elif wert >=3:
        os.system("sudo /home/pi/rcswitch-pi/./send 11000 3 0")
    time.sleep(300) # fünf Minuten
```

Fernbedienung per Weboberfläche

Warum nicht die mitgelieferte Fernbedienung durch eine eigene, moderne und multimediale Handyfernbedienung ersetzen? In diesem Abschnitt programmieren wir uns eine kleine Weboberfläche, die Schalter zum Ein- und Ausschalten einer Steckdose enthält. Eine Voraussetzung dafür ist ein eingerichteter Apache-Server samt PHP (siehe Kapitel 23, »PHP-Programmierung«).

Damit der im Account www-data laufende Apache-Server das Script send ausführen kann, müssen Sie die Rechte des Programms anpassen. Navigieren Sie zum Ordner /home/pi/rcswitch-pi/, und führen Sie folgende Befehle aus:

```
sudo chown root send
sudo chmod 755 send
sudo chmod u+s send
```

Damit haben Sie für das Script send das Setuid-Bit gesetzt. send wird von nun an immer mit root-Rechten ausgeführt. Damit kann Apache das Script so ausführen, als würde Apache mit root-Rechten laufen. Beachten Sie aber, dass Setuid-Scripts ein Sicherheitsrisiko darstellen können!

Erzeugen Sie nun eine .php-Datei mit dem folgenden Code:

```php
<html>
<!-- Datei /var/www/fernbedienung.php -->
<head>
</head>
<body>
<h1 align="center">Funk-Fernbedienung</h1>

<?php
if(isset($_GET['command'])) {
  if($_GET['command'] === 'sd-an') {
    $val = trim(@shell_exec(
      "/home/pi/rcswitch-pi/send 11000 3 1"));
  }
  elseif($_GET['command'] === 'sd-aus') {
    $val = trim(@shell_exec(
      "/home/pi/rcswitch-pi/send 11000 3 0"));
  }
}
?>

<div align="center">
<a href="<?php print($_SERVER['PHP_SELF']); ?>?command=sd-an">
Steckdose an</a>
<br>
```

```
<br>
<a href="<?php print($_SERVER['PHP_SELF']); ?>?command=sd-aus">
Steckdose aus</a>
</div>

</body>
</html>
```

Speichern Sie die Datei unter /var/www ab, und öffnen Sie diese dann mit einem Browser auf Ihrem Handy, Tablet oder PC. Es erwartet Sie eine unspektakuläre, aber funktionsfähige Mini-Webseite, die beim Klick auf einen der Links die gewünschten Funksignale an die Steckdose sendet (siehe Abbildung 33.5).

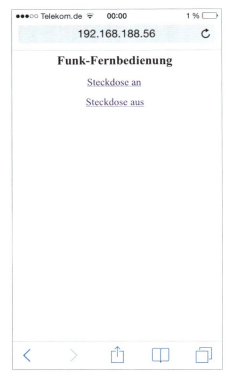

Abbildung 33.5 Die eigene Funk-Fernbedienung in Form einer Mini-Webseite

Mit diesem Code als Grundgerüst können Sie nun weitere Funktionen hinzufügen und eine schönere Oberfläche gestalten:

- ▶ Fügen Sie weitere Steckdosen hinzu.
- ▶ Ersetzen Sie die Links durch schicke Grafiken.
- ▶ Lassen Sie sich ein Feedback über die ausgeführte Funktion anzeigen.

Noch mehr Ideen

Neben den vorgestellten Beispielen gibt es unzählige weitere Auslöser für das An-funken der Steckdosen. Viele werden Ihnen sicher im Zuge des eigenen Projekts einfallen. Die folgenden Schlagworte geben Ihnen vielleicht einen zusätzlichen Denk-anstoß:

- **Bewegungsmelder:** Zusammen mit einem PIR-Sensor können Sie beliebige Ver-braucher durch eine Bewegungserkennung schalten (siehe Abschnitt 14.1, »PIR-Bewegungssensor«).

- **Deckenleuchten anfunken:** Es ist möglich, das Innenleben einer Funksteckdose aus dem Kunststoffgehäuse zu entfernen und z. B. in eine Deckenleuchte einzu-bauen. Im Inneren des Gehäuses befinden sich lediglich der Funkempfänger und ein Relais.

  Vorkenntnisse in Elektronik sollten jedoch vorhanden sein, da Sie in diesem Fall direkt mit 230 V Netzspannung arbeiten! Trennen Sie vor Ihren Arbeiten alle betroffenen Verbraucher vom Netz! Auch sollten Sie einen betreuten Test-lauf durchführen, um sicherzustellen, dass Ihre Verdrahtung einem Dauerbetrieb standhält!

- **Online gehen:** Machen Sie Ihre Weboberfläche über das Internet zugänglich, und kontrollieren Sie Ihre Steckdosen von unterwegs.

- **Alternative Software:** Im Netz ist zu diesem Thema eine Menge an Software ver-fügbar. Auch Komplettlösungen mit eigener grafischer Oberfläche sind zu finden. Unter folgenden Projektnamen finden Sie jede Menge Infos:

  Raspberry-Remote, *PowerPi*, *pilight*, *PiHome*, *RaspBee*

  Schauen Sie sich auch die Integration in die iOS/Android-App *NetIO* an!

33

Kapitel 34
Ort und Zeit per GPS empfangen

Navigationssysteme, Smartphones und sogar Armbanduhren nutzen das *Global Positioning System* (GPS), damit Sie jederzeit Ihren aktuellen Aufenthaltsort erfahren können. Zwei Dutzend Satelliten plus ein paar als Reserve, um eventuelle Ausfälle kompensieren zu können, ermöglichen es GPS-Empfängern auf der Erde, ihre Position auf etwa zehn Meter genau zu bestimmen, oft sogar besser.

Die Satelliten funken ständig ihre aktuelle Position auf der Umlaufbahn und zusätzlich ein Zeitsignal zur Erde. GPS-Empfänger, die die Signale von mindestens vier Satelliten empfangen, können aus den Laufzeitunterschieden zwischen den Funksignalen ihre eigene Position errechnen. Eigentlich würden schon drei Satelliten reichen, aber die eingebaute Uhr des GPS-Empfängers ist meist nicht genau genug, um die geringen Laufzeitunterschiede der Funksignale zu verarbeiten, sodass das Zeitsignal eines vierten Satelliten hinzugezogen wird.

Auch der Raspberry Pi kann einen GPS-Empfänger quasi »huckepack« nehmen, angeschlossen an die GPIO-Schnittstelle. In diesem Kapitel lernen Sie zwei Anwendungsfälle für einen GPS-Empfänger kennen. Im ersten Abschnitt benutzen Sie das GPS, um ein sehr genaues Zeitsignal zu erhalten. Der zweite Abschnitt widmet sich der Positionsbestimmung. Dort lesen Sie den Längen- und Breitengrad aus und stempeln diese in ein Bild ein, das mit dem Kameramodul des Raspberry Pi aufgenommen wird.

34.1 Haben Sie Zeit? Eine Uhr für den Raspberry Pi

Wenn Sie Ihren Raspberry Pi einschalten, hat er zunächst keine Ahnung, wie spät es ist oder welches Datum gerade aktuell ist. Im Gegensatz zu den meisten PCs und Notebooks hat der Raspberry Pi, wohl aus Kostengründen, nämlich keine eingebaute Uhr. Die Systemzeit startet jedes Mal wieder am 01. 01. 1970 und zählt von da an die Sekunden, solange der Rechner läuft. Diese sogenannte *Unix Epoch Time* ist ein Zeitstempel, der die Sekunden seit dem 01. 01. 1970 angibt. Sie können ihn sich auf der Kommandozeile mit date +%s anzeigen lassen.

Wie aber kommt der Raspberry Pi nun an die aktuelle Uhrzeit? Die Antwort ist: Er holt sie sich aus dem Netz. Dort gibt es Server, die speziell dazu eingerichtet sind, über ein eigens dafür genormtes Protokoll die Uhrzeit zur Verfügung zu stellen. Sie heißen Zeitserver oder NTP-Server, denn das Protokoll für die Übertragung der Zeit heißt *Network Time Protocol* (NTP). Andere Rechner, wie Ihr Raspberry Pi, können dort die Uhrzeit erfragen und ihre Systemzeit danach stellen. Hat der Raspberry Pi die Zeit einmal erhalten, kann er sie mithilfe seines internen Systemtakts einigermaßen genau weiterführen. Er fragt aber dennoch immer wieder in Intervallen bei einem Zeitserver im Netz nach, um Abweichungen auszugleichen.

Woher aber bezieht ein solcher Zeitserver selbst sein Zeitsignal? Meist hat auch er es aus zweiter oder dritter Hand: Am Ursprung steht dabei immer eine hochgenaue Zeitquelle, etwa eine Cäsiumuhr oder die eingangs erwähnten GPS-Satelliten. Diese Zeitquellen heißen in der NTP-Sprache *Stratum 0* (Stratum = Schicht). Zeitserver, die ihr Signal direkt von einer solchen Quelle beziehen und weiterverteilen, heißen entsprechend Stratum-1-Server.

Wenn Sie Ihren Raspberry Pi so konfigurieren, dass er sein Signal von einem Stratum-1-Server bekommt und weiterverteilt, dann betreiben Sie einen Stratum-2-Server. Das Zeitsignal ist dann natürlich nicht mehr hochgenau, denn Netzwerkpakete brauchen eine gewisse Zeit vom Absender zum Empfänger.

Ein NTP-Server tut sein Bestes, um diese Schwankungen auszugleichen, indem er das Signal über mehrere Server mittelt und versucht, die Netzlaufzeiten herauszurechnen. Im Ergebnis bekommen Sie ein Zeitsignal, das für die Anforderungen des Alltags hinreichend genau ist. Wenn Sie allerdings gleichermaßen ein pünktlicher und experimentierfreudiger Mensch sind, können Sie sich mithilfe eines GPS-Moduls für den Raspberry Pi Ihren eigenen Stratum-1-Server bauen. In diesem Kapitel erfahren Sie, wie das geht.

Den NTP-Server installieren und konfigurieren

Je nach Distribution kann der NTP-Server bereits installiert sein. Das ist der Fall, wenn die Konfigurationsdatei /etc/ntp.conf vorhanden ist. Fehlt sie, installieren Sie den NTP-Server mit dem folgenden Kommando:

```
sudo apt -fym install ntp
```

Standardmäßig holt sich der NTP-Server sein Zeitsignal von vier Servern aus dem Internet, die in der *ntp.conf* voreingestellt sind:

```
server 0.debian.pool.ntp.org iburst
server 1.debian.pool.ntp.org iburst
server 2.debian.pool.ntp.org iburst
server 3.debian.pool.ntp.org iburst
```

Diese Einträge ersetzen Sie nun durch einen sogenannten *Pool*-Eintrag. Das ist ein einzelner Hostname, hinter dem sich regional gebündelte Zeitserver verstecken:

```
# Datei /etc/ntp.conf
# Ursprüngliche Einträge durch Kommentarzeichen deaktivieren
# server 0.debian.pool.ntp.org iburst
# server 1.debian.pool.ntp.org iburst
# server 2.debian.pool.ntp.org iburst
# server 3.debian.pool.ntp.org iburst

# neuer Pool-Eintrag
pool de.pool.rtp.org iburst
```

Wenn Sie sich in Österreich befinden, ersetzen Sie das de in de.pool.ntp.org einfach durch at, in der Schweiz durch ch usw. Starten Sie den NTP-Server mit dem Kommando systemctl restart ntp einmal neu.

Jetzt können Sie sich mit dem Kommando ntpq -p anzeigen lassen, von welchen Servern Sie Ihr Zeitsignal erhalten. Dabei enthalten die vielen Spalten der Ausgabe detaillierte Daten über die Qualität und Genauigkeit der kontaktierten Zeitserver (siehe Tabelle 34.1).

Spalte	Bedeutung
Erstes Zeichen	Gibt die Qualität des Zeitservers an: * ist ein Referenzserver, danach +, #, -, . in absteigender Reihenfolge. Mit einem x markierte Server liefern ein zu schlechtes Signal und werden ignoriert.
remote	Hostname oder IP-Adresse des Servers
refid	Referenzserver des remote-Servers
st	Stratum (Schicht). Gibt an, wie viele Schritte der Server von einer primären Zeitquelle entfernt ist.
t	Verbindungsart: l = local, u = unicast, m = multicast, b = broadcast
when	Anzahl der Sekunden seit der letzten Abfrage
poll	Abfrageintervall
reach	Erreichbarkeit des Servers (oktal), von 0 = nie bis 377 = immer
delay, offset, jitter	Netzlaufzeit, Abweichung und Streuung der Antworten dieses Servers in Millisekunden

Tabelle 34.1 Erläuterung der Ausgabe von ntpq -p

```
ntpq -p
     remote          refid    st t when poll reach delay offset jitter
==============================================================================
 de.pool.nt .POOL.          16 p    -   64     0   0.00   0.00   0.00
-fabiangrub 192.53.103.1     2 u  958 1024   377  32.68  -6.25  32.03
*hotel673.s 128.149.60.1     2 u  516 1024   377  22.53   0.36   1.42
+130.0.73.1 130.133.1.10     2 u  882 1024   377  21.77   0.36   5.57
+176.9.253. 131.188.3.22     2 u  856 1024   377  25.75  -0.17  29.77
-h1939797.s 160.45.10.8      2 u  347 1024   377  28.24  -5.14   2.65
-log1.nierl 213.239.239.     3 u  484 1024   377  34.79  -8.14  29.76
-minion.web 192.53.103.1     2 u  852 1024   377  26.35  -1.86  27.73
+donotuse.d 131.188.3.22     2 u  290 1024   377  28.11   1.03   5.96
+ccc-hanau. 192.53.103.1     2 u  389 1024   377  17.40   1.07  61.07
```

Sie haben jetzt bereits einen funktionierenden Zeitserver, der für die meisten Anwendungsfälle hinreichend genau ist. Aber weil das Bessere der Feind des Guten ist, werden wir den Zeitserver nun mithilfe eines GPS-Moduls auf noch höhere Genauigkeit trimmen.

Abbildung 34.1 GPS-Modul von »HAB Supplies«

Das GPS-Modul in Betrieb nehmen

Für die folgenden Beispiele kommt ein GPS-Shield des britischen Anbieters *HAB Supplies* zum Einsatz (siehe Abbildung 34.1). Mit etwa 35 britischen Pfund ist es eines der teureren GPS-Shields auf dem Markt, weil es neben dem GPS-Empfänger noch über eine Fassung für eine Pufferbatterie vom Typ CR2032 und über einen SMA-Anschluss für eine externe Antenne verfügt, was für den dauerhaften Einsatz als Zeitserver von Vorteil ist. Außerdem sind keine Lötarbeiten erforderlich: Das Modul ist fertig montiert und wird einfach auf die GPIO-Anschlüsse gesteckt. Wenn Sie in das Thema aber nur aus Spaß an der Freud hineinschnuppern möchten und am Lötkolben versiert sind, greifen Sie ruhig zu einem der zahlreichen preiswerteren GPS-Boards, die der Raspberry-Pi-Zubehörmarkt hergibt.

Die serielle Konsole deaktivieren

Auf den Raspberry Pi kann man sich mittels einer seriellen Konsole einloggen. Diese Möglichkeit müssen Sie deaktivieren, denn genau über diese Schnittstelle wird das GPS-Modul seine Daten übertragen. Bei aktuellen Raspbian-Versionen ist das ganz einfach: Sie starten Einstellungen • Raspberry-Pi-Konfiguration und deaktivieren im Dialogblatt Schnittstellen die serielle Schnittstelle.

Wenn Sie einen Raspberry Pi mit Bluetooth-Schnittstelle wie das Modell 3 einsetzen, müssen Sie zusätzlich die Bluetooth-Schnittstelle deaktivieren, denn sonst kann es zu einem Konflikt um die Nutzung der GPIO-Pins 14 und 15 kommen. Sie deaktivieren Bluetooth, indem Sie an die Datei /boot/config.txt die Zeile dtoverlay=pi3-disable-bt anhängen. Führen Sie außerdem das Kommando sudo systemctl disable hciuart aus. Schließlich starten Sie Ihren Minicomputer neu.

Den GPS-Dämon installieren und konfigurieren

Der Zeitserver spricht nicht direkt mit der GPS-Hardware, sondern benötigt den GPS-Dämon gpsd als Mittelsmann. Also müssen Sie ihn und die dazugehörigen Werkzeuge zuerst installieren:

```
apt install gpsd gpsd-clients python-gps
```

Jetzt editieren Sie die Konfigurationsdatei /etc/default/gpsd, in der Sie einige zentrale Einstellungen vornehmen:

```
# Datei /etc/default/gpsd
START_DAEMON="false"
GPSD_OPTIONS="-n"
DEVICES="/dev/ttyAMA0"
USBAUTO="true"
GPSD_SOCKET="/var/run/gpsd.sock"
```

Die Option -n, die Sie hier konfiguriert haben, ermöglicht dem NTP-Server den Zugriff auf den GPS-Dämon. Es spricht auch nichts dagegen, START_DAEMON auf true zu setzen, wenn Sie möchten, dass der gpsd automatisch startet.

Starten Sie den GPS-Dämon mit systemctl start gpsd. Um herauszufinden, ob der Empfang zufriedenstellend ist, gibt es das Kommando cgps -s, oder – etwas ausführlicher – gpsmon (siehe Abbildung 34.2). Gleich in der ersten Zeile sehen Sie hier den Zeitstempel, daneben die geografische Position.

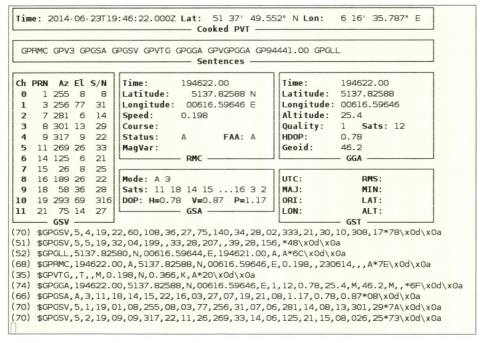

Abbildung 34.2 Jetzt kennen Sie auch die GPS-Position meines Arbeitszimmers.

Den NTP-Server mit dem GPS-Zeitsignal füttern

Sie könnten jetzt schon Ihren NTP-Server mit den GPS-Zeitdaten versorgen. Dafür wären nur zwei zusätzliche Zeilen in der ntp.conf erforderlich:

```
# Datei /etc/ntp.conf
...
server 127.127.28.0 minpoll4
fudge 127.127.28.0 refid GPS
```

Die 127.127.28.0 ist keine echte IP-Adresse, sondern ein Verweis auf einen Speicherbereich, den der GPS-Dämon zur Verfügung stellt. Wenn Sie diese Konfiguration aktivieren, erleben Sie eine unangenehme Überraschung: Ihr Zeitsignal wird nicht präziser. Mit einer gewissen Wahrscheinlichkeit wird es sogar schlechter. Das liegt daran, dass die Signallaufzeit durch das serielle Interface schwankt. Wenn Sie sehen möchten, wie stark die Abweichung ist, können Sie zusätzlich das Schlüsselwort noselect einfügen:

```
# Datei /etc/ntp.conf
...
server 127.127.28.0 minpoll4 noselect
fudge 127.127.28.0 refid GPS
```

Mit dieser Konfiguration wird das GPS-Signal nicht ausgewertet, aber trotzdem bei ntpq -p angezeigt:

```
ntpq -p
     remote           refid  st t when poll reach delay  offset jitter
==============================================================================
+server2.as 131.188.3.  2 u   30   64  377  24.79   85.25  73.73
+ntp3.de     192.53.103  2 u   15   64  377  27.90   89.43 154.58
-unixforge.  192.53.103  2 u   16   64  377  28.45   47.06 133.44
-belgarath.  122.227.20  3 u   12   64  377  25.09   49.31 149.48
xSHM(0)      .GPS.       0 l   43   64  377   0.00 -170.75  61.11
```

Sehen Sie, wie stark der offset-Wert in der letzten Zeile ausschlägt? Diese Schwankung muss korrigiert werden, und tatsächlich gibt es dazu eine Möglichkeit.

Das GPS-Zeitsignal mit PPS synchronisieren

Die Satelliten senden ein hochpräzises PPS-Signal. PPS steht für *Pulse Per Second* – ein kurzes Signal, das den Start einer neuen Sekunde anzeigt. »Hochpräzise« bedeutet in diesem Fall, dass sich eventuelle Schwankungen im Mikrosekundenbereich bewegen. Auch dieses Signal empfängt Ihr GPS-Modul. Es kann dazu benutzt werden, die GPS-Zeit auf die Sekundenimpulse zu synchronisieren, um so die gewünschte Genauigkeit zu erreichen. Eigentlich ist dafür ein spezieller PPS-fähiger Kernel erforderlich, aber es gibt inzwischen einen einfacheren Weg. Ein kleines Programm von Folkert van Heusden erlaubt die Nutzung des PPS-Signals ohne Modifikationen am Kernel. Mit diesen vier Kommandos installieren Sie es:

```
wget https://vanheusden.com/time/rpi_gpio_ntp/rpi_gpio_ntp-1.5.tgz
tar xvfz rpi_gpio_ntp-0.3.tgz
cd rpi_gpio_ntp-0.3
sudo make install
```

Unter /usr/local/bin finden Sie nun das Programm rpi_gpio_ntp. Sie können sofort testen, ob das PPS-Signal verfügbar ist:

```
sudo rpi_gpio_ntp -g 18 -d
  rpi_gpio_ntp v0.3, (C) 2013 by folkert@vanheusden.com
  NTP unit: 0
```

```
GPIO pin: 18
Fudge   : 0.000000000
"Fork into the background" disabled because of debug mode.
1403616184.322252318] poll() GPIO 18 interrupt occurred
1403616185.000035145] poll() GPIO 18 interrupt occurred
1403616186.000130671] poll() GPIO 18 interrupt occurred
1403616187.000042142] poll() GPIO 18 interrupt occurred
```

Der Parameter -g 18 gibt den GPIO-Pin an, an dem das Signal anliegt. Je nach verwendetem GPS-Modul kann dies auch ein anderer Pin sein, etwa Pin 8. Mit -d wird der Debug-Modus aktiviert, was verhindert, dass rpi_gpio_ntp im Hintergrund ausgeführt wird. Im normalen Betrieb ist aber genau das gewünscht. Starten Sie das Programm also noch einmal ohne den Debug-Modus. Der Aufruf sieht nun so aus:

```
sudo rpi_gpio_ntp -N 1 -g 18
```

Damit das Programm nach einem Reboot automatisch wieder gestartet wird, ist es sinnvoll, die Zeile in die Datei /etc/rc.local einzubauen, und zwar vor der schon vorhandenen Anweisung exit 0:

```
# Datei /etc/rc.local
...
/usr/local/bin/rpi_gpio_ntp -N 1 -g 18
exit 0
```

Fügen Sie nun Ihrer ntp.conf diese beiden Zeilen hinzu:

```
# Datei /etc/ntp.conf
...
server 127.127.28.1 minpoll 4 prefer
fudge 127.127.28.1 refid PPS
```

Starten Sie den NTP-Server mit systemctl restart ntp einmal neu. Ein erneuter Aufruf von ntpq -p fördert nun Erfreuliches zutage:

```
ntpq -p
     remote       refid   st t when poll reach delay  offset jitter
==============================================================================
 de.pool.nt .POOL.    16 p   -   64    0  0.00    0.00   0.00
xSHM(0)     .GPS.      0 l  34   64  377  0.00 -150.3   1.65
*SHM(1)     .PPS.      0 l   1   16  377  0.00    0.00   0.00
-test.danzu 192.53.103  2 u   8   64  377 20.74   -3.20 134.10
-zephal.de  192.53.103  2 u  36   64  377 23.33   -0.01   4.02
+ntp.uni-ol 192.53.103  2 u  22   64  377 26.65   -0.16   3.56
-webmail.si 131.188.3.  2 u  28   64  377 36.98   -6.63 418.13
...
```

In der dritten Zeile der Ausgabe erscheint die PPS-synchronisierte Zeitquelle mit besonders niedrigen `offset`- und `jitter`-Werten. Herzlichen Glückwunsch! Ihr Raspberry Pi kann zwar noch nicht ganz mit einer Atomuhr konkurrieren, ist aber um Klassen genauer als die Secondhand-Zeitsignale aus dem Internet.

34.2   Ortsbestimmung mit dem Raspberry Pi

Der primäre Zweck eines GPS-Empfängers ist natürlich die Bestimmung der eigenen Position. Sie wird mit zwei Werten angegeben: mit dem Breitengrad und dem Längengrad. (Wissenschaftlich korrekt wäre *geografische Breite* und *geografische Länge*, aber so penibel wollen wir hier nicht sein.) Alle Breitengrade ziehen sich wie Gürtel um die Erde. Der bekannteste Breitengrad ist der Äquator. Er teilt die Erde in die Nord- und die Südhalbkugel. Wie weit ein Breitengrad vom Äquator entfernt ist, wird als Winkelabstand in Grad, Bogenminuten und – wenn es besonders genau sein soll – in Bogensekunden angegeben. Die Stadt Berlin liegt zum Beispiel auf 52 Grad und 31 Minuten auf der Nordhalbkugel. Man sagt *nördlicher Breite*, und geschrieben wird es meist so: `52° 31' N`.

Genauso werden auch die Längengrade angegeben, die zwischen Nord- und Südpol verlaufen. Im Gegensatz zum Äquator, dessen Position sich aus der Rotation der Erde ganz natürlich ergibt, fehlt bei den Längengraden eine natürliche Null-Grad-Linie. Deshalb wurde auf einer Konferenz im Jahr 1884 nach einigem Tauziehen der *Nullmeridian* festgelegt. Er verläuft durch die Mittelachse eines Teleskops des Observatoriums von Greenwich bei London. Von diesem Nullmeridian aus zählt man die Längengrade nach Westen (W) und Osten (E von engl. *East*). Durch den Schnittpunkt eines Breiten- und eines Längengrades lässt sich also jeder Punkt auf der Erdoberfläche genau bezeichnen.

Genau diese Positionsangaben liefert Ihnen der GPS-Empfänger. Leider erscheinen die Daten in einem etwas unhandlichen Format. Hier ist ein Ausschnitt aus den Daten, die der GPS-Empfänger ständig von den Satelliten erhält, wobei einige lange Zeilen aus Platzgründen umbrochen wurden:

```
$GPVTG,,T,,M,0.298,N,0.552,K,A*22
$GPGGA,135212.00,5137.81579,N,00616.59808,E,1,07,1.63,12.9,M,
   46.2,M,,*6C
$GPGSA,A,3,12,25,23,31,02,29,10,,,,,,2.51,1.63,1.91*06
$GPGSV,3,1,11,02,21,044,24,05,08,081,,10,07,034,27,12,17,
   107,29*74
$GPGSV,3,2,11,14,00,217,26,16,01,288,,21,19,179,21,23,08,
   334,27*76
$GPGSV,3,3,11,25,54,107,26,29,87,131,31,31,59,268,23*4B
$GPGLL,5137.81579,N,00616.59808,E,135212.00,A,A*60
```

Die Position finden Sie zuerst in der Zeile, die mit GPGGA beginnt:

```
$GPGGA ,135212.00 ,5137.81579 ,N,00616.59808 ,E,1,07,1.63,12.9,M,
   46.2,M,,*6C
```

Nach dem ersten Komma finden Sie die Uhrzeit: 13 Uhr 52 Minuten und 12 Sekunden. Danach kommt der Breitengrad. Der Wert 5137.81579, N bedeutet hier gerundet 51 Grad, 37,815 nördlicher Breite (in Dezimalschreibweise, nicht Bogenminuten). Der Wert für den Längengrad, 00616.59808, E bedeutet 6 Grad, 16,598 östlicher Länge.

Ortsangaben per Python aus dem Datenstrom filtern

Da Sie sicherlich keine Lust haben, die Werte jedes Mal aus der rohen Satellitencode-Ausgabe zu fischen, bietet es sich an, dafür ein kleines Programm zu schreiben. Damit es funktioniert, benötigen wir zunächst noch ein Python-Modul für den Zugriff auf die serielle Schnittstelle, über die der Raspberry Pi mit dem GPS-Empfänger kommuniziert. Sie installieren es mit diesem Kommando:

```
pip install pyserial
```

Damit kann es losgehen. Hier sehen Sie ein kompaktes Beispiel in Python, das die Uhrzeit, den Breiten- und Längengrad sowie die Höhe über Normalnull aus dem GPS-Empfänger ausliest und für Menschen lesbar ausgibt:

```python
#!/usr/bin/env python3
# -*- coding: utf-8 -*-
import serial
import sys
import os
import time

# UART öffnen
UART = serial.Serial("/dev/gps0", 9600)
UART.open()

while True:
 GPSChar = 0
 GPSArray = []
 GPSArrayLen = 0
 Hoehe = 0
 Breitengrad = 0
 Laengengrad = 0
 SatDATA = ""
 Zeitstempel = ""

 GPSChar = UART.read()
```

```
# nur weitermachen, wenn Daten empfangen werden
if GPSChar == "$":

 # nur Zeilen verwenden, in deren ersten
 # fünf Zeichen "GPGGA" steht
 for Counter in range(5):

   GPSChar = 0
   GPSChar = UART.read()
   SatDATA = SatDATA + str(GPSChar)

   if SatDATA == "GPGGA":
     while GPSChar != "\n":
       GPSChar = 0
       GPSChar = UART.read()
       SatDATA = SatDATA + str(GPSChar)

     SatDATA = SatDATA.replace("\r\n", "")
     GPSArray = []

     # kommaseparierte Liste in Array speichern
     GPSArray = SatDATA.split(",")
     GPSArrayLen = len(SatDATA)

     # Zeitstempel
     Zeitstempel = GPSArray[1]
     Zeitstempel = Zeitstempel[0:2] + ":" + Zeitstempel[2:4] +
                   ":" + Zeitstempel[4:6]

     # Position
     GPSArray = []
     # kommaseparierte Liste in Array speichern
     GPSArray = SatDATA.split(",")
     GPSArrayLen = len(SatDATA)

     # Zeitstempel
     Zeitstempel = GPSArray[1]
     Zeitstempel = Zeitstempel[0:2] + ":" + Zeitstempel[2:4] +
                   ":" + Zeitstempel[4:6]

     # Position
     Breitengrad = float(GPSArray[2])
     Breitengrad = Breitengrad / 100
     Laengengrad = float(GPSArray[4])
     Laengengrad = Laengengrad / 100
```

34

```
# Höhe über NN
Hoehe = float(GPSArray[9])

# Ausgabe
print SatDATA
print("")
print("Zeitstempel:", Zeitstempel, "GMT")
print("Position   :", Breitengrad, GPSArray[3], ",",
      Laengengrad, GPSArray[5])
print("Hoehe      :", Hoehe, GPSArray[10],"ue. NN")

# GPS-Position in Datei schreiben
Position = (str(Breitengrad) + str(GPSArray[3]) + " " +
            str(Laengengrad) + str(GPSArray[5]))
fobj = open("position.txt", "w")
fobj.write(Position)
fobj.close()

# Ende
sys.exit(0)
```

Falls Sie beim Ausführen des Programms die Meldung *serial.serialutil.SerialException: Port is already open* erhalten, löschen Sie einfach die Zeile UART.open() oder deaktivieren sie mit einem Kommentarzeichen.

Das Programm schreibt die ermittelten Daten auch noch in eine Datei mit dem Namen position.txt. Wenn Sie diese Funktion nicht benötigen, lassen Sie die letzten fünf Zeilen einfach weg.

Ortsangaben in ein Foto einbetten

Nun haben Sie Ihre Position ermittelt und können die GPS-Daten beliebig verwenden. Ein Beispiel: Wenn an Ihrem Raspberry Pi neben dem GPS-Empfänger auch das Kameramodul angeschlossen ist, können Sie Ihre aktuelle Position als Text in die Bilder einstempeln, die die Kamera aufnimmt. Dafür müssen Sie das Python-Programm nur um wenige Zeilen erweitern. Zunächst installieren Sie aber das Paket imagemagick mit dem folgenden Kommando:

```
apt -fym install imagemagick
```

Sie benötigen dieses Paket, um Text in Bilder einzufügen. In Ihrem Python-Programm löschen Sie nun die letzte Zeile (sys.exit(0)) und fügen dafür den folgenden Block ein. Die Anweisungen müssen ebenso weit eingerückt sein wie der voranstehende Code.

```
# Bild von der Raspberry-Pi-Kamera aufnehmen
os.system("raspistill -n -w 640 -h 480 -o gpscam.jpg")
os.system("convert gpscam.jpg  -pointsize 20 " +
          "-fill white -annotate +470+465 '" +
          Position + "' gpscam-pos.jpg")
sys.exit(0)
```

Hier wird zuerst das Programm raspistill aufgerufen, um ein Bild aus dem Kamera-modul unter dem Namen gpscam.jpg abzulegen. Danach wird convert aus dem Imagemagick-Paket dazu benutzt, die unter dem Variablennamen Position gespeicherten GPS-Koordinaten in das Bild einzustempeln (siehe Abbildung 34.3).

51.378N 6.166E

Abbildung 34.3 Bild aus der Raspberry-Pi-Kamera mit GPS-Daten

Das Python-Programm ermittelt, wie Sie gesehen haben, auch die Höhe über Normalnull. Diesen Wert sollten Sie allerdings mit Vorsicht genießen, denn er ist deutlich weniger genau als die Angaben des Längen- und Breitengrades. Nach einer Kaffeepause befand sich laut den GPS-Daten der Schreibtisch des Autors gut 20 Meter höher als noch eine Viertelstunde zuvor …

Kapitel 35
Der Raspberry Pi lernt twittern

Der Kurznachrichtendienst *Twitter* erfreut sich nach wie vor großer Beliebtheit. Wäre es nicht schön, wenn Ihr Raspberry Pi selbstständig twittern könnte, etwa um Ihnen Ereignisse oder Systemzustände mitzuteilen? Wie das mit einem kleinen Python-Programm gelingt, erfahren Sie in diesem Kapitel.

35.1 Voraussetzungen

Installation der benötigten Werkzeuge

Sie benötigen einige Python-Werkzeuge und -module, die Sie mit den folgenden Kommandos installieren:

```
sudo apt install python-setuptools python-pip
sudo pip install twython
```

Twython ist die Bibliothek, die uns die Nutzung der Programmierschnittstelle (API, *Application Programming Interface*) des Twitter-Dienstes ermöglicht. Sie funktioniert gleichermaßen mit Python 2 und Python 3. Allerdings darf unsere Software die Twitter-API erst dann benutzen, wenn man sich dafür registriert hat.

Twitter-App registrieren

Ein eigenes Twitter-Konto für den Raspberry Pi

Für die folgenden Schritte müssen Sie nicht nur ein Twitter-Konto besitzen, sondern auch eingeloggt sein. Die Twitter-App, die Sie im Laufe dieses Kapitels erstellen, wird mit Ihrem Twitter-Konto verknüpft und twittert künftig unter dessen Namen. Wenn Sie das nicht möchten, ist es sinnvoll, zuerst ein neues Twitter-Konto anzulegen und sich mit diesem einzuloggen, bevor Sie fortfahren.

Die notwendige Registrierung unserer Twitter-Software geschieht über ein Webformular. Rufen Sie dazu die URL *https://apps.twitter.com/app/new* in Ihrem Browser auf (siehe Abbildung 35.1). Dort müssen Sie drei Felder ausfüllen. Zunächst geben Sie Ihrer Twitter-Anwendung einen Namen (Feld NAME). Er darf nicht länger als 32

Zeichen sein. Für unser Beispiel verwenden wir den Namen *Pi-Buch TweetBot*. Im nächsten Feld (DESCRIPTION) geben Sie eine beliebige Beschreibung für Ihr Projekt ein. Das dritte Feld enthält die URL einer Webseite – auch diese können Sie beliebig wählen. Das vierte Feld (CALLBACK URL) benötigen wir für unser kleines Projekt nicht, Sie können es leer lassen.

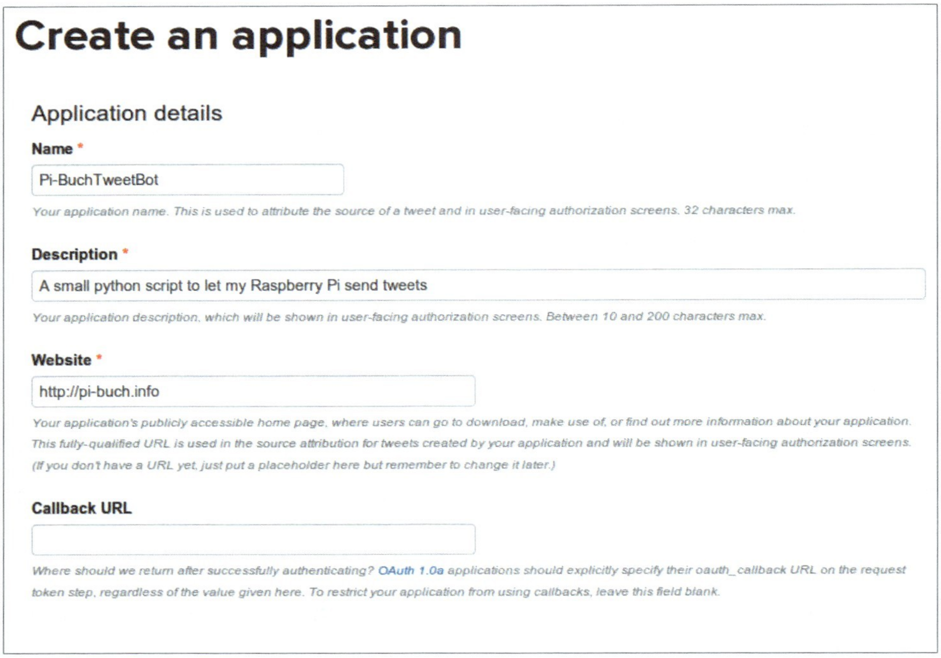

Create an application

Application details

Name *

Pi-BuchTweetBot

Your application name. This is used to attribute the source of a tweet and in user-facing authorization screens. 32 characters max.

Description *

A small python script to let my Raspberry Pi send tweets

Your application description, which will be shown in user-facing authorization screens. Between 10 and 200 characters max.

Website *

http://pi-buch.info

Your application's publicly accessible home page, where users can go to download, make use of, or find out more information about your application. This fully-qualified URL is used in the source attribution for tweets created by your application and will be shown in user-facing authorization screens. (If you don't have a URL yet, just put a placeholder here but remember to change it later.)

Callback URL

Where should we return after successfully authenticating? OAuth 1.0a applications should explicitly specify their oauth_callback URL on the request token step, regardless of the value given here. To restrict your application from using callbacks, leave this field blank.

Abbildung 35.1 Der erste Schritt zur Registrierung

Sie gelangen jetzt auf eine Übersichtsseite, auf der Sie neben allgemeinen Information auch Ihren API-Schlüssel finden. Außerdem sehen Sie den Berechtigungsstatus (ACCESS LEVEL) Ihrer Anwendung (siehe Abbildung 35.2). Er steht zunächst auf *Read-only*, denn die Anwendung hat noch keine Schreibberechtigung. Das müssen Sie ändern. Klicken Sie dazu auf den Link MODIFY APP PERMISSIONS.

Application settings

*Your application's API keys are used to **authenticate** requests to the Twitter Platform.*

Access level	Read-only (modify app permissions)
API key	w3mjFAsjAySvxP7qUHDHsqgRY (manage API keys)

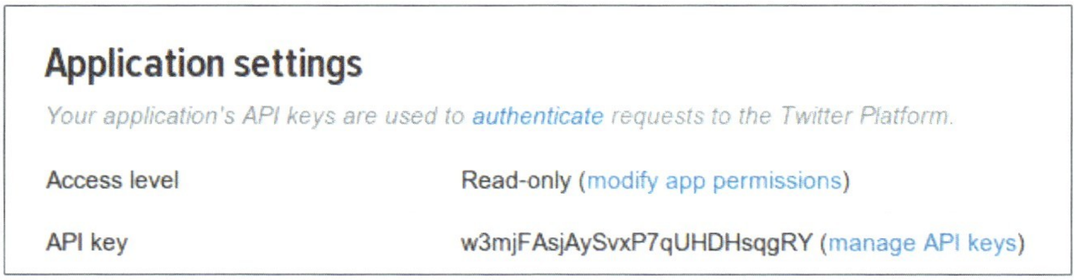

Abbildung 35.2 Access-Level-Einstellungen ändern

Nun ändern Sie die Einstellung von READ ONLY auf READ AND WRITE und klicken danach auf die Schaltfläche UPDATE SETTINGS (siehe Abbildung 35.3).

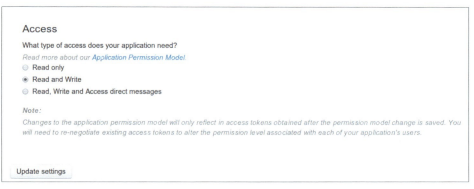

Abbildung 35.3 Ändern der Berechtigung in »Read and Write«

Anschließend setzen Sie auf der Registerkarte SETTINGS das Häkchen bei ALLOW THIS APPLICATION TO BE USED TO SIGN IN WITH TWITTER (siehe Abbildung 35.4).

☑ Allow this application to be used to Sign in with Twitter

Abbildung 35.4 Unsere Applikation darf sich bei Twitter einloggen.

Wechseln Sie jetzt auf die Registerkarte API KEYS. Dort finden Sie eine Reihe von Schlüsseln und die dazugehörigen SECRETS. Von diesen benötigen Sie im nächsten Schritt die Werte, die in den Zeilen API KEY, API SECRET, ACCESS TOKEN und ACCESS TOKEN SECRET stehen.

35.2   Programmierung

Die Twitter-Software in Python

Als Speicherort für Ihre Twitter-Anwendung bietet sich das Verzeichnis /opt/twitter an. Erstellen Sie es:

```
cd /opt
sudo mkdir twitter
```

Jetzt bearbeiten Sie mit dem Editor Ihrer Wahl eine leere Datei. Wenn Sie zum Beispiel den Editor nano bevorzugen, geben Sie sudo nano tweetbot.py ein. Den Namen können Sie natürlich nach Ihren Wünschen anpassen. Kopieren Sie nun für die Werte KEY und SECRET die entsprechenden Zeilen aus der Registrierungswebseite. Der Inhalt der Datei sollte dann ähnlich wie das folgende Beispiel aussehen:

```
#!/usr/bin/env python
# Datei /opt/twitter/tweetbot.py
# Bibliotheken laden
import sys
from twython import Twython

# Information von der Registrierungswebseite
API_KEY = 'w3mjFAsjAySvsh7quHDHsqgRY'
API_SECRET =
  'iF6di8kCLfs52oDVp1BaB8zLi47rJkD2Og1j1gZMugVEj4rXeY'
ACCESS_TOKEN =
  '15959734-FwnN5iO24dlLrEbzdpdisjcGJDQSgCIMNOo5mIy9J'
ACCESS_TOKEN_SECRET =
  'AaBwptX6xSaM2aONAWrINj1eNfB75ziunDXs8DlP1Ky6w'

# Zugriff auf die API
api = Twython(API_KEY, API_SECRET,
              ACCESS_TOKEN,ACCESS_TOKEN_SECRET)

# Tweet senden
api.update_status(status=sys.argv[1])
```

Speichern Sie die Datei, und machen Sie sie dann mit `sudo chmod +x tweetpot.py` ausführbar.

Der erste Tweet

Jetzt ist es Zeit für den ersten Test. So senden Sie einen Tweet:

`/opt/twitter/tweetbot.py 'Wer später bremst, ist länger schnell'`

Auf der Twitter-Webseite können Sie Ihren Tweet nach wenigen Sekunden bewundern (siehe Abbildung 35.5).

Abbildung 35.5 Erfolgreich: der erste Tweet

Eine Direktnachricht (direct message) senden

Sie können anderen Twitter-Nutzern eine Direktnachricht schicken, die nicht in der öffentlichen Timeline auftaucht, sondern nur vom Empfänger gelesen werden kann. Dazu ändern Sie in Ihrem Python-Script nur die letzte Zeile:

```
# vorher: öffentliche Nachricht
# api.update_status(status=sys.argv[1])
#
# nachher: Direktnachricht
api.send_direct_message(screen_name=sys.argv[1],
                        text=sys.argv[2])
```

Wie Sie sehen, erwartet die API an dieser Stelle zwei Parameter: Neben dem Text müssen Sie beim Aufruf auch noch den Twitter-Namen des Empfängers angeben. So senden Sie eine Direktnachricht an den Benutzer @RaspiTalkPi:

```
/opt/twitter/tweetbot.py @RaspiTalkPi \
  'Wer später bremst, ist länger schnell'
```

35

CPU-Temperatur twittern

Sie können sich auch per Twitter über bestimmte Systemzustände informieren lassen. Als Beispiel nehmen wir die CPU-Temperatur. Diese können Sie sich übrigens auch jederzeit auf der Kommandozeile anzeigen lassen. Dazu geben Sie einfach vcgencmd measure_temp ein. Die Antwort kommt prompt:

```
temp=57.3'C
```

Damit Sie diesen Wert automatisiert twittern können, müssen Sie das kleine Python-Programm leicht abändern. Am besten kopieren Sie es, damit Sie das ursprüngliche Programm nicht überschreiben:

```
cp tweetbot.py temp-bot.py
```

In dem Abschnitt, der mit Bibliotheken laden überschrieben ist, fügen Sie nun diese Zeile hinzu:

```
import os
```

Die Zeile unterhalb von # Tweet senden löschen Sie. Fügen Sie an dieser Stelle die folgenden vier Zeilen ein:

```
cmd = '/opt/vc/bin/vcgencmd measure_temp'
line = os.popen(cmd).readline().strip()
temp = line.split('=')[1].split("'")[0]
api.update_status(status =
  'Die Temperatur der Raspberry-CPU ist '+temp+' C')
```

Das Kommando aus der ersten Zeile kennen Sie schon. Die Zeilen zwei und drei führen das Kommando aus und schneiden den Zahlenwert der Temperatur aus der Ausgabe heraus. Die vierte Zeile kennen Sie im Prinzip auch schon: Sie übernimmt das Twittern. Mit den Änderungen sieht der vollständige Programmcode so aus:

```
#!/usr/bin/env python
# Bibliotheken laden
import sys
import os
from twython import Twython

# Daten von der Registrierungswebseite
API_KEY = 'w3mjFAsjAySvsh7quHDHsqgRY'
API_SECRET =
  'iF6di8kCLfs52oDVp1BaB8zLi47rJkD2Og1j1gZMugVEj4rXeY'
ACCESS_TOKEN =
  '15959734-FwnN5iO24dlLrEbzdpdisjcGJDQSgCIMNOo5mIy9J'
ACCESS_TOKEN_SECRET =
  'AaBwptX6xSaM2aONAWrINj1eNfB75ziunDXs8DlP1Ky6w'

# Zugriff auf die API
api = Twython(API_KEY, API_SECRET,
              ACCESS_TOKEN,ACCESS_TOKEN_SECRET)

# Tweet senden
cmd = '/opt/vc/bin/vcgencmd measure_temp'
line = os.popen(cmd).readline().strip()
temp = line.split('=')[1].split("'")[0]
api.update_status(status =
  'Die Temperatur der Raspberry-CPU ist ' + temp +
  ' Grad Celsius')
```

Starten Sie das Programm mit `./temp-bot.py`. Nach einigen Sekunden erscheint der Tweet in Ihrer Zeitleiste (siehe Abbildung 35.6).

Abbildung 35.6 Der Raspberry Pi twittert seine CPU-Temperatur.

Status regelmäßig twittern

Wenn Sie die CPU-Temperatur regelmäßig twittern möchten, rufen Sie `tmp-bot.py` einfach durch einen Cron-Job regelmäßig auf, z. B. jede Stunde. Wie Sie Cron-Jobs einrichten, haben wir in Abschnitt 4.11, »Programme regelmäßig ausführen (Cron)«, bereits beschrieben.

Oft ist es zweckmäßig, Informationen nur dann zu twittern, wenn ein bestimmtes Ereignis eingetreten ist – z. B. wenn die CPU-Temperatur ein bestimmtes Niveau übersteigt. Auch das ist kein Problem: Bauen Sie einfach eine entsprechende `if`-Abfrage in das Python-Script ein.

Bilder twittern

Tweets können auch Bilder enthalten (siehe Abbildung 35.7). Das folgende Listing ist ein kleines Python-Programm, das das Bild `webcam.jpg` twittert, das im gleichen Verzeichnis liegt.

Abbildung 35.7 Ein Blick nach draußen

```
#!/usr/bin/env python
# Bibliotheken laden
import sys
from twython import Twython

API_KEY = ... (wie bisher)
...
ACCESS_TOKEN_SECRET = ...

# Zugriff auf die API
api = Twython(API_KEY, API_SECRET,
              ACCESS_TOKEN,ACCESS_TOKEN_SECRET)
```

```
# Tweet senden
photo = open('webcam.jpg', 'rb')
api.update_status_with_media(media = photo,
    status = 'Heute ist es leider grau.')
```

Sie sehen, dass sich das Programm kaum von den bisherigen Beispielen unterscheidet. Lediglich die letzten beiden Zeilen sind anders. Hier wird das Bild eingelesen, und in der letzten Zeile wird der Tweet abgesendet. Das Kommando dazu lautet nicht mehr wie bisher `api-update_status`, sondern `api.update_status_with_media`. Der Tweet-Feed im Webbrowser zeigt nun die Nachricht samt Bild.

Kapitel 36
Gewitter erkennen mit dem Blitzsensor

Alexander Stepanowitsch Popov, einer der Pioniere der Funktechnik, entdeckte Ende des 19. Jahrhunderts, dass man mit einem recht simpel aufgebauten Funkempfänger Blitze erkennen kann. Die Frequenz der elektromagnetischen Pulse, die ein Blitz aussendet, reicht von sehr niedrigen Frequenzen bis in den Bereich der Röntgenstrahlung hinein. Eine Blitzentladung durchläuft mehrere Stufen: vom Leitblitz, der den ionisierten Blitzkanal zur Erde hin aufbaut, über die sogenannte Fangentladung zum Hauptblitz.

Die elektromagnetischen Emissionen sind im unteren Kilohertzbereich am stärksten und schwächen sich mit steigender Frequenz ab. Man nennt diese Regelmäßigkeit das f/1-Gesetz. All dies gibt einer Blitzentladung eine Art »Signatur«. Mit ihrer Hilfe kann man Blitze von anderen Emissionsquellen wie Elektromotoren oder Mikrowellenöfen unterscheiden.

36.1 Blitzsensor AS3935

Die österreichische Firma Austria Microsystems stellt einen Chip namens *AS3935 Franklin Lightning Sensor* her. »Franklin« ist eine Verbeugung vor Benjamin Franklin, einem der Gründerväter der USA. Franklin führte umfangreiche Forschungen über das Wesen der Elektrizität durch und erfand neben anderen nützlichen Dingen wie der Bifokalbrille und dem flexiblen Harnkatheter um ca. 1750 auch den Blitzableiter, der sich rasch durchsetzte. Dass Franklin während eines Gewitters Drachen an einem Metalldraht steigen ließ, ist aber sehr wahrscheinlich eine Legende.

Der AS3935 kann elektromagnetische Pulse »lesen«. Er wartet auf Entladungen im Frequenzbereich von 500 kHz bis etwa 2 MHz und wertet die f/1-Signatur aus. Darüber hinaus kann er seine Empfindlichkeit in verschiedenen Stufen anpassen, um Störungen durch Elektrogeräte in der Nähe auszublenden. Sogar die ungefähre Entfernung zur Blitzentladung kann der Chip ermitteln, und zwar bis zu einem Maximum von 40 Kilometern. Die Entfernungsangaben werden genauer, je näher das Gewitter rückt.

AMS, der Hersteller des Blitzsensors, verkauft nur den »nackten« Chip. Für uns ist es daher sinnvoll, zu einem Rundum-sorglos-Paket wie dem MOD1060 von Embedded Adventures zu greifen (siehe Abbildung 36.1).

Bezugsquelle für das Blitzsensormodul

Sie können den Sensor z. B. hier erwerben:

https://embeddedadventures.com/as3935_lightning_sensor_module_mod-1016.html

Der Preis betrug zuletzt ca. 24 USD plus Versand.

Abbildung 36.1 Der Blitzsensor am Raspberry Pi

Der MOD1060 ist eine briefmarkengroße Platine, die neben dem Blitzsensor noch eine Antenne und einen Mikrocontroller für die Kommunikation mit der Außenwelt enthält. Auf diese Weise kann das Sensormodul über die Bussysteme SPI oder I^2C mit dem Raspberry Pi »sprechen«. In dem folgenden Beispiel benutzen wir den I^2C-Bus. Um ihn zu aktivieren, führen Sie auf dem Raspberry das Kommando

```
sudo raspi-config
```

aus. Es erscheint ein Textmenü, in dem Sie Advanced Options auswählen, und im folgenden Untermenü wählen Sie I2C. Bestätigen Sie die Sicherheitsabfrage mit Yes, und verlassen Sie raspi-config. Sie benötigen außerdem das Softwarepaket python-smbus, das Sie mit diesem Kommando installieren:

```
sudo apt -fym install python-smbus
```

Öffnen Sie nun die Datei /etc/modules, und fügen Sie die folgenden Zeilen hinzu, sofern sie nicht schon vorhanden sind:

```
i2c-bcm2708
i2c-dev
```

Dadurch werden die benötigten Kernelmodule bei jedem Systemstart automatisch geladen. Da es nun ans Verkabeln geht, fahren Sie den Raspberry Pi herunter (mit dem Kommando `sudo shutdown -h now`) und trennen ihn von der Stromversorgung.

Der Anschluss des Blitzsensormoduls an die GPIO-Anschlüsse des Raspberry Pi geht schnell vonstatten, es sind lediglich fünf Verbindungen erforderlich (jeweils vom MOD1060-Modul an den Raspberry Pi):

- ► VCC an 3,3V (Pin 1)
- ► GND an GND (Pin 6)
- ► IRQ an GPIO 17 (Pin 11)
- ► SCL an SCL (Pin 5)
- ► SDA an SDA (Pin 3)

Jetzt kann der Raspberry Pi wieder gestartet werden. Um zu überprüfen, ob das Sensormodul richtig erkannt wurde, geben Sie das folgende Kommando ein:

```
i2cdetect -y 1
```

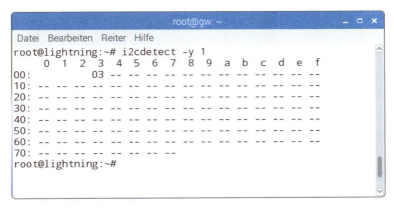

Abbildung 36.2 Das Sensormodul wird erkannt.

Wenn Sie einen Raspberry Pi der ersten Generation benutzen (das Modell mit 256 MB RAM), müssen Sie die 1 durch eine 0 ersetzen. Erscheint die Fehlermeldung *command not found*, so ist auf dem Raspberry Pi das Paket `i2c-tools` nicht installiert. Mit dem folgenden Kommando ist das schnell nachgeholt:

```
sudo apt -fym install i2c-tools
```

Die Ausgabe 03 in der mit 00: beginnenden Zeile (siehe Abbildung 36.2) bedeutet, dass der Blitzsensor an der hexadezimalen Adresse 0x03 am I^2C-Bus erkannt wurde: Die Hardware ist damit startklar.

36.2   Software

Jetzt benötigen wir noch eine Python-Bibliothek, mit deren Hilfe wir software-seitig mit dem Blitzsensor kommunizieren können. Führen Sie die folgenden Kommandos aus, um die Bibliothek zu installieren:

```
cd /usr/local
git clone https://github.com/pcfens/RaspberryPi-AS3935
cd RaspberryPi-AS3935
sudo python ./setup.py
```

Im Verzeichnis RaspberryPi-AS3935, in dem Sie sich jetzt bereits befinden, liegt auch ein Beispiel-Script mit dem Namen demo.py. In diesem Script muss eine Zeile geändert werden, damit es läuft. Ändern Sie

```
sensor = RPi_AS3935(address=0x00, bus=0)
```

zu:

```
sensor = RPi_AS3935(address=0x03, bus=1)
```

Dabei ist address=0x03 die I^2C-Adresse des Blitzsensormoduls, und bus=1 bedeutet, dass ein Raspberry Pi neuerer Bauart zum Einsatz kommt. Lassen Sie diesen Parameter nur dann auf 0, wenn Sie einen Raspberry Pi der allerersten Generation benutzen.

Wenige Zeilen tiefer finden Sie sensor.calibrate(tun_cap=0x0F). Was hat es damit auf sich? Wenn Sie Ihren Blitzsensor von Embedded Adventures gekauft haben, finden Sie auf der Verpackung einen Aufdruck wie Tune [7]. Auf diesen Wert ist der Sensor kalibriert. Das Script erwartet ihn in hexadezimaler Schreibweise. Sie sollten also 0x0F zu 0x07 ändern.

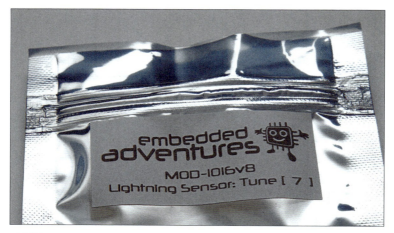

Abbildung 36.3 Der Kalibrationswert ist auf die Verpackung gedruckt.

Nun können Sie das Script starten (mit `sudo demo.py`). Es gibt aus, dass es nun auf Blitze wartet:

```
Waiting for lightning - or at least something that looks like it
```

Dann bleibt es zunächst stumm, sofern draußen nicht zufällig ein Gewitter tobt. Das Demo-Script erzeugt nun so lange keine Ausgabe, bis einer der folgenden Fälle eintritt:

▶ Ein elektrisches Gerät in der Nähe, etwa ein Elektromotor, stört dauerhaft. In diesem Fall setzt das Blitzsensormodul seine Empfindlichkeit herab. Das Script meldet: *Noise level too high - adjusting.*

▶ Es wurde ein nennenswerter elektromagnetischer Impuls empfangen, der aber kein Blitz war. Der Blitzsensor versucht, die entsprechende Frequenz zu »maskieren«, sie wird also nicht mehr zur Auswertung von Impulsen herangezogen. Es erscheint die Meldung: *Disturber detected - masking.*

▶ Es wird ein Blitz erkannt! Das Modul meldet das Ereignis inklusive der ungefähren Entfernung: *We sensed lightning! It was 20 km away.* Danach folgen noch das Datum und die Uhrzeit des Ereignisses.

Das Script ist kurz und knapp gehalten und hat deswegen ein paar Nachteile. Zum Beispiel wird die Empfindlichkeit, wenn sie wegen eines störenden Gerätes reduziert wurde, nie wieder heraufgesetzt. Das kann dazu führen, dass ein nahendes Gewitter erst später erkannt wird. Außerdem erzeugt das Programm lediglich Bildschirmausgaben. Bequemer wäre es, wenn man gelegentlich in einer Log-Datei nachschauen könnte, ob es in der letzten Zeit Blitzereignisse gegeben hat.

Das folgende Script bietet diesen zusätzlichen Komfort:

```python
#!/usr/bin/python3
from RPi_AS3935 import RPi_AS3935
import RPi.GPIO as GPIO
import time
import os
from datetime import datetime

GPIO.setmode(GPIO.BCM)

sensor = RPi_AS3935(address=0x03, bus=1)
sensor.reset()
sensor.set_indoors(True)
sensor.set_noise_floor(0)
sensor.calibrate(tun_cap=0x07)
sensor.set_disp_lco(False)
```

```python
def handle_interrupt(channel):
  now = datetime.now().strftime('%H:%M:%S - %Y/%m/%d')
  time.sleep(0.004)
  global sensor
  reason = sensor.get_interrupt()
  if reason == 0x01:
    noise = sensor.raise_noise_floor()
    print(now + ": Noise level too high,")
    print("adjusting to level %s") % noise
    f = open("/var/log/noise.log","a+")
    f.write(now + ": Noise level too high,")
    f.write(("adjusting to level %s") % noise + "\n")
    f.close()
  elif reason == 0x04:
    print (now + ": Disturber detected - masking")
    f = open("/var/log/lightning.log","a+")
    f.write(now + ": Disturber detected - masking\n")
    f.close()
    sensor.set_mask_disturber(True)
  elif reason == 0x08:
    distance = sensor.get_distance()
    print("lightning detected, distance: %s km at %s" \
          % (str(distance), now))
    f = open("/var/log/lightning.log","a+")
    f.write("lightning detected, distance: %s km at %s" \
            % (str(distance), now) + "\n")
    f.close()

pin = 17
GPIO.setup(pin, GPIO.IN)
GPIO.add_event_detect(pin, GPIO.RISING,
                      callback=handle_interrupt)

print("Waiting for lightning - or at")
print("least something that looks like it")
counter = 0
while True:
  now = datetime.now().strftime('%H:%M:%S - %Y/%m/%d')
  noise = sensor.get_noise_floor()
  # uncomment for information about noise level
  # print("noise floor: %s") % (noise)
  # f = open("/var/log/noise.log","a+")
  # f.write("noise floor: %s" % (noise) + "\n")
  # f.close()
```

```
# every 60s, we try to decrease the noise floor
if counter > 10:
  if noise > 0:
    noise = sensor.lower_noise_floor()
    sensor.calibrate(tun_cap=0x07)
    print(now + ": Noise floor reduced to: %s") \
          % noise
    f = open("/var/log/noise.log","a+")
    f.write((now + ": Noise floor reduced to: %s") \
          % noise + "\n")
    f.close()
    counter = 0

counter = counter + 1
time.sleep(5.0)
```

Dieses Script erhöht einmal pro Minute die Empfindlichkeit um eine Stufe (siehe Abbildung 36.4). Sollte das zu viel sein, regelt der Blitzsensor innerhalb weniger Tausendstelsekunden die Empfindlichkeit auf das ihm genehme Maß zurück. Die Abbildung zeigt, was passiert, wenn man unmittelbar neben dem Sensormodul ein leistungsstarkes Foto-Blitzgerät einschaltet und kurz darauf wieder ausschaltet.

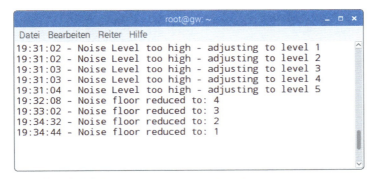

Abbildung 36.4 Der Sensor passt seine Empfindlichkeit an.

Die Ausgabe von Meldungen erfolgt sowohl auf die Konsole als auch in zwei Dateien. Diese müssen Sie vor dem ersten Start mit dem Kommando

```
sudo touch /var/log/lightning.log /var/log/noise.log
```

anlegen. In die Datei noise.log werden Meldungen geschrieben, die mit der Anpassung der Empfindlichkeit und eventuellen Störungen zu tun haben. In die zweite Datei, lightning.log, werden nur erkannte Blitzereignisse geschrieben. Alle Meldungen sind mit einem Zeitstempel versehen.

Gegen Ende des Scripts beginnen einige Zeilen mit einem Kommentarzeichen (#). Wenn Sie die Kommentarzeichen entfernen, gibt das Script in kurzen Intervallen den

Level der aktuellen Empfindlichkeit aus. Je kleiner die Zahl ist, umso höher ist die Empfindlichkeit. Das erzeugt jedoch viele langweilige Log-Zeilen und ist deshalb standardmäßig deaktiviert. Jetzt sind Sie für die Gewitterjagd gerüstet!

Kapitel 37
Klingel-Pi – Der Türglockenverstärker

Sie arbeiten gedankenverloren am Schreibtisch vor sich hin, tragen eventuell noch Kopfhörer, und schon hören Sie die Türglocke nicht mehr – oder erst nach dem siebten vehementen Klingeln, woraufhin der Postzusteller süffisant fragt, ob Sie gerade im Westflügel waren. Sie kennen das.

Um das zu verhindern, möchten wir einen Raspberry Pi Zero W einsetzen, der erkennt, wenn die Türglocke läutet. Handelsübliche Klingeltrafos arbeiten mit 8 bis 12 V Wechselstrom, was für den Raspberry Pi recht unhandlich ist. Um das Schließen des Wechselstromkreises direkt als Eingang zu benutzen, müsste man die Wechselspannung erst gleichrichten und dann auf eine Spannung herunterdrosseln, die der Raspberry Pi verarbeiten kann. Das geht alles, ist aber aufwendig und erfordert auch mehr Verdrahtung, als in das Türglockengehäuse passt.

37.1 Geräuschsensor anschließen und auswerten

Wir haben deshalb einen anderen Weg gewählt und einfach einen Geräuschsensor an den Raspberry Pi angeschlossen (siehe Abbildung 37.1). Über den Drehpoti im blauen Gehäuse wird seine Empfindlichkeit gesteuert. Der Anschluss ist denkbar einfach: Außer an die Versorgungsspannung muss der Sensor nur an einen freien GPIO-Pin angeschlossen werden. Wir haben GPIO 21 (= physisch Pin 40) gewählt.

Abbildung 37.1 So sieht der Geräuschsensor aus.

Wenn ein Geräusch ertönt, das die eingestellte Lautstärkeschwelle überschreitet, gibt der Sensor eine definierte Spannung auf den Out-Pin. Dieses Signal kann der Raspberry Pi auswerten. Er erkennt so, dass es an der Tür geklingelt hat.

Für das Auslesen des Signals verwenden wir die gpiozero-Bibliothek. Sie hat zwar keine vorgefertigte Klasse für einen Geräuschsensor, aber das muss sie auch nicht – für die Software ist es egal, ob das Signal von einem Sensor oder einem gedrückten Schaltknopf stammt, also nehmen wir einfach die Button-Klasse:

```python
#!/usr/bin/env python3
from gpiozero import Button
from signal import pause
import os

def hat_geklingelt():
 # hier können beliebige Aktionen
 # ausgelöst werden, wenn es an
 # der Tür geklingelt hat
 os.system("/usr/local/shellscripts/klingel.sh")

button = Button(21, bounce_time=2)

button.when_pressed = hat_geklingelt
pause()
```

Wichtig ist noch der Parameter bounce_time=2 in der button-Definition, denn das Klingelsignal »prellt«: Das heißt, es wird häufig nacheinander ausgelöst, wenn der Geräuschsensor anschlägt. Der Parameter bewirkt, dass alle eingehenden Signale innerhalb einer Zeitspanne von 2 Sekunden zu einem Signal zusammengefasst werden. Wenn Ihre Türglocke länger als 2 Sekunden läutet, sollten Sie diesen Wert noch erhöhen, sonst wird die eingestelle Aktion mehrfach ausgelöst.

In unserem Beispiel lassen wir ein bash-Script ausführen, wenn es klingelt, aber natürlich sind Sie in der Wahl der Mittel völlig frei. Vielleicht lassen Sie einige Lampen per 433-MHz-Funkschalter aufleuchten, oder Sie lassen sich eine Nachricht per Twitter schicken (siehe Abbildung 37.2). Eine Anleitung, wie Sie vom Raspberry Pi aus Twitter-Nachrichten versenden, finden Sie in Kapitel 35.

Abbildung 37.2 Jetzt schnell zur Tür …

Noch ein Wort zur Anbringung des Sensors an der Türglocke: Sie möchten natürlich nicht ständig benachrichtigt werden, wenn in der Nähe der Glocke irgendwelcher Lärm herrscht (laute Stimmen, fallender Gegenstand, bellender Hund). Das können Sie weitgehend verhindern, indem Sie den Sensor möglichst nah an den Klangkörper der Glocke montieren. Dann können Sie die Empfindlichkeit so einregeln, dass nur das laute Signal direkt daneben zum Auslösen führt. In unserer Beispiel-Installation haben wir den Sensor dazu in das Gehäuse der Türglocke eingeführt (siehe Abbildung 37.3).

Abbildung 37.3 Der Sensor wird direkt neben dem Klangkörper angebracht.

In manchen Fällen ist das Gehäuse der Türglocke so großzügig dimensioniert, dass nicht nur der Geräuschsensor, sondern auch ein Raspberry Pi Zero (W) mitsamt der nötigen Verkabelung komplett hineinpasst. Wenn nicht, outen Sie sich halt gleich am Eingang bereits als Nerd-Haushalt (siehe Abbildung 37.4).

Abbildung 37.4 Der Raspberry Pi Zero W passte leider nicht in das Gehäuse der Glocke.

Kapitel 38
WLAN- und Tor-Router

Dieses Kapitel beschreibt, wie Sie Ihren Raspberry Pi als WLAN-Access-Point oder als WLAN-Router einsetzen. Optional können Sie aus Ihrem WLAN-Router auch gleich einen Tor-Router machen. Damit gewinnen Sie die Privatsphäre zurück, die dem Internet in den letzten Jahren vollständig abhanden gekommen ist.

38.1 Einführung

Glossar

Ergänzend zum Netzwerkglossar, das wir Ihnen in Abschnitt 5.5, »Netzwerkkonfiguration«, schon präsentiert haben, erklären wir Ihnen hier noch einige WLAN-spezifische Begriffe.

▸ **LAN:** Ein *Local Area Network* (LAN) ist ein lokales Netzwerk. Die darin befindlichen Geräte verwenden üblicherweise IP-Adressen, die speziell für private, nicht öffentliche Netzwerkgeräte gedacht sind: 10.*.*.* oder 172.16.*.* bis 172.31.*.* oder 192.168.*.*. Mitunter werden die Begriffe LAN und WLAN auch verwendet, um zwischen der Art der Netzwerkverbindung zu differenzieren, also bei LAN mit Kabeln, bei WLAN mit Funk. Tatsächlich umfasst das lokale Netzwerk aber *alle* Geräte unabhängig von der Übertragungstechnik.

▸ **WLAN:** Von einem *Wireless Local Area Network* (WLAN) spricht man, wenn Netzwerkverbindungen über Funk hergestellt werden. Im Englischen ist anstelle von WLAN oft von WiFi die Rede, also von *Wireless Fidelity*. WiFi wird oft synonym mit WLAN verwendet, manchmal ist aber auch die *Wi-Fi Alliance* gemeint, ein Herstellerkonsortium, das sich um die Kompatibilität von WLAN-Produkten kümmert.

▸ **WLAN-Access-Point:** Ein *Access Point* (AP) stellt in einem lokalen Netzwerk einen Zugangspunkt für mehrere WLAN-Clients her. Der Access Point wird mit einem Ethernet-Kabel an das lokale Netzwerk angeschlossen. Seine Aufgabe besteht darin, das kabelgebundene Netzwerk per Funk zu erweitern und die Datenpakete weiterzuleiten. Die WLAN-Clients befinden sich im selben Netzwerk wie die verkabelten Geräte.

► **WLAN-Router:** Ein Router verbindet ganz allgemein zwei Netzwerke. Ein WLAN-Router fasst mehrere WLAN-Clients in einem eigenen Netz zusammen und verbindet dieses mit einem schon vorhandenen lokalen Netzwerk bzw. dem Internet. Ein WLAN-Router ist insofern »intelligenter« als ein Access Point, als er den WLAN-Clients selbstständig IP-Adressen zuweist (DHCP) und eventuell auch weitere Funktionen übernimmt (Nameserver, Firewall).

► **WLAN-Repeater:** Ein WLAN-Repeater vergrößert die Reichweite eines WLANs. Vereinfacht ausgedrückt, handelt es sich um ein Gerät mit *zwei* WLAN-Adaptern, von denen der eine die Verbindung zum vorhandenen WLAN herstellt und der andere mit den WLAN-Clients in der Umgebung kommuniziert.

Voraussetzungen

Zur Realisierung des oben genannten Projekts müssen die folgenden Voraussetzungen erfüllt sein:

► **Internetzugang über Ethernet:** Sie brauchen ein Gerät, das Ihnen über ein Ethernet-Kabel Internetzugang gibt. Im privaten Umfeld übernimmt oft ein ADSL-Router diese Aufgabe.

► **Raspberry Pi mit Raspbian:** Die Anleitung in diesem Kapitel setzt voraus, dass Sie auf Ihrem Raspberry Pi Raspbian installiert haben. Selbstverständlich eignen sich auch andere Raspberry-Pi-Distributionen, viele Konfigurationsdetails sehen dann aber anders aus.

► **USB-WLAN-Adapter mit Access-Point-Funktion:** Sie brauchen einen WLAN-Adapter, der von Raspbian unterstützt wird *und* der als Access Point verwendet werden kann. Bei den Raspberry-Pi-Modellen 3B und 3B+ können Sie einfach den integrierten WLAN-Adapter verwenden. Sein Nachteil besteht aber darin, dass er mangels externer Antenne eine recht kleine Funkreichweite hat. Ihr Raspberry Pi kann so bestenfalls ein Zimmer als Router abdecken.

Bei USB-WLAN-Adaptern hängt die Anwendbarkeit als Access Point nicht nur vom jeweiligen Modell ab, sondern auch vom Linux-Treiber. Sie müssen dieses Detail unbedingt vor dem Kauf recherchieren. Es gibt eine Menge WLAN-Adapter, die unter Linux grundsätzlich laufen, aber eben nur für die »gewöhnliche« Nutzung, nicht als Access Point. Eine schier endlose Liste von WLAN-Modellen samt Erfahrungsberichten finden Sie auf der folgenden Seite:

https://elinux.org/RPi_USB_Wi-Fi_Adapters

Wirklich verlässlich sind die dort zusammengestellten Informationen leider ebenso wenig wie Kundenrezensionen in diversen Verkaufsportalen: Die Hersteller von WLAN-Adaptern ändern nämlich mitunter die Hardware, ohne dem Modell einen neuen Namen zu geben. So kann es vorkommen, dass sich eine neue

Ausführung eines bestimmten Modells eines WLAN-Adapters vollkommen anders verhält als eine alte Ausführung. Genau das ist uns beim Kauf eines Adapters mit der Bezeichnung »RT5370« passiert. Frühere Versionen dieses Adapters enthielten den gut von Linux unterstützten Ralink-Chip RT5370. Neuere Modelle sind hingegen mit anderen Chips ausgestattet, die unter Linux nicht oder nur eingeschränkt funktionieren.

Falls Sie einen WLAN-Repeater einrichten möchten, benötigen Sie *zwei* WLAN-Adapter, von denen zumindest einer über die Access-Point-Funktion verfügen muss.

▶ **Antenne:** Wenn Sie mehrere Räume oder ein ganzes Haus mit einem Funknetz versorgen möchten, ist ein WLAN-Adapter mit externer Antenne erforderlich (siehe Abbildung 38.1). Die Reichweite eines USB-Steckers mit einer winzigen eingebauten Antenne ist für solche Fälle zu klein.

Abbildung 38.1 USB-WLAN-Adapter mit Stabantenne

Wir haben unsere Tests sowohl mit dem eingebauten WLAN-Adapter das Modells 3B+ als auch mit vier verschiedenen USB-Adaptern durchgeführt. Am besten funktioniert hat der LogiLink-Adapter WL0145 mit 150 Mbps (Ralink-RT5370-Chipset) mit abnehmbarer Antenne. lsusb liefert bei diesem Modell den folgenden ID-Code:

```
lsusb
... ID 148f:5370 Ralink Technology, Corp.
              RT5370 Wireless Adapter
```

Kernel

Beim Raspberry Pi 3B+ gab es anfänglich Kernel-Probleme im WLAN-Treiber, die bei der Verwendung der *hostapd*-Software auftraten. Wir haben deswegen vor Beginn der Arbeiten für dieses Kapitel ein Kernel-Update mit rpi-update durchgeführt (siehe Abschnitt 4.2, »Updates«). Vermutlich ist ein derartiges Update aber nicht mehr erforderlich, wenn dieses Buch erschienen ist.

Einschränkungen

Der Raspberry Pi ist als Router nicht unbedingt die perfekte Wahl. Erst beim Modell 3B+ funktionieren die Ethernet-Schnittstelle und der eingebaute WLAN-Adapter in einer zeitgemäßen Geschwindigkeit. Aber auch in diesem Fall teilen sich die Ethernet-Schnittstelle und der WLAN-Adapter eine gemeinsame USB-Anbindung. Deswegen kann der Raspberry Pi nie denselben Durchsatz erzielen wie andere, speziell für Netzwerkaufgaben optimierte Geräte.

Trotz dieser Einschränkung funktioniert der Raspberry Pi für den Heimgebrauch als WLAN-Access-Point oder -Router gut. Der limitierende Faktor ist hier ja fast immer die Up- und Download-Geschwindigkeit des ADSL-Routers, und mit der können selbst ältere Raspberry-Pi-Modelle mithalten. Wenn es Ihnen aber darum geht, ein Hochleistungs-WLAN aufzubauen, gibt es leistungsstärkere Geräte als den Raspberry Pi.

38.2   WLAN-Access-Point

Wie wir in der Einleitung dieses Kapitels bereits ausgeführt haben, gibt es viele Möglichkeiten und Varianten zur Konfiguration eines WLAN-Access-Points oder -Routers. Damit dieses Kapitel übersichtlich bleibt, beginnen wir hier mit einer vergleichsweise einfachen Basiskonfiguration, die für viele Fälle ausreicht. In den weiteren Abschnitten folgen dann Erweiterungen und Varianten.

Vorerst besteht unser Ziel darin, eine Internetverbindung, die uns über ein Ethernet-Kabel zur Verfügung steht, unverändert per WLAN weiterzugeben. Der Raspberry Pi soll als Access Point agieren. Das setzt voraus, dass es in Ihrem lokalen Netzwerk zu Hause bereits einen Router mit DHCP-Funktionen gibt. Häufig übernimmt ein ADSL-Router diese Aufgaben. Der Raspberry Pi leitet diese Funktionen gewissermaßen nahtlos weiter. Alle Geräte, die via WLAN eine Verbindung zum Raspberry Pi herstellen, befinden sich anschließend im selben Netzwerk wie die Geräte, die über ein Ethernet-Kabel mit dem ADSL-Router verbunden sind (siehe Abbildung 38.2).

Um das zu erreichen, müssen der Ethernet- und der WLAN-Adapter des Raspberry Pi durch eine sogenannte Netzwerkbrücke verbunden werden. Diese durch Software realisierte Brücke bewirkt, dass die beiden Adapter nicht wie sonst üblich in zwei getrennten Netzen agieren, sondern beide dasselbe Netz verwenden. Stellt ein neues Gerät eine WLAN-Verbindung zum Router her, dann erhält das Gerät die IP-Konfiguration vom DHCP-Server des ADSL-Routers. Alle Geräte im lokalen Netz erhalten somit ihre IP-Adressen direkt vom DHCP-Server des ADSL-Routers und können direkt miteinander kommunizieren.

Im Detail müssen der Raspberry Pi und der WLAN-Adapter (egal, ob es sich um den internen Adapter der Modelle 3B/3B+ handelt oder um einen USB-Adapter) die folgenden Aufgaben erfüllen:

▶ Der Raspberry Pi macht das Funknetz sichtbar, sodass andere Geräte (WLAN-Clients) in Funkreichweite dieses *sehen* und im WLAN-Konfigurationsdialog auswählen können.

▶ Aus Sicherheitsgründen erlaubt der Raspberry Pi den WLAN-Zugang erst nach einer korrekten Passwortangabe.

▶ Er verschlüsselt alle per Funk übertragenen Datenpakete.

▶ Der Raspberry Pi leitet alle über das WLAN übertragenen IP-Pakete direkt zum ADSL-Router weiter.

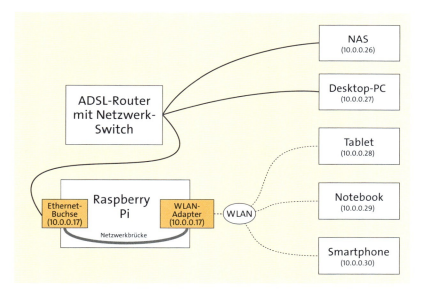

Abbildung 38.2 Der Raspberry Pi als WLAN-Access-Point
(Die in Klammern gestellten IP-Adressen haben Beispielcharakter.)

Paketinstallation

Um aus Ihrem Raspberry Pi einen WLAN-Access-Point zu machen, benötigen Sie zwei zusätzliche Pakete: `bridge-utils` enthält Bibliotheken und Kommandos, um Netzwerkbrücken einzurichten. `hostapd` enthält im gleichnamigen Programm einen WLAN-Authenticator. Dieser kümmert sich um den WLAN-Login und um die Verschlüsselungsfunktionen für den Funkverkehr.

```
sudo apt install bridge-utils hostapd
```

dhcpcd deaktivieren

Wir setzen in diesem Beispiel voraus, dass der Raspberry Pi über ein Ethernet-Kabel mit einem Router verbunden ist und von dort über DHCP (*Dynamic Host Configuration Protocol*) seine IP-Konfiguration bezieht. Allerdings verwenden wir zur Netzwerkkonfiguration nicht die Datei dhcpcd.conf (siehe Abschnitt 5.5), sondern /etc/network/interfaces. Diese Datei hat den Vorteil, dass sie auch komplexere Setups inklusive Netzwerkbrücken unterstützt.

Um dhcpcd zu deaktivieren, führen Sie die beiden folgenden Kommandos aus:

```
sudo systemctl stop dhcpcd
sudo systemctl disable dhcpcd
```

Sollte sich später die Notwendigkeit ergeben, dhcpcd wieder zu aktivieren, wiederholen Sie die beiden Kommandos, ersetzen aber stop und disable durch start und enable.

Netzwerk- und Brückenkonfiguration (/etc/network/interfaces)

Die Konfiguration der Netzwerkbrücke erfolgt in der Datei /etc/network/interfaces. Diese Datei enthielt in früheren Raspbian-Versionen die gesamte Netzwerkkonfiguration. Diese Rolle hat mit Raspbian Stretch dhcpcd.conf übernommen.

/etc/network/interfaces kann aber weiterhin für kompliziertere Setups genutzt werden – und genau dieser Fall liegt hier vor. Deswegen verändern Sie diese Datei nun wie folgt:

```
# Datei /etc/network/interfaces (für WLAN-Access-Point)
# wie bisher: vordefinierte Konfigurationsdateien berücksichtigen
source-directory /etc/network/interfaces.d

# neu: Konfiguration der WLAN/Ethernet-Brücke
auto br0
iface br0 inet dhcp
  bridge_ports eth0 wlan0
```

Das bedeutet, dass in Zukunft beim Rechnerstart automatisch die Brückenschnittstelle br0 initialisiert wird. Die Schnittstelle bezieht ihre IP-Konfiguration über DHCP – so wie bisher die Ethernet-Schnittstelle. bridge_ports gibt an, dass die Brücke die Schnittstellen eth0 und wlan0 verbinden soll.

Die neue Netzwerkkonfiguration gilt ab dem nächsten Neustart. Mit ip addr können Sie nun den Zustand aller Netzwerkschnittstellen ermitteln. Das Ergebnis sollte ähnlich wie im folgenden Listing aussehen, das wir aus Platzgründen jedoch stark gekürzt haben:

```
sudo reboot
...
ip addr
  1: lo: <LOOPBACK,UP,LOWER_UP> mtu 65536 ...
     inet 127.0.0.1/8 scope host lo
        valid_lft forever preferred_lft forever
  2: eth0: <BROADCAST,MULTICAST,UP,LOWER_UP> ... master br0 ...
  3: wlan0: <NO-CARRIER,BROADCAST,MULTICAST,UP> ... master br0 ...
  4: br0: <BROADCAST,MULTICAST,UP,LOWER_UP> mtu 1500 ...
     inet 10.0.0.13/24 brd 10.0.0.255 scope global br0
```

Entscheidend ist, dass weder bei der eth0- noch bei der wlan0-Schnittstelle eine IP-Adresse aus dem lokalen Netzwerk (hier also 10.0.0.*) angezeigt wird. Vielmehr ist nur noch die Brücke br0 mit einer IP-Adresse verbunden, im obigen Listing also 10.0.0.13. Dafür verwenden eth0 und wlan0 die Schnittstelle br0 als master.

WLAN-Authenticator (hostapd)

hostapd ist ein WLAN-Authenticator – also ein Programm, das sich darum kümmert, WLAN-Funktionen verschlüsselt anzubieten und die Authentifizierung durchzuführen. hostapd kann auf unterschiedlichste Arten verwendet werden, unter anderem auch in Kombination mit dem zentralen Login-Server *Radius*.

Unsere Anforderungen sind hingegen recht simpel: Wir wollen dem Funknetzwerk einen Namen geben (im Folgenden rapi-wlan), die Kommunikation gemäß dem Standard WPA2 verschlüsseln und den WLAN-Zugang durch ein Passwort absichern. Dazu richten Sie die neue Konfigurationsdatei /etc/hostapd/hostapd.conf wie in dem folgenden Muster ein. Beachten Sie, dass die Syntax dieser Datei keine Leerzeichen vor und nach dem Zeichen = erlaubt!

```
# Datei /etc/hostapd/hostapd.conf
interface=wlan0
bridge=br0
driver=nl80211
ssid=rapi-wlan
wpa=2
wpa_passphrase=geheim1234
wpa_key_mgmt=WPA-PSK
hw_mode=g
channel=6
country_code=DE
```

Kurz eine Erklärung der Schlüsselwörter: interface gibt an, welche WLAN-Schnittstelle hostapd verwalten soll – in aller Regel wlan0. Nur wenn Sie mehrere WLAN-Adapter mit Ihrem Raspberry Pi verbunden haben, z. B. zum Einsatz als WLAN-

Repeater, müssen Sie darauf achten, hier die richtige Schnittstelle anzugeben. `bridge` gibt an, über welche Netzwerkbrücke die Verbindung zum übergeordneten Netzwerk erfolgt.

`driver` bestimmt, welcher Linux-WLAN-Treiber zum Einsatz kommen soll. `nl80211` ist der zurzeit modernste Treiber im Linux-Kernel. Er ist für die meisten WLAN-Adapter geeignet, die derzeit auf dem Markt sind. `hostapd` kommt aber auch mit einigen älteren WLAN-Treibern zurecht: `hostap`, `madwifi` und `prism54`. Sollte also `driver=nl80211` bei Ihrem WLAN-Adapter zu einer Fehlermeldung beim Start führen, müssen Sie im Internet recherchieren, welcher Treiber zu Ihrem WLAN-Adapter passt.

Leider ist nicht jeder WLAN-Adapter zu `hostapd` kompatibel! Auf dieses Problem haben wir ja schon in der Einleitung dieses Kapitels hingewiesen. Insbesondere sind `hostapd` und die Linux-Treiber der weit verbreiteten Realtek-8188-Chipsets zueinander inkompatibel. In diesem speziellen Fall kann das Problem glücklicherweise durch den Einsatz einer alternativen `hostapd`-Version umgangen werden. Details dazu folgen im nächsten Abschnitt.

`ssid` steht für *Service Set Identifier* und bezeichnet den Namen des WLAN-Netzwerks. Das ist also der Name, den Sie in einem Notebook oder Smartphone sehen, wenn Sie das WLAN-Netz auswählen.

`wpa=2` bewirkt, dass die Verschlüsselungstechnik WPA2 verwendet wird. `wpa_key_mgmt` gibt an, wie die Authentifizierung erfolgt. Zur Auswahl stehen die Verfahren *Pre-Shared Key* (`WPA_PSK`) oder *Extensible Authentication Protocol* (`WPA_EAP`). `wpa_passphrase` ist das Passwort für den WLAN-Zugang. Es muss mindestens acht Zeichen umfassen.

`hw_mode` gibt an, welcher WLAN-Standard verwendet werden soll, z. B. g für IEEE 802.11g. Der optionale Parameter `channel` bestimmt, welchen Kanal bzw. welches Frequenz-band der WLAN-Adapter verwenden soll. Die `country_code`-Einstellung stellt sicher, dass die Vorschriften zu den Funkfrequenzen eingehalten werden. Weitere Informationen zur `hostapd`-Konfiguration sowie zu den Frequenzbändern der WLAN-Kanäle können Sie auf diesen Webseiten nachlesen:

https://w1.fi/hostapd
https://w1.fi/cgit/hostap/plain/hostapd/hostapd.conf
https://wireless.kernel.org/en/users/Documentation/hostapd
https://en.wikipedia.org/wiki/List_of_WLAN_channels

Da die `hostapd`-Konfigurationsdatei das WPA-Passwort im Klartext enthält, sollte die Datei nur für `root` lesbar sein:

```
chmod 600 /etc/hostapd/hostapd.conf
```

Damit `hostapd` die Konfigurationsdatei überhaupt berücksichtigt, muss auch die Datei `/etc/default/hostapd` verändert werden. Dort müssen Sie beim Parameter `DAEMON_CONF` den Namen der Konfigurationsdatei eintragen:

```
# Datei /etc/default/hostapd
DAEMON_CONF="/etc/hostapd/hostapd.conf"
```

Erfahrungsgemäß ist die hostapd-Konfiguration fehleranfällig. Deswegen empfiehlt es sich, den Dienst vorerst manuell mit der Option -d zu starten. Sämtliche Statusmeldungen sind dann direkt im Terminalfenster zu sehen. Nun können Sie mit einem Smartphone, Tablet oder Notebook ausprobieren, ob Ihr WLAN-Router funktioniert. Die Login-Meldungen sind ebenfalls im Terminal zu sehen.

```
hostapd -d /etc/hostapd/hostapd.conf
  ... (unzählige Statusmeldungen)
  wlan0: Setup of interface done.
  Wireless event: cmd=0x8b15 len=20
  ... (diverse Meldungen zur Verbindung eines WLAN-Clients)
  wlan0: STA 04:1e:64:f1:8d:b8 WPA: pairwise key handshake
    completed (RSN)
```

Wenn hostapd keine offensichtlichen Fehler anzeigt und weiterläuft, dann beenden Sie das Programm mit [Strg]+[C] wieder. Anschließend starten Sie den Dämon regulär als Systemdienst:

```
systemctl start hostapd
```

Ab dem nächsten Neustart Ihres Raspberry Pi werden alle Router-Funktionen automatisch aktiviert. Die oben beschriebenen Kommandos zum manuellen Start sind also nur beim ersten Mal erforderlich.

WLAN-Whitelist

hostapd sieht die Möglichkeit vor, die Kommunikation auf eine Liste von Geräten einzuschränken, die in einer Whitelist aufgezählt werden (Parameter accept_mac_file). Unter Raspbian Stretch scheitert das aber an einer veralteten Version von hostapd. Abhilfe schafft die Installation einer neuen Version, die aktuell nur in der Testversion von Raspbian Buster enthalten ist. Eine Installationsanleitung finden Sie hier:

https://heise.de/-4070025

Inkompatible WLAN-Adapter

Glücklicherweise werden viele WLAN-Modelle, die in der Vergangenheit Probleme bereitet haben, mittlerweile unterstützt – z. B. der weit verbreitete WLAN-Adapter EW-7811UN von Edimax. Es gibt aber weiterhin diverse WLAN-Adapter, die mit hostapd nicht kompatibel sind. In unserer Testkollektion betraf das z. B. einen No-Name-Adapter, der intern das Realtek-8188-Chipset verwendet. (Beachten Sie, dass nicht *alle* WLAN-Adapter mit diesem Chipset Probleme bereiten. Ein anderer Adapter, der ebenfalls eine Variante des 8188-Chipsets verwendet, funktionierte auf Anhieb!)

```
lsusb | grep 8188
   Bus 001 Device 005: ID 0bda:0179 Realtek Semiconductor Corp.
             RTL8188ETV Wireless LAN 802.11n Network Adapter
lsmod | grep 8188
   r8188eu     442368  0
   cfg80211    573440  2 r8188eu,brcmfmac
```

Es gibt im Internet mehrere Seiten, die für WLAN-Adapter auf Basis des 8188-Chipsatzes eine modifizierte Version des Programms hostapd zum Download anbieten. Die beiden bekanntesten sind:

https://jenssegers.com/43/realtek-rtl8188-based-access-point-on-raspberry-pi
https://daveconroy.com/how-to/turn-your-raspberry-pi-into-a-wifi-hotspot-
   with-edimax-nano-usb-ew-7811un-rtl8188cus-chipset

Trotz genauer Befolgung der Installationsanleitungen (Sie müssen insbesondere in hostapd.conf die Zeile driver=nl80211 durch driver=rtl871xdrv ersetzen!) ist es uns unter Raspbian Stretch nicht gelungen, den betroffenen WLAN-Adapter zur Zusammenarbeit zu überreden. Sie sparen Zeit und Nerven, wenn Sie sich einen anderen WLAN-Adapter besorgen, der hostapd-kompatibel ist.

Eindeutige WLAN-Schnittstellennamen

Solange Ihr Raspberry Pi nur mit einem WLAN-Adapter verbunden ist, ist alles ganz einfach: Der Schnittstellename lautet wlan0. Sobald Sie aber zwei WLAN-Adapter verwenden (z. B. einen internen und einen USB-Adapter), kann die Zuordnung von wlan0 und wlan1 mit jedem Boot-Vorgang wechseln: Mal bezeichnet wlan0 den internen Adapter, mal wlan1. Sollten Sie noch mehr Adapter verwenden, wird das Problem naturgemäß noch größer. Eine eindeutige Zuordnung der Adapter in den Konfigurationsdateien ist so unmöglich.

Der Ärger mit sich ändernden Schnittstellennamen lässt sich schnell beheben. Dazu ermitteln Sie mit ip addr die MAC-Adressen aller WLAN-Adapter. Die MAC-Adresse ist ein 12-stelliger hexadezimaler Code, der in der Zeile angezeigt wird, die mit link ether beginnt:

```
ip addr
...
2: wlan0: <BROADCAST,MULTICAST,UP,LOWER_UP> ...
    link/ether b8:27:eb:c0:66:98 brd ff:ff:ff:ff:ff:ff
3: wlan1: <BROADCAST,MULTICAST> ...
    link/ether 7c:dd:90:4c:a7:40 brd ff:ff:ff:ff:ff:ff
```

Anschließend richten Sie die Datei /etc/udev/rules.d/98-my.rules ein, die wie das folgende Muster aussieht:

```
# Datei /etc/udev/rules.d/98-my.rules
SUBSYSTEM=="net", ACTION=="add", \
  ATTR{address}=="b8:27:eb:c0:66:98", NAME="wlan0"
SUBSYSTEM=="net", ACTION=="add", \
  ATTR{address}=="7c:dd:90:4c:a7:40", NAME="wlan1"
```

Die beiden mit SUBSYSTEM beginnenden Anweisungen wurden hier nur aus Platzgründen über zwei Zeilen verteilt. In der Datei setzen Sie die MAC-Zeichenketten Ihrer WLAN-Adapter und die gewünschten Schnittstellennamen ein. Die Konfiguration gilt ab dem nächsten Neustart.

38.3   WLAN-Router

Ein WLAN-Router unterscheidet sich von einem Access Point vor allem dadurch, dass die WLAN-Clients einen eigenen IP-Adressbereich erhalten (siehe Abbildung 38.3). Das ist dann vorteilhaft, wenn Sie Gästen einen unkomplizierten Internetzugang geben möchten, ohne ihnen gleich auch Zugriff auf Ihr lokales Netzwerk zu gewähren. Firmen-WLANs werden aus Sicherheitsgründen häufig auf diese Weise realisiert. Auch die meisten Smartphones stellen unter den Begriffen »WLAN-Hotspot«, »Tethering« oder »Internetfreigabe« vergleichbare Funktionen zur Verfügung.

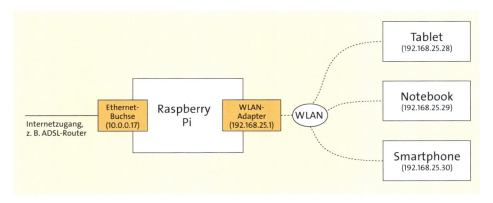

Abbildung 38.3 Der Raspberry Pi als WLAN-Router
(Die in Klammern stehenden IP-Adressen haben Beispielcharakter.)

Ein Rechner, mehrere IP-Adressen?

Wenn Sie einen genaueren Blick auf die Router-Topologie werfen, fällt Ihnen vielleicht auf, dass der Raspberry Pi dort *zwei* IP-Adressen hat (siehe Abbildung 38.3): einmal 10.0.0.17 und einmal 192.168.25.1. Ist das überhaupt zulässig? Natürlich!

Jedes Gerät in einem Netzwerk kann mehrere IP-Adressen haben. In einem IPv4-Netzwerk gibt es üblicherweise für jede Schnittstelle eine eigene IP-Adresse. Wenn der Raspberry Pi als WLAN-Router eingesetzt wird, dann hat er sogar *drei* IPv4-Adressen, weil es zusätzlich zur Ethernet- und WLAN-Schnittstelle auch die interne Loopback-Schnittstelle mit der Localhost-Adresse 127.0.0.1 gibt. Dazu kommen noch die IPv6-Adressen: Selbst wenn Sie IPv6 nicht aktiv nutzen, stattet Linux jeden Netzwerkadapter automatisch mit lokalen IPv6-Adressen aus. Einen Überblick über alle IP-Adressen gibt das Kommando `ip addr`.

Router-Funktionen

Zuerst sollten Sie sich einmal klarmachen, was ein WLAN-Router eigentlich leistet. Er erfüllt die folgenden Teilfunktionen:

▸ Der Router macht das Funknetz sichtbar.

▸ Er kümmert sich um den WLAN-Login und verschlüsselt den WLAN-Verkehr.

▸ Beim Verbindungsaufbau weist der Router dem WLAN-Client eine IP-Adresse innerhalb eines privaten IP-Netzes zu. Bei der Router-Konfiguration müssen Sie darauf achten, dass es zu keinem Konflikt zwischen den Netzwerkadressen des vorhandenen lokalen Netzwerks und des neuen WLANs kommt. Für die Beispiele in diesem Kapitel gilt die Annahme, dass der ADSL-Router die Adressen 10.0.0.* verwendet, der WLAN-Router die Adressen 192.168.25.*.

▸ Der Router muss seinen Clients mitteilen, welchen Nameserver sie verwenden sollen und wohin nach außen gehende IP-Pakete geleitet werden sollen (Gateway-Adresse).

▸ Optional kann der Router auch selbst als Nameserver agieren. Bei der hier vorgestellten Konfigurationsvariante ist das der Fall. Das hat den Vorteil, dass der Nameserver nicht nur öffentliche Hostnamen wie *http://google.com* kennt, sondern auch die Namen Ihrer Computer im WLAN.

▸ Die WLAN-Clients können nun auf Webseiten im Internet zugreifen, E-Mails abrufen und versenden etc. Bei all diesen Tätigkeiten werden IP-Pakete per WLAN vom Client zum Router gesendet. Der Router muss diese Pakete an den eigentlichen Internetzugang weiterleiten und die eintreffenden Antworten dann wieder zurück an die WLAN-Clients senden. In der Fachsprache heißen diese Funktionen *Forwarding* und *Network Address Translation* (NAT).

Sie sehen also, dass ein scheinbar simpler WLAN-Router mehr Aufgaben erfüllt, als man auf den ersten Blick glauben möchte. Zum Glück gibt es zur Realisierung dieser Aufgaben auf dem Raspberry Pi diverse Programme, deren Konfiguration nicht allzu schwierig ist. Gleich bleibt im Vergleich zur Access-Point-Konfiguration lediglich die Verwendung des WLAN-Authenticators `hostapd`.

Konfigurationsüberblick

Die erforderlichen Konfigurationsschritte auf dem Raspberry Pi werden im Folgenden detailliert beschrieben. Vorweg ein Überblick:

▶ Installation der Pakete `dnsmasq` und `hostapd`

▶ Einrichten bzw. Verändern der folgenden Konfigurationsdateien:

```
/etc/network/interfaces
/etc/sysctl.conf
/etc/hosts
/etc/dnsmasq.conf
/etc/hostapd/hostapd.conf
/etc/default/hostapd
```

▶ Aktivierung der Konfiguration durch `sudo reboot`

Paketinstallation

Um aus Ihrem Raspberry Pi einen WLAN-Router zu machen, müssen Sie zwei Pakete installieren – den DHCP- und Nameserver `dnsmasq` und den WLAN-Authenticator `hostapd`:

```
sudo apt install dnsmasq hostapd
```

Netzwerkkonfiguration (/etc/network/interfaces)

Die Datei `/etc/network/interfaces` muss für den Router-Einsatz umgebaut werden. Für die Loopback-Schnittstelle `lo` gelten weiter die üblichen Standardeinstellungen. Die Ethernet-Schnittstelle `eth0` soll ihre Konfiguration vom DHCP-Server des lokalen Netzwerks bzw. vom ADSL-Router beziehen.

Die WLAN-Schnittstelle soll automatisch aktiviert werden, wobei die Konfiguration statisch erfolgt: Der WLAN-Schnittstelle soll also eine unveränderliche IP-Adresse in einem bisher nicht verwendeten privaten Adresssegment zugewiesen werden. Für das Beispiel in diesem Kapitel verwenden wir die Adresse 192.168.25.1. Diese Adresse wird also in Zukunft die Router-Adresse sein. Andere Geräte mit den Adressen 192.168.25.* sollen mit dem Router kommunizieren können. Daraus ergibt sich die Netzmaske 255.255.255.0. Diese Maske gibt in binärer Form an, welche Bits der IP-Adresse im lokalen Netz unveränderlich sind und somit das Netzpräfix definieren.

Die Schlüsselwörter `up` und `down` geben schließlich zwei `iptables`-Kommandos an, die bei der Aktivierung bzw. Deaktivierung der WLAN-Schnittstelle ausgeführt werden und die *Network Address Translation* (NAT) ein- bzw. ausschalten. Eine Erklärung dieser Kommandos folgt gleich.

Falls Sie, wie im vorigen Abschnitt beschrieben, in der `interfaces`-Datei eine Netz-werkbrücke eingerichtet haben, müssen Sie die entsprechenden Zeilen wieder entfer-nen. Zur Router-Konfiguration brauchen Sie keine Netzwerkbrücke!

```
# Datei /etc/network/interfaces (WLAN-Router)
# wie bisher: vordefinierte Konfigurationsdateien berücksichtigen
source-directory /etc/network/interfaces.d

# Ethernet-Schnittstelle: DHCP verwenden
auto eth0
iface eth0 inet dhcp

# WLAN-Schnittstelle: statische Konfiguration
auto wlan0
iface wlan0 inet static
  address 192.168.25.1
  netmask 255.255.255.0
  up   /sbin/iptables -A POSTROUTING -t nat -o eth0 -j MASQUERADE
  down /sbin/iptables -D POSTROUTING -t nat -o eth0 -j MASQUERADE
```

Network Address Translation (NAT)

Ursprünglich war das *Internet Protocol* (IP) so konzipiert, dass jeder Rechner eine weltweit eindeutige IP-Adresse bekommt. Das erwies sich aber schon bald aus ver-schiedenen Gründen als nicht praktikabel. Heute befinden sich unzählige Computer und andere Geräte in privaten Netzen, haben also keine global eindeutige IP-Adresse. Das gilt auch für alle Geräte in unserem WLAN.

Damit diese Geräte dennoch das Internet nutzen können, nimmt unser WLAN-Router an das Internet adressierte Datenpakete der Clients an und verändert dann die Absenderadresse so, als würden die Pakete vom Router selbst stammen. Diese Adress-änderung wird als *Network Address Translation* (NAT) bezeichnet.

Jetzt kann das Datenpaket in das Internet weitergeleitet werden. Im Regelfall kommt aus dem Internet nach einer Weile eine Antwort – beispielsweise die angeforderte Webseite. Der Router muss die Antwort nun an den richtigen Client im lokalen WLAN weiterleiten. Dazu muss er die korrekte Zieladresse wissen. Das Datenpaket wurde ja nach der Adressänderung von ihm selbst abgesandt, daher ist auch die Antwort an den Router adressiert.

Um eine Adresszuordnung der Antwortpakete zu ermöglichen, verändert der Router nicht nur die Absenderadresse, sondern auch den Absender-Port. Für jede IP-Adresse innerhalb des lokalen Netzes wird eine bestimmte Port-Nummer verwendet. Linux-intern ist für die NAT `iptables` zuständig. Das ist ein in den Kernel integriertes System zur Verarbeitung von IP-Paketen.

Die technischen Grundlagen sind also reichlich komplex. Tatsächlich brauchen Sie zur Aktivierung von NAT aber nur ein einziges iptables-Kommando. iptables steuert die Firewall-Funktionen des Linux-Kernels, also alle Regeln, die für die Verarbeitung und Weiterleitung von Netzwerkpaketen gelten sollen. Die durch das folgende Kommando definierte Regel bewirkt, dass alle IP-Pakete, die das lokale Netzwerk verlassen sollen, über das Interface eth0 geleitet und durch NAT manipuliert werden. Die Option -j MASQUERADE gibt dabei das Verfahren an, wie die Pakete manipuliert werden sollen:

```
iptables -A POSTROUTING -t nat -o eth0 -j MASQUERADE
```

Mit dem nächsten Kommando deaktivieren Sie NAT wieder. Das Kommando sieht genauso aus wie vorhin, aber wir verwenden die Option -D für *delete* anstelle von -A für *add*:

```
iptables -D POSTROUTING -t nat -o eth0 -j MASQUERADE
```

Die up- und down-Zeilen in /etc/network/interfaces bewirken, dass diese Kommandos automatisch ausgeführt werden, wenn die WLAN-Schnittstelle aktiviert bzw. deaktiviert wird. Wichtig ist, dass dabei der vollständige Pfad des iptables-Kommandos angegeben werden muss.

```
# in /etc/network/interfaces
...
iface wlan0 inet static
  ...
  up   /sbin/iptables -A POSTROUTING -t nat -o eth0 -j MASQUERADE
  down /sbin/iptables -D POSTROUTING -t nat -o eth0 -j MASQUERADE
```

Forwarding

Die NAT-Firewall-Regel allein reicht nicht aus, damit der Raspberry Pi als Router funktionieren kann. Standardmäßig leitet Linux Netzwerkpakete nämlich nicht von einem Netzwerk zum nächsten weiter. Aus Sicherheitsgründen ist die sogenannte IP-Forwarding-Funktion deaktiviert. Um das IP-Forwarding zu aktivieren, ändern Sie die Datei /etc/sysctl.conf. Sie enthält bereits die Zeile net.ipv4.ip_forward=1; Sie müssen lediglich das Kommentarzeichen # am Beginn dieser Zeile entfernen.

```
# Änderung in /etc/sysctl.conf
net.ipv4.ip_forward=1
```

DHCP- und Nameserver (Dnsmasq)

Das Programm Dnsmasq ist ein kombinierter DHCP- und Nameserver. Eigentlich würde für einen WLAN-Router auch ein reiner DHCP-Server wie das Programm udhcpd ausreichen. Der Einsatz von Dnsmasq hat demgegenüber den Vorteil, dass sich die WLAN-Clients auch gegenseitig namentlich kennen. Wenn es im Funknetz zwei

Notebooks mit den Hostnamen a und b gibt, dann können sich diese Notebooks gegenseitig über ihre Hostnamen ansprechen, also z. B. die Kommandos ping a oder ssh name@b ausführen.

In diesem Beispiel gehen wir davon aus, dass der Raspberry Pi über ein Ethernet-Kabel mit einem lokalen Netzwerk bzw. mit einem ADSL-Router verbunden ist und automatisch eine IP-Adresse der Form 10.0.0.* zugewiesen erhält (siehe Abbildung 38.3). Für das WLAN soll ein anderes privates Netz verwendet werden, das in unserem Beispiel den Adressraum 192.168.25.* verwendet. Dem Router selbst wurde bereits in /etc/network/interfaces statisch die Adresse 192.168.25.1 zugewiesen; die anderen Geräte im WLAN sollen via DHCP Adressen zwischen 192.168.25.2 und 192.168.25.254 erhalten.

Die dazu passende Netzmaske lautet 255.255.255.0. Sie bewirkt, dass Geräte mit den IP-Adressen 192.168.25.* miteinander kommunizieren dürfen. Als Domain-Nameserver wird der öffentliche Google-DNS mit der IP-Adresse 8.8.8.8 verwendet. Stattdessen können Sie natürlich auch die IP-Adresse des Nameservers Ihres Internet-Providers oder eines eigenen Nameservers im lokalen Netzwerk angeben, wenn Ihnen diese bekannt ist. Jedes Gerät darf diese IP-Daten maximal einen Tag lang nutzen. Danach müssen die Geräte den DHCP-Server neuerlich kontaktieren und ihre Netzwerkkonfiguration auffrischen.

Bevor Sie Dnsmasq konfigurieren, sollten Sie in /etc/hosts die lokale IP-Adresse im WLAN-Netz und den Hostnamen Ihres Raspberry Pi eintragen. Diese Daten sind erforderlich, damit Dnsmasq den eigenen Hostnamen kennt. Anstelle von pi müssen Sie den Hostnamen Ihres Raspberry Pi angeben (siehe /etc/hostname).

```
# Ergänzung in /etc/hosts
...
192.168.25.1   pi
```

Die Dnsmasq-Einstellungen befinden sich in /etc/dnsmasq.conf. Die vorhandene Konfigurationsdatei ist recht umfangreich, weil sie zugleich als Dokumentation dient. Deswegen ist es zweckmäßig, zuerst eine Sicherheitskopie dieser Datei anzulegen und dann mit einer leeren Datei neu zu beginnen. Die folgenden Zeilen dienen dabei als Anhaltspunkt. Die IP-Angaben passen Sie Ihren eigenen Wünschen entsprechend an.

```
# Datei /etc/dnsmasq.conf
domain-needed
bogus-priv
interface=wlan0
dhcp-range=192.168.25.2,192.168.25.254,24h
local=/rapinet/
domain=rapinet
expand-hosts
```

Kurz eine Erklärung der Schlüsselwörter: `domain-needed` und `bogus-priv` verhindern, dass Dnsmasq lokale Hostnamen bzw. lokale IP-Adressen an den Nameserver Ihres Internet-Providers weitergibt. Lokale Hostnamen sollen also lokal bleiben. `interface` gibt an, dass Dnsmasq in seiner Funktion als DHCP-Server nur auf Anfragen antworten soll, die von der Schnittstelle `wlan0` kommen. `dhcp-range` gibt an, welchen Adressbereich der DHCP-Server zur Beantwortung von DHCP-Anfragen nutzen soll. Vergebene Adressen bleiben 24 Stunden lang gültig und müssen dann vom Client erneuert werden.

Die Nameserver- und Gateway-Adressen müssen Sie nicht extra konfigurieren. Dnsmasq wertet selbstständig `/etc/resolv.conf` aus und greift auf den dort angegebenen Nameserver zurück. An die WLAN-Clients wird als Nameserver- und Gateway-Adresse jeweils die IP-Adresse des Raspberry Pi übertragen, gemäß dem Beispiel in diesem Kapitel also 192.168.25.1.

Das Schlüsselwort `local` gibt an, dass Adressanfragen aus dieser Domain direkt von Dnsmasq beantwortet werden sollen (nicht vom Nameserver des ISP). `domain` gibt an, dass Dnsmasq den DHCP-Clients den angegebenen Domainnamen zuweisen soll. Dieser Name muss mit dem in `local` angegebenen Namen übereinstimmen. Das lokale Netz hat somit den Namen `rapinet`.

`expand-hosts` bewirkt schließlich, dass bei Nameserver-Anfragen ohne Domain automatisch die in `domain` angegebene Domain hinzugefügt wird. Wenn Sie also auf einem Rechner im WLAN `ping name` ausführen, liefert Dnsmasq die Adresse von `rapinet.name` zurück. Eine Menge weiterer Details zur Dnsmasq-Konfiguration verrät die man-Seite, also `man dnsmasq`.

Der lokale Nameserver-Dienst funktioniert für alle WLAN-Clients, die sich beim WLAN-Router anmelden. Für den Nameserver-Dienst gibt es allerdings eine Einschränkung: Er funktioniert nicht für den Raspberry Pi selbst. Der Grund dafür ist einfach: Der Raspberry Pi verwendet nicht Dnsmasq als Nameserver, sondern den Nameserver, dessen Adresse der ADSL-Router via DHCP an den Raspberry Pi übermittelt hat. Diese Adresse wurde automatisch in `/etc/resolv.conf` eingetragen.

Wenn auch der Raspberry Pi die WLAN-Clients namentlich ansprechen können soll, müssen Sie auf dem Raspberry Pi in die Datei `/etc/resolv.conf` die Zeile `nameserver 127.0.0.1` eintragen. Außerdem müssen Sie in `/etc/network/interfaces` die Konfiguration für die Ethernet-Schnittstelle statisch durchführen, um zu vermeiden, dass Ihre Einstellungen in `/etc/resolv.conf` bei nächster Gelegenheit wieder überschrieben werden. Zuletzt müssen Sie in `/etc/dnsmasq.conf` zwei Zeilen mit `no-resolv` und `server=n.n.n.n` einfügen, wobei Sie n.n.n.n durch die IP-Adresse des externen Nameservers ersetzen. Dnsmasq kann diese Information nun ja nicht mehr `/etc/resolv.conf` entnehmen.

WLAN-Authenticator (hostapd)

Die Konfiguration des Programms `hostapd` verändert sich im Vergleich zu einem WLAN-Access-Point nur um ein winziges Detail: Die Anweisung `bridge=br0` entfällt. Damit sieht die Datei wie folgt aus:

```
# Datei /etc/hostapd/hostapd.conf
interface=wlan0
driver=nl80211
ssid=rapinet-wlan
wpa=2
wpa_passphrase=geheim1234
wpa_key_mgmt=WPA-PSK
hw_mode=g
channel=6
country_code=DE
```

Damit `hostapd` die Konfigurationsdatei überhaupt berücksichtigt, muss auch die Datei /etc/default/hostapd verändert werden. Dort müssen Sie beim Parameter `DAEMON_CONF` den Namen der Konfigurationsdatei eintragen:

```
# Datei /etc/default/hostapd
DAEMON_CONF="/etc/hostapd/hostapd.conf"
```

Weitere Hintergründe zur `hostapd`-Konfiguration können Sie bei Bedarf in Abschnitt 38.2, »WLAN-Access-Point«, nachlesen.

Inbetriebnahme und Test

Am einfachsten aktivieren Sie die neue Konfiguration durch einen Neustart des Raspberry Pi, also mit `sudo reboot`. Mit `ip addr` vergewissern Sie sich, dass die Netzwerkkonfiguration passt. Für die Beispielkonfiguration muss die WLAN-Schnittstelle die IP-Adresse 192.168.25.1 haben. Der Ethernet-Schnittstelle wird vom ADSL-Router eine IP-Adresse zugewiesen. Das Ergebnis sollte ähnlich wie im folgenden gekürzten Listing aussehen:

```
ip addr
  1: lo: <LOOPBACK,UP,LOWER_UP> mtu 65536 ...
    inet 127.0.0.1/8 scope host lo
      valid_lft forever preferred_lft forever
  2: eth0: <BROADCAST,MULTICAST,UP,LOWER_UP> mtu 1500 ...
    inet 10.0.0.17/24 brd 10.0.0.255 scope global eth0
      valid_lft forever preferred_lft forever
  3: wlan0: <NO-CARRIER,BROADCAST,MULTICAST,UP> mtu 1500 ...
    inet 192.168.25.1/24 brd 192.168.25.255 scope global wlan0
      valid_lft forever preferred_lft forever
```

Wenn Probleme auftreten, können Sie versuchen, für hostapd das Logging zu aktivieren. Dazu verändern Sie in der Datei /etc/default/hostap den Parameter DAEMON_OPTS:

```
# Datei /etc/default/hostapd
...
DAEMON_OPTS="-d -t -f /var/log/hostapd.log"
```

Nach einem Neustart von hostapd durch systemctl restart hostapd können Sie in /var/log/hostapd.log die Logging-Meldungen verfolgen.

38.4   Tor-Router

Unser nächstes Ziel ist es, aus dem Raspberry Pi einen WLAN-Router zu machen, über den alle per Funk verbundenen Rechner anonymisiert das Internet nutzen können. Dazu leiten wir die Netzwerkpakete nicht *direkt* in das Internet weiter, sondern greifen auf das Tor-Netzwerk zurück. Bevor wir die Konfigurationsdetails beschreiben, lohnt sich ein Blick auf die Tor-Grundlagen.

38

Das Problem

Sicher ist Ihnen schon einmal aufgefallen, dass bestimmte Webseiten, die Sie besucht haben, Sie beim nächsten Mal wiedererkennen. Besonders auf Einkaufsportalen wird ganz offensichtlich genau beobachtet, für was Sie sich interessieren. Haben Sie kürzlich online einen Toaster gekauft, werden Ihnen beim nächsten Besuch mit Sicherheit Eierkocher und Fritteusen zum Kauf empfohlen.

Wenn Sie soziale Netze wie Facebook, Twitter oder Google Plus nutzen, müssen Sie sich manchmal wochenlang nicht neu einloggen, sondern werden automatisch wieder angemeldet. Dabei wird beobachtet, wie lange Sie auf der Seite bleiben, auf was Sie klicken, was Sie sich näher anschauen und vieles mehr.

Auch technische Informationen werden gesammelt, etwa bei welchem Internetprovider Sie Kunde sind, welches Betriebssystem und welchen Browser Sie benutzen. Oft kann anhand der IP-Adresse zumindest näherungsweise auch Ihr Wohnort bestimmt werden. All das und mehr wird unter dem Stichwort *Tracking* (etwa: *Verfolgung*) zusammengefasst.

Vielen Nutzern ist das Tracking unheimlich. Sie fürchten (zu Recht), dass all diese Daten über Jahre gesammelt und möglicherweise eines Tages missbraucht werden. Dabei ist unerwünschte personalisierte Werbung – einer der Hauptgründe für die Sammelleidenschaft – noch eines der kleineren Übel. Vielleicht landen Ihre Daten durch eine Sicherheitslücke in unbefugten Händen und Ihre Online-Identität wird für illegale Transaktionen missbraucht.

Das Tor-Netzwerk

Um derartiges Tracking zu verhindern, brauchen Sie Hilfsmittel, mit denen Sie möglichst wenige Spuren hinterlassen, also eine Art Anonymisierungsdienst. Eine Möglichkeit, einen solchen Dienst mit dem Raspberry Pi zu realisieren, ist die Nutzung des Tor-Netzwerks. Dazu konfigurieren wir den Raspberry als speziellen WLAN-Router, also als ein Gerät, das Datenpakete zwischen zwei Netzen vermittelt. In einem der Netze befinden sich die Clients, also Ihre PCs, Notebooks, Tablets oder Smartphones, die Sie zum Surfen benutzen.

Auf der anderen Seite werden die Datenpakete nicht wie bisher ungeschützt ins Internet geleitet, sondern in das sogenannte Tor-Netzwerk. Das ist ein Anonymisierungsnetzwerk, das aus vielen Servern besteht. Es wurde 2004 von der *Electronic Frontier Foundation* ins Leben gerufen, einer Organisation, die sich für freien und ungehinderten Netzzugang einsetzt. Der Name wurde ursprünglich TOR geschrieben und war die Abkürzung für *The Onion Router*. Inzwischen ist Tor aber ein Eigenname und wird deshalb nicht mehr in Großbuchstaben geschrieben.

Als Privatkunde bei einem Internetzugangsanbieter erhalten Sie in der Regel von diesem einen Router. Er ist auf der einen Seite mit dem Netz des Anbieters verbunden. Auf der anderen Seite befindet sich Ihr Heimnetz, in dem alle Ihre internetfähigen Geräte drahtlos oder per Kabel angebunden sind. Der Router besitzt eine eindeutige, im Internet sichtbare Adresse, die IP-Adresse. Sobald Sie eine Webseite aufrufen, sieht der Betreiber dieser Seite Ihre IP-Adresse und protokolliert sie in einer Datei. Das ist schon die erste Datenspur, die Sie hinterlassen.

Hier greift das Tor-Netzwerk ein. Wenn Sie das Tor-Netz benutzen und darüber eine Webseite aufrufen, geht die Datenverbindung nicht direkt zum Ziel, sondern zu einem Tor-Router. Der übergibt die Datenverbindung an einen zweiten Tor-Router, dieser an einen dritten, und erst dieser leitet die Verbindung zur Ziel-Webseite. Die Tor-Router heißen auch *Knoten*. Dabei ist der Tor-Router, der die Verbindung als Erster annimmt, der sogenannte Eintrittsknoten, der zweite ist ein Transitknoten (*Relay Node*), und der letzte ist der Austrittsknoten (*Exit Node*). Diese wie Zwiebelschalen ineinander liegenden Anonymisierungsschichten gaben dem *Onion Router* seinen Namen:

https://www.torproject.org

Das Tor-Netz hilft Ihnen also, etwa beim Online-Einkauf nicht mehr Datenspuren zu hinterlassen als unbedingt notwendig. In der Protokolldatei der Ziel-Webseite wird dadurch also nicht Ihre IP-Adresse, sondern die IP-Adresse des Tor-Austrittsknotens protokolliert. Auch der Austrittsknoten weiß nicht, wessen Datenverbindung er weiterleitet, denn er sieht nur die IP-Adresse des Transitknotens. Der Transitknoten kennt weder den Ursprung noch das Ziel der Verbindung. Nur der Eintrittsknoten kennt tatsächlich die Adresse, von der die Verbindung ursprünglich kommt. Die schiere Größe des Tor-Netzes (im Frühjahr 2018 waren rund 6500 Knoten aktiv) soll dabei sicherstellen, dass alle beteiligten Knoten unterschiedlichen Betreibern gehören.

Eine hundertprozentige Anonymität kann allerdings auch Tor nicht gewährleisten. Zum einen gab es immer wieder den Verdacht, dass diverse Geheimdienste selbst Tor-Exit-Nodes betreiben würden, zum anderen ist es zumindest theoretisch möglich, Tor-Nutzer anhand von statistischen Verfahren zu identifizieren:

https://www.zeit.de/digital/datenschutz/2014-01/
   spionierende-exit-nodes-im-tor-netz-entdeckt

Sicherheit und Recht

Das Tor-Netz verschleiert Ihre IP-Adresse. Damit erschwert es das eingangs erwähnte *Tracking* erheblich, aber nicht vollständig, denn Ihre Kommunikationspartner erkennen Sie nicht nur an der Adresse, sondern sie nutzen noch eine Reihe weiterer Techniken, etwa Cookies. Das sind kleine Textdateien, die Informationsschnipsel enthalten und vom Browser auf Ihrem Rechner abgelegt werden. Das Deaktivieren von Cookies in den Browser-Einstellungen macht Sie ein weiteres Stückchen anonymer.

Allerdings ist auch mit Tor nicht alles Gold, was glänzt. So ist Ihre Datenverbindung beim Weg durch das Tor-Netz zwar verschlüsselt, aber die Verschlüsselung endet am Austrittsknoten – das müssen Sie bedenken, ehe Sie sich zu sicher fühlen und sensible Daten preisgeben.

Des Weiteren darf absolut jeder einen oder mehrere Tor-Knoten betreiben. Es wäre naiv anzunehmen, dass es sich dabei ausschließlich um Menschen handelt, die lautere Motive haben. In der Tat ist es kein Geheimnis, dass mehrere Geheimdienste Tor-Knoten betreiben und aktiv daran arbeiten, die Anonymität der Nutzer zu brechen. So wurde Anfang 2014 nach Recherchen der Fernsehsender WDR und NDR bekannt, dass der amerikanische Geheimdienst NSA gezielt einen Tor-Verzeichnisserver angegriffen hat, der von einem Informatikstudenten der Universität Erlangen betrieben wird. (Ein Verzeichnisserver ist im Tor-Netz ein Server, der eine Liste aller weiteren Tor-Server besitzt.) Dazu nutzte der Geheimdienst die Spähsoftware *X-Keyscore*. Teile des Quellcodes dieser Software sind inzwischen bekannt. Nach der Auswertung schlussfolgerten die Journalisten, dass nicht nur Knotenbetreiber, sondern jeder einzelne Tor-Nutzer ein potenzielles Ziel darstellt. Im Quellcode werden die Nutzer sogar als Extremisten bezeichnet.

Die rechtliche Faktenlage ist allerdings eine ganz andere. Das Betreiben von Tor-Knoten und erst recht das bloße Nutzen des Tor-Netzes, wie wir es in diesem Kapitel beschreiben, ist in allen europäischen Ländern legal. Der Standpunkt der deutschen

Bundesregierung etwa ist, dass Bürger für ihren Schutz im Internet selbst verantwortlich sind. Dass man sich bei der Ausübung dieses Rechts allerdings automatisch in das Visier von Geheimdiensten begibt, ist eine sehr unglückliche Situation.

Anbindung eines WLAN-Routers an das Tor-Netz

Die technischen und rechtlichen Details mögen vielleicht den Eindruck erwecken, die Konfiguration eines Tor-Routers wäre schwierig. Aber weit gefehlt: Unter der Voraussetzung, dass Sie bereits einen WLAN-Router eingerichtet haben (siehe Abschnitt 38.3), sind nur wenige weitere Konfigurationsarbeiten erforderlich, um aus ihm einen Tor-Router zu machen.

Zuerst installieren Sie das tor-Paket:

```
sudo apt install tor
```

Nun finden Sie unter /etc/tor die Datei torrc. Hängen Sie an diese Datei einfach die folgenden Zeilen an:

```
# Datei /etc/tor/torrc
...
Log notice syslog
VirtualAddrNetwork 10.192.0.0/10
AutomapHostsSuffixes .onion,.exit
AutomapHostsOnResolve 1
TransPort 9050
ControlPort 9051
TransListenAddress 192.168.25.1
DNSPort 53
DNSListenAddress 192.168.25.1
ExitPolicy reject *:*
AvoidDiskWrites 1
```

Passen Sie dabei die Adresse 192.168.25.1 an: Hier muss die IP-Adresse der WLAN-Schnittstelle Ihres Raspberry Pi stehen. Jetzt müssen Sie nur noch den Datenstrom in das Tor-Netz umleiten. Dazu dienen einige iptables-Kommandos, die die Firewall-Funktionen des Linux-Kernels steuern:

```
#!/bin/bash
iptables -t nat -F
iptables -t nat -A PREROUTING -i wlan0 -p tcp --dport 22 \
       -j REDIRECT --to-ports 22
iptables -t nat -A PREROUTING -i wlan0 -p udp --dport 53 \
       -j REDIRECT --to-ports 53
iptables -t nat -A PREROUTING -i wlan0 -p tcp --syn \
       -j REDIRECT --to-ports 9050
```

Die eigentliche Umleitung wird dabei durch die letzte `iptables`-Anweisung vorgenommen. Die beiden Zeilen zuvor definieren Ausnahmen für DNS und SSH, denn sonst könnten Sie sich nicht mehr auf Ihrem Raspberry Pi einloggen. Zum Test können Sie die Kommandos direkt eingeben, aber für den Dauerbetrieb fügen Sie die Kommandos am besten in die Datei `/etc/rc.local` (vor der Anweisung `exit 0`!) ein. Diese Datei wird am Ende des Boot-Prozesses ausgeführt:

```
# Datei /etc/rc.local
...
iptables -t nat -F
iptables -t nat -A PREROUTING -i wlan0 -p tcp --dport 22 \
  -j REDIRECT --to-ports 22
iptables -t nat -A PREROUTING -i wlan0 -p udp --dport 53 \
  -j REDIRECT --to-ports 53
iptables -t nat -A PREROUTING -i wlan0 -p tcp --syn  \
  -j REDIRECT --to-ports 9050
exit 0
```

Nach einem Reboot können Sie mit dem folgenden Kommando kontrollieren, ob die Firewall-Regeln tatsächlich ausgeführt wurden:

```
iptables -L PREROUTING -t nat
  Chain PREROUTING (policy ACCEPT)
  target     prot opt source       destination
  REDIRECT   tcp  --  anywhere     anywhere     tcp dpt:ssh redir ...
  REDIRECT   udp  --  anywhere     anywhere     udp dpt:domain red...
  REDIRECT   tcp  --  anywhere     anywhere     tcp flags:FIN,SYN,...
```

Test

Nach einem Neustart des Raspberry Pi bzw. nach `sudo systemctl restart tor` ist Tor aktiv. Um das zu überprüfen, besuchen Sie mit einem Gerät, das mit dem WLAN verbunden ist, die Seite *https://check.torproject.org* (siehe Abbildung 38.4).

Beachten Sie, dass Tor zwar für alle Geräte im WLAN aktiv ist, nicht aber für den Raspberry Pi selbst! Dieser verwendet als Router eine direkte Verbindung in das Internet!

Nebenwirkungen

Leider ist die zurückeroberte Anonymität nicht frei von Nebenwirkungen:

▸ Alle Seiten werden nun etwas langsamer geladen als bisher. Bei unseren Tests waren diese Verzögerungen aber nicht störend.

▸ Dank Tor wird Ihren Geräten im WLAN-Netz nun eine (scheinbar) zufällige IP-Adresse zugeordnet. Deswegen können Sie keine Seiten mehr verwenden, die versuchen, anhand der IP-Adresse Ihr Heimatland festzustellen. Das betrifft insbesondere viele Video-Portale.

▶ Aus dem gleichen Grund funktioniert auch die Spracherkennung vieler Seiten nicht mehr. Die Anzeige von Werbung in einer fremden Sprache ist noch einigermaßen egal, aber wenn Seiten wie Google plötzlich alle Optionen und Einstellungen in einer fremden Sprache anzeigen, ist dies schon weniger lustig. Abhilfe schafft in der Regel eine explizite Spracheinstellung, entweder auf der jeweiligen Seite oder im Webbrowser. In Firefox gelingt dies mit Einstellungen • Sprache.

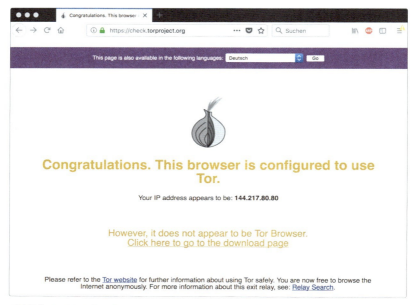

Abbildung 38.4 Tor-Testseite in einem Browser eines Notebooks, das seine Netzwerkverbindung aus dem Tor-WLAN des Raspberry Pi bezieht

Kapitel 39
DLNA-Server

Das Kürzel DLNA steht für *Digital Living Network Alliance*. Die in dieser Gruppe vereinten Hersteller von Unterhaltungselektronik haben sich auf diverse Standards geeinigt. So können DLNA-konforme Geräte beispielsweise unkompliziert im lokalen Netzwerk verfügbare Mediendateien (Bilder, Musik, Videos) anzeigen bzw. abspielen.

Von DLNA war bereits in Kapitel 8, »Multimedia-Center mit Kodi und LibreELEC«, die Rede. Dort ging es darum, dass der Multimedia-Player Kodi Audio- und Video-Dateien abspielen kann, die sich auf einem DLNA-Server im lokalen Netzwerk befinden.

In diesem Kapitel drehen wir den Spieß aber um: Der Raspberry Pi soll nicht Mediendateien per DLNA abspielen, er soll sie im lokalen Netzwerk anderen DLNA-Geräten zur Verfügung stellen. In der DLNA-Nomenklatur soll der Raspberry Pi also zum *Digital Media Server* (DMS) werden.

In vielen IT-affinen Haushalten übernimmt ein NAS-Gerät nebenbei die Rolle eines DLNA-Servers. Für den Raspberry Pi spricht, dass seine Leistungsaufnahme wesentlich geringer ist. Wenn Sie der Anleitung in diesem Kapitel folgen und Ihren DLNA-Server mit einem Raspberry Pi Zero realisieren, bleibt die Leistungsaufnahme unter einem Watt. Alle Mediendateien werden direkt auf der SD-Karte gespeichert, es ist weder eine externe Festplatte noch ein zusätzliches NAS-Gerät erforderlich. Das Datenvolumen ist allerdings momentan auf 256 GByte beschränkt. (Größere SD-Karten waren im Frühjahr 2018 unerschwinglich teuer.)

Noch eine Besonderheit zeichnet das hier vorgestellte Projekt aus: Der DLNA-Server läuft in einem Read-only-Dateisystem. Der große Vorzug dieser Konfigurationsvariante besteht darin, dass keine Gefahr besteht, das Dateisystem zu beschädigen, wenn der Raspberry Pi unvermittelt von der Stromversorgung getrennt wird. Nur wenn neue Multimedia-Dateien auf das Gerät übertragen werden sollen, ist vorübergehend ein Umschalten in den Read-Write-Modus erforderlich.

Die Eckdaten des Beispielprojekts sehen so aus:

▶ Raspberry Pi Zero W oder Zero WH mit einer möglichst großen SD-Karte
▶ Raspbian Lite in Read-only-Konfiguration als Betriebssystem
▶ ReadyMedia alias miniDLNA als DLNA-Server

39.1 Raspbian-Installation auf große SD-Karten

Als erste Frage bleibt zu klären, wo die Multimedia-Dateien gespeichert werden sollen. Eine externe Festplatte mit USB-Anschluss bietet am meisten Platz, führt aber zu einem Kabelsalat und macht alle Versuche zunichte, ein besonders energiesparendes System zu erlangen. Schon besser ist in dieser Hinsicht ein USB-Stick. Er kommt freilich nur dann infrage, wenn Sie den DLNA-Server mit einem gewöhnlichen Raspberry Pi realisieren möchten. Wenn Sie hingegen einen Raspberry Pi Zero als Basis verwenden, benötigen Sie dessen einzige USB-Buchse zum Anschluss eines WLAN-Adapters. Das bedeutet, dass die SD-Karte neben Raspbian auch die Multimedia-Dateien aufnehmen muss. Alternativ bieten sich noch der Raspberry Pi Zero W und der Zero WH an, sofern die Reichweite der integrierten WLAN-Antenne ausreicht.

Offiziell unterstützt der Raspberry Pi nur SDHC-Karten mit einer maximalen Kapazität von 32 GByte. Für den Einsatz als DLNA-Server ist das recht wenig. Deswegen haben wir ausprobiert, ob sich Raspbian nicht auch auf größere SDXC-Karten installieren lässt. Und siehe da: Grundsätzlich ist dies kein Problem! Wie üblich haben Sie die Wahl zwischen zwei Installationsvarianten:

► Sie können von *https://www.raspberrypi.org/downloads* ein Raspbian-Image herunterladen und dieses direkt auf die SD-Karte schreiben (siehe Abschnitt 1.4). Dabei spielt es keine Rolle, ob Sie eine SDHC- oder eine SDXC-Karte verwenden.

► Oder Sie entscheiden sich für die NOOBS-Variante, bei der Sie einfach die NOOBS-Installationsdateien auf die FAT-formatierte SD-Karte kopieren.

Bei der NOOBS-Variante müssen Sie aber aufpassen: Die SD-Karte muss wirklich ein FAT-Dateisystem enthalten. Das modernere exFAT-Dateisystem ist ungeeignet! Das Problem ist nur: Weder das SD-Formatierprogramm der *SD Association* noch Formatierdialoge von Windows bieten eine FAT-Option: Sie haben nur die Wahl zwischen NTFS und exFAT – und beide Dateisysteme sind für NOOBS ungeeignet.

Um die SD-Karte passend für eine NOOBS-Installation zu formatieren, stehen Ihnen diese Möglichkeiten zur Wahl (Details siehe Abschnitt 1.3, »NOOBS-Installation«):

► Unter macOS verwenden Sie das Festplattendienstprogramm.

► Unter Linux verwenden Sie das Kommando `mkfs.vfat`.

► Unter Windows laden Sie das kostenlose Programm `guiformat.exe` von der folgenden Webseite herunter und formatieren Ihre SD-Karte damit:

http://www.ridgecrop.demon.co.uk/index.htm?guiformat.htm

Für dieses Projekt haben wir eine 128-GByte-Karte von SanDisk verwendet. Die Installation von Raspbian verlief vollkommen problemlos.

> **Raspbian oder Raspbian Lite?**
>
> Raspbian Lite ist für einen DLNA-Server geradezu prädestiniert. Für die Lite-Variante sprechen der geringere Platzbedarf auf der SD-Karte und die höhere Boot-Geschwindigkeit. Außerdem lässt sich Raspbian Lite relativ leicht als Read-only-System einrichten. Das komplette Raspbian sollten Sie nur verwenden, wenn Sie noch wenig Erfahrung mit Raspbian haben und sich nicht zutrauen, die Konfiguration in der Konsole bzw. via SSH durchzuführen. In Weiteren gehen wir davon aus, dass Sie mit Raspbian Lite arbeiten.

Inbetriebnahme ohne Monitor, Tastatur und Maus

Gerade wenn Sie mit einem Zero-Modell arbeiten, das nur eine Mini-HDMI-Buchse und nur einen Micro-USB-Anschluss für die Tastatur anzubieten hat, bietet sich eine sogenannte »Headless-Installation« an: Wie in Abschnitt 1.5 skizziert, übertragen Sie dazu zuerst das Raspbian-Image auf die SD-Karte. Bevor Sie die SD-Karte in den Raspberry Pi geben, erzeugen Sie in der Boot-Partition die leere Datei ssh sowie die Datei wpa_supplicant.conf mit den WLAN-Parametern.

Mit der so vorbereiteten SD-Karte starten Sie den Pi Zero. Wenn alles gut geht, können Sie nach etwa einer Minute von Ihrem Notebook oder Desktop-PC aus einen SSH-Login durchführen:

```
ssh pi@raspberrypi
  pi@raspberrypi's password: raspberry
```

Als Passwort verwenden Sie raspberry. Gelingt dies, sollten Sie sofort zwei Dinge erledigen: ein sicheres Passwort für den Benutzer pi sowie einen neuen Hostnamen einstellen – in diesem Beispiel dlna-pi. Der zweite Punkt ist vor allem dann wichtig, wenn in Ihrem Haushalt später einmal mehrere Raspberry Pis laufen: Dann sollte jedes Gerät seinen eigenen Hostnamen haben.

```
sudo -s
passwd pi
  Enter new UNIX password:  ********
  Retype new UNIX password: ********
hostnamectl set-hostname dlna-pi
```

Mediendateien kopieren

In diesem Beispiel gehen wir davon aus, dass Sie alle Mediendateien (MP3-Dateien, Filme, Fotos etc.) im Verzeichnis /mymedia speichern. Dieses Verzeichnis sowie entsprechende Unterverzeichnisse richten Sie via SSH wie folgt ein:

```
sudo mkdir /mymedia
sudo mkdir /mymedia/audio
sudo mkdir /mymedia/video
sudo mkdir /mymedia/fotos
```

Jetzt müssen Sie noch die Mediendateien auf die SD-Karte bringen. Wenn sich die Dateien momentan auf einer externen Festplatte oder einem USB-Stick befinden, verbinden Sie die Festplatte – gegebenenfalls über einen USB-Hub – mit dem Raspberry Pi. Mit lsblk stellen Sie fest, welchen Device-Namen die Festplatte hat. Nun richten Sie mit mkdir ein beliebiges Verzeichnis ein, binden die Festplatte mit mount in den Verzeichnisbaum ein kopieren mit cp -a die Dateien dann in das Verzeichnis /mymedia Ihres Raspberry Pi. Im folgenden Listing werden Device- und Verzeichnisnamen beispielhaft verwendet; Sie müssen diese Namen also durch die bei Ihnen zutreffenden Orte ersetzen.

```
sudo mkdir /media/external
sudo mount /dev/sda1 /media/external
sudo cp -a /media/external/audio/* /mymedia/audio
```

Das nächste Listing skizziert die Vorgehensweise, wenn die Dateien in einem Netzwerkverzeichnis liegen. Natürlich müssen Sie den Host- und Verzeichnisnamen des Netzwerkverzeichnisses an Ihre Gegebenheiten anpassen. Das mount-Kommando ist in einer Zeile und ohne \-Zeichen einzugeben. (Hintergrundinformationen zu diesem Thema gibt Abschnitt 4.6, »Netzwerkverzeichnisse nutzen«.)

```
sudo mkdir /media/netshare
sudo mount -t cifs \
  -o username=kofler,uid=1000,gid=1000,iocharset=utf8 \
  //diskstation/musikarchiv /media/netshare
```

Jetzt können Sie auf das Netzwerkverzeichnis wie auf ein lokales Verzeichnis zugreifen und kopieren ebenfalls die gewünschten Multimedia-Dateien in das /mymedia-Verzeichnis.

Wenn Sie später neue Mediendateien hinzufügen wollen, loggen Sie sich via SSH ein und wiederholen die obigen Schritte.

39.2   ReadyMedia alias miniDLNA

Das populärste Open-Source-Programm zum Einrichten eines DLNA-Servers ist ReadyMedia (ehemals miniDLNA). Das Programm steht erfreulicherweise als Raspbian-Paket zur Verfügung. Zusammen mit minidlna werden viele weitere Pakete installiert. Sie sind erforderlich, damit der DLNA-Server mit den vielfältigen Formaten der Mediendateien zurechtkommt und deren Metadaten lesen kann.

```
sudo apt install minidlna
```

Die Konfiguration erfolgt denkbar einfach in der Datei /etc/minidlna.conf. Mit Ausnahme weniger Einstellungen können Sie alle Voreinstellungen beibehalten. Das folgende Listing fasst nur die Zeilen zusammen, die Sie üblicherweise hinzufügen bzw. ändern müssen:

```
# Datei /etc/minidlna.conf
...
# Audio-, Video- und Picture-Verzeichnisse angeben
media_dir=A,/mymedia/audio
media_dir=A,/mymedia/hoerbuecher
media_dir=V,/mymedia/video
media_dir=P,/mymedia/fotos1
media_dir=P,/mymedia/fotos2

# Name, der auf DLNA-Geräten angezeigt wird
friendly_name=MyMediaServer

# Änderungen in der Medienbibliothek selbstständig erkennen;
# mit no muss nach dem Hinzufügen neuer Mediendateien
# service minidlna restart ausgeführt werden
inotify=yes
```

Damit die Änderungen wirksam werden, starten Sie den DLNA-Server neu:

```
sudo systemctl restart minidlna
```

Im Webbrowser können Sie sich auf der Seite *http://hostname:8200* eine Statusseite des DLNA-Servers ansehen. Sie verrät, wie viele Audio-, Video- und Bilddateien der DLNA-Server verwaltet und welche DLNA-Clients auf den Server zugreifen.

39.3   Read-only-Konfiguration

Die folgenden Konfigurationsschritte sind optional. Sie führen dazu, dass Raspbian samt dem DLNA-Server die meiste Zeit im Read-only-Modus läuft. Das ist dann zweckmäßig, wenn Sie vorhaben, den DLNA-Server nicht ständig laufen zu lassen, sondern – um Strom zu sparen – nur bei Bedarf.

Das regelmäßige Ausschalten des Raspberry Pi beruhigt zwar das Öko-Gewissen; das einfache Trennen der Stromversorgung im laufenden Betrieb würde aber früher oder später dazu führen, dass das Dateisystem auf der SD-Karte beschädigt wird. Um das zu vermeiden, müssten Sie sich jedes Mal, bevor Sie den Raspberry Pi von der Stromversorgung trennen, per SSH einloggen und sudo halt ausführen. In einem Mehrpersonenhaushalt ist das unrealistisch.

39

Bei einer Read-only-Konfiguration kann es dagegen zu keinem Zeitpunkt ungesicherte Veränderungen am Dateisystem geben. Das Ziehen des Steckers ist daher gefahrlos möglich.

Raspbian Lite im Read-only-Modus

Da ein Read-only-Setup nicht nur bei diesem Beispiel zweckmäßig ist, beginnen wir hier mit der Umstellung von Raspbian Lite und behandeln die DLNA-spezifischen Details getrennt im nächsten Abschnitt.

Raspbian Lite ist an sich schon ein recht kompaktes System. Für die Read-only-Konfiguration ist es dennoch zweckmäßig, das System weiter abzuspecken und insbesondere Dienste zu eliminieren, die zu regelmäßigen Schreibvorgängen führen. Dazu zählen insbesondere das Logging-System und der Cron-Dämon. Beachten Sie, dass durch die folgenden Kommandos auch `raspi-config` entfernt wird. Konfigurationsarbeiten sollten Sie also vorher erledigen.

```
sudo -s
apt update
apt full-upgrade
apt remove --purge cron logrotate triggerhappy \
  dphys-swapfile fake-hwclock
apt autoremove --purge
```

Ganz ohne Schreibzugriff kann Linux nicht ausgeführt werden. Deswegen werden die Verzeichnisse, die für Schreibzugriffe unbedingt erforderlich sind, in temporären Dateisystemen im Arbeitsspeicher abgebildet. Die im Folgenden eingerichteten Links führen dazu, dass derartige Dateien im /tmp-Verzeichnis erzeugt werden. Alle dort gespeicherten Daten gehen bei jedem Reboot verloren!

```
sudo -s
rm -rf /var/lib/dhcp/ /var/spool /var/lock
ln -s /tmp /var/lib/dhcp
ln -s /tmp /var/spool
ln -s /tmp /var/lock
ln -s /tmp/resolv.conf /etc/resolv.conf
```

Nun sind in /etc/fstab zwei Änderungen erforderlich:

▸ Zum einen muss für die Verzeichnisse / und /boot in der vierten Spalte jeweils die Option ro hinzugefügt werden, damit die Dateisysteme wirklich read-only in den Verzeichnisbaum eingebunden werden. Achten Sie darauf, dass in dieser Spalte zwischen den Optionen keine Leerzeichen erlaubt sind.

▸ Zum anderen fügen Sie drei neue Zeilen ein, um für /var/log, /var/tmp und /tmp jeweils ein temporäres Dateisystem einzurichten.

Die resultierende Datei sieht dann z. B. wie folgt aus. (Die Device-Nummern können bei einer NOOBS-Installation anders aussehen.)

```
# Datei /etc/fstab
proc               /proc        proc     defaults                 0 0
/dev/mmcblk0p1     /boot        vfat     ro,defaults              0 2
/dev/mmcblk0p2     /            ext4     ro,defaults,noatime      0 1
tmpfs              /var/log     tmpfs    nodev,nosuid             0 0
tmpfs              /var/tmp     tmpfs    nodev,nosuid             0 0
tmpfs              /tmp         tmpfs    nodev,nosuid             0 0
```

Auch /boot/cmdline muss verändert werden. Am Ende der langen Optionszeile fügen Sie die Optionen fastboot noswap hinzu. fastboot bedeutet, dass während des Boot-Vorgangs keine Überprüfung des Dateisystems erfolgen soll. noswap bedeutet, dass Linux ohne Swap-Datei arbeiten muss. Achten Sie darauf, dass Ihr Editor die Zeile nicht umbricht – alles muss in einer langen Zeile stehen, auch wenn der Text hier über drei Zeilen verteilt ist:

```
dwc_otg.lpm_enable=0 console=serial0,115200 console=tty1
  root=PARTUUID=xxx rootfstype=ext4 elevator=deadline
  fsck.repair=yes rootwait fastboot noswap
```

Damit sind alle Vorbereitungsarbeiten abgeschlossen. Mit reboot sollte Ihr System nun im Read-only-Modus starten. Davon können Sie sich mit mount und touch überzeugen:

```
mount | grep mmcblk
  /dev/mmcblk0p2 on /      type ext4 (ro,noatime,data=ordered)
  /dev/mmcblk0p1 on /boot type vfat (ro,relatime,
      fmask=0022,dmask=0022,codepage=437,iocharset=ascii,
      shortname=mixed,errors=remount-ro)
touch xy
  touch: cannot touch xy: Read-only file system
```

Wenn Sie später doch einmal Änderungen durchführen oder Updates installieren möchten, loggen Sie sich ein und führen für das betreffende Dateisystem folgendes Kommando aus:

```
sudo mount -o remount,rw /
```

Damit kann das Dateisystem nun bis zum nächsten Reboot verändert werden.

ReadyMedia im Read-only-Modus

ReadyMedia erstellt im Betrieb eine Datenbank mit den Metadaten aller Mediendateien in /var/cache/minidlna. Gleichzeitig werden in diesem Verzeichnis Cover-

Bilder aller Audio-Tracks bzw. -Alben gespeichert. Naturgemäß verträgt sich dieses Verzeichnis schwer mit einer Read-only-Installation.

Es gibt dafür zwei Lösungsansätze:

▸ Der eine besteht darin, /var/cache/minidlna in einem temporären Dateisystem unterzubringen. Die Konfiguration ist einfach, der Platzbedarf überschaubar. (Bei unseren Tests beanspruchte der DLNA-Cache ca. 25 MByte für 30 GByte Audio-Dateien.) Allerdings muss die Titeldatenbank bei jedem Start des Raspberry Pi neu generiert werden – und das dauert einige Minuten.

▸ Eine alternative Lösung besteht darin, das Cache-Verzeichnis im Dateisystem für die Mediendateien unterzubringen. Jedes Mal, wenn Sie neue Mediendateien hinzufügen und zumindest für das Mediendateisystem ohnedies ein Read-write-Zugriff erforderlich ist, lassen Sie den DLNA-Server anschließend einige Minuten laufen, bis das Cache-Verzeichnis auf dem aktuellen Stand ist. Danach starten Sie Ihren Raspberry Pi neu – und damit wieder im Read-only-Modus. ReadyMedia kann nun sofort auf die vorweg erzeugte Datenbank zugreifen. Änderungen sind im Read-only-Betrieb nicht notwendig.

In der Praxis hat sich die zweite Variante als zweckmäßiger erwiesen. Der Prozess zum Aufspielen neuer Dateien nach /mymedia sieht damit so aus:

```
sudo -s
systemctl stop minidlna
mount -o remount,rw /

(Dateien nach /mymedia kopieren)

systemctl start minidlna
```

Nach dem neuerlichen Start von minidlna beobachten Sie mit top dessen Prozess. Er wird für einige Minuten mit hoher CPU-Belastung das gesamte Medienarchiv durchforsten und die Datenbank neu einrichten. (Bei unseren Tests dauerte das für 30 GByte Musikdateien rund vier Minuten – also etwas mehr als eine Minute pro 10 GByte Mediendateien.) Wenn minidlna von den vorderen Rängen der top-Liste verschwindet, ist die Mediendatenbank aktuell. Jetzt können Sie das System mit reboot neu im Read-only-Modus starten.

Kapitel 40
Pi-hole (Ad-Blocker)

Das Programm *Pi-hole* kann als lokaler Domain Name Server (DNS) auf einem Raspberry Pi installiert werden. Das Programm agiert als sogenanntes *DNS Sinkhole*: DNS-Anfragen, die zu etablierten Werbenetzwerken führen, werden absichtlich fehlerhaft beantwortet und auf den lokalen Raspberry Pi umgeleitet. Dieser liefert dann anstelle von Werbeseiten, -bildern oder -videos nur leere Daten. Analog verfährt Pi-hole auch mit Malware- oder Cryptominer-Websites.

Das hat zur Folge, dass z. B. die Webseite einer Zeitung ohne die dort eingebetteten Anzeigen erscheint. Dadurch steht nicht nur der tatsächliche Inhalt im Vordergrund, auch die Ladezeiten sinken spürbar.

In gewisser Weise funktioniert Pi-hole somit wie ein Ad-Blocker. Im Unterschied zu typischen Ad-Blockern gilt Pi-hole aber nicht nur für einen Webbrowser, sondern für alle Internetzugriffe der Computer oder Smartphones, bei denen Pi-hole als DNS konfiguriert ist.

Nachteile

Bevor Sie nun laut »Hurra!« schreien, sollten Ihnen auch die Nachteile von Pi-hole bewusst sein:

▸ Während das Setup von Pi-hole auf einem Raspberry Pi schnell von der Hand geht, müssen Sie auch allen Clients mitteilen, dass Pi-hole als DNS verwendet werden soll. Es gibt verschiedene Wege, das zu erreichen, aber alle sind mehr oder weniger umständlich.

▸ Wie jeder Ad-Blocker steht und fällt die Wirkung von Pi-hole mit der Qualität der Filterlisten. Bei unseren Tests haben wir überwiegend gute Erfahrungen gemacht, aber hundertprozentig war der Werbeschutz durch Pi-hole nicht.

▸ Das Katz- und Mausspiel zwischen Werbetreibenden und Werbeblockern hat mittlerweile auch DNS Sinkholes wie Pi-hole erfasst. Einige Websites (wie der Online-Auftritt *https://derstandard.at* der gleichnamigen österreichischen Zeitung) erkennen, dass die Werbung nicht wie beabsichtigt erscheint, und blockieren dann den gesamten Zugriff auf ihre Seiten. Es ist zu befürchten, dass die Anzahl von Websites mit solchen »Anti-Blockern« rasch steigen wird.

Anders als bei konventionellen Ad-Blockern besteht bei Pi-hole keine Möglichkeit, einzelne Sites vom Schutz auszunehmen. Pi-hole kann nämlich nicht erkennen, in welchem Kontext der Zugriff auf gesperrte Werbeseiten erfolgt. In Fortsetzung des obigen Beispiels nützt es daher nichts, *derstandard.at* in die Whilelist einzufügen. Pi-hole blockiert *derstandard.at* ja gar nicht. Vielmehr sperrt die Website selbst den Zugriff auf ihre Inhalte, weil die Werbeeinblendungen fehlen. Sie müssten also in der Whitelist die betreffenden Werbeplattformen explizit zulassen. Das ist wiederum schwierig, weil normalerweise nicht eine, sondern viele derartige Plattformen eingebunden sind – und weil jede Ausnahmeregel global für alle Pi-hole-Nutzer im lokalen Netzwerk gilt.

▶ Sie entziehen mit Pi-hole manchen Websites die Geschäftsgrundlage, die da lautet: »Biete kostenlosen Inhalt gegen Werbung.« Angesichts der oft ungemein aggressiven Art der Werbung empfinden wir dabei kein sonderlich schlechtes Gewissen – aber vollkommen von der Hand zu weisen ist das Argument nicht.

▶ Man kann Pi-hole als Ad-Blocker betrachten – man kann das Programm aber auch mit Zensur-Software vergleichen. Natürlich können Sie selbst Hosts in White- oder Blacklists aufnehmen und so manuell freigeben oder blockieren; überwiegend verlassen Sie sich aber auf externe Filterlisten, die Pi-hole verwendet. Sie haben keinen Einfluss darauf, welche Sites warum in diese Listen kommen.

40.1   Installation

Pi-hole läuft auf jedem Raspberry Pi. Wie Sie gleich sehen werden, ist die Installation an sich unkompliziert. Sie sollten sich aber bewusst sein, dass Pi-hole ein Server-Dienst ist und nach Möglichkeit auf einem Raspberry Pi ausgeführt wird, der keine anderen Aufgaben erfüllt. (Verwenden Sie z. B. ein älteres Pi-Modell aus der Bastelkiste!) Insbesondere wird während der Installation von Pi-hole die Netzwerkkonfiguration des Minirechners grundlegend modifiziert.

Aus Geschwindigkeitsgründen wäre es vorteilhaft, wenn die Netzwerkverbindung des Raspberry Pi nicht über das WLAN, sondern über ein Ethernet-Kabel erfolgt. Dabei geht es weniger um die zu übertragenden Datenmengen, die gering sind, sondern vielmehr um rasche Antwortzeiten mit minimaler Latenz. Dessen ungeachtet haben wir für unsere Tests ein Zero-W-Modell nur mit WLAN-Anbindung verwendet. Dabei traten keine spürbaren Verzögerungen auf.

Als Basissystem für Pi-hole bietet sich Raspbian Lite an. Wenn Sie ein wenig Linux-Erfahrung haben, können Sie Raspbian Lite *headless* installieren, also ohne Ihren Raspberry Pi an Tastatur und Maus anzuschließen. Details dazu können Sie in Kapitel 39, »DLNA-Server«, nachlesen. Denken Sie daran, aus Sicherheitsgründen sofort beim ersten Login das Passwort für den Benutzer pi zu ändern. Außerdem sollten Sie Ihrem Raspberry Pi einen in Ihrem lokalen Netzwerk eindeutigen Hostnamen geben – in Übereinstimmung mit der weiteren Konfiguration am besten `pi.hole`.

Das Pi-hole-Projekt stellt ein Installations- und Konfigurationsprogramm in Form eines `bash`-Scripts zur Verfügung. Die Website empfiehlt zwar, derartigen Scripts nie blind zu trauen – aber nur `bash`-Profis werden den Code verstehen.

Nachdem Sie sich via SSH oder mit Tastatur und Bildschirm auf dem Raspberry Pi angemeldet haben, laden und starten Sie das Script mit dem folgenden Kommando:

```
curl -sSL https://install.pi-hole.net | bash
```

Im Rahmen der nun stattfindenden Installation und Konfiguration werden diverse Pakete heruntergeladen. In einem Dialog schlägt das Setup-Script vor, die gerade aktuelle IP-Adresse dauerhaft festzuschreiben. (Pi-hole agiert als Domain Name Server. Derartige Programme benötigen immer eine fixe, allgemein bekannte IP-Adresse.)

Grundsätzlich können Sie diesem Vorschlag folgen. Allerdings sollten Sie dann auch in der Konfiguration Ihres Routers angeben, dass diese IP-Adresse dauerhaft vergeben ist. Alternativ können Sie auch eine eigene IP-Adresse festlegen, die sich außerhalb des Adressbereichs Ihres DHCP-Servers (aber innerhalb des lokalen Netzwerks!) befindet. Wir haben für unsere Tests die leicht zu merkende Adresse 10.0.0.111 verwendet, weil unser Router standardmäßig nur IP-Adressen zwischen 10.0.0.1 und 10.0.0.99 nutzt.

In einem weiteren Dialog fragt das Script, auf welchen Domain Name Server Pi-hole zurückgreifen soll. Hier können Sie die IP-Adresse Ihres Routers, eine IP-Adresse Ihres Internet-Providers oder eine IP-Adresse eines öffentlichen DNS angeben, z. B. 8.8.8.8 für Google oder 9.9.9.9 für die datenschutzfreundlichere Alternative Quad9 (siehe *https://www.quad9.net*).

Abbildung 40.1 Der Abschlussdialog des Pi-hole-Setup-Scripts

Schließlich fragt das Script, ob Pi-hole eine Weboberfläche zur Administration installieren soll. Das ist unbedingt empfehlenswert (siehe Abschnitt 40.3). Die Installation endet mit einem Dialog, der die IP-Adresse von Pi-hole und die Zugangsdaten für die Weboberfläche anzeigt (siehe Abbildung 40.1). Wenn Sie während der Installation eine neue IP-Adresse festgelegt haben, müssen Sie Raspbian anschließend mit sudo reboot neu starten.

40.2   Client-Konfiguration

Jetzt müssen Sie noch die Clients in Ihrem lokalen Netzwerk davon überzeugen, in Zukunft statt des Standard-DNS den Pi-hole-DNS zu verwenden. Die erforderlichen Einstellungen finden Sie in der Netzwerkkonfiguration, wo Sie als DNS-Adresse explizit die IP-Adresse Ihres Raspberry Pi angeben. Abbildung 40.2 zeigt als Beispiel den Einstellungsdialog von macOS, wo der Button WEITERE OPTIONEN zur DNS-Konfiguration führt.

Abbildung 40.2 Beispiel für die manuelle Client-Konfiguration

Wenn es nur ein, zwei Geräte im lokalen Netzwerk gibt, ist die manuelle Client-Konfiguration akzeptabel. Nutzen aber diverse Computer, Handys und Tablets das LAN/WLAN, dann wäre es natürlich eleganter, wenn diese automatisch die IP-Adresse des Raspberry Pi als DNS-Adresse zugewiesen bekämen. Manche (besseren) Router bieten bei den DHCP-Einstellungen eine entsprechende Option an, die z.B. ANDEREN/LOKALEN DNS-SERVER VERWENDEN heißen kann. Dort können Sie die IP-Adresse von Pi-hole angeben. Jedes Gerät, das die IP-Konfiguration über den Router bezieht, bekommt dann automatisch die eingetragene DNS-Adresse zugewiesen.

Alternativ können Sie Pi-hole in der Weboberfläche selbst als DHCP-Server einrichten (siehe Abbildung 40.4). Pi-hole gibt dann selbst die richtige DNS-IP-Adresse an alle Geräte im lokalen Netzwerk weiter. Damit das funktioniert, müssen Sie aber den DHCP-Server Ihres Routers deaktivieren – sonst gibt es im lokalen Netzwerk zwei DHCP-Server. Außerdem müssen Sie als Gateway-Adresse die IP-Adresse Ihres Routers angeben.

40.3   Weboberfläche

Sofern Ihr Computer Pi-hole als DNS verwendet, gelangen Sie mit der Adresse *http://pi-hole/admin* in die Pi-hole-Weboberfläche. Ohne Login sehen Sie dort nur das Dashboard, das die Aktivitäten von Pi-hole zusammenfasst. Wenn Sie sich hingegen anmelden (das Passwort wurde am Ende des Installationsprozesses angezeigt), verrät Pi-hole gleich viel mehr Details über seine Funktionsweise und listet bei Bedarf geblockte und weitergeleitete Hostnamen auf.

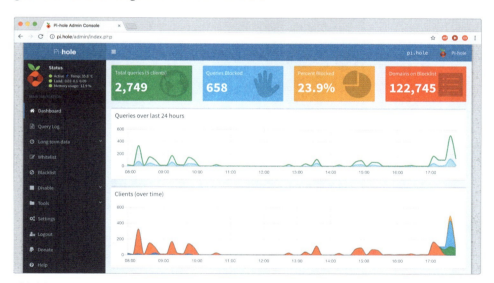

Abbildung 40.3 Die Pi-hole-Weboberfläche

Die Weboberfläche bietet aber auch weitreichende Konfigurations- und Administrationsmöglichkeiten. In verschiedenen Dialogblättern können Sie z. B. einstellen, auf welchen DNS-Server Pi-hole selbst zurückgreift oder ob das Programm auch als DHCP-Server agieren soll (siehe Abbildung 40.4). Außerdem können Sie selbst Hostnamen zur Black- oder zur Whitelist hinzufügen bzw. ein Update der Sperrlisten durchführen. (Pi-hole kümmert sich dank eines Cron-Jobs aber automatisch um solche Updates.)

Schließlich können Sie Pi-hole für eine kurze Zeit deaktivieren, wenn es keinen anderen Weg gibt, um eine bestimmte Website zu nutzen.

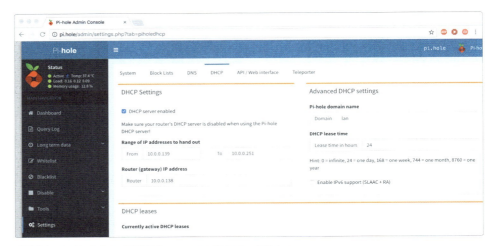

Abbildung 40.4 Den DHCP-Server von Pi-hole aktivieren

Kapitel 41
Luftraumüberwachung

Wenn Sie an einem klaren Tag in den Himmel blicken, sehen Sie sehr wahrscheinlich irgendwo einen oder mehrere Kondensstreifen von Verkehrsflugzeugen. Fragen Sie sich dann auch manchmal, was für eine Maschine das ist und wohin sie wohl fliegt? Im Web gibt es Seiten wie *https://www.flightradar24.com*, die die Bewegungen ziviler Flugzeuge (fast) in Echtzeit anzeigen. Mithilfe Ihres Raspberry Pi und eines Empfängers für terrestrisches Digitalfernsehen (DVB-T) können Sie eine solche Seite aber auch selbst betreiben.

41.1 Technischer Hintergrund und Hardware

Damit die Flugsicherung ständig über Bewegungen im Luftraum informiert ist, haben fast alle Verkehrsflugzeuge einen Sender an Bord, der laufend folgende Informationen funkt:

▸ GPS-Koordinaten der aktuellen Position
▸ Flugnummer
▸ Flughöhe
▸ Flugrichtung (Kurs)

Das System nennt sich *Automatic Dependent Surveillance Broadcast* (ADS-B: automatische Aussendung abhängiger Beobachtungsdaten). Die Daten werden auf einer festgelegten Frequenz, 1090 MHz, ausgestrahlt. An dieser Stelle kommt der Fernsehempfänger ins Spiel: DVB-T-Empfänger, in denen ein bestimmter Chipsatz verbaut ist (Realtek RTL2832U in Verbindung mit einem der Tuner E4000 oder R820T), können per Software so eingestellt werden, dass sie die ADS-B-Signale von Flugzeugen in der Nähe empfangen.

Was »in der Nähe« konkret bedeutet, hängt primär von der verwendeten Antenne ab. Wenn Sie einen DVB-T-Empfänger kaufen, gehört fast immer auch eine kleine Antenne zum Lieferumfang. Das sind in der Regel passive Antennen ohne Verstärkung und eigene Stromversorgung. Wenn sie an einem günstigen Platz aufgestellt sind, also mit möglichst guter Sicht in den Himmel, reichen selbst diese Antennen schon aus, um Flugzeuge in bis zu 80 Kilometern Entfernung orten zu können. Verstärkte Antennen schaffen noch größere Reichweiten.

Abbildung 41.1 Der DVB-T-Empfänger mit kleiner Antenne

41.2   Software

Um die ADS-B-Signale sichtbar machen zu können, benötigen Sie zwei Software-Komponenten:

- **RTL-SDR:** Der Name des Pakets setzt sich zusammen aus dem abgekürzten Namen des Chipsatz-Herstellers *Realtek* und der Abkürzung SDR für *Software Defined Radio*. SDR ist ein Oberbegriff für verschiedene Möglichkeiten, mit Software bestimmte Frequenzen aus einem Universalempfänger herauszufiltern. RTL-SDR ist für die Kommunikation mit dem DVB-T-Empfänger zuständig.

- **Dump1090:** Diese Software dekodiert die von RTL-SDR gesammelten Daten und bereitet sie grafisch auf. Von Dump1090 gibt es mehrere Versionen, die von verschiedenen Entwicklern gepflegt werden. Wir verwenden hier eine Version, die sich leicht installieren lässt und trotzdem einen breiten Funktionsumfang hat.

Installation von RTL-SDR und Dump1090

Mit Ausnahme von Dump1090 selbst sind alle Pakete, die Sie benötigen, bereits in Raspbian enthalten. Wechseln Sie mit sudo -s in den root-Modus, und installieren Sie zuerst alle erforderlichen Pakete:

```
sudo -s
apt install -fym librtlsdr-dev libusb-1.0-0-dev pkg-config \
               debhelper git-core lighttpd
```

Im nächsten Schritt laden Sie Dump1090 herunter, bauen daraus ein Raspbian-Paket und installieren es:

```
cd /usr/local
git clone https://github.com/mutability/dump1090.git
cd dump1090/
dpkg-buildpackage -b
cd ..
dpkg -i dump1090-mutability_1.15~dev_armhf.deb
```

Die Webserverkonfiguration für Dump1090 wurde automatisch in den Webserver Lighttpd eingebunden. Führen Sie jetzt einmal das folgende Kommando aus, um Dump1090 zu konfigurieren:

```
dpkg-reconfigure dump1090-mutability
```

Jetzt fragt Dump1090 eine Reihe von Parametern ab. Sie sind alle mit sinnvollen Standardwerten belegt und müssen nicht geändert werden. Lediglich bei der Abfrage des Breiten- und Längengrades Ihres Standorts ist es eine gute Idee, diese Daten zumindest näherungsweise anzugeben. Wenn Sie die Koordinaten nicht zur Hand haben, können Sie diesen Schritt auch später noch über eine Konfigurationsdatei nachholen.

Damit Dump1090 Daten vom DVB-T-Empfänger abrufen darf, wird noch eine udev-Regel benötigt. Lassen Sie sich dazu zunächst mit dem Kommando lsusb einer Liste aller angeschlossenen USB-Geräte ausgeben. Darin finden Sie auch den DVB-T-Empfänger:

```
$ lsusb
[...]
Bus 001 Device 004: ID 0bda:2832 Realtek Semiconductor Corp.
RTL2832U DVB-T
[...]
```

Davon benötigen Sie die ID, in diesem Beispiel 0bda:2832. Erstellen Sie nun die Datei /etc/udev/rules.d/rtl-sdr.rules, und fügen Sie die folgende Zeile dort ein (ohne Zeilenumbruch!):

```
SJBSYSTEMS=="usb", ATTRS{idVendor}=="0bda",
  ATTRS{idProduct}=="2832", MODE:="0666"
```

41

Ersetzen Sie dabei 0bda und 2832 durch die Werte, die Sie mittels lsusb herausgefunden haben.

Starten Sie nun Ihren Raspberry Pi mit dem Kommando shutdown -r now neu. Möglicherweise – das ist abhängig von Ihrer konkreten Systemkonfiguration – erhalten Sie die folgende Fehlermeldung, wenn Dump1090 versucht zu starten:

```
Kernel driver is active, or device is claimed by second instance
of librtlsdr. In the first case, please either detach or
blacklist the kernel module (dvb_usb_rtl28xxu), or enable
automatic detaching at compile time.
```

Das bedeutet, dass bereits ein anderer Treiber geladen ist und so den Zugriff auf den DVB-T-Stick blockiert. Als Sofortlösung können Sie den konkurrierenden Treiber mit dem Kommando rmmod dvb_usb_rtl28xxu entladen, aber das hilft nur bis zum nächsten Neustart. Sie bekommen das Problem dauerhaft in den Griff, wenn Sie im Verzeichnis /etc/modprobe.d eine neue Datei anlegen, etwa rtl-sdr.conf. Der eigentliche Name spielt keine Rolle, die Endung .conf ist aber wichtig. In diese Datei schreiben Sie die Zeile blacklist dvb_usb_rtl28xxu. Nach einem Neustart tritt das Problem nicht mehr auf.

Die Position der Flugzeuge im Webbrowser verfolgen

Rufen Sie nun in Ihrem Browser die URL *http://127.0.0.1/dump1090* auf. Es erscheint eine Karte, in die Sie auf den Standort Ihres DVB-T-Empfängers hineinzoomen können (siehe Abbildung 41.2).

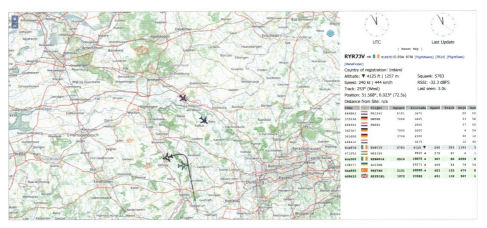

Abbildung 41.2 Die Reichweite ist angesichts der kleinen Antenne erstaunlich hoch.

Die Karte wird laufend aktualisiert, ebenso die Informationen über die Flugzeuge, die gerade zu sehen sind. Klicken Sie ein Flugzeug an, so wird sein Kurs als Linie in die Karte eingezeichnet.

Metrische Karten

Für Mitteleuropäer, die sich nicht ständig mit Avionik beschäftigen, sind die angegebenen Maßeinheiten wie Fuß und Knoten ungewohnt. Dump1090 bietet aber eine Möglichkeit, auf metrische Einheiten zu wechseln. Die Konfigurationsdatei, die Sie dazu bearbeiten müssen, heißt config.js und versteckt sich im Verzeichnis /usr/share/dump1090-mutability/html/. Die Datei ist in Abschnitte unterteilt. Im Abschnitt Output Settings können Sie die Anzeige metrischer Einheiten aktivieren und gleichzeitig die Anzeige von Fuß, Knoten und Meilen deaktivieren, indem Sie den Abschnitt wie folgt ändern:

```
// -- Output Settings -----
// Show metric values
// [...]
Metric = true;
ShowOtherUnits = false;
```

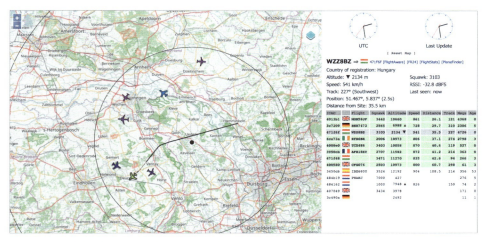

Abbildung 41.3 Karte mit metrischen Einheiten und Entfernungskreisen

In der gleichen Datei können Sie Dump1090 auch anweisen, den Standort Ihres ADS-B-Empfängers in die Karte einzuzeichnen, zusammen mit konzentrischen Kreisen um diesen Standort herum (siehe Abbildung 41.3). Auf diese Weise können Sie den Abstand von Flugzeugen zu Ihrer Empfangsstation schnell einschätzen. Die GPS-Position aus dem Beispiel ersetzen Sie einfach durch Ihre eigene. Falls Sie Ihre GPS-Position schon bei der Installation eingegeben haben, finden Sie Ihre Werte hier wieder und können diesen Schritt überspringen.

Die Koordinaten werden hier zweimal angegeben: Beim ersten Mal (Default center) sorgen sie dafür, dass die Karte um diesen Punkt zentriert wird. Beim zweiten Mal

(Center marker) nimmt Dump1090 die Koordinaten zum Anlass, dort einen schwarzen Punkt auf der Karte darzustellen.

```
// -- Map settings ---------------------------------------
// These settings are overridden by any position information
// provided by dump1090 itself. All positions are in decimal
// degrees.

// Default center of the map.
DefaultCenterLat = 51.6305;
DefaultCenterLon = 6.2765;

// The google maps zoom level, 0 - 16, lower is further out
DefaultZoomLvl   = 10;

// Center marker. If dump1090 provides a receiver location,
// that location is used and these settings are ignored.
SiteShow    = true;            // true to show a center marker
SiteLat     = 51.6305;         // position of the marker
SiteLon     = 6.2765;
SiteName    = "ADS-B Receiver"; // tooltip of the marker
```

Wenn Sie in der Datei noch weiter herunterscrollen, finden Sie einen kleinen Abschnitt, der mit dem Stichwort Site Circles beginnt:

```
// true to show circles (only shown if the center marker is shown)
SiteCircles = true;

// In nautical miles or km (depending settings value 'Metric')
SiteCirclesDistances = new Array(50,100,150);
```

Die Zahlen in der letzten Zeile weisen Dump1090 an, die Kreise im Abstand von jeweils 50 Kilometern (oder nautischen Meilen, wenn Metric auf false steht) zueinander einzuzeichnen.

Kapitel 42
Die Servokamera

Dieses Projekt zeigt eine Kamera, die ein Livebild streamt und die Sie von unterwegs aus mithilfe einer Weboberfläche horizontal und vertikal schwenken können

Abbildung 42.1 Webcam auf einem Pan-Tilt-Modul

Voraussetzungen für das Projekt sind ein sogenanntes *Pan-Tilt-Modul* sowie eine Webcam (siehe Abbildung 42.1). Hintergründe zur Funktionsweise und Ansteuerung von Servomotoren finden Sie in Abschnitt 12.5, »Servomotoren«. Zusätzlich müssen Sie für den automatischen Start des pigpio-Dämons sorgen. In der aktuellen Version von Raspbian ist pigpio bereits vorinstalliert. Folgen Sie ansonsten den Installationsschritten in Abschnitt 27.2 unter dem Stichwort »Die pigpio-Bibliothek«.

Das Projekt ist in fünf Phasen aufgeteilt:

- Hardware und Verkabelung
- Python-Software
- Streaming-Software
- Weboberfläche
- Inbetriebnahme

42.1   Die Hardware

Der bewegliche Untersatz der Kamera ist mit zwei Servomotoren ausgestattet und als komplettes Modul für weniger als 20 EUR z. B. bei EXP-Tech erhältlich:

http://exp-tech.de/dagu-pan-tilt-kit-with-servos

Dem Modul liegt eine kleine Anleitung bei, da Sie das Gestell selbst zusammenschrauben müssen. Dies stellt aber kein großes Problem dar und geht schnell von der Hand.

Sobald Sie das Modul zusammengebaut haben, können Sie mit dem Anschluss der Motoren fortfahren. Da wir in diesem Projekt zwei Motoren gleichzeitig verwenden möchten und mit der Webcam ebenfalls eine Last auf die Motoren geben, nutzen wir eine separate Spannungsquelle in Form eines Batteriefachs (siehe Abbildung 42.2). Somit stellen wir sicher, dass die Sicherungen des Raspberry Pi beim Betrieb der Motoren nicht überlastet werden.

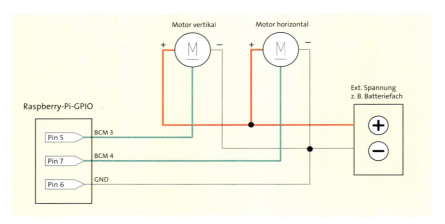

Abbildung 42.2 Anschlussplan der Motoren

42.2   Die Python-Software

Dieser Abschnitt befasst sich mit der Python-Software, die die Schnittstelle zwischen der späteren Weboberfläche und den Motoren darstellt. Unser Code liest sich wie folgt:

```
#!/usr/bin/python3
# Datei servo.py
import spidev
import time
import sys
import pigpio
```

```
mot = sys.argv[1] #   3,4
dir = sys.argv[2] #   +100 / -100
mot1= 3
mot2= 4
pi = pigpio.pi() # connect to local Pi
pi.set_mode(mot1, pigpio.OUTPUT)
pi.set_mode(mot2, pigpio.OUTPUT)

if dir == "home":
    pi.set_servo_pulsewidth(int(mot), 1500)
    f = open("mot"+ mot+".txt","w")
    f.write ("1500")
    f.close()

else:
    f = open("mot"+ mot+".txt","r")
    lastPos = f.read()
    print (lastPos)
    f.close()
    newPos= int(lastPos)+ int(dir)
    if newPos >= 2000 or newPos <=1000:
        print ("Endlage erreicht!")
        print (newPos)
        sys.exit()
    else:
        pi.set_servo_pulsewidth(int(mot), int(newPos))
        f = open("mot"+ mot+".txt","w")
        f.write (str(newPos))
        f.close()
```

42

Da das Programm einige nicht direkt ersichtliche Funktionen enthält, möchten wir den Code etwas erläutern. Nachdem Sie den Code unter dem Namen servo.py gespeichert haben, erfolgt ein Aufruf der Datei mit der Übergabe von zwei Parametern. Dabei handelt es sich um die Information, welcher Motor angesprochen werden soll (Variable mot), sowie um die Pulsweite beziehungsweise die Richtung (Variable dir).

Ein Aufruf des Programms, bei dem der Motor am BCM-Pin 3 ein Stück nach rechts dreht, erfolgt so:

```
python3 servo.py 3 100
```

Nach der Fertigstellung des Projekts soll es möglich sein, den Motor über die Weboberfläche per Klick auf einen der Links ein Stück weiter in die gewünschte Richtung zu bewegen. Dazu ist es allerdings notwendig, dass die aktuelle Position gespeichert bleibt. Zu diesem Zweck werden die Dateien mot3.txt und mot4.txt angelegt. Nach einem Positionswechsel wird dort die aktuelle Stellung in Mikrosekunden (µs) abgespeichert. Dies geschieht jeweils in den Funktionen `f.open()` und `f.write()`. In der letzten If-Abfrage wird geprüft, ob sich die Motoren durch ein erneutes Bewegen in die Endlage begeben. Die Endlagen sind bei 1000 µs und 2000 µs definiert. Ist dies der Fall, so bewegt sich der Motor nicht.

Wirklich ersichtlich wird das komplette System allerdings erst, wenn Sie die Weboberfläche eingerichtet haben. Zuvor ist es jedoch nötig, den Livestream der Webcam vorzubereiten, damit Sie das Bild der Kamera später live im Browser verfolgen können. Hierzu nutzen wir das Programm `motion`.

42.3   Die Streaming-Software

Eine handelsübliche USB-Webcam liefert uns das Livebild. Schließen Sie die Kamera einfach an einen freien USB-Port an. Mit `ls /dev` können Sie prüfen, ob die Webcam erkannt wurde und in der Liste als `video0` aufgeführt wird.

`motion` ist ursprünglich als Software für die Bewegungserkennung geschrieben worden (siehe Abschnitt 26.3, »Bewegungserkennung mit motion«). In der Standardkonfiguration erkennt `motion` Bewegungen im Bild und speichert bei einer Bewegungsaktivität Bilder ab. Zudem bietet `motion` einen sehr einfachen und zuverlässigen Livestream und zahlreiche Einstellungsmöglichkeiten. Da wir in diesem Projekt keine Bewegung erfassen möchten, schalten wir die Funktion später ab. Installieren Sie nun `motion` per `apt`:

```
sudo apt install motion
```

Nachdem das Paket installiert wurde, finden Sie im Ordner `etc/motion/` die Datei `motion.conf`. Öffnen Sie diese z. B. mit `nano`:

```
sudo nano /etc/motion/motion.conf
```

Hier nehmen wir nun die nötigen Einstellungen vor.

Stellen Sie die Größe des Livestream-Bildes auf eine kleine Auflösung ein, um ein flüssiges Bild zu erhalten. Ab Zeile 72 finden Sie die Parameter für das Seitenverhältnis. Passen Sie diese auf 320 × 240 Pixel an:

```
# Image width (pixels).
# Valid range: Camera dependent, default: 352
width 320
# Image height (pixels).
# Valid range: Camera dependent, default: 288
height 240
```

Sie können auch andere Auflösungen ausprobieren, die Ihre Webcam unterstützt. Zu große Seitenverhältnisse können allerdings zu Wiedergabefehlern führen.

Sie sollten `motion` erlauben, die Helligkeitswerte des Kamerabildes automatisch anzu-passen. Ändern Sie den entsprechenden Parameter daher in Zeile 112 wieder auf `on`:

```
# Let motion regulate the brightness of a video device
# (default: off). The auto_brightness feature uses the brightness
# option as its target value. If brightness is zero,
# auto_brightness will adjust to average brightness value 128.
# Only recommended for cameras without auto brightness
auto_brightness on
```

Im nächsten Schritt deaktivieren Sie die automatische Bildaufnahme bei Bewegungs-erkennung. Diese finden Sie in Zeile 227. Ändern Sie den Wert von `on` zu `off`:

```
output_pictures off
```

In der nächsten Änderung aktivieren Sie den Livestream auf Port 8081. Ändern Sie den Wert in Zeile 400 auf `8081`:

```
# The mini-http server listens to this port for requests
# (default: 0 = disabled)
stream_port 8081
```

Die beiden folgenden Parameter finden Sie ab Zeile 409. Ändern Sie diese wie folgt:

```
# Maximum framerate for webcam streams (default: 1)
stream_maxrate 15
# Restrict webcam connections to localhost only (default: on)
stream_localhost off
```

Durch diese Änderungen erhöhen Sie die Bildwiederholrate des Livestreams auf 15 Bil-der pro Sekunde und erlauben den Zugriff auf das Livebild auch von externen Geräten aus. Die Standardeinstellung erlaubt lediglich den Zugriff auf das Bild vom Raspberry Pi selbst. Speichern Sie die Datei nun ab, und verlassen Sie den Editor.

Damit `motion` das Bild der Kamera direkt beim Booten des Raspberry Pi streamt, ist es nötig, den Dämon von *motion* direkt beim Start zu laden. Editieren Sie dazu die Datei `/etc/default/motion`. Diese besteht lediglich aus zwei Zeilen, von denen Sie die letzte auf `yes` ändern:

```
start_motion_daemon=yes
```

Auch diese Datei speichern und schließen Sie nun wieder. Anschließend sollten Sie ein Neustart des Raspberry Pi durchführen:

```
sudo reboot
```

Damit ist das Livebild einsatzbereit und kann im nächsten Schritt im Browser darge-stellt werden.

42

42.4   Die Weboberfläche

In diesem Abschnitt setzen wir voraus, dass Sie einen Apache-Server samt PHP eingerichtet haben (siehe Kapitel 23, »PHP-Programmierung«). Im Ordner /var/www/ erstellen Sie nun die Datei servocam.php und füllen diese mit folgendem Inhalt:

```
<table width="300" border="0" align="center">
  <tr>
    <td><img src="http://IP des Raspberry Pi:8081"
             width="320" height="240" align="center" ></td>
  </tr>
</table>
<div align="center">

<?php
// Auswertung der get-Parameter
if(isset($_GET['horizontal'])) {
  $command1 = $_GET['horizontal'];
  $val = shell_exec("python servo.py 4 $command1");
}
elseif(isset($_GET['vertikal'])) {
  $command2 = $_GET['vertikal'];
  $val = shell_exec("python servo.py 3 $command2");
}
?>

<div align ="center">
<a href="<?php print($_SERVER['PHP_SELF']); ?>?vertikal=100"
   class="knopf_off" style="width: 100px"> Hoch</a>
<br>
<a href="<?php print($_SERVER['PHP_SELF']); ?>?vertikal=home"
  class="knopf_on" style="width: 100px"> Vertikal Mitte</a>
<br>
<a href="<?php print($_SERVER['PHP_SELF']); ?>?vertikal=-100"
  class="knopf_on" style="width: 100px"> Runter</a>
<br>
---------------
<br>
<a href="<?php print($_SERVER['PHP_SELF']); ?>?horizontal=-100"
  class="knopf_on" style="width: 100px"> Links</a>
<br>
<a href="<?php print($_SERVER['PHP_SELF']); ?>?horizontal=home"
  class="knopf_on" style="width: 100px"> Horizontal Mitte</a>
<br>
<a href="<?php print($_SERVER['PHP_SELF']); ?>?horizontal=100"
  class="knopf_off" style="width: 100px"> Rechts</a>
</div>
```

In dieser Datei passen Sie nun die dritte Zeile an, indem Sie dort die Heimnetz-IP-Adresse Ihres Raspberry Pi eintragen. Wie Sie anfangs gelernt haben, wird das zuvor erstellte Python-Programm mit der Übergabe von zwei Parametern gestartet. Dies geschieht in dieser PHP-Datei. Die sechs erzeugten Links führen das Script `servo.py` aus, jeweils mit dem Servo-GPIO (3 oder 4) und einem Wert von 100 oder –100. Zu guter Letzt schieben Sie die `servo.py` in das Verzeichnis des Apache-Servers `/var/www/`.

Wenn Sie alles richtig gemacht haben, können Sie nun die IP-Adresse des Raspberry Pi in den Browser Ihres PCs oder Smartphones eingeben und sehen die Weboberfläche samt Livebild (siehe Abbildung 42.3).

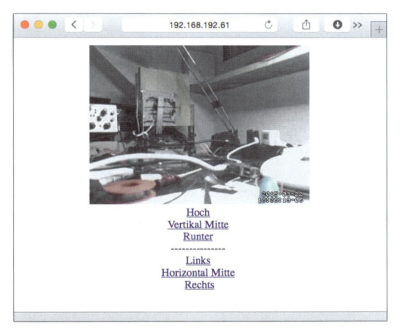

Abbildung 42.3 Die Weboberfläche zeigt das tägliche Bastler-Chaos.

42.5 Inbetriebnahme

Um die bewegliche Webcam nun zuverlässig einsetzen zu können, müssen Sie sie noch einrichten. Zuerst erstellen Sie im Ordner `/var/www/` die beiden Textdateien, in denen die aktuelle Position gespeichert werden soll. Im gleichen Schritt verleihen Sie den beiden Dateien die nötigen Rechte, damit diese auch über den Browser verändert werden können:

```
sudo touch mot3.txt
sudo touch mot4.txt
```

```
sudo chmod 666 mot*.txt
```

Ihr Ordner /var/www/ sollte nun die vier Dateien für dieses Projekt beinhalten:

- servo.py
- mot3.txt
- mot4.txt
- servocam.php

Nun öffnen Sie einen Webbrowser und rufen die neu erzeugte Weboberfläche unter der folgenden Adresse auf:

http://IP.des.Raspberry.Pi/servocam.php

Sie sollten unterhalb des Livebilds der Webcam die sechs Links zur Steuerung der Motoren sehen (siehe Abbildung 42.3).

Klicken Sie nun *zuerst* – also bevor Sie irgendeinen anderen Link anklicken – auf VERTIKAL MITTE und danach auf HORIZONTAL MITTE. Dadurch wird der Parameter home an das Script servo.py übermittelt und die beiden Textdateien werden mit dem Wert der Mittelstellung gefüllt, nämlich 1500. Ab jetzt ist das System startklar und kann in jede beliebige Richtung gedreht werden. Über die beiden mittleren Links kann jede Achse aus jeder Position wieder zurück in die Mittelstellung gefahren werden.

In diesem Projekt haben wir die Pulsweite auf den Bereich zwischen 1000 µs und 2000 µs beschränkt. Es ist durchaus denkbar, dass die Endanschläge der Motoren etwas außerhalb dieses Bereichs liegen. Passen Sie gegebenenfalls die servo.py bei der Grenzwertabfrage an, und ermitteln Sie für Ihren Aufbau die Maximalwerte.

Umrechnung in Grad

Wenn Sie Ihre Webcam gerne gradgenau bewegen möchten, so können Sie dies einfach umrechnen. Da die Motoren über einen Bewegungsspielraum von je 180° verfügen und Sie die Pulsweite in tausend Schritten einstellen können, ergibt sich ein Wert von 0,18 ° bei einer Änderung der Pulsweite um eine Stelle.

Kapitel 43
PomodoPi

Im gärtnerischen Sinne sind die Autoren dieses Buchs leider völlig kompetenzfrei, dennoch möchten sie Tomaten aus eigenem Anbau genießen. So sinnierten wir vor einiger Zeit darüber, ob es möglich sei, der eigenen gärtnerischen Inkompetenz durch den Einsatz eines Raspberry Pi abzuhelfen. Die Ergebnisse präsentieren wir hier. Unser Ziel ist es, in einem Terrassen-Hochbeet ständig die Bodenfeuchtigkeit zu messen und bedarfsweise automatisch für Wassernachschub zu sorgen.

43.1 Der Bodenfeuchtigkeitssensor

Bei den einschlägigen Onlinehändlern können Sie Bodenfeuchtigkeitssensoren erwerben (siehe Abbildung 43.1). Diese »Gabelzinken« steckt man in die Erde, und oben wird ein dreiadriges Kabel angeschlossen. Die Kosten liegen zwischen fünf und fünfzehn Euro, je nachdem, ob Sie den Sensor am nächsten Tag haben wollen oder ein paar Wochen Zeit haben, bis das Päckchen aus Shenzen da ist.

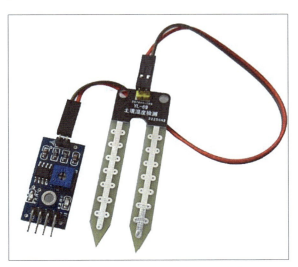

Abbildung 43.1 Preiswerter Bodenfeuchtigkeitssensor

Leider hat diese Bauform ein paar Nachteile. Der Anschluss für das Kabel ist nicht wasserdicht, das heißt, Sie dürfen diesen Sensor nicht komplett vergraben, und starker Regen dürfte wohl auch schon zu Messfehlern führen. Bei Kontakt mit Wasser ist Korrosion nur eine Frage der Zeit, gerade beim Einsatz im Beet oder auf der Terrasse. Die Messfühler sind ebenfalls blankes Metall, das im Erdreich mit Sicherheit korrodieren wird. Schlimmer noch, bei manchen dieser Sensoren sind die Leiter in Kupfer ausgeführt – wenn das wegrottet und in die Pflanze gelangt, nehmen Sie eventuell ein Schwermetall zu sich. Deshalb fiel nach gebührendem Kopfkratzen die Entscheidung für einen hochwertigeren Sensor (siehe Abbildung 43.2).

Abbildung 43.2 Bodenfeuchtigkeitssensor Vegetronix VH-400

Der Bodenfeuchtigkeitssensor VH-400 der Firma Vegetronix arbeitet kapazitiv, was in der Praxis primär bedeutet: kein Metall im Erdreich. Außerdem ist der Sensor wasserdicht vergossen; Sie können ihn also in der Pflanzerde versenken, um die Feuchtigkeit direkt am Wurzelballen zu messen. Einziger Nachteil: Nach dem Erwerb ist man etwa fünfzig Euro ärmer – dafür bekommen Sie mehr Tomaten, als Sie unter Beibehaltung eines würdevollen Gesichtsausdrucks tragen können.

Der Sensor hat drei Anschlussdrähte: *Plus*, *Minus* und *Output*. Output bedeutet: Dieser Draht führt umso mehr Spannung, je höher die Feuchtigkeit ist, die der Sensor misst. Plus ist der Draht mit der roten Isolierung, Minus alias Masse ist *nicht* der Draht mit der schwarzen Isolierung – das ist die Output-Leitung. Masse ist der nicht isolierte Draht.

Am Raspberry Pi können wir eine Versorgungsspannung von 3,3 oder 5 V abgreifen. Für den Feuchtigkeitssensor reichen 3,3 V. Also schnell mal ausprobieren, Plus und Minus am Raspberry Pi anschließen, Output mit einem Multimeter messen: Der knochentrockene Sensor liefert 0 V, wie erwartet. In Blumenerde liefert er 0,9 V, untergetaucht im Arbeitszimmeraquarium sind es 2,8 V. Wir hatten eigentlich erwartet, dass bei völligem Untertauchen unter Wasser die kompletten 3,3 V am Output-Draht anliegen, aber das ist nicht tragisch – wir rechnen die Messwerte später in der Software ohnehin in Prozentwerte um und können sie dort anpassen.

Wertewandel

Es wäre schön, wenn wir die drei Drähte einfach an den Raspberry Pi anschließen und die Spannung auslesen könnten. Eine steigende oder fallende Spannung ist aber ein analoger Messwert, und damit können digital arbeitende Systeme wie unser Raspberry Pi nichts anfangen. Wir brauchen einen Analog-Digital-Wandler wie den MCP3008, den wir in Abschnitt 13.2 schon ausführlich behandelt haben.

Zur Messung der Feuchtigkeit verbinden Sie den Output-Draht des Feuchtigkeitssensors mit Pin 1 (Channel 0) des MCP3008 (siehe Abbildung 43.3). Die Pins 2 bis 8 alias Channel 1 bis 7 benutzen wir nicht. Um Störungen zu vermeiden, verbinden wir sie allesamt mit Masse.

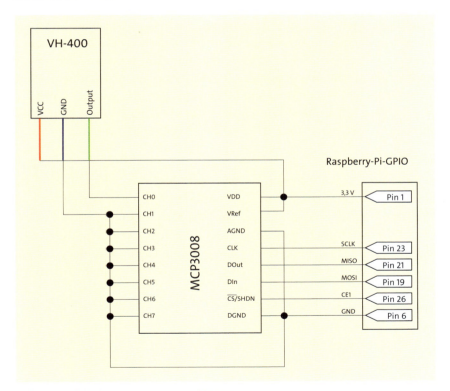

Abbildung 43.3 Beschaltung des MCP3008

Verbinden Sie außerdem

- MCP3008 Pin 1 (CH0) mit dem Output-Draht des Feuchtigkeitssensors
- MCP3008 Pin 2–8 (CH1–CH7), Pin 9 (AGND) und Pin 14 (DGND) und den nicht isolierten Draht des Feuchtigkeitssensors mit Masse (Pin 6 am Raspberry)
- Pin 15 (VRef), Pin 16 (VDD) und den rot isolierten Draht des Feuchtigkeitssensors mit 3,3 V (Pin 1 des Raspberry Pi)
- Pin 10 (CS) mit Pin 26 (CE1) des Raspberry Pi
- Pin 11 (DIn) mit Pin 19 (MOSI) des Raspberry Pi
- Pin 12 (DOut) mit Pin 21 (MISO) des Raspberry Pi
- Pin 13 (CLK) mit Pin 23 (SCLK) des Raspberry Pi

Was die Hardware angeht, sind Sie an dieser Stelle fertig. Jetzt müssen Sie dem Raspberry Pi aber noch beibringen, wie er an die Messwerte kommt, die ihm der Analog-Digital-Wandler MCP3008 jetzt zur Verfügung stellt.

Öffentlicher Datennahverkehr

An dieser Stelle müssen wir kurz über Bussysteme sprechen. Sie bestehen aus Datenstraßen mit mehreren Datenverkehrsteilnehmern und einer Steuerzentrale. Die Steuerzentrale ist der Computer (*Master*), die Verkehrsteilnehmer sind angeschlossene Komponenten (*Slaves* oder *Clients*). Der Master kann die Slaves anhand einer eindeutigen Nummer (ID) identifizieren und von ihnen verlangen, dass sie ihre Daten bei der Zentrale abliefern. Wir benutzen zum Auslesen des Feuchtigkeitssensors das SPI-Bussystem. Um es zu aktivieren, führen Sie auf dem Raspberry das Kommando

```
sudo raspi-config
```

aus. Es erscheint ein Textmenü, in dem Sie *Advanced Options* auswählen, und im folgenden Untermenü wählen Sie *SPI*. Bestätigen Sie die Sicherheitsabfrage mit Yes, und verlassen Sie raspi-config. Jetzt starten Sie den Raspberry Pi einmal neu (mit dem Kommando sudo reboot). Nach dem Neustart ist das SPI-Bussystem betriebsbereit. Da wir mit dem SPI-Bus in der Sprache Python kommunizieren möchten, müssen noch ein paar Kleinigkeiten nachinstalliert werden. Führen Sie dazu die folgenden Kommandos aus:

```
cd ~
sudo apt -fym install python3-dev bc
git clone https://github.com/Gadgetoid/py-spidev

cd py-spidev
sudo python3 setup.py install
sudo shutdown -r now
```

Jetzt kann es endlich losgehen. Mit einem erfreulich kurzen Programm in Python weisen wir den MCP3008 an, uns über den SPI-Bus die Daten zu geben, die der Sensor liefert, der an CH0 angeschlossen ist. Der Code ist in Abschnitt 13.2 genau erläutert, deshalb lassen wir ihn hier weitestgehend unkommentiert:

```python
#!/usr/bin/python3
import spidev
import time
spi = spidev.SpiDev()
spi.open(0,1)
antwort = spi.xfer([1,128,0])

if 0 <= antwort[1] <=3:
    wert = ((antwort[1] * 256) +antwort[2]) * 0.00322
    fprozent = ((wert / 2.82) * 100)
    # Substratfeuchte in Prozent ausgeben
    print (fprozent)
```

Der Messwert in Volt steht in der Variablen wert. Da wir empirisch ermittelt haben (durch Eintauchen ins Aquarium), dass der Sensor bei maximaler Umgebungsfeuchtigkeit 2,82 V liefert, rechnen wir die Voltzahl in Prozent um. Dieser Wert steht in der Variablen fprozent und wird wie folgt ausgegeben:

```
49.2134751773
```

Die Anzahl der Nachkommastellen täuscht eine wesentlich höhere Genauigkeit vor, als der Sensor tatsächlich erreicht, deshalb werden wir sie komplett abschneiden und nur mit dem ganzzahligen Vorkommawert weitermachen. Danach wird der Wert in eine simple Textdatei geschrieben. Das erledigt dieses Programm (diesmal nicht in Python, sondern in der bash):

```bash
#!/bin/bash
WDIR=/usr/local/shellscripts/moisturesensor
ETCDIR=$WDIR/etc/
OUTDIR=$WDIR/output
MOISTPROZENT=$($WDIR/moist_einmal.py|cut -f1 -d\.);
logger "$MOISTPROZENT Prozent Substratfeuchte"
echo $MOISTPROZENT > $ETCDIR/moisture-vh400-1.text
```

Dieses Programm ruft das Sensor-Abfrageprogramm moist_einmal.py auf und merkt sich von dessen Ausgabe alles, was vor dem Punkt steht (cut -f1 -d\.), in der Variablen MOISTPROZENT. Deren Inhalt wird in die Datei moisture-vh400-1.text geschrieben.

Grafische Darstellung der Feuchtigkeit

Nun wollen wir aus den Sensordaten anschauliche Grafiken erstellen. Damit man Verlaufsgrafiken erstellen kann, muss man die Messwerte über einen längeren Zeitraum sammeln, am besten in einer kleinen Round-Robin-Datenbank (RRD). Wie derartige Datenbanken funktionieren und mit welchen Kommandos man auf sie zugreift, haben wir ausführlich in Abschnitt 31.2, »Einführung in RRDtool«, beschrieben.

Die RRD-Werkzeuge installieren Sie durch die Eingabe von `sudo apt -fym install rrdtool`. Das folgende Script wird nur einmal benötigt: Es legt die Round-Robin-Datenbank mit dem Namen `moisture.rrd` an, die die Messwerte des Feuchtigkeitssensors aufnehmen soll:

```bash
#!/bin/bash
WDIR=/usr/local/shellscripts/moisturesensor
ETCDIR=$WDIR/etc/
OUTDIR=$WDIR/output

rrdtool create $ETCDIR/moisture.rrd --step 60 \
  DS:data1:GAUGE:120:0:100 \
  DS:data2:GAUGE:120:0:100 \
  RRA:AVERAGE:0.5:1:2160 \
  RRA:AVERAGE:0.5:5:2016 \
  RRA:AVERAGE:0.5:15:2880 \
  RRA:AVERAGE:0.5:60:8760 \
  RRA:MAX:0.5:1:2160 \
  RRA:MAX:0.5:5:2016 \
  RRA:MAX:0.5:15:2880 \
  RRA:MAX:0.5:60:8760
```

Jetzt benötigen wir noch ein kleines Programm, das einmal pro Minute den Messwert aus der Datei `moisture-vh400-1.text` liest, ihn an die RRD liefert und die Verlaufsgrafik erzeugt. Wenn Sie selbst ein derart umfassendes `rrdtool`-Kommando entwickeln möchten, gehen Sie am besten schrittweise vor – d. h., nach jeder Änderung testen Sie das Kommando, bevor Sie es um weitere Optionen ergänzen.

```bash
#!/bin/bash
WDIR=/usr/local/shellscripts/moisturesensor
ETCDIR=$WDIR/etc/
OUTDIR=$WDIR/output

MOISTPROZ=$(cat $ETCDIR/moisture-vh400-1.text);
echo "$MOISTPROZ Prozent Substratfeuchte"

rrdtool update $ETCDIR/moisture.rrd N:$MOISTPROZ:U
```

```
for i in -4h -12h -24h -7d -30d -90d -180d -360d; do
  rrdtool graph $OUTDIR/moisture$i.gif \
    --border=0 -c GRID#ffffff00 -c BACK#ffffff \
    --lazy --slope-mode --start $i \
    --title "Bodenfeuchtigkeit ($i)" \
    --vertical-label "Prozent" -w 400 -h 140 \
    DEF:data1=$ETCDIR/moisture.rrd:data1:AVERAGE \
    DEF:data2=$ETCDIR/moisture.rrd:data2:AVERAGE \
    CDEF:shading2=data1,0.98,* AREA:shading2#0000F9:\
      "Bodenfeuchtigkeit (aktuell $MOISTPROZ Prozent)\n" \
    CDEF:shading10=data1,0.90,* AREA:shading10#0F0FF9 \
    CDEF:shading15=data1,0.85,* AREA:shading15#1818F9 \
    CDEF:shading20=data1,0.80,* AREA:shading20#2D2DF9 \
    CDEF:shading25=data1,0.75,* AREA:shading25#3C3CF9 \
    CDEF:shading30=data1,0.70,* AREA:shading30#4B4BF9 \
    CDEF:shading35=data1,0.65,* AREA:shading35#5A5AF9 \
    CDEF:shading40=data1,0.60,* AREA:shading40#6969F9 \
    CDEF:shading45=data1,0.55,* AREA:shading45#7878F9 \
    CDEF:shading50=data1,0.50,* AREA:shading50#8787F9 \
    CDEF:shading55=data1,0.45,* AREA:shading55#9696F9 \
    CDEF:shading60=data1,0.40,* AREA:shading60#A5A5F9 \
    CDEF:shading65=data1,0.35,* AREA:shading65#B4B4F9 \
    CDEF:shading70=data1,0.30,* AREA:shading70#C3C3F9 \
    CDEF:shading75=data1,0.25,* AREA:shading75#D2D2F9 \
    CDEF:shading80=data1,0.20,* AREA:shading80#E1E1F9 \
    CDEF:shading85=data1,0.15,* AREA:shading85#E1E1F9
done
```

Das Script generiert Bilder für mehrere Übersichtszeiträume: für 4 Stunden, 24 Stunden, 7 Tage (siehe Abbildung 43.4), 30 Tage und so weiter bis zu einer Jahresübersicht.

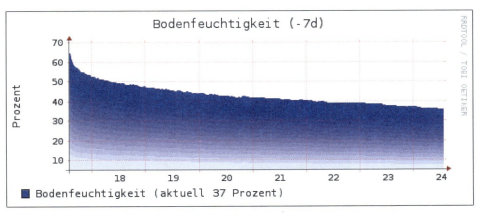

Abbildung 43.4 Bodenfeuchtigkeit über 7 Tage

43.2 Die Blumenampel

Egal, ob Sie Ihre Tomaten aus Samen aufziehen oder als Jungpflanzen kaufen: Zunächst werden die Pflanzen in der warmen Stube herangepäppelt, bis keine Nachtfröste mehr zu erwarten sind. Wenn Sie zu viel Respekt vor einer automatischen Bewässerung in den eigenen vier Wänden haben, können Sie sich eine automatische Gieß-Erinnerung bauen, etwa mit einer Blumenampel (siehe Abbildung 43.5).

Abbildung 43.5 USB-Blumenampel

Die Blumenampel zeigt Grün, wenn die Bodenfeuchtigkeit mehr als 65 Prozent beträgt, Gelb, wenn man gießen sollte, und Rot, wenn es zu spät ist. Die Ampel (Hersteller: Cleware) wird per USB angeschlossen und ist natürlich frei programmierbar, und zwar sehr anfängerfreundlich. Sie funktioniert unter Windows, Linux und unter macOS. Die Software für Linux können Sie unter *http://www.vanheusden.com/clewarecontrol* herunterladen. Nach dem Dekomprimieren genügt ein make install, und man ist startklar. Mit diesem Kommando schaltet man die Ampel auf Grün:

```
clewarecontrol -d 901846 -as 2 1
```

Das Kommando sieht kryptisch aus, es ist aber ganz einfach: Der Parameter -d <Zahl> gibt an, welche Ampel Sie ansprechen möchten – Sie könnten ja mehrere haben. Jede Ampel hat ab Werk eine eindeutige Erkennungsziffer, die Sie mit dem Kommando clewarecontrol -l ermitteln. Mit dem Parameter -as 2 1 erfolgt die eigentliche Ampelschaltung. Dabei gibt die erste Zahl die Farbe an (0 = Rot, 1 = Gelb, 2 = Grün) und danach entweder 0 für »aus« oder 1 für »ein«.

Die Sensordaten für die Bodenfeuchtigkeit hat der Computer ja schon, und so ist es recht einfach, mit einem kleinen Programm den Gieß-Status anzeigen zu lassen:

```
#!/bin/bash
```

```
WDIR=/usr/local/shellscripts/ampel
MOISTURE=$(cat /usr/local/shellscripts/moisturesensor \
  /etc/moisture-vh400-1.text)

# zum Debugging
logger "Feuchtigkeit: $MOISTURE Prozent";

# Ampel schalten
if [ $MOISTURE -ge 65 ]; then
  # Ampel auf Gruen schalten
  clewarecontrol -d 901846 -as 2 1
  # Rot und Gelb ausschalten
  clewarecontrol -d 901846 -as 0 0
  clewarecontrol -d 901846 -as 1 0
elif [ $MOISTURE -ge 55 ] && [ $MOISTURE -le 64 ]; then
  # Ampel auf Gelb schalten
  clewarecontrol -d 901846 -as 1 1
  # Rot und Gruen ausschalten
  clewarecontrol -d 901846 -as 0 0
  clewarecontrol -d 901846 -as 2 0
else
  # Ampel auf Rot schalten
  clewarecontrol -d 901846 -as 0 1
  # Gelb und Gruen ausschalten
  clewarecontrol -d 901846 -as 1 0
  clewarecontrol -d 901846 -as 2 0
fi
```

43

Wenn Sie gerade keine Tomaten züchten, können Sie die Ampel natürlich für beliebige andere Zwecke verwenden, der Fantasie sind hier keine Grenzen gesetzt.

43.3   Die automatische Bewässerung

Nachdem wir an diesem Punkt angelangt sind, ist der letzte Schritt, die automatische Bewässerung, nur noch eine Kleinigkeit. Denn wenn Sie anhand der Bodenfeuchtigkeit eine Ampel schalten können, können Sie genauso leicht eine Pumpe oder ein Magnetventil schalten. Wenn Sie etwa auf dem Balkon, der Terrasse oder im Garten einen Wasserhahn haben, können Sie sich schnell und leicht einen Raspberry-Pi-auf-Gardena-Adapter bauen (siehe Abbildung 43.6).

Das Element ganz links im Bild wird an den Wasserhahn angeschlossen. Es ist ein Y-Verteiler. An die eine Seite können Sie einen Gartenschlauch anschließen, an der anderen Seite hängt das Bewässerungssystem. Durch den gelben Schlauch gelangt das Wasser zu einem Magnetventil, das ist das weiße Element in der Bildmitte.

Abbildung 43.6 Raspberry-Pi-auf-Gardena-Adapter

Normalerweise ist das Ventil geschlossen und lässt kein Wasser hindurch. Es besitzt aber zwei Metallklemmen. Wird an diese Klemmen eine Spannung von 12 V angelegt, öffnet es sich und lässt das Wasser in einen Perlschlauch (der schwarze Schlauch rechts im Bild) fließen, aus dem tröpfchenweise Wasser perlt. Falls Sie nicht über einen Wasserhahn in der Nähe verfügen, verwenden Sie einfach einen größeren Wasserkübel mit einer 12-V-Tauchpumpe anstelle des Magnetventils. Sie müssen dann nur in gewissen Intervallen nachschauen, ob noch genug Wasser im Kübel ist.

Der Raspberry Pi kann keine 12 V liefern, deshalb benötigen wir einen Zwischenschritt. Wir nehmen ein handelsübliches 12-V-Netzteil und ein Relaismodul (siehe Abbildung 43.7).

Was genau macht so ein Relaismodul? Stellen Sie sich einen Lichtschalter vor. Sie geben ihm einen Impuls (Drücken des Schalters), und er stellt einen Kontakt zwischen zwei Leitungen her, woraufhin das Licht angeht. Auch das Relaismodul stellt einen Kontakt zwischen zwei Leitungen her, aber der Impuls wird nicht mechanisch gegeben (wie beim Betätigen des Schalters mit der Hand), sondern elektronisch, durch Anlegen einer Spannung.

Bei unserem Relaismodul handelt es sich um ein Modell von Sainsmart, das speziell auf den Betrieb am Raspberry Pi oder Arduino ausgelegt ist. Es kommt ohne die sonst oft üblichen vorgelagerten Transistorschaltungen aus und ist sehr simpel zu nutzen. Es muss an Plus (5 V) und Minus angeschlossen werden, damit es überhaupt arbeiten kann. Unser Modul kann zwei Verbraucher schalten; für jeden gibt es einen weiteren Pin: IN1 und IN2 (siehe Abbildung 43.8).

Abbildung 43.7 Relaismodul von Sainsmart

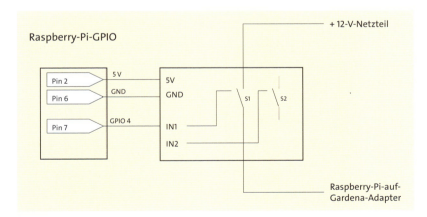

Abbildung 43.8 Arbeitsweise des Relaismoduls

Für unser Beispiel verbinden wir IN1 mit Pin 7 (GPIO 4) am Raspberry Pi – andere GPIO-Pins sind natürlich auch möglich. Wenn Sie diesen Pin auf *Low* schalten, erkennt das Relaismodul dieses Signal und stellt eine Verbindung zwischen den angeschlossenen

Leitungen her. Diese gehören zu dem erwähnten 12-V-Netzteil, dessen Spannung an den Raspberry-Pi-auf-Gardena-Adapter angelegt wird, um die Schleusen zu öffnen.

Relaissteuerung durch Python

So sieht das kurze Python-Programm aus, das Pin 7 auf *Low* und damit das Magnetventil auf Durchfluss schaltet:

```python
#!/usr/bin/python3
# Script-Datei pin7-low.py
import RPi.GPIO as GPIO
import time

# Pin-Nummern verwenden (nicht GPIO-Nummern)
GPIO.setmode(GPIO.BOARD)

# wir wollen Pin 7 (=GPIO 4) schalten
GPIO.setup(7, GPIO.OUT)
GPIO.output(7, GPIO.LOW)
```

Um den Wasserfluss zu stoppen, schalten Sie den Pin wieder auf *High*:

```python
#!/usr/bin/python3
# Script-Datei pin7-high.py
import RPi.GPIO as GPIO
import time

# Warnung, dass der GPIO-Kanal noch offen ist, unterdruecken
GPIO.setwarnings(False)

# Pin-Nummern verwenden (nicht GPIO-Nummern)
GPIO.setmode(GPIO.BOARD)

# wir wollen Pin 7 (=GPIO 4) schalten
GPIO.setup(7, GPIO.OUT)
GPIO.output(7, GPIO.HIGH)
GPIO.cleanup()
```

Relaissteuerung automatisieren

Jetzt benötigen Sie nur noch ein einfaches Programm, das einmal pro Minute die Bodenfeuchtigkeit ermittelt und abhängig von diesem Wert das Magnetventil öffnet oder schließt. Hier bietet es sich an, das Blumenampel-Script wiederzuverwerten und anstelle der Ampel einfach die Python-Scripts aufzurufen, die das Magnetventil öffnen oder schließen:

```bash
#!/bin/bash
# Script-Datei
# /usr/local/shellscripts/bewaesserung/bewaesserung.sh
WDIR=/usr/local/shellscripts/bewaesserung
MOISTURE=$(cat /usr/local/shellscripts/moisturesensor \
  /etc/moisture-vh400-1.text)

# zum Debugging
logger "Feuchtigkeit: $MOISTURE Prozent";

# Relaismodul/Magnetventil schalten
if [ $MOISTURE -ge 75 ]; then
  # Feuchtigkeit gleich oder über 75%,
  # Magnetventil ausschalten
  logger "Ventil ausschalten"
  $WDIR/pin7-high.py
elif [ $MOISTURE -ge 65 ] && [ $MOISTURE -le 74 ]; then
  # Feuchtigkeit zw. 65 und 75%
  # nichts ändern
  logger "alles im gruenen Bereich"
else
  # Feuchtigkeit unter 65 %
  # Magnetventil einschalten
  logger "Wasser marsch"
  $WDIR/pin7-low.py
fi
```

Lassen Sie dieses Programm per Cron einmal pro Minute ausführen. Cron ist eine Art Zeitschaltuhr für Programme: Sie bestimmen, wann ein bestimmtes Programm ausgeführt werden soll, und Cron kümmert sich darum (siehe Abschnitt 4.11, »Programme regelmäßig ausführen (Cron)«). Gesteuert wird es von einer Datei names crontab, in der Sie die Ausführungszeiten festlegen. Geben Sie crontab -e ein, so startet ein Editor und öffnet automatisch die crontab. Bewegen Sie den Cursor an das Ende der Datei, und fügen Sie die folgende Zeile hinzu:

```
* * * * * /usr/local/shellscripts/bewaesserung/bewaesserung.sh
```

Achten Sie darauf, dass genau fünf Sternchen vor dem Kommando stehen. Sie sind quasi die Programmierung der Zeitschaltuhr und stehen in dieser Reihenfolge für:

▶ Minute
▶ Stunde
▶ Tag des Monats (1 bis 31)
▶ Monat (1 bis 12)
▶ Tag der Woche (0 bis 6, 0 = Sonntag)

43

Wenn Sie alle Werte auf * setzen, sind alle Bedingungen immer erfüllt und das Programm startet einmal pro Minute. Da das Wasser durch den Perlschlauch relativ langsam austritt, reicht das Messintervall von einer Minute aus. Sie müssen nicht befürchten, dass Sie Ihre Tomatenpflanzen versehentlich ersäufen.

43.4 Photosynthese sichtbar machen

Darüber, wie Pflanzen Energie aus Licht gewinnen, kann man längere Aufsätze schreiben, in denen Begriffe wie Adenosintriphosphat, Phycobiline und Protonenpumpe (ja, wirklich!) eine zentrale Rolle spielen. Sie werden deshalb erleichtert sein zu hören, dass wir uns hier sämtliche Details verkneifen und nur eine Kurzfassung in genau drei Sätzen bringen.

Grüne Pflanzen absorbieren das eingestrahlte Sonnenlicht fast vollständig, mit einer Ausnahme: Der Grünanteil wird zurückgeworfen (»Grünlücke«, auch so ein toller Begriff). Deshalb nehmen wir die Farbe der Blätter als sattes Grün wahr. Die übrige Strahlungsenergie befähigt die Pflanze dazu, Kohlendioxid und Wasser erst auseinander- und dann wieder zu mehr Grünzeug zusammenzuschrauben. Weil die Pflanze den dabei aufgenommenen Sauerstoff (das »O« in H_2O und CO_2) nicht in dieser Menge braucht, gibt sie ihn wieder an die Umwelt ab – was äußerst praktisch ist, weil die Erde sonst primär von Schwefelbakterien bewohnt wäre.

Die Photosynthesetätigkeit ist also ein Gradmesser für die Vitalität einer Pflanze. Die NASA macht sich das als Teil des LandSat-Projekts zunutze, indem Satelliten aus dem All Schäden in Waldgebieten erkennen. Um so etwas zu Hause zu machen, brauchen wir nicht viel: eine Kamera ohne Infrarotfilter und eine zusätzliche Filterfolie, die genau auf die gewünschte Wellenlänge eingemessen ist. Beides gibt es fix und fertig von der Raspberry Pi Foundation, die auch den Minicomputer entworfen hat.

Die Kameravariante ohne Infrarotfilter hört auf den Namen »PiNoIR«. Ihr liegt ein kleines Stück blauer Filterfolie bei (»Roscolux #2007 Storaro Blue«), die noch vor das Kameraobjektiv geklebt wird. Das geht am besten, wenn Sie der Kamera ein passendes Gehäuse gönnen. Wir haben für unsere Experimente sowohl für den Raspberry Pi als auch für die Kamera das Gehäuse *SmartiPi* genutzt, das aus einem gleichnamigen Crowdfunding-Projekt entstanden ist. Inzwischen kann man es direkt beim Hersteller oder einem Importeur erwerben. Praktisch an diesem Gehäuse ist, dass es kompatibel zu Lego-Elementen ist und dass das Kameragehäuse zusätzlich eine Aufnahme für die beliebten GoPro-Halterungen besitzt (siehe Abbildung 43.9).

Das mitgelieferte Anschlusskabel der Kamera ist für unsere Zwecke zu kurz, aber im Handel finden Sie Ersatzkabel mit bis zu zwei Metern Länge. Die benötigte Software ist bei Raspbian serienmäßig mit an Bord. Ein Kommando genügt, um ein Bild zu schießen (siehe Abbildung 43.10):

Abbildung 43.9 PiNoIR-Kamera mit Filterfolie

```
raspistill -o pomodopi.jpg
```

Abbildung 43.10 Ein Bild aus der Pomocam

Die Helligkeit, mit der die Blätter auf dem Bild erscheinen, ist der Gradmesser für die Photosynthesetätigkeit. Bei starker Sonneneinstrahlung, wenn die Chloroplasten richtig Party machen, werden die Blätter fast reinweiß angezeigt. Sinkt die Photosynthesetätigkeit, erscheinen die Blätter entsprechend dunkler.

Jetzt wünschen wir Ihnen noch viel Freude beim Basteln und natürlich eine reiche Ernte!

Kapitel 44
Wassermelder mit Handyalarm

Ein feuchter Keller? Das ist sicherlich der Alptraum jedes Hausbesitzers. Warum also nicht eine kleine Alarmanlage bauen, die Ihnen im Notfall eine direkte Alarmmeldung auf das Handy schickt? So sind Sie selbst im Urlaub über das Unglück informiert und können Ihre netten Nachbarn um Hilfe bitten.

44.1 Hardware

Das Projekt basiert auf einem Wassermelder von Pollin (siehe Abbildung 44.1):

*http://www.pollin.de/shop/dt/ODU4OTgxOTk-/Bausaetze_Module/Bausaetze/
   Bausatz_Wassermelder.html*

Abbildung 44.1 Der Wassermelderbausatz von Pollin

Dieser Bausatz besteht aus einer Steuerplatine und einem Kunststoffgehäuse, das später die *Wasserfühler* aufnimmt und über dem Kellerboden platziert wird (siehe Abbildung 44.2).

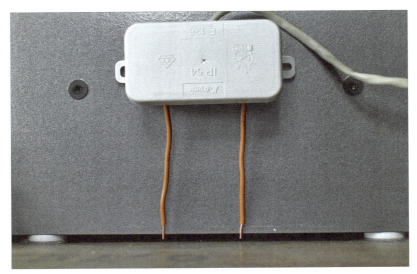

Abbildung 44.2 Die Fühler des Wassermelders sollten knapp über dem Boden schweben.

Löten Sie die Bauteile wie in der Anleitung beschrieben auf die Leiterkarte. Die Platine verfügt über drei Schraubverbinder:

▶ Klemme J1 verwenden Sie für die beiden Fühler, die bis kurz über den Boden reichen.

▶ J2 führt den Schließkontakt des Relais nach außen. Diese Klemme nutzen Sie, um den Wassermelder mit dem Raspberry Pi zu verbinden.

▶ An J3 schließen Sie eine Spannung von 12 V an. Wir nutzen in diesem Projekt ein Batteriefach. Durch die sehr kleine Stromaufnahme des Systems beträgt die Batterielaufzeit sicher einige Monate bis Jahre.

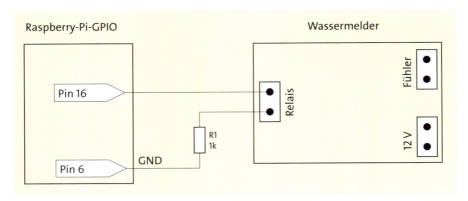

Abbildung 44.3 Anschluss des Wassermelders an den Raspberry Pi

Schließen Sie die Relaiskontakte über einen 1-kΩ-Widerstand an Pin 16 des Raspberry Pi an (siehe Abbildung 44.3). Der Widerstand dient lediglich zur Strombegrenzung, wenn das Relais den Kontakt gegen Masse schaltet.

44.2 Pushbullet

In diesem Abschnitt treffen wir einige Vorbereitungen, um bei einem Alarm auch direkt informiert zu werden. Die Wahl des Tools für diese Aufgabe fiel auf *Pushbullet*. Dabei handelt es sich um einen Onlinedienst, der es Ihnen ermöglicht, Push-Meldungen auf das eigene Handy zu senden. Zudem ist der Dienst plattformübergreifend und für iOS sowie für Android verfügbar.

Zunächst benötigen Sie einen Account bei Pushbullet. Besuchen Sie dazu die Webseite, und registrieren Sie sich mit Ihrer E-Mail-Adresse:

https://pushbullet.com

Einmal angemeldet, klicken Sie nun ganz rechts oben auf der Webseite auf Ihr Profilsymbol und wählen ACCOUNT SETTINGS (siehe Abbildung 44.4). Dort finden Sie einen Punkt namens ACCESS TOKEN. Dies ist eine recht lange Passphrase aus Zahlen und Buchstaben, die auch als *API-Key* bezeichnet wird. Mit diesem Schlüssel haben andere Geräte die Möglichkeit, Pushbullet über Ihren gerade erstellten Account zu nutzen. Merken Sie sich oder speichern Sie diesen Key vorerst. Wir benötigen ihn gleich im Python-Programm.

Abbildung 44.4 Der Menüpunkt »Account Settings«

Nun sollten Sie sich die Pushbullet-App auf Ihr Handy laden. Sie finden die App unter »Pushbullet« im Google Play Store sowie im Apple App Store. Auch dort loggen Sie sich mit Ihren Zugangsdaten ein.

Sie können das Handy nun ruhig zur Seite legen. Es wird Ihnen während der Testphase des Wassermelders noch oft genug auf die Nerven gehen.

Ein weiterer Grund, warum wir Pushbullet wählten, ist die Tatsache, dass es mit pyPushBullet eine Python-Bibliothek gibt, die einfach zu nutzen ist. Sie können die Bibliothek von GitHub herunterladen:

```
sudo git clone https://github.com/Azelphur/pyPushBullet
```

Wechseln Sie nun in das heruntergeladene Verzeichnis, und kopieren Sie die Datei pyPushBullet/pushbullet/pushbullet.py in das Verzeichnis, in dem Sie später auch das Python-Programm für dieses Projekt ablegen möchten. Außerdem müssen Sie drei Pakete installieren, die pyPushBullet voraussetzt:

```
pip install websocket-client
pip install requests
pip install python-magic
```

> **Alternative Installation**
>
> Die empfohlene Installationsweise der Bibliothek führte bei uns zu Problemen. Die Bibliothek erzeugte eine Fehlermeldung beim Import. Falls Sie Ihr Glück mit der *richtigen* Installation der Bibliothek versuchen möchten, finden Sie hier die Installationshinweise:
>
> *https://github.com/Azelphur/pyPushBullet*

Ein kleines, aber bereits voll funktionsfähiges Python-Programm könnte wie folgt aussehen:

```python
#!/usr/bin/python3
# Datei wassermelder.py
import time, sys
import RPi.GPIO as GPIO
from pushbullet import PushBullet

GPIO.setmode(GPIO.BOARD)
GPIO.setup(16, GPIO.IN, pull_up_down=GPIO.PUD_UP)

api_key = "Ihr API-Key"
pb = PushBullet(api_key)

def melder(pin):
    zeit= time.strftime("%d.%m.%Y %H:%M:%S")
    devices = pb.getDevices()
    pb.pushNote(devices[0]["iden"], 'Wasser im Keller!', zeit)
    return
```

```
GPIO.add_event_detect(16, GPIO.FALLING, bouncetime=1000)
GPIO.add_event_callback(16, melder)

# mit minimaler CPU-Auslastung auf das Programmende durch
# Strg+C warten
try:
  while True:
    time.sleep(0.5)
except KeyboardInterrupt:
  GPIO.cleanup()
  sys.exit()
```

Die Variable api_key füllen Sie nun mit Ihrem API-Key, den Sie sich gemerkt haben. Die eigentliche Funktionsweise des Programms ist sehr simpel. Pin 16 wird durch die beiden add_event-Funktionen auf eine fallende Flanke überwacht. Wird diese erkannt, so wird die Funktion melder() ausgeführt.

Dort wird die aktuelle Zeit im String-Format erzeugt und durch pb.pushNote(Gerät, 'Titel', Nachricht) an Ihr Handy geschickt. Das im Parameter Gerät hinterlegte Listenelement devices[0]["iden"] bestimmt den Empfänger der Push-Meldung. Diese Liste wird zuvor durch devices = pb.getDevices() erzeugt. Sollte Ihr Smartphone das einzige Gerät sein, das Sie für Pushbullet registriert haben, so ist devices[0] die richtige Wahl. Sollten Sie mehrere Geräte registriert haben, so ist die Reihenfolge der Gerätenummern gleich der Reihenfolge auf der Webseite (siehe Abbildung 44.5). Die Aufzählung beginnt bei 0. Für das iPhone 6 wählen wir daher in unserem Fall devices[2].

44

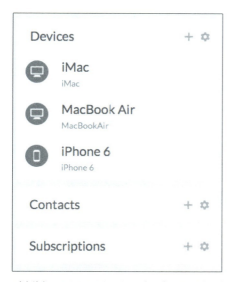

Abbildung 44.5 Die Liste der für Pushbullet registrierten Geräte

Wenn Sie die beiden Fühler des Wassermelders nun in ein Glas Wasser halten, so sollte Ihr Handy die erste Push-Meldung empfangen (siehe Abbildung 44.6). Öffnen Sie die Meldung, so sehen Sie den mitgesendeten Zeitstempel.

Abbildung 44.6 Durch Pushbullet schickt der Raspberry Pi eine Sofortmeldung auf Ihr Smartphone.

Experimentieren Sie noch ein wenig mit dem Empfindlichkeits-Potenziometer auf der Platine, um einen Fehlalarm zu vermeiden. Und jetzt bleibt nur noch zu hoffen, dass Ihr Handy niemals einen Wasseralarm empfangen möge. :-)

Noch mehr Funktionen

Die Pushbullet-Bibliothek bietet noch viele weitere Funktionen. Zum Beispiel können Sie Bilder, Links oder Adressen senden. Zudem können Sie Kanäle anlegen, um mehrere Empfänger gleichzeitig zu benachrichtigen. Die nötigen Befehle sind auf der GitHub-Seite der Bibliothek dokumentiert:

https://github.com/Azelphur/pyPushBullet

Kapitel 45

Dicke Luft – Feinstaubmessung und Innenluftqualität

Mit Sensoren, die einfach an die USB-Ports des Raspberry Pi angeschlossen werden, lässt sich zum einen der Feinstaubgehalt der Luft bestimmen, zum anderen die Luftqualität in geschlossenen Räumen.

Wir möchten den Feinstaubgehalt der Luft mit einem Partikelsensor am Raspberry Pi messen. Dazu brauchen wir zunächst ein paar grundlegende Informationen, damit klar ist, welche Daten wir von unseren Messungen erwarten können und wie sie einzuordnen sind.

45.1 Was ist Feinstaub?

Im Gegensatz zu anderen Luftschadstoffen wie Schwefel- und Stickstoffdioxid ist Feinstaub chemisch nicht einheitlich, sondern besteht aus vielen verschiedenen chemischen Bestandteilen mit sehr unterschiedlichen Eigenschaften: Es kann sich um organische Stäube handeln, wie Blütenstäube, Pilzsporen, luftgetragene Bakterien und Baumwollstäube, außerdem um nichtorganische Stäube wie Glaswolle, Gesteinsstäube oder Ruß.

Für eine Feinstaubmessung ist dabei alles interessant, was eine Größe von 10 Mikrometern nicht überschreitet. Diese Partikel werden als PM10 bezeichnet (*PM* steht für *particulate matter* = Feststoffpartikel). Zum Vergleich: Ein Haar hat einen Durchmesser von 50 bis 75 Mikrometern.

Für diese Partikel gibt es vielerorts Messstationen. Inzwischen werden auch noch kleinere Partikel mit einer Größe von 2,5 Mikrometern oder kleiner (PM2.5) beobachtet. Sie dringen aufgrund ihrer Winzigkeit tief in den Atemtrakt ein und gelangen sogar bis in die Lungenbläschen. PM2.5 wird daher auch als *alveolengängiger* bzw. *lungengängiger* Staub bezeichnet. Es verwundert daher nicht, dass PM2.5 als gesundheitsgefährdender eingeschätzt wird als PM10. Beachten Sie, dass PM10 bis zu 10 µm und PM2.5 bis zu 2,5 µm bedeutet. PM10 inkludiert also PM2.5!

Welche Grenzwerte gelten?

Für Deutschland sind die Grenzwerte im Bundes-Immissionsschutzgesetz (BImschG) festgelegt. Der aktuelle Stand sieht so aus:

- **PM10-Grenzwert im Tagesmittel:** 50 µg/m³
  (darf an max. 35 Tagen im Jahr überschritten werden)

- **PM10-Grenzwert im Jahresmittel:** 40 µg/m³

- **PM2.5-Grenzwert im Jahresmittel:** 25 µg/m³

Einen Tagesgrenzwert für PM2.5 gibt es nicht, aber damit es nicht zu einfach wird, darf der Mittelwert von Stationen im städtischen Umfeld über jeweils 3 Jahre 20 µg/m³ nicht überschreiten.

Zum Glück gibt es auch Einstufungen, die besser handhabbar sind, zum Beispiel die sogenannten Luftqualitätsindizes. Ein solcher Index besteht meist aus einer Skala von fünf oder sechs Stufen. Leider hat nahezu jedes Land der Welt seinen eigenen Luftqualitätsindex, und die Einstufungen weichen teils stark voneinander ab. Ein Beispiel: Wenn der PM10-Feinstaubwert über 24 Stunden ein Niveau von mehr als 150 µg/m3 erreicht, so gilt nach dem Wiener Luftgüteindex bereits die höchste Warnstufe (Stufe 6 von 6, *sehr schlecht*). Dann wird folgende Warnmeldung ausgegeben:

Die Messwerte befinden sich in der Höhe von Alarmschwellen. Die Gesundheitsschutz-Grenzwerte sind deutlich überschritten. Gesundheitliche Beeinträchtigungen aller Personen sind möglich.

Quelle: *https://www.wien.gv.at/ma22-lgb/luftwl.htm*

In den USA wird nach dem dort verwendeten Air Quality Index die höchste Warnstufe erst ausgerufen, wenn die Werte um mehr als das Dreifache höher sind als nach dem Wiener Index.

45.2   Welcher Sensor kann PM10 und PM2.5 messen und wie funktioniert das?

Es gibt mehrere Sensoren auf dem Markt, die beide Feinstaubklassen messen können. Wir haben uns für dieses Projekt für den *Nova PM Sensor SDS011* des chinesischen Herstellers Inovafitness entschieden (siehe Abbildung 45.1).

Auf der chinesischen Handelsplattform Aliexpress bekommen Sie den Sensor bei mehreren Händlern zum Preis von etwa 25 US-Dollar inklusive Versand; Letzterer dauert etwa sechs Wochen. Eine Bezugsquelle im deutschsprachigen Teil Europas haben wir nicht gefunden.

Abbildung 45.1 Nova PM Sensor SDS011

Der SDS011 saugt mit einem Lüfter Luft in eine Kammer. Die Luft wird mit einem Laser beschossen. Anhand der Streuung des zurückgeworfenen Laserlichts wird die Partikelgröße und -menge ermittelt. Die Daten werden über eine serielle Schnittstelle bereitgestellt. Das Datenblatt des Sensors finden Sie hier zum Download:

http://inovafitness.com/en/a/chanpinzhongxin/95.html

Dem SDS011 liegt ein USB-Adapter bei, was den Anschluss an den Raspberry Pi besonders einfach macht und den weiteren Vorteil hat, dass die GPIO-Pins für andere Zwecke frei bleiben. Im Syslog sehen Sie nach dem Anschließen, dass die Schnittstelle /dev/ttyUSB0 bereitsteht:

```
dmesg
...
  [ 2.59] usbserial: USB Serial support registered for generic
  [ 2.60] usbcore: registered new interface driver ch341
  [ 2.60] usbserial: USB Serial support registered for ch341-uart
  [ 2.60] ch341 1-1.5:1.0: ch341-uart converter detected
  [ 2.61] usb 1-1.5: ch341-uart converter now attached to ttyUSB0
```

Das Datenblatt des Herstellers verrät uns, dass die Schnittstelle im Modus 9600 8N1 konfiguriert werden soll, also mit 9600 Bit/s, acht Datenbits, ohne Parität und mit einem Stoppbit. Das stellen wir mit dem Kommando stty ein:

```
stty -F /dev/ttyUSB0 9600 raw
```

45

Laut Datenblatt werden die Werte in hexadezimaler Schreibweise in einer festgelegten, immer wiederkehrenden Reihenfolge einmal pro Sekunde ausgegeben (siehe
Tabelle 45.1).

Byte-Nummer	Name	Inhalt
0	Message header	AA
1	Commander No.	C0
2	Data 1	PM2.5 Low byte
3	Data 2	PM2.5 High byte
4	Data 3	PM10 Low byte
5	Data 4	PM10 High byte
6	Data 5	ID byte 1
7	Data 6	ID byte 2
8	Check-sum	Check-sum
9	Message tail	AB

Tabelle 45.1 Diese neun Bytes enthalten die Feinstaubdaten
(Quelle: Datenblatt des Herstellers)

Damit haben wir nun alle Werkzeuge in der Hand, um die Daten des Sensors auszuwerten. Für die Ausgabe benutzen wir das Tool od (Octal Dump), das trotz seines
Namens nicht nur mit oktalen, sondern auch mit hexadezimalen Daten umgehen
kann.

Zum Test rufen wir es einmal mit /dev/ttyUSB0 als Datenquelle auf. Der Parameter -x
schaltet die hexadezimale Ausgabe ein, --endian=big benötigen wir, weil laut Datenblatt das Low-Byte vor dem High-Byte ausgegeben wird. Wir könnten das natürlich
noch in der weiteren Verarbeitung umdrehen, aber so ist es für das menschliche Hirn
einfacher, denn in dieser Reihenfolge steht es auch im Datenblatt. Die Ausgabe des
Kommandos sieht etwa so aus:

```
od -x --endian=big /dev/ttyUSB0

  0000000  aac0  9500  9d00  bcf9  e7ab  aac0  9500  9d00
  0000020  bcf9  e7ab  aac0  9400  9c00  bcf9  e5ab  aac0
  0000040  9400  9c00  bcf9  e5ab  aac0  9500  9d00  bcf9
  0000060  e7ab  aac0  9500  9d00  bcf9  e7ab  aac0  9500
  0000100  9d00  bcf9  e7ab  aac0  9600  9e00  bcf9  e9ab
  [usw.]
```

Um nur einen einzigen Datenblock zu erhalten, lassen wir mit dem zusätzlichen Parameter -N10 die Ausgabe nach dem zehnten Byte abschneiden:

```
od --endian=big -x -N10 < /dev/ttyUSB0
  0000000 aacC 8c00 9400 bcf9 d5ab
```

Jetzt liegen die Werte vor uns: 8c für den Feinstaubwert PM2.5 und 94 für PM10, das entspricht den Dezimalwerten 140 und 148. Beide High-Bytes sind null, sie werden erst benötigt, wenn das Low-Byte den Wert von FF (=255) überschreitet.

Das sind allerdings noch nicht die endgültigen Feinstaubwerte – sie wären auch erschreckend hoch. Dem Datenblatt entnehmen wir die Berechnungsformel: Der dezimale Wert des High-Bytes wird mit 256 multipliziert. Zum Ergebnis wird der dezimale Wert des Low-Bytes addiert. Dieses Ergebnis teilen wir durch 10, und das ist dann endlich der Feinstaubwert in Mikrogramm pro Kubikmeter Luft. Für unser konkretes Beispiel wäre das also $(0 \times 256 + 140) / 10 = 14$ µg/m³ für die Feinstaubklasse PM2.5, ein niedriger und damit guter Wert.

Im nächsten Schritt schreiben wir uns ein kleines Script, das die Daten von der USB-Schnittstelle liest, die ermittelten Werte in Dezimalzahlen konvertiert, mit der Formel aus dem Datenblatt die richtigen Feinstaubwerte für PM10 und PM2.5 errechnet und diese schließlich in eine Datei schreibt. Das Script benötigt das Programm bc und später, in einem weiteren Schritt, auch wget. Installieren Sie zuerst die beiden Tools:

```
sudo apt -fym install bc wget
```

Jetzt kann es losgehen, so sieht das Script aus:

```
#!/bin/bash
WDIR=/usr/local/shellscripts/airquality
stty -F /dev/ttyUSB0 9600 raw

# Rohdaten erfassen und testweise ausgeben
INPUT=$(od --endian=big -x -N10 < \
       /dev/ttyUSB0|head -n 1|cut -f2-10 -d" ");
echo $INPUT
echo " "
FIRST4BYTES=$(echo $INPUT|cut -b1-4);
echo $FIRST4BYTES

if [ "$FIRST4BYTES" = "aac0" ]; then
  echo "check for correct intro characters: ok"
  logger "check for correct intro characters: ok"
else
  echo "incorrect sequence, exiting"
  logger "incorrect sequence, exiting"
  exit;
fi
```

45

```
PPM25LOW=$(echo  $INPUT|cut -f2 -d " "|cut -b1-2);
PPM25HIGH=$(echo $INPUT|cut -f2 -d " "|cut -b3-4);
PPM10LOW=$(echo  $INPUT|cut -f3 -d " "|cut -b1-2);
PPM10HIGH=$(echo $INPUT|cut -f3 -d " "|cut -b3-4);

# in Dezimalzahlen umwandeln
PPM25LOWDEC=$(  echo $((0x$PPM25LOW))  );
PPM25HIGHDEC=$( echo $((0x$PPM25HIGH)) );
PPM10LOWDEC=$(  echo $((0x$PPM10LOW))  );
PPM10HIGHDEC=$( echo $((0x$PPM10HIGH)) );

PPM25=$(echo "scale=1;((( $PPM25HIGHDEC * 256 ) + \
                        $PPM25LOWDEC ) / 10 ) "|bc -l );
PPM10=$(echo "scale=1;((( $PPM10HIGHDEC * 256 ) + \
                        $PPM10LOWDEC ) / 10 ) "|bc -l );

# Dezimalwerte ausgeben und protokollieren
echo "Feinstaub PPM25: $PPM25"
echo "Feinstaub PPM10: $PPM10"
logger "Feinstaub PPM25: $PPM25"
logger "Feinstaub PPM10: $PPM10"
echo $PPM25 > $WDIR/etc/ppm25.txt
echo $PPM10 > $WDIR/etc/ppm10.txt
```

In der zweiten Zeile des Scripts sehen Sie, dass es in unserem Beispiel im Pfad /usr/local/shellscripts/airquality residiert. Natürlich müssen Sie diesem Vorschlag nicht folgen und können das Script auch in Ihrem Home-Verzeichnis oder an anderer Stelle platzieren. Passen Sie dazu lediglich die Pfadangabe an.

45.3   Anschauliche Grafiken im Web mit SparkFun

Sie sind jetzt an einem Punkt angelangt, an dem Sie bei jedem Aufruf des Scripts die aktuellen Feinstaubwerte bekommen. Aber sicherlich möchten Sie diese Daten automatisch über einen langen Zeitraum erheben und gut aussehende Verlaufsgrafiken daraus generieren. Der Klassiker für solche Visualisierungen ist die Software rrdtool (siehe Abbildung 45.2).

Wie Sie aus Rohdaten mithilfe von rrdtool solche Grafiken erstellen, ist in Kapitel 31, »Stromzähler auslesen«, ausführlich erklärt. Wollen Sie die Grafiken auch im Web verfügbar machen, können Sie sie einfach zyklisch auf einen Webserver hochladen lassen.

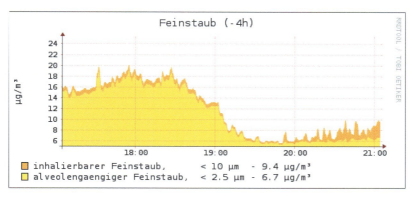

Abbildung 45.2 Die Feinstaubwerte über 4 Stunden

Was aber, wenn Sie keinen Webserver betreiben (wollen), die Feinstaubdaten aber trotzdem im Internet teilen möchten? Zu diesem Zweck gibt es spezielle Dienste, an die Sie Ihre Messwerte senden und die die Visualisierung und das Hosting für Sie übernehmen. Einer dieser Dienste ist SparkFun. Durch eine Erweiterung unseres Scripts um nur eine einzige Zeile werden wir in der Lage sein, unsere Feinstaubwerte einmal pro Minute an SparkFun zu senden, wo sie gesammelt und auf Mausklick zu einer Verlaufskurve aufbereitet werden. Einziger Wermutstropfen: Die Webseite von SparkFun ist nur in englischer Sprache verfügbar.

Surfen Sie also zu *https://data.sparkfun.com*, und klicken Sie auf CREATE. Es erscheint ein Formular, in das Sie eingeben, wie Ihr Projekt heißt und welche Daten gesammelt werden sollen (siehe Abbildung 45.3).

Die Datenfelder, im Formular in der Zeile FIELDS, haben wir hier pm10 und pm25 genannt, und als Titel haben wir *Feinstaub* gewählt. Wenn Sie das Formular abschicken, erhalten Sie die Webadresse Ihres Projekts (SparkFun nennt das einen *Data Stream*) sowie einen öffentlichen und einen privaten Schlüssel, die beide aus zufälligen Zeichenketten bestehen. Sie benötigen die Schlüssel, um Daten zu SparkFun zu übertragen. Das wiederum geschieht durch einen HTTP-Aufruf, der sich gut automatisieren lässt. (Die folgende URL ist hier nur aus Platzgründen über zwei Zeilen verteilt. Sie müssen sie ohne das \-Zeichen und ohne Leerzeichen zusammenfügen.)

```
http://data.sparkfun.com/input/[publicKey]?\
    private_key=[privateKey]&pm10=[value]&pm25=[value]
```

Damit dieser Aufruf funktioniert, müssen Sie nur die Felder in den eckigen Klammern durch Ihre eigenen ersetzen. Um die Werte automatisch zu SparkFun zu übertragen, fügen Sie im Script ganz am Ende die folgende Zeile hinzu:

```
wget "http://data.sparkfun.com/input/RM736ga3vxHqMZ1qnMn2?\
    private_key=lzaG5qwG9EIRVdGRvxvx&pm10=$PPM10&pm25=$PPM25" &
```

45

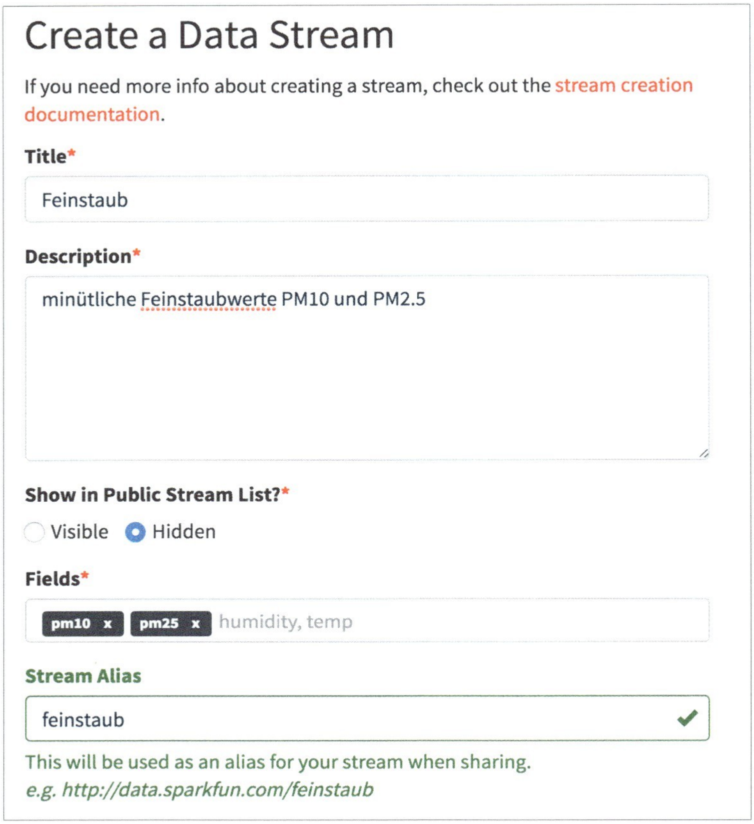

Create a Data Stream

If you need more info about creating a stream, check out the stream creation documentation.

Title*

> Feinstaub

Description*

> minütliche Feinstaubwerte PM10 und PM2.5

Show in Public Stream List?*

○ Visible   ● Hidden

Fields*

> pm10 x   pm25 x   humidity, temp

Stream Alias

> feinstaub   ✓

This will be used as an alias for your stream when sharing.
e.g. http://data.sparkfun.com/feinstaub

Abbildung 45.3 Wir registrieren unser Projekt bei SparkFun.

Die beiden Schlüssel, also publicKey und privateKey, ersetzen Sie dabei durch Ihre eigenen. Jetzt müssen Sie nur noch dafür sorgen, dass Ihr Script einmal pro Minute automatisch ausgeführt wird. Dafür gibt es unter Raspbian wie bei jeder Linux-Variante das Tool Cron. Das ist eine Art Zeitschaltuhr für Programme: Sie bestimmen, wann ein bestimmtes Programm ausgeführt werden soll, und Cron kümmert sich darum. Gesteuert wird es von einer Datei names crontab, in der Sie die Ausführungszeiten festlegen. Geben Sie crontab -e ein, so startet ein Editor und öffnet automatisch die crontab. Bewegen Sie den Cursor an das Ende der Datei, und fügen Sie die folgende Zeile hinzu:

```
* * * * * /usr/local/shellscripts/airquality/pm.sh
```

Achten Sie darauf, dass genau fünf Sternchen vor dem Kommando stehen. Sie sind quasi die Programmierung der Zeitschaltuhr und stehen in dieser Reihenfolge für:

- ▶ Minute
- ▶ Stunde
- ▶ Tag im Monats (1 bis 31)
- ▶ Monat (1 bis 12)
- ▶ Tag der Woche (0 bis 6, 0 = Sonntag)

Wenn Sie alle Werte auf * setzen, sind alle Bedingungen immer erfüllt und das Script startet einmal pro Minute. Haben Sie jetzt einige Minuten Geduld, um einige Daten auflaufen zu lassen. Anschließend besuchen Sie Ihre persönliche SparkFun-Seite im Webbrowser (siehe Abbildung 45.4).

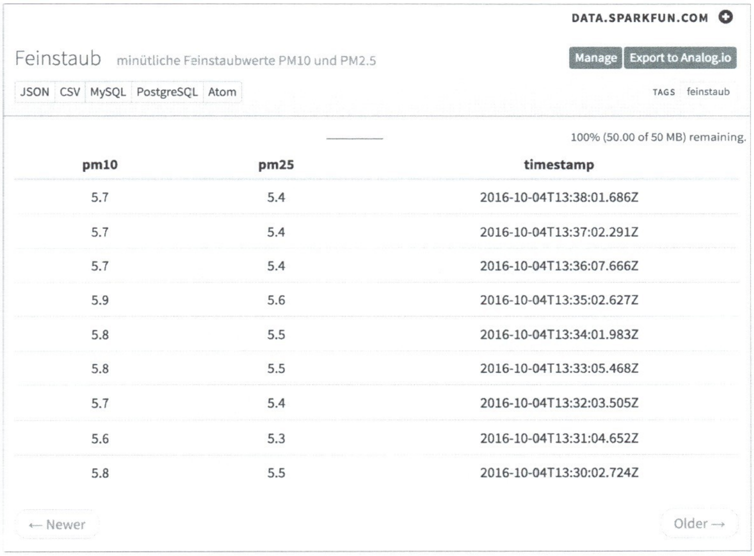

		DATA.SPARKFUN.COM ●
Feinstaub minütliche Feinstaubwerte PM10 und PM2.5		Manage Export to Analog.io
JSON CSV MySQL PostgreSQL Atom		TAGS feinstaub
		100% (50.00 of 50 MB) remaining.
pm10	**pm25**	**timestamp**
5.7	5.4	2016-10-04T13:38:01.686Z
5.7	5.4	2016-10-04T13:37:02.291Z
5.7	5.4	2016-10-04T13:36:07.666Z
5.9	5.6	2016-10-04T13:35:02.627Z
5.8	5.5	2016-10-04T13:34:01.983Z
5.8	5.5	2016-10-04T13:33:05.468Z
5.7	5.4	2016-10-04T13:32:03.505Z
5.6	5.3	2016-10-04T13:31:04.652Z
5.8	5.5	2016-10-04T13:30:02.724Z
← Newer		Older →

Abbildung 45.4 Die Rohdaten kommen minütlich bei SparkFun an.

Die Daten wurden also erfolgreich übertragen. Um jetzt die Visualisierung zu starten, klicken Sie in der oberen rechten Ecke auf die Schaltfläche EXPORT TO ANALOG.IO. Auf der folgenden Seite klicken Sie die Werte an, die Sie anzeigen lassen möchten (PM10 und PM25) und zuletzt klicken Sie auf LOAD ALL in der oberen rechten Ecke. Nach einer Sekunde Bedenkzeit erscheint die Grafik (siehe Abbildung 45.5).

Wenn Sie mit der Maus über die Grafik fahren, können Sie sich einzelne Datenpunkte gezielt anzeigen lassen. Die Schieberegler in der unteren, kleineren Grafik erlauben Ihnen, den Graphen wie mit einem Zoom auf einen Ausschnitt einzuschränken.

Damit ist Ihre Feinstaub-Messstation komplett. Vielleicht ist sie ja der erste Schritt zu einer umfangreicheren Umweltdaten-Messstation. Richtig verpackt, kann so etwas sogar wohnzimmertauglich sein (siehe Abbildung 45.6).

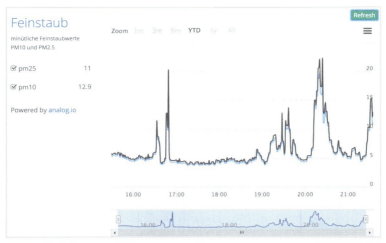

Abbildung 45.5 Der aufbereitete Graph

Abbildung 45.6 Die Wohnzimmer-Wetterstation in einer Lego-Stadt

45.4   Luftqualitätssensor für den Innenraum

Wenn die Luft in einem Raum schlecht ist, lüftet man einmal kräftig durch. Damit ist das Thema für 99 % aller Menschen erledigt. Das restliche Prozent will es genau wissen und rückt der Frage mit einem Raspberry Pi zu Leibe.

Schlechte Raumluft entsteht durch eine Häufung verschiedener Gase, die sich in einem geschlossenen Raum anreichern. Der Klassiker ist Kohlendioxid – das Gas, das wir ständig ausatmen und das für die Gähnattacken in zu kleinen, fensterlosen und überbevölkerten Besprechungsräumen verantwortlich ist.

Dazu kommen flüchtige organische Verbindungen, die unter dem Kürzel VOC (*Volatile Organic Compounds*) zusammengefasst werden. VOCs sind unter anderem Alkohole, Deo-Rückstände, Formaldehyde, Nikotin, kurz: kohlenstoffbasierende Ausdünstungen aller Art.

VOC-Sensor

Für VOCs gibt es einfache Sensoren in Form eines USB-Sticks (siehe Abbildung 45.7). Wir haben uns für einen VOC-Sensor des Herstellers Rehau entschieden, der z. B. bei Amazon erhältlich ist:

https://amazon.de/gp/product/B00ZXP6EI4

Abbildung 45.7 VCC-Sensor

Dieser Stick zeigt durch eine LED in Grün, Gelb oder Rot an, wie es um die Qualität der Raumluft bestellt ist. Die Software Airsensor, die Sie unter der folgenden Adresse herunterladen können, hilft dabei, die Messwerte aus dem Stick auszulesen.

https://github.com/tuxedo0801/usb-sensors-linux/raw/master/airsensor/airsensor.c

Um die Software zu kompilieren, müssen Sie zunächst die Pakete libusb-dev und build-essential installieren:

```
apt -fym install libusb-dev build-essential
```

45

Kompilieren Sie das kleine C-Programm mit dem folgenden Kommando:

```
gcc -o airsensor airsensor.c -lusb
```

Danach steht Ihnen das ausführbare Programm airsensor zur Verfügung. Starten Sie es, so versorgt der Sensor Sie ungefähr alle zehn Sekunden mit einem Messwert:

```
2018-2-09 11:27:26, VOC: 557, RESULT: OK
2018-2-09 11:27:37, VOC: 540, RESULT: OK
2018-2-09 11:27:48, VOC: 542, RESULT: OK
2018-2-09 11:27:59, VOC: 563, RESULT: OK
2018-2-09 11:28:11, VOC: 515, RESULT: OK
2018-2-09 11:28:22, VOC: 505, RESULT: OK
```

Die VOC-Konzentration wird in ppm (*parts per million*) gemessen. Der Sensor ist auf Werte zwischen 450 und 2000 ppm spezifiziert. Er zeigt auch höhere Werte an, aber diese dürften von einem Algorithmus interpoliert sein. Bei Werten unter 1000 ppm leuchtet die im Stick eingebaute LED grün, zwischen 1001 und 1500 ppm gelb und darüber rot.

Mit den Parametern -v -o können Sie die Software anweisen, nur einen einzigen Messwert auszugeben und sich dann zu beenden. Das macht es einfach, die Werte als Datenpunkt in eine Datenbank zu schreiben und Verlaufsgraphen zu erstellen (siehe Abbildung 45.8). Die Grafik zeigt, welche Auswirkungen die Zubereitung eines Frühstücks mit Bacon and Eggs auf die Luftqualität hat!

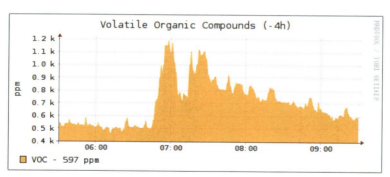

Abbildung 45.8 Frühstück ist fertig!

Index

S

T